Chronik
der ehemaligen Residenzstadt Scheer/Donau

Walter Bleicher

Chronik
der ehemaligen Residenzstadt
SCHEER/DONAU

Geiger-Verlag, Horb am Neckar

ISBN 3-89264-326-1
Herausgeber: Stadtverwaltung Scheer
Alle Rechte bei: Walter Bleicher, Mengen
1. Auflage 1989
Gesamtherstellung: Geigerdruck GmbH,
7240 Horb am Neckar

Vorwort

Die Stadtchronik, ein „Zeitbuch" also, das in chronologischer Reihenfolge geschichtliche Fakten aufzeigt und dadurch Einblick in das Geschehen vergangener Zeiten bietet, will nicht nur Kenntnisse vermitteln, sondern auch auf die Verantwortung der heutigen Generation hinweisen, die ihr hinsichtlich des Erhaltenswerten, wie auch der Weiterentwicklung der Stadt obliegt. Die Bezeichnung „Residenzstadt" wird bei manchem Leser zunächst wohl nur ein müdes Lächeln hervorrufen, zumal bekannt ist, daß Scheer von den Statistikern bis zur Eingliederung der Gemeinde Heudorf im Jahre 1974 als „Zwergstadt" geführt wurde und, nach der Meinung vieler, im Schatten des Schlosses immer nur ein kümmerliches Dasein fristete. Trotzdem, oder gerade deshalb dürfte es nicht uninteressant sein, sich einmal genauer in der Stadt umzusehen, die über Jahrhunderte als Residenz- und Amtsstadt bedeutender Adelsgeschlechter im Blickpunkt stand.

Viel Wasser ist inzwischen die Donau hinabgeflossen, das Wissen um die Geschichte von Herrschaft und Stadt verblaßt, überwuchert von den politischen, wirtschaftlichen und sozialen Strukturveränderungen des vergangenen Jahrhunderts. Neue Generationen sind herangewachsen und viele Menschen, teils zwangsläufig, aus anderen Lebensbereichen zugezogen. Das Interesse an der Heimatgeschichte hat nichts mehr mit der engstirnigen Heimatideologie zu Beginn unseres Jahrhunderts zu tun. Mit nüchterner Sachlichkeit sind wir daran, unsere Gegenwartsprobleme in den Griff zu bekommen; ebenso kritisch stehen wir aber auch all dem gegenüber, was uns aus früheren Zeiten oder anderen Gegenden berichtet wird. In unserem Bestreben, ein eigenes Urteil bilden zu können, begnügen wir uns nicht mit dem, was uns in leuchtenden Farben geschildert wird, sondern sind bestrebt, auch hinter die Kulissen zu schauen, um uns ein eigenes Bild machen zu können.

Dieser unser Forscherdrang erstreckt sich nicht zuletzt auf die erfahrbaren Realitäten des Geschichtsablaufes. Es genügt jedoch nicht, die einzelnen Fakten einfach lesend in uns aufzunehmen. Falsch wäre es auch, sie nach unserer Lebensauffassung beurteilen zu wollen, denn jede Zeit, jede Kulturepoche, hat ihren eigenen Stil, ihre Zartheiten und Härten, ihre Schönheiten und Grausamkeiten — auch die unsere. Dazu gehört, daß immer auch gewisse Leiden für selbstverständlich gehalten und gewisse Übel als Notwendigkeiten hingenommen werden müssen. Nur allzugern sind wir bereit, frühere Verhaltensweisen zu belächeln, Gesetze und Ordnungen vergangener Zeiten als Auswüchse des „finsteren und grausamen Mittelalters" zu bezeichnen. Wieviel aber würden unsere Vorfahren als grausam, entsetzlich oder barbarisch verabscheuen, was unser heutiges Leben anscheinend so lebenswert macht.

Es kann und darf daher nicht Aufgabe des Autors sein, aus seiner Sicht und Lebensauffassung entstandene Kriterien dem Leser, mehr oder weniger mythologisiert oder entmythologisiert, aufzudrängen. Er muß aus allen Lebensbereichen möglichst viele Fakten bieten, damit das Buch seinen Zweck erfüllt: es, nicht er, soll etwas zu sagen haben, soll Brücke sein zwischen einst und heute und dadurch ein innigeres Verhältnis zur Heimat zu vermitteln versuchen. Dieses Ziel verfolgte in den 20er Jahren auch der Oberlehrer a. D. Franz Josef Lehr mit seinen „Auszügen aus der Geschichte der Stadt und Herrschaft Scheer", die er in der Zeitung veröffentlichte. Seither wurde hierzu kein wesentlicher Beitrag mehr geleistet. In den Bänden „Schwäbische Kunde", es sind inzwischen 33, in welchen ich die Geschichte des ehemaligen Landkreises Saulgau darzustellen versuche, ist diesem Thema viel Platz eingeräumt. Nicht alles, aber das für die Stadtgeschichte Wesentlichste, enthält der vorliegende Band. Unterstützung meiner Arbeit fand ich durch das Entgegenkommen des Fürstl. Thurn und Taxischen Zentralarchivs Regensburg, der Archivverwaltung Waldburg-Zeil, der Hauptstaatsarchive Stuttgart und Sigmaringen, der Stadtverwaltung Scheer und nicht zuletzt der Bürger, die mir bei der Beschaffung des Bildmaterials behilflich waren. Ihnen allen danke ich recht herzlich und hoffe, daß es mir gelungen ist, Verständnis für das Vergangene zu wecken, denn nur so ist es möglich, über die Aufgaben des Heute in die Zukunft zu sehen.

Mengen, 12. Juli 1989

Inhalt

	Seite
Die ersten Siedlungsspuren	9
Die Herrschaftsverhältnisse	11
Unter fränkischer Herrschaft (536—843)	11
Z. Zt. des ostfränkischen Reiches (843–1076)	12
Z. Zt. des Investiturstreites (1075–1125)	12
Die Pfalzgrafen von Tübingen	13
Das Haus Habsburg	14
In Pfandschaft (1314–1452)	16
Graf Wilhelm II. v. Montfort (1314–1354)	16
Graf Heinrich v. Montfort (1354–1405)	17
Grafen Rudolf u. Wilhelm v. Montfort (1405–1408)	18
Graf Rudolf v. Montfort (1408–1425)	19
Graf Wilhelm v. Montfort (1425–1433)	19
Truchsess Eberhard v. Waldburg (1433–1447)	19
Ritter Hans u. Heinrich v. Stein (1447–1452)	20
Im Besitz des Hauses Waldburg (1452–1785)	20
Truchseß Eberhard (1452–1479)	21
Graf Andreas (1480–1511)	22
Truchseß Wilhelm d. Ä. (1511–1557)	25
Truchseß Wilhelm d. J. (1557–1566)	29
Vormundschaftsregierung (1566–1578)	29
Truchsessen Christoph und Karl (1578–1593)	29
Truchseß Christoph (1593–1612)	31
Truchseß Wilhelm Heinrich (1612–1652)	33
Truchsessen Christoph u. Hans Ernst (1652–1658)	37
Truchsessen Christoph u. Otto (1658–1663)	38
Truchs. Christoph Karl u. Maxim. Wunibald (1663–1672)	38
Truchs. Maxim. Wunibald u. d. Vormundschaft (1672–1673)	38
Sequestration (1673–1687)	38
Beim Reich (1687–1695)	39
Unter Administration (1696–1717)	39
Truchseß Josef Wilhelm v. Waldburg (1717–1756)	40
Graf Leopold August (1756–1764)	41
Truchs v. Wurzach, Wolfegg u. Waldsee (1764–1785)	41
Beim Hause Thurn und Taxis (1785–1806)	44
Fürst Karl Anselm (1785–1805)	44
Fürst Karl Alexander (1805–1806)	49
Unter württembergischer Hoheit (seit 1806)	49
Burgen und Residenzen	52
Das Schloß	52
Die neue Residenz	57
Die Burg Bartelstein	58
Stadtgeschichte – Die Stadt Scheer	64
Kirchen und Kapellen	178
Stadtpfarrkirche	178
St.-Oswaldi-Kapelle	222
St.-Wunibalds-Kapelle	226

St.-Georgs-Kapelle 227
Dreifaltigkeits-Kapelle 228
St.-Anna-Kapelle 228
Das St.-Johannes-Käpelle 229
St.-Leonhards-Kapelle 230
Loretto-Kapelle 230

Schulwesen 234

Siechenhaus und Spital 261

Stadtwald und Gerechtigkeitswald 267

Flurnamen 271

Handwerk 275

Die Industriealisierung 309

Händler – Kaufleute 325

Banken 329

Die Post 330

Die Eisenbahn 334

Wirtschaften und Brauereien 340

Vereinswesen 357

Spießbürgergeschichten 398

Eduard Mörike in Scheer 399

Die ersten Siedlungsspuren

auf der Markung Scheer stammen aus der

Hügelgräber-Bronzezeit (1800—800 v. Chr.),

der Zeit also, in welcher die Kelten ihre Heuneburg bei Hundersingen bereits mit einem Befestigungsgürtel versehen hatten. Es handelt sich um eine Gruppe von 8 Grabhügeln im „Lupplet". Der erste enthielt 2 geschlossene Bronzefußringe, den Rest einer Schlangenfibel, Bronzereste und rohe, schwarze Scherben. 1923 wurden 3 weitere Hügel untersucht:
1. ein Hügel 300 m vom sog. Kraemerschen Jägerhaus entfernt mit einem Durchmesser von 14 m. Da ein Waldweg über ihn hinwegführt, wies er nur noch eine Höhe von 90 cm auf. Es handelt sich um ein frühes Brandgrab mit Nachbestattungen;
2. ein Hügel im Kraemerschen Tannenwald, etwa 200 m nordwestlich des Jägerhauses, mit einem Durchmesser von 9 m und einer Höhe von 1,80 m;
3. ein Hügel im „Deschlerschen Gerechtigkeitswald", etwa gleich hoch wie der vorige, jedoch mit einem Durchmesser von 25 m. In diesem befanden sich geringe Beigaben aus der

Früheisenzeit (800—400 v. Chr.),

in welcher die Kelten bereits Handelsbeziehungen zum Mittelmeerraum pflegten (Brandreste und Tonscherben, außen rotbraun, innen schwarz, schlecht gebrannt und mit Quarz gemagert). — Zu den keltischen Grabhügeln zählt auch der „Hennenbühl", in alten Protokollen „Heunenbühl" genannt.
Die Ortsbezeichnung „Scheer" (kelt. „Scera" = Fels) weist aus, daß die Siedlung bereits zur damaligen Zeit bestand und damit als die älteste unserer Gegend angesehen werden kann. Hierher führte von Sigmaringendorf her eine keltische Urstraße mit einer Donaufurt, etwa 300 m oberhalb der heutigen Brücke, von wo aus eine Verbindung nach Süden ins Ablachtal, eine weitere über Blochingen, südlich an Beuren vorbei zum alten Hundersinger Weg besteht, der hart östlich an der beim Hohmichele gelegenen Viereckschanze weiterverläuft. — Reges Leben muß hier

**zur Zeit der römischen Besatzung
(14 v. Chr. — 395 n. Chr.)**

geherrscht haben, zumal von deren Auxiliarkastell und Straßenknotenpunkt Mengen her Römerstraßen führten: eine, die keltische Urstraße von Ennetach („Scheergaß") unter der jetzigen Landstraße weiter unterhalb des Schloßbergs zur o. g. Donaufurt und von dort nach Sigmaringen-Laiz (Kastell); eine weitere von Mengen über die Furt beim Jakobstal fast schnurgerade an den Scheerer Grabhügeln vorbei über Hitzkofen — Bingen — Feldhausen nach Trochtelfingen. Bei der Untersuchung der Donaufurt beim Jakobstal wurde im Jahre 1923 auf 4 Streckeneinschnitten die römische Bepflasterung ergraben. Sie besteht aus großen Steinen, die wohl aus den nahen Steinbrüchen und aus der Donau selbst entnommen wurden. Die Strecke zum Lupplet trägt die Bezeichnung „Münzenriedgasse". Hier wurde eine Menge römischer Münzen gefunden, die wohl nach der Überquerung der Furt dem Donaugott „Danuvius" geopfert worden waren.

Sein 83 cm hoher Altarstein, der später abgeschwemmt und bei Blochingen wieder aufgefunden wurde, kam ins Altertumsmuseum Stuttgart. Ein weiterer, dem keltisch-römischen Doppelgott „Apollo granus" geweihter Stein, der 1890 beim Hipfelsberg ausgegraben wurde, befindet sich im Ulmer Museum.
Dieser 114 cm hohe Stein trägt die Inschrift (übersetzt): „Dem Apollo Granus und den Nymphen (weiht diesen Stein) C. Vidius Julius für sich und die Seinigen, willig, gern und schuldig." Dieser Fund beweist, daß während der Römerzeit die Götter der Kelten neben den griechisch-römischen Gottheiten noch eine wesentliche Rolle

spielten. In Scheer selbst soll eine Apollostatue und ein weiterer Altarstein gefunden worden sein.

Als die Alemannen im Jahr 260 den Limes endgültig durchbrachen, setzte auch bei uns

die erste alemannische Siedlungswelle

ein. Ihre weiteren Vorstöße nach Süden führten zu Gegenangriffen der Römer, die im Jahre 270 ihren Grenzabschnitt an der oberen Donau nochmals sicherten. Nachdem im Jahr 369 erneut ein römisches Heer bis zu den Donauquellen vorgestoßen war, wurden 395 alle römischen Truppen nördlich der Alpen zurückgezogen. In einer

letzten Siedlungswelle (um 400)

besetzten die Alemannen ganz Schwaben. Diese Zeit ist durch die vielen „-ingen Orte" gekennzeichnet. Zu ihnen zählt auch das bei Scheer abgegangene Gemmingen und eine weitere Siedlung, deren Grabstellen beim Eisenbahnbau zutage traten. Die Siedler, die sich zu Markgenossenschaften zusammenschlossen, besaßen das in Besitz genommene Gebiet als gemeinsames Eigentum aller Mannen („Allmand"). Als im Jahre 450 der Hunnenkönig Attila das Land überfiel, wurden viele gezwungen in seine Dienste zu treten und 451 an der Schlacht auf den Katalaunischen Feldern teilzunehmen, in welcher er von den Römern unter Ätius und den Westgoten unter Theoderich geschlagen wurde. Im Gegensatz zu den anderen Germanenstämmen gelang den Alemannen keine eigene Staatenbildung. Nachdem sie im Jahre 496 vom Frankenkönig Ludwig bei Zülpich geschlagen worden waren, mußten sie das nördliche Alemannien an ihn abtreten. Sein Schwager, der inzwischen (491) zum Ostgotenkönig erhobene König Theoderich, nahm nach einem erneut mißlungenen Aufstand im Jahre 507 die Alemannen in seinen Schutz und ermöglichte Auswanderern (Flüchtlingen) aus dem nordalemannischen Gebiet sich im Süden anzusiedeln. Es entstanden die „-kofen Orte", wie z. B. im „Diengau" (Göge), in welchem sie im hochgelegenen „Diengen" (Hohentengen) ihren zentralgelegenen Versammlungs- und Gerichtsort (Thing) hatten. Damit war die Besiedlung unserer Gegend größtenteils abgeschlossen. Etwa vom 7. Jhdt. an folgten die Ausbausiedlungen, die durch die Ortsnamenendungen „-dorf, -hausen, -statt und -weiler" gekennzeichnet sind.

Die Herrschaftsverhältnisse

Nach dem Tod Theoderichs verbündeten sich die Ostgoten mit den Franken gegen den oströmischen Kaiser Justinian und traten ihnen Südalemannien ab.

Unter fränkischer Herrschaft (536–843)

vergrößerten sich die älteren Siedlungen allmählich zu Dörfern, die in unserer Gegend dem großen Herrschaftsgebiet der Baar zugehörten. Diese unterstand einem „dux" (= Herzog) und wurde in der 2. Hälfte des 6. Jahrhunderts zur Straffung der fränkischen Verwaltung in West- und Ostbaar aufgeteilt. Zur Westbaar gehörten in unserer Gegend der Scherragau, der Eritgau und der Linzgau, ein Gebiet also, in welchem Scheer eine zentrale Lage hatte. Memminger (OAB-Slg. 7) vermutet, daß Scheer Hauptort des Scherragaues war. Das Kerngebiet der Ostbaar lag um Riedlingen.

Vom Missionszentrum Pfullendorf aus setzte ab 574 die Missionierung ein, die um 700 abgeschlossen war. Die Kirchenpatronate von St. Martin in Mengen und Hundersingen, St. Michael in Hohentengen, St. Peter und Paul in Heudorf und Beizkofen, St. Pelagius in Blochingen und St. Nikolaus in Scheer zeugen von der Tätigkeit der Missionare.

Nachdem im Jahr 744 das schwäbische Herzogtum aufgehoben und 746, nach einem vergeblichen Aufstandsversuch beim „Blutbad von Cannstatt" führende schwäbische Adelige getötet worden waren, wurden die seitherigen fränkischen Militärsiedlungen (Centenen) straffer zusammengefaßt, um die Baare in Schach zu halten und strategisch wichtige Straßenzüge zu sichern. Entlang der durchs Ablachtal führenden Heerstraße entstand so die „Goldineshuntare".

Ihr schlossen sich an die Centena Eritgau und die Muntarichshuntare, in denen ebenfalls Königsfreie angesiedelt wurden. Verwalter dieses Güterkomplexes waren die Kammerboten Ruthard und Warin, die dem aus der Gegend von Metz stammenden Reichsadel der Welfen angehörten. Warin, der bei der Reichsteilung des Jahres 768 auf der Seite Karls d. Großen stand, gründete um 770 mit seiner Frau Adelindis das Reichskloster Buchau. 771 vermählte sich Kaiser Karl d. Große in 2. Ehe mit der Gräfin Hildegard v. Bussen, der Tochter des Schwabenherzogs Hildebrand. Nun erhielten auch alemannische Adelige wieder führende Stellen des Reichsdienstes. Hildegards Zwillingsbruder Ulrich I., der Stammvater der Udalrichinger, erhielt die Grafschaft im Argen- und Linzgau, die von ihm auf seinen Sohn Ulrich II. überging. Dessen vmtl. Sohn Ruachar besaß dazu im Jahre 819 auch den Alpgau und die Goldineshuntare. Als sich Ludwig d. Fromme, der Sohn Karls d. Großen, im Jahr

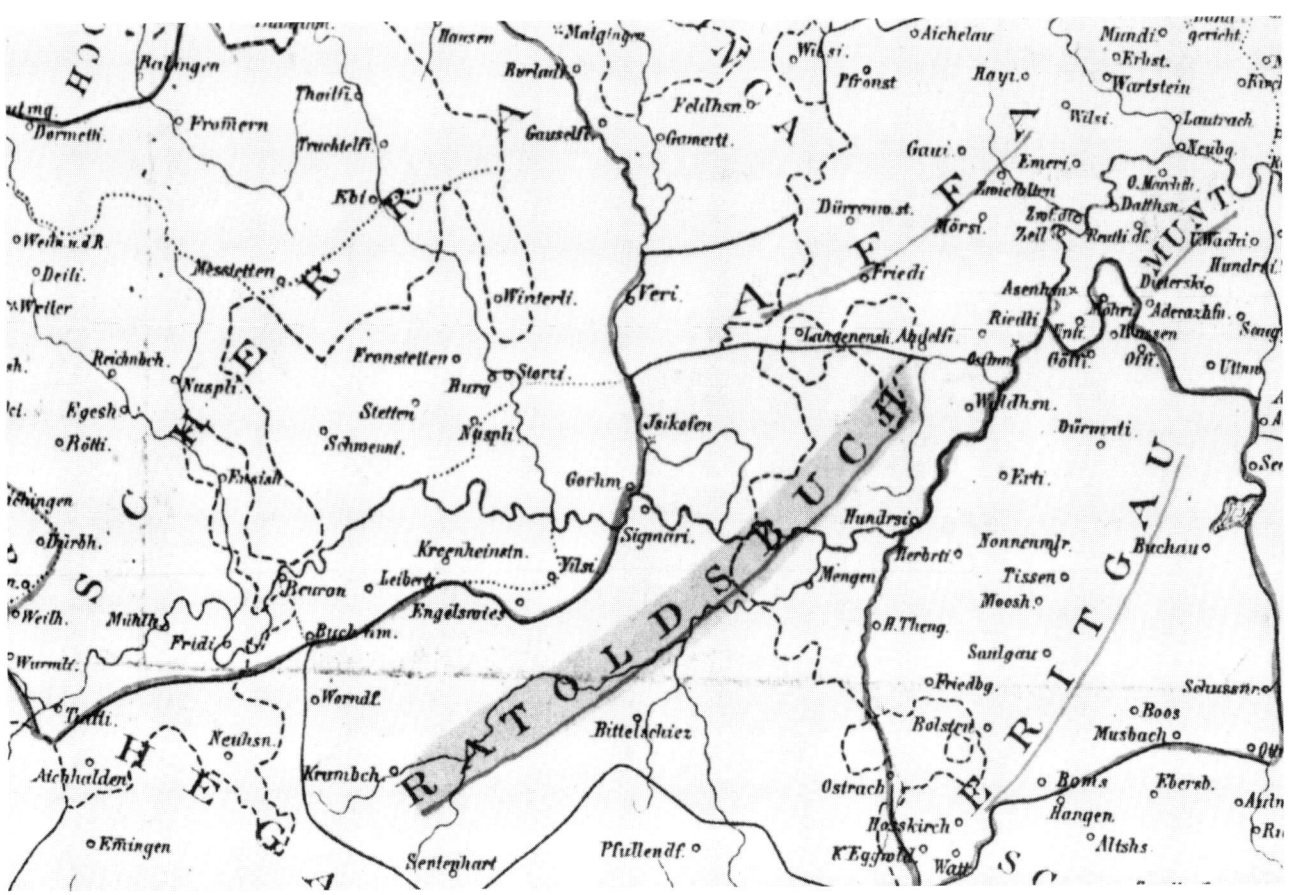

Aus: „Die Gaugrafschaften" v. Dr. Baumann
„Ratoldesbuch" = die spätere Bezeichnung für die „Goldineshuntare".

819 in 2. Ehe mit der Welfin Judith vermählte, der Schwester des Eritgaugrafen Ato, schenkte er dem Kloster Buchau den ihm eigenen Ort „Maginga" (Ennetach) und die Kirche im Domänengut Saulgau. — Mit dem Erstarken der Welfen verloren die Ulriche an Macht. Den o. g. Machtbereich Ruachars besaß im Jahre 839 Graf Konrad, der Bruder der Kaiserin Judith, der auch Anspruch auf den Eritgau hatte und um 840 auch den Schussengau unterstellt bekam.

Zur Zeit des ostfränkischen Reiches (843–1076)

erstarkten die Ulriche wieder. Bereits im Jahr 854 erscheint Graf Ulrich III. als Graf in der Goldineshuntare. 859 verlor Graf Konrad seine Grafenämter, da er sich im Kampf Ludwigs d. Deutschen gegen Karl d. Kahlen auf die Seite des Letzteren gestellt hatte. Nun konnten die Ulriche auch ihren übrigen seitherigen Besitz wieder übernehmen, mußten aber die Goldineshuntare, welche nun die Bezeichnung „Ratoldesbuch" trug, an den Thurgaugrafen Adalbert II. abtreten. Er war mit Judith von Balingen, der Enkelin Ludwigs des Frommen vermählt und besaß von 860—894 auch den Scherragau. Von 874—885 verwaltete Graf Ulrich von Buchhorn neben den am Bodensee gelegenen Gauen auch dieses Gebiet und den Eritgau und verlegte danach seinen Sitz von Bodman nach Buchhorn (Friedrichshafen). Da sich Ulrich im Jahr 889 am Aufstand gegen König Arnulf von Kärnten beteiligte, verlor er alle Grafenämter, erhielt 890 aber den Hausbesitz wieder zurück.
889 verwaltete Graf Berthold den Eritgau und die Muntarichshuntare, Graf Burkhard den Scherragau und den Ratholdesbuch (— 911). Sein Sohn, Herzog Burkhard I. (917—926) war von den Udalrichingern, Ulrich VI. und dessen Bruder Adelhard, bei der Herzogswahl unterstützt worden. Sie wurden nun Lehengrafen des Herzogs, Adelhard als Graf im Thurgau, Ulrich VI. Graf in Rätien. Letzterer erhielt den Ratoldesbuch zurück und verlegte den Sitz von Buchhorn nach Bregenz. Nach dessen Tod, er fiel 955 in der Schlacht auf dem Lechfeld, übernahmen seine Söhne Ulrich VII. und Adelbert den Besitz. Letzteren finden wir 980 im Besitz des Ratoldesbuch, den sein Sohn Marquard im Jahr 993 innehatte und an Mangold von Sulmetingen (Obersulmetingen bei Biberach) übergab. Dieser war ein Sohn des Grafen Pejere (= Berchthold) und der Luitgard von Dillingen, der Schwester des Bischofs Ulrich v. Augsburg. Mangolds Tochter Berta heiratete um 980 den Grafen Wolfrat von Altshausen, dem er im Jahre 1004 den genannten Besitz und weiteren, der durch die Heirat seines Urgroßvaters Berchthold mit einer Tochter des Breisgaugrafen Erschanger im Breisgau an die Familie gekommen war. Graf Wolfrad, Lehensmann Kaiser Heinrichs II., und sein gleichnamiger Sohn traten in diesem Jahr an den Kaiser ihre sämtlichen Besitzungen im Breisgau ab und erhielten dafür den Eritgau vmtl. als Erblehen, da sie dafür keinen weiteren Kaufpreis zu zahlen hatten. Die Veringer besaßen demnach nun neben dem alten Besitz um Veringen-Gammertingen den ganzen Ratoldesbuch, den Eritgau und das im Schussengau gelegene Altshausen.
1009 vermählte sich Wolfrad II. mit Hiltrud, einer Enkelin Kaiser Heinrichs II., deren Vater Pilgrin der Sage nach Graf von Saulgau und Trauchburg war, und brachte auch diese Gebiete an sich. Wolfrad II. nannte sich daher „Graf von Altshausen und Isny". Aus dieser Ehe stammen 15 Kinder, von denen 1052, dem Todesjahr der Mutter, noch 7 lebten. Von ihnen lebte „Hermanus contraktus" (= der Behinderte) als Mönch im Kloster Reichenau, Wolfrad saß in Wolfartsweiler, Mangold in Altshausen, ihre Schwester Ita (?) heiratete den Grafen Eberhard von Nellenburg. Ein weiterer Bruder war vmtl. Graf Arnold, der (nach Krüger) die Herrschaften Gammertingen, Grüningen (mit Binzwangen) und Trochtelfingen erhielt und Ahnherr der Grafen von Württemberg wurde. — Im 11. und 12. Jahrhundert entstanden in zunehmenden Maße Höhenburgen. In dieser Zeit dürften auch die beiden Burgen Scheer (Schloß und Bartelstein) und die Burg Sigmaringen entstanden sein. Die Herrschaftsverhältnisse lassen sich nur vermuten. Wie die Grafen von Veringen, teilte sich auch das Bregenzer Grafengeschlecht (schon vor 1043) in mehrere Linien: Buchhorn, Bregenz und Pfullendorf. In Sigmaringen, das zweifellos von Sigmaringendorf aus angelegt wurde, soll ein Graf Ulrich von Pfullendorf gesessen haben, in Scheer ein Graf von Ruck (Ruckburgen sind bekannt aus der Gegend von Lindau und Blaubeuren). Danach hatten bereits damals drei Herrschaftsbereiche bestanden: Sigmaringen, Scheer und der Bereich der Grafen von Altshausen im Eritgau.

Zur Zeit des Investiturstreites (1075–1125),

d. h. des Streites darüber, ob weltliche oder geistliche Herren über die kirchlichen Stellen bestimmen sollen, traten weitere Änderungen ein. Als der Papst im Januar 1077 den König Heinrich IV. in Canossa vom Kirchenbann gelöst hatte, wählten die enttäuschten Fürsten dessen Schwiegersohn, den Herzog Rudolf von Rheinfelden zum Gegenkönig. Auf der Seite des Königs standen neben den Bischöfen und den Staufern auch die Grafen von Bregenz-Pfullendorf, auf der Seite des Gegenkönigs die Welfen, die Zähringer und die Grafen von Dillingen, Bregenz, Veringen und Tübingen. Von Augsburg her zog Rudolf v. Rheinfelden nach Ostern vor die Burg Sigmaringen, mußte aber deren Belagerung beim Herannahen des Königs aufgeben. Auf dem Reichstag zu Ulm wurden er, Berthold von Zähringen und der Welfe am 4. Juni ihrer Herzogtümer und Grafschaften ledig gesprochen. Auch die Veringer fühlten sich wohl bedroht, denn Graf Peregrin schenkte noch im selben Jahr in Anwesenheit des Grafen Mangold v. Veringen und dessen Schwiegervaters Burkhard v. Nellenburg Güter in Mengen an die Klöster Beuron und Buchau.
1080 nannte sich Graf Ulrich X. v. Bregenz, der sich mit Berta, der Tochter Rudolfs v. Rheinfelden, vermählt hat-

te, „Herr zu Sigmaringen und Bregenz". Auf der Burg Sigmaringen saßen 1083 die Söhne des Grafen Wolfrad III. „de Wilare" (Wolfartsweiler), die Grafen Ludwig I. und Mangold v. Sigmaringen. Sie werden in diesem Jahr zusammen mit ihrem Bruder Udalrich (Geistlicher) genannt, als im Beisein ihres Onkels, des Grafen Mangold von Altshausen-Veringen und des Abtes Wilhelm v. Hirsau das antistaufische Kloster Königseggwald gegründet wurde, das gleich danach nach St. Georgen verlegt wurde. Während Mangold von Sigmaringen Stammvater der Linie Rohrdorf wurde, setzte Ludwig I. die Linie Sigmaringen fort. Er war mit Richinza v. Spitzenberg, der Schwester Bertholds II. von Zähringen vermählt und hatte in 1. Ehe vmtl. eine Helfensteinerin zur Frau, denn der älteste Sohn Eberhard nannte sich „von Helfenstein". Die Herrschaftsrechte besaß noch Graf Ulrich X. v. Bregenz, der 1097 das Kloster Mehrerau wiederherstellte und wohl schon damals diesem Kloster Besitz in Sigmaringendorf schenkte, der dort später nachgewiesen ist. Sein Sohn und Nachfolger, Graf Rudolf v. Bregenz (1097—1150) war in erster Ehe mit der Gräfin Irmengard v. Calw, in 2. Ehe mit Wolfhilde, der Tochter des Bayernherzogs Heinrich d. Schwarzen vermählt, Rudolfs Schwester Elisabeth in 1. Ehe mit dem Grafen Ulrich v. Pfullendorf, nach dessen Tod sie seinen Bruder, den Grafen Rudolf v. Pfullendorf heiratete. Nach dem Tod des Grafen Wolfrad v. Altshausen (1116) bildete sich eine Linie Treffen (Kärnten) und mit dem Grafen Mangold, der vmtl. in die Familie eingeheiratet hatte, eine neue Linie der Grafen von Veringen, die nun ihren Sitz in Veringen hatte. Das Sigmaringer Grafengeschlecht verfügte über die Burgen Sigmaringen, Spitzenberg bei Kuchen und Helfenstein, die im Besitz des Grafen Ludwig I. waren. Er hatte sich mit N. v. Eberstein, der Schwester des Grafen Eberhard v. Helfenstein vermählt und nannte sich „Graf von Helfenstein-Sigmaringen" (1147—1200). In unserem Gebiet spielten in der Folgezeit die

Pfalzgrafen von Tübingen

die wesentliche Rolle. Durch seine Heirat mit Elisabeth, der Tochter des Grafen Rudolf v. Bregenz, erhielt Pfalzgraf **Hugo v. Tübingen** aus dem Bregenzer Erbe, außer dem Besitz am Bodensee, die Herrschaft und Feste Kellmünz und die älteren Besitzungen an der Donau zwischen Sigmaringen und Marchtal. Als Kaiser Friedrich (Barbarossa) im Jahre 1170 in Mengen Hoftag hielt, hatte Heinrich v. Helfenstein das Kanzleramt inne. Im Gefolge des Kaisers befanden sich neben dem Bischof Rudolf und dem Herzog Berthold v. Zähringen, der Pfalzgraf Hugo v. Tübingen, Graf Rudolf v. Pfullendorf und neben anderen auch die Grafen Mangold v. Veringen und Ludwig v. Helfenstein-Sigmaringen. Ludwigs Bruder, Graf Gottfried v. Helfenstein, war ab 1172 Kanzler, ab 1189 Bischof von Würzburg.

Pfalzgraf Hugo, der im Jahre 1171 das Koster Obermarchtal gestiftet haben soll und 1181 die Herrschaften Scheer, Sigmaringen und Gammertingen übernahm, starb im Jahre 1182. Seine Söhne, die **Pfalzgrafen Hugo und Rudolf** übernahmen den Besitz zunächst gemeinsam.

Reitersiegel des Pfalzgrafen Rudolf von Tübingen (um 1188).

Nach dem Aussterben der Montfortschen Stammverwandten erbten sie auch deren ursprüngliche Stammlande: die Herrschaften Feldkirch, Werdenberg, Sargans und die übrigen Besitzungen in Rätien. Bei der Teilung erhielt Rudolf I. den väterlichen Erbteil und wurde Gründer der Tübinger Linie, das Bregenzer und Montforter Erbe trat Hugo an. Das Gebiet um Scheer, Sigmaringen und Gammertingen blieb gemeinsamer Besitz. — Hugo, der sich „Graf von Montfort I." schrieb, nannte sich „Herr von Feldkirch, Werdenberg, Sargans und dem Rheintal". 1188 war er dabei, als sein Bruder Rudolf das Kloster Bebenhausen stiftete. Bregenz, das bei der Bregenzer Erbteilung an Rudolf von Pfullendorf gefallen und nun in seinen Besitz gekommen war, erhob er um 1200 zur Stadt. 1218 begleitete ihn sein Ministeriale Ortolf v. Bartelstein auf dem Hoftag in Ulm. Erstmals ist damit ein Adeliger genannt, der sich nach der in Scheer gelegenen zweiten Burg schrieb. 1219 starb Hugos Bruder Rudolf. Nach Hugos Tod (1228) teilten seine weltlichen Söhne die Herrschaft in eine Werdenberger- und eine Neumontforter Linie. Begründer der Werdenberger Linie wurde Graf Hugo II., der in 1. Ehe mit Agnes, der Tochter Ulrich I. v. Helfenstein, verheiratet war. Sein Bruder **Graf Rudolf I. v. Montfort**, verheiratet mit Klementa v. Kyburg, der Stifter der Neu-Montforter Linie, erhielt die Herrschaftsrechte in unserem Gebiet und nannte sich „Herr zu Feldkirch, Bregenz, Tettnang, Sigmaringen und Scheer" (ca. 1225 — ca. 1246). Zu dieser Zeit (1210—1241) saß Gottfried, der Sohn Ludwigs I. v. Helfenstein auf der Burg Sigmaringen, auf der wir von 1241—1258 den Grafen Gebhard v. Peutengau-Hirschberg finden. Es war die Zeit mehrerer Städtegründungen. Graf Gebhard wird als Gründer von Sigmaringen angenommen. Die Truchsessen von Waldburg gründeten Saulgau, wo 1239 erstmals „Cives" (Bürger) genannt werden, ihre Nebenlinie von Waldburg-Rohrdorf die Stadt Meßkirch (1241 „Cives"), die Veringer um 1250 Riedlingen, die Grafen von Gerg-Schelklingen im Jahre

Wappen des Hauses Montfort. In Silber eine rote, dreilatzige Kirchenfahne mit 3 goldenen Ringen.

1253 Ehingen. Mengen hatte damals von den Staufern den Status einer „freien Stadt des Reiches" erhalten. Es kann angenommen werden, daß zur selben Zeit Scheer die Rechte der Stadt Freiburg erhielt, möglicherweise unter dem Pfalzgrafen Rudolf III. v. Tübingen, der sich **„der Scheerer"** nannte. (Die Namensgleichheit mit den Rudolfen der Bregenzer Linie führte oft zu Verwechslungen). Er hatte sich um 1235 mit der Schwester des Grafen Ulrich v. Württemberg vermählt, sein Bruder Hugo mit der Tochter des Grafen Hartmann v. Dillingen, ihre Schwester Mechthild mit dem Grafen Burkhard v. Hohenberg (Schwiegereltern des späteren Königs Rudolf v. Habsburg). Die beiden Brüder, Stammväter der Herrenberger und der Horber Linie, treten zwar 1254 als Stifter des Klosters Mengen auf, das 1259 nach Habstal verlegt wurde, Rudolf III. „der Scheerer" aber nie im Zusammenhang mit der Stadt bzw. Herrschaft Scheer. Nach dem Tode seines Bruders Hugo (um 1267) fiel dieses Gebiet an Hugo, den Sohn des o.g. Grafen Rudolf I. von Montfort (ca. 1225—1260).

Nach dem Tod Rudolfs I. wurde dessen Herrschaftsbereich aufgeteilt. Von seinen weltlichen Söhnen erhielt Graf Rudolf II. die Herrschaft Feldkirch, Graf Ulrich I. die Herrschaft Bregenz, Graf Hugo III. die Herrschaft Tettnang. Von den geistlichen Söhnen war Friedrich I. Bischof von Chur († 1290), Wilhelm Abt von St. Gallen († 1301) und Heinrich Domprobst in Chur. Graf Ulrich I. v. Bregenz vermählte sich um 1272 mit der Tochter des Grafen Ulrich II. v. Helfenstein-Sigmaringen (1254—1272), des Schwiegersohnes Rudolf des Scheerers, und erwarb damit zu seinen Herrschaftsrechten auch den Allodialbesitz der Sigmaringer Grafen. Sein Bruder,

Graf Hugo III v. Montfort,

nannte sich, nachdem er den Allodialbesitz der Pfalzgrafen Hugo III. und Rudolf III. des „Scheerers" übernommen hatte, 1267 „Comes de Schera", 1287 „Graf Hugo von Montfort, Herr zur Scheere". Er gilt als erster sicher nachweisbarer Graf, der auf der alten Burg Scheer (später Schloß) saß. Ein „Reinhero von der Schaere" wird unter den Urkundszeugen der Brüder Hugo und Albert v. Bittelschieß genannt, als diese im Jahre 1265 Güter in Ostrach an das Kloster Salem gaben. Dieses Geschlecht war vmtl. nach Überlingen übersiedelt, wo 1267 Eberhard „Rasor" (Scheerer) siegelte. Er und sein Sohn Konrad (der 1273 „Scheerer" genannt wurde, siegelten auch im Jahr 1268, als dort ein Streit zwischen dem Kloster Salem und Alwig von Herbertingen entschieden wurde. Der „here Ber. der Scherar" trat 1270 in Überlingen als Urkundszeuge auf. — um 1270 stiftete Graf Hugo das Dominikanerinnenkloster Ennetach. Die Gebietsveränderungen waren in der Zeit des Interregnums (1256—1273) erfolgt. Nach dieser kaiserlosen Zeit begann, mit der Wahl Königs Rudolfs v. Habsburg zum deutschen Kaiser, im Jahr 1273

das Haus Habsburg

die Umgestaltung der Herrschaftsverhältnisse mit dem Ziel, das Herzogtum Schwaben wiederherzustellen. Schon 1273 ordnete er die Rückgabe des Reichsgutes an und beauftragte 1274 den Grafen Hugo III. v. Werdenberg als Reichslandvogt mit der Durchführung. Im „Liber decimationis pro papa" machte die Diözese Konstanz im Jahre 1275 Bestandsaufnahme, nicht zuletzt um die Finanzierung des im Vorjahr beschlossenen Kreuzzuges zu sichern. In diesem „Zehntbuch für den Papst" erscheint der nördliche Teil der ehemaligen Goldineshuntare zum Dekanat Hohentengen zusammengefaßt, also auch die Kirchen der Herrschaften Scheer und Sigmaringen. Heinrich v. Montfort, Domherr zu Chur (der Bruder des Scheerer Grafen Hugo) erscheint darin als Pfarrherr in Scheer, Bingen, Heudorf und Herbertingen.

Am 22. Januar 1276 waren die Grafen Heinrich v. Veringen und Hugo v. Montfort-Scheer in Nürnberg im Gefolge König Rudolfs, der am 18. März desselben Jahres der freien Stadt Mengen das Freiburger Stadtrecht verlieh und sie seinem Sohn Albert (Albrecht) und dessen Frau Elisabeth übergab. Offensichtlich war der König nicht nur bestrebt, schwäbisches Reichsgut wieder herzustellen, sondern auch den habsburgischen Hausbesitz zu vermehren. Graf Heinrich v. Veringen, Inhaber des Bereichs der Kazed in Mengen, war von nun an nicht mehr im Gefolge des Königs. Auch andere Dynasten wandten sich ab und opponierten gegen ihn. 1277 ging er gegen sie vor und „säuberte Schwaben von Raubrittern", worauf sich 1278 eine Dynastenopposition bildete, die kriegerisch gegen den König vorging. Im Verlauf der Kämpfe geriet Hartmann v. Grüningen, der Schwiegervater des Grafen Rudolf v. Montfort-Feldkirch, in Gefangenschaft und starb auf der Feste Asperg. — Graf Hugo v. Montfort-Scheer verzichtete im Jahr 1280 auf sein Eigentumsrecht an Gütern zu Igelswies. —

1281 stellte der König die Ruhe und Ordnung wieder her, sodaß im Herbst der „oberschwäbische Landfriede" verkündet werden konnte. Danach nutzte er die wachsende Verschuldung des Adels zum systematischen Auskauf niedergehender Adelsgeschlechter. 1282 kaufte er vom Grafen Mangold v. Nellenburg die Grafschaft „in Tiengowe und Ergowe" (Diengau und Eritgau) und die Dörfer Hohentengen und Blochingen, und die Burg Friedberg für 1280 Mark und 200 Mark für die Vorräte. Nach der Burg „Vriedeberch" trug das Gebiet fortan die Bezeichnung „Grafschaft Friedberg". Im selben Jahr erwarb er die Vogtei über das Stift Buchau. Seine Söhne wurden mit der neugeschaffenen Landvogtei Schwaben belehnt, die Brüder Ulrich und Marquard v. Schellenberg als Landrichter in Oberschwaben eingesetzt. (Feinde der Montforter); Landvogt wurde der Graf Hugo v. Werdenberg (— 1284), der nach dem Tod seines Vaters (1280) die Stelle übertragen bekommen hatte und ebenfalls ein Gegner der Montforter war.

An dem im Jahr 1285 erneut ausgebrochenen Dynastenaufstand (— 1287) waren neben dem Grafen Eberhard v. Württemberg weitere 15 Grafen beteiligt, darunter auch Graf Ulrich v. Bregenz-Sigmaringen. Ob auch sein Bruder, der Scheerer Graf Hugo, in die Fehde verwickelt war, in deren Verlauf die Montforter Besitzungen verwüstet wurden, ist nicht bekannt. Ab August 1286 führte der König persönlich den Kampf, den er durch den am 10. November 1286 mit dem Grafen von Württemberg und seinen Anhängern geschlossenen Frieden zu beenden versuchte. Hierbei wurde auch der Sigmaringer Graf Ulrich wieder in Gnaden aufgenommen. Der Krieg wurde jedoch bald wieder fortgesetzt. Nachdem der König im Juli 1287 wieder in Schwaben erschienen war, unterwarf er neben dem Grafen v. Württemberg unter anderem die Grafen von Tübingen, von Montfort und Helfenstein. Nach dem Waffenstillstand vom 6. September beurkundete König Rudolf v. Habsburg am 23. Oktober 1287 in Scheer (!), daß sein Kanzler, der Erzbischof Heinrich von Mainz, zwischen ihm und dem Grafen Eberhard v. Württemberg eine Sühne zustande brachte. Der Aufenthalt des Königs in Scheer läßt vermuten, daß sich Graf Hugo als Verwandter des Königs nicht an den Kämpfen beteiligt hatte. Am 2. November 1287 schenkte Graf Hugo dem Kloster Habstal ein Gut zu Repperweiler. Dies war seine letzte in Scheer vorgenommene Amtshandlung. Was ihn dazu bewog, vmtl. noch im selben Jahr seine Herrschaft Scheer an die Habsburger zu verkaufen, ist nicht bekannt. Es fehlt auch eine diesbezügliche Urkunde, doch ist aus Aufzeichnungen über den habsburgischen Besitz ersichtlich, daß der König mit der Burg und Stadt Scheer auch Gemmingen, die Burg Schatzberg bei Egelfingen, die Mühle und das Fischwasser in Krauchenwies, den Hof hinter der Martinskirche in Mengen, Güter in Hitzkofen und Heudorf, sowie die Meierhöfe in Zielfingen und Bingen und den Burgstall (Bittelschieß) kaufte. Graf Hugo zog sich nun nach Tettnang zurück. **1289 bestätigte der König den Bürgern von Scheer ihre Freiburger Stadtrechte.** Von 1290—1298 ist Konrad Schiltung als Ammann in Scheer erwähnt.

Die nächste Erwerbung der Habsburger war die Grafschaft Sigmaringen, wo Graf Rudolf v. Montfort-Feldkirch die Vormundschaft über den Grafen Hugo, den Sohn seines verstorbenen Bruders Ulrich, übernommen hatte. Er gab die Einwilligung als Graf Hugo (vmtl. 1290) die Grafschaft an den König Rudolf von Habsburg verkaufte, der 1291 starb. — 1291 kauften die Habsburger die Herrschaft Veringen mit zahlreichen Zugehörungen und erwarben von den Grafen von Landau auch den Bussen (Hinterburg). — Im selben Jahr verlieh Herzog Albrecht dem Menger Ammann Eberhard v. Rosenau (Rosna) den „mit der Herrschaft Scheer erkauften Hof in Mengen".

Etwa ab 1295 unterstand das ganze Gebiet einer einheitlichen Verwaltung mit einem Vogt als oberstem Beamten, einem Landrichter und einem Forstmeister. Der Landrichter Swigger v. Deggenhausen, den Herzog Albrecht im Jahr 1295 an die Donau berief, hatte allem Anschein nach seinen Sitz in Scheer (— 1299). Von ihm ist bekannt, daß er über ein beträchtliches Vermögen verfügte, da die Stadt Scheer sein Siegel (die Schneiderschere) und einen Stern als Zeichen der königlichen Gerichtsbarkeit in ihrem Wappen ausweist wird vermutet, daß er in der Stadt gewisse Rechte besaß. — 1299 wird der Menger Ammann Eberhard v. Rosna als „Eberhard ministro in Scheer" bezeichnet, wo Konrad Schiltung im Jahr 1300 wieder als Ammann auftrat. Sein Bruder Friedrich Schiltung war im Jahr 1300 Vogt auf dem Bussen, der von den Habsburgern zur stärksten Festung im nördlichen Oberschwaben ausgebaut wurde. Ab 1301 trat Konrad Schiltung wieder als Ammann in Mengen auf, später wieder in Scheer. Er befaßte sich zu dieser Zeit wohl mit der Zusammenstellung der im Habsburger Einkünfterodel von 1290 noch nicht enthaltenen Güter in der „Rechtung Scheer", zu der auch Ennetach zählte. Sie werden in dem um 1300 entstandenen „Redditus de Schere" (Güterverzeichnis)— erstmals erwähnt und dann ins Habsburger Urbar des Jahres 1303 übernommen.

Nachdem im Jahre 1303 Friedrich d. Schöne die Verwaltung der Vorlande übertragen bekam, erhielt der Scheerer Ammann Konrad Schiltung die Vogtei über den habsburgischen Besitz an der Donau. Als Vogt bediente er sich auch in der Folgezeit stets des Siegels der Stadt Scheer. 1303 wird er als „Vogt zu Sigmaringen und auf dem Bussen" bezeichnet. Zu seinem im Habsburger Urbar verzeichneten Amtsbereich zählten die Vogtei Mengen, welche im Wesentlichen die Grafschaft Friedberg umfaßte, das Amt Saulgau, das sich bis Reutlingendorf erstreckte, das Amt Sigmaringen und verschiedene Rechtungen, darunter auch Scheer, Mengen und Riedlingen.

Nach dem Tod König Albrechts († 1308) gaben die Habsburger ihre Aufbaupolitik auf. Ihr Vogt Schiltung, der seinen Hauptsitz in Scheer hatte, nannte sich 1311 „Voget Schiltunch zu der Schaere und anderswo". 1312 urkundete er zwar in Scheer, nannte sich aber Vogt Schiltung von Sigmaringen. Nach ihm ist kein habsburgischer Vogt mehr erwähnt. In den Wirren der 1313 entstandenen Thronkämpfe zwischen den Häusern Habsburg-Österreich und Luxemburg-Böhmen, bestätigte Graf Wilhelm von Montfort-Tettnang am 21. 1. 1313 dem Kloster Habstal den Besitz des von seinem Vater, dem früheren Scheerer Grafen Hugo geschenkten Hofes in Mengen und dem Kloster Ennetach dessen Stiftung. Er hielt sich damals bereits in Scheer auf, wo die betreffenden Urkunden ausgestellt wurden.

In Pfandschaft der Grafen von Montfort-Tettnang (1314–1447)

Nach der Königswahl des Jahres 1314 brach ein Reichskrieg aus, der die Entscheidung darüber bringen sollte, wem von den aus dieser Doppelwahl hervorgegangenen Gegenkönigen, Friedrich d. Schönen von Österreich oder Ludwig d. Bayern, die Regierungsgewalt zufallen soll.

Graf Wilhelm II. (1314–1354)

stellte sich in diesem Krieg auf die Seite der Habsburger. Als sich Herzog Leopold von Österreich in Mengen aufhielt, verpfändete ihm dieser am 28. November 1314 um 400 Mark Silber die **Herrschaft Scheer**, wobei sich Egg v. Reischach für ihn verbürgte. Der Graf versprach dem König Friedrich im Krieg um das Reich männiglich zu dienen, ausgenommen gegen den Pfalzgrafen Rudolf und die eigenen Vettern von Montfort. Der Herzog, in dessen Diensten er nun stand, schlug am 30. November nochmals 400 Mark auf die Pfandschaft und versicherte diese auf die Burg und Stadt Scheer.
Bereits am 19. Oktober
1315 verpfändeten ihm König Friedrich und dessen Bruder, Herzog Leopold, die ihn ihren „Oheim" nannten, auch die **Grafschaft Friedberg**, mit Ausnahme des Klosters Sießen, der Kirchensätze und der edlen Leute darin.
Schon am 7. Juli
1316 erhielt er die Vogtei über dieses Kloster mit allen dazugehörigen Kirchensätzen und Höfen. Aus der Bestätigung der pfandweisen Überlassung der Grafschaft Friedberg, die Herzog Leopold am 5. Mai
1317 ausstellte, ist der Umfang des Herrschaftsgebietes des Grafen Wilhelm ersichtlich:

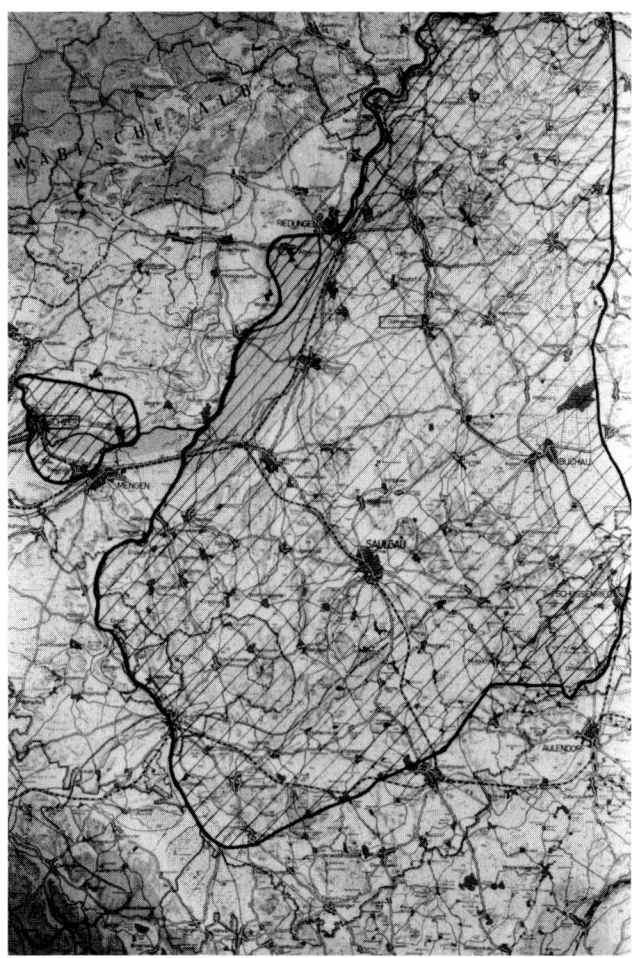

Graf Wilhelm hatte hier alle Herrlichkeiten, Gewalt, Gerichte, Zwinge, Bänne, Wildbänne, Steuern, Nutzen und Renten. Ausdrücklich erklärte der Herzog, daß Burg und Stadt Scheer nicht eingelöst werden sollen, bevor nicht auch die Grafschaft Friedberg eingelöst sei.
1318 verschrieb der Herzog dem Grafen Wilhelm für 170 Mark die Kirchensätze zu Hohentengen, Herbertingen, Friedberg und Blochingen. — In diesem Jahr war der Graf noch Reichslandvogt König Friedrichs, schwenkte aber ins Lager des Gegenkönigs Ludwig d. Bayern um, von dem er
1320 als Landvogt in Oberschwaben bestätigt wurde. Der Ritter Burkhard von Ellerbach, Pfandinhaber der Grafschaft Sigmaringen, wie auch die Städte Mengen, Saulgau, Biberach und Ravensburg standen auf der Seite König Friedrichs.
Als im Jahre 1322 die Habsburger gegen Oberschwaben vorrückten, machte Graf Wilhelm sein Testament, in welchem er bestimmte, daß die Tochter Meta, sein damals noch einziges Kind, den Sohn des Grafen Albrecht von Werdenberg heiraten und all seine Güter erben soll. Danach beteiligte er sich am Kriegszug König Ludwigs, der am 29. September seinen Rivalen bei Mühldorf am Inn besiegte und gefangennahm. Trotzdem blieb der größte Teil der Anhänger Herzog Leopolds dem Hause Österreich treu, dem sich am 12. Oktober in Mengen

auch Hugo v. Werdenberg und dessen Bruder Albrecht v. Werdenberg zu Heiligenberg erneut verpflichteten.
1323 belegte der Papst den König Ludwig mit dem Kirchenbann. Unter dessen Anhängern, die
1324 in Ungnade gefallen waren, befanden sich auch Graf Wilhelm und Graf Johann von Helfenstein.
Mit seinem immer noch in Gefangenschaft sitzenden Rivalen, König Friedrich, schloß König Ludwig im Jahre
1325 einen Vertrag, in welchem der Österreicher Ludwig den Bayern als König anerkannte und sich bereit erklärte, von ihm die habsburgischen Besitzungen als Reichslehen zu empfangen. König Ludwig der Bayer zog im Jahre
1327 nach Italien, ließ sich in Mailand zum König von Italien krönen und ernannte den Grafen Wilhelm von Montfort zum Stadthalter. In Rom setzte er Nikolaus V. zum Gegenpapst ein, der ihn zum Kaiser krönte.
1329 kehrte Graf Wilhelm nach Deutschland zurück und begab sich im Dezember ins kaiserliche Heerlager. Nach dem Tod König Friedrichs d. Schönen (1330) warben dessen Brüder, die Herzoge Konrad und Albrecht, weitere Verbündete gegen den Bayern. Der Konstanzer Bischof Rudolf III. von Montfort versprach ihnen, gegen eine Entschädigung von 2000 Mark Silber im Krieg gegen den König Ludwig zu dienen, nicht aber gegen seine Vetter, Graf Wilhelm v. Montfort und Graf Heinrich von Werdenberg. Für 1000 Mark dieser Summe erhielt der Bischof die Stadt Saulgau als Pfand (24. Februar 1330). Im März kamen die beiden Herzöge nach Saulgau, wo sich ihnen mehrere Adelige verpflichteten: Berchthold v. Hornstein zu Bittelschieß, Heinrich v. Veringen, Burkhard v. Ellerbach, Ulrich v. Königsegg.
Graf Wilhelm von Montfort, der Herr zu Tettnang und Scheer, kaufte in diesem Jahr von Burkhard d. Älteren v. Ellerbach die Burg Landau und Ertingen. Um im Kriegsfall gesichert zu sein, erhielt er vom Kaiser die Erlaubnis, den Flecken Tettnang zur befestigten Stadt auszubauen und auch Langenargen, wo er ein festes Schloß baute, zu befestigen. Den Schwestern von Ennetach bestätigte er die Stiftung einer Hofstatt in Ennetach und des Gutes Hipfelsberg. 1331 bestätigte König Ludwig d. Bayer der königstreuen Stadt Mengen ihre Privilegien. Auf Eingaben des Grafen Wilhelm erhob er Ertingen zur Stadt. Von seinem Vetter, dem Grafen Hugo v. Montfort-Bregenz, erhielt Graf Wilhelm die Pfandschaft Wangen als Geschenk.
1334 befreite König Ludwig die Stadt Riedlingen von fremden Gerichten und verlieh ihr die Rechte der Stadt Mengen. Saulgau wurde aus der bischöflichen Pfandschaft gelöst und kam nun in pfandschaftlichen Besitz der Grafen von Hohenberg. Dem Grafen Wilhelm, der mit ihm den Feldzug gegen Johann v. Böhmen mitgemacht hatte, verpfändete der König, der ihm 3000 Pfund Haller schuldete, am 21. Juli 1336 die Stadt Pfullendorf.
1338 erhielt der Graf aus der Erbschaft seines verstorbenen Vetters Hugo von Bregenz, großen Besitz am Bodensee und im Bregenzer Wald.
1339 wird er als Vogt auf dem Bussen erwähnt. (Er war vermählt mit Ursula, der Tochter des seitherigen Bussenvogts Graf Hugo von Hohenberg und der Gräfin Ursula von Pfirt).

1342 verpfändete ihm der König die Vogtei Fulgenstadt. — Der königstreue Graf und die Stadt Scheer kamen
1343 wohl in eine sehr bedrohliche Situation, als Graf Eberhard der Greiner den von den Österreichern unterstützten Grafen Konrad v. Berg unterhalb des Hipfelsberges vernichtend schlug und, nachdem sich dieser nach Mengen zurückgezogen hatte, die Stadt stürmte und „zu Grundt — Boden geschleift hot".
1345 kam Graf Wilhelm in Konflikt mit König Ludwig. Er weigerte sich am Kriegszug teilzunehmen, den dessen Sohn, Herzog Stephan v. Bayern an den Bodensee unternahm, um dortigen montfortschen Besitz, den die Grafen von Tosters innehatten, in Besitz zu nehmen. Diese Haltung sollte ihm bald zugute kommen, denn der im Jahre 1346 zum Gegenkönig gewählte Karl IV. von Luxemburg wurde nach dem Tod Ludwigs d. Bayern (1347) als König anerkannt. Er übertrug dem Grafen seine volle Gunst und Würde, bestätigte ihn im Besitz aller Pfandschaften, die er vom Reich innehatte, und bezahlte ihm für seine Dienste 400 Mark Silber. In Scheer vertrat ihn sein Vogt Hermann, der
1348 mit dem Altschultheiß Wezel und Albrecht dem Pfister genannt wird. — Ob die Burg Scheer in Mitleidenschaft gezogen wurde, als im Januar/Februar 1348 ein starkes Erdbeben unser Gebiet erschütterte, bei dem fast alle Burgen des Donautals zerstört worden sein sollen, ist nicht bekannt.
Spätestens im Oktober
1350 starb Graf Wilhelm. Zuerst hatten seine Söhne Wilhelm, Hugo, Heinrich und Ulrich das Erbe gemeinsam inne. Die drei erstgenannten wurden
1353 durch den König von den Judenschulden freigesprochen. Nach dem Tod des Hugo und des Ulrich kam es am 20. Mai
1354 zur Teilung zwischen Wilhelm und Heinrich. Wilhelm erhielt die Grafschaft Bregenz, die Herrschaft Schomburg, die vom Reich verpfändeten Kellhöfe vor Lindau, die Reichspfandschaft Eglofs und die Hälfte der Steuer zu Mengen.

Graf Heinrich von Montfort (1354–1405)

bekam die Burg und Herrschaft Rothenfels, Burg, Stadt und Herrschaft Tettnang, die Burgen Argen, Liebenau und Niedersummerau, die Vogtei des Klosters Langenau, die Burg und Stadt Scheer, den Diengau, die Kirchensätze zu Friedberg, Hohentengen und Herbertingen, die Hälfte der Steuer zu Mengen, die Burg Landau und Ertingen, das nun bereits wieder „Dorf" genannt wird.
Wie sein Vater, schloß sich auch Graf Heinrich an König Karl IV. an. Seinem Streben nach Besitzerweiterung stand jedoch die Hausmachtpolitik der Habsburger gegenüber. Der König, an den
1354 nach dem Tod des Grafen Hugo v. Werdenberg vertragsgemäß der Bussen zurückfiel, verpfändete im selben Jahr die Städte Mengen, Riedlingen und Munderkingen an den Truchsessen Hans v. Waldburg.
1356 verkaufte Graf Heinrich die von seinem Vater 1330 erworbene Burg Landau und Ertingen an die Grafen Eberhard von Landau und Albrecht von Eichelberg um 5000 Pfd. Heller. Seine Interessen lagen mehr im Gebiet

des Bodensees, zumal er seinen Sitz in Tettnang hatte. Er nahm

1360 an der von Herzog Rudolf unterstützten Fehde zwischen den Montfortern und Werdenbergern teil, in deren Verlauf die Burg und Stadt Altstätten in ihre Hände fiel. Im selben Jahr brachte er Immendorf an sich und machte es zur Stadt Immenstadt.

1361 erhielt er die Burg und Stadt Altstätten als Pfand.

1363 finden wir ihn bei den Kämpfen in Italien, wo er den Florentinern deutsche Reiter zuführte.

1365 bestätigte ihm Kaiser Karl IV. alle Pfandschaften, zu denen auch die freien Leute auf der Leutkircher Heide gehörten. In Scheer ist in diesem Jahr der schon 1348 genannte Vogt Hermann erwähnt. Seine Mühle in Scheer („unter der Burg an der Donau") verpfändete der Graf

1366 an die auf der Burg Hornstein gesessenen Brüder Kunz und Hainz v. Hornstein, Söhne Hermanns v. Hornstein und an Kunz v. Hornstein, den Sohn des Hans v. Hornstein. Auf seiner Burg in Scheer wurde am Dienstag nach Lichtmeß

1367 bekundet, daß sein Bruder Graf Wilhelm v. Montfort-Bregenz, und dessen Sohn, dem Grafen Eberhard v. Württemberg für 11 000 Pfd. Heller die Städte Haigerloch und Ebingen verkauften. Als Bürgen waren anwesend neben dem Burgherrn Graf Heinrich: Herr Hans v. Bodmann der Alte, die Ritter Konrad v. Ellerbach „der Ytel," Eberhard v. Königsegg, Hans v. Bodmann d. Junge, Konrad und Ludwig von Hornstein, Burkhard von Ellerbach „der Lange", Burkhard von Stein, Heinrich von Emmerkingen, der Ritter Manz von Hornstein und die Edelknechte Benz von Hornstein, Burkhart von Hohenfels, Heinrich von Blankenstein, Wilhelm von Brachsberg, Hans von Hornstein, Johann von Obernheim, Walter von Beuren und Benz von Heudorf.

Auf Bitte des Grafen Heinrich vereinigten am 6. Februar 1369 die Herzöge Albrecht und Leopold die Herrschaft Scheer und die Grafschaft Friedberg zu einer zusammengehörigen Pfandschaft und versprachen, die beiden Teile nicht einzeln zu lösen. Um

1370 starb seine (erste) Gemahlin Adelheid, eine Gräfin von Habsburg-Laufenburg. Bei ihrem Tode lebten die Söhne Rudolf, Heinrich und Wilhelm. Von den Töchtern hatte Anna den Grafen Heinrich von Fürstenberg, Kunigunde den Freiherrn Ulrich von Mätsch geheiratet. In 2. Ehe vermählte sich Graf Heinrich mit der Witwe Klara von Ellerbach, die 2 Söhne in die Ehe brachte. Am 28. August

1374 leistete sie den Verzicht auf ihr Heiratsgut von 11 000 fl. zu Gunsten ihres Gemahls.

Im selben Jahr trat Graf Heinrich in österreichische Dienste. Seine Familie residierte in Tettnang. In Scheer saß sein Vogt Konrad der Hagel d. Ä., der schon 1373 erwähnt ist. Auch Graf Eberhard der Greiner von Württemberg, der 1371 bis 1376 die „untere Landvogtei Niederschwaben" und die „obere Landvogtei" wieder innehatte, war in Scheer durch einen Vogt vertreten: Frick von Magenbuch. Dieser kaufte 1374 von Ritter Konrad von Buwenburg dessen Leute und Güter zu Hundersingen. Möglicherweise war Scheer damals an Württemberg verpfändet, wie zur selben Zeit Mengen an Hans von Bodmann, Riedlingen an Burkhard den Langen von Ellerbach und Munderkingen an den Grafen von Helfenstein. Wie die genannten Städte wurde auch Scheer im Jahre

1375 von Herzog Leopold von Österreich wieder ausgelöst (s. d.). Graf Heinrich war

1376 beim Herzog in Basel und geriet dort bei einem anläßlich der Faschingsspiele entstandenen Volksaufstand in Gefangenschaft, wurde jedoch bald wieder freigelassen. Im süddeutschen Städtekrieg schloß er sich

1378 dem Ritter- und Fürstenbund an, als dessen Oberhaupt er

1381 auf dem Schloß Tirol von Herzog Leopold 5000 Gulden Dienstgeld erhielt. Nachdem sich die Rittervereinigungen und Städte zusammengeschlossen hatten (1382), wählten ihn

1384 auch die „Seestädte" zu ihrem Hauptmann.

1386 schlug Herzog Leopold dem Grafen Heinrich, den er seinen Oheim nannte, 1000 Gulden auf den „Satz ze der Schär". — Seinem Sohn **Graf Rudolf VI. von Montfort** übertrug Graf Heinrich im Jahr

1389 die Herrschaft Scheer mit den Gütern in Oberschwaben. Diese Übertragung wurde aber nicht rechtskräftig, denn auch in den folgenden Jahren zeichnete er für diese Herrschaft, die er (ohne die Grafschaft Friedberg und die Stadt Scheer) vmtl. im Jahre 1398 an **Heinrich von Reischach zu Dietfurt (1398—1435)** als Afterpfand gab. Dieser bezeichnete sich als „Herr zu der Schär", wo er auch residierte als er in diesem Jahr die Feste Hornstein erwarb. Graf Heinrich von Montfort sah sich im Jahr

1400 wegen erforderlicher Aufrüstung gezwungen, ihm um 3000 Pfd. Heller das Dorf Herbertingen zu versetzen. Im Jahr

1402 bestätigte König Rupert dem Grafen Heinrich dessen vom Reich erhaltene Pfandschaften, Lehen und Privilegien und erteilte ihm das Privileg, daß seine Leute vor kein fremdes Gericht gefordert werden dürfen. In Scheer wird

1403 der Vogt Konrad von Stein, genannt der Zähe, erstmals erwähnt. Friedberg, das Graf Heinrich mit dem Vogtrecht im Diengau an Hans von Eberhardsweiler als Afterpfand gegeben hatte, kam

1404 an dessen Oheim Konrad Gremlich von Zußdorf. An seine Söhne, die Grafen

Rudolf und Wilhelm von Montfort (1405–1408)

übergab Graf Heinrich am Freitag vor Valentinstag 1405 die Feste Stadt und Burg zu der Schär, sowie die Burg Werdenberg. Konrad Früg, „ze den Ziten Vogt im Diengöw", saß

1407 an Stelle seines Herrn, des Grafen Rudolf von Montfort „ze Diengen uff dem Berg," zu Gericht (1407—1422). Auch in Dürmentingen bestand eine Vogtei, deren Grenzen in diesem Jahr beschrieben wurden. Das Jahr

1408 brachte wieder entscheidende Veränderungen. Im Januar hören wir vom Grafen Rudolf, als er gegen die Appenzeller vorrückte, die mit der Bregenzer Linie des

Hauses Montfort in Fehde lagen und damit drohten, über ganz Schwaben herzufallen. Durch sein Eingreifen waren diese gezwungen, sich zurückzuziehen. Am 15. Juni 1408 starb der Vater. Die beiden Brüder ließen sich zunächst von König Ruprecht ihre Reichspfandschaften bestätigen und teilten am Donnerstag nach St. Gallen 1408 das Erbe.

Graf Rudolf von Montfort (1408–1425)

erhielt bei dieser Teilung die „Pfandschaft zue der Schär, und des Diengews mit aller Zugehörd". Sein Bruder Wilhelm, dem die anderen Gebiete zugesprochen wurden, sollte diese Pfandschaft gegen 2400 Gulden aus der Afterpfandschaft Heinrichs von Reischach lösen, oder den jährlichen Zins von 2000 Gulden zahlen. Dazu verpflichtete er sich, seinem Bruder Rudolf ein jährliches Leibgeding von 57 Pfd. Heller zu geben und das an den Reischach verpfändete Dorf Herbertingen zurück zu lösen. Schon im Jahr 1410 war Graf Rudolf der Schulden halber genötigt, die Grafschaft Friedberg, Burg und Stadt Scheer und den Diengau (Göge) an den Ritter **Wolf von Zillenhard (1410—1414)** zu verpfänden. Die Herrschaft (ohne die Feste und die Stadt) Scheer war noch an Heinrich von Reischach verpfändet.
1412 wurde Graf Rudolf von Kaiser Sigismund zum Landvogt in Oberschwaben ernannt. Da es seinem Bruder nicht möglich war, den beim Teilungsvertrag von 1408 eingegangenen Verpflichtungen bezüglich der Auslösung des Dorfes Herbertingen etc. nachzukommen, erhielt Rudolf von ihm
1412 eine jährliche Gült von 11 Seefuder Wein und 10 Malter Korn, sowie den Zins und die Steuern von den Leuten auf dem Land bei Tettnang zu Summerau und Langenau.
1414 verpfändete Graf Rudolf, der seinen Vogt Hans Schriber in Scheer sitzen hatte, auch die Feste und Stadt Scheer mit aller Zugehörde an die Ritter **Heinrich von Reischach d. Ä. und dessen Sohn Heinrich (1414—1433).** Obwohl Graf Rudolf sich gegen Herzog Friedrich verschrieb, daß diese Verpfändung dem Hause Österreich unnachteilig sein soll, wurde ihm die Landvogtei entzogen und
1415 dem Truchsessen Johann von Waldburg übertragen. Unter den zahlreichen Adeligen, die sich im Jahr
1416 gegen den während des Konstanzer Konzils entstandenen Preiswucher wandten, finden wir auch die beiden Grafen Rudolf und Wilhelm von Montfort.
1420 wird Egg v. Reischach als „zu der Schaer gesessen" genannt,
1421 die Brüder Egg und Heinrich v. Reischach, die in diesem Jahr ihre Feste Dietfurt und das Dorf Boll an Anna v. Werdenberg verkauften. — In Ennetach wurde die Klosterkirche, die durch einen Brand zerstört worden war,
1424 wieder aufgebaut. Papst Martin V. erlaubte, daß sie von einem Bischof eingeweiht wird. Graf Rudolf sprach die Schwestern von allen Steuern frei und bestätigte die Schenkung der Hofstatt, auf der das Kloster steht, und des Gutes auf dem Hipfelsberg, durch den Grafen Hugo v. Montfort sel., sowie die Schenkung der Mühle samt einer Wiese zu Mengendorf (Ennetach) durch die Brüder Hartung und Heinrich v. Bartelstein.
Am 8. Dezember 1425 starb Graf Rudolf und wurde im Kloster Langenau, dem Erbbegräbnis der Familie beigesetzt. Da er vmtl. ledig und ohne Nachkommen geblieben war, fiel der Besitz an seinen Bruder,

Graf Wilhelm v. Montfort, Herr zu Tettnang, Rothenfels und Werdenberg (1425–1433).

Das Erbe, das dieser hier antrat, war immer noch an die Brüder Egg und Heinrich v. Reischach verpfändet, denen er ihre Afterpfandschaft nun erneuerte. Heinrich v. Reischach kaufte im Jahr
1427 die anderen beiden Teile von Hornstein. Wohl als Vogt wird
1430 Frick von Magenbuch als „zu der Schär gesessen" genannt.
1431 einigte sich Heinrich von Reischach mit Ulrich v. Hornstein zu Bittelschieß und Hans v. Hornstein zu Schatzberg betr. des ihnen vom König bewilligten Gerichts zu Bingen. Letztmals urkundete Heinrich v. Reischach, als „zuo der Schaer gesessen", als am 31. Dezember 1433 die Stadt Scheer von Ulrich v. Hornstein die Bautzenreute kaufte.
Wohl schon im Sommer dieses Jahres vermählte sich Kunigunde, die Tochter des Grafen Wilhelm v. Montfort, mit

Truchseß Eberhard von Waldburg (1433–1447),

dem Sohn des Truchsessen Johannes II. v. Waldburg. Truchseß Eberhard, der schon seit 1429 im Besitz von Munderkingen, Schongau, Nußplingen und der Feste Kallenberg, Bussen und Wolfegg war, erhielt von seinem Schwiegervater statt einer Mitgift das Recht, die Grafschaft zu der Scheer mit allen Zugehören von den Brüdern Egg und Heinrich v. Reischach zu lösen. Auf dem Bussen ist von 1433—1440 sein Vogt Jörg Kaib genannt. Der Truchseß stand damals, bis 1447, in Diensten der beiden Württemberger Grafen Ludwig und Ulrich, und hatte zugleich das Amt des kaiserlichen Landvogts inne. Wann er die Grafschaft Scheer von den Reischach löste, ist nicht bekannt.
1435 wird Egg von Reischach noch „von der Schär" bezeichnet. Im selben Jahr aber auch schon als „seßhaft zu Heudorf", Heinrich v. Reischach dagegen als „seßhaft zu Hornstein".
Als im Jahre 1436 der Ritter Konrad v. Landau starb, sah sich dessen Bruder Eberhard v. Landau der Schulden halber gezwungen, die Burg Landau, das Dorf Ertingen, $1/3$ des Gerichts zu Binzwangen, den Bau zu Landau nebst dem Talhof etc. an den Truchsessen Eberhard zu verkaufen. Eigentlicher Käufer war jedoch das Kloster Heiligkreuztal, das die beiden Burgställe Landau anzünden und die Steine nach Heiligkreuztal führen ließ.
Hans Trub, wohl der Sohn des in Hohentengen bislang gesessenen Vogts Konrad Trub, wird ab 1438 als Untervogt in Scheer genannt.

1439 hören wir von Streitigkeiten des Truchsessen mit Werdenberg-Sigmaringen wegen der Grenzen und Jagdrechte. Im selben Jahr soll er mit seinem Bruder Jakob an einem Turnier in Straubing teilgenommen haben. Als Vormund Herzog Sigmunds vergönnte König Friedrich III. am 25. Juli 1442 dem Truchsessen Eberhard, alle zu den Pfandschaften Scheer und Friedberg zählenden Stücke einzulösen und dieses Pfand inne zu haben. Gleichzeitig sicherte er ihm das Pfand auf Lebenszeit zu. Am 6. Dezember
1442 verpflichteten sich die Brüder Eberhard (Scheer), Jakob (Neuenburg) und Georg (Winterstetten) v. Waldburg dem König gegenüber, mit je 27 Schützen zu Fuß seiner Stadt Rapperswil erforderlichenfalls zu Hilfe zu kommen. Anfangs
1443 rückte dieses Kontingent ab, wurde aber wieder zurückgezogen, da der Krieg gegen die Schweizer noch nicht ausbrach. Am 12. Juni
1443 verbündeten sich die Waldburger mit Graf Ludwig v. Württemberg-Urach auf 3 Jahre. Schon im Februar dieses Jahres hatte der Graf einen Streit des Truchsessen Eberhard mit dem Kloster Heiligkreutzal geschlichtet. Am 7. August
1443 legte in Riedlingen ein Schiedsgericht den Streit Eberhards mit den Werdenbergern wegen der Grenzen des Jagens, der Steuern zu Hitzkofen u.a.m. bei. Hierbei ist auch vom „Bärenjagen" die Rede. — Erst in diesem Jahr verzichteten die Grafen Heinrich, Haug und Ulrich v. Montfort endgültig auf das Recht der Wiedereinlösung der Pfandschaft Friedberg-Scheer, nachdem ihre Schwester Kunigunde, die Gemahlin des Truchsessen Eberhard, den gewöhnlichen Erbverzicht geleistet hatte. Es handelte sich dabei um das Schloß Scheer, samt der Grafschaft Friedberg, dazu die eigenen Vogteien und Güter, die nicht zu der Schär noch in das Pfand der Grafschaft Friedberg gehörten, nämlich Bachhaupten, Tafertsweiler, die Mühle zu der Schär und die Fischenzen (Fischgerechtigkeiten) in der Donau, sowie die Gerechtigkeit zu Fulgenstadt, welche Reichspfandschaft war.
Am 3. Dezember 1443 erwarb der Truchseß von seinem Bruder Jakob, um 3500 Gulden, dessen Anteil ($1/3$) an der Feste Waldburg. Im gleichen Jahr wird Peter von Beuren als Vogt zu der Schär genannt (— 1448). Dem Peter Sigg, Amtmann des Klosters Sießen, verlieh der Truchseß im Jahre
1444 die Holzmühle, ein Jahr später dem Hans Fetscher von Dürmentingen die dortige Mühle, die er neben zwei weiteren Häusern gekauft hatte. Erstmals wird in dieser Urkunde sein Sohn Graf Andreas erwähnt, der spätere Herrschaftsinhaber.
1445 erhielt Heinrich v. Reischach zu Dietfurt, gesessen zu Hornstein, die Pfandschaft Günzkofen und das Vogtrecht zu Herbertingen, welche bislang „Hilprant Willi von Winnenden", innehatte, von Herzog Albrecht übertragen. Ihm verkauften Stoffel Pfeiffer und seine Hausfrau Margret Aemmenin, „gesessen zu der Schär", im gleichen Jahr Äcker und Wiesen.
1446, im selben Jahr also, in welchem Herzog Albrecht u. a. auch den Landesteil Schwaben zugesprochen bekam, kündigte er dem Truchsessen Eberhard dessen Pfandschaften, vor allem die Grafschaft Friedberg-Scheer, obwohl Eberhard im Schweizer Krieg auf der Seite Österreichs gestanden hatte. Bereits am 29. November
1446 kam der Herzog mit Berthold v. Stein, dem Ortsherrn von Uttenweiler überein, daß dieser evtl. die Pfandsumme an Eberhard entrichten und dafür die Pfandschaft innehaben solle. Da der Truchseß mit dem Hinweis, daß ihm die Pfandschaft auf Lebenszeit verliehen wurde, die Herausgabe verweigerte, kam man überein, den Streit durch den Markgrafen von Baden entscheiden zu lassen. Dieser entschied am 24. April
1447 in Riedlingen, daß Eberhard der Lösung der Pfandschaften stattgeben müsse. Nun löste der Herzog die Pfandschaft aus und versetzte sie an die Ritter

Hans von Stein v. Ronsperg und dessen Neffen Heinrich v. Stein (1447–1452).

Heinrich v. Stein, der Bruder Bertholds v. Stein zu Uttenweiler, erhielt dabei Schloß, Stadt und Herrschaft Scheer mit der Grafschaft Friedberg, der Vogtei des Klosters Sießen, samt der geistlichen Lehenschaft der Kirchen zu Blochingen, Hohentengen, Herbertingen und Friedberg mit Ausnahme des Burgstalls und des Dorfs, das schon vorher seinem Bruder Berthold verpfändet worden war. Wohl um die Pfandsumme aufbringen zu können, verkaufte Hans v. Stein in diesem Jahr seine Herrschaft Liebentann ans Stift Kempten. Am 6. September
1447 mußte Truchseß Eberhard auch die Vogtei Fulgenstadt abtreten, die vom Herzog nun dem Berthold v. Stein übertragen wurde. Dieser erhielt auch die Vogteien über die beiden Orte des Klosters Salem: Bachhaupten und Tafertsweiler. Da den Herrschaftsinhabern im Jahr
1448 weitere 1650 Gulden auf Scheer geschlagen wurden, verkauften sie ihre Herrschaft Willofs an einen Kemptener Bürger.
Nachdem im Jahre
1450 Herzog Sigmund die Regierung in den Vorlanden übernommen hatte, sah Truchseß Eberhard, wie das ganze Haus Waldburg, wieder günstigeren Zeiten entgegen. Schon am 31. Oktober 1450 sicherte der Herzog ihm die Pfandschaft der 5 Donaustädte und der Feste Bussen im Mannesstamm zu. — Im Zuge des Kirchenneubaues in Hohentengen stiftete der Truchseß
1451 die dortige Katharinenkaplanei. In diesem Jahr ist Mathias Noersing als Vogt des Hans v. Stein erwähnt.

Die Grafschaft Friedberg-Scheer im Besitz des Hauses Waldburg (1452–1785).

Herzog Sigmund hatte im Jahr
1451 die Hälfte von Bregenz, sowie die Feste und Herrschaft Hohenegg gekauft, wozu ihm Truchseß Eberhard 16 000 fl. lieh. Am 21. April
1452 verpfändete der Herzog dem

Stammwappen des Hauses Waldburg: übereinander drei schreitende, rotbezungte, schwarze Leoparden in Gold.

Truchsessen Eberhard von Waldburg (1452–1479)

seine Grafschaft und Herrlichkeit zu Friedberg „samt dem Schloß und der Stadt zu der Scheer, alles mit Burg, Burgstall, Stadtgrund, mit allen Herrlichkeiten, Gerichten, Zwingen und Bännen, Land, Leuten und Gütern, Dörfern, Höfen und Weiden, Wildbännen, Fischenzen, Steuern, Nutzen, Renten und Gilten für ledig, los und frei eigen, dazu die Vogtei auf den Dörfern Tissen (Groß-und Kleintissen) und Dürmentingen", welche dem Truchsessen eigen waren, während die Vogtei bislang zum Schloß Bussen gehörte. Dieser Pfandvertrag wurde 2 Tage später in einen Kaufvertrag umgewandelt. Im selben Jahr erhielt der Truchseß auch die Stadt Mengen als Pfand, das er, wie die Vogtei Bussen und Munderkingen, an seine Söhne Eberhard und Otto gab. Der Besitz in der Herrschaft Scheer wurde

1452 in einem Urbar verzeichnet.
Scheer war nun Residenz und Verwaltungssitz der Eberhardinischen Linie der Truchsessen von Waldburg. Sie walteten wie Landesherren, nahmen für sich das Recht der Einsetzung von Ammännern in Anspruch und versuchten in jeder Hinsicht auch die Rechte der Donaustädte zu beschränken.

1454 versicherte der Herzog den Truchsessen Jakob, Eberhard und Georg, daß weder er noch seine Erben die 5 Donaustädte, auch den Bussen, Winterstetten und Ellwangen von ihnen lösen werde. Erst wenn alle drei ohne männlichen Erben sterben sollten, würden diese Städte und Herrschaften an das Haus Österreich zurückfallen.

1455 kaufte Truchseß Eberhard von den Grafen v. Werdenberg-Sargans die Herrschaft Sonnenberg, die von Feldkirch, mit Unterbrechung, bis zum Arlberg reichte. Die daran anstoßende Herrschaft Bludenz mit dem Montavoner Tal hatte er bereits als Pfand inne. — Als sein Untervogt in Scheer wird in diesem Jahr der Ritter Benz genannt. — Nachdem die Truchsessen bereits 1434 die Freiheit von „fremden Gerichten" erhalten hatten, verlieh ihnen Kaiser Friedrich

1455 den „Bann über das Blut zu richten", also die Hochgerichtsbarkeit.

Truchseß Eberhard war zunächst mit der Einrichtung der Herrschaft Sonnenberg beschäftigt, weshalb seine Söhne Otto und Eberhard die Amtsgeschäfte in Scheer übernahmen, wo er den Heinrich von St. Johann als Vogt, und Benz Kutter als Untervogt eingesetzt hatte. In Hohentengen saß der Ammann Walter Pur (Baur). Ein schon seit 1452 mit dem Kloster Salem wegen der Vogteien Bachhaupten und Tafertsweiler bestandener Streit wurde 1459 durch Vergleich beigelegt. — Nach dem Tod seines älteren Bruders Jakob, gen. „der goldene Ritter", war Truchseß Eberhard ab 1460 Senior des Hauses Waldburg. Im selben Jahr trat er in den Dienst des Herzogs Sigmund und nahm als Mitglied der Rittergesellschaft „St. Georgenschild" am Krieg gegen die Eidgenossen teil. Sein Bruder Johann ließ sich

1460 von Saulgau und den übrigen Untertanen huldigen.

1463 tritt Bilgrin v. Reischach erstmals als Vogt „zue Schäre" auf. Die Sonnenbergische Linie des Hauses Waldburg wurde in diesem Jahr vom Kaiser in den Reichsgrafenstand erhoben und erhielt als Wappen einen dreieckigen Berg, darüber die Sonne; auf dem Schild einen Turnierhelm mit goldener Helmdecke, darauf eine goldene Krone mit einem Flügel samt Berg und Sonne. Wohl auf Anregung des Truchsessen Eberhard kam am 19. Dezember 1463 ein für sämtliche Truchsessen des Hauses Waldburg gültiges Hausgesetz zustande, nach welchem die Töchter vom vollen Erbrecht ausgeschlossen wurden. — Im Spätsommer 1464 war Graf Eberhard in eine Fehde mit Raubrittern verwickelt und bekam auch Streit mit der Stadt Mengen wegen der hohen und niederen Gerichte, „die sie beiderseits aneinander stoßend hatten". Sein Vogt Bilgrim v. Reischach war ab 1464 Vogt zu Bregenz. Die Vogtei Scheer übernahm Peter v. Beuren. Das Urbar der Grafschaft Friedberg-Scheer vom Jahr

1465 enthält alle Güter, Rechte und Gerechtigkeiten. Der Vogt Peter von Beuren zog sich

1466 auf seinen Altenteil nach Mengen zurück. Nachfolger wurde Leonhard Kohler.

1467 starb Truchseß Georg von Waldburg, der Bruder

des Grafen Eberhard, der Waldsee, Mengen und Wurzach innehatte, die nun an dessen Sohn, den Truchsessen Georg II. übergingen.

Als Hauptmann des
1468 erneuerten St. Georgenschildes schloß Graf Eberhard
1469 mit Herzog Sigmund eine Einigung.
1470 geriet er wegen einer Silbermine am Arlberg mit dem Herzog in Streit. Obwohl ihm deren Ausbeutung verboten wurde, betrieb er den Abbau weiter und kündigte
1471 dem Herzog das Dienstverhältnis. In Scheer werden in diesem Jahr sein Sohn, Graf Andreas von Sonnenberg und der Vogt Hans Brisch genannt. Graf Andreas erhielt
1472, wohl nur zur Verwaltung, von seinem Vater die Herrschaft Sonnenberg übertragen, wo er gleich einen Konflikt mit den Untertanen heraufbeschwor. Seine Brüder Otto und Johannes erhielten ebenso die Herrschaft in Scheer und Munderkingen. Anlaß hierzu war ein Streit, der zwischen ihrem Vater und dem Herzog ausgebrochen war. Diese Fehde, wie auch eine solche mit dem Grafen Georg v. Werdenberg-Heiligenberg und dem Abt von Marchtal wurde 1472 beigelegt. Der Streit um die Grafschaft Sonnenberg ging weiter. Dort wurde Graf Andreas
1473 vom Herzog vertrieben. Graf Eberhard mußte
1474 auf diese Grafschaft verzichten. Gegen den Willen des Papstes und des Herzogs setzte Kaiser Friedrich 1474 die Wahl des Grafen Otto von Sonnenberg, des Bruders des Grafen Andreas, zum Bischof von Konstanz durch (1474—1491), ein Vorgang, der einen 6jährigen Streit nach sich zog. Otto und sein Bruder mußten in diesem Jahr die Stadt Munderkingen wieder an ihren Vater zurückgeben, der
1477 in den Dienst des Grafen Eberhard von Württemberg trat.
1478 schlug ihm Herzog Sigmund die Schuldsumme von 35 000 Gulden auf die Herrschaften Sonnenberg und Bregenz, wobei er versicherte, diese beiden Herrschaften deswegen nie zu versetzen. Am 22. September 1479 starb Eberhard I., Graf zu Sonnenberg und Truchseß zu Waldburg und wurde in Scheer begraben. Senior des Hauses Waldburg wurde nun Truchseß Johann, der Sohn von Eberhards Bruder Jakob, des „goldenen Ritters".

Im Todesjahr des Grafen Eberhard nahm sein jüngster Sohn Andreas, als Hauptmann eines Haufens meist schwäbischer Landsleute, mit Auszeichnung an der Schlacht des nachmaligen Kaisers Maximilian in den Niederlanden gegen die Franzosen teil. Sein Bruder Otto, der seit 1474 Gegenbischof des Konstanzer Bischofs Ludwig v. Freiberg war, wurde
1479 vom Papst als rechtmäßiger Inhaber des Konstanzer Bischofsstuhls anerkannt (bis 1491). Als Otto im Jahre 1480 auf das väterliche Erbe verzichtete, wurde dieses, entgegen der 1478 vorgesehenen Eventualerbteilung, unter den drei weltlichen Brüdern wie folgt verteilt:

Graf Eberhard II.: die Stadt Munderkingen, die Herrschaft Bussen mit Zugehör, Groß- und Kleintissen, Bonndorf, Bierstetten, Allmannsweiler, Lampertsweiler, Dürmentingen, Unlingen und die Herrschaft Kallenberg.
Graf Johannes: die Herrschaft Wolfegg, Eintürnen, Ellwangen und die beiden Teile an Schloß und Herrschaft Waldburg.

Graf Andreas v. Sonnenberg (1480–1511)

erhielt: die Grafschaft Friedberg und die Herrschaft Scheer samt der Vogtei zu Sießen, Bachhaupten, Tavertsweiler, Osterdorf (abgegangen) und Gunzenhausen. Wegen des Forsts und der Jagd geriet er schon im Jahre 1481 mit seinem Bruder Johannes in Streit, worauf die diesbezügliche Grenze und Rechte festgelegt wurden. In der Erbeinigung des Jahres
1482 bestimmten die drei Brüder, daß, wenn einer von ihnen ohne Nachkommen sterbe, den beiden anderen dessen Erbe zufalle. Schon ein Jahr später starb Graf

Rüstung des Grafen Andreas von Sonneberg (in der Ambraser Sammlung in Wien).

*Grauf von Sonnenberg.
Truchsaes zu Waltpurg.*

Eberhard in Innsbruck. Er hinterließ seine 16jährige Witwe und zwei Töchter, deren Vormundschaft Andreas und Johannes übernahmen.

An Stelle der frühmittelalterlichen Burganlage ließ Graf Andreas in den Jahren 1485 und 1496 das noch heute gut erhaltene Schloß in Scheer erbauen.

Als Baumeister ist der Menger Steinmetz „Meister Lienhard" erwähnt, als Vogt in Scheer

1485 Konrad Müller.

1486 trat Graf Andreas in die Dienste des Kaisers Maximilian I., der in den Niederlanden, die ihm durch seine Heirat zugefallen waren, gegen Frankreich Krieg führte. Bald zählte er zu dessen vornehmsten Räten und vorzüglichen Heerführern. In den Niederlanden heiratete er auf Vermittlung des Kaisers eine vermögende Witwe. Als er feststellte, daß sie sich vorher schon heimlich mit einem jungen Kaufmann vermählt hatte, den sie am Hof hielt, klagte er beim Kaiser. Die Ehe wurde geschieden, die Frau lebenslänglich in einen Turm eingemauert. Dies erfolgte vmtl. in Scheer, wo sich der Graf im Winter

1487/88 aufhielt. — An der Niederschlagung des Flandrischen Aufstandes im Jahr

1488 war er als Feldoberst maßgeblich beteiligt. Ende des Jahres kehrte er nach Scheer zurück, stand aber bereits im Sommer

1489 wieder im Dienst des Kaisers, der Söldner für einen evtl. Krieg gegen den König von Ungarn warb. Nachdem er sich zwischenzeitlich in Scheer aufgehalten hatte, brach er am 17. September

1490 als Oberst im kaiserlichen Heer von Wien nach Ungarn auf, wo die kaiserlichen Truppen bald wieder den Rückzug antraten. Im selben Jahr erwarb er den Burgstall Bittelschieß und kaufte

1491 von Hans Werner v. Zimmern das Schloß Wildenstein, auf das er den Jörg von Werenwag, danach den Sixt v. Hausen als Schloßvogt setzte. Dieser Kauf war der Anlaß zu einem langjährigen Streit mit den Werdenbergern, die nach dem Wildenstein getrachtet hatten.

1492 heiratete Graf Andreas Margarethe geb. v. Starhemberg, die Witwe des Grafen Georg v. Schaumburg. Bei der zwischen ihm und seinem Bruder im Jahr

1493 erfolgten Aufteilung des 1483 durch den Tod des Grafen Eberhard II. ihnen zugefallene Gebietes, erhielt er die Herrschaft Bussen samt Munderkingen, Nusplingen und Kallenberg. Graf Eberhard d. Ä. v. Württemberg, in dessen Diensten Graf Andreas nun stand und den er

1495 nach Worms begleitete, wo dieser zum Herzog erhoben wurde, entschied im gleichen Jahr einen Streit des Sonnenbergers mit den Werdenbergern wegen Geleits über die Brücke zu Scheer etc. Ebenso schlichtete dieser einen Streit des Grafen mit Munderkingen. Von Brun v. Hornstein kaufte der Graf am 1. Juli

1495 dessen Burgstall auf dem Bussen und regelte

1496 durch einen Vertrag mit der Stadt Riedlingen die niederen Gerichtsgrenzen zwischen ihr und seiner Herrschaft Bussen. —

Nach dem Tod des Johannes v. Zimmern trat er

1497 die Feste Wildenstein an dessen Söhne ab.

1498 verlangte König Maximilian die Rückgabe aller Truchsessischen Pfandschaften, worauf ein langer Rechtsstreit entstand. Graf Eberhard trat in den Dienst des Herzogs Eberhard II. v. Württemberg, der ihn auf 4 Jahre zu seinem Rat und Diener bestellte und ihm auch die Obhut über die in Württembergischen Schutz getretenen Klosterfrauen von Heiligkreuztal übertrug. Unter den Anführern der Truppen Württembergs, die als Glieder des schwäbischen Bundes

1499 am Schweizer Krieg beteiligt waren, wird auch Graf Andreas v. Sonnenberg genannt. Im Jahre

1500 bestellt ihn der Herzog Albrecht v. Bayern auf 5 Jahre zu seinem Diener. Da er auch im Dienst des Kaisers stand, der in diesem Jahr einen Krieg gegen Frankreich plante, begann er eine Truppenwerbung, die in Kempten 1400 Mann stark versammelt, aber bald wieder entlassen wurde. In Scheer sind sein Vogt Jörg Schmid und der Notarius Johannes Fabri genannt.

1501 scheint sich Sybilla, die Tochter unseres Grafen aus dessen 2. Ehe, mit dem Truchsessen Wilhelm d. Ä. v. Waldburg, dem Sohn des Truchsessen Johannes d. Ä. verlobt zu haben.

1502 war Graf Andreas unter den zahlreichen Adeligen, die den Grafen Johann v. Zimmern unterstützten, als dieser den Württembergern die Stadt Meßkirch mit Gewalt abnahm. — Seinem „lieben Freund", dem Bischof Veit v. Bamberg, mit dem er

1503 auf 3 Jahre einen Dienstvertrag schloß, lieh er „um Lohn zum Kriege" 700 Soldaten. Als in diesem Jahr der Pfälzisch-Bayrische Erbfolgekrieg vorbereitet wurde, ernannte ihn der Bayernherzog zu seinem Feldhauptmann. Als württembergischer Hauptmann hatte er auch das württembergische Kontingent des Bundesheeres zu befehligen. — Am 2. September 1503 verglich er sich mit dem Abt von Salem und dem Freiherrn von Gundelfingen-Neufra wegen des Hoch- und Niedergerichts zu Neufra.

Inzwischen hatten die Werdenberger die Stadt Meßkirch wieder in ihren Besitz gebracht. Als die Freiherrn von Zimmern am 10. September 1503 die Stadt wieder einnahmen, wurden sie von unserem Grafen mit „Büchsen, Blei und Bulver" unterstützt und danach in sein Schloß Scheer eingeladen. — Im selben Jahr erwarb er die Vogtei Renhardsweiler.

1504 finden wir ihn und seinen Bruder Johannes als Diener des Bayernherzogs im pfälzisch-bayerischen Erbfolgekrieg. Mit 1000 Fußknechten, die sie aufzubringen hatten, schlugen sie in München die Rebellion des Fußvolkes nieder und zwangen danach Erding zur Übergabe an den Herzog. Andreas kam in Gefangenschaft. —

Nach dem Tod des Truchsessen Johannes d. Ä. (26. Dezember 1504) wurde Graf Andreas Senior des Gesamthauses Waldburg. Im Frühjahr

1505 nahm er schon wieder am Kriegszug gegen Geldern teil, wohnte im Juli 1505, als Gefolgsmann des Herzogs Ulrich von Württemberg, dem Reichstag zu Köln bei und kehrte dann wieder nach Scheer zurück. Inzwischen war hier der Schloßneubau vollendet, sodaß am 8. Oktober vom Konstanzer Bischof (Weihbischof) die Schloßkapelle und die ebenfalls fertiggestellte St. Nikolaus-Pfarrkirche konsekriert werden konnten.

1506 gehörte der Graf zu den 6 Kommissären, welche die Aufgabe hatten, die Reichshilfe gegen den Aufstand der ungarischen Großen aufzustellen. Bevor er im August in den Krieg zog, machte er sein Testament, in welchem er seine Tochter Sybilla und ihren Verlobten, den Truchsessen Wilhelm d. Ä. v. Waldburg, als Erben einsetzte. Ende des Jahres war er wieder daheim und hatte sich hier mit den Werdenbergern wegen der hohen Gerichtsbarkeit auseinanderzusetzen. — Nachdem die wegen Verwandtschaft im 3. Grad erforderliche päpstliche Dispens eingetroffen war, heirateten

1507 seine Tochter Sybilla und Truchseß Wilhelm d. Ä.

1508 kaufte er das Hofgut Buchhay am Bussen und stritt sich mit seinem Bruder Johannes wegen der gemeinschaftlich gekauften Herrschaften Ortenstein und Heinzenberg, die er für sich beanspruchte. Im gleichen Jahr hatte er Streit mit den Gremlich zu Hasenweiler wegen der niederen Gerichte außerhalb des Etters zu Einhart, die er beanspruchte.

1509 war er in München bei der Beerdigung des Herzogs Albrecht von Bayern. Auf Schloß Scheer kam am 17. April 1509 Christoph, der erste Enkel des Grafen zur Welt. Zusammen mit seinem Schwiegersohn kaufte er am 10. August 1509 das Umgeld, etliche Zinse und die Erträgnisse der Ammannämter zu Riedlingen und Mengen, dazu den Burgstall Niedergutenstein. Nachdem im April

1510 sein Bruder Johannes und dessen Gemahlin gestorben waren, verglich sich Graf Andreas mit den Truchsessen Johannes, Wilhelm und Georg v. Waldburg dahingehend, daß er die beiden Teile an der Feste Waldburg, die sein Bruder innehatte, die Herrschaften Ortenberg und Heinzenberg und die Stadt Mengen erhielt. Sein Schwiegersohn wurde in diesem Jahr auf dem Reichstag zu Augsburg zum Bundesrat gewählt. — Ende des Jahres kam es zu einer neuen Auseinandersetzung mit den

Werdenbergern, als diese die Fuhrleute anwiesen, nicht mehr den üblichen Weg über Mengen-Pfullendorf, sondern über Ostrach und solche Orte zu nehmen, wo sie den Zoll hätten. Er versuchte die Angelegenheit mit den Werdenbergern gütlich zu bereinigen. Diese versprachen zwar, sich die Sache zu überlegen, eine Antwort ließ aber auf sich warten.

Auf Einladung des Herzogs Ulrich v. Württemberg war Graf Andreas mit seinem Schwiegersohn am 2. März 1511 auf dessen Hochzeit in Stuttgart. Bei der anwesenden kaiserlichen Gesandtschaft befand sich auch Graf Felix v. Werdenberg. Auf dieser Hochzeit kam es zwischen Letzterem, der die Braut zur Kirche (nach anderen zum Vortanz) führen durfte und dem Grafen Andreas zu gegenseitigen Beleidigungen. In Anspielung auf den jungen Grafenstand der Sonnenberger, und darauf, daß die Brüder des Andreas ledig und dessen beiden Söhne bereits in früher Kindheit starben, ließ Felix verlauten, die erstgeborenen Grafen v. Sonnenberg seien „als Heilige gestorben". Andreas, der beobachtet hatte, daß die Hochzeitsgäste das ungleiche Paar, die hochgewachsene Sabine und den kleinen Brautführer belächelten, nutzte die Situation und rief ihm zu: „Richte dich auf, streck dich Werdenberg!" Angesichts dieser öffentlichen Beleidigung ließ Felix dem Sonnenberger überbringen, daß er sich rächen werde, worauf dieser bissig antwortete: „Was will mir doch dieses Studentlein tun? Er hätte nicht einmal den Mut zuzubeißen, wenn ich ihm den kleinen Finger zwischen die Zähne legte." Darauf habe dieser geantwortet, er werde ihn schon beißen, daß er es spüren werde. —

Obwohl der Landvogt von Nellenburg, im Auftrag des Herzogs Ulrich auf einen besonders angesetzten Tag zwischen den beiden Streithähnen vermittelt hatte, bereitete Graf Felix seine Rache vor. Auf seine Bitte schickte ihm sein Schwager Johann Werner v. Zimmern, der vom Racheplan nichts ahnte, einige Pferde auf den Wildenstein, wie auch einige vertraute Knechte, denen die Wege und Stege im Hegau und Madach bekannt waren. Diese hielten sich einige Wochen dort auf, während einige Knechte des Grafen Felix die Gegend an der Donau auskundschafteten. Sie wußten daher den Weg, den Graf Andreas von Scheer aus auf den Bussen einschlug, wo er „ein Metzlin" gehabt haben soll. In der Nacht vom 9./10. Mai 1511 kam ein Kundschafter des Grafen Felix vor den Wildenstein und hat „ein Hörnlein geblasen". Unter dem Vorwand, er reite nach Kaufbeuren, wo sich Kaiser Maximilian aufhielt, brach Felix mit 8 — 10 Berittenen auf. Am Sonntag, den 10. Mai ritt Graf Andreas unbewaffnet und „wie ein Waidmann bekleidet" mit 3 Knechten und einem Kaplan vom Bussen heimwärts. Als sie im Ried bei Hundersingen anlangten, sahen sie das Gefolge des Werdenbergers auf sich zureiten. Andreas schickte ihnen einen Knecht entgegen um zu erfahren, um wen es sich handle. Dieser bekam zur Antwort, sie seien „Twillisch", also von der Feste Hohentwiel, wo der dem Sonnenberger verwandte Klingenberg saß, von dem Andreas nichts zu befürchten hatte. Als er jedoch zu ihnen kam, rief einer „Schieß ab", worauf mehrere auf den Grafen schossen, ihr Ziel aber verfehlten. Nun kam es zum Handgemenge mit Lanzen und Schwertern, in dessen Verlauf zunächst das Pferd des Grafen erstochen wurde. Obwohl sich Andreas nach Kräften wehrte, „ist er doch endlich mit vielen Stichen und Wunden von seinem Pferd, nachgehends vom Leben zum Tod elendich gepracht worden". Seine Knechte flohen. Der Leichnam blieb bis zur Nacht unter freiem Himmel, wurde dann in die Pfarrkirche Herbertingen getragen und anderntags überführt. Der Weg führte über Hohentengen, Mengen, Ennetach nach Scheer. In jeder dieser Ortschaften wurden beim Durchzug des Trauerzuges die Glocken geläutet. Seither werden beim Hereinläuten des Sonntags im Abstand von ca. $^1\!/_2$ Stunde in diesen Orten die Glocken angezogen. In der Pfarrkirche Scheer wurde der Graf in der von ihm erbauten Gruft beigesetzt. An der Chornordseite befindet sich sein Epitaph.

Nachdem Graf Christoph v. Werdenberg-Sigmaringen, wie auch der Freiherr Johann Werner v. Zimmern ihre Unkenntnis und Unschuld bewiesen hatten, wandte sich der Zorn des Volkes und des Adels gegen den Grafen Felix. Dieser hatte sich nach Stuttgart abgesetzt, von wo aus Herzog Ulrich Gesandte einsetzte, die den Auftrag hatten zu schlichten. Auf Antrag der Truchsessen wurde Felix von Werdenberg bereits am 29. Mai vor das Kammergericht Worms geladen. Auf sonnenbergischer wie auf werdenbergischer Seite wurde gerüstet und der Landsturm aufgeboten, worauf wegen der plötzlich auftretenden Gefahr, in eine Adelsfehde hineingezogen zu werden, die Donaustädte am 5. Juni ihr Bündnis erneuerten. Ob der Werdenberger vor dem Kammergericht erschien, wissen wir nicht. Von Moselburg aus verschickte er am 21. Juni eine umfangreiche Verteidigungsschrift ins Reich, in welcher er allen Adeligen, Städten, Amtleuten usw. versicherte, daß er in Notwehr gehandelt habe. Am 30. Juni ließen die Truchsessen Wilhelm d. Ä., Johann, Wilhelm und Georg (der Bauernjörg) eine längere Erwiderung folgen. Zur Erinnerung an die Ermordung des Grafen Andreas wurde, vmtl. noch im selben Jahr, an den Kirchentüren und den Kirchuhrblättern der Grafschaft auf der Seite gegen Sigmaringen ein Spruch angebracht, der an der Scheerer Pfarrkirche vmtl. bis etwa 1880 zu lesen war: „Rache erlischet nicht!"

Der Schwiegersohn des Ermordeten,

Truchseß Wilhelm d. Ä. (1511–1557)

trat das Erbe an. Da auch die georginische Linie des Hauses Waldburg (Truchseß Georg) erbberechtigt war, verglichen sich die beiden am 7. Februar 1512. Danach besaß Wilhelm d. Ä. neben dem Anteil am Schloß Waldburg die Graf- und Herrschaft Friedberg-Scheer, den Bussen, Dürmetingen, Kallenberg, die 4 Donaustädte Mengen, Saulgau, Riedlingen und Munderkingen, sowie einzelne Parzellen der Grafschaft Sonnenberg. Die Bemühungen um die Sühne des Mordes an Graf Andreas dauerten an. Für seine Untertanen erließ Truchseß Wilhelm d. Ä. im Jahre 1512 „Statuten und Satzungen, Gebote und Verbote" und schuf damit eine Art Landrecht, das wiederholt erneuert wurde. Der Konstanzer Weihbischof weihte am 1. Mai 1513 eine Kapelle, die im Ried zwischen Herbertingen und Hundersingen auf dem Platz, an welchem Graf An-

dreas ermordet wurde, erstellt worden war. Mit dieser Riedkapelle, die bis 1827 bestand, war eine Eremitenklause verbunden. Das Altarblatt, das an den Mord erinnert, befindet sich heute in der Kapelle zu Beizkofen.
— Trotz der Proteste der truchsessischen Familie stellte Kaiser Maximilian am 7. März
1517 dem des Mordes am Grafen Andreas angeklagten Grafen Felix und seinen Genossen einen Freiheits- und Absolutionsbrief aus, in welchem jeder mit 50 Gulden bestraft wurde, der den Grafen mit Vorwürfen angreifen würde. Der Kaiser behielt sich dabei vor, selbst dem Grafen eine Buße aufzuerlegen, mit welcher er den Todschlag „der Seele zu Heil büßen und bessern" sollte. — Wilhelm v. Payern wird 1515 als Obervogt des Truchsessen erwähnt. Aus den Trümmern der vorderen Bussenburg ließ der Truchseß in den Jahren 1516 bis 1518 die Bussenkirche neu erbauen und zwischen Turm und Haupteingang die Wappen derer von Waldburg und der Sonnenberger anbringen. (Heute neben dem südlichen Chorbogenpfeiler.)
Die Mordtat des Grafen Felix blieb ungesühnt. In der Gunst des Kaisers stehend, wurde er 1516 zum Ritter des Ordens zum goldenen Vließ ernannt. —
1518 wurde Truchseß Wilhelm d. Ä. augsburgischer Landvogt. Dort tagte anfangs
1519 der Schwäbische Bund. Er befaßte sich mit dem Vorgehen des Herzogs Ulrich v. Württemberg, der nach dem Tod Kaiser Maximilians die Reichsstadt Esslingen besetzte, und beschloß den Krieg gegen den Herzog. Truchseß Wilhelm d. Ä. wurde oberster Feldhauptmann des Herzogs Wilhelm v. Bayern und von der Bundesversammlung zum Kriegsrat gewählt. Herzog Ulrich erhielt Verstärkung aus der Schweiz. Am 5. März heißt es: „Die Eidgenossen sind gestern bei 6000 Mann stark zu Tuttlingen aufgebrochen, das Donautal herabgezogen und haben sich an den werdenbergischen und zimmerischen Dörfern bei der Scheer gelagert; heute morgen zogen sie auf Heiligkreuztal und die Dörfer bei Riedlingen. Sie sagen, sie wollen demnächst auf Blaubeuren gehen". Auf Drängen Österreichs zogen die Schweizer Ende März ihre Truppen zurück. Das Bundesheer rückte vor und besetzte ganz Württemberg, wobei sich Truchseß Georg große Verdienste erwarb. Am 18. Oktober hielt der Herzog von Bayern in Stuttgart Einzug und ernannte den Truchsessen Wilhelm d. Ä. zum Statthalter des Herzogtums (1519—1520).

1520 trat er als Rat in die Dienste der österreichischen Regierung und wurde 1521 vom Kaiser Karl V. erneut zum Statthalter in Württemberg ernannt (1521—1525).
1521 kaufte der Truchseß die Grafschaften Ortenstein und Heinzenberg. Nach jahrelangen Verhandlungen wurden im sonnenberg-werdenbergischen Streit die Bußartikel für den Grafen Felix festgesetzt. Danach sollten die Werdenberger, in Anwesenheit vieler Grafen und Ritter, in Riedlingen für den ermordeten Grafen Andreas durch einen Bischof, zwei gefürstete Prälaten, neun Äbte und einhundert Priester einen feierlichen Gottesdienst abhalten lassen. Tags darauf sollten bei einer Sühneprozession Baumkerzen getragen werden, wobei die des Grafen Felix 3 Pfund schwer sein mußte. Felix sollte ferner Wallfahrten durchführen: nach Jerusalem, nach Rom, nach St. Jakob in Spanien und eine nach Frankreich. Zu einer Stiftung für den Ermordeten sollten in die Pfarrkirche Scheer 5000 Gulden bezahlt werden. Ob Felix diese Bußwerke ausführte, ist nicht bekannt. Da er in der Gunst des Kaisers stand ist anzunehmen, daß er sie umging. Der Streit ging weiter. — Ende

1524 erfaßte der Bauernkrieg auch unsere Gegend. Auch die Untertanen der Grafschaft Friedberg-Scheer begannen sich zu beschweren und bildeten sog. „Haufen". Mit anderen schlossen sich der Unlinger und der Hohentenger Haufen, also der Bauern der Unteren und der Oberen Grafschaft, dem Baltringer Haufen an. Neben den aufständischen Bauern forderte
1525 vor allem auch der vertriebene Herzog Ulrich v. Württemberg, der sein Land zurückzuerobern versuchte, den vollen Einsatz des Truchsessen Georg (Bauernjörg) als oberster Feldhauptmann und des Truchsessen Wilhelm d. Ä. als württembergischer Statthalter. Im März sammelten sich in Daugendorf 2000 aufrührerische Bauern. Ganz Oberschwaben war in Aufruhr. Unter den im Treffen bei Winterstetten-Essendorf am 13. April vom „Bauernjörg" Gefangengenommenen, befanden sich auch viele aus der Grafschaft Friedberg-Scheer. Bald waren auch hier die Bauern wieder rebellisch geworden. Am

23. Juli wurden sie vom Bauernjörg ermahnt den Weingartner Vertrag einzuhalten, widrigenfalls werde er „mit Brand, Todschlag, Plünderung und in anderem Weg" gegen sie vorgehen.

Im Herbst nahm Trechseß Wilhelm d. Ä., der seinen Amtsgeschäften als Statthalter wegen eines im April erlittenen Schlaganfalls nicht mehr voll nachkommen konnte, seinen Abschied. Nachfolger wurde der „Bauernjörg". —

1526 erhielten die Truchsessen das Recht, sich Reichserbtruchsessen zu nennen.

Nach einem Schreiben des Truchsessen Wilhelm d. Ä. vom 14. März 1526 wurden die immer noch unruhigen Bauern entwaffnet. Er selbst beteuerte, er wolle seiner Lebtag keinem Bauern weder „Wehr noch Harnasch" bieten. Die Vorgänge des vergangenen Jahres sollten allen Fürsten und Herren zur Warnung dienen.

Immer noch stritt man sich um die vom Kaiser dem Grafen Felix v. Werdenberg für den Vorgang im Herbertinger Ried (1511, Ermordung des Grafen Andreas) auferlegte „geistliche Buße". Über dem Hauptportal des Schlosses Sigmaringen ist eine Votivtafel (Sandsteinplatte) angebracht:

Sie wird als Sühnetafel des Grafen Felix angesehen und soll an dem 1526/1527 von diesem wieder aufgebauten Kloster Laiz angebracht gewesen sein, bis dieses 1782 aufgehoben wurde.

Als Oberhofmeister des Königs Ferdinand hielt sich Reichserbtruchseß Wilhelm d. Ä.

1527 in Ungarn auf, wo dieser zum König von Ungarn gekrönt wurde. Im Scheer saß sein Obervogt Eberhard v. Karpfen.

1528 erkrankte der Truchseß in Preßburg und kehrte nach Scheer zurück. Von hier aus schickte er

1529 zusammen mit seinem Vetter Georg, unter des letzteren Führung, 100 gerüstete Pferde ins Heerlager König Ferdinands nach Linz. Sie wurden gebraucht, um die vor Wien stehenden Türken zu vertreiben. Graf Felix v. Werdenberg befand sich als Rat des Kaisers auf dem Reichstag zu Augsburg, wo er in der Nacht vom 11./12.

Sühne-Bild des Grafen von Werdenberg (Sculptur über dem Schloßportal in Sigmaringen).

Votivtafel auf Schloß Zeil. Die Ermordung des Grafen Andreas von Sonnenberg betreffend.

Juli 1530 unerwartet, allem Anschein nach in Folge eines Blutsturzes, starb. Die Zimmernsche Chronik berichtet allerdings, daß ihm auf Befehl Kaiser Karls „das Haupt sein abgeschlagen worden". Vom Grafen Christoph v. Werdenberg, dem Bruder des verstorbenen Grafen Felix, verlangte Truchseß Wilhelm im Jahre
1531 als Schadensersatz und für Prozeßunkosten die für die damalige Zeit hohe Summe von 24 000 Gulden. Da Christoph ablehnte, gab es neue Verhandlungen.
1532 kaufte Truchseß Wilhelm in Mengen das sog. „Truchsessenhaus" (heute Liebfrauenheim), 1533 die Vogtei Eisenharz. In diesem Jahr fand in Sigmaringendorf eine persönliche Zusammenkunft mit den Werdenbergern statt. Nach der hierbei erfolgten gütlichen Einigung mußte Graf Christoph zum Seelenheil des Grafen Andreas eine ewige Stiftung mit 3000 Gulden fundieren. Als Ausgleich der erwachsenen Unkosten und Nachteile hatte er dem Truchsessen Wilhelm einen Jagdbezirk, dessen Grenzen genau bestimmt wurden, frei zu überlassen.
In den Kriegswirren des Jahres
1534 hatte sein Sohn Christoph an der Schlacht bei Laufen teilgenommen, kehrte auf Anweisung des Vaters vom 21. Juni aber wieder zurück, um einer Plünderung des Schlosses Scheer und der Untertanen vorzubeugen und das Schloß Trauchburg besser zu besetzen. Ende November ließ er sich jedoch überreden, als Hauptmann für den geplanten Kriegszug nach Tunis ein Fähnlein Knechte anzuwerben. Im Juni 1535 berichtete er von Karthago aus über den Kriegszug, bei dem er sich besonders auszeichnete und vom Kaiser den Ritterschlag erhielt. Auf der Rückkehr starb er in Mailand und wurde in Pavia beerdigt, wo danach sein jüngerer Bruder Rektor der Akademie war.
1537 starb Sybilla, die Gemahlin Wilhelms d. Ä.
1538 kaufte dieser in Saulgau ein Haus „an der Stadtmauer bei der hinteren Badstube".
1541 ließ er eine detaillierte Beschreibung seiner Besitzungen in der Grafschaft (Urbar) anlegen. Sein Sohn Otto wurde
1553 zum Bischof von Augsburg gewählt.
1546 saß Andreas Neher als Obervogt zu Scheer. Der Truchseß zog sich 1546 zu Beginn des schmalkaldischen Krieges nach Überlingen zurück, kam im folgenden Jahr aber wieder nach Scheer, wo sein Sohn, der kaiserliche Rat Erbtruchseß Wilhelm d. J., zur Unterstützung seines alten und kranken Vaters ebenfalls wohnte.
Zu Beginn des Türkenkrieges (1552) floh Wilhelm d. Ä. mit seinem Sohn Wilhelm d. J., den er als Herr zu Scheer und Trauchburg eingesetzt hatte, nach Trauchburg. 1556 machte er sein Testament, in welchem er verordnete, daß seine frommen Stiftungen der Almosen und Jahrtage ordentlich gehalten werden. Obgleich er selbst alle Wochen zweimal, am Mittwoch und Freitag, das Almosen vor dem Stadttor zu Scheer den Armen seiner Herrschaften reichen ließ, stellte er es in das Belieben seines Sohnes, dieses einmal in der Woche zu tun, doch soll er, wie schon die Voreltern, die vier Chorschüler in der Pfarrkirche erhalten. — Im Alter von 87 Jahren starb er am 17. März 1557 im Schloß Scheer und wurde in der Schloßkirche neben seiner Frau beigesetzt.

Nachfolger wurde sein Sohn

Reichserbtruchseß Wilhelm d. J. (1557–1566),

der seit 1543 mit Johanna, der Tochter des Grafen Friedrich v. Fürstenberg vermählt war. Wie sein Vater, genoß auch er die Gunst des Kaisers, wurde dessen Kammerer und erhielt das Prädikat „wohlgeboren".
1559 war er als kaiserlicher Gesandter in Frankreich.
1560 erhielt er das Bürgerrecht der Stadt Rom. In diesem Jahr erließ er Statuten „daß (damit) alle Regiment so beständig und in ihrem rechten Wesen beharrlich bleiben".
Aus dem Jahre 1561 stammt das am Schloßportal angebrachte Allianzwappen Wilhelm d. J. und seiner Frau Johanna (s. d.).
Die Inschrift lautet:
„Wilhelm der Jvnger, des hay: Rö: Reichs Erbtrvchsas Freyher zue Waldtpurg Herr zvr Schär und Trvchpvrg c. c. rö. Kaym Rat und Camer:"
Aus gesundheitlichen Gründen bat er in diesem Jahr um Entlassung aus dem kaiserlichen und österreichischen Dienst, der 1563 stattgegeben wurde.
1564 wird der Dr. jur. Veit Leonhard Drewer als Obervogt in Scheer erwähnt. Der Truchseß war
1565 schon krank und starb am 17. Januar
1566 im Alter von 48 Jahren. Seine Witwe zog ins Truchsessenhaus nach Mengen, wo sie bis zu ihrem Tod im Jahr 1589 lebte. — Eine

Vormundschaftsregierung (1566–1578),

bestehend aus der Mutter, ihrem Schwager, dem Augsburger Bischof Otto v. Waldburg, dem Grafen Friedrich v. Öttingen und dem Grafen Joachim v. Fürstenberg, verwaltete nun das Erbe. Für sich und seine Brüder empfing der Sohn Karl am 7. Dezember
1571 die Lehen, welche die Jakobinische, also die Scheerer Linie vom Reiche trug. Er vermählte sich
1572 mit Eleonora, der Tochter des Grafen Karl v. Hohenzollern. Dabei erhielt er Trauchburg zur Selbstverwaltung, während der andere Teil der väterlichen Erbschaft noch unter vormundschaftlicher Regierung blieb. Sein Bruder Truchseß Christoph saß in Scheer. In dieser Zeit betrieben die Donaustädte immer stärker die Rücklösung aus der waldburgischen Pfandschaft, die ihnen
1574 vom Erzherzog Ferdinand erlaubt wurde. Die Zeit der unklaren Herrschaftsverhältnisse war hierfür sehr günstig, zumal sich auch eine ziemliche Mißwirtschaft eingestellt hatte. — Christoph Horb ist
1576 als Vogt zu Scheer erwähnt. — Von den Brüdern heiratete Christoph
1577 Anna Maria, die Tochter des Grafen Heinrich v. Fürstenberg-Heiligenberg und Werdenberg, der 30jährige Gebhard wurde Erzbischof und Kurfürst von Köln (1577–1583), Ferdinand im selben Jahr Domherr zu Köln und Straßburg.

Truchseß Christoph und Truchseß Karl (1578–1593).

Die beiden Brüder nahmen, vmtl. 1578, eine Teilung vor. Dabei erhielt Christoph die obere Herrschaft (Sitz

29

Renlinsche Karte von 1589.

Scheer) mit dem Schloß und der Herrschaft Scheer, der Grafschaft Friedberg, den Städten Saulgau und Mengen und der Herrschaft Kallenberg; Karl die untere Herrschaft (Sitz Dürmentingen) mit dem Bussen und allen dazugehörigen Dörfern und Flecken, den Herrschaften Dürmentingen und Trauchburg, den Städten Riedlingen und Munderkingen.

Ihr Bruder war der Kölner Kurfürst und Erzbischof Gebhard v. Waldburg.

Als sich die beiden Truchsessen in den Donaustädten im Jahr
1580 huldigen lassen wollten, gab es erhebliche Schwierigkeiten, die zu gewalttätigen Auseinandersetzungen führten. Christoph verhängte dabei gegen Mengen einen Handelsboykott. In diesen Wirren ließ Christoph im Jahr
1582 ein Urbar anlegen.

1583 wollte auch Sigmaringen von den Wirren profitieren und verlangte die hohe Obrigkeit zu Blochingen und Ennetach. — Als Obervogt und Kanzleiverwalter in Scheer wird
1584 Georg Ästlin genannt.

Im Alter von 20 Jahren fiel der Bruder Ferdinand, der im Kriegsdienst der Niederlande stand, beim Überfall auf die von den Spaniern besetzte Stadt Herzogenbusch (1585).

Der wegen des Kölner Kurstreites im Jahr 1582 entbrannte „Kölner Krieg", in dessen Verlauf Truchseß Karl seinen Bruder Gebhard unterstützte, endete 1584 mit der Vertreibung Gebhards, der sich verheiratet hatte, und der Gefangennahme Karls, der erst 1586 nach Dürmentingen zurückkehrte. Neben den Zwistigkeiten mit Sigmaringen und anderen kam es zwischen den Truchsessen zum Streit wegen der Teilung, weil Gebhard und Karl, beide verschuldet, weitere Ansprüche stellten.

Der Bildtitel „Verbrennung von 32 Hexen in Scheer im Jahre 1587" ist irreführend, denn die anno 1589 im Verlaufe des Streites der Truchsessen mit den Herren von Hornstein-Göffingen, wegen der Gerichtsgrenzen, vom Ulmer Kartenmaler Renlin gefertigte Panoramakarte weist Unlingen als „Hexenbrandplatz" aus:
Der Streit, den die truchsessischen Brüder gegeneinander führten, verschärfte sich, als der abgesetzte Kurfürst und Erzbischof Gebhard im Jahre 1590 nach Dürmentingen kam. Dadurch wurde auch das Verhältnis Christophs zu seinen Untertanen sehr gespannt.
1591 kam es zur Rebellion im Amt Hohentengen, in deren Verlauf die Klöster Salem, Weingarten, Rot und Heiligkreuztal, wie auch die Städte Konstanz und Pfullendorf im Jahre
1592 der Abordnung der Gögemer, die beim Kaiser vorstellig wurden, ein Schreiben mitgaben, in welchem die Lage der unterdrückten Bauern eingehend geschildert wurde. — Streit gab es auch mit dem Grafen Karl von Hohenzollern, dem Probst des Klosters Beuron, dem Christoph v. Stotzingen zu Heudorf am Bussen. Truchseß Karl und sein Bruder Gebhard, den er zum Mitregenten eingesetzt hatte, beabsichtigten ihre Herrschaften zu verkaufen.

„Hexenverbrennung in Scheer 1587". Original in der Wickiana (Hs. 16. Jhdt., Zentralbibliothek Zürich; Handschriftenabtlg. Ms. F35, fol. 338R).
Wie die Renlinsche Karte des Jahres 1589 ausweist, fanden die Hexenverbrennungen nicht in Scheer, sondern in Unlingen statt.

Truchseß Christoph v. Waldburg-Scheer (1593–1612)

Als sein Bruder Karl im Jahre
1593 gestorben war, verhärtete sich der Streit zwischen Christoph und Gebhard, den Karl als Universalerbe eingesetzt hatte und der seinerseits nun den Herzog von Württemberg als Erbe einsetzte. Der gegen die Waldburger eingestellte Erzherzog Ferdinand nahm bereits 1594 diese Gelegenheit wahr und setzte eine Inquisitionskommission ein, die in den Archiven und bei den Untertanen gegen den Truchsessen zu verwendendes Material auskundschaftete. In diesem Jahr meldeten sich auch gleich die Gläubiger der stark verschuldeten Truchsessen. Nach dem Tod des Erzherzogs
1595 führte der Kaiser selbst die Verwaltung der österreichischen Vorlande. Nur unter größten Schwierigkeiten leisteten die Donaustädte den Truchsessen
1596 den Huldigungseid, erhielten Ende des Jahres aber bereits Bescheid, daß ihre Klagen dem Kaiser vorgetragen wurden und die Landvogteibeamten den Befehl er-

hielten, sie, wenn nötig, gegen den Truchsessen zu schützen. Auf kaiserlichen Befehl hatten die Städte 1597 auch den von Herzog Mathias in die vorderösterreichischen Lande geschickten Kommissären zu huldigen. Die Huldigung der Untertanen auf dem Lande konnte vom Truchsessen verhindert werden. Ein ausführlicher Bericht, welchen die Inquisitionskommissäre im Jahre 1600 vorlegten, enthält die Klagen der Untertanen gegen den Truchsessen in sehr detaillierter Form, worauf der Kaiser den Truchsessen befahl, die Haltung den Untertanen gegenüber zu ändern.

Als im Jahre 1601 Truchseß Gebhard starb, rückte im August Herzog Friedrich v. Württemberg an. Während er selbst in Zwiefalten blieb, verlangte eine Abteilung in Dürmentingen die Huldigung, die ihm aber verwehrt wurde. Ende des Jahres bat Christoph den Herzog, auf das Erbe zu verzichten. — Der Obervogt Dr. Christoph Sauer wird 1602—1610 in Scheer erwähnt.

1603 stellte Truchseß Christoph, als Senior des Hauses Waldburg die Stadt unter den Schutz der hl. Geschwister Walburga, Willibald und Wunibald. — Auf Wunsch des Kaisers erklärte sich Erzherzog Maximilian im Jahre 1605 bereit, den Streit mit Christoph in Güte beizulegen. Die Unruhen gingen weiter. Insbesonders waren es die Unlinger Rebellen, die dem Truchsessen zu schaffen machten; ebenso Altheim. Nach wie vor hatte es die Regierung darauf abgesehen, den Truchsessen ihre österreichischen mannserblichen Inhabungen zu entreißen.

Im Verlauf des zwischen der Kath. „Liga" und der protestantischen „Union" 1609 ausgebrochenen Krieges, beschlossen die der Liga angehörenden Prälaten, Grafen und Herren Oberschwabens, 1610 auf einem Tag zu Mengen, bei dem Truchseß Christoph federführend war, ein Defensivbündnis, dem der Konstanzer Bischof als Direktor vorstand. Auf ihrem Vormarsch von Straßburg nach Donauwörth kamen die Unionstruppen am 9. Oktober nach Inzigkofen, wo die Klosterinsassen flüchteten. Das Rote Buch der Stadt Scheer berichtet: „Im Oktober anno 1610 zog der durchlauchtigste hochgeborene Fürst und Herr, Herr Joachim Markgraf zu Brandenburg mit einem 18 000 Mann starken Kriegsvolk durch das Kinzigtal heraus, in Willens, wider den Bayernfürsten und für Donauwörth zu ziehen und zu belegen, und kam den 14. obgemelten Monats zu Meßkirch, und Freitag, den 15. ds. Monats zu Mengen an. Welches Volk alles zu Mengen in der Stadt, zu Ennetach, Rulfingen, Zielfingen, Granheim, Rosna, Bremen, und bei 400 Reiter zu Ertingen ihr Nachtlager schlug, Herr Markgraf aber, samt seinen vornehmsten und obersten Befehlshabern, bewohnten des hochwohlgeborenen Herrn, Herrn Christoph des hl. röm. Reichs Erbtruchsessen, Freiherrn zu Waldburg, Herrn zu Scheer und Trauchburg, röm. kaiserlicher Majestät Rat und Kammerer, unseres gnädigen Herrn Behausung in besagter Stadt Mengen, welcher damals regierender Herr war, welches Haus Ihre Gnaden mit Speise, Trank, Bettgewand und allem Anderen nach aller Notdurft bereiten und zurichten ließen, und zogen Ihre Gnaden, samt dero ältestem ihrem Sohne, Herrn Wilhelm Heinrich, des hl. röm. Reiches Erbtruchsessen, Freiherr zu Waldburg etc., kaiserlicher Majestät Reichshofrat und Kammerpräsident zu Speyer, selbsten auch zu Ihrer fürstl. Gnaden hinein, dero Frau Gemahlin aber, Frau Anna Maria geborene Gräfin zu Fürstenberg samt deren andern Herrn Sohn, Herrn Friedrich, blieben allhier zu Scheer, denn das Schloß und Stadt Scheer bekamen „Salvam Guardi" vom Herrn Markgrafen, daß kein Volk von seinem Haufen allhero nicht kommen, auch Roß, Vieh, Hab und Gut deshalb gefeit sein soll, wie dann ihre fürstlichen Gnaden deswegen einen freien Paßzettel unter dero eigenen Handschrift und Pettschaft von sich gegeben. Herr Christoph Marx aber, welcher sich damals übel befand, samt der 4 Fräulein Schwestern, ward von ihrem Herrn Vater und Frau Mutter gen Überlingen geführt und geflohen, bis und solang dieses Gestrudel vorüber war. Es waren Ihre fürstliche Gnaden und dero zugehörigen Vornehmsten damals stattlich abgespeist und tractiert, und kamen auch zu meinem gnädigen Herrn, Herr Johann Ernst und Herr Ernst Georg, Gebrüder, Grafen zu Hohenzollern, Sigmaringen und Veringen, samt dem Herrn Rudolf, Graf zu Helfenstein zu Wiesenstaig, daß sie Ihrer Gnaden Beistand leisten könnten, denn man hielt eine lange Tafel. Meines gnädigen Herrn Untertanen mußten gar viel Brot, Wein, Fleisch, Haber, Heu und Stroh hergeben, wie dann wir auch allhier zur Scheer samt der Priesterschaft an Wein, Brot und Haber einen guten Teil dargaben; kein Fleisch konnte man allhie nicht geben, dann das Vieh an der Lungenfäule sehr heftig abgegangen. Allen denen, da dies Kriegsvolk gelegen, ward großer Schaden zugeführt, denn sie raubten und nahmen was sie bekommen konnten und mochten. Morndings morgens Samstag (16. Oktober) zwischen 7 u. 8 Uhr brach dies Kriegsvolk auf und zog nach Riedlingen, Unlingen, Göffingen, Heudorf, Grüningen und Binzwangen zu und taten auch großen Schaden. Es kamen von Zielfingen 4 Fahnen, und zogen allhie über die Donaubrücke, welche der von Mansfeld führte". — Obwohl Mitglied der kath. Liga, hatte es der Truchseß verstanden die Unionstruppen, zumindest deren Führer, für sich zu gewinnen. Sein Sohn Wilhelm Heinrich, der in Dürmentingen residierte, verstand es, die Altheimer vor der Plünderung zu bewahren. Als sich Truchseß Christoph selbst zu den Befehlshabern des Kriegsvolkes nach Altheim und Riedlingen begab, war die Gefahr vollends gebannt. Am 18. Oktober wurden die Truppen abgezogen, bereits am 21. Oktober huldigten ihm die Untertanen zu Altheim, am 22. Oktober die von Unlingen, am 23. Oktober die von Dürmentingen, danach Hailtingen, Offingen und Marbach. Da nach Innsbruck gemeldet worden war, die Truchsessen hätten die Huldigung gewaltsam erzwungen, wurde sie am 14. Februar 1611 von der Regierung anulliert und vom Landvogt, Graf Georg Fugger, von den Untertanen der Unteren Grafschaft erneut der Huldigungseid abgenommen.

All die Vorgänge hatten die Lebenskraft des Truchsessen Christoph vorzeitig aufgezehrt. 1611 erlaubte ihm daher der Konstanzer Bischof, bei seinem Aufenthalt in Scheer, im Schloß Messe lesen zu lassen. In geistiger Umnachtung verbrachte er sein letztes Lebensjahr. Die Amtsgeschäfte führten der Obervogt Dr. jur. Paul Lang (bis 1631) und der Untervogt Jakob Frey.

Am 2. Oktober 1611, „morgens früh um 5 Uhr" ist seine Frau Anna Maria, geb. Gräfin v. Fürstenberg „hier zu

Scheer im Schloß in deren Stuben oder Zimmer in Beisein geistlicher und vieler anderer Personen in Gott ganz selig und christlich verschieden, den 4. Oktober zur Erden durch Schultheiß, Bürgermeister und noch vier des Rats allhie getragen." Vmtl. war sie an der damals grassierenden Pest gestorben, der 1611 in Mengen 448 Personen zum Opfer fielen. Am 28. Februar 1612 starb im Alter von 61 Jahren in Dürmentingen auch Truchseß Christoph. Nach einem Bericht aus dem Jahre 1688 wurden beide in der Pfarrkirche zu Herbertingen begraben, wo damals noch ihre Gemälde, wie auch die ihrer Kinder, zu sehen waren. Sechs Kinder waren ihnen im Tod vorausgegangen, acht noch ledige überlebten die Eltern. Der Sohn

Reichserbtruchseß Wilhelm Heinrich (1612–1652),

damals 32 Jahre alt, trat die Nachfolge an und übernahm zusammen mit dem Truchsessen Froben v. Wolfegg und dem Grafen Gottfried v. Öttingen die Vormundschaft über seine Geschwister. Als Bussenvogt setzte er den früheren Dürmentinger Forstknecht Jakob Schön ein. Wilhelm Heinrich heiratete am 4. Oktober 1612 die 22jährige Juliana v. Sulz, mit der er bereits am 2. Januar 1613 nach Speyer zog, wo er das Amt des Reichskammergerichtspräsidenten innehatte. Sein Bruder Christoph Marx, 22 Jahre alt, führte in Scheer die Verwaltungsgeschäfte, wo am 6. Oktober 1613 sich ihre 24jährige Schwester Elisabeth mit Hans Fugger von Kirchberg-Weißenhorn vermählte.

Der Streit mit den Donaustädten, wie auch mit den Unlingern dauerte an. Christoph Marx war sehr bemüht, alle Streitigkeiten beizulegen und auch die Regierung in Innsbruck in deren Haltung gegen die Truchessen umzustimmen. Seine fruchtlosen, diplomatischen Verhandlungen waren ihm wohl bald verleidet, denn im Juni 1616 trat er als Hauptmann in kaiserliche Dienste, warb Soldaten für den König von Spanien, marschierte am 9. Juli mit seinen 400 Geworbenen nach Mailand ab und starb am 6. Januar 1617 in Felizzano bei Allessandria. Am 23. Mai desselben Jahres starb in Scheer auch Juliana, die Frau seines Bruders Wilhelm Heinrich, der im Schloß Scheer nun eine Hofmeisterin anstellte. Seine Stelle als Kammergerichtspräsident gab er auf. Sie wurde seinem Bruder Friedrich übertragen. — Mit dem böhmisch-pfälzischen Krieg brach

1618 der „30jährige Krieg" aus, der sich gleich zu Beginn auch in unserer Gegend durch die vielen Werbungen bemerkbar machte. Das Jahr

1619 war durch Truppendurchzüge und die ersten Ablieferungen geprägt. Das Rote Buch berichtet: „Im Juni 1619 schickte der König aus Spanien eine große Macht Volks zu Roß und Fuß, über die 20 000 Wallonen und Niederländer, der fürstlichen Gnaden Erzherzog Leopold von Österreich zu Hilfe wider das rebellierende Land Böhmen. Die hatten mehrteils zu Mengen, Ennetach, Herbertingen und Ertingen ihr Quartier, und ging alles wüst ab."

1620 war unser Gebiet Sammelplatz österreichisch-kaiserlicher Truppen, von denen das Volk nicht selten bedrückt und mißhandelt wurde. Das „Kipper- und Wipperwesen" d. h. die Herstellung von Falschgeld trieb in den Jahren 1620—1623 seine Blüten, sodaß schon bald das Volk verarmte.

1621 ist in unserer Grafschaft schon im Frühjahr ein Truppendurchzug erwähnt. Auch die ersten Gefallenenmeldungen trafen ein. Musterungen, Truppendurchzüge und Einquartierungen waren

1622 die Regel. In Scheer stellten die Truchsessen Wilhelm Heinrich und Friedrich auf dem Bartelstein einen Alchimisten an und richteten in Dürmentingen eine eigene Münzstätte ein. In der Salpeterhütte Herbertingen war ein Pulvermacher und Salpetersieder angestellt, der in diesem Jahr Reißaus nahm. Im gleichen Jahr hören wir erstmals von Preissteigerungen und Auswanderungen nach Österreich.

1623 nahm Kaiser Ferdinand den Truchsessen Wilhelm zu seinem Rat auf und bestätigte ihm das Judenprivileg von 1566. Die Not des Jahres 1623 beweist die große Zahl der Auswanderer aus unserer Grafschaft, die meist nach Österreich und Böhmen zogen. Aus Scheer selbst ist allerdings keiner namentlich bekannt. Seinen Goldmacher hatte der Truchseß gefangen gesetzt und war daher 1624 in Geldnot, die ihn zu Verkäufen zwang (vgl. Stadt Scheer).

1625 lief in Scheer eine große Werbekampagne, für die dem gräflich Sulzschen Regiment unterstellte Kompanie des Oberstleutnants Friedrich v. Waldburg, Herrn zu Scheer und Trauchburg. Unter den Geworbenen befanden sich viele aus der Grafschaft, darunter aus Scheer: der 19jährige Bartle Scherer, der 20jährige Melchior Scherer und wohl noch einige, deren Herkunft in der 128 Mann fassenden Liste nicht genannt ist. Sie alle meldeten sich „zu Scheer in der Vorstadt, allda an dem Wirtshaus bei der Sonne". — Wieder hören wir von Truppendurchzügen. Als Truchseß Wilhelm Heinrich

1625 sich in 2. Ehe mit Anna Maria v. Wolfegg, und sein Bruder Friedrich mit Susanna geb. Kuen v. Belasi vermählten, erhielt Letzterer Trauchburg und wurde Stifter der Trauchburger Linie. Obwohl Otto, der Sohn Wilhelm Heinrichs, erst 11 Jahre alt war, wurde er

1626 Hauptmann einer von ihm geworbenen 300 Mann starken Kompanie zu Fuß, die sein „Hauptmannsverwalter" dem Kurfüsten von Bayern zuführte. Bei Erzherzog Leopold, zu dem Wilhelm Heinrich nach Innsbruck fuhr, erreichte er, daß ihm die Donaustädte huldigen mußten.

1627 hören wir von starken Durchzügen kaiserlicher Truppen. Kein Ort wurde von Einquartierungen und Kontributionen verschont, ebenso im Jahr

1628, in welchem nicht nur vom Truchsessen Wilhelm Heinrich, sondern auch von den Städten und Dörfern durchziehende Truppen vertrieben wurden. Grund hierfür waren nicht nur die von ihm und dem verarmten Volk gefürchteten Pressalien und die Hungersnot, die viele zwang, „Nesseln, Disteln, Gras und andere unmenschliche Speisen zu gebrauchen", sondern vor allem die Weiterverbreitung der Pest, die in diesem Jahr verstärkt auftrat. Im November schrieb der Truchseß von Scheer aus, daß bei ihm vmtl. schon 400 Menschen daran gestorben seien. Trotzdem unterließ er es nicht, verschärft gegen arme Weiber, die als Hexen verschrien waren, vorzuge-

33

hen. Sein Scharfrichter, dessen Sitz
1628 von Scheer nach Marbach verlegt wurde, hatte in diesem und den nächsten Jahren viel zu tun.
Von Quartierlasten, Hungersnot, Teuerung und vor allem der Pest war auch das Jahr
1629 geprägt. Durchziehende kaiserliche Truppen scheuten sich nicht die Kirchen auszurauben, Roß, Wagen und Vieh samt den Bauern wegzuführen, die Dörfer zu plündern und teilweise sogar anzuzünden.
1630 berichtet der Truchseß, daß er in Scheer 52 Pferde einquartiert habe und täglich weitere Einquartierungen besorge. — In diesem Jahr traten die Schweden in den Krieg ein, die
1631 in der Schlacht bei Breitenfeld die Kaiserlichen besiegten. Krieg und Pest genügten anscheinend nicht, um auch in unserer Grafschaft von der Hexenverfolgung Abstand zu nehmen. Neben Frauen wurden auch der Hexerei verdächtige Männer hingerichtet. — Ruof war damals Obervogt, ein Kiefferlin Untervogt.
1632 rückten die Schweden an. Der Truchseß zog sich auf Anraten des Konstanzer Bischofs mit seiner Familie in sein Haus nach Konstanz zurück, das er im Vorjahr gekauft hatte. Dorthin flüchtete auch sein Schwiegervater mit Familie. Die Untertanen der Grafschaft wurden zum bewaffneten Widerstand aufgerufen. In Scheer war der Obervogt Dr. Koleffel als Verwalter eingesetzt. Ende April besetzten die Schweden Munderkingen und Riedlingen. Auch Heiligkreuztal kam an die Reihe. Am 30. April überfielen sie Krauchenwies. Kaiserliche zogen anfangs Mai in Mengen ein, das sich hartnäckig weigerte den Schweden die Waffen auszuliefern und sich in Verteidigungszustand setzte. Am 17. Mai wurden hier die von Riedlingen her anrückenden Schweden abgewiesen, auf die Nachricht, daß sie erneut vorrücken, am 18. Mai die Weiber und Kinder nach Scheer evakuiert, „daß sie uns nicht hindern und wir uns recht wehren können". Vor mehr als 300 Personen, die in der Liebfrauenkirche zum Gebet versammelt waren, ereignete sich das sog. Ölbergwunder: „Da als dann die Soldaten schon ganz nahe herangeritten ist sie alle eine große Angst vorkommen, weil ihre Pferde nicht mehr weitergehen..." zogen sie sich wieder zurück, kamen unverrichteter Dinge „ganz zitternd und furchtsam" nachts wieder in Riedlingen an und berichteten, daß es ihnen vorgekommen sei „als währen lauter Teufel in dem Städtlein", berichtet der Prior des Wilhelmiterklosters Mengen. Am 5. Juli überfielen die Schweden Herbertingen, besiegten im dortigen Ried die etwa 2500 Mann, die aus der ganzen Umgebung zusammengekommen waren und sich tapfer verteidigten. Unter den 300 Toten waren 29 Bürger aus Mengen. Als ein Teil der Bauern, die sich im Herbertinger Kirchhof verschanzten, die Kapitulation verweigerten, wurden sie übermannt, wobei nochmals 300 Mann fielen und das Dorf bis auf wenige Häuser eingeäschert wurde. Die Hauptmacht der Schweden setzte sich in Richtung Saulgau in Marsch und wütete im dortigen Gebiet. Am 16. Oktober überfielen sie Sigmaringen. Am 15. November besetzten die Württemberger, die immer noch auf ihre Erbansprüche pochten, die Grafschaft Friedberg-Scheer, die ihnen huldigen mußte. Aus Angst vor den Kaiserlichen verließ die württbg. Besatzung Mitte Dezember die Stadt Scheer, wo nur ein Leutnant mit 5 Mann zurück blieb. Auf seine Bitte kamen am 16. Dezember 19 schwedische Reiter nach Scheer und rückten in den Schloßhof. Am 17. Dezember rückte ein 240 Mann starkes württembergisches Fähnlein Fußvolk in Scheer ein. Der württembergische Kommissar Faber bzw. dessen Stellvertreter Johann Bestlin übernahmen die Herrschaft.
1633 ergriffen die kaiserlichen Truppen wieder die Offensive. Um ihre Fortschritte in Oberschwaben zu hindern, zog der schwedische Feldmarschall Horn Mitte Januar vom Schwarzwald her über Mengen nach Ulm. Am 5. März überfiel er Sigmaringen, wo er das alte Schloß in Brand stecken ließ. Am 14. März lag er vor Riedlingen, von wo sich anderntags die Kaiserlichen zurückzogen. Am 29. Mai wurde Bingen von den Schweden teilweise in Asche gelegt. Streifende Schweden verunsicherten auch unser Gebiet. Von Konstanz aus wandte sich Truchseß Wilhelm Heinrich am 3. September an die Herzogin Claudia mit der Bitte um Unterstützung, da der Herzog von Württemberg neue Amtsleute in der Grafschaft einsetzte, die alle Gefälle einziehen und die Untertanen, die nun glaubten ewig württembergisch zu bleiben, ihm fernerhin wohl keinen Gehorsam mehr leisten würden. In diesem Monat scheinen die Schweden ihr Hauptquartier in Mengen eingerichtet zu haben. Am 24. September fielen die Kaiserlichen in Scheer ein und nahmen 3 Württemberger gefangen. Am 29. September marschierten die Schweden durch Mengen und am 30. September zogen 7000 Mann der Armee des Herzogs von Sachsen, der sich den Schweden angeschlossen hatte, von Riedlingen über Scheer nach Sigmaringen. 6 Regimenter wurden in Scheer ins Quartier gelegt und blieben 7 Wochen. Raubzüge der Soldaten in die nähere und weitere Umgebung waren an der Tagesordnung. Am 9. Oktober überfielen die Kaiserlichen Sigmaringen und plünderten es aus. Dem Truchsessen Otto (Sohn Wilhelm Heinrichs) vertrauten sie das Schloß auf dem Bussen an mit dem Auftrag „es zu fortifizieren, zu besetzen, darauf zu kommandieren und in Gewahrsam zu halten". Auf ihrem Rückzug vor den vom Schwarzwald her erneut anrückenden Schweden, marschierten die Truppen des Generals Aldringen im Dezember durch Scheer. Ihnen folgten die Schweden, deren Feldmarschall Horn am 7. Dezember in Riedlingen einrückte. Am 14. Dezember rückten sie zum Bussen, wo sich der 18jährige Truchseß Otto mit 22 Mann Besatzung zur Verteidigung eingerichtet hatte, und setzten das Schloß (hintere Bussenberg) in Brand. Der Truchseß flüchtete nach Biberach, das am 17. Dezember von den Kaiserlichen eingenommen wurde.
Truchseß Wilhelm Heinrich kaufte
1633 in Überlingen ein Haus und zog von Konstanz dorthin. Anfangs Januar 1634 rückten die Schweden von Mengen in Richtung Pfullendorf ab. Nach einem Brief vom 21. Januar lagen in Scheer 1000 schwedische Dragoner. Von den 111 Bürgern waren nur noch 56 am Leben. Ende Januar kamen die Schweden wieder nach Mengen, wo General Horn mit seinem Fußvolk das Hauptquartier aufschlug. Von hier und von Scheer aus wurden Plünderungszüge durchgeführt. Am 4. Februar klagte der Truchseß, die Hornsche Reiterei hause zu Scheer, Neufra,

Heudorf und Dürmentingen über die Maßen übel mit Brennen, Ab- und Durchreißen der Häuser. — Von Ravensburg kommend traf General Horn am Abend des 7. Februar mit 200 Reitern in Scheer ein, war am 11. Februar aber bereits in Pfullendorf. Von dort und von Scheer aus wurden weitere Streifzüge unternommen.
Aus einem Schreiben des Truchsessen vom 26. Mai 1634 ist zu entnehmen, daß auf seinen Gütern fast alle Mühlen und Höfe leer standen und die Leute am Verhungern waren. Am 27. Mai brachen die Schweden in Richtung Ulm auf. Am 17. Juni schrieb der Truchseß, daß im Amt Hohentengen ganze Dörfer leer stehen und in Riedlingen fast alle Nacht 6 — 8 Menschen Hungers sterben. Im September überfiel ein schwedisches Streifkorps Saulgau und Mengen. Nach dem Abzug der Schweden nahm auch die württembergische Herrschaft über die truchsessischen Besitzungen ihr Ende. Da vorerst kein Obervogt ernannt war, versahen der Untervogt Christian Kieferlin und der Amtsschreiber Ulrich Mayer jahrelang die Kanzlei. Im Februar
1635 hören wir jedoch von zwei aus einem Unionsregiment dessertierten Leutnants, die von Scheer aus Befehle erteilten. In vielen Orten waren kaiserliche Soldaten einquartiert. Am 18. Dezember
1635 erklärte Kaiser Ferdinand dem König von Frankreich den Krieg, da dieser Lothringen annektiert hatte.
Am 1. Oktober 1635 schrieb der Truchseß: „Meine Dörfer sterben zum Teil gar aus, sonderlich Dürmentingen und Marbach; es ist ein erschrecklich Sterben, denn der Krieg und Hunger sind auch dabei. Auf dem Bussen stirbt auch alles Volk hinweg. In Scheer wütet die Pest auch ebenfalls sehr, die anderen Dörfer sterben ganz aus, wie auch Riedlingen und Saulgau. Zu Mengen ist das Sterben auch eingerissen. Es leben noch 5 oder 6 Mann zu Dürmentingen, aber auf meinen Höfen kein einziger Mann mehr. Auch anderswo auf meinen Höfen zu Betzenweiler, Buchau, Ertingen, Heudorf, Neufra, kurz alle Orte sterben aus."
1636 starb Truchseß Friedrich, der Bruder Wilhelm Heinrichs, der auf der Trauchburg den anderen Teil des väterlichen Erbes verwaltete.
Trotz der traurigen Zeiten ruhten die Streitigkeiten zwischen dem Truchsessen Wilhelm Heinrich und den Donaustädten nicht.
1636 wehrten sie sich gegen die von der Herzogin Claudia erlaubte Einsetzung von Stadtammännern durch den Truchsessen. Die aufgebrachten Bürger von Mengen überfielen Ende März eines nachts mit ungefähr 40 Musketieren die Stadt Scheer, überstiegen die Mauern, zogen einen einquartierten Soldaten aus dem Bett, traktierten ihn übel und führten ihn gefangen nach Mengen. Neben dem Groll auf den Truchsessen mag auch viel Verzweiflung der Bürger in diesem Vorgehen gesteckt haben, zumal es zur Hauptaufgabe des Stadtammanns gehörte, Gefälle einzuziehen. Wie sehr diese aber für das Überleben notwendig waren, entnehmen wir einer Schilderung der Zustände des Truchsessen Wilhelm Heinrich vom 17. April
1637: „Es ist nun das arme unschuldige Volk nunmehr zu solcher Extremität geraten, daß auch sogar Vermöglichere das liebe Brot bishero nit mehr zu essen gehapt, sondern sich gleichsamb des Grases auf dem Felde, mit dem unvernünftigen Vieh, und der überbliebenen Kleyen mit den Schweinen, auch des Ölmehls, wie man es nennet, so von dem Lein oder Flaxsaamen geschlagen wird, und es sonsten die unvernünftigen Thier nit gern essen, ihr elendes Brot bereiten, und wenn den Soldaten ein Roß umbgefallen, wenn schon derselbige rützig, krätzig und würmig gewesen, haben sie sich noch um daselbige Aas gerissen, wovon die armen Menschen alsdann dergleichen abscheuliche Roßkrankheiten auch bekommen, ja welches das gräulichst zu vernehmen, hat in unserer Dörfer eines, Friedberg genannt, eine Mutter ihr aigen Töchterlein gessen, und sonst der Hund und Katzen sich behelfen undt ihr Leben so lang es Gott gefallen, damit leider elendiglich umb etwas uffgehalten, also daß bei solcher unmenschlicher Nahrung und zuvor unerhörten Hungersnott die Leuth endlich wie die Fässer uffgeschwollen und ihre Form und Gestalten solchermaßen verändert, daß auch oft die nächstnen Nachparn einander selbsten nit mehr erkennen und letzlich wie dann anders nit wohl sein konnte, eine solche vergifte Infektion gefolgt, daß, was der Hunger und Kummer, auch das blutig Schwerdt des Feindt bishero überlassen, ietzo die angeregte Infektion vollendts also hauffenweis hinweggerissen und dermassen erschreklich grassiert, daß man an manigen Ort nit Thodengräber, die Heusser von den Thoden zu raumen und dieselbige zu begraben haben können. Bei welchem mehr als erbermlichen Zustandt ietzo nun erfolgt, daß die Güter ungepflanzt darniederliegen und die Dörfer von Leuthen und Vieh ganz defekt stehen, gleich einem Wildnuß mit großen Stauden und Stekhen verwachsen, also daß die Wölff und andere wilde Thier gereit darinnen Wohnung suchen und schon zum theil Junge darin geworfen haben, uns dies Orts allenthalben uff einem leidigen erbärmlichen, ja mit blutigen Zähren beweinenden Augenschein gezogen".
1637 flohen zahlreiche Einwohner aus Scheer und Mengen mit Pferden und Vieh nach Überlingen. Grund hierfür waren sicher nicht die Schweden, sondern die Kaiserlichen, die vielerorts Überfälle verübten und auch
1638 unsere Gegend unsicher machten. Am 18. April 1938 fielen die Schweden in Mengen ein, im September streiften Reiter durch Scheer, dessen Zustand im Jahr
1639 wie folgt geschildert wird: „Bitterarm ist auch das Städtchen Scheer. Die Herrschaft hat dem Rat die Schlüssel zu den Stadttoren entrissen. Das Städtchen ward so gefoltert, geschlagen und ausgesogen, daß das kleine Häuflein Bewohner, dem Hungertode zu entgehen, es volle acht Tage gänzlich verlassen hatte. Kein lebendes Wesen war mehr darin zu finden. Die Kupferplatten von den Schloßdächern und die Dachrinnen von der Kirche hatten die Kriegsleute fortgenommen. Auf dem Gerümpelmarkt zu Konstanz können die bestohlenen Bürger und Bauern, Edelleute, Klosterleute und Würdenträger ihre Kostbarkeiten nochmals sehen. Die Schweizer erhandeln es wie erobertes Strandgut". In den folgenden Jahren leerte sich die Herrschaft immer mehr. Manche schlossen sich lieber den Soldaten an als das Elend zuhause weiter mitzumachen. Andere wanderten nach Bayern und Österreich aus. Die Daheimgebliebenen litten nicht nur unter den einquartierten und durch-

1644. Überfall auf Scheer.

ziehenden Kaiserlichen, sondern auch durch die von ihnen eingeschlossenen Hohentwieler Truppen, welche sich durch Kontributionsforderungen und notfalls auch durch Überfälle verproviantierten. Nachdem ihre Belagerung aufgehoben worden war, überfielen sie am 19. September
1642 die Stadt Mengen, wo am 20. Januar
1643 wieder schwedisches Volk ankam. Als im März wieder Kaiserliche in die Gegend kamen, mußten Scheer und Ennetach das bißchen Habe in aller Eile vor umherschweifenden Banden in Sicherheit bringen. Von Hohentengen erfahren wir, daß die Leute ihre Habe auf den Kirchhof flüchteten.
Zum Unterhalt seiner württembergischen Besatzung auf dem Hohentwiel hatte der dortige Kommandant Konrad Widerhold auch der Stadt Scheer eine Kontribution auferlegt. In der Frage, ob man diese Abgaben leisten soll, waren sich Graf Christoph Karl und die Stadt uneinig. Nach einem ausführlichen Bericht im Roten Buch mahnte der Hohentwieler Proviantmeister Stephan Stockmayer am 2. August
1644 die ausstehenden Magazinfrüchte schriftlich an und drohte, sie erforderlichenfalls mit Gewalt zu holen. Da befürchtet werden mußte, daß die Hohentwieler im Weigerungsfalle die Stadt überfielen und, wie aus anderen Orten bekannt, dann auch Roß und Vieh fortnehmen

würden, beschlossen „der Rat, die Zusätz und die ganze Gemaind", der Forderung nachzukommen, was ihnen der Graf mit einem schriftlichen Kanzleibefehl, „was bis dato ungewöhnlich", verbot. Obwohl die Vertreter der Stadt versuchten ihm umzustimmen, blieb er bei seiner Einstellung und drohte mit Leibes- und Turmstrafe. — Am 19. September rückten die Hohentwieler an.
Schloß, Kirche und Stadt wurden ausgeplündert, Christoph Karl und sein Bruder, der Mainzer Domherr Friedrich, dem alles was er bei sich hatte genommen wurde, konnten sich nur mit Mühe durch die Flucht retten. Ein Kirchenportal und der Kirchturm wurden verbrannt, „sodaß Glocke und Uhr herunterfielen". — Die Stadt Mengen erlitt am selben Morgen das gleiche Schicksal. Da in Scheer anscheinend nichts zu holen war, hatten die Hohentwieler „mit scharfen Drohungen" eine drei bis viertätige Ablieferungszeit gestellt. Nun wurde „von Rat, ganzer Gemeinde, mit zugezogener Priesterschaft und den Herren Beamten" beraten und einstimmig beschlossen, die Kontribution unverzüglich einzuziehen, auch von der Herrschaft. Als die beiden Bürgermeister dem Grafen diesen Beschluß mitteilten, erhielten sie zur Antwort, daß die Stadt 100 Pfd. Pfennig Strafe zu bezahlen habe, weil die Anlage gegen seinen Willen beschlossen worden sei und die Kontribution ihm abgeliefert werden müsse. Unter fadenscheinigem Vorwand verlangten die

Beamten nachts die Torschlüssel. Diese wurden ihnen verweigert und morgens von Bürgermeister und Rat befohlen, die Tore nicht zu öffnen, bis die Kontribution völlig beisammen sei. Als nun der Graf verlangte, daß der Bürgermeister die Schlüssel selbst ins Schloß bringen soll, erhielt er über den Stadtknecht die Antwort, daß die Stadtschlüssel von alters her zur Stadt und aufs Rathaus und keineswegs aufs Schloß gehören. Gleich darauf kam der Graf selbst zu Pferd, samt seinen bewaffneten Beamten und Dienern, aufs Rathaus, bemächtigte sich der Schlüssel, nahm den Rat gefangen, schalt alle als meineidige Leute und befahl jeden niederzuschießen, der ein widriges Wort verlauten lasse. In der nächsten Nacht wurden ihm die Gefangenen vorgeführt, wobei er ihnen klar machte, daß sie wegen der Verweigerung der Schlüsselübergabe eingesperrt, die 100 Pfd. Pfennig der Stadt aber als Strafe dafür auferlegt worden sei, weil die Umlage gegen seinen Befehl eingezogen wurde. Außerdem habe die Stadt der Herrschaft alles wieder gut zu machen, um was sie bei dem Überfall der Hohentwieler gekommen, widrigenfalls werde er Soldaten aus Überlingen, Balingen und anderen Orten holen und sie derart erpressen, daß alle „samt Weib und Kindern die Hände über dem Kopf zusammenschlagen und sich künftig in keiner Weise widerspenstig erzeigen werden". Da durch den Feind das Schloß in Brand gesteckt worden sei, würden diese Soldaten das Städtchen anzünden und die Bürger gefangen nehmen, die dann von der Stadt wieder ausgelöst werden müßten. Mit diesem Bescheid wurden die Gefangenen wieder frei gelassen.

Wegen dieses massiven Eingriffs in ihre Rechte und Freiheiten, wandte sich die Stadt am 22. September an den Truchsessen Wilhelm Heinrich, der sich immer noch in Konstanz aufhielt. Unter Hinweis auf die Verletzung ihrer Rechte, bat sie um Erlassung der Strafe und Aufhebung der angedrohten „militärischen Pression". — Wegen des Überfalls der Hohentwieler wandte sich der Truchseß am 3. Oktober an den Kurfürsten von Mainz.

1645 hören wir von einem (kaiserlichen) Rittmeister Porell, der in Scheer lag und am 19. Juli abends 7 Uhr mit seinen Soldaten das Kloster Ennetach ausplünderte, wohin die Ennetacher vorher 2 Kühe und 1 Mutterschwein „in Sicherheit" gebracht hatten. Diese und viel Leinwand befanden sich unter dem Beutegut.

1646 übertrug der Truchseß Wilhelm Heinrich die Verwaltung der unteren Grafschaft seinem Sohn Graf Otto, der nun nach Dürmentingen in das dortige Residenzhaus zog. Christoph Karl behielt die Verwaltung der oberen Herrschaft und residierte ferner in Scheer. Im Herbst

1646 hören wir vom Vormarsch des schwedisch-französischen Heeres und von einem twielisch-schwedischen Streifkorps, das in unserer Gegend Plünderungszüge unternahm. Im Dezember quartierte sich französisches und weimarisches Volk ein. — Um Fastnacht

1647 wurden diese Einheiten aus der Grafschaft abgezogen. Sie hatten Scheer ausgeplündert und das Kirchendach zerschlagen. „Nach ihrem Abzug kamen echte Räuber nach Scheer", das immer noch von Konrad Widerholt, dem Kommandanten des Hohentwiel erpreßt wurde. Am 26. März

1647 klagte ihm die Stadt Scheer „... welcher maßen sie" in zehn Wochen lang durch das gehabte Regiment zu Pferd dergestalt ersogen und ausgegessen, daß nach dessen Abzug weniger ein Stück Brod, von Roß und Vieh noch viel weniger übrig verblieben, endlich aber durch einen Einfall, achttägigem Raub und Plündern nicht ein lebendiges Thierlein in gleichem nicht ein Viertel Frucht in dem Städtlein, ja das Kupfer auf des Schlosses und der Kirche Dachrinne sicher nicht geblieben ist, zumalen die arme ausgeraubte Bürger solchermaßen tribuliert, gefoltert und geschlagen worden, daß man das Städtlein achte ganzer Tag öde stehen zu lassen genötigt worden. Demnach dann Männiglich mit Weib und Kind den bittern Hunger leiden, ja viele wohl gar sterben, oder von Haus und Hof in das bittere Elend müssen vertrieben werden." Eine große Anzahl hatte in Bayern, Österreich, vor allem aber in der Schweiz Unterschlupf gefunden. Ihre Heimkehr wurde

1648, nachdem der unglückselige Krieg zu Ende gegangen war, amtlicherseits bei Strafandrohung befohlen. — Truchseß Wilhelm Heinrich hatte inzwischen vom Erzherzog die Erlaubnis erhalten, von den Städten Mengen, Saulgau und Riedlingen das Gefälle einzuziehen, stieß dabei aber auf Widerstand. — Trotz des Friedensschlusses lagen anfangs

1649 immer noch Schweden in unserer Gegend, eine Besatzungsmacht also, welche wohl in erster Linie den Einzug der „Friedensgelder" überwachte. Um diese Schwedensteuer bezahlen zu können, mußte die Stadt Scheer ihren Spitalhof in Langenenslingen verkaufen. Truchseß Wilhelm Heinrich scheint erst

1651 wieder nach Scheer zurückgekehrt zu sein. Am 23. Juni unterschrieb für ihn sein Sohn Christoph Karl, weil er „Alters- und Leibesunvermögenheit halber", die Hände nicht mehr führen konnte.

1652 machte er sein Testament und übertrug die Regierung seinen Söhnen. Am 8. Mai starb er in Dürmentingen und wurde tags darauf in Scheer beerdigt. Da im Jahre 1636, nach dem Tode seines Bruders, des Truchsessen Friedrich, des Stifters der jüngeren Trauchburger Linie, keine Teilung vorgenommen worden war, erhoben nun dessen Söhne Erbansprüche auf die von ihrem Großvater herrührenden Güter. Der von ihnen am 16. März 1652 ausgefertigte Teilungsvertrag wurde von ihren Vettern, den Grafen Christoph Karl und Otto dahingehend akzeptiert, daß sie, die Vettern, die untere Herrschaft mit dem Sitz in Dürmentingen übernahmen. Dazu gehörten u. a. auch die Städte Riedlingen und Munderkingen, sowie die Herrschaft Trauchburg und die Erbkastenvogtei über das Kloster Isny. Die Truchsessen

Christoph und Hans Ernst (1652–1658)

von der jüngeren Trauchburger Linie, übernahmen die obere Herrschaft mit dem Sitz Scheer. Hierzu gehörten u. a. die Städte Saulgau und Mengen, die Herrschaft Kallenberg, die Erbkastenvogtei über das Kloster Sießen und das Vogtrecht über die Salemischen Orte Bachhaupten, Osterndorf (abg. b. Tafertsweiler) und die Höfe in Gunzenhausen. —

Auch die Forstgrenzen waren eingeteilt worden. Die hohe und niedere Gerichtsbarkeit hatten jedoch die Inhaber der unteren Herrschaft inne. Am 24. August wurden die Schlösser übergeben und die neuen Residenzen angetreten. — Bereits 1652, in erhöhtem Maß 1653 setzten die Einwanderungen ein. Schon im Jahr
1655, als Graf Christoph Karl, der Mitinhaber der unteren Herrschaft heiratet, begann ein von ihm gegen die Inhaber der oberen Herrschaft geführter Prozeß. Letztere regelten in diesem Jahr etliche sehr wichtige Rechtsfragen mit ihrer Stadt Scheer, ebenso 1656 (s. d.)
1658 wurde die vor 6 Jahren vorgenommene Teilung rückgängig gemacht und den Grafen

Christoph Karl und Otto (1658–1663)

die obere Herrschaft (Sitz: Scheer), den seitherigen Inhabern die untere Herrschaft zugesprochen.
1659 begannen Christoph Karl und Otto mit dem Bau einer neuen Residenz jenseits der Donau (heute Brauerei).
Nach dem erneuten Wechsel der Pfandherrschaft waren die 4 Donaustädte wieder darum bemüht, sich aus der Pfandschaft zu lösen.
1660 trafen sich ihre Vertreter in Saulgau. Mengen verweigerte die Ablieferung des Pfandgefälles.
1661 wehrten sie sich gegen die Einsetzung eines „Drillmeisters" und hielten in Saulgau und Mengen wieder Versammlungen ab, ab
1662 in Riedlingen.
Am 13. Juli 1663 starb Graf Otto, der Mitinhaber der oberen Herrschaft. Er wurde in der Gruft in Scheer beigesetzt.

Christoph Karl und Maximilian Wunibald (1663–1672)

Ottos Sohn Maximilian Wunibald, geb. 1647, war nun Mitinhaber, stand aber noch unter Vormundschaft. Da seine Eltern geschieden waren, scheint er von Jugend auf in seiner Erziehung vernachlässigt worden zu sein.
1667 wurden die Zunftforderungen der Handwerker erneuert. Unstimmigkeiten mit der Herrschaft führten von 1669 ab zu Gehorsamsverweigerungen, sowohl seitens der Donaustädte, als auch der übrigen Untertanen. Eine Abordnung der Stadt Scheer trug
1670 am Hof in Wien ihre Beschwerden vor, worauf eine kaiserliche Untersuchungskommission eingesetzt wurde, die am 18. Januar
1671 nach Scheer kam (s. d.).
Zu Beginn des Jahres 1672 verwalteten die beiden Inhaber der unteren Herrschaft, die Truchsessen Christoph Franz und Hans Ernst, auch die obere Herrschaft, deren Inhaber erkrankt war.
Am 28. März 1672 starb Truchseß Christoph Karl, der seit 1655 mit der Gräfin Maria Elisabeth von Sulz verheiratet war.

Maximilian Wunibald und die Vormundschaft (1672–1673)

Auf seinem Totenbett hatte der Truchseß den Grafen Hermann Ludwig v. Sulz, den Grafen Johann zu Montfort, Herrn zu Bregenz, Tettnang und Argen und den Truchsessen Johann Ernst (Dürmentingen) zu Vormündern seines einzigen erst 14jährigen Sohnes Franz Eusebius bestimmt. Da auch der Mitinhaber Maximilian Wunibald noch unter Vormundschaft stand, hatten zunächst diese Herren die Regierung in Händen.
Neben den Bürgern von Scheer wurden
1672 auch die Untertanen im Amt Hohentengen rebellisch.
Da sich Graf Maximilian verheiraten wollte, drängte er auf die Registrierung des Gesamtvermögens, worauf 1672 ein Inventarium angelegt wurde, in welchem jedes einzelne Stück von den Gebäudeinventaren der beiden Schlösser bis hin zur Wäsche verzeichnet ist, auch das Bargeld. Sehr interessant dabei ist, daß neben dem im Schloß von Truchseß Christoph Karl hinterlassenen Inventar auch das der „neuen Residenz" (heute Brauerei) verzeichnet ist. Diese war Sitz des Grafen Maximilian Wunibald. Sehr reizvoll wäre es, an dieser Stelle die Fülle der hier genannten Gegenstände aufzuzeigen, abgesehen von den zahlreichen auch wissenschaftlichen Büchern der Bibliothek. Das Inventar weist aber auch aus, wie stark die Herren verschuldet waren. — Der nunmehr volljährige Maximilian Wunibald und die Vormundschaft verlangten die Huldigung. Die Stadt Scheer lehnte ab und sandte eine Delegation nach Wien (s. d.). In den anderen Orten erschienen viele nicht. Sie, wie auch die Erschienenen wurden listenmäßig erfaßt. Erst
1673 huldigte Scheer auf Befehl des Kaisers. In der Göge gärte es weiter und auch die Pfandinhabungsstädte waren nicht untätig. — Noch im selben Jahr verhängte der Kaiser über die obere Herrschaft die

Sequestration (1673–1687),

d. h. er nahm sie zur einstweiligen Verwaltung in Beschlag, und bildete in Scheer ein Sequestrationsrentamt, um das sich Graf Maximilian Wunibald allerdings wenig kümmerte. Im Verlauf des 2. Niederländischen Krieges (1672—1679) hatte unsere Gegend im Winter 1674/75 unter hohen Quartierlasten zu leiden, gegen die sich besonders die Donaustädte zur Wehr setzten. Auch im folgenden Winter lagen Kaiserliche bei uns in den Quartieren. Vergeblich versuchten die Vormundschaft und Graf Maximilian Wunibald im Jahr 1675 die Huldigung einzunehmen. Der Widerstand richtete sich in erster Linie gegen den Grafen, der wegen seines lasterhaften Lebenswandels exkommuniziert worden war und sich bei den Untertanen fluchend und schlagend durchzusetzen versuchte. Ein Dorn im Auge war ihm auch der Oberamtmann Gedeon, den ihm der Kaiser vorgesetzt hatte. Um ihn zu vertreiben, stürmte er 1675 nächtlicherweil das Schloß, wobei ihn der „Pfaff Weltinger", der Vogt „Jäglin", der Schulmeister und etliche Diener unterstützten. Es gelang jedoch nur den alten Teil des Schlosses zu erobern. Wenige Tage später lauerten seine Diener wieder vergeblich dem Oberamtmann auf. — Noch im gleichen Jahr begab sich der Graf in Kriegsdienste, kehrte aber schon nach einem halben Jahr, hochverschuldet, nach Scheer zurück. Seine hochschwangere Frau hatte er beim Regiment zurückgelassen. In Scheer benahm er sich wie ein „enfant terrible" und scheute auch nicht davor zurück, Kirchengeräte zu stehlen und zu versetzen.

1676 nahm er ein halbes Jahr lang am holländischen Krieg teil, kehrte verschuldet zurück und unterschlug in Scheer Kontributions- und Anlagsgelder, die er ebenfalls rasch durchbrachte. Auch in den folgenden Jahren änderte er sein Verhalten nicht, im Gegenteil.

1678 zog er nach Böhmen und trieb sich als gemeiner Abenteurer herum. Sein Verhalten führte zu immer neuen Beschwerden, besonders auch der Donaustädte, die auch wegen der anhaltenden Quartierlasten klagten. — Graf Franz Eusebius, der Sohn Christoph Karls, starb am 14. Februar 1679 und wurde in Scheer beerdigt. Nun sah sich Maximilian Wunibald als Alleininhaber und erklärte, daß die Sequestration nunmehr hinfällig sei. Berichte der Sequestrationsbeamten über sein Verhalten veranlaßten den Kaiser, ihn gefangennehmen und in Überlingen, bald danach auf der Burg Hohenzollern, einsperren zu lassen. Die gegen ihn verfaßte Klageschrift spricht Bände. — Die Verhandlungen mit der Regierung führte nun Graf Hans Ernst, der Inhaber der unteren Grafschaft. Im Vergleich vom 24. Mai 1680 anerkannte er die Grafschaft als österreichisches Mannlehen. Gleichzeitig wurde mit ihm die Abtretung der Donaustädte etc. vereinbart. In diesem Jahr wurde auch ein neues Inventar der im neuen und alten Schloß befindlichen Mobilien aufgestellt.

Nachdem sich die Untertanen schon 1679 geweigert hatten, dem Grafen Hans Ernst zu huldigen, stand nun zur Debatte, ob die obere Herrschaft dem Fürstentum Sigmaringen oder der unteren Herrschaft zugeteilt werden soll. — Um sie von den Truchsessen möglichst unabhängig zu machen, verlieh der Kaiser einigen Orten ein eigenes Wappen: Altheim (1680), Herbertingen (1681), Hohentengen und Unlingen (1682). Ennetach zeigte großes Interesse (wieder) nach Mengen eingemeindet zu werden.

1683 erhielt der auf dem Hohenzollern inhaftierte Graf Maximilian Wunibald, auf Bitten seiner Gattin, die Erlaubnis in Konstanz zu wohnen.

Im sog. „neuen Herrschaftshaus zu Scheer", also in der eigentlichen Residenz des Grafen, schloß die Herrschaft unter Vermittlung einer kaiserlichen Kommission im Jahre

1686 mit den Untertanen einen Vergleich, durch den die Ruhe einigermaßen wieder hergestellt wurde. Dabei wurde vereinbart: 1. die Untertanen bleiben von aller Leibeigenschaft frei, haben dagegen aber angemessene Frondienste zu leisten und sind der Herrschaft steuer- und abzugspflichtig; 2. die Herrschaft hat nun das Recht, den Ammann (Gemeindevorsteher) und diesen auch nur aus der Mitte der Gemeinde zu wählen; 3. die Gerichte sollen alle Jahre im Beisein des Oberamtmanns von der Bürgerschaft gewählt werden. Weitere Vergleichspunkte betrafen das Jagen, das Einzugs- und Umgeld, die Bestrafung der Frevel etc. Das Amt Hohentengen schloß sich von diesem Vergleich selbst aus, sodaß der dortige Landammann weiterhin von der Herrschaft gewählt wurde. Mit Herbertingen vereinbarte man einen Nebenvergleich, mit der Stadt Scheer einen Separatvertrag.

Am 6. Februar 1687 starb Graf Hans Ernst in Dürmentingen. Da Graf Maximilian aus seinem Exil in Konstanz zurückkehrte, entstanden neue Unruhen. Nun hob der Kaiser die seit 1673 bestehende Sequestration auf und zog das Gebiet ans Reich.

Beim Reich (1687–1695)

In seiner Eigenschaft als Erzherzog von Österreich ließ Kaiser Leopold die Untertanen vor einer eigens eingesetzten Kommission huldigen.

Am 30. Juli 1687 wurden auch die Ober- und Unterbeamten des Oberamts Scheer, das nun den Titel „kaiserlich-erzfürstlich" führte, in Pflicht und Erbhuldigung genommen.

Noch war der „Türkenkrieg" (1683—1697) im Gang, als der „Pfälzische Erbfolgekrieg" (1688—1697) neue Unruhen und Drangsale brachte. Adelige, Geistliche und Klosterfrauen flüchteten vor der Bedrohung durch die Franzosen. Den wenigen Untertanen, die einwanderten, stand eine größere Anzahl von Auswanderern gegenüber, die das Gebiet an der unteren Donau als sog. „Schwertbauern" besiedeln sollten. Unter ihnen finden wir am 10. März 1689 den Johann Kinig aus Scheer.

1695 wurde die Grafschaft wieder als truchsessisches Mannlehen anerkannt, die obere Herrschaft jedoch

unter Administration (1696–1717)

gestellt. Am 22. November 1695 huldigten die Untertanen. Administrator war der Truchseß Christoph Franz, der Inhaber der unteren Herrschaft.

1696 belehnte ihn der Kaiser, für sich und als Lehenträger seiner Vettern der Scheerischen-Zeilschen und Wolfeggschen Linie, mit der Grafschaft Friedberg und der Herrschaft Scheer. Seine Agnaten waren: 1. von der Scheerischen Linie der Graf Maximilian Wunibald, 2. von der Zeilschen Linie Sebastian Wunibald und Johann Christoph, 3. von der Wolfeggschen Linie Johann Maria und dessen Pflegesohn Ferdinand Ludwig. Sie alle hatten also Anteil an der oberen Herrschaft, wo Maximilian Wunibald zwar residierte, aber keinerlei Machtbefugnisse hatte. Als Vertreter des Administrators waren in Scheer ein Oberamtmann und ein Kanzleiverwalter eingesetzt. Noch im selben Jahr empörten sich die Untertanen, nicht zuletzt die der Stadt Scheer, die den verhaßten Grafen Max in seinem eigenen Schloß einsperrten, bis sich Truchseß Christoph Franz der Stadt gegenüber zu einem Vergleich bequemte (s. d.). Auch die Untertanen des Amtes Hohentengen, die auf ihren eigenen Wappenbrief pochten, akzeptierten die kaiserliche Resulution nicht, wurden aber 1697 mit Gewalt dazu gezwungen. Für die Stadt Scheer erließ Christoph Franz als Administrator im Jahre 1699 Statuten (s. d.). Im „Scheerischen Urbar von 1700" ließ er das Gebiet neu verzeichnen.

1702 wurde mit Sigmaringen ein Vertrag über die forstliche und geleitliche Obrigkeit geschlossen und beschlossen, an der Ostrachbrücke ein Zoll- und Wirtshaus zu erstellen, wogegen sich jedoch die Stadt Mengen und das Kloster Heiligkreuztal stark machten. Der spanische Erbfolgekrieg (1701—1714) brachte wieder Soldaten in unsere Gegend. Schon im Januar 1702 wurde in Scheer wegen der umherschweifenden Husaren eine Wache unter die Stadttore gestellt. Zunächst hatte man aber nur Durchmärsche der bayrischen Armee zu verzeichnen, die den Franzosen zu Hilfe eilte. Das Jahr

1703 brachte zunächst Rekrutenaushebungen, im Mai waren die Franzosen aber schon in Mengen. Wieder wechselten Freund und Feind. Am 2. Dezember kam der Prinz v. Bevern mit seinem Bruder in Scheer an, schlug im Schloß das Hauptquartier auf und quartierte seine 6 Kompanien in Stärke von 600 Mann im Städtle ein, wo in manchem Haus 10—15 Kaiserliche verpflegt werden mußten. Vor dem Menger Tor und an anderen Plätzen wurden Vorwerke angelegt. Die Bürgerschaft hatte 150 Malter Früchte abzuliefern, die gemahlen und zu Zwieback verbacken werden mußten. Da sich der in Scheer einquartierte Oberst, Monsieur Bopard, weigerte, Truppen nach Riedlingen zu legen, wandten sich die Städte Scheer und Mengen nach Bregenz. Als die Klagen gegen die Einquartierung nichts nützten, rissen die Bürger und Räte von Scheer, auf Aufforderung des Bürgermeisters, die Palisaden aus.

1704 gelang es, die Franzosen aus dem Land zu vertreiben. Los werden wollte man in Scheer auch die Herrschaft.

1705 hören wir wieder von einer Revolte. Mit der Stadtglocke wurde Sturm geschlagen. Der Sturm aufs Renthaus galt dem Trauchburgischen Verwalter Breinlin, dem Kanzleiverwalter und dem Forstmeister, die das kleine Stadttörle bei der Au, das seit 32 Jahren zugemauert war, wieder öffnen lassen wollten. Mit gewehrter Hand wurden die Maurer daran gehindert. — Als im Jahre

1707 die Franzosen wieder in die Gegend kamen, wurde auch Scheer besetzt. Von hier aus machten sie im August einen Vorstoß nach Obermarchtal. Im Herbst waren sie wieder abgetrieben, Kaiserliche kamen ins Quartier. Dies alles bekümmerte die Gögebauern anscheinend wenig. In ihrem Widerstand gegen die Herrschaft führten sie sich auf wie seit dem Bauernkrieg nicht mehr. Drei der Rebellen reisten an den kaiserlichen Hof, wo ihnen die Einsetzung einer Untersuchungskommission versprochen wurde. Diese erwirkte allerdings das Gegenteil, verbot alle Zusammenrottung und Tumult und verlangte die Bildung eines Bürgerausschusses, der künftig die Anlagen in jedem Ort einziehen und bei der Kasse in Scheer abliefern mußte.

1708 traten die Truchsessen dem Kloster Salem die hohe Obrigkeit, mit dem Forst-, dem Wild- und dem Blutbann im Amtsbezirk Bachhaupten und dem Dorf Einhart ab. Sie erhielten dafür den Zehntanteil des Klosters in Friedberg und Knechtenweiler (abg.), 1 Hof in Günzkofen, 1 Hof in Beizkofen, 1 Hof in Blochingen, 1 Fallehen zu Bolstern, 1 zu Fulgenstadt, 1 zu Ursendorf, 2 zu Knechtenweiler und die dortige Erblehenmühle. Ferner Gülten und Zinse zu Eichen und Wolfartsweiler, einen Wachszins aus der Pfarrei Bolstern, Kapitalien und Zinse in Bremen, die Landgarb zu Mieterkingen und ein dortiges Leiblehengütle, einen weiteren Hof zu Günzkofen, die Schmitte in Bolstern, 1 Gut zu Fulgenstadt, das Wirtshaus zu Jettkofen und die Schmitte in Völlkofen.

1709 verbot die Herrschaft den Bau von Häusern ohne ihre Erlaubnis und verhängte

1712 über die Stadt Saulgau einen Wirtschaftsboykott, weil diese in die truchsessischen Hoheitsrechte eingriff. — Vom Scharfrichter Johann Vollmar, der seinen Sitz „auf der Burg" (Hagelsburg) hatte, wurden Christian Weißgayer und Consorten hingerichtet. Als Vollmars Schwiegersöhne werden

1713 erwähnt: Urban Götz aus Bayern und Christoph Sorg, der

1716 die Nachfolge antrat.

1715 war die obere Herrschaft, die immer noch unter Administration stand, so verarmt, daß sie von dem aus Ennetach stammenden Arnacher Pfarrer Dr. Johann Wilhelm Rom, 1000 Gulden aufnehmen mußte. Der 70jährige Truchseß Maximilian Wunibald, der entmachtet im Land herum zog, starb

1717 in Konstanz. Im selben Jahr starb auch sein Vater, der Truchseß Christoph Franz, der Inhaber der Herrschaft Dürmentingen, welcher als Administrator die Herrschaft Scheer verwaltet hatte. Dessen Sohn, der

Truchseß Joseph Wilhelm v. Waldburg (1717–1756)

erhielt nun die gesamte Grafschaft. Seine jüngeren Brüder bekamen die Herrschaften Trauchburg und Kißlegg. Da sie aber alle noch minderjährig waren, wurde für sie der Truchseß Johann Maria v. Waldburg-Waldsee als Vormund bestellt. Der schon 1712 am Widerstand der Untertanen gescheiterte Versuch, bei der heutigen Ostrachmühle ein Wirts- und Zollhaus zu errichten, schlug auch 1718 fehl. Die Tatsache, daß der Vormund weit weg war und sich kaum um das Geschehen in unserer Grafschaft kümmerte, veranlaßte besonders die Bauern auf dem Land zur Rebellion, die

1720, als der Truchseß Joseph Wilhelm selbst die Herrschaft übernahm, gewaltsam unterdrückt wurde.

1721 warnte die österreichische Regierung die Untertanen der Grafschaft, fernerhin Unbotmäßigkeit und Respektverweigerung gegen die Beamten zu begehen.

1723 vermählte sich der Truchseß mit der 30jährigen Maria Elisabeth v. Fürstenberg (vgl. Stadt).

Graf Josef Wilhelm überließ

1728 dem Kloster Salem das Dorf Jettkofen und die beiden Höfe zu Wirnsweiler. Er erhielt dafür die Hälfte des Weilers Burgau bei Dürmentingen.

1732 wurde mit der geometrischen Vermessung der ganzen Herrschaft begonnen. — Zur Aufstellung einer Landmiliz mußten

1733 die in Privatbesitz befindlichen Gewehre nach Scheer abgeliefert werden. Das erste Aufgebot umfaßte 100 Mann, die zum Teil im Rausch angeworben wurden. Zum Unterhalt der Soldaten wurde eine Landmilizkasse eingerichtet, in welche die Untertanen Kopfgelder zu bezahlen hatten. Außerdem flossen in diese Kasse Gelder, die bezahlt werden mußten bei Hochzeiten, bei Anstellung von Spielleuten, bei Zu- und Abzug von Untertanen und der sog. „Glaspfennig". — Im gleichen Jahr führte der Graf die sog. Regierungstage ein, an denen er sich über das Gerichts-, das Ökonomie- und das Forstwesen berichten ließ.

Die beiden Rentämter Scheer und Dürmentingen wurden zusammengelegt. Am alten Schloß ließ der Graf eine Wachstube erstellen, unter die man ein Gefängnis einbaute. Ab

1735 wurde jeder 3. Regierungstag in Dürmentingen abgehalten, wohin sich die Beamten von Scheer zu begeben hatten. Die bisherigen Leib- und Schupflehengüter wurden den Untertanen als Erblehen überlassen.

1736 wurde die Landmiliz wieder entlassen. Die Soldaten behielten die Montur, mußten aber die Gewehre nach Scheer in Verwahrung geben. Durch eine Kanzleiordnung und verschiedene Verordnungen erfolgte

1738 eine wesentliche Straffung der Verwaltung. — Landammann in Scheer: Johann Adam Braunschayd (— 1765). Die herrschaftliche Mühle erhielt

1739 Johann Stark verliehen. — Mit verschärften Bestimmungen wurde

1741 die Kanzleiordnung ergänzt.

1743 erfolgte eine Einigung mit dem Kloster Schussenried wegen des Forstgebietes, das dieses vom Truchsessen als Pfand innehatte. Für seine Zugeständnisse erhielt dieser vom Kloster dessen 4 Höfe in Braunenweiler, Ziegelhof und die Höfe in Lampertsweiler. — Oberamtmann in Scheer ab 1743: Johann Jakob Ranz.

1746 wurde gegen 15 000 Gulden das Amt Bierstetten mit der hohen und niederen Gerichtsbarkeit an das Kloster Schussenried verkauft. Renhardsweiler kam (— 1788) an das Haus Königsegg. — Wegen der großen Schuldenlast, die durch hohe Abgabenforderung entstanden war, hatten die Gögemer eine Delegation nach Innsbruck und Wien geschickt, um sich gegen den Grafen zu beschweren. Daheimgebliebene, die mit Jubel und Geschrei auf die Gesundheit der Delegierten tranken, wurden eingesperrt.

1747 wurde der geheime Rat, Direktor und Premier-Beamte Franz Anton v. Chrismar den herrschaftlichen Vorgesetzten und den Schultheißen des Amtes Hohentengen vorgestellt.

1750 erfolgte eine Beschreibung des ganzen Distrikts der Grafschaft Friedberg und der Herrschaft Scheer.

1753 heiratete Graf Leopold August die Gräfin Maria Anna Monika v. Kirchberg und Weißenhorn zu Stettenfels etc.

1756 starb Graf Josef Wilhelm. Sein einziger Sohn

Graf Leopold August (1756–1764)

trat die Nachfolge an. Nach dem Tod des Rats und Oberamtmanns Ferdinand Ignaz Brodler wurde

1758 der gewesne hochfürstlich-fürstenbergische Rat und Obervogt zu Stühlingen Joan Ignaz Ulrich Meris als Rat und Oberamtmann nach Scheer verordnet. Ihm unterstanden

1764 der Hofrat von Chrismar, der Oberamtsrat Bayer, der Ökonomierat (bisher Oberamtsrat) Buzorini und als subalterne Beamte der Landammann Friedrich Braunschayd (— 1765) und der Scheerer Stadtammann Anton Liebherr. — Graf Leopold August starb im Alter von 36 Jahren am 1. Oktober 1764 als kaiserlicher geheimer Rat und beider kaiserlicher Majestäten wirklicher Kämmerer, herzoglich wttbg. General, Ritter des hohen Jagdordens St. Huberti und Kommandeur des Karls-Ordens. An seiner Beisetzung in der herrschaftlichen Gruft hatten aus jedem Ort der Grafschaft 2 Vorgesetzte und 2 weitere Bürger teilzunehmen. — Mit Graf Leopold August starb die Scheerische Linie des Hauses Waldburg aus. Der Blutbann, der Reichslehen war, die Allodialherrschaft Dürmentingen, die Mannsinhabungsherrschaft Bussen und die Lehen des Hauses Österreich fielen seinem Bruder Franz Karl, Bischof zu Chiemsee, als dem Senior des Hauses zu. Die Grafschaft Friedberg, die österreichischen Erblehen war, erhielten die Reichsgrafen und Reichserbtruchsessen der georginischen Linie

Franz Ernst zu Zeil Wurzach, Josef Franz zu Wolfegg-Wolfegg und Gebhard Xaveri zu Wolfegg-Waldsee (1764–1785).

Sie bekamen schon 1765 den Widerstand der Untertanen zu spüren; die Gögemer beschweren sich darüber, daß man von allem, was man verkaufte, Zoll- und Consensgeld an die Herrschaft zahlen müsse; daß von den Untertanen, die „in das Soldatenleben gehen," Abzugsgeld gefordert wird; daß $1/3$ des Bürgergeldes von den Gemeinden und nicht von den Neubürgern verlangt wird und daß der Leprosentaler, der auf 3 Jahre verwilligt worden war, nach 10 Jahren immer noch von jedem Hochzeiter abgefordert werde. Die Beschwerde wurde abgewiesen.

1766 wurde Sebastian Kraft von Dellmensingen, Reichsstadt Ulmischer Patrizius und beider Rechte Rat als Oberamtsrat vereidigt. — Die Untertanen beschweren sich wegen der Vogt-, Forst- und Amtsgarben etc.

1767 wurden 3 Verbrecher zum Hochgericht nach Hohentengen geführt und dort enthauptet.

1768 wurden die herrschaftlichen Zoller auf die Einhaltung der Zolltarife hingewiesen.

1771 erfolgte die Erneuerung der Bettelordnung, nach welcher in jeder Gemeinde ein Bettelvogt aufgestellt werden mußte.

1772 erhielt die Herrschaft von der Herrschaft Sigmaringen in den „Strohäckern" an der „Sackhalde", in welcher der Gemeinde Sigmaringendorf das Waidrecht zustand, ein Stück Wald und trat dafür das sog. „Scheerer Hölzle" oder „Kochsbau" ab.

Auf der Hagelsburg wurde

1773 der Scharfrichter Wunibald Sorg angestellt. Er war der Nachfolger seines Vaters Johann Sorg.

1774 erhielt der Graf Ernst v. Zeil den Blutbann verliehen.

Die Gräfin Maria Anna Monika, die nach dem Tod des Grafen Leopold August ihren Witwenstand in Scheer zubrachte, machte am 29. März

1775 ihr Testament, durch welches der „landschaftliche Hausarmen und Schulfonds" begründet wurde. Es lautet (nach E. Schnell):

Im Namen der Allerheiligsten Dreyfaltigkeit. Sey kund und zu wißen, daß ich Maria Anna Monica verwittibte Gräfin zu Friedberg, Gebohrne Gräfin von Fugger zu Kirchberg und Weißenhorn, aus ernster Erwägung der Hinfälligkeit des menschlichen Körpers mich entschlossen habe, nachdem ich bereits mich mit meinem Schöpfer nach allen meinen Kräften versöhnt und ihn reumuthigst um Verzeihung bittend, in Empfangung der heiligen Sakramente um Gnade und Erbarmen angefleht habe, auch meiner zeitlichen Habseligkeit wegen und wie es mit meinem Vermögen nach meinem in Gottes Fürsehung (welcher ich mich in wahrer christlicher Demuth und Resignation ergebe) verzeichnetem Tode gehalten werden solle,

Maria Anna Truchsessin.

Durch meine letztwillige Disposition eine Richtigkeit zu machen, und es nicht darauf ankommen zu laßen, bis eine Abnahme meiner Kräfte nur dieses aller Überlegung würdige Geschäft erschweren möchte.

Mit reifer Überlegung also und da ich noch bei guten Leibeskräften und bey meiner ungeschwächten Vernunft bin, will ich nach den mir zustehenden freyen Dispositions-Recht über sämmtliche nach mir verlassende Vermögenschaft durch Erklärung meines letzten, freyen, wohl überdachten von Niemand suggerirten, noch sonst beschränkten Willens nachstehende Punktweiß gesetzte Anordnung machen und zwar verordne ich, und ist mein ernstlicher Wille, daß:

1.) Mein Leichnam in der herrschaftlichen Gruft allhier ohne Feyerlichkeit, und besonders ohne eine Leichenrede beigesetzt und Anstatt dieser der Leich-Conduct und das Anwesende Volk alsogleich zu andächtiger Abbettung eines schmerzhaften Rosenkranzes für die Ruhe meiner Seele ermahnt werden solle, daß

2.) Zu gleichem Ende ohne Verschub für tausend Gulden heilige Messen gelesen werden sollen, worüber die Austheilung dem hiesigen Herrn Pfarrer Franz Joseph von Brielmayer hiemit aufgetragen und seinem Gutbefinden heimgestellt wird.

3.) Sind die drey Besängnisse, wie hier in Scheer nach dem Tode der herrschaftlichen Personen gebräuchlich ist, zu halten und jedem anwesenden Priester, welcher die heilige Messe für mich applicirt, ein Gulden pro stipendio zu reichen, dann sind,

4.) Zu ewigen Zeiten alle Jahre Vier Jahrtäge, das ist, nach jedem Viertel Jahr einer, mit acht applicirten Priestern zum Nutzen meiner Seele und meines in Gott ruhenden Gemahls, des Grafen Leopold August, dann der gesammten Fuggerschen und Truchsässischen Familie abzuhalten, und dabei jedem Priester pro stipendio dreißig Kreuzer zu geben: zu welchem Ende ich der Scheer'schen Kirchenmusik ad St. Nicolaum 800 fl. achthundert Gulden ausgezahlt wissen will, gegen deren Empfang gedachte Fabrik nicht entgegen sein wird, die Haltung dieses vierfachen ewigen Jahrtages auf sich und wie die Bezahlung der Herren Geistlichen, also auch die billige Belohnung des Meßners und, wer sonst etwas dabei verdienen möchte, zu übernehmen.

5.) Will ich, daß an jedem der drey ersten Besängnissen den Armen, welche dem Gottesdienste beiwohnen, hundert Gulden ausgetheilt werden sollen.

6.) Den ehrwürdigen Vätern Franziskanern zu Hedingen, und den Patribus Kapuzinern zu Riedlingen vermache ich zu einem Almosen und auf daß sie für mich betten, All mein vorhandenes oder bey dem Rentamt noch zu suchen habendes Getraid mit Einschluß des Habers, und ohne einzige Ausnahme, Alles unter beide Familien zu Hedingen und Riedlingen halbscheidig zu vertheilen.

7.) Legire ich meiner Dienerschaft zu Bezeugung meiner Erkenntlichkeit für ihre mir erzeugte Ergebenheit und Treue folgendes, und zwar:

a) meiner Kammer-Jungfer Johanna Hausers zu lebenslänglicher Nutznießung den Zins von fl. 7500 bei der Friedberg-Scheer'schen Landschaft stehenden Kapitalien, welcher Zins jährlich Dreihundert Gulden ausmacht.

Ferner derselben mein Bett mit doppeltem Überzug, alle Kleider, die nicht über einen Reifrock gemacht sind, und alle meine Trauerkleider ohne Ausnahme, nicht münder alles Weißzeug, das zu meinem Leibes-Gebrauch gehört, als Hemden, Barchet, Schnupftücher, Strümpfe, Hauben etc. Dann gebe ich ihr weiter die Wahl, daß sie aus meiner Mobiliarschaft von Kuchelgeschirr oder Anderem, was sie zu ihrem künftigen Gebrauch nöthig haben möchte, nach dem im Inventar gesetzten Preis oder Anschlag für fl. 600 an Werth sich nach eigener Willkühr aussuchen und nehmen möge, gestalten mein ernstlicher Wille ist, daß ihr Johanna Hausers sothann für fl. 600 gewählte Mobilien unaufhaltlich in dem Anschlag des Inventars verabfolgt, und sie in allen Stücken so behandelt werden soll, wie es ihre mir geleistete Dienste von ungewöhnlicher Treue verdienen, und es dem Dank, den ich ihr dafür hab, gemäß ist.

b) Den zwe'en Bedienten, als dem Joseph Musch, und dem Kutscher Carl N., jedem allvorderst ein Trauerkleid mit der gewöhnlichen Zugehörde; dazu sollen diese Beide lebenslänglich den Zins von meinen fernerweit, bei besagter Scheer'scher Landschaft stehen habenden Aktiv-Kapitalien, welche nach Abrechnung obiger für den Unterhalt meiner Johanna gewiedmeten fl. 7500 bestehen, zu genießen, mithin jeder auf seine ganze Lebenszeit fl. 102 Hundert Zwei Gulden Zins aus der Landschaftlichen Kasse einzunehmen haben.

c) Meinem Stuben-Menschen M. Anna Mayerhoferin nicht nur eine völlige Trauer-Kleidung, sondern auch zu ihrem Lebenslänglichen Unterhalte alle Jahre Hundert und fünfzig Gulden, die ihr so lange sie lebt, bey dem herrschaftl. Scheer'schen Rentamte von meinen dortigen Zins-Geldern bezahlt werden sollen.

Ebenermaßen soll auch

d) Meine Magd Katharina N. eine vollständige Trauerkleidung erhalten und aus gedacht. Gräflichem Rentamte zu ihrem Unterhalt alljährlichen und lebenslänglich zu erheben und zu genießen haben Hundert

Gulden von meinen zu beziehen habenden Zinsen. Deßgleichen schenke ich und widme ich

e) Der ledigen M. Anna Rinkin von Scheer, obgleich sie nicht in meinen Diensten ist, auf daß sie fleißig für mich bete, Vierzig Gulden als den Zins von fl. 1000 auf ihre ganze Lebenszeit alljährlich zu empfangen.

ad 7. Vermache ich der Kirche, und namentlich St. Wunibalds-Altar mein grünsilberstoffenes Kleid und das weiß atlasne mit pousan und fl. 300 zu Anschaffung der Vorten und anderem Zugehör.

Der St. Nikolai-Pflege aber das graue Kleid mit Silber, das blaue mit Silber, und ebenfalls fl. 300, um diese Kleider zum Gottesdienstlichen Gebrauch vollends herrichten lassen zu können.

8.) Bitte ich Sr. Fürstlichl. Gnaden, die regierende Fürstin zu Fürstenberg, meine verehrteste Frau Schwägerin, einen Brokaten Capuzin-Atlas am Stücke, wozu die ganze Garnierung und komplete Garnitur genähter Spitzen gegeben werden sollen, als ein geringes Angedenken von mir anzunehmen.

Der Prinzesse Josephe von Fürstenberg aber meiner geliebten Nièce verehre ich zum Zeichen meiner Freundschaft die vollkommene Garnitur-Spitzen, welche nach obgedachten genähten, meine schönsten sind.

Dem Prinzen Joseph von Fürstenberg, meinem Hl. Neveu, mein goldenes Zahnstohrer-Büchsel, und empfehle mich Ihnen hiemit zu gnädig und freundschaftlichen Angedenken und Gebeth.

9.) Legire ich Allen noch bey Leben seyenden Kindern, welche in meinem Namen zu der heiligen Taufe gehoben worden sind, nemlich des Oberamts-Verwalters von Block zu Küßlegg seinen, davon ich die Zahl nicht genau weiß — des Revisions-Raths Buzorini zwe'en Kindern dahier, dann des Dürmentingschen Kanzleidirektors Clavel drenen Söhnen, jedem dieser bemerkten Taufpathen tausend Gulden, mit dem ausdrücklichen Befehl, daß dieser Kinder Eltern ihnen diese meine Schenkung getreulich aufbehalten und zu ihrem Nutzen anlegen sollen.

10.) Dem Wunibald Kieferle, Kronenwirth, gebe und vermache ich über sein Conto fl. 150.

11.) Dem Herrn Hofkaplan Klump mein Altärl, wie es aufgemacht in meinem Schlafgemach steht.

12.) Der Kanzleidirektorin zu Dürmentingen ein gewundenes Caffee-Geschirr sammt der Milchkanne und zween Zucker-Schachteln, Alles von Silber.

13.) Dem Kanzleidirektor Clavel alldort meine grün geschmelzte, goldene tabatière.

14.) Des Herrn Lieutenants Sontag 4 Kindern jedem 200 fl., zusammen achthundert Gulden.

Weilen aber

15.) Die Wesenheit eines Testamentes in der Erbes-Einsetzung besteht, so ernenne ich hiermit zu meinem Universal-Erben, die gesammte Friedberger-Scheer- und Dürmentingische-Landschaft, setze zu meinem alleinigen Erben ein, und verordne, daß all' mein Vermögen und Verlassenschaft, was über die bereits enthaltenen Legate, Schenkungen und Vermächtnisse, und über die, welche nachfolgen werden, und nach Erlöschung der zu Gunsten verschiedener angeordneter im siebenten § unter a bis e inclusive enthaltener lebenswierigen Zins-Genießungen zuwachsen und überbleiben wird, ihr der gesammten untern und obern Landschaft in der Maße, wie ich beßer unten verordnen werde, allein bebühren und erblich zufallen solle.

Meine weiteren Vermächtnisse sind folgende:

15.) Meiner Frau Schwester Franziska, Chanoinesse bei St. Ursula zu Cöln, gebe ich meinen grünen mit gelben Brillanten besetzten Ring.

16.) Meiner Frau Nièce Carolina, der regierenden Gräfin von Blankenstein, meine blaue mit Brillanten besetzte tabatière.

17.) Meinem Bruder Anton Sigmund, Graf Fugger zu Dietenheim, meine vorhandenen Wägen, Pferde und alles Kutschengeschirr.

18.) Seinem Herrn Sohne, und seiner noch unvermählten Gräfin Tochter Louise, meinem lieben Neveu und Nièce, aber All' dasjenige, was aus meinem Geschmuck und Silber mit Einschluß meiner mit Gold bortirten Toilette-Decke, und deßgleichen Büchersack ohne andere Ausnahme, als was ich von Geschmuck oder Silber durch besondere Legate anderwärts hin destinirt habe, erlöst werden wird, in der Gestalt und Maße, daß die Erlösung zu einem Capital angelegt, und meinem Herrn Bruder alljährlich die Zinse zur Nutznießung und zwar so lange ausgezahlt werden sollen, bis eines gedacht seiner beeden Kindern eine Versorgung erlangen wird, wo sodann dem Heirathenden oder Versorgt werdenden sein Betreff, das ist die Hälfte dieses Capitals, zuzustellen ist.

Nebenhin vermache ich gedacht meinem Herren Neveu alle meine Bücher und meiner Nièce Louise meine schönste Garnitur porcelaine.

19.) Meiner Halbschwester, Gräfin Johanna Fuggerin zu Wurzach, vermach ich so lange sie lebt, ein alljährliges Vitalitium von Vierhundert Gulden, welches sie bey hiesiger Landschaft als meinem eingesetzten Erben von meinen Zins-Geldern zu beziehen haben solle.

20.) Mein weiter gemeßener Wille und Befehl ist, daß nach dem all obigen § 7 und im vorigen § 19 auf Lebenszeit legirte Nutznießungen cediren und sammt den Kapitalien der Landschaft als einem instituirten Universal-Erben zu der anderweiten von mir verlaßenen Vermögenschaft heimgefallen sein werden, der Ausschuß beeder oder obern und untern Landschaften Alsdann mit bei Rath gut Befinden und Begnehmigung ihrer gebiethenden Herren Reichs-Erb-Truchsäßen das sämmtliche ihr durch diese Erbeinsetzung zufallende Vermögen, und deßen Ertrag zu einer allgemeinen für die *Haus-Armen beeder Landschaften* am nützlichsten zu sein befundener Anstalt und Einrichtung auf eine dauerhafte und immer fortwährende Art, so verwende, daß die Capital-Maße niemals angegriffen oder geschwächt, sondern eher vermehrt werde, dabey so viel Nutzen als diese Vermehrungs-Absicht gestattet, jährlich den Haus-Armen zu theil werde, womit ich noch weiter diese Obligation verbinde, daß, so oft der Allgemeine Landschaftliche Ausschuß sich in Scheer oder anderwärts gemeiner Angelegenheiten wegen versammelt, derselbe eine heilige Messe für mich lesen laße, und derselben mit andächtigem Gebeth für mich und ihre zur Zeit regierende Herrschaft beyzuwohnen all möglicher Dinge sich befleiße.

21.) Zum Andenken und zum Nutzen der Stadt Scheer legire ich zu einer hiesigen beßern Schuleinrichtung und zu beßerer Besoldung der hiesigen Lehrer drey tausend Gulden id est fl. 3000 — welche bessere Einrichtung ich die hiesige Orts-Herrschaft mit Zuziehung eines *zeitlichen Pfarrers* treffen zu lassen, bestens ersucht haben will, und stelle ich dieser anheim, ob dieses Capital der fl. 3000 — bey der Landschaft belaßen oder bei der heiligen Geistes-Pflegschaft zu Scheer versichert, und verzinslich angelegt werden solle, auf daß aber

22.) Dieses mein Testament und diese ganze letztwillige Verordnung ihrem vollen Inhalt nach desto gewißer vollzogen werde, so bitte ich die dermal in Communione hier regierende Herren Grafen, meine Hochgeehrtesten Herren Vetter, mit geziemendem Fleiß und angelegendst die exécution und Besorgung der pünktlichen Vollstreckung dieses meines letzten Willens gütigst auf sich zu nehmen und für die hierwegen verursachende Bemühung drey Tausend Gulden zum Zeichen meiner Erkenntlichkeit zu empfangen.

Wobei ich von der edlen Denkungs-Art und Gerechtigkeits-Liebe ernannter Gräflichen Herren Executoren, meiner Hochgeehrtesten Herren Vetter, zuversichtlich erhoffe, daß Wohldieselben diesem meinem letzten Willen alle Rechtskraft ertheilen und ihm alle Privilegien, mit melchem Codicille, Testamente, ad pias causas, testamenta ad acta, und andere in Rechten sich sonst zu erfreuen haben, angedeihen lassen, und hiebei auf ganz keine Feierlichkeiten und Zierlichkeiten, sondern lediglich darauf eine Rücksicht zu nehmen geruhen, werden, was mein ausgedruckter Wille enthalte, wie ich denn will, daß im Fall meine gegenwärtige testamentarische Verordnung nicht als ein förmliches Testament bestehen würde, solche als ein Codizill, oder als eine sonst privilegirte und keine Formalitäten erheischende Verordnung von Todeswegen betrachtet — durch die Landes herrliche Auctorität und Obmacht meiner erbettenen Herrn Exekutoren legalisirt und bekräftiget und von Niemanden, wer da sey, unter Verlust des ihm etwa hierin gedachten Vermächtnißes angefochten und bestritten werden soll.

Ich behalte mir auch ausdrücklich vor, diese meine letztwillige Verordnung willkührlich zu vermehren oder zu vermindern, in wenig oder in allem abzuändern, oder selbe gar aufzuheben, und befehle hiemit, daß ein entweder von mir geschriebenen, oder auch nur mit meiner Hand unterschriebener hierein gelegter Zettel, wie schlecht er im Uebrigen konditionirt seyn möchte, oder was ich sonst hierin eigenhändig austhue, beysetze oder abändere, genau erfüllt, und einem wie dem Andern eben der Glaube und eben die Kraft zugeeignet werde, welche gegenwärtigem meinem Testamente zu statten kommt. Womit ich dann dieses Geschäft bey — Gott sei Dank — voller und gesunder Vernunft, wie ich selber anfing, im allerhöchsten Namen, mit einer einzigen und ununterbrochenen Handlung schließe, und nicht nur eigenhändig mit meiner Unterschrift und meinem gewöhnlichen Gräflichen Insigel bestättige, sondern auch die nachsignirten Sieben Zeugen mit bestem Fleiße erbetten habe, dieses

mein Testament zu unterschreiben, und mit ihrem gewöhnlichen Pettschaft zu versehen. Welches alles geschehen ist zu Scheer den 29. März des tausend sieben hundert und fünf und siebenzigsten Jahres.

L. S. Marie Anne Comtesse Trouchsesse, née Comtesse de Fugger.

L. S. Franz Xaver Clavel, als eigends hiezu erbetener Zeuge, videns et audiens Excellentissimam testatricem.

L. S. Franz Josef Brielmayer, parochus in Scheer, in praesentia excellentissimae testatricis specialiter ad hunc actum requisitus.

L. S. Die gnädige testatricem sehend und bey gutem Verstand findend Joseph Laurenz Buzorini, testis specialiter ad hunc actum requisitus.

L. S. Daß excellentissima testatrix bei ungeschwächter Vernunft gegenwärtiges Testament errichtet habe, attestor Joseph Anton zum Tobel, Medicus Zwifaltensis specialiter requisitus.

L. S. Franz Josef Klump, capellanus aulicus, testis specialiter requisitus.

L. S. Johann Baptist Gaiser, beneficiatus in Scheer, in praesentia excellentissimae testatricis ad hunc actum requisitus.

L. S. Willibald Kieferle, eigends hiezu erbetener Zeug.

Am 17. Juni desselben Jahres starb die Gräfin im Alter von 45 Jahren im Schloß Scheer, dessen letzte herrschaftliche Bewohnerin sie war. Ihre letzte Ruhestätte fand sie neben ihrem Gemahl in der herrschaftlichen Gruft der Pfarrkirche.

Graf Alois v. Waldburg zu Wolfegg verkaufte am 22. Oktober 1785 in seinem und im Namen seiner Mündel, der Grafen Gebhard Xaver zu Wolfegg-Waldsee und Eberhard Ernst zu Zeil-Wurzach, um 2 100 000 Gulden die ganze reichsunmittelbare (immendiate) Grafschaft Friedberg-Scheer an den Fürsten

Karl Anselm v. Thurn und Taxis (1785–1805)

Unter der Bedingung, daß der Blutbann, der Reichslehen war, als österreichisches Lehen anerkannt wird, bestätigte Kaiser Joseph II. im Jahr
1786 den Kauf. Im selben Jahr erfolgte die feierliche Übernahme durch den Fürsten, der einige Wochen im Schloß wohnte. (vgl. Stadtgeschichte). — Am 16. Juli
1787 wurde die Grafschaft zur unmittelbaren reichsgefürsteten Grafschaft erhoben, wodurch der Fürst von Thurn u. Taxis Sitz und Stimme im Reichsfürstenkolleg erhielt. Im selben Jahr wurde das Lehen auch zu einem österreichischen Thronlehen erhoben und das fürstliche Wappen mit „zwei besonderen Feldern" vermehrt. Sie bildeten den Fuß des nunmehr 7feldrigen Schildes und zeigen eine Scheere im silbernen und einen Löwen in rotem Feld (Scheer-Friedberg).

In diesem Jahr traf Karl Alexander verschiedene Vereinbarungen mit dem Kloster Salem bezüglich der im Bereich der Grafschaft gelegenen Klostergüter und legte
1788 seit langem bestehende Zwistigkeiten mit den Klöstern Salem, Zwiefalten und dem Reichsstift Buchau bei. — In einem Bericht eines unbekannten Reisenden wird die Grafschaft im Jahr

Fürst Karl Anselm v. Thurn u. Taxis (1773—1805).

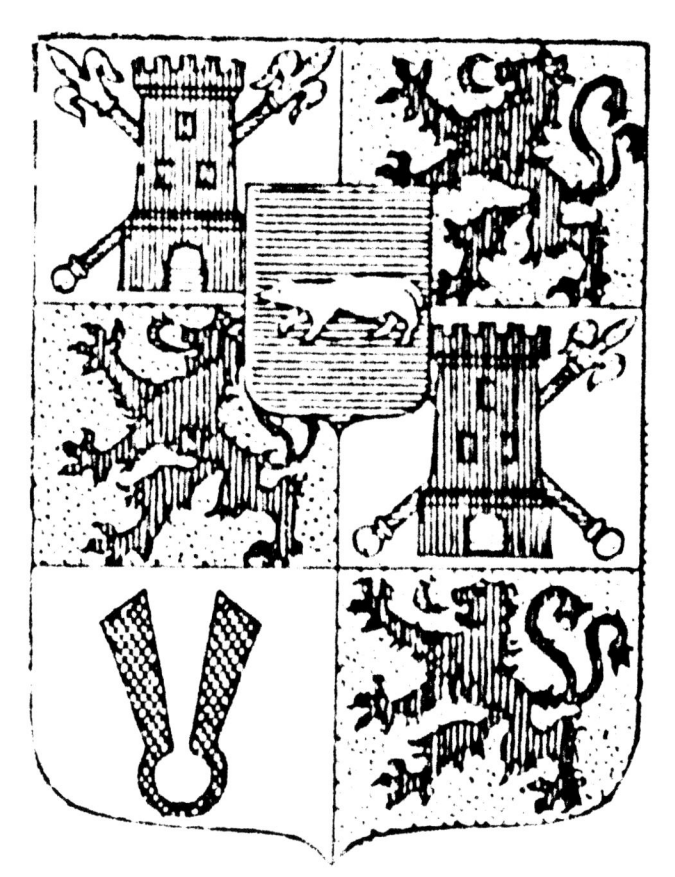

Wappen Thurn und Taxis.
Feld 1 u. 4: Wappen der Turriani (de la Torre): gezinnter roter Turm mit blauem Tor; dahinter zwei goldene Lilien mit blauem Schaft, in der Form des Andreaskreuzes liegend;
Feld 2 u. 3: Wappen von Valsässina: roter, blau gekrönter, heraldisch rechts aufsteigender Löwe mit blauer Zunge und blauen Waffen.
Mittelschild: silberner, nach rechts gehender Dachs (de Taxis, Tassis) in blauem Feld.
Nach dem Erwerb der Grafschaft Friedberg-Scheer kamen hierzu noch
Feld 5: in silbernem Feld eine Tuchschere (Herrschaft Scheer) und
Feld 6: in goldenem Feld ein roter, nach rechts aufsteigender Löwe (Grafschaft Friedberg).

1788 wie folgt beschrieben: „Die Viehzucht ist in der gefürsteten Reichsgrafschaft Scheer und in der umliegenden Gegend schlechter als auf der Alb; der Getreidebau aber ist besser. Die Volksmenge hat im Jahr 1786 nach einer aufgestellten Zählung 10 000 Seelen betragen. Von Fabriken und Manufakturarbeiten kommt hier nichts vor, als die Musselinstickerei auf der Trommel für die Schweiz. Die hier zu Lande zwischen mehreren Ortschaften noch bestehenden Triften sind der Viehzucht und dem Ackerbau schädlich. Der Kleebau wird noch nicht so betrieben, daß dessen vorteilhafter Einfluß auf Viehzucht und Ackerbau schon bemerklich wären. Niemand will sich zur Stallfütterung und Verlassung der Weiden bequemen. Die Wiesen werden bis zum 10., teils auch bis zum 20. Mai mit den Herden abgeweidet; die meisten Wiesen sind nur einmähig, und es gibt hier sogar noch Brachwiesen, welche im dritten, das ist im Brachjahre, zur Weide für das Vieh, von dem Inhaber ungenutzt, liegen bleiben müssen. Die Obrigkeit bemüht sich zwar, die übertriebenen Weidrechte soviel als möglich einzuschränken und dem Gutseigentümer sein Eigentumsrecht zu erweitern, oder vielmehr, ihm den völligen Genuß desselben zu sichern und herzustellen, auch den Kleebau zu fördern. Es entstehen aber daraus nicht selten Streitigkeiten in den Gemeinden zwischen der Bauernschaft und den Söldnern, welche nur sehr schwer wieder zu unterdrücken sind. Der hiesige Untertan ist, ohne reich zu sein, doch meistens wohlhabend; er lebt besser als fast alle seine Nachbarn, steht unter einer gelinden Regierung, und seine Abgaben sind durch Verträge von 1680 und 1686 bestimmt. Friedberg-Scheer ist ein Reichsterritorium, mußte aber im Jahre 1680 von dem Haus Österreich zu Lehen erkannt werden, und so hat das hochfürstliche Haus Taxis im Jahre 1787, nachdem diese Grafschaft von kaiserlicher Majestät zuvor in eine gefürstete Reichsgrafschaft erhoben worden war, dieselbe coram throno mit aller Landeshoheit als ein männliches Stamm- und Thronlehen empfangen".

1789 kaufte der Fürst um 50 000 Gulden die Herrschaft Grundsheim,
1790 um 405 000 Gulden die Herrschaft Heudorf bei Riedlingen und um 275 000 Gulden die Herrschaft Göffingen.

Das Haus Thurn und Taxis, das großes Gewicht auf diesen Herrschaftsbereich legte, unterhielt in den beiden Oberämtern Scheer und Dürmentingen eine stattliche Zahl von Beamten. Nach dem Staats- und Adresskalender des Jahres
1791 bestand

    a) das hochfürstliche Oberamt in Scheer aus dem Hofrath und Oberamtmann F. X. Clavel, dem Hofrath und Landschaftskassier F. A. Baur, dem Hofrath und Rentmeister J. Buzorini, dem Hofrath J. F. von Payer, dem Oberamtssekretär Sälzl, dem Rentamtssekretär Leopold Buzorini, dem Landamman Eichbaum zu Hohentengen, dem Expeditor W. Färber, den Oberamtsscribenten Weber und Jäger und dem Rentamtsscribenten A. Eichbaum. Hof-Offizianten waren der Schloßverwalter Haim, der Hofgärtner Reindl, der Hoffischer Karl und der Bräumeister Gruber.
Herrschaftlicher Stadtamman der Stadt Scheer war F. J. Rhein.
Die Forstei und Jägerei der oberen Landschaft stand unter dem Forst-Commissar und Hofrath J. N. von Payer mit 6 Revierjägern zu Scheer, Ursendorf, auf der Burg, zu Bolstern, Fulgenstadt und im Tiergarten.
Das Physikat versah der hochfürstliche Rath Fidel Kolros. Zum schwäbischen Kreis-Kontingent stellte die Herrschaft den Hauptmann A. von Chrismar und den Fähnrich resp. Lieutenant J. Th. Prielmaier.
Stadtpfarrer in Scheer war Herr F. J. Prielmaier, Dr. der Theologie mit einem Hofkaplan Liebherr und 5 weiteren Kaplänen.
Die übrigen zur Herrschaft Scheer gehörigen Pfarreien waren zu Hohentengen mit 2 Kaplaneien, Herbertingen mit 2 Kaplaneien, Mieterkingen, Fulgenstadt, Bolstern, Friedberg, Ennetach mit 2 Kaplaneien, Mieterkingen, Friedberg und Blochingen. Die Pfarrei Heid-Jesumskirch war der Stadtpfarrei Scheer inkorporiert.
Zur Herrschaft gehörten auch die beiden Frauenklöster Ennetach und Sießen mit je einer Priorin und einem Beichtvater.

    b) das hochfürstliche Oberamt Dürmentingen aus dem Hofrath und Oberamtmann Grimm, aus dem Hofrath und Rentmeister F. Poppele und dem Oberamtsaktuar Poppele.
Offizianten waren der Hausmeister Gut auf dem Forsthaus und der Braumeister Engenhart.
Die Forstei und Jägerei der untern Landschaft bestand aus dem Forst-Commissär Hofrath Grimm, einem Oberjäger Gönner zu Dürmentingen und 5 Revierjägern zu Braunenweiler, in der Seele, zu Marbach, auf dem Bussen und auf der Schütt.
Zur Herrschaft Dürmentingen gehörten die Pfarreien Dürmentingen, Braunenweiler und die Kaplanei Marbach.
Zur Herrschaft Bussen gehörten die Pfarrei auf dem Bussen, Unlingen mit 2 Kaplaneien, Hailtingen und Altheim.
Für seine Lande erließ der Fürst in diesem Jahr eine „Feuerlöschordnung",
1792 für die reichsgefürstete Grafschaft Friedberg-Scheer ein 2bändiges „Bürgerliches Gesetzbuch".
1794 zählten zum Oberamt Scheer: die Stadt Scheer und die Orte Ennetach, Blochingen, Herbertingen, Mieterkingen, Fulgenstadt, Hohentengen, Beizkofen, Ölkofen, Enzkofen, Bremen, Ursendorf, Repperweiler, Altensweiler, Günzkofen, Eichen, Völlkofen, Friedberg mit Wirnsweiler, Wolfartsweiler, Jettkofen, Kloster Sießen, Bolstern, Bogenweiler, Haid, Heratskirch und Lampertsweiler mit Rieden. Von den 6788 Untertanen waren 1177 Männer, 1281 Weiber, 1011 ledig erwachsene Buben und 1108 Mädchen; Kinder 1071 Knaben und 1140 Mädchen. Dazu kamen 21 Geistliche und 40 Klosterfrauen. Im Verlauf des 1. Koalitionskrieges (1792—1798) hatten die Bewohner der Grafschaft, besonders im Jahre
1796 unter den Ausschreitungen der Franzosen zu leiden. Im selben Jahr grassierte eine pestartige Viehseuche. Auch den 2. Koalitionskrieg gegen die Franzosen (1799—1802) bekam unsere Gegend zu spüren. Am 17. März
1799 wurden Scheer und Mengen von einer unter General Walter stehenden französischen Brigade besetzt. Beim Aufmarsch der Franzosen zur Schlacht bei Ostrach, stand ihr linker Flügel unter General Saint Cyr von Bingen über Scheer bis Mengen. Der Brigadegeneral Iras hatte ein halbes Bataillon seiner Linien-Infanterie in Scheer stehen. Von der Schlacht (21. März) berichtete ein junger Mann aus Scheer seinen Eltern in folgendem Brief: „Durch den Joseph, den ich am Karfreitag in der Früh zu Hohentengen antraf, werdet ihr vernommen hjaben, wie es am Gründonnerstag bey der daselbst und in jener Gegend gewesten Schlacht zuging. Auf Ehr, dies war ein blutiger Ausritt, und schaudernd für jene, die sozusagen in der Mitte des Gefechts wohnten, und während dem Donner der Kanonen und kleineren Gewehre um wenigstens nur noch ihren Körper zu retten, sich in Kellern und anderen Höhlen verkriechen mußten; denn es war in Hohentengen, Beizkofen, Bremen, und besonders gegen Ostrach, wo der Schauplatz am blutigsten aussah, bereits kein Haus, wo man nicht in allen Winkeln Kanonenkugeln von verschiedener Schwere fand, Daher läßt sich also leicht denken, wie es jenen Bewohnern gewesen ist. Und doch der, sowohl für uns, als vorzüglich für Österreich erhaltene Sieg läßt es uns so eher verschmerzen, da wir jetzt Hoffnung haben, von den Franzosen nicht so geschwind mehr besucht zu werden. In Scheer waren 4 Tag über tausend Franzosen Infanterie einquartiert. Da aber noch zum Glück keine Brücke da war, wurden wir von diesem Sturm für diesmal ganz befreit, und war weder im Breihaus weder bei mir und bey meinen Nachbarn also niemand einquartiert, sondern es stund immer eine Wache am Wasser (Donau) um keinen Soldaten herüber passieren zu lassen. Was ich, und inwiefern ich der Schlacht zugesehen habe, will ich Euch, liebe Eltern kürzlich erzählen:
Am Donnerstag nachts um 2 Uhr, oder besser gesagt in der Frühe um 2 Uhr ging von den Vorposten schon ein Schuß um den andern, so zwar, daß wir jeden Schuß im Bette hörten, mein Weib jammerte immer, mir wars natürlich bey der Sach auch nicht wohl, doch munterte ich sie so viel als möglich auf. Nun wie denn gegen fünf Uhr kam, lud Herr Doktor den Breimeister, den Gärtner, mich und den Wirt zusammen. Wir jammerten und beratschlagten, was zu tun, und wie es uns ergehen werde;

mittlerweile fingen die Kanonen an los zugehen, der Donner der Kanonen wurde bereits so heftig, daß die Fenster an den Häusern zitterten, das Regiment Infanterie, das hier lag, ist nun auch zur Schlacht ausgerückt, es war folglich niemand hier, es kam wohl von Sigmaringen her etwas Kavallerie, aber nur durch, zur Schlacht. Herr Doktor und ich gingen dann zu oberst in Kellerbau hinauf, und sahen gleich, daß die Kanonen bereits alle um Hohentengen herum aufgepflanzt waren, womit die Kaiserlichen schossen. Nachdem ging Herr Doktor und ich Blochingen hinab auf eine Anhöhe, von wo aus wir den ganzen Distrikt zwischen Hohentengen, Beizkofen und Bremen übersehen konnten, waren auch nicht weiter davon als ¾ Stunde, hatten 2 Perspektiv bey uns, daselbst blieben wir dann bis Mittag, dann gingen wir einen Augenblick nach Haus, um zu sehen, was passiert. Zu Haus war aber noch alles im alten.

Wir gingen also gleich wieder an unseren vorigen Ort, und verblieben daselbst bereits bis zum Ende der Schlacht. Was wir also gesehen haben, haben unser Lebtag nie gesehen, und werden es auch schwerlich mehr sehen. Wir sahen nicht nur alle Kanonen anzünden von den Kaiserlichen, sondern auch die meisten von den Franzosen, und jeder Schuß vom kleinen Gewehr, konnten Infanterie und Kavallerie deutlich von einander entscheiden, und nicht nur dies, sondern sogar Kaiserliche und Französische Kavallerie einhauen, in der Front und Schlachtordnung und ebenso bei der Infanterie. Bei unerer Zurückkunft am Abend konnten wir schon bestimmt sagen, daß die Franzosen geschlagen und die Kaiserlichen sehr weit vorgerückt waren.

Am 26ten war der französische General Wandamm mit einigen tausend Mann von der Alb her nach Sigmaringen gekommen, hielt sich aber nur einen Tag daselbst auf, hat aber Sigmaringen und die daselbst gelegenen Orte noch sehr viel gekostet; auch von Scheer hat Wandamme den Bürgermeister verlangt, um sich mit demselben ins Benehmen zu setzen wegen einer Lieferung. Da dieser aber hierwegen vorgestellt, Scheer wäre ohnbemittelt, und hätte kürzlich über tausend Mann von ihren Truppen mehrere Tage verhalten müssen, so wurde das Städtchen Scheer daher ins Mitleiden gezogen und der Bürgermeister entlassen. In der darauffolgenden Nacht aber kam von Sigmaringen wieder eilfertig ein Bott mit einem Bilet an das O.Amt im Augenblick und zwar nach zweymaliger Aufforderung soll der O.Amtmann von Scheer erscheinen, um sich mit ihm ins Benehmen zu setzen. Da Herr O.Amtmann denn die selbige Nacht nach Sigmaringen gefahren, sich aber bereits in Hehdigen die Tage verweilte, marschierte Wandamm mit seinen Truppen schleunigst als möglich hinein, Ebingen zu, und H. O.Amtmann kann also wieder nach Hause.

Bey den Österreichern geht es, wie man hört, bisher gut, und rücken immer ziemlich vor, ohngemach es bei Dutlingen wieder sehr blutig hergegangen. So hatten die Österreicher reußiert. Bey der am Gründonnerstag gewesten Schlacht soll der Verlust der Österreicher beträchtlich gewesen sein. Hingegen aber bey den Franzosen noch beträchtlicher, indem sie 4000 Mann Tote und Pleßierte gehabt haben sollen. Dies ist nun alles, was ich Euch liebe Eltern bisher sagen kann".

Im August kam ein unter General Korsakow stehendes russisches Korps an, das am 4. Juni in der Schlacht bei Zürich eingesetzt war. Eine Kompanie des Infanterie-Regiments Durassow wurde in Scheer einquartiert, wo sie, wie das Rote Buch berichtet „auf russische Art Brot gebacken haben".

In diesem Jahr erließ der Fürst Carl Anselm Instruktionen für den „Landschafts-Physikus" (von ihm angestellter Gerichtsarzt), für den „Landschafts-Chirurgen und Accoucheur" (Wundarzt und Geburtshelfer) und für die Wundärzte auf dem Lande, die alle vereidigt wurden. Die Grafschaft wird im „Geographischen, Statistischen, topographischen Lexikon", Ulm 1801, wie folgt beschrieben: „Friedberg-Scheer, gefürstete Grafschaft in Ober-Schwaben, an der Donau, zwischen den Sigmaringenschen, Königseggaulendorfschen, Schussenriedschen, Stift Buchauschen, Marchtalischen und anderen Gebieten. Dieses Ländchen hat einen harten und rauen, der Kultur nicht günstigen Boden. Es begreift einen Theil der Gegend, welche auf der Scheer genannt wird, sehr hart und steinig ist. Es enthält viele Waldungen, Fichten und Laubholz und ist nur zum Fruchtbau zu gebrauchen. Es ist sehr gebirgig und waldig. Die Donau durchfließt es theils, theils an seinen Grenzen hin, und nimmt die Ablach, Kanzach und kleinere Flüsse und Bäche auf. Es enthält ein Städtchen, einige Marktflecken und Schlösser, und einige 30 Dörfer, überhaupt 10 000 Seelen. Die Einwohner bekennen sich zur katholischen Religion. Die Grafschaft gehörte vormals Österreich, von welchem sie der Graf Eberhard von Waldburg, 1463 kaufte. 1630 ist sie Österreich, mit Vorbehalte der Reichsunmittelbarkeit zu Lehen aufgetragen worden. 1786 kaufte sie der Herr Fürst von Taxis, von dem gräflichen Hause Truchses, für 2 100 000 fl. Sie wurde in eben diesem Jahr zu einer gefürsteten Reichsgrafschaft, und österreichschen Thronlehen erhoben, und der Fürst von Taxis hat wegen ihr beym schwäbischen Kreise auf der Fürstenbank Sitz und Stimme. Sie wird in die obere und untere Herrschaft getheilt. Die obere enthält das Oberamt Scheer, und die untere das Oberamt Dürmentingen, welchem die Mannsinhabung der Herrschaft Bussen, und das von dem Grafen von Bissing erkaufte Dorf Grundheim, das von Hornstein erkaufte Dorf Göffingen, und das von Stozingen erkaufte Dorf Heudorf einverleibt sind.

Das Oberamt Scheer enthält: Das Städtchen Scheer, die Dörfer und Weiler Ennetach, Blochingen, Bremen, Beizkofen, Enzkofen, Oelkofen, Ginzkofen, Hohentengen, Ursendorf, Völlkofen, Aichen, Wierenweiler, Friedberg, Fulgenstatt, Wolfertsweiler, Polstern das Frauenkloster Siessen, Heratskirchen, Bogenweiler, Mieterkingen und Herbertingen. Das Oberamt Dürmentingen enthält die Orte Marbach, Altheim, Heudorf, Dürmentingen, Hailtingen, Göffingen, Unlingen, den Berg Bussen, Offingen, Denkingen, Grunzheim, Kleintissen, Braunenweiler, Wittenhofen und einige Höfe.

Das Wappen der Grafschaft ist eine Schneidersschere. Der Matrikularanschlag ist 60 fl., zu einem Kammerziele giebt sie 60 Rthlr., der Kreisanschlag ist 88 Gulden."

Nachdem der Fürst von Thurn und Taxis im Jahr 1801 durch den Luneviller Frieden die Taxischen Reichspoststellen auf dem linken Rheinufer verloren hatte, erhielt er nach § 13 des Reichsdeputationshauptschlusses vom 25. Februar 1803, zur Schadloshaltung: das gefürstete Damenstift Buchau nebst der Stadt, die Abteien Marchtal und Neresheim, die Klöster Ennetach und Sießen, das zum Kloster Salem gehörige Amt Ostrach mit der Herrschaft Schemmerberg und den Weilern Tiefental, Frankenhofen und Stetten. — Herzog Friedrich von Württemberg erhielt das Vierfache, was er auf dem linken Rheinufer verloren hatte, darunter auch die Benediktinerabtei Zwiefalten. — Durch die Aufmästung der deutschen Kleinstaaten versuchte Napoleon den deutschen Partikularismus zu verewigen.

Die obere Herrschaft der Grafschaft Friedberg-Scheer und die salemische Herrschaft Ostrach umfaßten im Jahr 1803 folgendes Gebiet:

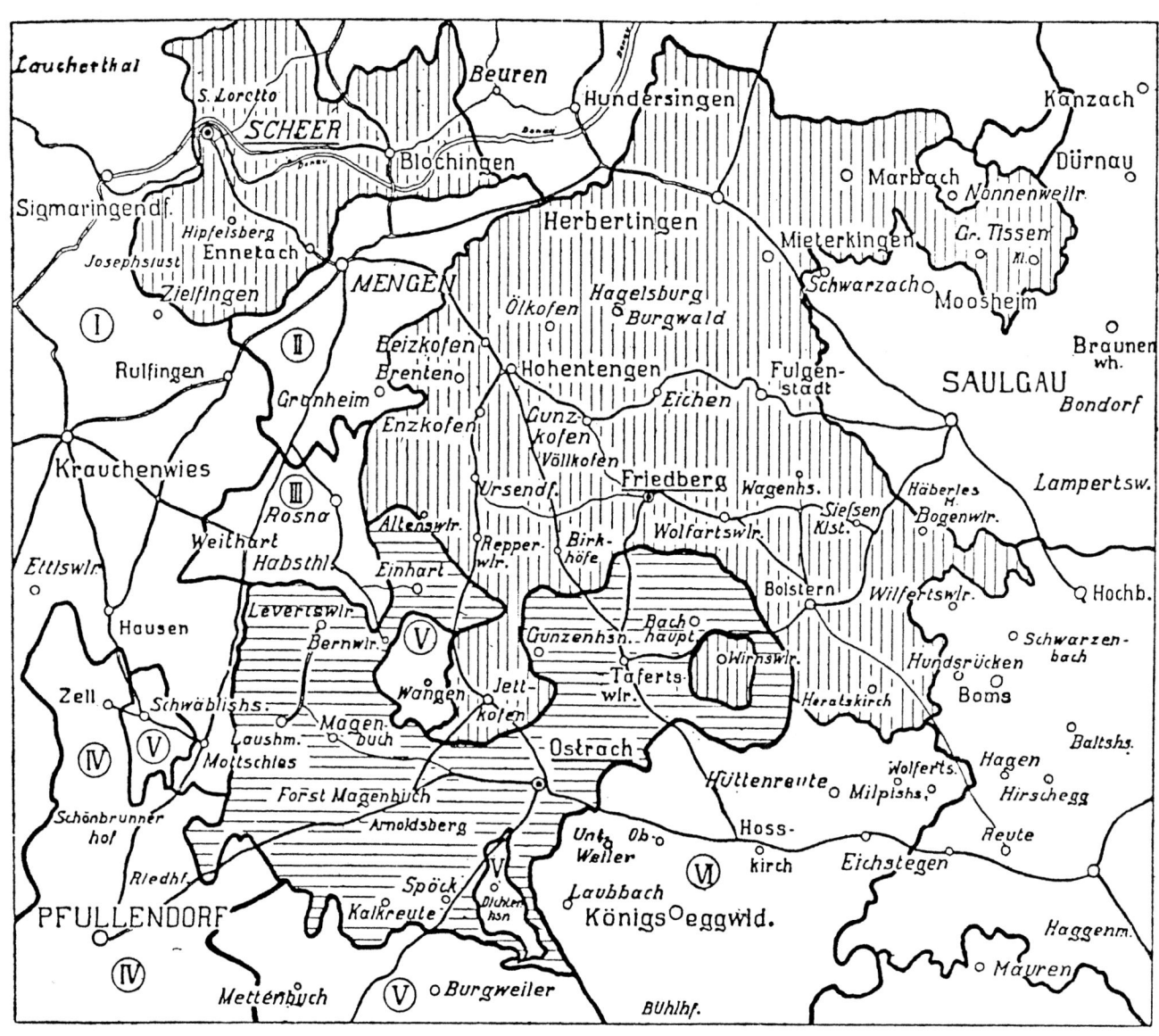

Senkrechte Schraffur: Gefürstete Grafschaft Friedberg-Scheer: Thurn und Taxis.
I. Grafschaft Sigmaringen : Fürstentum Hohenzollern-Sigmaringen
II. Stadt Mengen: Herrschaft Nellenburg, Vorder-Österreich.
III. Dominikanerfrauenkloster Habstal.
IV. Reichsstadt Pfullendorf.
V. Grafschaft Heiligenberg: Fürstentum Fürstenberg.
VI. Grafschaft Königsegg.-
Waagrechte Schraffur: Reichsstift Salmannsweilersches Oberamt Ostrach (Burgau bei Riedlingen fehlt).

mer des Königreichs Württemberg wurde, verblieben die Domänen und alle grund- und lehenherrlichen Rechte, als Patrimonial- und Privateigentum. Von nun an erfolgte jedoch ein langsamer Abbau der „Rechte und Vorzüge" dieses Hauses.

Unter württembergischer Hoheit (ab 1806)

unterstand unser Gebiet zunächst, mit den anderen „neuwürttembergischen Gebieten", der Oberlandesregierung in Ellwangen/Jagst. Die Besetzung der neuerworbenen Gebiete ging nicht überall reibungslos vor sich (vgl. Stadtgeschichte). Am 18. November wurde dann dem neuen Landesherrn allgemein gehuldigt.
Das seitherige „Thurn und Taxis'sche Oberamt Scheer" wurde
1807 in „königl. württembergisches provisorisches Oberamt Scheer" umbenannt. Magistrats- und Amtsversammlungen durften künftig nur noch mit Erlaubnis des Oberamts abgehalten werden. Als der württembergische König im Jahre
1809 als Bundesgenosse Napoleons gegen Österreich in den Krieg zog, wurden auch bei uns wieder Truppen ausgehoben. Der württembergische General Scheler hatte in Saulgau sein Hauptquartier und zog von hier aus nach Bregenz. — Im gleichen Jahr wurde Neuwürttemberg an Altwürttemberg angegliedert, das ganze Königreich in 12 Kreise aufgeteilt. Unser Gebiet gehörte zum Kreis Ehingen, Oberamt Saulgau, Unteramt Mengen. Zu Letzterem zählten, neben den Städten Mengen und Scheer, die Orte Beizkofen, Blochingen, Bremen, Ennetach, Friedberg, Heudorf, Hohentengen und Völlkofen. Bereits
1810 erfolgte wieder eine Neuordnung, bei welcher die Gebietsaufteilung der nun zu „Landesvogteien" umbenannten Kreise neu geregelt wurde. Zur Landvogtei „An der Donau", die ihren Sitz in Ulm hatte, zählte u. a. das Oberamt Riedlingen, zur Landvogtei „Am Bodensee" (Sitz in Weingarten) das Oberamt Saulgau. Bei der Neuregelung der Forstbezirke trat das Oberforstamt Altdorf die Thurn und Taxisschen Waldungen an den Oberforst Zwiefalten ab.
1817 erfolgte bereits wieder eine neue Kreiseinteilung, nach welcher die Oberämter Saulgau und Riedlingen zu den 16 Oberämtern des Donaukreises zählten (Sitz in Ulm).
1818 wurde das Unteramt Mengen aufgelöst,
1819 das nach der Herrschaftsübernahme durch Württemberg zunächst (der Bezeichnung nach) aufgehobene „Thurn und Taxissche Oberamt Scheer" wieder bestätigt. — Hier sei ein Erlaß des Oberamts Saulgau vom 26. März 1819 eingefügt: „Vermöge Ordre des Kgl. Kriegsministeriums wollen die beurlaubten Soldaten zum Zeichen, daß sie durch Beurlaubung nicht aufhören, Soldaten zu sein, ihre Schnurbärte so lange als ihre Militärpflichtigkeit dauert, forttragen. Die Schultheißen erhalten daher andurch die Weisung, den beurlaubten Soldaten diesen allerhöchsten Befehl zur genauen Befolgung

Fürst Karl Alexander v. Thurn u. Taxis (1805—1827).

Am 13. November
1805 starb der Fürst Karl Anselm. Sein 35jähriger Sohn

Fürst Karl Alexander von Thurn und Taxis (1805–1827),

dem er schon 1797 das Prinzipalkommissariat anvertraut hatte, trat die Nachfolge an.
Sein Amtsantritt war überschattet vom Ende des 3. Koalitionskrieges gegen Frankreich, in welchem Napoleon in der „Dreikaiserschlacht" bei Austerlitz Österreich, auf dessen Seite England und Rußland standen, entscheidend besiegte. Der am 26. Dezember 1805 geschlossene Preßburger Friede beraubte Österreich nicht nur seiner oberitalienischen Besitzungen, sondern auch Tirols, Vorarlbergs und der schwäbisch-österreichischen Vorlande. Seine Vormachtstellung in Oberschwaben war gebrochen. Die Verleihung der Königswürde an den Herzog Friedrich v. Württemberg am 1. Januar
1806 durch Napoleon, der auch den Bayernherzog zum König erhob, leitete die Loslösung vom Reich ein (Mediatisierung). Durch den Zusammenschluß der 16 deutschen Weststaaten zum sog. „Rheinbund" (12. Juli 1806) wurde sie endgültig vollzogen. Kaiser Franz II. legte die Kaiserkrone nieder.
Durch die Rheinbundakte fielen u. a. die Grafschaft Friedberg-Scheer und die Herrschaft Neufra an das Königreich Württemberg, die Herrschaft Ostrach an die Fürsten von Hohenzollern-Sigmaringen. — Dem Fürsten von Thurn und Taxis, der nun Mitglied der 1. Kam-

49

Fürst Maximilian Karl (1827—1871).

bekannt zu geben." — Lt. kgl. Declaration über die staatsrechtlichen Verhältnisse des fürstlichen Hauses Thurn und Taxis vom Jahr
1823, trat an Stelle des Oberamts ein „Amt und Amtsgericht für den standesherrlichen Amtsbezirk Scheer". — Die Thurn und Taxis'schen Wälder wurden in die Forstverwaltungsbezirke Sießen und Buchau unterteilt.
1826 erfolgte die Aufhebung des Klosters Ennetach. Die Nonnen übersiedelten nach Sießen. —
Der Amtmann Karl Mörike, bei dem sich sein Bruder Eduard in den Jahren 1828 und 1829 aufhielt (s. d.), war Musikliebhaber, besuchte mit ihm Aufführungen von Mozart, Opern im Stuttgarter Hoftheater und komponierte auch selbst. Anderseits machte er aber auch als Revolutionär von sich reden. Nach den Unruhen im Gefolge der Juli-Revolution wurde er im Februar
1831 wegen revolutionärer Umtriebe von seinem Amt suspendiert und am 13. Juni in Biberach „wegen mittelst Anheftung von Plakaten und Verbreitung anonymer Schriebe, sowie mittelst falscher Berichterstattung verübter grober Täuschung der Staatsregierung zur Entsetzung von seinem Amte und einjähriger Festungshaft verurteilt". Unter seinen Komplizen befand sich auch der Oberamtsrichter v. Rom. — Die Nachfolge trat der Amtmann Kopp an (1832—1849). — Von Mörike, der seine politische Umtriebe nicht aufgab und als Querulant und Radikalinski ohne Gefolgschaft und politische Aussichten mehr und mehr ins Kriminelle abrutschte, berichtet Dr. E. Gruber:
1837 wurde er „wegen fortgesetzten Erpresserversuchs, wegen fortgesetzter schwerer teils verleumderischer teils unerwiesener injuriöser Bezüchtigung und Schmähung gegen mehrere Staatsbeamte, mit Rücksicht auf eine wegen ähnlicher Vergehen früher erstandener Strafe, erneut zu einer sechsmonatigen Festungshaft verurteilt."
Schon im Jahr 1817 waren in Württemberg die Leibeigenschaft und die Lehenbarkeit abgeschafft worden, doch die Grundherren hatten nur den Namen, nicht den Sachverhalt geändert. Im Revolutionsjahr
1848 beschwerten sich die Gemeinden des Bezirksamtes Scheer schriftlich beim fürstl. Rentamt über verschiedene Mißstände und verlangten u. a. vollständige Aufhebung der Leibeigenschaft, der Zehntabgabe, der Konzessionsgelder, des Kohlplattenzinses, des Braupfannengeldes, der Hundefütterungsgelder, Ermäßigung der Gülten etc. Lampertsweiler forderte die Trennung vom Amt Scheer und Zuweisung zum Amt Buchau. Bevor die Antwort des Fürsten eintraf, bekamen die Scheerer Beamten den Zorn der Bürger zu spüren: Revolutionäre, die den Amtsrichter von Rom als Gefangenen mit sich führten, zogen durch die Stadt und warfen bei all denen, die nicht mitmachten, die Fenster ein. Der damalige Kastenknecht Wendelin Burger (sein Bild hängt heute noch im „Ochsen"), der als fürstlicher Diener seine Teilnahme verweigerte, wurde in seinem Haus mißhandelt und ihm zwei Finger der linken Hand zerbrochen. Anlaß zu diesem Aufstand war ein Gerücht, daß bewaffnete deutsche Arbeiter von Frankreich und dem Elsaß her bereits in Baden eingefallen seien, um in ihrem Vaterland mit ihren Gesinnungsgenossen die Republik zu proklamieren. Als es dann hieß, daß von Offenburg her 40 000 Franzosen im Anmarsch seien, wandte sich auch das Oberamt Saulgau mit der Bitte um militärische Maßnahmen an die Kreisregierung in Ulm, welche die schleunigste Bewaffnung der Bürgerschaft anordnete. Wie in Mengen wurde auch in Scheer das Bürgermilitär aufgeboten. Nach einem ausführlichen Bericht aus Mengen wollte die dortige Bürgerwache den Scheerern und den benachbarten Hohenzollerischen Gemeinden zu Hilfe eilen und rückte am sog. **Franzosensamstag**, dem 25. März mittags 3 Uhr nach Scheer ab. „Abends gegen 8 Uhr am gleichen Tag kamen die Kämpfer wieder zurück. Sie waren nur bis Scheer gekommen und hatten im Bräuhaus eingekehrt. Die Zurückgekommenen schimpften weidlich darüber, daß man ihnen das mitgegebene Geld nicht überlassen habe und sie von ihrem eigenen Geld zehren mußten." — Ein sehr bösartiger Artikel gegen den Schneider Will aus Scheer, erschien am 25. Juli 1848 im „Intelligenzblatt des Oberamts Saulgau". Er wurde darin angeprangert, daß er sich am sog. Schwarzwälder Bürstenbinder vergriff, weil dieser ihm gestand, er sei Republikaner.
Durch Gesetz vom 14. April 1848 erfolgte die Aufhebung der Lehengüter und die Ablösung der Abgaben bzw. deren Umwandlung in Zeitrenten. — Am 9. Juli
1849 wurde das Thurn und Taxis'sche Amt- und Amtsgericht Scheer aufgehoben, die Gemeinden dem Oberamt Saulgau zugeteilt.

1851 kam es zur Auflösung des Rentamtes Dürmentingen, dessen Gebiet zum Rentamt Buchau geschlagen wurde. — Bestehende Realgemeinderechte wurden lt. Vertrag vom 10.1.
1858 frei und gingen gegen Bezahlung eines sog. Abkaufsschillings von 40 Gulden in das Eigentum der nunmehrigen Besitzer über.
1862 erfolgte die Zusammenlegung der Thurn und Taxis'schen Rentämter Scheer und Ostrach mit dem Sitz in Ostrach.
1877 wurde auch das Amt Ostrach aufgehoben und mit dem Amt Marchtal unter der Bezeichnung „Rentkammer Obermarchtal" vereinigt. — Am Fest, das anläßlich der Volljährigkeit des Fürsten Maximilian v. Thurn und Taxis am 24. Juni
1883 im Schloß Obermarchtal gefeiert wurde, war Scheer mit 3 Deputierten vom Gemeinderat und Bürgerausschuß vertreten. Am 10. August besuchte der Fürst die beflaggte und bekränzte Stadt, in der er bei der an der Donaubrücke erstellten Ehrenpforte empfangen wurde. Auf Bitte des Stadtpfarrers stiftete er für die Pfarrkirche einen Hochaltar. Die Stadt erhielt 500 Mark für die Armen; die Kinder wurden mit Wurst und Wecken beschenkt.
1901 erfolgte der letzte Besuch eines Fürsten des Hauses Thurn und Taxis, das im Schloß Scheer noch einen Verwalter hatte, bis dieses im Jahr 1967 an Dr. Erich Schneider-Leyer verkauft wurde.

Burgen und Residenzen

Das Schloß

An Stelle der frühmittelalterlichen Grafenburg ließ Graf Andreas von Sonnenberg in den Jahren 1485 bis 1496 durch den „Meister Lienhart aus Mengen" das Residenzschloß erstellen. Mit der Einweihung der Schloßkapelle im 3. Stock des Mittelbaues am 8. Oktober 1505 durch den Konstanzer Weihbischof, der am selben Tag auch die Pfarrkirche consecrierte, war der Neubau (1. Bauabschnitt) vollendet.

Wie die 1 bis 1½ m starken Grundmauern ausweisen, standen damals der Mittelbau mit dem Vorbau sowie der Nord- und Südflügel, die hufeisenförmig den später nach Westen verbreiterten Schloßhof einschließen. Im Süden ist die Anlage durch den 25 m tiefen Burggraben und Zwinger vom Raigelsberg (später Park) getrennt, im Westen und Osten durch die Steilhänge bzw. die Mauern geschützt. Ein Burggraben, über den eine Zugbrücke führte, trennte sie vom nördlichen Vorhof, der lange als „Bleiche" diente. An ihn schließt sich das ebenfalls ummauerte Gebiet der Pfarrkirche an, so daß nur von Nordosten über die steile Schloßsteige ein Zugang möglich war.

Am unterkellerten **Vorbau** mit Staffelgiebel, in welchem sich im 1. Stock (Erdgeschoß) 2 Kammern, im 2. Stock ein Zimmer und die Registratur, im 3. Stock 2 Wohnzimmer und im 4. Stock der Rittersaal und ein Zimmer befinden, ließ der Erbauer an diesem 4. Stock, über einer

Konsole mit dem Sonnenbergischen Wappen, einen zierlichen Erker mit spätgotischem Blendmaßwerk, Bogenfenstern und Helmdach anbringen.

Hinter diesem Vorbau erstreckt sich der lange, 4stockige Mittelbau, der sogenannte „**Kavaliersbau**", dessen schmalere Nordseite von einem im Erdgeschoß quadratischen, nach oben halbrunden Turm abgeschlossen ist. Im Erdgeschoß befinden sich 6 Kammern, 1 Küche, Abort, Arrestzelle und der Flur mit Treppenaufgang zum 2. Stock mit seinem weitläufigen Gang, Küche, Speise, Abtritt und Heizwinkel. Im 3. Stock sind je ein Wohnzimmer, Nebenzimmer, Kammer, Abort und die ehemalige Hauskapelle mit Spuren spätgotischer Wandmalerei unter der Tünche. Diese Kapelle wird 1935 noch wie folgt beschrieben: „Laibung der tiefen rundbogigen Fensternische oben mit thronendem Christus zwischen den Evangelistensymbolen, seitlich Anbetung der Hirten und hl. Hieronymus, Flachdecke von je zwei korinthisierenden Säulen und Pilastern (Holz) gestützt. Altar aus hellem Marmorstuck, mit Vergoldungen. Bauchige Mensa; Pilasteraufbau verkröpft und geschweift für Skulptur hl. Willibald Höhe 1,55, mitten, hl. Wunibald, hl. Walburg, Höhe je 0,35 (Büsten) außen; auf Eckvoluten Putten, Höhe 0,70 (Fassung alt), 18. Jh."

Im 4. Stock befinden sich 3 Wohnzimmer, je 1 Kammer, 1 Vorzimmer, 1 Kammer und 2 Gänge. — An diesen Bau schließt sich zunächst der 4stockige unterkellerte nördliche Flügel an, der sogenannte „**Prinzenbau**" mit Staffelgiebel. Ihn verbindet ein überdachtes Spitzbogentor und eine tonnengewölbte Einfahrt in den Schloßhof mit dem Kavaliersbau. Im 1. Stock (Erdgeschoß) befindet sich die alte Brunnenstube, deren Schacht bis zum Wasserspiegel der Donau reicht. Er soll als Fluchtweg gedient haben, wie auch ein unterirdischer Gang von hier zur Kirche. Angebunden an diesen Bau ist ein Rundturm mit von Buckelquadern eingefaßten Schießscharten, in welchem eine Wendeltreppe nach oben führt. Im 2. Stock befinden sich ein Zimmer, 2 Kammern und eine Arrestzelle, im 3. Stock 2 Zimmer und der Verbindungsflur zum Mittelbau, im 4. Stock 3 Zimmer, 1 Kammer und der Flur. — Der erhöht gelegene 4stockige **südliche Flügel**, ebenfalls mit Staffelgiebeln, welche wie die anderen mit stilisierten Tannenzapfen (Waldburg-Tanne) gekrönt waren, ist unterkellert und hat im 2. Stock 2 Kammern und einen Flur mit Treppenaufgang, im 3. Stock ein Zimmer, 1 Kammer, 1 Kochzimmer und einen Gang mit Treppe zum Flur des 4. Stocks, der 3 Zimmer aufweist; im Dachstock nochmals 3 Zimmer.

In einem 2. Bauabschnitt wurde die Schloßanlage unter dem Reichserbtruchsessen Wilhelm d. J. in den Jahren 1561–1565 erweitert. Die Jahreszahl „1565" im „**Kanzleibau**" weist darauf hin, daß dieser nicht wie bisher angenommen im 17./18. Jahrhundert, sondern bereits damals entstand. Das 2stockige Gebäude mit späterem Mansardenwalmdach ist seitlich mit dem Nordbau und dem Mittelbau verbunden, dazwischen liegt ein kleiner Vorhof (ehemaliger Burggraben). Das Mauerwerk ist bedeutend schwächer, das Haus nicht unterkellert. Im östlichen Teil befindet sich eine kreuzgewölbte Durchfahrt, über welcher ein in Stein gehauenes Reliefbild eingelassen ist:

1561. Wappen am Torbogen des Schlosses.

Scheer a. d. Donau. Im Schloßhof.

Es zeigt die Gemahlin des Truchsessen, Johanna v. Fürstenberg, mit der er sich 1543 vermählte, welche die Waldburger Fahne hält; links das truchsessische, rechts das fürstenbergische Wappen; darüber die Inschrift: „Wilhelm der Jünger, des hail. Rö. Reichs Erbtruchsas, Freiherr zu Waldtpurg, Herr zur Schär und Truchburg, rr kö. kaiserl. Rath und Camer" (Kammerer). Darüber die Jahreszahl „1561". (Diese Zahl war nach Übernahme der Herrschaft durch Thurn und Taxis in „1786" abgeändert, das Relief selbst mit einem hölzernen Ädikel mit aufgemaltem Wappen Thurn und Taxis verdeckt worden, bis dieses 1969 wieder abgenommen wurde.)

Seit im Jahre 1659 auf der linken Donauseite mit dem Bau der „Neuen Residenz" begonnen wurde (s. d.) trug das Schloß die Bezeichnung „**Altes Schloß**". Daß es aber noch lange nicht aufgegeben war, beweist das Inventarium des Jahres 1672, in welchem alles, von der Wäsche über die Möbel, Teppiche, Bilder, Bücher, Geschirr, Ausrüstungs-, Gebrauchs- und Schmuckgegenstände etc., aufgeführt ist, was sich in erstaunlicher Fülle in beiden Gebäuden befand (vgl. W. Bleicher „Schwäbische Kunde 1672"). Das „alte Schloß" betreffend sind dort zunächst als Nachlaß des Truchsessen Christoph Karl aufgeführt: das Silbergeschirr, Kleinodien, Paternoster und dergleichen, Gewehre, Bücher und Gemälde. Dann folgt eine Aufstellung sämtlichen Inventars in folgenden Räumen: lange Stube, Büchsenkämmerlein, grünes Stüblein, Kammer daneben, altes Gemach, Kammer daneben, Edelleut-Zimmer, Kammer daneben, Kinderstube, Kammer daneben, Kammer beim Frauenzimmer, über der großen Tafelstube, unter dem Dach, alter Saal, Nebenkämmerlein bei der Tafelstube, Hofkapelle, Doktorstüblein, Brunnenkämmerlein, Grafenzimmer, Kabinett daran, der Frauenzimmer Kammer, kleines Zimmer daneben, Altersgemach, Dürnitzkammer, Turmkammer, alte Kanzlei, Federstube (Schreibstube). Weiter ist aufgeführt das Inventar im Reitstall, sämtliche Vorräte an Victualien wie Schmalz, Fleisch, Frucht usw., und das vorhandene Bargeld. — Auch aus dem Jahr 1680 ist ein Inventarverzeichnis vorhanden.

Zum Jahr 1733, also während der Regierungszeit der Truchsessen Josef Wilhelm von Waldburg, ist die Erstellung einer Wachstube erwähnt, unter die man Gefängnisse einbaute. Wahrscheinlich handelt es sich hier um den an der Westseite des Nordflügels angebauten nicht unterkellerten „**Gefängnisbau**" mit 2 Arrestzellen, 1 Gang und 1 Zugang zum Schloß im 1. Stock (Erdgeschoß), 3 Arrestlokalen im 2. Stock und 1 Arrestkammer, 1 Küche und 2 Zimmer im 3. Stock. — In diesem 3. Bauabschnitt dürften auch weitere Veränderungen fallen: die **Erweiterung des Schloßhofes** nach Westen, bei welcher an der neuen Mauer eine von Pilastern und Giebeln eingefaßte Brunnennische ausgespart wurde; der Bau des kleinen **Rundturms** (7 m ⌀) im Zwinger an der Südseite, mit Nischenfenstern, achtseitigem Gratkuppelgewölbe und entsprechendem Zeltdach auf Segmentbogengesims. Wahrscheinlich wurde auch erst zu dieser Zeit die zum Park führende **Brücke** erstellt und der **Park** als „englischer Garten" angelegt.

In allen 4 Ecken des Parks mit seinen 2 parallel verlaufenden, von prächtigen Linden umsäumten Hauptwegen standen Gartenhäuschen mit Fenstern und Bänken, ge-

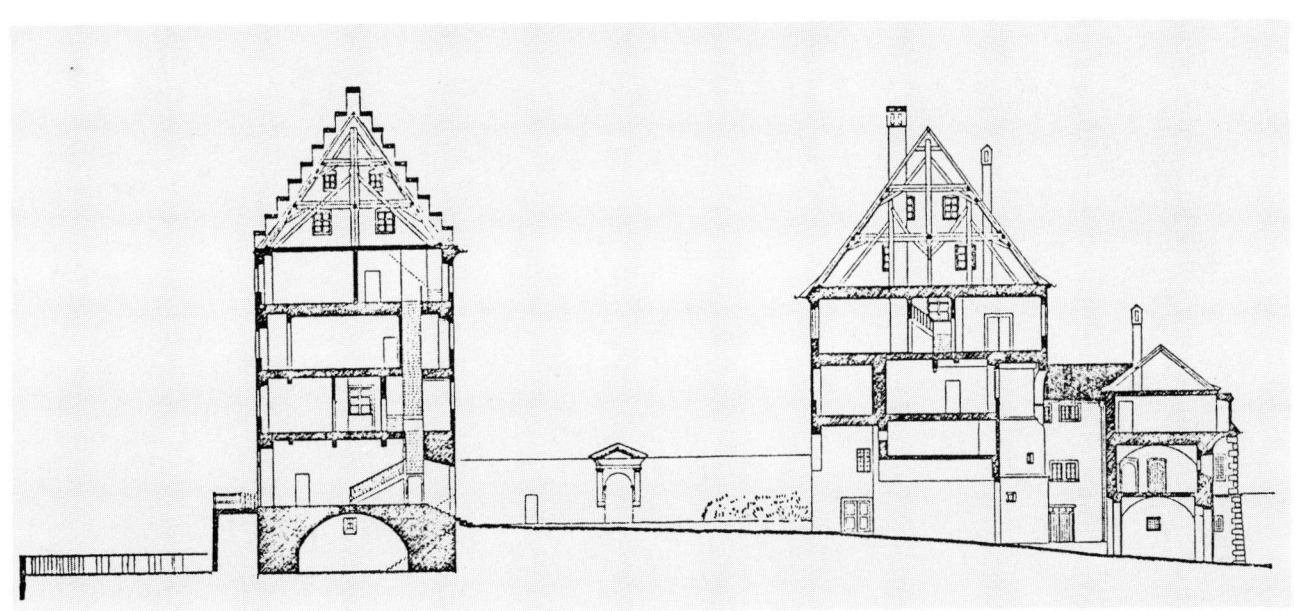

Schnitt von Südwest nach Nordost.

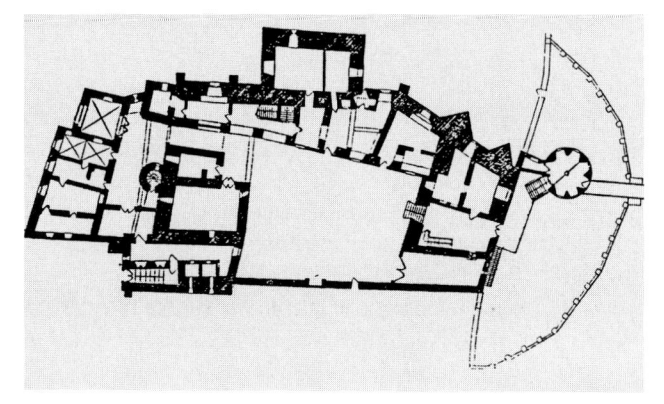

Grundriß (Achsen West-Ost und Süd-Nord).

Südansicht.

Nordansicht.

Schloßsteige 12.

gen Süden ehedem die Wunibaldskapelle (s. d.), an deren Stelle später eine Kegelbahn erstellt wurde, die inzwischen abgebrochen ist. Ins 18. Jh. fällt auch der Bau des **Pilasterflachbogentores** an der Schloßsteige und des 1stockigen Wohnhauses mit seitlichem Remisenanbau **Schloßsteige 12**, das später vom Rentamt an Wendelin Schunck und über dessen Tochter an den Schneider Wilhelm Halder überging. Der Plan des Jahres 1804 weist im Vorhof zwischen Kanzlei und Kirchenmauer noch ein größeres und ein kleineres, je 1stockiges Gebäude auf, die aber 1826 bereits abgebrochen waren. Es soll sich um ein bei der Übernahme durch Thurn und Taxis erstellten Gästehaus (Reiterhaus) und um ein Gartenhaus gehandelt haben. Wie aus Stichen auf alten Zunftbriefen hervorgeht, war das Schloß schon vor der Jahrhundertwende mit einer Blitzschutzanlage versehen (1970 erneuert).

1823 schlug der Baurat Keim verschiedene Änderungen am Schloß vor, worauf allerdings nur die notwendigsten

November 1904.

Reparaturarbeiten und wohl geringere Änderungen am Gefängnisbau durchgeführt wurden, der um 1840 einen Abortanbau erhielt. Um 1880 erfolgte die letzte bauliche Veränderung durch den Einbau einer 1stockigen Feuerlöschgeräteremise zwischen dem Südflügel und der westlichen Hofmauer. Die leerstehenden Gebäude wurden von einem Aufseher verwaltet, bis sie der Kommerzienrat Kraemer zu Wohnzwecken für seine Arbeiter in der Papierfabrik anmietete. Die letzten Schloßverwalter waren Jakob Dom (1901–1936), dessen Witwe und ab 1. 12. 1956 Robert Döbele (1904). Noch zu Beginn der 60er Jahre lebten 13 Familien im Schloß. Den letzten von ihnen wurde gekündigt, nachdem Dr. Erich Schneider-Leyer im Jahre 1967 das Schloß samt Park käuflich erworben hatten um es privat zu nutzen. Er begann mit der sehr kostspieligen Innenrenovation, die von seinen Erben fortgesetzt wurde und sicher noch viele Jahre in Anspruch nehmen wird. 1969 erfolgte die Renovierung des Torbogens an der Schloßsteige. 1984/86 mit Hilfe des Landesdenkmalamtes die Außenrenovation (Dach, Außenputz, Fenster), welche 1989 mit dem Verputz der Wände zum Schloßhof abgeschlossen werden soll.

Die neue Residenz

Nachdem die Truchsessen Christoph Karl und Otto die obere Herrschaft übernommen hatten, gingen sie im Jahr 1659 daran, sich über dem linken Donauufer, dem alten Schloß gegenüber, eine Residenz zu bauen, das sog. „Neue Haus", das dem Truchsessen Otto als Residenzwohnung dienen sollte. Um sie mit einer Steinmauer einfrieden zu können, baten sie die Stadt um Abtretung eines Platzes zwischen diesem Gebäude und der St.-Georgs-Kapelle, im Tausch gegen den Sailgergraben (am Weg zwischen Altersheim und Schloß). Der Tausch wurde bewilligt, doch schon im folgenden Jahr protestierten die Bürger gegen den Mauerbau. (Erst 1676 wurde der Tausch rechtskräftig.) Zur neuen Residenz gehörten auch der ummauerte Hofgarten, die Brauerei mit Gaststätte und zwei weitere, zwischen dieser und der Residenz gelegene Häuser.

Nach dem Tod des Truchsessen Otto trat Truchsess Maximilian Wunibald dessen Erbe an und bezog die neue Residenz. Im Zuge der 1672 erfolgten Überprüfung des sich im „alten Schloß" befindlichen Inventars, erfolgte auch die Inventarisierung des Bestandes in der neuen Residenz, wobei folgende Zimmer erwähnt sind: das obere Kapellzimmer, die daran anschließende Kammer, das obere Gartenzimmer mit Kammer nebenan, die Rüstkammer, das Galanteriezimmer, die Küche, das mittlere Kapellzimmer, die Kapellkammer, das mittlere Gartenzimmer mit Kammer daran, das Schreibzimmer, die Mägdekammer, das kleine Stüblein, die Küchenkammer, Tafelstube, Gesindestube. Auch alles, was in den Gängen und Treppenaufgängen hing und stand, ist erfaßt. Ebenso in Sonderlisten weitere Bestände an Zinn, Kupfer und dgl. Geschirr (außer, was in der Küche auf-

auf weist auch das Wappen des hier erstmals erwähnten Adelsgeschlechts hin, der **Ritter von Bartelstein**, das auf blauem Grund zwei abgewendete Barten über einem goldenen Dreiberg zeigt:

gefürt), Leinwand, der erstaunlich große Buchbestand mit 134 sehr wertvollen Bänden, die Leinwand und der Roß- und Viehbestand im Stall.

Der Lebenswandel des Grafen Maximilian Wunibald hatte wohl schon zur Zeit der Sequestration (1673–1687) zur Aufgabe der neuen Residenz geführt. Bereits deren Inventarverzeichnis vom Jahre 1680 weist nur noch 3 Räume auf, in welchen die restlichen Gegenstände zusammengetragen waren: 1 Kammer mit einem trilchenen Unterbett, 1 Kammer gegen den Rebgarten mit Himmelbettstatt des verstorbenen Grafen Christoph Karl und die sog. Vormundschaftskammer, in welcher über 270 Einzelgegenstände lagerten. Später diente das Haus als herrschaftlicher Fruchtkasten, das Gebäude Sigmaringer Straße 11 als Försterhaus und ein weiteres, das zwischen diesem und dem Bräuhaus stand (etwas zurückversetzt), als Wohnung des fürstlichen Kastenknechts. 1862 kaufte der Bräumeister Götz das ganze Areal, das zur ehemaligen „neuen Residenz" gehörte (s. d.).

Die Burg Bartelstein

auf dem Felsen über dem linken Donauufer verdankt ihren Namen wohl der Hinrichtungsstätte, die sich hier zu einer Zeit befunden haben soll, als die Delinquenten noch mit der „Barte" (= Axt) hingerichtet wurden. Dar-

Die erste Burg stand nicht an Stelle des heutigen Gebäudes, sondern auf dem Fels vom Bildbetrachter her gesehen links davon, wo sich im Jurakalkfelsen mehrere **Höhlen** befinden. Eine davon, mit mannshohem Eingang, teilt sich im Innern in zwei Gewölbe, von denen jedes einen Durchmesser von etwa 2,30 m und eine Höhe von 2,80 m hat; die andere, die nur gebückt betreten werden kann, hat einen weit größeren Umfang. Sie teilt sich in 3 Haupträume, die schornsteinartig in die Höhe ziehen und sich in engen Gängen und Spalten nach verschiedenen Richtungen fortsetzen. Einer dieser Gänge soll den Zugang zur Burg ermöglicht haben. Wie Mauerreste zeigen, war früher eine Nebenöffnung der Höhle vermauert. — Der erste bekannte Adelige, der sich nach der im 11./12. Jh. erbauten Burg nannte, war der Ritter **Ortolf v. Bartelstein**, der im Jahre 1218 den Grafen Hugo v. Montfort auf dem Hoftag zu Ulm begleitete. 1231 waren die Brüder „H. (Härtnid) de Bartelstein et H. (Heinrich)" neben zahlreichen anderen Adeligen der Umgebung beim

Grafen Gottfried von Sigmaringen auf Schloß Bingen, als dieser den Verkauf eines Gutes zu Boos durch den Edlen Albert v. Bittelschieß an die Schwestern von Mengen beurkundete. 1237 war Heinrich von Bartelstein unter den Zeugen, als Graf Egino v. Aichelberg den Nonnen von Boos, die früher in Mengen waren, Güter eignete. Ab 1246–1251 wird ein Heinrich v. Bartelstein als Mönch des Klosters Salem öfter als Urkundszeuge, 1246 zusammen mit „Ratolfi de Bartelstein" erwähnt.

Die Genealogie der Herren v. Bartelstein ist nicht eindeutig erforscht. Es wird angenommen, daß der erstgenannte Heinrich mit einer der beiden Schwestern des Heinrich v. Schwarzach (vgl. 1292) vermählt war und über diese das mutmaßliche Wappen der Herren von Schwarzach, der Fisch, in das Stadtwappen von Scheer übernommen wurde. Als Heinrichs Söhne gelten die Brüder Heinrich, Werner und Härtnid (der Dekan) von Bartelstein, welche den Heinrich v. Schwarzach ihren „Oheim" nannten, und Heinrich v. Bartelstein der Beurer (bei Hundersingen). — Als Graf Hugo v. Montfort im Jahre 1287 dem Kloster Habstal die Eigenschaft des Oberhain-Gutes in Repperweiler schenkte, befanden sich Heinrich und Werner unter den Zeugen. Auf ihre Bitte überließ Graf Hugo im Jahre 1291 seine Besitzungen in Herdetsweiler, welche sie von ihm zu Lehen getragen hatten, dem Kloster Salem. 1292 waren sie dabei, als Heinrich v. Schwarzach sein Testament errichtete. Dieser ist 1280 als angesehener Bürger in Mengen nachgewiesen, wo er neben dem Gasthof zum Dreikönig ein mächtiges Patrizierhaus besaß.

In seinem Testament, das 1309 in ähnlicher Form erneuert wurde, vermachte er seinen Besitz an das Kloster Salem, in das sein wohl einziger Sohn eingetreten war, und seinen beiden Schwestern Adelheid und Agnes.

Heinrich v. Bartelstein, Werners Bruder, war mit Hedwig, der Tochter des Berthold von Eberhardsweiler, verheiratet, der als Lehensmann des Grafen Mangold v. Nellenburg in Friedberg saß. Als dieser im Jahre 1395 Güter in Knechtenweiler (abgegangen bei Friedberg) an das Kloster Salem verkaufte, verzichtete Heinrich auf alle Rechte auf diesen Gütern, die ihm sein Schwiegervater für die 21 Mark Silber betragende Mitgift seiner Tochter Hedwig verpfändet hatte, und erhielt dafür entsprechende Besitzungen in Günzkofen. Beim Verkauf waren auch Heinrich v. Schwarzach und Heinrich v. Beuren unter den Zeugen. Als Söhne Werners v. Bartelstein werden Rüdiger und Ulrich angesehen.

Härtnid v. Bartelstein war von 1300–1327 Dekan zu Mengen und Kirchherr zu Krauchenwies. Die anderen Familienmitglieder treten als Lehensleute der Grafen von Landau auf. Im Lehenbuch des Grafen Eberhard v. Landau (1300/1310) sind „der ... ar (Beurer) und H. (Heinrich) v. Bartelstein" genannt, die ein Gut zu Lehen hatten, das H(einrich) v. Schwarzach gehörte. Rüdiger v. Bartelstein war im Jahre 1300 unter den Zeugen, als Graf Konrad v. Landau ein Gut zu Waldhausen an das Kloster Heiligkreuztal verkaufte, 1302 als Anselm v. Wildenstein die Mühle zu Unlingen verlieh. Heinrich v. Bartelstein, der dabei war, als sich die Bürgerschaft von

Mengen mit dem Kloster Salem aussöhnte, hatte nach dem Habsburger Pfandrodel des Jahres 1306 in Hitzkofen einen herrschaftseigenen Hof, 3 herrschaftliche Mansen (Huben) und 3 Schuposen (etwa der 3. oder 4. Teil einer Hube). In diesem Pfandrodel wird sein Schwiegervater „der Herr von Eberhardsweiler" als Pfandinhaber von Friedberg und Bickenweiler (abgegangen) sowie als Inhaber der Vogtei im Diengau erwähnt.

1308 war Heinrich bei der Schlichtung eines Streites zwischen dem Kloster Salem und dem Dorf Ostrach, 1311 bei der Bestätigung von Ansprüchen der Brüder Ranz auf ein Gut in Ostrach, 1312 mit seinen Brüdern Härtnid (dem Dekan) und Heinrich gen. Beurer beim Erwerb des großen Zehnten in Buchheim durch das Kloster Salem und im selben Jahr mit seinem Bruder Härtnid und seinem Schwager Benz v. Eberhardsweiler, als die Swenden von Ostrach auf ihr Anrecht an verschiedenen Gütern zu Gunsten dieses Klosters verzichteten.

Rüdiger v. Bartelstein befand sich unter den Zeugen, als Otto v. Beizkofen im Jahr 1313 seine Güter zu Enzkofen verkaufte, sein Bruder Ulrich 1314 als Mitsiegler bei der Übertragung von Eigentumsrechten in Mühlhausen bei Meßkirch an das Kloster Salem. Unter den Zeugen des Klosters trat auch Herr Härtnid (der Dekan) auf, der auch dabei war, als sich das Kloster Salem 1315 mit dem Sohn des verstorbenen Menger Ammanns Murzel verglich, wie auch 1317 bei der Übertragung von Äckern bei Hundersingen durch Ortolf v. Buwenburg an dieses Kloster. Heinrich v. Bartelstein, der 1318 unter den Zeugen war, als Johann v. Riedhausen dem Kloster Salem gegenüber auf seine Ansprüche an das Riedhauser Holz verzichtete, bekundete 1319, daß er von diesem Kloster ein Darlehen von 50 Pfund Konstanzer Pfennigen zurückerhalten habe. Aus dieser Urkunde ist ersichtlich, daß sein Oheim Heinrich v. Schwarzach gestorben war und er dessen Haus in Mengen, das er von diesem erhalten hatte und in welchem sein Bruder Härtnid (der Dekan) wohnte, dem Kloster zu einem „Seelgerät" vermachte. 1322 verkaufte er mit Zustimmung seiner Frau, seiner Brüder Härtnid (Dekan in Mengen) und Heinrich v. Beuren sowie seines Sohnes Härtnid seine Besitzungen in Ertingen an das Kloster Salem. Als erster der Zeugen ist Berthold von Eberhardsweiler genannt. Im selben Jahr übergab Ulrich v. Bartelstein mit Zustimmung seiner Frau Anna, der Tochter Eckehards v. Reischach, dem Kloster Salem sein Gut zu Erisdorf.

Um diese Zeit dürfte sich bereits die Krauchenwieser Linie der Ritter von Bartelstein abgespalten haben, in der wir die Brüder Heinrich und Härtnid, die Söhne des o.g. Heinrich v. Bartelstein, finden, wogegen wir in Scheer die Brüder Rüdiger und Ulrich vermuten. Ein Härtnid v. Bartelstein, vmtl. Ulrichs Sohn, wird 1324 als Leutpriester in Mengen genannt. Er und sein Bruder Hartung schenkten, wie aus Bestätigungsurkunden der Jahre 1424 bzw. 1426 hervorgeht, den Klosterfrauen von Ennetach die dortige untere Mühle (heute Sägewerk Löw) und den „Stepach- oder Safrangarten" unterhalb des Hipfelbergs. Von Ulrich erwarb das Kloster Heiligenkreuztal im Jahre 1324 die Fischgerechtigkeit an der Donau unterhalb des Hessenbergs, die nach seinem Tod an das Kloster fallen soll. 1327 trat er öfter als Zeuge auf: am 25. Januar, als

sich Burkhard von Rosna wegen seiner Verschuldung genötigt sah, seine Güter bei Meßkirch zu verkaufen; am 25. Februar beim Verkauf des Kuglerhofs in Ursendorf durch den Menger Bürger Albert von Diengen an das Kloster Salem; am 18. Oktober bei der Schlichtung eines Streites dieses Klosters mit dem Ritter von Grüningen wegen dessen Burg.

Rüdiger v. Bartelstein war im Jahre 1330 in Riedlingen dabei, als Hermann v. Hornstein, Kirchherr zu Seekirch, zu seinem Seelenheil den Klöstern Salem und Heiligkreuztal Güter übertrug und das Kloster Salem im selben Jahr dem Johann von Hornstein Äcker bei Riedlingen verlieh; ebenso im Jahr 1333. — Heinrich v. Bartelstein und seine Söhne Härtnid und Heinrich verzichteten 1338 auf ihre Ansprüche an eine Wiese zu Krauchenwies zu Gunsten des Klosters Salem. Der Sohn Härtnid und seine Frau Hedwig (Hätze) verkauften im selben Jahr ihr Gut zu Bogenweiler an das Kloster Sießen, das von ihnen 1341 auch ihren Hof in Völlkofen erhielt. Diese beiden Brüder Härtnid und Heinrich (Heinz) saßen also zu Krauchenwies, Härtnid und Rüdiger, die Söhne Rüdigers des Alten, zu Scheer. Die Namensgleichheit der beiden Härtnid läßt nicht immer erkennen, welcher von beiden in den Urkunden gemeint ist. 1346 war ein Härtnid von Bartelstein Urkundzeuge in einer Heiligkreuztaler Urkunde, ebenso in einer anderen die Brüder Härtnid und Heinz. H. v. Bartelstein „zu Krauchenwies" verkaufte 1347 seine Güter zu Hochberg an das Deutschordenshaus Altshausen. Da hierbei seine Frau Hedwig genannt ist, handelt es sich wohl um Heinrich. Unter den Zeugen war Heinrich v. Beuren. Härtnid und Heinrich v. Bartelstein und Krauchenwies waren im selben Jahr Vormünder Friedrichs von Lachen (Herrschaft Marstetten). — Unter den im Kampf des Grafen Rudolf von Montfort-Tettnang gegen den Grafen Bellmont im Jahre 1352 Gefallenen befand sich auch ein Bartelsteiner. Möglicherweise war es Rüdiger, von dem wir in der Folgezeit nichts mehr hören. Seine Frau Adelheid von Hörningen lebte später als Witwe in Mengen. Aus dieser Ehe ist nur die Tochter Margarethe bekannt, die sich mit Menloh von Leinstetten vermählte. Ob Rüdigers Bruder Härtnid noch in Scheer war, ist fraglich, da wir seine Witwe Elisabeth, geb. Speth, später in Wilsingen antreffen. Ein Härtnid v. Bartelstein (vielleicht Krauchenwieser Linie) vergabte 1353 als Patronatsherr die Pfarrei Schwarzach, unterzeichnete im selben Jahr den Vergleich des Streites derer von Zimmern mit den Waldburgern um Meßkirch. Dem Herbertinger Ammann Walraf übergab ein Härtnid v. Bartelstein einen Acker zu eigen, den dieser mit seiner Zustimmung im Jahre 1355 dem Kloster Heiligkreuztal eignete. Er siegelte dabei mit den beiden Barten im Wappen. 1356 finden wir ihn als Mitsiegler eines Vergleichs zwischen Johanns v. Reischach und dem Kloster Sießen; als Zeugen beim Verkauf der Burg Landau durch den Grafen Heinrich von Montfort an die Grafen Eberhard von Landau und Albrecht von Eichelberg und als Bürgen, als der Ritter Hans von Hornstein dem Kloster Salem Güter zu Burgau bei Dürmentingen verkaufte.

Härtnid v. Bartelstein und Krauchenwies und seine Frau Hedwig verkauften 1357 dem Kloster Salem Güter zu Ertingen, die sie von Graf Eberhard v. Landau und Graf

Heinrich v. Montfort zu Lehen trugen. Die Brüder Härtnid und Heinrich siegelten 1356 die Schenkung eines Hofes zu Bernweiler durch Adelheid die Frygin an das Kloster Habstal. In Krauchenwies beurkundete Härtnid im Jahre 1359 die Stiftung einer Jahreszeit für seine verstorbene Frau Hedwig. Mitsiegler war sein Bruder Heinrich. 1359 siegelte er (Härtnid) den Kauf des Laienzehnten zu Ingoldingen durch den Biberacher Spital. 1361 war er unter den Bürgen, als Walter von Beuren seinen Hof in Herbertingen an Hans den Wilden von Mengen verkaufte. Hierbei siegelte, wie er, auch ein weiterer Bürge mit den 2 Barten auf dem Dreiberg im Wappen: Konrad Banzir, der in Mengen nachgewiesen ist, Walter v. Beuren hingegen mit dem doppelgestielten Lindenblatt. — Im selben Jahr empfing „Haniz von Bartelstein", Krauchenwies, die Burg, die Mühle, die Fischwasser und alles Zubehör je zur Hälfte, während je ein Hof dem Kunz Ott von Mengen und denen von Pfullendorf verliehen war. Möglicherweise war es die seinem Bruder Härtnid gehörige Hälfte, der 1364 für seine Frau (Hedwig) im Kloster Salem mit einer bei Saulgau gelegenen Wiese einen Jahrtag stiftete und dann in den Urkunden nicht mehr auftritt. Heinrich von Bartelstein verkaufte 1364 ein Haus zu Mengen an das Kloster Salem, 1366 seinen Hof in Binzwangen an das Kloster Heiligenkreuztal und war 1368 unter den Bürgen und Sieglern für Walther von Beuren und Herbertingen, als dieser dem Kloster Heiligkreuztal ein Gut zu Herbertingen verkaufte.

Adelheid v. Hörningen, die Witwe des Rüdiger von Bartelstein-Scheer, die nun in Mengen saß, verkaufte 1368 einen Zins aus einem Acker „auf der Hoch zu Mengen" an den Meßkircher Bürger Klaus Sehlmann. Ihr Schwager Härtnid v. Bartelstein, der mit Elisabeth Speth verheiratet war, wird darin als verstorben bezeichnet. Da seine Tochter Ursel mit Melcher von Husteneck, Rüdigers Tochter Margaretha mit Meinloh v. Leinstetten verheiratet und Rüdigers mutmaßlicher Sohn Rüdiger v. Bartelstein Inhaber des Laienzehnten zu Trochtelfingen war, scheint dieser Scheerer Besitz an den Krauchenwieser Heinrich von Bartelstein übergegangen zu sein.

Heinrich von Bartelstein, der um diese Zeit von dort nach Scheer übersiedelte, verkaufte 1372 seinen Hof in Zielfingen an den Menger Bürger Hans Schmid. 1374 vertrat er vor dem Landgericht die Klosterfrauen von Sießen und das Gotteshaus „von der Schär" gegen Ansprüche der Ritter von Reichenstein und von Stadion auf etliche Güter zu Herbertingen. — In einer Zwiefalter Urkunde vom Jahr 1379 erfahren wir, daß Elisabeth, geb. Speth, die Witwe Härtnids v. Bartelstein, zu Wilsingen saß, wo sie den Kindern ihrer Tochter Ursel u. a. auch den Zehnten zu Völlkofen vermachte, der halb ihr gehörte und halb von der Herrschaft Nellenburg zu Lehen ging. 1381 ist Heinz (Heinrich) v. Bartelstein letztmals erwähnt, als sein Oheim Hans v. Schwendi dem Wilhelmiterkloster Mengen all seine Rechte schenkte, die er an der Kirche Rulfingen hatte. In der Folgezeit schweigen sich die Urkunden über die Ritter von Bartelstein zu Scheer aus. 1401 hören wir von den Kindern des Menloh v. Leinstetten und der Gret v. Bartelstein, die dem Kloster Habstal den halben Zehnten zu Völlkofen eigneten.

Bartelstein 1885.

1427 verkauften ein Hans v. Bartelstein zu Langenenslingen und seine Frau Lugga an Hans von Hornstein zu Schatzberg einen jährlichen Zins aus einem Hof zu Langenenslingen.

Die Burg Bartelstein war an die Herrschaft übergegangen, die sie im Urbar des Jahres 1465 als herrschaftseigen aufführte, ebenso im Urbar 1582, in welchem sie noch als ummauert bezeichnet wird. Als Philipp Renlin im Jahre 1589 die Panoramakarte der Grafschaft zeichnete, sah er noch die Mauerreste des unteren Teils der Burg, dahinter den ummauerten „Küllengarten" mit einer Kapelle und einem Brunnen. Bei den in den Jahren 1925/27 vorgenommenen Grabungen wurden die Mauerreste angeschnitten, dabei die einer viereckigen, nicht ganz rechtwinkligen Anlage mit den Außenmaßen von ca. 1,45 × 1,75 m im Licht.

Es scheint, daß wohl kurz danach die 2. Burg Bartelstein gebaut wurde, die aber schon an der Stelle stand, an welcher wir das heutige Gebäude finden. Sie fiel vmtl. dem Geschehen des 30jährigen Krieges zum Opfer. Auf ihren Grundmauern wurde ein neues Gebäude erstellt:

An der Südseite sind noch Mauerreste der alten Burg erkennbar. Sie sind dunkler und größer als die später aufgesetzten gebuckelten Kalksteinquader. Sowohl über den Erbauer als auch über den Verwendungszweck fehlen jegliche Unterlagen. Wir wissen lediglich, daß der Bau vmtl. schon im 18. Jhdt. als Gefängnis diente und dort noch im Jahre 1823 der Gefangenenwärter Sebastian Volk wohnte, der das leerstehende Gebäude von der Herrschaft als Leiblehen erhalten und sich in den Hof eine Scheuer erbaut hatte. Als man sich in diesem Jahr Gedanken über die Weiterverwendung machte, legte der Baurat Keim nachstehenden Plan vor:

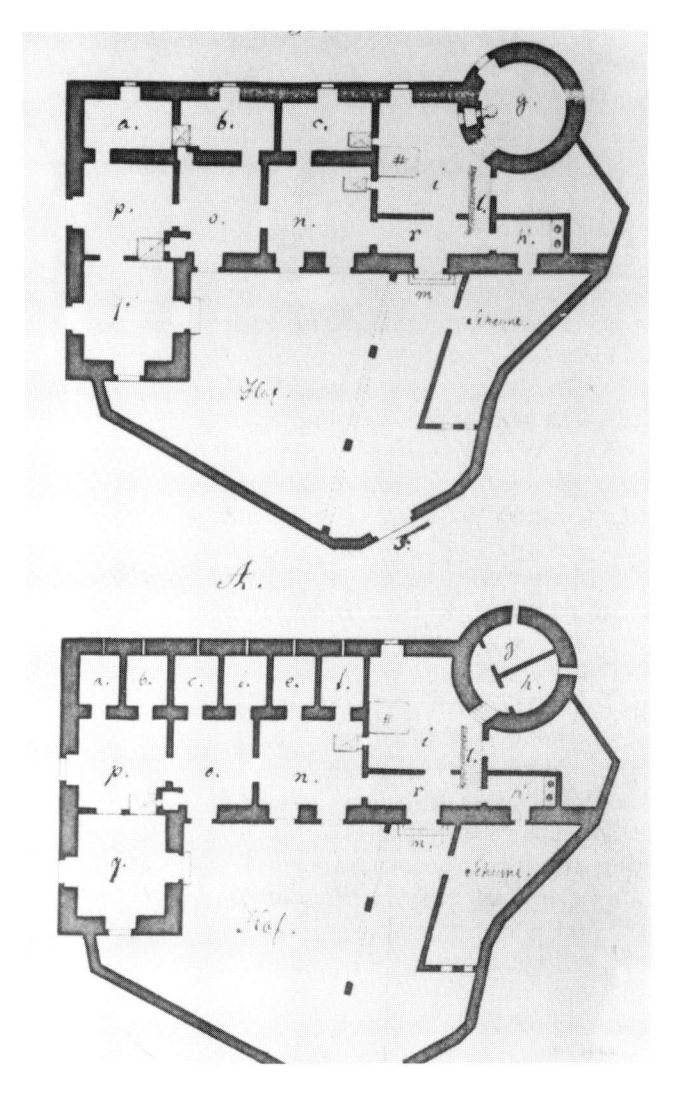

Bartelstein 1908.

Der Plan A zeigt den Zustand im Jahre 1832: a–h) Gefängnisse mit schießschartenartigen Fenstern gegen die Donau (in schlechtem Zustand, viel zu klein), i) Küche, k) Abtritt, l) Treppe zu den beiden Gefängnissen oberhalb im Turm, m) Eingang, n) Stube, o) Kammer, p) Stube, q) ehem. Kommissionszimmer, F) Eingang in den Hof. — Der Plan B enthält den Änderungsvorschlag. Die Baukosten wurden mit 310 Gulden veranschlagt. Dieser Plan wurde verworfen, dafür die Gefängnisse im Anbau des Schlosses gegen die damalige Mühle eingerichtet und dem Schloßverwalter unterstellt.

Der frühere Gefangenenwärter Sebastian Volk erwarb das Anwesen, zu dem das ganze Gelände zwischen der Sigmaringer Straße und der Donau, vom Bräuhaus bis zur Landesgrenze gehörte. Von ihm ging es über Pirmin Volk an dessen Sohn Xaver Volk, der es 1882 um 15000 Mark an den Bräumeister Rieder verkaufte. Er ließ die alte Scheuer abbrechen und baute weiter oben eine neue. Da sie über das Schlößchen hinausragte, hieß es, der Bauer sei über den Edelmann Herr geworden.

Nach Rieders Tod im Jahre 1898 führte dessen Schwester Margarethe das Anwesen weiter, das 1903 an die städtische Wasserleitung angeschlossen wurde. Nach verschiedenen Verkaufsverhandlungen, u. a. mit einem Künstler und zum Zweck eines Beamtenerholungsheimes, erwarb es im Jahre 1906 der Fabrikant Karl Schaal. Er ließ es auf den Namen seines Sohnes Siegfried eintragen, der es 1908 nach den Plänen der Architekten Eisenlohr und Weigle aus Stuttgart zu einem herrlichen Wohnsitz umbauen ließ. Hierbei wurden Stall und Scheuer abgebrochen und dafür auf der Nordseite ein massiver Flügelanbau aufgeführt:

Beim Ausgang zur Straße entstand ein Ökonomiegebäude mit Wohnung für den Gärtner, 1926 im Hof eine Autogarage. Das Haus blieb im Familienbesitz, bis es am 28.4.1971 an das Arztehepaar Dr. Markus und Barbara Fritzsch geb. Neubert verkauft wurde, das es am 14.4.1988 an das Ehepaar Reinhold und Christa Ruett weiterverkaufte.

Die Stadt Scheer

ist ein typisches Beispiel für die Entstehung einer mittelalterlichen Stadt aus einem sog. **Burgflecken** am Fuße der Herrenburg, in welchem vorwiegend die zur Unterhaltung der Burg benötigten Handwerker und Dienstleute wohnten. Diese Siedlung, unmittelbar unter der Burg (später Schloß) gelegen, wuchs zu einer erweiterten Burg- und Marktsiedlung an, als weitere Siedler zuzogen, sei es auf Anordnung der Herrschaft oder aus dem Bedürfnis nach Schutz, den die Burg mit ihrer Mannschaft bilden konnte. Die strategisch wichtige Lage auf dem durch die Donau gebildeten Umlaufberg führte zur **Stadtgründung** mit der Folge, daß nicht nur in der Nähe gelegene Siedlungen wie Gemmingen und Spitzenweiler eingingen, sondern auch die auf der anderen Donauseite gelegene Burg Bartelstein bald an Bedeutung verlor.

Der Stadtgründer ist wegen des Fehlens der Gründungsurkunde ebensowenig bekannt, wie das Jahr der Gründung, das wir in der ersten Hälfte des 13. Jahrhunderts annehmen. Die Verleihung des Freiburger Stadtrechts weist darauf hin, daß die Gründung unter dem Einfluß der Zähringer bzw. von einem diesem Haus nahestehenden Adeligen erfolgt sein muß. Dies war unter dem Grafen Rudolf von Montfort der Fall, der wie Rudolf von Habsburg, der spätere König, ein Enkel der mit dem Grafen Ulrich von Kiburg vermählten Anna von Zähringen war, der Schwester des Herzogs Berthold V. von Zähringen (1186—1218) und sich „der Schaerer" schrieb. Daß für die Stadtgründung in besonderem Maße militärische Gesichtspunkte den Ausschlag gaben, beweist neben der Lage auch die Befestigung durch die Stadtmauer. Der rechteckige **Stadtgrundriß**, auf dessen höchster Erhebung der Südwestecke die Burg (heute Schloß) stand, mißt ca. 260 x 140 m. Die Fläche von rd. 3,6 ha ist also größer als z. B. die der damaligen Städte Riedlingen, Sigmaringen und Gammertingen, die wohl bald nach Scheer gegründet wurden (jünger sind Meßkirch, Mengen und vermutlich auch Saulgau). Natürlichen Schutz bot die Donau, welche die Stadt im Westen, Norden und Osten umfließt. Eine weitere Sicherung bildete im Westen der Mühlkanal. Zwischen dem Kanal bzw. der Donau und der Stadtmauer bestand um die ganze Stadtmauer, auch im Süden, ein Graben, der vermutlich vom Standort der Mühle aus mit Wasser gefüllt werden konnte. Zugang zur Stadt boten das Menger und das Sigmaringer Tor. Erst viel später wurde an der Nordseite der Mauer (in Verlängerung der Hirschstraße) ein weiteres kleines Törle ausgebrochen. Innerhalb der Stadt war der eigentliche Burgbezirk durch eine weitere Mauer gesichert, deren Erweiterung auch die Kirche umfaßte. In der Unterstadt fehlte das Rathaus. Die öffentlichen Angelegenheiten wurden auf der Burg bzw. im Wirtshaus geregelt, Gerichtsverhandlungen im Freien abgehalten. Ein Marktplatz war ebenfalls nicht erforderlich, da die Märkte auf den Straßen abgehalten wurden. Als später die großen Kauf- und Gredhäuser aufkamen, fehlte hierfür wohl der Platz.

Anläßlich seines Aufenthaltes in Basel bestätigte König Rudolf von Habsburg am 12. Juli 1289 der Stadt Scheer das **Recht von Freiburg**, das sie seither schon genoß. Der lateinische Text lautet: „Nos Rudolfus dei gratia Romanorum rex semper augustus ad universorum notitiam volumus pervenire, quod omnia iura libertates et consuetudines prudentum virorum consulum et civium civitatis ze der Schere, quibus utuntur iuxta consuetudinem civitatis Fryburgensis in Pryscoga, nolentes minuere qibus utuntur iuxta consuetudinem civitatis Fryburgsed augere, ipsas auctoritate regia confirmamus testimonio presentium litterarum.
Datum, Basilee, XII. kalendas Julii, indictione secunda, anno domini MCCLXXXIX., regni vero nostri anno XVI";

zu deutsch (nach der Übersetzung der Bestätigungsurkunde Kaiser Ludwigs des Bayern vom Jahr 1346): „Wir Rudolf von Gottes Gnaden römischer König, allzeit Mehrer des Reichs, wollen männiglich zu Kund und Wissen tun, daß alle Gerechtigkeit, Freiheit und Gewohnheit der fürsichtigen Männer, Bürgermeister und Bürger der Stadt zu der Scheer, deren sie sich gebrauchen nach Gewohnheiten der Stadt Freiburg im Breisgau, nicht wollen mindern sondern mehren, dieselbigen aus königlicher Gewalt bestätigen in Kraft dieses Briefs.

Gegeben zu Basel am 12. Juli im Jahre des Herrn 1289, unseres Reichs im 16."

Schon 1290 war in Scheer ein Mann tätig, der später als Vogt eine Schlüsselfigur der habsburgischen Verwaltung darstellte: Der **Ammann** Konrad Schiltung (—1298). Er hatte die Oberaufsicht über die Justiz, die Polizei- und Ökonomieveraltung der Stadt zu führen und die herrschaftlichen Hoheitsrechte zu verwalten. Er war also der vom König ernannte und besoldete Richter und Vorsteher der Stadt, also wohl der erste Schultheiß. Nach dem Freiburger Stadtrecht standen ihm eine Anzahl (vermutlich 12) frei von den Bürgern gewählte Marktgeschworene zur Seite. Sie achteten auf die strikte Einhaltung des **Stadtrechts,** von dem schon die älteste Fassung berichtet, daß der Herr aus den Ratsmitgliedern einen Schultheißen wählen soll. Ferner sind darin die Abgaben an den Herrn, dessen Pflicht die Bürger zu schirmen und sie beim Wegzug zu begleiten und sein Recht die Kirche zu verleihen festgesetzt, wie auch die Hochgerichtsbarkeit, die dem Herrn, und die Niedergerichtsbarkeit, die dem Schultheißen zusteht. Weitere, ins Einzelne gehende Bestimmungen betreffend das Verhalten der Bürger, die alle „frei" sind, die Maße und Gewichte, Münze und Zoll. Zur Zeit Schiltungs tritt eine weitere Persönlichkeit auf: der königliche **Landrichter** Swigger von Deggenhausen (1295 — ca. 1299), von dessen Wappen, wie bereits erwähnt, die Stadt ihre Schere im Wappen ableitet und der Stern als Zeichen der königlichen Gerichtsbarkeit gedeutet wird, wogegen der Fisch auf die Herren von Bartelstein hinweist, die diesen von den Herren von Schwarzach übernommen haben sollen.

Das älteste **Stadtsiegel** konnte bislang an einer am 18. Juli 1305 in Scheer ausgestellten Urkunde ermittelt werden. Konrad Schiltung „der Vogt von Mengen" siegelte damit eine das Kloster Wald betreffende Urkunde.

Einen ersten Einblick in die Stadt bietet uns das um 1306 entstandene *Habsburger Urbar* (Güterverzeichnis), in welchem es bei der „**Rechtung zu der Schere**" heißt, daß die Burg und die Stadt „ze der Schere" und andere Güter, die damit vom Grafen Hugo von Montfort gekauft wurden, Eigentum der Herrschaft sind. Im einzelnen sind aufgeführt: Der Hof zu Gemmingen, Herrn Rüdgers Gut (wohl Bartelstein) und Studach, die „geltend ze Zinse" 8 Malter Kernen, 8 Malter Roggen, 8 Malter Haber, 1 Pfund Konstanzer. Da liegen auch 14 Güter, von denen jedes für Schutzgeld 11 Schilling 3 Pfund Konstanzer giltet, 1 Gut giltet 7 Schilling. Als weitere Güter sind angeführt: Hugs Gut (18 Schilling Konstanzer und 1 Viertel Eier), des Müllers Gut (12 Schilling und 1 Viertel Eier), das Rinsmits Gut (7 Schilling), der Suterin Gut (7 Schilling), der Schererin Gut (7 Schilling), Heinrichs des Barers Gut (7 Schilling), des Schmieds Gut (7 Schilling und 4 Hühner), Frischenbergs Gut (12½ Schilling). Die Mühle giltet Schutzgeld 6 Pfund, 2 Pfund Konstanzer an Zins und 1 Viertel Eier. Weitere 5 Hofstätten sind nicht „bezimbert". Die Gärten (im „Reditus de Scheere" werden sie als Gärten des Klingeler, des Hagen und des Horand bezeichnet) geben 3 Viertel Magöl (Mohnöl) und 1 Viertel Eier, der Hirte 1 Viertel Eier. Die Fischenz (in Scheer) giltet 10 Pfund Konstanzer. Die Kirche zu Scheer, die von der Herrschaft verliehen wird, giltet über den Pfaffen 10 Mark Silbers. Die Herrschaft hat in der Rechtung Zwing und Bann und richtet Diebe und Frevel. Eine an der Lauchert gelegene Fischenz (Fischwasser) giltet 30 Schilling Konstanzer. Die Bürger zahlen zwischen 14 und 22 Pfund Jahressteuer. — Ebenso detailliert aufgezeichnet ist auch der zur Rechtung Scheer gehörige herrschaftliche Besitz in Zielfingen, Bingen und Mengendorf (Ennetach). — In dem zur selben Zeit entstandenen *Pfandrodel* wird Scheer bei der Grafschaft Sigmaringen angeführt und erwähnt, daß Mangold von Hornstein den Meierhof Gemmingen und die Güter gen. „Rüdgeri und Staudach" als Pfand innehat, der Scheerer Bürger Egolf die 14 o. g. Höfe, wie auch die Güter des Rinsmit, der Sauterin, des Scheerer, des Barer, des Frischenberg, die Mühle und die Steuern der Stadt. Das Gut des Hug und des Besser sind dem „Keyben" zugeschlagen, der auch 1 Pfund vom Hofstattzins und 12 Schilling vom Gut des Müllers in Pfand hat. Dem Bentz von Hornstein sind 2 Pfund 7 Schilling Konstanzer des Hofstattzinses der Stadt Scheer verpfändet.

Als die Städte Scheer und Mengen im Jahre 1310 die Übergabe von Gütern zu Emerfeld durch Konrad Schiltung, **Vogt** zum Bussen, an das Kloster Zwiefalten beurkundeten, siegelte Schiltung mit dem Siegel der Stadt Scheer. — 1311 wird der Vogt als „ze der Schaere gesessen" bezeichnet, 1312 in einer „ze Schaer in der stat" für das Kloster Salem ausgestellten Urkunde als „Vogt von Sigmaringen". — 1313 versetzten Albrecht und Otto, die Söhne König Albrechts die **Steuer** zu Scheer, Mengen etc. den Juden zu Saulgau. — Dem Grafen

Wilhelm von Montfort (1314–1354)

erklärte Herzog Leopold im Jahre 1317, daß Burg und Stadt Scheer nicht eingelöst werden sollen, bevor nicht die Grafschaft Friedberg eingelöst sei. (Seither werden beide als zusammengehörig betrachtet). — 1340 besaß „H. Ellende von der Schere" vom Grafen Eberhard dem Greiner von Württemberg eine Wiese in Hundersingen zu Lehen. — Auf Bitte des Grafen Wilhelm bestätigt König Ludwig der Bayer am 8. Mai 1346 die Stadtrechtsbestätigungsurkunde König Rudolfs von Habsburg aus dem Jahre 1289. — 1348 wird „Weber der alte **Schultheiß**" erwähnt. Er war vermutlich der 1. Stadtbürger, der mit der Leitung der Stadtverwaltung beauftragt worden war und den Konrad Schiltung in diesem Amt abgelöst hatte. Schiltungs Tochter, die Nonne Margarete, nannte sich noch im Jahr 1354 „die Schiltungin von der Schaere". – Zur Zeit des Grafen

Heinrich von Montfort (1354–1408)

kam 1366 die **Mühle** zu Scheer an die Brüder von Hornstein. 1375 war Konrad Sutor von Scheer Kirchherr in Wasserburg. — In diesem oder im Jahr 1376 litt die Stadt durch **Feuer und Wasserschäden** und wandte sich an den Herzog von Österreich, der lt. einer am 13. Februar 1376 in Basel ausgestellten Urkunde den Bürgern versprach, die Stadt nicht mehr zu verpfänden. Gleichzeitig bestätigte er ihnen die althergebrachte Freiheit, ohne Hinderung durch den Landvogt in andere Städte oder unter andere Herren zu ziehen. Dasselbe gelte auch für Leute, die von auswärts in die Stadt ziehen wollen. Alle im Scheerer Bann Gesessenen dürfen zu den städtischen Lasten zugezogen werden, da die Stadt wegen erlittener Feuer- und Wasserschäden dessen sehr bedürftig sei. — Hans der

Tärer, Bürger zu Scheer, kaufte im Jahre 1400 von Cuntz Burk von Sigmaringendorf dessen **Gütlein**, den Mittelbühl, mit Holz und Feld und einen Acker am Hipfelsberg. Als weitere Bürgerin ist in diesem Jahr Adelheid Riedinger erwähnt (s. Kirche). — Hans von Hornstein verkaufte am 18. März 1403 an den Menger Bürger Hans Rüdiger, um 15 Pfund Heller, 1 Pfund Heller jährlichen **Zins** aus Wiesen und Äckern zu Scheer, die Eberlin Lohlin, Hans Walz und St. Nikolaus (die Kirche) innehatten. — Am 24. Juli 1403 verglichen sich Scheer und Sigmaringendorf wegen strittigen Weidgangs im Wald und auf dem Brachfeld (Trieb und Tratt). — Zur Zeit des Grafen

Rudolf von Montfort (1408–1425)

erhielt die Stadt im Jahr 1418 eine *Stadtordnung*. Sie ist im „Hölzernen Buch" eingetragen und lautet in der Fassung von 1518:

Wer Bürger werden will, derselbig soll des ersten unserem gnädigen Herrn und der Stadt geloben und schwören, unserem gnädigen Herrn (im „Roten Buch" von späterer Hand durchgestrichen) und der Stadt gehorsam sein und gegenwärtig in allen ziemlichen und billigen Dingen und Sachen, wie bisher gewesen und in Brauch gehabt, ihro Gnaden (später gestrichen) und gemeiner Nutzen und Frommen fördern, Schaden und Nachteil wahrnehmen und soviel als möglich wenden.

Und welcher also unser Bürger wird, und was sich zwischen ihm und andern unsern Bürgern verlaufen und zutragen möchte, dieweil er Bürger ist, darin soll er Recht nehmen und geben vor unserm Stab.

Wenn er aber mit gemeiner Stadt „spännig und zwayig" wird, dasselb gehört vor unseren Herrn, und was dann Ihre Gnaden darin sprechen oder hinweisen, bei demselben zu bleiben, auf den Eid. Welcher unser Bürger werden will, der soll sein Mannrecht zuvor schriftlich dartun und vorlegen, daneben auch „sin Harnasch" (seine Ausrüstung) nämlich „Ruggen" (= geschuppte Armdecken), „Kreps" (= Brustpanzer) und „Gewöhr", wie ein anderer Bürger. — (Späterer Nachtrag im „Roten Buch"): Dann fünftens ist von Stadtamtmann, Bürgermeister und ganzer Bürgerschaft für des gemeinen Nutz und Beförderung beschlossen, daß ein jeglicher, der zu Bürger aufgenommen werden will, im Scheerer Zwing und Bann zwei wilde Obstbäume „imblen und ziehen" solle.

Auch wenn ein Bürgersohn heiratet und als Bürger angenommen werden will, soll er auf seiner „Schenky" in die „Mann-Zech" geben 1 Wein, ist acht Maß, und 2 Schilling fürs Brot; und wenn er keine Schenke hat, soll er 5 Schilling für das Burgrecht geben. Darauf soll er das Burgrecht schwören und vor Jahresfrist Ruggen, Kreps und Gewehr haben.

Die **Eidesformel**, die bei der Bürgeraufnahme gebräuchlich war, lautet nach dem „Roten Buch":

„Ihr werdet zu Gott und allen Heiligen einen leiblichen Eid mit aufgehaltenen Fingern schwören, daß dieses hier liegende Geld jetzt Euer Eigentum sei, von niemanden entlehnt, aufgenommen noch um Zins dargestreckt worden, sondern daß ihr damit tun, handeln und lassen können und mögen, als mit anderen eueren eigentumlichen Hab und Gütern, ungeirrt allermänniglich, sonder Gefährde." – Und sollen ihm gleich darauf nachgeredte Punkte vorgelesen werden: Eid darauf. Soll zwei Finger aufheben und nachsprechen: „Was mir vorgehalten worden ist, und ich bescheiden bin, auch solches wohl verstanden hab, demselben will ich also treulich nachkommen, so wahr mir Gott helfe und alle seine Heiligen, Amen."

Und wenn ein Bürger also hinwegziehen will, soll er das Burgrecht vor einem gesessenen Rat „mit Mund- und Handuffheben und Abschwören und dazu loben alle die, denen er schuldig, es wär den Hailigen, unserm gnädigen Herrn, der Stadt oder unsern Bürgern,Ußrichtung zu tun und unklagbar gemacht, er daß er das Sin verendre und hinwegfier" (er hatte also eventuelle Schulden vorher zu begleichen).

Und wenn ein Bürger also hinweg zieht oder ziehen will, soll er och loben und schwern, was er an Räten, an Rechnungen und by allem das zu verschwigen ist gesessen, und gewesen wär, füro niement ze eröffnen."

Wenn ein Bürger sieht, daß zwei andere miteinander streiten, soll er bei seinem Eid hinzulaufen und helfen Frieden stiften; wenn aber einer auf die dritte Aufforderung „nitt loben will, so soll niemand an ihm frevlen".

Wenn aber ein Bürger einen anderen Bürger beim Streit mit seinem Gast oder Ausbürger antrifft, soll er ebenfalls hinzulaufen und versuchen Frieden zu stiften, den Gast in Schutz nehmen, wenn dieser übermannt würde, so daß dieser sich beim gnädigen Herrn oder der Stadt sein Recht holen könne.

Es soll auch niemand den andern beherbergen weiter dann über nacht, außer er sei Bürger. Bei Übertretung bezahlt er 1 Pfd. Pfg., je hälftig dem gnädigen Herrn bzw. der Stadt.

Es soll auch niemand einen Acker „bestreichen" vor St. Michelstag. — Strafe: 1 Pfund Pfennig je hälftig.

Wer im Scheerer Wald Holz holt und ergriffen wird, soll für jeden Stumpen geben 5 Schilling Pfennig Konstanzer Münz. Und wer in anderen derer von Scheer eigenen Hölzern Holz holt und ertappt wird, soll auch von einem Stumpen geben 5 Schilling Pfg., ein Ausbürger, der ergriffen wird, soll vom Stumpen geben 3 Pfd. Pfg.

Unser gnädiger Herr soll auch kein Gebot oder Verbot erlassen ohne Willen und Wissen derer von der Schär. Desgleichen die von der Schär auch nicht ohne Bewilligung und Erlaubnis des gnädigen Herrn; ausgenommen Strafen bis zu 3 Sch. Pfg. mögen die von der Schär ohne Erlaubnis der Herrschaft machen.

Wer Hengstfüllen zieht und wenn diese 3 Winter gestanden sind, soll er diese „auswerfen" (kastrieren) lassen oder im Stall halten und nicht unter die Rosse auf der Weide lassen, bevor er ausgeschnitten („usgeworfen") ist.

Der Frevel halber. Der Etter geht bei der Mühle an und geht der Donau nach umher, die Au abher, bei der Badstube herab zu der Brücke, nicht über die Donau, dem „gestainetz" nach abhin zu der Werren vor dem Menger Tor, und von der Werren wiederum bis zur Mühle.

Wer den andern außerhalb Etters schlägt, jedoch nicht blutrissig oder mit gewaffneter Hand über einen auswischt, oder eine Faust über einen macht, zahlt 3 Pfd. Pfg.

Wer den andern innerhalb Etters blutrissig schlägt, zahlt 10 Pfd. Pfg. und außerhalb Etters 3 Pfd. Pfg. Wer den andern innerhalb Etters schlägt, aber nicht blutrissig oder mit bewaffneter Hand, zahlt 3 Pfd. Pfg.

Wer einen außerhalb Etters einen Lügner nennt, zahlt 8 Sch. Pfg. Wer den andern in- oder außerhalb des Etters liegen läßt, zahlt 8 Sch. Pfg.

Wer bestraft wird, sei die Strafe groß oder klein, soll den der Stadt zustehenden Anteil (ein Achtel) innerhalb von 4 Wochen bezahlen.

Wer nachts in einem Garten stiehlt, zahlt 10 Pfd. Pfg. oder eine Hand; des Tags 3 Sch. Pfg.

Wer nachts jemand aus seinem Haus fordert, zahlt 10 Pfd. Pfg., tags 5 Pfd. Pfg.

Wenn zwei sich miteinander zertragen (streiten), zahlen beide der Herrschaft und der Stadt ihre Strafe, sei der Frevel groß oder klein, und der eine bringt mit Urteil und Recht seinen Frevel auf den andern; sodann der seinen Frevel auf seinen Widersacher gebracht mit Recht, soll der unserem gnädigen Herrn und der Stadt bei der Klage nichts schuldig sein, sondern der, auf den er's mit Urteil und Recht gebracht hat.

Wer gegen ein ausgesprochenes Urteil Einspruch erhebt, zahlt der Herrschaft 10 Pfd. Pfg. und jedem Richter 3 Pfd. Pfg.

Wenn einer vom Vogt angeklagt, also vor das herrschaftliche Gericht gezogen wird, kann er verlangen, seinem Widersacher gegenübergestellt zu werden, aber nur dann, wenn es sich um einen persönlichen Streit handelt. Ist es dem Vogt nicht möglich, diesen diesmal zu stellen, er jedoch verspricht, ihn zu einem bestimmten Zeitpunkt beizubringen, muß der Angeklagte Rede und Antwort stehen. Wird er schuldig gesprochen, muß er dem Vogt „den Frevel", also das Strafgeld erst geben, wenn dieser ihm den Widersacher stellt.

Auch wenn sich in einem Rechtsstreit ergibt, daß ein Urteil gefällt wird, wie es auch ausfalle, so kann derjenige, der sich benachteiligt fühlt, in Mengen Einspruch erheben. Wenn vom Einspruchsrecht Gebrauch gemacht wird, soll an diesem Tag kein Urteil mehr gefällt werden, bis der Einspruch schriftlich niedergelegt ist. Das in Mengen gefällte Urteil, das denen von der Scheer zugestellt wird, soll nicht eher eröffnet, verlesen und gehört werden, bis derjenige, der Einspruch erhob, die entsprechende Gebühr bezahlt hat.

Danach soll der Menger Urteilsbrief geöffnet und verlesen werden. Wenn von dort der Einspruch abgelehnt wird, kann man sich an den gnädigen Herrn wenden. Es soll aber keiner einen weiteren Einspruch erheben, ohne vorher 3 Pfd. Pfg. bezahlt zu haben. Wer vor verbannem Gericht redt, ohne seinen Fürsprecher durch sein selbst Gewalt (also ohne Anwalt), zahlt 8 Sch. Pfg.; und wenn er darum klagt wird, soll er allweg an seinem Gericht stehn.

Es ist auch angesehen Feuersnot halber, wenn starker Wind aufkommt, besonders abends und in der Nacht, dann soll der Bürgermeister dem Stadtknecht befehlen, daß er, zu Pferd oder zu Fuß, in allen Gassen der Stadt hin und her gehe und rufe von Haus zu Haus, daß ein jeder sein Feuer bewahre und versorge. Bei wem trotz dieses Warnrufes Feuer ausbricht, zahlt ein Pfd. Pfg. Strafe. Doch bei wem Feuer ausbricht, sei es tag oder nacht, und er, sein Weib oder Hausgesind zuerst ruft und um Hilfe begehrt, braucht nichts zu bezahlten. Die auferlegte Strafe erhält je hälftig die Herrschaft bzw. die Stadt. – Der Stadtknecht erhält von jedem derartigen Auftrag 1 Schilling Pfennig.

Wer im Scheerer Wald Holz liest oder liegendes Holz haut und ergriffen wird, soll, so oft das geschieht, jedesmal um 3 Sch. Pfg. gestraft werden. Alle Bürger sind verpflichtet, solche Holzdiebe beim Bürgermeister anzuzeigen. Die Bestraften haben ihre Strafe innerhalb von 8 Tagen zu bezahlen. — Dieser Beschluß ist ein Nachtrag, der wegen des gemeinen Nutzens gemacht wurde von der ganzen Gemeinde an St. Clemens des Papstes Tag anno 1543 (vgl. 1540 „Rotes Buch", 25).

Steuer, Zins und Frondienst, die wir von der Schär jährlich unserem gnäd. Herrn pflichtig und schuldig sind:

Des Ersten sollen wir unserer gnädigen Herrschaft alljährlich, um St. Nikolaus ungefähr, $52\frac{1}{2}$ Pfd. 4 Sch. Steuer zahlen, jedoch muß man davon geben: dem Kaplan auf Unser Frauen Altar 25 Pfd. Heller, macht alles 30 Gulden, 6 Kreuzer 4 Pfennig. Wenn der gnädige Herr liegende Güter kauft, die in unseren Zwingen und Bännen liegen, so soll er auch hiervon Steuer zahlen, wie andere Bürger.

Auch sollen wir Seiner Gnaden jährlich aus den Gütern Hofstattzins geben, und soll einem jeden Richter der Zwölfen 2 Sch. Heller abgehen an seinem Hofstattzins; welcher aber keinen Hofstattzins schuldig wäre, soll Ihrer Gnaden diesem Richter zu der Zeit, zu welcher man die Hofstattzinse leistet, den genannten Betrag geben lassen. (Späterer Zusatz: Dieser Punkt ist aufgehoben und durch alte Leute abgehört, der Inhalt schädigenderweise vorgenommen.)

Wir sollen auch Seiner Gnaden jährlich 4 Tag zu Acker gehen, nämlich einen Tag brachen, einen Tag falgen, einen Tag schlechtfalgen und einen Tag über Herbst säen, und auf jeden Tag zu ziemlicher Zeit anfangen und aufhören. Und wenn wir also zu Acker gehen sollen, auf einen bestimmten Tag, so soll man morgens um die neunte Stund einer jeden Mähne einen halben Laib Brot geben, und um Mittag einen ganzen Laib, auch Mus und Erbsen dazu, wie von altersher; man soll auch die Mähnen zu jeder Zeit auf einen Tag haben. — Späterer Nachtrag: Um 7 Uhr morgens hat man eingesetzt und um 1 nachmittags wieder aus, und wenn man das Brot hinausgebracht, haben die Mähnen eine halbe Stunde gefüttert. Ein Laib Brot hat ein Viertel haben müssen.

Und auf welchen Tag wir unserem gnädigen Herrn zu Acker gehen, sollen der Meßmer und der Stadtknecht zu Mittag den Ackerleuten das Essen auf die Äcker bringen; denen gibt man danach zu Hof auch zu essen.

Es sollen auch unser Herr zu den vier Arten, so man ihrer Gnaden zu Acker geht, allweg zu jeder Art einem Stadtknecht eine Mähne lassen.

Fronfahrten: Auch sollen alle, die Roß und Karren haben, der gnäd. Herrschaft jährlich führen 1 Fahrt Heu, 1 Fahrt Korn und 1 Fahrt Haber. Wenn einer abgeladen hat, soll man ihm für eine Fahrt geben ein Viertel Laib Brot.

Der große Schnitt- oder Frontag: An dem Tag, an welchem Ihre Gnaden schneiden lassen wollen, so geht der Stadtknecht auf Befehl eines Vogts am Morgen früh von Haus zu Haus und gebietet jedem um 1 Schilling Pfennig ihrer Gnaden zu schneiden und die Kost morgens am Hof abzuholen.

Auch ist bisher nach altem Brauch die Maierschaft allweg zu Acker gegangen und keine Mähne des Schnitts wegen ingelegen; und wann sie aussetzen, alsdann tut jeder seine Fronfahrt. Denen, die schneiden, gibt man zunächst einem Binder 14 Pfg. und denen in der Scheuer auch so viel; einem Mann, der schneidet, 1 Pfund Heller, einem Weib 9 Pfennig, und einem Kind, das sammelt, danach es ist, und den Bindern Weißbrot zu morgen und zu nacht zu essen.

Der dreien Knechte halber: Die Herrschaft soll zu jeder Art, zu der man für sie zu Acker geht, dem Stadtknecht eine Mähne lassen. Dem Bannwart, Meßmer und Stadtknecht sollen Ihre Gnaden jedem jährlich zur Erntezeit geben 6 Garben Winterfrüchte und 6 Garben Haber auf den Äckern.

Mehr sollen Ihre Gnaden ihnen (den) drei Knechten, jedem besonders, geben lassen auf den Heiligen Abend, Weihnachten, Ostern, Pfingsten und St.-Martinstag, auf jeden dieser vier Abende, jedem 2 Maß Wein, 1 weißen Laib Brot und ein „zendring" Fleisch.

Malefitz

Auch ist es bisher Brauch gewesen, wenn man einen armen Mann zu Hohentengen oder anderm Ort richten wollte, und ein Vogt zu einem Bürgermeister schickt, soll dieser ihm Knechte geben. Diesen Knechten gibt man im Schloß eine Suppe und einen Trunk, und zu „Diengen" (Hohentengen) auch. (Späterer Nachtrag: der Bürgermeister und jeder der 4 Zeugen erhalten je 2 Schilling Heller).

Und wenn man die „Viecher" braucht, gibt man am Morgen den Knechten zu Hof auch eine Suppe und einen Trank. Diejenigen, welche die Viecher wollen helfen brauchen, erhalten von der Stadt, wenn sie von der Stadt geschickt werden, es sei nach Hohentengen oder um die Viecher zu brechen, 2 Schilling Heller.

Des Herbergens halber wollen wir unserem gnädigen Herrn seine Knecht herbergen, und soll jeder einen halten 4 Wochen der ihm von denen, die dazu beschrieben sind, zu herbergen geschickt wird. Und wann er ihn 4 Wochen beherbergt hätt und er nicht füglich ist, mag er ihn heißen eine andere aufzusuchen.

Und wenn einer also einem ausbietet und ihn nicht mehr beherbergen will, mögen die von einem Rat, die Herbergen auszugeben geordnet sind, ihm wohl eine andere Herberge geben, wenn es not und füglich ist.

Auch sollen wir, unserem gnädigen Herrn Grafen Andreas löblichen Gedächtnis, auch weiterhin **alljährlich die „Banegert"** heuen. Diese ist früher immer jedes 3. Jahr brach gelegen. Da diese nun keine Brachwiese mehr sein soll, dagegen seine Gnaden uns auch vergunt und erlaubt hat, nach dem Heuet in dem Greut mit dem Zugvieh, so oft es not und füglich ist, zu hüten. Und ist in solicher Verwilligung sonder beredt und angedingt, daß seine Gnaden jährlich, es sei brach an den Äckern die an der „Banegert" hinab liegen, oder nit, die Wiesen verzäunen solle.

Es ist auch von alters her Brauch gewesen, daß die Herrschaft die **Ochsenmähne**, ungefähr nach dem Heuet bis zum Heiligkreuztag (14. September), in den Brühl treiben läßt, während dies den Bürgern nur zwischen dem Kreuztag und dem St.-Gallustag (16. Oktober) gestattet ist.

Wer auch „Grasläufer" (Stiere) aus der Herde vor den Pflug spannt und aus der Herde unter die Ochsen stellt, soll die „Lösung" davon geben, als seien sie unter der Herde gegangen. Es soll auch kein dreijähriger Stier unter die Herde gehen.

Wenn jemand außerhalb einen oder mehrere Grasläufer kauft und zugleich an den Pflug setzt, soll er von diesen Grasläufern auch die „Lösung" geben, wenn diese fällig ist, als ob er sie aus der Herde genommen hätte.

Des Umgelds halber sollen alle Jahr zwei erwählt werden, einer aus dem Rat und einer aus der Gemeinde, die alle Fronfasten mit dem Wirt abrechnen und ihm das Umgeld einbringen. (Weiteres vgl. 1540.)

1421 verglich sich die Stadt mit dem **Kloster Ennetach** über den Hipfelsberg, das Nonnenried und den Tratt auf dem Hipfelsberg. Als Siegler traten die Brüder Heinrich und Egg von Reischach auf, die zu Scheer saßen.

1422 genehmigten die beiden Reischacher den Verkauf einen Teils des Holzes am **Spitzenweiler** durch den Bürger Hans Biberacher an Ennetach.

Graf Wilhelm von Montfort (1425–1432)

Die Stadt kaufte am 21. Dezember 1433 um 50 Pfund 17 Schilling Heller von Ulrich von Hornstein d. Ä., der zu Bittelschieß saß, und dessen Frau Anna von Summentingen, das Holz „**Butzenrüte**". — Einen mit **Hitzkofen** wegen des Triebs und Tratts in diesem Holz entstandenen Streit entschied am 1. Januar. 1437 Frick von Magenbuch, der schon 1430 als Vogt zu Scheer, nun aber zu Mengen saß als gemeiner Mann. — Im selben Jahr anerkannte die Stadt die Rechte des Klosters Ennetach auf einige Äcker sowie Trieb und Tratt auf dem **Hipfelsberg**. — Immer wieder gab es Trieb- und Trattstreitigkeiten, die in den folgenden Jahren geschlichtet wurden. So 1438 wieder mit **Hitzkofen**, 1439 mit **Sigmaringendorf**.

1447 war der **Junker Peter von Beuren** Vogt des Truchsessen Eberhard von Waldburg in Scheer, bevor dessen Besitz an

Hans von Stein und dessen Neffen (1447–1452)

überging. Unter dem neuen Herren finden wir den **Heinrich von St. Johann** als Vogt zu Scheer. Er blieb zunächst auch unter dem Truchsessen

Eberhard von Waldburg (1452–1497)

im Amt. — Das Urbar der Grafschaft Friedberg-Scheer vom Jahr 1452 nennt als **herrschaftlichen Besitz in Scheer:**

1. Das Schloß „zu der Schär" mit einem Garten vor dem Schloß, einem Garten an der Brücke, gen. der „Freigarten";
2. ein Marstall und
3. ein Bauhof in der Stadt, auf dem „4 zieglin hÿsser" (Häuser aus Ziegel) stehen. — Von hier aus werden 116 Jauchert Ackerfeld und 60 Mannsmahd Wiesen umgetrieben. Wenn die Wiesen verliehen (verpachtet) werden, bringen sie jährlich 60 Gulden.
4. Zwei (näher bezeichnete) Fischwasser, von denen eines „der Scheizer" innehat, das andere „der Bader". (Anmerkung: Truchseß Eberhard meint, es gehöre ihm.)
5. Eine Mühle unter dem Schloß, die jährlich 23 Pfund Heller Zins bringt.

Die Bürger von Scheeer zahlen jährlich $52\frac{1}{2}$ Pfund und 4 Schilling Heller. **Ihre Dienste,** die sie der Herrschaft leisten müssen:
a) jeder, der Karren und Roß hat, muß jährlich einen Karren mit Heu, einen mit Winterkorn und einen mit Haber von den herrschaftlichen Äckern und Wiesen führen;
b) an dem Tag, an welchem die Herrschaft Korn und Haber schneidet, darf niemand schneiden (mähen), er sei einheimisch oder fremd.

Gericht, Zwing und Bann, und alle Gewaltsame dazu, hat die Herrschaft inne.
Der **Vogt Heinrich** schlichtete
1457 einen weiteren Trieb- und Trattstreit mit Hitzkofen.
— Der Scheerer *Bürgermeister Thomas Ratzenhofer* war 1458 auf einem Rechtstag in Riedlingen.
1463 tritt **Pilgrim von Reischach** als Vogt Eberhards in Scheer auf. —
Im Urbar der Grafschaft Friedberg vom Jahr 1465, das alle Güter, Rechte und Gerechtigkeiten aufführt, heißt es über den *herrschaftlichen Besitz* in Scheer und die **Dienste,** die geleistet werden mußten:

A. **Herrschaftlicher Besitz**
1. Schloß und Stadt bei Scheer mit der Halde am Schloß,
2. der „Frygarten" beim Schloß,
3. der „Bangart" beim Bartelstein („Balterstain") sowie der Bartelstein selbst mit Zugehör,
4. ein Krautgarten an der Gemminger Gasse,
5. der „Binishof" samt Marstall, Kornhäuser und Scheuer darauf,
6. der Bauhof mit Zugehörde,
7. die Wasser (Fischwasser).
8. Dem Müller zu Scheer ist auf Lebzeit die Mühle verliehen. Von der Herrschaft erhält er Ziegel, Kalk und Zimmerholz; bei Hochwasserschäden wird er ebenfalls von der Herrschaft unterstützt.
9. Der Ziegler gibt aus dem Ziegelhaus jährlich 6 Pfd. Heller Zins. Die Preise, um die er zu liefern hat, sind genau festgelegt. Zum Ziegelhaus gehört ein Baumgarten, 2 Mannsmahd Wiesen.
10. Mathiss Bader hat die Badstube erblehensweise inne. Er muß mit seinem Weib und Ihren Erben die Badstube mit Baden, Scheren, Schröpfen etc. versorgen. Zur Badstube gehören neben dem Haus eine Scheuer und ein Garten, die er in gutem baulichem Zustand erhalten muß. Er gibt jährlich 6 Pfd. Hlr. Zins.
11. Die von der Scheer geben jährlich $62\frac{1}{2}$ Pfd. und 4 Schilling Heller Steuer; außerdem Hofstatt- und kleinere Zinsen von Äckern, Gärten, Wiesen.

B. **Die Dienste,** welche die von der Scheer zu leisten schuldig sind:
1. Wer mehr als eine Mähne hat, geht dem Herrn jährlich einen Tag zu Acker (in der Brach, wenn man will);
2. wer Karren und Roß hat, führt jährlich einen Karren Heu aus den Wiesen in den Bauhof; ebenso einen Karren Winter- und einen Karren Sommerfrucht von den Äckern.
3. Zur Erntezeit darf niemand schneiden, bevor er einen Tag der Herrschaft geschnitten hat. Wenn die Herrschaft geschnitten haben will, muß der Büttel morgens von Haus zu Haus gehen und dazu aufbieten. Keiner darf an diesem Tag ohne Erlaubnis für sich selbst schneiden, heuen, aufbinden, umkehren oder einführen. Alle Stadtknechte von Scheer und was zum Hof gehört, hat sich zu beteiligen.

C. Nun folgen zunächst **weitere Verordnungen,** nach denen sich die Untertanen zu richten hatten:
1. Die Morgensuppe erhalten Stallknechte und Chorschüler.
2. Das Hofgesinde muß drei Tage in der Woche fasten (in den Fasten), sonst das Jahr über alle gebannten Tage (vorgeschriebenen Fasttage); dabei soll man auf den Tisch ziemlich Brot und einen Trunk geben, je zwei oder drei Personen einen Becher Wein. Demjenigen, der nicht fasten will, soll man eine Suppe geben und je zweien einen Becher Wein.
3. Den Knechten, die zum Bauamt gehören, soll man zu den vier Hochzeiten zu zweien einen Becher Wein und Brot geben. An Feiertagen und an den Feierabenden soll man ihnen kein Brot geben, ausgenommen dem Ochsenknecht, wann er zu den Ochsen aufs Feld gehen muß.
4. Handwerker, wie Steinmetzen, Maurer, Zimmerleute usw. erhalten trockenes Brot. Am Feierabend und im Winter erhalten sie nichts.
5. Der Mesner, der Stadtknecht und der Bannwart erhalten auf Weihnachten, Ostern, Pfingsten und Martinstag 1 Maß Wein, 1 Laib Brot und Fleisch.
Wann während der Erntezeit oder im Heuet der Büttel und der Bannwart das Essen auf das Feld tragen, erhalten sie, wenn sie im Schloß essen, keinen Wein.
6. Den Boten soll man bei jedem Botengang das Essen geben.
7. Almosen werden nach Ermessen gereicht.
8. Die Fuhrleute, die im Herbst Wein führen, erhalten pro Fahrt das Essen, einen Becher Wein und Brot.
9. Die Mayer, die Karrengült und Zehntsteuer bringen oder fronen, erhalten Mus und Suppe, keinen Wein, wie von alters her.
10. Wer Hühner oder Eier bringt, erhält ein Viertel Brot.
11. Diejenigen, die in der Ernte oder im Heuet fronen, erhalten ein Viertel Brot.

12. Die Hofknechte sollen in der Scheuer helfen „barnen"; sie erhalten tagsüber einen Trunk und ein Brot.
13. Keiner darf sich ohne Aufforderung in der Küche oder in der Speisekammer aufhalten.
14. Der Kellermeister soll hier zusammen mit dem Pfister Ordnung halten und auftragen oder auflegen von Wein und Brot auf den Tisch. Sie müssen den Korb an einem Ort abstellen, an den niemand herankommen kann. Nach dem Nachtessen müssen sie die Lichter einsammeln und niemandem, außer für den Stall, eines ohne besondere Erlaubnis aushändigen.
15. Die Fischer.
16. Der Torwart soll beim Toreingang bleiben und diesen nicht ohne Not verlassen. Er darf keinen Fremden unangesagt einlassen. Auch darf er weder bei Tag noch bei Nacht jemanden vom gemeinen Volk in das Torstüblein lassen. Am Feiertag zum Amt, sowie zum Abend- und zum Morgenessen, muß er die Brücke aufziehen und im Winter täglich zum Nachtmahl.
17. Wächter: Er soll die Nacht fleißig wachen und im Schloß hin und her gehen und Winters die Feuerstellen überwachen und verwahren. Und den halben Tag schlafen, den andern halben Tag tun, was man ihn heißt. Er soll auch im Schloß morgens und abends läuten und nachts um 9 ausläuten und zuschließen, außer es wären fremde Leute oder Geschäftsleute da, und die Schlüssel nachts dem Vogt oder Statthalter, oder aber wenn keiner da wäre, in meins gnädigen Herrn Gemach geben und nicht aufschließen ohne Willen und Heißen des Herrn oder seines Vogts.

D. **Futters halb**
Der Baumeister soll keinem Gast kein Futter geben, ohne Befehl des gnädigen Herren oder eines Vogts. Desgleichen soll der Marschaller niemanden Heufutter abgeben ohne besonderen Auftrag.

E. **An der Fastnacht,** wenn die Bürger das Schloß stürmen, gibt man ihnen Suppenfleisch und Küchle zu essen, und auf jeden Tisch 4 Becher Wein. Den jungen Knaben gibt man auch zu essen, aber keinen Wein.

1466 tritt **Peter von Beuren** als Eberhards Vogt in Scheer auf.
1467 baute die Herrschaft ein **neues Ziegelhaus**, das sie dem Konrad Ziegler aus Sigmaringen erblehensweise übergab. Unter anderem war er verpflichtet, der Stadt jährlich 4 Schilling Heller Steuer zu zahlen und im Brandfall zu helfen. Die Stadt ihrerseits durfte nur von ihm Ziegel beziehen.
1468 ist **Leonhard Kohler** als Vogt genannt. — Bürgermeister und Gericht der Stadt Scheer entschieden
1471 einen Streit zwischen der Gemeinde Sigmaringendorf und Hans und Konrad Stachler wegen der Markung im **Spitzenweiler**. — Als
1472 ein Streit zwischen Scheer und Hitzkofen wegen Trieb und Tratt in der **Bautzenreute** entschieden wurde, wird ein Konrad Klein als „alter Vogt" erwähnt.
Mit Bewilligung des Grafen baute die Stadt in diesem Jahr ein **Rathaus**. Als Entschädigung verlieh er ihr das Recht auf jedes Maß Wein, das in der Stadt ausgeschenkt wird, **Umgeld** zu erheben, mit der Auflage, daß sie ein **Wirtshaus** erstellt und in ihre Regie nimmt.
1476 entschied der Menger Stadtammann einen Streit zwischen Scheer und Sigmaringendorf.

Graf Andreas von Sonnenberg (1480–1511)

Beim Amtsantritt des Grafen ließ sich die Stadt von Bürgermeister und Rat der Stadt Mengen ihre **Privilegien** bestätigen. — Der Graf kaufte im Jahr
1483 vom Menger Bürger Konrad Riedlinger einen Acker im **Jungholz** am Scheerer Wald und einen Acker vor dem Schachen.
1485 ist der Vogt Konrad Müller genannt. — Die Stadt appellierte
1486 beim Grafen gegen einen Entscheid, den der Ammann von Hohentengen in ihrem Streit mit Ennetach bezüglich der Besteuerung einer Wiese gefällt hatte.
1489, also in der Zeit des Schloßneubaues, erweiterte Kaiser Friedrich der Stadt, deren Privilegienurkunden bei einem Brand vernichtet worden waren, das **Zollrecht** und bestimmte, daß Zoll erhoben werden dürfte von jedem geladenen Wagen 4 Pfennig, von einem Karren 2 Pfennig, von einem beladenen Roß und einem, das auf die Märkte geführt wurde, 1 Pfennig, von einem Stück Vieh 1 Pfennig und von einem Schmalvieh (Schweine, Schafe und Geißen) 1 Heller. Die Einnahmen hiervon, die „zur Besserung und Wahrung der Wege und Straßen" verwendet werden sollen und der Stadt „seit über Menschengedenken zustehen", dürfen von niemanden angetastet werden. Wer sich nicht an diese Bestimmung hält, verfällt in des Reiches schwere Ungnade und wird mit 40 Mark lötigen Goldes bestraft, die er je hälftig ans Reich und an die Stadt zu zahlen hat. Drei Tage später, am 20. Mai 1489, genehmigte der Kaiser auf Bitten der Stadt, daß zwei **Jahrmärkte** abgehalten werden, der eine auf St.-Hilarientag (2. August), der andere auf St.-Veitstag (15. Juni). Jeder dieser Märkte durfte zwei Tage davor beginnen und bis 2 Tage danach dauern. Außerdem darf die Stadt jeden Samstag einen **Wochenmarkt** halten. Wer sie daran hindert, fällt in des Reiches schwere Ungnade und zahlt 20 Mark lötigen Goldes Strafe, je hälftig dem Reich und der Stadt.
Am selben Tag erhielt die Stadt vom Kaiser den *„Bann über das Blut zu richten"* verliehen, also die Hochgerichtsbarkeit mit dem Recht auf eigenen Stock, Galgen und Halsgericht. Die jeweiligen Unterrichter und Urteilspersonen mußten, an Stelle des Kaisers, vom Grafen vereidigt werden.
1493 entschied Jörg von Werenwag im Namen des Grafen Andreas einen Streit zwischen Scheer und Ennetach wegen Triebs und Tratts.
1502 nahm der Graf von der Stadt ein **Kapital** in Höhe von 500 fl. auf. — Ein **Streit,** der zwischen der Stadt und

der Gemeinde Hitzkofen wegen Ausreuten eines Holzes, durch welches die von Scheer bislang Trieb und Tratt hatten, wurde 1507 vom Menger Altbürgermeister Konrad Ros entschieden.

Truchseß Wilhelm d. Ä. (1511–1557)

Martin Ziegler verkaufte im Jahr 1527 an Hans Lubischer **Äcker** um 80 Pfd. Heller Überlinger Währung.
1531 verkaufte Truchseß Wilhelm dem Hans Lubischer, Vogt zu Trauchburg, sein **Haus** an der Stadtmauer zwischen Gordian Lubischers Haus, das zuvor Bartholomäus Will innehatte, und dem Haus des Adam Koch, das von Hans Bieker gen. Landinger genutzt wurde, um 100 Gulden. — Damit sich niemand mehr gegen einen anderen beschweren kann, beschlossen Bürgermeister, Rat und ganze Gemeinde im Jahr 1531 folgende **Artikel:**

1. Vom Viehweiden: Es ist hier niemandem erlaubt, weder Ochsen noch sonstiges Vieh in andere als den zustehenden Bännen und Viehweiden zu treiben. Wer dieses Gebot nicht einhält, zahlt am selben Tag der Stadt 3 Schilling Pfennig.

2. Die Späne, die man künftig machen wird, werden wie folgt verteilt: jeder, der einen Wagen hat, darf künftig jährlich einen Wagen voll, wer einen Karren hat, einen Karren voll lesen, darf sie aber nicht einfach aus dem Wald nehmen, sondern muß sie an St.-Jörgentag auf den Aispen oder in die Stadt führen, wo sie unter Kontrolle verteilt werden. Zuwiderhandelnde zahlen 3 Sch. Pfg. Strafe. Keiner darf seine Zahl oder Gerechtigkeit verkaufen oder verschenken. Was er nicht selbst benötigt, soll er liegen lassen.

3. Stumpen dürfen jährlich zu jedem Haus ebenfalls nur 1 Wagen bzw. 2 Karren voll herausgehauen werden. Sie sind an die St.-Leonhardskapelle, in den Aispen oder in die Stadt zu führen. Strafe 3 Sch. Pfg. Wer dieses Quantum nicht benötigt, soll es liegen lassen.

Nach dem Tod des Grafen Andreas wurde das sog. „**Leibaigenleuthbuch**" angelegt, das durch spätere Nachträge ergänzt wurde. Darin sind in der Stadt Scheer folgende Leibeigene aufgeführt:

Wolf Lubichers Kinder namens Gordion, Hans Margret (Martin Zieglers, später Absolon Rufen Weib), Kleofa (sitzt auf einem Hof zu Unlingen, hat viele Kinder), Bärblin (sitzt zu Herbertingen, Hessen Weib, hat Kinder);

Haintz Fricken Kind Endlin (Waltzen Weib) und ihre Kinder Barbara, Gretzilin, Gertrud, Appolonia, Jakob, Groß Jörg, Klein Jörg, Lienhart, Ulrich und Hans (zieht im Land umher);

Jakob Ryßer, der Koch, und sein Weib Katharina Frickin, mit den Kindern Gretzlin (heiratete nach Dürmentingen), Margrethlin (dto.), Ändlin (war zuerst mit Caspar Amma verheiratet, dann mit Meister Wilhelm Schneider. (Aus 1. Ehe hatte sie a) Hans, der sich mit Bartlin Willen Tochter verheiratete, b) Meister Mihl den Pfaff, c) Katreina, noch ledig), Hans (hatte einen Knaben bei Meister Wilhelm namens Christinaus) und Urßle (hat Christian Kohen und viele Kinder zu Scheer).

Margreth Frickin, Thoma Ochsenknechts Weib, und ihre Kinder Hans (im Krieg geblieben), Margreth (heißt man die Brewin mit dem Hafer), Michel (im Krieg geblieben), Appelonia (mit Hans Koch verheiratet, hat einen ledigen Sohn namens Thoma, der von denen von der Scheer ein Mannrecht nahm und ins Elsaß zog), Stoffl (war Müllermeister in Scheer, starb 1556).

Cunlin Fricklin;

Angnes Fricklin sel. Sohn Hans;

Anna Köchin, des verstorbenen Äberlin Weib, und ihre Kinder Hans (ist im Krieg umgekommen) und Barbara;

Mathis Bader, Baste Baders Bruder (ist ertrunken), und Katherina Bölin, seine Hausfrau, und ihre Kinder Hans (sitzt zu Trochtelfingen), Jörg, Clas, Bastian (Bader gen. Gutknecht), Stoffl (Bader gen. Gutknecht), Ägtlin (hat Kinder, nämlich Elsbeth, hat Clas Heinselin);

Hans Knecht, Baders Bruder, läuft im Land;

Margret Mörsin, Baders Schwester (hat zu Überlingen einen Zimmermann und Kinder);

Dorothea Mörsin, ihre Schwester, läuft im Land;

Elsa Kramerin und ihre Kinder Anna, Katharina, Margreth, Martin und Jakob;

Theus Schwytzer;

Dorothea Schwytzerin, Peter Ypptkopf Weib, und ihre Kinder Jörg, Anna, Michel, Urßla, Wolf, Margreth, Marx, Bläsin und Andreas;

Othilga Schwitzerin, ihre Schwester, sitzt zu Sürgenstein (bei Heimenkirch; ihre Tochter Anna hat einen Mann zu Hecklingen bei Lichtneck, 3 Meilen von Freiburg, ist reich);

Magdalena Swyitzerin, ihre Schwester, ist im Elsaß;

Waltpurga Swytzerin, ihre Schwester, soll zu Lindau sein;

Anna Balthassarin, gen. Schällin, und ihre Kinder Andlin, Jakob, Barbla, Margreth, Hans, Waltburg, Verena und Bläsin;

Endlin Guldinmänny, Jakob Wäbers Weib. Ihre Kinder Margrethlin (mit Hans Miller oder Reitterhanß zu Scheer verheiratet), Andlin (soll eine Tochter namens Katreina haben, die mit einem Bäcker namens Balthaß in Markdorf verheiratet ist);

Barbara Switzerin, Jörg Theusens Weib. Ihre Kinder Palin (ist Pfaff) und Cunradi;

Anna Litzin, Martin Purs Weib;

Enderlin C.; Schlaichwegg, Wirts Tochtermann (sitzt in der Göge). (vgl. R. Kretschmar in ZGH 86.65).

1532 entschied der Krauchenwieser Ammann Stroppel mit 4 Zusätzen einen **Streit** zwischen Scheer und Heudorf wegen Trieb und Tratt, Wunn und Waid im „Kriegenbühl". — Dem „Hölzernen Buch" entnehmen wir zum Jahr 1535 die **Vorschrift** „Wie sich diejenigen, welche halbe Häuser innehaben, gegen deren Stadt Frondienst halb(wegen) und in dem was den Knechten gehört halten sollen, im Jahre 1535 durch Mehrheitsbeschluß erlassen": Wenn zwei, drei oder mehrere ein Haus haben, sei es ihnen eigen oder gegen Zins gemietet, so soll jeder derselben wie sie über das, was aus einem Haus geht, übereinkommen, sei es Heergeleit, Gerechtigkeit der Frucht oder anderer Frondienste, ausrichten, als ob er das Haus allein innehätte, und die anderen, soviel im Haus sind, sollen gehüset sein und der Stadt mit Frondienst und anderem, was den Knechten obliegt, dienen." — Das truchsessische Hofgericht zu Scheer entschied im Jahre 1536 einen Streit zwischen der Stadt Scheer und dem Kloster Ennetach über Äcker auf dem **Hipfelsberg,** welche das Kloster der Stadt geliehen hatte.

Eine *„Ordnung und Satzung",* welche im Jahre 1536 im Einvernerhmen mit der Herrschaft erlassen wurde, lautet: „Zu wissen sei allermänniglich, daß von der Herrschaft samt Bürgermeister, Rat und ganzer Gemeinde allhie zu Schär gemacht ist, daß fürohin in künftiger Zeit kein Bürger zur Schär, für niemanden außerhalb der Stadt, soll noch mag seine gelegenen **Güter oder Häuser,** die liegen in- oder außerhalb deren Zwing und Bann, versetzen noch verpfänden, bei Pön (Strafe) und Verlierung 3 Pfd. Pfg. Zudem ist auch abgeredt und endlich beschlossen, daß auch fürohin in künftiger Zeit kein Bürger oder Ausbürger seine eigenen Güter, an den dann Güter erblich allhie fielen, sollen noch mögen außerhalb der Stadt verkaufen, sie hätten denn solche Güter zwei Monate zuvor feilgetan, und nach Verfließung der zwei Monate, so kein Bürger oder Einwohner solche feilgetane Güter kaufen wollte, so mögen alsdann dieselben verkaufen, wo und wem sie wollen, ohne Widerrede. — Geschehen auf Samstag nächst Martini, als man das Gericht besetzt anno 1536. — Die Strafe halb der Herrschaft, halb der Stadt".

Weiter erfahren wir im „Roten Buch":

„Den 24. August (1536) an St.-Bartholomäustag, ist durch Rat und ganze Gemeinde allhie zu Schär gemacht worden: welchem ein Baum durch den Wind oder sonst erweislich in oder auf seinem eigenen oder Lehenacker fällt, demselben soll solcher gehören und durch keinen anderen entzogen werden. Wenn aber ein Baum auf dem Gemeinmark umfällt, den mag ein Bürger, welcher ihn bekommt, heimsen und hauen."

1538 heißt es:

„Zu wissen sei allen Bürgern von Schär, daß von einer ganzen Gemeinde gemacht und beschlossen ist, als man im Jahr 1538 das Gericht besetzt, daß fürderhin kein Bürger außerhalb des Etters niemand soll **Holz** weder zu kaufen geben noch verschenken oder sonst hingeben; welcher aber das nicht halten würde, demselben wird man im nächsten Jahr hernach kein Holz geben, weder in Teilen, noch im Wald; ausgenommen dem Ziegler mag einer wohl zu kaufen geben.

Und wann ein Bürger einem Holz würde hinausführen, den soll man aber so hoch strafen, als der solchs verkauft. Es soll auch keiner vor St.-Gallentag **Mist auf die Wiesen führen,** und nach St.-Gallentag nicht länger dann bis zum Ausgang des Märzen. Welcher aber dies übertritt, der soll um 1 Pfd. Pfg. gestraft werden, halb unserem gnädigen Herrn und halb der Stadt."

1540 wird im „Hölzernen Buch" von mehreren Ratsbeschlüssen berichtet:

Verordnung wegen Holzschlagens zu Wagengestellen

Bürgermeister und Rat bestimmten um des gemeinen Nutzen willen, daß künftig keiner mehr weder in den Bannhölzern noch im Wald unerlaubt weder zu Wägen noch Karren oder „Pflugschär" Holz hauen dürfe. Wer diese Bestimmung übergeht und nicht einhält, wird bei jedem dieser Vergehen um 3 Schilling Pfennig bestraft, nach der Stadt Brauch. — Gegeben auf den Sonntag vor St.-Jörgentag 40 (1540).

Verordnung zur Aufnahme neuer Bürger

Es ist auch von Bürgermeister, Rat und der ganzen Gemeinschaft abgeredet und einhellig beschlossen, daß man hinfüro niemand soll mehr zu neuem Bürger aufnehmen noch eine Schenke zu haben zugelassen werden, er zeige dann vorher sein Mannrecht seines Herkommens und Verhaltens dem Rat an und tue hernach, was ein neuer Bürger schuldig ist zu tun. — Gegeben am selben Tag.

Der Nachtwach halb

Bürgermeirster und Rat der ganzen Gemeinde haben eine notwendige Ordnung gemacht, der Wachten halber, damit ein jeder sich weiß zu halten und nicht Unrecht tue. Dabei wurde abgesprochen, daß ein Bürger, sein Sohn oder Knecht möge wohl wachen, doch sollen die Söhne oder Knechte nicht wachen bevor sie 18 Jahre alt sind, oder Ältere, und soll der Bürger seinen Knecht, den er auf die Wacht schicken will, vor derselben zum Bürgermeister schicken. Er soll dann einem Bürgermeister geloben, der gemeinen Stadt Nutzen zu fördern und schaffen und jeden Schaden warnen und wenden, wenn er kann und mag.

Was einem Stadtknecht zu seinem Dienst gehörig ist,

hat Bürgermeister und Rat auf St.-Matthiastag, so einer vom Dienst käm oder mit Tod abgehen würde, welchermaßen beide Teil sich mit den Äckern halten sollen, entschieden:

Dem ist also: wenn er vom Dienst kommt oder mit Tod abgehen würde, soll er oder ein Erben nach des Pflugs Recht „ushusnen". Doch soll man dem neuen Stadtknecht aus den zwei Jauchert am Siechensteigle geben vom Haber und Korn die dritte Garb und aus der Jauchert über dem Heiligenbrunnen auch vom Korn und Haber die dritte Garbe. Und aus den zwei Jauchert am Heudorfer Weg die vierte Garbe. — Solche Entscheidung ist gemacht, damit kein Teil dem andern weiter ersuchen soll, als jetzt verordnet wird. Doch soll er neue allweg einen Schnitter halten, der soll helfen schneiden und die Landgarb einführen.

Was zum Dienst eines Stadtknechts gehört:

1 Jauchert am Siechensteigle, anwandet hinauswärts auf eines gnäd. Herrn Acker, hereinwärts auf des Mesners Acker;

1 Jauchert am Siechensteigle, anwandet zur Hälfte auf Jörgen Blumen, zur andern auf den Widdum-Acker;

1 Jauchert am Heudorfer Weg, anwandet auf den Heudorfer Weg und hereinwärts auf Hans Eberlins sel. Acker;

1 Jauchert auf dem Hochsträß, hinauswärts auf Thoma Schniders Gereut, hereinwärts auf den Widdum Acker;

1 Brachjauchert unter dem Blochinger Weg, stößt hin-

auswärts auf St. Bastians Acker, hereinwärts auf Peter Öderlins Acker;

1 Brachwieslein in Städelins Würden, stößt heraufwärts auf den Wasen-Acker, hinabwärts auf Hansen Wagner; (1 Teil im großen Espach; — späterer Nachtrag).

Wer „unter Format hinabwärts buwet" drei Jauchert, soll dem (Stadtknecht) eine Garbe geben, wer 2 Jauchert anbaut, soll geben 2 Pfg. (später 3 Pfg.); wer ein Jauchert hat soll 3 Pfg. geben, wer aber nur $^1/_2$ Jauchert hat, gibt 1 Pfennig.

Dafür soll er hinabwärts helfen bannen.

Ein jedes Haus zu Schär soll geben jährlich einem Stadtknecht daselbst drei Laib (Brot) auf Weihnachten, Ostern und Martinstag je einen.

Ferner soll jedes Haus auf Martinstag 1 Schilling geben; ein jedes „Gehüsig" soll dem Stadtknecht 3 Kreuzer geben; die Stadt gibt ihm dazu dritthalb Pfund Heller.

Ein Knecht hat das Recht, sein Haus aus dem Schärer Wald zu beholzen, soll dazu aber nur liegendes Holz nehmen;

er darf keines aus dem Wald verkaufen;

er soll kein Holz zu Klaftern beigen, sondern nur ein Häuflein machen;

jeder Stadtknecht ist von der Steuer, Wacht, dem Torgeld und dem Hüten befreit;

wenn Zechen im Rathaus sind, muß der Knecht das Zubrot einbehalten;

ein Ausbürger soll 1 Schilling geben, wann der Pfarrer zu Scheer will.

Bannwart, was ihm zugehört

3 Jauchert an der „Höwstenlaufhalde", anwandet hinauswärts an den „Byhel", hereinwärts auf Barttly Schuchmachers Acker;

$^1/_2$ Jauchert auf der Gehegehalde, stößt hinauswärts auf Hansen Wagners Acker, hereinwärts auf Hansen Zieglers Acker;

1 Acker im Menger Feld gegen Rulfingen hinauf gelegen, geht daraus einem Bannwart zu Schär 1 Scheffel, was darauf steht;

1 Wiese auf dem Baumgarten, streckt über die Donau, anwandet auf Steffan Stachels Wiese;

$^1/_2$ Mannsmahd Wiese genannt „Buonsbletz", stößt hinabwärts auf die Wechselwiese Hans Wagners, hinaufwärts auf Caspar Kellers Wiese;

1 Wieslein in der „Dachsmütt", stößt hinauswärts auf Herrn Heinrich Otters Pfründwiese und hereinwärts in das Gäßlein zwischen den Wiesen;

1 Wiese im „Hailigen Brunnen", stößt hinaufwärts auf des Hoches Halden, hinabwärts auf das Altwasser;

die Werdlin neben den Weydlin;

ferner hat der Bannwart den Blochinger Weg zwei (?), nämlich wenn Korn und Haber dasteht, und den Heudorfer Weg, wenn Haber da steht. Ein jeder, er sei einheimisch oder fremd, der „buwet" für sich selbst mit eigenem Zug oder mit Geld, wann er „buwet" in unseren Zwingen und Bännen 3 Jauchert, so soll er geben dem Bannwart 1 Garbe, und welcher Frucht mehrteils ist, es sei Korn, Haber oder anderes, soll er derselben Mehrteilfrucht eine Garbe geben; wer weniger als 3 Jauchert in unseren Zwingen und Bännen anbaut, soll geben vom 1 Jauchert 3 Pfg., von $^1/_2$ Jauchert 1 Pfg.; jedes Haus soll jährlich 2 Laibe (Brot) geben, den einen auf Ostern, den andern auf St.-Martinstag;

wenn der Bannwart etwas kriegt und nimmt auf derer von der Schär Trieb und Tratt, was fremd ist, soll ihm werden von einem Haupt 4 Pfg., doch haben die Bürgermeister und Räte Gewalt darin zu tädigen, minder oder mehr zu schätzen;

ein Bannwart hat die Freiheit, sein Haus zu beholzen aus dem Wald, doch darf er nur liegendes nehmen und soll keines verkaufen, auch keines zu Klaftern richten, sondern allein Häuflein machen; ein Bannwart ist vom Fronen, Hüten und Wachen befreit, soll aber Steuer zahlen.

Was dem Mesner zugehört

1 Jauchert am Siechensteigle, anwandet hinaufwärts auf der Frühmeß Acker, hereinwärts auf den Bittelacker und gibt die dritte Garb, auch dazu beiebt der Zehnt dem Meßner;

3 Jauchert gelegen zu der Sinn (?), stoßend hereinwärts auf die Sinn und hinauswärts auf des Lang Piett (?), sind zehntfrei;

1 Wiese in der Menger Au, stößt hinauswärts auf den Widdum-Acker auf Herrn Heinrich Otto Pfründwies;

1 Wiese zu der hinteren Wiese, stößt an die Widdum-Wies;

1 Wieslein zuunterst im Ögelspitz, stößt an die Frühmeßwies zu Ennetach und am andern Teil über die Donau;

1 Wieslein, das unter des Ulrichs Brunnen liegt, anwandet auf des Heiligen Wiese;

jedes Haus gibt ihm auf Weihnachten 1 Laib.

Ein jeder der „buwet", er sei fremd oder heimisch, mit Geld oder mit eigenem Zug, welcher buwet 3 oder mehr Jauchert, gibt dem Meßner 1 Garbe der Früchte, so er zum Mehrteil gebuwen haut; wer unter 3 Jauchert anbaut, gibt dem Mesner von einem Jauchert 3 Heller, und von einem halben Jauchert 1 Heller.

Der Rat gibt dem Meßner für das Ziehen der Glocken 2 Pfund Heller.

Der Meßner hat die Freiheit, sein Haus aus dem Schärer Wald zu beholzen, jedoch nur von liegendem Holz, auch darf er keines verkaufen, noch zu Klaftern machen, sondern nur Häuflein setzen.

Der Meßner ist von Wach-, Fron- und Hütediensten befreit.

Wann ein Mensch, so zum Sakrament gegangen ist, abstirbt, soll man dem Meßner für das Läute eine Henne oder ein (?) geben.

Wenn aber ein junger Mensch (Kind) abstirbt, das nicht zum Sakrament gegangen ist, soll man dem Meßner 3 Pfg. für das Läuten geben.

Eine Bestimmung aus dem Jahr 1540 besagt:

Gemächt von den blinden Rossen

Bürgermeister und Rat, sowie ganze Gemeinde allhie zu Schär haben auf St.-Dorotheatag anno 1540 von des gemeinen Nutzen wegen einhellig gemacht, daß fürohin ewiglich keinem Bürger allhie, der ein blindes Roß oder mehr (von) außerhalb hereinkauft, solle (es) lassen in die Au treiben oder in eine Bannweide, da (wohin) ander Zugvieh nicht darf gehen, sondern soll derselbig Blinde Tag und Nacht unter andere Rosse getrieben werden; so es sich aber begebe und zutrüge, daß einem ein oder mehrere Rosse unter seinen Rossen blind werde, so solle der oder dieselben Blinden Freiheit haben wie von althero gewesen.

Das **Urbar** der Grafschaft Friedberg-Scheer, das Truchseß Wilhelm d. Ä. im Jahre 1541 anlegen ließ, bietet vertiefenden Einblick in die damaligen **Besitzungen der Herrschaft in Scheer**, wie auch über die **Verpflichtungen der Stadt** und ihrer Bürger dem Truchsessen gegenüber. Die Stadt betreffend sind in diesem Urbar angeführt:

Güter und Nutzungen, die zum Schloß und zur Stadt Scheer gehören:

Ein Baumgarten, gen. die „Hald", liegt zwischen dem Schloß und dem Marstall.

Darunter der Bauhof mit Scheunen, Ställen, Kornhäusern und Marstall, alles beieinander inngefangen, und außerhalb ein kleines Scheuerlein neben Contzen Schmids Haus.

Ein Haus, das dem Maier Hansen gehörte, zwischen der Scheuer und dem Menger Tor gelegen.

Ein Haus in welchem der Vogt sitzt, an der Ecke der Mauer zwischen Bartlin Willen Haus und Scheuer gelegen.

Ein Haus in der Stadt, unter dem Bau vor dem Wirtshaus — war vor Zeiten der Pfarrhof — darin wohnen jetzt der Franckh und Anna Jhechin.

Neben diesem Haus herüberwärts, noch ein Haus, in welchem jetzt der Schreiber sitzt.

Vor dem Schloß ein neuer Bau, gen. der Neubau, darunter ist das Bindthaus und ein Buchssenhaus, obenauf Stuben und Kammer, daneben ein Stall und an demselben ein Baumgarten, gen. der Freigarten.

Unter dem Schloß an der Donau eine Mühle mit aller Zugehörde.

Auf dem Raigelsberg ein neuer Baumgarten.

Ein Baumgarten mit einem Häuslein am Schießhaus in der Au, ist vom Müller gekauft, gen. der Müllgart.

Vor der Donaubrücke ein größerer Baumgarten, am Balderstein, samt einem Weinwachs.

Ein Krautgarten an der Gemminger Gasse.

Der Balterstain mit samt einer Halden ist ein Wieswachs dahinter gelegen (mit späterer Hand: „ist zum Killeberggarten umbenannt"), gibt jährlich 10 Sch. Pfg..

An Äckern

Im Gemminger Ösch vor dem Schachen:

Der Brühlacker unter dem Ziegelhaus, stößt an den Brühl.

Die Breite oberhalb des Ziegelhauses.

Ein Acker auf der Kegelhalde, anwandet auf Hans Wägner, gen. der Keller, gelegen.

Ein Acker am Horacker, liegt neben des Lendingers Erben Acker, stößt auf die Widdum, so des Pfarrers Hans jetzt innehat.

Ein Acker über dem Balterstein, an der Straße, die gen Bingen geht (2 Jauchert).

Ein Acker am Scheerer Wald vor dem Schachen, der auf Agnes Zieglerin anwandet (8 Jauchert).

Insgesamt in diesem Ösch: 10 Jauchert.

Im Mittelösch:

Ein Acker auf dem Heßlinberg, liegt an Bartlin Will und anwandet auf denselben Bartlin (4 Jauchert).

Der Vischacker am Scheerer Wald, über welchem die Steig nach Heudorf geht, anwandet auf Theus Schnider (3 Jauchert).

Ein Acker auf dem Hochgesträß, unter dem Vischacker, liegt an Jakob Pfister (1 Jauchert).

Ein Acker auf dem Hochgesträß, liegt an Contz Ammann ($^1/_2$ Jauchert).

Eine Breite, anwandet auf Adam Kochs Erben (14 Jauchert).

Ein Acker „über Leren", liegt an Gallin Keller (später von Hans Kahl etwas dazugekauft), (2 Jauchert).

Die Weiherhalde, anwandet zur Hälfte auf die Öhmdwiese, zur anderen Hälfte wieder auf meines Herrn Braite (7 Jauchert).

Ein Acker zu Gemmingen neben Hainrich Köfferlin dem Jungen (1 Jauchert).

Ein Acker in der Baindt, anwandet auf die Werden ($4^1/_2$ Jauchert).

Insgesamt in diesem Ösch: 37 Jauchert.

Im Blochinger Ösch unter dem Berg:

Eine Braite neben der Erdgrub neben Leren (14 Jauchert).

Der Krumacker, liegt an Michel Wagner (2 Jauchert).

Ei Acker gen. „Zugtysen" (Zuckeisen), liegt unten an Martin Ziegler und Martin Beck, anwandet auf Hans Will und Agnes Zieglerin (7 Jauchert).

Der Bannacker, anwandet auf des Lendlingers Erben Acker (3 Jauchert).

Ein Acker am Zwerbach, anwandet auf Hans Löhlins von Blochingen Erben Acker, genannt das Braitlin ($2^1/_2$ Jauchert).

Ein Acker an der Dachsmiet, gen. Schnider Hansen Acker, anwandet auf Marx Kräb von Blochingen (1 Jauchert).

Der Ziegelacker unter „Pödmäd" (?), anwandet auf Georg Luib von Ennetach (3 Jauchert).

Ein Acker am Stettbach, anwandet auf Hans Kellers Halde und liegt an Hans Behem von Ennetach (7 Jauchert).

Insgesamt in diesem Ösch: $39^1/_2$ Jauchert.

An Wiesen:

14 Mannsmahd im Brühl, liegen am Brühlacker unter Gemmingen.

1 Mannsmahd im Eglinspitz an Cunrad Ammann.

2 Mannsmahd in der unteren Opferbaindt, neben meines Herrn Baindt.

$2^1/_2$ Mannsmahd in der Öhmdwiese.

2 Mannsmahd an der Krummen Wiese bei Ulrichlins Brünnlein.

$3^1/_2$ Mannsmahd in der Wurtzwerden.

26 Mannsmahd im Greut.

7 Mannsmahd auf der „Hoch", gen. „Batmars Sanndt".

4 Mannsmahd am Stainenbrunnen, stoßen an die Donau und an Herrn Georg Holzenfingers Pfründwiese.

16 Mannsmahd in der Zahnlucken bei Blochingen.

Insgesamt $78^1/_2$ Mannsmahd.

An Holz:
In der „Butzenrutin" ein Holz, geht in die Däsch am Mostalltal, unten an der Butzenrutin; dabei zwei Marksteine, welche meinen gnädigen Herrn, Hitzkofen und die von Scheer scheiden. Von hier an der von Scheer Butzenreutin, das Tal den Lauchen nach, an dem Weg, der von Bingen nach Riedlingen führt, hinauf bis in die große Buche, die auch meinen gnädigen Herrn, Hitzkofen und Scheer scheidet. Von hier hinüber in ein „Äst und Saul", die ineinander verwachsen sind. Von hier den Lauchen nach aus des Truchsessen Hau hinum auf der Halden hinein; die Halde ab und ab bis in das Mitteltal, das ins Schellenfeld geht. Von hier den Talweg hinab bis wieder in obengenannten Ösch.

Das Jungholz, das beim Fallgatter am großen Stein beginnt, dem nach Wilflingen führenden Weg nach verläuft, an der von Scheer Holz gelegen, geht den „Hoherweg" ab und ab, von einem Stein und „Mälbomen" zum andern vermarktet, der letzte am „Hower Weg". Von da ein weiterer der linken Hand, „beschleymer" hinein zum Äschbom. Von da an weiter hinein zu einem großen Äschbom, fürder bis zu einem Stein hinter einem abgehauenen Stumpen, gelegen am Weg gegen Dierlau wärts; denselben wieder grad hinauf mit den Bäumen bezeichnet, vermarktet bis hinauf über die Grub zu einem Stein beim „Masselthurbom" zwischen den beiden Gruben. Dort den Weg nach weiter hinauf an einen Markstein hinterm Haselbusch; von dort bis zum gebrannten „Aichbom", fürder stracks hinaus auf den Weg am „Bussel"; dem Bussel hinauf bis zum „Bucsa" (?) an Jakob Kochs Anwander; weiter den Schachen hinauf bis an den Stein an meiner gnädigen Herrschaft Acker, daselbst den Acker hinein bis wieder an den Wilflinger Weg zum obengenannten Stein beim „Follgatter". Ferner in der Mengerau ein kleines Holz. Ein Stockholz, das mein gnädiger Herr von weiland Conrad Beckhen sel. Wittib zu Mengen erkauft hat: beim „Odenweyher" oder „Egelsee", bei der Landstraße von Sigmaringendorf nach Krauchenwies; ist untermarktet. Ein großer Stein liegt am End des Wegs, der von Scheer nach Krauchenwies geht, bei der Sigmaringer Straße; diesen Stein hinauf den Steinen nach, die neben der Straße liegen, bis hinauf ans Ende der Staig; von hier hinein zu einer großen Eiche nach dannen den Steinen und Lauchen nach bis hinaus zum Stein, der allein liegt; von diesem Stein die Halden „gerichts" hinab, den Lauchen nach bis ins Tal nach hinab bis an den Egelsee oder die Wiese daselbst und an der Wiese herab, den Lauchen nach, bis wieder an die Sigmaringer Straße und zu obengenanntem großen Stein.

Am Montag nach Judica wurden die Marken erneuert im Beisein Johann Näckhers, Martin Kurtzen, Jakob Rypers Koch, Steffan Khuffers, Elsässers und Baltis Ammanns in Anwesenheit des Ammanns von Sigmaringen bis nach Blochingen, gleich oberhalb des Dorfes, da ist ein Birnenbaum gestanden „im Rayn"; dort liegt ein Stein „im Rain", und geht gleich hinüber Mengen zu in „Yltis Velben"; die beiden Marken stehen gleich gegeneinander. – Das Wasser ist an Christoph Friedrich und Hans Vischern zu Ennetach verliehen, die jährlich daraus 33 Pfund Heller geben.

Ein Wasser, das bei Christen Vischers Wasser anfängt, das mein gnädiger Herr von Mengen her zu Lehen hat; ist untermarktet, nämlich eine Marke steht unten am Tobel unter Beuren, ist eine alte Eiche und liegt ein Stein dabei. Gegenüber ist in der Altlach ein Stein auf den Gestad gelegt. Bei diesen Marken, besonders der Eiche und dem Stein auf der Altlach Gestad, hat jetzt der Stropp zu Hundersingen inne und sollen beide Teile bleiben. – Ab der die Altlach, die unter den Marken an der Donau hinauf geht, sollen beide gemeinsam fischen bis zum Zunlin (Zumlein), ist ungefähr von der Donau einen ziemlichen Steinwurf weit hinauf. – Gibt jährlich daraus auf Martini 10 Pfund Heller.

„Reut" und Nutzungen aus Scheer:
Die von der Scheer zahlen jährlich an Steuern 52 $\frac{1}{2}$ Pfund Schilling Heller. Davon geht jährlich an ULF-Altar allhier zu Scheer, von dem Chor heraußen auf der linken Seite am Eingang, den jetzt Maister Marx innehat, 33 Pfund Schilling Heller.

Ferner ziehen die von der Scheer die Steuer von den Gütern, welche die Vorfahren meines gnädigen Herrn an sich gelöst haben.

Vom Zehnten zu Gemmingen gibt das Kapital Buchau jährlich meinem Herrn 8 Malter Veesen, 7 Malter Roggen und 7 Malter Haber.

Dienste:
Nachgeschriebene Dienste sind die von der Scheer unserem gnädigen Herrn schuldig:
1. Welcher eine „Mäni" hat, zwei oder mehr zusammen „gemärd" haben, sollen einen Tag in der Hurn und drei Tage in der Brach, wann der Herr will, zu Acker gehen.
2. Wer Roß und Wagen hat, soll jährlich dem Herrn einen Wagen mit Heu von den Wiesen hereinführen.
3. Hat aber einer Roß und Karren, so führt er einen Karren mit Heu.
4. Wer Roß und Wagen hat, führt in der Ernte einen Wagen mit Garben, und wer Roß und Karren hat einen Karren voll.

An Wasser:
Ein Wasser ob der Mühle, fängt an an Specken Anwand, geht herab auf das Mühlwuhr, so etwa Theis Wittib innehatte und daraus sieben Pfund Haller gab, – fischt man jetzt gen. Hof. Auch das Wasser unterhalb der Mühlwuhr bis „an Hagelsfurt" wird zum Hof gefischt. Unterhalb der Hagelsfurt, wo das obbeschriebene Wasser sein Ende hat,

Desgleichen tun sie auch in der Haberernte. Wenn einer einen Wagen oder Karren voll abgeladen hat, gibt man ihnen ein Viertel Brot von einem Laib.

Während der Erntezeit hat der Herr die Macht, den Esch zu verbieten, daß niemand schneidet, außer er habe ihm zuvor einen Tag geschnitten.

Wenn mein gnädiger Herr schneiden will, es sei in der Korn- oder Winterente, soll der Büttel am Morgen in der Frühe, bevor er aufschließt, von Haus zu Haus gehen und an einem Schilling Pfennig gebieten, daß niemand schneidet, er sei fremd oder heimisch, als allein meinem Herrn. Denen (die dem Herrn schneiden) gibt man am Morgen zu Hof ein Mus heimzutragen und ein Viertel

Roggenbrot, zu Mittag Mus, Erbsen und Brot, auch zu „under" ein Brot. Am Abend, wenn es Feierabend ist, gibt man ihnen den Lohn auf der Brücke heimzutragen, nämlich:

einem Mann der schneidet	1 Böhmisch
einem Mann der Garben bindet	4 weniger
einer Frau oder gewachsenen Tochter	9 Pfennig
einem Sammler, der lang draußen ist, oder fleißig arbeitet 2, 3 oder	4 Pfennig
und zuerst jedem Kind, das nicht draußen war	1 Heller.

Die Handwerksleut, die nicht pflegen zu schneiden, sollen in der Scheuer ziehen;
man gibt ihnen 1 Böhmisch
und auch zu essen wie angegeben.

An dem Tag, an welchem man der Herrschaft geschnitten hat, darf niemand für sich selbst weder schneiden, heuen, aufbinden noch Korn oder Heu einführen, außer es werde ihm erlaubt. Wenn einem es erlaubt wird, ist es allen gestattet.

Die von der Scheer stellen der Herrschaft auch alle Knechte, Mader usw., was in den Hof gehört.

Frevel:
a) innerhalb Etters:
   Welcher den andern blutig schlägt   10 Pfd. Pfg.
   Welcher den andern mit trucken Straichen schlägt, oder straflich „gegen eim uffwuscht und färdet"
                                             3 Pfd. Pfg.
b) außerhalb Etters:
   Welcher den andern blutend schlägt   3 Pfd. Pfg.
   der kleine unblutige Frevel   8 Sch. Pfg.
   Hiervon gehören der Stadt Scheer von jedem Pfd.
                                           2 1/2 Sch. Pfg.
c) Der „minder Frevel",
   wer den andern freventlich lügen heißt, Schmach dgl.
                                           8 Sch. Pfg.
   Was man an 8 Schilling Pfg. gebeut (schuldet), gehört halb dem Herrn und halb der Stadt

Der Etter der Stadt Scheer
geht von der Mühle die Donau ab und ab bis zur Brücke und danach wieder die Donau abwärts und an den Zäunen hinüber „bis zu der Werren am Menger Tor", und von der Werren in die Donau oberhalb der Mühle.

Die Hofordnung
Wie man in nachgeschriebenen Stucken zu Hof Ordnung halten soll.

Der Morgensuppe halb:
Man soll niemanden, auch keinem Hofgesind, eine Morgensuppen geben, er wolle davon reiten oder er hat ein besonderes Geschäft, ausgenommen den Knechten im Stall, doch auch nicht sie „beschlahen dann", und den Chorschülern.

Wann man fasten soll:
In der Fasten soll das Hofgesinde 3 Tage in der Woche fasten, desgleichen sonst im Jahr all „pannentag", und denselben so also fasten: man soll nachts auf einem Tisch ziemlich Brot und einen Trunk geben, ungefähr zwei oder drei Becher mit Wein.

Und welcher aber nicht fasten möchte, dem soll man nachts eine Suppe, Brei und „zwayen ain Beicher" mit Wein geben und nicht mehr.

Der Bauknecht wegen:
Den Bauknechten, die zum Sakrament gehen, desgleichen zu den vier Hochzeiten, soll man allweg zweien einen Becher Wein und gebackenes Brot geben. Durch das gemeine Jahr, am Feiertag und an den Feierabenden, soll man ihnen kein „Underbrot" geben, ausgenommen den Ochsenknechten, wenn sie zu den Ochsen aufs Feld müssen.

Gemeine Werkleute:
Steinmetzen, Maurern, Zimmerleuten und dergleichen soll man Roggenbrot geben und an keinem Feierabend kein Underbrot.

„Des Meßners, Stadtknechts und „Bomwarters" halben:
Auf Weihnachten, Ostern, Pfingsten und St.-Martinstag soll man jeweils geben: 1 Maß Wein, 1 Laib Brot und 1 „Zendering Flaisch". Wenn in der Ernte oder im Heuet der Büttel und „Bomwart" Essen aufs Feld tragen, soll man ihnen, wenn sie im Schloß essen, keinen Wein geben.

Der Boten halber:
Denen soll man für einen Lauf nicht mehr als einmal zu essen geben, wenn er nicht über Nacht ausbleibt, sondern nachts wiederkommt.

Des Almosens halber:
Das soll man mit einer Ordnung und Maß geben nach Erfahrung, was da am Besten und Notdürftigsten angelegt ist.

Der Fuhrleute halber, die im Herbst Wein führen:
Denen soll man jedem zu jeder Fahrt einmal zu essen geben, und einen Becher mit Wein und Roggenbrot, und nicht mehr, weder Heu noch Stroh.

Der Mayer halber, die Korngült und Zehnten bringen und fronen:
Denen soll man Mus und Suppe und keinen Wein geben, wie von alther. Welcher Hühner, Hennen oder Eier bringt, denen soll man jedem ein Viertel Roggenbrot geben. – Denen die in der Ernte oder im Heuet fronen, soll man jedem, wenn er eine Fahrt macht, ein Viertel Roggenbrot geben.

Die raisigen Knecht zu Hof sollen in der Scheuer helfen barnen; ihnen gibt man „under tagen" ein Brot und einen Trunk in die Scheuer.

Küche und „Speysgadens" halber:
Neimand, außer denen, welche in die Küche oder „Speysgaden" gehören, soll zu keiner Zeit darein gehen ohne besonderes Geschäft oder Befehl.

Kellers halber:
Der soll mit samt dem Pfister Ordnung halten mit Auftragen und Auflegen auf die Tische, Weins und Brots, und den Korb an Ort setzen, daß niemand ohne ihre Wissen darüber gehe, nachdem man gegessen hat. Beide, oder der Eine, sollen ordentlich aufheben und nachts die Lichter, die nach dem Essen übrigbleiben, aufheben und niemanden eines, außen in den Stall, ohne Bescheid geben. Wenn einer selbst Licht nehmen und wegtragen soll-

te, den soll er dem Vogt anzeigen. Die Lichtstöcke soll er immer an einem Ort zusammentun, wo man sie bei Bedarf findet.

Die Fischer berührend:
Die sollen fortan „den Zug uff dem Schloß stricken und machen und wie der Knecht darauf liegen".

Torwart:
Der soll emsig beim Tor bleiben und nicht ohne Notdurft davon gehen. Er darf keinen Fremden unangesagt einlassen, auch das gemeine Volk weder tags noch nachts ins Torstüble lassen. Am Feiertag soll er zum Amt, desgleichen zum Essen abends und morgens, die Brücke aufziehen, und im Winter alle Tage, nachts zum Nachtmahl, und die Schlüssel allweg dem Vogt oder seinem Statthalter in die „Thürnis" antworten, und dann nicht, außer auf seinen Befehl, wiederum aufschließen.

Wächter:
Der soll die Nacht durchaus wachen und im Schloß hin und her gehen; sonders Winterszeit Sorge um die Feuer haben und verwahren, und den halben Tag schlafen, den andern halben Tag tun, was man ihn heißt, sonders Sommerzeit den halben Tag zum „Holz gon schytten" (Holz spalten). – Er soll auch im Schloß morgens und abends „Ave Maria" läuten und nachts um 9 ausläuten und zuschließen, außer es wären fremde Leute oder Geschäfte vorhanden. Nachts soll er die Schlüssel dem Vogt oder Statthalter, oder wenn keiner da ist in meines gnädigen Herrn Gemach geben, und nicht aufschließen außer mit seiner Gnaden oder des Vogts Willen und Haißen.

Futter:
Der Baumeister soll keinem Gast Futter geben, außer auf Befehl des gnädigen Herrn oder des Vogts. Desgleichen soll der Marstaller von seinem Futter niemanden etwas abgeben, außer auf besonderen Befehl.

Der Vaßnacht halp:
„Item an der Vaßnacht, so die Bürger das Schloß stürmen, gibt man ihnen zu essen Suppenflaisch und Küchlin, und vier Becher mit Wein uff ain Tisch.
Den jungen Knaben gibt man auch zu essen, aber keinen Wein."

Scheerer Badstube:
Der Bader gibt jährlich von der Badstube, die sein Leiblehen ist, auf Martini 14 Pfd. Pfg.
Darein gehört: Haus, Hof, samt einer Scheuer und einem Hausgarten, dahinter auch ein Gärtlein beim Haus.
Ein Bader soll diese Badstube mit aller Zugehörd an Haus, Hof, Scheuer, Garten, an Dach und Gemach „ontröff, angewuest, und onverzogentlich" in Ehren und gutem Bau halten und haben. –
Auch sollen sie die Leute mit Badgeld, Scheren, Schröpfen u. a. halten und bleiben lassen wie von alther, und „höher noch weiter" nicht beschweren noch drängen.
Sebastian Bader hat zu seinem Gut Äcker und Wiesen, die von Lendinger gekauft und ihm auf Lebzeit verliehen sind. Er gibt daraus jährlich an Geld 6 Pfd. Pfg. und von allen Öschen die vierte Garbe. –
Darein gehört:
an Äckern im Ösch unter „Ronad" (?):
3 Jauchert, genannt die Halden, an Claus Kifferlin anwandet gegen die Stadt und Kaspar Käller auf ihn (mit späterer Hand: daraus geht dem Pfarrer zur Schär 2 Scheffel Haber und 4 Pfg., mehr dem Spital zur Schär 3 Schilling Heller).

Tenndingers Gut:
1 Jauchert Acker am „Stettbach" zwischen Hans Wagner dem Jungen und Andreas Karrenknecht: anwandet auf meines Herrn Stettbach-Acker.
2 Jauchert im „Montzenried" (?), liegt an Contz Ammann, anderthalb an Diony Stadtknecht, Caspar Kellern und Claßlin Pfister (mit späterer Hand: daraus geht an eine Jahrzeit 5 Schilling Heller 4 Pfennig).
1 Jauchert am „Zugteysen", zwischen dem Widum und Claslin Pfister.
Insgesamt in diesem Ösch 7 Jauchert.

Im Ösch auf Siechensteig und Burnisfeld:
1 ½ Jauchert am „Siechensteigle", gegenüber das Staigle an Pfarrer Hansen gelegen.
½ Jauchert auf der „Kegelhalde" zwischen Bartle Weber und Bartle Schreiber.
2 Jauchert am „Schellengraben", liegen unten an der Binger Gasse. Oben an Peter Vischer
2 ½ Jauchert zu „Burnisfeld am Rickh" (?), liegen zwischen der Straß und Connz Ammann.
1 ½ Jauchert an der „langen Fuhren" zu Burnisfeld, zwischen Herrn Georgen Frühmesser und Jacob.
Insgesamt in diesem Ösch 8 Jauchert.

Im dritten Ösch:
2 ½ Jauchert zu „Bittistall", zwischen Laux Engler und Bartlin Will gelegen (mit späterer Hand: daraus geht dem Pfarrherrn zu Sigmaringen die halbe Garbe).
1 Jauchert am „Heudorfer" Weg, an Baltin Jäger, ist ein Anwander.
1 Jauchert am „Vischacker", an Theus Schneider und Jackling Becklin gelegen.
1 Jauchert am „Blochinger Weg" zwischen St. Niclas und Hans Zieglers Acker gelegen.
1 Jauchert über „die Leher", liegt zwischen Bartlin Weber und Bastian Rude, dem Wirt.
Insgesamt in diesem Ösch 6 ½ Jauchert.

An Wiesen (ebenfalls aus Tenndingers Gut):
Ein Viertel an der Wies in „Staehlins Werden". Im „Eglinspitz" aus der Wiese, an welcher St. Lienhart und der Bruder auch einen Teil haben, 3 Teile. Es ist eine Wechselwiese und wird in 5 Teile geteilt.

Scheerer Ziegelhütte:
Der Ziegler gibt jährlich aus der Ziegelhütte auf St.-Martinstag 8 Pfund Heller.
Die Ziegelhütte ist ein Erblehen. Er soll sie in baulichen Ehren und unzergänglich halten und haben, und meinem gnädigen Herrn und die Bürger zur Schär mit Zeug fertigen und ihnen zu nachstehenden Preisen abgeben:

1000 Unterziegel	2 Pfund Heller
1000 Oberziegel	2 ½ Pfund Heller
1000 Steine	3 Pfund Heller

1 Scheffel Kalksteine	2 Sch. Heller
1 Scheffel Kalkmehl	8 Pfg.

Der Ziegler mag seine Erbgerechtigkeit wohl verkaufen, doch meinem gnädigen Herrn und denen von der Schär an ihren Rechten unschädlich; und wann sie die verkaufen wollen, sollen sie das meinem gnädigen Herrn zuvor anbieten und nachher dann jemand anderem geben.

Mein gnädiger Herr soll auch außerhalb der Herrschaft niemands vergönnen Stein, daraus man Kalk brennt, aus der Herrschaft zu führen. Die von Mengen mögen wohl Kalkstein von Blochingen nach Mengen führen und Kalk brennen, laut eines Vertrags, den sie haben.

In solches Ziegelhaus gehört:
Haus, Hof, Scheuer, Ziegelhütte und ein Baumgarten, alles beieinander gelegen.

An Wiesen:
1 Mannsmahd in „Hailgen Brunnen", stößt auf St.-Niklas-Wies, ist von Conrat Brugell gekauft und der Ziegelhütte eingelegt.
1 Mannsmahd im „Hochgereut", stößt auf der Frühmeß zu Scheer Wies, anderthalb uff Mengener Wies; ist vom Pastor zu Mengen erkauft und der Ziegelhütte eingelegt.

Im „Roten Buch" sind folgende Bestimmungen enthalten, die an „Clemens des Papstes Tag" 1543 festgelegt wurden:

Steuer, Zins und Frondienst, die wir von der Schär jährlich unserem gnäd. Herrn pflichtig und schuldig sind:

Des Ersten sollen wir der gnäd. Herrschaft alljährlich, um St. Nikolaus ungefähr, 52 1/2 Pfd. 4 Sch. Steuer zahlen, jedoch muß man davon geben nämlich dem Kaplan auf Unser Frauen Altar 25 Pfd. Heller, macht alles 30 Gulden, 6 Kreuzer, 4 Pfennig (Nachtrag: diesem gibt der neue Vergleich keine Erläuterung).

Wenn der gnäd. Herr liegende Güter kauft, die in unseren Zwingen und Bännen liegen, so soll er auch hiervon Steuer zahlen wie andere Bürger.

Wann wir sollen ihren Gnaden jährlich Hofstattzins geben, aus welchen Gütern dann die gehen, und soll einem jeden Richter der Zwölfen 2 Sch. Hlr. abgehen an seinem Hofstattzins; welcher aber keinen Hofstattzins schuldig wäre, sollen ihre Gnaden demselben die 2 Schilling zu der Zeit, so man die Hofstattzinsen erlegt, geben lassen. (Späterer Zusatz: Dieser Punkt ist aufgehoben und durch alte Leut abgehört, der Inhalt schädigerweise vorgenommen. Wilhelm Küfferlin ist um nichts geschädigt.)

Wir sollen auch ihrer Gnaden jährlich 4 Tag zu Acker gehen, nämlich einen Tag brachen, einen Tag stauchfalgen, einen Tag schlechtfalgen und einen Tag über Herbst säen, und auf jeden Tag zu ziemlicher Zeit anfahren und aufhören. Und wenn wir also zu Acker gehen sollen auf einen bestimmten Tag, so soll man morgens um die neunte Stund einer jeden Mähne einen halben Laib Brot geben, und um Mittag einen ganzen Laib, auch Mus und Erbsen dazu, wie von altersher; man soll auch die Mähnen zu jeder Zeit auf einen Tag haben. – Späterer Nachtrag: Um 7 Uhr morgens hat man eingesetzt und um 1 Uhr nachmittags wieder aus, und wenn man das Brot hinausgebracht, haben die Mähnen eine halbe Stunde gefüttert. Ein Laib Brot hat ein Viertel (?) haben müssen.

Und auf welchen Tag wir unserem gnäd. Herrn zu Acker gehen, sollen der Meßmer und der Stadtknecht zu Mittag den Ackerleuten das Essen auf die Äcker bringen; denen gibt man danach zu Hofe auch zu essen.

Es soll auch unser Herr zu den vier Arten, so man ihrer Gnaden zu Acker geht, allweg zu jeder Art einem Stadtknecht eine Mähne lassen.

Fronfahrten: Auch sollen alle, die Roß und Karren haben, der gnäd. Herrschaft jährlich führen 1 Fahrt Heu, 1 Fahrt Korn und 1 Fahrt Haber. Wenn einer abgeladen hat, soll man ihm für eine Fahrt geben einen Viertellaib Brot.

Der große Schnitt- oder Frontag: Auf welchen Tag ihre Gnaden schneiden lassen wollen, so geht der Stadtknecht auf Befehl eines Vogts am Morgen früh von Haus zu Haus und gebietet jedem um 1 Sch. Pfg. ihrer Gnaden zu schneiden und die Kost morgens am Hof zu holen. Auch ist bisher nach altem Brauch die Maierschaft allweg zu Acker gegangen und keine Mähne des Schnitts wegen ingelegen; und wann sie aussetzen, alsdann tut jeder seine Fronfahrt. Denen, die schneiden, gibt man zunächst einem Binder 14 Pfg. und denen in der Scheuer auch so viel; einem Mann, der schneidet, 1 „böheim", einem Weib 9 Pfg., und einem Kind, das sammelt, danach es ist, und den Bindern Weißbrot zu morgen und zu nacht zu essen.

Der dreien Knechte halber: Dem Bannwart, Meßmer und Stadtknecht sollen ihre Gnaden jedem jährlich zu Erntezeit geben 6 Garben Winterfrüchte und 6 Garben Haber auf den Äckern.

Mehr sollen ihre Gnaden ihnen (den) drei Knechten, jedem besonders, geben lassen auf den Heiligen Abend, Weihnachten, Ostern, Pfingsten und St.-Martinstag, auf jeden dieser vier Abende, jedem 2 Maß Wein, 1 weißen Laib Brot und ein „zendring" Fleisch.

Malefitz

Auch ist es bisher Brauch gewesen, wenn man einen armen Mann zu Hohentengen oder anderm Ort richten wollte und einen Vogt zu einem Bürgermeister schickt, soll ihm ein Knecht zugegeben (werden); demselben gibt man zu Hof und Diengau (Hohentengen) eine Suppe und einen Trunk, und der Bürgermeister ihrer vier Zeugen jedem 2 Schilling Heller.

Und wenn man die Viecher braucht, gibt man am Morgen den Knechten zu Hof auch eine Suppe und einen Trunk. Denjenigen, welche die Viecher wollen helfen brauchen, erhalten von der Stadt, wenn sie von der Stadt geschickt werden, es sei nach Hohentengen oder um die Viecher zu brechen (?), 2 Schilling Heller.

Des Hetzens halber wollen wir unserem gnäd. Herrn seine Knecht hetzen, und soll jeder einen hetzen 4 Wochen der ihm von denen, die dazu beschrieben sind, zu hetzen geschickt wird. Und wann er in 4 Wochen gehetzt hätt und er nicht füglich ist, mag er ihn heißen um ein andere besuchen.

Und wenn einer also einem ausbütt und ihn nicht mehr hetzen will, mögen die von einem Rat, die Herbergen auszugeben geordnet sind, ihm wohl ein andern Stecken zulegen, wenn es not und in füglich ist.

Auch als wir unserem gnäd. Herrn Grafen Andreas löbl. Gedächtnis auch weiterhin **alljährlich die „banegert" zu heuen**. Diese ist früher immer jedes dritte Jahr brachgelegen. Da dies nun keine Brachwiese mehr sein soll, dagegen seine Gnaden und auch vergunt und erlaubt hat, nach dem Heuet in dem Greut mit dem Zugvieh so oft es not und füglich ist, **zu hüten**. Und ist in solicher Verwilligung sonder beredt und ingedingt, daß seine Gnaden jährlich, es sei brach an den Äckern, die an der „banegert" abtun liegend oder nit, die Wiesen verzäunen solle. Des gnäd. Herrn Vieh darf nach dem Heuet bis zum Hl.-Kreuztag (Kreuzerfindung am 14. September) auf Wiesen und Brachäckern in beliebiger Anzahl zum Hüten angetrieben werden, während dies den Bürgern erst von Kreuzerhöhung und nur bis St.-Gallustag (16. Oktober) gestattet ist.

Wer **„Grasläufer"** (Stiere) aus der Herde vor den Pflug spannt und aus der Herde unter die Ochsen stellt, soll die „Lösung" davon geben, als seien sie in der Herde gegangen. Es soll auch kein dreijähriger Stier unter die Herde gehen.

Wenn jemand außerhalb einen oder mehrere Grasläufer kauft und zugleich an den Pflug setzt, soll er von diesen Grasläufern auch die „Lösung" geben, wenn sie die verfallent, als ob er sie aus der Herde genommen hätte.

Des Umgelds halber sollen alle Jahr zwei erwählt werden, einer aus dem Rat und einer aus der Gemeinde, die alle Fronfasten mit dem Wirt abrechnen und ihm das Umgeld einbringen.

1545 wurde der **Friedhof** von der Kirche (Kirchhof) an den heutigen Standort verlegt (vgl. Gemmingen und die Oswaldi-Kapelle).

1556, also im gleichen Jahr, in welchem der Truchseß im Alter von 86 Jahren sein Testament machte, erfolgte eine genaue Beschreibung des Bezirks der Herrschaft Scheer.

– Nachdem die Herrschaft auf

Truchseß Wilhelm d. Jüngeren (1557–1566)

übergegangen war, erneuerten Rat und Gemeinde 1558 „etliche Punkte und Gebräuch der Stadt Scheer". Ein Vergleich mit der letzten Erneuerung des Jahres 1518 läßt jedoch keinerlei Veränderungen erkennen. – Auf ihre Bitte bestätigte König Ferdinand

1559 der Stadt die **Privilegien**. – Dies war bei einem Herrschaftswechsel zwar üblich, im jetzigen Fall anscheinend auch dringend notwendig, denn bereits im Jahre

1560 änderte der Truchseß für den ganzen Grafschaftsbereich die bislang geltenden **Statuten** in einem Maße, das den Privatbereich der einzelnen Bürger und Untertanen in sehr hohem Maße betraf. Er begründete in der Präambel die Änderung mit dem Hinweis, daß jede Regierung beständig und beharrlich in ihrem rechten Wesen bleiben, und mit rechter, wahrer, katholischer Religion und guter Polizei versehen und erhalten werden müsse. Die Ober- und Untervögte, sowie die Ober- und Unteramtleute wurden angewiesen, die Statuten jährlich bei allen Gerichtsbesatzungen zu verlesen und auf deren Einhaltung zu achten. Die einzelnen Punkte befaßten sich mit:

1. Gotteslästern

Da die Ehre Gottes allen Dingen vorangesetzt und besonders bedacht werden soll, und wir täglich erfahren müssen, daß nicht allein unsere Gebote wegen des Gotteslästerns, sondern auch die Gebote Gottes von vielen Menschen, Jungen und Alten, Manns- und Frauenspersonen, vielfältig und leichtfertig übergangen werden, woraus nicht allein Gottes Zorn und Ungnade, sondern auch Hunger, Teuerung, Krieg, Mißwachs und mehrere andere Plagen wohlverdient erfolgen. – Es wurde daher bestimmt: wer Gott lästert, soll vor das Gericht gestellt und nach dessen Erkenntnis abgestraft werden; ebenso wer flucht oder bei unserer lieben Frauen oder anderen hl. Sakramenten, Taufe, Himmel, Element, Firmament und dergl. schwört. – Je „nach Gestalt der Sache" werden Leibes- und auch Lebensstrafen verhängt. Jeder Untertan ist zur Anzeige solcher Schwörer und Flucher verpflichtet, widrigenfalls er mit 1 Pfund Pfennig bestraft wird.

2. Aufruhr und Brand

„Wann an die Sturm geschlagen oder sonst ein Lauf oder Geschray würde", muß jeder wehrtaugliche Untertan, Einwohner oder Hintersasse, sobald er das hört, bei seinem Eid zum Rathaus oder zur Wohnung des nächstgesessenen Oberammannes laufen, wo ihm nähere Anweisungen erteilt werden, die zu befolgen sind. – Wenn irgendwo Feuer ausbricht, oder aus anderem Grund Sturm geläutet wird, muß dies zu jeder Tages- und Nachtzeit dem Oberammann detailliert berichtet werden. – Ohne Zustimmung der Amtleute darf nur im Brandfall die Sturmglocke geläutet werden.

3. Totschlag

Im Falle eines Totschlages ist jeder Einwohner verpflichtet dazu beizutragen, daß der Täter gefaßt und vor Gericht gestellt wird. Nach altem Brauch wird des Täters Hab und Gut der Herrschaft, sein Leib den Angehörigen des Getöteten zuerkannt. Dem Täter muß Gelegenheit gegeben werden, sich vor Gericht zu verantworten.

4. Einhaltung des Friedens

Wenn zwei oder mehrere miteinander in frevlerischer Weise in Streit geraten, muß der, welcher dabeisteht, sie auffordern friedlich zu sein. Wer dies nicht tut, zahlt 10 Pfund Pfennig Strafe. Wer trotz Aufforderung mit Stoßen, Schlagen, Raufen, Zücken von Waffen, Werfen usw. nicht aufhört, zahlt 16 Pfd. Pfg., wenn er dabei niemanden verwundet oder blutrissig macht. Wenn er aber jemanden verwundet, muß er gefangen und den Amtleuten überantwortet vor Gericht gestellt und je nach Schwere des Falles an Leib, Leben oder Gut bestraft werden. – Einer, der hinterrücks jemanden verleumdet oder gegen ihn Drohworte gebraucht, muß aufgefordert werden, friedlich zu sein und nicht nur versprechen dies zu tun, sondern sich auch bei dem von ihm Verleumdeten oder Bedrohten entschuldigen. Letzterer war verpflichtet, den Beamten zu versprechen, sich nicht zu rächen. – Wird einer, der die Streitenden zum Frieden auffordert, von diesen angegriffen, müssen diese vorgeführt und streng bestraft werden. Wenn sich zwei Fremde innerhalb des Herrschaftsbereichs streiten, müssen die Dabeistehenden Friede bieten und die Streitenden auffordern, sich nicht ohne Erlaubnis der Beamten zu entfernen, ebenso bei einem Streit zwischen Fremden und einem Untertan. – Keiner darf sich jedoch unterstehen, mit „bloßen Messern, Schwert, Degen oder anderen Wehren" Friede zu machen. – Die Pflicht, Friede zu bieten, erstreckt sich auch auf den Verwandtenkreis. Wer nach dreimaliger Aufforderung nicht aufhört zu streiten, muß den Amtleuten vorgeführt werden, die ihn je nach Schwere des Falles zu bestrafen haben. Widersetzt sich einer, ist es jedermann erlaubt und befohlen, ihn so lange zu schlagen, bis er friedlich ist. – Alle Untertanen sind verpflichtet, Streitigkeiten zu schlichten und die Streitenden erforderlichenfalls den Beamten zur Bestrafung anzuzeigen. Wer dies unterläßt, wird bestraft.

5. Bestrafung von Freveln und tätlichen Handlungen

Hier sind die einzelnen Tatbestände detailliert aufgeführt, und zwar: Eindringen in Haus und Hof, wobei unterschieden ist, ob dies tags oder nachts geschah; dabei entstandene Tätlichkeiten; das Fordern vor Haus und Hof; dabei entstandener Wortwechsel und Tätlichkeiten; Auflauern und Schlagen; jemanden wund- oder sonst blutrissig schlagen (mit oder ohne Waffen); Schlagen ohne den andern zu verwunden; Schimpfen und Drohen; mit Beilen oder dergleichen werfen (dabei wird unterschieden ob er fehlt oder jemanden verwundet). Jeder hat das Recht, vor Gericht seinem Widersacher gegenüber gestellt zu werden. – Flüchtige werden aufgefordert sich zu stellen, im Weigerungsfall in Abwesenheit verurteilt. Wer aus der Herrschaft flüchtet, verfällt dem Landfriedensgesetz; stellt er sich aber im Verlauf der gegen ihn geführten Verhandlung, kann er seine Flucht mit 10 Pfd. Pfg. büßen. – Die für die jeweiligen Taten festgelegten Strafmaße sind nicht nur unterschiedlich hinsichtlich der Tat, sondern auch des Orts, an welchem sie verübt wurden. Hierbei wird unterschieden, ob es innerhalb des Etters der Stadt Scheer (Höchstmaß), außerhalb dieses Etters oder sonstwo im Herrschaftsbereich geschah.

6. Schmähworte oder Reden wider ein Urteil:

Niemand soll einen anderen ehrenrührig oder verleumderisch „schwächen, schmähen oder kränken". Wer dies trotzdem tut, muß Abbitte leisten und wird dem herrschaftlichen Gericht überstellt. Weiß jemand „etwas Args", hat er dies den Beamten zu melden. — Wer „freventlich oder gefährlicher Weise gegen ein Urteil redet", wird bestraft - wiederum unterschiedlich je nach Ort.

7. Felddiebstahl:

Die Beamten haben die Anweisung, Personen, die beim Diebstahl in Gärten und Feldern oder vor diesen angetroffen werden, gefangenzunehmen und bürgerlich oder peinlich zu befragen und strafen zu lassen. Der Dieb muß den angerichteten Schaden jeweils wieder gutmachen. — Auf „Buben und Döchterlein", die vielfältig auf dem Feld stehen und auch Obst und andere Früchte wegnehmen, haben die Beamten ein besonderes Augenmerk zu richten. Wenn sie ertappt werden, müssen sie öffentlich von ihren Vätern oder Pflegern auf einem Schragen mit Ruten gezüchtigt werden, und zwar so lange, bis es der Obrigkeit genügt, oder ins Narrenhäusle gebracht werden, ihnen zur Strafe, anderen zur Warnung. — Niemand soll, weder auf Hochzeiten noch sonst, einem andern ohne dessen Erlaubnis, bei 1 Pfd. Pfg. Strafe, Geflügel wegnehmen. Wer solches in seinem Haus kocht, wird zwiefach bestraft.

8. Vom Spielen:

Der Einsatz beim „Spielen und Karten", das nur tagsüber in den Wirtschaften, sonst nirgends, erlaubt ist, darf pro Tag nicht mehr als 1 Pfg. betragen. Wirte, die nachts spielen lassen, zahlen 1 Pfd. Pfg. Strafe, wer dies in seinem Privathaus zuläßt, das Doppelte.

9. Ehebruch, leichtfertiges Beiwohnen und Hurerei:

Wer „unziemlichen Zugang" hat und dadurch öffentliches Ärgernis erregt, muß zunächst von den Beamten ermahnt werden, von seinem Laster abzulassen. Nützt dies nichts, muß er aus der Herrschaft verwiesen werden. Diejenigen, welche ehebrecherischer Weise, und auch sonst beieinander wohnen, werden „an Leib, Gut und Geld und nach Gelegenheit der Person" bestraft. — Wer die Tochter eines Biedermanns, die seine Ehehalte ist, schwängert, zahlt 10 Pfd. Pfg.

10. Vom Zu- und Volltrinken:

Die Untertanen sollen sich „des unnatürlichen und unziemlichen Zu- und Volltrinkens" enthalten. Wer dies nicht befolgt, und wer andere dazu benötigt oder in anderer Weise dazu verleitet, zahlt 1 Pfd. Pfg., wenn dies tagsüber geschieht, nachts das Dreifache.

11. Von Hochzeiten und Schenken:

Weil hierbei übermäßig Kosten aufgewendet und der gemeine Mann dadurch „beschwert" wird, dürfen künftig zu Hochzeiten nur noch die beiderseitigen Eltern, Geschwister und Geschwisterkinder geladen werden. Andere dürfen nur Geschenke machen, die nicht mehr als 15 Kreuzer wert sind. Bei der Schenke darf pro Person nur 1 Maß Wein ausgegeben werden. Strafe 5 Pfd. Pfg.

12. Leibeigene Leute

müssen sich zu ihrer Leibeigenschaft bekennen und dürfen in keines anderen Herrn Dienste treten. Wer dies nicht befolgt, dessen Güter werden eingezogen. Eltern, deren Kinder in andere Dienste treten oder sich aus der Genossenschaft verheiraten, dürfen diesen keinen Heller Mitgift geben. Strafe 10 Pfd. Pfg. — Niemand darf einem weggelaufenen Leibeigenen helfen und beherbergen, wenn er informiert ist. Strafe 10 Pfd. Pfg. — Jeder muß seine Söhne und Töchter, sobald sie das Alter erreicht haben, den Beamten bringen und die Leibeigenschaft geloben lassen. Strafe 10 Pfd. Pfg. Auch die Freien, die in der Herrschaft wohnen, dürfen keinem anderen Herrn dienen. — Keiner darf ein leibeigenes Kind ohne Genehmigung in eine andere Herrschaft verdingen oder ausleihen. Strafe wie oben. — Alle Manns- und Weibspersonen, die Leibeigene anderer Herrschaften und von diesen mit Gütern belehnt sind, müssen sich bis spätestens Weihnachten ihrer Leibeigenschaft ledig machen, und dies mit entsprechender schriftlicher Bestätigung dem Ober- und Untervogt zu Scheer nachweisen, oder bis dahin die Herrschaft verlassen. Strafe wie oben.

13. Ausnahme solcher, die in die Herrschaft ziehen wollen, und Huldigung derer, die „zu ihren Jahren kommen":
Niemand darf als Einwohner angenommen werden, wenn er nicht vorher sein Mannsrecht nachweisen kann und schriftlichen Beweis dafür bringt, daß er von der Leibeigenschaft frei und keinem anderen Herrn verbunden ist. Außerdem darf nur das herrschaftliche Gericht über eine evtl. Aufnahme entscheiden. Strafe 10 Pfd. Pfg. — In Scheer soll es jedoch „wie von alters her gehalten werden und bleiben". — Wer nicht aus der Herrschaft gebürtig, aber eine Zeitlang hier gewohnt hat, muß ebenfalls sein Mannrecht nachweisen. — Nur mit Bewilligung der Beamten darf sich einer in der Herrschaft aufhalten, gleich ob er Lehen- oder Eigengut hat. Strafe 5 Pfd. Pfg. — Niemand darf einen Fremden länger als eine oder zwei Nächte beherbergen, außer den Wirten, die jedem gegen Bezahlung Essen und Trinken geben können. Strafe 1 Pfd. Pfg. — Alle die, welche innerhalb der Herrschaft wohnen, seien es Eigene, Bürger, Hintersassen oder Einwohner, müssen, wenn sie „zu ihren Tagen gekommen und zur Wehr gut" sind, die Erbhuldigung leisten und schwören, den Amtleuten gehorsam und gewärtig zu sein, der Stadt und den Dörfern Nutzen schaffen, sie vor Schaden bewahren und all das tun, wie die anderen Untertanen. Diesen Eid müssen sie jährlich erneuern. Jeder Vater muß seinen Sohn, der noch nicht vereidigt ist, dazu veranlassen; andere, die zu Einwohnern angenommen wurden, müssen sich selbst stellen. Strafe 1 Pfd. Pfg.

14. Dienstknechte und Ehehalten:
Wer einen Knecht dingt, der nicht zu uns gehört oder nicht vereidigt ist, darf diesen nicht länger als 14 Tage behalten, außer dieser lege dann den Eid ab. Strafe 1 Pfd. Pfg. Ein solcher Knecht darf erst wieder wegziehen, wenn er den Beamten nachweist, daß er keine Schulden hat, und wohin er geht. — Wenn ein Knecht oder Ehehalte bereits nach einem Jahr grundlos kündigt, braucht ihm sein Meister (oder Frau) keinen Lohn zu geben. Außerdem wird er von der Herrschaft um 1 Pfd. Pfg. gestraft. Unter Androhung derselben Strafe ist es niemand erlaubt, ohne Bewilligung des seitherigen Meisters (oder Frau) einen solchen Knecht zu dingen. — Wer seinen Knecht während des Jahres grundlos fortschickt, muß ihm den vollen Lohn bezahlen. Gibt er beim Vogt oder Amtmann und zwei Richtern hierfür die Gründe an, entscheiden diese. — Keiner darf dem andern während des Jahres einen Knecht oder Ehehalten, ohne Zustimmung des seitherigen Dienstherrn, abdingen. Strafe 1 Pfd. Pfg. — Wer, ohne Wissen der Eltern oder des Meisters, Kinder oder Ehehalten „abkauft", wird mit 3 Pfd. Pfg. bestraft.

15. Von den ansässigen Wirten, dem Wein-, Brot- und Fleischbeschauen und von Maß und Meß:
Immer wieder wird geklagt, daß die Wirte ihre fremden Gäste und auch unsere Untertanen hinsichtlich der Zehrung und des Weinausschenkens übernehmen. Daher müssen die Amtleute überall solchen Mängeln nachgehen und sie anzeigen. Jeder Wirt, der einen Wagen mit einem oder mehreren Weinfässern vor sein Haus bringt, muß daher, bevor er diesen anzapft, nach den Weinschauern schicken und diesen Wein schätzen und schauen lassen. Er muß dabei bei seinem Eid angeben, zu welchem Preis er den Wein einkauft, und darf darauf den Fuhrlohn schlagen. Die Schätzer probieren den Wein und setzen fest, was er an zusätzlichem Gewinn verlangen darf. — Schlechter Wein soll nach seinem Wert geschätzt werden. — Auch Fleisch und Brot müssen von den Schauern gewertet und dürfen nicht anders verkauft werden. — Jeder Wirt muß dauernd trinkbaren Wein vorrätig haben. Strafe 1 Pfd. Pfg. — Wer mit dem Ausschenken beginnt, muß dies ein volles Jahr tun. Strafe wie oben. — Die Wirte dürfen nur bis 9 Uhr ausschenken, außer an Fremde. — Es darf auch kein Wirt Wein aus dem Haus geben, außer an Kindbetterinnen, kranke Leute oder wenn einer fremde Gäste hat. Strafe wie oben. — Niemand darf nach 9 Uhr in den Wirtshäusern Zechen halten, außer die Gäste hätten das Bestellte noch nicht verzehrt. Danach müssen sie aber gleich heimgehen. — Es darf auch kein Wirt nach 9 Uhr in ein anderes Haus zum Zechen Wein geben. Strafe wie oben.

Wirte, Müller, Metzger, Schneider, Weber und alle anderen (Handwerker) müssen ihre Maße, Messen, Metzen, Viertel, Imi, Ellen, Mühl- und Webergeschirr, und alles andere, was dem gemeinen Mann zum täglichen Gebrauch dient, aufrecht und redlich halten und führen, und zwar so, daß sie der Schau standhalten. Unredlichkeiten werden vom herrschaftlichen Gericht geahndet. Solche Besichtigungen werden in Scheer durch einen herrschaftlichen Vogt, in der Herrschaft aber durch ein hierzu verordnetes Gericht vorgenommen. — Niemand darf ein „Meß, Metzen, Maß, Viertel oder Imi" gebrauchen, in welches das herrschaftliche Eichzeichen nicht eingebrannt ist. Strafe 5 Pfd. Pfg. — Wenn ein Wirt Gäste länger als 1 Nacht beherbergen will, muß er diese, wie auch solche, die ihm verdächtig vorkommen, den Beamten anzeigen. Strafe 1 Pfd. Pfg. — Für „Zechen, Mäler und aus dem Haus zu holen", darf ein Wirt einem Untertanen höchstens 1 Pfd. Pfg. borgen oder „an die Wand schreiben". Tut er das trotzdem, braucht ihm der Untertan nichts zurückzuzahlen, außerdem wird er um 1 Pfd. Pfg. bestraft; ausgenommen sind Priester, Kindbetterinnen und kranke Leute. Untertanen, die mehr als 1 Pfd. Pfg. schuldig bleiben, werden um 3 Pfd. Pfg. bestraft.

16. Aus der Herrschaft wegziehen:
Es ist verboten ohne herrschaftliche Erlaubnis die Herrschaft zu verlassen und einem anderen Herrn zuzuziehen. Tut es einer trotzdem, verliert er „Leib und Gut, außerdem werden ihm Weib und Kinder nachgeschickt".

17. Zusammenrufen der Gemeinden:
Ohne Vorwissen der Beamten darf niemand die Gemeinde (Bürgerschaft) zusammenrufen. Ist kein Amtmann da, darf es nur mit Vorwissen der Dorfpfleger (Bürgermeister) geschehen. — Wenn die Gemeinde zusammengerufen wird, hat jeder gehorsam zu erscheinen, darf ohne zwingenden Grund nicht fernbleiben und muß zum ge-

meinen Nutzen immer nur das Beste raten und reden. Strafe 1 Pfd. Pfg. — Wer ungehorsam ausbleibt und danach den andern Gehorsamen in ihren Rat und ihre Handlung redet, soll zusätzlich bestraft werden. — Was man auch jederzeit in der Gemeinde berät und geheim verhandelt, darf nicht an die Öffentlichkeit dringen. Strafe 1 Pfd. Pfg. Wer dies freventlich tut, wird nach Ermessen der Herrschaft höher bestraft.

18. Vom Verkauf liegender Güter:
Die Beamten haben streng darauf zu achten, daß keiner ein liegendes Gut einem, der nicht in der Herrschaft ansässig und vereidigt ist, verkauft. Strafe 10 Pfd. Pfg. — Dieselbe Strafe droht denen, die liegende Güter an Klöster, Gotteshäuser und Spitäler verkaufen.
Das nachfolgende Statut berührt die Bürger von Scheer nicht: Ein trotz dieses Verbots getätigter Kauf ist rechtsungültig. Wenn einer ein Gut verkaufen will, muß er es erst der Herrschaft anbieten. Zeigt sie kein Interesse, darf er es an jeden in der Herrschaft Ansässigen verkaufen. Geschieht dies ohne Vorwissen der Herrschaft, ist der Kauf ungültig und der Übertreter zahlt 10 Pfd. Pfg. Strafe. — Es darf auch keiner ein innerhalb der Herrschaft gelegenes Gut an einen außerhalb Wohnenden ohne Erlaubnis versetzen oder verpfänden. Strafe 10 Pfd. Pfg. — Auch darf keiner ein Gut, das er schon versetzte, oder eines, das mit Zinsen und Gülten beschwert ist, versetzen oder verkaufen, außer er habe dies vorher dem Käufer angezeigt. Zuwiderhandlungen werden vom herrschaftlichen Gericht bestraft.

19. Untergang und offene Marken:
Was von den Untergängern als „abgegangen" registriert wird, darf von demjenigen, von dem es abgegangen ist, nicht mehr ohne Erlaubnis angenommen werden.
Wer den anderen über offene Marken und Zeichen gefährlicherweise übermäht, überährt, überschneidet, überhaut oder sonst gefährlich übergreift, zahlt 10 Pfd. Pfg. — Wer an Rainen oder sonst weiter als ihm gebührt unterhackt, zahlt 1 Pfd. Pfg. — Nur die Untergänger dürfen gesetzte Marksteine verrücken, versetzen, verdecken und auswerfen. Zuwiderhandelnde werden nach Gnad und Ungnad bestraft. Jeder ist verpflichtet, ausgefallene Marksteine wieder aufzurichten.

20. Wie die Gläubiger zu ihrem Geld kommen:
Schulden bis 8 Schilling Pfennig, müssen bei Strafe von 1 Pfd. Pfg. innerhalb von 14 Tagen bezahlt werden. Erfolgt dies nicht, wird auf jeweils weitere 14 Tage nochmals 1 Pfd. Pfg. geschlagen, und zwar bis zu 10 Pfd. Pfg. Ist dann immer noch nicht bezahlt, soll zum „Angriff, Pfändung und Vergantung geschritten werden, alles mit Maß und Ordnung, wie es an jedem Ort üblich ist". Die geschworenen Knechte müssen das Pfand holen und die Bannwarte, wie ortsüblich, darauf schlagen und jedem Knecht für einen Gang 6 Pfennig bezahlen. Eine solche Pfändung darf ohne Vorwissen der Amtleute nicht vorgenommen werden. — Es darf auch niemand ein solches Pfand aus dem Gericht nehmen. Strafe 10 Pfd. Pfg. — Wer der Herrschaft Steuer, Zins, Frevel, Gefälle oder anderes schuldet, muß auf Anfordern der Amtleute ein Pfand geben, das sie bei einem Wirt abstellen (meist ein Stück Vieh). Wird dieses innerhalb von 14 Tagen nicht eingelöst, wird es verkauft. — Wer kein Pfand aufweist, erhält Wirtschaftsverbot, oder das Verbot einen anderen Ort aufzusuchen, bis er bezahlt hat.

21. Wie es mit Hölzern, Waidwerk und anderen Artikeln gehalten werden soll:
Die Gehäue müssen „fleißig gehaget und gebannt" und so lange Tag und Nacht gute Achtung darauf gehabt werden, bis sie „vor dem Vieh wohl erwachsen seyen, alles nach unserer oder unserer Amtleut Erkenntnis". - Niemand darf einen „beerenden Baum" (Äpfel-, Birnen- und Kirschbäume) auf der Gemeindsmarkung oder sonst in den Hölzern ohne herrschaftliche Erlaubnis abhauen. Strafe 1 Pfd. Pfg., wovon $^1/_3$ der Forstmeister erhält. — Ein Forstmeister darf nur die Erlaubnis zum Fällen eines solchen Baumes geben, wenn ein Richter und einer aus der Gemeinde dem zustimmten. — Wer im Wald unerlaubt Holz schlägt, zahlt für jeden Stumpen Eichelholz 3 Pfd. Pfg. — Niemand darf in den gemeinen Marken Holz hauen oder heimtragen, weder Gerten noch Haselstecken. Strafe 2 Pfd. Pfg. — Niemand darf Zäune und Hage zerhauen, brechen und heimtragen. Strafe 1 Pfd. Pfg. — Niemand darf im herrschaftlichen Forst unerlaubt dem Waidwerk nachgehen.
Wer ein Kalb, Lamm oder Kitzlein verkauft, die nicht rein sind, zahlt 1 Pfd. Pfg.
Jeder muß auf Rat und Befehl der Übergeordneten (Feuerschauer) seine Feuerstatt, Kachelofen, Backofen, wie erforderlich versorgen. Strafe 1 Pfd. Pfg. — Niemand soll ohne Laterne mit brennenden (offenen) Lichtern oder Feuern in Scheuern, Ställen usw. zünden (Licht machen). Strafe 1 Pfd. Pfg.
Es darf keiner für andere Briefe schreiben oder machen lassen, außer in der Hofkanzlei. Strafe 1 Pfd. Pfg.
Streitsachen, deren Wert sich auf weniger als 1 Pfd. Heller beläuft, werden vom Untervogt und Bürgermeister, oder einem Amtmann, vertragen.
Ein junger Gesell, „der zum Sacrament gegangen ist", darf wöchentlich nur „zwei Nächt", nämlich am Dienstag und Donnerstag „zu Liecht gehen" (die Lichtstube aufsuchen), und muß sich dort ruhig verhalten. Strafe in Scheer 8 Schilling Pfennig, sonst in der Herrschaft 1 Pfd. Pfg. — Knaben, die „noch nicht zum Sacrament gegangen", müssen von den Eltern daheim gehalten werden. Strafe 1 Pfd. Pfg.
Ohne Einwilligung der Vögte und Amtleute dürfen die Heiligenpfleger nichts ausleihen. Wer dies trotzdem „zum Nachteil der Heiligen" tut, wird regreßpflichtig gemacht.
Wer wegen anstehenden Liedlohns (Gesindelohn) beim Amtmann verklagt wird, muß diesen innerhalb 8 Tagen bar bezahlen. Strafe 1 Pfd. Pfg.
Jeder, dem eine Übertretung dieser Artikel bekannt ist, ist zur Anzeige verpflichtet. Widrigenfalls wird er bestraft. Die Beamten sind verpflichtet, alle Straftaten unnachlässig zu ahnden und zu bestrafen. Die Standesherrschaft behält sich vor, diese Satzungen jederzeit zu ändern.

1565 wurde der 1532 erbaute **Gasthof zur Au"** erneuert.

Die Vormundschaftsregierung (1566–1578)

erhielt im Jahre 1566, gleich nach dem Tod des Truchsessen Wilhelm d. J., von Kaiser Maximilian das **Privileg**, wonach kein Jude in der Herrschaft der Truchsessen, ohne deren Erlaubnis, irgendeine Handlung vornehmen dürfe.

1567 bestätigte der Kaiser der Stadt Scheer ihre Privilegien. 1568 verglichen sich die truchsessischen Anwälte mit der Stadt wegen des Wegs zwischen dem Ziegelhaus und dem herrschaftlichen Garten (Hofgarten). Siegler Truchseß Christoph. —

1570 herrschte in Folge Mißwachses so **große Not**, daß man in manchen Gegenden Eichenrinde und -laub vermahlte und davon eine Art Brot herstellte. Nach dem „Roten Buch" wurden in Scheer für 1 Viertel Roggen 22 Batzen bezahlt.

Bürgermeister, Rat und ganze Gemeinde beschlossen 1575 eine Ordnung darüber, „**wie sich ein jeder Bürger oder Bürgerin mit seinem Hab und Gut halten soll**":

1. Niemand darf seine liegenden Güter außerhalb der Stadt verkaufen. Wer dawider handelt, soll künftig „weder Holz noch Feld genießen, weder mit Leuten, noch Rossen und anderem Vieh".

2. Es darf auch keinem Ausbürger etwas verkauft werden. Diesbezügliche Verkäufe werden annulliert. — Im „Roten Buch" lesen wir zu diesem Jahr über die „Versteuerung liegender und fahrender Hab und Güter der Stadt Scheer". Es heißt dort, daß man jedem bei der Versteuerung seiner Güter diese Stück für Stück vorliest und angibt, wie hoch es in die Steuer kommt. Wenn er damit nicht einverstanden ist, wird er darauf hingewiesen, daß er seine Angaben unter Eid bezeugen muß, allerdings nur dann, wenn er mehr als 100 Pfund versteuert. — Zum fahrenden Gut soll man 3 Pfennig „von einem Markt, als viel er dann hat" geben. Zum fahrenden Gut zählen Bargeld, Roß, Vieh, Stroh, Heu, Mist, Korn und andere Früchte, eingesalzenes Fleisch, Garn unzerschnitten, Samen auf den Äckern, unangebrochenes Schmalz, Silbergeschirr. Ein Schmied muß seinen Amboß versteuern, wenn er mehr als 2 Blasebälge hat auch diese. Schulden werden gegen Schulden verrechnet. Hat er keine, kann er sie am fahrenden Gut abziehen.

Hinsichtlich der **Obsternte** wurde 1577 beschlossen: Wer beerende Bäume auf seinem (Almand-) Teil hat, soll das Obst für eigen haben. Jeder darf auf seinen Teil überhängendes Obst auflesen und behalten, darf es aber nicht schütteln, bevor es erlaubt wird. Strafe 3 Schilling Pfennig. Ebensoviel zahlt der, welcher sich auf einem andern Teil zu schaffen macht.

Beim Amtsantritt des

Truchsessen Christoph Karl (1578–1593)

bestätigte König Rudolf im Jahre 1578 der Stadt wieder ihre Privilegien. — Nachdem Graf Karl von Hohenzollern mit dem **Holzflößen** auf der Donau von Sigmaringen abwärts begonnen hatte, klagte der Truchseß im Jahre 1580, da er darin eine Schädigung an „Wuhr, Mühle, Bach und Fischenz" sah. Zudem schien es ihm und den Donauanliegern als Eingriff in ihre Obrigkeit. Ein Vermittlungsvorschlag lautete dahingehend, daß Graf Karl das Holz auf einen von Christoph bestimmten Platz unterhalb der Brücke in Scheer führen und erst dort in die Donau werfen lassen soll. Christoph soll dafür den Hitzkofer Berg bejagen dürfen. Die beiden waren jedoch so verfeindet, daß sie ihre Untertanen aufmahnen ließen, um ihre Standpunkte mit Gewalt zu vertreten. Um das Flößen zu hindern, ließ Christoph gefällte Bäume bei der Blochinger Brücke in die Donau werfen. Der Streit wurde 1581 dem Kammergericht übergeben.

Das *Urbarium*, das auf Befehl des Truchsessen im Jahre 1582 für seinen ganzen Herrschaftsbereich angelegt wurde, wiederholt zwar viel bereits Bekanntes, bietet aber einen noch tieferen Einblick in die Stadt. Wieder erfahren wir den Namen eines **Schultheißen: Jacob Keppeler**, der mit Hans Riesch und Veltin Frick an der Bestandsaufnahme beteiligt war. Für die Stadt Scheer erhalten wir folgendes Bild: Jeder Bürger der eine Mähne hat, ist fronpflichtig. Wer front, erhält pro Tag $1/4$ Laib Brot, auch die Handwerker, die nicht zu schneiden pflegen, werden zur Arbeit in der Scheuer herangezogen. Wenn der Truchseß schneiden lassen will, soll der Bittel, bevor er morgens das Tor öffnet, von Haus zu Haus gehen und zur Fron gebieten.

Frevel, Unrecht, Strafen und Bußen gehören dem Herren allein zu. Von jedem Toten, Mann oder Frau, erhält die Herrschaft den Leibfall. Jeder Leibeigene, Mann oder Frau, gibt jährlich eine Fastnachtshenne. Wer seinen Besitz verkauft, um abzuziehen, zahlt dem Herrn 10 % des Erlöses als Abzugsgeld. Nur mit Genehmigung der Herrschaft darf jemand das Bürgerrecht erhalten. Mann und Weib, die zugezogen sind, zahlen dafür 4 Gulden. Ledige, die nach Scheer hereinheiraten, zahlen ebensoviel.

Güter der Herrschaft:

Das Schloß mit Marstall, Korn- und Reiterhäusern, Scheuern, Ställen und anderem, die gerade unter dem Schloß, „auf dem Bauhof" beieinander liegen, sind denen von Scheer gegenüber steuerfrei.

Die Kanzlei: ein Steinhaus mit einem kleinen Garten zunächst beim Schloß am Kirchberg, zwischen der Allmand und der hl. Dreifaltigkeit Pfründ-Scheuer, die z. Zt. der Mesner bewohnt.

Herrschaftliche Soldhäuser:

1 Haus in der Stadt zwischen Matheus Will und Thoma Will

Eigenbehausungen:

1 Viertel eines Hauses (später „halb"), das der Truchseß von Absoln Hueber gekauft, in der Stadt zwischen der Allmendgasse, beiderseits gelegen, stößt hinten auf Appolonia, Stephan Stahelers Witwe.

1 halbe Behausung in der Stadt, die der Truchseß von Lienhard Kochs Erben kaufte; zwischen Christoph Hörpps Hofraite und der Allmendgasse; — baut des Herrn Kutscher und Sägmüller.

1 Behausung mitten in der Stadt, zwischen der Allmendgasse und Margaretha, Martin Stainenbrunners Witwe.

1 Behausung vor dem Tor; - baut Bastian Kyferlin.

1 Hofstatt unten in der Stadt, zwischen dem Reiterhaus und der Behausung des Jacob Aigner und der Barbara,

Witwe des Pankraz Prenger (das Haus wurde nach 1582 vom Meßner Bartlin Scheerer erkauft).
1 Scheuer unten in der Stadt, zwischen dem Gemeinmark und Bartlin Kyfferlin.
Ziegelhütte: ein Ziegelhaus mit Behausung, Scheuern, Ställen, einem Brunnen und einem Stück Krautgarten, alles außerhalb der Stadt zwischen der herrschaftlichen Brühlhalde und an dem Gäßlein gegen den langen Garten gelegen.
Die herrschaftliche Mühle: hinten beim Schloß unterm Raigelsberg an der Donau. Sie hat drei Gänge, auch eine Sägmühle und ein Schlachthaus; desgl. jenseits des Mühlwegs ein Waschhäuslein. Jeder Bürger ist in diese Mühle gebannt, d. h. verpflichtet, dort mahlen zu lassen.
Die Badstube: ein Haus mit Scheuer und einem Baum- und Krautgarten vor der Stadt bei der Au. — Zu ihr gehören 6 Jauchert Äcker.
Die Schieß- und Armbrust-Häuser:
1 Schieß- und 1 Armbrusthaus auf der Au.
1 Fischerhäuslein hinter der Badstube.
1 Fischerhäuslein an der Donau am Mühlweg.
Eine Sandgrube auf dem Berg, „ob dem langen Ried".
Ein Steinbruch „ob dem Killin Garten" (Bartelstein).
Ein Haus und Hofraite in der Stadt, das vormals Stefan Stadlers Witwe innehatte, liegt beiderseits an den Häusern, die der Hufschmid und der Kutscher bewohnen.
Ein Haus beim Röhrbrunnen, das vormals Marte Steinbrunners Witwe bewohnte; liegt neben der Behausung des Obervogts.
Ein Haus und Hofraite beim Tor, das an der einen Seite am Spital liegt. Dazu gehört ein Scheuerlein, das Meister Damian Engler von Hans Volkwein kaufte. — Der Kuhstall neben dem Scheuerlein gehört dem Volkwein.
Eine halbe Behausung samt einer Mistlage, die Peter Strop besaß (die andere Hälfte hat Galle Gerber inne), liegt einerseits neben Hans Wolleb und dem Hofkoch Michel Multrer.
Ein Haus, das Hans Schwarz' Witwe besaß, liegt bei Jacob Feinaiglin. Dazu gehört ein Scheuerlein, liegt neben Caspar Miller und Bartle Schorr; stößt an die Straße.
Herrschaftliche Gärten, über der Donau gelegen:
Ein Baum-, Killen- und Weingarten, genannt Bartenstein, vor der Brücke, durch den der Killenpark gegen den Baumgarten führt. Er ist wie der Baumgarten ordentlich ummauert mit einem Brunnen und Turm im gen. „Küllengarten".

Ein Baum- und Krautgarten, gen. „der lange Garten", der auch ummauert ist; liegt an der Gemminger Gasse, stößt unten auf die Ziegelhütte.
Ein Baumgarten unterhalb der Ziegelhütte.
Ein Baumgarten auf dem Raigelsberg.
Ein weiterer Baumgarten auf dem Raigelsberg.
Ein Baum- und Krautgarten am Mühlweg, gen. der Mühlgarten, in der Au gelegen.
Ein Baumgarten „im Weidlin", gen. der Lustgarten (9 $\frac{1}{2}$ Mannsmahd), liegt einerseits an der Stadt Scheer, anderseits an der Menger Straße.
Herrschaftliche Äcker:
Im Gemminger Ösch insgesamt 61 $\frac{1}{2}$ Jauchert; dazu kamen später weitere 6 $\frac{3}{4}$ Jauchert.
Im Mittelösch: 74 Jauchert.
In der Zelge gegen Blochingen: 69 $\frac{3}{4}$ Jauchert.
Herrschaftliche Wiesen: 93 Mannsmahd.
Herrschaftliche Hölzer:
Ein Holz in der Bauzenreute „im Mostal-Tal".
Das Jungholz.
Ein Hölzlein vor dem Schachen.
Ein Hölzlein in der Menger Au.
Ein Holz bei Ödenweiler oder Egelsee an der Straße nach Sigmaringendorf.
Ein Holz oberhalb Laiz.
Ein Holz an der Klaffstaig.
Herrschaftliche Gewässer:
Ein Wasser an der Donau oberhalb der herrschaftlichen Mühle.
Ein Wasser an der Donau, das jetzt Hans Schreiber, Balthasar Ramsperger und Bläsi Bengel von Ennetach innehaben.
Ein Wasser, das Bartlin Jocher von Mengen innehat;
Ein Wasser, das an Theus Vischer von Scheer verliehen ist.
Ein Wasser, das Antoni Ströff von Hundersingen als Leiblehen hat.

	Gulden	Kreuzer	Heller
Jährliche Steuern auf Martini:			
Stadt Scheer:	30	6	4
Hofstattzinsen aus einzelnen Gütern:			
Hellerzinsen		2	3
Bartlin Scherer, der Mesner		1	2
Absolon Buber, Bürger zu Scheer insges.		3	10
Bartlin Scherer, der Mesner weitere		1	12
Georg Kreb, Bürger		2	12
Lorenz Hagmann, Bürger und Schmid		18	9
Stoffel Gutknecht		3	7
Hans Joachim Stainmetz, Bürger		6	17

Der Frühmesser	12	4
Michel Will, Bürger	8	31
Jacob Aigner und Barbara Bongratius, Springers Witwe	3	4
Peter Heberlin und Gertrauta, Renhart Kyferlins Witwe	1	6
Anna, Hans Gutknechts Witwe	2	4
Barbara, Theus Stilzens Witwe	2	4
Bartlin und Hans die Kyferlin	3	4
Hans Kyferlin, Schweinekoch	1	6
Elisabetha, Stefan Wegners Witwe	—	7
Lucia, Matheus Schwarzen Witwe	—	7
Hans Walter, Wirt	1	6
Bartlin Ratzenkover und Melchior Schneider	3	4
Melchior Schneider für sich selbst	—	5
Matheis Will	3	4
Hans Bamser, Dreher und Conrad Jerger	4	15
Hans Bamser für sich selbst	1	2
Lorenz Kyferlin	8	20
Claus Kyferlin, Metzger zu Scheer	3	14
Endris Müller	3	4
Barbara Müllerin	2	1
Pether Maier und Agnesa Zieglerin	8	14
Claus Kyferlin	3	4
Thoma Huber und Theus Behm	3	4
Thoma Huber für sich selbst	—	2
Jerg Strauß	2	4
Anna, Thoma Federlins-, Barbara, Jerg Genkholin-, und Maria, Sebastian Blau-Müllers Witwen	2	—
Michel Waibel	1	6
Jeder Helfer und seine Konsorten	10	14
David Schultheis, Schlosser zu Scheer	3	4
Claus Schultheis, Maurer	3	4
Hans Willen Erben	1	6
Stoffel Fleckh	6	12
Hans Frick	3	4
Stoffel Martin und Jerg Frickh	1	6
Hans Frick und seine 3 Brüder	1	6
Lucia, Jacob Fricks Witwe	2	4
Lienhardt Scherer	1	13
Endris Ziegler, Jerg Kurtzberger und Jakob Feinäugle	3	4
Endris Ziegler für sich	2	7
Ursula, Christen Kyferlins Witwe	3	4
Bartlin Müller und Michel Waibel	1	4
Bartlin Müller für sich	2	9
Theuß Mercklin	5	2
Quirinus Zimmermann	3	4
Ursula, Bartlin Willen Witwe	3	4
Feltin Kreeb, Bartlin Will und Bastian Wills Kinder	3	4
Hans Gasser von Blochingen	1	3
Jacob Closterbauer und Hans Baldauf	3	4
Jacob Closterbauer für sich	4	10
Galle Gerber, Peter Stroff und Hans Wolleb	3	6
Galle Gerber für sich	2	4
Peter Stroff für sich	1	6
Jacob Feinäugle, Bürger und Wirt (Stadtwirtshaus beim Schloß)	12	20
Bartlin Kyferlin	2	6
Jerg Huber, Bäcker (Haus o. i. d. Stadt)	3	4
Christoff Hörpp, Bürgermeister	3	8
Lorenz Luib	1	2
Conradt Jeger	1	1
Jacob Bamsers verpflegte Kinder	1	1
Bastian Ziegler	3	4

Ursula, Michel Speidelins Witwe	—	2
Jacob Keppeler, Schultheiß zu Scheer	4	4
Margretha, Martin Steinenbrunners Witwe	1	6
Hans Kyferlin, Stadtschreiber	3	4
Balthas Kyferlin und seine Konsorten	3	4
Hans Volkhmann, Bürger	2	6
Jerg Huber	1	6
Bastian Bopp und Matheus Bieckhardt	3	4
Hans Koch	2	—
Absolon Huber und Appolonia, Konrad Merks Witwe	2	5
Wilhelm Laubacher, Hofmeister des Gotteshauses Sießen	3	4
Hans Öderlin und Anna Jung, Heinrich Kyferlins Witwe	3	4
Melchior Eberlins sel. verh. Kinder	3	4
Alexander Strang	2	4
Friedrich Scherer und Veltin Frick	3	4
Bartlin Scherer d. J.	1	—
Michel Hartmann und Jacob Müllers Erben	3	4
Barbara, Hans Schwarzens Witwe	3	4
Claus Hartmann und Hans Scherer	3	4
Lienhardt Brackh und Hans Riesch	3	4
Lienhardt Brackh für sich	1	—
Magister Damian Engler	3	9
Michel Zimmermanns Witwe	4	10
Hans Kleber und Klaus Stilp	3	4
Hans Kleber für sich	—	4
Claus Haying	6	12
Galle Klaufliegel, der Bader	7	3
Jerg Henne	1	6
Hans Brackh von Ennetach	2	4
Paulin Dilger von Ennetach	1	6
Die Heiligenpfleger der ULF-Pflegschaft zu Ennetach	2	6

Jährlicher Wasserzins aus den Fischwassern auf Martini

Theus Merckhlin, Fischer zu Scheer	20 Gulden	
Antoni Stropp von Hundersingen	16 Gulden	

Ablösige Hellerzinse auf Pfingsten:	87 Gulden	30 Kreuzer
dto. auf Martini:		
Graf Otto von Öthingen	7 Gulden	
Jacob Schultheis von Ablach	2 Gulden	
Lorenz Senzenbach zu Günzkofen	1 Gulden	30 Kreuzer
Georg Miller von Beizkofen	2 Gulden	
Melchior Reichhard von Ölkofen	2 Gulden	

Ewig unablösige Früchte aus dem Gemminger Zehnten, den das Stift Buchau innehat: 7 Malter Roggen, 8 Malter Vesen und 7 Malter Haber.

Aus der Stadt Scheer hatte die Herrschaft jährlich, neben den Einnahmen aus der Rechtsprechung, dem Hauptrecht und Gefällen, den Abzuggeldern und den Einnahmen aus der Verleihung des Bürgerrechts an Steuern, die

auf Martini fallen	30 Gulden	6 Kreuzer	4 Heller
Wasserzinsen auf Martini und Georgi	36 Gulden	—	—
Hofstattzinsen auf Martini	6 Gulden	17 Kreuzer	2 Heller
Hellerzinsen auf Pfingsten	87 Gulden	3 Kreuzer	—
Hellerzinsen auf Martini	14 Gulden	30 Kreuzer	—

Nach dieser Beschreibung des Besitzes der Herrschaft im Bereich der Stadt, wurde 1583 ein *„Urbar der Stadt Scheer"* angelegt. Es enthält

1. Der Stadt Scheer eigene Hölzer:
Mit genauen Grenzbeschreibungen sind angeführt: der Scheerer Wald, die Bautzenreute, ein Wald gen. „Haugs Rhein", ein Holz gen. „Heustaig", ein Holz gen. „der Schuppenhau", ein weiteres Holz, ein Holz gen. „der Spitzenweiler" und ein Holz gen. „das lange Ried" (vgl. „Der Scheerer Wald").

2. Der Stadt eigentümliche Allmenden:
Eine Allmend, gen. „die Au", fängt beim Garten des Wagners Michel Müller an, der jetzt von meinem gnädigen Herrn erkauft ist, geht der Donau nach hinab bis zur Badstube; ist der Stadt Scheer Eigentum.
Eine Allmend, gen. „der (?) Eispach", fängt bei der Donaubrücke an, folgt der Donau und meines gnädigen Herrn langen Garten hinab bis an den großen Eispach und an die Ziegelhütte. Ist der Stadt eigen.
Eine Allmend und Eggert, gen. „der Bihel", am Jungholz zwischen der Binger Straße gelegen.
Eine Allmend, „am Bitteßthal", zwischen den Gütern gelegen, stößt oben auf Bartlin Scherers, und unten auf des Reüdig Eschlin. Ein Bühl, gen. „der Mittelbihl" an der Heuschlaufhalde, zwischen den Kirchgütern und den Stadtäckern gelegen, außen auf Bartle Wills Erben stoßend.
Eine Allmend, gen. „Würden", zwischen meines gnädigen Herrn Opferbaindtacker und Jacob Feinaigles eigenem Acker gelegen, stoßt oben auf die Allmendstraß, und unten auf meines gnädigen Herrn Brühl unterm Gottesacker.
Ein Rain oder Bühl, gen. „Rematts- und Rüebhalde", zwischen den Äckern der gemeinen Stadt Bürgerschaft beiderseits gelegen, stoßt außen auf das Neue Ried, und innen auf die Rottenstaig (Bemerkung: ist noch vorhanden, außer was Bernhard Rhein und Wilhelm Sonntag von der Stadt erkauft haben).
Raine und Bühle, die um den Raigersberg und die Mühlhalde liegen, stehen nach altem Herkommen als Weide der gemeinen Stadt zur Nutznießung zu. Die Halde am Raigersberg wurde gegen einen Acker vertauscht.

3. Der Stadt eigentümliche Äcker:
In der Zelge „Siechenstaiglein" 2 Jauchert gen. „der Herdweg", von denen derzeit etwa 1½ Jauchert bebaut werden, liegen zwischen Jakob Kieferlins Eigen- und Anwanderäckern, stößt oben auf das Landsträßlein und unten auf die Sigmaringendorfer Straße.
Der Ösch unter Rehmadt, 5½ Jauchert Ackers an der „Rottensteige", stößt einesteils auf die Rottensteige hinauswärts auf meines gnädigen Herrn Eigenäcker; liegt neben der Mengerstraße, anderseits neben der Rüebhalde. Diesen Acker hat unser gnädiger Herr Christoph, Erbtruchseß vertauscht gegen die Halde am Raigelsberg, die zum Lustgarten gehört. Aus den drittalb Jauchert an Kaspar Kellers Halde erhält jährlich der Pfarrer von Scheer 3 Viertel Haber und 6 Heller, der Heilige Geist 5 Kreuzer 2 Heller. (1613 wurde das Gebiet zu Gartenstücken aufgeteilt und den Bürgern zu kaufen gegeben.)

4. Der jährliche Zins auf Martini von
Lorenz Hagmann, Bürger und Schmid zu Scheer, zinst und gibt jährlich aus seiner Schmitte beim Tor und Hans Khinds Behausung, zwischen der Stadtmauer und der Allmendgasse gelegen, stößt vorne auf Georg Schöppers Mistgrube, — nämlich 2 Gulden 30 Kreuzer, jährlicher Schmittenzins 2 Gulden 30 Kreuzer
(1618 wurde diese Schmitte an Hanß Keller und Stoffel Volkmann verkauft).
Georg Kreb zinst und gibt jährlich aus einem kleinen Stücklein Hanfgarten bei der Kapelle, zwischen der Allmendstraß und dem Hans Frick eigenen Garten gelegen, stößt unten auf Jacob Käppelers Schultheißen-Lehengarten und oben auf den Grabenweg — nämlich 4 Kreuzer 2 Heller.
(Bemerkung: wurde verkauft).

5. Der Stadt eigene Güter
Eine Behausung, das Rathaus genannt, mitten in der Stadt, zwischen den Allmenden zu beiden Seiten gelegen, stößt vorn auf das Gemeinmark, hinten auf Lorenz Hagmanns Behausung und Scheuer.
Eine Behausung, das Württshauß genannt, zwischen dem Schloß und Jacob Aigners eigener Behausung, stößt vorn auf die Allmend, und hinten auf meines gnädigen Herrn Reiterhaus (1687 an Herrn Johann Frick verkauft), — Inhaber Jacob Feinaigle der Wirt; er zinst daraus jährlich der Stadt 4 Gulden.
Ein gemeines Wäschhaus vor der Stadt bei der Donaubrücke zwischen der Donau und sonst ringsum an den Allmenden gelegen.
Ein Schwinghaus, auch vor der Stadt auf der gemeinen Stadtgräben, ringsum an der gemeinen Mark gelegen.

6. Veltlin Frick, Stadtknecht, hat ein Gütlein inne, das ihm von der Stadt Scheer zu seinem Dienst geliehen, nämlich an Äckern: in der Zelge im Siechensteigle:
1 Jauchert Ackers am Siechenstaigle, zwischen der Pfarrwidum und Jerg Hubers eigenen Äckern gelegen, stößt außen auf meines gnäd. Herrn und innen auf des Mesners Stadtacker. Jährlicher Ertrag etwa 2 Malter Vesen und 1 Malter Haber. (Dieser Acker wurde, im 30jährigen Krieg, wegen der Kriegskosten an Georg Storer verkauft.)
1 Jauchert auch im Siechenstaigle, zwischen Jacob Käppelers Eigen- und dem Pfarrwidumacker gelegen, stößt innen auf den Allmendweg und außen auf Ursula, Christian Kieferlins Witwe eigenen Acker. (Dieser Acker wurde dem Bäcker Ulrich Stumpp zu kaufen gegeben.)
In der Zelg zwischen den Öschen:
1 Jauchert, das „untere Äckerlein" gennant, zwischen St. Niklaus und Lorenz Kiferlins Heilig-Geist-Lehenacker gelegen, stößt innen auf Hans Rieschen und außen auf der Stadt Acker. Jährlicher Ertrag etwa 1½ Malter Vesen, 1 Malter Haber (wurde an Ulrich Stumpp verkauft).
1 Jauchert am Hochsträß, zwischen meines gnädigen Herrn und Stoffel Herppen Eigenacker gelegen, stößt außen auf Bartlin Ratzenhofers Eigen-, und innen auf der

Pfarrwidum Acker, jährlicher Ertrag etwa 2 1/2 Malter Vesen, 1 Malter Haber (verkauft).

In der Zelg gegen Blochingen:
1 Jauchert im Blochinger Ösch, zwischen Endriß Zieglers eigenem und Endriß Schultheißen eigenem Acker gelegen, stößt außen auf Hans Kiferlins Lehenacker. Jährlicher Ertrag etwa 2 1/2 Malter Vesen, 1 1/2 Malter Haber (wurde an Ulrich Stumpp verkauft).

An Wiesen:
1/2 Mannsmahd Wiesen in Stählins Wörden, zwischen Hans Scherinck (?) Ammann zu Ennetach, Kiferlins Leibdingwiesen beiderseits gelegen; stößt oben wieder an gedachte Leibding, und unten auf Michel Willen Eigenwiesen (wurde in den Kriegsläufen an Lorenz Storer verkauft).

Was ein Stadtknecht weiter von der Stadt zur Benützung hat:
1. aus jedem Haus zu Scheer, das Hausgerechtigkeit hat, jährlich 3 Laib, einen auf Weihnachten, den anderen auf Ostern, den dritten auf Martini.
2. 1 Kreuzer 6 Heller aus jedem Haus jährlich auf Martini
3. 2 Kreuzer von jedem Hausbewohner jährlich
4. 1 Gulden 25 Kreuzer 5 Heller von der Stadt jährlich
5. Wenn 10 im Rathaus zechen, mag der Stadtknecht das ihm vom Bäcker gegebene Brot einbehalten.
6. Er bezahlt keine Steuer, kein Wacht- und Torgeld und ist auch des Hütens frei.
7. Wenn der Stadtknecht einem Ausbürger etwas bieten soll, es sei zu Recht oder von Schulden wegen, soll dieser dem Stadtknecht geben 1 Kreuzer 6 Heller.

Was ein Stadtknecht jährlich vom gnädigen Herrn erhalten soll:
1. In der Ernte 6 Vesen- und 6 Habergarben aus den herrschaftlichen Äckern.
2. Zu den vier Arten, so man der Herrschaft zu Acker geht, soll diese dem Stadtknecht zu jeder Art eine Mähne lassen.
3. Auf den Hl. Weihnachtsabend, auf Ostern, Pfingsten und auf St.-Martinsabend soll der Stadtknecht jeweils 2 Maß Wein, 1 weißen Laib und 1 Zinderling Fleisch von der Herrschaft erhalten.

7. Der Stadt Scheer eigene Güter, so einem Meßner zum Dienst geliehen, daraus er nichts gibt:

An Äckern:
In der Zelg im Siechenstaigle:
1 Jauchert beim Siechenstaigle, zwischen Jacob Feinaigles Eigen- und Lorenz Kiferlins Heilig-Geist-Acker gelegen, stößt hinten auf der Frühmeß-, vorne auf der Stadt Acker. Ertrag etwa 2 Malter Vesen und 1 Malter Haber. (1623 wurde dieser Acker an die Kirche verkauft.)
2 Jauchert auf dem Berg, zwischen dem Gemeinmark und Galle Gerbers Eigenacker gelegen, stößt hinten und vorne auf das Gemeinmark. Ertrag etwa 3 Malter Vesen und 2 Malter Haber.

An Wiesen:
1 Viertel, gen. „das Schinderwieslein", zwischen der Allmend beiderseits gelegen, stößt auf das Gemeinmark, unten auf die Widumwiesen.

1 kleines Plätzlein am „Stainfürthlin", zwischen der Pfarrwidumswiese und den Anwandwiesen gelegen, stößt oben auf meines gnädigen Herrn Wiesen, unten auf das Altwasser.
1 Viertel etwa Wiesen „im Egelspitz", zwischen dem Altwasser und der Donau, stößt oben auf die Wechselwiesen, unten auf die Donau.

Beinutzungen eines Meßmers, die man ihm von der Stadt geben soll:
1. Aus jedem Haus, das Hausgerechtigkeit hat, jährlich auf Weihnachten ein Laib Brot.
2. Jeder, der 3 Jauchert Acker oder mehr hat, er sei fremd oder nicht, soll dem Meßmer zur Erntezeit darum 1 Garbe geben.
3. Wer weniger als 3 Jauchert anbaut, gibt dem Meßmer von 1 Jauchert 3 Heller, von 1/2 Jauchert 1 Pfennig.
4. Die Stadt gibt dem Meßmer jährlich für die Bedienung der Uhr 2 Gulden.
5. Ein Meßmer ist des Fronens, Wachens und Hütens frei.
6. Wenn jemand stirbt, der zum Sakrament gegangen ist, erhält der Meßmer fürs Läuten ein „Hemat" (Hemd), oder dafür einen Batzen.
7. Wenn ein Kind stirbt, das nicht zum Sakrament gegangen ist, erhält der Meßmer fürs Läuten 3 Pfennig.

Was ein Meßmer jährlich vom gnädigen Herrn erhalten soll:
1. In der Ernte 6 Vesen- und 6 Habergarben.
2. Auf Weihnachten, Ostern, Pfingsten und St.-Martinsabend jeweils 2 Maß Wein, 1 weißen Laib und ein Zinderling Fleisch.

Stadteigene Wiesen die zum Meßmerdienst gehören:
1 Mannsmahd in der „Menger Au", zwischen der Gemeinmark und den Anwandwiesen, stößt oben auf der Pfarrwidumwiesen, unten auf das Gemeinmark.

8. Stadteigene Güter, die ein Bannwart zu seinem Dienst nießt, daraus er der Stadt nichts gibt:

Äcker:
In der Zelg „im Siechenstaigle".
1/2 Jauchert in der Keghalden, zwischen Stoffel Herpps und Claus Müllers Eigenäckern gelegen, stößt außen auf Jörg Wills, innen auf Basti Zieglers Eigenäcker. Ertrag etwa 1 1/2 Malter Vesen und 1 Malter Haber.
3 Jauchert in der „Heuschlaufhalde", zwischen Hans Bamsers und Stoffel Gutknechts Eigenäckern, stößt außen auf das Gemeinmark, innen auf Hans Kiferlins Eigenacker. Hat derzeit Hans Kiferlin inne. Er gibt daraus dem Bannwart nach der Zelg 1/2 Malter Vesen und 1/2 Malter Haber.

Wiesen:
1 1/2 Mannsmahd etwa „im Weidlin" zwischen der Donau und dem Altwasser gelegen, stößt oben auf der Stadt andere Wiesen, unten auf die Donau.
3/4 Mannsmahd etwa „in Stählins Wörden", läuft die Donau mitten durch, liegt das eine Stück ringsherum an meines gnädigen Herrn Wiesen, das andere zwischen Bartlin Scherers und der Stadt Wiesen, stößt oben auf Apolonia, Steffen Stahlers Witwe Eigenwiesen, unten auf die Donau.

½ Mannsmahd etwa „im Brühl", der „Braunbletz" genannt, zwischen Michael Beringers von Ennetach und Veltin Kreben Eigenwiesen, stößt oben auf Kreben Eigenwiesen, unten auf Michael Zimmermanns-Erben Wiesen (jetzt Gärten).
½ Mannsmahd etwa „beim Heiligenbrunnen", zwischen Margaretha, Benedikt Frides Witwe Lehen und St. Oßwalds-Wiesen, stößt oben auf Hans Kiferlins Lehen, unten auf das Altwasser.
½ Mannsmahd etwa „in der Dachsmiet", zwischen den Blochinger Kaplaneiwiesen und Anna Kern von Blochingen Wiesen, stößt oben auf Thoma Staheler von Ennetach, unten auf St. Nikolaus von Scheer Acker.

Beinutzungen eines Bannwarts:
Wenn Vesen und Haber am Blochinger Weg steht, die beiden Jahre hat der Bannwart das an diesem Weg wachsende Gras zu behalten. Jeder, der in den Scheerer Zwingen und Bännen „baut", er sei fremd oder heimisch, soll von 3 Jauchert dem Bannwart eine Garbe geben; wer mehr Vesen als Haber anbaut, soll ihm eine Vesengarbe, wer mehr Haber anbaut eine Habergarbe geben.
Wer weniger als 3 Jauchert anbaut, gibt ihm pro Jauchert 3 Heller, vom halben Jauchert 2 Heller.
Aus jedem Haus, das Hausgerechtigkeit hat, sollen ihm 2 Laib Brot gegeben werden, einen auf Ostern, einen auf Martini. Wenn der Bannwart etwas rügt, auf derer von Scheer Trieb und Tratt, das fremd ist, sollen ihm von einem „Haupt" (Stück Vieh) 4 Heller gegeben werden, doch haben Bürgermeister und Rat darin Macht zu handeln.
Der Bannwart ist des Fronens, Wachens und Hütens frei, doch soll er die Steuer geben.
Mein gnädiger Herr soll dem Bannwart jährlich in der Ernte 6 Vesen- und 6 Hafergarben geben. Außerdem auf Weihnachten, Ostern, Pfingsten und St.-Martinsabend jeweils 2 Maß Wein, 1 weißen Laib Brot und 1 Zinderling Fleisch.
Aus den nachbeschriebenen Äckern, die Georg Dräher, Bürger zu Mengen eigentümlich innehat (liegt beim Zapfenbild; später: beim Ennetacher Käppele), gehört dem Bannwart von Scheer: In der Zelg, wo er Winterfrucht angesät hat, 4 Viertel Roggen, wo Sommerfrucht steht 4 Viertel Haber.

9. Umgeld
Was an Wein, Bier oder anderm Getränk zu Scheer zum Zapfen ausgeschenkt wird, davon gibt man der Stadt von jedem ausgeschenkten Fuder (= 30 Eimer) zu Umgeld 8 Gulden 19 Kreuzer 2 Heller.

10. Ewig unablösiger Hellerzins aus hernach beschriebenen stadteigenen Wiesen, auf Martini zu zahlen:
3 Mannsmahd gen. „am Weidlin", zwischen Meister Damian Englers, auch Hans Bamsers, Dreher und Christoph Herpp, samt anderen Gärten einseits und der Stadt Scheer Bannwartwiesen anderseits gelegen, stoßen oben auf „die Bleiche" der Stadt Scheer und die Allmendstraße, unten auf Jacob Feinaigles Eigenwiesen (verkauft). —Von diesen Stadtwiesen wurde dem gnädigen Herrn am Menger Fußsteig ein Stück gegeben und gegen den Acker an der Rottensteig vertauscht. Was hierin genannte Anstößer betrifft, ist alles zum Lustgarten verkauft und eingetauscht worden. — Von den 3 genannten Mannsmahd geben Wiesenzins:

Quirinus Zimmermann, Glaser	1 Gulden
Bartlin Müller	1 Gulden
Conradt Jäger	30 Kreuzer
Ursula, Michael Speidels Witwe	30 Kreuzer

12 Mannsmahd etwa, „der Groß Eispach" an Stählins Wörden, läuft die Donau durch, zwischen des gnädigen Herrn Brühlacker und der gemeinen Straße, stößt oben auf das Gemeinmark, unten auf des Kiferlins Stiftungswiesen (verkauft).

Davon zahlen folgende Inhaber Wiesenzins:

Thoman Geyer	1 Gulden	16 Kreuzer	1 Heller
Heinrich Kiferlin	1 Gulden	16 Kreuzer	1 Heller
Hans Kiferlin		30 Kreuzer	1 Heller
Jacob Kiferlin		38 Kreuzer	1 Heller
Friedrich Wangner	1 Gulden	16 Kreuzer	1 Heller
Hans Kiferlin, Stadtschreiber		38 Kreuzer	1 Heller
Andreas Ziegler		38 Kreuzer	1 Heller
Lienhard Brackh		38 Kreuzer	1 Heller
Endris Müller		38 Kreuzer	1 Heller
Georg Kreb	1 Gulden		
Jeder Bürgermeister	1 Gulden		

Veltin Frick zinst und gibt jährlich aus ½ Mannsmahd in Stählins Wörden, die der Stadt eigen, zwischen Apolonia, Stefan Stahlers Witwe und der gemeinen Stadt Umgangswiesen gelegen, stößt oben auf Hans Bamsers Eigenwiesen, unten auf die Donau 1 Gulden
Gertraud, Lienhard Kiferlins Witwe, aus ½ Mannsmahd in Stählins Wörden, zwischen Hans Kop von Egelfingen Eigenwiesen und den Anwandwiesen, stößt oben auf Hubers Eigenwiesen, unten auf die Donau (verkauft)
34 Kreuzer 2 Heller
Claus Huber und Jacob Schuler aus 2 Mannsmahd im Mühlwörd, zwischen der Donau, und den Sigmaringendorfer Äckern, stoßt oben auf die Donau, unten auf Hans Spähen von Sigmaringendorf Eigenwiesen (verkauft) zahlt 2 Gulden 35 Kreuzer.

11. Ewig unablösige Hellerzinsen aus verschiedenen Einzelgütern der Stadt:
Die Bürger und Einwohner der Stadt aus einem etwa 1 Jauchert großen Krautgarten zwischen der Donau und dem Gemeinmark, dem „Raigelsberg", stößt oben auf der Pfarrwidum-Wiesen, unten auf die Allmend. Es sind etwa 104 Stück (Beete), von denen zahlt
jedes 5 Kreuzer 3 Heller
Die gemeine Bürgerschaft aus etwa 40 Gartenstücken „in der Au", hinter dem Hauptürle, 3 Kreuzer
Stoffel Riesch, Bürger zu Scheer, aus der Stadt Wachthaus, oben in der Stadt auf der Mauer, zwischen Gregor Kabusens und S. Kiferlins Pfründhäusern 1 ½ Gulden

Im Urbar des Jahres 1582 sind folgende **Personen** genannt:
Äderlin, Hans
Aicheler Thoma (Weib Catharina)

Scheer im Jahre 1589.
(Ausschnitt aus der Renlinschen Karte)

Aigner Jakob
Bamser Hans (Weib Margareta)
Behem Theus
Beyrer Thoman
Bierkhardt Margaretha
Bluem Georg
Bomgarius Margaretha
Bopp Bastian
Brackh Lienhard
Cäppeler Andreas
Dollenmaier Caspar (Tochter Barbara)
Engler Damian
Ederle Hans, Thoman
Erblin Michel
Frick Veltin, Konrad, Jacob (Weib Lucia), Claus
Feinaigle Jacob, Jacob (Wirt)
Gerber Galle (Tochter Agnesa)
Geyer Thoman
Glaser Quirin
Gutknecht Joerg, Georg, Stoffel, Lienhard
    (Witwe Anna)
Hardtmann Claus, Michel
Hauswiller Anna
Haying Claus
Hagman Lorenz (Schmied)
Herberlin Peter
Herb Christoph, Stoffel

Hueber Thoman, Appolonia, Absolon, Georg, Georg
    (Bäcker)
Jäger Konrad
Kabuß Gregorius
Kappeler Andreas, Jakob (Schultheiß)
Keller Kaspar
Khind, Hans
Koch Hans, Galle
Klosterbauer Jakob
Kienle Jakob
Krimel Lienhard
Kieferle Jakob (Kayser), Hans, Heinrich, Lorenz,
    Heinrich alt, Heinrich (Witwe Anna) Caspar, Jakob
    jg., Jacob (gen. Kleber), Claus, Claus (Kaspars
    Sohn), Hans (Stadtschreiber), Bartlin (der Sailer),
    Lienhard (Weib Gertrude), Leonhard, Hans (gen.
    Schweinkoch), Christian (Witwe Margreta)
Küverlin Lorenz
Lescher Thoman (Witwe Anna)
Merk Konrad
Meucht Matheis
Müller Jakob, Andreas, Bartle, Claus
Pfeiffer Jerg
Rain Hans
Ratzenhofer Bartlin, Baltas
Riesch Stoffel, Hans
Rueß Thoman

Speh Hans
Speidelin Andreas, Michel (Witwe Ursula)
Spreng
Stütz
Strauß Jerg
Stropp Peter
Steinbronn Martin (Weib Margareta)
Stülp Claus
Staheler Stephan (Weib Appolonia)
Stumpp Ulrich (Bäcker)
Strang Alexander
Stephan Elisabetha
Scherer Hans, Bartlin jg., Barthle (Mesner),
    Jakob (Weib Anna), Andreas
Schneider Melchior, Hans
Scherink Hans
Schlosser David
Schuler Jakob
Schultheiß Hans (Hutmacher), David, Endriß
Schöpper Georg
Theiß Barbara, Merklin
Veltlin Frick, Ernst
Vischer Georg (Weib Elisabeth)
Wahl Peter
Wangner Friedrich, Georg
Waibel Michel
Weye Thoman
Widmann Georg (Witwe Catharina)
Wintz Georg
Willi Thoma, Barthle, Barthlin (Witwer), Michel.
    Michael (Wagner), Matheus, Christian (Weib Margarete Bierkhardt), Georg (Zoegler), Bastian, Bastian, Bartlin (Schuhmacher; Weib Ursula)
Ziegler Marx (Weib Ursula), Bastian, Endriß, Andreas
Zimmermann Quirin

1586 suchte Truchseß Christoph das **Holzflößen** auf der Donau bis Ulm einzuführen.

Truchseß Christoph (1593–1612),

der nun die Herrschaft übertragen bekommen hatte, und Graf Johann von Hohenzollern-Sigmaringen, gaben 1608 die Einwilligung zum **Vergleich** der Stadt Scheer und der Gemeinde Sigmaringendorf bezüglich einer strittigen Wiese beim Zugenbrunnen und der Markung von da bis zum Spitzenweiler. Über den Modus der **Bürgeraufnahme** im Jahre 1609 (vgl. 1518 und 1538) berichtet das „Rote Buch", daß die Neubürger zunächst mit folgenden Worten darauf aufmerksam gemacht wurden; daß sie vereidigt werden:
„Ihr werdet zu Gott und allen Heiligen einen leiblichen Eid mit aufgehobenen Fingern schwören, daß dieses hier liegende Geld (57 fl. und 8 Kreuzer, welches jeder aufzunehmende Bürger an die Stadt zu zahlen hatte) euer Eigentum sei, von niemand entlehnt, aufgenommen noch um Zins dargestreckt worden, sondern daß ihr damit tun, handeln und lassen könnt und möget als mit andern euch eigentümlichen Hab und Gütern ungeirrt, allermenniglich, getreulich, sonder Geferde (ohne Gefährdung)." —
Danach wurden nachstehende 4 Punkte vorgelesen:

1. Wer Bürger werden will, derselbig soll des ersten loben und schwören „unserm gnädigen Herrn und der Stadt gehorsamb und gewärtig zu sein in allen zimmlich und billigen Dingen und Sachen wie bishero gewesen und in Brauch gehabt, ihrer Gnaden und der Stadt Nutzen und Frommen fürdern (fördern), dagegen Schaden und Nachteil und soviel möglich wenden.
2. Und welcher also Bürger wird und was sich zwischen ihm und andern unsern Bürgern verlaufen und zutragen möcht, dieweil er Bürger ist, darin soll er Recht nehmen und geben vor unserm Stab. (Dies war der Gemeindevogt oder 1. Richter [Schultheiß], auch Stabhalter genannt, weil er bei richterlichen Anlässen als Zeichen seiner Würde einen Stab in der Hand hatte).
3. „Wo aber er uneinig und zwyig (entzweit) wurde mit der Stadt, dasselbe gehört für (vor) unsern gnädigen Herrn, und was dann ihre Gnaden darin sprechen oder die hinweisen, hat bei demselben zu bleiben uf den Aid."
4. „Welcher Bürger werden will, der soll sein Mannrecht schriftlich darthun und vorlegen, daneben auch sein Harnisch (seine Rüstung) aufweisen."

Später kam zu diesen 4 Aufnahmebedingungen ein weiterer Punkt, der lautete:

5. Von Stadtammann, Bürgermeister, Rath und ganzer Bürgerschaft ist für das gemeine Wesen, zu Nutz und Beförderung beschlossen, daß ein jeder, der zu Bürger aufgenommen werden will, in dem Scheerer Zwing und Bann, zwei wilde Obstbäume veredeln und pflegen solle.

Hatte nun der anzunehmende Bürger diese 5 Punkte vernommen, mußte er den Bürgereid schwören, worüber das „Rote Buch" sagt: „Soll zwee Finger aufheben und nachsprechen: was mir vorgelesen worden ist und ich bescheiden bin, auch solches wohl verstanden hab, demselben will ich also getreulich nachkommen, so wahr mir Gott helff und alle seine Heiligen."
In diesem Jahr sind 2 **Hochzeiten** verzeichnet: der Bürger Georg Henne mit Catharina Speh von Sigmaringendorf, und der Bürger Bartle Schultheiß mit der „gewesten" Ausbürgerin Prisca Schmeltz.
1610 gab die Stadt dem Menger Zimmermeister Hans Diepolt den Auftrag zum Bau ihrer neuen Wirtsbehausung des **Gasthofs zur Sonne,** für den der Menger Bürger Christoph Weinschenk den Plan gefertigt hatte. Sowohl über die Bauausführung, als auch die Aufgaben des von der Stadt angestellten Wirtes, wurden genaue Bestimmungen getroffen (vgl. SK). — Wohl zu diesem Bau, hatte die Stadt verschiedenenorts Geld aufgenommen, für das im Jahr 1611 Zins gezahlt wurde: an die Pfarrkirche Bingen, die Hofkaplanei Scheer und St. Wunibald zu Scheer.

Den **Herrschaftsbauern** konnte nur für die äußerste Notdurft Holz gegeben werden. Sie wurden ermahnt, lebende Hage statt Holzzäune anzulegen.
An **Hochzeiten** sind verzeichnet: Lorenz Will, Ratsmitglied und Wagner zu Scheer mit Elna Krathäßin von Friedberg, und der Bürger Hans Jakob Frick mit Catharina Heberle aus Jungnau. 1612 Stefan Bamser mit Ca-

tharina Marquart von Mengen, Georg Rhein mit Anna Maria Frick, Hans Branck (?) mit Elisabeth Uotz von Ablach, Christian Kiferlin mit Elna Ramsberger von Großtissen, der Hofgärtner Georg Maucher mit Christina Multer, der Ausbürger Gori Braun mit Anna Dauberin, der Zollwaibel Jakob Kieferle mit Anna Multscherin von Sigmaringendorf.

Truchseß Wilhelm Heinrich (1612–1652)

Kaiser Mathias bestätigte der Stadt 1613 die **Privilegien**. — Heiraten: der Dreher Carle Bamser mit Eleonora Manger, der Schlosser Georg Dornfried mit Anna Wintz, Thomas Ruos mit der Witwe Anna Hipschle, Bernhard Gutknecht mit Gertraud Männer von Ennetach.

1614 tauschte der Truchseß den vom alten Wagner Michael Will herrührenden **Garten** oben in der Au, gegen den Stadtgraben vor dem Menger Tor und den zwei Ochsen-Häusern, bis hinaus zur Gartenbrücke (Schloßbrücke).

1615 **Heiraten**: Meister Michael Miltner, Koch in Scheer, mit Apolonia Herp von Binzwangen; Maria Scheerer, die Tochter des Mesner Gabriel Scheerer, mit Hans Männer von Ennetach.

1616 Friedrich Frick mit Gertraud Störkle von Oberwachingen, Matheiß Heß mit Maria Ströpp von Hundersingen. In diesem Jahr wurde ein **Streit** zwischen der Stadt Scheer und der Gemeinde Ennetach wegen der Rechte im Spitzenweiler und Steinbrunn geschlichtet.

Martin Bürster, der 15 Jahre Schulmeister in Scheer, dann 9 Jahre Hohenz.-Haigerlochischer, danach Scheerischer Rentmeister war, wurde 1617 als **Stadtschreiber** angestellt. Im Gerichts- und Ratsprotokoll dieses Jahres werden folgende **Bürger** erwähnt: Stoffel, Hans und Stefan Bamser, deren Schwager Stoffel Waibel, Stoffel Gutknecht, Matheiß Schreiber Schultheiß, Bartle Will Bürgermeister, Jerg Weller, Peter Heberlin, Meister Hans Trometer, Friedrich Frick, Ulrich Huber, Jacob und Carle Zimmermann.

„Das Hochwasser kommt!" Dieser Schreckensruf, der noch heute unter den Bewohnern der Altstadt und der unteren Vorstadt große Sorge um ihr Hab und Gut, nicht zuletzt aber um die Donaubrücken auslöst, bewegte die Menschen sicher schon seit Bestehen der Siedlung. Einen ersten Bericht bietet das „Rote Buch", in welchem die **Überschwemmungskatastrophe** des Jahres 1618 geschildert wird: „Daß das groß Gewässer samt dem erschreckenden Gewalt der Eisschemmel (= Eisschollen), so von hier aus bis gen Ulm nur drei Brücken gelassen, ist den 8. Februar derart eingefallen, daß man vor Holz und Eis kein Wasser gesehen, und beim Rathaus mit dem Fischgarn kleine Fische gefangen; hat gedauert vom Donnerstagnachmittag um 2 Uhr bis Samstagnachmittag um 3 Uhr, daß die ganze Gemeinde Tag und Nacht die Brücke retten mußte."

1618 kaufte die Stadt von Speydels Erben einen Garten und baute darauf eine „**Schmitte**". — **Hochzeiten**: Jakob Schneider mit Eva Kreb. Beide versprachen, sich „in schweren Künften und Krankheiten nach Notdurft bei Toten und Lebendigen gebrauchen zu lassen;"

1620 Jacob Durst mit Anna Staler von Ennetach, Hans Jacob Feinäugle mit Anna Müncht, Stoffel Schuler mit Maria Weiß;

1621 Rudolf Weiß mit Christina Reiter von Zollerreute, Maria Zimmerer mit Bolesi Peker von Zollerreute, Andreas Frick mit Maria Stedlena von Heudorf.

Kaiser Ferdinand bestätigte 1621 die **Privilegien** der Stadt.

1622 klagte Stefan Bamser durch seinen Fürsprecher Matheis Schreiber gegen den Altbürgermeister Hans Brack wegen einer Salzlieferung. An Zeugen wurden verhört: Lentz Miller, Mathias Schell und Lentz Will. — Hochzeiten: Agnes Falkner mit Hans Lauf von Friesenhofen.

1623 Stoffel Bamser mit Eva Bayer von Sigmaringendorf, Martin Haberbosch mit Barbara Heinzler von Engelswies. — Die Stadt kaufte in diesem Jahr von der Herrschaft ein **Haus**, das diese von Stoffel Huber geerbt hatte, und vertauschte es mit Teuß Weiß gegen dessen Garten jenseits der Brücke. In diesem Zusammenhang erfahren wir auch den Namen des **Bürgermeisters**: Rudolf Heberle, und des alten Bürgermeisters Niclas Waibel.

Aus Geldnot verkaufte der Truchseß im Jahre 1624 die „9 **Gärten** ob der Kegelhalde" an Scheerer Bürger. — Auf dem fiskalischen Rechtstag vom 12. August 1624 sind folgende Bürger erwähnt: Stoffel Schultheiß, Hans Gerber, Niclas Waibel, Christoph Bamser, Hans Baur, Lorenz und Christa Will, Hans Nuober, Jakob Kolb, Matheis Schreiber, Hans Brack, Jakob Frick, Jakob Huber, Georg Weber, Hans Will der Bäcker, Hans Speidel.

1626 **Heiraten**: Carlin Zimmermann mit Margaretha Riedlina aus Baindt, Ferdinand Kifferle mit Madlene Fürst aus Herbertingen.

1627 Johann Faber mit Euphosina Hagelstein von Freiburg.

Der Truchseß **tauschte** mit der Stadt „das hintere Wieslein samt dem Rain, das derzeit mit einer Ringmauer umgeben ist", gegen 1½ Jauchert Acker und 3 Spitze auf der „Kegelhalde". ½ Jauchert davon tauschte die Stadt im selben Jahr mit Martin Haberbosch gegen dessen Acker längs der „Riebhalde", und mit Friedrich Frick ein Gartenstück in der „Au" gegen ein Gärtlein beim Jungbrunnen.

1628 **Bürgeraufnahmen**: Ferdinand Lautti von Bolstern und Hans Reisinger von Friesenhofen in der Herrschaft Leutkirch. Jeder zahlte 57 Gulden 8 Kreuzer und hielt anderntags (12. November) die Schenke auf dem Rathaus. Ebenso 1629 Frau Maria Dorothea Waldstatterin von Waldstatt, die den Herbertinger Ammann Hans Jacob Klosterbauer heiratete; Maria Millerin von Riedlingen, die Frau des Rudolf Heberlin, Wirt und Gastgeb zu Scheer; Salome Kepplerin von „Beyrn", die Frau des Jerg Schell;

1630 Bernhard Röm von Heudorf; Maria Schreiberin von Ennetach. Philipp Haimb (Heim) von Au im Bregenzer Wald, zog in diesem Jahr nach Scheer. — Johann Kifferle aus Scheer, der Sohn eines Schmieds, ging im Alter von 23 Jahren auf die Universität Dillingen.

Als das **Stadtgericht** am 16. Oktober 1630 zusammentrat, klagte Stoffel Ruoff, truchsessischer Obervogt zu Scheer, im Namen der Herrschaft gegen Hans Schmidt, den „Keller" der Herrschaft Kallenberg, wegen des Zehnten zu Erlaheim, der in den vergangenen 20 Jahren nur zweimal abgeliefert worden sei. Auch Rechtssachen, welche die Gemeinden Ennetach und Hohentengen betrafen, wurden vor dem Stadtgericht verhandelt. Stadtschreiber war Johann Faber.

1631 standen wieder auswärtige Herrschaftsangelegenheiten vor dem Stadtgericht zur Verhandlung an. Aus Scheer wird genannt: Stoffel Gutknecht Bürgermeister, Jakob Frick Bauer, Hans Scheerer, Georg Wanner.

1632, als in der Stadt eine Wttbg. Besatzung lag, wurden zu Bürgern aufgenommen: Jerg Heberle, der im folgenden Jahr als Gastgeb erwähnt ist, Anna, die Frau des Jerg Babster und Michel Schlayweckh (Schleweck) aus Ennetach.

1634 lebten noch 56 Bürger in der Stadt.

1635 starb in Scheer ²/₃ der Bevölkerung an der **Pest,** die in diesem und im folgenden Jahr überall zahlreiche Opfer forderte. Krieg und Pest veranlaßten viele zur Flucht. Aus Scheer floh Johann Lauthi mit seinem Weib Elisabeth Waiblinger, die bald darauf im Württembergischen starb. Konrad Sauter und Georg Wehe mußten mit 7 bzw. 4 Kindern wegen Armut auswandern. — Johanne Schopper wurde als **Hebamme** angenommen. Sie erhielt in 14 Tagen 1 Laib Brot, quatemberlich 1 Viertel Kernen, 2 Wagen Holz und 6 fl. Besoldung. — Nach dem Abzug der Schweden war es wieder ruhig geworden, der Truchseß von seinem Exil am Bodensee nach Scheer zurückgekehrt. Im Audienzprotokoll des Jahres 1637 sind aus Scheer angeführt: Stoffel Fleck, Jakob Frick, der Inhaber der Badstube und seine Frau Anna Schreiberin, die im selben Jahr als Witwe bezeichnet wird; Peter Gönner; der Stadtknecht Christian Hering; Martin, Andreas und Sibille Haberbosch; Wilhelm, Martin und der Untervogt Christian Kieferle; der Schuhmacher Stoffel Laub; Anna Meichtin; Michael Michelberger; Michael Meister; Sibilla Merk, Witwe; Matheis Pfeifer; Bernhard Stöhr; Simon Schlosser; seine Witwe Maria Magdalena, geb. Spindler; der Stadtbote Albrecht Weber; der Bäcker und Gastgeb Hans Will, der Mesner Hans Jakob Will, Johann Will und sein Sohn Christoph, der noch in diesem Jahr starb.

1639 war die Stadt bettelarm (vgl. Herrschaft). Wohl um dazu beizutragen, daß wieder geordnetere Verhältnisse einziehen sollten, bestätigte Kaiser Ferdinand III. im Jahr 1640 der Stadt ihre **Privilegien,** die in diesen Kriegszeiten wohl völlig belanglos waren.

1642 ist der **Amtsbürgermeister** Hans Rhein erwähnt. — Ausführlich berichtet das „Rote Buch" über „alles **Geläuf,** so zwischen einer allhiesigen Herrschaft eines und den Bürgermeistern, Rat und ganzer Gemeind allhier zu Scheer andern Teils" im Jahr 1644 erfolgte:

„Als den 2. August des Jahres 1644 uns der hohentwielische Keller, Stephan Stockmayer, wegen der hinderstelligen „Restanzion" und heurigen Magazinfrüchten schriftlich citiert und öfters drohlich zuentboten, auch mit unterschiedlich beschehenen Exekutionen dahin gebracht, daß wir den aufgeschwollenen Ausstand erstlich durch Rat und Zusätz, endlich ganzer Gemeind einhellige Wahl auf all dieses, was in Gefahr, als die Ernte, Roß und Vieh, gleich wie in anderen Orten, eilfertig umzulegen und alsbald einzuziehen verordnet. Hat solches der hochgeborne unser gnädiger Graf und Herr, Graf Christoph Carls gräfl. Gnaden, als ein unbilliges Wesen keineswegs passieren wolle, auch uns darwider bis dato ungewöhnlichen schriftlichen Kanzleibefehl zukommen lassen, auch auf öfteres durch Rat und der ganzen Gemeinde beschehenes untertäniges Anhalten und Erbieten, ferner falls sich eine oder ander dawider beklagen, ein solcher sich vor Rat anmelden, allwo er allen gebührenden Bescheid erhalten, und da er sich dennoch beschwert befinde, gänzlich befreit sein solle. Dies wurde aber allezeit bei Strafe des Leibes und Turms verweigert und uns angedeutet, daß wir mitnichten befugt jemand von uns auf das Rathaus zu stellen, wohl aber und alleinig in die Kanzlei zu mahnen, unserer schuldigen Untertänigkeit obliege. Hierauf antwortete der Bürgermeister: wann durch dieses Streiten Schaden erwachse oder ein Einfall geschehen sollte, würde es einen großen Widerwillen und auch seltsame Reden abgeben.

Darauf sagte eine gnädige Herrschaft, es möge nur gehen wie es wolle, so wollen sie doch diese Anlage keineswegs passieren lassen. Nachdem (zu) weilen scharfe Drohungen, da man sich inner(halb) drei oder vier Tagen nicht gebührlich einstellen werde, von den Hohentwielerischen hinterlassen worden, als abermals von Rat, ganzer Gemeinde, mit zugezogner Priesterschaft zugleich den Herrn Beamten die Sach in Deliberation gezogen, et uno omnis consensu der Ausschlag dahin gegangen, daß man die Contribution der vormals gemachten Anlagen, und keiner anderen nach, einziehen und damit nicht einige Tage „feüren" solle, wie dann unverzüglich beschehen, und weil man noch etwas im Rest verblieben, ist auch mit einhelligem Sinn gedachermaßen „ungedüttenermaßen" eingefordert worden. In der Folge, als wegen der 100 Viertel Magazinfrüchte wiederum einheliger Beschluß dahin gegangen, daß man auf jede Zehntgarbe 6 Kreuzer, das Übrige auf Roß und Vieh legen solle, wonach auch eine gnädige Herrschaft dies keineswegs passieren wollen. Derowegen beide Bürgermeister beschickt, ihnen vorgehalten als sollten einer gnädigen Herrschaft sie dieses leidigen Einfalls Ursache zugemessen haben; weil auch die Anlage wider dero Willen und Verbot eingefordert worden, sollen sie 100 Pfund Pfennig Strafe verfallen sein, beinebens die Magazin-Contribution nach der herrschaftlichen Umlage, davon Selbige auß ein Designation zugestellt, bei ferneren unvermeidlichen Strafen eingefordert; auch jedem der Proportion nach wegen voriger Umlagen entweder zugetan oder abgezogen worden, dero Herrn Walter, auch sie, unsere Herren, und unsere Umlage zu kassieren oder gutzuheißen, nach ihrem Belieben wohl mögen.

Demnach dann auch dies der Gemeinde beschwerlich und nicht tunlich, zumal „vuneputierlich" (?) gefallen, hat man solches nicht eingehen können, derowegen auch die Nacht die Herren Beamten unter anderem liederlichen Prätext, nächtlicherweilen die Stadt — oder Torschlüssel begehrten, so doch ihnen verweigert, und morgens von Bürgermeistern und Rat befohlen worden das Tor, bis die Contribution völlig beisammen, nicht aufzumachen. Inzwischen wird der Stadtknecht beschickt und befragt, warum er gestern den Herrn Beamten die Schlüssel nicht geben wollte, auch gibt (der) Stadtknecht zur Antwort, daß ihm (der) Bürgermeister also befohlen; wird derowegen (der) Stadtknecht abermals beauftragt dem Bürgermeister auszurichten, er, Bürgermeister, (solle) die Schlüssel in Angesicht nach Hof selbsten tragen oder eilfertig eine Antwort wissen lassen. Solches alles wird dem Bürgermeister und Rat, wie sie damals beisammen waren, vom Stadtknecht vorgetragen und ihm (dem) Stadtknecht einhellig zur Wiederantwort gegeben, daß die Stadtschlüssel von alters her zur Stadt und aufs Rathaus, und keineswegs auf das Schloß gehören, und es wäre daher des Bürgermeisters und Rat untertänige Bitte, man solle sie bei dem Ihrigen, wie von alters gewöhnlich verbleiben lassen. Gleich darauf kommt eine gnädige Herrschaft selbst zu Pferd, samt deren Beamten und Dienern, mit gewehrter Hand vom Schloß aufs Rathaus, nimmt den Rat und die Schlüssel gefänglich an sich, schilt allesamt für meineidige und treulose Leute und befiehlt, daß man jeden, der ein widriges Wort von sich geben würde, gleich niederschießen solle. Sie sind also gefänglich in das Schloß und in die Türme hin und wieder versteckt, dem Untervogt aber die Schlüssel zugestellt worden. Folgendes hat man einen nach dem anderen, der oft erwähnten Schlüssel halber, obwohl absonderlich examiniert, jedoch einhellig zur Antwort gegeben, daß, weil die oft genannten Schlüssel zur Stadt und zum Rathaus gehören, selbige billig dabei verbleiben sollen.

Auf die Nacht wurden abermals alle zugleich vorgestellt und uns vorgehalten, daß die Gefängnis der Schlüssel halber beschehen, die obgemelten 100 Pfd. Pfennig aber seien zur Strafe, daß wir oben angedeutete Umlage wider einem herrschaftlichen Befehl, den deren Herr Vater und sie, unsere Herren, auch unsere Umlage nach ihrem Belieben zu kassieren und zu bewilligen haben, und wollen uns, als eine Handvoll Bürger, wohl „boschgen" und im geringsten nicht lassen Meister sein, auf unsere Köpfe hin eingezogen verfallen sein, welche 100 Pfd. Pfennig man alsbald bar erlegen und einer gnädigen Herrschaft alles, um was sie bei der twielischen Ausplünderung gekommen, gutmachen solle, oder aber selbig von Überlingen, Balingen und derselben Orte Volk nehmen und uns dergestalt pressen lassen wolle, daß wir samt Weib und Kindern die Hände über dem Kopf zusammenschlagen und künftig in keiner Weise widerspenstig erzeigen werden, da auch durch den Feind das Schloß angesteckt wurde, selbige uns gleich das Städtlein verbrennen, oder da ihr Personen gefangen werden sollte, man müsse tributieren und pressen müssen, dasselbe wir auf unsere Kosten und Schaden wiederum lösen würden.

Sind also mit diesem Bescheid noch selbige Nacht mit weniger Reputation dero gräflichen Hoheit und bei menniglich Verkleinerung unsere, obwohl geringen Personen, entlassen worden."

Am 22. September wandte sich die Stadt an den Truchsessen Wilhelm Heinrich, der sich immer noch in Konstanz aufhielt. Im „Roten Buch" finden wir darüber folgenden Eintrag:

„Schreiben an den hochgeborenen Grafen und Herrn, Herrn Wilhelm Heinrich, des hl. röm. Reiches Erbtruchsessen, Grafen zu Friedberg und Trauchburg, Herrn zu Waldburg und der Scheer, röm. kaiserl. Majestät Rat und Kämmerer etc., unseren gnädigen Grafen und Herrn, in Sachen obstehender Beschreibung und hohentwielische Umlage betreffend:

Hochgeborener Graf, gnädiger Herr und Graf, Euer gräfl. Gnaden, sind unsere untertänige dies — (?):
was gestalten im Namen derselben kurz verwichenen Tags dero vielgeliebter, allhier anwesender ältester Herr Sohn, Graf Christoph Carl gräfl. Gnaden, unser auch gnädiger Graf und Herr, mit uns in Sachen die hohentwielische Contribution und Anlage betreffend, verfahren, haben Euer gräfl. Gnaden aus Beilag, dahin geliebter Kürze halbwegs referierend, gnädig abzusehen.

Demnach dann unser, obwohl armes Städtlein Scheer, von undenklichen Jahren her mit kaiserlichen und königlichen Privilegien, Freiheiten, Rechten und Gerechtigkeiten in allem, nichts ausgenommen, gleich der Stadt Freiburg im Breisgau und dergestalt versehen, auch von der jetzt regierenden röm. kaiserlichen Majestät darüber allergnädigst confirmiert ist, daß Bürgermeister, Rat und Bürger allda der Stadt Scheer Recht zu geben, nach habendem Ge- und Gebot Arrest anzulegen und zu relaxieren, ihre Güter und Hölzer verkaufen, Wunn und Waid, Trieb und Tratt zu Feld und Hölzern zum Besten gemeinen Nutzens zu gebrauchen, die Steuern und Umlagen der Sache nach umzulegen mächtig, und dies Orts einer gnädigen Herrschaft Befehls sich so wenig zu erholen, daß man auch nicht allain dero Dienern, sondern Ihro gräfl. Gnaden selbst — so viel selbige und derselben Diener Bürgerliche, und nicht allein in — sondern auch außerhalb unseres Städtlins Scheer gelegen, jedoch in unserer Steuer, Zwingen und Bännen begriffene Güter nutzen und gebrauchen, gleich anderen unseren Mitbürgern, im Wachen, Fronen und ihren leidigen, überhäufig schweren Contributionen umzulegen, laut obangedeuteten kaiserl. und königl. Privilegien genugsam befugt ist, und wirs bei diesen schweren Läufen, weil wir uns auch gegen andere Orte allzuviel graviert befinden, obwohl mans bis dato aus tragender, untertäniger Affection nachgesehen, fürderhin nicht mehr umgehen können.

Diesen nach uns nicht allein hochbeschwerlich, sondern unleidentlich fallen tut, daß man uns mit Worten zwar dahin bereden will, ob wolle man uns bei unseren redlich erlangten und wohlhergebrachten Freiheiten handhaben, auch verbleiben lassen, in dem Werk aber schmerzlich erfahren müssen, daß man unsere billigmäßige Umlage nicht passieren, auch Gnad und Recht, samt Ge- und Verboten aufheben, und alles für die Kanzlei ziehen; unser Mitbürger ohne genugsame Ursach und unerhörter Schaden etwelche für unehrbar zu Gnad und Recht untauglich Leut erklären, anderen wohl gar ohne Urteil und Recht, und ohne alles unser Vorwissen (:ob sollten wir, allen obermelten unseren Gnaden und Freiheiten hinangesetzt, kein Recht allhier, noch zu dieser Sache einigen Zuspruch haben:) das Bürgerrecht aufkünden und der Stadt samt Weib und Kind ewiglich verweisen; jawohl den Rat selbst mit unerhörtem und wenig reputierlichem Prozeß, entgegen dem alten Herkommen, samt der Stadt Schlüssel und zugleich allen (—?), ab dem Rathaus gefänglich nehmen und als Sklaven traktieren:/ Ergo, deroselbst Wort nach, uns handvoll durch tägliche

Kontribution ganz verarmte Bürger:/ zweifelsohne zu diesen schweren Zeiten am bequemsten wohl dämmen, und also alles bloß über die Knie abbrechen will. So dann der Eine oder Andere darwider gebührlich protestieren, unserem Recht und altem Herkommen, auch in geringsten Meldungen denken tuet, selbiger gleich ein Aufrührerischer, Rebellant und weiß nicht was für ein Meineidiger und strafmäßiger Aufwiegler sein muß, wie dann kurz verwichenen Tagen in der hohentwielerischen Aktion unseren Rat, nicht ohne sonderen Respect, unseren habenden Rechten, kaiserlichen und königlichen Freiheiten und Privilegien „e dia metuo" entgegen bescheßen, wir aber (: weil Eure gräfl. Gnaden Jurisdiction in (—) in possibus mit aller gebührenden Reverenz jederzeit respectiert und fürderhin noch wollen, dabei aber unser habende Rechtsame billig nicht außer Acht gelassen:) sind gewisser zu Vorsicht, in Handhabung unserer Privilegien nicht eine Strafe verwirkt zu haben, wird auch bei aller Sachen Verlauf reiflich „ponderieren" dieses leidigen Einfalls, Plünderung und Brandes gewisser Ursächer, und also, wer dem Beschädigten die Restitution schuldig, vernünftig wohl abzustehen sei.

Wollen demnach hoffen, Euer gräfl. Gnaden nicht allein die vermeinte Strafe, zu welcher wir uns aus obangedeuteten beweglichen Ursachen keineswegs bequemen könnten und wollen, allerdings kassieren:) sondern auch die uns „vorgebülte" (angedrohte) militärische Pression, als welche dero gräfliche Hoheit wenig rühmlich und vielleicht am Ende und Ort, wo man sich dessen in eventus billig zu beklagen hätte, nicht wohl verantwortlich, gänzlich aufheben, und uns bei unseren alten, wohl hergebrachten Rechten und Gerechtigkeiten geruhlich werden verbleiben lassen.

Sach aber Euer gräflichen Gnaden: gegen uns und unsere Mtbürger mit diesen neulich introducierten, ungewöhnlichen und hochbeschwerlichen, zumal von gemeinen Rechten allerdings nicht zulässigen Proceduren ferner verfahren, und uns von unseren althergebrachten kaiserlichen und königlichen Privilegien allerdings abzutreiben, zumalen fürderhin einiges Recht zu verstatten, sondern alles vor dero Kanzlei zu ziehen, wider untertänige Hoffnung, gemeint, ist unser gehorsames Bitten, Euer gräfliche Gnaden dies alles aus (auch zur Nachricht eine schriftliche Antwort zukommen lassen, zumal dies unser billigmäßiges Suplicieren und respective Protestieren, nicht anders als wir es zur Handhabung oft gedachter unserer uralten kaiserlichen und königlichen Privilegien gemeint, und uns der lieben Kostenität halber obliegen will, in Gnaden vermerken wollen. Deroselben anbei zu behornlichen (?) Gnaden und gnädiger willfährige schriftliche Resolution uns gehorsam ergebend. — Datum Scheer, den 22. September 1644, Euer gräflicher Gnaden
untertäniger
Bürgermeister Rat und
ganze Gemeinde daselbst.

Gerichtsschreiber war Ulrich Meyer, der in diesem Jahr als **Bürger** aufgenommen wurde; ebenso Christoph Frick und sein Weib Maria Weltzin.

1645 wurde bereits damit begonnen, die Grenzen der einzelnen **Feldmarken** wieder festzustellen, in diesem Jahr „im Bitistal", 1646 der Brachesch „über die Staig und vor dem Schachen". Als **Bürger** sind erwähnt: der Stadtschreiber Christoph Frick, der Sattler Hans Rhein, der Schuster Christoph Luib, der Hofschütze Johannes Musterlin aus Allmannsweiler, Hans Menner, Catharina Scheerin, Georg Dollenmaier, Michael Schlaywegg und Hans Will.

1647 wurden der Schneider Hans Rhein und seine Frau Anna Schwakh aus Bingen, als Bürger angenommen. — Am 24. Januar 1648 legte der **Bürgermeister** Albrecht Weber für die beiden vergangenen Jahre die Stadtrechnung vor und wurde samt dem Rat auf ein weiteres Jahr im Amt bestätigt. Der unglückselige Krieg ging zu Ende, und langsam begann man in der Stadt wieder das gemeine Wesen in geordnete Bahnen zu bringen. Um ihre **Schulden bezahlen** zu können, verkaufte die Stadt 1649 den zu ihrem Spital gehörigen Hof in Langenenslingen an den hohenzollerischen Jägermeister Johann Karl von Arzt. Die bei der St.-Nicolai-Pflegschaft stehenden Schulden wurden zurückbezahlt. — Der erste, dessen Heirat nach dem Krieg verzeichnet ist, war 1650 der Bürgermeister Johann Will. Seine Frau, wie auch Georg Storer, Caspar Storer und Ulrich Stumpp, jeweils mit Weib und Kindern, und Hans Steinschneider mit seinem Weib, wurden als Bürger aufgenommen. — Der **Hebräer** Elias, Sohn des Meir, bestätigte 1651 der Stadt den Empfang von 4 Dukaten. — Als Stoffel Gutknecht die Maria Luib heiratete, gab Hans Will, wohl der Bürgermeister und naher Verwandter der Luib an, daß seine Ahnen nicht leibeigen waren.

Unter den Grafen

Christoph und Hans Ernst von Waldburg (1652–1658)

wurden, um die Grenzen der Stadt gegenüber Ennetach, bzgl. Trieb und Tratt, Wun und Waid, wieder kenntlich zu machen, im Jahr 1652 Steine (mit Kreuz) und Säulen gesetzt, und diese **Vergleichsmarken** in einem neuen Vergleichsbrief beschrieben. — **Bürgeraufnahmen:** Lorenz Frick mit Weib und Kind; Veit Faigenbach „mit seinem Mädlin"; Lorenz Kieferle, der in diesem Jahr die Maria Wetzlerin aus Göggingen heiratete; Peter Fristel und sein Sohn Michael Meister und seine Kinder; Karle Merk und seine Kinder und Christoph Hayling aus Zwiefalten, der Schwiegersohn des Johann Will. Auf dem Rathaus hatten sie für die Bürgerschaft „zur Schenke" einen Eimer Wein und für 3 Schilling Brot aufzustellen; ebenso 1653 der Wagner Hans Kempf mit seinem Weib Ursula Kolbin und den Kindern; Baltus Raab mit seinem Sohn; Hans Baltus Hack mit seinem Sohn Christoph; 1654 Veit Schludi und Hans Sonntag, jeweils mit ihren Kindern und Ursula Blaicher aus Saulgau, das Weib des Michel Durst. Um Streitigkeiten, die zwischen der Stadt und den beiden Truchsessen entstanden waren, gütlich beizulegen, wurden zwischen beiden Teilen im Jahre 1655 folgende *Punkte gütlich verglichen:*

1. **Rats- und Gerichtsbesetzung:**
Zur Besetzung des Schultheißenamtes kommen entweder die Truchsessen oder eine Deputation aufs Rathaus und entlassen den seitherigen Amtsinhaber, der ihnen den Stab und die Schlüssel zu übergeben hat. Nun schlagen sie 3 Personen zur Wahl vor, von denen einer als Stadtammann gewählt werden muß. Von der Bürgerschaft, die nun das Rathaus verlassen mußte, hatten der Stadtschreiber und 3 Bürger diese Wahl vorzunehmen. Danach wurde von der Herrschaft der Bürgerschaft, die nun wieder ins Rathaus gelassen wurde, das Wahlergebnis mitgeteilt. Danach erfolgte die Wahl des Amtsbürgermeisters, der von der Herrschaft als 1. Richter, durch die Übergabe des Stabes und des Schlüssels, in seinem Amt bestätigt wurde. Die übrigen Richter (11), die Rats- und anderen Ämter, wie auch die Diener und Knechte, wählten die Bürger in Anwesenheit der Herrschaft oder ihrer Vertreter. — Die so Gewählten hatten nach folgender Eidesformel zu schwören: „Ihr sollet und werdet einen gelehrten Eid, zu Gott dem Allmächtigen und allen Heiligen, mit aufgehobenen Fingern schwören, daß ihr das gemeine Stadtwesen zur Scheer, wohl und getreulich meinen, dero Schaden wenden und nützen, soviel es die gnäd. herrschaftlichen Befugnisse leiden mögen, befördern, auch in neueren untertänig ablegenden Relationen und gehorsamlich erstatteten Berichten, weder ein — noch des andern Rats — oder Gerichtsmann geführtes Votum und Stimm in specie und absonderlich, sondern allein was durch das Mehrer, in jeden vorgefallenen Punkten geschlossen worden, und weiter nicht hinterbringen, über alles aber, als ein der Stadt Scheer Mitbürgerschaft Verwandter Einsäß, auf ewig und bis in euer Grab verschwiegen halten wollet, alles getreulich und ohne Gefährde."

2. **Absetzung vom Gericht:**
Wie bei der Neuwahl, hat der Stadtammann auch bei der Absetzung von Rats-, Gerichts- und Dienstpersonen das erste Votum.

3. **Die Einberufung von Rat und Gericht**
steht dem Amtsbürgermeister als Stabführer zu. Der Stadtammann muß bei jeder Sitzung anwesend sein, außer er werde auf Befehl der Herrschaft dieser Pflicht enthoben. Der Ratstag ist wöchentlich jeweils am Donnerstag, wenn an diesem Tag Feiertag ist, am Samstag zu halten. Er ist tags zuvor, abends vor dem Betläuten, anzuzeigen. Falls der Stadtammann verhindert ist, bestellt die Herrschaft für die Sitzung einen aus dem Rat als Unterammann, der dessen Stelle vertritt und bei Hof Bericht erstattet. Ratsmitglieder dürfen nur aus zwingendem Grund einer Sitzung fernbleiben, müssen diesen aber vorher dem Amtsbürgermeister angeben und von diesem die Genehmigung dazu erhalten. Ratsgeld wird in diesem Fall nicht bezahlt.

4. **Verordnung von Pflegern**
Für alle weltlichen und geistlichen Pflegschaften werden vor dem Stadtammann, der das erste Votum hat, vom Bürgermeister und Rat Pfleger gewählt, die vom Stadtammann im Namen der Herrschaft, des Bürgermeisters und des Rats vereidigt werden. Sie haben jährlich „zu herkommener Zeit" vor dem von der Herrschaft abgeordneten Ammann, auch dem Stadtammann, Bürgermeister und Rat, ihre Jahresrechnungen abzulegen. — Die Kinder verstorbener Beamter erhalten zwar auch einen Pfleger, das Erbe wird jedoch bis zu dessen Abteilung, d. h. wenn diese volljährig sind, von der Herrschaft, dem Bürgermeister und Rat „versecretiert" und muß bei der Eröffnung der herrschaftlichen Amtssachen, von anderen Gütern getrennt, der Herrschaft zugehen. Die übrige Hinterlassenschaft muß von der Stadt inventiert und beschrieben werden. — Sämtliche Rechnungen müssen von der Herrschaft, dem Bürgermeister und dem Rat gegengezeichnet, der der Stadt verbleibende Rest dem Bürgermeister und Rat zur Verbesserung des gemeinen Stadtwesens eingehändigt und der neuen Jahresrechnung eingebracht und verrechnet werden.

5. **Briefliche Dokumente und Ausfertigungen**
werden vom Stadtammann, Bürgermeister und Rat ausgestellt. Die Schreibtaxe erhält die Stadt.

6. **Die Bürgeraufnahme**
erfolgt künftig im Beisein des Stadtammannes, Bürgermeisters und Rats und mit gegenseitigem Einverständnis. Jeder anzunehmende Bürger muß zuerst seine Freibriefe vorlegen und nachweisen, daß er mindestens 57 Gulden 8 Kreuzer hat. Außerdem soll er 9 Gulden bezahlen, von denen Stadtammann und Amtsbürgermeister je 1 Gulden, Bürgermeister und Rat, zur Anwendung an den gemeinen Nutzen, den Rest erhalten.
Wenn ein Bürger wegzieht, soll er nicht aufgehalten werden, muß aber von seinem liegenden und fahrenden Vermögen 10% bezahlen. Die eine Hälfte davon erhält die Herrschaft, die andere die Stadt. Leibeigene müssen in diesem Fall der Herrschaft eine Abfindung bezahlen und werden dann frei- und losgesprochen.

7. **Gebote und Verbote in Zivilsachen**
werden von der Stadt im Beisein des Stadtammannes erlassen und vollzogen (Verträge, Testamente, Erbschaften, Pflegschaften, Inventarien über anliegende und wieder zu eröffnende Pfändungen, Wun, Waid, Trieb, Tratt, Stadtgebäude, Stadtgüter und Gärten, Hölzer, Wiesen, Steuern, Umgeld, Brot-, Fleisch- und andere Schauer usw.). — Einsprüche entscheidet die Herrschaft. Bestrafungen in Zivilsachen werden im Beisein des Stadtammannes innerhalb Etters von der Stadt vorgenommen. Das Strafmaß darf nicht höher als 1 Pfd. Heller sein. Außer mit Geldstrafen kann auch die Keiche (24 Std.), das Narrenhäusle (etliche Std.) und die Geige (3 Std.) als Strafe verhängt werden. — Außerhalb Etters darf die Stadt nur Feld- und Holzrügen in der vorgenannten Art ansprechen. Im Beisein herrschaftlicher Beamter muß vierteljährlich auf dem Rathaus ein ordentlicher Ratstag gehalten werden. Hier werden dann die anderen, höher strafbaren bürgerlichen Fälle verhandelt. $^7/_8$ des Strafgeldes erhält die Herrschaft, $^1/_8$ die Stadt.

8. **Einziehung der bürgerlichen Güter,**
   die nach einem aufgrund kaiserlicher Rechte und der Halsgerichtsordnung gegen einen Malefikanten ausgesprochenen Urteil erfolgt, steht der Herrschaft zu.
9. **Der Stadtschreiber und die Bedienten**
   werden von der Stadt angestellt — im Beisein und Einverständnis des Stadtammanns. Der Stadtschreiber, wie auch die Beamten und Diener, werden, wie von alters her, von der Herrschaft besoldet.
10. **Märkte und Zölle**
    Die Stadt soll wieder die beiden Jahrmärkte an Hilarius und Vitus, wie auch den samstägigen Wochenmarkt abhalten und die Zölle erheben. Die Einkünfte an Stand- und Zollgeld stehen der Stadt zu.
11. **Das Umgeld**
    von Wein, Bier und anderem Getränk erhält die Stadt, die auch die Beschau und Schätzung des Weins durchführt.
12. **Steuer**
    Von den bürgerlichen Gütern zieht die Stadt die Steuer ein, gibt davon aber der Herrschaft jährlich 15 Gulden 49 Kreuzer und 6 Heller, also denselben Betrag, den die Herrschaft für ihre Häuser in der Stadt an ordentlichen und außerordentlichen Steuern zu bezahlen hat. Die herrschaftlichen Beamten haben ihre Güter ebenfalls zu versteuern.
13. **Holz für die Herrschaft**
    Die Stadt hat jährlich der Herrschaft 120 Klafter Brenn- und 30 Klafter Waldholz aus ihren Wäldern zu verabfolgen.
14. **Die Herrschaft übergibt der Bürgerschaft und der Stadt**
    als frei und eigentümlich:
    a) Haus und Scheuer der Appolonia Bender (stoßen einseits an den herrschaftlichen Bauhof, anderseits an das Kaufhäuslein, vorne an die Allmendstraße, hinten an Mathes Weber);
    b) das gen. Kaufhäuslein mit der darauf haftenden Gerechtigkeit;
    c) die beiden Hofstätten, die bislang dem Venturi Gerber und dem Thomas Demals (?) verliehen waren, mit dem Garten zwischen der Hofkaplanei und Peter Christ (stoßen vorne auf die gemeine Straße, hinten auf die Hofstatt der Erben des Christian Will);
    d) einen Platz, auf dem vorher ein Scheuerlein stand (liegt einerseits am Haus des Carle Merk, anderseits an der Hofstatt der Erben des Stoffel Volkmann, hinten an der Stadtmauer, vorne an der Straße);
    e) ein Jauchert Acker, gen. „Haaracker", im Siechensteiglinösch;
    f) ein Jauchert Acker, zwischen den Öschen, bei der „Opferbaindt".
15. **Hüten des Viehs**
    Das Vieh der Herrschaft wird gemeinsam von einem Hirten gehütet.
16. **Reichs- und Kreisanlagen**
    müssen künftig „nach gnädig eröffneter Quota" (Menge) von der Stadt eingezogen und dann der Herrschaft abgeliefert werden.
17. **Der Mühllohn**
    wird von der Herrschaft festgesetzt. Es steht aber jedem Bürger frei, mahlen zu lassen, wo er will.
18. **Bauholz zur Ziegelhütte**
    muß, wie bislang, die Stadt liefern. Drei Jahre nach dem Bau der Ziegelhütte erhält die Bürgerschaft Kalk und anderes zum bereits vereinbarten Preis.
19. **Die Dielen für die Brücke**
    schneidet die Herrschaft kostenlos, und läßt auf wegen des Weins, Brot und greichten Salzes die Bürgerschaft unbeschwert.
20. **Die Frühmeßpfründ**
    wird, wie bei deren Fundation zugesagt, verliehen.
21. **Fron- und Schnittag**
    Es bleibt bei der seitherigen Vereinbarung bzgl. des Zuackergehens und Schneidens am großen Schnitttag. Wenn aber die Meisterschaft ungeachtet des Schnittages zu Acker gehen will, dürfen zu einer ganzen Mähne nur 2, zu einer halben nur 1 Person gezogen werden.
22. **Strafaufhebung**
    Mit diesem Vergleich sollen alle zwischen der Herrschaft, dem Bürgermeister und Rat und der ganzen Bürgerschaft bestehenden Streitigkeiten, wie auch sämtliche noch nicht eingezogenen Gelder und verhängten Strafen, abgetan sein.
23. Der Kaiser wird gebeten, diesen Vergleich zu ratifizieren.

Diesen zu Scheer am 29. September 1655 geschlossenen Vergleich unterzeichneten und siegelten: die Truchsessen Christoph und Ernst, sowie Bürgermeister und Rat der Stadt Scheer für sich und ihre Mitbürger. (Die kaiserliche Bestätigung erfolgte 1661).

1655 heirateten: Christian Schell und Magdalena Dorherrin von Dornbirn.

Die Gerichtsbarkeit betreffend

enthält das „Rote Buch" zum Jahr 1656 folgenden Eintrag: „Rechtliches Bedenken welche Fälle der malefizischen und welche der niedergerichtlichen Obrigkeit zu strafen gebühren".

I. Actus, welche der **malefizischen hohen Obrigkeit** zu strafen gebühren:
1. Ketzerei, 2. Zauberei, 3. Teufelssegen und Wahrsagen, 4. Gotteslästerungen, 5. Kirche, 6. Ehe, 7. Landfriedensbruch, 8. Mord, 9. Totschlag, 10. Notzucht, 11. Blutschande, 12. Mordbrand, 13. Vergiftung, 14. Sodomiterei und Unkeuschheit mit Menschen und unvernünftigen Tieren, 15. Abtreibung der Leibesfrucht, 16. Unmenschliche Vermischung mit verstorbenen Weibspersonen, 17. Kuppelei ehelicher und lediger Personen, 18. Entführung der geistlichen und anderen Jungfrauen und Wittiben, 19. Verlobung und Heirat mit zwei Weibspersonen, 20. Aufruhr, 21. Verräterei, 22. Meineid, 23. Wissentliche Beherbergung geächteter Übeltäter oder Mißhandler, 24. Verursachung eines Auflaufs oder Zwietracht, 25. Ver-

hetzung und Gemeinde wider ihre Herrschaft, 26 Absag der Wahlen, 27. Steckung der Brandzeichen, 28. Diebstahl und 29. dessen Verhehlung und Mitgewinnung, 30. Abschneidung und Verderbung männlicher Glieder und Weibsbrüsten, 31. Rat, Hilfe wider die Obrigkeit oder Erbherren, 32. Verkauf und Wegführung der Personen, 33. Aufgrab- und Spolyrung der Toten, 34. Abnehmung der gerechtfertigten Missetäter von Galgen und Rad, 35. Beraubung der Pflüge, 36. der Mühlen, 37. der Bienenstöcke, 38. Suchung eines andern mit gewaffneter Hand in dem Seinen zu dem Ende ihn zu übergeben oder zu töten, 39. Hausfriedensbruch, 40. Freventliche Beschädigung der Türen, 41. Aufschlagen und Einwerfen der Fenster, 42. Schmähung an befreiten Orten wie Schlössern, Rathäusern, Kirchen, Märkten und Landstraßen, 43. Erdichtung und Eröffnung schmählicher Schriften, 44. Injuries hoher Regimentspersonen, 45. Fertigung schädlicher und falscher Briefe, 46. Siegel- und Pettschaft-, auch Briefverfälschung, mit Auslöschung oder andergestalten, 47. Ungebührende Eröffnung der Briefe und Offenbarung des Inhalts, 48. Zweifache Versetzung oder Verkaufung eines Dings, 49. Falsches Gezeugnis, und wenn 50. ein Richter oder Zeuge zu seinem Nutzen zu wählen oder zu zeugen sich corrumpieren oder bestechen läßt, 51. Zubereitung falscher Münze, 52. derselben wissentliche Ausgabe, 53. Schmelz geringer und Beschneidung derselben, 54. so klein oder groß Falschgewicht zu kaufen oder verkaufen gebraucht, 55. Zerhauung oder Aufwerfung der Mühlbau- und Mahlsteine, 56. Aufsetzung neuer Zölle, 57. Abstehung und Vergrabung der Leichen, 58. Teuermachung des Korns und anderen Getreides, 59. Aufhebung der Stadt Schlösser, Tore und Mauern, 60. Handanlegung an die Älteren, 61. Ruinier- und Verwüstung eines Ackers so bei nächtlicherweil vorgenommen, 62. der (die) sich für hohe Leut, Kunst- und Meister ausgeben und es nicht sein, und sich also dessen Betrüglichkeit rühmen, 63. Wann einer seinen Namen, Wappen, Gewerk oder Zeichen dem andern zum Schaden verändert, 64. wann ein Amtmann um Giftgaben oder Verheissung willen etwas tut, was nicht recht ist, oder das lasset, das er hätte tun sollen, wie immer dann auch 65. daß er heimlich Gabe darum gegeben, daß er zu einem Amtmann erkoren und erwählt worden, 66. die Kämpfer-, Fleischoder offene Wunden, 67. Wunden die erstlich Beulen sind und hernach aufbrachen und Wunden werden, 68. gezogene Messer oder mit was einer den anderen verwundet, gelähmet oder erwürgt, 69. Mord und Zetergeschrei, 70. Wann einer den andern morden oder ein Weib, Jungfrau und Magd notzüchtigen wolle, 71. Haussuchung, 72. Stoßen, Treten, Braun- und Blauwerfen, 73. Wann jemand den andern gefänglich setzt und hält, 74. Beschlafung der Wittiben, 75. schlechte Hurerei, wann und auch 76. dergleichen mit Gefangenen und ihnen anbefohlenen Wächtern oder mit wahnwitzigen und sinnlosen Weibern begangen; — diese actus samt und sonders werden für malefizisch gehalten.

Acty so der **niedergerichtlichen Obrigkeit** zu bestrafen gebühren: Nachfolgende aber werden als geringerer Fall der Niedergerichtsherrschaft zu strafen überlassen, nämlich: 1. Haarraufen, 2. Schläge, die nicht tödlich sind noch Lähmung bringen, daraus auch keine Wunde wird, wann sie gleich zugeschwollen, auch braun und blau, 3. Nasenbluten, 4. Maulschellen, 5. Zahnbluten, so die nicht wackeln, 6. auch andere Blutrüsten mit Nägeln gekratzt oder sonst verletzt, daraus keine Gefährlichkeit des Todes, Lähmung, Fleisch-, Kämpfer- noch offene Wunden entstehen, 7. schlechte Lügen Strafe, 8. schlechte Schmachworte, die nicht an gefreiten Orten und gegen hohe Personen geschehen, und peinlich nicht geklagt werden, 9. unzüchtiges, mutwilliges Geschrei, 10. Messerzucken, wann niemand dadurch beschädigt wird; Messer, Dolche, Schwerter und andere Waffen, so verboten zu tragen, 11. in einem Dorf oder Stadt verbotene Waren feil zu haben, 12. verbotene Spiele zu spielen, 13. da einer dem Gericht ungehorsam wird oder daselbst etwas bewilligt und solchem nicht nachkommt, 14. Diebstahl unter 3 Schilling, 15. schlechte Hurerei, wann beide Personen so dieselbe begangen, vor- oder nachmals einander geehelicht, oder auch Braut und Bräutigam, vor der priesterlichen Copulation zusammen tun. 16. Im gleichen alle bürgerlichen Fälle und Sachen, als Schulden, Güter, Schaden, Rügung, Pfändung, Güter liegend, stehend, fahrend, beweg- oder unbeweglich, die treffen viel oder wenig an. — Diese und dergleichen Fälle und Sachen alle werden dem Niedergerichtsherrn zu strafen heimgestellt, jedoch was dieser Sachen Geldbußen oder Abtrag betrifft, so von peinlichen Sachen herfließen, welches geschieht, wann eine peinliche Sache, mit Zulassung der oberen Gerichte und Verwilligung des verletzten klagenden Teils, oder aus anderen Ursachen bürgerlich wird, oder aber daß sich ein Mord, Lähmung oder anderes nicht aus Vorsatz oder Arglist, sondern aus solchem Unfleiß und Verwahrlosung zutrüge, daß sie zurecht einem bürgerlichen Abtragen gelassen wurden, solche Fälle, ob sie schon zu Geldbußen gereichen, so werden sie doch gleichwohl durch die Ober- oder Malefizgerichte gestraft und wird von selbigen die Strafe eingezogen".

Nachdem seit etwa 40 Jahren seitens der Herrschaft von den Bürgern keine **Bodenzinse** mehr gefordert worden waren, versuchte die Herrschaft im Jahre 1656 wieder solche zu erheben. Da sich die Bürgerschaft weigerte, diese sogenannten Hellerzinse zu bezahlen, wurden auf dem Rathaus vom Oberamtmann Konstantin Heussen in Anwesenheit des Amtsbürgermeisters Wilhelm Küfferlin und des Stadtammanns Caspar Storer 9 über 50 Jahre alte Bürgerinnen und Bürger vernommen. Da ihre Aussagen ergaben, daß sie nie etwas von einem Hellerzins gehört hätten, wurde die Forderung wieder fallengelassen. — Die 9 genannten Personen, wohl alle in der Stadt lebenden „älteren" Leute, waren: Maria Will (66), Ursula Zimmermann (66), Anna Schuler (80 Jahre, die Enkelin des ersten gräflichen Schultheißen Jacob Käppler), Barbara Frick (60), Andreas Frick (60), Dorothea Schälling (Schell, 70), Margarethe Will (75), Bartle Ratzenhofer (50) und Wilhelm Küfferlin (52 Jahre alt).

Bürgeraufnahmen 1656: Maria Walburga Bürkler; Hans Schuler mit Weib und Kindern, der als Totengräber angestellt wurde, und Hans Mayerhermann mit seinen 4 Kindern.

Da die seit dem Dreißigjährigen Krieg verworrenen Besitzverhältnisse immer noch nicht klar waren, wurde am 27. November 1656 ein sog. „**Gläubiger-Tag**" abgehalten, auf welchem verschiedene namentlich genannte Bürger ihre Ansprüche geltend machten.

1657 **Bürgeraufnahmen:** Jakob Herings Weib Barbara Haberbosch von Heudorf; des Schuhmachers Michael Durst Weib Maria Neher von Einsiedeln; Hans Dietrich Böhlers Frau Ursula Bach; der Burgvogt Ulrich Möglein und seine Frau Anna Maria Schmutz.

Zur Zeit der Truchsessen

Christoph Karl und Otto (1658–1663)

bekam auch die Stadt Scheer zu spüren, daß der Erzherzog den Truchsessen nicht gut gesinnt war und die Donaustädte zu stärken versuchte. Er hatte 1657 der Stadt Mengen an St. Veit (15. Juni) einen **Jahrmarkt** bewilligt, den diese in der Umgebung durch Trommler ausrufen ließ. Da auch Scheer an diesem Tag einen Jahrmarkt hatte, protestierte die Stadt am 4. Mai 1658 bei der Stadt Mengen. Diese verwies jedoch darauf, daß der Erzherzog und nicht die Stadt den Markt auf diesen Tag gelegt habe und sie nicht gewillt sei, davon abzustehen. Nun schrieb die Stadt Scheer am 6. Mai ihren Jahrmarkt öffentlich aus und ließ die Ausschreibung in weitem Umkreis bekanntmachen: in Riedlingen, Munderkingen, Ehingen, Ulm, Biberach, Altshausen, Saulgau, Meersburg, Überlingen, Pfullendorf, Mengen, Meßkirch, Sigmaringen, Veringen, Ebingen, Bingen, Hitzkofen, Sigmaringendorf, Hohentengen und Herbertingen.

Bürgeraufnahmen 1658: Georg Speh aus Scheer; Christian Arzet aus der Schweiz und sein Weib Christina Schmid von Bingen. 1659 Hans Jakob Keppelers Weib Magdalena Fritz „von Homburg aus Westerkirch"; Isac Rost aus der Schweiz; Rosina Burber (?) aus Bayern, die sich mit Hans Schuler, dem Totengräber verheiratete; der Büchsenmacher Christoph Merk aus Dürmentingen und Leopold Reisingers Weib Anna Maria Schermayer.

Nachfolger des verstorbenen Amtsbürgermeisters Wilhelm Küfferlin wurde am 1. Januar 1660 der **Bürgermeister** Bernhard Röhm, Unterbürgermeister der Stadttafernwirt Caspar Storer. Die Stadt verkaufte das **Beckenhaus** an den Bäcker Hans Stumpp. Wie aus den Ratsprotokollen ersichtlich, herrschte reges Leben in der Stadt. Es ist die Rede von der neuen Schule, vom Bau und Kauf von Häusern, vom Brückenbau usw. Mit der Gemeinde Sigmaringendorf wurde ein Vertrag wegen Zwing und Bann auf dem „Wörden" geschlossen. Am 3. Januar 1661 herrschte großes **Hochwasser**, durch welches viel Holz und auch Flöße bis an die Blochinger Brücke getrieben wurden. — Die Stadt genehmigte Holz für die baufällige **Stadtammannscheuer** und zu einem Kanal in die **Badstube**. — Nach vielem Wenn und Aber willigte der Pfarrer ein, zum **Fastnachtsküchlein** 4 Eimer Wein und 4 Viertel Kernen zu geben. — Erneut mußte das **Scheibenschlagen** als leichtfertiger Bubenstreich verboten werden. — Neben derm Haus des Spitalbauern ist ein **Kegelplatz** erwähnt. — Die **Hebamme** Margaretha Waiblerin, das Weib des Jakob Will, führte gegen die Hebamme Lucia Waiblerin, Hausfrau des Amtsbürgermeisters Bernhard Röhm, üble Nachreden. — **Strafen:** Zwei Frauen wurden zur Strafe in die Geige gespannt, weil sie „auf wunderbare Weise Flöhe gefangen" und vertrieben. Sie hatten glühende Kohlen auf ein Ofeneisen gegeben und die Glut in der Kammer unter die Bettstatt gestellt. — Weil sie während der Predigt gelacht hatten, „daß der Priester die Predigt schier gestanden", wurden 3 Männer ins Blockhaus gelegt und mußten 1 Pfund Wachs geben. — Eine Bürgerin wurde angeklagt, weil sie „eine Wesch" (Wäsche) gehalten, als man mit dem Kreuz nach Engelswies ging". - Das wichtigste Ereignis des Jahres 1661 war der **Vergleich**, den die Stadt mit der Herrschft schloß. Vom Text, der leider nicht mehr auffindbar ist, überlieferte uns Oberlehrer Lehr folgende Punkte: Bürgermeister und Rat sind im Beisein des jeweiligen Stadtammanns befugt zu richten über die Umgelder, in welchen Sachen Bürgermeister und Rat nicht allein die Erkenntnis und Besiegelung, sondern auch die Exekution (Zwangsvollstreckung) haben. — Das Umgeld an Wein und Bier und anderem Getränk sollen Bürgermeister und Rat in der Stadt und innerhalb Etters vermöge der Eberhardschen Zession (Abtretung) und des alten Herkommens einziehen und allein behalten, wie sie auch Beschein- und Schätzung des Weins allein zu tun haben. Die Jahrmärkte auf Hilari und Veit, sowie auch die samstägigen Wochenmärkte und Zölle, sollen Bürgermeister und Rat kraft habenden Privilegien befugt sein wieder anzustellen, die Gebühr hiervon einzuziehen, wie auch das Standgeld allein zu behalten. Die Herrschaft verpflichtet sich, die Dielen für einen Brückenbau zu liefern, die in der herrschaftlichen Säge geschnitten werden müssen. — Im Ratsprotokoll heißt es: Am 19. Juni 1661 kamen die Truchsessen Christoph Karl und Otto von ihrer Residenz, vormittags zwischen 11 und 12 Uhr, ins Rathaus Scheer und confirmierten den Vergleich in Gegenwart der beiden Herren von und zu Hornstein, des Bürgermeisters und des Rats. Danach wurde auf dem Rathaus „Tafel gehalten" und die Speisen von der Hofhaltung beigetragen. Von der Geistlichkeit waren anwesend: der Pfarrer Georg Herbst, der Kaplan Nikolai Haberbosch, der Frühmesser und der St.-Sebastians-Kaplan von Ennetach; ferner der Oberamtmann Gedeon, der Landammann Hartmann von Hohentengen, der Stadtammann Frick, der Amtsbürgermeister Röhm, der Unterbürgermeister Stohrer und der Stadtschreiber Mayr. Bürgermeister und Rat gaben Wein und Brot. Der übrige Rat und die Herrschaftsdiener erhielten in der Nebenstube die übriggebliebenen Speisen. — Während der Zeit der Truchsessen

Christoph Karl und Maximilian Wunibald (1663–1672)

kaufte die Stadt 1666 von der Gemeinde Sigmaringendorf um 210 Gulden deren **Holz am Spitzenweiler**, weshalb mit der Gemeinde Ennetach ein zweijähriger Streit entstand. — **Bürgeraufnahme:** Ursula Haymayerin von Veringenstadt. — 1667 wurden die **Handwerksartikel** erneuert (s. d.). — Der Truchseß Maximilian Wunibald verkaufte der Stadt einen Acker und Morast am Blochinger Ösch (am Scheerer Wald) um 16 Gulden. **Bürgeraufnahmen:** Maria Meyer aus der Schweiz, die Frau des Meisters Mathias Weber; Maria Miller, die Hochzeiterin

des Christoph Heim; Johann Baptist Mehrle, Schlosser von Überlingen und seine Frau; Hans Kuner und sein Sohn Johannes; 1668 Johannes Markherer und seine Kinder. — In diesem Jahr bestätigte Kaiser Leopold I. die **Privilegien** der Stadt. — Stadteigene **Güter** wurden unter die Bürgerschaft verkauft und verlost:
1/2 Jauchert im Langenfuhren an Georg Stohrer,
3 Jauchert ebendort beim steinernen Kreuz an Jakob Hering, Friedrich Haberbosch, Jakob Küfferlin, Matheus Weber, Ulrich Stumpp und Stoffel Hering,
4 Jauchert in der Schleußhalde an Hans Reisinger, Peter Teufel, Johann Feinaigle, Ulrich Mayer und Andreas Haberbosch,
1 Jauchert vor dem Schachen an Endris Feigenbach, Stoffel Gutknecht und Isac Rost,
1 Jauchert im Fischacker an Georg Spee und Stoffel Gutknecht,
1 Jauchert auf dem Berg am Weg an den Balbierer Martin Feinaigle,
1 Jauchert auf der Wolfsgrub an Michel Ratzenhofer und Siegmund Loes,
1 Gärtlein in der Au an Michel Durst,
1 Wiesenstück am Zugenbronnen, das bis an die Mauer und Martin Feinaigles Garten geht, an den Stadtammann,
1 Gärtlein bei der Ziegelhütte an Michel Schleyweck,
1 Stücklein Acker im Werden an Wilhelm Küfferlins Witwe,
1 Stücklein Wiese im Werden an Christa Stumpp.
Der Erlös betrug 295 Gulden 30 Kreuzer, die auf 3 Zieler, beginnend an Martini, bezahlt werden mußten.
1669 sind genannt: der Stadtammann Lorenz Frick, der Amtsbügermeister Martin Feinäugle und der Unterbürgermeister Matheiß Verber. — **Bürgeraufnahmen:** Maria Schlude aus Rulfingen und Magdalena Jäger von Ems, die Frau des Hans Konrad Geiger. — In einem Protokollbuch wird über **Streitigkeiten** zwischen der Stadt und den Truchsessen **wegen der Privilegien** berichtet. Eine Abordnung der Stadt reiste deswegen im Jahr 1670 an den kaiserlichen Hof nach Wien. — **Bürgeraufnahmen:** Anna Albießer (?) aus der Schweiz, die Frau des Andreas Wetzel; 1671 Anna Müller von Hitzkofen, das Weib des Schneiders Michel Rhein, und Ursula Klein von Hohenems, die Hochzeiterin des Michel Haberbosch. Die Aufnahmegebühren betrugen 57 Gulden 8 Kreuzer. In diesem Jahr kam eine **kaiserliche Untersuchungskommission** nach Scheer, um die in Wien vorgetragenen Klagen zu prüfen. Im Schloß überreichte sie dem Grafen Christoph Karl ihre Legitimation. Im Rathaus trugen sie die Stellungnahme des Grafen vor und hörten die Bürger an. Auf einem nach ihrer Abreise angesetzten Fiscalischen Rechtstag wurde aus den Angaben der Bürger deutlich, daß sie gegenüber den leibeigenen Untertanen vom Grafen als Stiefkinder angesehen wurden. Die alten Statuten und andere Schriften seien ihnen mit Waffengewalt abgenommen worden, und sie verlangen, daß diese ihnen zurückgegeben werden, bevor sie wieder auf einem Rechtstag erscheinen. Da Christoph Karl nicht einlenkte, wurde wieder eine **Delegation nach Wien** geschickt, mit dem Auftrag, über sein Verhalten Beschwerde einzulegen. Die Spannungen hielten auch an, als

Graf Maximilian Wunibald und die Vormundschaft (1672–1673)

die Herrschaft übernahmen.
1672 weigerten sich die Bürger, ohne kaiserlichen Befehl der neuen Herrschaft zu huldigen. Sie pochten darauf, daß sie abgelöste vorderösterreichische Pfanduntertanen und als solche angewiesen seien, jährlich eine stattliche Summe zu zahlen. Es ging monatelang sehr turbulent zu. Auch als der Graf mit seinen Dienern und etwa 50 Bewaffneten vor dem Rathaus erschien, wo trotz seines Befehls nur der Amtsbürgermeister und der Stadtschreiber anwesend waren, konnte er nichts ausrichten. Als dann im November die Delegation mit einem kaiserlichen Rescript zurückkam, das ihnen volle Rückendeckung gab und aufforderte, die Huldigung bis zum endgültigen Austrag der Angelegenheit zu verweigern, wurde allen Abgeordneten befohlen, auch künftig zusammenzuhalten. Weil sie nicht nur die Frondienste ablehnten, sondern auch die auf Martini fällige Steuer nicht bezahlten, erhoben 1673 den Graf und die Vormunde beim Reichskammergericht Klage gegen die Stadt, worauf den Bürgern die Huldigung befohlen und sie aufgefordert wurden, ihren Verpflichtungen der Herrschaft gegenüber nachzukommen. Da es auch in der Göge weiter gärte, verharrten sie auf ihrem Standpunkt, worauf der Kaiser über das Gebiet die

Sequestration (1673–1687)

verhängte.
Bürgeraufnahmen: Hans Georg Jäcklin aus Heringen; der Weber Paul Dachser aus der Steiermark mit seinem Weib.
1674 legte sich der Graf, der sich wenig um die Sequester kümmerte, mit dem **Pfarrer** an, den er zum Gehen auffordern ließ. Mit seinem Untervogt und allen seinen Dienern zerstörte er das Gütlein neben dem Friedhof, das der Pfarrer als Krautgarten angelegt hatte, und ließ des Pfarrers Magd in die Geige legen, während der Pfarrer in der Kirche betete, daß er vor den ihm angedrohten Prügeln und Stockstreichen verschont bleibe. — **Bürgeraufnahme:** Johann Glaßer von Hitzkofen.
Da es der Graf dem neuernannten Mesner verbot ins Mesnerhaus zu ziehen, beschwerte sich 1675 eine Delegation beim Generalvikar in Konstanz. — Da der neugewählte **Amtsbürgermeister**, der seitherige Unterbürgermeister Johann Feinäugle, wenige Tage nach seiner Wahl starb, wurde der seitherige Amtsbürgermeister Lorenz Frick wieder eingesetzt. — **Bürgeraufnahmen:** Regina Zuflin von Hausen a. A., die Frau des Georg Teufel und der Sattler Johann Dominikus Busch aus Meersbug. 1676 lenkte der Graf der Stadt gegenüber ein und gab ihr den ihr schon 1659 als Tauschgrundstück versprochenen „Saylergraben", nachdem man ihm „unterschiedliche Verehrungen mit Wein getan", welche die Stadt 20 Gulden kosteten. Gleich danach wurde der Graben eingezäunt. — Als sie sich bei ihm auch darüber beschwerten, daß der verstorbene Graf Wilhelm Heinrich vor vielen Jahren, als sie ihm keinen eigenen Schlüssel zum Menger Tor billigten, ein Loch in die Stadtmauer brechen und ein

eigenes Tor machen ließ, das im sog. Saylergraben lag, erlaubte er, daß dieses wieder zugemauert werde. — Zu einer bevorstehenen Reise lieh ihm die Stadt gegen Kaution 600 Reichstaler. — Dem Tafernwirt und Unterbürgermeister Leopold Friedrich Reisinger verkaufte die Stadt um 40 Reichstaler eine zwischen dem Spital und Johann Mortterer gelegene **Hofstatt**. — **Bürgeraufnahmen**: Elisabeth Nuoffer von Weil im Thurgau, die Frau des Hans Georg Jäggle; 1677 Anna Rack „von Dürben in der Herrschaft Hohenberg". — Die Stadt sah sich gezwungen, 1000 Gulden ihres **Umgeldes** an Konstanz zu versetzen. Für den ordnungsgemäßen Einzug hatte der Stadtammann Hans Jakob Will zu sorgen. — Der **Streit des Grafen** Maximilian Wunibald **mit dem Pfarrer** nahm immer groteskere Formen an. Am 26. November kam er mit 2 Dienern bewaffnet vors Pfarrhaus und drohte die Tür einzuschlagen und den Pfarrer niederzumachen. Anderntags befahl der Graf dem Pfarrer, zum Bischof nach Konstanz zu gehen. Während dessen Abwesenheit nahm er ihm Korn aus der Mühle, verkaufte es und ließ sich von den Dreschern die Schlüssel zur Pfarrzehntscheuer aushändigen und daraus 10 Klafter Holz wegführen. Als der Pfarrer mit dem bischöflichen Fiscal, der den Streit schlichten sollte, nach Scheer zurückkehrte, wurden beide ungebührlich empfangen und zurückgeschickt. — In der im Jahre 1679 gegen den Grafen verfaßten Anklageschrift erfahren wir u. a., daß er dem Pfarrer indianische Hennen und anderes Geflügel im Wert von 10 Gulden nachts aus dem Stall stehlen ließ und sie im Haus des Kaplans „verschlemmet". Öfters habe er mit seinem ganzen Haufen ungezogener Diener den Pfarrhof überfallen und den Pfarrer gezwungen, für sie alles zum Fressen und Saufen herbeizutragen, bis sie voll und toll waren. Die Bürger seien von ihm gegen den Pfarrer aufgehetzt worden, den er aus der Stadt zu vertreiben versuchte. Zur Bezahlung seiner Saufschulden habe er Wirten in Scheer und anderen Bürgern Äcker, Hofstätten, Tiere usw. verkauft und Mobiliar aus dem Schloß versetzt. Ähnlich trieb er es in anderen Städten und Gemeinden seiner Herrschaft, bis er 1679 inhaftiert wurde. — **Bürgeraufnahmen**: Anna Reich aus der Herrschaft Königsegg, die Hochzeiterin des Hans Michel Ratzenhofer; Rosina Gutjahr aus der Schweiz, die Frau des Michel Küfferle; Katharina Dilger aus Ennetach, die Frau des Seilers Kaspar Schell.

Durch den Vergleich des Grafen Hans Ernst, der zu Dürmentingen saß, mit dem Erzhaus Österreich wurde 1680 der Versuch unternommen, **geregelte Verhältnisse** zu schaffen. Darin heißt es u. a., daß die Stadt Scheer, wie die übrige Grafschaft, die seitens des Erzhauses als Pfandschaft, von den Truchsessen aber als Eigentum angesehen wurden, künftig österreichische Mann- und Stammlehen sein sollen. Die Privilegien und Freiheiten der Stadt müssen künftig von der Hofkanzlei bzw. Reichskanzlei konfirmiert werden. — Von den Sequestrationsbeamten wurde im Jahre 1681 die Stadt aufgefordert, zu ihren Pflichten zurückzukehren. Sie wandte sich daraufhin an den Kaiser, in der Hoffnung, aus der Grafschaft ausgelöst zu werden, wie es den Donaustädten erlaubt worden war. Dabei wurde betont, daß die Huldigung so lange verweigert werde, bis eine Untersuchungskommission entschieden habe. — Mit Ennetach tauschte die Stadt ein Holz im **Spitzenweiler** (ebenso 1683). — **Bürgeraufnahmen**: Jakob Dick; Catharina Hämmerle aus Bregenz, die Frau des Wilhelm Küfferle; 1683 Barbara Hotzlin, die Tochter des Hans Hotz und der Maria König aus der Schweiz. Sie heiratete den Bernhard Hering. Magdalena Miller aus der Herrschaft Werenwag, die den Johannes Reying heiratete; der Sattler Dominikus Busch aus Möhringen mit Weib und Kindern; Martin Schildegger aus Furthwangen mit seiner aus Bingen stammenden Frau Catharina Rettich und den Kindern; 1684 Anna Maria Spenn aus Engelswies. — In diesem Jahr wurden die Grenzen zwischen Scheer und Sigmaringendorf beschrieben.

Bei der **Überschwemmung** vom 3. März 1684 „ist morgens zwischen 5 und 11 Uhr jählings ein solches Gewässer angelaufen, daß das Wasser hier bis zum Amtshaus (Hauptstraße 14) in der Stadt gelaufen ist, auch dabei fast alle Zäune in den Au-Gärten weggerissen wurden und von der Brücke 3 Joch. Das Wasser hat man von der Brücke mit der Hand langen können." Hier sei erwähnt, daß damals die ganze Umgebung der Brücke und damit auch diese selbst viel tiefer lag. Erst nach dem Abbruch der Stadtmauer wurde das Gelände aufgefüllt und die Brücke höher gelegt. — Der **Brückenbau** des Jahres 1684 kostete 381 Gulden 30 Kreuzer. Die **Klosterfrauen** von Ennetach erhielten, gegen Bezahlung, für ihren Bau Ziegel, Platten etc. — Den Buben wurde verboten, künftig nackt bei der Brücke zu **baden**. — Über die **Witterung** berichtet das „Rote Buch": Am 20. Februar 1684 ist Hans Jakob Keppeler, Bürger allhie, auf Konstanz geschickt worden und am 21. d. M. vom Damm zu Überlingen zu Fuß über den Bodensee bis gegen St. Niclosen auf Dingelsdorf gegangen. Darauf nahm die jämmerliche Kälte, die in dieser Stärke seit fast 200 Jahren nicht mehr vorkam (wie man hörte), wieder ab.

Aus dem „Roten Buch" erfahren wir: „Den 4. Juni 1685 als Herr Amtsbürgermeister Leopold Friedrich Reisinger, Herr Unterbürgermeister Hans Jacob Will, Christoph Ratzenhofer und Bartholomae Storer des Rats, Stoffel Gutknecht und Lorenz Küfferlin, auch der Bannwart Jacob Hering, dabei ist auch der Stadtschreiber Dominicus Körndorfer gewesen, den langen Weg zu einem Stadtacker ausgemarktet, ist gehlingen ein erschreckliches Wetter kommen, so mit furchtsamen schrecklichen Blitzen und Donnerknallen, auch großem Platzregen, dergestalt angesetzt, daß wir auf dem freien Feld von einem Baum unter den andern geflohen; letztlich sind unser sechs unter zwei Birnenbäume gestanden, unter dem vorderen standen der Unterbürgermeister, ich der Stadtschreiber, Bartle Storer und Stoffel Gutknecht; unter dem anderen Stoffel Ratzenhofer und dem Bannwart. Da hat es gehlingen einen so erschrecklichen Streich in den hinteren Baum getan, von dem der vordere 8 Schritt entfernt war, daß wir alle vier von den vorderen gesprungen, und aber die zwei unter dem hinteren vom Strahl und Dampf zu Boden geschlagen worden. Wir sind gleich hinzugelaufen, haben den Bannwart, welcher fast tot war, hervorgezogen und mit frischem Wasser gelabt, dem es von oben herab Hemd, Hosen und Strümpf durchrab aufgeschlagen, sonst aber nicht verletzt hat, außer daß er an einem Fuß und unter dem Arme rote Masen bekommen und sich im Rücken sehr übel gefüllt. Stoffel Ratzenhofer aber hat es das Übergeschirr von dem Fuß derart hinweggeschlagen, als wenn man es mit einem Messer durchgeschnitten hätte; ist auch an einem Fuß geöffnet worden."

1685 unterbreitete die Stadt dem Statthalter in Ehingen einen Vorschlag, wie man aus der **Leibeigenschaft** loskommen könne. Von dort erhielt sie u. a. die ermunternde Antwort, daß dies wohl gelingen könne, wenn man die Sache den Hohentengischen recht vortrage. Obwohl letztere, als „freie alte Landgemeinde", mit dem Vorschlag nicht einverstanden waren, wurde zwischen der Herrschaft und den Untertanen im Jahr 1686 ein Vergleich geschlossen, mit der Stadt Scheer aber ein ***Sondervergleich*** ausgehandelt. Dieser umfaßte folgende Punkte:

1. **Ratswahl und Vereidigung des Stadtammannes:**
   Die Bürgerschaft nennt künftig 3 Männer aus ihrer Mitte. Aus diesem Dreiervorschlag ernennt die Herrschaft den Stadtammann. Danach werden, nach altem Herkommen, Bürgermeister und Rat gewählt.

2. **Die Rechnungsabhör**
   wird künftig nicht mehr von Deputierten der Herrschaft, sondern von der Stadt im Beisein des Stadtammanns vorgenommen, welcher der Herrschaft zu berichten hat.

3. **Die Aufnahme und Wiederabschaffung der Bürger**
   erfolgt im Beisein des Stadtammannes. Landfremde müssen ihre Geburts- und Freibriefe vorlegen. Das Abzugsgeld steht der Stadt zu.

4. **Gerichtsbarkeit**
   Der Stadt steht die niedere Gerichtsbarkeit zu bei: geringem Diebstahl an Holz, Baumobst, Feld- und Gartenfrüchten so bei Tag oder Nacht beschehen, Überähren, Übernehmen, Überzäunen, Abfahrungszoll, so viel es eine bürgerliche Bestrafung, nicht aber eine Confirmation des Guts betrifft; Austritt und Ausbruch aus dem bürgerlichen Arrest und Ausbruch aus den bürgerlichen Gefängnissen, ebenso Übermark, auch Betrug mit Falschheit im Gewicht, Maß und Ellen, jedoch mit dem Vorbehalt, daß diese Delikte von einer Person zum ersten Mal begangen wurden. Im Wiederholungsfalle gebührt die Bestrafung allein der Herrschaft; auch fälschlich angegebene Steuern, Contributionen und Rechnungen; ebenso Raufen, Schlagen, Werfen wenn es blutrissig aber nicht beinschrötig, Ausfordern, Wehr- und Waffenzücken, Hausfriedensbruch, und so es auf dem Rathaus beschehen, außer es handelt sich um Kriminalfälle, Fornicationes und Imprägnationes vor dem ehelichen Beilager; ebenso Verbalinjurien, wie Schelmen, Dieb, Hexen, Huren und dergleichen Scheltung, wenn darauf nicht beharrt oder die Probe genommen würde.

   Alle aufgeführten und andere geringe Verbrechen mehr, sollen Bürgermeister und Rat im Beisein des herrschaftlichen Stadtammanns mit der Keichen, Geigen oder Geldbuß, und zwar mit höchstens 10 Pfd. Heller abzustrafen befugt sein, jedoch alles mit ausdrücklichem Vorbehalt und Ausnahme der herrschaftlichen Häuser, Beamten und Zugehörungen, wie auch sämtliche herrschaftliche Bediente von der bürgerlichen Rechtssprechung ausgenommen sind. Auf Ersuchen der Bürgerschaft wurde dann doch erlaubt, daß die „geringen herrschaftlichen Bedienten", wenn sie im Wirtshaus oder anderen bürgerlichen Häusern in dergleichen Händel geraten, der Ratsbestrafung unterworfen sein sollen, gleichwohl aber mit dieser Einschränkung: wenn sie auf Ermahnen nicht Frieden halten wollen, sondern sich also verhalten, daß von ihnen Gefahr zu erwarten, solchenfalls von den Bürgern oder Stadtbedienten ein solcher wohl festgenommen, aber nicht ins bürgerliche Gefängnis gesetzt, sondern der Herrschaft oder deren Beamten ausgeliefert werde. Danach wird eine von der Stadt verlangte Auslieferung nicht verweigert, gleichwohl aber der Herrschaft erlaubt, durch einen Anwalt oder Procuratoren zu erscheinen. Bei einer Bestrafung von herrschaftlichen Bedienten durch den Rat, sei es Turm- oder Geldstrafe, soll das Oberamt unterstützt und der Stadt zur Geldstraf geholfen werden.

5. **Appelation gegen Strafbescheide:**
   In bürgerlichen Sachen muß der Streitwert mindestens 15 Pfd. Pfg. betragen. Wie von alters her, können sich die Appellanten an die Herrschaft oder deren Oberamt wenden. Seitens des Rats ist man an den Entscheid des Oberamts gebunden.

6. **Fassung und Handhabung der Malefizpersonen:**
   Die Gefangennahme der Delinquenten steht nur denen zu, die von der Herrschaft oder deren Oberamt hierzu befohlen wurden. Die Bürgerschaft darf sich dieser Angelegenheit keinesfalls annehmen, außer es wäre Todesgfahr oder ein obrigkeitlicher Befehl vorhanden. Falls die Sache so stünde, daß ein Tumult oder Aufstand zu befürchten sei, würde man vom Oberamt nicht versäumen, hiervon einem jeweiligen Amtsbürgermeister Kenntnis zu geben und dann von der Bürgerschaft die notwendige Unterstützung zu verlangen.

7. **Zuziehung von Ratsverwandten oder einer städtischen Deputation zu peinlicher Exekution:**
   Bei etwaigen Malefizpersonen hat die Herrschaft nichts dagegen einzuwenden, wenn die Exekution in Scheer vorgenommen wird, bei der Besübung (Verhör) wie auch dem anstellenden Blutgericht einige Ratsverwandte zu gebrauchen.

8. **Auslösung konfiscierter Güter:**
   Falls nun bei vorkommenden Malefizprozessen gegen bürgerliche Einwohner und bei der Stadt begüterte Personen die Sach und Ausweisung der kaiserlichen Rechte auf eine Confiscation ankomme und mithin bürgerliche Güter wegfallen würden, zumal das Stadtwesen ohnedem gering und schlecht, also mittlerzeit in gänzlichen Ruin geraten möchte, und sich besonders der bürgerlichen Steuern wegen allerhand Schwierigkeiten ergeben könnten, so hat die Herrschaft auf der Bürger untertäniges Bitten und Anhalten, ohne alle Schuldigkeit, in Gnaden sich freiwillig dahin erboten, damit das gemeine Stadtwesen um so mehr aufrechterhalten werden möge, in

solchen Fällen der Bürgerschaft die heimgefallenen bürgerlichen Güter zu billigem Preis zu verkaufen.

9. **Zuziehung einer Deputation von der Stadt bei Umlegung der Collecte:**
   Gleichermaßen hat sich auf Ansuchen der Bürgerschaft die Herrschaft bereit erklärt, daß sie nichts dagegen einzuwenden habe, wenn künftig eine Collecte umgelegt und Repartitiones der Quartier gemacht werden müßten, man befindlichen Dingen und Notdurft nach, Bürgermeister und Rat, um ihres dabei verschiedenen Interesses willen, jemanden von der Stadt mitverordnen mögen, jedoch ohne Vorrechte der Herrschaft gegenüber.

10. **Überlassung gewisser herrschaftlicher Güter an die Bürgerschaft:**
    Die Herrschaft überläßt den Bürgern in der Stadt den sog. „Hohenwiehl" samt noch einer Hofstatt, sowie 21 Jauchert der besten Äcker samt 37 der anderen Jaucherten, und 7 Mannsmahd Wiesen.

11. **Nachlassung der Frondienste:**
    Die Bürgerschaft wurde aller Fronschuldigkeit aus Gnad entlassen, in der Hoffnung, falls der Herrschaft an Gebäuden oder Gütern durch Feuer, Wasser, oder auf andere Art, großer Schaden erwachsen würde, daß die Bürgerschaft helfen und die eine oder andere Ehrenfahrt machen wird.

12. **Verleihung derjenigen herrschaftlichen Güter, welche die Herrschaft nicht selbst „pauet":**
    Falls die Herrschaft künftig ihre eigenen Äcker nicht selbst und durch eigene Mähnen anbauen lassen wird, so sollen diese der Bürgerschaft insgemein oder in Teilen um die Gebühr und der Bedingung diese anzubauen, wie einem Fremden zukommen.

13. **Viehausschlag:**
    In Zukunft wird die Herrschaft samt ihren Beamten alles in allem nicht mehr als 40 Stück Rind- und Milchvieh auf die Waid schlagen, jedoch sind Kälber, Schafe, Geißen und Schweine nicht inbegriffen.

14. **Die Sägmühle**
    war in Abgang geraten. Die Herrschaft erklärte sich bereit, an derselben Stelle eine neue zu errichten, unbeschadet der gemeinen Stadt-Almend oder sonstiger bürgerlicher Güter.

15. **Bau- und Brennholz:**
    Die Herrschaft begnügt sich mit 6 bürgerlichen Teilen und 40 Klafter Rauhholz.

16. **Krebsen und Fischen:**
    Die Herrschaft erklärt sich bereit, der Bürgerschaft ein Stück Wasser auf der Donau, und zwar oberhalb des Wuhrs bis zum Stein, wo es mit Sigmaringen scheidet, dergestalt einzuräumen, daß sie daselbst mit der Angel und dem Hammen, auf eine andere Weise aber nicht, fischen mögen, es der Herrschaft aber nicht verwehrt sein solle, dort nach Belieben zu fischen.

17. **Umgeld:**
    Die Herrschaft genehmigt das Umgeld um die Hälfte zu erhöhen und anstatt der bisher gereichten 16 Kreuzer inskünftig 24 Kreuzer vom Wein, vom Bier aber halb soviel zum Umgeld bezalt werden soll.

18. **Besteuerung der herrschaftlichen Bedienten, wenn sie bürgerlichen Nutzen haben:**
    Da die Oberbeamten von den Steuern befreit sind, ist die Herrschaft damit einverstanden, daß die geringen Bedienten in soviel und bislang sie von der Stadt bürgerlichen Nutzen an Holz, Wald oder Weide genießen, oder gar bürgerliche Güter besitzen, auch besteuert werden mögen; man könne sie aber nicht zu Wach- oder anderen Diensten heranziehen, da sie der Herrschaft ihren Dienst zu leisten haben.

19. **Errichtung der Statuten:**
    Zur Erhaltung guter Polizei und Ordnung, und auch um ein gutes und beständiges Verhältnis zwischen der Herrschaft und der Bürgerschaft zu erlangen, wurde beschlossen, daß die Statuten von der Herrschaft und dem Rat gemeinsam aufgestellt werden sollen.

20. **Bestrafung außer Etters, wenn es Bürger betrifft:**
    Der Stadtrat kann auch außerhalb des Stadtetters, soweit sich Zwing und Bann erstrecken, auch diejenigen bürgerlichen Frevel abstrafen, welche zwischen Bürgern unter sich selbst begangen werden; was aber außerhalb der Stadtetter Fremde, oder Bürger und Fremde zugleich miteinander verbrechen, soll der herrschaftlichen Gerichtsbarkeit unterstehen.

21. **Bewilligung von 2500 Gulden:**
    Die Herrschaft schießt der Stadt diesen Betrag vor. Jährlich müssen davon 500 Gulden zurückbezahlt werden.

22. **Privatforderungen der Bürger**
    können nicht eingelöst werden.

23. **Güter, welche vom Grafen Max an die Bürger verkauft wurden:**
    Diejenigen Käufe, welche zur Zeit des Grafen Max um billigen Preis getätigt wurden, sollen gültig sein, was aber zum Spottpreis verkauft wurde, muß auf Normalpreis gebracht werden.

27. **Differenzen,**
    die bislang zwischen Herrschaft und Bürgern bestanden, sollen vergessen sein.

Den Vergleich unterzeichneten seitens der Stadt der Amtsbürgermeister Reisinger, der Unterbürgermeister Hans Jakob Will und der Stadtschreiber Dominikus Körndorfer.

Die verschuldete Stadt war im Jahr 1686 gezwungen, von Michael Schatz von Liebenfeld, dem Rat und Obervogt der Deutschordenskomturei Altshausen, am 8. Mai 1500 Gulden und am 25. Juni weitere 1000 Gulden aufzunehmen.

Beim Reich (1687—1695)

Über die Inbesitznahme durch das Reich berichtet das „Rote Buch": „Den 19. Juli 1687 hat eine kaiserliche oberösterreichische Kommission des durchlauchtigsten Erzhauses Österreich in allhiesiger Stadt Possession und folglich von der Bürgerschaft die Huldigung abgenommen, nachdem solches tags vorher in dem Amt zu Hohentengen beschehen, nun also solche Stadt, Graf- und Herrschaft dem Herren Grafen, Reichserbtruchsessen völlig entzogen." — In seiner Eigenschaft als Erzherzog von Österreich ließ Kaiser Leopold am 30. Juli 1687 durch eine eigene Kommission die Ober- und Unterbeamten des Oberamts Scheer, das nun den Titel „kaiserlich-erzfürstlich" führte, in Pflicht und Erbhuldigung nehmen. 1687 verkaufte die Stadt die **städtische Taferne** („Sonne") an den Barbier Johannes Frick. Preis 1000 Gulden.

Als Christoph Ratzenhofer im Jahre 1688 den Zins von einem Acker verkaufte, nannte er sich „Bürger und Metzger der oberösterreichischen Stadt Scheer". Die „Metzge", d. h. das städtische Schlachthaus wurde 1689 dem Josef Küfferlin verliehen. — Da seit einigen Jahren in Scheer alle Früchte so zerschlagen und vernichtet worden waren, daß nur noch wenig übrigblieb, lieh der Pfarrer von Herbertingen der notleidenden Stadt 30 Malter Korn und 10 Malter Gerste bis Galli-Tag. — Stadtammann war immer noch Leopold Friedrich Reisinger, Amtsbürgermeister Matheis Weber, der aber in diesem Jahr von Christoph Küfferlin abgelöst wurde, Unterbürgermeister Martin Mair Hermann. — Bei den **Ratswahlen** 1690 wurde der seitherige Stadtammann zum Amtsbürgermeister gewählt. — Da die Stadtmauer reparaturbedürftig war, wurde jedem Bürger, der sein Haus an der Mauer stehen hatte, auferlegt, seinen Anteil an den Kosten zu tragen.

1691 **Bürgeraufnahme**: Lorenz Bürgler, des Zieglers Sohn. Er wurde verpflichtet eine Bürgerstochter zu heiraten. Sein Vater ging 1692 an die Deutschordenskommende Altshausen. Die **Ziegelei** in Scheer übernahm der Sohn Hans Georg Bürgler. — Amtsbürgermeister war Martin Maier Hermann.

Mit dem **Kloster Ennetach** war die Stadt in **Streit** geraten, in dessen Verlauf 1693 das erzbischöfliche Gericht in Mainz unter Androhung der Exkommunikation, dem bischöflich-konstanzischen Official befahl, der Stadt Scheer die diesbezüglichen Akten herauszugeben. 1694 verzichtete der **Pfarrer** der Stadt gegenüber auf die 7. Landgarbe, für die er bislang der Bürgerschaft auf dem Rathaus „in Tempore bachanalium" eine Gastung mit einem Trunk Wein samt Brot und einem Stück Fleisch zu reichen, den verbürgerten Frauen aber jeder ein Maß Wein und von Kernen gebackenes Stück Brot nach Hause zu schicken hatte. — Der kaiserliche **Landschreiber** kaufte in diesem Jahr von mehreren Bürgern Äcker auf; ebenso 1695, in welchem Jahr er auch das ganze Anwesen des Leopold Friedrich Reißinger erwarb. Letzterer wurde als Unterbürgermeister gewählt. Amtsbürgermeister war Johannes Frick. Sie waren wohl maßgeblich daran beteiligt, als die Bürger im Jahre 1696 den wieder zurückgekehrten **Grafen Maximilian Wunibald** in seinem Schloß, also im neuen Schloß am linken Donauufer einsperrten und von ihm folgenden **Vergleich** erzwungen:

1. Die Bürger wählen künftig den Bürgermeister und (inneren) Rat, diese wiederum den äußeren Rat und die 3 Stadtknechte.
2. Aus 3 von der Bürgerschaft vorgeschlagenen ehrbaren Männern, kann die Herrschaft den Stadtammann wählen.
3. Die Stadt erhält einen Teil der niederen Gerichtsbarkeit und kann, ohne Appellation über Streitigkeiten bis zu 15 Gulden entscheiden und bestrafen. In Straffällen werden einige Ratsverwandte vom Oberamt beigezogen.
4. Bei Beratungen zu den Umlagen von Reichslasten seitens des Waldburgischen Oberamts, wird ein Bevollmächtigter von der Bürgerschaft beigezogen.
5. Sämtliche Frondienste, verbunden mit einschägigen abgestuften Steuerermäßigungen, werden erlassen
6. Die Stadt behält das Abzugsrecht, d. h. aus der Stadt Fortziehende mußten eine Gebühr entrichten.
7. Der Stadt ist gestattet, das Umgeld von einem Eimer Wein von 16 auf 24 Kreuzer zu erhöhen, vom Bier die Hälfte zu nehmen.
8. Die Herrschaft begnügt sich mit 6 bürgerlichen Teilen an Holz und darf mit ihren Beamten nicht mehr als 40 Stück Vieh ausschlagen oder auf die Weide treiben.

Der Stadt war es möglich, diesen Vergleich zu erzwingen, weil der Graf zu dieser Zeit wohl hier residierte, die obere Herrschaft aber *unter Administration (1696–1717)* stand. Mit dem Administrator, dem Truchsessen Christoph Franz, wurden am 5. Oktober 1696 weitere, den Vertrag von 1686 betreffende Punkte zugunsten Scheers geändert. — Auf Wunsch des Oberamts erhielt Wilhelm Sonntag die Stelle des seitherigen Stadtammanns Eißler. Der Amtsbürgermeister Johann Frick mußte sein Amt an Christoph Küfferlin abtreten, ebenso der Unterbürgermeister Reisinger an Martin Maier-Hermann. Die **Nachtwächter**, die 20 fl. Lohn erhielten, wurden angewiesen, jede Nacht „bei der großen Glocke" die Stunden zu rufen und „Feuers halber in Allem wohl Achtung zu geben". Junge Burschen, die sie nach 9 Uhr ohne Licht auf der Gasse antreffen, mußten sie beim Rat zur Anzeige bringen. — **Bürgeraufnahmen**: Martin Ruhm von Ennetach, der die Witwe des Caspar Schell heiratete; Michael Ratzenhofer, der die Walburga Eißler heiratete.

Graf Christoph Franz erließ als Administrator im Jahre 1696 die

„Statutta und Strafsatzungen der reichserbtruchsessisch hochgräflichen Stadt Scheer".

1. **Kinderzucht:**
   Wenn die Eltern ihre Kinder und Ehehalten zu der Kinderlehr und anderen Gottesdiensten nicht anhalten, sondern dergleichen verabsäumen lassen, sollen sie Straf geben wegen der Kinder: in die Kirchen einen halben Vierling Wachs; die Ehehalten und mannbaren Leute sollen geben auch in die Kirchen einen ganzen Vierling.

2. **Fluchen und Schwören betreffend:**
   Der gemeine Flucher und Schwörer solle nach Befinden der Dinge abgebüßt werden; der vorsätzliche Gotteslästerer von gnädiger Herrschaft zu bestrafen vorbehalten sein.

3. **So der Respekt denen Geistlichen und Weltlichen nit erwiesen:**
   Ein jeder, so seinen Vorgesetzten, geist- und weltlichen Obrigkeiten schuldigen Respekt nicht erweiset, sondern vielmehr verschimpft, soll allwegen Straf geben ein Pfund Pfennig;

4. **Straf contra non Comparentes corum Senatu:**
Wenn einem Bürger oder Hintersäß zu Rat oder sonsten was geboten wird, und (er) ohne erhebliche Ursache nit erscheinet oder sich vorher excursiert (entschuldigt) und ungehorsam ist, sofern ihm anders zu erscheinen geboten worden (soll er) das erste Mal Straf geben ein Pfund Heller, das andere Mal zwei, und das dritte Mal drei Pfund; endlich aber, da er gar nit gehorsamen wollte, soll er, wie dergleichen einer verdient, gebüßet werden.

5. **Bezahlungs Bott:**
Wann einer sich Schulden halber das Bott dreimal ergehen läßt, und doch keine Richtigkeit pfleget, soll er geben zur Straf für das erste Mal ein Pfund, das andere Mal zwei Pfund und das dritte Mal drei Pfund Pfennig; jedoch solle vor allem, ehe das Bott angelegt wird, der Schuldner dessen gewarnet werden.

6. **Jus Retractus:**
Wann von einem Bürger liegende Güter verkauft werden, solle die Blutsfreundschaft, der näheren Gesippschaft und gemeinen Rechten nach, Zugrecht haben und zwar von einem Haus eine Monatsfrist, von liegenden Gütern aber Jahr und Tag, jedoch mit Abtragskösten und Schaden. Betreffend Zugrecht in der S. V. Haab, solle keinem, und in Horn allein denjenigen, welche es in ihre Haushaltung und eigene Notdurft, nicht aber zum Wiederverkauf gebrauchen, gestattet werden.

7. **Succession der Ehegemächter:**
Wenn ein Ehegemächt vor dem andern ohne Leibserben abstirbt, und keine Pacta vorhanden, solle der Überlebende des Verstorbenen, altem Herkommen gemäß, einziger Erb sein, im übrigen aber denen gemeinen Rechten nach procediert werden.

8. **Testamenta der Eltern:**
Die Eltern sollen befugt sein, sie mögen Kinder oder keine haben, testieren und legieren zu können, was den gemeinen Rechten nicht zuwiderlaufen möchte.

9. **Friedbittens Straf:**
Wann einem Bürger in Zank- und Raufhändel von einem Amtsträger, oder in Abgang dessen von einem Ratsverwandten, Friede geboten wird, derselbe aber das Gebot nicht achtet, soll auf Übertreten (des) ersten Gebots geben ein Pfund, das andere Mal zwei und bei dritter Übertretung drei Pfund Pfennig oder nach der Sachen Beschaffenheit; und wann einer gar nicht parieren wollte, solle jeder Bürger bei Straf (von) einem Pfund Pfennig verbunden sein, selben Übertreter in die Gehorsame führen zu helfen.

10. **Schlaghändel und Steinwerfen betreffend:**
Wann einer nach ergangenem Gebot einen andern mit truckhener Hand oder einem Stecken blutrissig schlägt, solle es, wie oben übertretenen Gebots halber sein Bewenden haben, zu Strafe aber der Täter, so der Schlag nit blutrissig zwei Pfund, sofern er aber blutrissig vier Pfund Pfennig, wie in Gleichem wegen gefährlichen Steinwerfens und damit Schlagens. Wann es nicht also gefährlich, daß es in die hohe Obrigkeitsstraf einläufig, jeder Frevelant geben solle vier Pfund Pfennig Straf.

11. **Ungehorsam:**
Wann einem Bürger durch Stadtgerichtsbescheid etwas zu protieren injungiert wird, solches aber nit vollzieht, soll es bei andiktierter Straf — wann selbige Sach anders nicht an das Oberamt appelabel — sein Verbleiben haben, im übrigen aber der Übertreter wie andere Ungehorsame gehalten werden.

12. **Überlauf in Häusern:**
Wann ein Bürger den andern in seiner Behausung überlaufen tuet, schändet und schmähet, soll er geben 10 Pfund Pfennig.

13. **Fenstereinwurf:**
Wann einer erfunden wird, und auf ihn erweislich ist, daß er den andern nächtlicherweis Fenster eingeworfen habe, solle er Straf geben auch zehn Pfund Pfennig.

14. **Schlagen auf dem Rathaus:**
So zwei einander auf dem Rathaus schlagen, sollen selbige die höchste Straf zu geben haben.

15. **Abtrag ab dem Rathaus:**
Wann ein Bürger von einem bürgerlichen Trunk Wein, Bier oder Brot heimlich ab dem Rathaus trägt, solle er zur Straf geben sechs Pfund Pfennig.

16. **Gartensteigen betreffend, zu Tag und Nacht:**
Wann einer dem andern bei Tag oder nächtlicherweil in den Garten steiget, soll die Straf sein: einer mannbaren Person, so es zu Tag beschehen, ein Pfund, so es aber nachts beschehen drei Pfund Pfennig; jenige aber, so unter die Ruten gehören (die Kinder), auch gebüßet werden, im übrigen aber, wie ober- und forderist, den Schaden ersetzen. Junge Leut und Ehehalten aber, so die Straf nit ermögen, sollen mit Geigen oder Narrenhäuslein gebüßet werden.

17. **Holzabfuhr:**
Wann einer dem andern vom gemachten Holz ohne Auftrag hinwegführen tuet, soll er geben Straf sechs Pfund Pfennig und das abgeführte Holz ersetzen oder gutmachen.

18. **Ohne Erlaubnis Holz einhauen:**
So ein Bürger oder anderer, ohne Erlaubnis und Vorwissen der Herren Amsträger, Holz einhaut, soll er Straf geben 1 Pfund Pfennig, wann er aber eine Aich drei Pfund und den Wert ersetzen, und von Bodenweiden und jungen Birken von jedem Stück, so viel deren geschnitten, zehn Kreuzer, von anderem Holz nach Erkenntnis.

19. **Übermähen, Überschneiden, Überackern etc.:**
Wann einer den andern übermäht, überschneidet, überackert und die Raine zuviel unterhacket, soll, wann Klag einkommt und das Angeben erfunden wird, Straf geben drei Pfund Pfennig.

20. **Gras mähen:**
Wann einer dem andern ab seiner Wiesen oder Garten das Gras abmähet und hinwegnimmt, soll er den Schaden ersetzen und Straf geben 3 Pfund Pfennig.

21. **Eintreibung der Haab in andere Gärten:**
Wann einer einem andern Roß oder s. v. andere Haab, zu was Zeiten es immer sein mag, vor oder nach St.-Gallitag in dessen Gärten eintreibt, solle

er von jedem Stück, es mag groß oder klein sein, Rügung oder Straf geben zwanzig Kreuzer.

22. **Grasabmähen oder Schneiden auf dem Allmand:**
Wann einer sonsten auf Allmanden mit Grasen sich vergreift und verfehlt, solle die Rügung sein zwanzig Kreuzer.

23. **Die Verfehlung im Feld:**
So einer sich im Feld an Obst, Rüben und dergleichen verfehlt, solle er forderist den Schaden ersetzen, und wann wegen Rüben Klag einkommt Straf geben ein Pfund Pfennig, und wegen Erbsen auch ein Pfund Pfennig, wegen wilden Obstes aber ein Pfd. Heller.

14. **Schaden mit der Haab:**
Wann der Bann gesperrt und einer dem andern mit der Haab Schaden tut, soll er von jedem Stück Rügung geben zehn Kreuzer, und dann demjenigen, dem das Gut gehörig, auch zehn Kreuzer; ist aber der Schaden im Gras oder Korn groß, nach Erkenntnis, und solle den zehnten Mai alljährlich abgeschlagen und an St.-Ulrichstag (4. Juli) der Bann, wann nicht erhebliche Ursachen einlaufen würden, wiederum eröffnet sein.

25. **Zeugenverdienst:**
Wann einer für den andern als Fürsprecher oder Zeugen gebraucht wird, soll er von demjenigen, so ihn gebraucht, 15 Kreuzer zu empfangen haben.

26. **Die Haab unter den gemeinen Hirten zu treiben:**
Wann einer seine Haab ohne erhebliche Ursache nicht unter den gemeinen Hirten treiben läßt, sondern den ganzen Tag anderwärts hütet, soll er von jedem Stück, so nicht untertrieben worden, Rügung geben zehn Kreuzer.

27. **So nicht die rechte Maß und Gewicht geben:**
Jenige, welche das rechte Maß und Gewicht in Frucht, Bier, Wein und anderen Waren nicht geben, sollen mit der höchsten Straf angesehen werden.

28. **Überfahren über die Äcker:**
Wann einer nach St.-Johannistag dem andern über sein Gut fährt, oder in dem Söhet mit dem Pflug aus seinem Acker durch andere Weg machet, rechte Straß nit brauchet und Schaden tuet, derselbe soll allweg Straf geben 1 Pfund Pfennig.

29. **Wiesen zu düngen:**
Die Wiesen s. v. zu düngen, solle von St.-Gallitag bis Georgitag zugelassen sein, welcher aber darwider handelt, solle Straf geben 1 Pfund Pfennig.

30. **Feuerstätten betreffend:**
Zur Gewahrsame der Feuerstätten sollen alle Quatember die Kamine gesäubert werden, und da einer ungehorsam erfunden, drei Pfund Pfennig Straf zu geben haben; lasset ers aber zu großer Gefahr anwachsen, nach Erkenntnis weiters gebüßt werden solle.

31. **Verführung der Ehehalten:**
Welcher dem andern seine Ehehalten eintuet, verführt und nachts bis über 9 Uhr in seinem Haus Unterschlauf gibt, nicht weniger unter dem Gottesdienst aufhaltet, Spielereien und andere ungleiche Wesen passieren lasset, solle von jedem deren, soviel er aufhaltet und passieren lasset, Straf geben 1 Pfund Heller.

32. **Spielleute und Tanzen betreffend:**
Ein jeder Gastgeber und andere Bürger, so ohne Erlaubnis in seinem Haus Spielleute passiert und Tanzen zugibt, oder auch nach Erlaubnis über bestimmte Zeit dergleichen vergehen lasset, solle Straf geben zwei Pfund, jeder Tänzer aber ein Pfund Pfennig.

33. **Eröffnung der Zäune:**
So einer dem andern einen Zaun am Garten oder am andern Gut öffnet, solle Straf geben 6 Pfund Pfennig und den Schaden verbessern.

34. **Überfahren der Frucht:**
Welcher dem andern über liegende oder stehende Frucht fährt, solle den Schaden verbessern und Straf geben 1 Pfund Pfennig.

35. **Überfahren der Wiesen:**
Wann einer dem andern durchs Gras fährt und keinen Weg ausmäht, oder sonsten nit bei Steg und Weg bleibt, auch anderen schädlich durch die Früchte läuft, selbiger solle Rügung wegen Fahrens geben zwanzig und wegen Laufens durch die Früchte zehn Kreuzer; jedoch solle derjenige, der Wege im Heuet oder sonsten zu gehen verhindert worden, und so selbige es nit tuet, weiters nicht zu ahnden haben.

36. **Verbotenes Tabaktrinken:**
Wann ein Tabäkler ungehorsam in s. v. Ställen und Scheunen erfunden wird, soll er jedesmal Straf geben 1 Pfund Heller.

37. **Unbefugtes Verlassen der Stadt:**
Wann einer die Stadtmauer besteigt oder sonsten bei Tag oder Nacht heimlich aus- oder einschlupfet, der solle geben die höchste Straf.

38. **Falsche Angaben für die Steuer:**
Wann einer etwas an Geld oder sonsten vorsätzlich bei der Eidsteuer nit angegeben und wissentlich ausgelassen, es mag zu dessen Lebzeiten oder nach dessen Absterben erfunden werden, verbleibt die Confiscation einer gnädigen Herrschaft, der Ersatz der Steuer und die höchste Straf aber gemeiner Stadt.

39. **Falsche Ladezettel der Wirte etc.:**
Die Wirte, wann sie falsche Ladezettel bringen, oder wann sonsten jemand der Obrigkeit Lug und Trug vorgibt, deren jeder solle allwegen die höchste Straf zu leiden haben.

40. **Simplices fornicationes:**
Denjenigen, so zu frühe oder zu spät Hochzeit machen und Simplices fornicationes begehen, sollen Straf geben sechs Pfund Pfennig, oder eine Salzscheibe; wann aber dergleichen Personen nach solcher Tat noch Kränze tragen, prangen und die Leute betrügen, sollen sie absonderlich noch gebüßt werden.

41. **Curatores et Intores:**
Wann ein Pfleger einiger Pflegschaft nit vollkommen Rechnung geben kann, oder sonsten ohne Vorwissen und Genehmhaltung der Oberpfleger etwas handelt, verkauft oder verleiht, dessen er nit befugt, solle er vorderist den Abgang, so bei seiner Rechnung erfunden wird, verbessern, im übrigen aber, so er etwas in seiner inhabenden Pflegschaftsinstruktion

zuwider handelt, allwegen um ein Pfund Pfennig in Straf sein.

42. **Kirchenpröpste:**
Die Kirchenpröpste sollen bei den Kreuzgängen und in der Kirche gute Ordnung und Disziplin unter Kindern und auch alten Leuten halten, bei Straf eines Pfund Hellers.

43. **Bäume im Feld:**
Wann einer einen fruchtbaren Baum ohne Erlaubnis umhaut, solle er Strafe geben fünf Pfund Pfennig.

44. **Waschen in Häusern und Brunnen:**
Jeder so in seinem Haus ohne gar wichtige Ursach Wäsche halten läßt, soll Straf geben ein Pfund Heller, im Gleichen wegen Waschens bei dem Brunnen solle auch jedes Übertretende geben ein Pfund Heller.

45. **Weiberschimpfen:**
Wann die Weibe einander schänden und schmähen, sollen sie befindenden Dingen nach an Geld oder mit der Geigen gebüßt werden.

46. **Appellation betreffend:**
Welcher in Streitsachen appelliert und der Wert nit 10 Reichstaler belaufet, soll mit drei Pfund Pfennig zu bestrafen sein.

47. **Trutzen und Bocken vor Rat:**
Derjenige, so vor gesessenem Rat trutzet und bocket, oder denselben schimpflich zuredet, soll seine Straf mit 24 Stunden in der Gehorsame abbüßen.

48. **Roßschauer-Ordnung:**
Welcher ein Roß einkaufet, soll es nach 24 Stunden schauen lassen; da es aber nit beschaut, soll er Straf geben ein Pfund Pfennig.

49. **Junge Gesellen:**
Ein junger Geselle oder Knecht, so nach neun Uhr auf der Gassen Johlereien, auch vor neun Uhr anderes Unwesen anzustellen suchet, solle allweg Straf geben ein Pfund Pfennig.

50. **Spielen betreffend:**
So einer gefunden wird, welcher in Wirts- oder anderen Häusern über die Zeit spielt, solle Straf geben vierzig, der Wirt aber, oder derjenige so es in seinem Haus passieren ließ, fünfzig Kreuzer.

51. **Schießen betreffend:**
Einer der bei nächtlicher Weil ohne Ursach schießen tuet, solle von jedem deren Straf eingeholt worden ein Pfund Pfennig.

52. **Waisenpfleger:**
Die Waisenpfleger sollen jährlich, bei Straf eines Pfunds Pfennig, ihre ordentliche Rechnung ablegen.

53. **Strafe der Einrede vor der Anfrage:**
Wann einer vor gesamter Bürgerschaft oder sonsten, ehe die Umbfrag an ihn gelanget, einreden tuet, soll er Straf geben ein Pfund Pfennig.

54. **Sonntagsarbeit:**
Derjenige, so am Sonn- und Feiertag ohne erhebliche Ursach und gemeine Lizenz knechtliche Arbeit verrichtet, soll in die Kirche ein Pfund Wachs Straf geben.

55. **Heimliche Conventicula:**
Diejenigen, so heimliche und schädliche Conventicula (Zusammenkünfte) anstellen und zusammentreten, deren solle fünf, oder auf befindlichen Dingen und unterlaufender Gefährlichkeit nach, bis zehn Pfund Pfennig zu bestrafen sein.

56. **Schweigepflicht:**
Wann einer die Verschwiegenheit insurgiert und obliegt, doch aber selbige nicht haltet, sondern dies oder jenes Conclusum und was vorgegangen proclamieren tuet, selbiger solle per vier Pfund Pfennig zu bestrafen sein.

57. **Fleischschauer-Ordnung:**
Die Metzger sollen wöchentlich, bei Straf eines Pfunds Pfennig, alle Samstage das Fleisch durch die geschworenen Schauer taxieren lassen, und bei dem Tax verbleiben, welcher aber darwider handelt, soll geben 2 Pfund Pfennig Straf.

58. **Die Bäcker betreffend:**
Betreffend des Beckhen soll es bei der ihnen bereits zugestellten Ordnung sein Bewenden und Verbleiben haben.

Die Strafen durften nicht gestundet, sondern mußten bar bezahlt werden. Ferner wurde ausdrücklich auf den Vergleich des Jahres 1686 hingewiesen und vermerkt, daß Herrschaft und Stadt diese Statuten jederzeit ändern können.

1697 wurden alle stadteigenen **Äcker** (mit Angabe der Inhaber und Güter) auf dem Stauden beschrieben. — Der **Stadtammann** Sonntag mußte sein Amt wieder an Johannes Eißler abgeben.

1698 waren **Soldaten** einquartiert. — Den Platz, „wo das Kaufhäuslein gestanden", verkaufte die Stadt an Niclaus Feinaigle. — Dem Johann Speh wurde das **Tafernrecht** verliehen, dem Martin Ruhm das Bierschenken in der **Badstube** verboten.

Bei den **Ratswahlen** des Jahres 1699 wurde der seitherige Stadtammann in seinem Amt bestätigt. Johannes Frick als Amtsbürgermeister, Johannes Glaser als Unterbürgermeister gewählt.

Graf Christoph Franz beorderte im April 1700 zwei **Abgeordnete** der Stadt nach Dürmentingen, wo sie auf die Einhaltung des Vergleichs von 1686 hingewiesen und auf verschiedene Mißstände aufmerksam gemacht wurden.

Die Herrschaft Hornstein-Göffingen verweigerte in diesem Jahr der Stadt das **Zollgeld** für „23 Wägen geführter Tannen". — Der Rat verbot die Einfuhr von **Bier**; man solle sich der hiesigen Biersieder bedienen.

Laut Ratsbeschluß vom 20. April 1701 durften Bürgersöhne nur dann noch fremde Mädchen **heiraten**, wenn diese einen Freibrief und eine Geburtsurkunde vorlegen. Außerdem mußten die Mädchen 240 Gulden vorweisen, von denen 40 Gulden einbehalten, der Rest „den hochzeitlichen Personen" zurückgegeben wurde. Da schon früher festgestellt worden war, daß ein Wirt und Gastgeb, der gleichzeitig **Bürgermeister** ist, sich in der Zehrungen zu liberal und freigebig zeigt und damit dem gemeinen Wesen schadet, wurde der seitherige Amtsbürgermeister, der Sonnenwirt Johannes Frick, nicht mehr gewählt. Die Nachfolge trat Christoph Küfferli an. Bereits 1702 tat Johannes Glaser an seine Stelle. Er war Schreiner und hatte in diesem Jahr zusammen mit dem Schreiner Leonhard Lorenz bei der **Rathausrenovation** neue Fenster in die große Ratsstube gefertigt und „die

Säulen gefaßt und glatt ausgemacht". Außenrenovation und Dach waren an den Maurer Schweikhart vergeben. Der Maler Quirin Rinkh hatte den Auftrag, die neuen Läden grün anzustreichen, die Rahmenschenkel aber weiß. Außerdem hatte er „Unser Lieben Frauen Bildnuß und darunter gemeiner Stadt Wappen herzumachen". — Dem Schultheißen von Bingen wurde erlaubt, alles was er in der Stadt kauft, **zollfrei** auszuführen.

„Die neue Behausung an der Staig" (**Spitalhaus**) wurde an den Schneider Johannes Rhein verkauft.

1703 wurde der Sonnenwirt Johannes Frick wieder Amtsbürgermeister. — Altem Brauch gemäß sangen die ledigen Gesellen am **Neujahrsabend** das neue Jahr an.

1704 wurden, ebenfalls altem Brauch gemäß, am 2. Dezember die **Junggesellen** dem Rat vorgestellt, wobei sie daran erinnert wurden, „da sie alles Dasjenige und ein Mehreres nit unternehmen, als was Ledigen und Junggesellen wohl ansteht, und sich in Allem recht ehrbarlich bezeugen sollen".

Vermutlich in diesem Jahr (nicht 1700) ließ die Herrschaft ihren Besitz in der Grafschaft neu aufzeichnen. Dieses **Urbar** weist in Scheer folgende *herrschaftliche Rechte und Besitz* auf:

1. In der Stadt Scheer, und soweit deren Zwing und Bann sich erstreckt, hat die Administrationsherrschaft alle hohe und geleitliche Obrigkeit. Die niedere Gerichtsbarkeit wird gehandhabt wie in den Traktaten des Jahres 1686 vereinbart. Was die forstliche Obrigkeit betrifft, bleibt es zunächst bei dem vom kaiserlichen Kammergericht in Speyer im Jahr 1601 gefällten Compromiß-Urteil, nach welchem die Herrschaft und Hohenzollern-Sigmaringen diesbezügliche Rechte haben.

2. Die gemeinen **Fron- und anderen Dienste** müssen geleistet werden, wie sie der Vertrag von 1686 anführt.

3. **Umgeld, Steuer, ewig unablösige Hellerzinsen, gen. Hofstattzins, Hauptrecht und Fälle, Freiheit und Abzug das Bürgerrecht** samt Gerechtigkeit, welche die Herrschaft bis zum Jahr 1672 jährlich zur Erntezeit hatte.

4. **Herrschaftseigene Güter**

    a) **Das alte Residenzschloß** und Garten, die Schloßhalde genannt, in der Stadt Scheer auf dem Berg, einesteils mit dem Schloßvorhof und Hennenhäusel an der Ringmauer der Pfarrkirche und dann im übrigen hinauswärts gegen die Mühle und den Raigersberg an der Mühlhalde bis zur gemeinen Straße bis zum Sailergraben, beim Menger Tor, der vorher auch der Herrschaft gehört hatte, mit dem dazugehörigen innerhalb des Einfangs unten an der Schloßhalde stehenden Marktstall, darauf gebautem Fruchtkasten, Scheuern, Stallungen und in specie auch den Jägerställen, Dunglegen, Wagenschopf, Schöpfbrunnen, ein Bauhof, über welchen sowohl der Sonnenwirt Johannes Frick zu beiden Seiten am Reiterhaus, als auch der Wilhelm Heinrich Sonntag Zu- und Einfahrt haben. Ferner den Kirchfußweg neben dem Sonnenwirtshaus, dem herrschaftlichen Steinhaus (alte Kanzlei) und des Hans Züngerlins Häusern nach bis an die Schloßstaig und der öde Platz, der sich an dieser bis zum Schloßtor hinaufzieht. Auf diesem stand vorher das „Pündt- und Büchsenhaus". An der Seite der Schloßstaig befindet sich ein „Kuchelgarten", zwischen dem Sonnenwirts- und Reiterhaus, wie auch zwischen den vom Schloß herabgehenden beiden Fußwegen ist noch ein lauterer Mauerstock. — Auf Anhalten der Stadt wurde jüngst erlaubt, deren vorher beim Menger Tor in die Stadt geführte Brunnenleitung aus dem „Velben Rüethel" neben dem Raigersberg, geradewegs durch die Schloßringmauer und den sogenannten Schloßhaldengarten, genannt der Hirschgraben, zu ihren Stadtbrunnen zu führen.

    b) **Das neue Residenzschloß** außerhalb der Stadt, jenseits der Donaubrücke, samt den Scheuern, Bräu- und Torkelhäusern, wie auch den daran gelegenen vorderen und hinteren Gärten, jener der Küll- und Rebgarten, dieser aber die Ochsenweid genannt. In diesen Gärten waren vor Altem „Grundl-, Forellen- und Krebsgruebel", wie auch eine Brunnen- und Teichelleitung, samt dem allerdings beinahe abgegangenen Schlössel „Balterstein", von dem nur noch das Türmchen vorhanden ist. Alles ist der Sigmaringer Straße nach bis an das letzte Gartentor mit einer Mauer umgeben, von hier aber und sonderlich zuhinterst am Garten und Wiesel des Niclaus Feinäugle, mit einem Zaun und teils unweit der Donau und dem Zugbrunnen wieder mit einer Mauer umgeben. Von hier die Donau abwärts bis zur Brücke hinter den Scheuern des neuen Schlosses vorbei.

    Beide Schlösser und ihre Zugehörungen, mit allen hoch- und niedergerichtlichen Ober- und Herrlichkeiten, Geleit, Bräu- und Wirtschaftsgerechtigkeiten, ebenso die Brunnenleitungen jedes der beiden Schlösser, wie auch Gebot, Verbot, Frevel, Strafen und Bußen sind einzig und allein der Herrschaft zugehörig, zumal von denen zu Scheer sonst männiglich aller Steuern, Beschwerden und Auflagen exempt (befreit) ist.

    c) **Das Steinhaus** (alte Kanzlei), vom Schloß oben am Kirchweg einerseits gegen das Sonnenwirtshaus, wie auch unten an der gemeinen Gasse, anderseits an Hans Zingerlins Scheuerlein gelegen. Es ist, wie die beiden Schlösser, von allen Steuern, Beschwerden und Auflagen befreit, und hat eine Dunglege hinter dem Obervogtei-Haus.

    d) **Das Haus zum Schwarzen Bären**, die Obervogtei genannt, liegt oben, wie auch vorne und hinten mit der Dunglege an der gemeinen Gasse, unten mit dem zu diesem Haus gehörigen „Secret-Winkel" hart an des Martin Meyr Hermanns neuer Behausung, die er oder kurz vor ihm der Niclaus Feinäugle von Hans Caspar Schell sel. einhandelte. Kaspar Schell hatte vorher die Hälfte des an diesem Winkel gestandenen alten Ulrich Möglingschen Hauses inne.

    e) Das „**Reuterhaus**" liegt hinter dem Sonnenwirtshaus unten am Garten an der Schloßhalde, vorne gegen den Brunnen am Schloßbauhof, oben gegen die Schloßhalde an der Einfahrt des Sonnenwirts Johannes Frick, unten mit daran angebaut gewesener „Schweine-Kuchel" und Schweine-Stallungen am Schloßbauhof, hinten halb an die Dunglegen des Sonnenwirts und des Wilhelm Heinrich Sonntag stoßend. — Das Haus steht auf dem Platz, auf welchem vorher die herrschaftliche Schmitte stand.

f) **Die Untervogtei** liegt unten beim „Brückenstadttor" einerseits, und oben gegen dem Rathaus an der gemeinen Gasse, anderseits an des Hl.-Geist-Spitalhaus, hinten auf der Stadtmauer. Dazu gehört ein Platz am Stadttor und der Mauer, auf dem früher ein Schweinestall und eine Dunglege waren.

g) **Das Haus zum Einhorn** liegt einerseits am Haus des Schneiders Franz Reisinger, das früher herrschaftlicher Wagenschopf war und 1686 durch Vergleich nebst mehreren anderen Gütern an die Stadt abgetreten wurde, anderseits an der gemeinen Gasse, stößt vorne auf den Schloßbauhof, hinten auf Niclaus Feinäugles eigenem Haus.

h) Von alters her hatte die Herrschaft einen „**gebauten, bedeckten Gang**" aus dem alten Residenzschloß über den Schloßhof an der Mühlhaldenmauer bis zur Pfarrkirche. Hinter der Kirche, in deren ganzer Breite, befand sich auf der Mauer ein Anbau mit ziemlich vielen Zimmern, der „Witwensitz" genannt. Er wurde wegen seiner Baufälligkeit erst vor einigen Jahren (also vor 1704) „abgehoben".

i) Die **Mahlmühle** hinter dem Schloß hat 3 Mahl- und einen Gerbgang samt einem Krautgärtle und Grasfleckl, beides zusammen etwa $^1/_4$ Mannsmahd groß. — Jährlicher Ertrag: etwa 54—55 Malter.

k) Die **Sägmühle**, die im Jahr 1686 an Stelle der früheren erbaut wurde. Die eingebaute Ölstampfe ist derzeit nicht in Gebrauch. Die Mühle wird von Jahr zu Jahr verliehen. — Ertrag: 44 Gulden Zins.

l) Die **Walk- und Lohmühle**, zwischen Mahl- und Sägmühle 1698 erbaut, ist an den Gerber Johannes Spee verpachtet. Nachdem nun seine Freijahre abgelaufen sind, versprach er, jährlich 3 Gulden zu bezahlen.

m) Ein **Waschhäusel**, jenseits des Mühlwegs an der Mühlhalde. Es ist völlig abgegangen.

n) **Das Schießhaus und das Armbrusthaus** liegen beide außerhalb der Stadt „auf der Au", ringsum an den Allmenden. Sie sind Eigentum der Herrschaft und aller Beschwerden frei.

o) Das **Fischerhäusel** hinter der Badstube, zwischen dem Gemeinmark und dem Krautgarten des Georg Wentze.

p) Ein weiteres **Fischerhäusel** an der Donau, am Mühlweg, sonst am Gemeinmark gelegen.

q) Der **Ziegelhof** mit seiner Behausung, Krautgärtle, Scheuern, Ziegelstein- und Holzlegen, Kalkgruben, Stallungen, Dunglegen, Brennöfen, Ziegelstadel, Schöpfbrunnen und Baumgarten, alles beieinander unter (hinter) dem Lustgarten (Hofgarten) gelegen, hinten mit dem Garten an die herrschaftlichen Brühläcker und die Halde stoßend, der Blochinger Straße zu an den Eigenacker des Johann Frick und den herrschaftlichen Steinbruch, dem Gemminger Gäßle zu an der Allmand. — Der Ziegelhof, samt etwas Ackerfeld und Wieswachs, auch der Steinbruch und die Lehmgrube sind derzeit der Stadt admodiert, die 1200 Gulden bezahlt. Da die Admodiationszeit (Pachtzeit) abgelaufen, will die Herrschaft wieder alles an sich lösen.

r) Ein Baum- und Krautgärtlein, der sog. lange Garten, der nun als **Lustgarten** (Hofgarten) dient, ist ummauert und etliche Mannsmahd groß.

s) Ein Garten, der „**Raigersberg**" genannt, etliche Mannsmahd groß, liegt vorne am Mühlweg, hinten an der roten Staig, teils am Allmand; einerseits an der Menger Straße, anderseits am Fußsteig, der in die Menger Au geht, — samt einem von vorneher darin stehenden Haus, so vor Altem das Senn- und später das Bräuhaus genannt wurde. In diesem **Haus** wohnen derzeit der herrschaftliche Sägmüller Adam Mayer (oberer Stock), im unteren Stock der Gerber Johannes Spee, der aus dieser Gerbe, wie schon von der oben beschriebenen Walch- und Lohmühle nach Ablauf der Freijahre 8 Gulden zinst.

t) Ein Baum- und Krautgarten, im Mühlfahrweg in der Au, der „**Mühlgarten**" und derzeit der „**Amtsgarten**" genannt, liegt vorne am Mühlfahrweg, sonst allenthalben an der Allmand. — Dieser Garten ist zehntfrei und frei von allen Steuern und Auflagen. Von ihm müssen aber jährlich auf Martini „Vierthalb Vierling und 1 Gulden 19 Kreuzer ewig unablösigen Wald- und Geldbodenzins, auf St. Martini 16 Gulden, auf St. Simon und Judae 1 Gulden, auf St. Thomas des Apostels Tag 8 Gulden ablösige Kapitalien, und zwar jeder Gulden jährlich 3 Kreuzer Zins," an die St.-Nikolai-Pfarrkirche abgeliefert werden.

u) Ein Baumgarten im Weidlin gelegen, gen. der „**Weidlingarten**", liegt einesteils längs neben der Stadt Scheer Weidlin, andernteils ringsum an der Menger Straße. — Dieser Garten ist von der Stadt Scheer, wie auch von den Heiligenpflegern und etlichen Bürgern eingetauscht und zum Teil von ihnen verkauft worden.

5. **Ackerfeld:**

A. **Im Gemminger Ösch**

11	Jauchert	der „Brühlacker gen.", liegt an einem Stück unter dem Ziegelgarten
18	Jauchert	gen. die „Zügelbraithe", an der Straße
$^5/_2$	Jauchert	auf der „Keeghalde" bei der Brunnenstube
1	Jauchert	eben dort
1 $^1/_2$	Jauchert	der „Anwander" gen., ebendort
3	Jauchert	gen. „der Haaracker"
$^3/_2$	Jauchert	in denen die „Steingrub" liegt
$^1/_2$	Jauchert	„beim Steinbruch" am Ziegelgarten und der oberen Bühlhalde
2	Jauchert	„über die Staig"
$^1/_2$	Jauchert	„Anwandacker"
5	Jauchert	vor dem Schachen (beim Jungholz)

2	Jauchert	vor dem Schachen
2	Jauchert	im dürren Lau (beim Rückhau)
54	Jauchert	in diesem Ösch

B. In der Zelg gen. Mittelösch

4	Jauchert	gen. „der Hößlinberg"
3	Jauchert	in den oberen Fischäckern
4	Jauchert	in den mittleren Fischäckern
1	Jauchert	gen. „der Gätteracker" i. d. vorderen Fischäckern
1	Jauchert	auf dem Hochgestäß
½	Jauchert	am Stadtweg
20	Jauchert	gen. „die Breite", durch die der Fußweg nach Blochingen geht am „Mentzenriedweg"
3	Jauchert	„über die Lerer"
2	Jauchert	daselbst
2	Jauchert	hinterm Gottesacker
2	Jauchert	gen. „ohngefährlich Feld" am Blochinger Weg
1	Jauchert	bei der Erdgrub
2	Jauchert	in der unteren Opferbaind, am Blochinger Weg
½	Jauchert	„im Velbenrütse" gen. die Sandgrub
47	Jauchert	

C. In der Zelg gegen Blochingen

10	Jauchert	gen. „die Blochinger Breite" b. d. herrschaftl. Lehmgrube
4	Jauchert	daselbst
3	Jauchert	gen. „der Krumacker"
10	Jauchert	im „oberen Zuggeisen"
1	Jauchert	daselbst
22	Jauchert	gen. „der Langacker" (beim Brunnenquell)
½	Jauchert	daselbst
1	Jauchet	gen. „der Gorisacker"
51½	Jauchert	

6. **Wieswachs**

18	Mannsmahd	im Brühl unter Gemmingen
½	Mannsmahd	an diesem Brühl, ist zehntfrei
3	Mannsmahd	in der unteren Opferbaindt
1½	Mannsmahd	an der Krummen Wies; sind zehntfrei
18	Mannsmahd	„im Wehrden"; sind zehntfrei
2	Mannsmahd	daselbst an der Straße von Scheer nach Ennetach
100	Mannsmahd	„im Kreith" mit Einschluß des sog. Winkels
4	Mannsmahd	im Steinenbronnen
1	Mannsmahd	daselbst
24	Mannsmahd	gen. „in der Zahnlucked"; völlig zehntfrei
6	Mannsmahd	Wechselwiesen im Brühl
177	Mannsmahd	

7. **Ewig unablösige Früchte** aus des fürstlich freiweltlichen Stifts Buchau zu Scheer inhabenden Gemminger Zehnten „sauberer, wohl gemachter Früchte Kaufmannsgut", die aus des Stifts Scheuern auf den herrschaftlichen Kasten nach Scheer abgeliefert werden müssen: 7 Malter Roggen, 8 Malter Veesen und 7 Malter Haber.

In der detaillierten Beschreibung der Äcker und Wiesen, sind als **Angrenzer** genannt:

Bartel Lorenz
Eisler Johann, Barbier
Frick Christoph
Frick Stoffel
Frick Johann, Sonnenwirt
Frick Lorenz Erben
Feinäugle Constantin
Feinäugle Niclas
Gretter Simon
Glaser Johannes
Gutknecht Georg
Gutknecht Niclas
Gutknecht Hilari
Hering Stoffel
Hering Johannes
Küfferle Christoph
Küfferle Michel (sein Sohn)
Küfferle Wilhelm Heinrich, Weber
Küfferle Josef, Metzger
Küfferle Matheis
Küfferle Christoph, Bürgermeister
Kieferle Hans Wilhelm
Klotz Christoph
Lor Johannes
Maister Johannes
Maierhofer Martin
Matt Schwickhard, Maurer
Maier Hans Ernst
Maierherrmann Martin
Ratzenhofer Stoffel, Metzger
Raiser Christa
Reiser Christian
Reisinger Franz
Rhein Michel
Rhein Bernhard
Rhein Bernhard
Rhein Augustin
Rüser Martin
Ruhm Martin (Badstube)
Spee Georg
Spee Hans Martin
Spee Johannes, Gerber
Sonntag Matheis
Sonntag Wilhelm Heinrich, Schlosser
Schell Hans Caspar
Schell Matheis
Schöb Michael
Schlude Wilhelm
Schlude Katharina
Schultheißin Waltburg
Schlaiweg Wilhelm
Schlaiweg Christoph

Schuler Johannes
Storer Hans Georg
Storer Bartle
Stumpp Christian
Stumpp Johannes
Täglin Hans Georg
Weber Georg
Wetzel Andreas
Will Josef
Will Johann, Schuster
Will Christoph
Zingerle Hans

Die Schüler feierten am 12. März 1705 das „Gregorifest" mit Umzug. In diesem Jahr hören wir wieder von einer **Revolte** der Bürger der Stadt Scheer gegen die Herrschaft; am 5. Mai ließ der Amtsbürgermeister unter Strafandrohung, am späten Abend die Bürger aufs Rathaus kommen. Nach einer Viertelstunde „sind alle sambtlich wie wilde Tiere dem Wald zugeloffen" und haben dort „mit stürmischer Hand einen Hirsch ... (leider nicht mehr leserlich) demoliert, darbei gejauchzet und geschrieen". Anderntags schickten sie das auf dem Rathaus publizierte Maiengebot durch den Stadtschreiber in die Kanzlei zurück. Dem Stadtammann, der sich geweigert hatte dies zu tun, kündigten sie das Bürgerrecht und boten sein Vieh in den Stall. Mittags, als die Herrschaft das 1673 mit Erlaubnis des Grafen Max zugemauerte Schloß- oder Bauhoftörlein wieder öffnen lassen wollte, wurden die Maurer mit gewehrter Hand abgetrieben und das gebrochene Loch durch die Bürger wieder zugemauert. Als sie von den Beamten abgetrieben wurden, ließen sie mit der Stadtglocke Sturm schlagen und haben sich „ärger als Rebellen gezeigt, weder Gebot noch Verbot angenommen und solche Reden ausgestoßen, daß sich männiglich darüber ärgern muß".
In diesem Jahr nahm die Stadt von Franz Josef von Pflummern, dem hochfürstlichen Buchauischen Rat und Admoditor der Herrschaft Straßberg, 1000 Gulden auf.
1706 waren in Scheer **Soldaten** einquartiert, beim Amtsbürgermeister Christoph Kifferle ein Obrist. — Im Streit mit der Stadt Mengen wegen des gleichzeitigen Termins für den **Georgi-Markt** entschied das Oberamt im Jahr 1707, daß Mengen den Markt vom 23. auf den 28. April verschieben müsse.
Der **Unmut** der Gögebauern, den die Beamten im Jahr 1707 „wie seit dem Bauernkrieg nicht mehr" zu spüren bekamen, griff auch auf Scheer über. Als man drei Bauern aus Scheer gefangennehmen wollte, waren diese entschlüpft. Eine von der kaiserlichen Hofkammer Wien hierher beordnete Untersuchungskommission stellte die Ruhe wieder her. Die Namen von Übeltätern wurden in Scheer „an den Galgen geschlagen". — Die Vorgänge hatten die Absetzung des **Amtsbürgermeisters** zur Folge. 1708 war Claus Feinaigle sein Nachfolger.
1709 verbot die Herrschaft ohne ihre Erlaubnis **Häuser** zu erstellen. 1710 ist vom Spielhaus des Hans Martin Sonntag die Rede. Wer sich in dieses Spielhaus nicht einkaufte (12 Kreuzer), wurde von den jungen Burschen in den Brunnen geworfen. Ab diesem Jahr brauchten sich die Einheimischen nicht mehr einkaufen. — Die beiden **Nachtwächter** mußten die Hälfte ihres Lohnes bei den Bürgern selbst einziehen. — Der Sonnenwirt Johannes Frick wurde 1711 wieder als **Amtsbürgermeister** gewählt. Um die **Schulden** bezahlen zu können, verkaufte die Stadt im Jahr 1712 um 1450 Gulden den Waidgang im Spitzenweiler an das Frauenkloster Ennetach. Auch der Scheerer Wald sollte verkauft werden. Um das erforderliche Geld aufzubringen, war der Bergschreiber des Hüttenwerks Lauchertal bereits nach Konstanz unterwegs. Der Rat beschloß jedoch andere Mittel zu suchen. — Klagen der Herrschaft gegen den Amts- und den Unterbürgermeister führten dazu, daß Martin Mayerhermann zum **Amtsbürgermeister** gewählt wurde, Martin Riester zum Unterbürgermeister. — Wegen einer ausgebrochenen Viehseuche wurden in den Jahren 1712 und 1713 **Bittgänge** nach Engelswies veranstaltet. Ein besonderes Fest war der „Schiedwecken". Es wurde am lumpigen Donnerstag als Abschluß des „Lichtspinnens" gefeiert. Der Rat entschied, daß die ledigen Burschen für den Wein, den sie hierzu hereinkauften, Umgeld bezahlen müssen. Gleichzeitig wuren sie aufgefordert, sich dabei so aufzuführen, daß keine Klagen einlaufen.
1714 wurde Claus Feinaigle **Amtsbürgermeister**, Michel Kieferle Unterbürgermeister. Am 8. Januar 1715 versah einer namens Eisler die Stelle des Unterbürgermeisters. Er und der Amtsbürgermeister wurden am 6. April vor den äußeren Rat zitiert, weil sie unbefugterweise das **Holz auf der Schmelzhalde** (Hilin) an das Bergwerk Lauchertal verkauft hatten. Der Verkauf sollte rückgängig gemacht werden, doch der Sigmaringer Kanzler hatte bereits den Befehl zum Abholzen gegeben, der am 15. April ausgeführt wurde. Dies kostete den beiden Übeltätern ihre Ämter. Bei der Ratsneuwahl wurde Martin **Maierhermann Amtsbürgermeister**, Christian Kieferle Unterbürgermeister.
1716 gab der Rat bekannt, daß alle Käufe und **Verkäufe** ratifiziert werden müssen, da sie sonst null und nichtig seien. — Eine Delegation, die im Schloß dagegen protestieren sollte, daß die Stadt Holz für 2 Brände zur **Ziegelei** liefern muß, wurde abgewiesen mit dem Hinweis, daß man nicht verpflichtet sei in Stadtsachen den **Stadtschreiber** anzuhören. Der Stadtschreiber Frick wurde abgesetzt und 1717 Johann Caspar Eberle angestellt. Als Besoldung wurde ihm zugesagt: 100 Gulden, Wohnung und 2 Kühe franco, 10 Klafter Brennholz, 6 Klafter Rauch- oder Ofenholz, 2 Wagen Heu, 2 Fuder Stroh, 3 Gärten, 1% der Schreibtaxe. — Da die Stadt die noch ausstehenden Sommermontagsgelder (für das Militär) noch nicht bezahlen konnte, wurde — bis zur Bezahlung — der Feldwebel Selbherr mit 2 Musketieren als **Exekutoren** ins Quartier gelegt.

Truchseß Josef Wilhelm (1717–1756)

Bei den am 20. November 1718 durchgeführten Ratswahlen wurden an Stelle des im Vorjahr gewählten Martin Maier Hermann Michel Kieferle **Amtsbürgermeister**, Leonhard Loritz Unterbürgermeister. Ferdinand Frick verkaufte um 2150 Gulden dem Canzleiverwalter Breinlin das **Wirtshaus** (zur Sonne). — Wegen der bevorstehenden **Huldigung** beschloß der Rat am 21. Juni 1719 eine Umlage zu machen, damit man die Privilegien der Stadt confirmieren (= bestätigen) lassen könne. — Martin Maierhermann wurde wieder **Amtsbürgermeister**, Matheis Glaser Unterbürgermeister. — Allen Bürgern wurde bei Strafe verboten, Lichtstuben oder andere Zusammenkünfte abzuhalten; ebenso das Spielen, Fluchen und Schwören. Alle Hausväter und Bürger wurden ernsthaft ermahnt, ihre Ehehalten und Kinder fleißiger in die Predigt und die Kinderlehr zu schicken und sich künftig nicht zu unterstehen, während des Gottesdienstes auf dem Kegelplatz zu spielen. Verboten wurde auch mit dem feurigen Tabak vor Ställen und anderen gefährlichen Orten zu paffen. — Inzwischen waren die Scheerer mit den übrigen Untertanen wegen der hohen Abgaben wieder **rebellisch** geworden.

1720 brachten Vertreter der Stadt im Schloß, wo sich wegen dieser Sache eine kaiserliche Kommission aufhielt, ihre Klagen vor. — Franz Josef Stumpp, der Catharina, die Base des Pfarrers, heiratete, erhielt die Erlaubnis das **Sonnenwirtshaus** zu beziehen und dort zu wirten. — Amts- und Unterbürgermeister wurden bestraft, „weil sie wegen dem **Maienstecken** zuviel zu verzehren erlaubten". — Die drei Stadtmaurer Jerg Nußbaumer, Matheis Weber und Christian Dick erhielten den Auftrag drei gewölbte **Brunnenstuben** zu errichten. — Ratswahlen: **Amtsbürgermeister Michel Kieferle**, Unterbürgermeister Hans Michel Paur.

Stadt und Herrschaft vereinbarten 1721, daß die Herrschaft befugt ist, 46 Stück Rind- und Melkvieh auf die **Waid** zu treiben („auszuschlagen") und zwar: der Bauhof 25, Oberamtmann 6, Kanzleiverwalter 5, Rentmeister 4, Forstmeister 4, Müller 1, Säger 1 Stück. — Den Geistlichen wurde der Trieb von 12 Stück gestattet, davon der Pfarrer 5, Christian Kieferle 4 und Hartmann Feinaigle 3 Stück. Der Schulmeister durfte 1 Stück auf die Weide treiben. — Die Stadt verkaufte das **Sonnenwirtshaus** an den Unterbürgermeister Michel Paur.

1722 ist von der „neuen, unter der Ratsstube gemachten **Gehorsame**" die Rede. — Die **Theologiestudenten** Christian Feinaigle und Wilhelm Speh erhielten den „titulus menso". — Nach dem Tod des Frühmessers Christian Kieferlin übertrug der Rat die **Frühmeßpfründ** dem Cooperator Hartmann Feinaigle. — **Wahlen:** Amtsbürgermeister Hans Michel Paur (Sonnenwirt), Unterbürgermeister Leonhard Loritz. — In der Stadt hielten sich die **Savojarden** (= aus Savojen stammend) Georg Saliet, dessen Schwager Claudi Dusset und Bernhard Salomon auf.

Vor den Ratswahlen (Ratserneuerungen) war es üblich, daß der Truchseß auf Mißstände hinwies und entsprechende **Anordnungen** gab. Diese erfolgten entweder schriftlich oder mündlich durch die Beamten oder den Stadtammann. Hier ein Beispiel vom 1. Dezember 1723: Der jährliche Wechsel der **Pflegschaftsvorsteher** wird abgeschafft und bestimmt, daß sie vor ihrer Absetzung, die im Belieben der Herrschaft liegt, nach der Verordnung von 1714 Rechnung zu legen haben. In Ausübung ihrer Amtspflichten dürfen sie in Zukunft zum Einzug nicht mehr hinaus auf die Dörfer und Weiler, sondern haben an einem hierfür festzulegenden Tag in Scheer selbste zu kassieren, wo sich die Schuldner einzufinden haben. Saumselige sind dem Magistrat oder dem Oberamt anzuzeigen, von wo sie dann zur Verantwortung gezogen werden.

Die **Zuwendungen** aus der Heiliggeist- und Armeleutepflegschaft sollen in Zukunft nicht nur Landvaganten oder gar, wie öfters geschehen, vermögenden Bürgern zugute kommen, sondern nach den jeweiligen Bedürfnissen nur mit Zustimmung des Stadtrates oder wenigstens der Bürgermeister, verteilt werden. Nach der Verordnung von 1722 sind die Kapitalien verzinslich anzulegen. Bei Aufnahme in ihr Amt haben die Pflegschaftsvorsteher zu beeiden, daß sie ihre Tätigkeit unter Vermeidung aller unnötigen Spesen durchführen werden. Die **Bürgermeister und Ratsherren** werden bezüglich der „Disciplin des gemeinen Publici", für welche sie kraft ihres Amtes und des geleisteten Eides verantwortlich zeichnen, gesondert angesprochen und aufgefordert, ihr Augenmerk in erster Linie auf die Einhaltung des Sonntagsgebots zu richten. Knechtliche Arbeiten, „in specie das Bachen, Mezgen und Mühlefahren" werden unter Androhung hoher Strafen geahndet. Während der Vor- und Nachmittagsgottesdienste werden Zecher und Spielleute in den Wirtschaften nicht geduldet, ebensowenig wie das Spielen, Tanzen und Trinken nach 21 Uhr. Auch darf der Wirt nicht ohne Zustimmung des Magistrats oder Bürgermeisters Spielleute halten, „oder sonst verdächtige Pursch halbe Nächt durch in seinem Haus dulden".

Der Brauch, sich abends beim Spinnen in der sog. „Kunkelstube" zu treffen, war der Herrschaft ebenso ein Dorn im Auge wie „nächtliche Zusammenkunften beederley Geschlechts", insbesondere im „allhiesigen gemeinen Wäschhaus, wo die leichtfertigsten Üppigkeiten vorbeygehen" (wie nett man sich doch damals auszudrücken verstand). Um Ruhe zu haben, wurden all diese Zusammenkünfte einfach verboten.

Weiter wurde bestimmt, daß der Stadtrat zum Wohle des Gemeinwesens auch die Wein-, Brot- und Fleischschätzer zu überwachen und Maße und Gewichte zu überprüfen hat.

Die „Rathstrinken" werden zwar weiterhin geduldet, doch sind alle übrigen unnötigen Trinkereien, insbesondere die sog. Abwaschungen in Zukunft verboten. Eine Rats- und Bürgermeisterwahl findet diesmal zwar noch statt, doch soll sie in Zukunft nur vorgenommen werden, wenn von den Bürgermeistern vorher Rechnung gelegt wurde. Unter Androhung schwerer Strafen wird die Bürgerschaft darauf aufmerksam gemacht, daß dem ehrsamen Magistrat „Respect zu erzaigen" sei. Anderseits wird aber auch „der gesambte Rat in corpore" auf seinen Amtseid hingewiesen, nach dem jedes Mitglied „zu ohnparteiischer Administrierung der Justiz und Bestrafung der Laster" verpflichtet ist, wobei die Ratsmitglieder „in ihren Ratschlägen und Schlüssen mit Beyseitesetzung aller Partheylichkeit-, Freündt- und Freündts-Schaft, auch aignem Interesse, allein die gottliebende Justiz vor Augen" haben sollen und zur Anzeige der ihnen bekanntwerdenden „Fehler und Gebrechen" verpflichtet sind.

Frevel, die außerhalb der Stadt Scheer und deren Etter geschahen, dürfen künftighin nicht mehr vom Magistrat, sondern ausschließlich von der gnädigen Herrschaft als Jurisdictions- und Territorialherren geahndet werden.

Zum Schluß wird „nachtruckhsambst erinnert und befelcht", daß der seitens der Herrschaft eingesetzte Stadtammann Hanns Michel Wiest beauftragt ist, die Durchführung der Bestimmungen zu überwachen. Um Mißverständnisse von vorneherein auszuschließen, erhielt jedes Ratsmitglied eine besiegelte Abschrift der Verordnungen. Daß die Ge- und Verbote auch wirklich geahndet wurden, zeigt die in den amtlichen Verhörprotokollen aufgezeigte Menge von Anzeigen, bei denen das gut funktionierende Spitzelsystem prächtige Blüten trieb. — Die **Ratswahlen** ergaben keine Änderung in den Ämtern des ABM und des UBM. Am 10. Dezember 1723 beschloß der Rat, „Ihro hochgräflichen Excellenz, dem gnädigen Herrn und Grafen (Josef Wilhelm) zu dem hochzeitlichen Ehrenfest ein solches **Präsenz** zu tun, daß es ein Ansehen, hierdurch seine Ehr zu erhalten, und nit mehres ein Despect (= Schimpf) erlangen möchte". Allem Anschein nach war also die Stadt wegen des Versäumten in Ungnade gefallen. — Matheiß Sonntag trat das **Theologiestudium** an.

1724 verkaufte die Stadt den Herren Antoni Walter von Pfullendorf und Antoni Locher von Mengen, als zukünftigen „Beständern des Eisenwerks im Lauchertal" den halben Wald „**Krottenbach**" um 2500 Gulden, den sie innerhalb von 3 Jahren abholzen durften; einige Sambuchen mußten sie allerdings stehen lassen.

Der Rat hatte in diesem Jahr viel mit den **einquartierten Soldaten** des hiesigen Kontingents zu tun. Jedem dritten von ihnen reichte sie das Essen. Der Hauptmann wurde gebeten zu befehlen, daß sie in Holz und Feld keinen Schaden anrichten sollen. Außerdem hören wir von einigen Schwängerungen durch die Soldaten und auch Bürger. Bei den **Wahlen** am 4. Dezember 1724 wurde vom Oberamt der seitherige Stadtammann Hans Michel Wüst in seinem Amt bestätigt. Ebenso von der Bürgerschaft der Amtsbürgermeister Hans Michel Paur und der Unterbürgermeister Leonard Loritz. — Bezüglich der Ratsmitglieder wurde bestimmt, daß jeder eine Quart Wein bezahlen muß, der eine halbe Stunde zu spät aufs Rathaus kommt, oder an Sonn- und Frauentagen, wie auch an Vierfesten ohne Mantel erscheint, oder seine Frau an den genannten Tagen grundlos nicht in die Kirche schickt, oder an den Frauentagen nicht beim Opfer erscheint.

Der Kanzleiverwalter teilte am 27. Januar 1725 der Stadt mit, daß der Graf das „**Mascaragehen**" (Fasnet) allen Ernstes verbiete. Wer dabei ertappt werde, soll von den Soldaten „hinweggenommen" (eingesperrt) werden. Der Rat beschloß, daß eine Delegation beim Hof vorstellig werde und darum bitten soll, daß die Bürgerschaft „bei den alten Gewohnheiten und Herkommen ruhig gelassen werde". Gleichzeitig sollen sich die Delegierten darüber beschweren, daß Soldaten einquartiert seien, was bisher „niemals bräuchig war", und diese „verschiedene Schulden und andere Ungelegenheiten verursachen".

Am 20. Februar wurden die Maurer Georg Nußbaumer und Matheis Weber beauftragt, die **Mauer** vor dem kleinen Tor und die Mauer hinter dem Frühmesserhaus auszubessern. Das „Höfle zwischen dem großen Tor und dem Schlagbaum oder Schranken" mußten sie „besetzen" (pflastern).

Die **Ratswahlen** des Jahres 1726 ergaben: Amtsbürgermeister Hans Martin Hablizel, Unterbürgermeister Hilari Gutknecht. Der Stadtschreiber Eberle wurde entlassen und für ihn Hans Martin Feinaigle angestellt.

Aus nicht angegebenen Gründen wurde am 4. August 1727 die Maria Anna Buelerin „ab der Alb von Hertingen gebürtig" auf Anordnung des Oberamts „mit Beiziehung von 4 Ratsverwandten" verhört und am selben Tag „das **Blutgericht** auf allhiesigem Rathaus in Gegenwart des Rats vollzogen und die Execution auf dem Heinenbühl (heute: Hennenbühl) vom Leben zu Tod durch das Schwert justizmäßig ausgeübt". Auf Befehl des Grafen hat das Oberamt „wie allzeit üblich und geschehen, eine Refection (= Mahlzeit) bestehend in Wein, Brot und Käß im Bräuhaus zur Dankbarkeit der Bemühung, nach Belieben mitgeteilt und gegeben".

Die „**Stadtmetz**", die neben dem Metzger Hans Michel Schmidt stand, wurde diesem auf weitere 6 Jahre verliehen. Er hatte sie schon 15 Jahre inne und zahlte jährlich 30 Kreuzer.

Die seitherige Gepflogenheit, daß ein **Hochzeiter** der Stadt Scheer Geld zu geben hatte, wurde abgeschafft. Statt des „Schinken-Talers" (von schenken) hatte er noch vor der Hochzeit dem Bürgermeisteramt einen Feuerkübel abzugeben.

1728 hielt der Amtsbürgermeister Hablizel um das **Weinschenken** an. Johann Michael Schmidt verkaufte dem Kloster Ennetach ein halbes Jauchert **Acker** im Scheerer Ösch gen. „im Heckhelkmann", die er als Erblehen innehatte, um 28 Gulden.

Nach dem Tod des Amtsbürgermeisters Hablizel wurde am 30. Juni 1728 dieses Amt dem Unterbürgermeister Hilari Guknecht übertragen. Bei den **Wahlen** am 3. Januar 1729 wurde er wieder als Unterbürgermeister bestätigt, als Amtsbürgermeister Christian Kifferle gewählt. Die am 15. Dezember 1729 durchgeführten Wahlen brachten wieder eine Veränderung: Amtsbürgermeister Antoni Riester (1729–1740), Unterbürgermeister Martin Maister. — Matheis Schell erhielt 1730 die Erlaubnis, aus der seitherigen **Badstube** eine Bräustatt zu machen. — Die Stelle des **Stadtammanns** erhielt der Barbier und Feldscher Hans Michel Wiest.

1731 besaß vom Areal der Gemeinde Sigmaringendorf: die Stadt Scheer 11 Jauchert 16 Ruten Äcker; die Pfarrei Scheer 1¼ Jauchert 54 Ruten Äcker, 1 Jauchert 33 Ruten Wiesen; die Herrschaft Scheer 30¾ Jauchert Wald.

Die Braugerechtigkeit und das Recht zum Ausschenken in der seitherigen Badstube (Au) ging 1734 von Hans Caspar Schell auf Josef Schwarz über, der das Haus gekauft hatte. — Beim Pfarrhaus wurde ein „**Gump-Brunnen**" angelegt. — Den Hafnermeister Simon Keller stellte die Stadt im Jahr 1737 als **Zolleinnehmer** an.

1738 erlaubte die Herrschaft das Ausbrechen von **Taglichtern** in die Stadtmauer (beim Spital, Pfarrhaus und Kaplanei), unter der Bedingung, daß entsprechend starke Gitter angebracht werden. Den herrschaftlichen Bauhof bot sie der Bürgerschaft „zum Verleihen" (Verpachten) an.

„Wegen allzuviel zusammenheiratender Personen unter den jungen Leuten" beschloß der Rat im Jahr 1740, daß vor jeder **Heirat** die Erlaubnis des Rats und die Zustim-

113

mung des Pfarrers eingeholt werden müsse. — **Wahlen:** Amtsbürgermeister Matheis Glaser (1740—1743).

1741 wurde dem Martin Pärtler erlaubt, vor dem Tor eine **Salpeterhütte** zum Salpetersieden zu errichten.

1743 erfahren wir, daß der Stadtammann Antoni Glaser als verpflichteter **Chirurg** am Hof tätig war. — Hans Michel Paur verkaufte das „**Sonnenwirtshaus**" um 800 Gulden an die Stadt, die es vermutlich an Andreas Zimmerer verpachtete. — **Wahlen:** Amtsbürgermeister Antoni Riester (1743—1746). Er kaufte von Bernhard Rohm die „**Traube**", die er seinem Schwiegersohn, dem Metzger und Bierbräu Antoni Müller von Braunenweiler übergab. — Auf Antrag des Pfarrherrn erklärte sich die Bürgerschaft bereit, die für den **Kirchenneubau** erforderlichen Fuhr- und Handfronen zu leisten.

1744 — Dem Gabriel Fürst wurde die „**Halb-Tuch-Blaiche**" gegen einen jährlichen Zins von 15 Kreuzern verliehen. Diejenigen, deren Häuser an der Stadtmauer stehen, wurden aufgefordert, die durch den Dachtrauf oder den Ausguß an der Mauer entstandenen Schäden auszubessern. Die „**obere Schmitte**" hatte Martin Maier inne (Nachbar Andreas Zimmerer). — Weil das „**Sonnenwirtshaus**" von Tag zu Tag baufälliger wurde, sollte es verkauft werden, wurde aber 1745 dem Andreas Zimmerer als Mannlehen übergeben. — **Wahlen:** 1746 Amtsbürgermeister Josef Schwarz (1746—1752).

1747 beschweren sich „**die Kleinen**", d. h. diejenigen, die zwar Bürger waren, aber kein Gut besaßen, bei der Herrschaft, daß sie den „Großen" gegenüber seitens der Stadt nachteilig behandelt würden hinsichtlich der Grabenteile, der Holzzuteilung und der Wunn und der Waid. Eine von der Herrschaft eingesetzte Kommission schlichtete den Streit dahingehend, daß — mit Einverständnis der „Kleinen" — alles beim alten bleiben soll.

1750 nahm der **Truchseß** Josef Wilhelm bei der Stadt Scheer und den Gemeinden Ennetach und Blochingen 3000 Gulden auf. — In diesem Jahr wurde die aus Scheer gebürtige **Franzsiska Fukin** wegen Diebstahls in Pfullendorf enthauptet.

Wie die Hausinschrift „FABR MCK 1750" am **Gebäude Hirschstraße 5** ausweist, wurde es in diesem Jahr erstellt. Bei diesem 3stockigen Wohn- und Ökonomiegebäude handelt es sich um den sogenannten „**Waldburger Hof**", der 1804 noch zu den herrschaftseigenen Gebäuden zählte. 1759 war er an den Waldburger Bauern Christoph Eisele verliehen. 1785 hören wir von der zweiten Haushälfte, in welche die Adlerwirtin einzog, nachdem sie ihre Wirtschaft verkauft hatte. Die andere Hälfte wurde 1796 dem Sohn des o. g. Eisele verliehen. 1826 werden als Besitzer genannt: Wunibald Dettenmaier und der Bierbrauer Lorenz Weiß je hälftig. Letzterer verkaufte 1827 seinen Anteil mit der dazugehörigen halben Holzgerechtigkeit um 650 Gulden an Simon Merk (vgl. „Adler"). Das Haus, das später an die Familien Eisele und Geißelmann überging, ist heute im Besitz des Landwirts Otto Eisele.

1751 betrug der Hauszins auf dem Torturm 6 Gulden.

Wahlen: Auf den Amtsbürgermeister Josef Schwarz und den Unterbürgermeister Antoni Riester (1750-1752) folgten 1752 der ABM Antoni Riester (1752-1753) und der UBM Hans Martin Rhein (1752-1753). — Den

Waldburger Hof, Hirschstraße 5.

Bürgern wurde verboten, ohne Erlaubnis des Rates zu „**commercieren**" (etwas zu verkaufen), auch das Hausieren mit Branntwein. — Der Magister „so dermalen des allhiesigen Contingents Trompeter ist", erhielt die Erlaubnis, eine Kuh auf die Weide zu treiben.

1753 suchte die Stadt bei der österreichischen Behörde um die Genehmigung zur Erhöhung des **Brückengeldes** nach. Im August erhielt sie von Konstanz aus Bescheid: „Der Stadt Scheer ist zu bedeuten, daß die Erhöhung des Weggeldes nicht statthabe, derselben jedoch freistehe, entweder die gegen Bezug sotanen Weggelds ihr obliegenden Brücken und Wege ferner zu machen, oder aber beides, das ist Weggeld und Reparation der in den österreichischen Vorlanden aufgestellten Wegdirektion zu überlassen." Die Stadt zog ersteres vor. — Gegen 6 Gulden Ehrschatz erhielt der Hafner Wunibald Stauß den **Brennofen** verliehen, den sein Schwiegervater gebaut hatte. — Der Maurer Antoni Nußbaum wurde beauftragt, die oben in der Stadt eingefallene **Stadtmauer** wieder zu erstellen, und zwar unten 3, in der Mitte 2½ und oben 2 Schuh stark. — **Wahlen:** Amtsbürgermeister Josef Schwarz (1753-1758), Unterbürgermeister Matheis Schell (1753-1756). — 1753 bestätigte die Kaiserin Maria Theresia das Privileg Kaiser Leopolds für die Stadt Scheer vom Jahre 1648.

1754 erhielt Wunibald Hering die Erlaubnis, in den Stadtturm einzuziehen. — Der 28 Jahre alte Schlosser Johann Will, der in Wien verheiratet war, besuchte 1755 in Scheer seine Stiefmutter. — **Wahl:** Unterbürgermeister Johannes Schell 1756 bis zu seinem Tod im Jahre 1758.

Unter Graf Leopold August (1756–1764)

Die Stelle des **Stadtbaumeisters** wurde 1757 dem Johann Michael Nolle übertragen, die des **Stadtschreibers** dem Johann Baptista Buck, der die Nachfolge Feinaigles antrat. — Im Jungholz war eine **Erzgrube** aufgemacht. — Auf Antrag des Stadtammanns Antoni Liebherr wurde, da viele mittellos waren und es für den Zustand des gemeinen Stadtwesens besser sei, ab 1758 bei der **Bürgeraufnahme**, neben dem Bürgerrechtsgeld, an Stelle der 6 Eimer Wein und des dazu für den Umtrunk der Bürgerschaft erforderlichen Brotes, bares Geld verlangt. — Da er ohne Concession des Rentamtes dem Philipp Widmann von Wien erlaubt hatte ein „**Schattenspiel**" vorzuführen, wurde der Bürgermeister Schwarz zur Verantwortung gezogen. — Die Herrschaft verbot — in allen Orten — **das Spielen und Würfeln** in den Privathäusern. Erlaubt, jedoch nicht höher als 2 Pfennig das Spiel oder der Wurf, wurde es in den öffentlichen Wirtshäusern, die im Winter bis 9 Uhr, im Sommer bis 10 Uhr geöffnet haben durften. — Der Zimmermann Konrad Kieferle aus Ennetach erhielt den Auftrag, am baufälligen **Rathaus** den vorderen und hinteren Giebel aufzurichten. — Gegen jährlich 15 Kreuzer erhielt Joachim Stumpp auf Lebenszeit die **Blaiche** verliehen. — Die **Erzgräber** des Bergwerks Lauchertal richteten an den Bäumen in der Bauzenreute Schaden an. — Am 28. Juli wurde beschlossen, daß von Tag zu Tag 2 Mann an den Stadttoren **Wache** halten. — **Wahlen:** Amtsbürgermeister Johann Caspar Bohnenstengl (1758—1760), Unterbürgermeister Bernhard Frick (1758—1760). Außerdem wurden von der Bürgerschaft gewählt: 9 erste Richter (innerer Rat) und 12 Mitglieder des äußeren Rats. Folgende Ämter wurden besetzt: Stadtschreiber, 2 Wein-, Bier-, Brot-, Fleisch- und Tuchbeschauer, 4 Steuereinzieher, 1 Ratsdiener bzw. Stadtknecht, 1 Bannwart, 2 Nachtwächter, 2 Totengräber, 2 Kirchenpröpste und der Mesner. Danach wurde den ledigen Gesellen, Dienstboten, Nachtwächtern, Bannwarten, Kirchenpröpsten und dem Ratsdiener die Statuten „sorgsam vorgelesen und expliziert" und das Handgelübde abgenommen. Für die Roß-, die Küh-, die Schmal-, Schweine-, Schaft- und die Gaißenherde wurden Hirten angestellt, ferner 8 Öschhirten. — Die Wahl des Kronenwirts Franz Josef Schneider zum Stadtschreiber lehnte der Oberamtmann ab, worauf die Stadt gezwungen war, dem ledigen Lorenz Buzorini von Buchau die Stelle zu übertragen (bis 1761). — Jakob Rybola, der **Stadtzoller** bei der Donaubrücke, beklagte sich 1759 darüber, daß viele den Zoll nicht bezahlen. — Alle 18 bis 40jährigen **Bürger** wurden **gemustert**, „umb zu sehen, welche zu Kriegsdiensten vor capable zu sein erfunden werden", danach 38 eingezogen. — In diesem Jahr ist der **St.-Nicolai-Markt** erwähnt.

Über das „**große Wasser**" vom 15. März 1760, bei dem der Wasserstand 18 Fuß über die gewöhnliche Höhe stieg, wird berichtet, daß es „bei dem Schöpfbrunnen am ‚Beckenhäusle' (Zunftstube) über das Brunnengestell gelaufen ist, auch beide Brücken (also auch die beim Friedhof) samt dem Waschhaus hinweggerissen hat. Bürger, die in der Bauzenreute Holz gemacht hatten, mußten drei Tage dort bleiben. Fünf Männer wollten auf einem Floß einem Mädchen, das nicht mehr heimkommen konnte und sich auf einen Kirschbaum geflüchtet hatte, Hilfe bringen. Sie banden das Floß an den Baum, aber das Seil riß ab und jeder mußte, um sein Leben zu retten, sich auf einen nahen Obstbaum flüchten. Um alles zu retten, mußten sogar Löcher in die Stadtmauer gemacht weden". — Die beiden Zimmermeister Hilari Pröbstle von Sigmaringendorf und Wunibald Platz aus Sigmaringenstadt erhielten den Auftrag, die Donaubrücke wiederherzustellen („mit 7 geschlagenen Jochen, jedes Joch mit Latten zusammengehängt und mit Schrauben geschlossen"). Jeder Bürger mußte sein Gut selbst einmachen, wozu er von der Stadt die notwendigen Stecken und Sparren erhielt. Alle wurden verpflichtet, das Holz aus dem Wasser zu fischen und an einen Platz zu bringen, wo man es aufladen und wegführen kann. — Der Hafner Fideli Nußbaumer (Stiefsohn des Jakob Rybola, Schwiegersohn des Zieglers Sebastian Krugger) erhielt die Erlaubnis, „auf dem Allmend nächst an dem Tor an St. Sebastiani Schießgraben" einen **Hafnerbrennofen** zu erstellen. — Die herrschaftliche **Mühle** wurde dem Martin Grimm verliehen. — Die Stadt baute ein neues **Waschhaus**, für welches der Stadtknecht die Schlüsselgewalt hatte. Allen Bürgerinnen wurde auferlegt hier zu waschen. — **Wahlen:** Amtsbürgermeister Josef Schwarz (1760–1765), Unterbürgermeister Johannes Schell (1760–1763). Der **Stadtschreiber** Buzorini wurde am 5. November 1761 abgelöst vom seitherigen hohenzollerischen Bergwerksverwalter Buck, dessen Besoldung der Rat genau festlegte (bis 1764). — Theresia Sonntag, das Weib des Caspar Waldraff, trat die Nachfolge der Renigna Wezlerin als **Hebamme** an. — Bei der Mühle wird das herrschaftliche **Jägerhaus** erwähnt.

1762 der herrschaftliche **Ölgarten**. Die ledige Walburga Reiserin wurde bestraft, weil sie dort beim Grasen viele Ölsamenstöcke samt den Wurzeln herausgerissen hatte. — Die Stelle des **Nachtwächters** Balthasar Sonntag übernahm Hans Georg Vopper. — Die Stadt genehmigte, daß der Giebel des Benefiziatenhauses auf die Stadtmauer gesetzt wird. — „Um die **Ökonomie** in besseren Stand zu bringen", verfügte der Rat:

1. Anlagen (Steuern) müssen mit Hand- oder Fuhrfron oder mit barem Geld abgeleistet werden.
2. Alle Stadteinkünfte (Steuer, Maus-, Markt- und Wachtgeld) müssen an Martini, das Umgeld vierteljährlich eingezogen werden.
3. Vergehen gegen Gebote und Verbote werden wie üblich geahndet. Daneben muß künftig dem Magistrat eine Satisfaktion gegeben werden.
4. Verboten ist, das Laub an den Hagen abzustreifen und das Vieh in der Frühe zu hüten.
5. Jeder darf nur noch einen Wagen Stumpen machen.
6. In den bereits bestehenden Häusern darf künftig kein neuer Rauchfang mehr aufgeführt werden.
7. An Fremde dürfen künftig keine Güter, die hierher contribuieren, verkauft werden.
8. Verkäufe müssen von der Obrigkeit ratifiziert werden, widrigenfalls sind sie
9. ungültig.
10. Alle 14 Tage soll Ratstag gehalten werden.
11. An Bet-, Sonn- und Feiertagen haben die Herren des

inneren Rats, an den Vierfesten die des äußeren Rats mit Mantel in der Kirche zu erscheinen.
12. Cassa-Anlagen: Reste dürfen zur Schuldentilgung verwendet werden.
13. Wenn man aufs Rathaus bietet, haben die Bürger gleich nach dem Glockenzeichen zu erscheinen.

Ein **anonymer Orgelbauer** aus Scheer nahm 1763 Umbauarbeiten an der Orgel der Pfullendorfer Stadtkirche vor. — Im Oktober waren **Soldaten** einquartiert. — Nach dem Tod des **Zollers** Storer trat Jakob Rybola diese Stelle an. — Bei den **Wahlen** wurde Andreas Zimmerer Unterbürgermeister (1763-1765). — 1764 ordnete die Herrschaft an, daß der aus Scheer gebürtige Dr. Rhein, der im Schloß als Hof- und Leibmedicus tätig war, zugleich auch als **Stadt- und Landschaftsmedicus** angestellt wird. Fürs Spital bewilligte ihm die Stadt ein Wartegeld. Er versprach, die Kranken und Armen der Stadt unentgeltlich zu behandeln und erhielt dafür jährlich 6 Klafter Holz. — Den Bürgern, die keine Kuh mehr halten konnten, wurde die Anschaffung einer „**Gaiß** nebst einem Jungen" erlaubt, was allen anderen verboten war. Ebenso war für alle „die Haltung eines Gaißbocks" untersagt. — Als **Stadtschreiber** wird ein Feinaigle genannt. — Franz Josef Herterich, **Faßmaler** und Bürger zu Scheer, faßte zum Jakobifest 1764 die neue Kanzel der Pfullendorfer Stadtkirche.

Am 11. September 1764 verlieh der Graf dem **Theologiestudenten** Franz Caspar Liebherr, Sohn des Stadtammanns Franz Anton Liebherr und der Magdalena Michelberger, den Titel „Menso".

Unter den Erben (1764–1785),

die nach dem Tod des Grafen Leopold August die Grafschaft übernahmen, erfolgten 1765 **Wahlen**, die nach dem Absterben des Amtsbürgermeisters Schwarz erforderlich waren. Seine Stelle erhielt *Anton Glaser* (1765-1767), Unterbürgermeister wurde Wunibald Weber (1765-1766). — Als **Bettelvogt** stellte die Stadt den Leonhard Gutknecht an. Er hatte die Almosen auszuteilen und die Bettelleute von den Häusern abzuhalten. — Hans Michel Trost zog mit seinem **Schattenspiel** herum. — Der aus Scheer stammende Pfarrer Josef Pröbstle hatte die Pfarrei „Than in Bayern" inne. — In diesem Jahr kaufte Johann Adam Ils, der in Hertingen (bei Bad Bellingen/Lörrach) als Braumeister tätig war, von Johann Schell das Bernhard Frick'sche Haus. Die Stadt erlaubte ihm das Brauen und Branntweinbrennen. Nachdem jedoch der Kreuzwirt und die Adlerwirtin, mit dem Hinweis daß es genug Brauereien gebe, dagegen Einspruch erhoben und sich die Mitbewohner des Hauses über die Geruchsbelästigung durch das Brennen beschwert hatten, wurde ihm die Konzession wieder entzogen. Im folgenden Jahr erhielt er die Erlaubnis Wein, Bier und Branntwein auszuschenken.

1766 wurden die **Waid-Lauchen** (Waldbezirke) auf dem Heselberg und dem Stauden zwischen Scheer und Sigmaringendorf neu geregelt. — Einer beim Hornvieh ausgebrochenen **Lungenseuche** fielen in kurzer Zeit 20 Stück Vieh zum Opfer, die verlocht wurden. Nachdem die Bürger bereits ein 10stündiges Gebet abgehalten hatten, veranstalteten sie zur Abwehr der Seuche einen Kreuzgang auf den Gottesacker und baten den Pfarrer 3 hl. Messen zu lesen. Der Wasenmeister auf der Burg (Hagelsburg bei Ölkofen) versprach, künftig die Tiere kostenlos abzuholen, wofür ihm die Stadt jährlich 1 Malter Haber zusagte. **Wahlen:** Unterbürgermeister Johannes Schell. — Dem Hans Michel Haberbosch wurde erlaubt, mit Nüssen, Äpfel und Birnen zu handeln. — Theologiestudent Antoni Rinkh. — 1767 erfolgte die Renovation der **Waid- und Wald-Lauchen** zwischen Scheer und Sigmaringendorf vom „Zugenbrunnen" bis in den „Witzenweiler". — Neben dem Reitstall errichtete die Herrschaft einen steinernen **Brunnen**. Der Rat verbot, daß dort gefegt, geputzt und gewaschen wird, beschwerte sich aber noch im selben Jahr, weil durch die Abzapfung für diesen Brunnen in den Stadtbrunnen das Wasser völlig fehle. — Dem Nikolaus Dürr wurde das **Tabakhandeln** erlaubt, dem Philipp Schwab aus Laiz, „Admodiatior des Eisenwerks im Thiergarten", auf 3 Jahre das **Erzgraben**, das er vorerst dem Nagler Josef Zimmerer aus Scheer und dem Riedinger aus dem Lauchertal überließ. Jeder der beiden durfte noch 4-5 Gehilfen anstellen. Das Erz mußte im Lauchertal abgeliefert und dort auch gewaschen werden. Zum Transport hatten sie Fuhrleute aus der Bürgerschaft von Scheer anzustellen. — **Wahlen:** Amtsbürgermeister Johann Michael Nolle (1767-1768).

1768 verlangte der herrschaftliche Jäger bei den „**Hochzeitlichen Freischießen**" den Freischuß für die gnädige Herrschaft, sowie Abgaben für „das Auf- und Abheben der Scheiden und das Aufwicklen". In diesem Jahr hören wir von Klagen gegen die Stadt wegen ungerechter Forderungen von **Brücken- und Pflastergeld**. — Am 28. März 1768 hatte die ganze Bürgerschaft einen „körperlichen Eid" zu schwören, daß jeder sein Vermögen im **Steuerbuch** gewissenhaft angegeben habe und gegebenenfalls Vergessenes innerhalb von 10 Tagen nachmelden werde.

Wahlen: Amtsbürgermeister Antoni Glaser (1768-1769), Unterbürgermeister Michel Nolle (1768-1769). — Der Stadtschreiber Willibald Razenhofer wurde 1769 Nachfolger des Xaveri Buck. Am 8. Mai war die Stadtschreiberei bereits vacant und wurde nun dem verarmten Maler Antoni Härterich verliehen. — 17 Bauern erklärten sich bereit, **Erz** zu führen. — Der **Stadtpfarrer** und Dekan von Reichle, der schon 1766 ein Beneficium an den Antoniusaltar gestiftet hatte (s. d.), stiftete 1769, dem Jahr seines goldenen Priesterjubiläums, 2100 Gulden mit der Bestimmung, daß jährlich 2 wohlgesittete Bürgerskinder, und zwar ein Jüngling zu Erlernung eines Handwerks und eine Jungfrau zur Brautausstattung, je 50 Gulden erhalten sollten. — Jedes Jahr am Sonntag nach dem Nikolaustag wurde, nach vorausgegangenem Besuch des Vor- und Nachmittagsgottesdienstes mit Opfergang, auf dem Rathaus entschieden, wem der Betrag zufallen solle. (Diese Stiftung bestand bis 1919.) — **Wahlen:** Amtsbürgermeister Antoni Stumpp, Wirt, Unterbürgermeister Franz Antoni Glaser, jg. (jeweils 1769-1771).

Der **Stadtschreiber** Härterich wurde im Jahr 1770 eingesperrt, am 21. Juli entlassen. Nachfolger Jos. Hemmerle von Scheer. — Der **Scharfrichter**, der von der Stadt 16 Viertel Hafer für das gefallene Vieh erhielt, kaufte ihr den Karren ab, auf welchem das Vieh hinausgeführt wurde.

— Nach etlichen nassen Jahren entstand 1770 eine große **Teuerung**, so daß das Viertel Korn 3 Gulden kostete. Im „Roten Buch" heißt es: „Aber bis 1771 kam das Viertel Korn auf 4 Gulden 30 Kreuzer, die Gerste aber das Viertel auf 2 Gulden 24 Kreuzer, und man glaubte, bis zur Ernte werde eine Hungersnot ausbrechen, aber dies ist Gott sei Dank nicht geschehen, denn noch vor der Ernte um Pfingsten hatte es durch Gottes Schickung wieder etwas abgeschlagen. Um St.-Georgitag glaubte man noch, es sei nirgends mehr Frucht, aber nach Pfingsten ist wieder gnügend Frucht an den Tag gekommen, denn viele glaubten, sie werde noch teurer werden, denn diese Teuerung war nur von den Landorten und vermöglichen Leuten „interessiert". Dieses Jahr brachte viele Bürger in große Schulden, die man viele Jahre lang spüren wird."
Hinsichtlich der **Wasserversorgung** berichtet das „Rote Buch": „1770–1772 ist der Röhrenbrunnen schlecht gelaufen, nur weil damals die Deichel schlecht verwahrt und die meisten faul und versteckt waren und der Brunnen beim Reitstall oft angezapft wurde, denn damals ist der Brunnen durch das „Milgertter Gäßle" und sog. Hirschgraben und an der Sonne heruntergelaufen. Bis anno 1773 hat man sich verresolviert, daß man den Zugbrunnen im sog. „hinteren Wiele" über die Donauwiesen und Gärten in die Stadt leiten wolle. Es haben aber gleich einige Bürger protestiert, weil der Röhrenbrunnen ja beinahe so hoch als der Zugbrunnen liege und das Vorhaben daher schwerlich gut sein könne. Dennoch wurde durch die Mehrheit beschlossen, daß man damit beginnen solle, einen Steg über die Donau zu machen. Gleich im ersten Frühjahr hat das Hochwasser die Deichel in der Stadtwiese und etwas vom Steg weggerissen. Dieser Steg über die Donau hätte schwerlich gehalten, weil an dieser Stelle das Wasser eine sehr starke Strömung hat und es unmöglich gewesen wäre, daß dieser Brunnen samt dem Steg gehalten hätte. — Dies wurde der Nachkommenschaft zu großer Warnung in dieses Buch geschrieben, damit sie sich nicht mehr in so große Kosten einlasse wie anno 1773, weil es unmöglich ist."
Dem Kloster Ennetach wurde im Jahre 1771 erlaubt, das Vieh wieder zum Scheerischen **Tränkbrunnen** zu treiben, wozu aber alljährlich erneut Antrag gestellt werden muß.
— Der **Theologiestudent** Wunibald Weber erhielt den „titulum menso", wozu sich die Verwandtschaft für ihn verbürgte. — **Wahlen:** Amtsbürgermeister Antoni Glaser (1771–1772), Unterbürgermeister Michel Nolle (1771–1772). — Johannes Bertler wanderte nach Ungarn aus.
Da beim „Hohenwiel" die **Stadtmauer** eingefallen war, erklärte sich die Stadt im Jahre 1772 bereit, diese auf ihre Kosten zu richten. Den dort wohnenden Bürgern wurde ein Teil der Schulden erlassen. — Bei der Herrschaft beschwerte sich die Stadt, weil diese am Hirschgraben die Stadtmauer abbrechen ließ. — **Wahlen:** Amtsbürgermeister *Michel Nolle* (1772–1776), Unterbürgermeister Antoni Schell (1772–1773).
1773 wurde „der Brunnenquell im hinteren Wiesle zum Stadtbrunnen hereingeführt" (s. o.). — Bei den **Wahlen** wurde Nolle als Amtsbürgermeister bestätigt, Konrad Sonntag als Unterbürgermeiseter gewählt. Sein Nachfolger war 1775 Johann Georg Denner. — Johann Frick aus Scheer war in Wien. 1776 wurde *Willibald Kieferle* Amtsbürgermeister (1776–1778), Konrad Sonntag Unterbürgermeister (1776–1778). — Als der **Stadtschreiber** Josef Hämmerle 1778 die Stelle des Ökonomierats im Kloster Rottenmünster antrat, übernahm der seitherige Amtsbürgermeister Kieferle die Stadtschreiberei. — **Wahlen:** Amtsbürgermeister *Meinrad Sonntag* (1778–1780), Unterbürgermeister Franz Antoni Glaser (1778–1780). — Im „Roten Buch" wird wieder von einem **Hochwasser** berichtet: „Der 26. Oktober 1778 war für uns ein angst- und schreckensvoller Tag, weil nach vorausgegangenem Regenwetter und Gott weiß was für Verhängnissen, morgens früh um 6 Uhr die Donau ganz, und völlig verschmutzt und so schnell angeschwollen, daß bis 9 Uhr das Wasser um einen starken Schuh höhergestiegen als das von 1760. Das Wasser lief über das Gestell in den Röhrenbrunnen, ja bis 9 Uhr war die 1760 durchaus mit geschlagenen Jochen und so dauerhaft erbaute Brücke, die nach jedermanns Meinung hätte nicht mehr beschädigt werden können, durch die von oben herabkommenden Wasser samt beiden Anfahrten hinweggerissen worden. Der Jammer und das Geschrei war erbärmlich, da man alles Vieh schonend durch das Wasser ziehen und auf den Berg bei den geistlichen Häusern flüchten und über 36 Stunden dort lassen mußte. Doch Gott sei Dank kam weder Mensch noch Vieh ums Leben. 2 Ställe voller Vieh in der Au, die man nicht mehr flüchten konnte, sind sogar über 24 Stunden angebunden im Wasser geschwommen und alle noch lebendig angetroffen worden. Was die Inwohner in besagter Au, welche dem schnellen Lauf nicht mehr entweichen konnten, für Ängste ausgestanden, ist nicht zu beschreiben, da die Wohnstube vom Wasser eingerissen und alles aus dem Haus fortgeschwemmt wurde. Auch der Stock war schon etwas gesunken, so daß sie alle Augenblicke in Gefahr standen, samt dem ganzen Haus ein Raub der Wellen zu werden. Alle Gärten waren mit Grund und Boden hinweggeflößt, teils mit Steinhaufen überschüttet, teils aber in tiefe Gruben verwandelt. Wie erbärmlich es auf den Wiesen und Feldern ausgesehen, ist aus all Vorigem leicht zu ermessen. Der erste Bedacht, den man nehmen mußte, wie man die notwendige Hin- und Wiederkunft über die Donau herstellen wolle. Zum Brückenbau war der Winter zu nahe, das Floßfahren gefährlich und zu allem Notwendigen nicht hinlänglich. Endlich ist man auf den Gedanken gekommen, eine Floßbrücke zu bauen. Adrianus Brielmann, ein Zimmermeister aus Saulgau, hat sich erboten, eine solche innerhalb von 14 Tagen herzustellen. Diese ist so gut ausgefallen, daß man auch mit schweren Lasten ohne Gefahr darüberfuhr. Aus Mangel an anderen Brücken kamen viele Fruchtwagen nach Scheer, doch ließ man zu schwere Lasten vorsichtigerweise nicht fahren, sondern ordnete an, daß sie teilweise abgeladen werden mußten. Die Floßbrücke war nur frei und nicht einmal angepfählt hingelegt, und mit Schlaudern und starken Eisennägeln ineinandergehängt, wie das ordentlich vom Meister selbst gefertigte und auf dem Rathaus verwahrte Modell ausweist und gar leicht nachzumachen ist. Das Tanneholz, aus welcher sie bestanden, hat die Herrschaft hergegeben, alles weiter Notwendige die Stadt angeschafft. Das Holz für die ganze Brücke ist teils beim Rathaus, teils vor dem

1780. J. G. Vollmer.

1780. J. G. Vollmer.

Tor aufgehoben, das Eisenwerk und die Nägel für die Dillenschäften ist auf dem herrschaftlichen Kasten in Verwahrung genommen worden, um solches nötigenfalls gleich bei der Hand zu haben. Gott wolle uns vor diesem Gebrauch bewahren. Wie es mit dem Bau der anderen Brücke ging, ist im diesjährigen Protokoll zu finden, nur ist noch anzumerken, daß man dem Umfang nach mit Hand und Mähnen 6 volle Monate fronen mußte, um nur die zerrissenen Straßen und Brücken in den nötigen brauchbaren Stand zu bringen." — Wer in Geschäften der Herrschaft oder der Stadt über die Donau wollte, wurde von den 3 angestellten Flößern gratis gefahren; andere zahlten $1/2$ Keuzer, Fremde 1 Kreuzer. Im Dezember wurde der Brückenbau vergeben (PS 480). — Zur Wiederherstellung der Brücke erhielt die Stadt im Jahre 1779 von der Hl.-Geist-Pflegschaft 150 Gulden. — Mit den Hitzkofern gab es Anstand, weil sie den **Zoll** nicht entrichten wollten; ebenso im Jahr 1780 mit den Ennetachern.

1781 wird Fidel Nußbaum als Bewohner des **Stadtturms** genannt.

1782 beschloß der Rat das **Schwinghaus** in der Brechgrub, und nicht in der Au, zu erstellen. — Matheis Weber erhielt die Erlaubnis, „auf dem Hännenbihl" einen **Steinbruch** aufzumachen. — Bei den **Wahlen** wurde der Amtsbürgermeister Franz Josef *Rhein* in seinem Amt bestätigt, Unterbürgermeister wurde Michel Nolle (1782—1783).

1783 beschloß der Rat, den **bürgerlichen Soldaten** keine bürgerlichen Zuwendungen mehr zu geben, solange sie sich weigerten, an Versammlungen der Bürgerschaft teilzunehmen. Ausgenommen hiervon soll der Leutnant Sonntag sein, den man als Offizier nicht aufs Rathaus nötigen wollte. Dies war der Anlaß zu einer Beschwerde, welche die in Scheer als Bürger aufgenommenen Kontingentsoldaten noch im selben Jahr auf der truchsessischen Oberamtskanzlei über den Bürgermeister und Rat vorbrachten. Darin beklagten sie sich

1. daß man sie bei dem letzten Rats-Wahltag allein bei einer Strafe auf dem Rathaus geboten habe,
2. daß man auf dem Rathaus von ihnen fordere, daß sie das Seitengewehr ablegen sollen,
3. daß ihnen, weil sie von dem Hoffourier das Verbot erhalten, nicht auf dem Rathause zu erscheinen, wel-

chem sie gehorchen mußten, der Bürgertrunk, welchen alle Bürger an Geld mit 30 Kreuzern bekommen hätten, ihres Ausbleibens wegen nicht gegeben worden sei,
4. daß in älteren Zeiten sie niemals Ehespond, nur die halbe mit 3 Kr. anstatt 6 Kr. hätten versteuern dürfen, seit einigen Jahren aber ihnen die ganze Ehesteuer mit 6 Kr. angerechnet werde,
5. wolle die Stadt ihnen allerhand Dienste und bürgerliche Verrichtungen zumuten, welche mit ihrem Militärstand und -dienst nicht vereinbart seien.

Die Ratsdeputation, die sich zu rechtfertigen hatte, antwortete ad 1. Es sei aus Versehen geschehen, daß den Soldaten allein anders als anderen Bürgern, nämlich bei einer Strafe geboten worden sei, man werde den Soldaten niemals zwingen, persönlich auf dem Rathause zu erscheinen und ihm allezeit hierüber die freie Wahl lassen, ob er kommen wolle oder nicht, außer der Soldat wäre in bürgerlichen Sachen verklagt, wo er wenigstens durch einen Anwalt zu erscheinen und sich zu verantworten schuldig sei.

2. Begreife die Ratsdeputation wohl, daß die Forderung, daß der Soldat sein Seitengewehr vor dem Rat ablegen solle, unschicklich sei, man wolle ihnen in allweg gestatten, wenn sie in Uniform und nicht in bürgerlicher Kleidung, welches ihnen ebenfalls freistehen soll, auf dem Rathaus erscheinen, ihr Seitengewehr und dem Unteroffizier den Stock beizubehalten.

3. Dem Tage der Ratswahl müßte jeder Bürger bekannter Dinge den ganzen Tag versäumen, deshalb erhalte derselbe die gewöhnlichen 30 Kr. für sein Versäumnis. Die Soldaten seien aber nicht erschienen, sind ihren Hausgeschäften obgelegen, sie hätten also nichts verdient; wer abwesend sei und nichts verdiene, könne hievon auch nichts fordern. Ebenso sei es auch bei der Bürgeraufnahme, wer ohne rechtmäßige Verhinderung ausbleibe, könne keinen Anteil an dem ersten Trunke, welcher für die Crehenz gegeben werde, fordern, bei Herr Leutnant als Oberoffizier werde eine Ausnahme aus Ehren für seinen Charakter gemacht.

4. Wird mit vielen Rechnungen und Jahrgängen vor und nach dem preußischen Krieg von 1757 belegt, daß dieser Klagepunkt unbegründet sei und der Feldwebel Pfister, der Reiter Musch und alle verbürgert und verheirateten Soldaten, der Herr Leutnant selbst, in Friedenszeiten die ganze Ehesteuer ehemals mit 74 Kr., nachher mit 70 Kr., nun aber mit 6 Kr. gleich andern Bürgern haben bezahlen müssen. So lange die Soldaten im Felde, folglich nur ihre Frauen zu Hause waren, sei ihnen nur die halbe Ehesteuer angesetzt worden.

5. Die Deputation bringt weiters 5. an, daß die Soldaten nur dem Beding zu Bürgern angenommen worden seien, daß gleich wie sie alle bürgerlichen Nutzen und Genuß beziehen, sie auch wie alle bürgerlichen Beschwerden an das Kirchenpropst-Amt den Brennföhneleins Dienst und andere Fronen ohne Ausnahme sich gefallen lassen sollen. Dem entgegen aber wollten sie sich manchmal dergleichen Beschwerden unter Vorschützung ihres Militärdienstes entschütten.

Der Soldat wisse wohl, daß der Militär- und herrschaftliche Dienst vor allem gehe; die Soldaten sollen aber ihre Sachen veranstalten, daß sie jedesmal mit einem Substituten zu Verrichtung der bürgerlichen Dienste in allen Fällen versehen seien, welche in der Soldaten Namen das leisteten, was sie selbst entweder nicht leisten könnten oder nicht leisten wollten, dann sei man zufrieden und ihr Militärstand und Dienst habe darunter nicht zu leiden.
Resolution:
Wird bei der Erklärung der Rats-Deputation belassen.

Der Pfullendorfer Steinhauer Xaver Zimmermann erhielt 1783 den Auftrag, einen steinernen **Brunnen** herzustellen. Die Stadt hatte hierzu Rohrschacher Steine beizuschaffen. — Felicitas, die Tocher des Dominikus Blaicher von Saulgau, heiratete den Wunibald Linder. — Nachfolger des Stadtammanns, der die Stelle 40 Jahre lang innehatte, wurde der seitherige **Amtsbürgermeister** Franz Josef Rhein, neuer Amtsbürgermeister *Meinrad Sonntag* (1783–1788), Unterbürgermeister Johann Martin Baur (1783–1787).

1784 führte die truchsessische Herrschaft die „**Feuer-Societät**" (Feuerversicherung) ein. Hierbei wurde den Bürgern freigestellt, eine jährliche Umlage zu bezahlen, die in einem Fonds für Schadensfälle angelegt werden sollte oder aber zu jedem einzelnen Brandfall eine der Schadenshöhe angemessene Umlage. Die Bürger entschieden sich für die letztere Art. Hierzu gab jeder den mittleren Wert seines Hauses an, der in eine numerierte Schatzungstabelle eingetragen wurde — Nach dem Tod des Naglers Josef Zimmerer wurde die **Nagelschmitte** unter dem Rathaus auf 9 Jahre an Wunibald Gutknecht verpachtet. — Ausgebeutete **Erzgruben** mußten wieder eingeebnet werden. — Da Jakob Rybola altershalber den **Zolldienst** aufkündigte, wurde dieser seinem Schwiegersohn Wunibald Schell übertragen. Als zweiter Zoller wird Barnabas Stumpp erwähnt. — Der Saulgauer Zimmermeister Adrian wurde am 27. Mai zur Besichtigung der durch das Hochwasser geschädigten **Brücke** nach Scheer gebeten.

Unter der Hoheit der Fürsten von Thurn und Taxis (1785–1806)

Nachdem seitens des Oberamts der **Kreuzgang** nach Engelswies verboten worden war, beschloß man im Jahr 1785, mit dem Kreuz am Rochustag nach Ennetach zu gehen und nach der Ernte in der hiesigen Kirche ein 3stündiges Dankgebet abzuhalten.

Zur feierlichen Übernahme der Herrschaft durch den Fürsten Karl Anselm wurde die **Bürgerwehr** neu eingekleidet: die 30 Husaren erhielten lange blaue Hosen und rote Mäntel, dazu Schnüre, Knöpfe und Schärpe. Mütze und Mantel waren mit schwarzem Schafpelz ausgeschlagen, auch die Schabracke. Neue Säbeltragtaschen wurden nicht genehmigt, dafür ein weiterer Mann und ein Trompeter eingekleidet. — Die 30 Infanteristen erhielten „ein dunkelblaues, nach österreichischer Form kurz geschnittenes und rot ausgeschlagenes Röckel ohne Knöpf, mit einem roten daran gehefteten, mit Haften und blinden Knopflöchern und Knöpfen ausgerichteten Camisol". — Für die Husaren wurde eine Standarte, für die

Grenadiere eine Fahne angeschafft. — Für den Einzug des Fürsten fertigte der Maler Wunibald Kieferle eine Triumph-Pforte.

Im „Roten Buch" wird die *Übernahme der Herrschaft* wie folgt geschildert: „Es war im Jahre 1786 mitte des Hornungs, als der vom taxisschen Hof aus Regensburg zurückgekommene hiesige Herr Oberamtmann Clavel dem einberufenen Landschaftsausschuß die Eröffnung gemacht hat, daß die zwischen unserm jetzt regierenden gnädigsten Grafen und Herrn zu Wurzach, Wolfegg und Waldsee schon lang im Umtrieb gewesene Kaufverhandlungen abgeschlossen und die Graf- und Herrschaften Friedberg, Scheer, Dürmentingen und Bussen an obgedacht Se. Durchlaucht um zwey Millionen und Einmalhunderttausend Gulden erlassen worden seyen. Sobald über diesen Kauf die K. K. Ratifikation eingelangt sein werde, so wollen Se. Durchlaucht von seinen Herrschaften persönlichen Besitz nehmen und mit einer großen Suite den Einzug halten. Er, Herr Oberamtmann, versichere, daß wir der Vorsicht nicht genug danken können, Untertanen eines so großen und gnädigen Fürsten zu werden, hochwelcher nichts so sehr wünsche und suche, als die Seinigen glücklich zu machen, und sich gegen ihm, Oberamtmann, geäußert haben, höchstdieselben wollen Vater seiner Untertanen sein, Er, Herr Oberamtmann, wolle wohlmeinend einraten, sowohl von der Landschaft insgesamt, als auch von jedem Orte insbesondere sich nichts gereuen zu lassen, um den Fürstlichen Einzug so prächtig als möglich zu veranstalten und auch dem Fürsten mit einem seiner Hoheit angemessenen Present eine überraschende Freude zu machen, und zu diesem Ende wurde man schlüssig, ein mit Brillanten besetztes Tabatier (Tabaksdose) in Paris fertigen und das Städtlein Scheer in Miniatur (klein) darauf malen zu lassen, worauf die Landschaft 7-Achthalbtausend Gulden zu verwenden bewilligt hat. Nach eingeloffener K. K. Ratifikation des Kaufes haben die hier anwesend hochgräflich trucksäßischen Herren Oberbeamte in Gegenwart des hochfürstlich Thurn und Taxisschen Regierungspräsidenten, Herrn Baron von Schneid, alle hiesige Beamte und Bedienstete ihrer auf sich gehabten trucksäßischen Pflichten entlassen, auch dem dazu gerufenen Landschaftsausschuß die Unterhauspflichten abgenommen, hierauf namens ihrer hohen Prinzipalitäten, obgenannten hiezu Bevollmächtigten Herrn Präsidenten die Herrschaft abgetreten und übergeben, worauf sämtliche Beamte und Bedienstete, auch der ganze Ausschuß, hochgedacht Herrn Präsidenten das Handgelibt der Treue abgelegt haben. Diesen Auftritt hat der hiesige Herr Oberamtmann mit einer herrlichen Danksagungsrede an die Grafen Trucksäßen und Einstandsrede an den hochfürstlichen Herrn Präsidenten begleitet, welche der Herr Präsident ebenso schön beantwortet und allen die fürstliche Gnade zugesichert hat. Diese Scene war so rührend, daß sie allen, so ein empfindsames Herz hatten, die Thränen aus den Augen gepreßt hat.

Aller Orten war man beschäftigt, auf den Einzug Einrichtungen zu machen, die Straßen wurden in und außer den Orten ausgebessert. In Scheer wurde von dem untern Tor herauf bis zu dem großen Tor hinaus neu gepflästert, auch das alte Rathaus ganz verblendet und renoviert. Die voraus hieher gekommene Fürstliche Hof-, Kuchel-, Keller-, Bau- und andere Meister haben nöthig gefunden, einen Kuchel und Pferdestall zwischen Schloß und Kirche, wo man heute noch die zugemauerten Fensternischen sieht, zu errichten, woran etliche hundert Handwerksleute und Taglöhner Tag und Nacht sogar an einem Sonntag fortarbeiten müssen. Auf die Kuchel wurden nur für die Köche zwei Zimmer errichtet, aber sowohl die Kuchel als der Stall nur mit Bretter verschlagen. Diese und andere so kostbare und brächtige Zurichtungen machten, daß man den weiter als man anfänglich geglaubt hinaus gesetzten Einzugtag mit größter Begierde erwartete, alle hieher gekommene Fremde, welche den Fürsten zu kännen die Gnade hatten, schilderten höchst denselben als den gnädigen Herrn, welches die Begierde ihn zu sehen noch mit Freude würzte. Es wurde die ganze Zeit von nichts anderem gesprochen als von diesem Fürsten und seinem großen über 500 Personen bestehenden Hofstad und allgemein bedauert, daß nicht Blaz genug ausfündig gemacht werden kunnte, alle die Leute, die er gerne mit sich gebracht hatte, einzulogiren. Endlich wurde der so sehr gewünschte Einzugstag auf den 2ten August festgesetzt. Des Tags vorher machten etliche und vierzig Fürstliche die schenste Zug- und Reitpferde nebst fielen brächtigen Wägen einen Majestätischen Einzug, welche alle Zuschauer, die dergleichen nie gesehen hatten, in Erstaunen gesetzt und die Größe ihres Herrn ausgezeichnet hat.

An dem Einzugstag selbsten in aller Frühe eilten die hiesigen Herren Oberbeamte dem Fürst entgegen und empfingen ihn an der Gränz nebst 300 Berittenen Bussischen Unterthanen unter dem Donner der von Ulm auf den Bussenberg gepflanzten Kanonen und begleiteten ihn durch die bey Ohnlingen aufgestellte Ehrenpforte. Bey Riedlingen wurde das Geleit durch eine schene ganz neu mondirte Dürmentingische Dragoner-Kopagnie vermehrt. Bei Ertingen lößten eine Herbertingische Grenadiers-Kompagnie à Cheval nebst etlich hundert Berittene aus dem Bolsterneramt erstere ab. Zu Herbertingen wurde der Zug durch die neu gekleidete berittene herrschaftlichen Jäger vermehrt. Unterhalb der Osterbruck (Ostrachbrücke) rückten 30 von der Stadt Scheer und 30 von Ennetach und Blochingen, zusammen 60 schen neu mondirten Husaren mit einer prächtigen Standard und zwayen Trompeter alle blau und roth mit 4 Offizieren, unter welchen des hiesigen Herrn Hofrath Sohn, welchen seine Mondirung allein über 100 Gulden zu stehen gekommen, das Oberkommando geführt, vor die hochfürstliche Gutsche ein, alwo nich etlich 100 Berittene aus dem Hohentenger Amte eingetretten. Oberhalb der Osterbruck hat der hohentengische hochwürdigste Pfarrer drey Triumphbögen auf die Straß eine Stund Wegs auseinander gestellt, durch dessen ganze Strecke ledige Weibs-Personen mit Bänder und Blumen Hand in Hand gereichten Kränzen ein sehr anmüthiges ländliches Spalier machten. Die 12 bis 13 Fürstliche Wägen mit beynahe 12 000 berittenen Unterthanen begleitet, machten einen sehr prächtigen Zug aus. Zu Enetach gieng dieser Zug durch die dort errichtete Ehrenpforte, alwo eine von Enetach und eine von Blochingen mit blau und roth ausgeschlagenen Röcken in Front gestellte Grenadier-Kompagnie dem Fürsten Saludirten. Außerhalb dem unteren Thor formierten die Hußaren in Geschwide ein Spalier und ließen den Fürsten vorausfahren, wo zugleich mit allen Glocken zu Leiten der Anfang gemacht wurde. An die Hußaren stieße die in Front gestellte auch von der Stadt gelb und blau neu mondierte Grenadier-Kompagnie und streckten bis an die außerhalb des unteren Thores ebenfalls von der Stadt 36 Schue hochen errichteten Triumphpforte. Innerhalb dieses Thores bey dem Rathaus sind beyde Räthe gestanden, wodurch Se. Durchlaucht mit einer sehr gnädig und herablassenden Miene ganz langsam in das Schloß gefahren. Allwo Ihne die Herren Geistliche und Beamte empfingen, in dem Schloß haben 92 recht schen weiß und roth neu gekleidete hiesige Schüler wieder demselben eine überraschende Freude gemacht, höchst denselben mit einem Lied begrießet und auf einem rothsammtenen Polster eine Ode (lyrisches Gedicht) überreicht; diesen Aufwand hat die hiesige Procuratorio zu Ehren des Fürsten übernommen. Von der Osterbruck an bis in das Schloß wurde dieser Einzug mit 12 von Überling hieher geführten und in den Wasserfall ober der Sandgrub gepflanzten schweren Kanonen Schuß auf Schuß verherrlicht. Gleich nach dem Oberamt und der Geistlichkeit hatte auch der Rath das Glück, Sr. Durchlaucht die unterhänigste Aufwartung machen zu dürfen, höchstwelche denselben in Gegenwart seiner vielen Hofgawiliers und Damen mit den gnädigsten Ausdrücken bewillkomte, und unter anderem sagten, Er wolle uns bey unseren Privilegien schützen und wer ein Anliegen habe, soll es frei heraussagen usw. Se. Durchlaucht wollten während höchst dero Aufenthalt von keiner andern Freid, als sich mit seinen Unterthanen zu unterhalten wissen.

Sie fuhren oder ritten ungeachtet des schlimmsten Wetters täglich an ein anderes Orth und ließen in der ganzen Herrschaft keinen Hof unbesucht, gingen auch in die schlechteste Bauerns und Bettlers Hütte, besprachen sich mit jedem auf das huldreichste, erkundigte sich um alles, versicherte alle seiner Gnad und Hilfe. Und so riß er aller Herzen an sich und überall tönten Ihm ein frohes Vivat entgegen.

Unterm 17. August wurden durch eine Oberamtliche Signatur, welche in das Protokoll vom 24. August wörtlich eingetragen, alle Unterthanen männlich Geschlechts was über 14 Jahr alt und den 24ten Vormittag zur Ablegung des Unterthans Eid auf den Wunibalds Berg zu erscheinen vorgeladen und da in demselben die Stadt und Landschaft versichert wurde, daß alle derselben bei den Verträg und wohl hergebrachten Rechten und Befugnissen ohngekränkt belassen werden sollen, so sind alle unweigerlich bey diesem Akt erschienen. Nachdem sich die ganze 2678 Mann bestandene Unterthanschaft nebst einer weit und nah hergeströmten über 10 000 geschätzte Volksmenge auf besagtem Berg versammelt hatten, erschienen Se. hochfürstliche Durchlaucht unter Voraustretung seiner zahlreichen Dienerschaft, Hofgawiliers und Dames in einem mit Brillanten besetzten, über 500 000 Gulden werten Galla Kleid und setzten sich unter ein prächtiges Baldachin; neben Ihm stunden 3 seiner Hofgawilier in Galla, zur Rechten in einer besonderen Loge waren die Dames, zur Linken das Oberamtliche Personal versammelt. Herr Oberamtmann Clavel hielt vor dem Huldigungseid eine lange Rede, worin er in kräftigen Worten darauf hinwies, wie überall Ordnung nur da herrschen könne, wo eine Obrigkeit vorhanden sei zum Wohle des Einzelnen und daß als Gegenleistung für den Schutz, den sie dem Einzelnen angedeihen lasse, der Landesherr von seinen Untertanen Gehorsamkeit, Huld und Treue, sowie Ehrfurcht und Vertrauen verlangen könne. Die Landesunterthanen dürften keine Besorgnis wegen Vermehrung der Abgaben haben. Daß es Sr. hochfürstlichen Durchlaucht nicht um Vergrößerung der fürstlichen Einkünfte zu tun gewesen, beweise der für diese Grafschaft bezahlte hohe Kaufschilling usw. Nun wurde die Eidesformel verlesen und von den Anwesenden beschworen. Den Beschluß machte der hochfürstliche Regierungspräsident Baron von Schneid mit einer Rede, die er in ein „Lang Leben Se. hochfürstliche Durchlaucht unser gnädigster Fürst und Herr" ausklingen ließ und welcher ein allgemeines Vivat nachtönte. Hierauf gingen Se. Durchlaucht in Begleitung seines Hofstades in die Kirche zurück, allwo ein Musikalisches Tedeum abgehalten wurde. Nach der Zurückkunft in das fürstliche Zimmer wurde dem Fürsten durch den Landschaftskassier, einigen Vorgesetzten und Ausschüssen jene mit Brillanten besetzte goldene Tabatiere nebst 28 vier Damaten schweren goldenen und 200 silbernen Denkmünzen mit des Fürsten Porträt als das landschaftliche Present unterthänigst überreicht, welches Se. Durchlaucht gnädigst und freudigst, unter anderem mit dem Ausdrucke übernommen haben: Er wisse seinen Unterthanen nichts anderes als sich selbst zu geben. Ueber Mittag war die Fürstliche und Marschallstafel mit mehr als 80 Personen besetzt und fürstlich prächtig tractiret. Alle Vorgesetzten aus allen Orthen wurden in dem Breuhaus auf fürstliche Kosten begastet. Auch wollten Se. Durchlaucht seiner ganzen bey der Huldigung versammelten Unterthanenschaft Speis und Trank vorsetzen und beieinander lustig und fröhlich sehen, und weil dieses in den Wirtshäusern nicht bewerkstelligt werden kunnte, so wurden auf den Wiesen im Eyspen Tisch aufgeschlagen, Feuerherde errichtet und in Kesseln 16 Zentner des fettesten Ochsenfleisches gekocht, 112 Eymer Wein, auch auf jeden Mann um 3 Kreuzer Brot dahin gebracht. Aber die fürstlich wohltätigste Absicht wurde dadurch auf das Schandlichste vereitelt, weil eine Menge fremdes Volk vorgedrungen, deren Unterthanen Wein, Fleisch und Brot vor dem Maul hinweggenommen haben, welches gegeneinander eine solche Erbitterung verursachte, daß Raubereyen durcheinander entstanden, daß die Leite teils vom Weine berauscht einander so mißhandelt haben, daß einige beynahe todgeschlagen worden sind. Wer ohne Schläg davonkommen wollte, mußte sich mit der schnellsten Flucht retten. Dieses Tages Beschluße machte ein zur Ehre des Fürsten auf Kosten der Landschaft auf dem Wunibaldsberge abgebranntes Feuerwerk.

Tags darauf fienge das von dem hiesigen Oberamt auf seine Kosten angestellte, in einen 30 Gulden werten frey hergegebenen Ochsen bestandene Freyschießen an und dauerte 6 Tag. Während diesen Tägen gingen die Fürstliche Dienerschaft und Equipagen so nach und nach wie sie angekommen wieder nach Dischingen ab. Den 4ten

September folgte Se. Durchlaucht nach und ließen die Hoffnung zurück, daß höchst dieselbe künftigen 4ten May wieder hier eintreffe und sich Sechs volle Monate aufhalten wolle.

Ich (Joh. Martin Fainaigl de Luxemburg, Rathsschreiber zu Scheer) habe diese Geschichte so wie solche mir in der Gedächtnis geblieben hier entworfen und das was unserer Nachkommenschaft von dieser der Merkwürdigsten Epoche Interessant sein dürfte, anzuführen gesucht. Diesen ganzen außerordentlichen Geschichtsverlauf mit allen Umständen zu beschreiben, würde ein ganzes Buch füllen. Täglich fuhren und liefen eine Menge Fremde zu und man kunnte sich an Pracht und Herrlichkeit nicht satt sehen. Ob die jetzigen Aussichten dem Erfolge entsprechen und wir unter dieser neuen Regierung jene Glückliche, für welche wir nun gehalten werden, sein und bleiben werden, muß erst die Zeit lehren. Wirklich hanget unser Glück oder Unglück zwischen Thür und Angel und man siehet dem entscheidenden Ausspruch, ob Se. Durchlaucht seine Residenz hier oder an einem andern Orth erbauen lassen werden, mit Hoffnung und Forcht entgegen. Unter dem hochgräflichen Haus Trucksäß waren wir im jetzigen Jahrhundert nie unglücklich und sind unsern letzten regierenden Herren für ihre milde und gnädige Regierung ewigen Dank schuldig. Nur wurde unter hochdero Regierung eine gar genaue Kameralwirtschaft getrieben und alle Einkünften zur zwar nöthigen Abzahlung der herrschaftlichen Schuld verwendet, wodurch das Land an Geld ziemlich entblöst wurde. Sonderbar aber fühle den Verlust der im Orth regierenden Herren die Stadt Scheer, mit welchen vieler Verdienst, Guttaten und andere Nutzungen abgestorben sind. Wenn nun Se. jetzt regierende Durchlaucht jährlich einige Monate hier zu residieren sich entschließen mit folglich beynahe alle herrschaftliche Einkünfte hier konsumieren würde, so dürfte das Land glücklich, vorzüglich Scheer der glücklichste Orth werden, wie schon in dem einzigen Monat des fürstlichen Hierseins viele tausend Gulden in dem Land geblieben sind. Gott helfe uns!"

In diesem Jahr hören wir von **Maßnahmen gegen die Juden**. Die Kaufleute Josef Löscher von Scheer, Christian Singer von Ennetach, Sebastian Berchtold und Lorenz Rundel aus Hohentengen hatten sich über die Konkurrenz der württembergischen und jüdischen Hausierer beklagt und verlangt, den fremden Judenhandel zu verbieten. Seitens des Oberamts wurde bestimmt: die Buchauer Juden dürfen mit Preziosen und kostbaren Pferden nur noch in Scheer und Dürmentingen, den Sitzen von Ämtern, mit Beamten, Geistlichen und Privathäusern Handel treiben, aber nur noch mit Erlaubnis und gegen Gebühr. Alle Verträge mit Juden sollen vor dem Amt geschlossen und unterschrieben werden. Alle Warenkontrakte, unverzinsliche Geld- und Warenanleihen müssen vom Schuldner schriftlich bestätigt werden; Waren dürfen bei Strafe des Einzugs nicht zu unverzinslichen Kapitalien gemacht, verkauftes Vieh nicht dem Verkäufer um einen Stellzins überlassen werden; alle Verträge sind schärfstens zu beaufsichtigen. Im selben Jahr beschloß der Rat, außerhalb des unteren Tores einen **Schlagbaum**

Die anläßlich der Feierlichkeiten dem Fürsten überreichte Gedenkmünze.

Populus Scheerensis Principi Patrove novo eidem vovens. VLVCIICIIIVVIDMVI.

zu erstellen, der nachts mit dem Tor geschlossen wird.
Die **Wahlen** des Jahres 1788 ergaben: Amtsbürgermeister Johann Michael Nolle (1788–1798), Unterbürgermeister Johann Martin Bauer (1788–1798).
1790 zählte **die Stadt** 830 Seelen. Der namentlich nicht genannte Verfasser des Büchleins „Reisen durch einige Gegenden von Schwaben und Franken" schreibt unter anderem über Scheer: „Ein paar Räte und das Oberamt befinden sich auch ständig hier. Man versicherte mir, daß auch zu Zeiten wandernde Schauspielergesellschaften auf einen Monat hier Vorstellungen in einem Stadel geben..." Der aus Scheer stammende **Faßmaler** Johann Michael Bosch faßte 1790 in siebentägiger Arbeit mit seinem Sohn Alois und mit Meinrad von Au die neuen Zopfaltäre zu Maria Schray in Pfullendorf. 1791 wurden beide **Stadttore** repariert. — Auf dem Platz, auf dem das Reiterhaus stand, steht jetzt ein Pferdestall.
Das „Allgemeine bürgerliche **Gesetzbuch** der reichsgefürsteten Grafschaft Friedberg-Scheer" (Teil I, S. 32) vermerkt *„Von der Stadt Scheer und der Ratsbesatzung daselbst:*

§ 1 **Städtische Rechte und Freiheiten**
Der Stadt Scheer wohlerworbene durch die Verträge mit der Landesherrschaft bekräftigte und hergebrachte Rechte und Freiheiten derselben forthin ungeschmälert und werden hierdurch aufs neue betättiget.

§ 2 **Niedere Gerichtsbarkeit**
Insbesondere soviel die durch den Vertrag vom Jahr 1686 und dessen Erläuterung vom Jahr 1696 zuerkannte Niedere Gerichtsbarkeit betrifft, verbleibt dieselbe in dem daselbst ausgedruckten Maße der Stadt zuständig, und was in gegenwärtigem neuen bürgerlichen Gesetzbuch den Oberämtern als Unterrichtern bei den verschiedenen Handlungen der Unterthanen vorgeschrieben ist, gilt auch für die Stadt Scheer als Vorschrift in Ausübung der Niedern Gerichtsbarkeit.

§ 3 **Raths-Besatzung**
Ingleichen hat es bei der Vertragsmässigen und hergebrachten Raths-Besatzung der Stadt sein Verbleiben.

§ 4 **Benennung des Stadtammanns**
Dem zu Folge hat der Landesherrlich und Oberamtliche Kommissar sich auf den bestimmten Tag auf das städtische Rathhaus zu begeben, daselbst die Absicht seiner Hinkunft zu eröffnen, und neben den zwei von dem städtischen Rath ernannten und dem alten abgehenden Stadt-Ammann, den neuen zu benennen.

§ 5 **Vorbehalt an denselben**
Worauf der Kommissar den neu benannten Stadtammann zu ermahnen hat, auf den ihm geschehenden Vorhalt über seine abzulegende Eides-Pflicht wohl aufmerkam zu seyn.

§ 6 **Vorhalt an denselben**
Der Vorhalt selbst geschieht gewöhnlicher Massen infolgender Form: „Demnach im Namen Sr. Hochfürstl. Durchlaucht Unsres gnädigsten Herrn von Uns Höchstdero nachgesetzten Räthen und Oberbeamten derselbe (der neue Stadtammann) zu einem Stadtammann ernennet worden, als werde er einen körperlichen Eid zu Gott dem Allmächtigen hiemit abschwören, diesem seinem Amt getreulich und fleißig vorzustehen, sich bei allen zu haltenden Rathstagen einzufinden, und dabei wie bisher das erste Votum zu führen, auch in solchem sowohl als allen andren bei Rath oder sonsten sich ergebenden Fällen höchstbesagt unsres gnädigsten Herrn Nutzen und Interesse zu beobachten, nach seinem besten Verstand, Wissen und Kräften zu befördern, und jederzeit nach vollendetem Rathstag dasjenige was in das Herrschaftliche Interesse einschlagen möchte, oder höchstderen Authorität betreffen dürfte, dem im Jahr 1686 errichteten Vertrag gemäß höchstbesagter gnädigster Herrschaft, oder in Abwesenheit uns also Höchstdero Räthen und Oberbeamten anzuzeigen, auch in allen Stücken sich dergestalten zu verhalten, wie es einem ehrlichen Manne geziemt, und er mithin ein solches hier zeitlich vor gnädigster Herrschaft, und in jener Welt vor Gott selbsten zu verantworten getrauet, auch ihn sein jetzt abzulegendes Jurament dazu verbinde.

§ 7 **Beeidigung**
Nach vorgängigem weiteren Befragen des Landesherrlichen Kommissars, ob er (der neu Benannte) alles wohl begriffen und verstanden habe? ist demselben der Eid abzunehmen wie folgt:
Eides-Formel.
„Wie mir vorgehalten worden, und ich leiblich angehört, auch recht und wohl verstanden habe, dem will ich aufrichtig, getreu und gehorsam nachkommen, als wahr mir Gott helfe und seine Heiligen!"

Im selben Jahr (1792) sind 6 **Bräuwirte** genannt: Adler — Hirsch — Kreuz — Traube — Ochsen — Au (s. d.). — „Den Bürgern", d. h. der **Bürgerwache**, wurde im Jahr 1793 erlaubt, am 1. Mai die Prozession in Grenadier-Kleidungen zu begleiten. Jeder erhielt von der Stadt 8 Kreuzer Zehrgeld. Vom Turm am **Menger Tor** heißt es, daß er 15 Schuh lang, 10 Schuh breit, 2 Stock hoch und sein Eingang in den zweiten Stock nur mittels einer Leiter zu erreichen war.
1794 zählte die **Stadt** 674 Einwohner; davon waren 128 Männer, 183 Frauen, 74 Burschen von 18 Jahren und darüber, 129 Knaben von 1–18 Jahren, 95 Mädchen von 12 Jahren und darüber und 115 Mädchen von 1–12 Jahren. — Der Braumeistser Ils erhielt die **Taferngerechtigkeit** für sein vor dem Tor aufzubauendes Wohnhaus.
1795 beantragte der **Rekrut Xaver Reichert**, Bürgersohn von hier, daß ihm das Heiraten auf seine anvererbte väterliche Behausung erlaubt werden möchte, mit dem Anhange, daß er dennoch Soldat bleiben und bei dem Ausmarsch ins Feld wegen seinem Weib weder gnädigste Herrschaft, noch Landschaft durch Nachsuchung einer Unterstützung lästig sein wolle. — Bescheid: Will der Bittsteller zurzeit die Militärdienste quittieren und die erhaltenen Montursstücke an das Landschaftskassenamt zurückgeben, sich aber verbindlich machen, auf Verlangen der Standesherrschaft wieder zum Contingent ohne neues Handgeld zu gehen und also auch verheiratet nöti-

genfalls zu dienen, so mag er von seiner Zivilbehörde sich der vorhabenden Heirat halber melden.

Der **Zoller** Wunibld Schell wurde im Jahr 1796 nicht mehr aufgestellt. An seine Stelle trat Wunibald Linder, an dessen Haus nun die Zolltafel angeschlagen werden mußte. 1797 war Scheer vom Januar bis Juni mit 60 Mann Kavallerie belegt. Auf Klage der Stadt wurden 30 Mann nach Heudorf verlegt.

Im März 1798 berichtet das Ratsprotokoll von **Soldateneinquartierungen**, Plünderungen und Durchmärschen der Franzosen. — Bei den Ende des Jahres durchgeführten **Wahlen** wurde der seitherige Unterbürgermeister Johann Martin Baur Amtsbürgermeister (1798–1800), Mathes Zimmerer Unterbürgermeister (1798–1800). Ratsdiener Matheus Schell (–1836).

Das **Hochwasser** vom 28. Januar 1799 erreichte eine Höhe von 26 Fuß. „Bis 12 Uhr Mittag hatte es die Höhe von 1778 wieder erreicht. Ein von drei zahlreichen Familien bewohntes Haus wurde ganz weggerissen, ein anderes außerhalb des Tores auf dem Graben stürzte zur Hälfte ein. Das Hintergebäude am herrschaftlichen Bauhof (Bläsi-Bauer) wurde weggerissen und der Hausrat und viel Frucht weggeschwemmt. Auch 8 Stück Vieh und einige Schafe ertranken." — Das weggerissene Haus stand an der Böschung unterhalb des heutigen alten Sportplatzes, wo noch im Jahre 1910 die Mauerreste zu sehen waren. Der Stadtbaumeister a. D. Josef Weber, dessen Urgroßeltern mütterlicherseits (Gutknecht) in diesem Haus gewohnt hatten, berichtete 1940, daß sich die Familienangehörigen auf einen Baum flüchteten, dessen Äste bis zum Dach her hingen. Sie mußten zusehen, wie das Haus einstürzte und mit dem gesamten Inventar in die Fluten verschwand. Erst nachdem das Wasser schon ziemlich gefallen war, konnten sie mit einem Schiff gerettet werden. — Die Donaubrücke, die weggerissen wurde, erforderte einen Kostenaufwand von 3200 Gulden. Da durch einen nachfolgenden Eisgang beide Brücken beschädigt wurden, entstanden erneut Kosten in Höhe von 3100 Gulden. Ein großer Teil der an die Donau angrenzenden Gärten, Wiesen, Zäune und Hage war stark in Mitleidenschaft geraten

Als am 8. März 1799 Franzosen und Kaiserliche im Anmarsch waren, wurden rasch alle Pferde und Wagen geschätzt. In der Folgezeit wird von **Franzoseneinquartierungen** berichtet; die Offiziere waren im Spital (Schule) untergebracht.

1800 ergaben die **Wahlen**: Johann Michal Nolle Amtsbürgermeister (1800—1801), Wunibald Schell Unterbürgermeister (1800—1801). — Im Juli mußte Getreide, Fleisch und Geld an die **Franzosen** abgeliefert werden. Im Oktober quartierten sich die Franzosen in der Stadt ein, die Ordonnanzen in den Wirtshäusern, die andern in den besten Bürgershäusern. Wegen des französischen Fuhrwesens wurden am 3. März 1801 wieder die Pferde und Wagen geschätzt. Französische Husaren kamen nach Scheer ins Quartier. — Der im Vorjahr angestellte **Stadtschreiber** Dominikus Schafheitl wurde entlassen, mußte aber nach einem von diesem angestrengten Prozeß wieder eingestellt werden. — Der **Zoll** wurde auf 1 Jahr an Wunibald Schell verpachtet. — Wunibald Glaser kaufte das „Beckenhäusle" (heute: Zunftstube).

Im „Geografisch statistisch topografischen Lexikon von Schwaben", das 1801 herauskam, heißt es: „**Scheer**, Städtchen an der Donau, in der Grafschaft Friedberg-Scheer, auf der Scheer liegend, hat ein Schloß, 800 Einwohner, und eine Wallfahrt zu U. L. Frau. Auch zeigt man hier das Haupt des hl. Willibald. Das Städtchen ist 1786 mit der Grafschaft von den Erbtruchsessen, an das fürstliche Haus Taxis gekommen. Es ist der Hauptort der Grafschaft Scheer, und der Sitz eines Oberamts."

Am 31. Dezember 1801 herrschte wieder **Hochwasser**, das auf 23 Fuß über den gewöhnlichen Stand anschwoll. Die „Donaubrücke" wurde dabei stark beschädigt, die „Gottesackerbrücke" wiederum zerstört und seitdem nicht wieder aufgebaut. Letztere führte dort über die Donau, wo heute das Stauwehr und die beiden Fallenstöcke stehen. Als in den Jahren 1898—1901 der Kanal gegraben wurde, kamen hier am linken Donauufer noch mehrere vierkantige eichene Jochfüße zum Vorschein, die mit eisernen Pfahlschuhen beschlagen waren. An dieser Stelle fand man damals auch halbe und ganze Mühlsteine. — Wahlen: Amtsbürgermeister Wunibald Kieferle, Maler (1801-1804), Unterbürgermeister Johann Martin Baur (1801-1803).

1802 wurden den Eltern erlaubt, ihre Kinder zu den **Bettelhaufen** zu schicken. — „Den Dienstbuben ist das sog. Reiten mit dem **Hazenmann**, an Pfingstfeiertagen für allzeit eingeboten worden." — Erstmals wird in den Ratsprotokollen der Ziegler Schlee genannt. — Bei den **Wahlen** im Jahr 1803 wurde Alois Will Unterbürgermeister. Im Auftrag des Hohentenger Pfarrers Reiffel schuf der Maler Nikolaus Hug im Jahre 1804 Ansichten aller Orte der Grafschaft Friedberg-Scheer, darunter auch nebenstehende **Stadtansicht** mit Kurzbeschreibung (S. 124).

Im selben Jahr erfolgte eine **Grenzberichtigung** zwischen gnädigster Herrschaft und der Stadt Scheer über **die herrschaftlichen Grundstücke und Gebäude**, welche **im städtischen Niedergerichtsetter** liegen. — Aufgenommen den 4. Mai 1804 in Gegenwart ab Seite gnädigster Herrschaft: Herr Hofrat und Oberamtmann Grimm, Herr Hofkammerrat Buzorini, Herr Expeditor Rugel; ab Seite der Stadt: der Amtsbürgermeister Wunibald Kieferle, der Unterbürgermeister Alois Will und Menrad Sonntag aus der Bürgerschaft; und gefertigt von Forstschreiber Gönner als Geometer im Juni 1804.

Nach dem nebengefertigten Grundriß wurde der Anfang gemacht:

Nr. 1 bei der **großen Kirchenstiege** am **Schloßbogen** und **Stiege**. Von da quer über die **Schloßsteige** bis unten zum Kirchweg zu

Nr. 2 wobei zu bemerken ist: das die Hauptstiege in die Kirche gnädigste Herrschaft nichts berühre; dagegen hat diese nach dem Herkommen die kleine Stiege an der Staig gegen das Amtshaus zu unterhalten. Von da schnell rechts am Fußweg herab bis zum **Amtshaus** und zwar so, daß der Fußweg herrschaftliches Eigentum bleibt ... zu

Nr. 3 dann schnell links zwischen dem Amtshaus und **Wunibald Spehen Scheuer** durch den Winkel und das Stadtallement oder gemeine Straße zu

Nr. 4 wobei zu wissen, daß der 4 Schuh breite Winkel zu jedem Gebäude hälftig gehöre. Von da über das gemeine Allment oder Straße bis zum **schwarzen Bären**, einem herrschaftlichen Haus, welches dermalen die verwittibte Frau Hofrätin Buzorini bewohnt, zu

Nr. 5 dann etwas rechts an der Straße bis zu **Martin Meier** jetzt Xaver Schaubben eigen Haus zu

Nr. 6 Von da schnell rechts zwischen den beeden Häusern durch den Winkel welcher ganz zum herrschaftlichen Haus gehört bis vorne an die Hauptgasse zu

Nr. 7 Von da zwischen dem Haus und der Gasse schnell zu

Nr. 8 Von da etwas links über die Gasse bis wieder zum **Amtshaus** zu

Nr. 9 Dabei ist zu wissen, daß zwischen dem Amtshaus und Renthaus die Stadtgrenze liege, und daß auf dieser Seite die Scheidungslinie von 5 bis 8" 47 Schuh und die beim Amtshaus von Nr. 4 bis 9" 55 Schuh betragen. Von da schnell rechts am Amtshaus und der Allement fort bis wieder an den Kirchweg zu

Nr. 10 Wobei zu wissen, daß die Stiege am Amtshaus von der Stadt, die am Kirchberg von der gnädigsten Herrschaft zu unterhalten sei. Von da schnell rechts am Kirchweg, welcher herrschaftliches Eigentum bleibt, bis zur **Sonne**, jetzt Josef und Math. Zimmerers Haus, zu

Nr. 11 Von da zwischen dem Kirchberg und dem gesagten Haus gerade fort zu

Nr. 12 Von da schnell links zu des **Zimmerers Schweinestall** und Stiege zu

Nr. 13 Von da etwas links zum **ehemaligen Reutterhaus**, jetzt herrschaftlicher Reuttstall, zu

Nr. 14 Von da schnell rechts zwischen dem Reutstall und des Zimmerers Dunglege hin zu

Nr. 15 Von da etwas rechts zu

Nr. 16 wobei zu wissen, daß über dem Schloßhof zwischen Nr. 15 und Nr. 16 der **Wiedenbauer** und **Kanzleibott Fidel Kieferle** die Einfahrt zu nehmen haben. — Von da schnell links zu

Nr. 17 zur **herrschaftlichen Schmidte**, ehevor „Einhorn" genannt; von da schnell links zwischen der Schmitte und **Willibald Pröbstles** Haus durch die Mitte des Winkels zu

Nr. 18 Von (da) schnell rechts durch einen Winkel zwischen der Schmidte und dem **ehemals Feinaiglischen Haus,** jetzt Paul Schmidischen, hinum zu

Nr. 19 an die Hauptstraße. — Von da schnell rechts der Schmitte und der Hauptstraße hinab zu

Nr. 20 an den **Bauhof**. Von da weiter am Bauhof und der Straße fort zu

Nr. 21 Von da zwischen der **herrschaftlichen Dunglege** und der Straße bis zu

Nr. 22 woselbst eine **herrschaftliche Scheuer** angrenzt. — Von da der Scheuer und der Straße nach zu

Nr. 23 bei dem **Stadttor nach Mengen,** woselbst der sog. **herrschaftliche Neubau** anfängt. Von da dem Neubau und der Straße fort zu

Nr. 24 Von da schnell rechts zwischen diesem Gebäude und dem sog. **Seilergarten,** dann dem Mühlweg

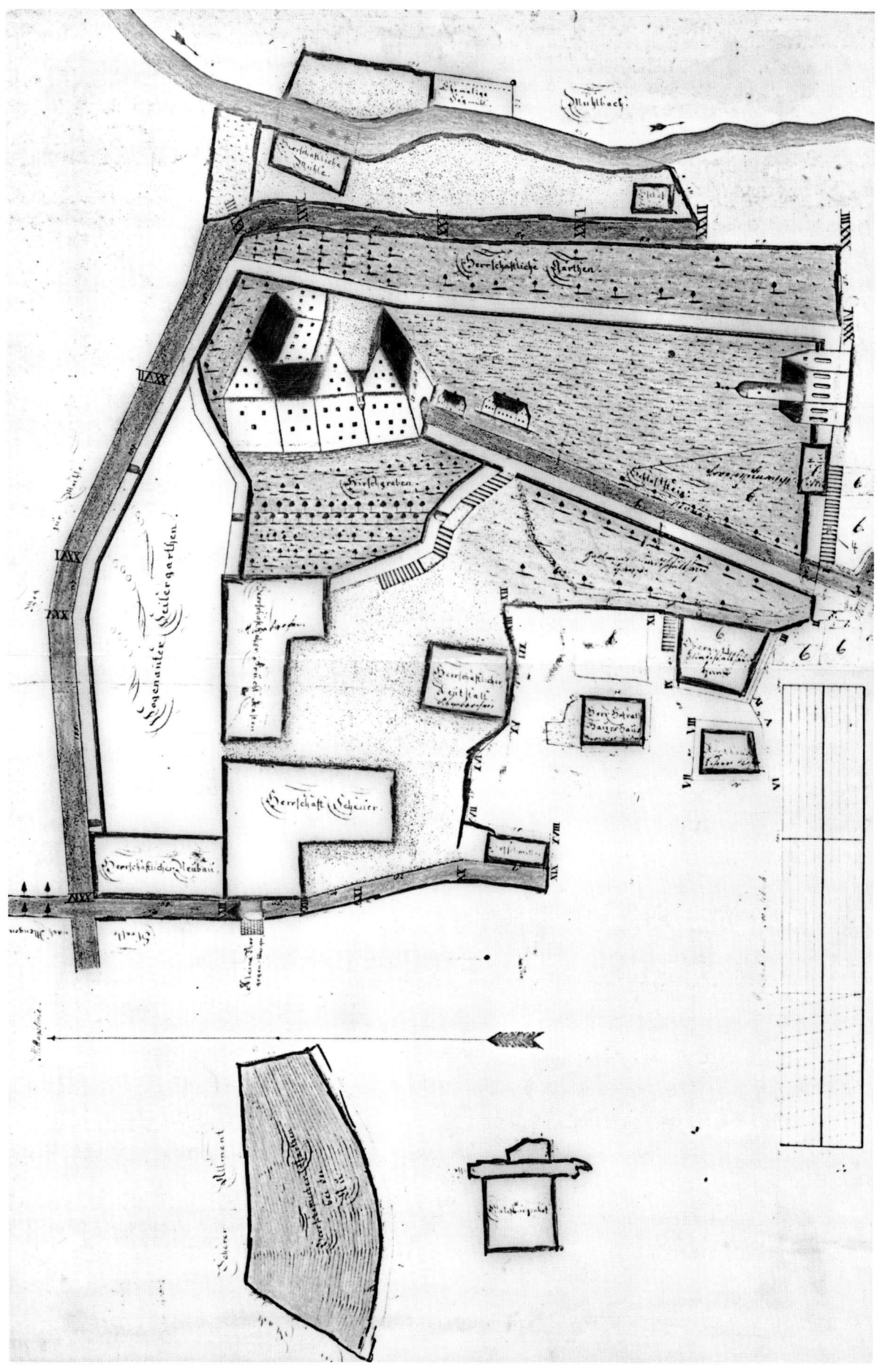

Plan 1804.

immer der Mauer nach hinaus zu
- Nr. 25 Von da nach der Krümmung der Mauer etwas rechts in gleicher Angrenzung... fort zu
- Nr. 26 Dann wieder etwas rechts in der nämlichen Angrenzung zu
- Nr. 27 bei dem ersten Pfeiler, von da weiterhin zu
- Nr. 28 bei der **Mühl** ins Eck, dann rechts am Schloßberg und Mühlberg zu
- Nr. 29 Von da etwas rechts zu
- Nr. 30 Von da wieder zu
- Nr. 31 allerdings gerade fort zu
- Nr. 32 und zu
- Nr. 33 in das Eck. Von da schnell rechts zwischen dem Schloßberg und dem Allment hinauf bis an die Kirchmauer und das **herrschaftliche Hennenhäusl** zu
- Nr. 34 Von da der Kirchmauer nach bis zum **Stein an der Schloßsteig** bei der großen Kirchenstiege woselbst bei Nr. 1 der Anfang gemacht wurde.

Der ganze Umfang der Marken beträgt 1448 $^1/_2$ Schuh, der Inhalt aber 2 Jauchert, 2 Viertel, 92 $^3/_4$ Ruthen. — Rückwärts vom Schloßberg unter dem Mühlberg steht die herrschaftliche **Mühle**, nebst dem **Jägerhäusl**, welche zeug des Grundrisses mit 11 Marken umsteint ist, die miteinander einen Umfang von 838 Schuh und 2 Viertel 11 $^1/_2$ Ruthen im Maas halten. — Ferner befinden sich innerhalb der Stadtmauer noch 2 herrschaftliche Häuser, als ein **Beamtenhaus**, welches dermalen der Landschaftskassier Herr Hofrath Baur bewohnt, dann der sog. herrschaftliche Waldburgenhof. Der Grundriß bezeichnet ersteren mit 8 Marken, welche im Umfang 205 Schuh und im Maas 21 $^1/_2$ Ruthen halten. Der **Waldburgenhof** hingegen hat 4 Marken, einen Umfang von 196 Schuh und im Maas 24 $^1/_2$ Ruthen. Die zu diesem Hof gehörige Dunglege hingegen hat 5 Marken, einen Umfang von 88 Schuh und mißt 4 $^1/_4$ Ruthen.

Endlich besitzt gnädigste Herrschaft in der Au einen zehentfreien **Garten**, welchen dermalen der Oberamtmann als Dienstgarten nutzet, und der 1 Viertel 24 Ruthen mißt, dann nach der Zeichnung mittelst 11 Marken 510 Schuh im Umfang hat.

Von all diesen Grundstücken sind allodial (= lehensfreies Eigentum):

A. der Seilergarten nebst dem darauf stehenden Neubau,
B. das Amtshaus, welches dermalen Herr Hofrath Baur bewohnt,
C. das kleine Gärtchen bei der Mühl.

Von dieser Vermarkung werden zwei gleichlautende Exemplare verfertigt und mit dem Oberamts- sowie mit dem Stadtsiegel besiegelt, sofort ein Exemplar zum Archiv, das andere aber der Stadt übergeben."

1805, am 1. Februar, stieg das **Hochwasser** 22 Fuß über den gewöhnlichen Stand. — Aus Scheer mußten **Schanzer nach Ulm** abgestellt werden. — Im Oktober wurden **Quartiermacher** aufgestellt. Das Quartieramt befand sich im Haus Nr. 79, des Franz Liebherr. — **Wahlen**: Amtsbürgermeister **Ignati Sonntag** (1805/1806), Unterbürgermeister Stauß (1805/1806).

Unter württembergischer Hoheit (ab 1806)

1806 zählte die Stadt 1103 Einwohner.

Die einquartierten Soldaten klagten am 10. April 1806 über die Quartiere, die ihnen nicht reinlich genug waren. Im Mai ist wieder von der Last der **Einquartierung** die Rede; im August kamen die Franzosen. Das „Rote Buch" berichtet: „1806 hat ein französisches Bataillon im „Olber" exerziert und Musterung gehalten; sie wurden dann hier einquartiert; es waren ungefähr 1000 Mann. Andern Tags, es war der 15. August, haben sie aus Anlaß des Namenstags von Napoleon I. hier ein musikalisches Lobamt unter Zuhilfenahme der Bataillonsmusik mit Pauken, Trommeln und Trompeten in der Kirche abgehalten. Eine Kompagnie davon stand im mittleren Gang. Nach dem Amt mußte die Stadt jedem Soldaten ein Maß Wein kredenzen. Von hier aus ist das Bataillon nach Weingarten marschiert und hat das dortige Kloster ausgeplündert." Unter den angeworbenen Soldaten befand sich aus Scheer der Maurer Anton Glaser. Er war 1806 in Schlesien und 1809 am Inn dabei. Am 21. September 1806 wurde der Bürgerschaft bekanntgegeben, „daß wir durch den Rheinischen Vertrag an seine Majestät, den König von Württemberg als souveränem Herrn gekommen sind. Es wird also einem jeden Bürger und Beisitzer aufgetragen, sich in das Schicksal zu fügen und seine Majestät Friedrich, König von Württemberg, als souveränen Herrn anzuerkennen — und es solle sich ein Jeder alles Schimpfens enthalten." — Zur **Erbhuldigung** mußten sich am 7. Oktober alle Mannspersonen „von 16 Jahren bis ins hohe Alter" in Buchau einfinden. Bereits am 9. Oktober wurden „alle ledigen Burschen von 18 bis 40 Jahren" rekrutiert. — **Wahlen**: Amtsbürgermeister **Anton Sonntag** (1806–1820), Unterbürgermeister Alois Will (1806–1820).

In diesem Jahr wurde in Scheer ein **königlicher Grenzzollwächter** angestellt. Die Stadt verlor damit diese Einnahmequelle und erlitt dadurch einen bedeutenden Schaden. Dieser war um so größer, als „den Gewerbetreibenden Scheers, die früher von jeder Zollentrichtung frei waren, noch nebst dem Verlust der Zollgerechtigkeit nunmehr die Zollentrichtung von allen angehenden Gewerbe- und Handelsprodukten auferlegt wurde". — Einsprüche, welche seitens der Stadt dagegen erhoben wurden, blieben erfolglos.

1807 — Eine Regierungsanordnung dieses Jahres besagt, daß an allen Straßen **Obstbäume** zu pflanzen waren. Auf Kosten der Stadt wurden 1200 Obstbäume (Äpfel, Birnen, Zwetschgen) gepflanzt.

Michael Rothmund richtete im Jahre 1809 im Haus Nr. 45 eine **Hutmacherwerkstatt** ein. Ab März dieses Jahres bis zum Jahr 1810 lagen französische und württembergische **Truppen** in Scheer. — Ab 1810 verlangte die Stadt, wohl als Ausgleich für den Verlust des Zollgeldes, von jedem mit herrschaftlichen Produkten beladenen fremden Fuhrwerk **Brückengeld**. Dagegen protestierten verständlicherweise die Fuhrleute, aber auch das fürstliche Rentamt. — Der Bürger Benedikt Schmid baute eine **Seifensiederhütte**. — Die **Stadt** zählte in diesem Jahr 842 Einwohner.

Der Nagler Wunibald Gutknecht, der am Menger Tor als **Torknecht** angestellt war, hatte 1811 an Torgeld zu beziehen: von fremden Leuten zu Fuß 3 Kreuzer; von den Scheerischen Bürgern aber nichts. Von Martini bis Georgi mußte das Tor abends 7 Uhr geschlossen, morgens 6 Uhr geöffnet werden; von Georgi bis Martini abends 9 Uhr bis morgens 4 Uhr. Alle verdächtigen Leute waren dem Bürgermeister anzuzeigen. — Außerhalb des Menger Tors war „ein Schranken" (Zollschranke) aufgestellt, wo alle Fuhrwerke, welche durch die Stadt wollten, Zoll zu entrichten hatten. Der **Zoller** hatte von jedem Durchreitenden, Durchfahrenden und von jedem Stück Vieh einen Kreuzer zu beziehen. — Am 4. Dezember 1811 bat die Stadt **Pflastergeld** erheben zu dürfen. Sie wies darauf hin, daß die benachbarten Städte Mengen und Saulgau dieses Privileg auch hätten, und daß seit der Anbringung des „Sperrbaumes", d. h. seit Errichtung des königlichen Zolls im Jahre 1806, viele Fuhrwerke das städtische Pflaster befahren und beschädigen. Außerdem sei die Hauptstraße Mengen—Scheer—Sigmaringen, auf welcher in den Sommermonaten ein regelmäßiger Eilwagenkurs verkehre, als Handelsverbindungsstraße zwischen Hohenzollern und Baden stark frequentiert. — Entsprechend ihres Antrags zog die Stadt ab 1812 von jedem Zugvieh einen Kreuzer, von einer Kuh $1/2$ Kreuzer und von Schweinen je $1/4$ Kreuzer Pflastergeld ein. Dies betrug im 10jährigen Durchschnitt 33 Gulden 51 Kreuzer, soviel also wie das Brückengeld, für welches derselbe Tarif galt. An Unterhaltskosten brachte sie für das Pflaster jährlich aber nur 2 Gulden 40 Kreuzer auf. — In diesem Zusammenhang wurde nun der Weg außerhalb der Stadtmauer (Donaustraße) durch einen Schlagbaum gesperrt, so daß sich die Fuhrleute genötigt sahen, durch die Stadt über das Pflaster zu fahren. — Laut Erlaß des Oberamts Saulgau vom Jahre 1812 durfte die Gemeinde nur auf herrschaftlichen Befehl einberufen werden, also auch nicht zur Wahl der Schultheißen und Bürgermeister", weil diese vom Oberamt der kgl. Landvogtei vorgeschlagen und von dieser bestätigt werden.

1813 wurde Christoph Gutknecht als **Polizeidiener** angestellt. — 89 Bürger aus Scheer waren 1814 zum **Landsturm** beordert. — Für verwundete Soldaten wurde eine Sammlung durchgeführt. Am 24. Dezember erhielt Josef Schuler die **Polizeidienerstelle** übertragen. — Gegen 685 Gulden überließ die fürstliche Regierung in Regensburg der Stadt Scheer im Jahr 1815 das an der Schloßsteige gelegene **Beneficiatenhaus St. Anna**. Die Stadt ihrerseits verkaufte um 470 Gulden das **Hirtenhäusle** (Nr. 26) an den Bürger Willibald Sterkle. — Der Provisor Stöhrer, der für die Pflanzung und Bearbeitung der **städt. Baumschule** zuständig war, wurde von der Stadt extra entlohnt. Der Bezug von **Umgeld** aus dem Verkauf von Bier und Wein, der bislang der Stadt zustand, wurde 1816 durch eine bleibende Entschädigung von 250 Gulden aus der Staatskasse ausgesetzt. — Auch in diesem Jahr wird wieder von einer **Hochwasserkatastrophe** berichtet, deren Ursache aber anderer Art war, als die seitherigen. Josef Laub bezeichnete sie in seinem Bericht als „Blochinger Sintflut". Ein weiterer Gewährsmann, Alois Färber aus Scheer, der Augenzeuge war, berichtet, daß am 21. Mai nachmittags 4 Uhr das ganze Forstrevier Scheer mit tiefhängenden Wolken überzogen wurde. Nachdem sich der Wind des brausenden Gewitters gelegt hatte, erfolgte ein Wolkenbruch, dessen ungeheure Wassermassen in 10 Strömen abflossen, von denen der 10. den furchtbaren Hauptstrom bildete, durch welchen in Blochingen besonders große Schäden entstanden.

Der 1. Strom kam in 2 Armen „von der Pflanzschule und dem Einschlag", die sich bei der Kohlgrube vereinigten und ca. 21 m breit und 1,40 m tief zwischen dem Felsele und dem Rückhau weiterflossen. Der 2. Strom, ca. 43 m breit und 1,70 m tief, kam nördlich von der Hitzkofer Steige her und zog sich zwischen dem Eichbühl und dem Rückhau durchs Werbertal. — Diese beiden Ströme vereinigten sich nordwestlich beim Heudorfer Steinbruch und bildeten einen ca. 58 m breiten und 3,50 m tiefen Strom.

Der 3. Strom floß in ca. 28 m Breite und 80 cm Tiefe westlich zwischen dem Fuß- und Fahrweg von Scheer nach Heudorf, von den Brunnentrögen her bis zur Heudorfer Wasserwies, und vereinigte sich unterhalb am Eichbühl mit den Strömen 1 und 2. — Von der Wasserwiese aus lag der vereinigte Strom westlich zwischen dem Heudorfer Kälberhäusle und Eichbühl und zog sich in einer südwestlichen Krümmung zwischen den Heudorfer Kraut- und Küchenäckern über das Lenzenweierle bis zum Brückle und von da bis zum oberen Wuhr. Die 1. Schwellung erfolgte beim Lenzenbrückle. Das Wasser unterspülte den kiesigen Erdboden, riß das Brückle fort und durchbrach den Hügel ca. 13 m breit und 5 m tief.

Der 4. Strom kam in 2 Armen vom Heudorfer Burgösch und Wolfertstal her, wurde dort gestaut, durchbrach in ca. 5,70 m den natürlichen Damm, floß ca. 5 m tief durch Heudorf und vereinigte sich auf den oberen Weiherhauwiesen mit den Strömen 1 bis 3. — Beim oberen, 3,40 m hohen Weiherwuhr erfolgte eine zweite, ca. 7 m hohe Stauung, die das Wuhr in über 14 m Breite durchbrach und zwischen dem oberen und dem unteren Weiherwuhr einen über das ganze Tal ausgedehnten See bildete. Dieser wurde beim 5,10 m hohen unteren Weiherwuhr geschwellt und durchbrach es in ca. 10 m Tiefe und 21 m Breite.

Der 5. Strom, ca. 71 m breit und 1,40 m tief, kam südlich über die Eichertwiesen zwischen den Krautäckern und dem untern Eichertboll vom Scheerer Waldteil „Lupplet" her und floß unterhalb des Weiherwuhrs zum Hauptstrom. Dieser floß nun zwischen der rauhen Halde und dem unteren Eichert nach Süden und wurde bei der Lochwiese durch den 6. Strom, der ca. 15 m breit und 1,70 m tief zwischen der rauhen Halde und dem Sauberg her kam, verstärkt und wälzte sich nach Süden bis zum Buchgraben, wo der ca. 143 m breite und 5,10 m tiefe 7. Strom dazufloß. Das durch das ganze Tal ausgebreitete Wasser stand bei der Brücke beim Steinbruch ca. 5,70 m hoch, zerstörte die Brücke durch einen Bruch von ca. 23 m Breite und nahm unterhalb der Brücke den ca. 7 m breiten und 1,40 m tiefen 8. Strom auf, der westlich durch das Öschle von der Ölmiet herkam. Der 9. Strom, ca. 13 m breit und 2,30 m tief, kam östlich durch das Hagetal vom Dornhäule her, und der ca. 11 m breite und 1,70 m tiefe 10. Strom zog sich östlich durch den gelben Ösch. Er vereinigte sich in Blochingen mit dem Hauptstrom. In

Blochingen stand das Wasser vom Bachbett aus gemessen ca. 5,70 m hoch, floß zur Donau ab und richtete im Ort großen Schaden an: 6 Gebäude stürzten ein, 11 wurden stark beschädigt. Dabei ertranken 4 Menschen und etliche Stück Vieh. Äcker, Gärten, Wiesen und Obstbäume wurden derart verheert, daß in 12 Jahren nicht daran zu denken ist, aus den Äckern auch nur schlechte Wiesen zu machen. In Scheer und Heudorf wurde der Boden der angesäten Äcker in etwa Pflugschartiefe weggeschwemmt."

Da schon im Vorjahr landesweit eine Mißernte zu verzeichnen war, trat eine **Hungersnot** ein, so daß sich die Leute mit Gras, Kräutern und Klee ernährten. Brot wurde von Haber und Grisch gebacken und gegessen. Der Heudorfer Pfarrer und Schulinspektor Fortunatus Fauler verfaßte in diesem Jahr ein Büchlein mit dem Titel: „Deutliche Anleitung und gründliche Belehrung auf die leichteste und unkostspieligste Weise gutes und geschmackvolles Erdbirnen- und Rübenbrot zu backen. Zum Besten der Ärmeren Volksklasse", das er bei J. Friedrich Ulrich in Riedlingen in Druck gab. — Um die Not zu lindern, machten der König und der Fürst von Thurn und Taxis im August 1816 der Stadt Zuwendungen an Geld bzw. Getreide, das der ärmeren Klasse zukommen sollte. Auf Befehl des Königs kaufte die Stadt im Jahr 1817 Früchte auf. Da hierbei jeder verlangte Preis bezahlt wurde, brach eine große Teuerung aus, die sich in diesem Jahr in erschreckender Weise auswirkte. Das Ansteigen der Getreidepreise verzeichnete der Stadtschultheiß Kieferlin im „Roten Buch":

Der Fruchtpreis wurde berechnet nach dem Überlinger Malter zu 9½ Simri Württemberger Maß.

Folgende Fruchtpreise wurden durch Verordnung König Wilhelms I. von Württemberg, vom 18. Juni 1817, festgelegt: das Simre Korn 5 Gulden 15 Kreuzer, Roggen 3 Gulden 2½ Kreuzer, Gerste 3 Gulden 12½ Kreuzer, Haber 1 Gulden 30 Kreuzer. Andere Produkte kosteten: das Simri Erdäpfel 1 Gulden 12 Kreuzer, die weiße Maß (Bier) bis 8 Kreuzer, die braune 16 Kreuzer, die Maß geringeren Weins 48 Kreuzer, das Pfund Rindfleisch 14 Kreuzer, das Kochfleisch 10 Kreuzer, das Pfund Schweinefleisch 20 Kreuzer, das Pfund Rind- und Schweineschmalz beinahe 48 Kreuzer. — Unser Gewährsmann Weber berichtet weiter: „In Scheer hat in diesem Jahr die Ernte ihren Anfang genommen am 9. August an einem Sonntag, wo man nach der Vesper die ersten Garbenwagen mit Kreuz und Fahnen abholte und in Prozession ins Städtle geleitete."

1818 ist wieder von **Truppeneinquartierungen** die Rede, durch welche große Unkosten entstanden. — Der als Torknecht angestellte Nagler Gutknecht verkaufte sein Amt an den Hofkammerrat Buzorini, mußte aber vorher das der Stadt gehörige **Menger Tor** richten. — Im Jahr 1819 rief **der große Brand von Mengen** auch die Hilfsbereitschaft der Scheerer Bürger auf den Plan. Für die geleisteten Frondienste zahlte die Stadt pro Mann 6 Kreuzer pro Tag, pro Fuhrwerk ebensoviel. Bei jeder Rotte hatte ein Ratsmitglied mitzugehen, außerdem wurde eine öffentliche Sammlung von Früchten, Heu und Stroh durchgeführt und das der Stadt gehörige vorrätige Heu,

1 Malter:	Kernen	Roggen	Haber	Gerste	Erbsen
12. März	40 fl. 35 Kr.	30 fl. 26 Kr.	35 fl. 20 Kr.	84 fl.	40 fl.
16. April	62 fl.	40 fl.	47 fl.	89 fl.	
24. Mai	53 fl.	42 fl.	30 fl.	73 fl.	
2. Juni	74 fl.	48 fl.	42 fl.	106 fl.	
9. Juni	110 fl.	77 fl.	60 fl.	116 fl.	

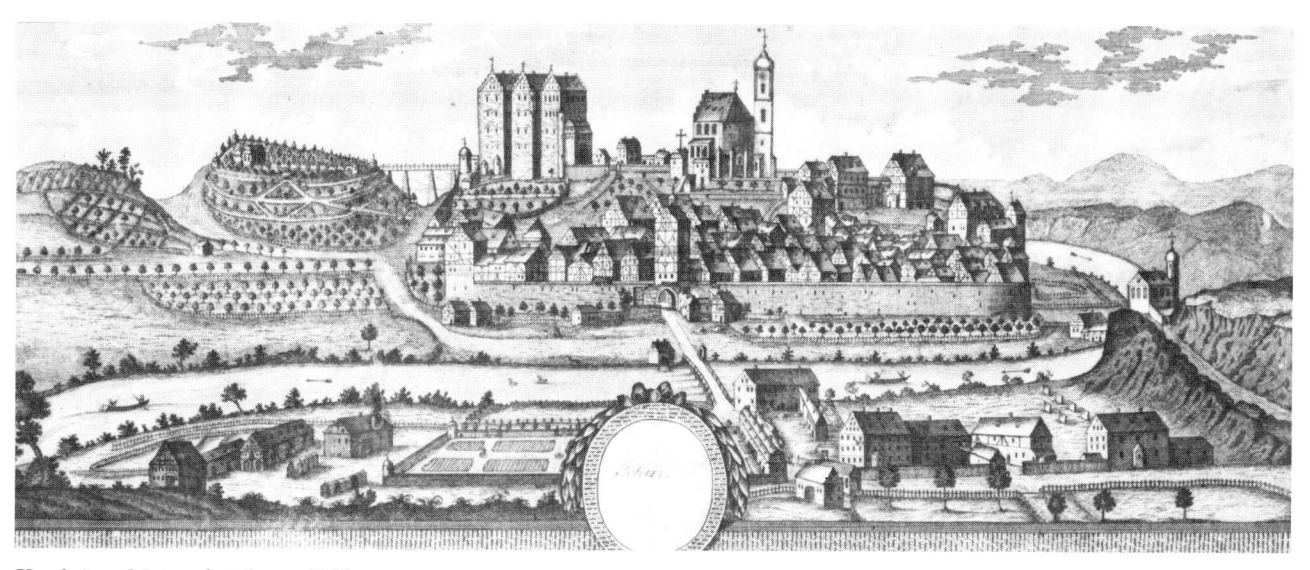

Kopf eines Meisterbriefs um 1820.

wie auch 16 Gulden 40 Kreuzer an die Brandgeschädigten in Mengen abgegeben.

Der **Schloßberg** war an den Schreiner Anton Berger verpachtet. Er zeigte an, daß „am großen Gatter gegen die rote Staig" 4 eiserne Bänder, 2 Haken und „der Schluß" gestohlen wurden.

Zu den **höchstbesteuerten Bürgern** zählten: Jakob Kernler, Bauer; Sebastian Sonntag, Weißgerber; Nepomuk Hummler, Müller; Wunibald Detenmaier, Bauer; Johann Rothmund, Bauer; Simon Merk, Bauer; Willibald Eisele, Bauer; Franz Kieferle, Weber; Karl Glaser, Glaser; Willibald Schell, Bauer; Xaver Schaub, Metzger und Josef Will, Weber.

Radierung um 1820. 7 x 12,6. Scheff. 6857 G. Ebner.

1820 wurde der „**Bürgergulden**" abgeschafft. — Dem Josef Zimmerer, dessen Antrag von seinem Bruder Dr. Zimmerer unterstützt wurde, genehmigte der Rat die Errichtung einer **Branntweinbrennerei** (ohne Ausschank). — Wegen Untauglichkeit wurde der **Polizeidiener** Josef Schuler abgesetzt. Er mußte die Wohnung räumen und das Gewehr abgeben. Nachfolger wurde Karl Zimmerer „gewester Soldat und Gendarm". — **Wahlen**: Stadtschultheiß **Wunibald Kieferlin** (1820-1822), Bürgermeister Josef Sonntag (1820-1824).

1822 schickte die Stadt eine Deputation nach Regensburg, weil man gehört hatte, daß das fürstliche **Patrimonialamt** nach Dürmentingen oder Oggelsbeuren verlegt werden soll.

Nach der Flurkarte des Jahres 1821 zeigt der **Donaulauf** unterhalb der Stadt noch eine enge Schleife, die vom „Gairen" aus zwischen dem „unteren Aispen" und dem Gewann „unter dem Gottesacker" nach Norden und dann im rechten Winkel nach Osten führt. Beim Jakobstal, das damals noch nicht bestand, befand sich mitten im Fluß eine Insel.

Der Stadtschultheiß macht im „Roten Buch" folgenden Eintrag: „**Vom Jahr 1822** ist besonders merkwürdig: es war ein außerordentlich trockener Sommer, der Februar die meiste Zeit warm, desgleichen der März und April. Der Mai war bereits ganz trocken; bisweilen kam ein Donnerwetter mit wenig Regen. Der Juni war so trocken, daß bereits am 13. der Heuet begann und innerhalb von 8 Tagen alles abgeerntet war und alles gut und viel heimgebracht wurde. Der Juli war so trocken und schwül, daß schon am 4. Roggen und Korn reif und am 9. die ganze Winterernte sehr ergiebig eingebracht war. Der August war gut und sehr trocken. Die Gerstenernte begann am 8. dieses Monats und endete am 19., so daß am 24. das Erntefest gefeiert werden konnte. Gerste und Haber gab es hier mittelmäßig; Obst: Äpfel genugsam im Überfluß, Birnen mittelmäßig; Öhmd bereits keines. Der zweite Kleewuchs ist wegen der Trockenheit ganz ausgeblieben. An vielen Orten haben die Gewitter übel gehaust, so daß die Schloßen alles Getreide vernichtet, Bäume entwurzelt, Dächer abgehoben haben. — In diesem Jahr waren viele Feldmäuse vorhanden, so daß sie an vielen Orten das Getreide zum Teil aufgezehrt haben. Reiche Trauben gab es im Juni schon, im Juli schon neuen Wein und sehr viel. Der September war trocken und schwül, desgleichen der Oktober trocken und sehr warm. Die Feldmäuse hausten immer noch und schadeten den Samen sehr, so daß an vielen Orten zweimal Winterfrüchte gesät werden mußten.

Stadtschultheiß Wunibald Kieferlin."

Das württembergische Simri (= 4 Vierling = 22,1533 l) Kernen wurde 1822 zu 48–52 Kreuzer verkauft. Der **Stadtschultheiß**, der seit 1820 im Amt war, trat 1822 in den Ruhestand. Sein Nachfolger *Ignaz Zimmermann* (1822-1823) bezog 100 Gulden Jahresbesoldung. — Fridolin Weckerle wanderte nach Amerika aus.

1823 wurde der Geometer Alois Schlee mit der Anfertigung einer „neuen städtischen Mappa" beauftragt. Dieser **Stadtplan** bildete die Grundlage für den Primärkataster des Jahres 1826.

1823 machte der fürstl. Baurat und Baureferent Keim einen Vorschlag, wie die **leerstehenen herrschaftlichen Gebäude** verwendet werden könnten:

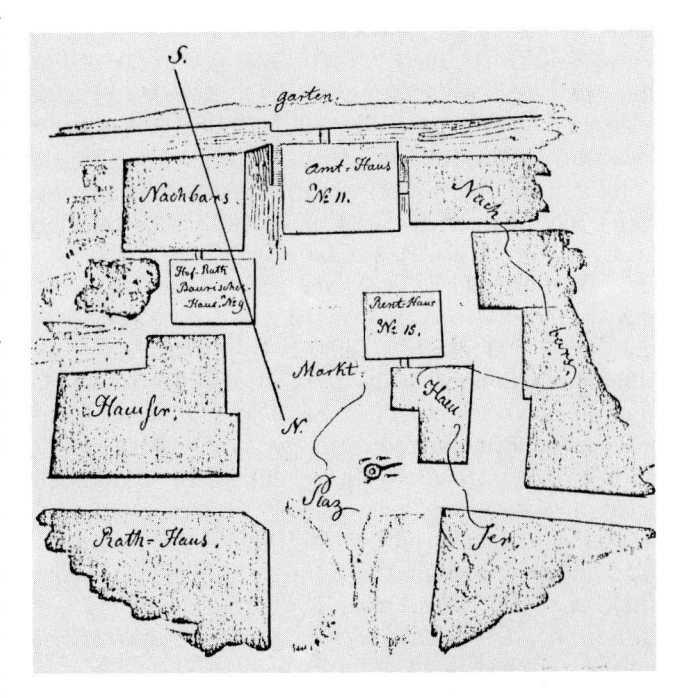

Der Situationsplan zeigt den Marktplatz. Keim vermerkt zu Nr. 11 „das alte Amtshaus": hier könnte die Wohnung eines Beamten, Actuars, der Kanzlei samt Registratur,

Arreststube und Amtsdienerstube eingerichtet werden. — Nr. 15 „das alte Renthaus" könnte demselben Zweck dienen. — Nr. 9 „das sog. Hofrat Baurische Haus" steht ebenfalls ganz leer und könnte als Wohnung für den anderen Beamten dienen. — Über seinen Vorschlag betr. die „Gefängnisse auf dem Staffelberg" vgl. Bartelstein.
An der Straße Hitzkofen–Wilflingen, gen. „**Bauzenreutestraße**", die in diesem Jahr fertiggestellt wurde, mußten Bäume gepflanzt werden. Die **Einwohnerzahl** stieg auf 860 an. — **Fruchtpreise:** 1 Simri Korn 52–54, Gerste 20–30, Hafer 12–16, Roggen 24–32 Kreuzer. — Das Toröffnen beim **Menger Tor** wurde für 3 Gulden 30 Kreuzer an Friedrich Pröbstle verpachtet. Er hatte von jedem Passanten 2 Kreuzer Torgeld zu kassieren.
Immer wieder waren Einsprüche gegen die Erhebung von **Brücken- und Pflastergeld** laut geworden. So hatte auch der Bräuhauspächter Allgaier beanstandet, daß auch von denjenigen Fremden, welche in seiner Wirtschaft einstellten, diese Abgaben verlangt werden. Nach langen Hin- und Herstreiten lenkte die Stadt am 28. April 1823 ein. Es wurde bekanntgegeben, „daß die Scheerer Wirte und die herrschaftlichen Fuhren frei von der Abgabe" seien. Dies genügte dem Rentamt nicht. Am 1. September 1824 klagte es, daß nach altem Herkommen gebührenfrei waren 1. alle Wirte, die Bier im herrschaftlichen Bräuhaus holten, 2. alle, welche Baumaterial aus der herrschaftlichen Ziegelhütte für herrschaftliche Gebäude führten, 3. alle Fuhrwerke, die Bauholz für die Herrschaft führten, und 4. alle Fuhren von Früchten auf den herrschaftlichen Fruchtkasten. Darauf gab das hiesige Bezirksamt unterm 30. April folgenden Bescheid: „Alle Fuhrwerke, welche grundherrliche Gebäude usw. besuchen, sind frei von Brücken- und Pflastergeld. Übertretung wird mit einer Strafe von 3 Gulden geahndet." Jetzt endlich gab Scheer nach, und es kam im September desselben Jahres zu einem Vergleich. Dieser bestimmte: „1. Scheer sichert jedem Fuhrwerk, welches herrschaftliche Gebäude oder Gewerbe besucht, Freiheit von Brücken- und Pflastergeld zu. 2. Die Herrschaft zahlt jährlich an die Stadtkasse 40 Gulden Entschädigung. 3. Jede Übertretung von seiten des Einziehers kostet 3 Reichstaler."
Die Offiziere und die Gemeinen des **Bürgermilitärs** beantragten, daß ihnen am Maifest und am Corpori-Christi-Fest, wie der Musik eine Belohnung gegeben wird. Beschluß: jeder Soldat erhält, wie jeder Musikant, 8 Kreuzer. — In diesem Jahr war die **Stadt** derart **verschuldet,** daß sie vom Weißgerber Sebastian Sonntag 150 Gulden aufnehmen mußte, um ans Oberamt einen Teil der fälligen Steuern abführen zu können. Auf eine an den Fürsten von Thurn und Taxis gerichtete Bitte erhielt sie von ihm 200 Gulden geschenkt. — Der Stadt gehörten in diesem Jahr das Rathaus, das Wachthaus, das Donautor und das Stadthaus im Gesamtwert von 4200 Gulden, dazu Gärten und Wiesen im Wert von 1038 Gulden, Ackerfeld im Wert von 162 Gulden. — Das Menger Tor war inzwischen (wieder) in den Besitz des Nagelschmieds Wunibald Gutknecht gekommen, von dem es nun die Stadt für 125 Gulden abkaufte. Die Kaufsumme wurde an der Schuld des Gutknecht abgezogen.
Am 29. und 30. Oktober 1824 „ward das **Wasser** so groß und ist mit einer Geschwindigkeit angewachsen, daß bei Manns Gedenken die Donau nie so geschwind und hoch angeloffen. Das Wasser konnte von der Brücke aus mitten auf derselben mit der Hand erreicht werden. Alle Keller und Scheunen waren lange Zeit voll Wasser, das von unten heraufdrang, doch entstand kein Unglück." Da durch dieses Hochwasser die **Straße nach Ennetach** stark beschädigt worden war, wurde beschlossen, daß „von der Donau weiter entfernt" eine neue Straße angelegt wird. — **Wahlen:** Stadtschultheiß *Johann Nepomuk Hummler* (1824–1827), Bürgermeister Josef Sonntag. Als Stadtbaumeister wurde im Jahr 1825 Josef Weber angestellt. Der Rat beschloß, das **Donautor** und das **Menger Tor** zu verkaufen. Da sich keine Käufer fanden, wurde das Donautor auf Abbruch verkauft und bis zum Grund abgebrochen. Die Mauer an der Behausung des Ratsdieners (heute Zunftstube) blieb stehen, wie auch die gegenüberliegende Mauer gegen den Stadtgraben. Im gleichen Zug wurde die **Wohnung des Ratsdieners** ausgebessert, wobei das Türmchen des Donautors mit dem Torglöckle auf diesem Haus angebracht wurde. An Stelle des Tors erstellte man ein „Torgatter". — Die obere Wohnung im **Stadthaus** verpachtete der Rat an den aus Ravensburg stammenden Pfandkommissar (Substitut) Biber. Über die drei **Märkte** erfahren wir: Die Marktstände standen an der Hauptstraße vom Menger Tor bis zum Donautor; an der Behausung des Sebastian Sonntag hinauf bis zur Behausung des Wunibald Miller, auf der anderen Seite herunter vom Metzger Schaub bis zum Brunnen und an der Behausung des Johannes Haberbosch links die Stadt hinauf. In der oberen Stadt befanden sich die Krämerstände der Gerber, Schuster und Kürschner, gegen die Schloßsteige die Stände der Hafner. Der Pferdemarkt fing an „an der Straße rechts hinunter gegen die Donau vor dem Menger Tor, bis herein gegen die Au, wo mit dem Pferdemarkt auch der Rinder- und Schweinemarkt verbunden ist. Ein Kornmarkt war nicht möglich, somal keine intakte Mühle vorhanden war."
Die Stadt bzw. die Spitalpflege kauften in diesem Jahr das sog. „lange Kaplaneihaus" am Kirchberg (**alte Schule**) um 1000 Gulden. — Die Bürgeraufnahmegebühren wurden festgelegt auf: Mann 80, Weib 40, Kind 20 Gulden.
Die Stadt bat 1825 die kgl. Regierung um die Erlaubnis wieder **Märkte** abhalten zu dürfen. Sie wies dabei darauf hin, daß Mengen, Herbertingen und Saulgau je 4, Riedlingen sogar 6 Märkte habe. — Da am ersten wieder eingeführten Wochenmarkt keine Verkäufer erschienen, beschloß man, die Märkte in den umliegenden Ortschaften durch öffentlichen Anschlag und Ausschellen zu publizieren. Auch durch ein Zeitungsinserat sollten Verkäufer und Käufer gewonnen werden. Im „Wochenblatt für Sigmaringen" heißt es unterm 19. Dezember 1825: „Nachdem der Verkehr und die Consumtion in der Stadt Scheer durch die Errichtung der neuen Königlichen und Fürstlichen Behörden daselbst und durch steigende Bevölkerung vermehrt worden ist, hat man die Errichtung neuer Märkte für das Publikum zuträglich gefunden. Es werden daher mit hoher Erlaubniß in hiesiger Stadt, welche zwischen Saulgau und Sigmaringen und ganz unweit Riedlingen an einer guten Landstraße liegt, künftig drei Jahrmärkte, womit immer auch Viehmärkte verbunden

sind, und ein Wochenmarkt stattfinden. Letzterer jeden Dienstag, und zwar den 24ten Januar 1826 erstmals. Die Jahrmärkte aber werden an folgenden Tagen stattfinden: Der erste am zweiten Donnerstag in der Fasten; der zweite am Donnerstag vor Pfingsten und der dritte am Donnerstag nach der allgemeinen Kirchweih; und fallen diese Jahrmärkte im Jahre 1826 auf folgende Tage: Der erste auf den 16ten Februar, der zweite auf den 11ten May, der dritte auf den 19ten October. Zum Besuche dieser Märkte wird das Publikum hiemit eingeladen!
Für die Sicherheit und Bequemlichkeit der Käufer und Verkäufer wird jedesmal gesorgt werden, auch sind die nöthigen Voranstalten hiezu getroffen worden. Die Böcke zu den Ständen werden sich die Handelsleute selbst anschaffen, dagegen wird für die Bretter, so wie auch für die Stände der kleineren Händler die Stadtgemeinde Sorge tragen. Für alle Marktbesucher wird das Markt-, Brücken-, Pflaster-, Auf- und Abfuhrgeld aufgehoben werden. Die drei höchsten Käufe auf dem Viehmarkte werden besonders belohnt, nämlich auf ein Pferd mit 3 Gulden, auf einen Stier mit 2 Gulden 42 Kreuzer und auf eine Kuh oder Rind mit 2 Gulden 24 Kreuzer. Ferner werden denjenigen beiden Verkäufern oder Verkäuferinnen, welche die Wochenmärkte am fleißigsten besuchen, je nach einem Vierteljahr Prämien von 30 Kreuzer und 24 Kreuzer ausbezahlt. Alle diese Aufmunterungen gelten auf unbestimmte Zeit, jedenfalls aber das ganze Jahr 1826 hindurch. Die den Markt besuchenden Handelsleute werden die nöthigen Anleitungen wegen ihrer Plätze theils unter den Thoren von den dazu aufgestellten Personen, theils von dem Ortsvorstand erhalten. Stadtschultheißenamt und Stadtrath. Gesehen von dem Königlichen und Fürstlichen Amtmann Mörike." 1826 gab die Stiftungspflege für den Markt einen Zuschuß von 28 Gulden. Den Handelsleuten wurden unter den Toren, teils von den dazu aufgestellten Personen, teils vom Ortsvorstand die Standplätze angewiesen. An Standgeld hatten sie zu entrichten: für 1 Pferd 2 Kreuzer (beim Verkauf nochmals 1 Kreuzer), 1 Kuh, 1 Ziege oder 1 Schwein 1 Kreuzer, bei 6 Stück 2 Kreuzer etc. Für den Standplatz zahlte der Krämer 4 Kreuzer, für jedes von der Stadt zu seinem Stand ausgeliehene Brett 3 Kreuzer, ab 15. Oktober 1826 2 Kreuzer. — Für den ersten Wochenmarkt am 24. Januar waren 40 Böcke verpachtet worden, dazu 14 für Kürschner und Schuster. — Wohl wegen des Markterfolges stellte die Herrschaft für zukünftige Märkte den Platz bei der Landgarbenscheuer zur Aufstellung von Krämerbuden zur Verfügung. — Die **Fruchtpreise** betrugen am 6. Juni 1826: das Simri Kernen 30, Gerste 36, Haber 20, Roggen 40 Kreuzer.
Die kartographische Erfassung sämtlicher Grundstücke und Gebäude wurde 1826 abgeschlossen und mit detaillierten Angaben im **Primärkataster** aufgezeichnet. Der nachstehende Stadtplan weist die damalige Bausubstanz aus.
Als Kostenanteil für den Abbruch des Menger Tors zahlte das Rentamt im Jahr 1826 86 Gulden 48 $\frac{3}{4}$ Kreuzer.
1827 erfolgte der Abbruch eines Teils der Stadtmauer. Der in diesem Zusammenhang vom Stadtrat versuchte „warme Abbruch" eines Häuschens am Menger Tor brachte den Bürgern nicht nur den Spitznamen „**Muß-**

brenner" ein (vgl. „Das Fastnachtsbrauchtum in der Stadt Scheer" S. 80 ff.), er kostete den Stadtschultheißen Hummler auch seine Stellung. Zunächst wurde der Maler **Josef Sonntag**, im selben Jahr aber noch der Feldmesser Johann **Alois Schlee** als **Schultheißenamtsverweser** eingesetzt (1827–1828). — Die **Fruchtpreise** betrugen am 14. Februar 1827: das Simri Kernen 1 Gulden, Gerste 40, Haber 21, Roggen 45 Kreuzer. — Am 18. Februar 1827 hatte es 23 Grad **Kälte** und zugleich viel Schnee. — Von 1826/27 grassierte die **Lungensucht** unter dem Rindvieh. Alle konnten kuriert werden. Da durch den Torabbruch das Torgeld in Wegfall kam und auch die 12 Kreuzer, die der **Ratsdiener** alle Samstag aus der „Armenbüchse" erhalten hatte, nicht mehr ausbezahlt werden konnten, wurde dieser im Jahr 1828 anderweitig entschädigt. Wegen der Überschneidung mit Märkten anderer Marktorte verlegte der Rat den **Kirchweihmarkt** auf den Donnerstag vor der Kirchweih, und beraumte auf den Donnerstag vor Nikolaus einen weiteren Markt an. Bereits am 30. Juli amtierte der aus Ravensburg stammende **Stadtschultheiß** *Biber* (1828–1830). Der Amtsverweser Schlee wurde an der Schule als Zeichnungslehrer angestellt. — Das kgl. fürstl. Amt Scheer ordnete die Aufstellung einer schwarzen Tafel am Rathaus an, an welcher die öffentlichen Bekanntmachungen angeheftet werden sollen. Laut amtlichem Erlaß wurde dem Rat die Einführung der „**Seidenzucht**" empfohlen. — Nach einem Gutachten des Stadtbaumeisters Miller mußten einige **Häuser** abgerissen werden. — Mit Unterstützung des Stadtpfarrers Wagner baute der Pfarr-Widdumbauer Josef Zimmerer das **Haus** Donaustraße 25 „auf dem Stadtgraben, links vor der Stadt draußen". Der große Bauernhof gehörte 1853 der Witwe des Mathäus Zimmerer und dem Sohn Josef Zimmerer jg., 1902 dem Josef Zimmerer (unten) und dem Johann Zimmerer, später dem Landwirt Anton Rauser (unten) und Johannes Zimmerer. — 1828 und in den folgenden Jahren hielt sich der Pfarrer und Dichter **Eduard Mörike** des öfteren auf längere Zeit in Scheer bei seinem Bruder auf, dem Amtmann Karl Mörike. — Auf Georgi wurden Josef Kienle und Joseph Bertler als **Nachtwächter** angestellt.
Nachdem der im Jahre 1825 auf Lebenszeit angestellte **Stadtbaumeister** Weber im Jahre 1829 auf eine Weiterverwendung verzichtete, wurde dieses Amt dem Stadtrat Miller übertragen, der es schon seit 1827 stellvertretend ausgeübt hatte. Der Weißgerber und Stadtrat Konrad Sonntag wurde als Stadtpfleger angestellt. Er hatte eine Kaution von 200 Gulden zu stellen. — Im sog. Bittistal machte die Stadt eine **Kiesgrube** auf. — Alois Flaiz erhielt die Erlaubnis mit Sicheln, eisernen Pfannen und Wetzsteinen zu handeln. Konrad Sonntag begann mit dem **Handel** von Rotgerberleder.
In der „**Beschreibung des Oberamts Saulgau**" vom Jahre 1829 wird die Stadt geschildert:

S c h e e r,
ein kath. Städtchen an der Donau, unter 48° 4' 20" Br. und 26° 58' 0" L., 4 $\frac{1}{2}$ St. nordw. von Saulgau, mit 914 Einwohnern; Sitz eines K. Fürstl. Taxisschen Amts und Amtsgerichts, eines Fürstl. Rentamts und eines Revierförsters. Die Zehnten beziehen die Stadtpfarrey, der

SCHEER

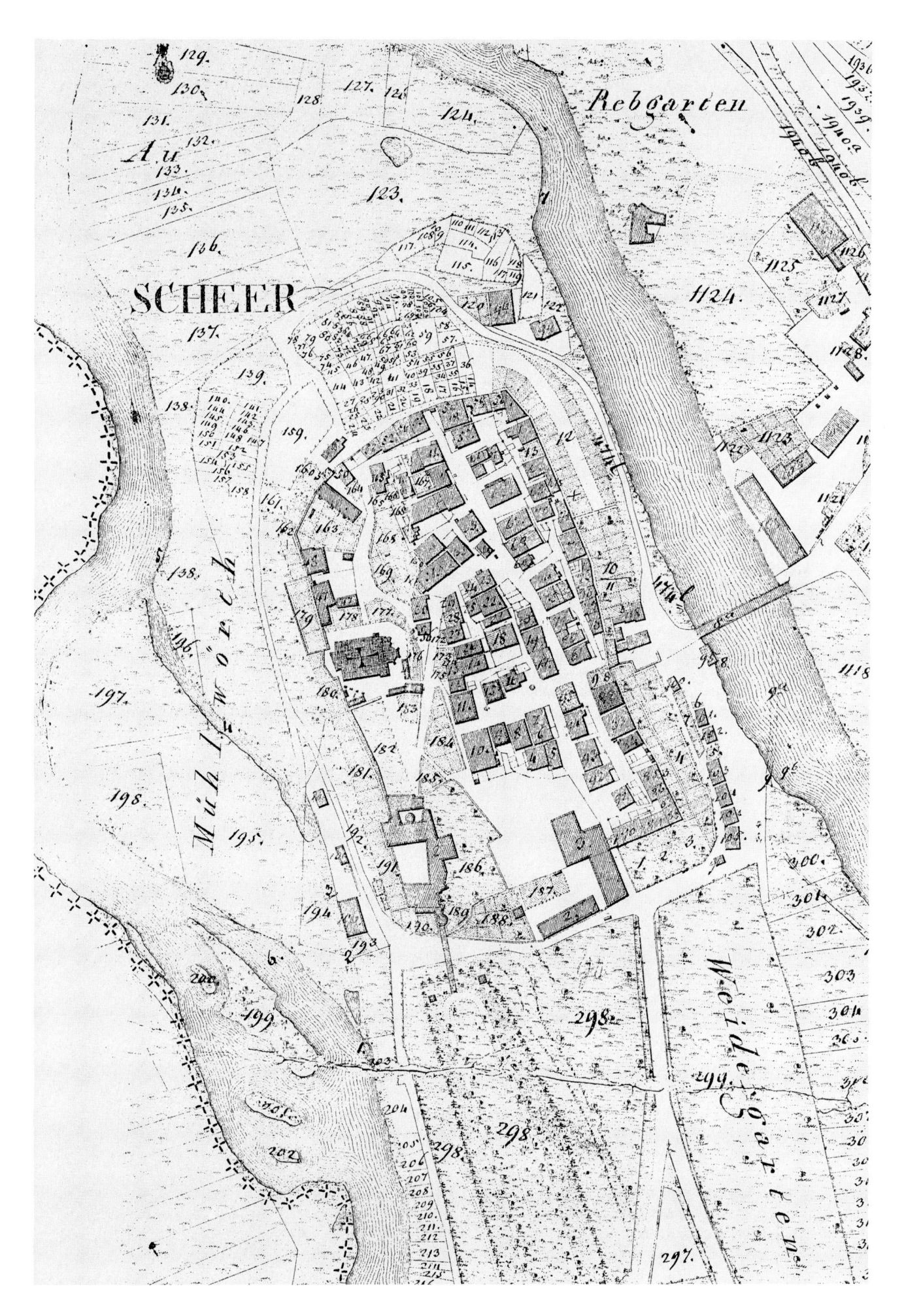

Fürst (früher Stift Buchau, in dem Gemminger Bezirke) und die Pfarrey Sigmaringendorf. Die Stadtpfarrey hat auch den Obstzehnten, und von 49 M. den Heu- und Oehmdzehnten, die übrigen Wiesen sind zehentfrey. Das Schafweidrecht hat die Stadt. Die Fischerey in der Donau gehört der Standesherrschaft und ist verpachtet; von dem alten Mühlwehr aufwärts bis an die Landesgrenze haben die Bürger, laut Vertrag von 1686, das Recht zu fischen. Das Städtchen Scheer, einst eine Residenz, hat ein Schloß, mehrere Beamtenhäuser, ein Rathaus, eine Pfarrkirche und 4 Capellen, 1 herrsch. Ziegelhütte, 3 Schildwirtschaften und 4 Brauereyen, worunter eine standesherrschaftliche ist. Es liegt hart an der Sigmaringischen Grenze in einer Schlucht an der Donau ($227^7/_8$ Morgen Feldes liegen im fürstl. Sigmaringischen Gebiet). Oben steht die Pfarrkirche mit dem Pfarrhause, und auf der Spitze der Höhe das Schloß. Einige Häuser liegen auf dem linken Ufer der Donau, über welche hier eine hölzerne Brücke führt. Das Städtchen hat Mauern und Graben und 2 Thore — das Donauthor, und das Menger Thor, deren Thürme neuerlich dem Geschmack der Zeit weichen mußten. Die Häuser sind meist von geringer Art; das durch seine Lage ausgezeichnete Schloß ist aus ältern und neuern Theilen zusammen gesetzt, hat 2 Thürme und 1 Capelle, und ist zwar nicht eingerichtet, jedoch noch in bewohnbarem Stande. In dem Eingange des Schlosses steht der (beim Hipfelsberg gefundene) römische Altar (des Apollo grannus)...

Scheer zeichnet sich, besonders Mengen gegenüber, durch eine sehr geringe Sterblichkeit aus. Die Einwohner sind größtenteils unvermöglich, finden aber in den reichen Stiftungen des Orts bedeutende Unterstützung. Die Hauptbeschäftigung besteht in dem Feldbau; die Gewerbe sind von geringer Bedeutung, und nur die standesherrschaftliche Brauerey, welche verpachtet und Bannbrauerey ist, hat einen lebhaften Betrieb. Auch die 4 Jahrmärkte und die neuerlich wieder eingeführten Wochenmärkte sind nicht sehr lebhaft. Ein Nebenerwerb wird in der Weißstickerey und neuerlich im Spitzenklöppeln gesucht. Ehemals hatte die Herrschaft auch eine Mahl- und Sägemühle, oberhalb der Stadt, an der Donau; nachdem sie aber auch die Klostermühle Ennetach erhalten hatte, wurden diese Werke wegen Kostspieligkeit aufgegeben. Die Einkünfte der Stadt bestehen in Haus- und Güter-Bestandzinsen 160 fl.; Holzerlös aus ansehnlichen Waldungen 500 fl.; Umgelds-Entschädigung 250 fl.; Schafweide und Pförch 210 fl.; Brücken- und Pflastergeld 50 fl.

Die Schul- und Unterrichts-Anstalten haben sich, unterstützt durch die ansehnlichen Stiftungen, einer vorzüglichen Pflege zu erfreuen, und es hat sich vorzüglich der dortige Stadt-Pfarrer Wagner, ein Mann von mannigfaltigen Kenntnissen, besonders auch in dem naturgeschichtlichen Fache, um dieselben verdient gemacht. Das Städtchen hat eine, im Jahre 1820 errichtete, lateinische Schule, eine deutsche Elementar-Schule mit 2 Klassen und 2 Lehrern, eine Zeichnungsschule für Knaben und Erwachsene, eine Industrie-Schule für Mädchen im Stricken, Sticken, Nähen, Bändelwirken etc., deren sich der Herr Amtmann Möricke mit Eifer annimmt; auch wird für Erwachsene Unterricht im Spitzenklöppeln,

Nähen und Spinnen mit Doppelspulen Unterricht ertheilt. Ferner hat die Stadt eine Unterrichts-Baumschule, und, was man selten finden wird, einen Giftpflanzengarten zur Belehrung der Jugend.

Wohltätige Anstalten und Stiftungen.

1. Das Spital zum hl. Geist. Ein Spitalgebäude ist nicht mehr vorhanden, aber das vorige Schulhaus trägt noch den Namen Spital. Das Vermögen, das in liegenden Gütern und Capitalien besteht, ist auch 21 104 fl. berechnet, wozu noch die Leprosenpflege mit 2900 fl. kommt. Die Einkünfte werden zur Unterstützung der Armen verwendet.

2. Herrschaftlicher Hausarmenfonds. Er besitzt ein Vermögen von 40 360 fl. Capital und wurde von der Gräfin Maria Anna 1775 für die Stadt und die Landschaft gestiftet. Ein Stiftspfleger verwaltet diesen, den Spital- und Leprosenfonds nebst den Schulfonds mit der Kirchenbaupflege, welche letztere, einschließlich der besonders ausgestatteten Capellen, ein Vermögen von 48 000 fl. hat.

3. Die Reichlesche Stiftung. Sie besteht in 2100 fl., von dem vormaligen Dekan und Stadtpfarrer zu Scheer von Reichle im Jahre 1769 gestiftet.

Als Merkwürdigkeit verdienen angeführt zu werden:

1. eine reichhaltige naturgeschichtliche Sammlung des Herrn Stadtpfarrers Wagner, von Schmetterlingen, Käfern, Sämereyen, Eyern, Pflanzen etc.;

2. ein inhaltreiches Archiv mit einem guten, von Hofrath und Archivar Epple im Jahr 1786 gefertigten, Repertorium. — Weiter führt Memminger an: die Ziegelhütte, die Oswald- und die Lorettokapelle sowie den Bartelstein.

Die Stadt hatte damals 910 katholische und 4 evangelische Einwohner. Von den 143 Gebäuden waren 1 Kirche, 4 Kapellen, 1 Rathaus, 1 Schulhaus, 3 andere zu öffentlichen Zwecken benützte Gebäude, 114 Haupt-, 19 andere Gebäude. 24 Gebäude gehörten der Grundherrschaft, 18 der Körperschaft, 101 den Einwohnern. 19 Gebäude waren steuerfrei, 138 brandversichert mit einem Anschlag von 150 650 Gulden. Auf 1 Wohngebäude kamen 8 Menschen.

Die $3477^3/_8$ Morgen große Markungsfläche war in 2489 Parzellen aufgeteilt. Davon waren

71 Morgen Gärten und Länder (davon gehörten $33^3/_8$ Morgen dem Adel, $26^5/_8$ Morgen der Körperschaft);

$1300^6/_8$ Morgen Ackerland (169 Morgen dem Adel, $44^6/_8$ Morgen der Körperschaft);

$369^5/_8$ Morgen Wiesen ($55^5/_8$ Morgen dem Adel, $41^4/_8$ Morgen der Körperschaft);

1490 Morgen Laub- und $51^5/_8$ Morgen Mischwald ($60^7/_8$ Morgen dem Adel, $1401^4/_8$ Morgen der Körperschaft);

$94^4/_8$ Morgen Weiden und Öden ($15^7/_8$ Morgen dem Adel, $73^6/_8$ Morgen der Körperschaft);

$4^2/_8$ Morgen Steinbrüche, Ton- und Lehmgruben;

$84^6/_8$ Morgen Flüsse und Bäche und

$69^2/_8$ Morgen Straßen und Wege (von diesen beiden Positionen gehörten $3^1/_8$ Morgen dem Adel, $149^2/_8$ Morgen der Körperschaft)

Der Adel besaß $337^7/_8$, die Stadt $1737^1/_8$ Morgen der Markungsfläche, auf der 3 Menschen auf 1 Morgen kamen.

Viehbestand: 63 Pferde, 39 Ochsen und Stiere über 2 Jahre, 240 Kühe, 15 Stück Schmalvieh, 109 Schweine, 6 Ziegen, 25 Bienenstöcke. (Auf 14,3 Pferde und 3,1 Stück Rindvieh 1 Mensch; auf 1 Pferd 55,2, auf 1 Stück Rindvieh 11,8 Morgen Land).

1830 wurden beim **Eisgang** auf der Donau ein Schiff und ein großes Floß aufgefangen. — Am 9. September wurde zwischen 8 und 9 Uhr ein kleineres, um 9 Uhr ein stärkeres **Erdbeben** verzeichnet, bei dem die Häuser heftig zitterten, die Fenster klirrten und die Mobilien in den Zimmern wankten. Tags darauf erfolgte ein weiterer, nicht minder heftiger Erdstoß. Eine weitere starke Erschütterung wird vom 23. September gemeldet. — Als **Stadtschultheiß** wird ab 1. Oktober der bisherige Stadtpfleger und Weißgerber *Johann Sonntag* erwähnt (1830–1835). Die **Stadtpflegerstelle** erhielt auf 3 Jahre der Stadtrat Anton Burger. — Mit dem Geometer Alois Schlee schloß die Stadt betr. der Vermessung der Holzeinschläge einen Vertrag.

1831 war wieder eine größere **Brückenreparatur** erforderlich. Das **Brücken- und Pflastergeld** wurde wieder dem Ratsdiener Mathias Schell gegen 83 Gulden verpachtet. Er durfte verlangen: von 1 Pferd, 1 Ochsen und 8 Schafen, Schweinen oder Geißen 2 Kreuzer, von 1 Kuh 1 Kreuzer. — An den 3 Jahrmärkten durfte kein Pflastergeld erhoben werden. — Ein **Mittagessen**, bestehend aus Suppe, Rindfleisch, Gemüse und Schweine- oder geräuchertem Fleisch, kostete 10–14 Kreuzer. — Leopold Will wanderte **nach Wien** aus.

Die Stadt abonnierte an Stelle des seitherigen „Biberacher Wochenblattes" das ab 1. Januar 1832 erscheinende von Dionis Kuen verfaßte **„Buchauer Wochenblatt"**, in welchem alle Befehle und Ausschreiben der kgl. fürstl. Amtsgerichte, Ämter, Notariate, Forstämter etc. von Buchau, Scheer, Obersulmentingen etc. veröffentlicht wurden. — „Die Stadt" (gemeint sind die **Straßen**) mußte „mit Steinen beschlagen, bekiest und an den Seiten der Straßen mit Kiesel besetzt" werden. — Als **Umgeldentschädigung** hatte die Stadt bisher vom Staat 250 Gulden erhalten. Dieser Betrag wurde nun mit 5000 Gulden (auf 20 Jahre) abgelöst. — Der Ratsdiener Schell, der bislang von jedem Bürger 7 Kreuzer Torsperrgeld bezog, erhielt dafür von der Stadt künftig jährlich 15 Gulden Wartgeld. — Für den großen Schaden, welcher den Bürgern durch einen großen **Hagelschlag** entstand, erhielten sie von den umliegenden Orten und dem Oberamt eine Entschädigung. — Weil die Stadt im Jahr 1830 das **Brückengeld** auf eigene Faust erhöht hatte, strich die zuständige Behörde in Ulm mit Erlaß vom 9. Mai 1832 diese Erhöhung und versagte ihr jeglichen staatlichen Zuschuß zum Brückenbau. — Die **Einwohnerzahl** wird 1832 mit „ca. 900 Seelen", an anderen Orten mit 950 Seelen (davon 150 Bürger) angegeben, 1833 mit 917 Seelen. — Neben dem Handwerk bestand die Hauptbeschäftigung im Feldbau; Weißstickerei und das Spitzenklöppeln waren gute Nebengewerbe. — Im Streit um das **Brückengeld** wurde bestimmt, „daß der Scheerer Stadtrat den Brückengeldtarif auf die Dauer von 5 Jahren erhöhen darf, so daß von bespannten Fuhrwerken für jedes Tier 1 Kreuzer als Brückengeld erhoben werden darf, von Tragpferden und ledig gehendem Vieh aber nichts, dagegen von Schweinen (aber nur von solchen aus dem Ausland) 1 Heller für das Stück". — **Hausbau**: Blochingerstraße 19 und 23.

Das **Fronwesen** wurde in der Form geändert, daß künftig nach einem vom Stadtbaumeister als Fronmeister geführten Fronregister im Turnus gefront wurde. Wer nach Ende des Rechnungsjahres seine Spann-oder Handfronen nicht geleistet hatte, bezahlte diesen Ausfall. — Der Stadtrat Alois Schlee, Feldmesser, trat die Stelle des **Stadtpflegers** Burger an (1833–1835). Das frühere **Schwinghaus**, das durch einen Wind stark beschädigt wurde, mußte abgebrochen werden. Das **Brückengeld**

Scheer an der Donau. Zeichnung von Emminger 1834.

ging pachtweise wieder an den Ratsdiener Schell über. — Der Lehrer Konrad Linder zog **nach Amerika**. — An Stelle des „Buchauer Wochenblattes" abonnierte der Rat das zweimal wöchentlich erscheinende „**Saulgauer Intelligenzblatt**". — Studenten: Fidelis Schlee und Xaver Feinäigle. — Alois Herterich gebürtig aus Scheer, war **Pfarrer** in Einthürnen.

1834 fertigte Emminger eine Ansicht der 962 Seelen zählenden Stadt. — Der Stadtpfleger Alois Schlee erwarb die herrschaftliche **Mühle** und baute sie aus (s. Papierfabrik). — Der Hofschmied Willibald Pröbstle pachtete von der Herrschaft die **Hofschmitte** auf 20 Jahre. — In der unteren Stadt wurden die **Straßen** gepflastert. Als die **Erzgräber** Christoph Gutknecht jg. von Scheer und Nepomuk Wildemann von Andelfingen beantragten, auf dem Hühnenbühl eine Erzgrube aufmachen zu dürfen, wurden sie darauf hingewiesen, daß sie ihre seitherige Grube am Siechensteigle noch nicht eingeebnet haben, wie es nach dem Ratsbeschluß von 1802 gefordert werde. Hierbei erfahren wir auch, daß der Stadt ein Teil des Bohnerzes, bzw. des Erlöses, abgeliefert werden mußte. — **Hausbau:** Donaustraße 19 (vgl. Geigenbauer).

1835 kaufte die Stadt **Hausnummerntäfelchen** (Nr. 1–130). Der Stadtrat Selg wurde **Stadtbau- und Fronmeister** (1835–1836). Die **Stadtpflege** übernahm *Lorenz Linder*, Nagelschmied, der im selben Jahr zum **Stadtschultheißen** gewählt wurde (1835–1838). Dem Stadtrat Baur wurde nun die Stadtpflege übertragen (–1837). — Josef Schlee, der Sohn des seitherigen herrschaftlichen Ziegelhüttenpächters Xaver Schlee, trat dessen Nachfolge an. **Hausbau:** Donaustraße 39 (Josef Buck, 1853 Anton Schlee, Bauer, dann Sohn Anton Schlee), 1836 Donaustraße 37, ein 2stockiges Wohnhaus mit 2stockiger Scheuer (Zehntgänger Josef Baur); — Fabrikstraße 13 (vgl. Rosengarten); — Fabrikstraße 17 (vgl. Seiler).

1836 übernahm der frühere Stadtbaumeister Josef Weber die **Baumschule**. Nach dem Tod des **Ratsdieners** Mathäus Schell, der dieses Amt 40 Jahre innehatte, trat Josef Schuler an seine Stelle. Dem Stadtrat Sonntag wurde das Amt des **Stadtbau- und Fronmeisters** übertragen, das 1837 der Stadtrat Keller übernahm (–1839). Als Arbeitsbeschaffungsmaßnahme wurde die **Straße** von der Sigmaringer Grenze bis Ennetach mit Steinen beschlagen, die Vicinalstraße nach Heudorf hergestellt und die Brücke repariert. — Die **Farrenhaltung** wurde dem Pirmin Volk weiterhin übertragen. Für die 220–230 weibl. Tiere, „die unter dem Farren laufen", war ein dritter Zuchtstier anzuschaffen. — Auf den Tod des **Polizeidieners** Karl Zimmerer trat Mathias Flaiz die Nachfolge an (–1867). Nachfolger des **Stadtpflegers** Baur wurde der Stadtrat Hering (–1842). — **Hausbau:** Donaustraße 35 (vgl. Glaser); — Blochinger Straße 21 (vgl. Schneider); — Donaustraße 8 (vgl. Schaal). In diesem Jahr begannen die Vorbereitungen zum **Rathausneubau**, der 1838 in Angriff genommen wurde. Das alte, baufällige Rathaus, das die Straße bis

Ansicht der Stadt Scheer.

A. Donau. B. Straße nach Mengen. C. Bierbrauerei. D. Ziegelhütte.

Umriß-Radierung um 1835.

Ca. 1885.

Rathaus.

auf 12 Schuh (4 m) beengte, wurde um 905 Gulden an den Kaufmann Anton Lehner auf Abbruch verkauft. Bei den Abbrucharbeiten soll der „lange Maurer" von einem umstürzenden Eichenbalken getötet worden sein. Der Überlieferung nach wurde aus diesem Balken ein Kreuz gezimmert, das lange am Gottesackerweg stand, wo später ein eisernes Kreuz mit steinernem Sockel und einem Ruhebänkchen aufgestellt wurde. — Der Spital (heute Metzger Will) diente vorübergehend als Rathaus, dessen Neubau auf dem Platz der seitherigen Baumschule (vor der Stadtmauer) zu stehen kam. Unter der Bauaufsicht des Maurermeisters Kieferle aus Mengen, der auch den Plan fertigte, erstellten die hiesigen Handwerker im Akkord den Neubau, zu dem Material vom Abbruch verwendet und Bruchsteine vom Müller Schlee bezogen wurden. Als Zimmermeister war der Menger Zimmermann Doka verdingt. Die erforderlichen Fronarbeiten erfolgten nach neu festgelegter Taxe. — Als das Fundament bereits fertiggestellt war, mußte der Weiterbau eingestellt werden, da einige Bürger wegen Nichteinhaltung der Baulinie Einspruch erhoben. Am 20. August konnte das Fundament weitergebaut werden. Dieselben Schwierigkeiten hatte auch der Erwerber des alten Rathauses, der an dessen Stelle ein Kaufhaus erstellte. Im November trat der Nagelschmied Lorenz Lindner als **Stadtschultheiß** zurück.
Nachfolger wurde *Lambertus Sigle* (1838–1841) aus Weil der Stadt, der vorher Amtsaktuar, dann Verwaltungsaktuar im Bezirksamt Scheer war. Zu seiner Amtseinsetzung lud er beide städtische Kollegien ins herrschaftliche Bräuhaus ein. Das Bürgermilitär und das Musikkorps erhielten pro Mann 10 Kreuzer, jeder anwesende Bürger 6 Kreuzer als Verzehrbon. — Die Stelle des **Stadtbaumeisters** wurde 1839 an den Schlosser Anton Sonntag (–1840) übertragen. Für den **Rathausbau** mußte auf Anordnung des Oberamts neben der Tuchbleiche am Hofgarten ein Holzmagazin errichtet werden. Im Neubau, der ohne das Holz, das aus den städtischen Waldungen genommen wurde, auf 10 500 Gulden zu stehe kam, waren im Erdgeschoß die Wohnung des Ratsdieners und ein Arrestlokal eingebaut, im Flur eine kleine Brückenwaage aufgestellt worden. Der Stadtschultheiß konnte seine Wohnung im 2. Stock im November beziehen. Die **Ratssitzungen** erfolgten nach einer **neuen Regelung nun jeden Montag** mit Beginn morgens um 6 Uhr!
— Im selben Jahr baute Mathias Schell das **Haus** Donaustraße 29, das über Johann Schell an Anton Schell, dann an den Fabrikarbeiter Karl Miller überging. — Nachdem in diesem Jahr Josef Beller „zum Abnehmen der Raupennester an Bäumen und Hagen" angestellt worden war, sah der Rat im Jahr 1840 den Mühlberg hinter dem Schloß und der Kirche für **Maulbeerbäume** vor, um die Seidenraupenzucht einzuführen. — Der Beginn der **Ratssitzungen** wurde auf 8 Uhr morgens festgelegt, Franz Josef Ramsperger als **Stadtbaumeister** angestellt (–1843). — **Hausbauten:** Hauptstraße 5 (vgl. Handel), — Donaustraße 7 (vgl. Schmiede), — Donaustraße 31 (vgl. Schuster), — Donaustraße 33, ein 2stockiges Wohnhaus mit 2stockiger Scheuer (Josef Anton Rothmund und Anton Sorg, Bauern; später Karl Gulde, Fabrikarbeiter); — Blochinger Straße 1, ein 2stockiges Wohnhaus mit 2stockiger Scheuer (Anton Fürst, dann über Lorenz Fürst und Anton Fürst an Willibald Pfeiffer); — Blochinger Staße 11, ein 2stockiges Wohnhaus mit Scheuer (Ratsdiener Rupert Schuler); — Blochinger Straße 15, ein 2stockiges Wohnhaus mit 1stockiger Remise (Lorenz Fürst und Alois Pfister; später Nikolaus Stauß und Johannes Pfister, dann Walburga Heinzelmann und Josef Pfister, Maschinist). — 1841 kam der **Stadtschultheiß** Sigle als Aktuar des Interkalarfonds nach Stuttgart. Nachfolger war *Gottfried Hanst* (1841–1851). Er übernahm auch das Amt des Verwaltungsaktuars. — Die schon 1840 beschlossene **Brückenreparatur** erfolgte 1842, wobei Zimmermeister Haller auch für 2 Monate eine Notbrücke zu erstellen hatte. Der Rat beschloß, daß die Mauer „an St. Johann", einem Bildstock am rechten Donauufer vor der Brücke, die gleiche Höhe erhalten soll wie die neue am Waschhaus. — Am 22. März 1842 „hat es durch ein **Donnerwetter** abends 6–7 Uhr Kiesel geworfen, daß das ganze Erdreich bedeckt wurde, so daß an einigen Flecken bis auf den 3. Tag Kiesel lagen". — **Hausbau:** Hirschstraße 9 (vgl. Glaser), — Blochinger Straße 5 (vgl. Maurer). —1843 wurden 962 Einwohner gezählt. — Die Stadt verglich sich mit den Gerechtigkeitsbesitzern, wobei denjenigen Bürgern, die keine **Holzgerechtigkeit** hatten, auf Lebenszeit jährlich ein Klafter Holz und 30 Reiswellen zugeteilt wurde, wofür jeder Teilhaber jährlich 2 Gulden an die Stadtpflege zu zahlen hatte. Die Verteilung erfolgte durch das Los. — Lt. Erlaß mußten in jeder Gemeinde besondere **Hochzeitslader und Leichensager** angestellt und belohnt werden (Wunibald Will und der Schuster Josef Kieferle). Ihre Belohnung war gestaffelt nach Personen und Kindern, sowie Gängen nach auswärts mit und ohne Übernachtungen. — Die **Stadtpflege** übernahm der Stadtrat Linder (–1844), der den im Vorjahr eingesetzten Michel Heim ablöste, das Amt des Stadtbaumeisters Anton Sonntag (–1844). — Da in 4 Familien die **Kind-**

1845. H.G. Obach.

blattern ausbrachen, wurden Haussperren verhängt, die jeweiligen Bewohner auf Kosten der Stadt verpflegt.

„Da die durch das **übermäßige Heiraten** sich mehrende Bevölkerung die Hauptursache zur Verarmung ist", beschloß der Rat im Jahr 1844, keine neuen Bürger mehr aufzunehmen und keine ortsansässigen mehr heiraten zu lassen, es wäre denn, daß das Bürgerrechtsgesetz dies verbiete. — Der seitherige Stadtbaumeister Anton Sonntag übernahm die Stelle des **Stadtpflegers** (1844–1845), Xaver Hering die des Stadtbaumeisters (1844–1845). — Die Stadt erhielt die Auflage, ein **Gemeindebackhaus** zu errichten, und entschloß sich zu einem Anbau an die seitherige Ratsdienerwohnung (Beckenhäusle, heute: Zunftstube). Das Backhaus wurde an den Zimmermann Haller (1849 auf 6 Jahre an den Bäcker Xaver Späh) verpachtet.

1845 beschloß der Rat, die unrentable **Baumschule** eingehen zu lassen. Nun wurde auch kein Unterricht in der Obstbaumzucht mehr erteilt. — **Stadtbaumeister** Wunibald Gutknecht (–1849). — **Hausbau**: Graben 2 (vgl. Schuster). — 1846 war ein **zweiter Polizeidiener** (Anton Hehl) anzustellen, der an vom Bezirksamt bestimmten Tagen den Polizeidiener Flaiz zu unterstützen hatte.

1847 konnte der **Chirurg** Liebherr altershalber seiner Funktion als **Leichenschauer und Impfarzt** nicht mehr nachkommen. Die beiden Ämter wurden dem Arzt Dr. Rhein übertragen.

1848 schwoll die Donau auf 21 Fuß über den Normalstand an. Dieses **Hochwasser** wurde hauptsächlich durch die Lauchert verursacht. Die damalige Wasserstandshöhe ist an der Kapelle in Hitzkofen und am Kaplaneihaus in Bingen vermerkt. Nach diesem Hochwasser wurde das Flußbett der Donau vom Olber-Eingang bis unterhalb des späteren Stauwehrs zu Krämers Kanal noch im selben Jahr unter staatlicher Bauaufsicht abgetragen. Dadurch konnte das Wasser im Olber schneller abziehen.

Nach der März-Revolution des Jahres 1848 wurde durch das Gesetz vom 1. April 1848 die **Volksbewaffnung** vorgeschrieben. Da jeder Pflichtige die Waffen selbst zu beschaffen oder aus öffentlichen Mitteln zu finanzieren gehabt hätte, beschlossen Rat und Bürgerausschuß, um Unstimmigkeiten zu vermeiden, am 23. Juli, „sämtliche Armaturstücke aus der Stadtkasse anzuschaffen, wogegen sie auch Eigentum der Stadt bleiben". — Wie Lehr mitteilt, befanden sich die Standarten und Trompeten bis Ende des Zweiten Weltkrieges auf dem Rathaus. Uniformen aus dieser Zeit habe man noch zu seinem Aufwachsen öfters an der Fastnacht zu Gesicht bekommen. In guter Erinnerung seien ihm die hohen, kübelförmigen Schildmützen. Die endgültige Einrichtung einer **Bürgerwehr** unter den genannten Bedingungen wurde 1849 beschlossen und dabei die Männer, einschließlich der Jünglinge ab 20 Jahren, zum freiwilligen Eintritt eingeladen. Man rechnete mit einer Stärke von ca. 150 Mann. — Die Feuerhandwerker (Schmiede, Feilenhauer) erhielten von der Stadt Holz zum Einrichten einer **Kohlhütte**. — **Stadtbaumeister**: Anton Stumpp, Feilenhauer (–1852); **Stadtpfleger**: Xaver Haberbosch (–1851); **Waldmeister** Mathias Baur.

Auf dem „Hahnenbühl" veranstaltete die Schuler im Jahr 1850 ein **Kinderfest**. — **Hausbau**: Donaustraße 27 (vgl. Banken); — um 1850 auch: Heudorfer Straße 6 (vgl.

Siechenhaus) und Blochinger Straße 7, ein 2stockiges Wohnhaus (Anton Zimmerer, von ihm an den Ziegler Jakob Gutknecht, dann über Kath. Gaugel an Wilhelm Plumacher).

Seit 1820 hatte sich der Donaulauf unterhalb der Stadt beim Olber um über 100 m verschoben und zu Beginn der neugebildeten Schlaufe eine größere Insel gebildet. Um die dadurch erhöhte Hochwassergefahr einzudämmen, hatte sich der Rat schon 1848 zu einer **Donaukorrektion** entschlossen, die in den Jahren 1850/51 vollendet wurde. Nach dem Gütererwerb und der Steinbeifuhr erfolgte die Aushebung von drei insgesamt 1450 m langen Durchstichen zur Geradelegung des geschlängelten Flußlaufes. Hierbei wurden die Kanäle in den Durchstichen auf eine Breite von 5,73 m ausgehoben, die flachen Uferböschungen mit Steinfüßen geschützt. Die Gesamtkosten von 22 730 Mark bezuschußte der Staat mit 11 440 Mark. Die Baumaßnahme hatte zur Folge, daß sich die Donau tiefer ins Gelände einschnitt und die Uferböschungen öfters zerrissen und weggeschwemmt wurden.

Am 11. 2. 1851 trat der **Stadtschultheiß** *Josef Glaser* sein Amt an (–24. 10. 1853). Er war der Sohn des Bürgers Karl Glaser und bislang Rentamtsassistent in Scheer. Sein Vorgänger Hanst übernahm das Verwaltungsaktuariat. Auf dem Rathaus finden wir ferner den Verwaltungskandidaten Bleicher und den **Stadtpfleger** Anton Haberbosch, dessen Nachfolge 1852 Josef Baur antrat (–1857). Matheis Weckerle erhielt die Stelle des **Stadtbaumeisters** (–1855). Nach dem Tod des Josef Kieferle wurde Mathias Pröbstle als **Hochzeitslader und Leichensager** angestellt. — Am Ausfluß des neuen Donaubaues verursachte das zurückgebliebene **Wasser** großen **Schaden** (die sog. Ellenbogenwiese abgeschwemmt).

1853 wurde der **Stadtschultheiß** wegen schlechter Verwaltung abgesetzt und vom Oberamt W. Kieferle aus Mengen als Verwalter eingesetzt. — Die Stelle des verstorbenen **Ratsdieners** Josef Schuler trat Rupert Schuler an (–1889). Um der großen Zahl von Arbeitslosen eine Verdienstmöglichkeit zu verschaffen, wurden die Staigen an der Heudorfer Straße und an der Loretto abgehoben. Da bei der Schultheißenwahl keiner der drei Kandidaten (Gottfried Hanst, Xaver Haberbosch und der Schlosser Anton Sonntag) die $^2/_3$-Mehrheit erreichte, entschied sich die Regierung, der in diesem Fall das Ernennungsrecht zustand, 1854 für den **Stadtschultheiß** *Gottfried Hanst* (4. 1. 1854–1866), der nun zum 2. Mal dieses Amt innehatte. — In diesem Jahr ist von einer großen Mäuseplage die Rede. — Josef Anton Götz von Ehingen pachtete die herrschaftliche **Brauerei** und heiratete Mathilde, die Tochter des Bürgers Konrad Sonntag. — Leopold Kienle folgte dem verstorbenen Xaver Kernler als **Nachtwächter** (–1870).

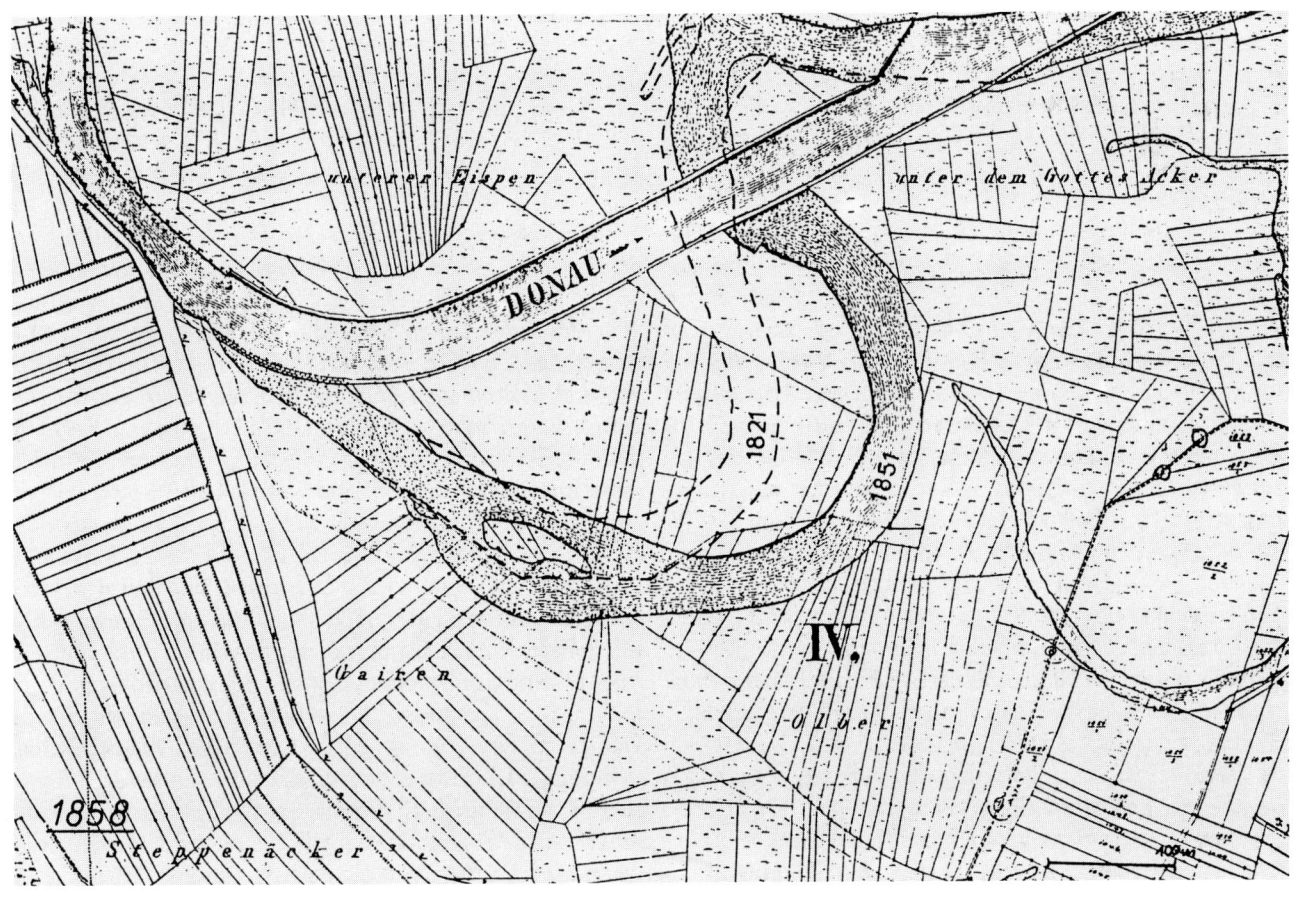

1856 wurde die Frau des Peter Stohr als 2. **Hebamme** angestellt. — **Brände:** Vom 8./9. Dezember brannten 2 Gebäude nieder. An Maria Empfängnis 1857, abends 7 Uhr, brannten zwei weitere Häuser ab: das Haus des Josef Weber (Vater des späteren Stadtbaumeisters), in welchem 3 Partien wohnten, und das Nebenhaus, das 4 Partien gehörte. — Die Stelle des **Stadtpflegers** übernahm Anton Haberbosch (–1872). — Der **Nachtwächter** Wunibald Will wanderte nach Amerika aus. Nachfolger Caspar Keller (–1866). — **Waldmeister** Ils (–1890). — **Hausbau** 1858 Hindenburgplatz 2 (vgl. Metzger), — Hirschstraße 7 (vgl. Bäcker), — Hirschstraße 15 (vgl. Sattler), — Fabrikstraße 12, ein 2stockiges Wohnhaus mit Scheuer (von Josef an Karl Rebholz).

1858 wird die über 1000 Seelen zählende Stadt, die ca. 800 Morgen Wald und Güter hatte, als „großteils arm und dürftig" bezeichnet. — „Im Weierle" wurde ein **Badeplatz** für Knaben, „auf der Insel bei des Volken Rebgarten" ein solcher für Mädchen angelegt. „Gegen Gefahr und Sittlichkeit" mußte letzterer mit Pfählen und Tannenreis eingemacht werden.

1859 schloß die Stadt mit dem Braumeister Götz, der in diesem Jahr die herrschaftliche Brauerei und von der Pfarrei die Pfarrzehntscheuer kaufte, einen **Farrenhaltungsvertrag,** der nun immer wieder, bis 1881 verlängert wurde. — Xaver Haberbosch erhielt die Stelle des **Stadtbaumeisters** (–1864). — **Hausbau:** Kirchberg 2 (vgl. Sattler). — Um 1860 Blochinger Straße 32, ein 2stockiges Wohnhaus mit Scheuer (Leopold Haberbosch; von ihm an den Bauern Josef Maier, dann Karl Maier, dessen Erben es an Anna Kreutle verkauften. Über deren Tochter ging es an Wunibald Blender über. — 1860 erfuhr die Stadt vom bevorstehenden **Bahnbau.** — Das alte Herkommen, daß die jüngst verheirateten ledigen Bürger den **Kirchenaufseherdienst** zu versehen oder auf ihre Kosten versehen zu lassen haben, wurde 1861 aufgehoben. — Wegen der herrschenden **Arbeitslosigkeit** unterstützte die Stadt die Errichtung einer Seidenspinnerei (vgl. „Von der Spinnerei zur Holzschleiferei Schaal"). In die Verwaltung durch die Stadt ging in diesem Jahr die **Kreis-Schmid-Stiftung** über (vgl. Kirche).

1862 erklärte sich die Stadt bereit, sich an den Kosten zu den Vorarbeiten für den **Bahnbau** zu beteiligen. — Die schadhafte **Brücke** mußte abgebrochen und eine Notbrücke errichtet werden.

Wegen der Maikäferplage wurden 1863 Prämien für Käfer und Larven bezahlt. — **Hausbau:** Fabrikstraße 25, ein 2stockiges Wohnhau mit Scheuer (Gottfried Löffler, Taglöhner, dann Karl Löffler, Friseur). — Einführung des **Postboteninstituts** (s. d.). — Bräumeister Götz kaufte den Hofgarten.

Die **Wasenmeisterei** übernahm 1864 der Tierarzt Johann Sorg von Mengen, das Amt des **Stadtbaumeisters** Wunibald Knor (–1907). **Hausbau:** Donaustraße 2, ein 2stockiges Wohnhaus mit Scheuer (Anton Haberbosch; von ihm über Johann an Anton Deschler); — Donaustraße 6 (vgl. Maurer); — 1865 Donaustraße 17, ein 2 1/2stockiges Wohnhaus mit 2stockiger Scheuer (Willibald Heudorf; von ihm an den Schuhmacher Josef Gutknecht und dessen Sohn Josef an den Landwirt Josef Gutknecht).

Nach dem Tod des **Nachtwächters** Willibald Schell wurde 1865 die Stelle seinem bisherigen Krankheitsvertreter, dem Schneider Willibald Kienle provisorisch mit der Auflage übertragen, daß er den Kindern des Schell das übliche „Neujahrstrinkgeld" überläßt.

1866 wurde er wieder entlassen und neben Leopold Kienle als 2. Nachtwäcter Andreas Krugger angestellt. —

Leichensager und Hochzeitslader: Anton Pröbstle und Bernhard Kieferle.

Stadtschultheiß *Karl Deschler* (1866—1908) geb. am 2. 12. 1841 in Geislingen/Steige, war Verwaltungsassistent in Mengen. Nach dem Tod des Stadtschultheißen Hanst (19. 10. 1866) wurde er am 26. Oktober 1866 als Verweser bestellt und am 22. Dezember zum Amtsvorsteher gewählt. In diesem Jahr wurde im Rathaus für die **Eisenbahngesellschaft** ein Büro eingerichtet. (s. d.). — Als Beitrag zur Errichtung einer **Telegraphenstation** von Mengen nach Scheer lieferte die Stadt 100 fm Holz für Telegraphenstangen. — In diesem Jahr wurde die **Straße** von Scheer nach Sigmaringendorf verbreitert und dabei in den Kurven begradigt.

1867 trat der **Polizeidiener** Mathias Flaiz nach 30jähriger Tätigkeit in den Ruhestand (jährliche Rente 50 Gulden). Nun wurde der Rats- und Polizeidienerdienst vereinigt und dem Rupert Schuler übertragen.

1868 begannen **Straßenbauarbeiten,** die 2 Jahre in Anspruch nahmen. Der „Bräuhausberg", eine damals von den Fuhrleuten gefürchtete sehr starke Steigung, mußte abgegraben, das Gelände davor bis zur Donaubrücke aufgefüllt werden. Die Arbeiten waren sehr schwierig, da der anstehende Weißjura-Zeta schichtweise abgetragen werden mußte. — Im selben Jahre erwarb die Stadt das **Rentamtsgebäude** (s. Spital). — Die stattliche **Pappelallee** an der Straße vom Rentamtsgebäude in Richtung Mengen mußte altershalber abgeholzt werden. — Mit zunächst 2, später 7 Petroleumlaternen wurde am 28. Dezember 1868 der Anfang zur **Straßenbeleuchtung** gemacht. Willibald Gutknecht erhielt das Amt des Laternenanzünders. — Der Hutmacher Eduard Hering, der im Vorjahr **nach Amerika** auswanderte, kehrte wieder zurück. Johann Dettenmaier machte dorthin „eine Reise". — **Hausbau:** Blochinger Straße 27, ein 2stockiges Wohnhaus mit Scheuer (Josef Schlee, Ziegler; von ihm über Anton Schlee und Clemens Schmuker an Josef Merk und Anton Sorg); — 1869: Fabrikstraße 14 (vgl. Flaschner).

1869 erfolgte die Inbetriebnahme der ersten „**Holzzeugfabrik**" (vgl. Fa. Schaal). — Den Bürgern wurde gestattet, den Mühlberg (hinter dem Schloß und der Kirche) mit **Obstbäumen** zu bepflanzen. — Im Gemeindebackhaus (heute Zunftstube), das seit 1867 Erhard Kieferle in Pacht hatte, ließ die Stadt eine Wohnstube für die Nachtwächter einbauen. Diese **Wachstube** durften sie nur während des Stundenrufes verlassen. Sie diente auch dem Polizeidiener als Aufenthalt, der im oberen Stock seine Wohnung hatte. Hier befand sich ein kleines Glöckchen, das durch einen über die Straße führenden Drahtzug mit dem Rathaus verbunden war, so daß ihn der Bürgermeister jederzeit rufen konnte. — Da durch den Bahnbau viele fremde Arbeiter nach Scheer zogen, stellte die Stadt am 17. März den Anton Glaser als **Polizeioffizianten** ein. Er erhielt Dienstrock, Mütze und Seitengewehr und unterstand dem Polizeidiener Schuler. Am 26. November erfolgte seine Entlassung, da ein Großteil der Fremdarbeiter die Stadt wieder verlassen hatte. — Franziska, die Tochter des Maurers Josef Eisele, wanderte **nach Amerika** aus.

1870 kaufte die Stadt die fürstl. Thurn- und Taxisschen Waldungen „**Jungholz**" (51$^1/_8$ Morgen) um 13 500 fl., und die „**Mengerauhalde**" (3$^3/_8$ Morgen) um 1500 fl. Weil sämtliches Holz schlagbar und die Holzstoff- und Papierindustrie im Kommen war, machte man mit diesem Kauf ein glänzendes Geschäft. Ein Teil des hier geschlagenen und verkauften Holzes genügte zur Bezahlung des Kaufpreises. — An Stelle der 1868 entfernten **Pappelallee** wurde an der Straße nach Mengen eine neue gepflanzt. Die Bürger erhielten die Erlaubnis, an den Bahnhofszufahrtsstraßen und auf der Rübhalde **Obstbäume** zu pflanzen. — Jedem zum Ausmarsch in den Krieg bestimmten Bürger wurde eine **Gabe aus der Stadtkasse** bewilligt, und zwar den Ledigen 6 fl., den Verheirateten 12 fl. — Erwerb der herrschaftlichen **Mühle** durch Jakob Krämer (s. Papierfabrik). — Eröffnung der Eisenbahnlinie Mengen–Scheer (s. d.). — Ab 1. 1. 1870 wurden die **Bürgeraufnahmegebühren** um das Doppelte erhöht: Mann 50, Frau 25 Gulden, Kind 12 Gulden 30 Kreuzer. Der **Soldat Eduard Pröbstle**, der am deutsch-französischen Krieg teilnahm, starb am 14. 11. 1870 im württembergischen Feldspital in Lagny. — Der Fürst von Thurn und Taxis stellte im Schloß Scheer, wie auch in Marchtal, Buchau und Sießen Räume zu **Lazarettzwecken** zur Verfügung. Unter den Verwundeten, die anfangs Dezember ins neue Krankenhaus Riedlingen kamen, befand sich Paul Rothmund von Scheer. — **Hausbau**: Blochinger Straße 9, ein 1stockiges Wohnhaus (Josef Krugger, dann über Josef Lehleiter und Johann Gutknecht an Anton Gutknecht). — 1871 Graben 4, ein 2stockiges Wohnhaus mit Scheuer (vgl. Schuster); — Fabrikstraße 8, ein 1$^1/_2$stockiges Wohnhaus mit 2stockiger Scheuer (Anton Eisele; von ihm über Wolfgang an Albrecht Eisele); — Bahnhof und Gasthaus zum „Restaurant" (s. d.).
1871 Fortsetzung des wegen des Kriegs im Vorjahr eingestellten **Bahnbaues** (s. d.). — **Einwohnerzahl**: 1139 (554 männlich, 585 weiblich). — Der Geometer Kieferle aus Mengen wurde beauftragt einen neuen Stadtplan zu fertigen. — Vom Schlosser Josef Stumpp kaufte die Stadt dessen **Böller** und 2 Böllerstangen, da sie bisher keine hatte. Den Willibald Kienle, am 1. 1. 1871 als **Nachtwächter** angestellt (–1875), wurde Willibald Gutknecht als 2. Nachtwächter beigegeben, dem aber bereits 1872 wieder gekündigt wurde. — Am 24. 3. 1872 starb der **Stadtpfleger** Anton Haberbosch. Nachfolger: der Gemeinderat Xaver Haberbosch (–1878). — Kauf des fürstlichen Walddistrikts „**Nonnenhau**" um 11 750 Gulden. — **Eröffnung des Spitals** im heutigen Gebäude (s. d.). — Verpachtung der Scheuer und des Stalls im **alten Spital** (Armenhaus, Hauptstraße 3). Dieses Gebäude verkaufte die Stadt 1873 an den Bauern Josef Will, der es umbauen ließ. — 1874 **Hausbau**: Kirchberg 4 (vgl. Schuster), Bahnhofstraße 10, ein 2stockiges Wohnhaus mit Stall und Scheuer (Eustach Schneider aus Blochingen, von ihm an Jakob Krämer, später an Hugo Nattenmüller). Weil 1915 in diesem Haus in Gefangenschaft geratene Russen untergebracht waren, nannte man es „das Russenhaus". — Mengener Straße 30, ein 2stockiges Wohnhaus mit Scheuer (Ferdinand Will, Bauer; von ihm über Johann an Willibald Eisele). — Mengener Straße 34 (vgl. Maurer). — Die seitherige Ratsdienerwohnung im Rathaus wurde 1874 in eine **Remise** umgewandelt, der **Weg zu den Mühlgärten**, der bislang entlang der Donau verlief, 1875 an den Fuß des fürstlichen Parks gelegt. — Dem **Nachtwächter** Josef Eisele, Maurer, dem Nachfolger Willibald Kienles, wurde die Auflage gemacht, daß er das seither in der Neujahrsnacht übliche Singen und die damit verbundene Sammlung bei den Bürgern zu unterlassen habe. In seinem „Neujahrsbüchlein" sind folgende Lieder zu finden:

Der Wächter

Der Wächter ruft die Stunde,
Hat weder Rast noch Ruh',
Er macht des Nachts die Runde
Und schließt kein Auge zu.
Die Glock' hat neun geschlagen,
Gebt acht aufs Feuer und Licht,
Und wird es morgen tagen,
Vergeßt den Wächter nicht!

Wir wünschen dem Herrn N. N.
Ein glückselig's Neujahr,
Dies wünscht von ganzem Herzen
Die frohe Sängerschar.

Beim Herrn Pfarrer

O, dreimal beglücktes Scheer,
Was verlangst du noch mehr?
Du kannst ja wahrlich prangen
Mit so gelehrter Priesterschaft,
Die ei'm jeden nach Verlangen
Alle Heil und Nutzen schafft.
Dich daher, o, nicht verweil,
Komm' mit uns daher in Eil,
Anzuwünschen sonderbar
Ein glückseliges neues Jahr!

Ja, wir wünschen immerfort,
Daß der Herr an diesem Ort
Noch viel mehr, als er gewesen,
So lange bleibe unser Hirt
Und, die heilige Mess' zu lesen,
Gott die Gnad' verleihen wird,
Daß wir unsern Seelennutz,
G'winnen unter deinem Schutz:
Anzuwünschen sonderbar
Ein glückseliges neues Jahr.

Wir dahero aus Antrieb
Wahrer und getreuer Lieb'
Unsere Wünsch' dahier ablegen,
Daß der Höchste immerdar
Dem Herrn Pfarrer alles Glück
Und Segen gäb das ganze Jahr.
Seine Müh' auch Gott zumal
Sowohl hier als dort bezahl':
Anzuwünschen sonderbar
Ein glückseliges neues Jahr.

Neujahrslied

*Scheide, altes Jahr!
Mit dir scheide zur Vergessenheit,
Was uns schmerzte, was uns auch gefreut.
Scheide, altes Jahr!
Freud' und Kummer bracht' es viel,
Bracht' uns näher an das Ziel...
Herb's und Bitteres dahin...
Scheide, altes Jahr!
Sinkt ja Schönheit, Reichtum, Ehr und Macht
Sicher mit der Zeit in die öde Nacht.
Ja, fahre, fahr' dahin!
Scheide, altes Jahr!
Zeit, sie wechselt, wir in ihr,
Nichs wohl hat ein Bleiben hier,
Zeih' zur früheren Schar...
Scheide, altes Jahr!*

*Komme, neues Jahr!
Millionen Menschen harren dein,
Zieh bei allen Menschen fröhlich ein.
Gutes neues Jahr!
Jeder Stunde Glockenschlag
Lind're Schmerz und Trauerklag'!
Tilge die Not und Gefahr.
Sei ein glückseliges Neujahr!
Komme, neues Jahr!
Bringe frohe Stunden, Glück und Heil,
Gottes Segen werde uns zuteil,
Gutes neues Jahr!
Körperwohl, Zufriedenheit,
Seelenruh', Glückseligkeit,
Dieses nun bringen wir dar,
Wünschen zum kommenden Jahr!*

(Die weiteren Rufe vgl. 1913).

Zur Feier des 100jährigen Bestehens des landwirtschaftlichen **Hausarmen- und Schulfonds** bestellte die Stadt die Musikkapelle des 2. Infanterie-Regiments aus Weingarten. — Die Hüttenverwaltung Wilhelmshütte (Schussenried) baute unterhalb des sog. Donauabflusses, links des dorthin führenden Güterwegs, also am rechten Ufer eine **Erzradwäsche**. — Hausbau: Fabrikstraße 19 (vgl. Schreiner).

An der Fastnacht des Jahres 1876 geriet die hölzerne **Donaubrücke** in große Gefahr, so daß am 14. Mai 1876 der Beschluß gefaßt wurde, die reparaturbedürftige Brücke durch Zahlung einer Ablösungs- und Entschädigungssumme an den Staat zu übertragen. Noch während der Verhandlungen stieg die Donau im Jahre 1877 auf 3,40 m an. Man einigte sich am 13. Mai 1877 auf eine Ablösungssumme in Höhe von 41 089 Mark, woraufhin die Brücke am 19. Februar 1878 in die Unterhaltung durch den Staat überging. — Die **Stadtpflege** übernahm der Schneider und Kirchenpfleger Hermann Schmied (-1889). Mit Josef Keller schloß die Stadt einen Vertrag, nach welchem dieser einen **Geißbock** halten und dafür von der Stadt entlohnt werden soll. Als Sprunggeld durfte er 10 Pfennig verlangen. — Der Stadtwundarzt Pfeiffer legte hinter dem Park einen **Hopfengarten** an.

1879 **Gründung der freiwilligen Feuerwehr** (s. d.). — Da der alte **Pumpbrunnen** beim Haus des Zimmermanns Alfred Stauß schadhaft war, wurde ein neuer aus Eisen, mit Brunnenkasten, angeschafft. — Laut Gesetz durfte kein **Zuzugsgeld** oder sonstige Abgabegebühren mehr erhoben werden. — Im Winter 1879/1880 war die Donau ganz zugefroren. — Im Lauf des Sommers 1880 wurde die **Brücke** abgebrochen und vom Staat mit dem Bau der ersten Steinbrücke begonnen, welche die Tübinger Firma Mehl erstellte. Gegen die erforderliche Höherverlegung der Straße, soll sich der Bruckschmied Will stark ins Zeug gelegt haben. — Im Oktober gab es wieder Hochwasser, das starke Uferschäden verursachte und das Gelände mehrere Tage überschwemmte. Von nun an wurden regelmäßige **Wasserstandsbeobachtungen** durchgeführt. — Weil die Bürger durch die in immer größerer Zahl ankommenden **Bettler** zu sehr beschäftigt wurden, beschloß der Rat, den Bettlern ein Ortsgeschenk von 10 Pfennig zu geben. Das Betteln in den Häusern wurde per Anschlag an jedem Haus verboten, den Bürgern das Almosengeben untersagt. Dieses „Ortsgeschenk" wurde 1881 wieder abgeschafft und dafür an einer Verpflegungsstation Naturalverpflegung gereicht. — 1880 hatte die Stadt 1097 Einwohner (513 männlich, 584 weiblich). Ernst Schneider und August Haas wanderten **nach Amerika** aus. — Nach Wiederaufstellung des Brückenheiligen und der Instandsetzung der Beleuchtung, wurde die Brücke im Jahr 1881 eingeweiht. Noch vor dem Heuet dieses Jahres stieg das **Hochwasser** auf 3,20 m an. Dabei wurde das Ufer am sog. Abschlußbau und am Fahrweg stark beschädigt. — **Hausbau**: Bahnhofstraße 2 (vgl. Industrie) und Gemminger Straße 8 (Farrenstall).

Im Verlauf der schon 1879 mit der kgl. Staatsfinanzverwaltung aufgenommenen Verhandlungen bezüglich der **Ablösung des Umgelds** (vgl. 1816) einigte man sich 1881, der Vereinfachung halber auf eine Ablösesumme von 4500 Gulden (= 7714 Mark), die an die Stadt ausbezahlt wurden. Danach erlosch eine Einnahmequelle, die seit 1472 bestand. — Der Versuch am 1. Mai den Viehmarkt wieder einzuführen, schlug fehl, so daß die Stadt auf die Abhaltung weiterer **Märkte** verzichtete und sie aus dem Marktkalender streichen ließ. — Nach Fertigstellung des **Farrenstalls** löste die Stadt den seit 1859 mit dem jeweiligen Braumeister bestehenden Farrenhaltungsvertrag und stellte den Käser Josef Widmann als Farrenwärter an. — Die **Geißbockhaltung** übernahm Xaver Volk. — Von der zwischen Farrenstall und Donaubrücke gelegenen „Tuchbleiche" wurden 1882 drei Bauplätze weggemessen und an den Stadtschultheißen Deschler verkauft. Er legte hier zunächst einen Blumen- und Gemüsegarten mit Gartenhaus an.

Ab Januar 1882 bot der Polizeidiener in den Wirtschaften nicht mehr ab. Die Wirte hatten nun die Verantwortung für die Einhaltung der **Polizeistunde**. — An der Donaustraße, bei Schuhmacher Zimmerers Garten, wurde ein **Waaghäuschen** mit einer Bodenbrückenwaage von 200 Ztr. Tragkraft erstellt. Lieferfirma C. G. Mackh in Vaihingen/Enz, Preis 610 Mark. Der Gesamtaufwand incl. Mauerung und Waaghäusle betrug 1400 Mark. Mit Inbetriebnahme war auch eine Waagordnung festgesetzt worden. — An Weihnachten erfolgte eine neuerliche

Überschwemmung mit einem Wasserstand von 3,30 m. Das rechte Donauufer und der Weg wurden stark beschädigt.

1883 ließ die Stadt am Hofgarten entlang (Gemminger Straße) an Stelle der abgegangenen Lindenbäume eine „**Birnbaum-Allee**" pflanzen. — Der **Farrenwärter** Widmann kündigte und zog nach Heiligkreuztal, um dort eine Käserei aufzumachen. Sein Nachfolger, der Taglöhner Wunibald Krugger, gab im Dezember krankheitshalber diesen Dienst auf, der dann dem Taglöhner Wunibald Kienle übertragen wurde (-1893).

1884 herrschte im Januar **Hochwasser**. Die in den Jahren 1882—1884 erforderlichen Donauuferbauten kosteten 6420 Mark, wovon der Staat 2140 Mark bezahlte. In diesem Jahr erfolgte der Neubau des **Gemeindewaschhauses** mit angehängtem Schlachtlokal. — Die Untersuchung des **Trinkwassers** der Brunnen ergab 1885 Verunreinigungen mit Chloriden und Ammonverbindungen. Es wurde beschlossen, die Brunnen zu reinigen und die hölzerne Röhrenleitung vom Röhrenbrunnen bis zum „Käppele" (St.-Anna-Kapelle) durch eine gußeiserne zu ersetzen.

1886 übernahm die Straßenbauverwaltung das Setzen und Unterhalten von **Bäumen** an der Straße nach Sigmaringen. — Der **Stadtaccisor** Michael Pfender aus Uttenweiler (*1824) erhielt das Bürgerrecht. — Das **Einstandsgeld** zur Erlangung des Anspruchs auf Teilnahme an den persönlichen Gemeindenutzungen wurde in diesem Jahr auf das Dreifache des auf 36 Mark berechneten reinen Jahreswertes der Nutzungen, somit auf 100 Mark, festgesetzt. 1887 beschloß der Rat, eine **Quellfassung** und Zuleitung nach dem sog. Bergspitz herzustellen, ein 60 m³ fassendes Wasserreservoir zu bauen und von diesem bis zum „Käppele" ebenfalls eine gußeiserne Leitung zu legen. Ferner wurden 2 „selbstschließende" **Brunnen** (mit Hydranten und Schächten) angeschafft. Sie wurden auf dem Hof bzw. auf dem Platz des entfernten alten Röhrenbrunnens (1888) aufgestellt. — Die kleine **Brückenwaage** im Rathausflur wurde 1887 entfernt, die **Schloßsteige** neu gepflastert. — Um den 64jährigen Rats-, Amts- und Polizeidiener Schuler zu entlasten, übertrug der Rat den Dienst des **Polizeidieners** dem Engelbert Kienle (-1902). — Da der Bäcker Nolle infolge seiner Verheiratung die Stelle des bürgerlichen **Gefangenenbegleiters** niederlegte, trat 1888 der ledige Schuhmacher Max Miller die Nachfolge an.

1889 zählt die Stadt 1100 Seelen. — Der Schuljugend wurde die Wiese beim Farrenstall als **Badeplatz** zugewiesen. — Nach dem Tod des **Rats- und Amtsdieners** Rupert Schuler erhielten dessen Frau und die Tochter die Erlaubnis, den Dienst bis März 1890 auszuüben. Danach vereinigte man den Dienst wieder mit dem des Polizeidieners Engelbert Kienle. — Am 20. August starb der **Stadtpfleger** Hermann Schmid. Nachfolger: der 55jährige Flaschner Friedrich Gutknecht (-1901). — Am 19. November starb der **Waldmeister** Ils. Nachfolger: der Landwirt Karl Gutknecht (-1901). — Um eine freie Passage zu erhalten, wurde das **Stadttörle** bei Sattler Anton Baurs Haus abgebrochen. — Einwohnerzahl 1115 (518 männlich, 597 weiblich). — **Hausbau**: Fabrikstraße 3, ein 1stockiges Wohnhaus (Ferdinand Ils, Waldmeister). — 1891 erhielt der Stadtschultheiß Deschler zum **25. Dienstjubiläum** von der Stadt eine goldene Uhr, vom Fürsten von Thurn und Taxis eine goldene Uhrkette.

In der Nacht vom 31. März/1. April 1892 wurde die „Scheerer Ortszeit" der Eisenbahnzeit angepaßt. — Am

Das Wappen, welches die Stadt ab Ende des 19. Jhdts. führte: Unter blauem, mit einem silbernem Fisch belegten Schildhaupt in Rot eine silberne Schafschere; zwischen deren Schneiden ein sechsstrahler, goldener Stern.
Stadtfarben: Blau und Rot.

1. Dezember trat der **Stadtaccisor** Andreas Mangold den Dienst an. — **Hausbau**: Mengener Straße 35 (Holzstofffabrik Schaal); — Mengener Straße 44, ein 2stockiges Wohnhaus mit Scheuer (Willibald Gutknecht) — 1893 Mengener Straße 13 (Café Ahlers).

1893: **Einwohnerzahl**: 1106. — Die Stelle des **Farrenwärters** Wunibald Kienle, der nach Winterstettendorf zog, trat der Taglöhner Krugger an (—1896), die Stelle des altershalber zurückgetretenen **Totengräbers** Josef Eisele erhielt 1894 der Taglöhner Josef Keller (-1898). — Im Bräuhaus sprach der Beizkofer Schultheiß und **Landtagsabgeordnete** Sommer über die Tätigkeit der Abgeordnetenkammer und die Steuerreform.

1895: Einwohner 1069 (491 männlich, 578 weiblich); 10 Gebäude. — Die Stadt schaffte einen **Zuchteber** an und bestellte den Anton Eisele als Eberhalter (-1897). Die seither übliche „**Brotschau**" wurde aufgegeben, die „**Fleischschau**" beibehalten. — **Hausbau**: Gemminger Straße 47, ein 2stockiges Wohnhaus mit Scheuer (Anton Schlee, später an Karl und Rese Maier) — 1896: Fabrikstraße 16 (vgl. Maler). — Ortsarmenbehörde, Gemeinderat und Bürgerausschuß beschlossen den Bau einer **Kleinkinderschule nebst Industrieschule und Zeichensaal**.

Der 1896 erstellte Bau des zum Spital gehörigen Nebengebäudes kostete 12 000 Mark. Die Betriebskosten übernahm die Spitalpflege. Der Kindergarten sollte als „Erziehungs- und Zufluchtsstätte für Kinder armer Eltern dienen, die ihr Brot bei fremden Leuten verdienen müssen". Zur Betreuung der Kinder wurde aus Reute eine 4. Schwester berufen, für welche das Mutterhaus jährlich 100 Mark erhielt. — Das vom 8.–10. März angelaufene **Hochwasser** verursachte wieder starke Uferschäden. — Nachfolger des verstorbenen **Farrenwärters** Karl Krugger war der ledige Landwirt Anton Schlee (1896–1932). 1897 wurde die **Eberhaltung** wieder aufgegeben. — Josef Keller übernahm die Stelle des krankheitshalber ausgeschiedenen **Nachtwächters** Eisele (–1898). Seine Dienstzeiten: vom 1. April bis letzten September von nachts 10 bis morgens 2 Uhr, vom 1. Oktober bis letzten März von 9 bis 3 Uhr. Er sang noch folgendes Nachtwächterlied:

9 Uhr:
*Hört Ihr Leut und laßt Euch sagen,
unsere Glock hat 9 geschlagen, 9 undankbar blieben sind,
meid den Undank Menschenkind.*

10 Uhr:
*Hört Ihr Leut...
10 der Frommen waren nicht
dort bei Sodoms Strafgericht.*

11 Uhr:
*Hört Ihr Leut...
11 der Jünger blieben treu,
gib, daß gar kein Abfall sei.*

12 Uhr:
*Hört Ihr Leut...
12 Tore hat die Gottesstadt,
seelig wer den Eingang hat.*

1 Uhr:
*Hört Ihr Leut...
1 ist Not, Du treuer Gott, schenk uns einen seelgen Tod.*

2 Uhr:
*Hört Ihr Leut...
2 Weg hat der Mensch vor sich, Herr,
den schmalen führe mich.*

3 Uhr:
*Hört Ihr Leut...
3 Personen ehren wir in der Gottheit für und für.*

4 Uhr:
*Hört Ihr Leut...
4fach ist das Ackerfeld, Mensch,
wie ist dein Herz bestellt.*

Nachdem bislang die Schreiner das Ankleiden und **Einsargen der Leichname** besorgten, gehörte dies ab 1898 zu den Pflichten der beiden Totengräber Gutknecht und Josef Keller. Letzterer übergab seine **Nachwächterstelle** an Max Krugger, der sie 1899 wieder an Josef Keller abtreten mußte. — Im Januar richtete ein furchtbarer **Sturm** an den Gebäuden und im Wald erheblichen Schaden an. Durch den starken Regen, der daraufhin niederfiel, stieg die Donau in der Nacht vom 14./15. Januar rasch an und erreichte die Höhe von 1848 (3,60 m), unterhalb der Papierfabrik 4 m über dem gewöhnlichen Stand. Nachts 3 Uhr wurden die Bewohner durch die Feuerwehr alarmiert. Sie räumten ihre bereits überschwemmten Keller, mußten in den Erdgeschossen ausziehen und retteten den Viehbestand. Auf dem Gelände der Papierfabrik war der ganze Lagerholzbestand angehoben und teilweise abgeschwemmt worden, obwohl er mit Pfählen, Ketten und Tauen abgesichert war. Der dort angestellte Maurermeister Weber, der bei den Pionieren ausgebildet worden war, ging am frühen Morgen daran, Holzstämme zu bergen, wobei er allein vom neuen großen Schiff der Fabrik aus, in welchem er Stangen, Haken und Seile mitnahm, bis zum Abend Stämme enterte und zusammenband. Auch am Fabrikgebäude war großer Schaden entstanden, da am Kanal ein tiefes Loch der Flußsohle herausgerissen wurde und der Zellulosefabrikbau einzustürzen drohte. Gebäudeschäden waren auch in der Stadt entstanden. Der Sturm hatte Löcher in die Dächer gerissen, Kamine abgeworfen und Bäume geknickt. In den Waldteilen Krottenbach und Spitzenweiler fiel der gesamte Tannenbestand (Bauholz) dem Sturm zum Opfer. Am Donauufer wurde an mehreren Stellen, im Olber auf 200 m Länge das Böschungspflaster abgeschwemmt. — Nachdem das Hochwasser abgelaufen war, legte die Stadt hinter den Augärten auf der stadteigenen Wiese Parz. Nr. 123 mit einem Kostenaufwand von ca. 200 Mark einen neuen **Turnplatz** mit Sprunggrube an und schrankte ihn ab.

1900: **Einwohner:** 1080 (512 männlich, 568 weiblich), 53 evangelisch; bewohnte Häuser: 167. — Sorge bereitete die **Quellwasserversorgung**. Nachdem die Grabung am sog. „Kalten Brunnen" im oberen Stadtwald nicht erfolgversprechend war, kaufte die Stadt die Quellen auf den Grundstücken des Hipfelsberger Bauern. — Die Konzession zur Erbauung einer **Wasserwerksanlage** am unteren Donaulauf, die schon 1892 von der Stadt beantragt worden war, ging auf den Fabrikanten Jakob Krämer über. Zu diesem Vorhaben (E-Werk Jakobstal) war eine Änderung der Markungsgrenze erforderlich.

Über **hohen Besuch** in Scheer am 4. Juli 1901 berichtete die Zeitung „Der Oberländer": „Der längst angekündigte Besuch Sr. Durchlaucht des Fürsten von Thurn und Taxis in Scheer vollzog sich in schöner programmäßiger Weise. Schon mehrere Tage vorher war allseitig reges Leben und Treiben in Vorbereitung zu dem hohen Besuch. Sämtliche Straßen wurden mit jungen Tannenbäumen eingefaßt, Ehrenpforte und Flaggenmasten errichtet, und am Festmorgen prangten bald bei hellem Sonnenschein die Straßen im Flaggenschmuck. Doch „Mit des Geschickes Mächten ist kein ew'ger Bund zu flechten!" — gegen Mittag verfinsterte sich der Himmel, und bald ergossen sich des Himmels Schleußen auf all die schönen Fahnen und Verziehrungen und stimmte die Festesfreude tief herunter. Zum guten Ende hatte der Himmel jedoch ein Einsehen, und es konnte der Einzug ungestört um 4 Uhr 45, wo der Extrazug unter Kanonen- und Böllersalven einfuhr, vor sich gehen. In den Straßen bildete die Schuljugend, Feuerwehr und Militär-Verein Spalier. Die bürgerlichen Kollegien hatten ich am Triumphbogen aufgestellt, wo dann die offizielle Begrüßung durch eine Ansprache des Herrn Stadtschultheiß Deschler stattfand und durch ein Schulmädchen mit sinngemäßem Gedicht ein herrliches Blumenbouquett überreicht wurde. Se. Durchlaucht der Fürst und hohe Gemahlin waren sichtlich erfreut über den Empfang und nahmen Begrüßung und Blumen huldvoll entgegen. Im Schloßhof war die Musik und der Liederkranz postiert, und unter den schmetternden Fanfaren des Taxis-Marsches fuhr Se. Durchlaucht und dessen hohe Gemahlin in ihre Besitzung ein. Auch hier von einem weißgekleideten Mädchen mit Sinnspruch und Blumenstrauß begrüßt, begaben sich die hohen Herrschaften in ihre Gemächer und nahmen von dort aus das von Musik und Liederkranz dargebrachte Ständchen, welches in schöner Abwechslung aus 5 Nummern in Lied und Musik bestand, entgegen. Nach kurzer Besichtigung des Schlosses und Parkes und nach einzelnen huldvollen Audienzen, bei welchen sich die höchsten Herrschaften über Empfang und Ständchen hocherfreut aussprachen, begaben solche sich zur Kirche. Am Portal von Herrn Stadtpfarrer Locher in längerer Ansprache begrüßt, fand die Besichtigung der Kirche statt, während vom Kirchenchor das prächtige „Domini salvum fac principem" von Schütky gesungen wurde. Allenthalben zeigten sich Fürst und Fürstin freundlich grüßend und dankend für die dargebrachten Ovationen, und unter den Klängen der Musik fuhren die fürstlichen Hoheiten wieder durch die Spaliere der Vereine dem Bahnhof zu und sodann per Extrazug nach Marchtal. Die ganze Festlichkeit hat sichtlich sowohl die hohen Herrschaften als auch die Stadt vollauf befriedigt und möge

Veranlassung sein, daß die hohe Standesherrschaft die hiesige Besitzung im Auge behält und auch öfters wiederkehrt." — Der Stadtschultheiß erhielt bei diesem Anlaß vom Fürsten „eine mit Brillanten besetzte Busennadel". —Nachfolger des verstorbenen **Waldmeisters** Carl Gutknecht wurde der Bäcker Albert Nolle (–1919), Nachfolger des verstorbenen **Stadtpflegers** Friedrich Gutknecht der Wagner Karl Knor (–1921). Er war wie sein Vorgänger auch stellvertretender Standesbeamter.

Am Freitag, den 24. Oktober 1901, äscherte ein **Großbrand** 5 Wohnhäuser ein. Hierbei wurden 13 Familien mit 36 Personen obdachlos. Nachmittags, kurz nach 14 Uhr brach in der Scheune des sog. „Feinäugleturmes" Feuer aus. Dieses 4stockige, zwischen den Gebäuden an der Stadtmauer 6 und 8, auf die Stadtmauer aufgesetzte Gebäude, das seinen Namen wohl vom gleichnamigen Bürgermeister hatte, war ursprünglich Wach- und Wehrturm. Eine hölzerne Treppe führte zum überdachten Umgang des 2. Stockwerks. Im Erdgeschoß befand sich ein Ausfalltor (später Scheuertor), das den Weg (OW 24) von der Hirschstraße zur Fabrikstraße absperrte. Bei Ausbruch des Brandes wohnten hier die Familien Max Krugger, Anton Nadler, Witwe Kienle (Teufel-Kätter) und Witwe Pröbstle (Schmied-Karles Witwe). Bald stand das ganze Fachwerkhaus in Flammen, die in kurzer Zeit auf die Scheuer des Hafners Stauß und des Paul Krugger, auf das 3stockige Wohnhaus des Bäckers Paul Krugger, die Scheuer des Ochsenwirts Rothmund, das Wohn- und Ökonomiegebäude des Briefträgers August Linder und das des Eduard Linder übergriffen. Das kleinere Wohnhaus des Wilhelm Heudorf wurde durch die einstürzenden Giebel des Feinaigleturmes und der Scheuer (Stauß, Krugger) zugedeckt und brannte ebenfalls ab. Überall konnten Menschen und Tiere gerettet und auch viel Mobiliar in Sicherheit gebracht werden. Den eingesetzten Feuerwehren, neben der hiesigen waren es die von Ennetach, Mengen, Blochingen, Heudorf, Hitzkofen, Bingen und Sigmaringendorf, die alle recht frühzeitig zum Einsatz gekommen waren, gelang es nicht, die Katastrophe zu verhindern. Obwohl Brandstiftung angenommen und 2 Verhaftungen vorgenommen wurden, blieb die Brandursache ungeklärt.

1902 zählte die Stadt 1080 Seelen. — Der **Polizei- und Amtsdiener** Engelbert Kienle trat in den Ruhestand. Nachfolger: Alois Kieferle, Maurer, geb. 15. 3. 1887 in Wurzach (–1946). Er war der letzte Polizeidiener. — Nachfolger des **Totengräbers** Alois Gutknecht: der Taglöhner Thomas Kieferle (–1927), des in diesem Jahr verstorbenen Totengräbers Willibald Gutknecht: der Taglöhner Wilhelm Haidorf (–1910). Da die seitherige städtische Erdöl-Straßenbeleuchtung mangelhaft war, schloß der Rat mit dem Fabrikanten Krämer einen Vertrag zur Errichtung einer **elektrischen Straßenbeleuchtung**, welche Krämer in eigener Regie von seinem E-Werk aus installierte. Ab 1. Februar 1903 waren die Straßen von 23 Glühlampen beleuchtet. Auf Krämers Antrag mußte das Austreiben der **Gänse** in die „Gansgrube" eingestellt werden (–1919), da fliegende Gänse die elektrischen Leitungen beschädigten. Hierbei wies die Verwaltung darauf hin, daß die Gänse auch fernerhin an Sonn-, Fest- und Feiertagen keinen freien Auslauf haben.

Mit einem Kostenaufwand von 66 339 Mark, wovon der Staat 2700 Mark, die Zentralkasse zur Förderung des Feuerlöschwesens 2000 Mark bezahlten, baute das Hüttenwerk Wasseralfingen im Frühjahr und Sommer 1903 die neue **Wasserversorgungsanlage** für die 1080 Einwohner zählende Stadt. Hierzu wurde die Quelle in der Nähe des Hipfelsberges gefaßt, aus dem „Wäldle" eine weitere Zuleitung gelegt und bei der Einbiegung des Wegs von der Roten Steige zur Rübhalde ein 60 m³ fassendes Reservoir erstellt. Eine weitere im Wäldle gefaßte Quelle lieferte das Wasser für die der Herrschaft gehörige Leitung, die durch den Park über die Schloßbrücke ins Schloß (laufender Brunnen) und von hier zur Kirche (Sakristei) und den Pfarrhäusern führte. Die Baumaßnahmen unterstanden der Leitung des Oberamtsbaumeisters Heiß. Als Brunnenmeister wurde der Flaschnermeister Eduard Maier angestellt (–1949). Die überflüssig gewordenen 5 städtischen Pumpbrunnen (in der Brechgrube, bei Eduard Spähs Haus, bei Zimmermann Stauß's Haus, in der Nähe des Johann Haaga'schen Hauses und auf dem Graben bei Carl Gutknechts Haus) wurden entfernt.

1904 erwarb die Stadt von der fürstlichen Verwaltung um 1700 Mark das **Fischereirecht** vom „hinteren Wiesle" (Landesgrenze) bis zum Einlauf in den Kanal zum Jakobstal. Das Fischereirecht im Schaalschen Fabrikkanal verkaufte sie an den Fabrikanten Schaal weiter. — Im Olber und bei der Brunnenstube betrieb die Stadt **Kiesgruben**, für die der Farrenwärter und Taglöhner Anton Schlee als Kieswerfer angestellt war. — Für den Wasenplatz im Rückhau wurde der Taglöhner Anton Schmid als **Kleemeister** angestellt. Seine Aufgabe war es, an Seuchen gefallene Tiere dorthin zu bringen, zu zerlegen und zu verscharren. Im Jahr 1905 erstellte die Stadt dort ein Abdeckereigebäude und schaffte einen Ladewagen an. — Die **Straßenbeleuchtung** wurde um 4 Glühlampen erweitert (bei der Schloßbrücke, bei der Fabrikwirtschaft, beim Sattler Karl Burger und beim Farrenstall). — Einführung der **Hundesteuer**. — Die Volkszählung ergab: 1121 Einwohner (519 männlich, 602 weiblich; 46 evangelische). Häuser: 182.

1906 erhielt der Stadtschultheiß Deschler nach 40jähriger Dienstzeit von der Stadt eine sog. „Pariser Standuhr" unter Glasglocke. — Bei den Augärten (Fabrikstraße) ließ die Stadt eine **Betonmauer** errichten. — Da von 16 Einwohnern 22 Mutterschweine gehalten wurden, war die Wiedereinführung der städtischen **Zuchteberhaltung** erforderlich. Sie wurde zunächst den Bauern Johann Will, dann dem Landwirt und Nachtwächter Josef Keller übertragen. — Das Amt des **Fron- und Stadtbaumeisters** übernahm 1907 der Maurermeister Josef Weber (–1926). Der **Kleemeister** Schmid erhielt die Erlaubnis, auch seuchenfreie Pferde aus den umliegenden Gemeinden zur Kleemeisterei nach Scheer zu bringen. — In der städtischen **Kiesgrube** bei der „Höll" wurde der Landwirt Josef Knor als Kieswerfer angestellt. Den Kiesgrubenbetrieb im „Olber" und bei der Brunnenstube besorgte das Stadtbauamt. — Wegen der **Mäuseplage** zahlte die Stadt 10 Pfennig für 100 Mausschwänze. — Das **Bürgerrecht** erhielten: Josef Dettling, Fabrikarbeiter aus Haiterbach, Josef Rauser, Bierbrauer aus Heudorf, Benedikt Pfaff, Bräuhauspächter aus Mengen, Karl Herkommer, Buchhalter aus Unterböbingen O.-A. Gmünd, Franz Xaver Heitele, Kutscher aus Binzwangen, Karl Gessler, Hüttenwerksarbeiter aus Heudorf, Anton Schmid, Kleemeister aus Bochingen, Martin Buck, Fabrikarbeiter aus Beizkofen, Johann Georg Eckstein, Forst- und Jagdaufseher aus Blochingen, Anton Rauser, Fabrikarbeiter aus Heudorf, Roman Enderle, Fabrikarbeiter aus Kaiseringen/Hohenz., Josef Knor, Landwirt aus Sigmaringendorf, Anton Schaidle jg., Fabrikarbeiter aus Buchau.

1908 trat Stadtschultheiß Deschler in den Ruhestand und bezog seine Villa an der Tuchbleiche. Für seine großen Verdienste wurde er zum Ehrenbürger ernannt. (Er starb kinderlos am 14. Dezember 1914.)

Stadtschultheiß Karl Josef Rist (1908–1946)

Er wurde am 2. 2. 1883 in Altshausen geboren, war nach dem Dienstexamen für mittlere Verwaltungsbeamte beim Fürsorgeamt in Stuttgart, ab 1906 als Verwaltungsassistent in Scheer tätig. Bei der Wahl, er war einziger Bewerber, erhielt er 219 von 229 gültig abgegebenen Stimmen. Anläßlich seiner Vermählung im Jahre 1909 schenkte ihm die Stadt eine goldene Uhr.

Bei dem am 26. Februar 1909 angelaufenen **Hochwasser** stand das neue Krämersche Arbeiterwohnhaus („Kaserne") vollständig unter Wasser, so daß für die Bewohner ein Schiffsverkehr eingerichtet werden mußte. Bei jeder Tauperiode des Frühjahrs, besonders aber bei größeren Hochwassern, waren die senkrechten Erdwände des linken Donauufers, die teilweise eine Höhe von 6–7 m hatten, in die Fluten gestürzt und weggeschwemmt worden. Hektarweise wurde wertvolles Ackerland zerstört.

Um weiteren Ausuferungen und den erheblichen Kosten für Ausbaggerungen vorzubeugen, sollten nach Beschlüssen der Gemeindekollegien Sigmaringendorf und Scheer die Ufer von den Anliegern mit Weiden bepflanzt und mit der Zeit so, ohne zu hohe Kosten, wieder ein festes Ufer geschaffen werden. Da das weggeschwemmte Material sich auch in den Triebwerkskanälen lagerte, ließ der Fabrikant Schaal im Jahre 1909, anläßlich der Hochzeit seines Sohnes Siegfried, an der Donau vom Waschhaus bis zum Einlaufkanal eine Betonmauer errichten. Von den übrigen Anliegern scheint zur Sicherung des Ufers überhaupt nichts getan worden zu sein. — Auf 1. 9. 1909 wurde durch Erlaß des Ministeriums die hiesige **Lateinschule** aufgehoben (vgl. 1911). — Am 19. und 20. Januar 1910 stieg die **Donau** durch plötzlich eingetretenes Tauwetter mit Regen so stark an, daß sie die Höhe von 3,25 m erreichte. — **Einwohner:** 1154 (548 männlich, 606 weiblich). — Da sich nach dem Tod des Totengräbers Wilhelm Heudorf kein Bewerber fand, hatte Thomas Kieferle den Dienst allein zu besorgen.

Am 29. November 1910 zerstörte ein Großbrand in der NO-Ecke der Stadt die Häuser „Graben Nr. 6, Nr. 8, Nr. 10, Nr. 12" und den „Hohbühl" ganz, das Haus „Menger Straße 9" teilweise. Mit dem Hohbühl und der genannten Häusergruppe, die auf der Stadtmauer aufgebaut war, ging ein charakteristischer Bestandteil von Scheer verloren.

Eckhaus „Hohebühl".

Der Hohbühl war ein gotisches Gebäude, das zwischen 1470 und 1480 erbaut wurde. 1899 stürzte der Giebel gegen den sogenannten „Kleinen Hohbühl" ein und war bis zum Dachfirst massiv aufgebaut worden. 1910 besaßen 3 Familien das Haus: im unteren Stock: Andreas Stumpp, Maurer (gest. 1948), im zweiten Stock: Karl Stumpp (gest. 1921), im oberen Stock: Konstantin Stumpp, Schlosser (gest. 1911). Über den Brand, dessen Ursache nicht geklärt werden konnte, wird berichtet: Am Sonntag, dem 29. November, brach um 23 Uhr in der Scheuer des Karl Franz Kieferle Feuer aus, das in den Futter- und Strohvorräten rasch um sich griff und auch das Wohnhaus erfaßte. Bald brannte auch das angebaute Wohnhaus des Anton Schaidle und des Polizeidieners Kieferle. Schon nach kurzer Zeit stand auch die angebaute Scheuer des Schlossers Karl Stumpp in Flammen. Da die Wand des Hohbühls auf der Seite gegen die genannte Scheuer aus Fachwerk bestand, drang das Feuer auch in dieses Gebäude von unten in das Treppenhaus ein, und bereits um Mitternacht stand dieses Wahrzeichen der Stadt mit seinem reichhaltigen Fachwerk in einem Feuermeer. Obgleich der Giebel gegen den sogenannten „Kleinen Hohbühl" bis zum Dachfirst massiv war, konnte dieses Gebäude nicht gerettet werden. Gegen Morgen griff das Feuer auch auf die angebaute Scheuer des Spitalpflegers (Eckschuster) Johann Zimmerer und Cölestin Stöckler über. Jetzt war das Wohnhaus der beiden an der Reihe und wäre zweifellos auch abgebrannt, doch auf energischen Protest des Johann Zimmerer mußte es gerettet werden, obgleich der Schaden nicht groß gewesen wäre und jedermann es gerne schon wegen der Enge der Straße beim Altersheim gesehen hätte, wenn auch dieses Haus abgebrannt wäre. — Außer der hiesigen Feuerwehr waren noch jene von Ennetach, Mengen und Sigmaringendorf gerufen worden. Während dieses Brandes sollen sich allerhand drollige Szenen abgespielt haben; es war doch Sonntag und die Auswirkung des Alkohols machten sich bemerkbar. Schon der Alarm soll nicht recht geklappt haben. Der eine Hornist lag in tiefem Schlaf, und beim andern war eben Familienzuwachs eingetroffen, so daß er nur vom Fenster seiner Wohnung aus Signal geben konnte. Den Feuerwehrkommandanten vergaß man zu wecken, so daß dieser erst gegen 3 Uhr in der Früh eintraf. Stadtschultheiß Rist befand sich gerade in München auf der Hochzeitsreise, kehrte aber sofort zurück. Insgesamt waren 14 Familien (39 Personen) vom Brand betroffen. — Erstmals wurden in diesem Jahr vom städt. Waldamt **Christbäume** geschlagen und zum Preis von 10 Pfennig pro Stück verkauft.

Das Jahr 1911 stand unter dem Zeichen des **Schulhausbaues**, der schon 1906 bei der Gesundheitsvisitation des kgl. Oberamts gefordert, aber immer wieder abgelehnt worden war (vgl. Schule). Nachdem seit 2 Jahren keine Lateinschule mehr bestand, beschlossen die Gemeindekollegien, daß an der hiesigen Volksschule durch den St.-Antons-Kaplan wöchentlich 6 Stunden privater **Lateinunterricht** erteilt wird. Die Besoldung erfolgte aus Mitteln der Stadtpflege, des landschaftlichen Schulfonds und der Präsenzpflege. — Bei der Verbesserung der **Straße** vom Spital zum Bahnhof, bei der eine Dampfwalze Verwendung fand, mußte die in den 70er Jahren gepflanzte Pappelallee entfernt werden. Kraftfahrzeuge durften in die Kurve beim Adler nur noch mit einer **Höchstgeschwindigkeit** von 15 km/h fahren. — Eine **große Dürre** erforderte die Verwendung von Stroh zu Fütterungszwecken. Aus dem Wald durfte Laub- und Grasstreu geholt werden. —Dem verstorbenen **Waldschützen** Konstantin Stumpp folgte der Fabrikarbeiter Johann Hering in diesem Amt. — Am 16. November dieses Jahres wurde Deutschland und auch unsere Gegend von einem gefahrvollen **Erdbeben** heimgesucht. Es war an einem Donnerstag nachts einige Minuten vor $^1/_2$11 Uhr, als ein Erdbeben in zwei kurz nacheinanderfolgenden, wellenförmigen Stößen von großer Wucht und donnerähnlichem Getöse die Leute aus dem Schlafe weckte. Die Stöße waren so stark, daß die Gebäude krachten und zum Schwanken kamen. Viele Kamine stürzten ein, Glaswaren und Figuren fielen um und gingen in Scherben, viele Uhren blieben stehen, Decken stürzten ein, die Häuser, namentlich die massiven Bauten, zeigten Risse. Die Leute flüchteten halbbekleidet auf die Straßen, die Kinder schrien zum Erbarmen. Auch das Vieh im Stall, namentlich die Hunde, wurden aufgeregt (Lehr).

1912 **Einwohner** 1150. — Mit der Fertigstellung des neuen Schulhauses wurde der seitherigen **Schuldienerin**, der Frau des Taglöhners Josef Will gekündigt und die Stelle der Johanna Linder, geb. Heim, übertragen, der Frau des Maurers Xaver Linder. — Der Schulhof war fortan **Turnplatz** (der seitherige Turnplatz in der Au verpachtet).

1912 erfolgte die **Einrichtung der allgemeinen elektrischen Beleuchtung**. Stromlieferant war die Krämersche Papierfabrik. Einzelne Haushaltungen namentlich der Bartelstein und auch das Bräuhau bezogen Licht- und Kraftstrom von der Firma Schaal, die schon früher Strom erzeugte.

Brände: 1913 brannten die **Brauerei** und das Wirtschaftsgebäude der Firma I. Götz ab, ebenso ein großes Fachwerkhaus mit offenem Gang an der Rückseite hinter dem Haus des Metzgers Will, das von Michael Knor und Karl Vogel bewohnt war. Einem weiteren Brand fiel am 22. Dezember das Wohn- und Ökonomiegebäude des Josef Knor und Karl Pröbstle zum Opfer. — Krankheitshalber kündigte der 68jährige **Nachtwächter** Josef Keller (1897–1913) den Dienst, der nun dem Fabrikarbeiter Xaver Will übertragen wurde (1913–1946). Er war der letzte Nahtwächter in Scheer. Auch er war ordnungsgemäß mit Laterne, Spieß und Mantel ausgerüstet. Die einzelnen Stunden wurden nicht mehr gerufen, wohl aber gab's einen Abendruf und einen Tagruf. Ebenso sang der Wächter am Sonntagmorgen und in der Christnacht. Die Rufe lauteten:

Abendruf

Gebet acht auf Feuer und Licht,
Denket nicht: Ein Funke schadet nicht!
Ein Funke, sei er noch so klein,
Er äschert Städt und Dörfer ein.

Tagrufe

Die grause Nacht, die geht zu End',
Drum freue dich, o Menschenkind!

*Verlaß im Namen Jesu jetzt
Mit Dank nun deine Lagerstätt',
Sei frohen Mut's und trau' auf Gott,
Dann geht die Arbeit munter fort.*

*Wach' auf, o Mensch, vom Sündenschlaf,
Ermunt're dich, verlornes Schaf,
Und bess're bald dein Leben!
Wach' auf, es ist jetzt hohe Zeit,
Es kommt heran die Ewigkeit,
Dir deinen Lohn zu geben.
Vielleicht ist heut' der letzte Tag,
Wer weiß, wie bald man sterben mag?!*

Am Sonntagmorgen

*Auf, ihr Christen, auf, ihr Brüder,
Feiert jetzt den Sonntag wieder,
Euern Sonntag in dem Herrn,
Wie der helle Morgenstern!
Wenn wir scheiden von der Erden,
Dann wird's erst recht Sonntag werden
Droben in der Zionsstadt...
Selig, wer den Eingang hat!*

In der Christnacht

*Hört und laßt euch sagen,
Was sich in Bethlehem hat zugetragen,
Was allda geboren ist,
Unser Heiland Jesu Christ!*
(Siehe auch 1875.)

Die Stadt ließ im Schulhof, beim Brunnen vor dem Deutschen Hof, unten am Bergspitz und vor dem Gottesacker **Lindenbäume** pflanzen. — Verboten wurde, daß weiterhin am Geländer der Donaubrücke **Wäsche** zum Trocknen aufgehängt wird. — Da der städtische **Ziegenbockhalter** Josef Keller kündigte, nahm die Stadt die Ziegenbockhaltung in eigene Verwaltung und brachte den Bock im Farrenstall unter.

Am 31. Juli 1914 abends 9 Uhr zog hier eine militärische **Bahnschutzwache** in Stärke von 1 Unteroffizier und 12 Mann auf. Sie war im Stationsgebäude untergebracht. Nach dem 1. August, dem Tag der Mobilmachung, mit welcher der Erste Weltkrieg ausbrach, erfolgte Verstärkung, die bald auf 90 Mann anwuchs. — In der Stadt wurden am 7. August „zum Schutz der Bahnlinie, Telefon- und Telegraphenleitungen, Straßen und öffentlichen Gebäuden, wie auch zur Kontrolle der Autos, Fahrräder und verdächtigen Personen" ein **Sicherheitsdienst** eingeführt, den die Bürger freudig ausübten. — Im Spital richtete man ein **Vereinslazarett** bzw. Erholungsheim ein. An die Industrieschule und auch an Private gab die Stadt Wolle aus zur Herstellung von Strickarbeiten für die Soldaten. Außerdem wurden Zigarren und Schokolade gekauft und die „**Liebespäckchen**" anfangs Dezember an die Soldaten abgeschickt. — Noch im selben Jahr trafen die ersten **Gefallenenmeldungen** ein: Paul Weber, Sohn des Stadtbaumeisters, Johann Sorg, Sohn des Hüttenarbeiters Josef Sorg, Xaver Krugger, Sohn des Bäckers Paul Krugger (starb an Typhus) und Wunibald Stauß, Sohn des Hafners Josef Stauß.

Jugendwehr Scheer
Hintere Reihe: Hermann Killenberger (Tür), Ferdinand Bertler, Anton Linder, Paul Rotacher, Joh. Eisele, Max Weckerle, Max Linder, Haberbosch; zweite Reihe: (—), Jerger, Killenberger (gen. Baze), Karl Enderle, Johann Baur, Willibald Gutknecht; 3. Reihe: Strauß, Karl Gutknecht, (—), Willib. od. Xaver Will, Ferdinand Weber, Josef Will, Anton Rauser, Josef Pfister, Karl Knor, Ferd. Weber sen.; — vordere Reihe: Adolf Jerger, Karl Linder, Xaver Linder, (Trommler unbek.), August Kieferle. Die Aufnahme entstand ca. 1918 vor dem „Gasthaus zur Au".

Beim Infanterie-Regiment 124, 8. Kompanie: Aufschrift a. d. Tafel: „Flandern Weltkrieg 14/15/16. Hintere Reihe v. l.: Friedrich Zirn, Konrad Schuler, Max Dom, Georg Rotacher, Xaver Reck; mittlere Reihe: Karl Speh, Max Bauer, Konstantin Bregenzer, Eugen Rothmund, Josef Sonntag; vorne: Karl Gutknecht, Franz Knor.

1915 begann die EVS mit dem Bau der **Hochspannungsleitung**, die von Herbertingen über die Markung Scheer nach Sigmaringen führt. — Zum **Wachdienst** für stehende und geschnittene Früchte meldeten sich 7 junge Leute über 15 Jahre freiwillig. — Der Schuhmacher Engelbert Kienle übernahm stellvertretend die Stelle des wieder zum Landsturm eingerückten **Polizeidieners** Alois Kieferle, für den zum Heer einberufenen **Nachtwächter** Xaver Will trat der Feldschütze Josef Kienle ein, für den ebenfalls einberufenen **Leichenschauer** Friseur Ferdinand Will, der Menger Wundarzt Xaver Ziegler.
Gefallen sind: Sales Will, Sohn des Bauern Johann Will, Josef Schlee, Sohn der Witwe Maria Schlee, Anton Plumacher, Sohn des Gärtners Heinrich Plumacher (er wurde nach Scheer überführt und im Ehrengrab für Krieger beigesetzt), Josef Löffler, Sohn der Witwe Clementine Löffler, Karl Fürst, Sohn der Witwe Wilhelmine Fürst.
— Als Erinnerungszeichen für die Gefallenen ließ die Stadt im Jahre 1916 auf dem Friedhof ein **Kreuz** aus Eichenholz erstellen. — Auf Kosten der Stadt wurden die im Lazarett Mengen untergebrachten **Verwundeten** zu einem Imbiß ins Bräuhaus eingeladen. Das Rathaus erhielt einen Anschluß ans **Telefonnetz**. — Die Nachfolge des verstorbenen **Leichensagers und Hochzeitsladers** Karl Schmid übernahm der Schneider Josef Reck.

Gefallen sind: Johann Löffler, Sohn der Witwe Löffler; Ferdinand Knor, Sohn des Stadtpflegers Karl Knor; Emil Krugger, Bräuer; Anton Reiner, Fuhrknecht; Josef Zimmerer, Sohn des Straßenwärters Johann Zimmerer; Martin Buck, Sohn des Fabrikarbeiters Martin Buck; Franz Schmid, Sohn des Zimmermanns Josef Schmid; Johann Keller, Kaufmann; Karl Speh, Bauer; Anton Bauer, Bäckermeister; Albert Kieferle, Maschinenschlosser; August Krugger, Hüttenwalzer; Josef Weiß; Josef Mohn und Edwin Biegger. 1917 trafen weitere Gefallenenmeldungen ein: Ludwig Nolle, Bäcker; Anton Fischer, Fabrikarbeiter; Xaver Reck, Hüttenwalzer; Paul Schweizer, Dipl.-Handelslehrer. — Am 4. Juni 1917 ging auf der Markung Mengen ein Flugzeug nieder. Für den Flurschaden, den neugierige Schüler, auch aus Scheer, anrichteten, hatten die jeweiligen Gemeinden aufzukommen.
Für den **Amts- und Polizeidiener** Kieferle, der am 22. Januar wieder einberufen wurde, trat der inzwischen zurückgekehrte Nachtwächter Will ein. Nach dessen erneuter Einberufung am 11. Dezember übernahm der Farrenwärter Anton Schlee den Polizeidienerdienset, der Mauser und Feldschütze Josef Kienle den **Nachtwächterdienst**. — Zur Sicherung der **Eierversorgung** wurde eine von der Händlerin Theresia Fischer geleitete Eiersam-

1. Reihe v. l: Josef Zimmerer, German Kieferle, Friedrich Zirn, Paul Maienberger, Xaver Stöckler;
2. Reihe: Sales Will, Konrad Schuler.

melstelle eingerichtet. 1917 lieferten die hiesigen Landwirte 14 600 Eier ab. Die Sammelstelle übernahm 1918 der Konditor Kerle. — Die Schule führte im Stadtwald eine **Laubheusammlung** durch. — Brand: Am 19. Februar 1918 brannte die Scheuer des Landwirts Karl Gulde ab. — Die Stadt zeichnete zur 8. **Reichsanleihe** 15 000 Mark, zur 9. 12 000 Mark. — Die **Lazarettinsassen** von Mengen waren wieder im Bräuhaus Gäste der Stadt. — Den nicht Landwirtschaft treibenden Angehörigen einberufener Soldaten wurden ab 1. April Zuschläge zu den **Familienunterstützungen** gewährt und dabei bemerkt, daß auch weniger bemittelte Landwirte diese Unterstützung erhalten, falls die Teuerung anhalte.
Gefallen sind im letzten Kriegsjahr: Max Dom; Wunibald Kienle; Hugo Will, Lehrer; Georg Rotacher, Fabrikarbeiter und Karl Linder, Sohn des Engelbert Linder.
Im Verlaufe des Ersten Weltkrieges rückten aus Scheer 264 Männer ein. Davon waren 222 an der Front und der Rest mit 42 hatte Heimat- bzw. Garnisonsdienste zu verrichten. Den Heldentod fanden 42 bzw. 44 Feldgraue, 5 hiervon sind auf dem hiesigen Friedhof beerdigt. Befördert wurden: zum Leutnant d. R. 6, zum Offiziersstellvertreter 1, zum Feldwebel bzw. Wachtmeister je 1, zum Vizefeldwebel 9, zum Sergeanten 9, zum Unteroffizier 12. An Auszeichnungen wurden erteilt: Das Eiserne Kreuz 1.

Klasse an 3, der Friedrichsorden 2. Kl. mit Schwertern an 1, die Goldene Verdienstmedaille an 2, die Auszeichnungen 3., 2. und 1. Kl. erhielten 3, das Landwehrabzeichen 3. Kl. für 9jährige Dienstzeit erhielen 25, das Hanseatenkreuz am rotweißen Bande 1, das Wilhelmskreuz mit Schwertern 3, den Schlesischen Adler 1. und 2. Kl. 1, das Bayrische Verdienstkreuz mit Krone und Schwertern 5, das Eiserne Kreuz 2. Kl. 96, die Württembergische Silberne Verdienstmedaille 81, die Badische Verdienstmedaille 2, die Hohenzollerische Verdienstmedaille mit Eichenlaub und Schwertern 4, die Österreichische Tapferkeitsmedaille 2, das Verwundetenabzeichen in Silber 4, das Verwundetenabzeichen in Schwarz 25 Krieger. In französische Gefangenschaft kamen 4, in englische 2, in amerikanische 1 Feldgrauer. Näheres ist im Ehrenbuch enthalten (Lehr).
Vom 29. November bis 4. Dezember 1918 waren hier im Zuge der **Demobilmachung** ehemalige Soldaten einquartiert. — Am Dreikönigstag des Jahres 1919 veranstaltete die Stadt eine **Begrüßungsfeier** für die einquartierten Soldaten. Sie marschierten um 9 Uhr, im Zug mit der Stadtmusik und dem Militärverein, zum Dankgottesdienst in die Kirche. Bei der weltlichen Feier, ab 18 Uhr im Bräuhaus, wurden sie von der Stadt zechfrei gehalten. Im städt. Schlachthaus wurde eine **Sammelstelle für**

Frischmilch eingerichtet. Hierher hatten die Kuhhalter die Milch zu bringen, die in einem Milchkühler an die Versorgungsberechtigten verteilt wurde. Die Geschäftsführung oblag dem Kaufmann Paul Birkenmaier, Hilfsperson war die Witwe Anna Volk. — Albert Nolle, der 18 Jahre lang **Waldmeister und Waldamtsrechner** war, kündigte, da er in seiner Bäckerei zuviel Arbeit hatte. Beide Dienste wurden nun getrennt: das Amt des Waldmeisters übernahm der Deutsch-Hof-Wirt Eugen Rothmund, das des Waldamtsrechners der Kriegsinvalide Leonhard Knor. — Nach Art. 10 der Gemeindeordnung waren künftig 12 statt bisher 8 **Gemeinderatsmitglieder zu wählen.** — Nachdem die Oberamtspflege und das Kameralamt dem **Giroverkehr** der Oberamtssparkasse beigetreten waren, schloß sich auf Erlaß des Innenministeriums auch die Stadt dieser Zahlungseinrichtung an. — Bis 1903 hatte ein **Ganshirte** die Gänse in den sog. „Gansgarten" getrieben. Nun wurde die städtische Wiese hinter der Au als Gansgarten eingefriedet und Maria Gessler als Gänsehirtin angestellt. In der Hutzeit, die vom April bis zum 20. Oktober dauerte, hatten die Gänsebesitzer jeden Tag morgens 6 Uhr die Gänse in den Gansgarten zu verbringen und die dort abends 6 Uhr abzuholen, wobei der Ganshirte, der tagsüber die Aufsicht führte, mithelfen mußte. Notfalls hatte er die Flügel der Gänse in einer den Flug verhindernden Weise zu beschneiden. Der Hirte, der von der Stadt vergütet wurde, hatte über die zur Hut getriebenen Gänse bzw. deren Besitzer ein Verzeichnis zu führen, das er nach Beendigung der Hutzeit der Stadtpflege zum Einzug des Hüterlohnersatzes übergab. — Die Stadt erwarb die **Frühmeßwiese** (Parzelle 893), um sie in kleineren Abteilungen an kleinere Landwirte, Ziegen- und Kuhhalter verpachten zu können. Preis 9000 Mark. — Da in der Stadt noch niemand eine **Sämaschine** hatte, wurde auf Rechnung der Stadt eine solche angeschafft und deren Betrieb dem Brauereibesitzer Götz übertragen. Er hatte die Maschine den Landwirten gegen eine pro Morgen festgesetzte Gebühr zur Verfügung zu stellen. — Die Stadt protestierte gegen die Verordnung der Reichsregierung, nach welcher im Handelsgewerbe vollständige **Sonntagsruhe** einzutreten hatte und am Donnerstag sämtliche Läden geschlossen bleiben mußten.
Nach mehrtägigen Regengüssen führte die Donau in der Christnacht vom 24./25. Dezember überraschend schnell **Hochwasser,** das im Verlaufe des Tages zum größten seit Menschengedenken anschwoll. Der Wasserstand stieg von 0,73 m auf 3,75 m. Schon morgens nach dem Engelamt konnten die Bewohner der „Brechgrube" und in den „Alleen" nicht mehr zur Brücke gelangen, die sie vor dem Gottesdienst noch ungehindert passiert hatten. Nur durch Gondeln und Notstege konnte der Verkehr aufrecht erhalten werden, da die Straßen teilweise bis zu 1 m unter Waser gesetzt waren. Vor dem Rathaus konnte die Straße auf Stegen überquert werden, die von der Feuerwehr aus Leitern und darübergelegten Brettern aufgestellt wurden. Auf der Menger Straße reichte das Wasser bis zum „Deutschen Hof" (heute: „Brunnenstube"), dessen beide Eingänge jedoch frei waren, so daß man durch den Hausgang von der Bahnhofsvorstadt auf den früheren Marktplatz und von da weiterkommen konnte. Im Wirtszimmer des „Adlers" stand das Waser $^1/_2$ m hoch. Von der Milchsammelstelle (Waschhaus) aus wurden im Stadtteil vom „Adler" bis zum „Hirsch" die Häuser auf Nachen mit Milch versorgt. Wenn auch an den Gebäuden rein äußerlich im allgemeinen kein besonderer Schaden entstand, war dieser in zahlreichen Kellern um so größer. Zentnerweise mußten nachher verfaulte Kartoffeln weggeworfen werden. Auch an den Donauufern, namentlich unterhalb der Papierfabrik, ferner an der Spitze der Halbinsel hinter der „Au", gegenüber der Schaalschen Fabrik und im Jakobstal verursachte das Wasser große Schäden. In der Papierfabrik, die ganz unter Wasser stand, wurde an Papier und Zement erheblicher Schaden angerichtet, auch im „Weiherlegarten", wo das Wasser bis zur Straßenböschung reichte und beide Zufahrtswege zur Fabrik überflutete. An Weihnachten hatte das Wasser gegen Mittag den Höchststand erreicht. Von da ab bis zur Ernte 1935 gab es keinen so hohen Wasserstand mehr. Nachdem die letzten Gefangenen zurückgekehrt waren, veranstaltete die Stadt am 30. Mai 1920 ein **Heimkehrerbegrüßungsfest.** Musikverein, Militärverein, Arbeiterverein, Liederkranz und Gesangverein Harmonie begleiteten die entlassenen Kriegsgefangenen in feierlichem Zug zum Festgottesdienst in die Pfarrkirche. Danach ging's zum Frühschoppen und Mittagsmahl in den Hirsch. Jeder ehemalige Gefangene erhielt von der Stadt 10 Mark. — Im Juli wurde beim „**Blumentag**" der Erlös von 100 Mark für die Gefangenen in Sibirien, Turkestan und Frankreich an die Sammelkasse bei der Oberamtspflege eingezahlt. Der Kriegsinvalide Feldschütze Alois Kienle übernahm die Stelle des **Waldamtsrechners** Leonhard Knor, der die Briefträgerstelle in Senden/Oberkirchberg angetreten hatte.

Von der **Maul- und Klauenseuche** der Jahre 1920/1921 waren 12 Stück Großvieh und 11 Kälber befallen. 11 Stück Großvieh und 2 Kälber mußten geschlachtet werden.— Die **Eberhaltung** ging von Johann Will auf den Bauern Wilhelm Deschler über (–1934). — Die eingetretene Teuerung hatte zur Folge, daß das letztmals 1886 festgelegte Einstandsgeld zur Erlangung des Anspruchs auf persönliche Gemeindenutzungen von 100 Mark auf 200 Mark erhöht wurde.

Die Ortsgruppe der christlichen Gewerkschaft Scheer (Vorstand Hämmerle) und des Arbeitervereins (Vorstand Eisele) erhielten von der Stadt einen Zuschuß für die Gestaltung des christlich-nationalen **Arbeiterfestes** am 29. Mai. — Stadtschultheiß Rist wurde am 23. 10. 1921 bei der Wiederwahl mit 509 von 515 abgegebenen Stimmen in seinem Amt bestätigt.

1922 mußten für die Ausstellung von „**Radfahrkarten**" 10 Mark an die Stadtpflege bezahlt werden. Der Gemeinderat beschloß, an der der Kirche gegenüberliegenden Mauer ein **Kriegerdenkmal** zu errichten und das dortige Missionskreuz an der Kirche anzubringen. Der aus Scheer gebürtige Kunstmaler Nolle fertigte den Entwurf. Da durch die fortschreitende Teuerung mit der Ausführung durch den Bildhauer Schönfeld in Stuttgart Schwierigkeiten entstanden, wurde sie der Kunstwerkstätte Güntert und Nägele, Sigmaringendorf übertragen.

wird als solcher wieder ausgewiesen. Der Badeplatz für Mädchen befand sich im Eispen beim sog. Donaubau. — Die deutsch-amerikanische Petroleumsgesellschaft („**Dapolin**") errichtete am Ortsweg Nr. 1 (nördlich des Paul Birkenmaier'schen Hauses) eine Straßenpumpanlage. — **Fahnenweihe des TV, Gründung des Fußballklubs Scheer** und des **Schützenvereins Scheer**. — **Brand:** Am 28. 10. 1926 brannte das Wohn- und Ökonomiegebäude Nr. 116 der Näherin Maria Hering ab. Der Schutzmann Alois Kieferle erwarb den Platz und erstellte darauf das heutige Haus Fabrikstraße 23. — Die Stadt erwarb für 7000 RM das Wohn- und Ökonomiegebäude des Schreiners Eduard Baur, das an die Kirchenpflege gefallen war, und baute es 1927 mit einem Kostenaufwand von 20 645 RM zu 5 Dreizimmerwohnungen um (**Stadthaus**).

Als **Stadtpfleger** wurde 1928 Konstantin Bregenzer angestellt (–1956).

Stadthaus (Mitte).

Das 2 369 676 Mark teure Denkmal wurde am 4. November 1923 eingeweiht. — In diesem Jahr erfolgte die **Neugründung des Turnvereins**. — **Brand:** Das Wohn- und Ökonomiegebäude des Landwirts Josef Pröbstle (Hirschstraße 21), in welchem der Mechaniker Ernst Müller bis zum Neubau seines Hauses Rote Steige 10 gewohnt und eine Werkstatt gehabt hatte, brannte am 8. September 1923 ab. — Den wiedereingeführten **Ganshirtendienst** übernahm die Witwe des Bäckers Paul Krugger, 1924 Maria Geßler. — Die **Fernsprechanschlüsse** kamen zum Anschlußbereich der Vermittlungsstelle Mengen, so daß fortan in Scheer keine eigene Vermittlungsstelle mehr bestand. Der Darlehnskassenverein baute an der Mengener Straße einen Schuppen, der 1927 vergrößert wurde.

1925 wurden 1200 **Einwohner** gezählt (605 männlich, 595 weiblich).

Seit 75 Jahren wurde am 20. Juli 1925 erstmals wieder ein **Kinderfest** gefeiert. — Von seinem Schwager Josef Weber übernahm der Maurermeister Anton Rapp 1926 die Stelle des **Stadtbaumeisters**. — Der **Kiesgrubenbetrieb** „in der Höll" wurde eingestellt. — Der seit über 40 Jahren bestehende **Badeplatz** für Knaben (zwischen dem Haus des Bauern Karl Will und dem Bartelstein), für den auf dem Flußbett ein Ankleideraum vorhanden war,

In Fortsetzung des 1919 vom Staat eingebrachten **Straßenpflasters**, ließ die Stadt 1927/1928 die Straße von der Villa Schaal bis zur Donaubrücke pflastern. Einschließlich der Pflasterung des Platzes vor dem Rathaus und der Gehwege beliefen sich die Kosten auf 21 289 Mark, wozu ein Staatsbeitrag von 5000 Mark bewilligt wurde. — Links der Donaubrücke („gegenüber dem Stadtmagazin") und beim „Deutschen Hof" wurde je eine **Plakatsäule** erstellt. — Im Bräuhaussaal fand die erste **Kinovorführung** statt. Josef Pfister, der das erste Wanderkino in unserer Ggend besaß, hatte sein Häusle bei der Brechgrube (heute Kinzelmann) verkauft, um die entsprechende Maschinerie anschaffen zu können. — Unter dem Vorstand Alfos Lehr wurde eine **Molkereigenossenschaft** gegründet.

Der Winter 1928/29 war überaus streng. In der Nacht vom Fastnachtsdienstag auf Aschermittwoch (12./13. Februar) wurde die **größte Kälte** mit —31° gemessen. — Die „**Deutsche Gasolin KG**" erstellte im Hof des Gebäudes Donaustraße 23 (Schutzmann Alois Kieferle) eine Straßenzapfsäule. — Bei der Reichstagswahl am 14. September 1930 stimmten in Scheer 677 von 796 Stimmberechtigten ab. 478 Stimmen entfielen auf die Zentrumspartei, 62 auf die Sozialdemokratische Partei, 47 auf die Christl. Soziale Volksd. Ev., 35 auf die Nat.-Soz. Arbei-

Ca. 1928.

terpartei, der Rest auf Splitterparteien. — Ab 1. 12. 1930 führte der Stadtvorstand die Bezeichnung „**Bürgermeister**", die Gemeinderäte „Stadträte".

Von 1930/1931 herrschte ein außerordentlich **schneereicher Winter**, wie ihn die ältesten Leute noch nie erlebt hatten. Anfangs Februar setzte ein Schneetreiben ein, das bei mäßiger Kälte 6–8 Wochen andauerte. Auf den Feldern und in den Wäldern lag der Schnee 60–70 cm hoch; vor den Häusern türmten sich 2–3 m hohe Schneemassen auf. Wild und Vögel gingen in großer Zahl zugrunde. Aus engen, sonnenarmen Gassen mußte der Schnee zur Donau abgeführt werden. Zum Glück schmolzen die Massen im April langsam ab, so daß das befürchtete Hochwasser ausblieb.

Die **Dreschgesellschaft** Scheer, die 22 Mitglieder umfaßte (die größeren Landwirte) erwarb eine neue Dreschmaschine. Da der seitherige Schuppen am Karl Pröbstleschen Haus zu klein war, wurde am nördlichen Giebel des Farrenstalls ein neuer Schuppen erstellt. Die Stelle des **Leichensagers und Hochzeitsladers**, welche bislang die Witwe des Schneiders Thomas Reck innehatte, wurde dem Totengräber Thomas Kieferle übertragen. Er erhielt von der Stadt pro Fall 3 RM. — **Wiederwahl** des Bürgermeisters Rist, der von 704 abgegebenen Stimmen 689 erhielt (765 Wahlberechtigte).

Luftschiff „Graf Zeppelin" am 24. Juli 1931 mit Flugkapitän Eckener und 5 Wissenschaftlern an Bord, auf der Fahrt zum Nordpol.

Bei der **Reichspräsidentenwahl** 1932 zählte Scheer 804 Stimmberechtigte. Von den 659 abgegebenen Stimmen, die alle gültig waren, erhielten: von Hindenburg 550, Hitler 71, Thälmann 28, Düsterberg 10.

Die Markung Scheer umfaßte rd. 1100 ha, darunter waren 403 ha Wald (255 ha Staatswald, 148 ha Privatwald). Inbegriffen in diese Zahlen ist der städtische Waldbesitz auf Hitzkofer Markung. Außerdem hatte noch eine größere Anzahl von Bürgern Grundeigentum auf den Markungen Ennetach, Sigmaringendorf und Hitzkofen. Das Schloß mit dem sog. Hirschgraben, der Park und das daran anschließende Webergärtle sind Eigentum der fürstlich Thurn und Taxisschen Herrschaft. — Der **Molkereigenossenschaft** Scheer eGmbH wurde der Handel mit Milch und Molkereierzeugnissen gestattet (Milchsammelstelle im „Deutschen Hof". Tägliche Anlieferung ca. 1000 l). — Unter der Vorstandschaft des Bauern Fritz Zirn wurde eine neue **Dreschgesellschaft** mit 15 Mitgliedern gegründet. — Der seit 1912 angestellte Waldschütze Hering erhielt den Titel „**Waldmeister**" (–1934). **Farrenwärter** wurde der Landwirt Max Baur (1932–1937). — Der **Nachtwächter** Will hatte von 23 Uhr bis 2 Uhr nachts Dienst; bis 23 Uhr kontrollierte der Schutzmann.

Im Herbst 1932 wurde mit dem 1. Abschnitt der Neubauarbeiten an der **Staatsstraße** Scheer–Sigmaringen begonnen, wobei die Kurve bei der Grenztafel entschärft wurde. Dabei mußte der ca. 20–25 m hohe Hang im sog. „Fischloch" bedeutend verbreitert und ausgefüllt werden. Das Material hierzu, ca. 7000 m³ Boden und Felsen, wurde aus dem im Hintergrund anstehenden Hang, hauptsächlich aber aus dem alten Straßenkörper genommen, der ca. 1,75 m tief abgehoben wurde. Die Beförderung geschah mittels Rollbahnen.

Am 5. November 1932 mußte in der Papierfabrik ein **Brand** bekämpft werden (s. d.), am 8. November brannte der Scheuerteil des Wohn- und Ökonomiegebäudes des Landwirts Anton Weckerle an der Bahnhofstraße.

1933 zählte die Stadt 1251 Einwohner (638 männlich, 613 weiblich). Mit Musikkapelle, Lampions und Fahnen fand am 21. März abends die erste **nationalsozialistische Kundgebung** statt, die mit einem „Freudenfeuer" auf dem Schachen endete. Diese Feier stand im Zusammenhang mit der Gründung der „Sturmabteilung" (SA) Scheer, welcher die Gründung der nationalsozialistischen Jugendverbände folgte (Hitlerjugend, Bund deutscher Mädchen, Jungvolk und Jungmädchen).

Aus Anlaß der Eröffnung des neuen Reichstages wurde am 30. März eine „nationale Kundgebung" veranstaltet, an welcher sich Stadtkapelle, Feuerwehr, Militär- und Kriegerverein, Turnverein, Arbeiterverein, Liederkranz und Fußballklub beteiligten. Durch das vorläufige Reichsgesetz zur Gleichschaltung der Länder wurde am 31. März der **Gemeinderat aufgelöst**. Die vorläufige Vertretung übernahm der Bürgermeister.

Am 1. Mai 1933, dem „Feiertag der nationalen Arbeit", trat erstmals die SA-Mannschaft in Uniformen auf. An

Maifest 1933. V. l.: Anna Jerger verh. Kanz (hinten links mit Zöpfen), Gustav Kienle, Burkatsmaier (?), Willy Michelberger aus Günzkofen, Karl Jerger, Hans Euchenhofer.

diesem Tag, der mit einer Schulfeier verbunden war, wurde beim Bräuhaus, an der Wegbiegung nach Heudorf eine „Hitlereiche" gepflanzt. — Am 10. Mai erfolgte die **Neubildung des Gemeinderats**. — Auf Antrag der Anwohner der Friedhofstraße (Gemminger Straße) wurde diese in „Adolf-Hitler-Straße" umbenannt. Das **Fest der Jugend und der Sommersonnenwende** am 24. Juni war wieder mit einem Schülerfest verbunden (Wettkämpfe). — Der SA-Sturm 33/124, zu dem Scheer und Heudorf zählten, feierte am 16. Juli in Scheer seine **Fahnenweihe**. — Für HJ, Jungvolk, BdM und TV überließ der Fabrikant Schaal im Gebäude Nr. 113 g einen Saal als **Heim**.

Auf Grund des Gesetzes zum Neuaufbau des Reiches gingen 1934 die Hoheitsrechte der Länder auf das Reich über. Da dadurch alle Grenzpfähle zwischen den Einzelstaaten entfernt werden mußten, versammelten sich am 8. Februar dieses Jahres die Mitglieder der NS-Organisationen von Scheer und Sigmaringendorf an den **Grenztafeln** nach Hohenzollern, um diese zu entfernen.

Die württembergische Grenztafel wurde auf dem Rathaus in Scheer, die preußische auf dem in Sigmaringendorf abgeliefert. Für die SA wurde im Wachlokal des Nachtwächters (heute Zunftstube) ein **Dienstzimmer** eingerichtet. — An den am 12. April durchgeführten „Reichsberufswettkämpfen" nahmen die Jugendlichen aller Berufe im Alter von 14 bis 18 Jahren teil. — Am 23. Juni folgte das „**Fest der Jugend**", tags darauf eine Veranstaltung im Rahmen der „Reichsschwimmwoche". — Die Stadtkapelle trat nun als „**SA-Kapelle**" auf. Die **Gemeinderatsmitglieder** wurden „am 3. Dezember auf den Führer und Reichskanzler vereidigt". — Im selben Jahr wurden die großen eichenen **Kreuze** bei der Loretto-Kapelle und beim Friedhof durch neue ersetzt. — Da der Totengräber Thomas Kieferle den Dienst nicht mehr ausüben konnte, wurden (wie bis 1910) wieder 2 **Totengräber** angestellt: die seitherigen Hilfstotengräber Anton Mattmann und Josef Kienle. — Die Stelle des **Waldschützen** wurde nach Zuruhesetzung des Waldmeisters Johann Hering gestrichen. — Unter dem Vorstand Ferdinand Merk, Bauer, wurde am 25. 2. 1934 ein „**Ortsviehversicherungsverein**" gegründet. — Ferdinand Merk übernahm die Eberhaltung.

Als „**Notstandsmaßnahmen**" für die vielen Arbeitslosen wurde die Staatsstraße nach Sigmaringendorf umgebaut und am 1. 7. 1934 wieder dem Verkehr übergeben. Bereits am 22. Februar war mit dem Umbau der Straße Scheer-Mengen begonnen worden. Hierbei erfolgte eine Verbreiterung der Fahrbahn von knapp 4 auf 6 m, bei der Kurve auf 6,4 m. Beidseits der Straße entstanden 1 m breite Gehwege.

Der letzte **Veteran** der Kriege 1866 und 1870/71, der 90jährige Landwirt Johann Schell (geb. 28. 10. 1844) feierte mit seiner Frau Rosalie geb. Frick aus Rosna die diamantene Hochzeit. — Am 25. Juni 1935, um 16.20 Uhr wurde Süddeutschland, namentlich unsere Gegend, von einem schweren **Erdbeben** heimgesucht. Der Erdstoß war noch heftiger als der vom Jahre 1911, nur bedeutend kürzer (4–5 Sekunden). Diesem Hauptstoß folgten noch mehrere Nachbeben, von denen der Stoß vom Freitag, dem 28. Juni, vormittags 10 Uhr 9 Minuten der bedeutendste war. Scheer war der am schwersten betroffene Ort. Die Zeitung berichtete: „Fast kein Gebäude ist anzutreffen, das nicht eine Beschädigung aufweist. Viele Gebäude zeigen große Risse. Die Kamine sind zum großen Teil abgedeckt, einzelne ganz eingestürzt. Einen grauenvollen Anblick bietet uns das Schloß, sowie die Kirche und die Pfarrhäuser. Im Schloß sind in den Wohnungen von Josef Linder und Albert Kern sämtliche Wände abgerissen, die Uhren, Tafeln und sonstigen Wandgegenstände abgeworfen worden und zum großen Teil zertrümmert. In der Wohnung von Anton Narr ist der mittlere Giebel um 10 cm gewichen. Fast der ganze Verputz ist über Betten und Möbel gefallen. Sämtliche Schloßbewohner wurden von dieser Katastrophe heimgesucht. Der Schloßhof ist mit Trümmern übersät, das Schloß zum Teil unbewohnbar geworden. Bürgermeister Rist und Direktor Moritz von der Papierfabrik haben sich der obdachlosen Familien angenommen, um ihnen eine Unterkunft zu beschaffen. Es wurde diesen Familien das SA-Heim sowie das Altersheim zur Verfügung gestellt. Für einen großen Teil der Bedauernswerten haben sich ihre nächsten Verwandten sowie auch andere Volksgenossen eingesetzt. Auf den beiden Schloßgiebeln gegen die Stadt hin waren schon seit über 400 Jahren Statuen angebracht. Auch diese wurden durch den heftigen Erdstoß heruntergerissen. An der rechten Seite des mittleren Giebels ist ein kleines Türmchen angebracht, welches ebenfalls Spuren dieser Katastrophe aufweist. Unsere schöne Kirche weist überall fingerbreite Risse auf. Im Innern der Kirche sind die wundervollen Gemälde im Chor an der Decke alle zerrissen und zum Teil abgebröckelt. Die eine Mauer gegen den Fabrikhof, auf welcher die Figuren stehen, hat sich beinahe 2 m lang vom Boden getrennt und weist handbreite Spalten auf. Auch sieht man Risse im Boden westlich der Kirche, der Mauer zu. Das Dach des Wohngebäudes von Dekan Schwarz, welches dicht neben der Kirche steht, ist bis auf die Hälfte abgedeckt worden. Die Kirchenmauer gegen die Stadt ist ganz zerrissen und zum Teil abgerutscht." (vgl. Kirche.)

Umfangreiche Ausbesserungsarbeiten am Schloß wurden alsbald in Angriff genommen.

Brand: Am 15. August brannte das 3stockige Wohnhaus (An der Stadtmauer 16) der Familien Josef und Karl Knor, Engelbert Bauer und K. Heinzelmann völlig nieder. — Der **Dentist** Eugen Köberle, Sohn des Oberlandjägers Köberle von Mengen, eröffnete im Gebäude Donaustraße 23 seine Praxis. Es war der erste staatlich geprüfte Zahntechniker in Scheer (bis 1940). — Die Stadt richtete für die HJ und den BdM im Dachstock des Gemeindewaschhauses 2 Zimmer ein, in welchen die sog. „Heimabende" abgehalten werden konnten. — Am 3. September berief der Kreisleiter als Beauftragter der NSDAP sechs Parteimitglieder zu **Ratsherren** (feierliche Einführung des Gemeinderats). — Dem 1934 statt des Waldmeisters Georg Hering angestellten **Förster** Neu-

burger folgten die Förster Eib und Kieninger, 1936 der Förster Sorg. Da keine Dienstwohnung vorhanden war, mußte er in einem Privathaus untergebracht werden. — Die Stelle des **Stadtbaumeisters** übernahm der Architekt Fritz Dom (1936–1945). Am 1. 4. 1936 trat die Stadt dem **Gewerbeschulverband** Mengen bei. — Die **OEW** (Oberschwäbische Elektrizitätswerke) kauften von der Firma Krämer, Papierfabrik, das Ortsnetz und richteten es völlig neu ein. — Da die Polizeigewalt künftig nur von staatlich angestellten Beamten ausgeführt werden durfte, wurde 1937 der Polizeiwachtmeister Alois Kieferle des Amtes enthoben und hatte nur noch den Dienst als **Ratsdiener** zu versehen. — Das Rathaus erhielt eine Zentralheizung.

Durch die zwar langsame aber stetige Zunahme der Bevölkerung, die Bebauung höher gelegener Gebiete (Gehegehalde), den zunehmenden Wasserverbrauch und eine Reihe trockener Jahrgänge, trat ein immer stärker werdender Wassermangel ein, der sich in den Sommermonaten zur **Wassernot** steigerte. Um diesen Mißstand zu beheben, wurden im Jahr 1937, wie schon 1920, Probegrabungen vorgenommen. Da diese erfolglos blieben, ruhte nahezu 2 Jahrzehnte die Wassersuche.

In der „Menger Au" wurde eine neue **Badegelegenheit** geschaffen. — Wunibald Knor gründete einen „**Ziegenzuchtverein**". — Die 23 Mitglieder zählende Dreschgesellschaft erstellte auf Parzelle 1118/1 einen **Dreschschuppen**. — Einführung der **ländlichen Berufsschule**. — Wiedereinführung der sog. „**Rekrutengelder**". (Jedem Einberufenen zahlte die Stadt 20 RM.) — Die Agentur der **Kreissparkasse** Saulgau wurde dem Stadtpfleger Bregenzer übertragen. — Die **NS-Frauenschaft** zählte in diesem Jahr 120 Mitglieder.

Auf Wunsch der Landwirte wurde 1938 das im Jahre 1924 von der Kirchenpflege aus finanziellen Gründen eingestellte „11-Uhr-Läuten" wieder eingeführt, „da die Frauen und Kinder auf dem Feld keine Uhr bei sich haben". Die Kosten übernahm die Stadt. — In diesem Jahr wurden die heutigen **Straßenbezeichnungen** eingeführt (ausgenommen die Gemminger Straße, welche die Bezeichnung Adolf-Hitler-Straße erhalten hatte).— Der Molkereigenossenschaft und dem Darlehnskassenverein wurde das städtische Schlacht- und Waschhaus (104) zur Errichtung einer **Molkerei** und einer **Waschanstalt** auf 25 Jahre unentgeltlich überlassen. — Vergrößerung des **Turnplatzes**. — Am 11. April sind 2 mittelschwere **Erdbeben** verzeichnet (keine Schäden gemeldet), ebenso am 1. August vormittags 5 Uhr 11. — In diesem Jahr hatte die Feuerwehr drei **Brände** zu bekämpfen: am 27. Mai bei Haga, am 23. Dezember bei Paul Kieferle in der Gemminger Straße, und am 29. Dezember in der Papierfabrik.

Der **Winter** 1938/1939 war ziemlich streng. Von Mitte Dezember bis Anfang Januar brach eine Kältewelle herein, die Temperaturen bis zu –17 Grad brachte. Der Monat Januar war dagegen viel zu mild. Anfangs März fiel wieder eine Menge Schnee, so daß sich an Josefstag jung und alt mit Skilaufen vergnügen konnte. — **Einwohnerzahl:** 1309 (646 männlich, 663 weiblich). — Bau eines **Försterhauses** auf der „Roten Steige". — Im Schloß wohnten 13 Familien, meist Arbeiter der Papierfabrik.

Der bevorstehende **Zweite Weltkrieg** kündigte sich an. Die Mobilmachung war bis aufs Kleinste vorbereitet, so daß jeder, der schon eine aktive Dienstzeit abgeleistet hatte, genau wußte, wo er sich am **Mobilmachungstag** einzufinden habe.

Am Freitag, den 25. August 1939, fuhren abends 22.15 Uhr drei Soldaten des Wehrmeldeamtes Saulgau im Auto vor dem Rathaus in Scheer vor und läuteten an der Hausglocke, worauf sich vom Fenster des oberen Stockes Bürgermeister Rist meldete. Er ließ die Abordnung eintreten und benachrichtigte seinen Amtsdiener Alois Kieferle, der sich umgehend aufs Rathaus begab. Schon nach wenigen Minuten betrat dieser wieder die Straße, mit einer großen Anzahl Stellungsbefehlen in der Hand.

In der Zwischenzeit hatten sich vor dem Kaufhaus Schaidle Schichtarbeiter der Papierfabrik, Sänger des Kirchenchores, die eben von der Probe kamen, und weitere junge Männer eingefunden und sich über die äußerst gespannte politische Lage unterhalten. Schon stand der Amtsdiener in ihrer Mitte, benachrichtigte sie von der durch die Reichsregierung befohlenen Mobilmachung und überreichte einigen gleich den Stellungsbefehl, auf dem beispielsweise zu lesen war: „Sie haben sich am 26. 8. 1939 6 Uhr morgens mit Ihrer Sammelnummer bei der Sammelstelle... zu melden."

Bei Kriegsausbruch, September 1939.
Einberufung von Männern aus Scheer.
1. ?, 2. Karl Bauer, 3. Fridolin Laudascher od.
Geb. Zimmerer, 4. Pfeiffer, Reck (Gustl.?),
a. d. Trittbrett: Bert Vogler.

Noch während der Nacht wurden die Stellungsbefehle den jungen Männern zugestellt. Am anderen Morgen war die Mobilmachung durch Anschlag am Rathaus und Rundfunkmeldung allgemein bekanntgemacht. Eine Gruppe wurde auf dem Lastwagen der Firma Schaal zur Sammelstelle nach Herbertingen (beim Bahnhof) gefahren, andere gingen mit Köfferchen oder verschnürten Kartons, in welchen sich einige Habseligkeiten befanden, in Begleitung ihrer Angehörigen auf den Bahnhof, um zu ihrem Truppenteil zu fahren; wieder andere wurden in verschiedenen Ortschaften zu Reservekompanien zu-

sammengestellt (Uttenweiler, Beizkofen...). — So hatten sich am Samstag, den 26. August 1939, auch einige zum Wehrdienst aufgerufene Männer aus Scheer, vormittags 10 Uhr bei der Kronenbrauerei Beizkofen einzufinden. Dort waren von der auf dem Flugplatz stationierten RAD-Einheit bereits etwa 100 Mann und ebensoviele Zivilisten aus der Umgebung angetreten. Während die Angehörigen des Reichsarbeitsdienstes zunächst ihre Uniform behielten und nur durch eine weiße Armbinde mit der schwarzen Aufschrift „Deutsche Wehrmacht" als Wehrmachtsangehörige gekennzeichnet wurden, legten die eingezogenen Zivilisten im Wirtschaftsraum der Brauereigaststätte ihre Zivilkleidung ab und wurden mit Wehrmachtsuniformen neu eingekleidet. Nachdem der Sonntag noch mit der Zusammenstellung und Einteilung dieser Reservekompanie in Stärke von rd. 200 Mann verstrich, wurden die Männer am Montag auf Lastwagen der Wehrmacht zur militärischen Ausbildung zum Fliegerhorst Laupheim transportiert. Über 120 junge Männer, darunter als Jüngste der Jahrgang 1920, waren in diesen Tagen zum Wehrdienst eingezogen worden. — Am 28. August wurden die ersten **Lebensmittelkarten** ausgegeben. — Der ausgebrochene Krieg erforderte die Einführung der „**Verdunklung**" der Straßen, Fahrzeuge und Gebäude. Gleichzeitig verbot die Regierung das Abhören von Auslandssendern.

Am 11. September 1939 hatte Scheer den ersten Gefallenen zu beklagen.

Hermann Zimmerer, Elektromonteur, Sohn des Landwirts Karl Zimmerer, fiel im Alter von 23 Jahren als Schütze in einer Inf.-Kompanie in der Schlacht bei Osik. Am 26. September war von Scheer aus ein **Luftkampf** zwischen einem französischen und zwei deutschen Flugzeugen zu beobachten. Aus nördlicher Richtung über den Heudorfer Wald herkommend, wurde die französische Maschine in niedriger Höhe von den beiden Jägern unter MG-Feuer genommen, so daß sie bei Sigmaringen notlanden mußte. Von den drei Insassen waren zwei tot. Sie wurden in Sigmaringen mit allen militärischen Ehren beerdigt; der dritte kam ins Landeskrankenhaus.

Brände: Am 23. Dezember brannte das 1909 erbaute Scheueranwesen des Paul Kieferle nieder, nur das Wohnhaus konnte gerettet werden. Der Brandplatz war noch nicht ganz abgeräumt, als am 29. Dezember in der Papierfabrik ein Brand ausbrach (s. d.). — Eine **Bahnwache** sicherte ab 1940 Tunnel und Bahnhof vor eventuellen Anschlägen.

"Wache II Scheer" (Männer aus Mengen und Umgebung). Von Scheer waren dabei: Anton Weckerle, Anton Rapp, Georg Nussbaum, Ferdinand Ils, Karl Graf, Karl Miller.

Der Darlehnskassenverein begann mit der Durchführung des **Flachsanbaues**.
Erstmals kam ein großer Transport mit „**Ferienkindern**" in Scheer an. Die meisten stammten aus Waisenhäusern und Pflegeheimen des Rheinlands. Am Rathaus nahmen sie die Pflegeeltern, denen sie zugewiesen wurden, in Empfang. — In diesem Jahr kamen auch die ersten „**Fremdarbeiter**" aus Polen nach Scheer,
1941 die ersten **kriegsgefangenen Franzosen** (10–17). Letzere wurden in einer Wohnung im Schloß (später Kabliz) untergebracht, wo sie vom Schloßverwalter Franz Wüst beaufsichtigt wurden. Durch die kleine Türe neben dem Brunnen wurden sie täglich zur Arbeit in die Papierfabrik geführt. Während der Mittagspause waren sie dann wieder in ihrer Unterkunft, wo ihnen anfangs der Schwanenwirt Linus Baumgärtner aus Mengen kochte. Das Bier lieferte die Brauerei Götz. Bald wurde die Kantine als Verpflegungsstelle eingerichtet, wo sie der Wirtin, Frau Stöhrer, deren Mann eingerückt war, bei der Zubereitung der Mahlzeiten halfen. Eines Nachts rissen 6 Gefangene aus. Sie hatten sich von ihrer Unterkunft vom Schloß an der Dachrinne heruntergelassen, auf dem Fabrikgelände einen Lastwagen gestohlen und waren in Richtung Heimat gefahren. In der Nähe von Beuron ging ihnen der Sprit aus. Kurzerhand ließen sie das Fahrzeug stehen und setzten den Heimweg zu Fuß fort. — Der bislang von barmherzigen Schwestern geführte **Kindergarten** wurde von der NSV übernommen.

Durch **Gefallenenmeldungen** wurde man sich in der Heimat erst jetzt der Schrecken des Krieges richtig bewußt: Am 28. März 1941 starb der Gefreite Reinhold Krugger, Metzger, im Kriegslazarett Lille/Frankreich; am 29. Juli fiel der Unteroffizier Paul Pröbstle, Truppführer des RAD, in Nowoselki/Rußland; am 8. August der Unteroffizier Eugen Rothmund, Buchbinder, in Smolensk/Rußland; am 20. September starb der Pionier Josef Kieferle, Landwirt, im Reservelazarett Prag; am 2. Dezember fiel der Gefreite Nikolaus Müller in Pruski/Rußland. — In Rußland fielen 1942 der Obergefreite Richard Schell, gefallen am 29. Januar in Beleylowo; der Obergefreite Richard Stöhrer, gefallen am 17. Februar in Staraja Russa; der Unteroffizier Hans Freidhöfer, gefallen am 27. Februar in Surash; der Gefreite Josef Volk, gefallen am 29. April in Chilowo; der Gefreite Hugo Eisele, gefallen am 29. April (ohne Ortsangabe); der Soldat Franz Pröbstle, gefallen am 28. Juni in Szurkowo; der Obersoldat Norbert Rumpel, gefallen am 16. Juni in Bol. Kosatschewo; der Soldat Paul Knor, gefallen am 10. Juli bei Woronesch; der Unteroffizier Hans Hering, gefallen am 21. Juli bei Boll-Wereika; der Unteroffizier Engelbert Kienle, gefallen am 28. Juli in Terny; der Soldat Paul Kieferle, gefallen am 2. August vor Leningrad; der Obergefreite Hans Eisele, gefallen am 8. September bei Leningrad; der Gefreite Hugo Maurer, gefallen am 23. September bei Szamofalowka; der Soldat Anton Plumacher, gefallen am 16. November bei Kaluga; der Gefreite Ulrich Halder, gefallen am 4. Dezember bei Stalingrad; der Unteroffizier Josef Linder, gefallen am 19. Dezember bei Kowolinski.

In Scheer waren am 24. April 1942 die gefangenen Franzosen abkommandiert und die fehlenden Arbeitskräfte in der Papierfabrik durch „**Ostarbeiter**" ersetzt worden. Es handelte sich hierbei meist um ehemalige russische Soldaten, die freiwillig zur deutschen Wehrmacht übergelaufen waren. Sie erfuhren daher eine bessere Behandlung als die Kriegsgefangenen. Auch sie wohnten im Schloß und wurden in der Kantine verpflegt. — Im Bräuhaus und in landwirtschaftlichen Betrieben waren Polen, Tschechen, Ukrainer und Jugoslawen, manche mit ihren Familien, beschäftigt. Neben Unterkunft und Verpflegung erhielten sie monatlich durchchnittlich 200 DM Lohn, von dem manche einen Teil in ihre Heimat überwiesen. — Bald kamen auch die ersten **Evakuierten** aus dem Saargebiet und dem Rheinland. Wie im ganzen Reich, war auch bei uns das Warnsystem gut ausgebaut. Die Sirenen ertönten im letzten Kriegsjahr besonders oft und veranlaßten die Leute, in die **Luftschutzkeller** zu flüchten. Solche Zufluchtsorte waren neben den wenig Schutz bietenden Hauskellern besonders die Höhlen unter dem Bartelstein, die Bierkeller der Brauerei Götz, der Keller von Adolf Geiselmann bei der Schule und der Bierkeller bei der Papierfabrik. Da die Angriffsgebiete

Beim Flachspflücken in den Erdäpfelfelder (im Hintergrund: Binger Straße – Stauden).

August 1940. Flachsernte.
V.r.n.l.: Pauline Stöckler, Luise Sauter, Frau Dom, ?, ? Saile, Feldschutz, Rese Dettling, Mathilde Pfister, Mathilde Saile, ? Heim, m. Sohn Eugen, Rosa Ehrat, Emma Gutknecht, ? Rieger, ? Linder, Maria Gessler.

von vorausfliegenden Aufklärungsflugzeugen für die Bomber durch Leuchtfallschirme („Christbäume") markiert wurden und die entstandenen Brände den Himmel erhellten, konnten von Scheer aus die schweren Angriffe auf Ulm, Reutlingen und Friedrichshafen erkannt werden. Eine Schülerin, die den Auftrag hatte, ältere Leute zu befragen (1966), erzählt in ihrem Bericht: „Es war im Sommer 1943, als das Dröhnen der Sirenen abends 10 Uhr die Stille jäh unterbrach. Man gab Großalarm. Erschreckt fuhr die Familie meiner Mutter von den Betten hoch. Die nötigsten Vorbereitungen waren schnell getroffen. Jedes raffte einige bereitstehende Wertsachen zusammen und begab sich so schnell wie möglich in den Luftschutzkeller. Ein Geschwader von über 100 Bombern der Alliierten überflog unsere Heimat. Oftmals wurde das Dröhnen der Maschinen durch einen schrillen Pfiff und kurz danach durch einen Knall unterbrochen; wieder war eine Bombe gefallen. Scheer selbt blieb gottlob verschont. Als der größte Teil der Flugzeuge vorbeigeflogen war, begaben sich bereits einige Neugierige auf den Schloßberg. Von dort konnten sie in Richtung Ulm den Luftangriff beobachten. Etwa nach einer Viertelstunde wurde ihre Vermutung durch eine Rundfunkmeldung bestätigt: Der Luftangriff hatte der Stadt Ulm gegolten.

Als bereits alles wieder ruhig war, hörte man das sirenenartige Heulen von niederfallenden Bomben. Zwei Bomben, zwei Luftminen und ein Blindgänger waren im Heudorfer Wald niedergegangen und hatten dort Schaden angerichtet. Eine dieser Bomben riß aus der Straße einen etwa 5 m tiefen Trichter mit einem Durchmesser von 10 m heraus. Rund 100 m³ Holz wurden ab- bzw. umgerissen. Es handelte sich um den Notabwurf eines brennenden Flugzeuges, dessen Besatzung aussteigen mußte."

Viele **Gefallene** forderte im Jahr 1943 der Rußlandfeldzug: Gefreiter Hubert Moll, gefallen am 30. Januar am Ladogasee; Obergefreiter Anton Hanner, gefallen am 5. Februar bei Baikusi; Feldwebel Edwin Stelzl, gefallen am 5. Februar bei Sslawjansk; Soldat Wilhelm Saile, gefallen am 6. März; Gefreiter Albert Mattmann, gefallen am 17. März bei Moschki-Dimitrowsk; Feldwebel Ernst Narr, gefallen am 17. März bei Navovrossijisk; Obergefreiter Hans Zimmerer, gefallen am 18. Juni bei Orel; Obergefreiter Josef Gutknecht, gefallen am 5. August bei Bjelgorod; Soldat Max Weckerle, gefallen am 25. August bei Alexandrijà; Obergefreiter Fritz Graf, gefallen am 24. August bei Bjelgorod; Unteroffizier Karl Rebholz, gestorben am 13. September im Lazarett in Italien; Obergefreiter Urban Krugger, gestorben am 8. Oktober in Ulm. Mathilde Sauter, Bedienung, kam am 11. November bei einem Bombenangriff in Stuttgart ums Leben. Der Oberleutnant Gerhard Schaal starb im russischen Gefangenenlager Jelaburga. — Seit dem Jahr 1943 sind im Osten vermißt: Karl Eisele, Josef Krugger, Wunibald Keller, Anton Narr, Heinrich Betz und Anton Enderle.

Nachdem zunächst meist nur nachts Fiegeralarm gegeben werden mußte, überflogen von 1944 an auch bei Tage ganze **Pulks von Bombern** mit ihrem jeweiligen Jagdschutz auch unser Gebiet. Der Zugverkehr mußte deswegen immer mehr eingeschränkt werden. Wichtige Transporte rollten ohnehin nur noch nachts auf dem Schienenweg, da „Jabos" (Jagdbomber) alles unter Beschuß nahmen, was sich auf Schiene und Straße zeigte. Die am Hipfelsberg stationierte Flak-Einheit konnte nur wenig ausrichten. Beim Angriff auf einen Zug, der in Höhe des Bahnwärterhäuschens beim Hipfelsberg fuhr, wurde die auf diesem Bahnposten beschäftigte Frau Hellstern von Jabos getötet.

In diesem Jahr wurde der „**Volkssturm**" aufgerufen und im Kreis Saulgau 2 Frontbataillone gebildet: das Bataillon „Hohentwiel", das in die Gegend von Straßburg kam, und das Bataillon „Bussen", das später in Genkingen bei Tübingen in ein Gefecht verwickelt wurde. Die aus Scheer eingezogenen Männer, die Schaufel und Pickel mitnehmen mußten, wurden in Viehwagen nach Saulgau transportiert, dort dem Militär übergeben und kamen nach Friedrichshafen. Die in der Stadt verbliebenen Volkssturmmänner erhielten nach Feierabend eine Ausbildung am Gewehr und an der Panzerfaust. — Besonders gefährdete Stellen wurden von Posten des Volkssturms bewacht: die Eisenbahnbrücke, das Bahnhoftunnel, die Donaubrücke und die Straße nach Ennetach. — Sie hatten die Aufgabe, durchziehende fremde Personen zu kontrollieren und eventuelle Fallschirmjägerabsprünge zu melden.

Weitere **Gefallenenmeldungen** brachten auch im Jahr 1944 Leid in viele Familien: San.-Uffz. Bernhard Stauß, gestorben am 7. Januar bei Nikolajew; Obergefreiter Wunibald Eisele, gefallen am 12. Januar bei Kirowograd; Uffz. Kurt Seidler, gefallen am 27. Januar bei Minsk; Obergefreiter Karl Gulde, gefallen am 28. Januar bei Bulganak in der Nähe von Nertsch; Landjäger Josef Knor, gefallen am 2. Februar ebenfalls in Rußland; Gefreiter Ferdinand Will, gestorben am 14. Februar in Glauchau/Sachsen; Obergefreiter Erich Nattenmüller, gefallen am 6. März bei St. Come/Frankreich; Uffz. Paul Reck, gefallen am 17. März bei Michailowka; Grenadier Vincent Boyke, gefallen am 23. März bei Nomatschino südl. Mogilew; Grenadier Alfons Zimmerer, gefallen am 26. Juli in Rußland; Obergefreiter Paul Stöckler, gefallen am 30. Juli in Rußland; Obergefreiter Josef Eisele, gefallen am 15. August bei Raseinen/Litauen; Oberjäger Arthur Vogel, gefallen am 24. August bei Florenz/Italien; Unteroffizier Hubert Kraemer, gefallen am 2. September bei Nisch in Serbien; Matrose Erwin Lehr, gestorben am 17. September in einem Lazarett in Hamburg; Gefreiter Fridolin Weckerle, gestorben am 21. Oktober in einem Lazarett in Thorn; Soldat Martin Plumacher, gestorben am 15. November in Esslingen; Gefreiter Karl Knor, gestorben am 12. Dezember am Brückenkopf Selz-Plittersdorf bei Rastatt; Obergefreiter Alois Jerger, gestorben in Rußland. — Vermißt werden seit 1944: im Osten: Fritz Dom, Julius Enderle, Peter Kuhl, August Reck, Karl Schwarz, Walter Stauß, Alois Stemmer, Wilhelm Stöckler, Karl Will, Josef Zimmerer; im Westen: Karl Keller.

Das Jahr 1945 begann mit großer **Kälte** im Januar. Bei „Volksopfersammlungen" gaben die Bürger die ohnehin knappen Stoffe, Wäsche, Kleider und Schuhwerk ab, um die Not lindern zu helfen.

Als sich das **Kriegsgeschehen** näherte, legte der Volkssturm mit Holzstämmen und Kalksteinen Panzersperren an und grub in deren Nähe Panzerdeckungslöcher. Solche Sperren bestanden: 1. an der Sigmaringer Straße unterhalb der Loretto-Kapelle, 2. an der Straße nach Lauchertal, 3. zwischen der Brauerei und dem Eiskeller der Firma Götz, 4. an der Roten Steige.

Panzersperre unterhalb der Loretto-Kapelle.

Drei deutsche Soldaten, die sich von ihrer Einheit abgesetzt hatten, wurden beim Bräuhaus von den Volkssturmmännern Bräumeister Götz und Alois Rothmund gestellt, am Durchziehen aber nicht gehindert. Die Bahnhofswache erzwang die Festnahme. Einer flüchtete und konnte unter Gewehrfeuer in Richtung Mengen entkommen. Der Schmiedmeister Otto Magino, der am Ennetacher Bahnhof Wache hielt und die Schießerei gehört hatte, fuhr mit seinem Fahrrad in Richtung Scheer und traf in der Nähe des Wasserpegels bei Geiselmann auf den Flüchtenden, den er zum Stehenbleiben aufforderte. Dieser nahm am Straßenrand Deckung. Zwischen beiden erfolgte ein kurzes Feuergefecht, bei welchem Magino durch einen Querschläger, der von seinem Fahrrad abgeprallt war, am Bein schwer verwundet wurde. Man brachte ihn in den Wartesaal des Bahnhofs. Da weder aus Mengen noch aus Sigmaringen ein Arzt zu bekommen war, holte man den Leibarzt des französischen Marschalls Petain, der im Gasthaus zum Adler wohnte und von einem SS-Mann bewacht war. Er verband den Verwundeten, der jedoch am anderen Morgen auf der Fahrt ins Krankenhaus starb. Der Soldat, der auf ihn geschossen hatte, brachte sich selber um. Er wurde auf dem Friedhof bei den Kindergräbern beerdigt, inzwischen zu den anderen Soldatengräbern umgebettet.

Ende März kam aus Altshausen eine Pioniereinheit in Stärke von 2 Offizieren und 12 Mann mit dem Auftrag, die Straßen und die Eisenbahnbrücke zur Sprengung vorzubereiten. Die Soldaten waren bei der Donaubrücke in den Häusern Sigmaringer Straße 17 und Donaustraße 23 einquartiert. Wie sehr die Bevölkerung durch das Anbringen der Sprengladungen beunruhigt war, zeigte sich am Spruch „Weg mit den Sprengkammern", der an der Eisenbahnbrücke angebracht war, bald aber wieder entfernt werden mußte. Man bereitete sich auf das Schlimmste vor. Die notwendigsten Habseligkeiten wurden in den Kellern verstaut, Wertgegenstände versteckt.

Nachdem die 1. französische Armee „Rhin et Danube" am 30. März den Rhein überschritten hatte, war ab Anfang April aus dem Westen Kanonendonner zu hören, der Mitte des Monats so stark anschwoll, daß man täglich mit der Zurücknahme der Front südlich der Donaulinie rechnen mußte. Mit Sorge und Bangen wurden die Berichte und Nachrichten über den Kriegsverlauf verfolgt. Flüchtlinge aus dem Kampfgebiet brachten die unglaublichsten Gerüchte, die von Mund zu Mund liefen. Wahrheit und Dichtung vermischten sich zu einem unkontrollierbaren Etwas, das der Phantasie allzu Ängstlicher alle Schleusen öffnete. Unruhige Tage und Nächste lagen über unserem Städtchen. In das dumpfe Grollen der immer näher rückenden Front mischte sich das Dröhnen zahlreicher feindlicher Fliegerverbände. Jabos überflogen täglich, oft in Abständen von nur $1/4$ Stunde, unser Städtchen, so daß man sich tagsüber kaum auf der Straße sehen lassen konnte. Die Beerdigung eines Bürgers konnte daher erst abends $1/2$ 8 Uhr abgehalten werden. Da man bald nicht mehr unterscheiden konnte, ob Fliegeralarm oder Entwarnung gegeben wurde, gab man bekannt, daß die Sirenen nur noch bei Annäherung feindlicher Panzer betätigt werden. Der Straßenverkehr, der sich ständig steigerte, spielte sich in der Hauptsache bei Nacht ab: Wehrmachtsfahrzeuge aller Art, Pferdefuhrwerke, Radler, größere und kleinere marschierende Kolonnen, alles füllte und belebte in buntem Durcheinander die Landstraße und wälzte sich in Richtung Mengen–Herbertingen oder Göge. Etliche Deserteure setzten sich in den Heudorfer Wald ab. Auf der Menger Straße wurde einer wegen Befehlsverweigerung erschossen.

Ein Stoßkeil der französischen Armee erreichte am 21. April Stuttgart, ein anderer, dessen Spitze am 20. April in Rottweil angekommen war, teilte sich in 2 Stoßrichtungen: a) über Spaichingen nach Tuttlingen, b) über Villingen in Richtung Stockach.

Als am Sonntag, den 21. April, Tuttlingen gefallen war und starke Kräfte von dort, wie auch von Ebingen her, im Anmarsch auf Sigmaringen waren, fuhr gegen 11 Uhr eine mit MGs ausgerüstete SS-Gruppe in Scheer vor mit dem Auftrag, die Donaubrücke zu sprengen. Glücklicherweise hatten sie keine Kenntnis davon, daß außer der kleineren Sprengladung noch eine Fliegerbombe im Flußbett unter der Brücke lag. Diese war jedoch gleich beim Einbringen vom damaligen Kommando unbrauchbar gemacht worden (der Zünder wurde entfernt und bei der Pfarrzehntscheuer gesprengt). Nach Abmarsch des Großteils der im Schloß und in der Schule untergebrachten Einheiten in Richtung Heudorf, wurde um 13.20 Uhr die Brücke für den Verkehr gesperrt, die Bevölkerung aufgefordert, Fenster und Türen zu öffnen, um den bei der Sprengung durch die Druckwelle zu erwartenden Schaden in Grenzen zu halten. Trotzdem zerbarsten bei der um 13.30 Uhr erfolgten Sprengung zahlreiche Fenster, auch am Schloß. In der Donaustraße, der Fabrikstraße bis zur Hirschstraße wurden die Dächer teilweise abgedeckt. — Wenn nicht schon vorher geschehen, wurden nun in aller Eile Schmuck, Geld, Lebensmittel und Hausrat zusammengepackt und versteckt, Hitlerbilder und NS-Symbole vernichtet.

Am Sonntag, den 22. April, erfolgte um 10.30 Uhr die Übergabe Sigmaringens an die Franzosen. Ein bislang beim Bahnhof Scheer bewachter Güterzug der Wehrmacht wurde um 13 Uhr den Einwohnern überlassen. Auf Leiterwägelchen, Fahrrädern oder in Säcken nahm jeder mit, was ihm gerade in die Hände fiel: Kleidung, Schuhe, Schlafsäcke, Proviant, Blechtafeln etc. Auch der Postwagen wurde geplündert. In Mengen, das vorher zur offenen Stadt erklärt worden war, marschierten um 14 Uhr die Franzosen ein. Bald darauf gab in Scheer ein Kradmelder bekannt, daß von dorther Panzer auf Scheer im Anmarsch sind, was allerdings manche Plünderer von ihrem Tun nicht abhielt, da es in Richtung Mengen ruhig geblieben war. Durch die Sprengung der Donaubrücke war ein Schließen der Panzersperren überflüssig geworden. Voller Spannung vergingen der Sonntag und die Nacht auf den Montag. Um die Sprengung der Eisenbahnbrücke zu verhindern, nutzte der Werkführer Anton Arnegger, der berechtigt war über die Brücke zum Pumphaus zu gehen, eine kurze Abwesenheit der Wachposten, um den Zündapparat zu stehlen. Dabei bemächtigte er sich auch einer Maschinenpistole. Das Sprengkommando besorgte sich bei Metzgermeister Schmucker dessen Autobatterie und sprengte am Montag, den 23. April, gegen 5.30 Uhr die Eisenbahnbrücke, von der allerdings der über den Flutkanal führende Teil stehen blieb.

Gegen 9 Uhr erschienen die ersten französischen Panzer, die von Sigmaringen her kamen, stießen aber in Richtung Blochingen–Beuren–Riedlingen weiter vor. Gegen 10.30 Uhr wurden, beinahe gleichzeitig, die Donaubrücken bei Hundersingen, Binzwangen, Riedlingen und Daugendorf gesprengt. Gegen 14 Uhr fuhren aus Richtung Mengen erneut französische Panzer nach Scheer vor und besetzten kampflos die Stadt. Ein Mädchen war ihnen mit einer weißen Fahne entgegengelaufen. Auch aus den Fenstern hingen weiße Tücher. Die Bevölkerung hatte sich in den Kellern und in den Bartelsteinhöhlen in Sicherheit gebracht.

Da die Panzer durch die gesprengte Donaubrücke am weiteren Vorstoß gehindert waren, hatte die Stadt besonders zu leiden. Soldaten demolierten mehrere Geschäfte. In der Annahme, daß es sich um ein NS-Symbol handle, schlugen sie beim Gasthof Zum Goldenen Adler den Wirtshausschild (eine Plastik) herab. Nun kamen Schlangen von Panzern und Autos von der Menger Au her und blieben als Besatzer in Scheer, während die zu-

1945.

erst eingetroffene Einheit bald weiterzog. Schloß und Schule, in denen sich die vorher untergebrachten deutschen Soldaten ergeben hatten, dienten als Soldatenunterkünfte. Gefangene Wehrmachtsangehörige wurden über die Rote Steige abgeführt. Der französische Kommandant nahm das Rathaus in Beschlag und ließ einen weiteren Befehlsstand im Gebäude Hauptstraße 2 (Bäckerei Knor) und den Sitz der Militärpolizei im Gebäude Sigmaringer Straße 7 (Wohnung des Brauereibesitzers im „Bräuhaus") einrichten. Bürgermeister und Gemeinderat waren abgesetzt, die von der Stromversorgung abgeschnittene Stadt für 3 Tage den eingerückten Truppen „frei" gegeben. Tatenlos sah der Kommandant zu, wie seine Soldaten, meist Elsäßer und Marokkaner, Geschäfte und Privathäuser plünderten, wobei Fotoapparate, Schmuck, Armbanduhren und Radios besonders begehrte Beutestücke waren. Verständlich war die Durchsuchung der Häuser nach deutschen Soldaten, die im Bartelstein (Keller des Gärtners Kempter) eingesperrt wurden, ebenso die Verhängung einer Ausgangssperre, die zunächst von 17 Uhr (später 19 Uhr) bis morgens 6 Uhr dauerte, und der Befehl zur Ablieferung sämtlicher Waffen, Radios und Fahrräder auf dem Rathaus. Eingesehen wurde wohl auch, daß die von den eingerückten Truppen mitgebrachten befreiten KZ-Häftlinge in Häusern der Blochinger Straße einquartiert wurden. Was sich aber weiter abspielte, macht deutlich, daß die Bevölkerung rechtlos der Willkür ausgeliefert war. Neben den regulären Truppen taten sich beim Plündern die Polen und Russen besonders hervor. Zu ihnen gesellten sich Denunzianten, die böswillig über die Verhältnisse einzelner Familien Auskunft gaben, worauf weitere Hausdurchsuchungen, Verhaftungen und Beschlagnahmungen erfolgten. Der „Bartelstein" diente den französischen Offizieren als Kasino und wurde der wertvollsten Einrichtungsgegenstände beraubt, ebenso das Haus Gemminger Straße 2, aus welchem der Direktor der Papierfabrik vertrieben wurde. Im beschlagnahmten Bräuhaus verlor der Pächter Gregor Löffler beinahe seine ganze Habe.

Die schönsten der vor dem Rathaus abgelieferten Waffen nahmen einzelne Soldaten an sich, den andern wurden die Schäfte abgeschlagen. Eines Teils der Fahrräder bemächtigten sich die Fremdarbeiter, der Rest wurde von Panzern überrollt, ebenso Radios, die zunächst in der Scheuer des Metzgers Will gesammelt worden waren. — Soldaten und Männer des wehrpflichtigen Alters, die des Weges kamen, wurden von der Straße weg gefangengenommen. Wer „vergaß", die vor der Kommandantur gehißte Trikolore zu grüßen, lief Gefahr in den Arrest zu kommen, und hatte Glück, wenn ihm nur der Hut vom Kopf geschlagen wurde. — Auf Befehl des Gouvernements Militaire in Saulgau mußten von jeder Haushaltung abgeliefert werden: 1 Hut, 1 Hose, 1 Paar Schuhe, 1 Krawatte, 2 Paar Socken, 2 Leintücher, 1 Rock, 1 Weste oder Pullover, 1 Hemd mit Kragen, 2 Taschentücher, 1 Unterhose und 1 Wolldecke.

Um wieder eine Verbindung der beiden Stadtteile herzustellen, richtete zunächst der aus dem Lazarett entlassene Schreinermeister Sales Zimmerer mit seinem Fischerboot einen Fährbetrieb ein, bis im Mai innerhalb von 3 Wochen eine hölzerne Notbrücke erstellt wurde. Zu dieser Arbeit, die unter der Leitung französischer Baufachleute stand, waren alle männlichen Einwohner von 18–65 Jahren verpflichtet. — Das Überqueren dieser Brücke, wie das Verlassen der Stadt überhaupt, war nur mit Passierschein („Laissez passer") gestattet.

Die Papierfabrik, in der eine Einheit meist Dunkelhäutiger untergebracht war, diente den Franzosen als Autoreparaturwerkstätte, sowie als Waffen- und Munitionslager. Deutsche Kriegsgefangene hatten hier zu arbeiten.

Im September zogen die Besatzungstruppen ab, worauf sich Besatzungsoffiziere vom Flugplatz, die ihre Familien nachkommen ließen, in Scheer einquartierten. Für sie wurden weitere Häuser, vor allem Neubauten, beschlagnahmt. Deren seitherige Bewohner, welche unter Zurücklassung der Einrichtungsgegenstände umgehend auszuziehen hatten, mußten sich im Zuge der Wohnungszwangsbewirtschaftung woanders mit einem oder zwei Zimmern begnügen. Die einquartierten Familien erhielten den Konsum als Einkaufszentrum; Wirtschaften, für welche von der Bevölkerung Tischtücher, Bestecke und Geschirr gestellt werden mußten, dienten als Kasinos.

Den Dienst des **Leichenschauers**, den sei 1903 der Friseur Ferdinand Will innehatte, übernahm der Totengräber Josef Kienle, wurde aber noch im selben Jahr dem Totengräber Anton Mattmann übertragen.

Im letzten Kriegsjahr sind **gefallen:** Unteroffizier Heinz Götz, gefallen am 16. März 1945 in Friedewalde/Oberschlesien; Obergefreiter Bruno Petermann, gefallen am 30. März in Pillau; Gefreiter Willi Rieger, gestorben in Rußland; Obergefreiter Alfred Späh, gestorben am 10. Juli in russischer Gefangenschaft; Josef Will; Rudolf Löffler, Karl Graf, Eberh. Eisele. **Vermißt** werden seit 1945 im Osten: Max Baur, Josef Christ, Alois Deschler, Eduard Gäckle, Philipp Haler, Wolfgang Krezdorn, Karl Miller, Anton Schmid, Nikolaus Stauß, Xaver Stauß, Ernst Will; im Norden: Josef Hämmerle; im Süden: Johann Kieferle. In russischer Gefangenschaft starben im folgenden Jahr der Feldwebel Anton Eisele und der Wachtmeister Richard Böhnlein, 1948 Robert Kieferle. Die Stadt Scheer beklagte 55 tote und 31 vermißte Soldaten des Zweiten Weltkrieges, 237 kehrten wieder in die Heimat zurück.

1946 trat der **Bürgermeister** Karl Josef Rist, der dieses Amt 38 Jahre innehatte, in den Ruhestand. Die Stellvertretung hatte zunächst Anton Eisele inne, bis am 15. September 1946 der Polizeiwachtmeister i. R. **Hans Heiß** von der Besatzungsmacht als ehrenamtlicher Bürgermeister angestellt wurde (1946–1948). Der **Amtsbote** Alois Kieferle (seit 1902) und der Nachtwächter Xaver Will (seit 1913), dessen Stelle nicht mehr besetzt wurde, traten in den Ruhestand. Amtsbote wurde Xaver Reck (1946–1958). — Die Stelle des **Farrenwärters** Anton Heudorf übernahm Anton Bauer. — Im Gemischtwarengeschäft

1945.

Brückenbauer 1946/47.
V.l.n.r.: Oben: Josef Pfister, Jungmann Kaper, Georg Zimmerer, Xaver Will.
Unten: Josef Laudascher, August Schwarz, Löhle Josef, Karl Wentz, Bernhard Gessler, Albrecht Kienle.

der Frau Rosa Volz eröffnete der **Konsum** eine Filiale. — In den Wäldern richtete der **Borkenkäfer** großen Schaden an.
Am 23. Juli begann die Firma Steidle aus Sigmaringen mit dem **Neubau der Brücke**, zu dem es hauptsächlich an Arbeitskräften fehlte. Zur Schaffung einer Behelfsfahrbahn mußte zunächst eine Holzbrücke erstellt werden.
Nachdem die Parteien wieder zugelassen waren, beteiligten sich an der **Kreistagswahl** vom 13. 10. 1946 427 von 767 Wahlberechtigten. Es erhielten CDU 7003, SPD 748, KPD 179 und DVP 61 Stimmen. — Für die **Weihnachtsfeier** der hier mit ihren Familien einquartierten Franzosen wurden von der Ortskommandantur 16 Mädchen zum Dekorieren und Servieren zwangsverpflichtet. — Im Winter 1946/47 wurden bis zu 20 Grad **Kälte** gemessen.
Die starke französische Besatzung hatte in Scheer 1947 noch 32 französische Familien untergebracht. Bereits im Januar wurden hier 70 **Evakuierte und Heimatvertriebene** registriert. Die Wohnungsnot in der 1336 Einwohner zählenden Stadt machte die Zwangsbewirtschaftung der vorhandenen Wohnungen erforderlich. — Max Weckerle, der seit 1945 die Geschäfte des zum Militär eingerückten **Stadtbaumeisters** Dom führte, wurde als dessen Stellvertreter, im **Kindergarten** der über 100 Kinder zählte, Margarete Heim als Hilfskraft angestellt. — An Stelle des 1940 zum Militärdienst einberufenen Dentisten **Köberle**, kam der **Dentist** Fridolin Dissner aus Ebingen hierher. —

Alfons Endele trat die Revierförsterstelle Scheer an (–1953).
Da „nach höherer Anordnung" der **Brückenbau** in aller Eile fortgesetzt werden mußte, wurden am 17. August zu den Betonierungsarbeiten für 3 Tage 60 Arbeiter benötigt. Der Landrat ordnete an, daß den Landwirten und Gewerbetreibenden Auflage zur Teilnahme an dieser Arbeit gemacht wird. Für die restlichen Betonierungsarbeiten waren in den ersten drei Oktobertagen 70 Arbeiter erforderlich. Da sich aber nur 8 meldeten, wurden am 1. Oktober in Anwesenheit des Landrats, 32 Männer zwangsverpflichtet. — Am 4. März 1948 konnte die neue Donaubrücke, die unter der Bauleitung des Ingenieurs Mauch in $1^1/_2$jähriger Bauzeit erstellt worden war, feierlich eingeweiht werden.
Anwesend waren Oberst Nicolas und Kommandant Hunelle von der französischen Militärregierung, Ministerialrat Barth als Vertreter des Innenministeriums, Landrat Karl Anton Maier, Bürgermeister Heiß, Oberingenieur Steiner von der Firma Steidle und Regierungsbaurat Böhringer, der als Vorstand der Bauverwaltung des Landes Württemberg-Hohenzollern die neue Brücke übernahm und dabei erwähnte, daß diese eine der ersten in Massivbauweise fertiggestellten Straßenbrücken darstelle. Oberst Nicolas durchschnitt das weiße Band und gab die Brücke dem Verkehr frei. Anschließend begab man sich in den geschmückten Hirschsaal, wo ein Streich-

1948. Brückeneinwehung.

orchester die weitere Feier musikalisch umrahmte. — Als Kuriosum der mageren Zeit mag der Ausspruch des Vertreters des Innenministeriums gelten: „Nun hat man wenigstens wieder einmal für 8 Tage genug essen können!" Die Brückenfeier mit der Besatzungsbehörde war eine seltene Ausnahme; in den Privathaushalten ging es sehr hungrig her.

Bei der am 5. Dezember durchgeführten **Bürgermeisterwahl** erreichte der Bürgermeister Georg Eberle 350, sein Mitbewerber 291 von 752 abgegebenen Stimmen, so daß am 19. Dezember eine Nachwahl erforderlich war.

Bürgermeister Georg Eberle (1949–1966),

geboren am 15. Dezember 1900 in Bockighofen Kr. Ehingen, besuchte das Gymnasium Ehingen bis zur mittleren Reife. Nach 3jähriger Tätigkeit im Notariat Riedlingen und weiterer 3jähriger Ausbildung zum Verwaltungsbeamten, die er in Stuttgart absolvierte, trat er 1933 in Gebratshofen Kr. Wangen (Allgäu) seine erste Bürgermeisterstelle an. Ab 1941 stand er als Infanterist an der Ostfront, wurde im November 1942 bei Woronesch verwundet und kam nach der Genesung an die Westfront, wo er im November 1944 in Gefangenschaft geriet und erst im November 1947 wieder entlassen wurde.
Am 4. 1. 1949 wurde er in sein Amt eingesetzt.
Der Bau der neuen **Eisenbahnbrücke**, mit dem bereits am 7. Juli 1948 begonnen wurde, konnte den kalten Winter hindurch fortgesetzt werden. Die Betonarbeiten führte die Fa. Steidle Sigmaringen aus. Die Fa. Eisenbau Wyhlen AG in Wyhlen/Baden lieferte die Eisenkonstruktion der bogenfreien Brücke, für welche mitten im Flußbett ein neuer Pfeiler erforderlich war. Am 30. März 1949 fand im Hirschsaal eine schlichte Richtfeier statt. Am 14. April wurde die Brücke nach mehreren Versuchsfahrten und Belastungsproben ohne besondere Feierlichkeiten dem Verkehr übergeben.
Während in den Jahren 1945 bis 1948 vereinzelt Flüchtlinge in die Stadt gekommen waren, erhielt die Stadt im Januar 1949 den Bescheid, daß etwa 200 **Heimatvertriebene** aufgenommen werden sollten. Am 27. September traf hier ein aus 18 Personen bestehender Transport ein. Dank der Hilfsbereitschaft der Bevölkerung und der

Bürgermeister Georg Eberle.

4. Januar 1949. Bürgermeistereinsetzung.
V.li.n.r.: Bgm. Heis, Bgm. Eberle, Stadtrat Biger, Bgm. Rist, Stadtrat Josef Heim, Stadtrat Adalbert Saile, Angestellter Erwin Jerger, Alois Landacher, Stadtpfleger Konstantin Bregenzer.

rechtzeitigen Beschaffung von Möbeln, Decken, Öfen, Herden usw. durch die Gemeindeverwaltung, konnten sie ohne nennenswerte Schwierigkeiten in Privatwohnungen untergebracht werden. In verhältnismäßig kurzer Zeit standen die Arbeitswilligen in Arbeit. In kleineren Gruppen folgten weitere Flüchtlinge nach, die gleich den früheren in Privatwohnungen untergebracht werden konnten. Im Spätherbst wurde wieder eine größere Zahl Heimatvertriebener (Ostpreußen und Ungarndeutsche) untergebracht. Die hierbei entstandenen Schwierigkeiten veranlaßten Privatpersonen, ein „Gemeinnütziges Wohnungsbauunternehmen GmbH Scheer" zu gründen, um die herrschende Wohnungsnot zu lindern.

Die 1945 erfolgte Brückensprengung machte eine umfangreiche **Rathausrenovation** erforderlich, bei welcher eine 2. Wohnung eingerichtet wurde. Am 1. April 1949 wurden die **Verwaltungen** der Stadtpflege, der Hospitalpflege und des Stadt- und Volksschulfonds zusammengelegt. — Einführung der **Schülerspeisung**, die zunächst im Saal des Kaplaneihauses erfolgte, nach Erkrankung der Köchin Frau Luise Dom aber ins Schulhaus verlegt (Köchin: Frau Theresia Dettling). — Auf die **Kindergartenhelferin** Heim folgte am 1. Mai Erika Peters, am 1. August Herta Doser. — Der 78jährige **Brunnenmeister** Eduard Maier trat nach 48 Dienstjahren in den Ruhestand. Die Nachfolge trat sein Sohn, Flaschnermeister Emil Maier, an. — Vom **Farrenwärter** Baur übernahm Willibald Eisele die Farrenhaltung. Die vom Darlehnskassenverein bis 1945 geführte **Gemeindewaschküche** nahm den Betrieb wieder auf. — Die Dentistin Doris Nöth aus Ehingen richtete eine **Zahnarztpraxis** ein. — Bei der von der Stadt veranstalteten **Weihnachtsfeier** wurden die Heimkehrer offiziell begrüßt, die Heimatvertriebenen erhielten ein Geschenk.

Die Unterbringung der Flüchtlinge wurde 1950 immer schwieriger, so daß Wohnungsbehörde und Wohnungsausschuß, denen die **Wohnungszwangsbewirtschaftung** oblag, in größte Schwierigkeiten kamen. Obwohl mehrere Zuzugsanträge abgewiesen worden waren, betrug die Einwohnerzahl 1497 Personen (700 männlich, 797 weiblich). — Um Abhilfe zu schaffen, erweiterte die Stadt den Ortsbauplan und erschloß die „Gehegehalde" (Sonnenhalde). Der Bauplatzpreis betrug 3 DM/m². Bauherren, die weniger als 1800 DM Eigenkapital besaßen, erhielten für den Bau von Flüchtlingswohnungen Staatszuschüsse in Form unverzinslicher Darlehen. — Im Gewann Bildstöckle auf der Roten Steige erschloß die Stadt eine neue Kiesgrube, die dem Heizer Wunibald Knor zur Ausbeute übergeben wurde. — Die **Schulspeisung** wurde wieder eingestellt. — Als **Weihnachtsgabe** erhielten die Kinder von Heimatvertriebenen von der Stadt pauschal 50 DM, die Kinder von Vermißten und Gefallenen je 150 DM.

Im Jahre 1950 beim 60er-Fest.
Von unten nach oben, linke Seite: BM Eberle, M. Deschler, M. Heim, rechte Seite: St.Pf. Bühler, A. Lehr, A. Weckerle.

Das anhaltende Nachziehen weiterer Heimatvertriebener brachte allmählich eine Ausschöpfung des gesamten verfügbaren Wohnraumes mit sich, so daß die Unterbringung immer größere Schwierigkeiten bereitete.

Der Gemeinderat entschloß sich daher im Jahr 1951 für den **Wohnungsbau** weiteres Baugelände zur Verfügung zu stellen und namhafte Beiträge zu leisten. Für Planungsarbeiten wurde der Bauingenieur Hans Euchenhofer beigezogen. Die Gemeinnützige Siedlungs- und Wohnbaugesellschaft Sigmaringen, die sich den Bau von Flüchtlingswohnungen zum Ziel setzte, erwarb in der Stadt ein größeres Gelände auf der Gehegehalde. Dort entstanden im Herbst 1951 und Frühjahr 1952 zwei Wohnblöcke mit 8 Wohnungseinheiten, die im Mai von den anfangs des Monats eingetroffenen kinderreichen Flüchtlingsfamilien bezogen wurden. — An der Menger Straße und auf der Roten Steig wurde von privater Seite gebaut. — Die Stadt kennzeichnete die Straßen mit Emaille-Schildern und kaufte das sogenannte Herkommersche Haus (Fabrikstraße 6) zum Preis von 22 500 DM.

1952 erfolgte der Umbau des **Kindergartens**, zu welchem vom fürstlich Thurn und Taxisschen Rentamt der heutige Spielplatz erworben wurde. Hannelore Heim trat die Stelle der Kindergartenhelferin an. — Im Gewann „beim Kreuz" ließ die Stadt ein neues eichenes **Kreuz** erstellen. — Das zentrale Problem bildete die **Wasserversorgung**. Schon in den 20er und 30er Jahren war die 1903/04 erbaute erste Wasserleitung unzulänglich geworden. Da Probegrabungen erfolglos geblieben waren, ruhte die Wassersuche, bis im Jahre 1950 das Problem erneut aufgegriffen wurde. Nach mehreren unbefriedigenden Versuchsbohrungen trieb die Firma Weiß (Bohrpfahl) Esslingen vom Herbst 1952 bis zum Frühjahr 1953 einen 130 m tiefen Schacht in das harte Juragestein und wurde fündig.

Hochwasser vom 25.–27. 6. 1953. — Unter der Planung und Bauleitung des Ingenieurbüros Faßnacht aus Arnach bei Bad Wurzach, wurde vom August 1953 bis Januar 1954 die neue Wasserversorgung erstellt. Im Pumpenhaus, an der Straße nach Sigmaringendorf (575 m ü.N.N.) steigt gutes Grundwasser von der Alb her bis 63 m unter der Erde empor. Von hier wird es in Rohren von 20 cm Durchmesser zum Hochbehälter gepumpt, der sich in 623 m Höhe oberhalb des Götzschen Bierkellers befindet und 700 m^3 umfaßt. Von hier aus wurde der links der Donau gelegene Stadtteil versorgt (30 Hydranten), während der rechts gelegene Stadtteil mit 25 Hydranten an die alte Wasserversorgung angeschlossen blieb. Für diesen Stadtteil führt unter der Donau, etwa oberhalb der Brücke eine Leitung ins Städtchen bis zum Schloß. Der Schieber dieser Leitung konnte nicht geöffnet werden, da befürchtet wurde, daß die alten Leitungen dem Druck nicht standhalten würden.

Die neue Anlage konnte am 20. Januar 1954 in Betrieb genommen werden. Im selben Jahr wurden die zu kleinen Röhren in der Gemminger Straße gegen solche mit größerer Weite ausgewechselt und der Leitungsstrang bis zum Friedhof verlängert. Da sich schon im gleichen Jahr erhebliche Leckstellen am alten Netz der Heudorfer Straße zeigten, war das Einbringen neuer Röhrenstränge erforderlich. Die gesamten Baukosten beliefen sich, einschließlich der Fehlbohrungen auf 293 512,88 DM. — Im August 1954 wurde auf einer Länge von rd. 1200 m mit der **Verbesserung des Donaubettes** und der Verkabelung der Stromleitungen begonnen. — Die **öffentliche Diskussion** war geprägt von Protesten gegen den Regierungsvorschlag zur Verwaltungsreform, der die Eingliederung in den Landkreis Sigmaringen vorsah. — Einwohnerzahl 1585. — Als Nachfolger von Konstantin Bregenzer trat im Jahre 1956 Johann Gutknecht das Amt des **Stadt- und Spitalpflegers** an (–31. 12. 1980). — In diesem Jahr konnten die Korrekturarbeiten am **Donaubett** abgeschlossen werden. Dabei waren rd. 25 000 cbm Erde bewegt, 400 qm Rasen gesetzt und 5000 qm Steinpflaster eingebracht, Tausende Weidensetzlinge und Hunderte Bäume gesetzt worden. Die Arbeiten wurden mehrmals durch Hochwasser gestört, die im neuen Bett jedoch so ruhig verliefen, daß keine Schäden entstanden. Nach Fertigstellung der Arbeiten war die ganze Einwohnerschaft von dem schönen Bild der Anlage und von ihrer vorbildlichen Zweckerfüllung erfreut. Als kleine Dankabstattung luden die Stadtverwaltung mit Bürgermeister Eberle an der Spitze und die beteiligten Industriebetriebe die Arbeiter zu einem Wasserfest ein, das sehr harmonisch verlief. — Die Gesamtkosten des Bauvorhabens hatten rund 180 000,— DM betragen, woran die Gemeinden Scheer, Sigmaringendorf und die hiesigen Industriebetriebe ihr redliches Drittel bezahlten. — Einwohnerzahl: 1576.

1957 Neue **Eisenbahnbrücke** (vgl. Bahn).

1958 kaufte die Stadt die 1874 erbaute **Villa Schaal**, Mengener Straße 17. — **Neonlicht** von der Mengener Straße bis zum Ende der Sigmaringer Straße. — **Kanalisation** der Blochinger Straße. — Einführung der Müllabfuhr. — Erweiterung des **Gottesackers**. — Alois Laudascher erhielt die Stelle des **Amtsboten** übertragen (–1966).

1959 erwarb die Stadt vom Metzgermeister Hans Will das **Eishaus**, Hirschstraße 28, und baute es zum Freibanklokal aus (jährlich 3–4 Notschlachtungen). — Am 30. August 1959 brannte in der Hirschstraße das Gebäude des Albert Buck, August Kieferle und Ferdinand Haga ab.

1960 übernahm der Landkreis Saulgau die **Straße Scheer–Lauchertal** als Landstraße 2. Ordnung. — Eine Donaukorrektion erforderte die **Grenzveränderung** mit Sigmaringendorf. — Im **Kindergarten** wurde Elfriede Kuchelmeister als Helferin angestellt.

1961 zählte die Stadt 1666 **Einwohner** (773 männlich, 893 weiblich). Die Bevölkerung nahm seit 1871 um 527 = 46,3 % zu, seit 1910 um 512 = 44,4 %, seit 1939 um 357 = 27,3 %. — Der **Polizeiwachtmeister** Alles wurde nach Saulgau versetzt. — Am 7. Mai 1962 lebten in Scheer 1646 Personen, davon 10 Italiener. — Die Stadt war **schuldenfrei**. — Bau einer **Schutzhalle** für den Kindergarten. — Die Straße Scheer–Blochingen ging an den Kreis über. — Durch **Brand** wurde das Ökonomiegebäude des Bauern Josef Merk völlig, die Wohnung teilweise zerstört. — Einweihung des von Prof. Henzelmann gefertigten neuen Kriegerehrenmals.

Über dem 17 Tonnen schweren Gedenkstein dreht sich ein Engel im Wind. In seine Flügel sind die Worte ein-

600 fm, in den Dreigräben 200 fm). — Nach dem Plan des Dipl.-Ing. Werz aus Saulgau und des Bautechnikers Norbert Herde wurden die Bauarbeiten für die **Leichenhalle** vergeben. — Die **Waschhaus**verwalterin Stauß wurde von Rosa Gulde abgelöst, im **Kindergarten** Doris Luib als Helferin angestellt. — Am 27./28. März 1966 verursachte ein orkanartiger **Sturm** große Verwüstungen, vor allem bei den Altholzbeständen „Oberer Gruber", „Dreigräben", „Vorderes Jungholz", „Kohlgrube" und „Mittlerer Spitzenweiler". Sturmholzanfall 2400 fm. — Am 21. 11. 1966 Einweihung der **Leichenhalle**. — **Amtsbote** Willibald Pfeiffer (1966–31. 12. 1967). — Bei der am 27. November 1966 durchgeführten Bürgermeisterwahl, an welcher Bürgermeister Eberle altershalber nicht mehr kandidierte, wurde der Gemeindeoberinspektor

graviert: „Ich rufe Euch aus allen vier Winden zur Auferstehung und zum ewigen Leben."
1963 erfolgte die Planierung des **Sportplatzes** bei der Tremmelwaage.
1964 Ausbau der B 32 zwischen Scheer und Sigmaringen. — Ankauf der Kraemerschen **Waldung.** — Eröffnung eines **Selbstbedienungsladens** in der Hirschstraße. — Am 21. Juni 1965 fielen einem schweren Sturm im Stadtwald 5000 fm Holz zum Opfer (im Waldteil Mittelstück 2500 fm, im vorderen Spitzenweiler 700 fm, in der Kohlgrube

Rolf Keller Bürgermeister (1967–1981).

Er ist 1940 in Dornstetten Kreis Freudenstadt geboren, wo er bis zur mittleren Reife das Progymnasium besuchte. Nach 3jähriger Lehrzeit beim Bürgermeisteramt Glatten war er 1 Jahr Kanzleigehilfe beim Landratsamt Balingen, danach seit 1963 Gemeindeoberinspektor bei der Gemeinde Baiersbronn.
Am 3. Januar 1967 wurde er in sein Amt eingesetzt, Altbürgermeister Eberle verabschiedet.
Am 18. Februar erschien die erste Ausgabe des „**Scheerer Stadtboten**". — Am 21. und 23. Februar, wie auch am 13. März tobten orkanartige **Stürme**, die einen Sturmholzanfall von ca. 13 000 fm verursachten. An mehreren Gebäuden entstand großer Sachschaden. — Durchgreifender Umbau des **Rathauses**. — Ausbau des **Kindergartens**. — Renovierungsarbeiten am **Altersheim**. — Im Mai 1967 kaufte der Schriftsteller Dr. Erich Schneider-Leyer vom Fürsten von Thurn und Taxis um 38 000 DM **das Schloß** in Scheer samt Park. Den 13 Familien, die im Schloß

*Bürgermeister Keller,
Stadtrat Pröbstle,
V.l.n.r.: Stadtrat Rauser,
Alt-Bürgermeister Eberle,
Landrat Karl Anton Maier,
Pfarrverweser Grassel.*

wohnten, wurde auf Mai 1968 gekündigt. Gleichzeitig wurden die Mieten erhöht, die bislang für Wohnungen bis 150 qm zwischen 7,50 DM und 25,— DM betrugen. Die Gemeinnützige Baugenossenschaft Saulgau konnte daraufhin für den Bau eines 12-Familienhauses in der Gräfin-Monika-Straße gewonnen werden. — Die Brauerei Götz verkaufte um 300 000 DM den **Hofgarten** und die **Pfarrzehntscheuer** an die Kreissparkasse und zum Teil an den Landkreis Saulgau. — Erstmals Durchführung eines Blumenschmuckwettbewerbs. — Wegen Auftragsmangels stellte die Firma Christian Ludwig Maag ihren **Filialbetrieb** in der Johannislaube wieder ein. — Die **Dichtungsfabrik Späh** eröffnete ihren neuen Betrieb. — Einweihung des neuen **Sportplatzes.** — Verkabelung und Ausweitung des **Fernsprechnetzes.** Erstellung eines Fernsprechhäuschens und einer Polizeinotrufsäule. — Verabschiedung des **Wegwarts** Hermann Pröbstle und des **Amtsboten** Pfeifer. — Am 6. Dezember wurde erstmals ein berittener **Nikolaus** von der Jugend empfangen. — 1968 erfolgte eine **Änderung des Stadtwappens** in die heutige Form, der das Stadtsiegel des Jahres 1311 zugrunde liegt. Das Wappen hat seither folgende Beschreibung: „In Rot unter einem silbernen Fisch eine mit den geöffneten Schneiden nach oben gekehrte silberne Schneiderschere, darunter ein sechsstrahliger goldener Stern."
Amtsbote Werner Knor (1. 1. 1968–6. 10. 1988); Aushilfsamtsbote Bernhard Saile (1968–1972). — Die Stadt legte in Zusammenarbeit mit der Schule einen **Waldlehrpfad** an. — Die **Firmen** Wilhelm Häberle, Werkzeugmaschinenfabrik für Kunststoffbearbeitung, und Werner Raible, Trikotagen, siedelten sich an. — Mit den Gemeinden Wilflingen, Heudorf, Blochingen, Beuren und Hundersingen gründete die Stadt eine **Fremdenverkehrsgemeinschaft.** — Schaffung von ca. 60 Ruhebänken.
1969: **Einwohner** 1780, Geburten und Sterbefälle je 27, Trauungen 11. — Vorrangig waren, wie im Vorjahr, Straßenbau und Erschließung von Industriegelände. — Einführung des **Postreklamestempels.**

1970: **Einwohner** 1785, darunter 105 Ausländer, Geburten 34, Sterbefälle 30, Trauungen 19. — Das **Hochwasser** in der Zeit vom 2.–6. Februar 1970 erreichte einen Hochwasserstand von 3,23 m (Normalstand beim Pegel Bahnhof ca. 70 cm). — Der **Totengräber** Mattmann trat in den Ruhestand; Nachfolger Adolf Lang. Rege **Bautätigkeit.** Bezug des zweiten 12-Familienhauses der Gemeinnützigen Baugenossenschaft Saulgau. Im Neubaugebiet Sonnenhalde entstand ein Einzelhandelsgeschäft mit Vesperstube (Hund). — Verbesserung der **Stromversorgung** der Gewerbebetriebe durch Erstellung von 2 Transformato-

Turnhalle.

renhäuschen. — Eine weitere **Unterstehhalle** für die Omnibusreisenden. — Schaffung eines ersten **Kinderspielplatzes** in der Sonnenhalde. — In **Heudorf** war durch den Tod des Bürgermeisters Wiedmann eine Neuwahl erforderlich, bei welcher Bürgermeister Keller zum Nachfolger gewählt wurde, so daß er nun beiden Gemeinden vorstand.

1971 Erschließung einer neuen **Wasserversorgung** für die Stadt Scheer und die Nachbargemeinden Blochingen und Ennetach. Einbau von Wasserzählern. — Erlaß einer **Friedhofsordnung.**

1972 Einwohner: 1792 (831 männlich, 961 weiblich), davon 1590 rk., 183 ev., 19 sonstige. — 128 Ausländer. — Am 1. Juli Einweihung der neuen **Turnhalle**.
Die Segnung der Halle nahm Pfarrer Kürner vor. — Rege **Bautätigkeit**. Ausbau verschiedener Ortsstraßen. Änderung des Erschließungsbeitrags. Erhöhung des umlagefähigen Aufwands. Einführung einer Entwässerungsgebühr und der Wasseruhren. Anhebung der Farrenhaltungsumlage, der Müllabfuhr- und der Kindergartengebühren, der Mieten in städtischen Gebäuden etc. — Aushilfsamtsbote Johann Zimmerer (1972–1974). — Aufhebung des **Waschbetriebs** im Waschhaus. — Schließung des Ladengeschäfts „Co-op". — Aufhebung des **Molkereibetriebs.**

Seit Inkrafttreten der **Kreisreform** am 1. Januar 1973 gehört die Stadt dem Landkreis Sigmaringen an. — **Einwohner** 1794, Geburten 16, Todesfälle 20, Trauungen 14. — Um weitere Industrieansiedlungen zu ermöglichen, verkaufte die Kirchenpflege **Grundstücke** an die Stadt, die beim Wettbewerb „Das schöne Dorf" den 3. Platz erziel-

te. — Einstellung einer **Kinderpflegerin** im Kindergarten. — Die Firma Raible löst **Nähfiliale** auf; die Firme Besendorfer & Rieder eröffnete ein **Betonsteinwerk.** — Aufhebung der **Farrenhaltung** und Einführung der künstlichen Besamung.

1974 wurde im Zuge der **Gemeindereform** Heudorf nach Scheer eingegliedert, Bürgermeister Keller am 3. 11. bei einer Wahlbeteiligung von 80% überzeugend wiedergewählt. Die Einwohnerzahl betrug am 31. 12. 1974 in Scheer 1827, in Heudorf 500. — Anzahl der Gemeinderäte 14, davon 4 aus Heudorf. — Erweiterung des Zweckverbands zum Bau einer gemeinsamen **Kläranlage,** der schon 1970 durch die Gemeinden Scheer und Sigmarin-

Pfarrzehntscheuer vor dem Abbruch.

gendorf beschlossen worden war, um die Gemeinden Hitzkofen und Bingen. — Die Stadt wird Mitglied des Interkommunalen **Rechenzentrums** Ulm. — Erweiterung des **Kindergartens**. — Bau des **Behindertenheims** an der Bahnhofstraße. — Abbruch der ehemaligen Pfarrzehntscheuer (Heudorfer Straße 2).

Bürgermeister Keller wurde nach seiner Wiederwahl am 16. 1. 1975 wieder in sein Amt eingesetzt. Der im Vorjahr gegründete **Verwaltungsverband Mengen**, der Mengen, Scheer und Hohentengen umfaßt, hielt 1975 seine konstituierende Sitzung ab. — Scheer trat dem **Wasser- und Bodenverband Saulgau** bei, schloß sich der **EDV** an und gehört seit 1975 zum **Schornsteinfegerbezirk** Krauchenwies (seither Mengen). — In der zum „**Fremdenverkehrsort**" eingestuften Stadt übergaben die Fasnets-Konde den von ihnen auf dem Hindenburgplatz errichteten Brunnen der Öffentlichkeit.

Den „Kondebrunnen" krönt die vom Bildhauer Egon Leuw aus Saulgau gefertigte, originelle Figur eines Wandergesellen. Sie symbolisiert die Handwerkszünfte, die in der Residenzstadt ihren Sitz hatten. Mit der Einweihung wurde erstmals das inzwischen zur Tradition gewordene Scheerer Brunnenfest gefeiert, an welchem aus dem Brunnen Bier statt Wasser fließt. Weniger Einnahmen vom Land und mehr Ausgaben für überörtliche Auslagen, machten eine kräftige **Erhöhung** der Gebühren und Steuern erforderlich, der 1976 die Anhebung des Grundsteuerhebesatzes um ca. $1/3$ folgte. Wegen rückläufiger Geburtenzahlen mußten im **Kindergarten** 2 Kräfte entlassen werden. Im **Altersheim** konnte ein Aufenthaltsraum ausgebaut werden. Die bisher bestehende **Fahrzeugwaage** an der Donaustraße wurde nicht mehr geeicht, da erhebliche Reparaturkosten entstanden wären. Die Papierfabrik erklärte sich bereit, künftig die Wiegungen durchzuführen. Das Waaghäusle wurde 1977 entfernt. — In Eigenleistung richteten die Fasnetskonde bei der Donaubrücke ein „Rentnerbänkle" her, das von den Betagten gerne aufgesucht wird.

Rentnerbänkle.

Die Bevölkerungszahl der Gesamtgemeinde stieg von 2008 (im Vorjahr) auf 2227 an. Geburten 24, Trauungen 16, Sterbefälle 29. — Viehzählung: 13 Pferde, 1046 Stück Großvieh, 7 Ziegen, 12 Schafe, 893 Schweine, 933 Hühner, 14 Gänse, 57 Enten, 35 Bienenstöcke. — Grundstückserwerb in der „Menger Au" auf Markung Sigmaringendorf zur Anlegung von **Froschteichen**. — Die Gemeinden Sigmaringendorf und Bingen lehnten einen mit Scheer gemeinsamen Wasserverband ab. — **Abbruch** des baufällig gewordenen Gebäudes Sigmaringer Straße 1 (im Bild rechts).

1978 erwarb die Stadt das Gebäude „An der Stadtmauer 10", ließ es abbrechen und dort die Stadtmauer wieder herrichten. — **Aushilfsamtsbote** Johann Zimmerer (1978—1988). — Die Nachfrage nach Bauplätzen erforderte weitere **Baugelände**erschließung an der „Steige" und „Am Wasserfall". — Mit Herrn Minck stellte die Stadt am 1. 11. 1978 erstmals einen **Stadtoberinspektor** an (bis 1981).
1979 Einwohnerzahl der Gesamtgemeinde: 2250. — Für die Stadt verursachte dieses Jahr erhebliche Kosten im **Tiefbau**. Bis Jahresende wurden 635 000 DM Kredite aufgenommen, ca. 500 000 DM Beiträge kassiert und an Abschlagszahlungen an Staatsbeiträgen 1 385 000 DM ausbezahlt. — Inbetriebnahme von **Fußgängersignalanlagen** an der Donaubrücke und beim Altersheim. — Die Feuerwehr mußte in Scheer zu 2 **Brandfällen** ausrücken: 11. August Wohnhaus Schwarz an der Schloßsteige, 10. Dezember Arztpraxis Fritzsch beim Bartelstein.
1980 **Einwohnerzahl** 2416 (davon 518 in Heudorf), Geburten 35 (davon 11 in Heudorf), Sterbefälle 23 (davon 3 in Heudorf). — Nach starken Regenfällen hatte sich am Wehr des Schlosses Sigmaringen ein Rückstau gebildet. Da es sich wegen eines technischen Defekts nicht schließen ließ, entstand am 7. Februar das größte **Hochwasser** seit der katastrophalen Donauflut im Jahre 1919. Pegelstand an der Donaubrücke 2,70 m. Die Donau, die sich in einen reißenden Strom verwandelte, überflutete die Keller der Unterstadt und machte die Straßen teilweise unpassierbar.
Die Nachfolge des **Stadtpflegers** Johann Gutknecht trat Kurt Kugler an. Die wesentlichen **Bauvorhaben** des Jahres 1980 waren der Bau einer Kläranlage, Kanalbauarbeiten, Staßenneubauten und der Umbau des Amtsbotenhauses. — Im **Kindergarten**, der vom 1. 4.–30. 7. 1980 von Cornelia Ruff geleitet worden war, wurde Maria Hengge als Leiterin angestellt, Schwester Parda vom Kindergarten ins Altersheim übernommen.
1981 übergaben die Fasnetskonde den von ihnen gestalteten Platz bei der ehemaligen Pfarrzehntscheuer der Stadt.

Inbetriebnahme der im Vorjahr fertiggestellten **Kläranlage.**

Fertigstellung der Umgestaltung des Amtsbotenhauses zur **Zunftstube.** Gesamtkosten 280 290,— DM, davon 52 124,— DM Eigenleistung der Bräutelzunft und 88 460,— DM Zuschüsse.

Zum 30. November 1981 schied **Bürgermeister** Keller aus und trat die Bürgermeisterstelle in Münsingen an. Die Amtsgeschäfte wurden von seinem Stellvertreter Wunibald Knor weitergeführt. — Die Nachfolge des **Stadtoberinspektors** Minck trat am 1. 12. 1981 Karl-Hans Heimann an.

Bürgermeister Gerald Schikorr

wurde am 20. Dezember 1981 gewählt und am 1. Februar 1982 von Herrn Landrat Binder in das Amt eingesetzt. 1951 in Tuttlingen geboren, besuchte er nach dem Hauptschulabschluß 3 Jahre die höhere Handelsschule und war von 1969–1972 Inspektorenanwärter bei den Verwaltungsaktuariaten Tuttlingen und Spaichingen, beim Bürgermeisteramt Nendingen und dem Landratsamt Tuttlingen. Nach dem Studium an der Fachhochschule für öffentliche Verwaltung (1972–1974) legte er die Staatsprüfung für den gehobenen Verwaltungsdienst ab (Diplomverwaltungswirt FH) und war ab 1974 Sachbearbeiter in der Kreiskämmerei des Landratsamtes Tuttlingen, ab 1. 5. 1980 Kreisamtmann.

Bürgermeister Gerald Schikorr.

V.l.n.r.: Landrat Binder (SIG), Landrat Volle (TUT), Bgm. Schikorr und stellv. Bgm. Knor.

Baumaßnahmen 1982: Fertigstellung der Bushaltebucht und einer Unterstehhalle in der Schaalstraße; Anlage eines Kinderspielplatzes in der Mörikestraße; Bau des Regenüberlaufbeckens 5, Hauptsammler bis RÜB in Heudorf, Pumpwerk im Olber, Zuleitungssammler nach Blochingen, Kanalisation Friedhofweg; Feuerwehrgerätehaus. — Der Vereinbarung über die Beteiligung an den Kosten der am 1. März des Vorjahres gegründeten **Sozialstation** Hohentengen-Mengen-Scheer wurde endgültig zugestimmt. — Auf Josef Späth, der von 1953–1982 die Revierförsterstelle Scheer innehatte, folgte der Revierförster Rolf Insam.

1984 Einwohnerzahl 2289 (davon in Heudorf 517). Nachdem im Vorjahr bis zur Post kanalisiert worden war, konnte 1984 die **Altstadtkanalisation** fortgeführt (Schloßsteige, Hirschstraße, Donaustraße, Fabrikstraße) und mit dem Herrichten des Altersheimhofs begonnen werden.

Am 16. 11. 1984 informierte sich **Innenminister Schlee** über die Probleme der Stadt.

Pfarrer Kürner, Landrat Binder, Innenminister Schlee, Wunibald Knor und der Amtsbote Werner Knor (anläßlich der Verleihung des Bundesverdienstkreuzes am 7. Dezember 1982 an Wunibald Knor).

1985 erfolgten weitere **Kanalisationsarbeiten** (Schloßsteige, Bahnhofstraße, Hindenburgplatz, Mengener Straße/ Donaustraße) und verschiedene Straßenausbauten. — Die Stadt beantragte die Aufnahme in das **Stadtsanierungsprogramm**, dessen Gesamtmaßnahmen mit rd. 11,3 Millionen DM angegeben wurden.
Einwohnerzahlen am 31. 12. 1985: Scheer 1788, Heudorf 528, insgesamt 2315; am 31. Oktober 1986: Scheer 1847, Heudorf 534, insgesamt 2381. — In diesem Jahr fand die Verlegung der **Gasleitung** von Saulgau nach Sigmaringen statt, woran sich die Stadt mit einem Baukostenzuschuß beteiligte.

Am 24./25. Mai wurde das **Feuerwehrgerätehaus** eingeweiht und anläßlich eines „Tages der offenen Tür" der Allgemeinheit vorgestellt. Mit der Feuerwehr erhielt auch die DRK-Bereitschaft die dringend erforderlichen Räume, der Bauhof eine Werkhalle mit 3 Boxen für die Fahrzeuge und Materialien, sowie eine Werkstatt und einen Lagerraum.

Mit der Aufnahme der Stadt ins Landessanierungsprogramm im Jahr 1986, konnte die **Stadtkernsanierung** in Angriff genommen werden. Im Zuge vorbereitender Untersuchungen erfolgte zunächst die Festlegung des Sanierungsgebiets, 1987 die Aufstellung der ersten historischen Leuchten „Alte Stadt". Im selben Jahr konnte das **Hofgarteneinkaufscenter** eröffnet werden, in welchem auch die Post, ein Friseurgeschäft, die Kreissparkasse und eine Arztpraxis untergebracht sind:

Im selben Jahr erfolgte die Erschließung des **Gewerbegebiets** Geren/Olber, und die Verlegung der **Gas- und Wasserleitung** in der Gemminger Straße. — Die **Einwohnerzahl** betrug am 31. 12. 1987 in Scheer 1839, in Heudorf 526, insgesamt 2365 Personen.
Bis zum 31. 12. 1988 stieg sie auf 2419 (Scheer 1895, Heudorf 524). Dieser Anstieg war bedingt durch die Zuweisung von 70 **Spätaussiedlern**, die im Gasthaus Zum Bräuhaus untergebracht werden konnten. — Die Revierförsterstelle, die 1987/88 Elmar Reisch betreute, hat seit 1988 Hermann Miller inne. — Vom Landkreis Sigmaringen erwarb die Stadt den **Hofgarten** und begann im Zuge der **Altstadtsanierung** mit entsprechenden Hoch- und Tiefbaumaßnahmen:
Sanierung des Hindenburgplatzes, Instandsetzung der Hofgartenmauer, Ausbau der Gemminger Straße und der Schloßsteige mit der dabei erforderlichen Mauersanierung. Zudem leistete die Stadt einen Beitrag in Höhe von 265 000 DM zur Renovation der Außenfassade des Schlosses, 54 750 DM wurden für private Modernisierungsmaßnahmen bereitgestellt.
1989 konnte mit dem Rathausumbau begonnen werden. Die Dienstzimmer befinden sich derzeit in der renovierten Johannislaube.

Kirchen und Kapellen

Die Stadtpfarrkirche

Kirchenpatron ist der hl. Bischof Nikolaus von Myra (6. Dezember), dessen Verehrung nördlich der Alpen um das Jahr 1100 einsetzte. Die Kirche war ursprünglich eine dreischiffige, gotische, flachgedeckte Basilika, die im 13. Jahrhundert erbaut wurde.
Als Erbauer wird der im Jahre
1257 verstorbene Graf **Hugo von Montfort** angesehen, dessen Bruder Heinrich II. Bischof in Chur war († 1272). Lezterer hatte wohl das geistliche Studium von drei Söhnen seines Bruders gefördert: des Grafen Friedrich I., der sein Nachfolger im Bistum Chur wurde, des Grafen Wilhelm I., der ab
1281 die Abtei St. Gallen innehatte, und des Grafen Heinrich III., der Domprobst in Chur wurde und gleichzeitig als Kirchherr die Pfarreien Scheer, Herbertingen und Heudorf innehatte. Als solcher wird er von 1275—1291 genannt. Zur Betreuung seiner Pfarreien bestellte er Leutpriester, die er von seinem Einkommen besoldete.
Im „liber decimationis", dem Zehnteinzugsverzeichnis der Diözese Konstanz vom Jahre 1275, heißt es über die damals zum Dekanat Hohentengen zählende Pfarrei Scheer, daß die Vicarie, außer dem Plebanat, 10 Pfd. Einkommen hat.

Mit Scheer ging
1289 auch das **Patronatsrecht** der Kirche an die Habsburger über. Diese erwirkten
1298 für die Besucher und Wohltäter der Kirche einen 40tägigen **Ablaß**. In ihrem Urbar des Jahres
1303 wird gesagt, daß neben Burg und Stadt Scheer auch das Patronatsrecht zur Rechtung Scheer gehöre.
1323 verlegte der Konstanzer Bischof das **Kirchweihfest** der St.-Nikolai-Kirche vom Karfreitag auf den 2. Sonntag nach Ostern. Aus dieser Zeit stammt das in der Sakristei aufbewahrte **Astkreuz**, dessen Corpus 47 cm groß ist.
Im „liber quartarum" des Jahres
1324 wird Scheer zum Dekanat Mengen gezählt.

1327 stiftete Adelheid Nyesser einen **Jahrtag**; ebenso Adelheid die Schließerin, die mit Einwilligung ihres Sohnes Johannes dafür ein Lehen gab, das sie vom St.-Nikolaus-Gotteshaus innehatte und das von ihrem Vater Arnold an sie übergegangen war. — Adelheid, die Fuchsin, gab
1348 ihr Haus und Garten „zu Scheer auf dem Berg" an die Kirche. — **Ulrich der Mayer**, „Leutpriester zu der Scheer", gab
1351 seine Wiese im Unterwasser zu Mengen beim dortigen Siechenhaus an die Pfründ zu Scheer zu einem Jahrtag.

Astkreuz 1320/30, Höhe ca. 1,60 m.
Christus in Hockstellung (80 cm).
Supranaturalistisch.

1364 genehmigten der **Pfaff Hans Wenzel**, Kirchherr zu Scheer, der Rat der Stadt Scheer und Graf Heinrich von Montfort die Stiftung der Kaplanei „**zu Unserer lieben Frau**" (Benefizium St. V. Marie ab Angelo Salutatae) durch Rudolf Strumpfell und dessen Frau Luggardis, Heinrich Luzzen, des Vogts Hermann, des Priesters **Konrad Klingler**, des Dekans Johann Wenzel und des Ulrich Hergeselle („armiger"), der dazu einen Altar, eine ewige Messe stiftete und einen Vehenmantel schenkte, den seine Frau Anna Maria von Reischach hinterlassen hatte.

1365 bestätigte das Konstanzer Bistum diese Stiftung. Damals waren neben dem Pfarrer bereits 4 Geistliche in Scheer, wo

1378 **Philipp Kraft** als Kirchherr genannt wird (ebenso 1387).

1383 stifteten der Altheimer Kaplan Conrad Spierer und seine Base Elisabeth Pfyster eine Wiese, „mitten auf der Höh" zu einem **Jahrtag**.

1386 erwarb das Kloster Hedingen in **Ölkofen** die Hälfte eines Gutes, dessen andere Hälfte einer Kaplanei in Scheer gehörte. **Hans Ungewitter**, Bürger und Kirchherr zu Scheer, stiftete

1393 aus seinem Haus, das an das Kaplaneihaus grenzt, einen Jahrtag.

1397 bekundete er, daß Adelheid, die Riederin, an die **Frühmesse** auf den Allerheiligenaltar eine Pfründ stiftete, die aber an keinen Scholaren verliehen werden dürfe. Die Stifterin ersuchte

1399 den Bischof um die Genehmigung dieser Stiftung, für welche bei Vacanz der Magistrat das Recht haben soll, einen geeigneten Priester zu präsentieren, wozu der Kirchherr Heinrich Ungewitter seine Zustimmung gab.

1400 kaufte sie von Agathe Hüglin, der Frau des Eberhard von Hausen, seßhaft zu Sigmaringen, ein Haus in Scheer bei der Kirche, das deren Oheim Eglinger gehört hatte, um es an die Frühmesse zu geben.

Anläßlich der **Weihe eines weiteren Altars** in der Pfarrkirche verlieh der Weihbischof als Generalvikar des Bischofs Otto v. Hachberg im Jahre

1412 allen Besuchern und Wohltätern, welche an den Festtagen des Kirchenpatrons und an der Kirchweih die Kirche besuchen, das Hochwürdigste zu Kranken begleiten und beim Läuten des Englischen Grußes eifrig beten, einen Ablaß von 40 Tagen.

1414 vereinbarte der Magister **Johann Schurpfer**, „vicarius par. rectore in Scheer", im Namen eines namentlich nicht genannten Kirchherrn, der auf die Pfarrkirche Scheer vorgeschlagen war, einen Betrag von 20 Gulden (erste Früchte). Dieser scheint die Pfarrstelle aber nicht angetreten zu haben, denn am 22. August desselben Jahres vereinbart ein **Herr Heinrich Bul**, Kirchherr der Pfarrkirche zu Scheer, die er durch Tausch erlangt habe, den Betrag von 24 Gulden. Dieser hatte wohl im Jahre

1417 sein Amt noch inne, als der Konstanzer Weihbischof am 27. Mai die **Weihe eines** mit dem Titel nicht genannten **Altars** in der Pfarrkirche und die Verleihung eines Ablasses von 40 Tagen auf das Kirchweihfest beurkundete.

1428 ist **Johann Heppli** von Geislingen-Staig als Pleban erwähnt. **Michael v. Reischach**, der Sohn Konrads v. Reischach und der Königin Isabella v. Majorca, war vom 17. Juli 1436 bis 1469 Kirchrektor in Scheer. — In einem Schreiben vom 15. Juni 1441 sagt der Generalvikar von Konstanz, es sei ihm gemeldet worden, daß die Priester **Georg Lüpfried** von Schära und Heinrich Otter, Kaplan in Mengen, sich eines Abends bewaffnet von Mengen nach Scheer begaben und im Laiengewand mit einigen anderen Laien in Scheer in Streit gerieten. Diese hätten das Messer gezogen und die beiden Priester, die sie als solche nicht erkannten, verwundet. Daraufhin wurden die Laien excommuniziert und nicht ohne Mühe wieder absolviert, wozu die Priester Anlaß gaben und damit öffentlich diffamiert waren. Letztere wurden nun nach Konstanz zitiert, verhört und unter Bußauflegung absolviert.

Graf Eberhard von Sonnenberg, der 1451 die Katharinenkaplanei in Hohentengen gestiftet hatte, stiftete

1455 die **St. Marienkaplanei** zu Scheer und dotierte sie mit einem Drittel des Groß- und Kleinzehnten zu Günzkofen und 25 Pfd. Heller jährlicher Gilt aus der Stadtsteuer zu Scheer. Die mit der Stiftung verbundene ewige Messe, „vorab Gott dem Allmächtigen, seiner würdigen Mutter Maria zum Lob und allen himmlischen Chören zu Ehren, auch darum, daß er seine Sünden und Missetaten durch Gnade und Barmherzigkeit des ewigen Gottes, dessen führ entladen und zur ewigen Seligkeit gefürdet werde, besonders seines Vaters und seiner Mutter seligen, und endlich aller seiner Vorderen und Nachkommen Seelen ewigen Trost und zur Hilfe", soll gelesen werden „auf dem Altar, der da geweiht ist in der Ehre Unserer Lieben Frauen, der königlichen Mutter Marien, des hl. Zwölfboten St. Andreas, der Hl. Jungfrauen Katharina und Maria Magdalena". Der Kaplan dieses Altars (Salve-Altar; später Rosenkranz-Altar) war verpflichtet, dem Kirchherrn helfen zu singen: Metten, Frohnämter, Vesper- und andere Zeiten, die man gewöhnlich singt oder singen wird. — Im selben Jahr stiftete der „Pfaff **Johann Valkner** von der Schär" auf den Allerheiligenaltar zur Aufbesserung der Pfründe eine ewige Messe mit 4 Priestern von 17 Eimern guten Weißwein jährlicher Weingilt und seinem eigenen Hause zu Scheer.

1456 stiftete **Michael v. Reischach**, Kirchrektor zu Scheer, zwei Pfründen zur Kirche der regulierten Augustinerinnen zu Inzigkofen. Diese beiden Kaplaneistiftungen wurden am 7. Juni

1458 vom Konstanzer Bischof bestätigt. Am 21. Dezember

1463 wurde der Stifter auf den Allerheiligenaltar des Klosters Inzigkofen instituiert (eingesetzt), hatte aber die Pfarrei Scheer weiterhin inne, obwohl er im Jahre

1467 als „weiland" (gewesen) bezeichnet wurde.

1468 stiftete Graf Eberhard von Sonnenberg die **St.-Leonhards-Kaplanei** und dotierte sie mit 33 Gulden aus dem Erlös des Groß- und Kleinzehnten, 3 Gulden aus dem Haus- und Heuzins und dem Kirchengefäll des Lehenhofes zu Günzkofen, 108 Gulden aus dem Drittel des Groß- und Kleinzehnten zu Knechtenweiler (abgegangen bei Friedberg) und dem Hof zu Beizkofen, 17 Gulden aus dem Kleinzehnten zu Ölkofen und 6 Gulden aus dem Kleinzehnten zu Ursendorf, so daß dieses Beneficium einen jährlichen Ertrag von 167 Gulden hatte. Die Verpflichtungen des Kaplans waren dieselben wie die des Kaplans der Marienkaplanei.

Die Pfarrei wurde vermutlich vom Magister **Johann Steinmar** als Vertreter des Kirchenrektors Michael von Reischach verwaltet, bis dieser am 19. Juli

1469 resignierte. Sein Nachfolger, der **Kirchherr Johannes Klain**, (1469—1474) war in Wangen geboren, hatte an den Universitäten Wien und Heidelberg studiert und den Magistertitel erworben. Von 1456—1463 war er in Zell bei Kißlegg, dann in Engeratshofen bei Leutkirch und kam von dort nach Scheer. Graf Eberhard verlangte von ihm, einen Helfer zu halten und verpflichtete sich, zur Aufbesserung des Pfarreinkommens den Zehnten aus allen seinen Äckern zu geben. — Auf Vorschlag des Grafen wurde der Priester **Burkhard Schacz** auf den **Leonhardsaltar** investiert. Der Bischof bestätigte am 23. August

1472 die Wahl des Magisters Johann Steinmar zum Dekan des Dekanats Mengen. In diesem Jahr baute Graf Eberhard von Sonnenberg „bei der Pfarrkirche" eine **Kapelle**, die U. L. Frau, Magdalena, Andreas und Johannes Evangelist geweiht und zu seinem Begräbnis bestimmt war. — Kaplan „U.L.Frau und aller Heiligen" war **Konrad Hartmann**. Für die Wohltäter dieser Kapelle gewährte Papst Sixtus IV. einen Ablaß von 5 Jahren, für die Besucher einen solchen von 100 Tagen, denen der Konstanzer Bischof weitere 40 Tage hinzufügte. Im selben Monat (April 1472) verlieh der Papst den Besuchern und Wohltätern der Pfarrkirche einen weiteren Ablaß von 5 Jahren, durch den das Bauwesen der Kirche gesichert und die notwendigen Kultgegenstände verschafft werden können. Demnach kann angenommen werden, daß zu dieser Zeit der **Umbau der Pfarrkirche** in Angriff genommen wurde, zumal in diesem Jahr zwischen dem Kloster Habstal, dem Kaplan des Frauen- und Allerheiligenaltars der Pfarrkirche zu Scheer und dem Spital Mengen wegen des zusammengeworfenen Zehnten zu Günzkofen ein Vergleich zustande kam. Man brauchte das Geld, um den Neubau zu finanzieren. Gefördert wurde dieser sicher auch von Graf Otto von Sonnenberg, der von 1474 bis 1491 Bischof in Konstanz war. — Bei der o. a. Kapelle mit Begräbnisstätte handelt es sich wohl um das im Chor der Kirche über der Gruft errichtete Mausoleum.

Der Magister **Peter Huber** hielt am 22. November 1474 in Scheer seine Investitur. Er stammt aus Reutlingen, wo seine Familie eine Kaplanei gestiftet hatte, die sie selber vergab und ihm verliehen worden war. Er behielt diese Kaplanei bis zum Jahr 1492 inne und erhielt in dieser Zeit immer wieder die bischöfliche Erlaubnis, seine Reutlinger Kaplanei von einem Stellvertreter versehen zu lassen. —

1474 stifteten Ruf Hefel und seine Frau mit 40 Pfund einen Jahrtag.

1475 erfolgte die Stiftung der sog. **„Mittelmeßpfründe"** (Benefizium S. V. Mariae, Mittelmeß- oder Salvealtar genannt) durch den Grafen Eberhard von Sonnenberg, die er mit dem Großzehnten zu Friedberg, der jährlich 17 Malter Früchte bringt, dem Drittel des Großzehnten zu Wolfartsweiler (20 Malter), mit der hinteren od. sog. „Schuelwiese", einem halben Fuder Wein jährlich und einem Haus beim Frühmeßhaus begabte. — Auf dem Salve-Altar hatte der Pfründinhaber wöchentlich zwischen Frühmesse und Frohnamt (daher „Mittelmeß") 4 Messen zu lesen, und zwar am Sonntag, Montag, Mittwoch und Freitag. Mit dieser Pfründe war auch die Schule verbunden (s. d.). — In seinem Todesjahr

1479 stiftete Graf Eberhard mit 19 Pfund 11 Schilling Haller eine 4malige **Jahrzeit** mit damals 7 Priestern.

1487 übernahm **Konrad Dürner**, alias Hartmann, Kaplan am Allerheiligenaltar, die Kaplanei Ennetach.

1489 baute Graf Andreas von Sonnenberg in Scheer die **Kapelle zur Hl. Dreifaltigkeit** und anderer Heiligen (s. d.). Es ist zu vermuten, daß er in diesem Jahr auch das Beneficium S. S. Trinitatis stiftete.

1491 stiftete Agnes, die Witwe des Konrad Keller aus Biberach, mit 3 Pfd. Heller aus einer Wiese bei Ennetach einen ewigen Jahrtag in die St.-Nikolaus-Kirche.

1492 wurde **Chor der St.-Nikolaus-Kirche** fertiggestellt, wie die Jahreszahl „1492" außen am Chor ausweist.

Mit dem Bau des Chores erfolgte an dessen Nordseite neben dem Turm auch der Anbau einer **Sakristei**.

In den folgenden Jahren (–1509) wurde wahrscheinlich die flache Holzdecke des Langhauses entfernt und, um die Kirche dem **gotischen Stil** anzupassen, über allen 3 Schiffen gotische Rippengewölbe aufgesetzt. Der Bischof von Konstanz erlaubte im Jahre

1492, daß die sog. „Rumpel- oder Finstermetten", die bislang nur während der Nacht abgehalten wurden, nun

Jahreszahl „1492" zwischen Ölberg und Kreuzigungsgruppe (außen am Chor).

bereits zur Abendzeit stattfinden dürften. — Der Kaplan der Marienkaplanei, **Johannes Rösch**, tauschte in diesem Jahr seine Stelle mit dem Ennetacher Kaplan Michael Falkner.
Unter Vorbehalt der Lehenschaft stiftete Graf Andreas
1496 in die Pfarrkirche eine Meßpfründe, die später **„Hofkaplanei"** genannt wurde, auf den Altar U. L. Frau, St. Andreas, Sebastian, Christoph und Wolfgang. Dieser befand sich „vor dem Chor, rechter Hand unter dem neuen Gewölbe". Er gab dazu ein Haus zu Scheer bei der Kirche und der Mittelmeßpfründ, 4 Kirchengüter zu Herbertingen und 5 fl. jährlichen Zins vom Schloß. Der Kaplan war verpflichtet, am Altar wöchentlich 4 Messen zu lesen und, wenn es von ihm verlangt wird, auch im Schloß Messen zu lesen und dem Kirchherrn „helfen singen und lesen Metten, Frohnämter, Vesper, Complet und andere Zeiten, die man gewöhnlich singt". Außerdem mußte er „alle Samstag zu nacht, wenn Mangel an Schülern ist, helfen das Salve Regina singen". Im Pfründverzeichnis des Bistums Konstanz vom Jahre

1497 ist das Einkommen des Pfarrers, **Magister Peter Huber**, mit 100 Pfd. Heller angegeben, von denen er 10 Pfd. Steuer zu zahlen hatte. Nach dem Randvermerk war er Kammerer des Kapitels Mengen. Ferner sind verzeichnet: die Kapläne **Ambrosius Undinger, Nikolaus Pileatoris** (Allerheiligenaltar), **Johannes Rösch** alias Senger (Frühmesser), **Heinrich Otter** (U. L. Frau) und sein Nachfolger **Michael Falkner** sowie **Bartholomäus Hass** (St. Leonhard).
Nachfolger des Pfarrers Huber wurde der **Pfarrer Ulrich (Heinrich) Zeller**. Am 6. Mai
1499 vereinbarte er die Zahlung der „Ersten Früchte". Er gab in diesem Jahr mit den o. g. 5 Kaplänen, von denen sich Nikolaus Pileatoris nun Nikolaus Stumm nannte, die Einwilligung, daß Graf Andreas, der Bürgermeister und Rat zu Scheer und einige Bürger und Bürgerinnen die **St. Sebastiansbruderschaft** gründeten. Zweck dieser Vereinigung war, für alle Brüder und Schwestern durch die Fürbitte des hl. Ritters und Märtyrers Sebastian die Befreiung von aller pestilenzischer Sucht und anderen gefährlichen Krankheiten, besonders von der Pest der Todsünde, von Gott dem Allmächtigen zu erhalten. Als Eintrittsgeld zahlten Einheimische 30 Kreuzer, Auswärtige 1 Gulden. Jeder Bruder und jede Schwester gab bei der Aufnahme ein Opfer, das jedes Jahr wiederholt wurde. Am Tag des Hl. Sebastian ließen sie ein Lob- und Seelenamt mit Vigil und 4 hl. Messen lesen und eine Kollekte halten; an allen Fronfasten im Jahrtag mit Vigil Amt und 5 hl. Messen für die verstorbenen Brüder und Schwestern, desgleichen beim Tod eines Mitglieds. Die jährlichen Opfer wurden eingeschrieben und dafür ein Pfleger bestellt. — Am „Zinstag nach Magdalenen", dem 23. Juli 1499, bat die Stadt den Bischof, die neugegründete Bruderschaft zu genehmigen. Der Bischof Hugo von Hohenlandenberg verlieh am 15. Januar
1500 einen Ablaß von 10 Tagen. Im selben Jahr verliehen 2 Kardinalbischöfe, 4 Kardinalpriester und 2 Kardinaldiakone je einen 100tägigen Ablaß für die Besucher und Wohltäter des Sebastianbruderschaftsaltars in der Pfarrkirche an 5 Tagen. Auf Bitten des Grafen Andreas verliehen weitere 3 Kardinalbischöfe, 9 Kardinalpriester und 6 Kardinaldiakone einen ebensolchen Ablaß für die Besucher der Pfarrkirche an 5 Festtagen. Pfarrer war **Konrad Mettler**, Vikar **Nikolaus de Lemen**. — Zu Beginn dieses Jahrhunderts ist, nach Gresser, auch ein Pfarrer **Wüst** erwähnt.
Auf Bitten des Grafen Andreas bestätigte der Konstanzer Bischof im Jahre
1501 verschiedene Ablässe und gewährte denen, die gebeichtet haben und die Kirche an genannten Tagen der Andacht, des Gebets oder einer Wallfahrt halber aufsuchen und der Kirchenfabrik Kerzen, Schmuck oder etwas anderes, das dem Nutzen der Kirche dient, geben oder ein anderes frommes Werk tun, weitere 40 Tage Ablaß.
1505 waren der Schloßneubau und die Kirchenrenovation beendet. Am 8. Oktober wurden die Schloßkapelle und die Kirche vom Konstanzer Weihbischof consecriert. Nikolaus Kifferlin, Bürger zu Scheer, stiftete im Jahr
1506 auf den Altar, welcher der hl. Dreifaltigkeit, St. Sebastian und St. Anna geweiht ist, **eine Kaplanei**. Der Kaplan dieses Benefiziums mußte wöchentlich etwa

4 Messen lesen; zum Trost und Heil des Stifters hatte er jährlich mit 10 Priestern einen Jahrtag zu halten und dem Pfarrer 3 und jedem Priester 2 Schilling Haller zu bezahlen. Während der Vigilien und Messen mußten 4 Wachskerzen brennen. Ferner hatte er, wie die anderen Kapläne, dem Pfarrer zu helfen. Der Stifter machte dabei den Vorbehalt, daß die Pfründe dem Scholaren Kaspar Kieferle, seines Bruders Tochter Sohn, danach den Anverwandten zustehe. — Auf Bitten des Kirchherrn **Ulrich Zeller** wurde die Stiftung im selben Jahr vom Generalvikar bestätigt.

Im Pfründverzeichnis des Bistums Konstanz vom Jahre 1508 sind wieder alle Kaplaneien mit Angabe der zu leistenden Abgaben verzeichnet.

1509 nahm Graf Andreas an der Kirche weitere **Veränderungen** vor. Das Langhaus wurde verlängert und erhielt eine andere Fenstereinteilung, sodaß im wesentlichen die heutige Außenform (außer dem getreppten Giebel) entstand. Der Bau trug nun die Kennzeichen des spätgotischen Stils, von dem wir heute noch einige Überreste im Maßwerk der Turmfenster etc. vor uns sehen. Mitten im Chor ließ der Graf für sich und seine Familie ein Mausoleum anbringen. Aus dieser Umbauzeit stammen die heute an der Chornordwand gegenüber der Grafenloge angebrachten Holzbildwerke, die den hl. Petrus, den hl. Nikolaus und den hl. Paulus darstellen.

Damals schmückten sie wohl den Hochaltar. — Aus dem Jahre 1509 stammt auch die „**Zwölfuhr-Glocke**".

Neben 2 Reliefs (St. Nikolaus und Maria mit dem Jesuskind) enthält sie ihren eigenen Namen und den des Glockengießers mit den Worten: „Nikolaus Oberacher zu Costenz gohs mich. Anno Dom. 1509". Sie hat einen unteren Durchmesser von 1,10 m, ein Gewicht von ca. 15 Ztr. und gibt den Ton „G" an. Im selben Jahr erfolgte die Einweihung der erneuerten Kirche durch den Bischof Hugo von Hohenlandenberg. Das schönste Altarblatt der Kirche, dasjenige auf dem „Heiligenaltar", zeigt die **St.-Nikolaus-Kirche** wohl noch in ihrer 1509 vollendeten Bauweise:

Es gelang bisher nicht, den Namen des Baumeisters ausfindig zu machen. Angenommen wird, daß am Bau mit Hilfe der Bauhütte des Ulmer Münsters der Menger Bürger „Meister Lienhart, Steinmetz" tätig war, der bis 1506 dem Grafen Andreas lange Zeit gedient und ihm das Schloß zu Scheer „und anderes" gebaut hat.

Die „**Eilfglocke**", die einen unteren Durchmesser von 0,955 m, ein Gewicht von 10,5 Ztr. hat und den Ton „B" angibt, stammt aus dem Jahre

1510. Sie zeigt kein Relief, dagegen die Inschrift „Osanna haiß ich, Nicolaus Oberacher zu Constenz gohs mich. Anno Dom. 1510". Beide Glocken hängen heute noch im oberen Teil des Glockenstuhls.

Aus dieser Zeit dürfte auch das „**Riemenglöcklein**" stammen. Es ist die kleinste Glocke in der tiefer gelegenen Glockenstube. Sie hat einen unteren Durchmesser von 0,48 m, ein Gewicht von 1 $^{1}/_{4}$ Ztr. und gibt den Ton „Es" an.

1511 sind neben dem Pfarrherrn **Ulrich Zeller** genannt: die Kapläne **Ambrosius Rüdiger, Michael Falkner, Klaus Huotmacher, Heinrich Otter, Klaus Stumm, Adam Mittenkeller, Anton Kremels** und der Helfer in Scheer und Priester der Diözese Konstanz **Mathias Salterer**. Sie waren Zeugen, als der Notar Andreas Klaiber „in der unteren Stube im Haus des Kunz Graber" das Testament des Klaus Kifferle entgegennahm. Das o. g. gehörte zu der von ihm 1506 gemachten Stiftung, die im Testament bekräftigt wurde. U. a. mußten aus seinem Nachlaß 400 Gulden angelegt werden, deren Zins dem ältesten Knaben seines Geschlechts zukommen soll, der Priester werden will. — In diesem Jahr wurde der ermordete Graf Andreas in der Kirche beigesetzt.

1512 hat sich der Pfarrer von Scheer selbst entleibt.

1513 stiftete Margarete v. Sonnenberg, geb. von Starenberg, die Witwe des Grafen Andreas, zu einem **Jahrtag** mit Almosen 247 Pfd. Heller 10 Schilling und stattete den St.-Anna-Altar mit Kelch, Meßbüchern und anderem aus. — Im gleichen Jahr wurde die zur Erinnerung an die Ermordung des Grafen erbaute **Riedkapelle** (zwischen Herbertingen und Hundersingen) eingeweiht.

Der Magister **Valentin Russ**, Pfarrer in Scheer, geriet 1515 mit der Äbtissin des Stifts Buchau wegen des Zehnten in Streit, der vom Scheerer Obervogt und einem Menger Bürger beigelegt wurde. — Wegen des Kleinzehnten aus einigen Äckern bei Hohentengen-Ölkofen mußte Truchseß Wilhelm im Jahre

1517 einen zwischen Nikolaus Stumm, dem Kaplan am St.-Leonhards-Altar und den Klöstern Hedingen und Sießen entstandenen Streit schlichteten. In das Jahr

1518 fallen gleich 2 **Kaplaneistiftungen**:

Der Saulgauer Pfarrer Dr. jur. Peter Stöbenhaber stiftete auf den St.-Anna-Altar (in der linken Abseiten der Pfarrkirche) eine ewige Messe und Pfründ, die mit 40 Gulden dotiert wurde. Der Kaplan war gehalten, „keine außergewöhnliche Kellerin oder Magd" bei sich im Haus zu haben, wöchentlich hatte er 5 Messen an diesem Altar zu lesen. nämlich am Sonntag von der Zeit, am Montag von den Seelen, am Samstag von U. L. Frauen und die anderen beiden Tage nach seinem Willen und Gefallen.

Truchseß Wilhelm stiftete im selben Jahr auf den Altar des **hl. Sebastian und Christopherus** das „Benefizium St. Sebastiani". Der jeweilige Kaplan hatte an „diesem, in der Abseiten gegen das Schloß" gelegenen Altar wöchentlich 4 Messen zu lesen, von denen nach dem Willen des Stifters oder dessen Nachkommen auch einige im Schloß gelesen werden sollen. Am Sebastianstag und auch zu jeder Fronfasten, wenn die St.-Sebastians-Bruderschaft das Seelenamt auf diesem Altar erhält, war er ebenfalls verpflichtet, die Messe zu singen. Der Stifter gab dafür ein Haus zu Scheer „unter der Kirchensteig, zwischen Klaus Stumben Pfründhaus und dem Haus des verstorbenen Hans Brack", ferner aus der Steuer derer von Herbertingen 10 fl., aus dem dortigen Zehnten 20 Malter Veesen und 18 Eimer Weinzins. Der Pfarrer **Christoph Canzach** gab hierzu als Mitstifter einen Zins von 5 fl. — Die von einem Saulgauer Bürger im 15. Jahrhundert in **Haid** gestiftete Kapelle, genannt die „Jesus-Kirche", deren Einkünfte im Widdumgut des St.-Verena-Hofes bestanden, wurde

1524 der Stadtpfarrei Scheer einverleibt, die damals 10 Kaplaneien hatte. Sie hatte die Bau- und Kultkosten zu tragen und mußte jährlich 14 Kreuzer Consolationsgeld (Ablösungsgeld) ans Bistum entrichten. Mit der Kirche in Haid war keine Seelsorge verbunden. Das Patronatsrecht kam

1528 von Elsbeth Gegin, der Witwe des Konrad Stocker, an ihre Tochter Fortunata Scheerer, die es

1529 dem Truchsessen Wilhelm überließ.

1531 ist die **St.-Georgs-Kapelle** erwähnt (s. d.). Der Dekan **Valentin Russ**, Pfarrer in Scheer, machte

1534 eine Stiftung an das **Hl.-Geist-Spital** (s. d.). Meister Jörg Lidtfrieds Erben aus dem Geschlecht der Kyfferle stifteten

1535 zu einem **Jahrtag** 30 Gulden.

1536 baute Hans Allgaier, Zimmermeister aus Mengen, im Auftrag des Truchsessen Wilhelm 3 Priesterhäuser. — Nach dem **Urbar** des Jahres 1541 hatte die Herrschaft die Frühmeß- und die Dreifaltigkeitskaplanei zu verleihen.

1545 erhielten Schloß und Kirche hohen Besuch: den Kardinal Farnese, der als päpstlicher Legat zum Reichstag nach Worms reiste. Um diese Zeit dürfte **Burkhard Stahler**, Pleban, in Scheer gewesen sein.

1546 übernahm **Augustin Haller** die Pfarrei. Bis

1548 diente der Kirchhof als **Friedhof**. Nun wurde er an den heutigen Platz verlegt (vgl. „Gemmingen und die Oswaldi-Kapelle").

1553 stiftete Truchsess Wilhelm 100 Gulden für 20 Quatembermessen für sich und seine Frau Sibilla.

Hans Jörg Karsten wird

1555 als Kaplan „in der Apsis beim Taufstein" genannt. Diese Kaplanei besaß ein Lehengut in Herbertingen, das Urban Heß innehatte.

Wann der aus Schömberg gebürtige Magister theol. **Baltasar Wuhrer** die Pfarrstelle in Scheer antrat, ist nicht bekannt.

1558 berief ihn der Rat der Stadt Überlingen als Seelsorger nach dort.

1567 nahm er an der Konstanzer Synode teil und wurde

1574 zum Weihbischof von Konstanz ernannt. (Im Alter von 93 Jahren starb er am 10. Februar 1606 im Rufe der Heiligkeit.) Nachfolger Wuhrers in Scheer war der Pfarrer **Moritz Leonhard Heine** (Heyer), der freien Künste Magister, der

1567 zusammen mit dem Kammerer, Magister Georg Bosch von Hoßkirch, auf der Diözesansynode in Konstanz das Dekanat Mengen vertrat.

1574 belehnte er zusammen mit dem Hofkaplan **Jakob Wey** als dem Pfleger der Dreifaltigkeitspfründe den Michael Mesner von **Ölkofen** mit einem dortigen Hof.

Bei der in diesem Jahr durchgeführten **Visitation des Landkapitels** wurde festgestellt, daß der Pfarrer und Dekan von Scheer eine Konkubine mit drei Kindern hat. Es wurde ihm auferlegt, diese so rasch als möglich fortzuschicken. Der Hofkaplan Wey lebte mit einer ehrbaren alten Frau von 70 Jahren. Der Kaplan **Otto Folkmann** „lebt ehrbar und ist in der Kirche anständig". Die Kaplane **M. Balthasar** und **Matth. Schaupp**, Brüder, „leben ehrbar mit ihren Eltern zusammen", der Kaplan **Wilhelm Müller** ebenso; der Kaplan und Helfer lebt ehrbar mit dem Pfarrer zusammen". Die beiden Pfründen St. Trinitatis und Sebastian waren wegen geringen Einkommens erledigt. Der Schulmeister wird aus dem Einkommen der Mittelmesse besoldet.

Truchseß Gebhard stiftete

1574 die „**große Glocke**", die von Hans Frei gegossen wurde.

Sie wird auch „Hosianna" genannt und trägt die Inschrift: „Anno Domini 1574 Jahr ist diese Glock gohsen under der Regierung des ehrwirdigen und wolgebornen Heren Gebhard Thum Dechat zu Strasburg, Der Erz- und Hohenstift Cöln und Augsburg Thum Heren, Und Karlen, Christof, Ferdinand, des Hailigen Rom: Reichs Erbtruchseßen, Fryherrn zu Scheer und Truchburg Gebrieder." — zu unterst: „Hans Frei von Kempten Gos mich", oben: „Jesus Nazarenus, rex Judeorum, consumatum est" und „Pax huic domui et omnibus habitantibus in ea"; ferner: „Christus rex Gloriae venit in pace. Ecce crucem Domini. Ingite partes adversae. Gloria Deo". Weiter zeigt sie 4 Reliefs: 1. das Truchsessische Wappen, 2. die Krönung Mariae, 3. St. Johannes Ev. 4. St. Petrus. Sie hat einen unteren Durchmesser von 1,47 m, wiegt ca. 40 Ztr. und mußte immer von 2 Personen geläutet werden (Ton „Es"). Nach einem späteren Bericht (1882) wurde sie einzeln geläutet am Donnerstag-Abend nach dem Gebetläuten, zum Donnerstagsgebet, am Freitag um 11 Uhr zur Scheidung Christi; sie diente auch als Totenglocke.

Aus dem Jahr

1583 stammt ein Lagerbuch über die Pfründen der Kirchenpflege, das aber nicht abgeschlossen ist.

Der Magister **Wolfgang Peringer**, Pfarrer in Scheer, wird erstmals

1585 im Taufbuch genannt. Er erhielt im Jahre

1586 von der bischöflichen Behörde den Auftrag, mit dem Meersburger Pfarrer und einem Sekretär den schweizerischen Teil der Diözese Konstanz zu visitieren. Wohl aus Anlaß der Taufe seiner Tochter Ottilia stiftete Truchseß Christoph das **Weihrauchschiffchen**, das früher vermutlich als Jagdhorn diente:

Weihrauchbehälter in der Pfarrkirche.

Das Taufregister des Jahres

1599 nennt den **Sebastian Fischer** als Pfarrer von Scheer. Truchseß Christoph versuchte den Schaden, der durch den Glaubensabfall seines Bruders, des Kölner Erzbischofs Gebhard II. (1577—1583) und seiner Brüder Karl und Ferdinand der katholischen Kirche entstanden war, durch fromme Werke wieder gutzumachen. Wesentlich unterstützt wurde er in diesem Bemühen durch den wegen seiner Frömmigkeit und seines Kunstsinnes bekannten Herzog Wilhelm von Bayern.

Christophs besondere Verehrung galt der Hl. Walburga und ihren Brüdern, dem Hl. Wunibald und dem Hl. Willibald. Am 7. Juli

1603 verfaßte er einen Vorschlag, nach welchem das **Haus Waldburg in den besonderen Schutz der 3 Geschwisterheiligen** gestellt werden sollte. Als er im Sommer dieses Jahres in Prag weilte, schrieb er seinem Vetter, dem Truchsessen Heinrich: „Weil ich denn befinde, daß unserem Hause Waldburg so stark, als vielleicht nie geschehen, zugesetzt wird, so ist mir neben anderem auch eine geistliche Hilfe eingefallen, so ich auf das Papier gebracht und hiemit übersende, ob sie für sich und die Ihrigen solches auch annehmen wollten." In diesem Vorschlag waren jedoch Bestimmungen enthalten, die keine Zustimmung fanden. Die Umbenennung des Schloßberges in St.-Walburgs-Berg und des Raigelberges (Park), zu dem eine Brücke führt, in St. Wunibaldsberg blieb seine private Angelegenheit. Daß aber beide Berge den 3 Heiligen zu eigen gehören und von diesen zu Erblehen empfangen werden sollten, stieß auf Ablehnung, zumal nach Christophs Vorschlag diese Lehenverleihung folgendermaßen geschehen sollte: Sobald eine Änderung geschieht mit der Herrschaft zu Scheer, als durch Absterben eines Herrn allda oder durch Abteilung usw., so soll man in fünf bis sechs Monaten, längstens aber vor Umfluß des Jahres dieses Lehen erfordern, und zwar soll's der Pfarrer oder wer der Vornehmste unter den Geistlichen jeweils zu Scheer ist, verleihen. Für Überschreitung des Termins sind große Geldstrafen (an die Kirche zu zahlen) festgesetzt. Der Empfang der beiden Berge samt dem Schloß als Erblehen geschieht in der Kirche. Der Lehensempfänger muß den Geistlichen große Tafel halten und den Armen zwei Malter Kernenbrot im Schloßhof austeilen.

Am St.-Walburgis-Tag (25. Februar)

1604 erhob Truchseß Christoph die drei Geschwisterheiligen zu Erbpatronen des Hauses Waldburg, das er unter ihren geistlichen Schutz und Schirm stellte, und verordnete, in welcher Form sie verehrt werden sollten. Zunächst erklärte er, daß er „wegen der derzeit ausgestandenen allerhand Widerwärtigkeiten und hoch beschwerlichen Begebenheiten, welche wohl daher kommen, weil man die Namens- und Wappenheiligen nicht genug verehrte, die Geschwisterheiligen zu Schutzpatronen gewählt habe. Sie sollen zur Erlangung und Haltung alles Guten helfen, wozu zuvorderst das ewige Seelenheil zählt, was auch zur Mehrung und Erhöhung geistlicher und weltlicher Würden und Ehren, wie nicht minder auch des Leibs Gesundheit, guten Verstand, Weisheit und Geschicklichkeit, auch was mehr ewige und zeitliche beständige Wohlfahrt erfordert und dienlich ist". Er wies darauf hin, daß die Geschwisterheiligen wie das Haus Waldburg dieselben Wappen haben, da ihr Vater, König Richard von England, ein Herzog von Schwaben war.

„Um den rechten, wahren, heiligen, unverfälschten römisch-katholischen Glauben zu wahren, große Verheißungen und Bedrohungen abzuwenden und allzeit katholische Heiraten zu gewährleisten", wurden die Geschwisterheiligen als Erbpatrone angenommen und zu ihrer Verehrung bestimmt, daß ihre Gräber und Heiligtümer, wie auch die von ihnen gestifteten Kirchen und Gotteshäuser, öfters zu besuchen sind. Auch sollen diejenigen reichlich begabt werden, die ihrer in aller Güte jederzeit gedenken, das von St. Walburgis Grab fließende Öl samt der drei Heiligen (womöglichst) Gebein und Heiligtum, in Ermangelung dessen aber wenigstens deren Bildnisse in ihren Kirchen, Gotteshäusern, Wohnungen und Schlössern in großer, gebührender Reverenz und in Ehre haben, ihnen hl. Messen lesen lassen und im Confiteor, auch in der Litanei, die drei hl. Namen nennen. Bruderschaften sollen errichtet und Prozessionen abgehalten werden. Ferner sind genannt: Almosen geben, Fasten, Beten, Abhalten von Festtagen, Beicht und Kommunion, Lektüre ihres Lebens und der Legende, ihrem Beispiel zu folgen versuchen und was mehr zur Ehre Gottes gebräuchlich und zugelassen ist. Nicht zuletzt sollen sämtliche Nachkommen des Hauses Waldburg das Wappen des Herzogtums Schwaben führen und bei der wahren Religion verbleiben, da sie sonst ihrer Habe und der Güter verlustig werden.

Das Fest der Hl. Walburga soll jährlich viermal gehalten werden, am 25. Februar, ihrem Sterbetag, am
1. Mai, dem Tag der Kanonisierung, am
4. August, dem Tag, als sie aus England zog, und am
12. Oktober, dem Tag, als ihre hl. Gebeine von Heidenheim am Hanenkamm nach Eichstätt überführt wurden, um welche Zeit ungefähr auch ihr Hl. Öl von ihrem Heiligtum und Gebein, sonderlich aus ihrer Brust, durch das harte Gestein dringt und ganz wunderlich ein halbes Jahr lang fließt, besonders während der hl. Messen. (Die wundersame Heilwirkung dieses Öles ist besonders beschrieben.) Abends vor jedem Festtag soll in der Hofkapelle im Schloß durch den Hofkaplan, Schulmeister und vier Chorschüler ein Opfer gehalten und folgenden Tags früh vor sieben Uhr in dieser Kapelle ein Amt gesungen werden. Nach dem Amt soll die gesamte Priesterschaft, Schulmeister und Schüler in Prozessionsordnung aus der Pfarrkirche ins Schloß gehen, das Heiligtum von St. Walburga erheben und mit gewöhnlichem Gesang und Andacht in die Pfarrkirche tragen, dort wieder das gewöhnliche Amt halten und danach das Heiligtum wieder in Prozession zur Hofkapelle bringen. Bei dieser letzten Prozession soll die „Litanei von allen lieben Heiligen" gebetet werden, worin besonders auch St. Walburga, St. Wunibald und St. Willibald genannt und ihnen das „Te deum" gesungen werden soll. — Der 25. Februar soll im ganzen erbtruchsessichen Gebiet, die anderen drei Festtage als Chorfeiertage nur mit Prozession in den Kirchen gefeiert werden. **Das Fest des Hl. Wunibald** soll am 18. November gehalten werden. Wie bei der Hl. Walburga soll abends zuvor eine Vesper und am Festtag selbst ein Amt in der Hofkapelle ebenmäßig gesungen und als Chorfeiertag gehalten werden (Prozession und Amt in der Pfarrkirche). Beim Gottesdienst soll besonders des Hauses Waldburg, der lebenden und verstorbenen Personen gedacht werden, ebenso des regierenden Papstes, der ganzen römischen Kirche, der kaiserlichen Majestät, der Kurfürsten und Stände. Nach dem Amt soll das verordnete Gebet öffentlich verlesen und andächtig gesprochen werden.

Das Fest des Hl. Willibald fällt auf den 7. Juli. Am Vorabend soll wieder eine Vesper und am Tag selbst in der Hofkapelle ein Amt gesungen werden (als Chorfeiertag). Mit der Prozession soll es wie bei den anderen Geschwisterheiligen gehalten werden. Dem Priester, welcher diese Ämter in der Schloßkapelle hält, soll samt dem Schulmeister und den Chorschülern jedesmal an einem dazu besonders angewiesenen Tisch „in der türnirz" zu Hof eine gute Mahlzeit und dazu notdürftig guter Wein allzeit an solchen Feier- und Chorfesttagen zum Frühmahl nach Ende des Gottesdienstes gegeben werden. Der Hofkaplan, der Schulmeister und vier Chorschüler zu Scheer sollen darauf achten, daß alles auch in Zukunft so gehalten werde.

Es war aber der Herrschaft freigestellt, dem Priester, dem Schulmeister und den Chorschülern anstelle der Mahlzeit Geld zu gegen, jedoch so reichlich, daß man jeweils dafür für eine Mannsperson ein gutes hochzeitliches Essen bezahlen könnte. Von den anderen Priestern aber, die mit der Prozession gehen, sollen diejenigen, die an diesem Tag in der Pfarrkirche das Amt halten, vier Batzen, die eine Messe lesen drei Batzen und jeder Schüler, der im „Chorhemmet" (Chorhemd) mitgeht, ein halber Batzen, und die „ohne Hemmet" mitgehen, ein Kreuzer, der Mesmer wegen des Läutens drei Batzen erhalten.

Daneben soll man zugleich jedes Jahr sechs Malter Kernen aus dem herrschaftlichen Kornkasten nehmen und „zu Hof verbachen", so daß an jedem der sechs Festtage jeweils ein ganzes Malter Korn verbacken und das Brot denjenigen Armen, seien sie woher sie wollen, verteilt wird, die am Gottesdienst in der Pfarrkirche teilnahmen und beide Male bei der Prozession mitgingen. Die Brote werden im Vorhof des Schlosses aufgeteilt, sobald nach der zweiten Prozession das Heiligtum wieder in der Schloßkapelle abgeliefert und die Priesterschaft von dieser letzten Prozession wieder heimgegangen ist. Kranken, armen Leuten und Alten aus Scheer, die aufgrund ihres Gebrechens nicht kommen konnten, soll das Almosen ins Haus geschickt werden.

Die Priesterschaft und alle Geistlichen, die sich im Gebiet der waldburgischen Graf- und Herrschaft befinden, werden aufgefordert, an den sechs Feier- und Festtagen sowohl für die Herrschaft als auch deren Untertanen den Schutz und Schirm der heiligen Erbpatrone zu erbitten und ihren Teil dazu beizutragen. Insbesondere sollen sie jeweils am Sonntag vor dem Festtag die Untertanen von der Kanzel aus auf den Festtag aufmerksam machen und auf Verteilung des Brotes hinweisen.

Außerdem sollen alle geistlichen und weltlichen Personen hohen und niederen Standes, die zum Lobe Gottes und zu Ehren der drei Geschwisterheiligen nach Scheer wallfahrten und durch oben erwähnte und andere gute Mittel sie unterwegs ehren werden, auch in diese Stiftung aufgenommen werden.

Schließlich behielten sich der Erbtruchseß Christoph und seine Nachkommen vor, die Stiftung zu bessern und zu mehren, nicht aber zu mindern oder wieder abzuschaffen. Damit dies alles um so mehr bekräftigt werde, soll möglichst beim Hl. Vater zu Rom, wenigstens aber an jedem Ort beim jeweiligen Bischof um einen großen Ablaß gebeten werden.

Von diesem Stiftungsbrief wurden zwei gleichlautende Originale auf Pergament gefertigt und mit Siegel bekräftigt. Ein Original wurde im Kanzleigewölbe zu Scheer, das andere im Gotteshaus St. Walburga zu Eichstätt aufbewahrt. Von den Bildnissen der Hl. Walburga, Wunibald und Willibald wurden Modelle und Abgüsse gemacht und in allen herrschaftlichen Schlössern, vornehmen Orten und Häusern solche „gemähl-Bilder" und Schriften, besonders in den Kirchen und Kapellen verordnet mit dem Hinweis, diese später, wenn sie schadhaft geworden, auf der Herrschaft Unkosten wieder restaurieren zu lassen.

Alles soll mit rechtem, gutem katholischen Eifer vollzogen und getreulich gehalten werden, so lieb jedem seine und der Seinigen eigene Wohlfahrt ist und so hoch er diese durch die Fürbitte der genannten drei Heiligen erlangen und, künftigen Schadens Widerwärtigkeiten und Unfall zu verhüten, begehren wird.

Beiläufig soll man auch wissen, daß zwar diese Stiftung im Jahre
1604 verfaßt und beschehen ist, aber hernach, als man im Jahre
1606 das Haupt- und Brustbild des Hl. Wunibald und im Jahre
1610 die Brustbilder der Hl. Walburga und des Hl. Willibald und noch mehr von ihrem Heiligtum bekommen, der Stiftbrief etwas verbessert, vermehrt und auch wieder renoviert wurde.

Dieser erneuerte Stiftsbrief ist unterschrieben von
    Christoph
    des Hl. Röm. Reiches Erbtruchseß,
    Freiherr zu Waldburg,
    Herr zu Scheer und Trauchburg,
    Röm. Kaiserl. Majestät Rat und Kammerer.

Er bekannte durch seine Unterschrift auch, auf keinem anderen Weg zur ewigen Seligkeit zu kommen als in dem wahren, heiligen, römisch-katholischen und apostolischen Glauben, dessen geistlich sichtbarlich Haupt auf Erden die päpstliche Heiligkeit zu Rom ist; daß auch eben dies die wahre, rechte christliche Kirche sei, „so wir im christlichen Glauben bekennen, darbey auch ich mit gottes gnad und hilpf (ohne die wir armen Menschen nichts vermögen zu thuen) biß in meinen Tod beständig verbleiben will". — Daß er wegen seines vom Glauben abgefallenen Bruders Gebhard, Erzbischof zu Köln, sehr in Sorge war, beweisen die weiteren Bemerkungen, die er dem Stiftungsbrief beifügte: „Ich hab auch wahrhaftiglich nach Ernennung dieser Heiligen, und mir gar lieben Erbpatrone und geistlichen Schützer und Schirmber, die ihr nit minder nach mir also lieben und ehren sollet, scheinbarliche Hilf und gueten, glicklichen in meinen schwören Sachen verspürt und wirklich befunden. Derowegen bitt ich und ermahne auch alle meine lieben nachkommenden Nachkommen umb Gottes Barmherzigkeit Willen, Euch keine andere Religion als obbedachte anzunehmen, noch daß von den Eurigen beschehe, keines Wegs gestatten, noch von diesen Heiligen, durch mich für Euch alle meine Nachkommendte zu Erbpatronen angenommenen abzuweichen, sondern nach Gott und seiner hochwürdigen Muetter, insbesondere unseren lieben Heiligen, fleißig und wohl zu dienen, auch darvon nit auszusetzen, so werdet ihr zeitliche und ewige Belohnung von Gott scheinbarlich und ewig einnehmen."

„Geliebte Nachkommen, Ich zeig Euch und weise einen sicheren Weg in allen Eueren Begegnungen zu gehen. Werdet ihr den gebrauchen, so werdet ihr allzeit zu Euren billichen intent gelangen. Da ihr aber Euch darvon abwenden werdet lassen, oder sonsten aus Kaltsinnigkeit und Liederlichkeit das nit mehr achten, so habt ihr andreß nichts, als wie's anderen dergleichen beschehen, dan daß großen Zorn und Straf Gottes, zu Eurem zeitlich und ewig Verderben, und endtlichen Undergang zu erwarten.

Werdet ihr aber meinen ernstlichen Bevelch und Ermannung, auch treuem Ruf volgen, so würts Euch vill nützlicher und besser sein als anderen Erbeinigungen und Pacten, die ihr machen und aufrichten werdet, weil alles fürnemblich an dem Segen und der Gnad Gottes und nit an der menschlichen Fürsichtigkeit liegt und ist, und wer sein Fundament auf Gott setzt, der machet einen ewigen, beständigen Bau, dessen Fundament nimmermehr zugrund gehen wird; daß ihr woll merkhet und verstehet und dessen beharrlich eingedenk sein wöllet; damit ich doch gar nicht die Erbainigung oder dergleichen andere, noch bessere Fürsehung widerrathen thue, sondern es dahin vermeine, daß man sich nit nur auf dergleichen weltliche Mittel, aber vilmehr auf angedeuteten geistlichen bestandigen Weg verlasse, dero sich gebrauchen thue, und wölle, weillen ich mit anderen das erfahren hab, wie ihnen solches ausgeschlagen, und wider Vermeinen gefählet hat, welche ihrer Nachkhommen Wollfahrt nur auf weltliche Fürsichtigkeit gestellt haben, was mich dann zum weiteren Nachdenken über diese Sache, und letztlich zu diesem geistlichen, sicheren Mittel bewegt hat. Derowegen, so laßts Euch allen, alß unzweifentlich ein guetnützlichs Eingeben meines gueten Engels, zu euhrer selbst aigner bestandiger Wohlfahrt wohl angelegen und bevolchen sein, dan es ainmahl anderst nit, alß von mir auß rechter Liebe und guets Gönnen, ja zu aller Euhrer jetzt und könftigen beständigen zeitlichen und ewigen Wohlfahrt gegen Euch vermaint ist. Nimb dessen alles zu Gezeugen die Himmelskönigin Mariam Gotts Muetter, und daß ganze Himmlische Hör, Insonderheit auch meines Geschlechts jetzt angenommenen Heiligen und lieben Erbpatronen Schützer und Schirmmber, als St. Walburg, St. Wunibaldt und St. Wilibaldt, so alle drey deß Hl. Benediktiordens gewesen sein. Und damit ihr aber meine Nachkhommendten desto mehr sehen köndt, daß ichs Euch sonderlich zu Guetem ernstlich und eüfrig maine, so hab ich mich hir mit meinem aigenen Blueth in den zwen obgedachten original aufgerichten und uff Pergamon geschriebenen Stiftsbriefen underschrieben."

Der Magister **Johann Stoll** wird
1605 als Pfarrer von Scheer erwähnt (— 1635).

Der Erzbischof von Prag bekundete im Jahr
1605, daß er dem Truchsessen Christoph aus dem **Reliquienschatz** der Metropolitankirche Reliquien vom Tischtuch des Herrn, vom Gewand der Jungfrau Maria, vom Hl. Apostel Matthäus, vom Hl. Evangelisten Markus, vom Hl. Märthyrer Wenzel, von den Heiligen Adalbert, Vitus, Mauritus, den 11 000 Jungfrauen, von einem Unschuldigen und vom Panzer des hl. Wenzel gegeben habe. — Der Herzog von Bayern gab im selben Jahr eine Reliquie der Hl. Anna, die er aus dem Reliquienschatz des Erzbischofs von Mainz erhalten habe. — Mit Genehmigung des Abts von Fulda wurde aus dem Schweißtuch des hl. Bonifatius, des Gründers des dortigen Klosters, ein Stückchen entnommen und nach Scheer gebracht. — Der Bischof von Ölmütz authentifizierte im selben Jahr Reliquien von den 11 000 Jungfrauen, vom Arm des hl. Gerhard, des ersten Bischofs des Königreichs Ungarn, und andere, dem Truchsessen Christoph übergegebene Reliquien.

In Prag verfaßte der Truchseß ein **Gebet**, das man an den

Festtagen der drei Geschwisterheiligen nach dem Gottesdienst verrichten sollte. Es lautet:

„*Allerheiligste Dreyfaltigkhait Gott Vatter, Sohn und Heiliger Geist, du einige ewige Gottheit, Weißheit und höchste Güethe, wie unaussprechlich sein Deine Gaaben, Gnaden und Guethaten, so Du dem ganzen menschlichen beederley Geschlecht ohne alles Verdienen, sondern allein aus Deiner großen Barmherzigkait von der Erschaffung an, biß zue seinem Endt erweißest, keine menschliche Zung auf Erden kann weder das aussprechen, noch dich genuet darumb loben, preißen und dankhen. Derowegen so sprechen und rueffen wir alle an, dich du allerreinigste Junkhfrau Maria, würdigste und überbenedeyteste Muetter Gottes, sambt dem ganzen himmlischen Hör, darunter sonderlich unsere hl., lieben angenommenen Erbpatronen St. Walburg, St. Wunibaldt und St. Wilibaldt, dero Festtäg und heilige Gedechtnuß wir auch heuth wieder begehen, hiemit iniglichen von Grund unseres Herzens, daß Du und Ihr uns wöllen helfen vor dem Thron des Allerhöchsten niederzufallen, uns in aller tüefester Demuth die Allmechtigkeit Gottes ewig zu preisen, loben und dankhen, auch bitten und anrüeffen, umb alle und jede schon empfangene und könftiglichen empfahendte Gnaden und Guethaten, so allen Menschen insgemein, und dan dem Geschlecht und Hauß Walburg, auch allen den ihrigen insonderheit, so viel hundert Jahre lang bewiesen und erzeigt hat. Wir bitten dich, o höchster und mildester Herr und Vatter zum trauwlichisten, verzeih ihnen allen von dem Hauß Waldburg erborenen Personen, waß sie immer wider dich gesindigt haben, gedenkhs ihnen nit mehr, denn du weißt der Menschen Blödigkeit und Schwachheit, fürnemblich aber erweg die Theure Verdienst, und für alle Sünden der Menschen Genugthuung Jesu Christi Deines allergeliebtesten Sohnes unseres Erlösers. Erinere dich auch dabei deiner großen Barmherzigkeit, die über alle deine Werkh ist, laß die allein wirkhen, und rechne die Sündt nit nach ihrem Beschulden, noch nach deiner göttlichen, strengen Gerechtigkeit, sondern schenkh und vergib ihnen die Schuldt und Straf mildiglich, verleihe allergnädigster Vatter deinen abgestorbenen Kündern dieses Hauses und allen ihren Angehörigen, Befreindeten und Guethätern, und für die wir schuldig sein zu bitten, auch insgemein allen Christgläubigen Seelen die ewige Ruhe und Seeligkeit. — Gib allergüetigster Herr und Gott denen lebendigen dieses Hauß Waldburgs Zugethanen sambt ihrer geistlichen und weltlichen Obrigkeiten und Häußern, alß unserem geistlichen Vatter dem Pabst, und der ganzen christlichen Kürche, auch unserer weltlichen hochen Obrigkeit, dem Römischen Kaiser, und dem ganzen Heil. Röm. Reych, Chur-Fürsten und Stendten, Sig wider den Erb- und alle andere haimliche und öffentliche Feindt, Juden, Türkhen, Haiden, und alle Ungläubigen, zue grösserem deinem Lob, und Erfüllung der Zahl der Außerwelten, Bekherung zum wahren christlichen Glauben, denen Christen aber, so in einem ketzerischen bösen, oder unrechten Glauben und Leben sindt, Beßerung dessen, und in aller Gueten Erhaltung, und dem hochen Potentaten der Christenheit Fried und Ainigkeit; bewahre, beschütze, beschirme, segne und benedeye diß Hauß Walburg, alles das Ihrige und die Ihrigen, darumb sonderlich diser gestiftete Gottesdienst gehalten wird, und jetzig Regierendte auch alle nachfolgendte Byschöff zue Eystätt, und Äbtissinen zur St. Walburg, sambt dero anbevolchenem Stift und Gotteshauß, alda dero lieben Hailigen Erbpatronen Heiligthumb theilß rasten, wir nit minder unser aller Seel, Ehr, Leib und Guet vor allem ewigen und zeitlichen Ybel, vor sichtbarlichen und unsichtbarlichen Feindten, und gib uns samentlich Bestendigkeit im wahren, allgemeinen, römischen, apostolischen und katholischen allein seeligmachendten Glauben, christlichen und dir wohlgefelligen beharrlichen Wandel, immer mehr zunehmendte Lieb und Eüfer, vorderst gegen die, dan der würdigst Muetter Gottes, unseren Hl. Erbpatronen, allen Hl. Engeln und unsren Nebenmenschen, auch Gnad und Verstandt, Weißheit und Streckhung zur Rechthaltung deiner und unserer Muetter, der christlichen Kürche Gebott, und in summa Lust zu allen loblichen Tugendten, und gueten geistlichen, dir angenehmen Werkhen, auch Haß zu sündigen, und waß dir zuewider ist, wie nit minder so vil und lang Gesundheit deß Leibs und zeitliche Wolfahrt, alß könftiglich unserem Seelenheil nit schädlich ist. Auch hochgelobte Königin Maria, Muetter der Barmherzigkeit, und Ihr, unsere lieben Heiligen Erbpatronen, und insonderheit erkhisigte und angenommene geistliche Schützer und Schirmer deß Hauß Walburgs und aller der ihrigen An- und Zugehörigen, auch dero Nachkommen, alß St. Walburg, St. Wunibaldt und St. Wilibaldt, sambt dem ganzen himmlischen Hör, erwerbt Du und ihr unß bey Euhrem und Unserem himmlischen Vatter durch euher angenehmes Fürbitten, darin wir uns allezeit bevohlen haben wöllen, obgedacht alles, und waß unseren Seelen und deß Leibs weiterer Nothdurft ervordert, bevoraus letztlichen aber ein seeliges vernünftiges Endt, und das ewige Leben.*

Daß verleihe uns alles, himmlischer Vatter, auß deinem großen Schatz der unergründlichen Barmherzigkeit, durch Jesum Christum deinen einigen geliebsten Sohn unserm Herrn und Haylandt, auch Mittler zwischen Gott und den Menschen, so mit Dir dem Vatter und auch heiligen Geist, ein gleicher Gott lebt und regiert zue allen Ewigkheithen. Amen."

Im Nachsatz heißt es:

„*Das ist das Gebet, so in deß Hauß Walburgs angenommene Heyl. Patronen Stiftung angeregt würdt, daß man alzeit nach dem vorordneten Gottesdienst an den Hl. Festtägen St. Walburg, St. Wilibaldti und St. Wunibaldi, betten und sprechen soll, so der Stifter, der hochwohlgeborene Herr Christoph, deß Hayl. Röm. Reichs Erbtruchseß, Freiherr auf Walburg, Herr zue Scheer und Trauchburg etc. selbst den 4. August anno 1605 an St. Walburg Festtag zu Prag gemacht hat.*"

Als sich Truchseß Christoph im Jahre 1606 im Auftrag des Kaisers in Ansbach aufhielt, erbat er sich von den Markgrafen Christian und Joachim Ernst von Brandenburg zu Ansbach das **Haupt des Hl. Wunibald**, des ehem. Abtes des Klosters Heidenheim in Franken, das sich, in einem Brustbild verwahrt, in deren Schatzkammer befand.

Das kupfer-vergoldete Büstenreliquiar, das aus dem 11. bis 13. Jahrhundert stammt, ist 37,5 cm hoch und hat an der Vorderseite unten einen Nischenfries mit kleinen Reliefbüsten folgender Heiliger: Margareta, Katharina, Bo-

*Kopfreliquiar St. Wunibald (Höhe 37,5 cm).
Vorderseite unten: Nischenfries mit kleinen
Reliefbüsten der hl. Margaretha, Katharina, Bonifatius,
Willibald, Waldburga, Wunibald, Richard (fehlt). –
Kreuzgruppe Mitte. – 14. Jhdt.
Auf der Rückseite eingraviert:
Bericht über Schenkung 1606.*

nifazius, Willibaldus, Walpurgis, Wunibald und Richard, dessen Bild fehlt; in der Mitte eine Kreuzigungsgruppe; auf der Rückseite der eingravierte Schenkungsbericht. — Da Truchseß Christoph durch dringende Amtsgeschäfte verhindert war, ließ er das Brustbild mit der Reliquie des hl. Hauptes durch seine Gemahlin Maria Anna, geb. Gräfin v. Fürstenberg, abholen und am 27. April 1606 mit großen Feierlichkeiten nach Scheer überführen. Es hat seinen Platz auf der Evangelienseite des Dreiheiligenaltars.

Im selben Jahr erhielt der Truchseß vom Bayernherzog „zwei Stücke von den begehrten lieben Heiligen".

Mit der Überführung des St.-Wunibald-Reliquiars setzten die **Wallfahrten nach Scheer** ein, die über Jahrhunderte dauerten. Im Pfarrarchiv befindet sich das sog. Wunderbuch („Kurzer Auszug St. Wunibalden Wunderzeichen, so sich in Scheer zugetragen und begeben haben"), in welchem schon am Tag der Überführung Heilungen testiert wurden.

Nach Rücksprache des Truchsessen Christoph bei der Äbtissin in Eichstätt stiftete das Haus Waldburg am 5. August 1607 eine silberne Lampe als ewiges Licht bei St. Walburga und dazu 500 Gulden, damit von den Zinsen Baumöl angeschafft und gebrannt werde.

1608 erwarb Heinrich, der Sohn des Truchsessen Christoph, in Köln einen Finger des hl. Apostels Mathias und einen Arm des hl. Hieronimus. Der Sohn Wilhelm Heinrich erhielt im selben Jahr vom Abt der Benediktinerabtei Trier 2 größere Knochen aus dem gemeinsamen Sarkophag der Thebäischen und Trierer Märtyrer. In Köln wurden ihm weitere Reliquienschenkungen bekundet.

In diesem Jahr 1608 wurde für die Pfarrei ein **Urbar** angelegt. Neben dem Pfarrer Stoll sind der Hofkaplan Adam Unger und der Kaplan Johannes Unger erwähnt.

Der Pfarrer **Johannes Stoll** war von 1609 bis 1621 Dekan des Dekanats Mengen. Als Hofkaplan in Scheer wird **Michael Gebhard** genannt (1609—1621), als Kaplan **Martin Reiner**.

Das Bemühen des Truchsessen Christoph, auch von den anderen beiden Geschwistern, dem hl. Willibald und der hl. Walburga, Reliquienbüsten zu bekommen, führte zum Erfolg. Aus dem Dom zu Eichstätt erhielt er vom Bischof Johann Konrad von Gemmingen ein Reliquiar des hl. Willibald, aus dem dortigen Kloster St. Walburg von der Äbtissin Susanne ein solches der hl. Walburga. Wahrscheinlich ließen aber der Bischof und die Äbtissin durch einen Goldschmied Kopien von ihren alten, aus der Zeit der Wunibaldsbüste stammenden Reliquiaren anfertigen, die am 12. Oktober 1609 feierlich in Scheer empfangen wurden:

*Reliquienbüste St. Willibald (Höhe 40 cm).
vorn unten Rundmedaillon Marienkrönung; seitlich
Nischenfries mit den hl. Johannes, Petrus, Wunna,
Richard, Wunibald, Waldburg, Sebastian, Rochus,
Maria Magdalena, Franziskus, Hieronimus, Antonius. –
An der Brust erhabene Kapitale „FIDES SPES
CARITAS". – Auf den Schultern zwischen den Nischen
Rankenwerk. – Rückseite Waldburgwappen. –
Unterseite: Nachricht über die Schenkung 1608.*

Das kupfervergoldete, 40 cm hohe **Brustreliquiar des hl. Willibald** zeigt auf dem Rationale die Namen der fünf Tugenden: Glaube, Hoffnung, Liebe, Gerechtigkeit und Tapferkeit; darunter ein Nischenfries mit Reliefbüsten mit 12 namentlich genannten Heiligen. Auf der Unterseite ist der Stiftungsbrief eingraviert.

Das ebenfalls kupfervergoldete, 43 cm hohe **Brustreliquiar der hl. Walburga** zeigt im Nischenfries wieder Reliefbüsten von 12 Heiligen. Als vorderer Abschluß der Büste

*Kopfreliquiar St. Walburga (Höhe 42 cm).
In Mittelnische: Brunnen. – Heiligenfries: Anna,
Christoph, Wunna, Richard, Wunibald, Willibald,
Michael, Johannes, Bartholomäus, Agatha, Barbara,
Nikolaus. – Um 1600.*

ist eine Bogennische als Brünnchen für das Hl. **Walburgis-Öl** verwendet. Auf der Unterseite ist wiederum der Text des Stiftungsbriefes ersichtlich. — Seit dieser Zeit wird bis auf den heutigen Tag auch bei uns das Walburgisöl verehrt, das in der Klosterkirche Eichstätt aus dem dortigen Grabmal fließt. Weil bislang ein Aufhören dieses Ölflusses immer schwere Notzeiten ankündigte, wird dieser oft mit banger Sorge betrachtet. Stadtpfarrer Josef Bühler teilte mir mit, daß deswegen der Pfarrer von Scheer und die Äbtissin von Eichstätt in dauernder Verbindung seien und diese die Verpflichtung habe, ein Stocken des Ölflusses nach Scheer mitzuteilen.
Truchseß Christoph erneuerte 1609 den Stiftungsbrief des Jahres 1604 (s. d.).

*Mitren für die Reliquiarbüsten St. Wunibald,
St. Willibald u. Bügelkrone für St. Waldburga. Roter Samt,
überzogen mit Perlenstickerei und in Goldfiligran
eingefaßtem Eisenschmelz; mit Edelsteinen besetzt,
an der Krone Truchsessenwappen in Kamee. 17. Jhdt.*

Christophs Sohn Wilhelm Heinrich war bemüht, weitere **Reliquien** nach Scheer zu bekommen. Aus der Kapelle des hl. Mauritius in Trier und aus dem dortigen gemeinsamen Sarkophag der Thebäischen und Trierer Märtyrer erhielt er
1609, wie schon im Vorjahr, 3 Schienbeine und 2 größere Knochen geschenkt. Im Reichskloster St. Maximin in Trier bekundigte ihm der dortige Abt, daß er ihm aus dem Reliquienschatz ein Armreliquiar und eine Rippe eines Märtyrers aus der Legion des Hl. Mauritius geschenkt habe. —
1611 wurde in der Pfarrkirche eine **Rosenkranzbruderschaft** aufgerichtet.
1612 bestellte Truchseß Wilhelm Heinrich, der in diesem Jahr die Herrschaft übernahm, den Hans Menner von Ennetach als Mesner an die **Kapelle St. Wunibald, Willibald und Walburga**, die im Schloß errichtet worden und Ziel der Wallfahrten war. Der Magister Michael Gebhard belehnte 1612 als Kaplan der Kapelle „in der Abseiten beim Taufstein", den Hans Schmidt von Herbertingen mit dem dortigen Kaplaneihof und eben dort den Endres Hess und den Hans Fürst mit je einem weiteren Kaplaneierblehengut.
Auf Bitten des Grafen Egon von Fürstenberg erhielt Truchseß Wilhelm Heinrich
1616 vom Vizerektor des kölnischen Kollegs der Gesellschaft Jesu eine weitere **Reliquie**: einen überfingerlangen Knochen der hl. Walburga aus dem St.-Walburga-Kloster, das dem Jesuitenkolleg incorporiert war. — Um das Jahr
1617 wurden die beiden Kaplaneigüter in Herbertingen vom Hofkaplan Michael Gebhard neu verliehen: dem Hans Schairek (Schlaiweg?) und dem Hans Schmidt.
1618 werden neben Michael Gebhard, Hofkaplan, **Christian Keppeler**, Kaplan, und **Konrad Layrer**, Frühmesser, genannt,
1619 **Melchior Stropp** Kaplan. 1620 wird Hans Rothmund als (weiterer) Pfarrer genannt.
Aus den Jahren
1623/24 stammt die älteste bekannte Rechnung der **Kirchenpflege** (Nikolai-Pflegschaft), die damals rund 41 Hektar Liegenschaften an Äckern, Wiesen und Gärten hatte. Ihr Vermögen betrug 4337 Gulden. Die wichtigsten Einnahmen kamen aus Gütern, die meist für Jahrtagsmessen gestiftet worden waren, ferner aus Beträgen, welche die herrschaftlichen Beamten für eine Ruhestätte auf dem Friedhof bezahlten (je 10 Gulden) und für das Läuten der großen Glocke bei Begräbnissen (1 Gulden 30 Kreuzer). Die Ausgaben verteilten sich auf Jahrtage, Almosen, Besoldungen, Kirchengerätschaften und Kultus.
Die **Liebfrauenpfründe** wurde
1625 dem **Johannes Merk** aus Beizkofen verliehen. Er hatte sich
1616 an der Universität Dillingen eingeschrieben und war nach seinem Studium Kaplan in Altshausen. — Als am 22. Juli
1626 die Priesterschaft bei der Stadt um Holz anhielt, wurde beschlossen, ihnen nur dann ein Klafter gegen Bezahlung zu geben, wenn ein neuer Priester aufziehe, der gar kein Holz habe.

Der Stadtpfarrer Johann Stoll starb, vmtl. an der Pest, am 2. Mai 1635. Als Nachfolger finden wir von 1635—1656 den Pfarrer **Magister Johannes Storer**. Im Jahr seines Amtsantritts wurde die **St. Georgskapelle** an der Sigmaringer Straße erbaut (s. d.).

1638 erklärte der Konstanzer Bischof Johann VII. v. Waldburg-Wolfegg (1627—1643) die infolge des Kriegs nicht bebauten Äcker für zehntbar, wenn diese nur in baulichem Zustand erhalten worden seien.

1647 erfahren wir, daß das einquartierte französisch-weimarische Kriegsvolk unter anderem auch das Kirchendach zerschlug (s. Stadt). Als die Stadt 1648 mit dem Hofkaplan Michael Gebhard abrechnete, blieb sie von dem bei ihm aufgenommenen Kapital von 4000 Gulden an Zinsen 236 Gulden 55 Kreuzer schuldig.

1649 entschuldigte sich der Stadtpfarrer beim Magistrat wegen verspäteter Abgabe des **Fastnachtsküchleins**.

1650 wurde auch in Scheer, wie auch im ganzen römischen Reich, von Katholiken und Protestanten ein Friedens- und Dankfest wegen endlicher Erlösung von den Drangsalen des Dreißigjährigen Krieges gefeiert.

1653 erlaubte der Generalvikar des Konstanzer Bischofs Franz Johann Vogt (1645—1689) den Kaplänen in der St. Oswald-, St. Georg- und Lorettokapelle, wegen Zerstörung in der vergangenen Kriegszeit „aras mobiles seu portabiles" (Tragaltäre) zum Celebrieren zu gebrauchen. Außen am Nordschiff der Kirche befindet sich eine verwitterte Flachrelieftafel (1,66 × 0,54 m) mit Dreieckaufsatz, Kruzifix und zwei Wappen: Doppellilie sowie gevierter Schild, in Diagonale Handschuh und 2 Fische. Inschrift in Kartusche: Frau Maria... gest. 1654. —

1656—1659 war **Franz Feser Stadtpfarrer**. Der Hofkaplan **Nikolaus Haberbosch** verlieh 1656 das Kaplaneigut in Herbertingen, das bislang Matheis Frick innehatte, an den dortigen Ammann Jakob Siebenrock.

1658 schenkte der Landgraf Friedrich von Hessen eine **Reliquie** des hl. Viktor. Vom 20. Juni

1659 bis zum 20. Juli desselben Jahres war **Franziskus Hauser Stadtpfarrer**. Sein Nachfolger wurde der **Pfarrer und Dekan Georg Herbst** (1659—1661), der vorher Pfarrer in Mengen war. Als Frühmesser ist im Jahre

1660 Nikolaus Haberbosch genannt. — In diesem Jahr verschrieb der Bürger Leopold Friedrich Reysinger der St.-Nikolaus-Pflege für eine Schuldsumme von 21 Gulden seinen Baumgarten. — Die Pflege benötigte das Geld zu Renovation der **St. Leonhardskapelle** (s. d.) und der **Pfarrzehntscheuer** an der Wegbiegung nach Heudorf. Von der Stadt erhielt der Pfarrer in diesem Jahr 2 Eichen, „damit die Scheuer vollends ausgemacht werden könne."

1661 übernahm Dekan Herbst die Pfarrstelle in Riedlingen. Da zu Beginn des Jahres

1662 die Pfarrei Scheer vaccant war, wandte sich die Stadt wegen des **Fastnachtsküchleins** an die Grafen Christoph-Karl und Otto. Diese genehmigten, daß aus dem Pfarreinkommen soviel Frucht entnommen wird, wie man für 6 Eimer Wein und 4 Viertel Kernen (fürs Brotbacken) braucht. — Am 14. November

1662 übernahm **Mathias Zech** die Pfarrei, am 30. Oktober

1663 der Pfarrer **Pelagius Hemmerlin**, der sie bis zum 20. Juli

1685 versah. Dem Truchsessen Leopold Friedrich, der damals Subdiakon in Mainz war, schenkte der Komtur Johannes Bonnen

1663 aus dem Kölner **Reliquienschatz** 2 Schädel, 4 längliche Gebeine, 4 kleinere und 33 andere Partikel der Genossinnen von St. Ursula. — Truchseß Otto, der Bruder Christoph-Karls und Mitinhaber der oberen Herrschaft, starb 1663 im Alter von 48 Jahren und wurde in der Gruft der St. Nikolauskirche beigesetzt. In diesem Jahr erlaubte der Konstanzer Bischof die Wiedererrichtung einer **Rosenkranzbruderschaft** (vgl. 1611).

1666 erfahren wir, wann und in welcher Form der Pfarrer das sog. **Fastnachtsküchlein** zu reichen hatte: an der Herrn Fastnacht nach dem Gottesdienst eine eingeschnittene Suppe samt einem Stück Fleisch in die Häuser; nachmittags der Bürgerschaft aufs Rathaus und Stadttavern-Haus wieder Suppen und Fleisch, hierzu jedem ein weißes Stück Brot und Knöchlein dazu. Den Trunk mußte die Bürgerschaft selbst bezahlen. Abends um 5 Uhr kam der gesamte ehrsame Rat in den Pfarrhof, wo vom Pfarrer eine Mahlzeit gegeben wurde. Der gnädigen Herrschaft samt ihren Beamten und Dienern, „so den Trunk gehabt", reichte er schon nachmittags das Fastnachtsküchlein. —

Als Graf Wunibald im Jahre

1675 das Schloß Scheer stürmte, zählte der „**Pfaff Weltinger**" zu seinem Anhang. Im Kirchenhäusle lauerten wenige Tage später 2 Diener des Grafen, mit „Rohren" (Gewehren) bewaffnet, dem Oberamtmann Gedeon auf in der Absicht, ihn auf dem Kirchhof oder in der Kirche totzuschießen. —

Im selben Jahr beschwerte sich die Stadt beim Bischof über den Grafen, der den neu ernannten Mesner nicht ins Mesnerhaus lassen und dieses einem Amtmann einräumen wollte.

Die **Rosenkranzbruderschaft** (vgl. 1663) war anscheinend schon wieder in Abgang geraten, denn am 20. März 1675 erlaubte der Bischof, eine solche zu errichten.

1677 gab der Offizial der Kurie von Konstanz den Pfarrern, Priestern und Klerikern bekannt, daß die Parochianen (Pfarrkinder) in Scheer nach der Klage des Pfarrers Hemmerlin die **Zehnten und Neubruchzehnten** nicht leisten und deswegen unter Androhung der Exkommunikation aufgefordert wurden, den Zehnten nicht zu stören und für die verweigerten Zehnten Genugtuung zu leisten. — Unter den Sieglern befand sich der Frühmesser **Christian Kifferlin**.

Johannes Reiner feierte 1677 in Scheer seine Primiz.

1678 besaß der Pfarrer von Scheer das „Haus zum Wendelstein" in Konstanz. In einem Schreiben des Landkomturs von Altshausen wird am 10. März

1679 der „Dreißiger" für den Grafen Franz Eusebius erwähnt. — Der Hofkaplan **Johannes Hueber** belehnte

1680 den Hans Michel Schlaichweg (Schleweck) mit dem Herbertinger Kaplanei-Hof.

1685 trat **Beatus Jakobus Siverig** die Pfarrstelle an.

1688 kaufte er von Christian Ratzenhofer, Bürger und Metzger der oberösterreichischen Stadt Scheer, 30 Kreuzer jährlichen Zins von 1 1/2 Jauchert Acker im „Velberried".

1690 feierte der Sohn des Stadtammanns Reisinger in Scheer Primiz.

1691 ist **Georg Scriba** (Schreiber), Dekan des Kapitels Mengen, als Pfarrer in Scheer genannt,

1694 aber bereits wieder der Magister **Beatus Jakobus Siverig** als Pfarrer zu Scheer und Kammerer des Kapitels Mengen. Er verzichtete in diesem Jahr auf die ihm von der Stadt zu reichende 7. Landgarbe, für welche der Pfarrer seither das Fastnachtsküchlein zu reichen hatte, und erhielt zu dem jährlichen wenigen Holzgeld einen bürgerlichen Holzteil wie die anderen Bürger.

In Anbetracht der „Zeitbedrängnisse und der Nöte der Dynastie Scheer" verkündete der Konstanzer Bischof am 24. Dezember

1698

1. daß die **Beneficien** in der Kirche zu Scheer a) St. Trinitatis, b) der allerheiligsten Jungfrau Maria, des hl. Andreas Johannes Evang., Maria Magdalena und Katharina, c) des hl. Leonhard und d) die Hofkaplanei die dotierte Congrua (Amtsbezüge) erhalten und in ihrem Stand erhalten bleiben,

2. daß den Kaplänen die Ergänzung der vacanten Beneficien verteilt werden sollen,

3. daß die Dokumente über die Beneficien ins Archiv in der alten Sakristei, zu dem der Pfarrer, die Herrschaft und der Beneficiat einen Schlüssel haben, verschlossen aufbewahrt werden;

4. die Beneficiaten, auch der Hofkaplan, müssen ihren Pflichten nachkommen und dem Kirchherrn oder seinem Vikar im Gottesdienst helfen;

5. die 50 Gulden des St.-Anna-Beneficiums und die 65 Gulden der vacanten Beneficien müssen von der Herrschaft jährlich ausgeteilt oder verzinst werden;

6. betr. der 3 dazugehörigen Weiler (vmtl. Staudach, Spitzenweiler und Gemmingen, die abgegangen waren) sollen (als Ersatz) an die Frühmesse jährlich 660 Gulden bezahlt oder diese Last von der Herrschaft mit 800 Gulden abgelöst werden wie die 22 Urnen Weins, die einst dem Hofkaplan gereicht wurden;

7. den kostbaren Ornat der Kirche, der im Schwedenkrieg verlorenging, sollen die Besitzer der Herrschaft Scheer auf folgende Weise vergüten: a) eine silberne Monstranz im Wert von ca. 250 Gulden an die Kirche in Ennetach, b) der Kirchenfabrik Scheer wenigstens 1500 Gulden im Verlauf von 6 Jahren für die Erneuerung der Paramente, des Gestühls und anderer notwendiger Dinge.

8. In Anbetracht der Auswirkungen des Krieges wird die Herrschaft vom Ersatz anderer Kostbarkeiten befreit.

Von den **Beneficiatenstellen** waren im Jahr

1700 nur 3 besetzt. Die Frühmesse (**Christian Kieferle**), die Hofkaplanei (**Josef Keller**) und die Cooperatur (**Johann Hartmann Feinaigle**). Sie wurden aus den Einkünften der vacanten Beneficien mitbesoldet. Der Rest der Einkünfte ist für die Errichtung einer 5. Beneficiatenstelle vorgesehen. Von den seither 10 Kaplaneien waren demnach 6 vacant. Graf Maximilian Wunibald, der nach dem Tod des Truchsessen Sebastian Wunibald Senioratsherr des Hauses Waldburg geworden war, bestimmte im Jahre 1701, daß Truchseß Christoph Franz als Administrator der Waldburgischen Lehen alle diese Einkünfte zusammenlege. Da sie aber jährlich wohl nicht über 500 Gulden ausmachten, überließ er den zu seinem „neuen Haus" (heute Brauerei) gehörigen „Weydel- und Rebgarten" zur Aufbringung des Hauptgutes von 1000 Gulden an das Scheersche Administrationsamt, wogegen dieses jährlich 100 Gulden an die Benefizialpflegschaft entrichtet, bis die 1000 Gulden voll sind. Von deren Zinsen sollen 15 Gulden zu Unterhaltung des ewigen Lichtes, die übrigen 38 Gulden dem demnächst anzustellenden Kaplan für die Lesung zweier Wochenmessen am Wunibaldsaltar gegeben werden. Durch diese Stiftung der **St.-Wunibalds-Kaplanei**, der 11. Kaplanei in Scheer, wurden die Wallfahrten wesentlich gefördert. — Am 1. Mai 1701 wurden die St.-Nikolai-, Hl.-Geist-, St.-Oswaldi-, St.-Georg- und die Leprosen-**Pflegschaft** renoviert, wobei nach altem Brauch für jede Pflegschaft zwei Pfleger bestimmt wurden, einer aus der Bürgerschaft und ein jüngerer aus dem Rat. In diesem Jahr ist von einem **Kreuzgang** nach Engelswies die Rede.

Jakob Guldin, der Inhaber der Kaplanei Bingen, wurde

1702 vmtl. Beneficiat der St.-Wunibalds-Kaplanei.

1703 bestimmte Katharina Haberbosch aus Herbertingen in ihrem Testament u. a. um 20 Gulden einen ewigen **Jahrtag** mit hl. Messe nach Scheer. Die vmtl. seit 1590 verwaiste Dreifaltigkeitskaplanei wurde

1704 wieder besetzt mit dem Kaplan **Balthasar Breindel**, der sie bis 1725 innehatte.

1705 belehnte **Franz Josef Keller**, Hofkaplan des Altars beim Taufstein, den Johannes Lewleyter (Lehleiter), Herbertingen, mit dem Hof der dortigen Kaplaneipfründe, den bislang Georg Lewleyter innehatte.

1708 erhielt er von der Hofkaplanei den Lehenbrief. — Das halb der St.-Trinitäts-Pfründ und halb den Augustinerinnen im Kloster Inzigkofen gehörige Lehen (Haus und Hof in Ölkofen) wurde

1710 dem Sebastian Brümlin (Briemle) verliehen. —

Der **Pfarrer Josef Anton Siber**, der seit 1703 die Pfarrei Buchau-Kappel betreut hatte, übernahm

1714 die Pfarrstelle (—1735). Wie sein Vorgänger, der verstorbene Pfarrer und Kammerer Beat Jacob Siverig, stammte er aus Praßberg.

1715 verlieh der Hofkaplan, Magister Franz Josef Keller, den Kaplaneihof in Herbertingen, den Thomas Siebenrock innehatte, dem Jakob Siebenrock. Kellers Nachfolger, der Hofkaplan **Beat Jakob Mögle**, verlieh

1717 die anderen Herbertinger Kaplaneihöfe dem Johannes Schöpp (vorher dessen Vater Baltus Schöpp), dem Johannes Lewleuther (vorher dessen Vater Georg Lewleuther) und dem Johann Schlaywegg (vorher dessen Vater Wilhelm Schlaywegg). Als Prokurator sämtlicher geistlicher Pfründe siegelte der Kanzleiverwalter Breinlin.

1717 wurde die „Evangeliglocke" gestiftet, die 1827 umgegossen wurde (s. d.). — Für den 1671 geborenen und 1718 verstorbenen Oberamtmann Johann Konrad Kolb wurde am Südschiff der Pfarrkirche eine 1,90 × 0,83 m große **Gedenktafel** angebracht:

Da sich der **Mesner** Egidi Busch unterstanden hatte, die herrschaftliche Totengruft durch Hebung des darauf liegenden Steins nächtlicherweil zu besteigen und den Leichnam des Grafen Max Wunibald seines schwarztuchenen Kleides zu berauben, wurde er am 7. Mai 1718 zu

Gedenktafel am Südschiff der Pfarrkirche für den 1718 verstorbenen Oberamtmann Johann Konrad Kolb.

30 Reichstalern Strafe verurteilt und seines Dienstes enthoben.

1719 wird eine **Prozession** nach Engelswies und die Lorettoprozession erwähnt (vgl. Loretto-Kapelle).

1725 verpflichtete sich der herrschaftliche **Forstmeister** Franz Sigmund Settelin von Trunksberg für 3 Jahrtage, einen für seine Frau Anna Benigna, einen für deren Mutter Elisabeth Voglerin und den dritten für die Eltern der Maria Benigna Wenzlin aus dem Kapital von 2000 Gulden, das Letztere für einen Jahrtag gestiftet hatte, 350 Gulden der Kirchenfabrik zuzuweisen und die Zinsen nach Angaben verteilen zu lassen (vgl. St.-Anna-Kapelle). Laut bischöflichem Dekret wurden im Jahre 1725 die bestehenden **11 Kaplaneien auf 5 reduziert**:

1. die Hofkaplanei (Kaplan: Beatus Jacobus Mögle),
2. die Frühmeßkaplanei, mit der das St.-Anna-Beneficium vereinigt wurde (Cooperator: Johannes Hartmann Feinaigle de Luxemburg),
3. die Leonhardskaplanei (Kaplan: Johannes Michael Speck),
4. die St. Wunibaldskaplanei mit der Mittelmeßpfründ und dem Beneficium B. V. M. und St. Sebastian,
5. die Dreifaltigkeitskaplanei mit dem Kieferlinschen Benefizium. Aus diesem Benefizium mußte zunächst noch, wie bisher, der Organist besoldet werden.

Jeder der vier letztgenannten Beneficaten mußte außer den gewohnten geistlichen Verpflichtungen wöchentlich 4 hl. Messen lesen und an den Hauptfesten (Weihnachten, Ostern, Pfingsten, Mariae Himmelfahrt), am Kirchweihfest und an St. Walburga, Wunibald und Willibald dem Pfarrer beim Beichthören helfen. Sie hatten für die Erhaltung der Pfründhäuser, in denen sie wohnten, zu sorgen und für die Pflegschaft der Beneficien jährlich 5 Gulden zurückzulegen. Dem Pfarrer, der an Stelle des resignierten Pflegers Balthasar Breinle die kommissarische Verwaltung der Pflegschaft übernahm, hatten sie 36 Gulden zu bezahlen. Der Pfarrer war verpflichtet, jährlich die Pfründgebäude zu visitieren.

1733 übernahm der Weber Franz Wezel den **Mesnerdienst**, da der alte Mesner Pelagi Feinäugle seinem Amt altershalber nicht mehr vorstehen konnte. Er war verpflichtet, seinem Vorgänger lebenslänglich den Unterhalt im Mesnerhaus, auch Speis und Trank, jedoch ohne Bekleidung zu geben.

Da in der **Reihenfolge bei den Opfergängen** an den 4 hl. Festtagen Rangstreitigkeiten entstanden waren und sich die Weiber unter die Herren gedrängt hatten, bestimmte die Herrschaft im Jahre 1733 die Rangfolge:

Zunächst die Herren Beamten, Canzlei-Offizianten und Scribenten,

sodann: Hofjäger, Hausmeister, Hofgärtner, Hoffischer, Canzleibott, Hofküfer, Hofschuster, Bauhofknecht, Müller, Säger, Ziegler;

danach die Beamtenfrauen, Kammerjungfern, Hofjägerin, Hoffischerin, Hofgärtnerin, Hausmeisterin;

nun der Beamten Mägde, des Clemens Weib, des Kiefers Weib, des Schusters Weib, die Müllerin, die Sägerin, die Zieglerin, die Bauhofmägde. —

Bei den Prozessionen gehen: 1. die gnädige Herrschaft, 2. die Beamtenfrauen, 3. die Herren Beamten dem Rang nach bis zum Hoffischer inclusive, 4. die Hofjägerin, die Fischerin, die Hausmeisterin, die Bauhofleute und was sonst am Hof beschäftigt ist. — Erst danach folgt der Stadtrat. Nach einer Beschwerde des Stadtammans bekam er bei den „leichten und schweren Prozessionen" den Rang unter den Kanzleioffizianten.

Da sich beim Verabreichen der Mahlzeiten an den Wunibald-, Willibald- und Walburgafesten verschiedene Personen immer wieder in die Haare kamen, so daß ein zu großes Gedränge entstand, wurden die Mahlzeiten gänzlich abgeschafft und dafür gegeben:

den Herren Kaplänen und Geistlichen 45 Kreuzer, dem Herrn Pfarrer und den übrigen fremden Geistlichen 1 Gulden, einem fremden Musikanten 30 Kreuzer, dem Herrn Schulmeister 30 Kreuzer, dessen Tochter 30 Kreuzer, das Jahr hindurch einem Chorknaben 1 Gulden.

1734 starb der Stadtpfarrer Josef Anton Sieber, während dessen Amtszeit, wie bis in unsere Tage, die Hostien bei den Schwestern in Saulgau geholt wurden. Eine gußeiserne **Gedenktafel** an der Nordseite der Stadtpfarrkirche erinnerte an ihn.

Der Pfarrer, Licentiat der Theologie und geistliche Rat **Franz Anton v. Reichle**, der aus Überlingen stammte, hatte vom 30. November 1734 bis zum 6. Januar 1770 die Stadtpfarrei inne. Im Jahr seines Amtsantritts waren zwei bedeutende **Riedlinger Maler** in der St. Nikolauskirche tätig: Wegscheider, der das Nebenaltarblatt des St.-Wunibald-Altars, und Spiegler, der für diesen Altar das Altarblatt malte. — Wie bei einem Pfarrerwechsel üblich, wurde auch das **Pfarrhaus** hergerichtet, die Zusage, den Pfarrbrunnen mit

dem Wasser vom Schloß zu speisen, aber nicht eingehalten. Der **Mesner** Franz Wetzel, der 1734 angestellt wurde, blieb über 30 Jahre im Amt. — Der sehr rührige Pfarrer rief
1735 eine **Sebastiansbruderschaft** ins Leben. Papst Clemens XII. verlieh am 15. März 1735 allen Brüdern und Schwestern dieser Bruderschaft für den 1. Tag ihres Eintritts, für die Todesstunde, für den Besuch der Bruderschaftskirche St. Nikolaus an 4 von der Bruderschaft ausgewählten Werktagen oder Sonntagen einen Ablaß von 7 Jahren. Für jede Teilnahme an der Hl. Messe und dem Hl. Officium der Bruderschaft, für jede Aufnahme von Armen, für jede Friedensstiftung, für den Begräbnistag von Bruderschaftsmitgliedern, für jede Begleitung des Allerheiligsten bei Prozessionen oder zu den Kranken, wenn sie beim Glockenzeichen für den Gang des Priesters zu den Kranken ein Vater Unser und Ave Maria oder für die Verstorbenen der Bruderschaft 5 Vater Unser und Ave Maria beten, jemanden auf den rechten Weg zurückführen oder belehren oder ein anderes Werk der Frömmigkeit oder Liebe verrichten, einen weiteren Ablaß von 60 Tagen. Bei den Gottesdiensten der Bruderschaft mußten die 6 Chorknaben und der Magister mitbeten und mitsingen. Der Magister erhielt dafür pro Amt 6, die Knaben je 3 Kreuzer. In diesem Jahr wurde das **Mausoleum**, das der Erbauer der Kirche im Jahre 1509 für sich im Chor anbringen ließ, wieder entfernt. Während der Graf Josef Wilhelm bemüht war, zur Verschönerung der Kirche beizutragen, und der Pfarrer mit den Kaplänen das religiöse Leben in der Stadt zu vertiefen versuchte, brachte der „geistliche Herr Kraus", ein schon älterer Kaplan, das **Ansehen der Geistlichkeit** in Verruf. Wegen seines Umgangs mit der Auwirtstochter Anna Maria Schell, auf die seine Haushälterin Maria Anna Berner von Hechingen eifersüchtig geworden war, wurde er von dieser angezeigt und vor das geistliche Gericht nach Konstanz zitiert. — In diesem Zusammenhang lernen wir auch das Aussehen seines Gewandes kennen: „violettblau mit Gold ausgemacht".

Unstimmigkeiten gab es auch zwischen dem Pfarrer und der Stadt, die auf der Kanzlei bezichtigt wurde, mit den **Pflegschaften** übel umzugehen. Sie wurde verpflichtet, innerhalb von 4 Wochen mit dem Pfarrer und den Spitalpflegern den Jahreszins für die Stadtschreiberwohnung auszumachen, widrigenfalls dieser aus dem Spitalhaus ausziehen müsse. Der Stadtschreiber, der bislang 50 Gulden aus den geistlichen Pflegschaften erhielt, soll künftig keinen festen Satz mehr bekommen. Innerhalb Jahresfrist hatte die Stadt Ersatz für den „Enslinger Hof" zu bezahlen und mußte einen eigenen Schulmeister bestellen.

1736 wurde den Bürgermeistern und Räten von der Herrschaft befohlen, die Pfarrpflegschafts- und andere geistliche Güter mit keinen Anlagen, Forderungen etc. mehr zu beschweren. — Trotzdem wurden von den Frühmeßlehenmaiern solche gefordert. Um Ordnung zu schaffen, bestimmte der Graf Josef Wilhelm am 10. Juli 1736, daß

1. der jeweilige Pfarrer und der herrschaftliche Ammann jährlich um Martini einen Tag zu bestimmen haben, an welchem mit den Zehnt- und Zinspflichtigen abgerechnet wird;
2. die Kapitalien obrigkeitlich versichert und verbrieft werden;
3. kein ungerader Kreuzer mehr ausgeliehen, ausständige Kapitalien zurückgefordert und zu ganzen Gulden ergänzt werden;
4. kein Kapital ohne Wissen der Oberpflegschaft ausgeliehen und die ausgeliehenen eingezogen werden;
5. zur Schadensverhütung sollen auch keine Güter mehr ohne Consens der Pflegschaft verliehen werden;
6. die Wiesenzinsen sollen nach dem Stadtsteuerfuß proportioniert und pro Gulden ein Groschen Zins gereicht werden;
7. die gut und schlecht bebauten Güter sollen gegeneinander ausgeliehen und zu den Äckern und Wiesen gegeben und die bisher meist ungebaut gebliebenen Fabrikäcker zu Ertrag gebracht werden.
8. Den Pflegern ist untersagt, wegen der Verleihung der Güter einen Trunk anzunehmen, die aber das angeboten haben, sollen der Güter verlustig gehen.
9. Übergab und Abhör der Rechnung: Die Pfleger haben dabei die Raith-Reste zu begleichen.
10. Mit den Kapitalbriefen, Urbarien und anderen Documenten sollen auch die Briefschaften unter Verschluß gebracht werden und einen Schlüssel der Pfarrherr, einen der herrschaftliche Stadtammann und einen der Pfleger erhalten.
11. Bei Verkauf von Früchten haben die Pfleger das Gutachten der Oberpflegschaft einzuholen und sich danach zu richten.
12. Trunk bei Abhör der Rechnungen soll aufgehoben und dafür Geld bestimmt werden.
13. Die Spitalpfleger sollen sich nicht unterstehen, bei Ausspendung des Geldes oder der Früchte eigenwillig vorzugehen, sondern die Weisung der Oberpflegschaft einholen.
14. Exzellenz behält sich vor, sich alle halb Jahr über den Stand aller in der Herrschaft befindlichen frommen Stiftungen referieren zu lassen.

Stadtpfarrer Reichle beschwerte sich, daß in Scheer das **Schwören, Sakramenten, Fluchen und Huren** stark im Schwung sei. Er erhielt in diesem Jahr die Erlaubnis, in der Kirche durch einen Pater aus dem Konvent Sigmaringen einen **Kreuzweg** errichten zu lassen.

Zur „Menagierung" (= schonenden Behandlung) der **Glocken** bestimmte die Herrschaft
1737 hinsichtlich des Läutens:
1. daß beim Absterben eines Pfarrkindes das Totenzeichen mit dem sog. Sturmglöcklein, und zwar 7mal, zu Ehren der Sieben Schmerzen Mariens gegeben werden solle.
2. Die große Glocke solle nur für die gnädige Herrschaft oder gegen eine Taxe von einem Taler an die Fabrik geläutet werden.
3. Auch solle die Glocke nicht mehr an jedem Sonntag, sondern nur noch an den Hochfesttagen Christi, Mariens, der Hl. Apostel, an St. Nikolaus, am Kirchweihtag, an den 6 Festtagen Wunibald, Willibald und Walburga, an herrschaftlichen Jahrtagen wie auch Donnerstag und Freitagen zur Angst und Scheidung geläutet werden.

Nachdem durch den Tod des St.-Anna-Kaplans Johann Hartmann Feinäugle auch die Frühmeßpfründ vacant geworden war, wurde am 31. Oktober 1737 seitens der Herrschaft der Stadt das Recht der Nominierung eines Nachfolgers zugestanden unter der Bedingung, daß ein taugliches und der Musik kundiges Subjekt nominiert werde und dieses sich an die Verpflichtungen der übrigen Beneficiaten bezüglich des Gottesdienstes halte.

1738 verglichen sich Pfarrer und Stadt über die Restitution (= Ersatz) des vom Spital veräußerten Langenenslinger Hofes (vgl. Spital). **Johann Baptist Mögler** wird in diesem Jahr als „Dreifaltigkeitskaplan" genannt. Der Hofkaplan hieß **Bizenhofer**.

1739 erhielt der Pfarrer die Vollmacht, in Scheer und in der Jesumkirche (Haid) eine „**Bruderschaft mater dolorosa vom schwarzen Skapulier**" zu errichten. — 561 Kommunikanten wurden gezählt und das jährliche Einkommen wie folgt angegeben: An ewig Grund- und Bodenzins jährlich 1 Gulden 13 Kreuzer, an Geldzins von ablösig Kapitalien 97 Gulden, an Früchten, Bodenzins 4 Gulden 56 Kreuzer, an Groß-Zehnt zu Scheer 454 Gulden, an Heu und Öhmd von eigenen Wiesen 36 Gulden, an Flachszehnten 14 Gulden und an Krautzehnten 6 Gulden.

1742 wurden die „Bruderschaft zu den 7 Schmerzen Mariä" und die „Rosenkranzbruderschaft" mit der „**Sebastiansbruderschaft**" vereinigt.

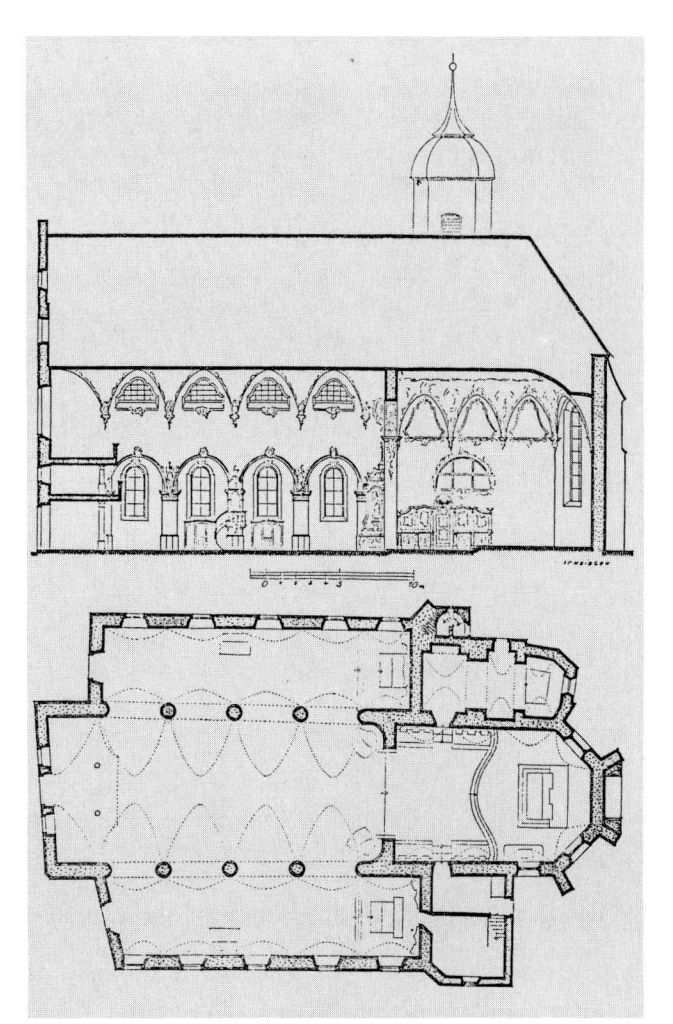

In den Jahren
1742—1752 wurde das **Langhaus** der bis dahin flachgedeckten Basilica mit seinen Seitenschiffen im Sinne des aufkommenden Rokoko **umgestaltet**. Die Arbeiten oblagen in erster Linie dem Salemer Klosterbildhauer I. A. Feuchtmaier und dem Maler Esperlin. — Am 22. September
1742 erfolgte die Einweihung von fünf Altären durch den Weihbischof Franz Karl Josef v. Fugger (vgl. 1744).
Von den 5 Kapellen war die **Dreifaltigkeitskapelle** nicht besetzt. Dieser vacierenden Pfründ verkaufte der Bürger Josef Paur
1743 um 316 Gulden seine Behausung mit einer halben Holzgerechtigkeit und Dunglege „zwischen Martin Meister und der Stadtmauer, hinten an Wunibald Kiener stoßend". —
Wegen der **Holzgerechtigkeit** gab es Streit zwischen dem Pfarrer und der Stadt. Auf Ansuchen des Pfarrers bezeugten seine Amtsbrüder in Bolstern, Fulgenstadt, Herbertingen und Mengen, daß sie in den ihnen anvertrauten Pfarreien von der Gemeinde alle bürgerlichen Nutznießungen, als Wunn, Wayd, Trieb und Tratt, Kriesse (Kirschen) und Birrenteil, auch gemeinsam bürgerliche Trünk samt einem bürgerlichen Holzteil noch genießen und des „juris Civilegis" infavorabilibus sich erfreuen. — Darauf verglichen sich der Pfarrer und die Stadt dahingehend, daß

1. der Punkt aus dem Vergleich von 1735 aufgehoben werden soll, nach welchem „allein der Zehendt" aus dem herrschaftlichen Lustgarten vorbehalten, für welchen jährlich dem jeweiligen Pfarrer aus dem Scheerischen Rentamt 5 Gulden zu reichen sind.
2. Künftig soll dem Pfarrherr die 7te Landgarbe und der gewöhnliche Zehnten wie von alters her, nach den in den pfarrlichen Urbarien vermerkten Marken,

von allen Äckern ohne Abzug gereicht und heuer damit der Anfang gemacht werden; dagegen
3. soll der jeweilige Pfarrherr verpflichtet sein, tempore Bachoraliorum, der gesamten Bürgerschaft zu Scheer nach Ausweis des Stadtprotokolls von 1659 und 1660 die schon ehemals von der Herrschaft determinierten 3 Eimer Wein, 4 Viertel Kernen und 2 Gulden 40 Kreuzer für ein Fastnachtsküechle zu geben, auf welches hin
4. die gesamte Bürgerschaft von Scheer sich anheischig und verbindlich gemacht von allem nach üblicher Observanz den Blutzehnten entweder in natura oder in Pretio aequivalenti (= zu entsprechendem Preis) ohne Widerred abzureichen und zu tun, was aber
5. den seitens der Pfarrei protentierten bürgerlichen Holzteil betrifft, sei dieser dato nicht erwiesen, würde aber solches geschehen, so sei die Stadt auch erbietig, diesen unweigerlich zu geben.

Am 21. Oktober verzichtete der Pfarrer wegen der verarmten und bedrängten Bürgerschaft, ohne Rechtsfolge für seinen Nachfolger, auf die 7te Landgarbe vom Berg und auf die im Urbar genannten 12 Heller von jedem Kalb, Schaf, Kitz gegen 5 Kreuzer für ein Kalb und 1 Kreuzer für ein Schaf ohne Kitz.
Der Generalvikar des Bischofs von Konstanz erlaubte 1744, die neuestens restaurierten Altäre der Heiligen Sebastian, Josef, Maria Magdalena, Anna, Leonhard, der hl. 3 Könige und den Rosenkranzaltar bis zur Vollendung der Renovation der Pfarrkirche an einen geeigneten Ort zu transverieren und für sie einen vom Bischof consekrierten „ara mobilis" (= Tragaltar) zu verwenden. —
In diesem Jahr ließ der Pfarrer Reichle bei Leonhard Parcus in Konstanz ein **Religionsbüchlein** drucken, das den Titel führt: „Kleiner Cathechismus, enthaltend die Wahrheiten des catholischen Christentums".
Der Konstanzer Weihbischof spendete vom 20. — 23. September
1745 in Sigmaringen, Scheer und Mengen das hl. Sakrament der **Firmung**. In Scheer bestätigte er am 22. September die **Weihe** folgender **Altäre**:
auf der Evangelienseite:

1. einen Altar zu Ehren B. V. Mariae, St. Andreas, St. Joh. Ev., St. Katharinae, St. Barbarae, St. Mariae Magdalenae und St. Elisabeth;
2. einen Altar zu Ehren B. V. Mariae, St. Joh. Ev., St. Andreae, St. Katharinae und St. Maria Magdalenae;
3. einen Altar zu Ehren St. Annae, St. Andreae, St. Erasmi, St. Hyronimi und St. Joh. Nepomuk;

auf der Epistelseite:
1. einen Altar zu Ehren SS. Dreifaltigkeit, V. V. Mariae,
2. einen Altar zu Ehren des Hl. Sebastian und
3. einen Altar zu Ehren St. Sebastiani, St. Andreae, St. Christophori und des Hl. Schutzengels.

Bereits am folgenden Tag wurden 3 weitere Altäre von ihm geweiht:
auf der Evangelienseite:
1. ein Altar zu Ehren St. Leonardi, St. Bartholomaei, St. Christophori und St. Wendelini,

2. ein Altar zu Ehren der Hl. drei Könige, Vierzehn Nothelfer, St. Joh. Baptist und St. Antonii von Padua;

auf der Epistelseite:
ein Altar zu Ehren St. Mariae Magdalenae, St. Marthae und St. Lazari.

„Beim Schloß" weihte er am selben Tag den Altar zur Ehren der Heiligen Wunibald, Willibald und Walburga, am 25. September 1745: den Altar der Loretto-Kapelle (s. d.). Bei den Altarweihen verlieh er auf den Consecrationstag jeweils einen Ablaß von 40 Tagen.
Der Kunstmaler **Josef Esperlin**, der in der Pfarrkirche tätig war, kaufte 1745 bei Karl Kniesel in Ennetach eine Kuh, die er aber nach 3 Wochen zurückschlug, weil sie keine Milch gebe.
1746 klagte der Pfarrherr über „**verstohlene Handwerksleut**" beim Kirchenbau. Vor einem Jahr seien etliche Gerüststangen, Blei, Gerüstbretter und Eisenklammern abhanden gekommen. — Weil er in beratender Funktion auf der herrschaftlichen Kanzlei tätig war, kam der Pfarrer in Mißkredit: „Es wäre besser, er stöcke seine Nase in sein Brevier als in solche Sachen; es wäre kein Wunder, wenn man einen anderen Glauben annehme."
1747 arbeitete der Kunstmaler Josef Esperlin am Deckengewölbe, wo sein Name links oben über der mittleren Säule steht. — In diesem Jahr wurden die Einkünfte sämtlicher 5 Kaplaneien, mit Ausnahme der Hofkaplanei, miteinander vereinigt und eine besondere Pflege, die Procuratorie, hierfür aufgestellt. Jeder Kaplan erhielt aus dem vereinigten Fonds seine bestimmte Competenz an Geld, Früchten und Holz. — Schon am Ende des Vorjahres schenkte Graf Wilhelm der Procuratorie 1200 Gulden und 50 Jauchert (19 ha 78 a) Waldungen in der Bauzenreute wegen der Verbindlichkeit des jüngsten Kaplans, die 4 Chorknaben „in musica et studiis usque ad grammaticam incl." zu instruieren. —
1748 privilegierte Papst Benedikt XIV. an der Pfarrkirche St. Nikolaus in der Stadt Scheer den **Altar der Bruderschaft** zu Ehren des Hl. Willibald und der Hl. Walburga für Messen für Verstorbene der Bruderschaft an Allerseelen und während der Oktav wie für den Samstag jeder Woche.
1749 tauschte Jakob Siebenrock von Herbertingen sein dortiges Hofkaplaneigut gegen ein solches, auch in Herbertingen gelegen.
Wohl als krönender Abschluß des von 1742—1752 dauernden Umbaues der Stadtpfarrkirche entstanden 7 etwa 1,80 m hohe Statuen, die als Ehrenwache auf der westlichen Stadtmauer vor dem Kirchenportal aufgestellt wurden.
Vom Pfarrhaus an gezählt waren es:

1. St. Wunibald in Abtskleidung mit Stola und Buch und einer Inful (Bischofsmütze) auf dem Haupt.
2. Seine Schwester St. Walburga im Benediktinerhabit, in der Rechten ein Buch, auf dem ein Fläschchen steht, auf dem Haupt eine Krone en miniature.
3. Ihr Bruder St. Willibald, der mit der Linken aufs Herz deutet.
4. Ihr Oheim, der Heilige Bonifatius, mit Bischofsmantel, Mitra und Stola; ein Buch in der Linken.

195

5. Dessen Schwester Wunna, die Frau des hl. Richard, barfuß mit aufgelösten Haaren, am linken Oberarm eine Spange; Miniaturkrone.
6. Der hl. Richard mit Königskrone, langen Haaren über dem Rücken, kurzem Bart; unter dem Hermelinmantel den Pilgerkragen, an dessen Vorder- und Hinterseite sich Muscheln befinden.
7. Der Abt Sola von Solenhofen, ein Schüler des hl. Bonifatius in England, dem er nach Deutschland folgte.

Schon 1882 wurden sie als „stark verwittert und mit Moos überzogen" bezeichnet.
1935 wurden die durch Verwitterung stark beschädigten Statuen entfernt, 3 von ihnen dem Heimatmuseum Mengen übergeben. **Das Kircheninnere** der 1752 vollendeten dreischiffigen Basilika mit eingezogenem Chor weist eine feierliche Weiträumigkeit auf.
Im Bau herrscht ein gutes Proportionsverhältnis: Chor: 14,30 m lang, 10,30 m breit; Mittelschiff: 29,80 m lang, 10,80 m breit und wie der Chor 11,50 m hoch; die Seitenschiffe: 20,00 m lang, 6,00 m breit und nur 6,90 m hoch. Besonderes Gepräge geben der Kirche die massiven Rundsäulen (Umfang 3,25 m, Höhe nur 3,12 m).
In einem Zug hatte Esperlin die gesamten Hochschiffwände, den Chorbogen und die Decke freskiert.

Das von einem unbekannten Maler gestaltete ältere **Deckenfresco im Chor** zeigt die Erlösung durch die Menschwerdung Christi.

Die vier dem Deckengemälde angepaßten **Seitengemälde** stellen die Wirkung bei würdigem und unwürdigem Empfang der hl. Kommunion dar:
rechts vorne: ein Engel reicht einem reumütigen Sünder die Kommunion. Auf dem Kreuzesbalken steht „bonis", d. h. würdiger Empfang;
rechts hinten: ein Mensch weist den Empfang schroff von sich. In der linken Hand hält er ein Schriftstück mit der Aufschrift „malis" (= schlecht, unwürdig);
links vorne: die hl. Barbara im Glanz der himmlischen Herrlichkeit. Neben dem Kelch mit Hostie steht „vita", d. h. soviel wie ewiges Leben;
links hinten: der Unbußfertige wird in die Hölle verstoßen (Teufel als fratzenhafte Figur und Schlange). Neben dem Totenkopf das Wort „mors" (Tod).

Das **Bild hinter dem Hochaltar** stellt die Aufnahme des hl. Nikolaus (des Kirchenpatrons) in den Himmel dar:
An der Chornordwand sehen wir das **Epitaph des Grafen Andreas von Sonnenberg**.

Es ist wohl ein Teil des Mausoleums, das im Chor errichtet worden war. Es ist anzunehmen, daß durch die blau-

Innenansicht der Stadtpfarrkirche mit altem Hochaltar.

Deckenfresco im Chor.

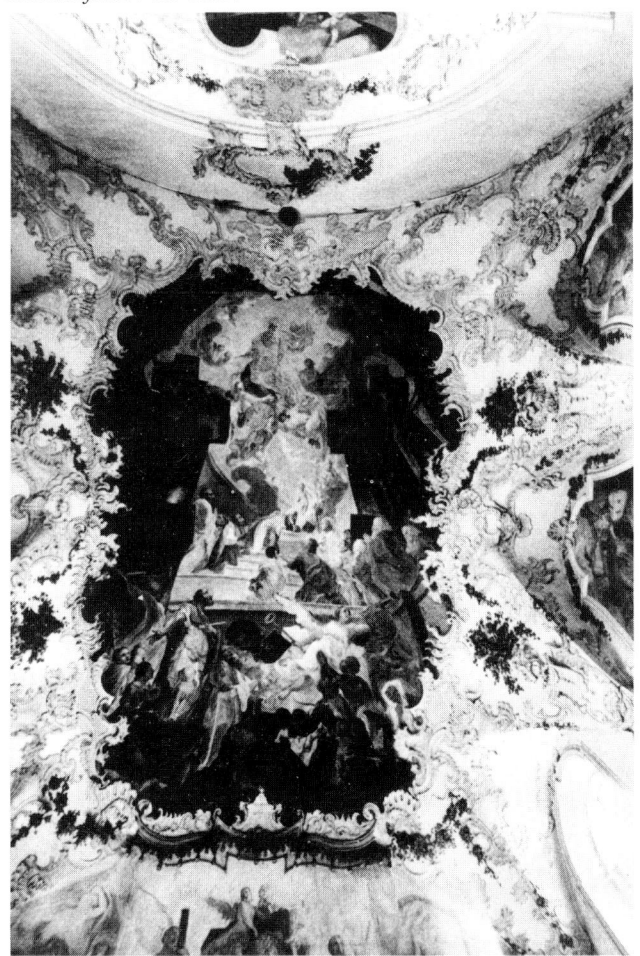

graue Übermalung des Sandsteins eine um das Ganze laufende Inschrift verdeckt ist.

Unter dem Chor befindet sich die nicht besonders große, kellerartig gewölbte **Totengruft** der gräflichen Familie. Heute sieht man nur noch Überreste stark vermoderter Särge, zum Teil auch noch Skeletteile in wirrem Durcheinander. Über dem Ausgang der Südseite befindet sich ein Nebenraum, das sog. **„Chörle"**:

Bild hinter dem Hochaltar.

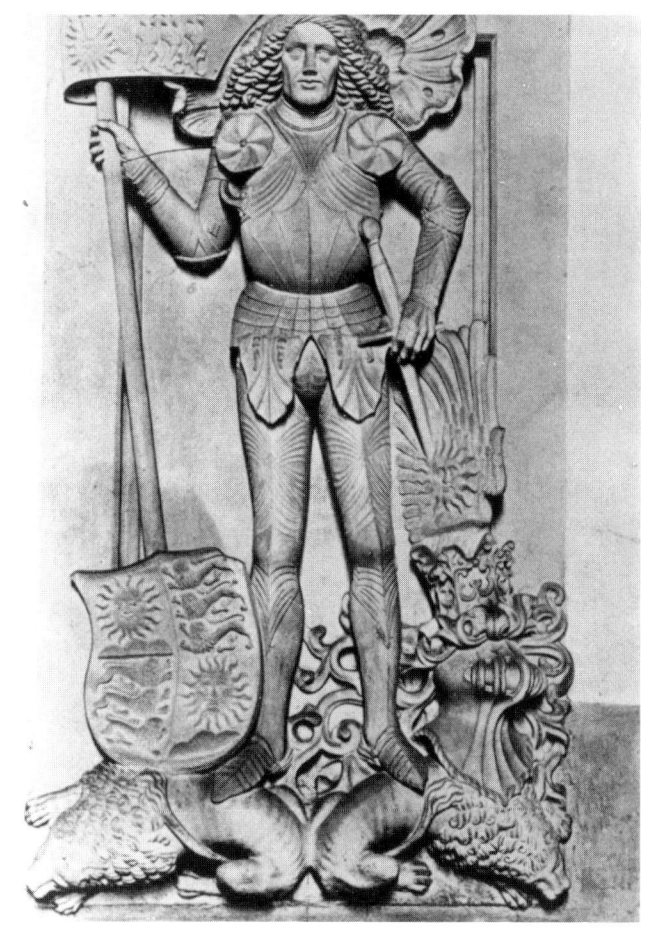

Es war die Loge der gräflichen Herrschaften. Die Thurn- und Taxische Verwaltung hat noch heute die Unterhaltungskosten für diesen Raum zu tragen.

Wie zum „Chörle" liegt auch der Eingang zur Sakristei, direkt gegenüber, im Rahmen eines reich verzierten **Chorgestühls**:

Chorgestühl an der Nord- und Südwand zu beiden Seiten der Türen, mit je zwei Dreisitzen. Brüstung und geschweiftes Dorsal mit Pilastervoluten und Kartuschenfeldern. – Mitte 18. Jhdt.

Die darüber angebrachten **Holzplastiken** (vgl. 1509) stammen wohl vom Hochaltar. Ebenso die schwebenden Engel, die 1888 in der Loretto-Kapelle untergebracht wurden (s. d.).

Epitaph des Grafen Andreas.

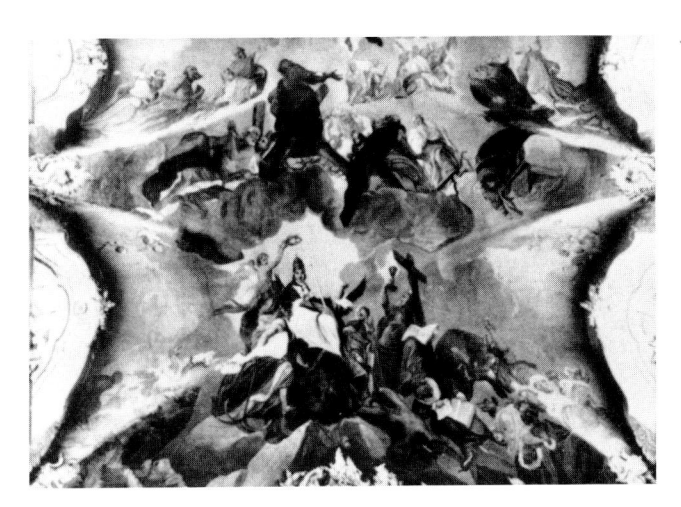

*Pfarrkirche. Ehem. Ausmalung der
Mittelschiffswölbung, bis 1935.
Höllensturz der Irrlehrer vor dem Felsen Petri mit
Papst und Kardinaltugenden; im Himmel
Hl. Dreifaltigkeit mit Maria, Erzengel Michael, Aposteln
und Märthyrern.*

Das von Esperlin gestaltete **Deckenfresko des Mittelschiffs** wurde durch das Erdbeben des Jahres 1935 zerstört und 1937 von den Kunstmalern Braun neu geschaffen. Das einheitliche Thema, das etwa 250 Figuren aufweist, stellt die von Christus gestiftete Kirche dar: Durch das Wappen derer von Waldburg-Sonnenberg verbunden, zeigt die mittlere Fläche zwei Szenen: den „Gnadenstuhl der hl. Dreifaltigkeit" und die „Einsetzung des hl. Altarsakraments" (diese beiden Themen sind neu).

In den **Stichkappen** gegen die Fenster sehen wir auf der **Männerseite** (von vorne): 1. die Evangelisten Mathäus, Markus, Lukas und Johannes; 2. die Märtyrer Laurentius, Agnes, Barbara, Johannes d. Täufer und Cäcilia. — In der nächsten Stichkappe: die hl. Bekenner Vincenz v. Paul, Canisius, Franz Xaver, Gallus und Magnus. Als Schlußbild folgen die Propheten Isaias, Jeremias, Ezechiel und Daniel.

Auf der **Frauenseite**:
1. Bild vorn: die Kirchenlehrer Hieronimus, Gregor d. Große und Augustinus. 2. die Heiligen schwäbischer Abstammung: Suso, Konrad und Gebhard; im Hintergrund der Hl. Fidelis v. Sigmaringen, die gute Beta von Reute und die selige Kreszentia von Kaufbeuren. 3. die neu kanonisierten Heiligen Magnus, Thomas Morus, Johann Fischer, Don Bosco, Konrad von Parzha (Kapuzinerbruder von Altötting, gest. 1894) und die hl. Theresia vom Kinde Jesu. 4. die Patrone der Landwirtschaft: Antonius der Einsiedler, Isidor (m. d. Sense), Eloigus, Notburga, Wendelin und der sel. Nikolaus von der Flue.

Zwischen den Stichkappen sind die Ordensstifter abgebildet, und zwar auf der Männerseite (von vorne): der hl. Norbert (Praemonstratenser), der hl. Franziskus (Franziskaner) und zuletzt der hl. Ignatius von Loyola (Jesuiten) mit den Portraitzügen des Malers Braun. —

Auf der Frauenseite (von vorne): der Hl. Bernhard v. Clairveaux (Zisterzienser), der Hl. Benedikt (Benediktiner) und der Hl. Dominikus (Dominikaner).

An den Hochschiffwänden stellte Esperlin die streitende Kirche dar. Die Fresken zeigen hinter bzw. auf Balustraden Vertreter von vier Erdteilen (Australien wurde damals noch zu Asien gerechnet): links: Europa, daneben Afrika; rechts: Amerika und Asien. Alle diese Völker blicken zum Gnadenstuhl der Hl. Dreifaltigkeit.

Einen Höhepunkt bildete die Darstellung „Die Pforten der Hölle werden sie nicht überwältigen" am **Chorbogen**, die leider durch das Erdbeben von 1935 zerstört wurde: In der Mitte sah man den Papst, umgeben mit den Symbolen des Glaubens (Engel mit Kreuz und Hostie), der Hoffnung (Anker) und der Liebe (weibliche Figur mit brennenden Kerzen) und den Symbolen der vier Evangelisten (Stier, Adler, Engel und Löwe). Von links wird die Kirche angegriffen durch den höllischen Drachen, von rechts durch die Reformatoren: Luther, Calvin und Zwingli. Luther hält die hl. Schrift in der Hand, aus welcher ein Blatt, der Jakobusbrief, herausgerissen ist. Bei den Reformatoren sah man auch den damals berühmten Maler Lukas Cranach, der durch den Stier kopfüber in den Abgrund gestoßen wird. Bei den Reformatoren erblickte man ganz im Hintergrund eine mit Hermelin bekleidete Wolfsfigur. Sie versinnbildlichte den

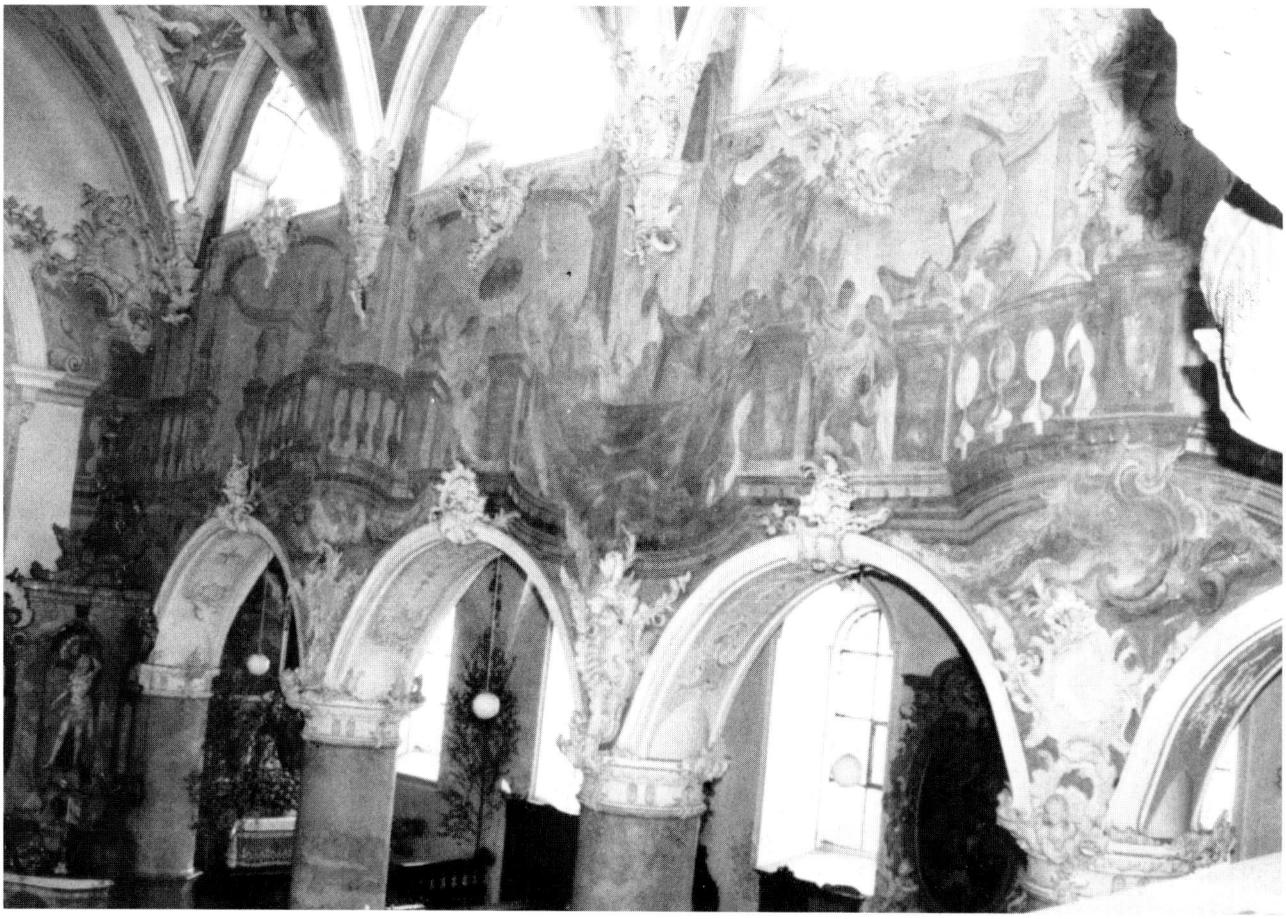

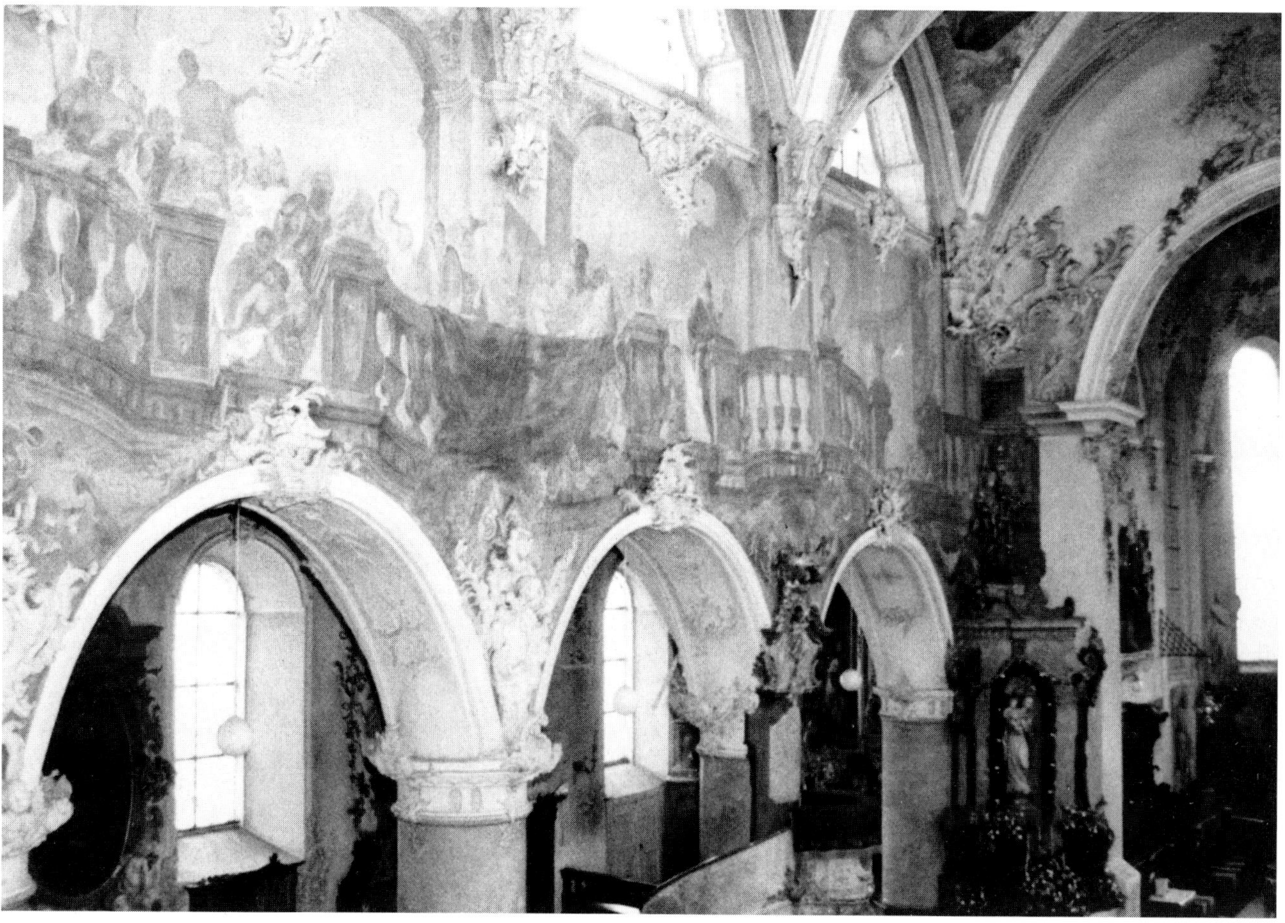

Marien-Altar.

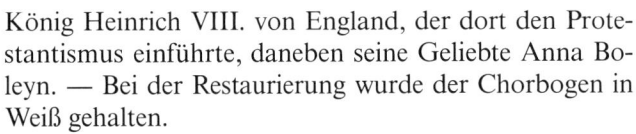

Sebastians-Altar.

König Heinrich VIII. von England, der dort den Protestantismus einführte, daneben seine Geliebte Anna Boleyn. — Bei der Restaurierung wurde der Chorbogen in Weiß gehalten.

Beidseits des Choreingangs steht je ein Stuckaltar:
Links der **Marienaltar**, dessen altes Bildwerk der Muttergottes leider verschwunden ist. Die heutige, 1,54 m hohe Statue wurde nach Aussage auf der Rückseite im Jahre 1828 in Konstanz von Johann Baur geschaffen und vom Faßmaler Kieferle, der Stiftungspfleger in Scheer war, gefaßt.

Rechts des Choreingangs steht der **Sebastiansaltar**. An dieser Stelle befand sich wohl jener Altar, der heute in der Gottesackerkapelle steht (s.d.). In der Urkunde des Jahres

1518 heißt es: „Altare sanctorum Sebastiani, Andreae et Christophori, situs in ecclesia parochiali sancti Nikolai in oppido Schära Constanziensis Diöcesis". — „In der Absiten gegen das Schloß". — Der heutige Altar mit seiner 1,48 m großen, massiv aus Gips gearbeiteten Statue soll von A. Feuchtmaier stammen.

Während im Langhaus und im Chor also die eucharistische Idee und die triumphierende Kirche herausgestellt sind, finden wir in den beiden **Nebenschiffen** die streitende Kirche mit dem Vorbild des leidenden Heilands.
An den **Decken** der beiden Seitenschiffe sehen wir je sieben Kreuzwegstationen, von denen die 7. Station vorn im

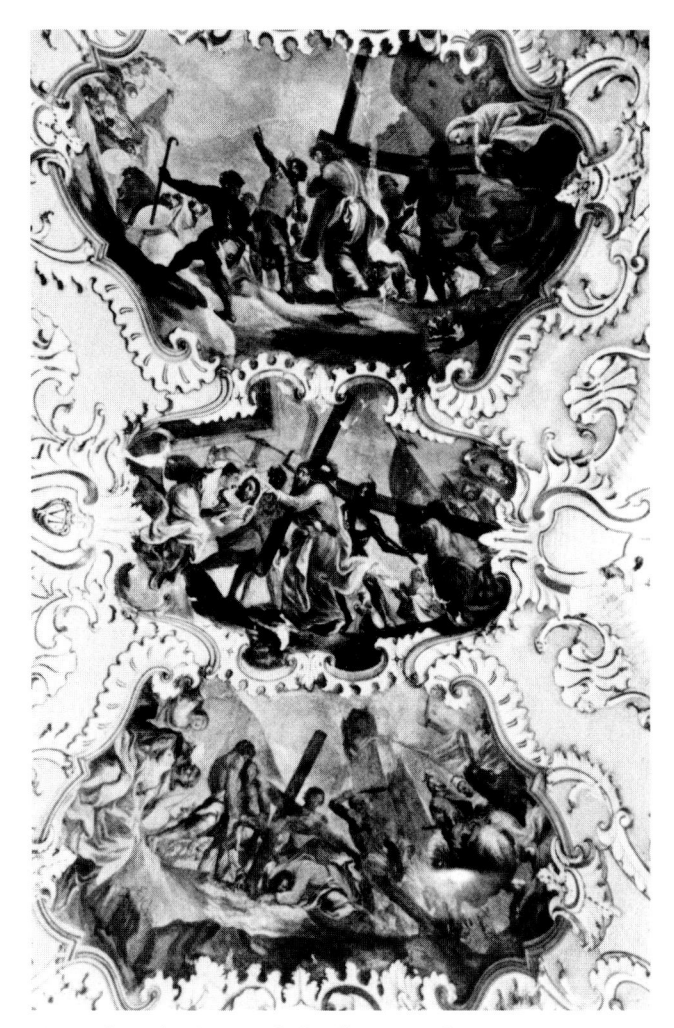

*Ausmalung der Seitenschiffwölbung mit den
7 Kreuzwegstationen in je sieben Stuckkartuschen.*

Der sog. „Dreiheiligenaltar".

rechten Seitenschiff den Namen „I. Esperlin" mit der Jahreszahl „1750" trägt.

Unsere nächste Aufnahme zeigt das **rechte Seitenschiff**, in welchem sich 4 Altäre befinden.

Der vordere Altar ist der sog. **„Dreiheiligenaltar"** von unbekanntem Meister.

Das Altarblatt zeigt die hl. Dreifaltigkeit mit der Muttergottes, der ein Engel die Krone aufsetzt. Unter der hl.

Der von I. A. Feichtmaier geschaffene Schutzengel-Altar.

Walburga (im schwarzen Benediktinergewand mit einem Fläschchen Walburgisöl in der Hand), sieht man Pestkranke und Sterbende, auf die ein Engel aus einer Kanne Walburgisöl träufelt. Ganz im Hintergrund: Schloß und Kirche. Beidseits des umrahmten Bildes sind die 1,58 m großen Statuen des Königs Richard von England und seiner Gemahlin Wunna aufgestellt, vor dem Bild die Büsten ihrer Kinder, der Geschwisterheiligen Walburga, Willibald und Wunibald (vgl. 1603). Es handelt sich um vergoldete Holzbüsten. Die Originale werden, wie bei den früheren großen Wallfahrts- und Reliquienfesten, heute noch am Maifest mitgetragen. Hinter diesem Altar führt eine Türe in eine kleine Seitenkapelle, in der von Gründonnerstag bis Karfreitagabend das Allerheiligste im Hl. Grab zur Anbetung ausgesetzt wird.

Der Magdalenen-Altar.

Der St.-Josephs-Altar.

Daneben steht der von I. A. Feichtmaier geschaffene **„Schutzengelaltar"** aus grauem Kunstmarmor mit prächtigen Ornamenten.
Das Altarblatt zeigt den Schutzengel, der ein Kind in die himmlischen Höhen weist.
Der nächste Altar ist der 1752 von Esperlin signierte **„St.-Josephs-Altar"**.
Im Unterschied zu den anderen Altären zeigt er ein gemaltes Rahmenbildwerk mit reichem Stuck. Der hl. Joseph zeigt als Patron der Sterbenden (Totenkopf) auf das Buch des Lebens, in welchem kleine Engel blättern.

203

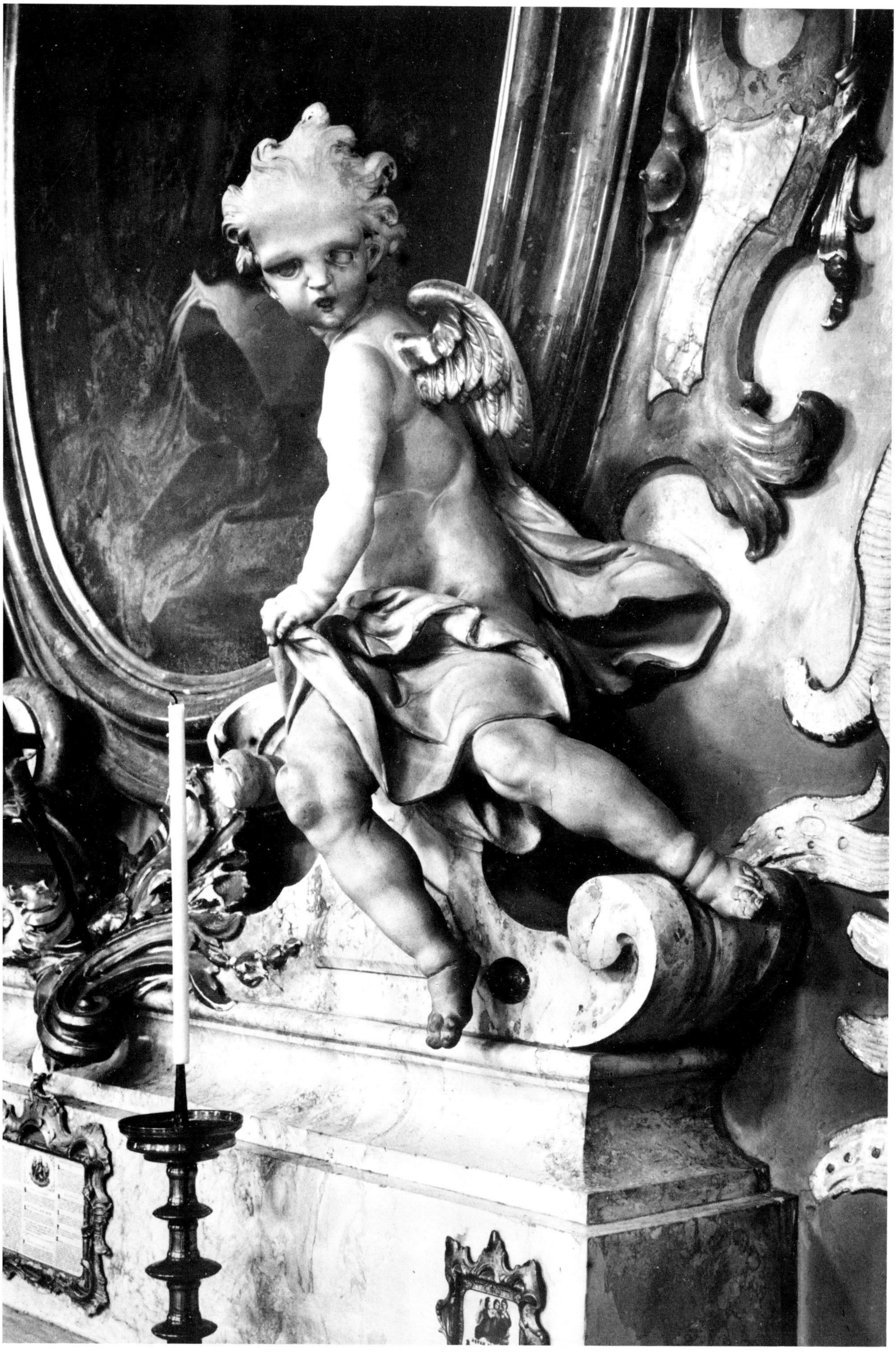

Ein Engelchen leuchtet mit einer brennenden Kerze.
Der letzte Altar in diesem Seitenschiff ist der „**Magdalenenaltar**".
Das Bild zeigt die reumütige Büßerin, in himmlischer Glorie strahlend.
Über der westlichen Ausgangstür finden wir das Gemälde „Darstellung Jesu im Tempel":

Pfarrkirche. Wandfresko: Mariä Geburt.

che Frauengestalten neugierig Maria an. In einem eigentümlichen Bett mit grünem Vorhang liegt betend die Mutter Anna. Der greise Joachim schaut nach einer Glorie, in welcher der Name „Maria" erscheint, der von drei Engelsköpfen umgeben ist. Während auf einem grün gedeckten Tisch ein Buch und ein Gefäß zu sehen sind, wird in der linken Ecke auf einer Art italienischem Kamin eine Speise bereitet. Es ist wohl das schönste Bild, das der Künstler in unserer Kirche schuf. Mit großen Buchstaben schrieb er in die Ecke: „Jōs Esperlñ invēnit † Pinx. 1752".

Pfarrkirche. Südseitenschiff nach Westen.

Es wurde im Jahre 1752 fertiggestellt. Ganz altchristlichem Brauch entsprechend hat Esperlin die Epistelseite mit der Darstellung Jesu im Tempel den Männern, die Evangelienseite mit Mariä Geburt den Frauen zugewiesen.
Über dem Hauptportal befinden sich zwei Emporen, von denen die untere erst später eingezogen wurde, so daß beide sehr beengt sind. Auf der oberen steht die Orgel.
Unter der Doppelempore hängen schöne Holzreliefs aus dem späten 15. Jahrhundert, die Heiligen Andreas und Sebastian darstellend.
Unmittelbar über den Eingang in das linke Seitenschiff ist die „**Geburt Mariä**" dargestellt:
Eine jugendliche Wärterin, wohl Judith, hat das Kind auf dem Arm und greift mit der rechten Hand nach weißem Linnen. Rechts und links von ihr schauen zwei jugendli-

◁ *Um 1742—1752. Putto, vermutlich Anton Feichtmayr.*

Pfarrkirche. Nordseitenschiff nach Osten.

Der St.-Antonius-Altar.  *Der St.-Leonhards-Altar.*

Das **nördliche Seitenschiff** weist an der Nordseite 3 Altäre auf: Links haben wir zunächst den „**St.-Antonius-Altar**".
Der Heilige, eine Gipsstatue, betrachtet das Christuskind, das er auf seinen Armen trägt, und hält in der Rechten die Lilie als Symbol der Keuschheit und der Sittenreinheit.
In der Mitte steht der „**St.-Leonhards-Altar**".
Der Hl. Leonhard, der Einsiedler, Patron der Gefangenen, ist wieder von Esperlin in Öl gemalt („Josef Esperlin invenit et pinxit anno 1752"). Zu Füßen des Heiligen kniet ein Gefangener, dem er die Fesseln löst. In der Rechten hält St. Leonhard eine geöffnete Fessel an einer Kette und deutet mit dem Zeigefinger der Linken auf die von Engeln umgebene Himmelsglorie, in welcher in hebräischen Lettern „Jehova" geschrieben steht.
Der letzte in dieser Reihe ist der „**Johannes-Nepomuk-Altar**".
Der Hl. Johann Nepomuk, eine sehr schöne Gipsstatue, hat sein Barett abgenommen und schaut himmelwärts. Nach der Legende ließ ihn König Wenzel zu Prag in der Moldau ertränken, weil er das Beichtgeheimnis der Königin nicht verriet.
Das linke Seitenschiff ist auf seiner Ostseite abgeschlossen durch den sog. „**Salve-Altar**".
Das in Öl gemalte, 3,60 m hohe und 1,85 m breite Altarblatt trägt zwei Namen: Franz Anton Zeiller und G. F. Götz. Die Jahreszahl ist undeutlich. Es stellt die Einsetzung des hl. Rosenkranzes dar. Das Bild zeigt, wie Maria

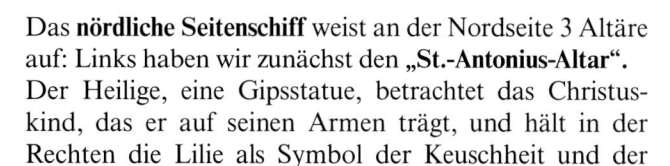

Der sog. „Salve-Altar".

Bildmotiv im „Salve-Altar".

Der Johannes-Nepomuk-Altar.

dem hl. Dominikus erscheint und ihm den Rosenkranz reicht. Der Heilige hat sein Attribut, den Hund mit der brennenden Fackel, zu seinen Füßen. Die Fackel befindet sich mitten in der runden Vertiefung, welche der auf dem Gemälde dargestellte Altar bildet. Mitten aus der Fackel strahlt die Chiffre des Namens Jesu „IHS". Auf dem Schoße Marias steht der Jesusknabe auf einem Polster, das mit einem blauseidenen Tuch überzogen ist. In einer Vertiefung unter dem Polster sind zwei wunderschöne Engelsköpfchen mit Flügeln. Der Jesusknabe hält ein Blatt mit der Inschrift: „In dul:pl.". Das Gemälde stellt eigentlich einen Altar dar mit Maria und dem Jesuskinde. Zu Füßen Marias, über ihrem Haupte und zur Seite sind je fünf Geheimnisse des freudenreichen, schmerzhaften und glorreichen Rosenkranzes in kleineren Medaillons angebracht, welche mit dem freudenreichen Rosenkranz zu Füßen Marias beginnen und mit dem schmerzhaften über ihrem Haupt schließen. Ein Engel trägt einen Korb voll roter und weißer Rosen herbei.

Auf der rechten Seite des Bildes steht unten in hoher, schlanker Gestalt ein Mohrenhäuptling mit einer fantastischen Krone auf dem Haupt. Ein schmaler, goldener Reif läuft unten an der Krone hin, und zwischen Reif und Krone sind Vogelfedern gesteckt. Das Ganze gleicht einer Zipfelmütze mit einer Quaste. Er trägt einen weißen Mantel mit einem Hermelinkragen und sog. Stulpenschuhe. Die Beinkleider sind blau und haben goldene Fransen. Er trägt Ohrringe und eine Kette um den Hals, und nach hinten hängt ihm ein mächtiger, schwarzer, aufgelöster Zopf über den Rücken. Er steht unter einem geöffneten Sonnenschirm und schaut verwundert nach Maria und ihrem Kinde. Er ähnelt einem jener Mohren, wie wir sie häufig bei der Darstellung der Hl. Drei Könige als Kaspar finden. Zu seinen Füßen hat er einen gewaltigen Löwen, den Wüstenkönig. Hinter ihm sind in der Ecke mehrere Kinder um ein nettes, kleines Mädchen geschart, das sinnend ein Bildchen in der Hand hält und betrachtet, auf welchem der Hl. Dominikus dargestellt ist. In der Mitte des Bildes erhebt eine europäische Königin, mit der Krone auf dem Haupt, betend ihre Hände zum Himmel. Auch sie trägt den Königsmantel und Hermelin, hat reichen Haar-, Ohren-, Hals- und Armschmuck und hat als Vertreterin Europas das Pferd hinter sich. Auf der anderen Seite kniet zu Füßen des hl. Dominikus eine andere Herrscherin. Über reichen Kleidern trägt sie einen sehr schönen, roten Mantel. Überall an ihren Gewändern sind kleine Halbmonde angebracht. Sie trägt aufgelöste Haare und schaut zu Maria empor. Ihr zur Seite kniet eine weniger vornehm gekleidete Frauensperson, und beiden zu Füßen wird ein Krokodil sichtbar. — Der Altar trägt einen Glasschrank in Goldrahmen mit einem sog. Prager Jesuskind. Zu beiden Seiten stehen Reliquientafeln. Die Reliquien selbst sind reichlich umgeben mit Glasperlen, Blättern und Steinen (imit.). Rechts von diesem Altar steht in großer Broncefigur der Hl. Andreas mit dem Kreuz (1,60 m hoch) und links der Hl. Johannes Ev. (1,47 m). — Der „Salve-Altar" ist erstmals 1475 erwähnt. Aus der Urkunde des Jahres 1496 ist ersichtlich, daß es Brauch war, vor dem Altar jeden Samstag das „Salve-Regina" zu singen. An der Wand auf der Evangelienseite befindet sich im Goldrahmen das sehr schöne Brustbild des **Hl. Aloisius**.

Die Kanzel ist zwar schön in Marmorierung und Vergoldung, aber äußerst einfach und hat keinen Schalldeckel, dagegen als Abschluß die Grafenkrone in Gold, aus deren Mitte der Hl. Geist (in Silber) herniederschwebt.

Bei der Renovation der Stadtpfarrkirche in den Jahren 1747—52 wurde der **alte Taufstein** in die Gottesackerkapelle versetzt. Der gegenwärtige ist klein, aus Sandstein und nicht übel gemacht, entbehrt jedoch aller Symbolik, die leicht hätte angebracht werden können. Der geschmacklose Deckel trägt ein kleines, messingenes Kreuz.

Die Kommunionbänke tragen den Charakter aller Zopfkirchen aus dieser Periode (sind entfernt).

Ebenso die hölzernen **Chorstühle**. Sie sind rechts und links durch zwei Türen in zwei Reihen mit je 3 Bänken abgeteilt. Sie sind ornamental sehr überladen mit Muscheln, Vasen, Schnörkeln und Schildern, sind aber in ihrem Stile gut gearbeitet und haben ein vortreffliches Holz.

In den beiden Seitenschiffen befinden sich zwischen den Altären auf jeder Seite **3 Beichtstühle**, wahre Muster an Einfachheit und Schmucklosigkeit im Vergleich zur übrigen Ausstattung.

Mit den Kommunionbänken.

Während die getreppte Westfassade ein Ergebnis der Restaurationsarbeiten der Jahre 1747—52 sein dürfte, trug der quadratische (5,50 × 5,50 m), 32,80 m hohe **Kirchturm** bis zum Jahre 1789 ein Satteldach. Nun erst wurde der obere Teil als Achtecksäule ausgebildet und die nicht als schön zu bezeichnende Kuppel aufgesetzt.

1752 verlegte der Stadtpfarrer und Dekan Franz Anton Reichle bei der Druckerei Neth in Kaufbeuren einen „Kurzen Auszug des römischen **Katechismus**, in Fragen und Antworten zu nützlichem Gebrauch aller Pfarrherren, auch zu leichterem Begriff der Jugend und Erwachsenen".

Der Graf Josef Wilhelm erließ 1752 ein **Dekret**, nach dem die eigenmächtige Strafverordnung der Stadt Scheer die Bürger, die an Beneficiaten oder Priester Brennholz ohne vorhergehende Anzeige verkaufen, mit 3 Pfund Heller Strafe belegt, und die dem Vergleich zwischen Geistlichkeit und der Stadt von 1738 ebenso widerspreche, verurteilt und Bürgermeister und Rat mit je 2 Pfund Pfennig, jeder Bürger, der für die Strafverordnung gestimmt hat, mit 1 Pfund Pfennig und der Stadtamtmann Liebherr, der die pflichtmäßige Anzeige unterlassen habe, mit 10 Gulden bestraft werden.

Der päpstliche Hausprälat de Rubeis beurkundete

1753 die Echtheit eines **Kreuzpartikels**, das er in ein kleines, kristallenes, versilbertes Kreuz gelegt hat und mit einer roten Schnur versiegelte. —

Wegen Verbesserung der durch das Donauhochwasser zerstörten Straße tauschte Pfarrer Reichle am 10. März 1753 ein Stück vom Pfarracker, gen. „der Gören", mit einem Stück von der Stadt. — Da die Pflegschaften der **Stiftungen** bei Ganten oft dadurch Schaden erlitten, daß über Unterpfänder, Hypotheken, Tausch, Kauf, Verkauf und Erbschaft keine Anzeige erstattet wurde, erließ der Graf am 20. Dezember 1753 diesbezügliche Bestimmungen an Stiftungspfleger, denen bei Mißachtung Strafe angedroht wurde.

Nach dem truchsessischen Commissionsprotokoll vom 5. Mai 1755 waren die Güter der **Dreifaltigkeits- und Frühmeßpfründ** auch weiterhin wie das Pfarrwidumsgut steuerfrei, aber der Bürger oder Untertan, der diese Güter „in Emphyteusin" oder lehensweise auf 10 oder mehr Jahre bebaue, hatte die Steuer zu entrichten. Auch das Pfarröschle soll bei seiner Steuerfreiheit belassen werden.

Der päpstliche Generalvikar, Fr. Johannes Antonius, bekannte im Jahr

1757 **Reliquien** der hl. Märtyrer Aurelius, Gratus, Faustina und Constantina aus der Katakombe des Cyriacus entnommen, in einem hölzernen Gefäß geborgen, mit einer Schnur umwunden und einem Siegel versehen zu haben.

1758 wurde der **Garten ob der Brechgrube**, bisher der Pfarrei gehörend, gegen 55 Ruthen Gartens hinter und an dem Pfarrhof auf die Straße stoßend, der bislang der Stadt gehörte, getauscht. Dem Pfarrherrn wurde gestattet, den eingetauschten Platz mit einer Mauer einzufassen. Die Mauer wird 7 Schuh hoch und 1 1/2 Schuh dick. — Die Pfarrei bekam in diesem Jahr einige Erleichterungen: Die Stadt Scheer ließ ihr auf alle Zeiten jene Beschwernis nach, durch welche ein jeweiliger Pfarrherr der Bürgerschaft zu dem sog. „**Fastnachtsküechle**" alljährlich 3 Eimer Wein, 4 Viertel Kernen und 2 Gulden 40 Kreuzer Geld abzureichen verpflichtet war.

Ein Selbstmörder (W. Sch.) durfte, weil er krankheitshalber nicht zurechnungsfähig war, zwar auf dem Friedhof gleich anderen katholischen Christen beerdigt werden, aber das sonst übliche Geleit und die Hinaustragung hatten zu unterbleiben. Der Tote sollte auf einem Karren hinausgeführt werden. Auf Antrag der Witwe erlaubte der Graf, daß der entseelte Körper auf den Kirchhof getragen und von anderen Leuten — ohne Geläut — mit der Leich gegangen werden darf.

In den Jahren 1758—1767 ist der Beneficiat **Franz Josef Maylinger** genannt, dessen Mutter und Schwester bei ihm wohnten.

Der Beneficiat **Laurenzius Schaller** (ad St. Anna) beschriftete

1759 zwei Reliquienkästchen.

1759 schlossen Pfarrer Reichle und die Stadt einen Vertrag, nach welchem der Pfarrer für sich und seine Nachfolger auf den sogenannten **Blutzehnten** und die 2 Hühner und 6 fl. aus der Behausung des Schmieds Franz Meister, 3 Viertel Haber aus den Unteromats-Gütern verzichtete, während die Stadt die Lasten zu dem sog. Faßnachtsküechle, 3 Eimer Wein, 4 Viertel Kernen und 2 Gulden 14 Kreuzer erließ (vgl. Vorjahr).

Zur Vermehrung der Andacht zum Leiden des Herrn in der mit der Pfarrkirche zu Scheer vereinten Pfarrkirche zu **Jesumkirch** (in Haid bei Saulgau) erlaubte der Generalvikar des Bischofs von Konstanz am 16. Juli 1759, einen Kreuzweg zu errichten. In diesem Jahr resignierte der bisherige Beneficiat **Franz Josef Höfler** freiwillig auf die innegehabte Pfründe ad. S. Leonardem. An seine Stelle hat S. Höchgräfliche Exzellenz dessen Bruder, Herrn **Franz Anton Höfler** von Waldstetten, auf diese Kaplanei angenommen.

1760 ist der Beneficiat **Hörp** genannt.

Der Mesner hatte alljährlich dem Oberamt die Kirchenschlüssel zu übergeben und gleichzeitig auf Beibehaltung auf seinem Dienst zu bitten, so

1761 auch der **Mesner** Franz Wetzel. —

1762 wird berichtet, daß in kurzer Zeit aus der Pfarrkirche drei **Antipendien** (Altar-Vorhänge) **entwendet** wurden: Um Martini

1761 nach der 10-Uhr-Meß ein grünes Antipendium von altem Samt mit silbernen Kleinspitzen aus dem Holz herausgetrennt und hinweggenommen (dies geschah beim Rosenkranzaltar); am Freitag vor dem letzten Fastnachts-Sonntag (1762) wurde beim St. Wunibaldsaltar das andere grüne Antipendium gestohlen; am letzten Dienstag vor Pfingsten wurde ein rotes Antipendium und das darin gewesene goldgestickte Kreuz und Nebensäulen herausgeschnitten und gestohlen. Dieses war sehr wertvoll, da Gold und Silber „dick nebeneinander gestanden".

Als im Jahr

1763 Anna, die Schwester des **Beneficiaten Schaller** (ad. St. Anna), die ihm etliche Jahre den Haushalt geführt hatte, starb, protestierte er zusammen mit Dekan Reichle gegen die Aufnahme der Hinterlassenschaft der Verstorbenen durch die Beamten des Oberamtes.

1764 erhielt der Dekan Reichle aus Überlingen einen „expressen bott" mit der Nachricht, daß dort der vor wenigen Wochen krankheitshalber abgegangene Scheerer Beneficiat, Herr Laurentius Schaller, „das Zeitliche mit dem Ewigen verwechselt hat."

Sogleich wurde die Obsignation seines zurückgelassenen Vermögens in seinem zur Wohnung gehabten, nächst dem Pfarrhaus gelegenen Beneficiathaus anulative vorgenommen.

1764 verlieh der Graf dem **Franz Caspar Liebherr**, Sohn des Stadtammannes, Student der Theologie und des Kirchenrechts, den Titel „Menso", d. h. daß die Herrschaft sich verpflichtet, für seinen Unterhalt zu sorgen und ihn dem priesterlichen Stand gemäß zu verpflegen.

In diesem Jahr starb **Graf Leopold August**. Am 22. Dezember beurkundete der Notar Steinmann einen Auszug des **Testaments**, nach welchem bei Erlöschen der Jakobinischen-Trauchburgischen Linie, womöglich an seinem Todestage, für diese Linie ein Gottesdienst mit einem musikalischen Seelenamt, ein Amt der Beatissima und 12 hl. Messen jedes Jahr gehalten werden und dafür aus der Hinterlassenschaft die nötigen Güter als Unterpfand verschrieben werden sollen.

Der Pfarrer Franz Anton Reichle stiftete am 30. März 1766 ein Familienbeneficium, genannt „**St.-Anton-Kaplanei**".

Im Stiftungsbrief sind folgende Punkte genannt:
1. Bestimmt er für die Stiftung 8000 Gulden, die zu 4 % sicher angelegt sind und deren Obligation nach Bestätigung der Stiftung der Scheerer Procuratie übergeben wird.
2. So lange er lebe, sollen die Zinsen des Beneficiums ihm zukommen, aber ihm vorbehalten sein, noch zu seinen Lebzeiten einen tauglichen Priester für das Beneficium zu nominieren.
3. In der Hoffnung, daß die Pflegschaft dem Beneficiaten ein übriges Beneficiathaus anweise, sollen ihr dafür 300 Gulden mit 15 Gulden Zins von den 8000 Gulden zukommen und der Beneficiat wie die übrigen verpflichtet sein, jährlich 5 Gulden Bauschilling zu zahlen.
4. Auf das weitere Patronatsrecht verzichtet der Stifter zugunsten des erbtruchsessich-friedbergischen Hauses.
5. Sollen die Nachkommen seines Bruders Franz Jakob Reichle, Bürger und des inneren Rats zu Konstanz als Anwärter auf das Beneficium berücksichtigt werden.
6. Um Streitigkeiten vorzubeugen, sollen Nachkommen aus der weiblichen Linie nicht berücksichtigt werden.
7. Wenn einer der männlichen Nachkommen Kleriker geworden sei, so solle das Beneficium so lange vacant bleiben, bis er es übernehmen könne, aber inzwischen ein wirklicher Priester als Vikar die gottesdienstlichen Verrichtungen übernehmen.
8. Wenn das Beneficium verliehen wird, hat der Anwärter Geburts-, Tauf-, Studien- und Sittenzeugnis zu übergeben.
9. Der Beneficiat hat die kirchlichen Funktionen wie die übrigen Kapläne zu verrichten, die Instruktion der vier Chorknaben in studiis et musica ausgenommen; doch solle er gleich bei seinem Antritt die Cooperatur versehen, bis er durch Antritt oder Abgang eines älteren Kaplans davon befreit werde.
10. Für den Stifter, dessen Eltern und Verwandte solle der Beneficiat wöchentlich 2 hl. Messen auf dem Altar des Hl. Antonius von Padua lesen, sowie die vom Stifter verordneten Jahrtage halten.
11. Die 8000 Gulden sollen an die Pflegschaft der vacierenden Benefizien fallen, die dem Beneficiaten jährlich 300 Gulden, vierteljährlich 75 Gulden, 5 Gulden für die gestifteten Messen, den Brennholzanteil der anderen Beneficiaten reichen. Von den gestifteten Jahrtagen solle dieser Beneficiat ausgeschlossen sein, aber den Vigilien beiwohnen, aber die 20 Gulden für die wöchentlich am Freitag in der St. Oswaldkapelle gestiftete Hl. Messe erhalten.
12. Wenn von den Nachkommen seines Bruders kein Anwärter sei, solle der Patron frei nach seinem Gutdünken das Beneficium vergeben.

Mit dem Jahr 1766 waren in Scheer nun wieder 7 Kapläne.

1767 wurde dem **Caspar Liebherr** (vgl. 1764) die St.-Wunibalds-Kaplanei übertragen. — Der Titel „menso" wurde 1768 dem Theologiestudenten **Anton Miller** aus Scheer (Gasthaus zur Traube) verliehen. Er hatte dafür die Herrschaft mit einer Kaution von 1000 Gulden zurückzuversichern. Dem aus Scheer gebürtigen **Johann Baptist Baur**, der bislang Vikar in Egelfingen war, wurde 1769 die Pfarrei Friedberg übertragen.

Stadtpfarrer Reichle feierte 1769 sein goldenes **Priesterjubiläum**. Als Geschenk des Kapitels Mengen erhielt er einen in Silber getriebenen, teilweise vergoldeten Speisekelch, der vom Augsburger Goldschmied Josef Tobias He(r)zebik gefertigt wurde. Auf dem Fuß des im fürstl. hohenzollerischen Museum aufbewahrten Kelchs sind 16 Zierschilder mit den Namen der Pfarrer der zum Kapitel zählenden Ortschaften angebracht.

Im selben Jahr machte der Stadtpfarrer eine Stiftung für Bürgerskinder (s. Stadt).

Der **Pfarrer Franz Pfleghaar** war vom 1. November 1770 bis zum 25. Mai 1772 Stadtpfarrer. — Durch Verordnung des Papstes Clemens XIV. wurden im Jahr 1771 in den österreichischen Ländern eine ganze Reihe bisheriger **Feiertage abgeschafft**. Dadurch kamen in Wegfall: Oster- und Pfingstdienstag, Kreuzerfindung, Michael, Johannes der Täufer, Andreas, Jakobus, Johannes, Thomas, Philippus und Jakobus, Bartholomäus, Simon und Judas, Mathias, Fest der unschuldigen Kinder, Laurentius, Sylvester, Fest der hl. Anna, Fest des Landespatrons. Doch dauerte es noch Jahrzehnte, bis das Volk gewohnt war, die bisherigen Feiertage als Werktage zu betrachten. —

Durch Privileg des Papstes Pius VI. vom 4. Juni 1772 hatte jeder Priester am Todestag eines Bruderschaftsmitglieds das Recht, an den Altären des hl. Sebastian, des hl. Rosenkranzes und des hl. Wunibald Messen zu lesen. — Der Bürger Wunibald Meister verkaufte 1772 an die **Prokuratie** (Verwaltung) um 100 Gulden den halben Teil des Hauses am Pfründhaus mit gleichem Teil an Dunglege und Holzgerechtigkeit, die halbe obere Laube

Pfarrzehntscheuer.

und ein Stücklein leeren Platz an der Stadtmauer unter Vorbehalt der Holzgerechtigkeit für sich und sein Eheweib. — Die vacante Stadtpfarrstelle wurde am 8. August
1772 wiederbesetzt:
Stadtpfarrer Josef Brielmayer (1772—1805). Ein Verwandter von ihm, Franz Karl Brielmayer, war gleichzeitig Kaplan der Anna-Kaplanei. — Die seit 1764 verwitwete Gräfin Maria Anna Monika, die am 17. Juni
1775 starb, wurde in der herrschaftlichen Gruft ohne Feierlichkeit und besonders ohne Leichen-Conduct beigesetzt, wie sie es in ihrem Testament verfügte. Das anwesende Volk betete für die Ruhe ihrer Seele einen schmerzhaften Rosenkranz. Zu gleichem Ende mußten für 1000 Gulden hl. Messen gelesen werden. Wie in Scheer nach dem Tod herrschaftlicher Personen gebräuchlich, mußten drei „Besängnisse" gehalten werden, wobei jeder anwesende Priester, der für sie eine hl. Messe liest, einen Gulden bekam. In ihrem Testament hatte die Gräfin ferner verfügt, daß „zu ewigen Zeiten" jährlich 4 Jahrtage (nach jedem Vierteljahr einer) mit 8 applizierten Priestern zum Nutzen ihrer Seele, ihres verstorbenen Gemahls (Graf Leopold) und der gesamten Fuggerschen und Truchsessischen Familie abzuhalten sind. Jedem Priester waren dabei 30 Kreuzer aszubezahlen. Die Scheerische Kirchenmusik erhielt zu diesem Zweck 800 Gulden. Den Armen, die dem Gottesdienst der ersten drei Besängnisse beiwohnten, mußten 100 Gulden ausgeteilt werden. — Der Kirche, namentlich dem St.-Wunibalds-Altar, vermachte sie ihr „grünsilberstoffenes" Kleid und das „weißatlassene mit pusan" und 300 Gulden zur Anschaffung der Borten und anderem Zubehör. Die Nikolaipflege (Kirchenpflege) erhielt das graue Kleid mit Silber und ebenfalls 300 Gulden, um diese Kleider zu gottesdienstlichem Gebrauch herrichten zu lassen. Der Hofkaplan Klump bekam ihr Altärle, wie es aufgemacht in ihrem Schlafgemach stand. — Weitere Vermächtnisse betrafen die Franziskaner zu Hedingen, die Kapuziner zu Riedlingen, ihre Dienerschaft, ihre Verwandtschaft, die Beamten und vor allem die Friedberg-Scheer und Dürmentingische Landschaft (vgl. Stadt und Schule).
1776 führte die Kaiserin Maria Theresia in den österreichischen Vorlanden die „ewige Anbetung" ein. Im selben Jahr verlieh Papst Pius VI. für Besucher der Pfarrkirche, die beichteten und kommunizierten, an zwei Tagen einen vollkommenen Ablaß. Diese beiden Festtage waren der 1. Mai und der 18. Dezember (Fest des hl. Wunibald).
1777 verlieh der Papst das „**Privilegium altaris**" auf 7 Jahre für den Altar der drei Bruderschaften (Rosenkranz-, Sebastian- und St.-Wunibald-Bruderschaft).
1779 erfolgte der Bau der **Pfarrzehntscheuer** an der Heudorfer Straße, die 1974 abgebrochen wurde. — Nachdem 1771 einige Feiertage in Wegfall gekommen waren, erließ Graf Eberhard von Wurzach und Friedberg am 1. Mai
1782 **Bestimmungen über die Feste der Patrone** des Hauses Waldburg. Danach soll

1. alljährlich nicht nur in der Stadt Scheer, sondern in der ganzen Grafschaft Friedberg zu Ehren der Hl. Walburga der 1. Mai gefeiert werden;
2. solle dabei alle äußerliche Zerstreuung abgestellt sein und der Tag von der Scheerischen Priesterschaft mit Predigt, Hochamt und Prozession gefeiert, den Landpfarrern aber nicht aufgebürdet werden, mit Kreuzgängen nach Scheer daran teilzunehmen.
3. Nehmen sie daran teil, sollen fremde wie Friedbergische Geistliche kein Entgelt dafür erhalten, sondern wie andere Wallfahrer betrachtet werden.
4. Die Tage des hl. Wunibald und Willibald sollen allein von der Scheerischen Priesterschaft mit Hochamt und Prozession um die Kirche gefeiert, das Brot von 6 Malter Kernen den Armen verteilt und der Scheerischen Geistlichkeit die Stipendien verabfolgt werden.
5. Solange die zur St.-Walburga-Prozession vorhandenen Paramente noch brauchbar sind, sollen sie benützt werden, aber Schießen, Militär- und Bürgerschaftsparade sollen abgeschafft werden.

1784 wurden in Wien neue Verordnungen über die Führung der **Pfarrbücherei** erlassen. — Am 30. Mai verbot Kaiser Josef II. die **Leichenpredigten** auf dem Lande, wenn nicht eine besondere Ursache obwalte.
Das **Patronats- und Ernennungsrecht**, das seit 1452 die Herrschaft innehatte, ging
1786 an das Haus Thurn und Taxis über, das es auch heute noch ausübt. — Nach bischöflichem Erlaß vom 2. März
1787 wurde die **Kirchweih** der Pfarr-Filialkirchen und Kapellen in der Grafschaft Friedberg und Herrschaft Scheer auf den 3. Sonntag im Oktober festgelegt.
Die Kirchenpflege schloß am 16. April
1789 mit dem Baudirektor Lehmann in Donaueschingen einen Vertrag über die Abtragung des **Kirchturms**, dessen Erhöhung und die Einfügung der Glocken, über 1555 Gulden.
1791 waren neben dem Stadtpfarrer Dr. theol. Brielmaier und dem Hofkaplan 5 weitere Kapläne angestellt.
1792 wurden die **Hofkaplanei** und die St.-**Antonius-Kaplanei** vom Fürsten Karl Anselm von Thurn und Taxis der Prokuratie (Präsenzpflege) einverleibt. Es wurde dabei

211

bestimmt, daß dem St.-Antonius-Kaplan 300 Gulden, 5 Gulden Mettengeld, Holz, Haus und Gärtchen zustehen.

1800 stritten sich Kirchenpflegschaft und Stadt wegen der Ausbesserungskosten des eingestürzten Teils der **Stadtmauer** zwischen der herrschaftlichen Hofküche und der Pfarrkirche.

1801 vermachte Remigius **Küferlin**, Beneficiat in Scheer, zur Nikolaipflege eine **ewige Stiftung** von 50 Gulden mit der Bestimmung, daß auf dem unter dem Bild des hl. Antonius zur Seite des Heiligenaltars sowie auf dem unter dem Bild des hl. Franz Xaver zur Seite des Salve-Altars angebrachten Wandleuchter am Feste dieser Heiligen und durch die ganze Oktav derselben während der Frühmesse eine große brennende, weiße Wachskerze aufgestellt wird. — Ab 4. April

1804 war die **St.-Wunibalds-Kaplanei**, ab 22. Juli

1805 die **St.-Marien-Kaplanei** unbesetzt. Vermöge landesherrlicher und bischöflicher Übereinkunft vom 24. Januar

1806 wurden diese beiden Kaplaneien nicht mehr besetzt, ihr Vermögen aufgelöst. Die Gefälle der Wunibaldskaplanei mit 400 Gulden wurden zur Ergänzung der Gehaltsbezüge der Pfarrstellen Heudorf bei Riedlingen (150 Gulden) und Marbach (250 Gulden) verwendet, die der St.-Marien-Kaplanei (400 Gulden) dem Grundstock des landschaftlichen Schulfonds zugewiesen. Als Nachfolger des Stadtpfarrers Brielmaier, der bis zum 28. August 1805 genannt wird, finden wir von 1806—1816 den **Stadtpfarrer Johann Baptist Brack**. Bei seinem Amtsantritt bestanden nur noch 5 Kaplaneien, die Schloßkaplanei zu St. Andreas, die St.-Leonhards- und die St.-Antonius-Kaplanei, die besetzt waren, ferner die unbesetzten Kaplaneien St. Anna und Dreifaltigkeit. Wegen dieser unbesetzten Kaplaneien mußten jährlich an den Schulfonds 800 Gulden abgeliefert werden. — Der vereinigte Kaplaneifonds bezog seine Einkünfte aus verschiedenen Zehnten, Zinsen und Gilten zu Beizkofen, Friedberg, Günzkofen, Herbertingen, Ölkofen, Scheer, Ursendorf und Wolfartsweiler, von eigenen Gütern zu Scheer, Ennetach und Völlkofen, aus dem Wald Bauzenreute mit 52 Jauchert auf der hohenzollerischen Markung Hitzkofen, aus Competenzen von dem früheren Rentamt Sigmaringen wegen des Klosters Habsthal und vom Spital Mengen, aus den Zinsen von ca. 50 000 Gulden Aktiv-Kapitalien, von gestifteten Jahrtagen und einem Anteil der Stadtsteuer zu Scheer, welche im Jahre 1455 von dem Truchsessen Grafen Eberhard gestiftet worden war.

1811 waren lt. Erlaß sog. „**Kirchenkonvente**" einzuführen. Ein solcher Konvent bestand aus dem ersten Geistlichen, dem Bürgermeister und 2 tauglichen, ehrenhaften Bürgern. Die Aufgabe war, monatlich einmal ein Sittengericht abzuhalten. — In diesem Jahr kam Scheer, das bislang zum Landkapitel Mengen zählte, nach dessen Aufhebung an das Landkapitel Saulgau.

1812 wurde die Kaplanei St. Anna aufgehoben und mit der Pfarrei Bremelau bei Münsingen vereinigt, die dem Scheerer Kaplan Kling übertragen wurde. Die Einkünfte betrugen, wie die der anderen Kaplaneien, 400 Gulden.

1814 wurde die **Hof- oder Schloßkaplanei** mit dem Kaplaneifonds vereinigt, die Kaplanei zur **Allerheiligsten Dreifaltigkeit** behördlich aufgehoben und die Pfründe den Pfarreien Blochingen (300 Gulden) und Ennetach (100 Gulden) zugeteilt. — Nun bestanden in Scheer also nur noch 3 Kaplaneien: die Schloßkaplanei zu St. Andreas, die St.-Leonhards- und die St.-Anton-Kaplanei. — Das Vermögen der **Sebastians-Bruderschaftspflege** betrug im Jahre 1814   12 351 Gulden 55 Kreuzer.

Auf den Pfarrer Brack, der die Pfarrei bis zum 1. November

1816 innehatte und im Jahre 1817 starb, folgte der **Stadtpfarrer Liber**. — Am 20. Mai 1817 wurde die Pfarrei dem Bistum Rottenburg zugeteilt. — Am 21. Mai 1817 trat der **Stadtpfarrer Michael Wagner** die Pfarrei an, die er bis zum 26. Juli 1838 innehatte. Der 1758 in Friedrichshafen Geborene war Professor der Philosophie und des Kirchenrechts im Zisterzienserkloster Salem und wurde dann Oberpfleger des Salemer Klosterbesitzes in Schemmerberg bei Biberach. Nach der Säkularisation wurde er vom Fürsten von Thurn und Taxis 1806 als dortiger Rentmeister und 1807 als Pfarrer und Schulinspektor angestellt. 1812—1816 wirkte er im Priesterseminar auf dem Schönenberg bei Ellwangen. Zeitlebens soll er sein weißes Ordenshabit getragen haben. In Scheer nahm er sich besonders der Schulen und Unterrichtsanstalten an (s. Schule). Mit dem Dichter Eduard Mörike, dessen Bruder hier Amtmann war, stand er auf freundschaftlichem Fuße. —

1817 wurde die **Pastoration in Haid** dem Saulgauer Stadtpfarrer übertragen, der dafür eine jährliche Recognition von 20 Gulden zu bezahlen hatte. Die Einkünfte wie auch die Bau- und Kultkosten blieben der Pfarrei Scheer.

1818—1838 versah der Kaplan **Nikolaus Fürst** auch die Pfarrei Heudorf.

1819, am 1. April, verkaufte die Präsenzpflege um 475 Gulden das sog. „alte Mesnerhaus" an der Schloßsteige (das später Ferdinand Kruggersche Haus, Schloßsteige Nr. 9).

1824 entstand die „**Zeichenglocke**" mit 4 Reliefs: 1. Hl. Geist „veni sancto spiritus", 2. Hl. Dreifaltigkeit, 3. Unbefleckte Empfängnis Mariae, 4. St. Wolfgang, Bischof von Regensburg. — Inschriften oben: „Sit nomen Domini benedictum", unten: „Georg Christian Schmeltz gohs mich in Biberach 1824". — Fries: Trauben, Äpfel und Birnen. — Durchmesser 0,6 m, Gewicht 2½ Ztr., Ton „C".

Das frühere „alte Schulhaus", das sog. „**lange Kaplaneihaus**", das drei Kaplaneiwohnungen hatte, wurde im Jahre

1825 an die Stadt bzw. Spitalpflege verkauft.

Der Biberacher Glockengießer Schmeltz goß

1827 die 1717 gestiftete „**Evangeli-Glocke**" um (vgl. 1880). — In diesem Jahr war der Pfarrverweser **Josef Reiser** Inhaber der St.-Leonhards-Kaplanei. —

1828 erhielt **Jesumskirch** (Haid) einen neuen Altar.

1829 waren in Scheer noch 2 Kapläne tätig; einer davon war Präzeptor. Das Vermögen der **Procuratorie** (Einkünfte der Kapläne) bestand in einem Kapitalienfonds von 70 000 Gulden, in Lehenhöfen, Zehnten usw., insgesamt etwa 126 000 Gulden.

1834 wurden **Heiligengüter** den nutzungsberechtigten Bürgern überlassen. —
Der Orgelbauer Klingler in Stetten renovierte 1836 die alte Orgel. — Am 26. Juli
1838 starb der Stadtpfarrer und Kirchenrat Wagner. Am 8. Januar
1839 wurde die Pfarrei dem aus Scheer gebürtigen **Pfarrer Karl Heim** übertragen (bis 18. 12. 1850, seinem Todestag). Er war der Sohn des ehemaligen Schloßverwalters. Die weltliche Feier seine Investitur fand im Bräuhaus statt. „Das Bürgermilitär nebst Musikkorps hat per Mann 20 Kreuzer zu verzehren gehabt. —"
1848 verkaufte der Pfarrer sein Haus nahe bei der Brücke. — Nachdem im Jahr
1849 der **Zehnte** abgelöst worden war, stand die dadurch materiell nachhaltig geschwächte Kirche fast völlig in wirtschaftlicher Abhängigkeit vom Staat, zumal es noch keine Kirchensteuer und keinen allgemeinen Kirchenfonds gab. Ein „Königlich kath. Kirchenrat" übte seitens des Staates die Aufsicht aus. — Der **Pfarrer Franz Josef Niedermüller** versah vom 8. Juni
1851 — 4. Mai 1879 die Pfarrei. Er war in Obermarchtal als Sohn des kgl. Landschaftskassiers Christian Niedermüller geboren. Seine Mutter Sofia war eine Tochter des Paul Schmid, Rentamtsschreiber in Scheer, dessen Sohn Benedikt in Scheer eine Buchbinderei betrieb. Pfarrer Niedermüller, der vorher als Pfarrer im Kloster Sießen gewirkt hatte, wurde bei seiner Investitur am 8. Juni 1851 mit Kreuz und Fahnen von der Geistlichkeit und der Bürgerschaft abgeholt und mit dem Bürgermilitär und Musikkorps in die Kirche begleitet.
1855 war **Dr. Jordan Bucher** Kaplan und Praeceptor in Scheer. Er übertrug die „Geschichte des hl. Martin" vom Französischen ins Deutsche.
Der Anteil, den die Praesens am sog. „**Praesens-Bauernhaus**" (Früßmeßhof) hatte (2,5 Viertel), wurde
1856 um 655 Gulden an Josef Will verkauft (später Josef Schell'sches Haus, Hirschstraße). Im gleichen Jahr wurde die auf diesem Haus ruhende $^5/_8$ Holzgerechtigkeit um rund 800 Gulden veräußert.
1859, am 14. April, erwarb Leopold Haberbosch von der Praesenspflege das **Gärtchen des Frühmeßhofes**, das 200 Schritte vom Haus entfernt in den Augärten lag. —
In diesem Jahr waren in der Kirche folgende **Musikinstrumente** vorhanden:

1 Violon	2 B-Klarinetten	1 Flöte
1 Violoncello	2 Hörner	2 Pauken
4 Violinen	3 Trompeten	1 Tenorposaune
2 Altviolen	2 Fagotte	2 Invent-Horn.

1864 wird ein Kaplan **Zeller** genannt.
1868 legte der Maurermeister Weckerle den **Boden der Kirche** neu.
1869 entfernte der Schreinermeister Zimmerer die Kirchenstühle, um einen tannenen Boden zu legen.
Die **Georgi-Pflege** besaß
1871 ein Grundstockguthaben von 3800 Gulden, Aktivkapitalien in Höhe von 4305 Gulden und eigene Güter, die 100 Gulden wert waren. — 1871 wurde laut königlicher Verordnung den kirchlichen Behörden verboten, gefallene Mädchen durch Anweisung in sog. **Schandstühlen** in der Kirche zu bestrafen.

Nach dem Beschluß von
1872 wurde die **Stadtpfarrkirche vollständig renoviert**, die Renovation dem Kirchenmaler Eduard Mayer aus Wiesensteig übertragen, der zunächst das südliche, im Jahre
1873 das nördliche Seitenschiff in Angriff nahm. In diesem Jahr baute der Esslinger Orgelbauer Brahnmann um 4357 Mark eine neue **Orgel** mit 20 Registern ein.
1874 wurde das Mittelschiff,
1875 der Chor erneuert.
1876, am 8. Mai, fand aus Anlaß des 25jährigen **Dienstjubiläums** des Stadtpfarrers Niedermüller im Bräuhaus eine Gemeindefeier statt. Dem Jubilar wurden von der Stadt ein halbes Dutzend silberne Tafel- und ein halbes Dutzend silberne Kaffeelöffel durch den Stadtvorstand überreicht; Wert 105,— Mark.
1879 wurde das sog. „**Fahnenhäuschen**" auf dem Kirchhof bei der St.-Nikolaus-Kirche abgebrochen. Im **Eremitenhäuschen** beim Chor der Kirche, in welchem früher 2 Eremiten lebten, wohnte seit Ende der 70er Jahre ein im Jahr 1802 geborener Mann (1882 war er 80 Jahre alt). Der Stiftungsrat hatte das Wohnungsrecht gegen die Verpflichtung vergeben, daß er täglich abends 8 Uhr das sog. „**8-Uhr-Glöcklein**", das sich im Dachreiter befindet, zu Ehren der 3 Geschwisterheiligen läutet. Dieses Läuten soll seinen Ursprung in einer Stiftung haben, in welcher auch verlangt wurde, daß die Gläubigen, wenn geläutet wird, 3 Vaterunser beten.
Die **Evangeliglocke**, welche 1827 umgegossen worden war, zeigte die Reliefs von Maria und Josef und der hl. Dreifaltigkeit sowie die Inschrift: „Sit nomen Domini benedictum" und „Georg Christian Schmelz gohs mich in Biberach" sowie die Jahreszahlen 1717 und 1728. Wegen eines zu langen Klöppels zersprang sie im Herbst 1879.
Unter dem damaligen **Pfarrverweser Hermann Josef Reiser** wurde eine neue gegossen, die alte, aber nicht wie üblich für den Neuguß eingeschmolzen, sondern auf dem Turm belassen, bis
1880 das Abnehmen der alten und Aufhängen der neuen Glocke zugleich vorgenommen werden konnte. Die neue Glocke trug 1. das Relief der Muttergottes mit der Inschrift: „S. Maria Einsiedlensis ora pro nobis. 1717. Ex voto"; 2. das Relief des hl. Josef mit der Inschrift: „S. Josephus ora pro nobis"; 3. die Inschrift: „Evangelizo vobis gaudium magnum" und „U. Zoller in Biberach gohs mich um 1880". Sie hatte einen unteren Durchmesser von 0,716 m und ein Gewicht von 3 Ztr. 83 Pfd., während die alte die Maße 0,54 m bzw. 1 Ztr. 78 Pfd. hatte (Ton „C"; vgl. 1918). Der **Pfarrer Franz Anton Häckler**, der bislang die Pfarrei Braunenweiler innehatte, war vom 26. Oktober
1880 bis zu seinem Tod im Jahre 1888 Stadtpfarrer.
Aus Anlaß des 1100. Todestages des Hl. Willibald gestaltete man in Scheer am 10. Juli
1881 das **Willibaldsfest** in besonders feierlicher Form.
1882 sind **3 Kapläne** genannt, von denen der St.-Antoni-Kaplan das Praezeptorat versah. — Mit der Restauration des Chores wurde die Renovation der Kirche beendet. Anläßlich seines Besuches im Jahre
1883 stiftete der Fürst Maximilian von Thurn und Taxis,

213

hauptsächlich auf Betreiben des Stadtpfarrers, den heutigen Hochaltar.
Der alte Hochaltar befindet sich seither im Seitenkapellchen.

1888 starb Stadtpfarrer Häckler. Das **Grabdenkmal** trägt folgende Inschrift:
    Anton Häckler, Pfarrer,
    welcher sein der Kirche eifrig
    gewidmetes Leben im 67. Jahre
    seines Alters als Stadtpfarrer
    allhier, den 8. 2. 1888, beschloß.
Wieder trat ein Geistlicher die Pfarrei an, der vorher Pfarrer in Braunenweiler war: der **Stadtpfarrer Andreas Locher**, vom 11. Oktober 1888 bis 1903.
Das **Gesamtvermögen** der verzinslich anstehenden Kapitalien betrug am 1. April
1894 zusammen 206 325 Mark; dazu kam noch ein Kassenbestand von 4539,62 Mark.
1898 gingen die kirchlichen Stiftungen nach langen Verhandlungen in die **Verwaltung des Kirchenstiftungsrates** über, und zwar:
die Nikolai-, die vereinigte Sebastians- und Wunibaldi-, die Georgi-, die Loretto- und Oswaldipflege. —
Die auf der Sebastians- und Wunibaldspflege ruhenden Leistungen für bürgerliche Zwecke wurden
1901 der Stadt gegenüber mit 1000 Mark abgelöst. — Am 15. April

1903 ging der Stadtpfarrer Locher in den Ruhestand. Die Pfarrei war nun 3 Jahre verwaist, bis
1906 der **Stadtpfarrer Johann Baptist Menz** (bis 1919), der vorher Pfarrer in Sauggart war, investiert wurde. — Im gleichen Jahr konnte der hier in Pension lebende Stadtpfarrer Locher sein 50. **Priesterjubiläum** feiern. Er erhielt von der Stadt ein sehr schönes Kruzifix und ein paar versilberte Leuchter; vom Patronatsherrn, dem Fürsten Albert von Thurn und Taxis, einen wertvollen Meßkelch.
1908 waren an der Kirche große **Reparaturen** erforderlich, da sich an der Decke im hinteren Teil des Mittelschiffes 3 große Längsrisse zeigten, so daß der Dachstuhl verstärkt und ein Tragpfeiler erneuert werden mußte. Der Bauaufwand betrug 23 423 Mark. Die Malerarbeiten führte der Kunstmaler Jakob Baur aus Mengen durch.
Der Altarbildhauer Franz Miller erhielt im Jahre
1912 vom Kirchenstiftungsrat den Auftrag, Kopien der Brustbilder der Heiligen Wunibald, Willibald und Walburga zum Preis von 350 Mark anzufertigen, damit die Originale vom Altar entfernt und im sog. Silberkasten verwahrt werden können. — Die im selben Jahr durchgeführte Renovation des Ölbergs an der Ostseite der Kirche kostete 600 Mark, wovon die Hälfte die Stadt übernahm. Anläßlich der
1913 durchgeführten **Mission** stiftete die Stadt das bei der Kirche erstellte Missionskreuz. — Am 19. Juli
1917 feierte Stadtpfarrer Menz in aller Stille sein 40jähriges **Priesterjubiläum**. Er erhielt von der Stadt 100 Mark.
1918 mußten die Evangeliglocke (1880) und die **Glocke** der Gottesackerkapelle (1596) an die Militärbehörde abgeliefert werden. Die Kirchenpflege besaß 1918 ein **Vermögen** von 63 430 Mark, das durch die Vereinigung mit der Sebastians- und Wunibaldspflege (11 857 Mark), der Georgipflege (7183 Mark), der Lorettopflege (14 400 Mark) und der Oswaldipflege (7200 Mark) auf ein Barvermögen von 104 070 Mark anwuchs. — Das Gesamtvermögen an verzinslich ausstehenden Kapitalien betrug im Jahr 1918 rund 250 000 Mark. — Stadtpfarrer Menz, der am 1. Mai
1919 in den Ruhestand trat, starb am 18. Juli desselben Jahres im Alter von 88 Jahren und wurde in Scheer beerdigt.
Stadtpfarrer Konstantin Schwarz, der von 1910—1919 als Kaplan tätig war, feierte am 22. November 1919 seine Investitur (bis 1947). — In der Pfarrkirche wurde 1920 ein elektrisches **Orgelgebläse** eingebaut.
Es stand an der Südseite der Kirchhofmauer und wurde 1974 am Schloßeingang aufgestellt.
Das **Barvermögen** der Kirchenpflege fiel großteils der Inflation des Jahres
1923 zum Opfer. Die Aufwertung betrug nur etwa 8000 Mark. —
1927 schuf der Menger Maler Jakob Baur an der Südseite der Kirche die Gemälde an der **Sonnenuhr**.
Die durch Schenkungen, Käufe und bei Konkursverfahren an Zahlungsstatt an die Pfarrstelle gekommenen **Liegenschaften** umfaßten
1929 zusammen 128 6/8 Morgen. Sie befanden sich auf den Markungen Scheer, Ennetach und Sigmaringendorf und wurden seit 1834 als Heiligengüter den nutzungsberechtigten Bürgern überlassen. Nach dem Tod älterer

Lehrer Ruf, Pfarrer Menz.

Bürger gingen bzw. gehen sie „auf den Schub" auf die jüngeren als lebenslängliche Nutznießung über, wofür ein geringer Nutzungszins zu zahlen ist. Dieser ist die einzige feste Einnahmequelle der Kirchenpflege. Er betrug 1929 insgesamt 522 Reichsmark.
1932 spendete ein Unbekannter dem Gotteshaus auf Weihnachten zwei große und zwei kleine **Fahnen**.
1933 starb am 5. September im Städtischen Krankenhaus in Offenburg der seit Mai 1932 hier im Ruhestand gewesene **Pfarrpensionär Augustin Aicher**, geb. am 30. 9. 1865 in Mahlstetten, an den Folgen eines Unfalls, den er auf der Reise zum Besuch des Hl. Rockes in Trier erlitt. Auf dem Trottoir einer Straße in Paris rutschte er auf einer Bananenschale aus und zog sich einen doppelten Bruch des Hüftbeins zu. In einem Sanitätsauto, für das die Deutsche Gesandtschaft sorgte, wurde er nach Offenburg überführt, wo er einer Herzlähmung erlag. Er wurde in seiner Heimatgemeinde beigesetzt.
Der am 24. Januar 1887 in Gebrazhofen geborene Kaplan **Adolf Schorer**, der am 13. Juli 1910 die Priesterweihe erhielt, kam am 4. Juli
1935 auf die Kaplanei St. Anton, die er bis zu seinem Tod am 25. März 1977 innehatte.
Durch das schwere **Erdbeben** vom 27. Juni
1935 entstanden auch an der Kirche und den Pfarrhäusern erhebliche Schäden. Nach dem Bericht von Oberlehrer Lehr wies das Mauerwerk der Kirche überall fingerbreite Risse auf, ebenso die Decke mit ihren einzigartigen Gemälden, von denen größere Teile abgebröckelt waren. Schwer betroffen war in der in eine Staubwolke gehüllten Kirche besonders auch die Orgel, die vollkommen unbrauchbar geworden war. Die Mauer gegen den Fabrikhof hatte sich in einer Breite von mehreren Zentimetern vom Erdboden getrennt und wies eine handbreite Spalte auf; gegen die Stadt war sie ganz zerrissen und zum Teil abgerutscht. Im Kirchenboden sah man mehrere Risse. — Wenige Tage nach dem Beben überzeugte sich der Bischof von den schweren Schäden. Zunächst mußte der Gottesdienst werktags in die Spital-, sonntags in die Loretto-Kapelle verlegt werden, bis Ende August im Innern des Langhauses ein gewaltiges Gerüst mit starken Dielen gegen ein weiteres Abgleiten der Decke sicheren Schutz gewährte. Zunächst wurden die gröbsten Risse im Mauerwerk und die beiden Kirchenmauern ausgebessert, die Orgel abmontiert und im Schloß aufbewahrt. — Im Dezember starb der **Mesner Jakob Dohm**, der dieses Amt neben der Schloßverwaltung seit 1902 innehatte. Nachfolger wurde Karl Krugger, der Sohn des im Weltkrieg gefallenen Karl Krugger.
1936 hielt am **Maifest**, das am 3. Mai gefeiert wurde, der Weihbischof Dr. Fischer die Festpredigt und trug während der Prozession die Krone der Hl. Walburga. — Anderntags spendete er in Mengen das Sakrament der **Firmung**. Von Scheer beteiligten sich 64 Firmlinge.
Ende August wurden die **Erneuerungsarbeiten an der Kirche** in Angriff genommen, nachdem ein Baufonds von nahezu 15 000 Mark gesichert war. Davon stammten 4500 Mark aus der allgemeinen Kirchenkollekte für die erdbebengeschädigten Kirchen Oberschwabens, 5700 Mark als Spende der Reichsregierung und rd. 1350 Mark von weiteren Spendern, davon 500 Mark von Thurn und Taxis. Die Leitung der Erneuerungsarbeiten, die unter der Oberaufsicht des Landeskonservators Schmidt standen, lag in den Händen des Regierungsbaumeisters Hepp, Saulgau, und des hiesigen Architekten Dom. Zuerst wurde die gewaltige Decke im Langschiff abgerissen. Leider sollten damit auch die wundervollen Malereien verschwinden, die 1747 von Josef Esperlin geschaffen worden waren und wegen ihrer äußerst gelungenen künstlerischen Ausführung allgemeine Bewunderung ausgelöst hatten. Einzelne Bruchstücke blieben erhalten. Schiff und Chor wurden durch einen Vorhang abgeschlossen, nach den Abbruchsarbeiten wurde der Decke entlang ein starker Eisenbetonkranz und darauf eine neue, aber leichtere Decke, ein sog. Rabitzgewölbe aus Gips, durch Facharbeiter aus Riedlingen angebracht. Auf der Orgelempore wurden die beiden Giebelfenster gegen Westen zugemauert und dafür in der Mitte das frühere alte geöffnet. Dadurch sollte für die künftige neue Orgel mehr Licht und Raum gewonnen werden. Auch das äußere Mauerwerk bekam an der Stelle, wo das Dach auf beiden Seiten aufliegt, einen Eisenbetonkranz, wodurch das Ganze einen besseren Halt bekam. Bei diesen Arbeiten stellte sich heraus, daß das Gebälk des Daches auf der Südseite morsch war und durch ein neues ersetzt werden mußte. Endlich mußten noch sämtliche Dachrinnen erneuert werden. Durch diese reinen Ausbesserungsarbeiten waren sämtliche Geldmittel aufgebraucht worden; die Hauptsache, die Auffrischung der Stuck-

Pfarrkirche. Der Chor.

und Malerarbeiten im Innern der Kirche, harrte noch der Lösung. Diese Arbeiten wurden
1937 ausgeführt. Bereits im Februar begannen der Stukkateur Bahnmüller — Saulgau und der Maurermeister Rapp — Scheer mit der Arbeit. Die Malerarbeiten wurvon erstklassigen Kräften ausgeführt. Chor und linkes Seitenschiff wurden dem Kunstmaler Hammer, Ulm, rechtes Seitenschiff und die beiden Seitenwände des Schiffes dem Kunstmaler Baur, Biberach, und die zukünftige neue Decke den Kunstmalern August und Josef Braun aus Wangen übertragen. Ende April war auch im Chor ein gewaltiges Gerüst aufgestellt. Der 1883 anläßlich eines Besuches des ehemaligen Fürsten von Thurn und Taxis gestiftete und 1888 aufgestellte wuchtige, aber leider im Gesamtstil störende und daher unpassende Hochaltar wurde abgebrochen und entfernt. An seine Stelle kam der bisher in der Seitenkapelle aufbewahrte frühere Hochaltar. Dadurch kam das bisher verdeckte und unbekannt gebliebene Bild im Hintergrund wieder zum Vorschein.

Am Kirchweihfest (10. Juli) erfolgte die Altarweihe durch den Bischof Dr. Sproll. —

Der Gesamtaufwand der Kirchenrenovation, die nun abgeschlossen war, belief sich auf etwa 45 000 Mark.
Nach 14jähriger Pause fand
1938 wieder eine **Volksmission** statt, welche von den Jesuitenpatres Schmidt, Fischer und Roth durchgeführt wurde. „Am Schlußtag hielt Pater Fischer, der als Feldgeistlicher den Ersten Weltkrieg mitgemacht hatte, die

1939. Primiz Pater Schaidle.
Von links: Pfarrer Deschler, Kaplan Stehle (Mengen), Pfarrer Gutknecht, Primiziant Pater Ambrosius Schaidle,
Mesner Karl Krugger, ein Pater aus Mehrerau, Neffe von Dekan Schwarz: Anton Schwarz, Pfarrer Franz Xaver Bertler,
Pfarrer Schorer, Maria Späth.

Maifest 1963. – Träger: Geißelmann, Schaidle, Eisele und Pfister.

Heldengedenkfeier, bei welcher er aus eigenem Erleben von dem heldenmütigen Sterben unserer Feldgrauen zu erzählen wußte."

Für den infolge eines leichten Schlaganfalles schwer erkrankten Dekan Schwarz kam 1938 ein Verwandter, **Vikar Schwarz**, bislang in Allmendingen, zur Aushilfe hierher.

1939 wurde im früheren Kaplaneihaus (Schloßkaplanei) an der Schloßsteige, das der Präsenspflege gehört, ein **Gemeindesaal** eingerichtet. — Da im April den der NSDAP angehörigen Lehrern die Ausübung des **Organisten- und Chordirigentendienstes** untersagt wurde, übernahm der kranke Oberlehrer Lehr dieses Amt. — Die Feier des **Maifestes** beschränkte sich auf die Kirche, weil

Stadtpfarrer Bühler, Kaplan Schorer und Bürgermeister Eberle (1962).

Stadtpfarrer Josef Bühler.

weder bekränzt noch beflaggt werden durfte und auch die Prozession durch die Stadt verboten war. Alle anderen Prozessionen — Bittgänge und Öschprozessionen sowie Fronleichnamsprozessionen — wurden in üblicher Weise gehalten.

Am 14. Mai 1939 feierte Pater Ambrosius Schaidle, S. O. Cist., sein erstes Meßopfer in Scheer. Es war dies seit nahezu 37 Jahren die erste **Primiz**. Die Predigt hielt der Prior des Zisterzienserklosters Mehrerau am Bodensee.

1947 trat Dekan Schwarz in den Ruhestand. Am 12. Oktober 1947 erfolgte die Amtseinsetzung des **Stadtpfarrers Josef Bühler**. Er hatte als Leutnant den Ersten Weltkrieg mitgemacht, wurde 1923 zum Priester geweiht und war zuletzt Pfarrer in Deislingen. Sein Aufzug in Scheer wurde noch in den letzten Tagen erschwert durch die Transport- und Treibstoffsperre der Franzosen. Durch persönliche Vorsprache beim Staatspräsidenten Bock konnte dann doch Fahrerlaubnis erreicht werden, weil ein Bauer den Treibstoff an den Pfarrer abgab. Eine Gemeindefeier war noch nicht möglich; bei dem Zusammensein der Kollegen am Abend im „Adler" traf der Bürgermeister von Deislingen mit ein paar Vertretern ein mit einem „schwarzen Auto", das allerhand abgelegene Umwege gefahren war, um der französischen Kontrolle zu entgehen.

1948, am 10. Februar, kehrte die „**Elf-Uhr-Glocke**" wieder heil aus dem Kriege zurück. — Ihr folgte am 7. Juli die „**Zwölfuhr-Glocke**". — Am Maifest
1949 spielte der Organist erstmals auf dem neuen **Orgelspieltisch**, den die Firma Gebr. Späth - Ennetach um 3200 DM geliefert hatte.

1951 und 1952 wurden die alten, wertvollen, zum Teil noch von der Gräfin Monika stammenden Paramente wieder gebrauchsfähig instand gesetzt.

Auf Einladung des Marktfleckens Heidenheim/Hahnenkamm nahm Pfarrer Bühler am 20. Juli
1952 mit der Reliquie des hl. Wunibald an der 1200-Jahr-Feier zur Erinnerung an die Klostergründung teil. — Am 1. Oktober
1952 spendete der Bischof Karl Josef Leiprecht den Firmlingen von Scheer, Heudorf und Blochingen in der St.-Nikolaus-Kirche die hl. **Firmung**.

1953 wurden auf Weihnachten 6 weitere Register in die **Orgel** eingebaut (6000 Mark). — Auf Weisung des Denkmalamtes erhielt das Kirchenschiff
1954 neue **Fenster** (5000 DM),
1956 wurden die neuen Chorfenster eingesetzt (3400 DM),
1957 die elektrische **Gestühlheizung** und ein elektrisches **Läutwerk** mit 3 Läutmaschinen im Turm eingebaut.
1961 erfolgte der Einbau der letzten Register in die **Orgel**.
1963 restaurierte der Restaurator Leinmüller die **Kreuzwegfresken** im linken Seitenschiff und die **Kreuzigungsgruppe über dem Ölberg** (7800 DM).
1964 wurde von ihm der Ölberg restauriert. Im gleichen Jahr erfolgte der Einbau eines **Glaswindfanges** am Mittelportal und einer neuen **Treppe** auf die untere Empore. — Nach dem Tod von Karl Krugger übernahm am 4. Adventssonntag 1964 Friedr. Mayer die Mesnerstelle, die er seither mit seiner Frau Johanna besorgt. Das baufällige und verwitterte Portal wurde

1965 durch ein neues mit Eisenrahmen und Kupferblech ersetzt (Kosten für Windfang und Portal ca. 12 000 DM) und im selben Jahr eine **Lautsprecheranlage** (ca. 3000 DM) installiert.

Stadtpfarrer Josef Bühler ging im August
1966 in Pension und starb 1969 in Sießen, wo er beerdigt wurde. — Am 22. August 1966 übernahm der **Vikar Ralf Grassel** aus Oberndorf am Neckar als Verweser die Pfarrei.

Pfarrer Grassel.

Bereits am 19. Februar
1967 wurde der **Stadtpfarrer Hans Kürner** durch den Dekan Dentler (Hoßkirch) in sein Amt eingesetzt.

Stadtpfarrer Hans Kürner.

Er war 1933 in Stuttgart als Sohn eines Ludwigsburger Bäckermeisters geboren, trat 1949 ins Konvikt in Ehingen ein, wo er 1953 das Abitur ablegte. Danach studierte er in Tübingen Theologie und empfing 1958 in Ulm die Priesterweihe. Über Eislingen/Fils und Baienfurt kam er 1959 nach Schramberg und wirkte danach bis zu seiner Berufung nach Scheer 6 Jahre als Pfarrverweser in Braunsbach Kreis Schwäbisch Hall.

Durch die orkanartigen Stürme im Februar und März 1967 wurde auch das Kirchendach teilweise abgedeckt und danach notdürftig ausgebessert. In die Seitenschiffe eingedrungenes Regenwasser beschädigte die dort an den Decken gemalten Kreuzwegstationen. Da zum erforderlich gewordenen neuen Kirchendach ein Gerüst benötigt wurde, entschloß sich der Kirchengemeinderat auch zu einer Außenrenovation, für welche monatliche Sammlungen durchgeführt wurden. — Am 8. 4. 1967, dem Tag der geistlichen Berufe, feierte Pater Mack von den Steyler Missionaren in der Stadtpfarrkirche seine Nachprimiz. — Um öfter bekanntgewordenen Kirchendiebstählen vorzubeugen, wurde ab 1968 die Kirche außerhalb der Gottesdienstzeiten geschlossen. Am 26. Juni 1968 spendete der Weihbischof Wilhelm Sedelmaier in Scheer 150 Firmlingen aus Blochingen, Heudorf und Scheer das Hl. Sakrament der Firmung. Nachdem der Diözesanverwaltungsrat am 14. Februar
1969 die Außenrenovation genehmigt hatte, wurde am 21. Mai mit dem Gerüstbau an der Kirche begonnen. — In Sießen starb am 22. 6. 1969 der Stadtpfarrer i. R. Josef Bühler und wurde am 25. 6. auf dem dortigen Klosterfriedhof beigesetzt. — Am 19. Juli wurde um 19.30 Uhr erstmals eine sonntägliche Vorabendmesse gehalten. — Am 19. Juli
1970 feierte der Pfarrer Adolf Schorer, der 1935 als Kaplaneiverweser nach Scheer gekommen war, als ältester aktiver Geistlicher sein diamantenes Priesterjubiläum. Am selben Tag stiftete Frau Amalie Kürner den Opferkerzenständer, der vor dem Dreiheiligenaltar aufgestellt ist und dessen Erlös der Mission, den Hungernden und der Stadtpfarrkirche zukommen soll. — Der Titel „Stadtpfarrer" wurde lt. Bekanntgabe im Kirchl. Amtsblatt der Diözese Rottenburg vom 29. Januar
1971 abgeschafft. Pfarrer Kürner war somit der letzte „Stadtpfarrer" in Scheer. — Laut Beschluß des Pfarrgemeinderates vom 17. Februar
1972 erhielt die evangelische Kirchengemeinde die Erlaubnis, in der Loretokapelle Gottesdienste abzuhalten (s. d.). — Am 24. September 1972 feierte Schwester M. Theodoreta ihr goldenes Profeßjubiläum. — Im Januar
1973 wurde in Scheer erstmals ein Glaubensseminar durchgeführt (4 Vortragsabende mit ca. 40 Teilnehmern). — Abschluß der Außenrenovation der Pfarrkirche, bei der auch der Kirchhof, die Kirchentreppe und das 8-Uhr-Glöckle-Häusle, das jetzt als Jugendheim dient, erneuert und für die Kirchenbesucher ein WC geschaffen wurde. Gesamtkosten 356 000 DM. — Der Kunstdiebstahl bei der Oswaldikapelle trug dazu bei, daß
1974 in der Pfarrkirche und in der Lorettokapelle eine Alarmanlage eingebaut wurde. — Am 4. 10. 1974 feierte die Schwester M. Gunsalda, Oberin im Scheerer Altersheim, im Kloster Reute die goldene Profeß. Am 8. März
1975 besuchte Erzbischof Guiseppe Agostino von Santa Severina in Begleitung von drei Domherren seine italienischen Landsleute in Scheer. — Am 12. Juni beschloß der Kirchengemeinderat den Einbau einer vollelektrischen Läutanlage für die drei Glocken im Turm der Pfarrkirche. Preis ca. 11 500,— DM. — Am 13. Juli konnte Pfarrer Adolf Schorer sein Eisernes Priesterjubiläum feiern. — Der Goldschmied Stadelmaier — Schwäbisch Gmünd renovierte die große Monstranz zum Preis von 2912,— DM. Schwester M. Gunsalda, Oberin des Altersheim, nahm im Februar
1976 an einem Kurs für Kommunionhelfer teil und war am 4. April erstmals als Kommunionhelferin in der Pfarrkirche tätig. — An Stelle des Diözesangesangbuches von 1949 wurde erstmals das neue Gesangbuch „Gotteslob" verwendet. — Mit dem Erlös aus dem Opferstockkerzenständer konnten
1977 die kleine Monstranz, das Weihrauch Büffelhorn, das gotische Rauchfaß mit Schiffchen und das barocke Rauchfaß mit Schiffchen renoviert werden (Preis: 3139,— DM). — Am 25. März 1977 starb Pfarrer Adolf Schorer im Krankenhaus Mengen. Er war der älteste aktive Geistliche der Diözese. — In diesem Jahr wurde im Kirchturm eine vollelektrische und vollautomatische Turmuhranlage eingebaut (Preis: 9000,— DM).
1978 erfolgte eine gründliche Instandsetzung der Orgel, in welche eine neue Posaune eingebaut wurde. Am 13. März 1978 spendete der Weihbischof Dr. Anton Herre in der Pfarrkirche 61 Firmlingen aus Scheer, 21 aus Heudorf und 35 aus Blochingen das Hl. Sakrament der Firmung. In Augsburg wurde
1979 die Ewig-Licht-Ampel restauriert und doppelt hartversilbert (Preis: 1200,— DM). — Der Prior von Birnau, Pater Ambrosius Schaidle aus Scheer, feierte am Maifest

Von links: Pfarrer Kürner, Pfarrer Schorer, Pfarrer Bühler.

1979 in seiner Heimat das 40jährige Priesterjubiläum, zu dem die Kirchengemeinde alle aus Scheer stammenden Ordensschwestern einlud. — Pfarrer Kürner und die ehrw. Schwestern M. Parda und M. Pazzis nahmen am 8. Juli am feierlichen Gottesdienst im Eichstätter Dom teil, der den Abschluß der Feiern zum 1200. Todestag der hl. Walburga bildete. — Ab 1. Januar
1980 entfiel an den Sonn- und Feiertagen die Frühmesse; dafür um 10.30 Uhr eine Spätmesse. Der Domkapitular Msgr. Bernhard Rieger spendete am 22. Mai in der Pfarrkirche das Sakrament der Firmung (48 Firmlinge aus Scheer, 22 aus Heudorf und 30 aus Blochingen). — Einbau einer neuen Lautverstärkeranlage (Preis 7000,— DM). — Abschluß der 1979 begonnenen Außenrenovation des Pfarrhauses, das zum Preis von 90 000,— DM ein neues Dach und einen neuen Außenverputz erhielt. — Restaurierung des Segenskreuzes in Augsburg (Preis 800,— DM),
1981 des barocken Altarkreuzes und der 6 Festleuchter (Preis 3000,— DM). — Am 21. Mai spendete der Rottenburger Weihbischof Franz Josef Kuhnle in der Pfarrkirche das Sakrament der Firmung. — Die Schwester Gunsalda Maucher, seit 1965 Oberin des Städtischen Altersheims, starb am 2. August
1982 im Alter von 81 Jahren. Die Schwester M. Theodoreta, ebenfalls 81jährig, kehrte nach fast 34jähriger Tätigkeit am 20. August 1982 ins Mutterhaus nach Reute zurück. Dort konnte Pfarrer Kürner am 23. März
1983 zusammen mit seinem Weihekurs das Silberne Priesterjubiläum feiern. — In diesem Jahr wurde in Augsburg das Hl.-Walburga-Reliquiar restauriert und feuervergoldet. — Der Bischof Dr. Georg Moser beauftragte am 2. 7. 1983 die Oberin des Altersheims, Schwester M. Parda, als Kommunionhelferin für die Pfarrei St. Nikolaus. — Durch Dekret vom 30. 11. 1983 ernannte er den **Pfarrer Natalio Lopez de Gamarra Ruz** zum Pfarrer der Pfarrei St. Nikolaus in Scheer und St. Peter und Paul in Heudorf.

Er wurde am 1. Oktober 1928 in Malaga (Spanien) geboren, trat nach dem Abitur in ein Kloster ein, um Philosophie und Theologie zu studieren. Nachdem er dieses nach einigen Jahren aus gesundheitlichen Gründen verlassen hatte, erlernte er Fremdsprachen und unterrichtete in Estepona in den Fächern Französisch und Philosophie. Am Goethe-Institut in Blaubeuren erlernte er die deutsche Sprache und war danach Hilfspräfekt am Knaben-Seminar in Leutkirch. 1963 erhielt er die Diakonatsweihe und wurde 1965 zum Priester geweiht. Danach war er als Vikar tätig in Deißlingen, Lauterbach, Giengen und Bad Wurzach, als Pfarrverweser in Dietmanns und ab 1973 als Pfarrer in Kirchen bei Munderkingen. Seine Investitur in Scheer erfolgte am 2. Januar
1984. Wegen der Instandsetzung des Pfarrhauses wohnte er vorerst in der im Schulhaus eingebauten Lehrerwohnung. — Der Domkapitular Prälat Georg Kopp spendete am 2. Juli in Scheer das Sakrament der Firmung (52 Firmlinge aus Scheer, 14 aus Heudorf, 45 aus Ennetach, 19 aus Blochingen). — Am 12. September führte der Pfarrer mit den Senioren eine Wallfahrt nach Mariasteinbach durch, am 22. September wurde die Samstagabendmesse als Jugendmesse, am 16. Dezember in der Kirche ein geistliches Konzert, am 19. Dezember für die Senioren ab 64 Jahre eine Adventsfeier veranstaltet.
1985 am 30. Mai: Seniorenwallfahrt nach Bad Wurzach, Bad Waldsee, Kürnbach, Bad Buchau; am 22. August Beginn der Renovation des Pfarrhauses; am 15. Oktober Seniorenwallfahrt nach Marienfried; 29. Oktober Altennachmittag und zugleich Missionsfeier im Bräuhaus; am 16. Dezember Adventsfeier für alle Pfarreiangehörigen ab 60 Jahre. — Für ihre Betreuung von Kindern und alten Menschen zeichnete der Bundespräsident Richard von Weizsäcker am 23. Mai 1985 die Oberin im Altersheim St. Wunibald, Schwester M. Parda, mit dem Bundesverdienstkreuz 1. Klasse aus. — Am 17. Mai
1986 Firmung in Scheer mit Weihbischof Dr. Anton Herre (27 Firmlinge aus Scheer, 10 aus Heudorf); am 28. Juni Familien- und zugleich Jugendgottesdienst unter Mitwirkung der Schönstatt-Mädchengruppe Oberland. — Pfarrer Lopez konnte am 27. Oktober ins renovierte Pfarrhaus einziehen. — Zu Gunsten der Kirchenrenovation hielt die Kirchengemeinde am 2. Adventssonntag den ersten Kirchengemeindenachmittag (Reinerlös 7737,— DM).
1987: Altennachmittag mit Diavortrag (11. März), Informationsabend über die Arbeit des Kath. Frauenbundes, Bildung einer Gruppe (6. April). Im Juli stellte sich das neugegründete Kath. Bildungswerk St. Nikolaus vor. Zu verschiedenen Anlässen und Zeiten sind Kurse und Seminare vorgesehen. — Ab dem Schuljahr 1987/88 erteilte Pfarrer Lopez aus gesundheitlichen Gründen den Religionsunterricht nicht mehr selbst. Die Vertretung übernahm Fr. Rehm. — Zum 1200jährigen Jubiläum des hl. Willibald wurde dessen Büste nach Eichstätt ausgeliehen. Am 19. September führte die Kirchengemeinde mit den Kirchengemeinderäten und deren Mitarbeitern im kirchlichen Dienst eine Wallfahrt nach Eichstätt durch. — Am 21. Oktober im Bräuhaus Missionsfeier für die Pfarrangehörigen ab 60 Jahren, am 24. Oktober im

Vordere Reihe v. l.: Pfarrer Hans Kürner, Pfarrer Anton Fiegel, Fulgenstadt, der Jubilar Pater Ambrosius Schaidle, Pfarrer Schwarz, Riedhausen; mittlere Reihe: Schwester Marzita (Maria Keller), Sr. M. Parda (Josefine Klingler), Sr. Regintrudis (Walburga Stauß), Sr. Ditmara Lena Stauß; hintere Reihe: Sr. Anstrudis (Josefine Buck), Sr. Oberin M. Gunselda (Franziska Maucher), Sr. Lidwina (Margret Müller), Sr. Theodoreta (Josefine Flock), Sr. Ariberta (Sofia Stauß). Auf dem Bild fehlt die Schwester M. Pazis (Josefine Rummel).

Pfarrhaus für Kinder. — Beginn der Instandsetzung der Stützmauer am Garten vor der Kirche. Am 4. Juni 1988 Firmung in Scheer durch den Domkapitular Msgr. Josef Schupp (24 Firmlinge aus Scheer, 13 aus Heudorf und 3 aus Sigmaringendorf). — Zum 1. Oktober 1988 verließen die beiden letzten Ordensfrauen das Altenheim in Scheer, die Oberin Schwester M. Parda und ihre Mitschwester M. Pazzis, die ins Mutterhaus nach Reute zurückgeholt wurden. — Am 27. November Adventsfeier und zugleich 3. Gemeindenachmittag in der Festhalle zu Gunsten der Kirchenrenovation. — Auf 1. Mai 1989 wurde Pfarrer Lopez in den Ruhestand versetzt (Ruhesitz: Avenida Dr. Maranon 52-4°C-Torre E 29009). Die Pfarrstelle St. Nikolaus als Pfarrsitz und Patronatsstelle und St. Petrus und Paulus in Scheer-Heudorf wurden im Kirchlichen Amtsblatt ausgeschrieben mit dem Hinweis der späteren Mitpastoration der Pfarrei St. Pelagius in Mengen-Blochingen.

Pater Ambrosius Schaidle, Prior in Birnau, feierte am Maifest 1989 sein goldenes Priesterjubiläum. Eingeladen waren auch Schwestern, die wie er aus Scheer gebürtig sind.

Mit dem Titel „Pfarrer der Pfarreien St. Nikolaus in Scheer und St. Petrus und Paulus in Scheer-Heudorf" wurde **Pfarrer Paul Thierer** am 14. 3. 1989 vom Diözesanadministrator der Diözese Rottenburg-Stuttgart zum Pfarrverweser ernannt:

Pfarrer Thierer wurde am 14. 3. 1938 in Schwäbisch Gmünd geboren, am 17. Juli 1965 in Rottenburg zum Priester geweiht. Ab 30. 8. 1965 war er Vikar in Kornwestheim, ab 31. 7. 1969 Kaplan in Bad Buchau und ab 2. 5. 1976 Pfarrer in Mutlangen. Am 25. 6. 1989 wurde er durch Herrn Dekan Reck in sein neues Amt in Scheer eingeführt (Investitur).

Die St.-Oswaldi-Kapelle und Gemmingen

Beim Friedhof befand sich der abgegangene Weiler Gemmingen, der während der ersten alemannischen Landnahme entstand. Die heutige Kapelle soll an Stelle des ehemaligen Dorfkirchleins erbaut worden sein. Hart an der linken Randböschung beim Fallenstock-Kanaleinlauf fließt der „Heiligenbronn", eine warme Quelle, von der man an kalten Wintertagen starken Wasserdampf aufsteigen sieht. An Gemmingen erinnern noch die „Gemminger Straße" und der Flurname „Gemminger Feld". Späteren Besitzverhältnissen nach gehörte der Weiler zu dem Teil des Reichsgutes, das König Ludwig der Fromme im Jahre 819 dem Reichsstift Buchau schenkte. Dieses Stift hatte hier bis ins 19. Jahrhundert Zehntrechte, der Pfarrsprengel Mengen-Ennetach, zu welchem Gemmingen zählte, gottesdienstliche Verpflichtungen. Ein Teil des Gemminger Zehnten kam an die Gemeinde Sigmaringendorf. — Mit Luitgard von Gemmingen, die um 1091 ins Kloster Zwiefalten eintrat, ist die erste Ortsadelige genannt. Sie wird im Jahre 1116 urkundlich erwähnt. Im selben Jahr traten Ulrich und Marquard von Gemmingen als Urkundszeugen auf. Die Bedeutung der Siedlung dürfte wohl bald nach der Stadterhebung Scheers rasch gesunken sein. Im Habsburger Urbar des Jahres 1303 ist nur noch „der Hof zu Gemmingen" genannt, der zusammen mit „Herrn Rüdigers Gut" (Bartelstein) und „Staudach" (abgegangen a. d. Stauden) 8 Malter Kernen, 8 Malter Roggen und 8 Malter Haber zinste. Diesen Hof und die beiden genannten Güter hatte 1306 Mangold von Hornstein inne, wohl derselbe, der danach die Burg Veringen, Güter zu Ertingen, Hailtingen, Bingen und Bittelschieß besaß. 1313 war Gemmingen an „Manz von Hornstein" verpfändet, der wohl mit ihm identisch ist.

Der ursprüngliche Ortsadel, der bei Siebmacher unter den schwäbischen Rittern aufgeführt ist, trug folgendes Wappen:

Im blauen Schild 2 horizontale, gelbe Querbalken; auf gekröntem Helm 2 Büffelhörner, blau und golden wachsend gestreift. Helmdecken: außen blau, innen golden. Vermutliche Nachkommen des Gemminger Ortsadels finden wir später als Lehensleute des Grafen Eberhard d. Greiners von Württemberg. Das Kloster Habstal besaß nach dessen Urbar von 1496 eine Wiese zu Gemmingen, „so dazumal Peter Menger von der Schär inngehebt hat, stoßt an zwaien Orten an Herrn Heinrich Ottern, dazumal Caplan zu der Schär, anderseits an das Neßlin Kleberlin und an unseren Herrn Graf Endriß, und am Spitz ans Altwasser. Sollich Wies hat ererbt Gertrud Müllerin von ihrem Vatter Hannsen Müller, und hat sie Margarethen Rechbergerin um 24 Pfund Haller zu kouffen geben. Sind gewesen beid Frowen unsers Convents, und nach sollicher Margarethen Rechbergerin Absterben, ist sie erblich an uns gefallen; und ist dieselbig Wies stürfry (steuerfrei) und zinst uns alle Jahr 1 Pfund 3 Schilling Haller". Ein späterer Nachtrag besagt, daß Konrad von der Schär die Wiese innehat. — Ferner hatte das gen. Kloster „noch zwo Wiesen daselbst, stößt eintails uff Graf Endriß, anderntails an unser Frauen von Ennetach, und liegt uff Schärer Hertti, die ander lit uff Schärer Hoch und stoßt aintails uff die von Buchow, anderteils an den Pfarrer von der Schär, und sind stürfry, und diese Wiesen zinsen uns 30 Schilling Haller".

Die ursprüngliche Zugehörigkeit des Weilers zur Pfarrei Mengen wirkte noch lange nach. Lt. eines Vertrags zwischen dem Stift Buchau, als Patron der Pfarrstelle Mengen, und der Pfarrstelle Scheer vom Jahr 1515 mußte der Pfarrer von Mengen in der Gottesackerkapelle von Scheer am weißen Sonntag predigen (Kirchweihe?) und jährlich 16 Stiftungsmessen lesen oder lesen lassen. Im Menger Seelbuch ist zum Oswaldstag (5. August) eingetragen: „Patrozinium in Gemmingen". Am 2. April 1548 erhielt Truchseß Wilhelm die Genehmigung, „auf dem Territorium der St.-Oswaldi-Kapelle, außerhalb der Burg Scheer", ein **Grab** und einen **Friedhof** zu errichten. In den folgenden Jahren wurde nun der Friedhof bei der Stadtpfarrkirche aufgehoben und mit dem Gottesacker von St. Oswaldi vereinigt. In diesem Zusammenhang erfolgte eine Erneuerung der Kapelle, die vermutlich am 15. Februar 1554 eingeweiht wurde, denn an diesem Tag wurde allen, die einen oder mehrere Altäre der Pfarrkirche oder die Kapelle zum hl. Oswald besuchen und etwas für die Erhaltung der Kirche oder ihrer Kultbedürfnisse spenden, ein Ablaß gewährt, „damit die Gläubigen die Kapelle häufig besuchen und damit deren Bauwesen erhalten und ihre Kultbedürfnisse mitbestreiten". — Am 20. November 1555 gewährten 5 Kardinalbischöfe, 15 Kardinalpriester und 4 Kardinaldiakone einen weiteren Ablaß „für die Besucher der von den Truchsessen Wilhelm, Vater und Sohn, jüngst erbauten und von Kardinal Otto, Truchseß von Waldburg (der von 1543—1573 Bischof von Augsburg war) eingeweihten St.-Oswaldi-Kapelle". — Eine bei der Kapelle erbaute kleine Wohnung diente bis Ende des 18. Jh. als Eremitage (Südwestecke des Friedhofs).

Bei der Kapellenerneuerung sind wohl die beiden Seitenaltäre von der Pfarrkirche hierher transferiert worden. Es sind kleine Flügelaltärchen von hohem Kunstwert.

Der Nordseitenaltar, ein Schreinaltar mit Flachskulpturen der Heiligen Sebastian, Andreas und Christopherus über einem Stufenpostament, ist wohl identisch mit dem 1518 in die Pfarrkirche gestifteten Sebastiansaltar. Die am Postament angebrachte, im 19. Jahrhundert stark übermalte Inschrift lautet:

links:
S'ANDREAS

Mitte:
O TRUVWER RITTER VND FÜRSPRECH MILT
RAICH FIR VNS ARME DÜNEN SCHILT
VOR PESTILENZ VND GEHEM TOD
BESCHIRM VNS VND VOR ALLER NOT

rechts:
S CRISTOFFER

St. Oswaldikapelle: südlicher Nebenaltar. Im Schrein Gnadenstuhlrelief, Flügel innen: Johannes Ev. und hl. Vitus; außen hl. Elisabeth und hl. Magdalena. – Gemalte Predella: Engelputto mit Truchsessenwappen.

Auf den beidseitig bemalten Flügelbildern sind dargestellt: links St. Helena (mit dem Kreuz) und St. Rochus, rechts St. Apollonia und St. Antonius Erem., die beiden männlichen Heiligen mit folgenden Gebetsanrufungen:
SANCTVS ROCHI ORA PRO NOBIS AMEN
SANCTVS ANTHONIVS ORA PRO NOBIS
Auf der gemalten Predella sehen wir: den Schmerzensmann zwischen Maria und Johannes, seitlich die Truchsessenwappen: links Waldburg, rechts Sonnenberg.
Im Schrein des südlichen Seitenaltars sehen wir ein Gnadenstuhlrelief. Die bemalten Flügel zeigen innen den Hl. Johannes Ev. und den Hl. Vitus, außen die Hl. Elisabeth und die Hl. Magdalena. Der Engelputto auf der gemalten Predella ist von den Truchsessenwappen eingefaßt, die wir auch am nördlichen Altar vorfinden. — Beide Altäre sind mit Schleierwerk und Gesprenge verziert.
Das herrschaftliche Urbar des Jahres
1582 nennt: „Ewig unablösbare Früchte aus dem Gemminger Zehnten, den das Stift Buchau innehat: 7 Malter Roggen, 8 Malter Veesen und 7 Malter Haber". Es handelt sich um den Groß- und Kleinzehnten, den das Stift durch den Buchauischen Amtmann in Mengen einziehen ließ. Ein Teil dieses Zehnten blieb bei der Stadtpfarrei Mengen, welche die im Jahre 1515 genannten Bedingungen zu erfüllen hatte (bis 1849), ein anderer Teil dieses Zehnten kam an die Pfarrei Sigmaringendorf.
Wegen des Strohwertes auf dem Gemminger Zehnten schrieb die Buchauer Äbtissin Eleonora v. Montfort am 10. Januar
1610 an die Stadt Scheer, die einen Abschlag verlangt hatte, daß dieses in allen Scheuern des Stifts gleich veranschlagt werde. Am 21. Januar wies die Stadt darauf hin, daß der Pfarrer von Scheer, wie auch die Bürger, das Stroh billiger verkaufen und man bisher das Stroh aus dem Gemminger Zehnten immer billiger kaufen konnte. Sie drohte damit diesbezüglich bei der Herrschaft zu klagen. Am 20. Juni antwortete die Äbtissin, daß nach Rücksprache mit Konstanz ihre Forderung zu Recht bestehe und den Bürgern von Scheer „nicht entzogen" werden soll.
Die Pflegerechnung der Oswaldikapelle wies
1624 ein Kapitalvermögen von 281 Gulden 5 Kreuzer und 6 Heller auf. Die Pflegschaft war hauptsächlich für die Unterhaltung der Kapelle, des Bruderhäuschens und des Friedhofs bestimmt. — Der Buchauische Amtmann zu Mengen, Michel Frick, stiftete am 2. Mai
1628 zur Oswaldikapelle auf den Friefhof 10 Gulden. — Während des 30jährigen Krieges war auch die Oswaldikapelle teilweise zerstört worden, weshalb der Generalvikar von Konstanz
1653 erlaubte, einen Tragaltar zum Celebrieren zu verwenden. —
1675 hinterlegte der alte Burgvogt Ulrich Mayer 30 Reichstaler für den Gemminger Zehnten, die er dem Buchauischen Amtmann in Mengen schuldig war, von diesem aber nicht angenommen wurden.
1676 mußte Mayer auf Verlangen des Buchauischen Amtmanns in Mengen den Gemminger Zehnten, den er von seinem verstorbenen Schwager Hans Reisinger übernommen hatte, mit den angelaufenen Zinsen bezahlen. Am 4. November

1703 bestimmte Walburga Schultheißin in ihrem Testament, daß nach ihrem Tod die Wiese beim Gottesacker, etwa $^5/_4$ Mannsmahd groß, „zu einem ewigen Jahrestag einer hl. Messe im Gottesacker" verwendet werde, und diese vom Gottesackerpfleger „mit Zutun und Beiwissen ihrer Wohlwürden, meines liebsten Herrn Vetter Herrn Christian Kieferlin, Frühmesser allhie, und Georg Weber, um billigen Zins allwegen den zwei ältesten Bürgern aus meinen nächsten Befreundeten verliehen, daraus die hl. Messe auch den Pflegern und anderen gebührt, gleichwie bei Base Annas Jahrtag absolviert, bezahlt und unterrichtet wird". Der Rest soll zu einem Almosen gleich am Jahrtag ausgeteilt werden.
Dem Johann Schen erlaubte die Stadt im Jahre 1720, sich mit seinem Weib und den Kindern im Gottesackerhäusle aufzuhalten.
1751 und in den folgenden Jahren erhielt der Eremit auf dem Gottesackerhäusle von der Stadt 1 Klafter Holz zugeteilt. „Im Häusel auf dem Gottesacker", in welchem der Eremit Jakob Pröbstle gelebt hatte, wohnte
1753 die Witwe Eleonora Leichtin.
Anläßlich der Renovation der Stadtpfarrkirche (1747—1752) kam der dortige Taufstein in die St.-Oswaldi-Kapelle.
1758 erlaubte Fr. Bonosius Wieningen, Ord.Min.S. Francisci Lektor generalis, Provinzial der bayrischen Provinz vom Hl. Antonius von Padua, auf Wunsch des hochw. Franz Anton Reichle, Dekan und Pfarrers, auf dem Gottesacker durch einen Franziskanerpater von Hedingen einen Kreuzweg zu errichten. Von diesem Jahr an lebten wieder Eremiten im Gottesackerhäusle.
1759 wird dort der Frater Franz genannt.
1763 stifteten Josef Feichtmaier und seine Frau Maria Theresia Holtsteinin von Mimmenhausen 50 Reichstaler zur St.-Oswaldi-Kapelle. Dafür soll jährlich dort im Juli eine hl. Messe gelesen werden.
1793 ging der Gottesackerverwalter Jakob Buck zur St.-Wunibalds-Kapelle. Seine Stelle übernahm Josef Glanz, der „im Häusel auf dem Gottesacker" wohnte.
1797 wurde ihm die Lorettokapelle übertragen.
1809 ist wieder von einem Gottesackerverwalter die Rede,
1812 von einem Bruder, dem die Stadt Holz zuteilte.
An der Südseite der Kapelle wurde im Jahr
1816 folgende Gedenktafel angebracht

*Hier ruht
die Asche des Herrn
Wunibald Webers
gewester Furier des dermaligen Reichs-Stand
Friedberg-Scheer
Er starb 29. April 1816
seines Alters 67 Jahr
Gewidmet zum Andenken
seiner zurückgelassenen
Witwe
Franziska Hauserin.*

1818 wird Willibald Zimmerer als Kapelldiener erwähnt.
1824 heißt es, daß der „Gottesacker-Kirchweih-Markt" der vornehmste sei. — In diesem Jahr starb in Scheer der

1838 erfolgte die erste Friedhofserweiterung. — Von seinem Kriegskameraden Anton Schlee wurde im Jahre 1840 der 30jährige Josef Schuler, Ehemann der Johanna Schlegel, als erster im mit Pferden bespannten Totenwagen auf den Gottesacker geführt. — In diesem Jahr wird Barbara Schell,
1842 einer namens Linder,
1850 Josef Kieferle,
1852 und 1853 Mathias Pröbstle als Kapellenbewohner genannt.
1849 erfolgte die Ablösung des Gemminger Zehnten. — Wegen Baufälligkeit mußte
1869 an der Südwestseite des Friedhofs das Bruderhäuschen abgebrochen werden. Im selben Jahr erfolgte eine Friedhofsvergrößerung „um 55 Reihen".
Nach dem Tode seines Bruders ließ der Stadtpfarrer im Jahre 1867 an der Kapellensüdwand eine Gedenktafel anbringen:

Zum dankbaren Andenken
an meine hier beerdigten
treuen Eltern
Kassier
Christian Niedermüller
gest. den 16. 6. 1859
Sophie Niedermüller geb. Schmid
gest. den 3. 12. 1870
und an meinen Bruder
Apotheker
Xaver Niedermüller
gest. den 21. Jan. 1867
von Stadtpfarrer
Niedermüller
in Scheer

1871 besaß die St.-Oswaldi-Pflege 3427 Gulden Grundstocksguthaben, 4200 Gulden Aktivkapitalien und für 150 Gulden eigene Güter, zusammen 7777 Gulden = 12 000 Mark.
1872 wurde an die Friedhofskapelle eine Sakristei angebaut und der Friedhof planiert.
Rechts des Kapelleneingangs sehen wir folgende

Gedenktafel
f. d. hochw.
Herrn Kaplan
Lorenz Straub
gb. in Kanzach
27. 1. 1831
gst. i. Scheer
16. 10. 1873

An der Kapellennordseite die Gedenktafel der Familie Zimmerer:
Grabstätter der Eltern und Geschwister

Wunibald Zimmerer
18. 3. 1744
15. 2. 1807
Franziska Zimmerer
geb. Volkwein
9. 10. 1753
14. 3. 1818
Kinder
Willibald Zimmerer, Bayr. Gerichtsarzt
7. 1. 1783

Kaplan Johann Baptist Gaiser. Die Inschrift der gußeisernen Gedenktafel, welche an der Nordseite der Friedhofskapelle angebracht ist, lautet:

Karl Alexander
Fürst von Thurn u. Taxis etc.
seinem vorangegangenen
Freunde & Jagdgefährten
dem hier ruhenden
Hochwürdigen Stifts-Kaplan
Joh. Bapt. Gaißer
geb. zu Wolfegg am 23. 6. 1747
gest. zu Scheer am 18. 3. 1824

Den unteren Rand der Tafel schmückt ein Bild, das einen auf einem Hirschfänger, einer Jagdtasche und einem Gewehr liegenden trauernden Hund darstellt.
1828 wurde „das Häuslein im Gottesacker wohnbar hergestellt" und dem Xaver Reichert übertragen, der die Aufsicht über den Gottesacker zu führen hatte. Das Läuten bei einer Leiche blieb seinem Vorgänger, dem Schreiner Wunibald Binder, vorbehalten. — Rechts des Kapelleneingangs ist folgende Gedenktafel eingelassen:

Zum dankbaren Andenken
an
W. Hohhaus
Fürstl. T. u. T. Kammerrat
geb. 1. 1. 1786
gest. 5. 9. 1836

Von 1836—1840 wohnte Josef Kienle mit seinem Weib auf dem Friefhof.

11. 10. 1855 zu Donauwörth
Anton Zimmerer
13. 1. 1875
8. 4. 1864
Euphrosina Zimmerer
29. 10. 1786
4. 2. 1831 zu Lautlingen
Aus dankbarer Liebe der Sohn und Bruder
Carl August Zimmerer
Med. et. Chirurg. Doctr.
Hof- und Leibarzt des Fürsten
Constantin v. Waldburg Zeil-
Trauchburg
geb. 22. März 1793
gest. 12. Okt. 1876

1878 starb der Kaplan Lorenz Teufel. Sein Grab auf dem Friedhof trägt folgende Inschrift:

Denkmal f. d. hochw. Kaplan
Lorenz Teufel
Hailtingen geb. 3. Mai 1852
gest. 11. Febr. 1878

1888/89 wurde der Friedhof wieder vergrößert und eine Innenrenovation der Kapelle vorgenommen. Hierbei wurde die hintere Empore abgebrochen und die kleine, alte und morsche Orgel entfernt. Die Ausmalung der Kapelle besorgte der Maler Vorderkunz aus Isny. Der Saulgauer Bildhauer Müller schuf einen neuen Hochaltar, der Schlosser Braun aus Ravensburg den Gitterabschluß.
Der Historienmaler Weinmayer aus München renovierte das Predella-Gemälde und die Gemälde auf den Flügeltüren des rechten Seitenaltars. Beide Seitenaltäre wurden vom Bildhauer Müller, Saulgau, renoviert. Die hiesigen Schreiner Kaspar Zimmerer und Wendelin Baur schufen neue Bodenbeläge und stellten neue Chor- und Betstühle her.
1890 Friefhofsordnung.
1912 wurden auf dem Friedhof erstmals Plätze für Familiengräber verkauft.
1918 betrug das Vermögen der Oswaldipflegschaft 7200 Mark. Nach der Inflation wurde die Pflegschaft in die Kirchenpflege übernommen.
An Stelle der historisch wertvollen kleinen Glocken von St. Oswaldi, die aus dem Zweiten Weltkrieg nicht mehr zurückkehrten, stifteten die beiden Pfarrpensionäre Karl Deschler und Franz Xaver Bertler eine neue Glocke. Am 1. Fastensonntag
1952 wurde sie eingeweiht; bereits am Karsamstag läutete sie dem Pfarrer Deschler ins Grab, 1959 dem Pfarrer Bertler.
1958 erfolgte die Friedhofserweiterung,
1965/66 der Bau der Leichenhalle.
Die Stelle des Totengräbers Anton Mattmann, der diese im Jahre 1927 von seinem Schwiegervater Thomas Kieferle übernommen hatte, wurde
1970 an Adolf Lang übertragen.
Anläßlich einer Beerdigung am 21. März
1974 wurde bemerkt, daß aus dem ndl. Flügelaltar der St.-Oswaldi-Kapelle drei Heiligenfiguren gestohlen waren, worauf die verbliebenen Kunstgegenstände aus der Kapelle herausgenommen und im Archivraum des Pfarrhauses untergebracht wurden. Auf einer Auktion tauchte im Jahre
1981 die St.-Andreas-Statue wieder auf, die der Anbieter für 32 000 DM erworben hatte. Pfarrer Kürner konnte sie am 2. Dezember 1981 beim Bayrischen Kriminalamt in München wieder abholen. — Zur Durchführung einer Außenrenovation der Kapelle wurden ab 1981 monatliche Kollekten durchgeführt.

Die St.-Wunibalds-Kapelle

Nachdem Truchseß Christoph in den Jahren
1606 bzw. 1609 die Reliquien der drei Geschwisterheiligen nach Scheer überführt hatte, setzte die besondere Verehrung des hl. Wunibald ein. Nach ihm wurde der Schloßberg, der bislang den Namen „Raigelsberg" trug, in „Wunibaldsberg" umbenannt und im Schloßpark an der Südfront in der Nähe des Eingangs die St.-Wunibalds-Kapelle erbaut. In ihr wurde ein Opferstock errichtet, für welchen eine Wunibaldsopferstockpflege ins Leben gerufen wurde mit dem Zweck, für die eingehenden Spenden zur Unterhaltung dieser Opferstockkapelle, besonders zur Bestreitung der Kultkosten und zur Anschaffung von Kirchengewändern, beizutragen. Diese Kapelle wurde jedoch bald wieder aufgegeben (vgl. St.-Georgs-Kapelle) und im Schloß als Kapelle der hl. Wunibald, Willibald und Walburga neu errichtet. Als Mesner dieser Kapelle wurde im Jahre
1612 Hans Menner gen. Malhans aus Ennetach ange-

stellt. Er wohnte wohl in dem zur Wunibaldspflege gehörenden sog. „Wunibaldshäuschen", dem kleinen Häuschen neben der Kirche, dessen Glöckchen täglich um 20 Uhr zu Ehren der 3 Geschwisterheiligen geläutet wurde, während die Gläubigen 3 Vaterunser beteten. Im Volksmund heißt es daher „das 8-Uhr-Glöckle-Häusle".
Als Graf Maximilian als Senior des Hauses Waldburg im Jahre
1701 das Vermögen der Beneficien mit 1000 Gulden aufbesserte, bestimmte er, daß vom jährlichen Zins 10 Gulden zu einem ewigen Licht bei St.-Wunibalds-Altar verwendet und die übrigen 35 Gulden einem Kaplan gegeben werden sollen, daß dieser wöchentlich 2 Messen auf dem Altar der 3 hl. Patrone lesen und diese „forderist zu der Ehr und Lob Gottes, zu seinem des Fundatoris und dessen Voreltern Seelen-Hayll zu zeitlich und ewigem Trost aufopfern" solle. Inhaber der Wunibaldskaplanei wurde vmtl. der im Jahre
1702 angestellte Beneficiat Jakob Guldin, welcher bislang die Kaplanei Bingen innehatte. — Als im Jahre
1725 die Anzahl der Kaplaneien reduziert werden mußte, wurden die Mittelmeßpfründ und das Beneficium B. V. M. und St. Sebastian zur St.-Wunibalds-Kaplanei geschlagen. — Am 1. Mai
1734 wurde der „Wunibaldi-Bund" errichtet und unter den besonderen Schutz der 3 Geschwisterheiligen gestellt. Nach den Satzungen dieses Bündnisses, die im Büchlein „Geistliches Bündnis" enthalten sind, hatte jedes Mitglied nach seinem Eintritt jährlich 30 Kreuzer zu bezahlen, konnte sich aber auch mit einer einmaligen Einlage von 10 Gulden von der jährlichen Beitragszahlung befreien. Der Bund verpflichtete sich, beim Absterben eines Mitglieds ein Seelenamt und 16 hl. Messen lesen zu lassen.
1745 wurde „beim Schloß" zu Ehren der 3 Geschwisterheiligen ein neuer Altar geweiht. Um welchen Altar es sich hierbei handelte, ist nicht bekannt.
1758 starb der auf der Eremitage St. Wunibald gewesene Bruder Johann Michael Schulze. In den folgenden Jahren wohnten hier weitere Eremiten, die von der Stadt Brennholz zugeteilt bekamen. Jakob Buck, der vorher Kapelldiener auf dem Gottesacker war, kam 1793 hierher.
Die Wunibaldskaplanei, die ab 1804 nicht mehr besetzt war, durfte lt. landesherrlicher und bischöflicher Übereinkunft vom 24. Januar 1806, wie auch die Marienkaplanei, nicht mehr besetzt werden. Die Gefälle der Kaplanei St. Wunibaldi, mit 400 Gulden, wurden zur Ergänzung der Gehaltsbezüge der Pfarrstellen Heudorf b. Riedlingen (150 Gulden) und Marbach (250 Gulden) verwendet. — Das Vermögen der „Wunibaldi-Bund-Pflege" betrug im Jahre 1804 insgesamt 7728 Gulden 23 Kreuzer. Vereinigt mit der Sebastianspflege, wurde die Opferstockpflege später der Kirchenpflege zugeteilt.
1818 wird Elisabeth Vopper als Kapelldienerin,
1834—1836 der Wunibaldsbruder Lorenz Baur,
1850—1853 die Kapelldienerin Creszenz Weber genannt.

Die St.-Georgs-Kapelle

Auch als „Siechenkapelle" bezeichnet, wird sie
1531 erstmals erwähnt. Sie stand am „Siechensteigle" (Heudorfer Straße), wo sich auch das Siechenhaus befand (s. d.). Als die St.-Wunibalds-Kapelle aufgegeben bzw. ins Schloß verlegt wurde, scheint die auf dem Schloßberg gelegene Kapelle als St.-Georgs-Kapelle weiterverwendet worden zu sein. Die Verwaltung oblag den St.-Georgi-Pflegern, welche für ihre Unterhaltung wie auch für das Aufbringen der für Kultus und Verwaltung entstandenen Kosten zu sorgen hatten.
1622/23 betrug das Vermögen 341 Gulden 4 Kreuzer 4 Heller. Der neue Standort wurde wieder aufgegeben.
1627 erteilte der Generalvikar von Konstanz die Erlaubnis, die im Garten des Schlosses (Park) unbequem gelegene St.-Georgs-Kapelle abzubrechen und in anderer Gestalt und an anderem, bequemerem Ort wieder aufzubauen. Bei dem
1635 an der Ecke Sigmaringer/Heudorfer Straße erfolgten „Neubau" handelt es sich wohl um eine durchgreifende Renovation der alten Siechenkapelle. Damit hatte die Herrschaft erreicht, daß die Leprosen nicht mehr in die Nähe des Schlosses kamen. Beim Eintritt in die kombinierte Verwaltung im Jahre
1814 betrug das Kapitalvermögen der St.-Georgs-Kapelle 2931 Gulden. Da sie in sehr schlechtem Zustand war, durften nach einem Dekret des kgl. kath. Kirchenrats vom 24. Juli 1824 in ihr keine gottesdienstlichen Handlungen mehr vorgenommen werden. Am 16. Februar 1832 beschloß der Kirchenstiftungsrat, sie der Stadt als Baumaterialienhaus zu schenken.
1833 verkaufte die Stadt die Glocke an die Gemeinde Blochingen,
1836 den Altar an die Gemeinde Enzkofen.
1837 erwarb der Feilenhauer Anton Stumpp die alte Georgskapelle und veräußerte sie im selben Jahr an den Bräumeister Allgaier, der sie abbrechen und an ihrer Stelle
1838 das heutige Gebäude Sigmaringer Str. 8 erstellen ließ:
Als im Jahre 1849 der Gasthof „zum Kreuz" (Mengener Straße 5) verkauft wurde, ging die Taferngerechtigkeit auf dieses Gebäude über, das nun Gasthof „zum Kreuz" war und
1859 in den Besitz des Bräumeisters Josef Anton Götz kam.

Die Dreifaltigkeitskapelle

wurde 1489 von Graf Andreas von Sonnenberg gebaut. Im selben Jahr verlieh Papst Inozenz VIII. allen, die gebeichtet hatten und an bestimmten Fasten diese Kapelle besuchten, einen Ablaß von 100 Tagen, damit die Kapelle besucht wird und ihr Bauwesen in Ordnung gehalten werden kann. Mit ihr war eine Kaplaneistelle verbunden, deren Kaplan in der Pfarrkirche (vgl. 1506) den Altar der hl. Dreifaltigkeit, des hl. Sebastian und der hl. Anna versah. Wo die Kapelle stand, die vmtl. im 30jährigen Krieg zerstört wurde, ist nicht bekannt. Die Kaplanei bestand bis zum Jahre

1814. In diesem Jahr wurde sie behördlicherseits aufgehoben und ihre Pfründe den Pfarreien Blochingen (300 Gulden) und Ennetach (100 Gulden) zugeteilt.

Die St.-Anna-Kapelle

das sog. „Käppele" an der Mengener Straße beim Aufgang zur „roten Steig", verdankt ihre Entstehung der in Scheer schon früh bezeugten Verehrung der hl. Anna, der Mutter Marias. Möglicherweise handelt es sich bei dem im Jahre
1412 in der Pfarrkirche geweihten Altar um den
1513 erwähnten St.-Anna-Altar, auf den
1518 die St.-Anna-Kaplanei gestiftet wurde (s. d.).
Die St.-Anna-Kapelle scheint erbaut worden zu sein, nachdem im Jahre
1605 eine Reliquie der hl. Anna nach Scheer gebracht worden war (vgl. Kirche).
Der würfelförmige Bau mit umlaufendem Gesims, Satteldach und schmiedeeisernem Biedermeierkreuz hat im Westen einen offenen Rundbogen. Im kreuzgratgewölbten Innenraum steht ein lebensgroßes Holzbildwerk der Muttergottes mit dem Kind auf der linken Hand. Da die Kapelle auch „'s Forstmeisters Käppele" genannt wird, kann angenommen werden, daß sie durch den herrschaftlichen Forstmeister Sättele, der

1725 der Kirchenfabrik Geld für Jahrtage zuwies (s. d.), besondere Unterstützung fand, zumal im selben Jahr die Vereinigung des St.-Anna-Beneficiums mit der Frühmeßkaplanei erfolgte.

1898 wurde die Kapelle in die Georgipflege übernommen. Bei Öschprozessionen wird hier das letzte Evangelium gelesen.

Die letzte Kapellenrenovation erfolgte im Jahre 1986.

St. Johann-Nepomuk aus der abgebrochenen „Johannes Kapelle" (heute im Altersheim).

Das Johannes-Käppele

so genannt nach dem Brückenheiligen St. Johannes Nepomuk, stand am rechten Donauufer oberhalb der Brücke.

Nach dem Stiftungsbrief des Franz Remigius Küferlin vom 4. 3. 1804 soll am 15. März, dem Vorabend des hl. Johannesfestes, 6 Uhr abends, das Öllämpchen in der Laterne, die einen Stern darstellt, vom Stadtknecht vor dem Bildnis des hl. Johannes Nepomuk an der Donaubrücke angezündet werden und bis zum anbrechenden Tag brennen. So soll es alle Jahre die ganze Oktav hindurch, also 9mal nacheinander gehalten werden. Zu diesem Zweck stiftete der Benefiziat Küferlin der Stadtpflege 50 Gulden mit der Bestimmung, daß nach der Oktav dem Stadtknecht für seine Mühe und das Aufstecken von 2 Maienbirklein jedesmal 15 Kreuzer bezahlt werden. Josef Weber, genannt der „Felsenweber", pflanzte im Jahre 1837 hinter der Kapelle einen Pappelbaum. Im Zuge des Brückenneubaues im Jahre 1880 fiel die Kapelle der Spitzhacke zum Opfer. Die Statue wurde im Spital aufgestellt, wo sie sich heute noch befindet.

Die neue Brücke erhielt einen neuen, gußeisernen Johannes. Nach dem Brückenbau geriet der alte Brauch des Anzündens des Öllämpchens etc. in Abgang, und bald konnte sich niemand mehr erinnern, welche Bewandtnis es mit diesem Lämpchen hatte. Als im Jahre 1890 der Stiftungsbrief wieder aufgefunden wurde, ließ die Stadt sofort ein neues Öllämpchen herstellen, das dem alten, abgegangenen entsprach. Es wurde dem Ratsdiener in Verwahrung gegeben, der für das Anzünden des Lämpchens und das Anbringen von Maibirklein nun wieder extra besoldet wurde.

Die St.-Leonhards-Kapelle

steht unterhalb der Lorettokapelle an der Abzweigung an der Straße nach Hitzkofen. Sie ist architektonisch ohne Bedeutung. Ihre Entstehungszeit ist nicht bekannt. Zwei schöne spätgotische Figuren, St. Barbara und St. Katharina, die wegen ihres hohen Kunstwertes nach einem Einbruch in die Kapelle an diebessicherer Stelle aufbewahrt sind, gehören hierher.
Erst in neuerer Zeit wurde eine Lourdes-Grotte eingebaut.
Möglicherweise steht die Kapelle im Zusammenhang mit der im Jahr
1468 von Graf Eberhard gestifteten St.-Leonhards-Kaplanei, die aber in der Stadtpfarrkirche einen eigenen Altar mit eigener Pfründe hatte (s. d.).
1616 wurde der St.-Georgs-Pfleger aufgefordert, die „übel zergangene" St.-Leonhards-Kapelle herzurichten, da er hierzu verpflichtet sei.
Um den baulichen Zustand der Kapelle nicht zu gefährden, beschloß der Kirchengemeinderat am 13. 2. 1975, das Dach erneuern zu lassen (Kosten 6800.— DM).

Die Lorettokapelle

Nachdem Truchseß Wilhelm Heinrich im Vorjahr vom Bistum Konstanz die Erlaubnis erhalten hatte, die im Schloßpark unbequem gelegene St.-Georgs-Kapelle abzubrechen, wurde

1628 mit dem Bau der Lorettokapelle begonnen und noch vor dem Winter unter Dach gebracht. Nur langsam konnte die Innenausstattung erfolgen.
1631 dankte der Truchseß dem Herzog Albrecht von Bayern für dessen Erlaubnis, die nach dem Muster von Loretto erbaute Kirche in Haag aufnehmen lassen zu dürfen. „Da die Läufe jetzt so sind, daß er den begonnenen Bau etwas verschieben" müsse, bat er den Herzog, ihm

auf seine Kosten ein genaues Abbild der Gottesmutter mit dem Jesuskindlein zu Haag auf Papier zuzusenden.
Um diese Zeit war die Statue des Hl. Rochus fertig.
1642 wurde das Loretto-Glöcklein angeschafft, das folgende Inschrift trägt:
„Leonhard Rosenlechner goß mich
im Jahre 1642 zu Konstanz".
Die Inschrift an der schön gestalteten Außenfassade besagt:
„GUILELMUS HENRICUS SACRI ROMANI IMPERII DAPIFER HAEREDITARIUS BARO IN WALDBURG DOMINUS SCHAERAE ET TRAUCHBURGI SUAE CAESAREAE MAJESTATIS CONSILIARIUS ET CAMERATIUS SUO AERE AEDIFICAVIT"
Zu deutsch: Wilhelm Heinrich, des heiligen römischen Reiches Erbtruchseß, Graf von Waldburg, Herr von Scheer und Trauchburg, Seiner Kaiserlichen Majestät Rat und Kämmerer, hat es mit seinem Geld erbaut". Darüber befinden sich drei Wappen: das oberste ist das Wappen des Stifters, das zur linken Seite ist das Wappen seiner ersten Frau Juliana von Sulz, das rechts seiner zweiten Frau Anna Maria von Wolfegg. Ganz oben an der Außenseite befinden sich die Nischen, aufgestellt in der Mitte das Bild des Gekreuzigten, links das Bild eines Bischofs und rechts das eines Mönches, wir vermuten in ihnen die Bilder des Brüderpaares St. Willibald und St. Wunibald; weiter unten links sehen wir die Bildnisse links des Hl. Sebastian und rechts des Hl. Rochus.

Beide gelten als Patrone der Pestkranken. St. Rochus zeigt seine Pestbeulen am linken Fuß; ein Engel breitet schützend seine Hand darüber aus.
Am 3. Mai, dem Fest der Kreuzauffindung (oder -erfindung), fanden Wallfahrten zu dieser Kapelle statt. Dieses Fest geht zurück auf die Helenalegende, nach welcher Helena, die Mutter des Kaisers Konstantin, die drei Kreuze auf Golgotha wieder aufgefunden habe, wobei eines das Kreuz Christi offenbarte. Da ihr die Errichtung von St. Gereon in Köln zugeschrieben wird, wo die Märtyrer der hebräischen Legion beerdigt sind, die dort um das Jahr 300 enthauptet wurden, ist anzunehmen, daß hier deren Reliquien aufbewahrt wurden, die
1609 nach Scheer kamen.
Für die durch die Kriegsläufte in Mitleidenschaft gezogene Kapelle wurde
1653 die Benützung eines Tragaltars genehmigt.
1697 und 1698 ist von einem Eremitenbruder Johannes „bei der Loretto" die Rede, dem ein Verleumder abbitten mußte. Von einem Schneider wurde er bedroht, weil er ihm und den anderen Schneidern die Arbeit abnehme. Es handelt sich wohl um den Bruder Johann Seyfried von Donaueschingen, „Eremit bei der Lorettokapelle zu Scheer", der im Jahre
1704 sein Testament zu Gunsten dieser Kapelle erstellte.
1719 wird erstmals eine Prozession zur Lorettokapelle erwähnt. Später hören wir mehrfach von Wallfahrten der Gemeinde Sigmaringendorf hierher.

1723 erfahren wir, daß der Bruder Johannes Seyfried, der die Eremitage (westl. Anbau) bewohnte, dem 3. Orden des hl. Franziskus angehörte.
1732 bestätigte der Generalvikar die beiden gleichlautenden Testamente des oben genannten Klausners in Höhe von 800 Gulden zu genau detaillierten Verpflichtungen und Verwendungen laut des im Jahre 1704 erstellten Testaments.
1735 besaß die Loretto-Pflege ein Vermögen von 1190 Gulden, 21 Kreuzer und 7 Heller. Der Eremit Joh. Seyfried trat
1738 seine in Scheer stehenden ca. 767 Gulden an die Loretto-Kapelle ab, wofür ihm eine Wochenmesse gelesen und aus den Zinsen 15 Gulden zu seinem Lebensunterhalt gereicht werden mußten. —
Erst im Jahre
1745 konnte die Kapelle eingeweiht werden. Der Weihbischof Karl Josef von Fugger bekundete am 25. September, daß er an diesem Tag bei Scheer die Lorettokapelle und darin einen Altar zu Ehren S. V. Mariae, St. Josephi, St. Joachim und St. Annae geweiht habe. Er bestimmte den Sonntag und dem Fest Mariae Geburt zum Kirchweihtag und wünschte, daß Kirche und Altar mit gebührender Ehre besucht würden. Auf den Weihetag verlieh er einen Ablaß von 40 Tagen.
Aus dem Jahr
1750 sind zwei Einsiedler aus Scheer bekannt: der Bruder Johannes Michael Schulz aus Heudorf bei Scheer, im 40. Lebens- und 8. Eremitenjahr und der Bruder Philipp Marzner aus Roggenburg im bayr. Schwaben, 32 Jahre alt und im 10. Eremitenjahr. Einer der beiden wohnte wohl in der Eremitage der Friedhofskapelle.
1751 verweigerte die Stadt die Brennholzabgabe an den Eremiten. Die 1642 gegossene Glocke war noch nicht geweiht. Der Graf schloß daher
1752 mit Mathias Mayer von Heudorf, Herrschaft Meßkirch, einen Kontrakt, auf Grund dessen Mayer der hochgräfl. Exzellenz eine Loretto-Glocke mit einem Gewicht von einem Zentner abholen und diese zu Rom von Sr. päpstlichen Heiligkeit weihen lassen solle, daß, falls solche Glocke für einen im Sterben Liegenden geläutet werden sollte, derselbe hierdurch einen vollkommenen Ablaß erlangen könne. Der Graf bezahlte dem Mayer dafür für jedes Pfund 2 Gulden bares Geld. Eine Vorauszahlung von 20 Gulden ist erfolgt.
1756 beschloß die Herrschaft, dem Eremitenbruder Philipp kein Bier mehr zu verabfolgen, weil er das ihm seither gereichte nicht trank. —
1760 war der Bruder Hans Georg Walser von Steinach b. Waldsee Eremit auf Loretto, wo in diesem Jahr sein Bruder Christian starb, der sich 1 Jahr bei ihm aufgehalten hatte. — Die Eremitage war nun bis
1782 von einem Bruder bewohnt.
1784 wohnte hier der Musketier Stohrer, ab
1790 der Kapelldiener Josef Glanz, der bislang an der Gottesackerkapelle war,
1812 wieder ein Bruder. In diesem Jahr wurde der Gemeinde Sigmaringendorf auf ihr Ansuchen ein außerordentlicher Bittgang nach Loretto in Scheer bewilligt, wo bis zum Jahr
1832 regelmäßig Gottesdienst gehalten wurde.

1818 war Wunibald Linder Kapelldiener,
1828 heißt es, daß der Bannwart Johann Bertler schon einige Zeit die Loretto-Kapelle bewohne.
1836 war er noch dort.
1839—1845 lebte Xaver Otto als Kapellbruder in dieser Kapelle. In den Jahren 1851—1853 ist hier die Witwe des Mathes Schell genannt. Die kleine Wohnung war fortan ärmeren Leuten eingeräumt mit der Verpflichtung, für die Reinhaltung der Loretto- und Leonhardskapelle Sorge zu tragen, das Glöcklein morgens und abends zu läuten und die Türe zur Kapelle zu öffnen und zu schließen. — Nachdem früher regelmäßig Gottesdienst gehalten worden war, fanden hier nur noch an den Sonntagen im Mai, außer am Maifest, Maiandachten statt. Bis in die 20er Jahre unseres Jahrhunderts wurde an den Feiertagen in den Sommermonaten dort eine hl. Messe gelesen und bei den Öschprozessionen die erste Station gehalten.
Die Lorettopflegschaft, welche für die Auslagen zur baulichen Unterhaltung der Kapelle, für die Anschaffung von Wachs zum Gottesdienst und für Ausbezahlung der Gebühren für die Wochenmessen aufzukommen hatte, verfügte
1871 über ein Grundstockguthaben von 7900 Gulden und Aktivkapitalien in Höhe von 9080 Gulden, zusammen 16 980 Gulden = 25 000 Mark.
1872 erfolgte der Sakristeianbau, in den Jahren
1877/78 eine Außenrenovation der Loretto-Kapelle, in welcher der Saulgauer Bildhauer Mayer im Jahre
1879 um 1175 Mark einen neuen Altar aufstellte.

Der Kranz um die Madonna im Hintergrund ist die Stiftung und Eigenarbeit des aus Scheer stammenden Schlossermeisters Friedolin Stumpp, der in der Eisenbahnreparaturwerkstätte Friedrichshafen arbeitete.
1888 entstanden die schwebenden Engel für den Hochaltar. — Bis
1894 befand sich die frühere kleine Chororgel der Stadtpfarrkirche auf der Empore der Kapelle. Da diese Orgel defekt war, wurde sie entfernt und durch ein Harmonium ersetzt.
1898 wurde, durch einen Blitzschlag in die Vorhalle der Loretto-Kapelle, ein von einer Hochzeitsfeier zurückkehrendes Ehepaar betäubt.
1918 betrug das Grundvermögen 14 400 Mark, die dann der Inflation zum Opfer fielen, worauf die Pfründe mit der Kirchenpflege vereinigt wurde.
Die Lorettokapelle, die in einem sehr armseligen Zustand war, erhielt im Jahre
1959 einen neuen Außenverputz und 2 neue Türen. Stukkateure stellten die verwitterte Giebelfassade in ihrem ursprünglichen Zustand wieder her. Da die alten, stark verwitterten Sandsteinplastiken nicht mehr restauriert werden konnten, schuf der Bildhauer Schneider aus Rottenburg, auf Weisung des Landesamtes für Denkmalpflege, getreue Kopien in Muschelkalk, die sehr gut ausfielen.
1960 erhielt die Kapelle auch einen völlig neuen Innenverputz. Nach den Weisungen des Vorstandes des Diözesankunstvereins und des Landesamtes für Denkmalpflege gestaltete der Ravensburger Restaurator Leinmüller den Innenraum und Altar. — Die Gesamtrenovierungskosten beliefen sich auf über 36 000 DM, die durch reichliche Spenden der Gläubigen, beinahe 10 000 DM Staatszuschuß und 1200 DM Zuschuß der Stadt gedeckt werden konnten. — Am 17. Februar
1972 beschloß der Pfarrgemeinderat, die Lorettokapelle der evang. Kirchengemeinde für ihre Gottesdienste zu überlassen. Auf ihre Kosten hatte sie einen Stromanschluß zu schaffen sowie eine elektrische Heizung und die Beleuchtung zu installieren. Die Eremitenwohnung wurde zu einem Raum für Kindergottesdienste umgebaut. Am Hl. Abend hielt die evang. Kirchengemeinde in der Kapelle ihren ersten Gottesdienst.
1973 wurde die Kapelle mit einem doppelten Biberschwanzdach neu gedeckt,
1974 eine Alarmanlage eingebaut.

Das Schulwesen

Stadt- oder Ratsschulen, sog. „**Deutsche Schulen**", die meist vom Mesner oder Stadtschreiber als „deutschem Schulmeister" geführt wurden, sind in den Jahren 1291 in Munderkingen und 1295 in Riedlingen belegt. Daß auch in Scheer eine solche Schule, die in hohem Maße vom Wohlwollen des Rates abhängig war, schon sehr früh bestand, kann angenommen werden. Eine andere Schulart war die sog. „**Stiftschule**", d. h. eine Schule, die auf einer meist herrschaftlichen Stiftung beruhte und von einem auf der Hochschule graduierten Schulmeister, einem Magister, geführt wurde. In Scheer wird im Jahre
1414 der Magister **Johann Schürpfer** erwähnt (vgl. Kirche). Er tritt urkundlich zwar nicht als Lehrer in Erscheinung, dürfte aber schon damals Chorknaben ausgebildet haben, von denen wir im Jahre
1465 erfahren, daß die „Stallknechte und Chorschüler" am Hofe eine Morgensuppe erhielten. Ebenso bekamen der Mesner, der Stadtknecht und der Bannwart an 4 Festtagen Zuwendungen bei Hof. Als Graf Eberhard von Sonnenberg im Jahre
1475 die sog. „Mittelmeßpfründe" stiftete, wurde dem Pfründinhaber (Kaplan) auferlegt, „er solle auch haben eine Schuel und Knaben lehren, und mitsambt denselben Schuelern einem jeglichen Kirchherrn zu der Scheer helfen singen Frohn-Amt, Metten, Vesper- und andere Zeiten, so man daselbst gewöhnlich singet oder singen wird, und mit den Schuelern zu ewigen Zeiten alle Samstagnachts in der Capell (am Salve-Altar) singen ein Salve Regina mit der Collect, wo dann jetzt angefangen ist". Diese Stiftschule, eine Knabenschule in welcher die Schüler die Elemente der lateinischen Sprache lernten und in den Ritus der heiligen Messe eingeführt wurden, zu dem auch der Chorgesang gehörte, diente wohl in erster Linie der Heranbildung von Ministranten und Sängerknaben, aber auch des Priesternachwuchses. Lehrer an dieser Schule war also der jeweilige Inhaber der Mittelmeßpfründe (vgl. Kirche). Der Kaplan der
1496 gegründeten Hofkaplanei war verpflichtet, „alle Samstag zu nacht, wenn Mangel an Schülern ist, helfen das Salve Regina zu singen". Wie das Urbar des Jahres
1541 ausweist, erhielten die Chorschüler nach der Hofordnung im Schloß eine Morgensuppe. — Nach einer Notiz des Jahres
1543 hatten der Mesner, der wohl auch gleichzeitig Lehrer der Stadtschule war, der Bannwart und der Stadtknecht dreimal ein Essen vom Schloß zu beanspruchen.
1567 wurde durch Synodaldekret des Konstanzer Bischofs Markus Sittikus angeordnet, daß in der Diözese die Jugend in christlicher Frömmigkeit, sittlichem Wandel und den reinen Elementen des Wissens zu unterweisen und zu üben ist, was bislang aus Sorglosigkeit der Eltern und der bürgerlichen Organe leider nicht geschehen sei. In kleineren Ortschaften sollen sich Kapläne oder Mesner der Schulen annehmen. — Teilnehmer an dieser Synode waren auch die früheren Stadtpfarrer Wuhrer und der nunmehrige Scheerer Pfarrer Heine.

1574 bestätigten die Visitatoren des Landkapitels, daß der Schulmeister in Scheer aus dem Einkommen der Mittelmeßpfründe besoldet wird. — Im Urbar des Jahres
1582 wird der Magister **Damian Engler** genannt.
1595 war **Martinus Pyrster** (Riester?) Schulmeister in Scheer. In schöner Kunstschrift auf Pergament legte er
1597 ein Jahrtagsbuch an. — Aus den Bestimmungen des Truchsessen Christoph aus dem Jahre
1604 über die Durchführung der Festtage der Geschwisterheiligen ist ersichtlich, daß jeweils auch der Schulmeister und die Schüler beteiligt waren (vgl. Kirche).
1613 „ist bei der Gerichtsbesatzung von Schultheiß, Bürgermeister, Rat und ganzer Gemeind dem **Johann Häberle**, der Zeit Schulmeister allhie zur Scheer, auf sein fleißiges Anhalten und Bitten vergönnt worden, daß er von der Bürgerschaft jährlich 4 Klafter Holz um gebührliche Bezahlung wegen der Jugend kaufen möge, jedoch gänzlich zu keiner Gerechtigkeit".
1619 wird **Michael Kneer**,
1660 Georg **Christoph Frenkhler** als Schulmeister genannt. Anläßlich der in diesem Jahr erfolgten Verleihung des Hl. Geist-Hofes erfahren wir, daß der jeweilige Leheninhaber verpflichtet war, dem Schulmeister „an Auffahrt" (Christi Himmelfahrt) ein Roß zu stellen. Nach dem Dreißigjährigen Krieg war in Scheer, wohl für die sog. Stiftschule, ein neues Schulhaus erbaut worden, so daß sich die Schule nun auch von auswärts eines großen Zulaufes erfreute. Im April
1660 beklagte sich der in Mengen angestellte Schulmeister Friedrich Reiner, daß etliche Bürger ihre Kinder in das benachbarte Scheer in die Schule schicken, worauf der Rat von Mengen den auswärtigen Schulbesuch verbot. — Was in der Schule in diesem Jahr passierte, ist nicht überliefert. Das Ratsprotokoll berichtet jedoch: „Da in der neuen Schuel die Fensterpfosten ganz ausgewaidet, werden dem **Ulrich Mögling**, der vaccierenden Pfründe Schaffner, Eichen bewilligt damit ein Schuelmaister die Schuel wieder beziehen könne."
Daß sich die Herrschaft sehr um das Schulwesen bemühte, beweist eine **Instruktion für den Schulmeister von Scheer** vom Jahre
1664. Sie lautet:
Instruktion Ludi moderatoris Schuell Meisters.
Erstlichen soll Er schuell Meister für sich selbsten ein erbares vnnd vor der Jugent Exemplarisches Leben führen, die Hl. Gottesdinst in der Pfarrkirche mit Choral fleissigst, mit Vocalmusik aber möglichst zihren, gleichförmig zu mehrerer Zihrung derselbigen die Ihm übergebene Vnd anvertraute Jugent neben instruirung in litteris, als schreiben Vnd lesen, mit größtem fleiß im Choralgesang so die not wohl postulirt vnderrichten und instruieren. Vnd soll die schuell oder instruction folgender gestalt ordentlich gehalten werden.
Als Jede Tag wochentlich solle Er nach gegebenem anderen (2ten) Zaichen vor dem Zusamenleite (welches bey alle dinst gotes wohl soll observirt werden:) die Jugent in

schöner gebürenter auferbaulicher ordnung mit angethanem mantell zur erhaltung eines mehreren respect zu dem hl. Mess- od Ambtofer vnd andern hl. Dinst gotes führen Vnd begleiten, auch dem eiffrigen andächtig Hl. gebet in demselben anhalten Vnd anmanen. Nach vollzogenem H. Dinst gotes als Hl. Mess- od Ambtopfer soll Er gleichmessig in beobachtung vorgemelter ordnung die Jugent widerum zu Schuell führen vnd alsdann selbige Vm 10 Vhr beschliessen. Von 10 Vhr aber biß 11 wölle Er die knaben in dem notwendigen Choralgesang mit sonderbarem fleiß instruiren Vnd also den halben Tag nuzlich zubringen Vnd verzehren. Nachmitag aber mit Eben Messigem fleiß soll die schuell Vnd instruktion litteralis von 12 Vhr ein anfang gewönnen Vnd biß 3 Vhr sich folgents Enden, Vnder welcher zeit des ganzen Tags Er Schuellmeister ohne obligung anderer negotien Vnd geschefte als expl. gr. mahlen, hobeln, schreinern od was mehrer dergleichen mit groß vleiß die instruktion vnd Vnderweissung der kind abwarten, auf daß die Edle Von got gegebene zeit wie auch das so theure anwendte geistliche gelt nit Vnnutzlich Vnd ohn Verandtwortlich vor got Vnd der Erbaren welt ausgelegt werde.

So aber Vnder den knaben einer od andere wäre einß lust Vnd liebß die Vocalmusic zu lehren, kan soliches ausserhalb obgemelter zeit als nemblich von 3 biß 4 od. Von 4 bis 5 Vhr beschehen, welches seines Schuellmeisters der zeit Gelegenheit nach mag angestellt werden. Am donnerstag mitag kan die ordentliche Vakanz gehalten werden.

Am Freytag soll die Jugent im Chatechismo Vnd am Sambstag im Evangelio Vnderwissen werden. Der Sonn- Vnd feyrtäg betreffendliche gotsdinst belangent Vnd alle andere an welchen vesperae gehalten werden, wölle Er alle Ämbter pro tempore aufschlagen Vnd aufsuchen, wie auch nach erforderung seines Ambts alles zu intonieren ihme fleissigist lasse ob vnd angelegen sein.
2. Fürs andere wölle er d. Jugent als Ihr Vorsteher Vnd zucht Vater mit Erbarlichem guet Exempel Vorgehn, selbige ohne rauhes Vngebierliches kopf oder vngewohnliches Vnd Vngebreuchliches maull taschen vnd stoß sondr mit rechtmesiger gebreuchlicher ruthe sanftmutigit vnd dem gebrechen nach regieren, bezüchtig vnd abstrafen, vnd also sie mit diessem scepter in gehorsamer notwendiger zucht halten: welche zucht absonderlich in d. kirch vnd H. Dinst gotes, als wie auch ausser vnd inner z Schuell soll erhalten werden.
3. Weiteres solle Er Schuell-Meister fleissigist Vnderthuigister respect gegen der gnäd. Herrschaft erzeigen vnd tragen, dero nuz fleissigist zu befürdern sich befleissen. Eben Messig solle er alhiessiger Ehrwürt. Pristerschaft alle gebürente gezumente Ehr in Vnd ausserhalb der Schuell erweisen Vnd ihre rechtmesige befehle, was in vnd ausserhalb der Schuell zu thun, fleissig nachkommen, sich auch in widerigen stückchen gebierent resignieren lassen. In welchem alle Er als in den moribus zuforderst ein gnäd. Herrschaft, Ehrwürt. Priesterschaft auch alle Ehrenhafte leuth zu respektieren Vnd zu Ehren die Jugent gleichförmig fleissigist Vnderweissen wölle, welcher fleiß Ihme wie auch d Jugent künftiger zeit zu gröser Ehr gelangen würdte.

Entlich wölle Er Schuellmeister Ihme solicher massen das innehabente Schuellhaus in gebierenter sauberkeit Vnd vor allem feuersgefahr obachtsamkeit zu haben lassen wohl anbefohlen sein. Die bestallung gelangent solle Ihm hingegen wie allen sein vorgepfart antecessoribus also biß dato auf sein hoffentliches wohl Verdienen Vnd hoffent alle grossen fleiß erfolgen.
Actum Scheer 13. Dezbris 1664.
Mag. Pelagius Hemmantinger
Nikolauß Haberbosch
Hofkaplan.

Als der neu angenommene Mesner **Konrad Geiger** am 31. September
1674 ins Mesnerhaus einziehen wollte, wurde ihm dies auf Befehl des Grafen Wunibald vom alten Mesner verwehrt. Am 7. September zeigte der neue Mesner der Stadt an, man solle sich wegen des Schuldienstes noch etwas gedulden. Am 20. Oktober bat der Pfarrer den Rat, die Bürger wegen des schlechten Schulbesuches anzuhalten, diejenigen Kinder, die sie bei der Arbeit entbehren können, in die Schule zu schicken.
1675 ist der Schulmeister **Veit Hanhöfer** genannt, der von Anfang an dabei war, als Graf Max Wunibald sein eigenes Schloß stürmte.
1676 erhielt er von der Stadt 3 Wagen Sammelholz zugesprochen.
1677 beklagte sich der Schulmeister Veit „Hannenheber" (sicher derselbe) beim Rat über den Stadtammann, weil sich dieser seinem Weib gegenüber ehrenrührig geäußert habe. Am 19. Juli 1677 wird **Sigmund Jungbluoth** „Schuolmaister allhier in Scheer" genannt. An der Stiftschule wurde
1679 **Dominikus Mögling** als „Ludi-Rector" angestellt. Hierüber berichtet nachstehende „Instruktion und Bestallung (von Johannis Evangelistae 1679 anfangend)
Mit welcher der Ehrenhafte Dominikus Mögling auf sein gehrsames Anhalten zum L u d i   R e c t o r i der Stift Schuol zu Scheer ist an- und aufgenommen worden.

1. Erstlichen soll er Schuellmeister für sich selbst ein erbares und vor der Jugent exemplarisches Leben führen, die Hl. Dienst Gottes in der Pfarrkirche mit Choral fleißigst, mit Vocalmusic aber möglichst zihren, gleichförmig auch zu mehrer Zihrung desselbigen die Ihme Übergebene und anvertrauende Jugent neben instruieren in litteris als schreiben und lesen mit größtem Fleiß im Choralgesang, so die noth recht postuliert, underrichten und instruieren. und soll die Schuell . . .
(Der Text stimmt mit dem der Schulordnung von 1664 überein).
2. Weillen Er bei der Jugent das Ambt eines Vatters vertreten muß, solle er derselben mit guetem Exempel vorleichten, in vätterlicher Liebe und Sorg, mit gezihmender Diskretion und Sanftmüthigkeit auch ohne Zorn regieren, jedoch aber, weilen die Humores und Naturae unterschiedlich seiend zur erforderten Fählen, zugleich mit gepihrendem Ernst anhalten und firnemblich diejenige, wo einige Widerwerthigkeit gespührt wird, durch schärfere Mittel bestraffen und im Gehorsam erhalten. Insonderheit aber in den Kirchen ein wachtbares Aug darauf geben und fleißig aufspehen, damit selbige mit

235

den andächtigen Gebärden und Sitten sich Eufrig erzaigen und in Summa von dem nichts gestatten, was der heyligen Chatolischen Religion, der Pollizey und Ehrbarkeit zuwider ist.

3. solle Er in der Zeit gegen ahnwesender Gnädiger Herrschafft seinen Unterthänigen Respect zu erzaigen, deren Nutzen, Ehr und Reputation zu befördern und das widrige zue wenden auch dieses ihme noch angelegen sein lassen, damit solcher Respect und gepührende Reverenz von der andern seiner Instruction habenden Jugent außer und innerhalb der Kirchen ebenfalls erzaigt werde. Nicht weniger solle Er allhiesigen dermahlen Kays. Sequestrations Oberamt wie auch Herrn Pfarrer und Herrn Hofkaplan als welchen Beeden die Schul zu visitieren, die Jugent zu examinieren und das widrige zu Chorrigieren oder gehörigen Orts zu hinderbringen und nach beschaffenen Dingen, ums Remedur anzufügen oblit, wie auch andern Geistlichen allen gezihmenden Respect in- und außerhalb der Schuol Erweisen respective freyen acceß gestatten und deren Diskretion mit Austheilung der Zeit und Stunden beim Musizieren und Recreieren nachleben; wenn er über Nacht aus sein oder weither reisen müsste, so soll er dazu allewegen sowohl von der Herrschaft oder Oberambt als dem Herrn Pfarrer Licenz nehmen.

4. Nachdem Ihme auch das ganze Schuolhaus ahnvertrauut würdt, so solle er dasselbige Sauber halten und sonderlich vor aller feyers Gefahr wolverwahren wie dann zu solchem Ende der Rauchfang Kehrer, so oft es die Notdurft erfordert, von Ihme Ludi Rectore, fleißig anzunehmen ist, auch ihme sein Entgeld ausbezahlt werden solle, wenn auch darinnen etwas aus Muethwillen an Fenstern, Öfen, Schlössern und anderm Zerbrochen oder verderbt wird, solle er den Ursächer alsbalden zu Billiger Schadserhaltung (oder im fahl er kein Vermögen hätte) des zugefügten Schadens halber entweder selbst nach Befundenen Umständen abstraffen oder zu anderweitiger Bestrafung namhaft machen.

5. Damit er aber seinen Dienst desto Eufriger abwarthe, als würdet ihm loco Besoldung verwilligt und gereicht werden, nemblich: Sein freye Behausung an der Schloßstaig gelegen sambt dem Krauth- und Opstgarten bey der alten Schuol wie auch zwei Stück wisen; Von paarem gelt hat er Jährlich von denen Vacierenden Pfründen lauth der Ihme Eingehändigtem Verzeichnus, so Er uf sein Gefahr und Verlust selbst einzubringen hat, Sibenzig zwee Gulden, an früchten von Veesen vier und von Roggen ein Malter vier Viertel, Haber und Gersten jedes ein Malter, Erbsen ein Viertel zu empfangen; dann hat er von allen und jeden Schuolkindern, die in Lesen und Schreiben auch in Musica Chorali unterwiesen werden, jedes Quartal von Georgii bis Martini 15 Kreuzer, von Martini bis Georgii ohne Holz 20 Kreuzer, mit Holz aber (d. h. wenn das Kind Holz zum Heizen des Schulzimmers mitbringt) nur zehn Kreuzer Schuolgelt einzunehmen. Item von denjenigen, welche in Vocali seu instrumentali Musica wie Er in der Schuol oder in den Häusern nach Beschaffenheit fleißig zu thun obligiert ist, instruiert werden, ist er dasjenige Lehrgelt zu nehmen schuldig, was obbemelten Beeden Herren Geistlichen für pillig khan und solle geachtet werden. Was aber die Übrige und Nothwendige Beholzung anbelangt, ist Er deswegen bey allhießigem Statt Rath Einzukommen.

6. et ultimo ist eine gnädige Herrschaft und ietzt Kayserl. Sequestrationsoberamt des gnädigen Erpietens, daß Sie Ihme vor aller Ungelegenheit und Gewaltthätigkeiten von Obrigkeitswegen wolle manutenieren, schützen und handhaben, also daß Niemand, wer der auch immer sein mag, Ihne und seine angehörige zue beleidigen, oder einigen Gewalth anzuthun sich understehen solle. Und ist dieser Instruktion oder Bestallung hiemit beschlossen, jedoch auch abgeredt und verglichen worden, wen ein und ander theil bey dieser Bestallung nit lenger zu verbleiben gedenkt, daß alsdann die ordentliche Aufkündigung ein Vierteljahr vorher geschehen solle.

Zur Urkhund dessen alles ist gegenwärtige Bestallung schriftlich verfasset und mit dem Kays. Sequestrations Sigill verwahret dem Schuolmeister zugestellt, von Ihme aber lauth Prothokoll darauf und solcher Nachzukommen an würklicher Aydtsstatt angelobt worden.

So geschehen zu Scheer den 29. Decembris a. 1679."

1690 wurde die Stadt angewiesen, auf ihre Kosten einen eigenen Schulmeister zu halten. — In einer Erbsache ist im Jahr

1697 **Anna Maria Geigerin** „die Frau Schulmeisterin" genannt (vgl. 1674). — Am 11. März

1700 bestätigte der Generalvikar des Bischofs Marquard Rudolf von Konstanz die Vorstellung, was man von den vacanten Benefizien dem Frühmesser Christian Kieferle, dem Hofkaplan Joseph Keller und dem Cooperator Johann Hartmann Feinäugle, solange sie leben oder die Stelle nicht ändern, zukommen lasse. Der Rest solle für den Schulmeister und zur Erhaltung der Beneficiathäuser und bei Verringerung des Grundstocks für die Kapläne dafür verwendet und in Gegenwart der Herrschaft und aller Beneficiaten verrechnet werden.

1724 wird **Dominikus Guggenmoos**, Schulmeister in Scheer, genannt. Seine Frau war Barbara Gscheitlin. Zwischen den Schulmeisters-Eheleuten und dem herrschaftlichen Bräumeister Caspar Schütz sowie dessen Lehrjungen kam es zu Streit- und Raufhändeln, bei denen die Schulmeisterin vom Bräumeister derart zugerichtet wurde, „daß sie keinem Menschen mehr gleichsah und ihr die Augen vor dem Kopf heraustanden". Sie hatte wegen ihrer Trunkenheit dazu den Anlaß gegeben und ihren Mann, der auch betrunken war, zum wiederholten Male an den Haaren auf- und abgezogen und sich wie eine Furie aufgeführt.

Zur Strafe mußte sie in der Kirche während des Hochamtes vor dem St.-Wunibald-Altar mit ausgestreckten Armen einen Rosenkranz beten. Er durfte wegen seines „beständig Voll-Trinkens" vom Urteilsspruch an (7.3.) während der Fastenzeit kein Wirtshaus betreten. Der Bräumeister erhielt eine Geldstrafe in Höhe von 6 Gulden.

1725 In seinem Schreiben vom 29. November bestimmte der Generalvikar des Bischofs Johannes Franz von Konstanz in der Untersuchung über den Stand der Benefizien und der diesbezgl. eingegangenen Beschwerden u. a., daß dem Organisten bis Georgi 1725, wie bisher, ein Entgelt aus dem Beneficium SS. Trinitatis gereicht werde.

1734 am 18. August beurkundete die erbtruchsessische Canzlei den Extract aus dem erbtruchsessisch-friedbergischen Oberamtsprotokoll vom 19. Juli 1734, nach dem **Josef Schuech** von Wettenhausen, Candidat der Moraltheologie, zur Instruierung der Chorknaben in Latein und Musik als Magister mit der Verpflichtung auf die angeführten Instructionen angenommen worden sei und diese Instructionen auf dem Regierungstag am 5. August ratifiziert und bestätigt worden seien.

Im selben Jahr wird dem Magister Schuech auf sein Ansuchen hin wegen seines Wohlverhaltens vom Reichserbtruchsessen tgl. ein Maß Bier zugesagt; ein Zeichen dafür, daß er ihm wohlgesinnt war, was uns weniger wundert, wenn wir erfahren, daß der Schulmeister auf Befehl der Herrschaft angestellt wurde.

Wie aus den Amtsprotokollen ersichtlich, hatte man festgestellt, daß in Scheer sowohl die Kinder als auch die Eltern in geistlichen Sachen sehr schlecht informiert seien. Das komme allein daher, weil die Bürgerschaft angesichts des Schulgeldes die Kinder nicht in die Schule schickt, dafür aber alljährlich bis dato an Sankt Sebastiani einen Trunk auf der Bruderschaft Kosten halte und genieße. Da dies so viel koste, daß von dem Geld eine „ewige Schuel könnte gehalten werden", verfügte der Graf, daß die Stadtdeputierten einen ständigen Schulmeister beantragen sollen, damit die Kinder sowohl in Christenlehre als auch Lesen, Schreiben und Rechnen möchten unterwiesen werden. Die Schulgeldfreiheit soll dadurch gewährleistet sein, daß die entstehenden Kosten von dem sonst auf den Bastiani-Trunk entfallenden Geld beglichen werden. —

Hierauf wurde noch im selben Jahr im städtischen Spital eine Schule errichtet, die von der Sebastiansbruderschaft unterhalten werden mußte. Schulmeister wurde **Jakob Brugger**.

1735 wurde bestimmt, daß die 6 Chorknaben und der Magister bei den Gottesdiensten der St.-Sebastians-Bruderschaft mitsingen und mitbeten sollen. Die Knaben erhielten pro Amt je 3 Kreuzer, der Magister 6 Kreuzer. Der Wissenshunger scheint hier, wie wohl auch anderorts, nicht groß gewesen zu sein, denn die Herrschaft sah sich veranlaßt, der Stadt per Dekret kundzumachen, daß Stadtammann, Bürgermeister und Rat die Jugend zu fleißiger Frequentierung der schon vorigen Jahrs zum Nutzen der Bürgerschaft und ohne deren Kosten, aus der Sebastiani-Bruderschaftspflege errichteten Schule anhalten sollen, damit „nit andernfalls man von herrschaftlicher Seite aus schärfer eingreifen oder gar vorjährige Erlaubnis zur Errichtung einer eigenen Schuel wieder zurücknehmen müsse und mit dem Geld andernorts eine Schule unterstützen". Man wies nochmals darauf hin, daß die Bürgerschaft doch eigentlich auf ihre eigenen Kosten einen Schulmeister aufzustellen hätte und man daher das Entgegenkommen entsprechend gewürdigt haben möchte.

Nun aber, anstatt ergebenst den Befehl die Jugend zur Schule zu gehen anzuhalten auszuführen, ist der Schulmeister gezwungen, klagend anzuzeigen daß ihm vom Bürgermeister und den Stadträten befohlen worden sei, innerhalb von 24 Stunden „das der Schuel halber zum Teil innegehabte Spital" zu räumen und sich hinwegzubegeben.

Aus dem Verhörprotokoll entnehmen wir, daß die Vertreter der Stadt sich zunächst mit der Ausrede aus der Patsche ziehen wollten, der innere und äußere Rat hätten das Vorgehen beschlossen, „weil gegenwärtiger Schuelmeister die Jugend das letzte Jahr nicht zur Genüge instruiert" habe. Im Verlaufe des Verhörs gaben sie aber zu, daß sie vom Pfarrer dahingehend unterwiesen wurden, daß die Stadt nach der vorjährigen Disposition nicht befugt sei, bei Bestellung oder der Abschaffung eines Schulmeisters „privat vorzugehen"; hingegen hätten sie nach dem Dekret von Konstanz aus dem Jahre 1690 hierzu die Ermächtigung. Es sei nun ihre Meinung, daß die Stadt in Zukunft lieber auf eigene Kosten einen Schulmeister nach ihrer Willkür unterhalten solle und damit auch das Recht habe, ihn „also auch nach ihrem Gefallen annehmen und abschaffen zu können". Der Stadtschreiber betonte während des Verhörs, daß die vorgenommene schnelle Abschaffung nicht so bös gemeint gewesen sei und nur „drohungsweis beschehen". Der Bürgermeister selbst widerlegte jedoch diese Angaben und bestätigte, „daß solches nicht drohungsweis, sondern aus angezeigten Ursachen beschehen". Die Herrschaft stand also nun vor der Tatsache, daß beide Räte lieber aus eigener Kasse die Anstellung des Schulmeisters bezahlen, als von dem Entgegenkommen Gebrauch zu machen, um der Herrschaft „von Oberpflegschafts wegen" bei der Bestellung und Abschaffung des Schulmeisters keine Rechte einräumen zu müssen. Man wies dieses eigensinnige Verfahren und die „respektsverletzende Mißachtung herrschaftlicher Disposition und Befehls" ernstlich zurück und verlangte für den nächsten Regierungstag entsprechenden Bericht. „Sodann aber, und weil selbiges sich der herrschaftl. berührten Disposition und Gnad durch derselbigen dergestalten verächtliche Beiseitsetzung unwürdig gemacht, dabei aber auf eigene Kosten lieber einen eigenen Schuelmeister unter Bezugnahme auf das Constanzer Decret von 1690 selbst anzustellen sich resolviert haben, also werden sie des letzteren halber darin verwiesen, daß gleichwohlen sie willkürlich einen Schuelmeister auf ihre Kösten anstellen mögen, wider welchen jedoch eine Einwilligung des herrschaftlichen Stadtammannes nichts Erhebliches einzuwenden auch ein jeweiliger hiesiger Herr Pfarrer approbieren werde, jedoch mit dem Beisatz, daß weil hochgebohrne gnädige Herrschaft nach der ihr im Vergleich von 1686 zukommenden Befugnis, samt des Spitals und desselben Zugehörs halber um so mehr eine andere Disposition zu machen gesinnet sei, alldieweil alles Bisherige, sowohl von geist- als auch weltlicher Obrigkeit Ergangene zu Heilsamster Verordnungen ohnebefolgt gelassen worden, diesem zu gänzlichem Umbsturz der Stiftungen und Spitalpflegschaft hierunter bezeugtem Ungehorsam aber behörig abzuhelfen. Hochbemeldte gnädige Herrschaft sich gewissens- und obrigkeitsamtshalber umbunden weiß, also solle auch die Stadt ihren eigenmächtig aufzunehmen gedenkenden Schulmeister sowohl als auch ihren Stadtschreiber umb einer eigenen Behausung auf der Stadt Kosten umsehen und dahero auch der Stadtschreiber innerhalb von 4 Wochen das zum Spital gehörige Haus räumen und so lang dann auch den gewesten Schuelmeister, um sich mittler Zeit um anderwärtigen Unterschlupf zusehen, im Spitalhaus zu verbleiben, vergönnt sein solle." Die Herrschaft verpflichtete also die Stadt, ihren Schulmeister selbst zu bezahlen, behielt aber bei Ein- und Anstellung das Mitspracherecht in der Form vor, als der von der Herrschaft angestellte Stadtpfarrer und der Stadtammann gehört werden mußten. Sie behielt sich auch vor, über die gesamten Zuwendungen anders zu disponieren und kündigte gleichzeitig sowohl dem Stadtschreiber als auch dem neu anzustellenden Schulmeister die Wohnung, für welche nun die Stadt selbst zu sorgen hatte. Bis Martini 1735 wurde der Schuldienst vom „Stadt-Schuellmeister" **Schueh**, die Music aber durch den Hofkaplan Baptist **Mögler** versehen. — Die Schulden des Stadtschulmeisters in Höhe von 30 Gulden wurden ihm von der Besoldung abgezogen. Im Dezember dieses Jahres wurden dem **Jakob Brugger**, gewester Schulmeister, aus der Sebastianpflegschaft 6 Gulden bewilligt. Im selben Monat erschienen Bürgermeister und Stadtschreiber mit einer Abordnung im Schloß, um die wegen der Einsetzung des Schulmeisters entstandenen Unstimmigkeiten einzulenken. Sie brachten vor, es sei ihnen wegen der Schule ein Mißverständnis unterlaufen und baten, man möge doch fernerhin von der Spitalpflege den Schulmeister besolden und erlauben, die Schule im Spitalhaus zu halten. Entgegen der Anordnung vom 19. Oktober wurde Entgegenkommen gezeigt und dahingehend eine Regelung getroffen, daß das Oberamt und der Stadtpfarrer die Anstellung vornehmen müssen. Der Stadt wurde ausdrücklich befohlen, den Schulmeister nicht mehr eigenmächtig abzuschaffen. Anstände seien beim Oberamt vorzubringen, das dann entscheide. Der Schulmeister werde von der Spitalpflege bezahlt, das Spital als Schulhaus zur Verfügung gestellt.

1736 hatte die Stadt wegen des verkauften Langenenslinger (Spital-)Hofs jährlich 60 Gulden an den Magister zu bezahlen. „Wegen der leidigen Kriegszeit" wurde der Betrag dieses Jahr noch von der Spitalpflege bezahlt.

Über einen „Scheerer Katechismus" von

1744 berichtet Brehm im „Schwäbischen Archiv" Band 28.

1747 erfahren wir, daß der jüngste Kaplan „die 4 Chorknaben in musica et studiis etc." instruierte (vgl. Kirche).

1749 ist erstmals der Schulmeister **Johann Michael Kieferle** erwähnt. 1753 wird er „Hans Michel Küeferle" genannt. Sein Sohn schoß der Maria Schell einen Bolzen ins Auge. 1766 studierte sein Sohn Josef Willibald (wohl derselbe) Theologie und erhielt den Titel Menso. Die hierfür erforderliche Kaution in Höhe von 1000 Gulden brachten die Angehörigen des mit seiner Schwester Susanna verheiratet gewesenen, verstorbenen Schwagers Sauter in Ennetach auf.

1758 kam folgender Erlaß heraus:

Die Gemeinden haben das größte Interesse daran, daß die Jugend im Lesen, Schreiben und Rechnen und ehrbaren Sitten unterrichtet werde und dazu gute Lehrer habe, denen eine gebührende ehrliche Belohnung für ihre Arbeit zustehe; deshalb sollen die Eltern ihre Kinder, jetzt von 7 bis 13 Jahren, bis Georgii in die Winterschule schicken. Die Vorgesetzten sollen, um Ordnung halten zu können, die Schulen öfters unversehens besuchen; den Schulmeistern wird vorläufig angekündigt, daß Nachlässigkeit angezeigt und dann bestraft werde, daß ihnen ihr Gehalt ungekürzt zukommen solle. Die Eltern sollen weder die Lehrart noch Bestrafung kritisieren, sondern in den Kindern Zutrauen, Liebe und Furcht für ihre Lehrer wecken. Aus der Verachtung des Schulmeisters komme aller Unfleiß und damit die Fruchtlosigkeit der Erziehung. Zugleich wird geboten, daß die Eltern ihre Kinder nicht in auswärtige Schulen schicken sollen. Die Obrigkeit solle mit Hilfe der Geistlichkeit eine möglichst gute Ordnung im Schulwesen aufrecht erhalten.

Nach einer Verordnung von

1767 mußten die Kinder von 7 bis 12 Jahren die Schule mindestens bis Georgi besuchen.

Da Kaiser Josef II. (1765—90) der Jugenderziehung seine besondere Fürsorge widmete, trat in den vorderösterreichischen Landesteilen allmählich ein regeres Leben auf dem Gebiet des Schulwesens ein. Es ergingen vielfach Erlasse zu dessen Vervollkommnung. Alle After- und Nachtschulen (Winkelschulen), die öfters nur als ein Vorwand für unerlaubte Zusammenkünfte dienten, wurden abgeschafft. Im Jahre

1775 wurde auf kaiserliche Anordnung in den gesamten österreichischen Erblanden ein „Normalschulinstitut" eingeführt. Zur Belebung desselben sollten die Untertanen wenigstens in etwas zu Geldbeiträgen herangezogen werden. — Einen wesentlichen Beitrag leistete für den Bereich der Grafschaft Friedberg-Scheer die Gräfin Anna Maria Monika.

Sie rief im Jahre 1775 durch Testamentsverfügung den sog. „Landschaftlichen Hausarmen- und Schulfonds" ins Leben, in welchem sie in Artikel 21 bestimmte: „Zum Andenken und zum Nutzen der Stadt Scheer legiere ich zu einer hiesigen besseren Schuleinrichtung und zu besserer Besoldung der hiesigen Lehrer drei tausend Gulden, id est fl. 3000, welche bessere Einrichtung ich die hiesige Ortsherrschaft mit Zuziehung eines zeitlichen Pfarrers treffen zu lassen, bestens ersucht haben will, und stelle ich dieser anheim, ob dieses Capital der fl. 3000 — bey der Landschaft belassen oder bei der heiligen Geistes-Pflegschaft zu Scheer versichert, und verzinslich angelegt werden solle." — Am 12. Oktober 1780 wurden Thaddäus Glaser und Anton Stumpp zum **Mesnerdienst** aufgenommen. Dies erfolgte in Anwesenheit einer Ratsdeputation in der Oberamtskanzlei, wobei sie dem Pfarrer und dem Rat zur „Angelobung" angewiesen wurden. Dieser Modus soll, wenn kein Einwand vom Pfarrer oder Rat der Stadt vorliege, in Zukunft beibehalten werden, wie auch die Gepflogenheit, daß nur ein Scheerer Bürger als Mesner angenommen wird und diesem aufgetragen werden soll, alljährlich die Kirchenschlüssel beim Oberamt vorzulegen und, wie seither, um die Dienstbestätigung anzuhalten. — Am selben Tag wurde über das **Schuleinrichtungswesen** bestimmt:

1. daß von Herrschaftswegen künftig der Magister beim Oberamt aufgenommen wird und sich hernach beim Pfarrer und Stadtrat zu praesentieren hat und nach seiner Verpflichtung dem Pfarrer und dem Stadtrat das Handgelübde ablegen soll;
2. wird der Magister von der Herrschaft angewiesen, sich gemäß der herrschaftlichen und Stadt-Scheererischen Statuten zu verhalten, gegenfalls er auf das Stadthaus zu citieren ist;
3. soll der Magister in der Latinität, Musik und im Orgelschlagen erfahren sein und die Schul-, Latein-, Choral- und Figuralkunst lehren, aber die Instruction in dem deutschen Lesen, Schreiben und Rechnen der hauptsächlichste Gegenstand seines Lehramtes sein;
4. die deutsche Lehre solle der Magister den bürgerlichen und Scheererischen Kindern unentgeltlich mitteilen und auch ohne weitere Belohnung die Chorknaben in der Latinität und Singkunst unterrichten;
5. sollen der Deutschlehre, mit Ausnahme des zur Vakanz üblichen Donnerstags oder halben Dienst- und Donnerstags, 4 Stunden täglich, 1 Stunde dem Latein und eine Stunde der Musikinstruction gewidmet sein;
6. sollte der erwählte Magister nicht imstande sein das zu verrichten, soll er auf seine Kosten einen geeigneten Provisor halten;
7. Da aber der bisherige Schulmeister **Johann Michael Kieferle**, der schon über 30 Jahre Schule gehalten hat, in seinem hohen Alter dem künftigen Magister noch an die Hand gehen will, soll dieser ihm jährlich 20 fl abgeben;
8. Obwohl die Herrschaft bei der Aufnahme der Chorknaben zuerst die Scheererischen Kinder zu berücksichtigen gedenkt, solle ihr vorbehalten bleiben, auch die Söhne anderer Untertanen und auswärtige Knaben aufzunehmen.
9. Bei etwaiger Erledigung der Magisterstelle solle ein tägliches Subjekt aus der Bürgerschaft beachtet werden;
10. Sollte eine Trennung des Latein- und Musikunterrichts vom Deutschunterricht in Aussicht genommen werden, so solle eine solche Abänderung nicht geschehen ohne eine herrschaftliche Verordnung und ohne die Disposition von 1746 § 2, daß der jüngste Beneficiat in seinem Hause die Chorknaben zu instruieren habe und jenem die 5 fl. die zur Besoldung des weltlichen Magisters beigetragen würden und der bürgerliche Holzteil verbleibe und die 1650 fl. in das Corpus der hiesigen Kaplanei wieder einzuweisen wären.
11. Den Testamentsvollstreckern solle es vorbehalten bleiben, die von der Gräfin Monika zur besseren Errichtung des städtischen Schulwesens vermachten Interessen von 3000 fl. Kapital zu bestimmen;
12. Regelt die Besoldung des Magisters.

Eine Abänderung dieser Punkte bei in Zukunft sich ergebenden Umständen, bleibt vorbehalten.

Anscheinend hatte die Stadt vorgehabt, einen der beiden Mesner als Schulmeister anzustellen, war aber von der Herrschaft insofern vor gegebene Tatsachen gestellt worden, als diese bekanntgab, daß **Dominikus Schafheutel** aus der Reichsstadt Biberach als Magister angenommen wurde. Als das diesbezügliche Protokoll am 12. Oktober 1780 bei der Stadt einging, beschwerte sich eine Delegation, bestehend aus dem Stadtschreiber Willibald Kieferle, Franz Xaver Flaitz und Fidel Störkle vom inneren, Joseph Zimmerer und Joseph Bruckner vom äußeren Rat und Franz Joseph Rhein und Leopold Buck aus der Bürgerschaft, auf der Kanzlei und brachten vor:

1. dem Rat seien bei der Aufnahme Schafheutels jegliche Einwendungen abgeschnitten worden, obwohl nach dem Protokoll vom 5. November 1777 bei der Aufnahme eines Magisters vom Oberamt der Stadtpfarrer und der Rat hinzuzuziehen seien.
2. Wenn kein bürgerliches Kind als Chorknabe aufgenommen würde, halte sich der Rat nicht daran gebunden, den bürgerlichen Holzteil zur Besoldung beizutragen;
3. werde gezweifelt, ob der Dominikus Schafhäutel sowohl die Deutschlehre als auch Latein und Musik vortragen könne; bei einer Trennung werde aber dem Rate zugemutet, den Deutschlehrer privat anzunehmen und diesem eine Besoldung aus der Sebastian- und Hl.-Geist-Pflegschaft anzuweisen, wogegen aber die Bürgerschaft auf einen jährlichen Trunk und Brot aus diesen Pflegschaften verzichtet habe, damit der deutsche Schulmeister die bürgerlichen Kinder unentgeltlich unterrichte.
4. Da am Ende des Protokolls über die Schuleinrichtung die Herrschaft sich bei Änderung der Umstände vorbehalte die Punkte zu ändern, so würde es dem Rate schwer fallen, wenn dieser nicht auch zu solchen Änderungen hinzugezogen würde. Obwohl das Oberamt der Ansicht war, daß die vorgebrachten Bedenken anbetracht der Zielsetzung des Protokolls für die Erziehung der Jugend von keiner Wichtigkeit seien und schon aus dem Protokoll zerstreut werden könnten, gab es zu jedem Punkt eine besondere Erklärung.

Durch Verordnung des bischöflichen Generalvikars vom 2. November 1782 wurde den Pfarrern die Verordnung Kaiser Josephs

239

II. über den besseren **Schulbesuch** der Kinder besonders ans Herz gelegt. Sie mußten alljährlich vor Beginn des Schulbesuches die kaiserliche Verordnung öffentlich von der Kanzel verlesen und in der darauf folgenden Predigt eine der Sache angemessene Ermahnung an die Eltern halten. —

Am 21. November 1782 wurde die **österreichische Normalschule** eingeführt, durch welche sowohl Inhalt als auch Methode des Unterrichts wesentlich verändert werden sollten. Der Lehrplan bestimmte, daß jede Schülerabteilung alles gemeinsam und laut aussprechen müsse und man hoffte dadurch, daß auch den schwächeren Kindern jeder Lehrgegenstand mundgerecht werden müsse. Der Unterricht erstreckte sich auf Religion, Buchstabieren, Lesen, Schreiben, Rechnen, auch Religionsgeschichte, weltliche Geschichte verbunden mit Geographie und deutscher Sprachlehre. Dies setzte natürlich einen entsprechenden ausgebildeten Lehrer voraus.

Nach dem Erlaß der Regierung in Freiburg vom 24. Januar
1783 sollte nach dem Wunsche des Kaisers in den Vorlanden behufs Vermehrung der Schuleinkünfte darnach getrachtet werden, daß, wo **kirchliche Stiftungen** für Prozessionen nach entfernten Orten oder auch nach näheren Kirchen in größerer als der gesetzmäßigen Anzahl vorhanden sind, solche zum Besten der Erziehung der Jugend alsbald nützlich verwendet werden sollen. Bei dieser Neuorganisation wurden die weiteren Bestimmungen getroffen, daß nicht nur überall in Pfarreien und Lokalkaplaneien Schulen errichtet werden sollen, sondern auch da, wo im Umkreis von einer halben Stunde 90—100 schulfähige Kinder vorhanden seien. An der Errichtung dieser Schulen hätten die Grundobrigkeit, die Gemeinden und Patrone je ein Drittel der Kosten zu tragen. Durch Erlaß der Regierung in Freiburg vom 7. 11. 1783 wurde weiter angeordnet, daß die **Schulgebäude** nebst den **Lehrerwohnungen** herzustellen, zu unterhalten, mit allen Schulerfordernissen zu versehen und die Schulstuben zu beheizen der Patronus schuldig sein solle. Bezüglich der Normal- und Hauptschulen in den Städten wurde bestimmt, daß solche in einer jeden Kreisstadt, in den privilegierten Marktflecken, in den königlichen und anderen Municipalstädten und selbstverständlich in den Hauptstädten, und zwar in diesen mit allen Klassen des Normalunterrichts versehen, errichtet werden sollen. Die Kosten für Wohnung, Heizung, Bücher und die übrigen Bedürfnisse seien „ex fundo domestico", bei den untertänigen Orten von der Grundobrigkeit, zu bestreiten. Besonders talentierte Kinder sollen mit einem Stipendium bedacht und möglichst an die Gymnasien oder an die Hochschule geschickt werden, wo sie sich auf Kosten des Staates ausbilden lassen konnten. Ein Erlaß vom 3. Juni
1784 besagt, daß alles **Vermögen der** bisher bestandenen **Bruderschaften** zwei Zwecken zugeführt werden soll: der Verpflegung der Armen und zur Errichtung und Verbreitung der gemeinnützigen deutschen Schulen, zum Unterricht und zu besserer Erziehung der armen Jugend.

Die Bestimmungen über die Normalschulen wurden alljährlich vor Beginn des Schuljahres von der Kanzel verlesen, und am darauffolgenden Sonntag war in der Predigt eine angemessene Ermahnung an die Eltern und Vormünder zu erlassen, ihre Kinder und Pflegebefohlenen fleißig in die Schule zu schicken. Nachdem vorher das **Schulgeld** von den Lehrern eingesammelt werden mußte, soll es nun ab
1785 von den „Ortsgerichten" monatlich gesammelt und im Beisein des Pfarrers, des Beamten und Schulaufsehers an den Lehrer bezahlt werden. Auf gleiche Weise soll auch die nebst dem Schulgeld übliche Naturaliensammlung im Jahr nur einmal durch das Ortsgericht durchgeführt werden.

Mit der Übernahme der Herrschaft durch den Fürsten von Thurn und Taxis im Jahr
1786 bekam das Schulwesen in Scheer eine neue Gestalt. Eingeführt wurde die tägliche **Winter- und Sommerschule**; ebenso die **Sonntagsschule**, welche die aus der Werktagsschule entlassene Jugend beider Geschlechter bis zum 18. Lebensjahr zu besuchen hatte. Vom Jahr
1787 an war das **Schuljahr** mit Anfang September zu eröffnen, zu Ende des darauffolgenden Juni zu schließen und die bisher im September und Oktober gehaltenen Ferien auf Juli und August zu übertragen. — Schon im Jahr
1788 erschien eine „Instruction für den Dürmentingischen Schulmeister". Oberamtsrat Klavel in Scheer und Hofrat Payr in Dürmentingen wurden zu **Schulkommissären** bestellt, Klavel über die obere, Payr über die untere Herrschaft.

Durch Dekret vom 5. Juni
1795 wurde den Schulkommissären Payr und Klavel ein besonderer **Schuldirektor** beigegeben in der Person des wegen seiner Talente und mehrjährigen Erfahrung gerühmten Priesters und dermaligen Benefizianten Emmeran Liber zu Scheer, der sich freiwillig dazu anbot. Seine Bestellung geschah laut Anstellungsdekret dergestalt, daß Liber mit den beiden Schulkommissären die Aufsicht über die deutschen Stadt- und Landschulen, und zwar soviel die obere Landschaft betraf, unabhängig vom Oberamt Scheer und unmittelbar unter der Leitung der fürstlichen Regierung ausüben, dieselben nach Gefallen und Notdurft entweder in Gemeinschaft mit den Schulkommissären oder auch allein zu leiten, zu visitieren und zu prüfen, die Berichte hierüber aber gemeinschaftlich mit denselben an die Regierung zu erstatten befugt und gehalten sein sollte. Dem neuen Schuldirektor wurde zunächst aufgetragen, zur Erlangung der erforderlichen individuellen Kenntnisse der Schulen und Lehrer und der etwaigen besonderen Vorzüge und Gebrechen derselben, zuerst sämtliche in der Grafschaft bestehenden deutschen Schulen zu visitieren und über den Befund einen umfänglichen Bericht an die Regierung zu erstatten, dabei auch Vorschläge zu machen, wie den Gebrechen abgeholfen und das Schulwesen in die gewünschte Aufnahme gebracht werden könne. Nach eingekommenen Berichten werde dann die Regierung „einen mit den zum Teil schon bestehenden, zum Teil vormals projektierten, bisher aber nicht zur Ausübung gekommenen Plänen zu vereinigenden systematischen Schulplan" entwerfen lassen, worin nebst der besseren Lehrart und hierauf sich beziehenden Anordnungen auch vorzüglich auf die Heranbildung und Nachziehung tauglicher und geschickter Lehrer Rücksicht genommen werden sollte.

Eine fixe Belohnung für seine Arbeit als Schuldirektor wurde dem Benefiziaten Liber vorerst nicht ausgesetzt, doch wurde ihm bis zur definitiven Regelung derselben gestattet, bei seinen Schulbesuchen sich der herrschaftlichen Pferde zu bedienen oder für andere Fuhren Entschädigung zu verlangen; für den Fall, daß er bei Schulgeschäften auf dem Land über Mittag seinen Tisch nicht wieder erreichen könnte, wurde ihm ein Taggeld von 2 Gulden gewährt.

Bald erfolgten seitens der fürstlichen Regierung die nötigen Schritte, um dem neuen Schuldirektor die Unterstützung der Beamten, Pfarrer und Seelsorger zu sichern. Dem Hofrat Payr eröffnete Fürst Karl die Anstellung Libers. Darin heißt es u. a.: „Wir versprechen uns, daß Ihr von selbst geneigt sein werdet, gemeinschaftlich mit diesem seiner Talente und mehrjährigen Erfahrung halber uns rühmlich bekannten Mannes zu Werke zu gehen, unsere auf das Beste und das zeitliche und ewige Wohl unserer getreuen Untertanen allein gerichteten Absichten zu unterstützen und seiner Zeit Bericht und Vorschläge über einen systematischen Schulplan an unsere fürstliche Regierung mit ihm zu erstatten." Gleichzeitig erhielt Payr den Auftrag, bei dem ersten anbefohlenen Schulbesuch den Pfarrern und Seelsorgern in der unteren Herrschaft und den zugewandten Ritterorden ein fürstl. Zirkular-Reskript zu eröffnen und ihnen die verdienstliche und dem Fürsten so gefällige Mitwirkung bestens und nachdrücklichst zu empfehlen. In dem erwähnten Zirkular vom 5. Juni 1795 heißt es wörtlich: „Wir haben uns von jeher zum wesentlichsten und erhabendsten Teil unserer landesherrlichen Pflicht gerechnet, für die Aufnahme der Schulen und den zweckmäßigen Unterricht der Jugend in uneren Reichslanden und Herrschaften bedacht zu sein. Aus diesem Grunde haben wir schon zum öfteren Verordnungen, Ermahnungen, Aufmunterungen ergehen lassen und jährliche Schulpreise ausgesetzt, um denselben mehr Lust von Seiten der Jugend und mehr Neigung von Seiten der Eltern selbst zu gewinnen. Unsere väterliche auf das alleinige Beste unserer lieben Untertanen gerichtete Absicht, sie zu frommen und rechtschaffenen Christen zu bilden, ist auch unter dem Vorstand unserer Schulkommissarien für die obere und untere Landschaft der gefürsteten Grafschaft Friedberg-Scheer und unter der klugen Leitung der meisten Pfarrherren soweit gediehen, als es bei den bisher so kostspieligen Aufmerksamkeit und Aufwand auf ganz verschiedene Gegenstände ableitenden Zeitumständen möglich war. Weil nun friedliche Aussicht für unser gemeinsames deutsches Vaterland zu tagen scheint, wollen wir noch mit mehr Eifer auf jenen Zweck hinarbeiten." Als Vorbereitung zu dieser neuen Arbeit auf dem Gebiet des Schulwesens bezeichnet der Fürst die Anstellung eines Schuldirektors und spricht die Erwartung aus, sämtliche Pfarrer und Seelsorger werden es sich zur angenehmen Pflicht machen, durch ihre Mitwirkung und eifrige Verwendung seine bestgemeinten Absichten zu unterstützen und der Schulkommission willfährige Hand zu deren Erreichung zu bieten.

Noch im selben Jahr schritt man zur **Gründung eines eigenen Schulfonds**. In einem Dekret vom 11. Dezember 1795 teilte die fürstliche Regierung mit, daß nach der Willensmeinung des Fürsten zur Verbesserung des Schulwesens in der Grafschaft Friedberg-Scheer ein eigener Schulfonds errichtet worden sei, zu dem sämtliche daselbst bestehenden milden Stiftungen und „pia corpora" nach dem Maß ihres Vermögens beisteuern sollten. Das Oberamt mußte nun über das Vermögen der einzelnen Kirchenpflegen und sonstigen Stiftungen Erhebungen anstellen, um festzustellen, was von jeder Stiftung als jährlicher Schulbeitrag gefordert werden könne. Armenpflegen sollten zum Schulfonds nicht herangezogen werden, außer insoweit, als etwa für arme Kinder das Schulgeld daraus bestritten werden könnte. Diese Inanspruchnahme der Kirchenpflegen für Schulzwecke war nichts Neues. Schon unter der truchsessischen Herrschaft wurden bereits im 16. Jahrhundert die Schullehrer in Scheer und Dürmentingen aus Mitteln der Kirchenfabriken, auch auswärtiger, teilweise besoldet. Ein fürstl. Reskript vom 29. Februar 1796 bemerkt, daß die jährlichen Beiträge dieser Kassen zum Schulfonds wegen ihrer Mäßigkeit gewiß nirgends Mißvergnügen oder Anstände erwecken werden. Das Oberamt wurde aber beauftragt, sich über Regulierung der Beiträge aus Kirchenpflegen und sonstigen Pflegschaften, die unter Mitverwaltung und Aufsicht der Geistlichkeit stehen, mit den Pfarrern ins Benehmen zu setzen und den Geistlichen zu überlassen, wie sie die Zustimmung der bischöfl. Kurie erwirken wollen. Verschiedene Fabriken und Pflegschaften waren wegen Unvermögens frei, sollten aber bei Besserung der Vermögensverhältnisse ebenfalls herangezogen werden. Die jährlichen Beiträge mußten an die Schulkommission in Scheer, nämlich Oberamtsrat Klavel und Schuldirektor Liber, gesandt werden, insoweit sie nicht gleich für den Lehrer im Ort selbst oder in der Nachbarschaft angewiesen wurden.

Um den Schulfonds aufzubessern, erließ der Fürst von Thurn und Taxis am 13. März 1796 ein Dekret, in welchem verfügt wurde, daß außer dem Grundstock von 3000 fl. dem Schulfonds zufließen sollte:

a) von Seiten des durchlauchtigsten Fürstenhauses ein jährlicher Beitrag von 400 Gulden,

b) alle Fornications- und Geld-Strafen der ganzen Grafschaft,

c) ein von der Herrschaft bisher der Schützengesellschaft zu Hohentengen bewilligtes jährliches Gratiale,

d) ein Besoldungsabzug von 1 Prozent für das erste Jahr von allen neu angestellten geistlichen und weltlichen Beamten der Landschaft.

Hierbei wurde bestimmt, daß die Erträgnisse der Stiftung, wie im Allgemeinen, zu Hebung und Förderung des Schulwesens der ganzen Landschaft, so im Besonderen auch Gratialien, welche man den Lehrern für angewandten Fleiß und geleistete Arbeit zuwenden wird, benutzt werden sollen.

Laut Erlaß vom Oktober 1797 haben verschiedene Betrachtungen den Fürsten veranlaßt, die Exemtion der Schulkommission und Direktion zu Scheer wieder aufzuheben und diese dem Oberamt Scheer unterzuordnen, auch die Verhältnisse der Schuldirektion zu den Oberämtern und dem Schulkommissär, nebst Art und Weise, wie die Schulklasse geführt werden solle, zu bestimmen. Es heißt dort über

241

die „**Verhältnisse der Schuldirektion zu den Oberämtern und den Schulkommissarien:**
§ 1 Die Schuldirektion und die Schulkommissarien sind von Seiner hochfürstl. Durchlaucht deshalb aufgestellt worden, damit
a) der Schulunterricht nach dem einmal festgesetzten Plan, allgemein geschehe und
b) auf den Vollzug dessen und der damit verbundenen übrigen Vorschriften von allen Seiten gerecht werde.
§ 2 Die Aufsicht und Vollführung der bestehenden Vorschriften über die Schullehrer und ihre Methode, über das Betragen und den Fleiß der Schullehrer, über den Fortgang der Kinder in der Lehre und überhaupt die eigentliche Regie des Schulwesens, steht dem aufgestellten zeitlichen Schuldirektor ausschließlich und vorzüglich zu.
§ 3 Er ist diesem nach insbesondere befugt, die saumseligen Lehrer zu warnen und ihnen bei anhaltender Nichtbefolgung der bestehenden oder ihnen weiters gegebenen Vorschriften insgeheim, oder auch stufenweise öffentliche Verweise zu geben.
§ 4 Hat der Schuldirektor Klagen über die Eltern der schulmäßigen Kinder, über die Ortsvorgesetzten, oder verfällt er in Widersprüche mit den Ortsseelsorgern, so kann er zwar allerdings erstere mahnen, sie durch Zureden und Vorstellungen zu gewinnen, oder letztere zur emsigen Teilnahme zu bewegen suchen. Bleiben aber seine diesfallsigen Bemühungen ohne Wirkung, so hat er zunächst dem Schulkommissar die Anzeige davon zu machen und ihn zur tätigen Einschreit- und Verwendung aufzufordern.
§ 5 Fruchtet auch diese nicht, oder der Schulkommissar unterläßt sich gehörigermaßen zu verwenden, so hat der Schuldirektor seinen Rekurs um Hilfe an das betreffende Oberamt zu nehmen, solches aber dem Schuldirektor auf sein Ansuchen alle mögliche Hilfe und die schleunigste Unterstützung zu leisten. Sollte aber von Seiten des Oberamts den diesfallsigen Klagen nicht nachgeholfen werden können oder wollen, so hat die Schuldirektion und Schulkommission an hochfürstliche Regierung zu rekurieren.
§ 6 Wo die Erscheinung des Schulkommissärs bei gewissen Gelegenheiten, z. B. bei Prüfungen, Preis- und Gratifikationsausteilungen vorgeschrieben ist, hat derselbe unfehlbar zu erscheinen. Nur wichtige und gegründete Dienstshindernisse können ihn dieser Pflicht in besonderen Fällen entheben.
§ 7 Hingegen hat sich derselbe jederzeit willig und ohne Weigerung zu Besprech- und Beratschlagungen über Schulgegenstände auf den Wunsch des Schuldirektors finden zu lassen.
§ 8 Bemerkt der Schulkommissar seinerseits, daß von dem Schuldirektor den bestehenden Anordnungen nicht nachgekommen, oder auf irgend eine Weise, es sei durch zu große unzeitige Strenge oder durch wenige Aufmerksamkeit, gefehlt werde, so ist derselbe befugt, dem Schuldirektor freundschaftliche Vorstellungen darüber zu machen; erfolgt hierauf keine Änderung, so hat der Schulkommissar die Anzeige an die Oberinspektion zu machen.

§ 9 Veränderungen in dem Schul-Lehrer-Personale oder dessen Besoldungen und ebenso in der vorgeschriebenen Schuleinrichtung und Lehrmethode kann sowenig der Schulkommissar als der Direktor von sich allein machen, sondern in solchen Fällen haben sich beide vorerst unter sich mit dem Oberamte zu besprechen und zu verabreden und hierauf ihr gemeinschaftliches Gutachten an hochfürstliche Regierung zu erstatten.
§ 10 Dieses schließt jedoch nicht aus, daß nicht jeder von beiden seine besonderen Bemerkungen und Vorschläge über welcherlei Abänder- und Verbesserungen zu jeder Zeit zur Regierung einschicken könne.
§ 11 Kommen der Schulkommissär und der Schuldirektor in welch immer für einer das Schulwesen betreffenden Angelegenheit zusammen, so hat ersterer als im Namen der Landesherrschaft erscheinend den Vorsitz und die Leitung des Geschäfts.
§ 12 Gegen die Oberämter haben sich sowohl der Schulkommissar zu Scheer als der Schuldirektor bescheiden und mit der geziemenden Achtung zu betragen, die sie ebenso wieder von ihnen zu erwarten berechtigt sind. Indessen werden die Oberämter bedacht sein, auf das Anrufen der Schuldirektoren, oder des Schulkommissars sich jederzeit willig, eifrig und nachdrücklich für das Beste des Schulwesens zu verwenden. Überhaupt aber sind wechselseitig und unter schwerer Verantwortlichkeit alle Gattungen von Neckereien, Zögerung und übler Wille zu vermeiden und ist sich zum allgemeinen Besten nach allen Kräften zu vereinigen.
§ 13 Da die Oberämter die Aufsicht über das Schulwesen in ihren Amtsbezirken haben, so steht es selbigen auch zu, für die genaueste Erfüllung der hochfürstlichen Schulordnung zu sorgen und das Nötige zu dem Ende vorzukehren.
§ 14 Die Schulkommission und Direktion hat lediglich keine Gerichtsbarkeit über die Lehrer, sondern es steht solche, sofern es Schulgegenstände angeht, bloß allein dem betreffenden Oberamte zu, welchem nach die nötige Untersuch- und Erledigung der von seiten der Gemeinden, Pfarrherren, Eltern und Lehrer in Schulsachen geführt werdenden Beschwerden jedesmal bei und von dem Oberamte vorzunehmen ist, welches auch befindenden Dingen nach hierüber Bericht an hochfürstliche Regierung zu erstatten hat.
§ 15 Jedoch haben die Oberämter die Beschwerden der Eltern gegen die Lehrer jedesmal zuerst an die Schulkommission und Direktion zu verweisen und alsdann erst, wenn die Abhülfe nicht erfolgen sollte, von Oberamtswegen einzuschreiten. Wie dann auch
§ 16 von den Oberämtern die an die Lehrer für nötig erachtet werdenden Weisungen an solche nicht unmittelbar, sondern durch dieselbigen vorgesetzten Schuldirektion und Schulkommission ergehen zu lassen sind.
§ 17 Über die Lehrmethode selbst, Anordnung der Prüfungen, Bestrafung der Kinder in der Schule und dgl. haben die Oberämter nichts zu verfügen, sondern es bleibt all solches lediglich und ausschließlich

(vid. § 2) dem Schuldirektor überlassen. Dahingegen hat das Oberamt

§ 18 den Endesprüfungen, Preisausteilungen etc. ex officio beizuwohnen und über den Erfolg Bericht an hochfürstliche Regierung zu erstatten.

§ 19 Über die auszuwählenden Schullehrerkandidaten ist von dem Schulkommissär und Direktor, jedesmal in Beisein eines Lehrers, die Prüfung unentgeltlich vorzunehmen und nach Befund gutächtlicher Vorschlag dem Oberamt zur berichtlichen Einbeförderung an hochfürstliche Regierung vorzulegen. Welches auch

§ 20 bei abzureichenden Gratifikationen an die Lehrer zu beobachten ist, wo die Sache dem Oberamt zur Untersuchung und Begutachtung an hochfürstliche Regierung vorzulegen ist.

§ 21 Gebührt dem Schul-Kommissär der Vorrang vor dem Schuldirektor (§ 11) und kommt somit auch ersterem das Recht zu, die an die Schulkommission einkommenden Exhibiten, Resolutionen, Schreiben und dgl. zu erbrechen, die zu erstattenden Gutachten und Berichte zu entwerfen und solche primo loco zu unterschreiben. Ist aber der Schulkommissar abwesend, krank oder auf sonstige Weise verhindert, so hat die Eröffnung der Exhibiten, Resolutionen und Schreiben sowie die Entwerfung von Gutachten und Berichten auch von dem Schuldirektor zu geschehen; diesem bleibt nicht minder unbenommen, bei Abfassung solcher Berichte und Gutachten seine von dem Schulkommissar etwa abweichende Meinung jedesmal beizusetzen. Insonderheit aber

§ 22 bleibt es dem Schuldirektor vorbehalten, bei den über all jene Gegenstände, deren Leitung ihm (§§ 2 und 17) ausschließlich zusteht, zu erstattenden Berichten und Gutachten die Feder zu führen.

Von der Schulkasse und der Rechnungsablage dabei.

§ 1 In die Schulkasse fließen alle und jede – aus was immer für Quellen herkommenden – Einkünfte des Schulfonds.

§ 2 Insbesondere sind dahin alle von Kirchenfabriken oder milden Stiftungen für die armen Schulkinder eines Orts oder zu Preisanschaffungen bisher gewidmeten Beiträge einzuliefern, wo sodann der Schulkommissär und die Schuldirektion für deren zweck- und bestimmungsmäßige Verwendung bedacht sein werden.

§ 3 Die Verwaltung dieser Kasse steht bei dem Schulkommissär zu Scheer und bei dem Schuldirektor zusammen und unter ihrem beiderseitigem Verschluß, welche daher auch beide dafür zu haften haben. Sie wird in des ersten Wohnung verwahrt.

§ 4 Alle Vierteljahr ist wegen der Bezahlung der Besoldungen und wegen nötiger Übersicht des Cassa-Zustandes ein Zusammentritt zwischen dem scheerischen Schulkommissar (welcher in Rücksicht der Kasse allein hier zu concurrieren hat) und dem Schuldirektor zu halten und das Nötige zu besorgen.

§ 5 In der Zwischenzeit von einem Rechnungs-Zusammentritt zum andern ist jedoch dem Schuldirektor immerhin eine kleine Summe für unvorhergesehene Fälle und notwendige Anschaffungen zu handen lassen, über deren Verwendung er sich sodann bei Gelegenheit 4teljährigen Zuammentritts ausweiset und gegen die Kasse berechnet.

§ 6 Kleine und nötige Ausgaben können von der Schulkasse, neben den laufenden und bestimmten, ohne weitere Anfrage gemacht, nur müssen sie in dem halbjährigen Bericht über die Notwendigkeit ausgewiesen werden. Beträchtlichere neue und besonders ständige Ausgaben, z. B. Besoldungs-Erhöhungen und dgl., hingegen dürfen nicht von der Kasse ohne vorherige Anfrage bei hochfürstlicher Regierung und derselben Bewilligung bestritten und übernommen werden.

§ 7 Alle halbe Jahr nach der Verteilung der Preise und Gratifikationen an die Lehrer erstatten der Schulkommissär und der Schuldirektor miteinander einen Bericht an die hochfürstliche Regierung über den Schulkassenzustand, und zwar am Ende des Sommerhalbjahres mit bloßem Anschluß des Renners, am Ende des Winterhalbjahres aber mit Anschluß der vollständigen Rechnung über Einnahme und Ausgabe nebst ihren Beilagen.

§ 8 Von dieser Stelle erfolgen sodann die nötig scheinende Monita zur Beantwortung oder das gewöhnliche Rechnungs-Absolutorium."

In einem Erlaß des Fürsten vom 12. Juli 1798 wird mitgeteilt, daß er zur besseren Aufnahme und Beförderung des ihm besonders anliegenden Schulwesens für die Grafschaft Friedberg-Scheer eine eigene, zweckmäßige **Schulordnung** habe erscheinen lassen. Dieselbe solle gehörig bekanntgemacht und auf's Genaueste beobachtet werden; insbesondere solle den Lehrern stete und unverbrüchliche Beobachtung derselben eingeschärft werden. — Über diese „für die Jugend der reichsgefürsteten Grafschaft und anderen dazugewandten Reichsherrschaften" erlassene Schulordnung berichtet B. Kaißer in seiner Geschichte des Volksschulwesens in Württemberg: „Dieselbe — gegen 100 Quartseiten stark — ist zugleich eine Art Lehr- und Schulbuch, wie sie im Inhaltsverzeichnis genannt ist, und war als eine „allgemeine unabänderliche Richtschnur in der Erziehung allen und jedem hiermit zur genauen Folgeleistung vorgeschrieben, denen die Erziehung der Jugend obliegt". Die Schulordnung ist so ziemlich nach Felbigerschen Grundsätzen angelegt, ohne jedoch auch nur einmal seinen Namen zu nennen oder auf dessen Schriften zu verweisen. Felbigers Unterrichtsmethode war in dieser Zeit in Mißkredit gekommen und sein Stern im Niedergang begriffen. Zunächst enthält die Schulordnung eine Einleitung mit 20 §§. In derselben ist der hohe Wert der Schulbildung fast über Gebühr hervorgehoben, und Eltern und Vorgesetzten wird warm ans Herz gelegt, die löbliche Absicht der reichsfürstlichen Regierung nach Kräften zu unterstützen. „Die Erziehung allein ist die Schöpferin alles Guten. Sobald diese verwahrloset ist, stürzen auch Religion, Polizey und gute Sitten zusammen und die Staaten werden gleich Seifenblasen, durch jeden widrigen Hauch zerstäubt; denn der Strom des Verderbnisses reißt alle diese Schutzwehren ein, entkräftet die Gesetze, verlachet die Religion, hemmt den Fortgang jeder nützlichen Wissenschaft und würdigt die Künste zu Sklavinnen der Thorheit und der Üppigkeit herab!" Die Einleitung schließt ab mit einem Appell an die Untertanen der Herrschaft in den Worten: „Rechtlicher, deutscher Bürger! Sieh auf deine Fürsten, wie sie mit rastloser Sorgfalt Dein und der Deinen Wohlfahrt suchen. Diese Liebe gegen dich wird sich, wenn anders deutsches, biederes Blut in deinen Adern wallet, trotz der Mode des Tages belehren, daß wahre Freiheit in ununterbrochener Anhänglichkeit an deutsche Gesetze, an deutsche Fürsten und an das deutsche Vaterland bestehe!"

Das ganze Buch zerfällt in vier Abteilungen mit zahlreichen Hauptstücken und §§. — Wir geben den Inhalt in ganz gedrängter Kürze:

Die erste Abteilung handelt von der Leitung und äußeren Verwaltung des Schulwesens, von der Einsetzung einer eigenen Schulkommission und eines besonderen Schuldirektors und von den freiwilligen und jährlichen amtlichen Schulvisitationen, Verwaltung der Schulkasse.

Die zweite Abteilung handelt zunächst von den guten Eigenschaften der Lehrer, von der Schulzucht und der Art der Strafen. Das 4. Hauptstück dieser Abteilung befaßt sich sodann des weiteren mit der Einteilung der Schulen, mit dem Schulhalten und mit den Lehrgegenständen. Eine Sommerschule bestand nicht, dagegen wurde eine Wiederholungsschule angeordnet.

Die dritte Abteilung handelt von der Tag- und Wochenordnung, d. i. vom Stundenplan; dann von der Tugendlehre und von den niederen Gegenständen, d. i. vom Buchstabieren und Syllabieren oder von der Buchstaben- und Silbenlehre. Darin werden genaue Vorschriften gegeben, was und wie die Kinder in der 1. und 2. Klasse zu lehren und zu beschäftigen sind.

Die vierte Abteilung spricht von den hohen Lehrgegenständen und ihrer Behandlung, nämlich von der Wortfügung oder vom Lesen, von der Schreiblehre, von der Rechenkunst, von der Natur- und Gesundheitslehre, Erdbeschreibung, Haus- und Landwirtschaft und der vaterländischen Geschichte.

Der Anhang enthält Gesetze für die Jugend in Hinsicht auf ihre Eltern, ihre Vorgesetzten, auf ihresgleichen und auf Erwachsene, die wert wären, daß sie heute noch Geltung hätten.

Der „Schulordnung" sind noch drei Tabellen beigegeben, und zwar

a) Monatliche Schultabelle über Fähigkeiten und Betragen, Schulversäumnisse und Fortgangsnoten in den einzelnen Fächern für die Knaben; desgleichen für die Mädchen;

b) Schultabelle über die sonn- und feiertägliche Repetitionen;

c) Quartaltabelle über das Schulwesen der reichsgefürsteten Grafschaft Friedberg-Scheer, von der angeordneten Schulkommission bei hochfürstlicher Thurn und Taxisscher Regierung einzureichen. Unterzeichnet ist die Schulordnung:

„Scheer, den 3. Brachmonat 1798.
    Der Verfasser Emmeran Liber,
       d. z. Schuldirektor."

Der **Schulleiter Peter Klinger**, geb. am 14. 9. 1775 in Zell bei Würzburg, der bis zum 2. 11. 1800 am Schullehrerseminar in Würzburg studiert hatte, wurde am 7. 2. 1801 von der fürstlich Thurn und Taxisschen Regierung als alleiniger Lehrer angestellt.

Nachdem in Buchau im Jahr 1804 ein Thurn und Taxissches Oberamt errichtet worden war, wurde Buchau zum Sitz einer fürstlichen Schuldirektion erhoben, der dortige Großkanonikus Vogler zum **Schuldirektor** in sämtlichen oberen fürstlichen Reichslanden ernannt und den Seelsorgern die Aufsicht über das Schulwesen in den einzelnen Orten anvertraut. Die Einführung der **geistlichen Schulaufsicht** wurde in einem am 13. Januar 1804 von der Regierung in Regensburg erlassenen Circular in erster Linie damit begründet, daß der Kirche ebensoviel wie dem Staat an der Schule liege. „Die Schulen sind die Pflanzstätten der Mitglieder der Kirche sowohl auch der Staatsbürger". Religionslehrer und Seelsorger, welche den ganzen Umfang ihres Berufes kennen und lieben, werden den Unterricht nicht einseitig als Sache der Kirche oder des Staates ansehen, sondern den landesherrlichen Anordnungen, welche sowohl die Bildung guter Staatsbürger als auch guter Christen zum Zweck haben, allen Vorschub geben. Die Bereitwilligkeit hierzu, heißt es weiter, werden Durchlaucht mit dem gnädigsten Wohlgefallen aufnehmen und besonders diejenigen Individuen der jüngeren Geistlichkeit bei Erledigung einer Pfarrei berücksichtigen, die sich am tätigsten für die Aufnahme des Schulwesens nach den landesherrlichen Absichten verwendet haben. — In einem anderen Cirkular aus demselben Jahr ist der Aufgabenbereich der geistlichen Schulaufsicht umrissen. Es heißt dort, daß die hochfürstliche Regierung die Hoffnung schöpft, jeder der Herren Seelsorger werde sich gefallen lassen:

1. für den gegenwärtigen Winter die Schule in besondere Aufsicht zu nehmen;

2. besonders auf die Lehrer ein aufmerksames Auge zu werfen, sie zum Fleiße, zur Ordnung und zu einem guten sittlichen Betragen anzuhalten, sie, wo es nötig, zu leiten, zu unterrichten und zurechtzuweisen, vor allem aber die so nötige Schuldisziplin handzuhaben, das Strafamt dem Lehrer nicht unbedingt zu überlassen, sondern dasselbe nach Erfordernis der Umstände selbst auszuüben, und im ganzen über Sittlichkeit durch Glauben, der ersten Quelle wahrer Glückseligkeit, zu halten und dieselbe auf alle mögliche Weise zu befördern;

3. nach dem Umfluß eines jeden Monats einen schriftlichen Bericht über das Betragen des Lehrers nach allen Bestandteilen seines Amtes und dann auch über den Fortgang und die Sittlichkeit der Kinder an die Schuldirektion dahier zu Buchau einzusenden; für jetzt aber ungefähr zu bemerken, an welchen Gebrechen ihre Schule vorzüglich leide und wie denselben abzuhelfen sein möchte, und

4. endlich auf diese Weise als wahre evangelische Väter den lieben Kleinen das Brot, soviel möglich, mit eigenen Händen zu brechen.

Der jeweilige Ortsgeistliche war nun also direkter Vorgesetzter des Lehrers. Der nächste Schritt war die **Abhaltung von Schulprüfungen**, die durch Regierungscircular vom 26. März 1805 angeordnet wurden. Da der Großkanonikus Vogler nicht alle Schulen besuchen könne, wurde angeordnet, daß die Oberämter einen oder, je nach Umfang des Bezirks, mehrere im Schulwesen erfahrene Geistliche ersuchen, die Prüfungen abzuhalten. In Ermangelung eines Geistlichen kann jemand vom Oberamt, oder einer der tauglichsten Lehrer, zur Prüfung in die entferntesten Orte abgeordnet werden. Ortspfarrer können die Prüfung auch selbst vornehmen. Reisekosten werden aus dem Schulfonds bestritten; die Seelsorger und Geistlichen sind zur Prüfung einzuladen; die Ortsvorgesetzten haben ebenfalls zu erscheinen. Derjenige Geistliche, welcher die Prüfung vornimmt, wird von der Schuldirektion Büchlein erhalten, welche der Jugend als Preise ausgeteilt werden können. Die Kosten sind aus dem Schulfonds, welcher aber möglichst geschont werden soll, zu bestreiten. Über das Prüfungsergebnis hat der Prüfende dem Oberamt einen Bericht zu erstatten, dieses aber an die Regierung eine kurze, das Wesentliche enthaltende Anzeige zu machen. — Über die Prüfung derer, die als Schullehrer angestellt werden wollen, wird den Oberämtern Weisung zugehen.

Mit dem Übergang der Landeshoheit im Jahre
1806 an das Königreich Württemberg traten auch im Schulwesen Veränderungen ein. — Nach einer kgl. Verordnung des Jahres
1806 hatten Schullehrer, die von den Kommunen gewählt und besoldet werden, um **Heiratserlaubnis** nachzusuchen. — Als in diesem Jahr in Scheer die Marien- und Wunibaldkaplanei aufgehoben wurden, flossen deren Gefälle in Höhe von 400 Gulden dem Grundstock des landschaftlichen Schulfonds zu. Dessen Vermögen betrug infolge der Bestimmungen des Jahres 1796 im Jahr
1807/08 bereits 4050 Gulden. Rechner des Fonds war der Oberamtmann Klavel, der in diesem Jahr aus dem Fonds den Lehrern in Scheer und Dürmentingen 140 Gulden für Zulagen zuweisen konnte. — Ein königliches Generalreskript für das Schulwesen bestimmte im Jahr
1808, daß ein Teil der cultivierten **Allmandteile** den Schullehrern zustehe. Im selben Jahr wurde auch bei uns die neue württembergische Schulordnung gültig, nach welcher
1809 das Schulwesen in Inspektorate eingeteilt wurde. Damit erlosch das Schulinspektorat Scheer, das dem Inspektorat Mengen zugeteilt wurde.

Hinsichtlich der Einnahmen des **Schulfonds** waren nach dem Übergang an Württemberg die Positionen b und c der Verordnung von 1796 erloschen, und der herrschaftliche Beitrag wurde von 400 Gulden auf 200 Gulden herabgesetzt, im Jahr
1809/10 sogar mit einer einmaligen Leistung von 840 Gulden für immer eingestellt. — Ab
1811 werden **Incipienten** — (Anfänger) und **Provisorenprüfungen** durchgeführt. Die Incipienten, deren Lehre 2 Jahre dauerte, mußten in ihrer Bittschrift um Anstellung angeben, wo sie ihre Lehre zugebracht haben und seit wann; außerdem: was sie in Zukunft zu lernen gedenken. Die oben genannte Prüfung erstreckte sich zunächst nur auf das Singen und Orgelschlagen. Außerdem mußte ein Nachweis über die Teilnahme an Konferenzen und Lesegesellschaften erbracht werden. — In Scheer gründete der Stadtpfarrer Liber im Jahr
1811 eine **Musterschule**, an welcher der Schulleiter als sog. Musterlehrer angestellt war. Aus diesem Grunde wurde neben der mit dem Chordirigentendienst verbundenen ständigen Schulstelle eine unständige Lehrstelle errichtet, deren Inhaber auch den Mesnerdienst zu versehen hatte. Stelleninhaber war ab 1811 **Lorenz Storer** von Ennetach. — Um das Vermögen des **Schulfonds** aufzustocken, wurde diesem im Jahre
181/12, mit Genehmigung des Fürsten von Thurn und Taxis als Patron der Benefizien, das Einkommen der beiden Kaplaneien St. Wunibald und St. Maria nach Abzug der jährlichen Meßstipendien vorläufig auf 12 Jahre zugewendet. Dieser erhielt dadurch eine zusätzliche jährliche Einnahme von ca. 475 Gulden. Dadurch erstarkte der Grundstock immer mehr, so daß sämtlichen Lehrern der Landschaft Gehaltszulagen bewilligt werden konnten, und zwar nach 4 Abstufungen. Die Lehrer in der 1. Klasse erhielten eine Zulage von 25 Gulden, in der 2. Klasse von 20 Gulden, in der 3. Klasse von 15 Gulden, in der 4. Klasse von 10 Gulden. Lorenz Storer, der Lehrer an der Musterschule, tauschte am 14. März 1818 sein Provisorat mit dem Provisor **Baptist Seifritz** und ging nach Hohentengen.

Laut Dekret vom 10. 2. 1818 wurde der **Stadtpfarrer Wagner** zum provisorischen **Schulinspektor** für das Inspektorat Mengen bestellt, und am 4. 4. 1818 die Durchführung der **Sonntagsschule** neu geregelt. Künftig wurden nicht mehr abwechselnd Jünglinge und Mädchen unterrichtet, sondern die einen in der alten Schule durch den Lehrer, die anderen in der Stube des Rathauses durch den Provisor. Unter Stadtpfarrer Wagner, der sich durch seine mannigfachen Kenntnisse, besonders im Fach Naturgeschichte, um die Schulen in Scheer verdient machte, wurde im Jahr
1820 eine **Lateinschule** und eine **Industrieschule für Mädchen** errichtet. In der Industrieschule, für welche die **Lehrerin Pflugheber** mit einem vom Schulfonds bezahlten Gehalt von 40 Gulden angestellt wurde, erhielten die Mädchen Unterricht im Stricken, Sticken, Nähen, Bändelwirken etc. Erwachsenen wurde im Spitzenklöppeln, Nähen und Spinnen mit Doppelspulen Unterricht erteilt. Im gleichen Jahr wurde für die Knaben und Erwachsenen der **Zeichnungsmeister Alois Färber** angestellt. Er erhielt ein Gehalt von 124 Gulden, die ebenfalls aus dem Schulfonds bezahlt wurden. — Dieses Jahr brachte auch eine Änderung im **Schulinspektorat**. Der Friedberger Pfarrer Beckler wurde für alle Schulen des Oberamts Saulgau als Schulinspektor angestellt. Johann Baptist Seifritz, der zweite Lehrer in Scheer, zog am 18. 10. 1820 nach Waldsee. Seine Stelle übernahm **Carl Binger** von Ennetach (bis 20. 5. 1824). Sein Nachfolger **Sebastian Gschwend** (?) zog bereits am 7. Juni dieses Jahres nach Andelfingen. Ihm folgte der Provisor **Diller** (?), der 1825 nach Hundersingen bei Stadion kam. Die Stelle wurde in diesem Jahr in eine ständige verwandelt, mit welcher der Organistendienst verbunden war. **Lorenz Storer**, der 1818 hier weggezogen war, übernahm die Stelle, die er nun bis zum 2. 11. 1835 innehatte.

Der Schulleiter Peter Klinger erhielt ab 1825 wegen mehrjähriger guter Amtsführung und sittlichen Lebenswandels eine Prämie von 10 Gulden. In diesem Jahr erwarb die

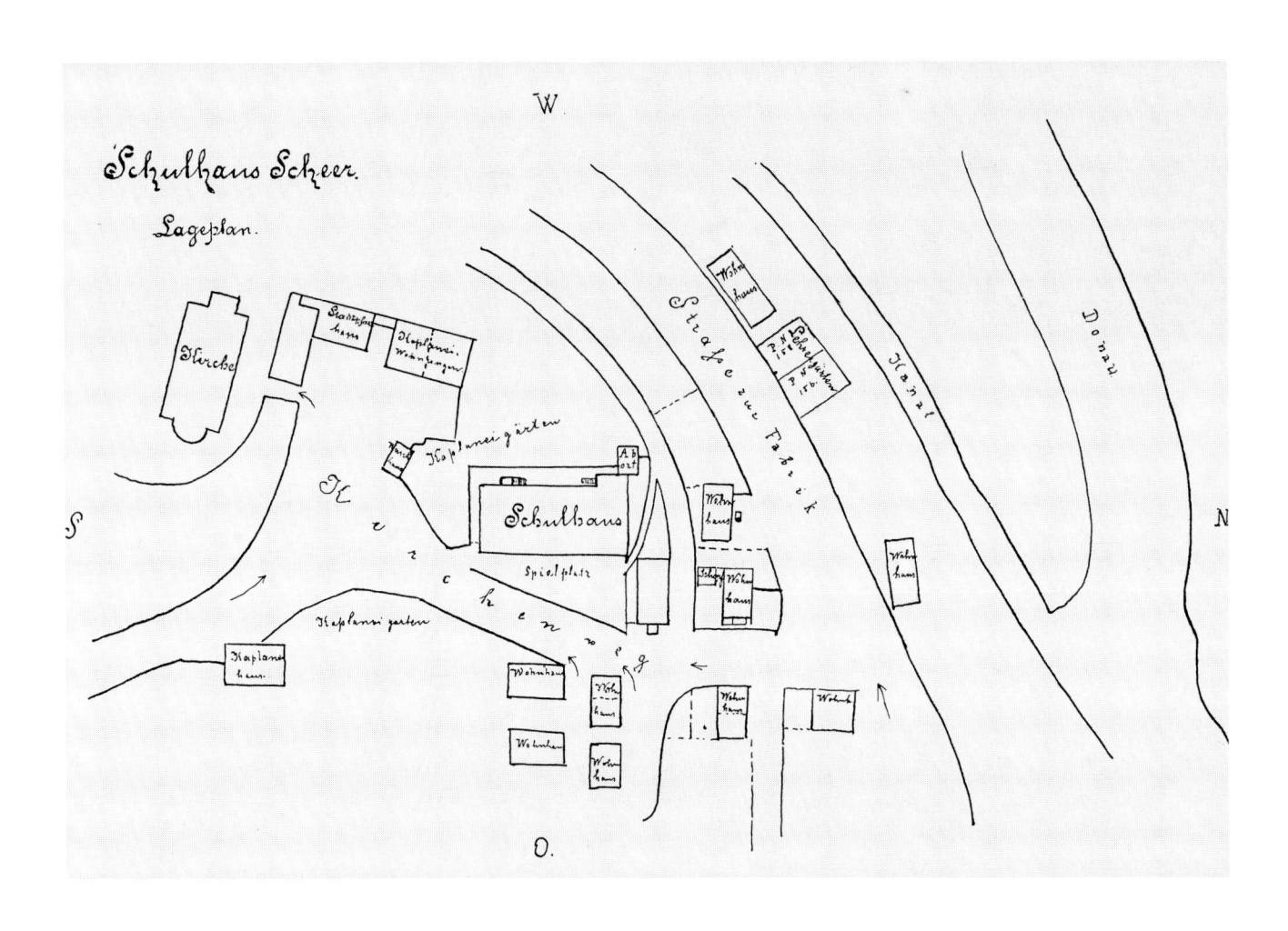

Langes Kaplaneihaus (rechts).

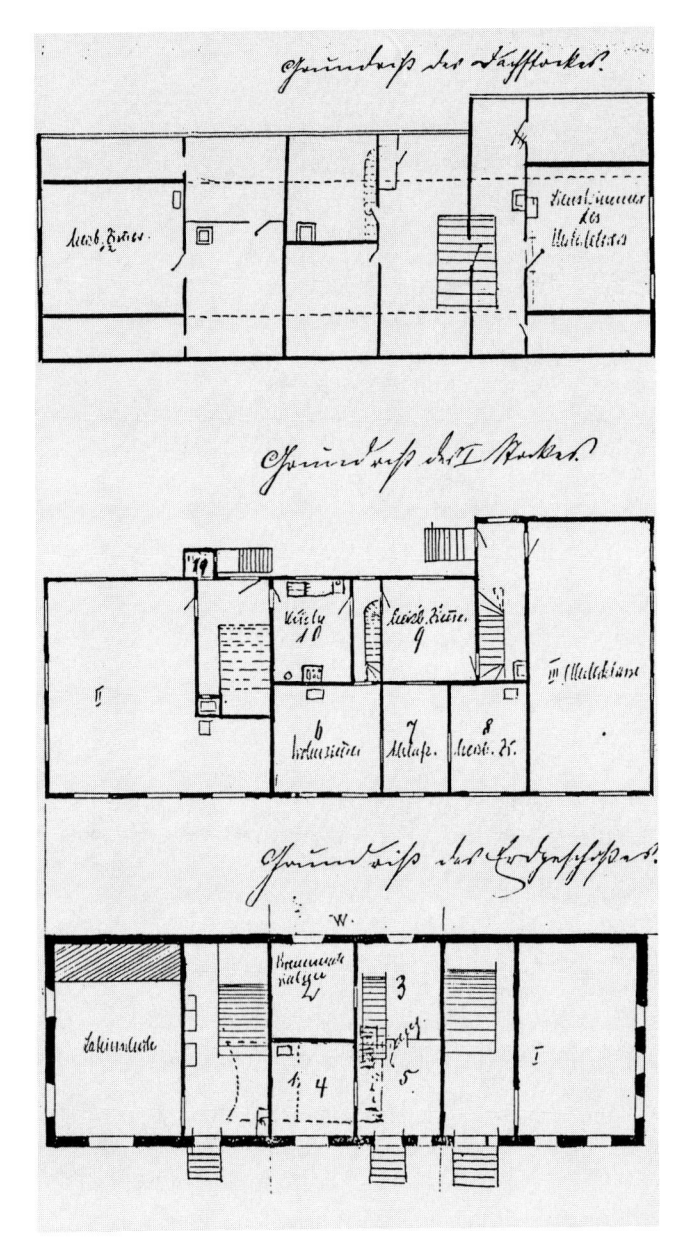

Stadt um 1000 Gulden das sog. „lange Kaplaneihaus", in welchem sich 3 Kaplanwohnungen befanden. Hier wurden zunächst der Spital (für einige Jahre) und die beiden Schulen untergebracht.

In diesem Gebäude befand sich auch die Dienstwohnung des Schulleiters (bis 1848).

1826, am 26. September, erließ die Regierung einen für die jungen Lehrer sehr einschneidenden **Erlaß**. Er besagt: „Aus Berichten ist ersichtlich, daß mehrere Provisoren die Schulferien zum müßigen Herumlaufen mißbrauchen, den Eltern und Freunden lästig werden, öfter sogar ungeziemende Bekanntschaften, wegen welcher sie versetzt wurden, wieder anknüpfen und zu unterhalten versuchen. — Es wird daher verordnet:

1. Die Provisoren dürfen sich selbst in der Ferienzeit nicht ohne Genehmigung des Pfarrers über Nacht aus dem Ort entfernen.
2. Der Pfarrer darf den Provisoren wie den Schullehrern nur einen Urlaub von 48 Stunden erteilen.
3. Die Pfarrämter haben mit dem Quartalbericht dem Schulinspektor anzuzeigen, wie oft und aus welcher Ursache die Schullehrer und die Provisoren von ihrer Stelle abwesend gewesen.
4. Den Schulinspektoren wird gestattet, bei besonderen Fällen einen Urlaub von 8 Tagen zu bewilligen — wenn das betreffende Pfarramt dagegen keine Einwendung zu machen hat.
5. In den Herbstferien ist den Schulprovisoren der Besuch ihrer Eltern und Verwandten nicht zu erschweren, es sei denn Grund zu der Vermutung vorhanden, daß sie den Urlaub mißbrauchen. — Wenn ein Provisor wegen angeknüpfter unziemlicher Bekanntschaften aus einer Gegend versetzt wurde, so ist ihm dahin nur in wichtigen Fällen ein beschränkter Urlaub zu erteilen.
6. Will ein Schullehrer oder Provisor über 8 Tag von seiner Stelle abwesend sein oder die Reichsstadt Stuttgart besuchen, so muß zu jeder Zeit, selbst in den Ferien, die Erlaubnis bei dem Kirchenrat nachgesucht werden."

Aus der im Jahre 1827 erschienenen Oberamtsbeschreibung von Prof. Memminger ist zu entnehmen, daß die Stadt auch eine **Unterrichts-Baumschule** und, was man selten finden wird, eine **Giftpflanzenschule** zur Belehrung der Jugend unterhielt. Ferner wird auf eine besondere Sehenswürdigkeit hingewiesen: eine reichhaltige **naturgeschichtliche Sammlung** des hochwürdigen Herrn Stadtpfarrers Wagner, bestehend aus Schmetterlingen, Käfern, Samenarten, Eiern, Pflanzen etc. Auch auswärtige Schulen versah der Pfarrer mit bestkonservierten Giftpflanzen.

Dem Schulleiter Klinger wurde in diesem Jahr eine jährliche Zulage von 50 Gulden zuerkannt.

1828 bat er um die Legitimation, den Schulpräparanden den ganzen 4jährigen Unterricht erteilen zu dürfen. — Die zweite Schulstelle versah ab

1836 der Verweser **Josef Gutknecht**. — Das Schulgesetz vom Jahre 1836 brachte in der **Lehrerbesoldung** eine Änderung. Nachdem durch dieses Gesetz für die Besserstellung der Lehrer ausreichend gesorgt sei, meinte der Verwaltungsausschuß des Schulfonds, seien nunmehr keine persönlichen Zulagen mehr zu verabreichen. Dafür sollen den einzelnen Gemeinden, und zwar jeder Schule, jährlich 6 Gulden Beiträge zur Schulbibliothek und zur Lehrerbesoldung gewährt werden. Aus diesen ständigen Beiträgen wurden noch für verschiedene besondere Zwecke Unterstützungen geleistet, so z. B. für einen Schreiblehrer, für einen Turnlehrer und die Erweiterung der Turnanstalt, für die Errichtung einer Industrieschule, einer Obstbaumschule, für den Unterricht im Spitzenklöppeln, im Tambourinsticken, im Spinnen an Rädern, überhaupt für alle nützlichen Industriezweige. — Am 5. Juli

1839 übernahm **Ferdinand Ramsperger** als Lehrer und Mesner die zweite Schulstelle, die er bis zum 12. Dezember 1853 innehatte. Nach den Bestimmungen des Schulgesetzes des Jahres 1836 wurde in Scheer im Jahre 1839 ein **besonderer Volksschulfonds** ins Leben gerufen. Diesem wurden zugewiesen:

247

1. der jährliche Beitrag von 6 Kreuzern für jedes Schulkind. Dieser Beitrag wurde laut Stiftungsratsbeschluß vom 15. April 1841 genehmigt und von der königlichen Kreisregierung in Ulm am 7. Mai 1841 mit 20 Gulden auf den Stadtschulfonds übernommen;
2. die Schulstrafen,
3. das Erstkommunikantenopfer und
4. die Vakaturgefälle.

Dem 70jährigen Schulleiter Klinger wurde
1845 seiner Bitte um Befreiung von der Fertigung von Conferenzaufsätzen stattgegeben. — Von ihm sei noch erwähnt, daß er die Lehrer Gutknecht und Lehr ausbildete. Seinem Töchterchen widmete Eduard Mörike nach seinem Aufenthalt in Scheer von Pflummern aus in Erinnerung an seine Liebe zu Josefine das Gedicht: „Das verlassene Mägdlein." — Im Jahr
1848 erwarb die Spitalpflege das ehemals fürstlich **Thurn- und Taxissche Amtsgebäude** an der Hauptstraße 12 (sog. Herrengasse), das ausschließlich der Benützung durch den Schulleiter dienen sollte.

Außen- und Innenwände des Erdgeschosses waren massiv und verblendet, die übrigen Stockwerke aus eichenem Riegelwerk und verblendet. In dem durch den Hauseingang erreichbaren unteren Stock befanden sich Gastzimmer, Waschküche, Holz- und Kohlenraum und Keller, im Wohnstock: Wohnzimmer, Schlafzimmer, Nebenzimmer und Küche; im Dachstock: zwei Dachkammern und ein weiteres Zimmer. — Die seitherige Dienstwohnung des Schulleiters Klinger diente ab 1848 als Wohnung für den zweiten Lehrer.

Laut Stiftungsratsbeschluß vom 7. Juni
1851 wurden der **Volksschulfonds und der Stadtschulfonds** miteinander **vereinigt**. Ersterer brachte 196 Gulden 20 Kreuzer ein, so daß sich das Gesamtvermögen dieser vereinigten Pflegen auf zusammen 5990 Gulden belief.
Der Schulleiter **Josef Hörger**, Präparandenlehrer und Organist, trat 1851 die Stelle an. Er war am 11. August 1800 in Munderkingen geboren und hatte 1828 seine erste Stelle angetreten. Als Schulvorstand führte er die Oberklasse und unterrichtete nebenher die Chorknaben der Schule. Die Unterklasse wurde
1853 dem Lehrer **Johann Bopp** aus Waldenburg,
1854 dem Lehrer und Mesner **Josef Gutknecht** übertragen. Er war am 19. 9. 1813 in Scheer geboren und erstmals 1847 angestellt gewesen. Im katholischen Schul-Wochenblatt des Jahres 1856 veröffentlichte er einen Artikel über „Gesangsunterricht in der Schule". Von ihm stammen u. a. auch „Mozart, eine Lebensskizze" und „Über den Entwurf zum Volksschulgesetz 1856". Im kath. Wochenblatt Nr. 22/1856 berichtete er: „Unter dem Titel „Landschaftlicher Schulfonds" besteht in den Taxischen Ortschaften der ehem. Herrschaft Scheer eine nicht unbedeutende Stiftung einer ehem. Gräfin in Scheer, deren jährliche Zinsen teils zur Anschaffung von Lehrmitteln für die sämtlichen Schulen des Bezirks in Portionen von je 6 Gulden, teils zur Unterstützung von Gemeinden zur Aufbringung ihrer Lehrerbesoldungen (in dermaligen Beiträgen von 30—50 Gulden) bestimmt sind. Herr Schulinspektor Niedermüller hat nun seit einigen Jahren die Einrichtung getroffen, daß alle Jahre als Prämien für verdiente Lehrer 50 Gulden, und zwar an zwei definit. Lehrer je 15 Gulden und an zwei unständige Lehrer je 10 Gulden, verteilt werden. Über die Verteilung des Geldes verfügt unter dem Vorsitze des Oberamtmannes und des jeweiligen Stadtpfarrers zu Scheer der sog. „Landschaftliche Ausschuß", das sind sämtliche Schultheissen, 26 an der Zahl, aus den betreffenden Taxischen Ortschaften, und wird an diesem Tage — auch erst seit etlichen Jahren — an der Stelle der sonst stillen Messe, der der Ausschuß stiftungsgemäß anzuwohnen hat, ein feierliches Hochamt mit fig. Musik gehalten, wofür die Musiker mit 10 Gulden honoriert werden.

Gutknecht."

An der Präzeptoratsschule, an welcher der Kaplan und der Präceptor Dr. **Johann Bucher** im Jahre
1855 eine Übertragung der „Geschichte des hl. Martin" vom Französischen ins Deutsche fertigte, unterrichtete Gutknecht nebenher bis 1859 die Chorknaben und bekam dann die Schulleitung übertragen.

Der **Schulleiter Josef Gutknecht** hatte als zweiten Lehrer den am 8. 7. 1831 in Oberkessach O. A. Künzelsau geborenen **Kilian Lehr**, der mit ihm in Scheer vom damaligen Schulleiter Klinger ausgebildet worden war und nun, am 1. 7. 1859, die Stelle in Scheer übertragen bekam und auch den Mesnerdienst versah.

1861 wurde der Schulleiter Gutknecht nach Neresheim versetzt. Von dort kam im selben Jahr der **Schulleiter Gregor Schmid**, geb. 9. 5. 1825 in Gossenzugen bei Münsingen, der die Stelle bis 1868 innehatte. Seine Versetzung nach Scheer steht wohl im Zusammenhang mit der **Kreis-Schmid-Stiftung**. Sie wurde 1861 von Professor Leopold Schmid, geboren zu Scheer 1808, gestorben 1869, zu Ehren seines Vaters Benedikt, insbesondere seiner Mutter, die eine geborene Kreis war und aus der Schweiz stammte, und seines verstorbenen Onkels Leopold Schmid, kath. Pfarrer und ehemaliger Prior zu Obermarchtal, in der Höhe von 3000 Gulden mit der Bestimmung gestiftet, daß alljährlich im Dezember Hochschulstudierende, aber nur aus der Verwandtschaft, ein Stipendium in Beträgen bis zu 514 Gulden erhalten sollen. Das Testament enthält in 9 Paragraphen sehr komplizierte, bis ins Kleinste ausgeklügelte Bestimmungen, z. B.: der Grundstock samt dem Kapital, das noch weiter zu ihm geschlagen wird, darf nie angegriffen werden. Zinsen und Zinseszins kommen bis zum Tode des Stifters zum Kapital. Gymnasiasten sollen vor Realschülern, diese vor den Mädchenschülern den Vorzug haben. Weiter ist ein Viertel des Jahresertrages des Stiftungskapitals zu Legaten von 300 Gulden an Mädchen und Frauen der Verwandtschaft, welche das 20. Lebensjahr zurückgelegt, keine entehrende Strafe erhalten und sonst noch nichts aus der Stiftung bezogen haben und nicht ein Vermögen von 1500 Gulden besitzen, zu verwenden. Sind gar keine rechtmäßigen Nachkommen seines Vaters da, so wird die Stadt Scheer Erbe mit der Verpflichtung, die Stiftung zu den angegebenen Zwecken für dürftige Angehörige der Stadt zu verwenden. Die Verwaltung der Stiftung wurde in die Hände des jeweiligen Gemeinderats gelegt.

Der seitherige zweite Lehrer und nunmehrige **Schulleiter Kilian Lehr** übernahm am 1. 2. 1868 die erste Schulstelle, die er bis zu seinem Tode am 15. 3. 1897 innehatte. Die zweite Stelle erhielt der am 26. 10. 1836 in Deggingen bei Geisingen geborene Lehrer **Gebhard Schweizer** (bis 1901).

1876 wurden dem Zeichenlehrer Gebhard Schweizer zum Besuch der Kunst- und kunstgewerblichen Ausstellung in München 50 Mark bewilligt.

1880 wurde das **Schulhaus** einer gründlichen Reparatur unterzogen und im nördlichen Teil ein Lehrsaal eingebaut, der als Zeichensaal diente. — Der Zeichenlehrer Schweizer war

1881 auf der Schulausstellung in Stuttgart. — 1882 wurde bei der Schule ein abgesondertes Abortgebäude mit Holzremise errichtet. Im gleichen Jahr wurde für den Spital bzw. zur Erteilung des Industrieschulunterrichts eine dritte **Lehrschwester** berufen.

1884 feierte Kilian Lehr sein 25jähriges Dienstjubiläum, zu dem ihm die Stadt einen Lehnstuhl schenkte. Am 1. Oktober 1886 wurde eine **Lehrgehilfenstelle** errichtet und der Zeichensaal hierfür als Schullokal verwendet. Das Bibliothekszimmer im Dachstuhl des Schulhauses fand als Lehrgehilfenwohnung Verwendung. Der Zeichenunterricht fand nun wieder an der sog. zweiten Schule des Lehrers Schweizer statt. — Durch die Errichtung einer „Lehrgehilfenstelle" (später „Unterlehrerstelle") konnte in drei Abteilungen unterrichtet werden:

I. Abt.: 1. — 3. Schuljahr: Lehrgehilfe **Strehle** aus Neuhausen

II. Abt.: 3. — 7. Schuljahr: (nur Knaben): Lehrer Schweizer

III. Abt.: 4. — 7. Schuljahr: (Mädchen): Oberlehrer Lehr.

Am 11. November

1888 übernahm der Lehrgehilfe **Max Drexler** aus Rot O. A. Leutkirch die I. Abteilung. Die Klasseneinteilung scheint sich nicht bewährt zu haben, denn am 24. Juli 1890 wurde sie wie folgt abgeändert:

I. Abt.: 1. und 2. Schulj.: Lehrgehilfe Drexler

II. Abt.: 3. bis 5. Schulj.: Lehrer Schweizer

III. Abt.: 6. und 7. Schulj.: Oberlehrer Lehr.

Am 1. 9. 1890 zog der Lehrgehilfe Drexler nach Offingen, wo er am 11. 11. 1891 starb. Seine Stelle in Scheer übernahm der Lehrgehilfe **Josef Lehr**, der Sohn des Schulleiters, der diese vom 22. 2. bis 1. 4. 1892 zwischenzeitlich an den Lehrgehilfen **Schiller** abtrat, da er in dieser Zeit seinen erkrankten Vater vertreten mußte. Ab 14. 3. 1893 war er Amtsverweser in Fischbach am Bodensee. Die I. Abteilung führte nun bis 1. 12. 1893 der in Kappel bei Buchau geborene Lehrgehilfe **Josef Halder**, der von hier nach Hundersingen O. A. Ehingen kam (später Schulrat in Rottenburg und dann am Lehrerseminar Ravensburg). Die I. Abteilung übernahm am 9. 12. 1893 der in Stuttgart geborene Lehrgehilfe **Ferdinand Müller**, der bislang in Lauterbach O. A. Oberndorf angestellt war (sein Vater war Bahnhofsvorsteher in Mengen). Das Schulzimmer der III. Abteilung lag 1893 parterre, von Ost und Nord Licht, das der II. Abteilung im 2. Stock und das der I. Abteilung ebenfalls im 2. Stock über dem Zimmer der III. Abteilung.

Zum Betrag von 700 Mark wurde im Jahr 1894 von der Firma Hohenloher Schulbankfabrik-Öhringen neues Schulgestühl angeschafft. Laut Beschluß vom 1. 3. 1895 wurde (neben dem heutigen Spital) zum Preis von 12 000 Mark eine **Kleinkinderschule** mit Unterrichtslokal für Industrie- und Zeichenschule erbaut. Der Lehrgehilfe Ferdinand Müller zog am 19. 3. 1896 nach Munderkingen, worauf der Schulamtskandidat **Johann Mattes**, der aus Deitingen kam, die I. Abteilung übernahm. Am 1. 10. 1897 wurde **Karl Albert Rauch**, bislang Hilfslehrer an der Präparandenanstalt Saulgau, als Vertreter des erkrankten Schulvorstandes nach Scheer beordert. Am selben Tag wurde der Lehrgehilfe Müller an dessen Saulgauer Stelle versetzt und am 18. 10. 1897 die I. Abteilung dem Lehrgehilfen **F. X. Hummel** übertragen, der aus Marbach O. A. Münsingen kam. Für die II. Abteilung wurden in diesem Jahr zum Preis von 525 Mark von der Hohenloher-Schulbankfabrik neue Schulbänke angeschafft.

Nach 39jähriger Tätigkeit an der hiesigen Schule starb am 15. März 1898 der Aufsichtslehrer und Schulvorstand Kilian Lehr, der wegen guter Leistungen in den Konferenzprotokollen etc. öfter hervorgehoben worden war. Sein Stellvertreter Rauch wurde am 1. 12. 1898 nach Göffingen am Bussen versetzt.

Der **Schulleiter Wilhelm Paul Waizzenegger** trat an diesem Tag die seitherige Stelle Lehr an. Er war am 12. 10. 1858 in Stetten O. A. Tuttlingen geboren, hatte 1878 die erste, 1882 die zweite Dienstprüfung abgelegt und war am 8. 1. 1884 erstmals definitiv angestellt worden. Am 17. 1. 1899 wurde er zum Aufsichtslehrer ernannt.

Im Jahre 1900 erkrankte der Lehrer Gebhard Schweizer. Als Amtsverweser waren eingesetzt die Lehrer **Hilsenbach** (ab 4. 7. 1900), **Grießer** (bis 30. 10. 1901), **Anton Abele** (bis 1. 10. 1901) und **Eugen Alber**, der aus Lautlingen kam (bis 1. 5. 1902). Gebhard Schweizer, der am 1. 10. 1901 pensioniert worden war, starb 9 Tage später in Scheer. Er ist der Vater des Lehrers Hermann Schweizer, der später in Sauggart und Munderkingen tätig war. Gebhard Schweizer war der letzte Lehrermesner, denn am 7. 10. 1900 war der Beschluß gefaßt worden, sowohl den Mesner- als auch den Organisten- und Chordirigentendienst vom Schuldienst zu trennen.

Der Lehrer **Otto Abbt** übernahm am 1. 5. 1902 die Stelle Schweizer. Er war am 23. 9. 1864 in Rottenburg geboren, hatte 1886 die erste, 1888 die zweite Dienstprüfung abgelegt und 1891 die erste Anstellung erhalten. Vor seinem Dienstantritt in Scheer war er in Reutlingendorf tätig. Er hatte seine Stelle in Scheer bis zum Jahre 1921 inne.

In der I. Abteilung gab es in den folgenden Jahren mehrere Stellenwechsel: dem Lehrgehilfen **Hugo Burger**, der am 24. 5. 1904 nach Alleshausen versetzt wurde, folgte am 14. 6. 1904 der Lehrgehilfe **Alois Grab**. Er zog am 18. 3. 1905 nach Wilflingen. Der Lehrgehilfe **Alfred Halter**, der am 16. 4. 1905 aufzog, kam am 8. 5. 1905 nach Riedlingen. Ihm folgten bis 25. 5. 1905 wieder der Lehrgehilfe **Hugo Burger**, vom 1. 6. 1905 bis 1. 10. 1907 der Lehrgehilfe **Gebhard Raisch**, der nach Saulgau versetzt wurde, und vom 20. 10. 1907 bis 26. 5. 1909 der Unter-

Schulleiter Waizzenegger mit Oberklasse.

Lehrer Otto Abt.

lehrer **Alois Zeller.** Er kam aus Kolbingen, Inspektorat Wurmlingen, und zog von hier nach Steinbach/Hall.
In einer **Dienstwohnungsbeschreibung des Jahres 1908** heißt es: „Das Schulhaus liegt hoch auf dem sog. Kohlberg, mit Ausblick über das Städtchen. Der Spielplatz ist durch einen 2 m breiten Eingang mit dem Kirchweg verbunden. Das Gebäude ist Eigentum der Präsenspflege, die Baulast trägt die Spitalpflege. Das Erdgeschoß besteht aus dickem Mauerwerk, der erste Stock ist Fachwerk. Da das Gebäude schon verschiedene bauliche Veränderungen erlitten hat, stehen nur wenige Wände von Erdgeschoß und 1. Stock übereinander. Die Schullokale für Ober- und Unterklasse sind zu klein." — Die Lehrerdienstwohnung im alten Schulhaus befand sich in der Mitte des Schulhauses, war auf drei Stockwerke verteilt und hatte einen besonderen Eingang. Im Erdgeschoß links des Eingangs befand sich ein kleines Zimmer und zwei durch einen Bretterverschlag vom Gang getrennte Holzräume. Durch einen derselben führte die 80 cm breite Treppe in den 1. Stock. Der Boden im ersten Stock lag nicht überall gleich hoch. Ein Teil der Zimmer lag 12 cm tiefer als der Gang. Die Stockhöhe schwankte zwischen 2,60 m und 2,70 m. Von der Treppe zum Wohnzimmer führte ein nur 70 cm breiter Gang. Vom Wohnzimmer aus gelangte man in das kleine Schlafzimmer und von hier aus in ein weiteres heizbares Zimmer. Sehr klein war auch die Küche. Durch eine Tür kam man von hier auf einen Gang, der zur Schule der Mittelklasse führte. Auf beiden Seiten der Wohnung waren also Gänge zu den Schullokalen, die im selben Stock lagen. Über eine steile, 75 cm breite Treppe, je oben und unten mit einer Viertelsdrehung, gelangte man auf das Dachgeschoß (1 Zimmer, 2 Kammern mit Bretterverschlag gegen das Dach). Im oberen Teil des Daches wurde das Schulholz aufbewahrt. Etwa 2 Minuten vom Haus entfernt lag der 5,21 a große Garten (2 Lehrergärten nebeneinander wie heute noch). In dieser Wohnung wohnten die Lehrer Gutknecht, Lehr, Schweizer und Abbt. Lehrgehilfenwohnungen bzw. Unterlehrerwohnungen waren zunächst im Dachgeschoß der alten Schule und dann links des Eingangs der heutigen Schule. Am 21. 7. 1910 faßten die Gemeindekollegien den Beschluß, auf dem alten Schulhausplatz ein neues Schulhaus mit Unterlehrer- und Schuldienerwohnung zu erstellen.

Im Jahr 1908 wurden noch genannt: eine **Lateinschule** mit Vorbereitung auf die 5. Klasse und eine gewerbliche **Zeichenschule**. Dem Erlaß des Kultministeriums vom Jahre 1910, nach welchem alle Latein- und Zwergschulen mit weniger als 15 Schülern aufgehoben wurden, fiel auch die Lateinschule Scheer zum Opfer. Im Jahr 1911 ging es an den **Schulhausneubau**. Nachdem die Schüler im Februar in den Kindergarten umgezogen waren, wurde das alte Schulhaus abgebrochen und an dessen Stelle auf dem gleichen Areal, nur ziemlich weiter nordwestlich an den Berghang gerückt, ein neues, weit größeres mit der Front gegen Süden erstellt. Am bisherigen Platz und im Praesenzgarten mußten über 1000 cbm Grund abgetragen werden, ehe man mit dem Bau beginnen konnte. Der Bauplan wurde vom Oberamtsbaumeister Heiß gefertigt. Dieser hatte auch die Oberbauleitung; die Ortsbauaufsicht hatte der damalige Stadtbaumeister Josef Weber. Zur gleichen Zeit wurden auch die Schulhausneubauten in Ennetach und Hohentengen unter derselben Bauleitung ausgeführt.

Nachstehende Handwerker u. Baufirmen waren beim Bau beteiligt.

a) Grab-, Betonier-, Maurer- und Verputzarbeiten besorgten die Maurermeister Anton Rapp und Xaver Weckerle, hier;
b) die Zimmererarbeiten hatte Josef Stauß, hier;
c) die Schreinerarbeiten lieferten Kaspar Zimmerer und Ferdinand Pröbstle von hier;
d) die Malerarbeiten lagen in den Händen von Jakob Baur in Mengen;
e) die Schlosserarbeiten besorgte Georg Bacher in Mengen;
f) die Terrazzoböden Johann Maier in Heudorf;
g) die Granitstufen am vorderen Eingang und die Fensterfassungen wurden durch das Zementgeschäft Hiller in Hundersingen ausgeführt;
h) die Granitstufen am hinteren Eingang durch das Zementgeschäft Schwenk in Ulm.

Der Bau kam auf etwa 51 000 Mark zu stehen. Zur Einweihung, die am 20. 10. 1912 stattfand, stiftete Frau Kommerzienrat Marianne Krämer zum Kostenaufwand die Summe von 10 000,— Mark.

Inzwischen hatten wieder Lehrstelleninhaber gewechselt. Der Unterlehrerin **Elisabeth Dreher**, die zu Beginn des Schulhausbaues die I. Abteilung übernommen hatte, folgte am 1. 5. 1912 die Unterlehrerin **Eberhard**. Als Krankheitsvertreter für den Lehrer Abbt finden wir vom 15. 3. — 1. 4. 1912 den Unterlehrer **Josef Baur**, der aus

Kaplaneihaus   *Waschhäusle*   *Schule*

Renhardsweiler hierher versetzt worden war, und vom 1. 4. — 15. 6. 1912 den Schulamtskandidaten **Gebhard Knoll**, der von der 2. Komp. des Infanterie-Regiments 124 aus Weingarten kam. Als Krankheitsvertreter für den erkrankten Schulvorstand finden wir vom 1. 7. 1914 bis zu seiner Einberufung zum Wehrdienst am 5. 8. 1914 den Unterlehrer **Lorenz Hillburger** (später Kultusminister in Württemberg).

Unterlehrer Karl Enderle.

Am 15. 3. 1914 wurde an der Schule eine weitere, 4. Lehrerstelle errichtet, die von Frl. Eberhard übernommen wurde. Die einzelnen Abteilungen waren nun wie folgt besetzt:
I. Abteilung: Unterlehrer **Karl Mattes** (1. 5. — 30. 10. 1914), Unterlehrerin **Maria Habby** (30. 10. 1914 — 18. 2. 1915), Unterlehrerin **Maria Merkle** (20. 6. 1916 — 16. 2. 1918, dann II. Abteilung), Unterlehrer **Franz Lutz** (16. 12. 1918 bis zu seiner Versetzung am 1. 5. 1919 als Stellvertreter für den am Lehrerseminar Saulgau erkrankten Lehrer Kurfeß). Am 15. 6. 1919 folgte der am 20. 5. 1888 in Straßburg/Elsaß geborene Unterlehrer **Karl Enderle**.
II. Abteilung: Frl. **Eberhard** bis 21. 2. 1915, dann die Unterlehrerin **Katharina Bea**, die von Ingoldingen kam, aber bereits am 10. 5. 1915 nach Schlechtenfeld versetzt wurde. Ab 21. 5. 1915 bis 6. 6. 1918 die Unterlehrerin **Frei**, die nach Großtissen versetzt wurde; ab 16. 2. 1918 die Unterlehrerin **Merkle**, die bis dahin die I. Abteilung unterrichtet hatte und nun bis 1. 5. 1920 diese Stelle innehatte (versetzt nach Justingen). Ihr folgte der Unterlehrer **Franz Geckle**, der am 1. 5. 1921 nach Biberach versetzt wurde. Vom 18. 1. 1922 bis 14. 5. 1922 war der Schulpraktikant **Herkommer** wieder an der Schule. Er zog von hier nach Ebnat-Neresheim.
III. Abteilung: seit 1902 Hauptlehrer Abbt, für den vom 1. 5. 1919 bis 1. 5. 1920 der Unterlehrer **Hermann Brühl**, dann bis zum 1. 5. 1921 der Unterlehrer **Winter** als Krankheitsvertreter tätig waren. Letzterer wurde vom 1. — 17. 1. 1921 von dem aus Scheer stammenden Semina-

Schule Scheer. Jahrgang 1905 mit Pfarrer Menz.
Plakat vorn: „Wir sind die braven Kinder von Scheer, wir brauchen jetzt keinen Stock mehr".
Unten rechts: „I kenn mi au". Oben rechts: „Frisch vom Quell bleibt der Kopf hell".

Von links: Buben vorne sitzend: Eugen Maier, Josef Gutknecht v. Hipfelsberg (gen. „Konrad-Sepp"), Wilhelm Schaidle, Thomas Spieß, (m. Schildkappe unbekannt), Josef Schleicher. – Mädchen: Josefine Miller, verh. Weber (m. Besen), Martha Rauser verh. Gutknecht (m. Blumen), Frieda Knor (a. d. Stadtmauer), Johanna Baur verh. Christ (etwas zurück), Maria Götz verh. Drescher (m. Hut und Kanne), Maria Rauser verh. Hiller (USA, ist halb verdeckt durch Maria Götz), Lena Deschler verh. Huber, Genoveva Will (Schweiz, m. Buch), Maria Volk verh. Nußbaum (m. Zöpfen), Kreszentia Glaser. – Buben stehend: Willibald Eisele (Käppelebauer), Josef Pfister (m. Mütze), Karl Krugger (Mesner, m. Fähnchen) Ernst Will (hebt Hand hoch), Anton Baur (Max Beck, m. Mütze), Bonifatius Kienle, Willibald Gutknecht gen. „Felix" (a. d. Stein), Bub rechts der Tafel unbekannt. – In der Hängematte: Josef Knor (Schloßsteige), Alfons Rothmund (jung verstorben, Vater war Bauer a. d. Hof – vor Bläsi Bauer); Kuno Kieferle.

risten **Ernst Herkommer** vertreten. Am 1. 2. 1921 wurde der Stelleninhaber Otto Abbt pensioniert und starb nach 11jähriger Krankheit am 2. 4. 1930. Die Stelle wurde am 1. 5. 1921 dem Unterlehrer **Friedrich Nolle** übertragen, der aus Donzdorf bei Ulm kam und am 1. 6. 1921 nach Bössingen bei Rottweil zog. Am 1. 8. 1921 wurde der Schulamtsverweser **Viktor Kolb** eingesetzt. Er heiratete am 24. 3. 1925 die Tochter des Schulleiters Ruf und zog am 1. 4. 1928 nach Tailfingen.

IV. Abteilung: seit 1898 der Schulleiter Oberlehrer **Waizenegger. Ab 1. 2. 1921 versah Hugo Ruf** als Krankheitsvertreter die Stelle. Er war am 10. 8. 1861 in Neuhausen auf der Filder geboren und kam von Neufra O. A. Rottweil nach Scheer. Der Unterlehrer **Thomas Maier**, der ihn vom 1. 4. 1923 bis 15. 10. 1923 vertrat, kam als Amtsverweser nach Pfullingen. Vom 18. 10. 1923 bis 1. 4. 1924 wurde Ruf vom Unterlehrer **Wilhelm Klöckler** vertreten. Er war vorher Schulpraktikant und wurde 1924 wegen Stellenmangels amtsenthoben. (Am 27. 5. 1925 kam er in Waldhausen wieder in den Dienst.) — Am 31. März 1919 betrugen die Kapitalien des **Hausarmenfonds** 88 340 RM, die des **Schulfonds** 49 795 RM, zusammen 138 135 RM. Jedes Jahr, gewöhnlich Ende Juni, tagte in Scheer auf dem Rathaus die Hauptversammlung, zu der die Vertreter sämtlicher 26 Gemeinden der ehemaligen Grafschaft mit den Vorsitzenden (Oberamtmann von Saulgau, Stadtpfarrer von Scheer und einem fürstl. Thurn und Taxisschen Kommissär). Hierbei wurden die Gelder, d. h. Zinsen, an die Armen, Schulklassen, an Studierende und andere Bedürftige der betreffenden Gemeinden verteilt und Wünsche und Anträge gestellt. Voraus ging dieser Tagung der gemeinsame Besuch des zu diesem Zweck gestifteten Hochamts in der hiesigen Stadtpfarrkirche, wobei der Kirchenchor immer eine Messe mit Instrumentalbegleitung zur Aufführung brachte.

1920 wurde die dritte Lehrstelle ständig.

Kinderfest im Park 1925.
Oben von links: 6. Reihe: Josef Linder, (–), Otmar Rist, Hubert Kraemer, Josef Rauch, Anton Enderle, Ludwig Zimmerer und Hans Pröbstle. – 5. Reihe: Richard Kieferle, Karl Euchenhofer, Karl Gutknecht, Josef Pröbstle, Franz Wüst, Karl Zimmerer, Fritz Schaidle (Pater Prior Ambrosius i. Birnau).
4. Reihe: Rese Christ, Maria Baur verh. Knaisch, Maria Kienle, Rosa Schmuker, Franziske Halder, Liselotte Kraemer verh. Pucher, Maria Linder verh. Hügle, Josefine Baur verh. Linder u. Rosa Krugger.
3. Reihe: Hilde Will, Liselotte Dettling verh. Selig, Rese Baur (Schwester Hermenfried im Kloster Hegne), Leoni Kraemer verh. Rapp, Oliva Kerle verh. v. Tangel, Emma Buck verh. Stauß, Stefanie Greising verh. Herde, Agathe Graf, daneben: Hauptlehrer Enderle.
2. Reihe: Josefine Groß, Maria Knor geb. Gutknecht, Gertrud Bregenzer, Rese Weckerle, Mathilde Kieferle verh. Magino, Maria Nattenmüller geb. Baur (Hebamme).
1. Reihe: Otto Fischer, Julius Enderle, Johann Baur, Alois Kieferle und August Krugger.

1922 folgte der Einbau der **Lehrerdienstwohnung** im Dachstock des Schulhauses, wobei der seitherige Zeichensaal für Wohn- und Schlafzimmer abgeteilt wurde. Weiter wurden eingebaut 1 Arbeitszimmer, ein kleines Wohnzimmer, Küche und 2 Dachkammern (kein WC). Die Wohnung wurde von Oberlehrer Ruf bezogen und diente fortan als Wohnung der Schulleiter (bis 1973).

Die Verwaltungsbehörde des **Hausarmen- und Schulfonds** beschloß am 18. Juli 1922, die ihr obliegenden Funktionen, solange die schwierigen Verhältnisse bestehen (Inflation), durch den aus 7 Mitgliedern bestehenden Verwaltungsausschuß ausüben zu lassen, diesen also zur alleinigen Geschäftsführung zu ermächtigen und die Verwaltungsbehörde bis auf weiteres nicht mehr zusammenzuberufen. Ab 1923 tagte zunächst auch der Verwaltungsausschuß nicht mehr.

Die Schule wurde ab 1923 wieder dreiklassig geführt. Am 1. 4. 1925 wurde Oberlehrer Waizenegger pensioniert (1927 zog er nach Saulgau, wo er 1929 starb).

1925 übernahm der **Schulleiter, Oberlehrer Ruf**, die bislang von ihm stellvertretend geführte Stelle, die er nun bis zu seiner Pensionierung am 1. 4. 1928 innehatte. Die Klassenverteilung: I. Abteilung: Viktor Kolb, II. Abteilung: Karl Enderle, III. Abteilung: Hugo Ruf.

Nach dem Wegzug des Lehrers Kolb im Jahre 1925 wurde die Stelle vom Schulpraktikanten **Anton Fuchsloch** versehen, der am 1. 4. 1926 als Schulpraktikant an die Römerschule nach Stuttgart kam. Ihm folgte der Schulpraktikant **Waizenegger**. Er zog bereits am 19. 5. 1926 nach Braunenweiler und kam am 1. 11. 1926 an die Volksschule Saulgau. Die Nachfolge in Scheer trat der Schulamts-

Schuljahrgang 1914–1916 mit Lehrer Ruf.
Oben von links: 5. Reihe: Karl Speh, Hermann Zimmerer, Johann Buck, Karl Rauser, Wilhelm Burgmaier, Norbert Rumpel, Alfons Krugger und Eugen Rothmund.
4. Reihe: Alfons Eisele, Anton Pröbstle, Alfons Pröbstle, Lorenz Späh, August Reck, Hugo Zimmerer, Anton Reiner, Wilhelm Jerger, Johann Zimmerer.
3. Reihe: Lena Vollmer, Senze Luib verh. Eisele, Berta Keller verh. Roth, Fanny Zimmerer, Klara Schmuker verh. Schlee, Rese Saile verh. Schairer, Rese Zimmerer, Lena Wiedmann, Rese Zimmerer verh. Sorg, Maria Schmid verh. Bönlein, Hilde Zimmerer.
2. Reihe: Maria Moser verh. Kieferle, Rese Pröbstle verh. Eisele, Margarethe Kraemer, Cilli Keller verh. Kieferle, Anna Will verh. Besenfelder, Emma Rist verh. Bernard, daneben Lehrer Ruff.
1. (vorderste) Reihe: Anna Bregenzer, Hilde Deschler verh. Merk, Anna Halder, Rosa Haga verh. Majlein, Wally Linder verh. Hügle, Luise Baur verh. Högerle und Josef Christ.

Oberlehrer Josef Berhalter.

verweser **Johann Lustig** an. Gegen Ende seiner Amtszeit wurde Oberlehrer Ruf vom 25. 3. 1927 bis 1. 4. 1928 von der Unterlehrerin (am 1. 4. 1927 zur Lehrerin ernannt) **Anna Weber** vertreten. Am 1. 4. 1928 wurde er pensioniert. Frl. Weber übernahm kommissarisch die Schulleitung, bis am 1. 8. 1928
der **Schulleiter, Oberlehrer Josef Berhalter**, die Stelle antrat.
Er war am 8. 7. 1886 geboren und kam von Schwörzkirch nach Scheer, wo er mit seiner Familie die Wohnung im Schulhaus bezog. Diese wurde durch das Anbringen eines Glasabschlusses, eines Kellers und einer Waschküche verbessert. bei seinem Amtsantritt wurde der Schulamtsverweser Lustig nach Schwörzkirch versetzt. Frl. Weber unterrichtete nun an der I. Abteilung, bis sie am 1. 7.

Jahrgang 1921–1924 im Kindergarten.
Obere Reihe von links: Rosa Schell, (?), Alfred Enderle, Alfons Döbele, Hubert Moll, Maria Egle, Mathilde Eisele, Eugen Knor, Johann Kieferle, Helene Zimmerer, Josefine Schmuker, Anna Moser und Olga Nattenmüller.
2. Reihe: Maria Haga, Philipp Gutknecht, Hans Egle, Franz Kifferle, Alfred Kifferle, Anton Knor, (?), Hutter, Bruno Halder, Wunibald Knor, Josef Moll, Hans Zimmerer, Erich Nattenmüller.
3. Reihe: Josef Schell, Alfred Dettling, Marianne Enderle, Josef Eisele, Regina Stöckler, Wunibald Eisele, Mathilde Pfeiffer, Lena Eisele, Walli Eisele, Georg Zimmerer, Albertine Kienle.
4. Reihe: Anna Reiner, Max Jerger, Lotte Dettling, Alfons Christ, Rosa Ils, Maria Blender, (–), Josef Kienle, Josef Gutknecht, Hans Lehr.
5. Reihe: (–) Fanny Gutknecht, Lena Knor, (–), (–), Karl Gutknecht, Robert Kieferle, Helmut Krugger, (–), Karl Vogel, Franz Lehr, Erwin Lehr, Alfons Zimmerer, Arthur Vogel.

Lehrerin Fräulein Maria Hellgoth.

1934 nach Schussenried versetzt wurde. Ihr Nachfolger, der Lehrer **Alfons Besenfelder**, kam aus Ehingen und wurde am 1. 4. 1936 nach Schwäbisch Hall versetzt. Die Stelle übernahm nun die am 7. Mai 1892 in Nordalben geborene Lehrerin **Maria Hellgoth**.
Sie kam von Dettingen bei Biberach und wurde am 22. 1. 1941 als Lehrerin auf Lebenszeit angestellt. Sie blieb an der Schule, bis sie am 15. 1. 1961 ins Landeskrankenhaus Sigmaringen eingeliefert wurde, wo sie am 31. 3. 1961 starb. Sie wurde in Scheer beerdigt.
Den **Hausarmen- und Schulfonds** betreffend waren Jahre vergangen, bis der Verwaltungsausschuß wieder in Tätigkeit trat. Der Fonds war Opfer der Inflation geworden. Erst nachdem die Reichsschuldenverwaltung am 12. Oktober 1929 den Anträgen auf Gewährung sozialer Wohlfahrtsrenten entsprach und die Beträge für den Hausarmenfonds auf jährlich 202,50 RM und beim Schulfonds auf 27 RM festgesetzt hatte, wurden die Verwaltungsgeschäfte wieder aufgenommen. Der am 4. 12. 1929 zusammengetretene Verwaltungsausschuß beschloß, Einzelunterstützungen aus dem Landschaftlichen

1926/27. Nähschule Jahrgang 1909–1911 mit Schwester Magdalene (sp. Generaloberin).
Hintere Reihe von links: Rosa Sigg verh. Volz, Rese Nattenmüller (Schwester M. Eufemia im Kloster Reute), Sofie Speh verh. Krugger, Thilde Will, Maria Rauser verh. Späh, (?), Walburga Stauß (Schwester M. Regentrudis im Kloster Hegne), Schwester M. Magdalena (Handarbeitslehrerin, sp. Generaloberin im Kloster Reute).
Vordere Reihe: Maria Groß, Maria Halder verh. Baur, Stefanie Greising verh. Herde, Agathe Graf, Lena Baur, Rese Christ, Maria Baur verh. Nattenmüller, Maria Rauser (Schwester Soteretes im Kloster Reute), und Anna Gutknecht verh. Heim (Australien).

1929.

Hausarmenfonds in der Regel nicht mehr, vielmehr nur in ganz besonderen Notfällen zu verwilligen und an die 26 Gemeinden der ehem. Grafschaft Friedberg-Scheer eine sich nach den zur Verfügung stehenden Mitteln richtende und jedes Jahr zu bestimmende Summe nach der Einwohnerzahl, wie bisher, als Großalmosen zur Verteilung zu bringen. Die Verwilligung der Unterstützung habe in den einzelnen Gemeinden durch den Ortsgeistlichen und den Gemeinderat zu erfolgen. Die Verteilungslisten mit den Empfangsbescheinigungen der Unterstützten wären dann jeweils mit einer stiftungsrätlichen Beurkundung, daß die Unterstützten zu den Hausarmen zählen und in der ehemaligen Grafschaft Friedberg-Scheer heimatberechtigt sind, zu den Rechnungsakten des Fonds zu bringen. Von den beim Landschaftlichen Schulfonds zur Verfügung stehenden Mitteln sollen nur noch Unterstützungen an Studierende verwilligt werden. Entsprechende Ausschreibungen erfolgen in der Zeitung „Der Oberländer". — Diese Regelung wurde bis zum Zweiten Weltkrieg eingehalten.

1939 wurde an sämtlichen Schulen das **8. Schuljahr eingeführt**. — Nach den Wirren des Umsturzes wurde in Scheer am 8. 10. 1945 der Schulbetrieb wieder aufgenommen. Da der Hauptlehrer Enderle durch die Besatzungsmacht außer Dienst gestellt worden war, wurde seine Abteilung (Klassen 4—6) vom 10. 2. 1946 bis 1. 5. 1946 vom Schulleiter übernommen, danach vom 20. 5. 1946 bis 2. 9. 1946 vom Lehramtsanwärter **Karl Erik Hübner** und vom 23. 9. 1946 bis 1. 9. 1947 vom Lehramtsanwärter **Franz Späth**.

Oberlehrer Berhalter verunglückte am 27. 3. 1947 beim Fällen seines Brennholzes im Waldteil „Wiegenband" tödlich. Die Amtsgeschäfte wurden zunächst von Frl. Hellgoth weitergeführt, die Klasse vom 1. 5. 1947 bis 15. 10. 1947 von der Laienlehrkraft **Paul Stumpp**, geb. 4. 9. 1925 in Beizkofen, versehen. Der Lehrer **Josef Deschler**, der bislang in Rosna tätig war, wurde auf Anordnung der Besatzungsmacht am 1. 9. 1947 nach Scheer strafversetzt. Er übernahm die II. Abteilung und versah die Geschäfte des Schulleiters. Nach dem Wegzug von Herrn Stumpp wurde die Schule zweiklassig geführt, bis die III. Abteilung wieder durch Herrn **Hübner** besetzt wurde, der nun vom 12. 1. 1948 bis zu seinem Wegzug nach Ennetach am 13. 9. 1948 die Klassen 7 und 8 versah. Am 1. 9. 1948 übernahm die Laienlehrkraft **Ruth Löw** die Klassen 4 bis 7. Frl. Hellgoth wurde wieder die Führung der Schulleitungsgeschäfte übertragen. — In der Oberklasse folgte auf Herrn Hübner der Laienlehrer **Erwin Zettler** (13. 9. 1948 bis 6. 10. 1948), danach die Laienlehrkraft **Zita Berhalter** (8. 10. 1948 bis 1. 12. 1948).

Der Hauptlehrer Enderle, der nach seiner Außerdienstsetzung nach dem Umsturz kurz im Lager Reutlingen eingesperrt und ab 1. 9. 1947 nach Lauchertal strafversetzt war, übernahm am 1. 12. 1948 wieder seine Stelle, so daß sich folgende Einteilung ergab:
I. Abteilung: Frl. Hellgoth, II. Abteilung: Herr Enderle, III. Abteilung: Frl. Löw, die am 1. 1. 1949 nach Fleischwangen versetzt wurde. Ihr folgte als Amtsverweser auf die Stelle Berhalter, der Lehrer **Dr. phil. nat. Josef Maunz**, geb. 28. 10. 1907, der ab 20. 12. 1948 wieder zum Schuldienst zugelassen worden war. Er leitete die Geschäfte bis zum Amtsantritt von Frl. **Schelchen** und war dann noch bis zum 1. 7. 1950 in Scheer. Herr Maunz, der sich schriftstellerisch unter dem Pseudonym „Ivo Mauthner" betätigte („Schlehdorn und Heckenrosen", „Abseits der Rollbahn" etc.), war später Schulamtsdirektor in Biberach. — Er veranlaßte 1949 den Einbau eines WC's in die Dienstwohnung.

Am 15. 10. 1949 wurde an der Schule wieder eine vierte (ap.) Stelle errichtet. Erster Stelleninhaber war vom 15. 10. 1949 bis 4. 8. 1951 der Lehramtsanwärter **Heinz Gentner**. — Es führten: I. Abteilung: Hellgoth, II. Abteilung: Gentner, III. Abteilung: Enderle, IV. Abteilung: Dr. Maunz.

Die **Schulleiterin, Oberlehrerin Martina Schelchen** (geb. 5. 12. 1897), übernahm ab 1. 4. 1950 die Schule. Da Herr Enderle erkrankt war, ergab sich folgende Klassenverteilung: Hellgorth — Gentner — Dr. Maunz — Schelchen. Als Nachfolger von Dr. Maunz sind genannt: **Josef Maurer**, Laienlehrkraft, der am 1. 7. 1950 von Mittelbiberach kam und am 1. 9. 1950 nach Friedingen bei Riedlingen versetzt wurde (später Kreisbildstellenleiter, gest. 1977 in Saulgau); danach Heinz Gentner, dessen 3. und 4. Schuljahr vom 1. 9. 1950 bis 16. 10. 1950 von Lehrer **Eugen Vogellehner** geführt wurde. Herr Vogellehner, vorher Rektor in Sigmaringendorf und ab 18. 8. 1950 wieder zugelassen, war hier bis zu seiner Versetzung nach Mengen als „Aushilfskraft" eingesetzt. Am 16. 10. 1950 übernahm Hauptlehrer Enderle wieder seine III., Herr Gentner die II. Abteilung. Am 4. 8. 1951 tauschten sie die Abteilung, so daß Herr Enderle nun bis zu seiner Pensionierung am 21. 3. 1953 die II. Abteilung innehatte (am 2. 4. 1955 wurde er in Scheer beerdigt). Seine Klassen (3 und 4) wurden ab 5. 4. 1953 von der apl. Lehrerin **Helge Löw**, ab 1. 9. 1953 vom Aushilfslehrer (früher Schulrat) **Hans Gruler**, und ab 27. 4. 1954 vom apl. Lehrer **Günter Bartnik** geführt. Er übernahm am 19. 4. 1955 die Klassen Gentner (5 und 6) und übergab die Klassen 3 und 4 dem apl. Lehrer **Anton Blaser**, der am 16. 4. 1957 nach Reichenbach versetzt wurde. Seine Nachfolger in Scheer war bis 29. 4. 1957 der apl. Lehrer **Gerold Weiß**, danach **Hermann Reck**, bis Herr Blaser am 1. 4. 1958 wieder an die Schule Scheer zurückversetzt wurde. Die im ersten Stock des stadteigenen Gebäudes in der Fabrikstraße Nr. 6 gelegene Fünfzimmerwohnung mit Küche und Bad wurde im Jahre **1953** als **Lehrerdienstwohnung** anerkannt. Dort wohnte Herr Bartnik mit seiner Familie und danach die Familie Stumpp.

Frl. Schelchen war ab 2. 8. 1957 in Krankheitsurlaub, so daß die III. und IV. Abteilung gemeinsam unterrichtet werden mußten.

Am 10. 12. 1957 starb sie im Krankenhaus Mengen und wurde in Berlin beerdigt. Hauptlehrer Bartnik wurde mit der Führung der Amtsgeschäfte beauftragt.

Der **Schulleiter, Oberlehrer Walter Bleicher**, trat am 1. 4. 1958 die Stelle an und bezog mit seiner Familie die Dienstwohnung im Schulhaus. Er ist am 28. 3. 1925 in Beizkofen geboren, war nach dem Besuch der Oberschulen Mengen und Riedlingen als Leutnant akt. der Infanterie Kriegsteilnehmer und trat nach der Gefangenschaft 1945 als Laienlehrkraft in den Schuldienst ein. Er kam von Uttenweiler und hatte im Bezirk Riedlingen das Amt des Schulkämmerers inne. Im Bezirk Mengen wurde ihm die Leitung der pädagogischen Arbeitsgemeinschaft übertragen. — Ab 1. 5. 1958 lautete die Klassenverteilung: Helgoth — Blaser — Bartnik — Bleicher.

Da es unter Hinweis auf die „Residenzpflicht", d. h. die Pflicht des Lehrers, an seinem Dienstort zu wohnen, Herrn Bartnik nicht gestattet wurde, in sein Eigenheim nach Ennetach zu ziehen und in Scheer zu unterrichten, ließ er sich am 1. 4. 1960 an die Schule Ennetach versetzten. Nun mußte die Schule, bis zur Anstellung des apl. Lehrers **Werner Müller** am 29. 8. 1960, dreiklassig geführt werden. Am 28. 3. 1961 verließ apl. Lehrer Müller die Schule, am 31. 3. 1961 starb Frl. Hellgoth. Nachdem am 1. 4. 1961 das **Ehepaar Stumpp** den Dienst an der Schule angetreten hatte und Herr Blaser wieder nach Scheer zurückversetzt worden war, wurden die Klassen wie folgt verteilt: Klasse 1 und 2 Marianne Stumpp, Klasse 3 und 4 Anton Blaser, Klasse 5 und 6 Lothar Stumpp, Klasse 7 und 8 Walter Bleicher.

1963 übernahm **Maria Bremer** die 1. Klasse, so daß die Schule nun 5klassig geführt werden konnte. Aus Raummangel mußte der Religionsunterricht in „St. Andreas" (kath.) bzw. im „8-Uhr-Glöckle-Häusle" erteilt werden. Im selben Jahr erfolgte eine Innenrenovation des Schulhauses.

Um die Schulraumnot zu beheben und dabei eine zukunftsträchtige Lösung zu schaffen, lud das Staatliche Schulamt die Vertreter der Gemeinden und Schulen von Scheer, Heudorf und Blochingen 1965 zu einer Sprengelversammlung ein mit dem Ziel, in Scheer entsprechend des in diesem Jahr in Kraft getretenen Schulverwaltungsgesetzes eine Mittelpunktschule zu schaffen. Es folgte eine jahrelange ergebnislose Diskussion. — 1966 übernahm **Ortrud Koch** (bis 1967) die Stelle von Maria Bremer, die an die Sonderschule Mengen versetzt wurde.

Im Zuge der Reform der Volksschul-Oberstufe, mit welcher auch die Einführung des 9. Schuljahres verbunden war, wurden zu Beginn des Schuljahres 1966/67 die Klassen 5—9 der Nachbarschaftshauptschule Mengen zugeteilt. In Scheer verblieb die Grundschule, der noch 3 Lehrkräfte zur Verfügung standen: M. Stumpp, L. Stumpp und W. Bleicher. Marianne Stumpp trat zu Beginn des Schuljahres 1967/68 aus dem Schuldienst. Ihre Stelle übernahm **Maria Gitschier**, am 1. 9. 1969 **Fr. Tyschak**, bis Frau Stumpp im Jahre 1970 die Lehrtätigkeit wieder aufnahm. Nachdem im Jahre 1972 **Elisabeth Reck** den Dienst angetreten hatte, konnte die Schule wieder 4klassig geführt werden. — Nach 15jähriger Tätigkeit in Scheer verließ Oberlehrer Bleicher im Jahre 1973 die Schule und übernahm das Rektorat der Ablachschule Mengen. Mit ihm schied auch seine Frau **Anny Bleicher** aus dem Dienst, die den Handarbeitsunterricht erteilt hatte.

Oberlehrer Lothar Stumpp übernahm die Schulleitung (1973 bis heute). Er ist am 31. 5. 1931 in Hohentengen geboren und trat nach dem Besuch des Progymnasiums Mengen, der Lehreroberschule Saulgau und des Päd. Inst. Weingarten in den Schuldienst. —

1973 zählten ferner zum Kollegium: Marianne Stumpp (bis 1984), Elisabeth Reck (bis 1975), **Johannes Stützle** (bis heute) und als Handarbeitslehrerin **Martha Blaser** (bis heute).

Mit der Eingliederung Heudorfs nach Scheer wurden 1974 auch die beiden Grundschulen zusammengelegt und ab Schuljahrsbeginn im September die Klassen 2a und 3 in Heudorf unterrichtet. Die dortige Grundschule verlor am 1. 8. 1975 ihre Selbständigkeit, so daß der Schulleiter **Gerhard Siebert** nun (bis 1985) als Klassenlehrer an der 5klassigen Schule tätig war, in welcher in diesem Jahr **Anette Steiner** die Stelle Reck übernahm (bis 1978). Ihr folgte **Elfriede Keicher** bis 1985. Ab dem Schuljahr 1983/84 wurden in Heudorf keine Schüler mehr unterrichtet. 1985 übernahm **Cordula Hammer** die Stelle Keicher (bis heute), **Eva Genter** die Stelle Siebert. 1986 wurde im Schulhof eine Pausenhalle erstellt. Die Stelle Genter übernahm **Bernd Motzer**, bis Frau Genter im Jahr 1988 den Dienst wieder aufnahm. 1987 wurde die seitherige Lehrerdienstwohnung im Dachgeschoß des Schulhauses umgestaltet und ein 6. Klassenzimmer eingerichtet. In den Jahren 1987 und 1988 unterrichteten **Maria Schmetz** und **Walter Brändlin** an der Schule, seit 1988 **Gerhard Fischer** und **Margrit Schultchen**. Heute zählt die 6klassige Grundschule Scheer 127 Schüler, davon in Klasse 1 (Frau Genter) 28, Klasse 2a (Herr Fischer) 19, Klasse 2b (Frau Hammer) 21, Klasse 3a (Herr Stützle) 20, Klasse 3b (Frau Schultchen) 19, Klasse 4 (Herr Stumpp) 21.

Siechenhaus und Spital

Das Siechenhaus

Nach dem schweren Erdbeben vom 25. Januar
1342, das sich im Zeitraum von 14 Tagen mehrmals wiederholte, wodurch fast sämtliche Burgen im Donautal zerstört wurden, verbreitete sich die Pest, der sog. „schwarze Tod", der in diesem Jahr schrecklich wütete. Um diese Zeit sollen außerhalb der Ortschaften die sog. „Leprosen- oder Siechenhäuser" für Pestkranke erbaut worden sein, in Scheer am Berg an der Straße nach Heudorf, dem sog. „Siechensteigle". Es stand vmtl. an der Stelle des Hauses Heudorfer Straße 6 (vgl. Feilenhauer). Dort befinden sich hinten am Berg 3 gewölbte Keller, in denen Knochen gefunden wurden. Der 1956 zugemauerte Keller ist mit ganz kleinen Steinchen ausgepflastert.
1374 und schon einige Zeit vorher wütete abermals die Pest. Die Seuche nahm die Gestalt des sog. „Johannistanzes" an und gelangte, in etwas gemilderter Form, unter der Bezeichnung „Veitstanz" auch zu uns. Die von der Krankheit Ergriffenen tanzten und rasten, bis sie schäumten und leblos zur Erde stürzten. Die Sterblichkeit war so groß, daß einzelne Ortschaften bis auf wenige Menschen ausstarben. Da viele an das Nahen des Endes der Welt glaubten und für ihr Seelenheil oft ihr ganzes Vermögen an Kirchen und Klöster schenkten, mußte durch Gesetz dagegen eingeschritten werden, damit den rechtmäßigen Erben ihre Anteile verblieben. — Die Scheerer Bürgerin Gertrud Ziegler, Witwe des Konrad Fittmayer, stiftete im Jahre 1531 an das Sondersiechenhaus, als dessen Pfleger Bartholomäus Will genannt ist, 45 Gulden — auch für eine hl. Messe in der St.-Georgs-Kapelle am Siechensteigle.
1565 stiftete der Bürger Hans Schwartz 23 Gulden zu einer Almosenspende an die Sondersiechen. Siechenhauspfleger war Leonhard Kyfferle.
1620 werden 2 Siechenhauspfleger erwähnt,
1635 das Siechenkäpple an der Heudorfer Straße, das in der 2. Hälfte des 17. Jahrhunderts in den Park verlegt wurde (vgl. St.-Georgs-Kapelle).
1755 stimmten die Untertanen zu, daß befristet auf 3 Jahre von den Neubürgern der Leprosentaler verlangt wird.
1765 beschweren sie sich darüber, daß dieser noch nicht abgeschafft sei. Leprosenpfleger war Anton Schell.

Der Spital zum hl. Geist

Neben dem außerhalb der Stadt gelegenen Siechenhaus bestand bereits im 15. Jahrhundert in der Stadt ein Spital, dessen Stiftung und Lage bislang nicht genau ermittelt werden konnten. Die erste Nennung erfolgte im Jahr 1500, in welchem der Altbürgermeister Klaus Kieferle an die Spitalpfleger Josef Beck und Ulrich Falkner sein Haus in Scheer, gelegen zwischen Hans Falkners und Peter Mayers Haus, um 5 Gulden verkaufte.

Valentin Rus, Dekan des Kapitels Mengen und Pfarrer zu Scheer, stiftete dem Spital im Jahre
1534 zu einem Almosen 210 Gulden mit der Bestimmung, daß aus den Zinsen von jährlich 10 Gulden Tuch und Schuhe, in Notjahren Brot für die Armen angeschafft werden.
1537 machten der Menger Bürger Hans Ruch und seine Frau Ursula Brenner an die Armen im Hl.-Geist-Spital eine Brotspende, die in der Oster- und in der Pfingstwoche zu verteilen war.
1541 schenkte Truchseß Wilhelm dem Spital einen Hof zu Langenenslingen mit der Bedingung, daß die Hl.-Geist-Pflege an den Fronfasten von 3 $\frac{1}{2}$ Malter guten Mühlkorns Brot für die Armen der Stadt und der Landschaft backen und austeilen ließ. Wenn es der Landschaft und dem Rat jedoch nützlicher erscheine, könne auch Korn ausgeteilt werden. Ferner mußte der Spital am Jahrtag der Gräfin v. Sonnenberg 2 Malter Mühlkorn mahlen, backen und an arme Leute austeilen lassen.
1549 stiftete Truchseß Wilhelm 1000 Gulden zu einem ewigen Almosen für seine Graf- und Herrschaft. — Elsbeth Steckon, die Witwe des Hans Offenschult, stiftete
1551 für eine Brotspende aus 2 Vierteln Korn 20 Gulden, die jährlich auf St. Georgi den armen Bürgern und deren Familien im Spitalhaus zu verteilen war. — Appolonia Failer, die Witwe des Stoffel Stahel, stiftete
1576 24 Gulden, von denen in der Woche vor Mathias-Tag, nach vorheriger Verkündigung von der Kanzel, 1 Pfund Schilling an die Hospitaliten verteilt werden mußten. — Bei einer im Jahr
1580 erfolgten Rentenzuteilung an Jakob v. Tannenberg, Obervogt in Trauchburg, wurde festgelegt, daß von den 1000 Gulden nach seinem Tod 700 Gulden seiner Witwe, 300 Gulden aber dem Hl.-Geist-Spital Scheer zufallen sollen. Im Urbar das Jahres
1582 ist erstmals der Standort des Spitals erwähnt: „Das Haus des Damian Engler beim Tor, liegt an der einen Seite am Spital". — Das Urbar des Jahres
1583 nennt „Lorenz Kieferles Hl.-Geist-Acker". — Im Vergleich des Jahres
1618 ist der Spital wieder erwähnt. Die älteste Spitalrechnung von
1633/34 enthält eine Gebühr von 22 Kreuzern für Abhaltung eines Jahrtags und ein Almosen mit 50 Kreuzern, das in der Karwoche zu verteilen ist. Nähere Angaben fehlen.
1643 verkaufte Balthas Dehner von Blochingen den Pflegern des Hl. Geistes in Scheer um 40 Gulden einen jährlichen Zins von 2 Gulden aus eigenen Gütern. Die verschuldete Stadt verkaufte
1649 den dem Spital vom Truchsessen Wilhelm im Jahre 1541 geschenkten Spitalhof in Langenenslingen um 950 Gulden an den hohenzollerischen Jägermeister Karl v. Arzt.
1659 verkaufte der Bürger Christoph Gutknecht um 86 Gulden den Pflegern der Hl.-Geist-Pflegschaft einen

ewigen jährlichen Zins von 4 Gulden 18 Kreuzern aus einem Haus und Grundstück. — Der „Hl.-Geist-Hof" wurde
1660 dem Caspar Storer verliehen.
1661 bekannte der Stadtammann Lorenz Frickh, daß er für ein erhaltenes Hauptgut von 64 Gulden dem Spital einen ewigen jährlichen Zins von 3 Gulden 12 Kreuzern schuldig ist, und verpfändete dafür einige Güter.
Im Verlauf des Dreißigjährigen Krieges (ca. 1640) war das Gebäude **Hauptstraße 3** (heute Metzgerei Will) erbaut worden und diente als Spital, denn bereits im Jahre 1695 ist vom „alten Spital" die Rede, bei dem das Haus mit Scheuer und Stallung des Reisinger lag, das auf der anderen Seite gegen Georg Gutknecht und die Stadtmauer stieß. Der neue Spital scheint mehr ein „Gut-Leute-Haus" gewesen zu sein, in welchem hauptsächlich arme alleinstehende Leute untergebracht waren.
1699 bezog der Spital den Günzkofer Vogthaber und zahlte dafür ans Rentamt 49 Kreuzer. Die Spitalpflege wurde in diesem Jahr beauftragt, auf die dem Spital gehörige Hofstatt, die „ober des Mittelholzers und Schildeggers Behausung lagert", ein „Geheuß" zu bauen, um etwa zu Zeiten einen armen Mann beherbergen zu können. Wohl diese „neue Behausung" verkauften die Hl.-Geist-Pfleger, mit Consens des Rats, im Jahre
1702 um 400 Gulden an den Schneider Johannes Rhein.
1734 errichtete die Stadt im Spitalgebäude eine eigene Schule (s. d.), die von der Sebastiansbruderschaft unterhalten wurde. Nach Differenzen mit der Herrschaft wurde 1735 das Spitalhaus auch weiterhin als Schulhaus zur Verfügung gestellt und der Schulmeister von der Spitalpflege bezahlt. Im selben Jahr hören wir, daß der Stadtschreiber und der Schulmeister im Spitalhaus wohnten.
1736 wurden vom Spital 60 Gulden an den Magister wegen des 1649 verkauften Langenenslinger Hofes bezahlt (vgl. Schule). Dieser damalige Hofverkauf wurde der Stadt immer wieder zum Vorwurf gemacht. Am 28. August
1738 kam es zwischen dem Stadtpfarrer und der Stadt zu einem diesbezüglichen Vergleich. Als Gegenleistung dafür, daß die Stadt an dem an die Stadtmauer angebauten Spital Taglichter in die Mauer einbrechen ließ, wurde dieses Einbrechen von Taglichtern auch für das Pfarrhaus und die Kaplanei zugestanden, mußten aber vergittert werden. Außerdem wurde eine Verordnung der Stadt, nach welcher den Bürgern verboten worden war übriges Holz an die Beneficiaten (Kapläne) zu verkaufen, zurückgenommen, aber zur Bedingung gemacht, daß das Holz vorher bei der Stadt als übrig angemeldet werde. — Am 25. August
1757 beurkundete die Oberamtskanzlei in Scheer einen 13 Seiten umfassenden urbarmäßigen Beschrieb der Güter, die vom gräflichen Rentamt der Hl.-Geist-Pflegschaft in Scheer käuflich überlassen wurden. In der Oberamtskanzlei bat Josef Schell mit seinem Beistand Josef Zimmerer am 25. Mai
1777 um Wiederverleihung seiner Güter, die er am 8. Februar
1755 um 205 Gulden an die Herrschaft verkauft hatte und mit denen er damals wieder belehnt worden war. Diese Güter seien aber nach 2 Jahren von der Spital-
pflegschaft eingezogen und je hälftig an Xaver Flaig und Wunibald Haberbosch verliehen worden. Schell begründete seinen Antrag damit, daß sich die Adlerwirtin Agatha Illin bereit erklärt habe, seinen Rückstand von 49 Gulden innerhalb von 4 Wochen zurückzubezahlen. Daraufhin wurden anderntags der St.-Nikolaus-Pfleger Andreas Zimmerer, der St.-Oswald-Pfleger Anton Stumpp und der Armenpfleger Anton Schell beim Oberamt vorgeladen. Als Deputierte des Rats erklärten sie sich bereit, daß dem Josef Schell die an Wunibald Haberbosch und Xaver Flaig geliehenen Güter nach Zahlung seines Rückstandes gegeben werden, nachdem Wunibald Haberbosch inzwischen gestorben sei und sich Xaver Flaig gegen ein anderes Wieslein damit einverstanden erklärte.
Nach dem verheerenden Hochwasser des Jahres
1778 stellte der Schultheiß Hueflin beim Bistum Konstanz den Antrag, daß der Stadt zur Wiederherstellung der Donaubrücke ein Beitrag aus der Hl.-Geist-Pflegschaft zugewiesen werde, die jährlich aus verschiedenen Zinsen 500 Gulden erhalte. Am 4. Januar
1779 genehmigte der Generalvikar 150 Gulden. — Das Spitalvermögen wies
1783/84 ein Kapital von 5720 Gulden 57 Kreuzer auf. — Wegen Mißwachses erhielt die Stadt im Jahre
1787 vom Spital eine außerordentliche Zuweisung von 94 Gulden. Zur Bestreitung der vom kaiserlichen Verpflegungsmagazin auferlegten Kontribution gab Antonius Burger, herrschaftlicher Kastenknecht und Bürger zu Hohentengen, am 3. Februar
1797 der Stadt Scheerischen Heiliggeistpflegschaft 600 Gulden gegen 5 %, mit vierteljährlicher Kündigung. — In den folgenden Kriegsjahren gab der Spital an Steuern, Kontributionen usw. nicht weniger als 11 358 Gulden, davon im Jahr
1801/02 allein 6000 Gulden. Daher war der Spital auch immer wieder gezwungen, Geld aufzunehmen. So erhielt der Hl.-Geist-Pfleger Wunibald Küferle am 27. Februar
1805 von Josef Weber 100 Gulden gegen 5 %, am 23. April desselben Jahres von Willibald Will 600 Gulden gegen 5 % und im Jahre
1806 von den Leopold Liebherr'schen Erben 500 Gulden zum gleichen Zinssatz. — Trotzdem betrug das Spitalvermögen im Jahr
1814 zusammen 18 289 Gulden 6 Kreuzer. Dazu kamen noch die Erträgnisse aus angekauften oder in Ganten an Zahlungsstatt angenommene Äcker, ferner die Bodenzinse, Zehnten und Gülten.
1825 kaufte die Stadt bzw. die Spitalpflege das sog. **„lange Kaplaneihaus"**, in welchem nun der Spital gemeinsam mit den beiden damals bestehenden Schulen (s. d.) untergebracht war, während der seitherige Spital als Armenhaus eine Weiterverwendung fand.
1831 mußte lt. Erlaß des kgl. Innenministeriums wegen der „asiatischen Cholera" in jedem Ort ein bestimmtes, möglichst außerhalb gelegenes Gebäude bereitgestellt und auf 1000 Einwohner für 15 Kranke eingerichtet werden. Dazu wurde der obere Stock des Spitals geräumt und für solche Kranke hergerichtet.
1853 wurden dem Spital von der St.-Sebastians-Pflege 19 $^5/_8$ Morgen Äcker zugeteilt. Da das Armenhaus

Spital seit 1872.

1865 nur noch 2 Insassen beherbergte und in einem baulich sehr verwahrlosten Zustand war, wurde es aufgehoben. — Am 23. April
1868 erwarb die Stadt das eingegangene ehemalige fürstlich Thurn und Taxissche Rentamtsgebäude (Mengener Straße 8) samt Zubehör um 4500 Gulden. Wegen Wohnungsmangels wurde dieses jedoch zunächst an die beiden Eisenbahnbauunternehmer Cornelius Kraemer und Hans Müller gegen jährlich 500 bzw. 400 Gulden vermietet. — Am 5. Mai
1871 wurde beschlossen, dieses Gebäude als Spital zu verwenden. — Die Aktivkapitalien betrugen in diesem Jahr 48 516 Gulden. An Äckern und Gärten waren vorhanden 51 $\frac{1}{8}$ Morgen, an Wiesen 8 $\frac{4}{8}$ Mannsmahd. — Unter der Leitung von 2 barmherzigen Schwestern aus dem Kloster Reute wurde am 1. Januar
1872 im **Rentamtsgebäude** der heutige Spital eröffnet; im gleichen Jahr die Hauskapelle eingebaut, für welche 1874 um 180 Gulden der vom Wagner Rebholz in Bingen angefertigte und beim landwirtschaftlichen Fest in Sigmaringen ausgestellte Altar angeschafft wurde. — Seither wird in der Kapelle wöchentlich mehrmals Gottesdienst gehalten. Unter Aussetzung des Allerheiligsten (i. d. Monstranz) werden hier am Fastnachtsmontag und -dienstag Sühnestunden abgehalten, die, wie die hl. Messen, auch von Bürgersleuten gut besucht wurden. Nachdem die Stadt die Scheuer des Gebäudes Hauptstraße 5
1872 an den Ratsdiener Schuler verpachtet hatte, verkaufte sie am 3. Mai
1873 das Gebäude um 2555 Gulden an den Bauern Josef Will. Nach der Stiftungsausscheidungsurkunde vom 1. 8.
1879 wurde das Stiftungsvermögen der Spitalpflege Scheer aus demjenigen der kirchlichen Stiftungen ausgeschieden und der Verwaltung der Ortsarmenbehörde übergeben.

Spitalhof.

Mit dem Mutterhaus in Reute schloß die Stadt am 13. Dezember
1880 einen Vertrag, wonach dieses pro Schwester eine jährliche Entschädigung von 75,71 Mark erhielt. Da die beiden Schwestern auch Unterricht an der Industrieschule für die weibliche Jugend zu erteilen hatten, forderte die Stadt auf 1. Mai
1883 eine 3. Schwester an, deren Aufgabe es war, diesen Unterricht zu erteilen. In diesem Zusammenhang erfahren wir auch, daß es vornehmlich volksschulpflichtige Mädchen waren, die hier unterrichtet wurden. Neben diesem Aufgabenbereich versorgten die Schwestern auch den für die Verpflegung wichtigen großen Gemüsegarten und waren im Bereich der Stadt vor allem im Bereich der Hauskrankenpflege tätig.
1885 baute die Stadt in der Waschküche des Spitals einen geschlagenen Brunnen. Am 25. Juni
1886 wurde der Schuhmachermeister Johann Zimmerer zum Spitalpfleger (bis 1922) und der Wagner Wunibald Knor zum Kreis-Schmied-Stiftungspfleger gewählt. — Nachdem bislang das Mehl für die wöchentlich benötigten 20—22 drei- bis vierpfündigen Brotlaibe vom Spital gekauft und an den Bäcker zum Backen gegeben worden war, wurde ab
1894 im Spital gebacken, da dies billiger und ein Backofen vorhanden war. — Wie das „Krankenbuch des Krankenhauses Scheer" ausweist, diente das Heim auch als Krankenhaus, dessen Aufsicht dem staatlichen Gesundheitsamt Saulgau oblag. Die Patienten, die sich je nach Art der Krankheit eine kürzere oder längere Zeit hier aufhielten, wurden von Ärzten aus Scheer und Mengen und der Krankenschwester versorgt.
Zum Preis von 12 000 Mark wurde
1895 das zum Spital gehörende Nebengebäude um einen Stock erhöht und im Gebäude neben einem Lokal für den Handarbeitsunterricht und einem für den Zeichenunterricht ein Raum für die Kleinkinderschule eingerichtet, die am 1. März 1895 ins Leben gerufen wurde. — Die Kalkgrube im Spitalhof, die an den Maurer Mathäus Weckerle verpachtet war, wurde
1896 auf Parz. Nr. 4 verlegt,
1898 ein Abortanbau erstellt. — Aus dem Mutterhaus Reute kamen in diesem Jahr 2 barmherzige Schwestern: Monika Leins (bis 1914) und Tiberia Dreher (bis 1908),
1899 die Schwester Casiana Hofmann (bis 1907). Mit einem Kostenaufwand in Höhe von 6005 Mark erfuhr das Hausinnere in diesem Jahr bauliche Veränderungen, denen eine Außenrenovation folgte.
1902 waren 2 Schwestern im Spital selbst, eine für die Industrieschule und eine für die Kinderschule beschäftigt. Wegen der vielen Spitalinsassen, des guten Besuchs der Industrieschule und der Landarmen, die hier versorgt wurden, war eine fünfte Schwester erforderlich: Smaragda Mayer, die von

1903—1912 in Scheer war, kam aus Reute,
1905 die Schwester Alkuina Lämmle (bis 1909). Sie versorgte mit 2 anderen Schwestern die Spitalinsassen, eine Schwester führte den Kindergarten und die Lehrschwester, die von den Nachbargemeinden stark besuchte Industrieschule (Nähschule). — Weitere bauliche Veränderungen: neuer Schweinestall, Erneuerung des Keller-Nebenbaues samt Stützmauer, Mansardenfenster auf der Gartenseite, Zementboden im Kellergeschoß. Die Schwester Kassiana wurde
1907 durch die Schwester Maria Ewalda abgelöst (bis 1913), die Schwestern Tiberia und Monika
1908 durch die Schwestern Maria Nonna (bis 1911) und Maria Theodora, der
1909 die Schwester M. Agin folgte (bis 1912). — Im Untergeschoß des Spitalgebäudes wurden im Februar 1909 ein Badezimmer, das der allgemeinen Benützung diente, ein Obdachlosenheim und ein Leichenzimmer eingebaut. Preis 1400 Mark. — Beim Schwesternwechsel
1912 kamen M. Hierothea (bis 1919) und M. Daria (bis 1914) nach Scheer,
1913 die Schwester Radulfa (bis 1916),
1914 die Schwester **Maria** als **Oberin** (bis 1920) und ihre Mitschwester Gervina (bis 1918). In diesem Jahr wurde der Spital als Lazarett eingerichtet.
1915 kam die Schwester Thyrsa (bis 1918),
1916 die Schwester Credula (bis 1917),
1918 die Schwestern Burkharda (bis 1929) und Andrea (bis 1921). Das Barvermögen betrug in diesem Jahr noch 84 111,— Mark, von denen nach der Inflation nur noch etwa 7000,— Mark übrig blieben. — Aus der mit der Spitalpflege kombinierten Dekan Reichle'schen Stiftung (vgl. 1709) wurde
1919 letztmals der Betrag von je 72 Mark ausgelöst. — In diesem Jahr kam die Schwester Luciana (bis 1924),
1920 die Schwester Cölina (bis 1922),
1921 die Schwester Romana (bis 1922). Umbau der Spitalkapelle durch Verwendung eines Schwesternzimmers zur heutigen Größe. Da die Ausgaben für das „Altersheim St. Wunibald", wie der Spital nun genannt wurde, nicht mehr von der Spitalpflege bestritten werden konnten, wurden sie von der hiesigen Stadtgemeinde übernommen. Die Güter mit ungefähr 22 ha kamen, wie bei der Kirchenpflege, nach dem gleichen Modus den Nutzungsberechtigten zu. — Die durchschnittliche Heimbelegung betrug 30—32 Personen, wobei immer 2—3 Leute in einem Zimmer untergebracht waren und die Schränke auf dem Flur standen.
1922 wurden wieder 2 Schwestern ausgetauscht. Es kamen die Schwestern Oskaria (bis 1925) und Regiserindis (bis 1934),
1923 Lampadia (bis 1929),
1924 Magdalena (bis 1934),
1925 Agia (bis 1927) und Sunnina (bis 1926),
1926 Pulchronia (bis 1946),
1927 Octaviana (bis 1933),
1929 Crispina (bis 1935), Editha (bis 1948), Betha (Juni—Sept.) und Kosima (bis 1935),
1932 Bartolomäa (Jan. bis April),
1933 Verona (bis 1939),
1934 Lunaria (bis 1948) und Siena (bis 1942),

1935 die Schwester **Flavia** als **Oberin** (bis 1946),
1937 Reinhilde (Okt. bis Dez.),
1939 Hildebalda (bis 1941),
1941 Reposita (bis 1963). — Während des Zweiten Weltkrieges fanden auch Evakuierte im Heim Unterkunft. Nach Kriegsende kamen
1945 die Schwestern Estiva (bis 1966) und Adalbero (bis 1961),
1946 die Schwester **Chionia** als **Oberin** (bis 1965),
1947 Foresta (bis 1951),
1948 Theodoreta (bis 1982) und Gwendolina (bis 1951),
1949 waren 40 Personen im Heim untergebracht.
1951 kam die Schwester Mentona, ihr folgte
1958 die Schwester Chelidona (bis 1960). — Die Franziskanerinnen in Reute wählten
1959 die Schwester Maria Magdalena Kiem, die von
1924—1934 in Scheer war, zur Oberin. Die Schwester Pazzis löste
1960 die Schwester Chelidona ab (bis 1988), die Schwester Euphrosina wurde
1961 Nachfolgerin der Schwester Adalbero (bis 1966). In diesem Jahr wurde die Stiftung „Spitalpflege Scheer" aufgehoben und das gesamte Stiftungsvermögen, bestehend aus Gebäuden, Grundstücken, Rechten etc., mit dem Vermögen der Stadtpflege vereinigt.
1962 konnten die Schwestern Theodoreta und Estiva ihr 40jähriges Schwesternjubiläum feiern.
1963 kam die Schwester Adelare (bis 1968),
1965 als Nachfolgerin der Schwester Chionia, die altershalber ins Mutterhaus zurückging, als **Oberin** die Schwester **Gunselda** (bis 1982). Neben ihr waren im Heim die Krankenschwester, die Köchin, die Wasch- und Gartenschwester, die Kinderschulschwester, eine Hausschwester und 2 Hausgehilfinnen. — Nach den in diesem Jahr durchgeführten Renovationsarbeiten waren durchschnittlich 22—24 Personen meist in Einzelzimmern untergebracht, nur Ehepaare in Doppelzimmern.
1967 kamen die Schwestern Brunhilde (8. Januar — 25. Februar) und Parda (— 1988) von Reute hierher.
1973 erfolgte der Einbau eines Personenaufzugs im Altersheim, das
1978   20 Personen beherbergte, die von 3 Ordensschwestern und 3 weiteren Beschäftigten betreut wurden. Die Schwester Parda wurde
1980 vom Kindergarten ins Altersheim übernommen, in welchem
1985   22 Personen zu einem Pflegesatz von 22,75 DM untergebracht waren.
Nachdem bislang immer eine Oberin mit der Heimleitung betraut war, wurde am 1. Juli
1988 **Heinz Bucher** als **Leiter des Altersheims** angestellt, dessen Verwaltung im Aufgabenbereich der Stadtpflege blieb.
Die beiden Schwestern Pazzis und Parda kehrten am 1. Oktober
1988 ins Mutterhaus Reute zurück, das in einem Zeitraum von 116 Jahren ununterbrochen barmherzige Schwestern nach Scheer geschickt hatte. Unter der neuen Heimleitung erfolgte insofern eine Umorganisation, als die Zimmer mit insgesamt 32 Betten nun doppelt belegt sind. Der Personalstand wurde auf 11 erhöht, unter de-

nen sich 1 Praktikantin, 1 Zivildienstleistender und 2 Halbtagskräfte befinden, welche die 31 Heimbewohner betreuen.

Oberschwäbische Werkstätten für Behinderte

Das Haus **Bahnhofstraße 2** (vgl. Industrie) ging 1971 an Frau Bury über, die hier mit ihrem Mann das „Internat Scheer e. V." betrieb und im Jahre 1974 das Gebäude **Bahnhofstraße 6** erstellte. Am 1. 1. 1976 übernahmen die „Oberschwäbischen Werkstätten für Behinderte gem. GmbH Ravensburg" die Wohnanlage, in welcher damals 9 Frauen wohnten. Heute sind 25 Bewohner in der Wohnstätte und 12 in Wohngemeinschaften mit je 3 Personen untergebracht. Nach dem „Normalisierungsprinzip" erhält jeder Bewohner soviel Hilfe, als er auf Grund seiner Behinderung benötigt und hat dabei die Möglichkeit, lebenspraktische Dinge zu erlernen. Nach 2jährigem Vorbereitungskurs besteht die Möglichkeit, in einer Wohngemeinschaft selbständig zu wohnen. Erforderlichenfalls, sei es infolge zunehmender Behinderung, des Alters oder aus anderen Gründen, ziehen die Mitglieder einer solchen Gemeinschaft wieder in die Wohnstätte zurück, wo ihnen eine intensive Betreuung geboten wird. Unterstützt wird das Bestreben, den Behinderten den für sie besonders lebensnotwendigen Kontakt zur Umwelt zu fördern, durch die von Bürgern und Vereine unterstützte Öffentlichkeitsarbeit, wie z. B. das bereits traditionelle Gartenfest und der seit 1978 bestehende Jogakurs.

Stadtwald und Gerechtigkeitswald

Das Holz, die Jagd und nicht zuletzt die Waldweide waren die maßgeblichen Wirtschaftsfaktoren der an landwirtschaftlichen Nutzflächen armen Markung, wobei der größte Teil des Waldgebietes ursprünglich gemeinschaftlicher Besitz aller Bürger (Markgenossen) war. Das Jagdrecht hingegen beanspruchte die Herrschaft, lange Zeit auch im Sigmaringer Forst, in welchem sie noch lange nach der Teilung ihre Rechte geltend machte. Im Vertrag des Truchsessen Eberhard mit dem Grafen Johann v. Werdenberg wurde im Jahre 1443 bestimmt: „Wegen des Bärenjagens und Schweinehetzens soll beachtet werden, daß Eberhard kein Heck in des Grafen Johann Forst machen, noch Netze richten soll; wohl mag er sonst Bären jagen und Schweine hetzen." In den Jahren 1541 und 1582 sind die herrschaftlichen Waldungen beschrieben (vgl. Stadt), im Urbar der Stadt Scheer vom Jahr 1583 „Der Stadt eigene Hölzer und Wälder". In diesem der Bedeutung des Waldes entsprechenden sehr eingehenden Beschrieb (vgl. SK 177) sind an den Grenzen der einzelnen Waldteile verschiedene Flurnamen bzw. markante Stellen angegeben:

1. Der Scheerer Wald (Baumschachen, des Herren Jungholz, im Ampthaus, auf der Grueb, auf dem Bihel, Dürrenlaure, Rappenacker, Stockäcker, Bodenacker, Hitzkofer Heide, Kringenbihel, Ödenweiler, Ödenweyen, Hääsen Halde, St. Nikolaus Heiligenholz, Endris Zieglers Äcker, Herrn Lupoldt Äckerlin, der Lupold, das Gerüttlin, Siechensteigle).
2. Das Holz „Butzenrüttin" (Hitzkofer Staig, Riedlinger Straße, Moßthal, Wilflinger Äcker).
3. Der Wald „Haugs Rhein" (Ertzfeld, Hitzkofer Holz).
4. Das Holz, das in der „Heustaig" anfängt.
5. Das Holz gen. der „Schuppenhau" (Krauchenwieser Weg, Ennetacher Holz).
6. Ein Holz, das „an der Kestellin" anfängt (Gerhau).
7. Ein Holz gen. „der Spitzenweiler" (Wächtlenbronnen, Krottenbach im kleinen Spitzenweiler, Sigmaringer Fußsteig).
8. Ein Holz gen. „das lange Ried", das unten an das Spitzenweiler Holz stößt.

Im Streit um das Jagdrecht wurde 1601 entschieden, daß den Truchsessen außer dem Bärenjagen, im Sigmaringer Forst keine Jagdbarkeit zustehe. —
Mit dem Anwachsen der Bevölkerungszahl war die ursprüngliche Markgenossenschaft zerfallen. Die städtische Behörde verwaltete die Waldungen, in denen alteingesessene Familien, die sog. „Urgemeinder", ein besonderes Nutzungsrecht beanspruchten. Die Größe ihrer Nutzung war ebensowenig festgelegt, wie auch das Nutzungsrecht der politischen Stadtgemeinde ein Ungemessenes war. Diese Holzgerechtigkeiten wurden entweder weitervererbt oder wie anderes Privateigentum verkauft, verpfändet oder vertauscht. Die jährliche Nutzung einer Gerechtigkeit, die versteuert werden mußte, betrug im Durchschnitt jährlich 5 Klafter Holz nebst dem anfallenden Reisig. Während die Stadt die Gerechtigkeit für das „Magisterium" an sich zog, waren die übrigen, nicht berechtigten Bürger vom Holzbezug aus den Waldungen ausgeschlossen und konnten einen solchen auch nicht erzwingen. Sie waren also auf eine Zuteilung oder den Kauf angewiesen. Wie es später heißt, wurde von der Stadt „seit unfürdenklichen Zeiten für jeden Ofen der alten Häuer 1 — $^1/_2$ Klafter Ofenholz öffentlich verlost". 1686 kamen zu den vorhandenen 69 Holzgerechtigkeiten 6 für die Herrschaft hinzu, später eine weitere vom sog. Hofrat Baurischen Haus, das früher ein bürgerliches Haus war, ebenfalls für die Herrschaft. Für ihre Ansprüche am Waldertrag entschädigte die Stadt die Herrschaft mit 40 Klafter sog. Rauchholzes (wegen des neuen, größeren Holzmaßes waren es später 36 Klafter). Die Commissionalverabschiedung des Grafen Leopold August von 1755/56 bestätigte den Gerechtigkeitsbesitzern ihr Nutzungsrecht, der Grund und Boden gehörte jedoch der Herrschaft. 1758 wurde darauf hingewiesen, daß es bei der Scheerer Bürgerschaft ein beständiges Herkommen sei, auf jedem bewohnten Haus die darauf haftende Holzgerechtigkeit zu belassen. Auch wenn jemand mehrere Häuser hätte, von denen das eine eine ganze, das andere eine halbe und das dritte $^1/_4$ Gerechtigkeit hätte. Wenn Letzteres aber vom bürgerlichen Eigentümer selbst bewohnt und die beiden andern ausgeliehen (vermietet) werden, so erhält er nur $^1/_4$ Holzgerechtigkeit, für die beiden anderen großen Gerechtigkeiten aber nichts. Den Bürgern wurde auch künftighin nur an den erlaubten „Holztagen" das Abführen des Holzes aus den Waldungen gestattet.

Unstimmigkeiten entstanden immer wieder hinsichtlich des Wildes, dessen Abschuß der Herrschaft immer noch vorbehalten war. In einer Instruktion über die Ausübung des Jagdregals vom 10. 11. 1805 wurde bestimmt, daß das Hegen von Hoch- und Schwarzwild in geschlossenen Tiergärten geschehe und das Wild außerhalb des Geheges abgeschossen wird. Gleichzeitig erfolgte der Hinweis, daß außerhalb der Tiergärten noch keine freie Pirsch herrsche und auch die kleine Jagd der Herrschaft vorbehalten sei. Die Bauern erhielten die Erlaubnis, Rot- und Damwild von den Feldern abzutreiben, aber nicht zu schießen. Zugleich erging an die Untertanen die Weisung, ihre der Forstkultur so schädlichen Waldtriebsrechte ablösen zu lassen. Nach einer Neuregelung vom 19. 11. 1806 wurde die Einrichtung der „Flurschützen" ins Leben gerufen: die Gemeinde hatte 2 unbescholtene Männer zu bestimmen, welche die Erlaubnis bekamen, mit der Büchse das Hochwild, nicht aber Rehe und Hasen zu schießen. Wildschaden wird künftig nicht mehr ersetzt.

Die Austeilung von Ofenholz, die neben den Gerechtigkeiten bestand, wurde 1820 eingestellt und bestimmt, daß das jährliche Bürger- oder Gerechtigkeitsholz nicht mehr nach der Morgenzahl, sondern nach Klaftern zu erfolgen hat. Trotz der „von höchster Stelle" erlassenen Verordnung des Jahres 1823, den Holzeinschlag wieder nach der Morgenzahl vorzunehmen (1828 betrug der Einschlag 28 Morgen), wurde in den späteren Jahren weiterhin nach Klaftern gerechnet. 1828 kamen auf 1 Gerechtigkeit 4 Klafter und 1 Klafter Bürgerholz, 1829 auf 1 ganze Gerechtigkeit 4 $^1/_2$, auf eine halbe 2, auf eine viertel 1 und auf eine achtel $^1/_2$ Klafter. Der Kaufpreis für eine Gerechtigkeit betrug 300 Gulden. Die Käufer hatten jedoch jährlich um die Holzabgabe anzuhalten. Auf Antrag des Bürgerausschußobmanns wurde ab 1829 das bis 1820 ausgeteilte Ofenholz wieder gewährt. Die Stadt ging jedoch dazu über, vor der Holzabgabe (Eichenholz) dieses zu schälen und die Rinde zu verkaufen.

Die Scheerer Waldungen, die zu den wenigen zählten in welchen sich Nachtigallen aufhielten, waren 1832 eingeteilt in 1. Stadtwald (Bautzenreute, Lauxenrain, Hülen- und Schmelzhalde), 2. Stadtallmand (Menger-Au-Halde, Rübhalde, die Höll und Hahnenbühl, auf welchen damals wenig oder gar kein Holz wuchs), 3. die Gerechtigkeitswaldungen, deren Besitzer die Besoldung des Waldmeisters und des Bannwarts mitfinanzierten. 1833 bot die Stadt der Herrschaft die Ablösung der Letzterer zustehenden 36 Klafter Rauchholz an, wofür die Stadt 2000 Gulden in 4 Jahresraten bezahlen wollte. 1835 war die Ablösung noch nicht erfolgt. — 1834 tauschte die Stadt mit dem fürstlichen Forstamt Sießen dessen in der Menger-Au gelegenen Waldteil „Morgensuppenwälde" und das „Jungholz" (Grafen Häule) gegen 60 Morgen im Lupplet.

Gleichzeitig verzichtete die Herrschaft auf das Erzgraberecht im Jungholz. Karten über die Holzeinschläge 1830/34 und 1935/36, die vom Geometer Schlee gefertigt und dem fürstl. Forstamt Sießen übersandt worden waren, konnten 1843 nicht mehr aufgefunden werden. — Nach dem Verhandlungsprotokoll des kgl. Amtsgerichts Ulm vom 17. 1. 1843 wurden bei der Ablösung der Gerechtigkeiten je Gerechtigkeit 11 $^1/_2$ Morgen Waldfläche „als volles und von allen Dienstbarkeiten freies Eigentum, ausgenommen die auf die Fläche entfallenden Steuern" abgetreten. Eine Kommission nahm im Oktober 1843 die Auswahl der einzelnen Teile in der 788 $^1/_8$ Morgen großen Abfindungsfläche vor. (Schon im März war über die Ansprüche von 36 „Urgemeindern" von je 1 Klafter Holz entschieden worden, daß sie je Anteil mit

Hintere Reihe (v.l.n.r.): Ernst Zimmerer (?), Anton Gutknecht, Karl Zimmerer (Bruder v. Johann Zimmerer, sen), Hermann Pröbstle, Willibald Eisele, Josef (Kempf), Josef Kieferle (Bruder v. Alfons Kieferle), Förster Hering („Bumsde"), Josef Eisele, Andreas Stumpp (Großvater von Rudolf Will), (?).
Mittlere Reihe: Xaver Eisele (Vater v. Eisele Georg), Johann Zimmerer sen. (Vater v. Johann Zimmerer), Wilhelm Weckerle, Josef Weckerle, Wolfgang Eisele, Anton Weckerle, Alfons Lehr.
Vordere Reihe: Deschler Johann, Stauß Xaver, Schell Anton, Spindler Emil, Gutknecht Eduard.

Winter 1937. Holzmachergruppe im Krottenbuch.
Hinten: Konrad Maier, Josef Pröbstle. Mitte: Karl Zimmerer, Jakob Gulde, Hannes Zimmerer, Willi Eisele, Ernst Zimmerer, Max Zimmerer. Vorne: Hugo Zimmerer, Johann Kieferle.

$^{1}/_{2}$ Morgen, zusammen also 18 Morgen abgefunden werden sollen.) Die Abfindungsfläche war ein zusammenhängender Walddistrikt mit folgenden Parzellen:

Lupplet	201 $^{5}/_{8}$ Morgen 22 Ruthen
Unterer Einschlag	197 $^{7}/_{8}$ Morgen 29 Ruthen
Oberer Einschlag	89 $^{3}/_{8}$ Morgen 3 Ruthen
Finsteres Wäldle	106 $^{1}/_{8}$ Morgen 31 Ruthen
Felsele	88 $^{1}/_{8}$ Morgen 27 Ruthen
Langenhau	104 $^{6}/_{8}$ Morgen 21 Ruthen
insgesamt	788 $^{1}/_{8}$ Morgen 31 Ruthen,

die seitens der Stadt den Inhabern der 69 $^{1}/_{2}$ Holzgerechtigkeiten als freies und unbeschränktes Gesamteigentum abgetreten wurden. Diese verpflichteten sich, die Waldungen als ungetrenntes Gesamteigentum der Gerechtigkeitsbesitzer anzusehen, zu behandeln und zu bewirtschaften. Ferner versprachen sie der Stadt, das seither bestehende Ortsstatut einzuhalten, wonach kein Bürger mehr als eine ganze Holzgerechtigkeit besitzen und genießen und auch kein Holzgerechtigkeitsbesitzer seine Gerechtigkeit an einen auswärtigen Nichtbürger verkaufen oder sonst veräußern darf. Da sie durch die Übertragung der Gerechtigkeiten für ihren bisherigen Anspruch

Hintere Reihe von links: Heinzelmann, (die Folgenden aus Blochingen). Mittl. Reihe: Martha Müller verh. Kaufmann, Thea Speh verh. Krugger, Maria Zimmerer verh. Burgmaier, Olga Eisele. Vorne: Rosa Gutknecht verh. Eisele.

auf Holz entschädigt waren, verzichteten sie hierauf in aller Form. Die Stadtgemeinde ihrerseits entband sie von allen bisherigen Lasten an Mesners-, Bannwarts- und Ratsdienerslaiben bzw. von dem Geldsurrogat hierfür.
Von den ursprünglich 1444 $^7/_8$ Morgen 13 Ruthen Waldungen waren der Stadt in folgenden Parzellen geblieben:

Rückhau	144 Morgen 35 Ruthen
Langenhau	97 $^1/_8$ Morgen 40 Ruthen
Großer Hahnenbühl	15 $^4/_8$ Morgen 10 Ruthen
Kleiner Hahnenbühl	2 $^5/_8$ Morgen 45 Ruthen
Menger Au	2 $^3/_8$ Morgen 28 Ruthen
Wäldle	20 $^6/_8$ Morgen 28 Ruthen
Krottenbach mit Spitzenweiler, und Kellersried	373 $^6/_8$ Morgen 30 Ruthen
insgesamt	656 $^5/_8$ Morgen 26 Ruthen.

U. a. wurde in dem am 23. Oktober 1843 auf dem Kgl. fürstl. Bezirksamt in Scheer geschlossenen Übergabevertrag auch vereinbart, daß es den Gerechtigkeitsbesitzern überlassen bleibt, sich der Stadt anzuschließen, wenn diese einen Forstmann anstellt, und zu dessen Finanzierung im Verhältnis der Morgenzahl beizusteuern. — Am 6. November 1853 erstellten die 141 Gerechtigkeitsbesitzer ihre 35 Paragraphen umfassenden Statuten, in denen u. a. festgelegt wurde, daß ihre Waldungen von einem Vorstand und 7 Ausschußmitgliedern, die sich alle 5 Jahre zur Wahl stellen können, verwaltet wird. Das gewöhnliche Jahrholz soll jährlich um den Lohn gemacht und auf die Gerechtigkeiten durch das Los verteilt werden. Die Gerechtigkeitsbesitzer haben das Recht, durch die Stimmenmehrheit zu bestimmen, ob der Gelderlös aus den Waldungen verteilt oder zu was er sonst verwendet werden soll. 300 Gulden des Erlöses müssen jedoch immer der Kasse zugeführt werden, aus der alle Kosten der Verwaltung und Kultur bestritten werden. Nach einem 30jährigen Nutzungsplan soll der Wald nach den Grundsätzen geordneter Forstwirtschaft unter Aufsicht des Ausschusses bewirtschaftet werden. Am 1. 4. 1854 beschlossen 140 der 154 Gerechtigkeitsbesitzer, die bislang gemeinschaftlichen Gerechtigkeitswaldungen nach der jeweiligen Gerechtigkeitsquote durch Los zu verteilen, wobei jede Gerechtigkeit ihre Fläche womöglich an 2 oder 3 Stellen erhalten soll. Die Gemeinschaft trägt die erstmalige Herstellung der Wege, Gräben und Brücken, ebenso die Kosten der Vermessung, Einschätzung und Verteilung. Die Durchführung soll von einer aus 9 Mitgliedern bestehenden Kommission vorgenommen werden. Die Bestimmung, wonach nur eine Gerechtigkeit besessen werden darf, wurde aufgehoben. Am 12. 4. 1855 traf der Gemeinderat nähere Bestimmungen zur Verteilung der seitherigen Gerechtigkeits- und nunmehrigen Privatwaldungen. 1855 stellte die Stadt einen zweiten Waldschützen an und legte 1857 die erste Saatschule an, die 1865 in den Krottenbach verlegt wurde. 1870 kaufte sie die fürstl. Thurn und Taxisschen Waldungen Jungholz mit 51 $^1/_8$ Morgen und Mengenrauhalde mit 3 $^3/_8$ Morgen um 14 000 Gulden, zu deren Bezahlung ein Teil des geschlagenen Holzes reichte. 1876 wurde die Bewirtschaftung der Gemeindewaldungen an die Organe der Staatsforstverwaltung übertragen. Die Rübhalde, die 1912 gegen den Bahnhof „zur Zierde" mit verschiedenen Waldbäumen bepflanzt wurde, erwarb 1927 (2 ha) die Papierfabrik Kraemer um 8000 Mark. Nach dem Tod des Waldmeisters Eugen Rothmund wurde die Stelle nicht mehr besetzt und diese Funktion vorübergehend dem langjährigen Waldbaumwart Hering übertragen, bis ab 1935 ein Förster die Stelle des Waldmeisters übernahm (vgl. Stadtgeschichte). An Stelle des seither mitbetreuten Gemeindewaldes Ennetach betreibt die Revierförsterstelle Scheer seit 1975 Teile des Gemeindewaldes Bingen (früher Hitzkofen). Der auf der Markung liegende Staatswald wird nicht mehr vom Forstamt Mengen, sondern Riedlingen bewirtschaftet.

Flurnamen

Die Flurnamen der Markung Scheer

Wesentlicher Bestandteil nachstehender Flurnamenbestimmungen ist eine Arbeit von Adalbert Schorp, welche dieser in den Jahren 1927/28 zusammenstellte:

6 efg *Aispen*, oberer u. unterer: Viehweide an der Donau bei Gemmingen (Gottesacker), auf welcher im Gegensatz zum Gemeinmark nur eine beschränkte Zahl das Weiderecht hatte. Auch die Herrschaft konnte hier keine Rechte geltend machen. „Ai" = „Eh" = Ehe, Recht, Gesetz; „span" von spannen, d. h. das Vieh an den Vorderfüßen zusammenbinden, damit es im angrenzenden Ackerland keinen Schaden anrichten kann.

7 g *Alber* (Olber), feuchtes, mit Pappeln bepflanztes, fast kreisrundes Grundstück an der Donau. — „alpari" = Pappel

8 c *Au*, Niederung zwischen dem Donaubogen und dem nordwestl. Stadtteil. — „Au" = durch Gewässer abgesondertes Feuchtgebiet.

6 e *Aufgehende*, aufsteigende Wiesen (im Volksmund „Rutsch" s. d.).

7 f *Baindt*, Opferbaindt, eingezäuntes Gebiet, das dem Flurzwang und dem Waidgang nicht unterworfen war und auf dem in der Regel Kraut, Gemüse, Hanf, Flachs etc. angebaut wurde. — Opferbaindt: dahinter gelegene Felder, die vmtl. der Kirche gehörten.

8 d *Bartelstein*, beim: Lagebezeichnung

13 d *Bauzenreute* (in der Hitzkofer Markung): von „butz" = klein, oder Gebiet, das von oder für die Butzenmänner gerodet wurde.

9 e *Bäuerles* Wiese i. d. Fischäckern (Name).

8 f *Beckenäcker*: entweder Berufsname oder von „Albek" = Möwe.

6 e *Berg*, auf dem: Lagebezeichnung; höchste Erhebung bei der Siedlung.

6 e *Bildstöckle*, beim: Lagebezeichnung. — Das Bildstöckle stand oben auf dem Berg.

9 b *Binger Weg*: Lagebezeichnung.

9 b *Bittis — Tal*: enges Tal am Binger Weg; mgl. vom Heiligennamen Agabitus abgeleitet, oder verballhornt aus „Widdungs-Tal" (Kirchenpfründe).

7 d *Bleiche*: Tuchbleiche a) in den Au-Wiesen, und b) am linken Donauufer unterhalb der Brücke. Hier breitete der Bleicher das Tuch zum Bleichen aus.

8 f *Blochinger Weg*, am: Lagebezeichnung.

6 e *Bocksberg*, auf dem: Lagebezeichnung; früher bewaldetes Gebiet über dem heutigen Bahnhof. „Bock" vmtl. abgeleitet von Buche; könnte auch auf Wild hindeuten.

6 e *Boschen*, auf dem: Gesträuch, Büsche (Boschen) auf dem Berg („boscus").

7 g *Bratiswiese*: lag vmtl. im Olber. — Deutung unklar; steht wohl im Zusammenhang mit „Gebratenem".

8 d *Brechgrube*: Kalksteinbruch, in welchem zu Beginn des 19. Jh. noch Erz gegraben wurde. Hier standen auch die Brechdarren, in welchen die Weiber Flachs und Hanf brachen.

12 b *Breite*, die: Sie liegt wie der Brühl außerhalb der heutigen Markung. — „Breite" = größere Feldfläche.

7 g *Brücke*, die neue: unterhalb des Gottesackers. Bei Hochwasser wurde sie immer wieder weggerissen, 1801 nicht mehr erneuert.

9 h *Brückle*, beim: a) an der Markungsgrenze nach Blochingen über den Zwerchbach, der zum Jakobstal führt;

6 f b) im Olber „beim Brückleacker" (Brückle, das über die Donauschleife führte).

7 ef *Brühl*, -äcker, -halde: eingefriedeter Weideplatz für Großvieh.

6 e *Brunnenstube*: Bretterhaus über der Wasserquelle und Reservoir oben auf dem Berg.

10 h *Dachsmiet*: früher Waldteil mit vielen Dachslöchern; heute Ackerfeld. — „Mieth" = Abgabe für Waldnutzung.

5 ef *Deschenäcker*: früher „Deschenwiesen"; eine muldenförmige Flur, auf welcher die Kühe gemolken wurden. — „Detsch", „Tätsch" = Melkplatz.

10 c *Dreikopf*, ein dreieckiges Flurstück auf der Kuppe.

9 h *Drei Säulen*, bei den: wo die Weidebezirke von Scheer, Blochingen und Ennetach aufeinanderstießen (im Blochinger Ösch) standen 3 Weidsäulen.

10 b *Dürre Lauh*, der: Wald, vielleicht abgestorben, abgebrannt.

7 g *Eichle*, beim: Die Eiche stand im Olber.

10 ef *Einschlag*, unterer: früher: abgeholztes Waldstück, das eingezäunt wurde, bis dort wieder junges Holz stand; heute: Gerechtigkeitswald.

8 gh *Ellenbogenwiesen*: ellenbogenförmige Wiesen.

7 h *Entenfang*: früher eingehagter Entenweiher, der von den dortigen Quellen gespeist wurde. Die Herrschaft jagte hier Wildenten. — Heute: Wiesen.

5 d *Felbenried*: Feuchtgebiet, in welchem viele Felben = Weiden standen.

12 e *Felsele*: Jurafelsen im Waldteil „Luppenhau".

9 e *Fischäcker*: früher in einer Mulde liegende Fischgruben (Fischweiden); heute: etwas feuchte Äcker (über den Beckenäckern).

8 d *Fischloch*: an der Donau mit starken Quellen.

7 g *Frühmesswiese*: zur Frühmesse gehörig.

10 bc *Furchen*, lange: langgezogene Felder, in denen das Wild freien Spielraum hatte.

6 f *Gairen* (Geren): von „ger" = Spieß, Ecke, Spitz (spitz auslaufendes Grundstück beim Bahnhof).

8 g *Galeerenäcker*: an der Donau im Blochinger

Ösch. Sie sollen von Galeerenhäftlingen, die Graf Andreas aus Holland mitbrachte, urbar gemacht worden sein.

8 e *Gansgrube:* feuchte Wiese, auf welcher die Gänse gehütet wurden.

8 d *Gehegehalde:* heute „Maxhöhe"; „Gehege" = Gesträuch. Im Volksmund „Kegelhalde", da dort lange eine Kegelbahn bestand.

7 f *Gemmingen:* abg. Siedlung.

8 d *St.-Georgs-Kapelle,* über der: frühere Kapelle (s. d.).

7 fg *Gottesackeröschle:* Öschbezeichnung seit Verlegung des Gottesackers von der Kirche nach Gemmingen.

8 d *Grabenweg:* Hohlweg, der in den ndl. Wald führt.

Grafenhäule: kleiner Wald (Hau), der dem Grafen gehörte.

7 d *Grafengarten:* an der Bahnhofstraße rechts des Gebäudes Nr. 10.

9 f *Gretles* Acker gehörte der Margarete Rieder (vgl. Bartelstein).

9 fg *Greutle* (Gereutteile), vorderes und hinteres: von „reuten" = roden; Rodungsgebiet; heute: Äcker unterhalb der kurzen Stockteile

7 c *Grenztafel,* bei der: stand an der Sigmaringer Straße (Grenze zu Hohenzollern-Sigmaringen).

7 g *Gründle, das:* Talgrund.

8 e *Haaräcker, die:* „har" = Flachs; „hor" = Sumpf.

12 ec *Hau, langer, der:* „Hau" von hauen, Holzschlagen. — Die alte Waldwirtschaft teilte den Wald in mehrere Haue ein, die nach Form (langer Hau), Lage (Rückhau: der nördlichste Waldteil) etc. bezeichnet wurden.

7 c *Häuslesgärten:* die Gärten an der Fabrikstraße (Lehrergarten etc.).

10 c *Hagenwies, die:* „Hägewies", stand dem Faselviehhalter zu (zum Farrenstall gehörig).

9 cd *Hahnenbühl, der:* alte Schreibweise „Heunenbühl"; später irrtümlich „Hennenbühl", „Hahnenbühl". Ein runder, sich von den Feldern deutlich abhebender Hügel, der zur Kette der kelt. Grabhügeln zählt.

7 g *Heiligenbronnen,* (auch Heidenbrunnen): eine starke Quelle a. d. Donau unterhalb Gemmingen, hart am Kanaleinlauf beim Fallenstock; liegt 3 m höher als der Wasserspiegel des Kanals und führt beinahe warmes Wasser, von dem man im Winter den Dampf aufsteigen sieht. Sie wurde wohl schon von den Heiden verehrt und erhielt in christlicher Zeit ihre heutige Bezeichnung. — Dort überquerte die Römerstraße die Donau.

8 bc *Hertweg, der:* Weg, der nach dem Lauchertal ansteigt. „Hert" = Herde (Vieh), also Weideweg, oder von „hart" = hart, dürr, steinig.

9 a *Heselberg, Hesenhalde:* „Hesel" = Haselstaude; also mit solchen bewachsen.

8 e *Heudorfer Gätterle:* Gatter am Etternzaun an der Heudorfer Straße.

8 c *Hinteres Wiesle:* an der Grenze nach Sigmaringendorf, war Herrschaftswiese.

5 ef *Hirnle, das:* „Hirn" = Stirn, höchster Punkt (a. d. Berg).

7 d *Hirschgraben, der:* Hirschgehege unterhalb des Schlosses.

9 c *Hochsträß, das:* Weg zu den Fischäckern; Römerstraße.

7 c *Hofgarten, der:* früher „Lustgarten" der Herrschaft, in welchem sich auch ein Theater mit Nebengebäuden befand.

Hosenbändel, die: langgestreckte Felder.

9 c, 9 i *Höll, die:* Nach dem Glauben der vorchristlichen Zeit blieben die Toten auf der Erde und wirkten im Sippenverband weiter. Daher hatte jede Siedlung auf unserer Markung (Scheer und Gemmingen) ihre eigene Hölle, beidesmal trichterförmige Mulden.

10 a *Hüle, Hülenhalde, die:* „Hüle", „Hülbe" = Wasserlache; heute: tiefliegender, feuchter Wald in Richtung Hitzkofen.

8 f *Hürsten, der:* „Hurst" = Gesträuch, feuchte Äcker an der Blochinger Straße.

6 g *Jakobstal, das:* tiefliegende Wiesen beim E-Werk Jakobstal, das nach seinem Erbauer Jakob Krämer benannt wurde (früher „haubleite").

11 cd *Junghölzle, das:* junger Wald, der früher taxisch war.

8 d *Kalvarienberg, der:* „calvaria" = Schädel. Früher stand über dem Bräuhaus noch eine Ölberggruppe.

8 g *Kapitelswiese, die:* gehörte dem Landkapitel (vgl. Kirche).

7 d *Karlsberg, der:* sp. Bezeichnung f. „Raigelsberg" bzw. Wunibaldsberg (Schloßpark).

4 c *Kellersried, das:* sumpfiger Waldteil a. d. Markungsgrenze nach Sigmaringendorf; wohl nach dem früheren Besitzer genannt.

9 h *Kernerwiesen, die:* unter dem Gottesacker; gehörten (1592) der Anna Kern von Blochingen.

11 b *Klaffsteig, die:* „Glaffen" = Unkraut (Klappertopf), eine durch das vom Berg herabfließende Wasser ziemlich feuchte leichte Steigung, an welcher viel Unkraut wächst.

6 e *Kohler, der:* Waldwiese auf dem Berg. Dort brannten die Köhler Holzkohlen für die Schmiede und das Hüttenwerk Lauchertal.

5 e *Kreuz, beim:* oben auf dem Berg stehendes Kreuz, das 1924 erneuert wurde, 1940 aber beinahe zerfallen war. — Ein Kreuz stand auch hart an der Böschung des Schloßparks, wo das zur Mühle gehörige Waschhäusle stand, das der früheren Gärtnerwohnung der Fa. Kraemer weichen mußte.

4 cd *Krottenbach, der:* „Krotta" = Kröten; nasser Waldteil an der Markungsgrenze gegen Sigmaringendorf; früher dort Bach mit vielen Kröten.

9 g *Krumme Äcker, die:* krummlaufende Äcker.

11 e *Kurze Stockteile:* von „Stock" = stehengebliebener Baumstumpf (unter dem Einschlag).

12 c *Kurze Stockäcker:* dto.

8 fg *Lairenäcker, die:* „hle", „lee" = Hügel. Wohl alte Gerichts- und Begräbnisstätte.

13 d *Lauxenrain,* der: „rain" = Hügel; reiner Buchenwald innerhalb der Hitzkofer Markung. Von der Stadt gekauft. Vorbesitzer — vmtl. Laux.

6 e *Laubsteiger,* der: aufsteigende Odung und Wald (treppenartig übereinanderliegend); „stieg" = Steig, Treppe.

10 bc *Lauh,* dürrer, der: „lau", „loh" = Wald, Gehölz beim Dreispitz.

8 fg *Lehmgrube:* Lehmabbau, heute: Ackerland.

Lichtäcker, die: Abgabe für das ewige Licht (Kirchenpfründe).

8 d *Lorettokapelle,* b. d.: Lagebezeichnung.

11 fh *Luppenhau,* Lupplet: wohl nach einem Adligen namens Leopold.

Luppenteile, lange: langgestreckter Waldteil vor dem Lupplet.

6 c *Menger Au,* die: nasse Wiesen a. d. Donau bei Sigmaringendorf (wohl von den Sigmaringendorfern so genannt, weil sie von dort gesehen in Richtung Mengen liegen, oder aber wegen ihrer Zugehörigkeit zum Kloster Mengen (Ennetach).

5 de *Mittelberg,* der: Felder a. d. mittleren Teil der Flur „Berg".

7 cd *Mühlwörth,* das: „Werd" = erhöhtes Land im Wasser (b. d. Mühle).

8 f *Münzenriedgasse,* die: Gasse durch etwas tief gelegene, ziemlich nasse Wiesen. Hier führte von Ennetach her ein Römerweg. In der Gasse wurden zahlreiche Römermünzen gefunden. — Mgl. auch von „Minze", die an feuchten Stellen gedeiht.

7 g *Neue Brücke:* unterhalb Gemmingen; gen. i. Lagerbuch 1737 (vgl. 1618, 1778).

10 h *Nikolaushölzle,* das: früher Wald, heute Äcker b. d. 3 Säulen, die der St.-Nikolaus-Pflege (Kirche) gehörten.

5 de *Nonnenhölzle,* das: früher Wald, heute Felder in Richtung Hipfelsberg, die dem Nonnenkloster Ennetach gehörten.

8 f *Opferbaint,* die: vgl. Baindt

7 h *Otterwiesen,* die: hier sollen früher Fischottern genistet haben.

4 d *Pfarröschle,* die: kleiner Feldbezirk a. d. Berg, der zum Pfarrwiddum gehörte.

Postwegle, das: Es zweigte von der Mengener Straße beim heutigen Bahnübergang zum Nonnenhof ab und führte als Fußwegle links dem Bergvorsprung zu, oder über die Äcker schräg über den sog. „Hürnle-Ösch" bis in die Mitte desselben, wo ein Feldweg einmündet, weiter über den Mittelberg zum Krottenbach. Von dort verlief es den Pfarröschleweg weiter bis oben an den Kohler Wald, schräg den Waldhang hinunter ins Donautal zum ersten Menger Au-Graben. — Dieser Weg wurde vom Postreiter von Mengen nach Sigmaringendorf benützt und diente lange als Fußgängerweg, besonders zum Menger Markt. Viehhändler und Menger Handwerker (Weber, Feilenhauer, Waffenschmiede etc.) transportierten auf diesem Wegle ihre Ware nach Sigmaringen.

13 d *Praesenzwäldle,* das: „Present" = Geschenk; gehörte der Präsenzpflege, d. h. der kirchl. Pflege, welche die geschenkten Güter verwaltete.

7 d *Raigelsberg,* der: heute: Schloßpark. — „Reiger" = Reiher. Früher sollen dort viele Fischreiher genistet haben.

10 bc *Rappenäcker,* die: rechts der „langen Furchen"; gehörten früher dem Philipp Rapp aus Blochingen.

8 d *Rebgarten,* der: zwischen dem Bräuhaus und der Donau; hier wurden Weinreben gepflanzt; ebenso hinter der Lorettokapelle.

6 e *Reidig Öschle,* das: oben auf dem Berg; von „reuten" = roden.

7 e *Rote Staig,* die: früher: „Rotten-Steig". Steiler, lehmiger Weg, der bei Regenwetter auffallend rot erschien. Andere Deutung: Marschweg von Soldatenrotten.

6 d *Rübhalde,* die: kleines Wäldchen auf der Halde über dem Bahnhof: früher dort Rübenanbau.

12 c *Rückhau:* der nördlichste Wald der Markung, also am weitesten zurückliegend.

6 e *Rutsch:* Nach dem Bahnbau dort wieder abgerutschtes, vom Tunnelbau her aufgefülltes Gelände.

8 d *Sandgrube,* bei der: Sandvorkommen bei der Loretto-Kapelle.

8 d *Sauäcker,* die: i. d. Nähe der Fischäcker; früher feuchtes Gebiet, auf welchem sich Wildschweine aufhielten. — „Sau" = schlecht.

9 de *Schachen,* auf dem: „Shakho" = Erdzunge — Schachen: hoch auf einer Erdzunge der Markung gelegenes Gehölz.

8 gh *Scheerer Hau:* vgl. Hau

5 d *Schindergarten:* abfallender Hang zur Menger Au. a) dem Schinder (= Abdecker) zugehörig oder b) von „schinden" = schwer arbeiten. — Früherer Standort der Schinderhütte.

11 c *Schinderhütte:* im Jungholz (Abdeckerei).

10 a *Schmelzhalde,* die: Halde am Weg zur Schmelzhütte.

7 d *Seilergarten,* der: hinter dem heutigen Spital bis zum Schloß. Die Seiler hatten hier ihre Seilerbahn.

8 e *Siechensteigle:* (Heudorfer Straße), Weg zum Siechenhaus.

2 cd *Spitzenweiler:* abgegangene Siedlung.

9 a *Stauden:* „uff dem Staudach", - ach als Nachsilbe hat Sammelbedeutung, also Gebiet, auf welchem viele Stauden standen.

9 a *Steinernes Kreuz:* altes Kreuz (stand noch 1928).

8 c *Steinäcker* = steinige Äcker auf dem Stauden; od. Grenzäcker.

5 fg *Steppenäcker:* häufig vorkommender Flurname; dort ging ein Steg über den Bach (vmtl. von „Stettbach").

10 hf *Stockäcker,* -teile: kurze Flurstücke vor dem Lupplet; „stocken" = Waldabholzen.

9 h *Streitwiesen:* Eigentumsverhältnisse unklar.

6 e *Teichelgrube:* Auf dem Berg, von wo ein Holzteichel (Wasserröhre) in die Stadt herabführte.

7 f	*Totengräberwiesle:* beim Gottesacker, Pfründwiese des Totengräbers.	7 de	*Weidengarten, der:* lag, von der Stadtmauer ab, links der Straße nach Mengen. — Weidenbüsche.
11 f	*Triebsaul:* Weidtriebsäule vor dem Lupplet.	3 c	*Weg, breiter:* alter Weg, der zur Römerstraße beim Spitzenweiler führte.
7 h	*Tummelplatz:* alte Pferdeweide im „Alber", auf welcher sich junge Pferde tummelten; später: Sportplatz.	4 c	*Wiegenband:* Ein Band (Bendel) an der Wiege. Der Rat der Stadt soll diesen Wald einem Erbprinzen geschenkt haben.
7 fg	*Übersteig:* „stic" = Fußweg (zum Friedhof); gilt als sehr windig und rauh.	9 h	*Winkel, im:* Hier macht die Markungsgrenze einen deutlichen Winkel.
7 d	*Unter Romäts:* „uomat" = Öhmdwiese (unter uomat), oder von Personenname Ruomhart (hinter den Häusern Mengener Straße 44—48).	6 d	*Wolfsgrube, die:* Einst Grube zum Fangen der Wölfe.
9 cd	*Vogelherd, der:* „hart = härtle = Wald, in welchem Vögel gefüttert oder gebeizt werden.	7 d	*Wunibaldsberg:* zeitweise Bezeichnung für den Schloßpark.
8 d	*Volks Brünnele* (Familienname).	8 e	*Ziegelhütte, bei der:* Lagebezeichnung.
4 c	*Wäldle, das:* Anlagenwald bei der Siedlung.	9 h	*Zuckeisen:* vmtl. geschah dort ein Mord (links der Blochinger Straße).
11 e	*Wäldle, finsteres:* feuchtes Waldstück mit moorigem Grund und daher starkem Wachstum, auch des Unterholzes, wodurch es ziemlich dunkel (finster) ist.	9 h	*Zwerchbach:* verlief quer („zwerch") im Blochinger Ösch.
8 d	*Wasserfall, beim:* Lagebezeichnung.	9 g	*Zwischenösch:* Ösch, an dem zwei Grenzbezirke aneinanderstoßen.
7 d	*Webergärtle:* Familienname Weber; oder: Platz, auf welchem der Weber seine Vorarbeiten verrichtete.		

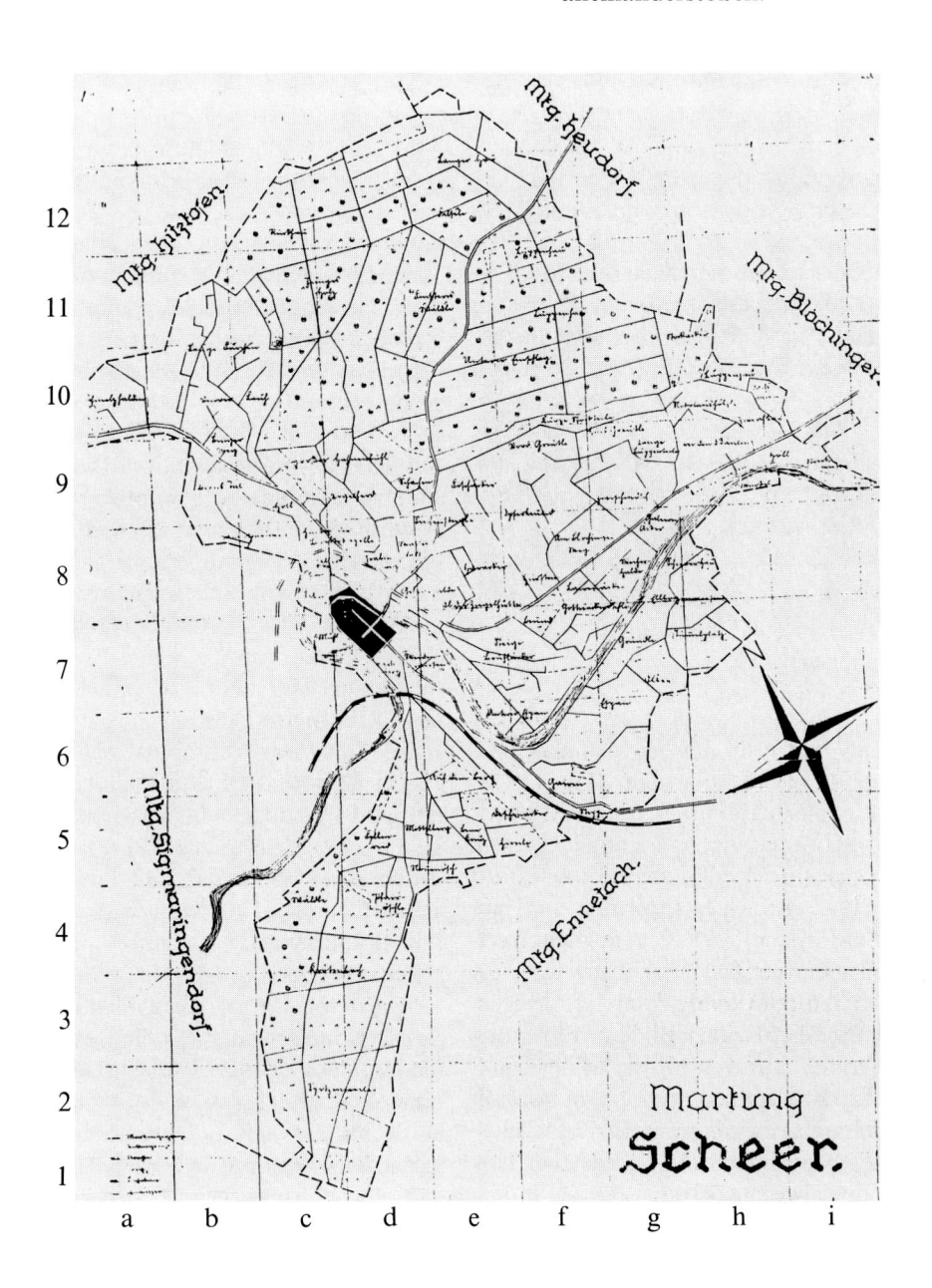

Handwerk

Schon zur Zeit der Niederadelsgeschlechter waren diese bemüht, am Fuß der Burg Handwerker anzusiedeln. Diese wurden aus dem Kreis der Dienstleute genommen und unterstanden dem Hofrecht. Zur Zeit der Markt- und Stadtgründungen war es nur besonders qualifizierten Handwerkern möglich, sich hier als Bürger anzusiedeln. Bald wurden Angehörige desselben Handwerks einem gemeinsamen, von der Stadt bestellten Aufseher unterstellt, der die erforderlichen Rohstoffe einhandelte und im Auftrag der Stadt bzw. der Herrschaft eine gewisse Disziplinargewalt ausübte. In dieser Einrichtung hatte

das Zunftwesen

seinen Ursprung. Den Handwerkern war im Zuge der Weiterentwicklung der Stadt Gelegenheit geboten, auch für andere als die Herrschaftsleute zu arbeiten, wodurch ihre Verdienstmöglichkeiten stiegen, so daß sie bald den Kern des bürgerlichen Mittelstanders bildeten und sich zu Interessengemeinschaften, den sog. Zünften zusammenschlossen. Neben dem „Zunftzwang", durch welchen außerhalb der Vereinigung kein anderer Meister geduldet wurde, galt als Hauptziel nicht nur die gegenseitige Hilfe zur Förderung der Zunftgenossen und Hebung des Handwerks, sondern auch die Weckung des Standes- und Ehrgefühls. Nach christlicher Ordnung sollten alle in brüderlicher Liebe und Treue zusammenstehen und sich jeder für das Seelenheil des Zunftgenossen verantwortlich fühlen. Dieser stark religiöse Einschlag zeigte sich in der Unterhaltung von Altären und Kerzen in der Kirche, wo sie auch ihre Fahnen aufbewahrt und ihre eigens bezeichneten Stühle hatten, in der geschlossenen Teilnahme an Prozessionen und nicht zuletzt in der Gestaltung ihrer Jahrtage. An diesen Tagen durfte keinerlei Arbeit verrichtet werden. Schon zur Seelenvesper am Vorabend hatte jeder, die Meister in ihren langen schwarzen Mänteln, zu erscheinen. An den Jahrtagen selbst, die immer am Namensfest des jeweiligen Schutzpatrons abgehalten wurden, fand nach dem Gottesdienst eine feierliche Handwerkersitzung statt, der sich in der Herberge ein Gastmahl anschloß. Bei Beerdigungen von Mitgliedern trug der Jungmeister das Zunftbild oder die Zunftfahne dem von den 6 jüngsten Meistern getragenen Leichnam voraus. „Um Zwietracht, Widerwille und Unordnung zu heben", wurde in der Herrschaft Waldburg-Wolfegg-Waldsee im Jahr 1449 zwischen den Meistern und Gesellen eine 20 Punkte umfassende Ordnung festgelegt, die in ähnlicher Form wohl auch in unserer Grafschaft gehandhabt wurde. Neben Bestimmungen über Wanderzeit und Meisterprüfung erhält sie Vorschriften über das Verhalten der Handwerker bei Zusammenkünften, bei Leichenbegängnissen eines Meisters usw.; ferner Regulative betr. Schuldner, Kundschaft, Ehrverletzung, Wiederverheiratung von Meisterswitwen, Feilbieten der Ware auf den Wochenmärkten, Abschaffung des „blauen Montags", Ansagen von Handwerkerversammlungen durch den jüngsten Meister, Kosten des Meistermahls, Lehrzeit armer Bürgerskinder, Verlassen der Arbeitsstelle, Beiträge in die Handwerkerbüchse, Wanderung, Beschimpfung der Gesellen untereinander, Unfug in der Herberge und ein Gebet, das beim Gedenken an verstorbene Meister und Meisterinnen verrichtet wird.

Nachdem auf dem Reichstag des Jahres 1566 angeordnet worden war, daß sich die Handwerksmeister, wie auch deren Knechte und Gesellen, an die seitherigen Statuten halten sollen, verlangten die erbtruchsessischen Anwälte in Scheer am 22. Juni 1567 die Vorlage der entsprechenden Unterlagen, die für den von ihnen verlangten Bericht erforderlich waren. Da hierbei erhebliche Mißstände an den Tag kamen, wurde bestimmt, daß „die Sachen notwendigenfalls zum Strafen und Abtun" der Obrigkeit vorgelegt werden müssen. In diesem Zusammenhang wurde auch „der hochschädliche Brauch der Handwerksgesellen des Ein- und Ausschenkens, Ausblaitens, gueten Montag machen und an anderen Werktagen nach Belieben zu feiern" durch Mandat abgestellt.

In den Wirren des Dreißigjährigen Krieges kam auch das Zunftwesen zum Erliegen und erholte sich danach nur sehr zögernd. Zunächst war es lediglich die Solidarität, durch welche sich die Handwerker zur gegenseitigen Unterstützung angespornt fühlten. Das heutige Fastnachtsbrauchtum des Bräutelns erinnert daran, daß der erste Handwerker, der nach dem Krieg die Mittel zum Heiraten aufbrachte, vor Freude um den Brunnen getragen wurde. Als in der Zeit des Wiederaufbaues das Handwerkerleben in Stadt und Land aufblühte, kam es zur Neugründung der Zünfte. 1665 hören wir von Tagungen der Handwerkerzünfte in Ravensburg, an denen aus Scheer der Meister Dietrich Böhler, Schuhmacher, und der Kornhändler Mathias Haberbosch teilnahmen. — Auf Bitten der Handwerksmeister der dem hl. Willibald geweihten **leichten Zunft,** siegelte Erbtruchseß Christoph Carl am 13. April 1667 deren Handwerksartikel, in deren Präambel es heißt: „Aus gnädigem Befehl verglichen sich sämtliche Meister der ehrbaren Handwerke der Metzger, Barbierer, Rot- und Weißgerber, Schuhmacher, Müller, Becken, Bierbrey, Schneider, Kirschner, Siebmacher, Hutmacher, Hafner, Ferber und Weber" sowohl von der Stadt Scheer, als auch auf dem Land in der oberen Grafschaft Friedberg und Herrschaft Scheer, die durch den Krieg in Abgang geratenen Handwerksgewohnheiten und Artikel wieder aufzuzeichnen und nach den uralten Privilegien und Freiheiten, dem gemeinen Wesen zum Besten, wieder eine Zunft aufzurichten. Die in dieser ‚rechten briederlichen Zunft' verbundenen Handwerksmeister haben eine Hauptlade in Scheer und eine Nebenlade auf dem Land, die der Hauptlade angegliedert ist, so daß beide nur eine Lade sind. Zu jeder dieser Laden sind ein Zunftmeister und ein Zugeordneter als dessen Stellvertreter zu wählen, wobei der Zunftmeister der Hauptlade den Vorzug haben soll. Jedem dieser Zunftmeister steht, mit Zuziehung eines Zugeordneten, die Bestrafung oder Abwaschung und was dergleichen ist zu. Das Aufdingen und Ledigsprechen der Lehrjungen hat vor der Hauptlade in Scheer in Anwesenheit des Zunftmeisters von Scheer zu erfolgen, wobei es dem Meister, der aufdingt oder ledigspricht, freisteht zwei weitere Meister beizuziehen. Den hierbei gebräuchlichen Trunk kann er in jedem beliebigen Ort der Herrschaft abhalten, muß aber den von Scheer dazugehörigen Zunftmeistern und Zugeordneten das ihnen zustehende Geld hinterlassen bzw. zustellen. Zunftpatron soll **St. Willibald** (7. Juli) sein. Auf dessen Festtag finden sich alle dieser Zunft zugehörigen Meister in Scheer beim Gottesdienst ein und wohnen danach der gebräuchlichen Abrechnung bei, wobei jeder sein schuldiges ‚Auflaggeld' in die Lade zu bezahlen hat. Das Geld, das sich aus Bestrafungen und dergleichen in der Nebenlade befindet, ist mit dem entsprechenden ordentlichen Verzeichnis an diesem Tag zur Hauptlade nach Scheer zu bringen. Alle bis dahin verschobenen Händel müssen am Zunftjahrtag gerichtet, ebenso neue Zunftmeister vom gesamten Handwerk zu Scheer und auf dem Land gewählt werden." — Für die Metzger, Barbiere, Wundärzte und Bader, Schuhmacher, Müller, Bäcker, Bierbrauer, Schneider und Gerber wurden deren Handwerksartikel genau festgelegt und danach vermerkt, daß „der Kürschner, Siebmacher, Hutmacher, Hafner und Färber Gewohnheiten" nicht aufgesetzt werden konnten, da „dermalen keines in der Übung ist".

Am selben Tag siegelte der Erbtruchseß auch die Artikel der dem hl. Veit geweihten **schweren Zunft.** Zu dieser hatten sich die Schmiede, Wagner, Büchsenmacher und Schlosser, Uhrmacher, Kupferschmiede, Zimmerleute, Maurer, Küfer, Seiler, Glaser, Schreiner, Sattler, Dreher, Messerschmiede, Ziegler und Fischer zusammengeschlossen. Auch sie hatten eine Hauptlade in Scheer und eine in diese incorporierte Nebenlade auf dem Land. Die Bestimmungen über die zu den Laden gehörigen Zunftmeister, deren Rechte und über Aufdingung und Ledigsprechung sind dieselben. Zunftpatron dieser „Zunft und Bruderschaft" ist **St. Veit**, an dessen Festtag (15. Juli) der Zunftjahrtag in derselben Art abgehalten wird, wie bei der dem St. Willibald geweihten Zunft. — Am Schluß wird darauf hingewiesen, daß sich die gesamte Zunftverbindung in den übrigen, hierin nicht begriffenen Artikeln auf das besondere Artikelbuch bezieht. Artikel, die auch dort nicht aufgeführt sind, bleiben der Erörterung der gnädigen Herrschaft überlassen, die sich Änderungen vorbehält.

In der Folgezeit bot das Zunftwesen der Grafschaft folgendes Bild: Die oberste Instanz aller Handwerker war **„die große Zunft"** (Hauptzunft) mit dem Sitz in Scheer. Den Vorsitz führte ein Oberzunftmeister mit 12 Stadtzunftmeistern. Ihnen oblag die Aufsicht über die Hauptlade, einer verschließbaren eisernen Truhe, die ein beinahe sakrales Element des Zunftlebens darstellte. In ihr wurden die Handwerksartikel, Protokolle, Lehr- und Meisterbriefe, wie auch das Geld verwahrt. Bei Zunftversammlungen, die im Rathaus abgehalten wurden, war die Lade aufzustellen. Vor offener Lade wurden die Artikel verlesen, die Lehrlinge aufgedingt und lediggesprochen und Gesellen nach bestandener Prüfung zu Meistern „gemacht" (ernannt), Klagen besprochen, Unrecht abgewaschen (gesühnt), Wahlen durchgeführt und Wünsche bzw. Anträge vorgebracht. Nach solchen Handlungen wurde die Lade im Rathaus verwahrt. — Neben dieser Hauptzunft bestand die **„die große Zunft auf dem Lande"** mit dem Sitz in Hohentengen. Sie umfaßte die leichte Zunft (Hohentengen) und die schwere Zunft (Herbertingen), die eine gemeinsame „Nebenlad auf dem Lande" hatten, die im jährlichen Wechsel in Hohentengen bzw. Herbertingen aufbewahrt wurde. Unter dem Vorsitz des Zunftmeisters und eines Zugeordneten wurden die gemeinsamen Versammlungen veranstaltet. Ebenso war es in Dürmentingen, wo für die dortige Zunft eine weitere Nebenlade bestand. — 1696 wurde den Schneidern die Errichtung einer Nebenlade auf dem Land erlaubt. Die Hauptlade war befugt, die zur Nebenlade eingeschriebenen Meister, die sich in schweren Fällen strafbar gemacht haben, abzuwaschen. Der Nebenlade blieb die Abwaschung der Frevel und minderen Verbrechen vorbehalten. Ab 1696 wurden folgende Jahrtage abgehalten: am 25. Februar der „große Zunftjahrtag", am 1. Mai der „schwere Zunftjahrtag", am 7. Juli der „leichte Zunftjahrtag" und am 8. November ein weiterer Jahrtag. Zur Ausübung der Ehrengerichtsbarkeit, die seitens der Herrschaft immer wieder bestätigt wurde, wie auch zur Regelung von Angelegenheiten grundsätzlicher Art, wurde das Handwerk von Stadt und Land, von Fall zu Fall nach Scheer ins Stadtwirtshaus „Zur Sonne" einberufen, wo — meist in Anwesenheit herrschaftlicher Beamter — die Gutachten der Meister eingeholt wurden. So z. B. 1710 in der Frage, ob das Herstellen von Wagenwinden den Hufschmieden oder den Schlossern zustehe. Ein zweiter Punkt betraf die Bäcker, denen beschieden wurde, daß sie bei allen Heiligkreuztagen, Prozessionen und Märkten nur an ihren Wohnorten „ihr Brot versilbern" (verkaufen) dürfen. 1719 ging es u. a. um fremde in der Herrschaft arbeitende Zimmerleute, um Bestrafungen und Ausschluß aus dem Handwerk und um die Vorstellung von Meistersöhnen bei der Ledigsprechung. Die Deputierten der Schreinerzunft der Stadt Scheer beschwerten sich 1726 über die Zunftmeister auf dem Land, daß diese dem Rezeß zuwider Gesellen und Meister anstellen und Gesellen „abhobeln", d. h. die Lehrlinge zu Gesellen ernennen, ohne sie der Haupt-Zunftlade vorzustellen.

Durch das Reichsgewerbegesetz des Jahres 1731 erfolgte die Aufhebung der Autonomie der Zünfte, die nun unter Staatsaufsicht gestellt wurden. Für wandernde Gesellen wurde der Ausweiszwang (Kundschaft) eingeführt. Das gegen Arbeitskämpfe im Handwerk gerichtete Gesetz nützten die kleineren Herrschaften weidlich aus. In unserer Grafschaft mußten nun die Zunftladen, auch die der unteren Herrschaft Dürmentingen, zur Aufbewahrung der Schloßkanzlei in Scheer übergeben werden. Eine Eingabe, sie wieder in die Verwahrung der Zünfte bzw. aufs Rathaus zu geben, lehnte die Herrschaft ab.

1733 brachten die Zünfte der Stadt Scheer vor, daß sie die bei den 4 Jahrtagen entstehenden Wachs- und andere Kosten ohne Beitrag der Landzunftmeister nicht mehr bestreiten können. Daraufhin mußten die Landzunftmeister bei der Aufnahme eines Meisters das gewöhnliche Pfund Wachs zur Hauptlade liefern und die Nebenladen sich an den Kosten beteiligen. Die Landzünfte hatten 1735 auch ihren Teil an den wieder in der Pfarrkirche aufbewahrten Zunftfahnen zu bezahlen, die im Vorjahr wegen des polnischen Erbfolgekrieges mit dem Scheerer Kirchenschatz auf die Trauchburg ausgelagert worden waren. 1738 baten die 3 Zünfte von Herbertingen, sie von der Hohentenger Zunft und Lade zu separieren. Die Herrschaft bestimmte, daß die „Große Zunft auf dem Land" weiterhin in Hohentengen bleibt, die schwere Zunft (wieder) nach Herbertingen gezogen wird. Ferner wurden die Schneider und Weber voneinaner separiert und jedem Handwerk eine, von der Hauptlade abhängige eigene Zunft gestattet. Die Schneider auf dem Land hatten ihre Nebenlade in Hohentengen, die Weber aber zu Herbertingen.

1757 stritten die Schneidermeister von Scheer mit den Näherinnen auf dem Land und verlangten, ihnen, auch wenn sie Meisterin sind, das Handwerk zu legen. Nach vorgelegten Attesten durfte eine Meisterswitwe lebenslänglich, ihre Töchter so lange das Handwerk ausüben, als sie ledig sind, und zwar daheim, wie auch in den Häusern der Kunden. 1759 wurde klargestellt, daß es nicht verboten ist, daß die Meister ihre Töchter im eigenen Haus beschäftigen, bei 1 Gulden 30 Kreuzern Strafe aber nicht erlaubt, sie auf die Stöhr mitzunehmen. Nach einem Urteil des Vorjahres durften die Näherinnen nur noch Weißnäherei betreiben und an Leinwand verarbeiten, was zur Unterkleidung der Menschen erforderlich ist. 1769 erwirkten die Wagner und Krummholzer (Gabel- und Rechenmacher) einen Befehl, wonach niemand etwas von außerhalb der Herrschaft ansässigen Handwerkern kaufen dürfe. Gegen dieses Monopol wandte sich sofort das Amt Hohentengen mit dem Hinweis, daß

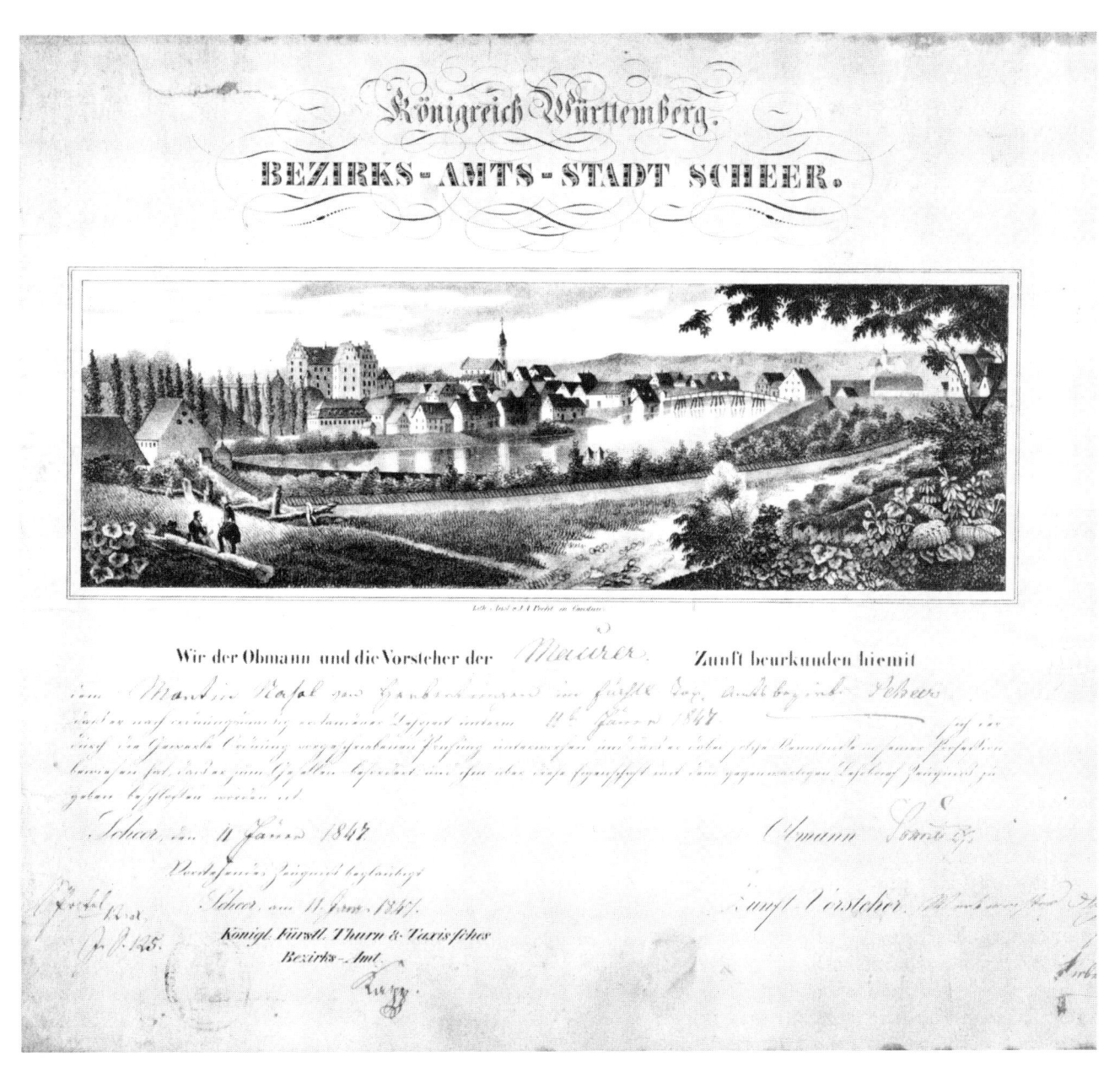

Königreich Württemberg.
OBERAMT SAULGAU STADT SCHEER.

Die Handwerker in Scheer

die Untertanen seither die Freiheit hatten, das Geschirr zu kaufen, wo es ihnen beliebe. Der Befehl wurde dahingehend erläutert, daß das ortsansässige Handwerk zu berücksichtigen sei, schlechte Ware aber nicht abgenommen werden müsse. — Nach Übernahme der Grafschaft durch Thurn und Taxis gab das Oberamt in Scheer der Zunft Direktiven. Die fürstlichen Beamten führten die allgemeine Aufsicht; die Meister waren für die gesetzliche Wanderzeit der Gesellen haftbar. 1828 erließ König Wilhelm ein Gesetz, wonach u. a. auch der Zunftzwang aufgehoben und den Zunftmeistern die richterliche Gewalt genommen wurde. Nur noch 48 Gewerbe wurden als „zünftig" anerkannt, 13 waren „unzünftig". 1830 wurde das Gesetz erlassen, nach welchem jedes Gewerbe „seine Bestandteile" selbst anfertigen durfte. Nun wurde auch allgemein ein „Meisterstück" verlangt; der bisherige Zunftmeister war Prüfungskommissär.

Durch den Fortschritt der Industrialisierung bot das Handwerk in den 30er und 40er Jahren ein trostloses Bild. Viele ernährten sich nur noch vom Feldbau, viele die anfingen, mußten wieder aufhören. Dieser verzweifelte Kampf veranlaßte manchen zur Auswanderung. Durch die von König Wilhelm I. von Württemberg im Jahre 1862 erlassene neue Gewerbeordnung wurden die Zünfte aufgehoben. Das Vermögen mußte zu gewerblichen und anderen gemeinnützigen Zwecken verwendet werden. Nun nahm sich der Staat selbst um das Handwerk an und steuerte dieses durch Gesetze und gemeinnützige Einrichtungen (Gewerbeschulen, Lehrwerkstätten etc.) von oben.

Der Entwicklung in jüngster Zeit blieb es vorbehalten im Zuge der zunehmenden Industrialisierung und Rationalisierung, den gemeinsamen Bestrebungen der wohl noch in Innungen zusammengefaßten Handwerker den erforderlichen gesetzlichen Schutz zu verwehren, so daß heute von einem Zusammengehörigkeitsgefühl kaum noch etwas zu spüren ist und der handwerkliche Mittelstand oft nur noch ein kümmerliches Dasein zu fristen vermag.

beherrschten nicht nur mit ihrer großen Anzahl, sondern auch mit der Vielfalt der verschiedensten Berufszweige das Stadtbild. Die Bauart ihrer Häuser, meist Wohn- und Ökonomiegebäude unter einem Dach, zeigt die Notwendigkeit, neben dem Beruf in größerem oder kleinerem Umfang auch die Landwirtschaft zu betreiben, um den Lebensunterhalt der Familie gewährleisten zu können. Die Handwerker, zu denen auch die Ärzte gezählt wurden, sind nachstehend in alphabetischer Reihenfolge aufgeführt.

Umschrift: „SIEGEL DER EHRBAREN HANDWERKERSCHAFT IN SCHEER".
Schmiede, Wagner, Nagler, Gerber, Uhrmacher, Schreiner, Schlosser, Barbiere, Apotheker, Schneider, Keßler, Sailer, Kupferschmiede. Ende 17. Jhdt.

Die Ärzte

Im Mittelalter war es um das chirurgische Können noch schlecht bestellt, denn die Kirche verbot anatomische Studien ebenso wie jedes Blutvergießen, auch zu chirurgischen Zwecken. Die chirurgische Betätigung lag daher nicht in den Händen der eigentlichen Ärzte, sondern der Bader, Barbierer, Tierbeschneider, ja sogar der Abdecker und Scharfrichter, die mit der Anatomie besonders vertraut, deshalb aber auch als unehrlich geächtet waren. Erst Karl V. erklärte die Barbiere 1548 auf dem Reichstag zu Augsburg ausdrücklich als ehrlich. Sie waren die eigentlichen Volksärzte, hielten es aber wie die „Leibärzte oder Medicis" unter ihrer Würde, mit dem Messer am lebenden Menschen zu hantieren. Die niedere Chirurgie, die sie ausübten, bestand in Aderlassen, Schröpfen, Wundbehandlung, Behandlung von Knochenbrüchen, amputierten Gliedern, Zahnziehen usw. Operationen waren Angelegenheit der sog. „Bruchschneider", die weniger Ansehen genossen. Die Scheerer Badstube, 1576 „des Lemmingers Gut" genannt, stand in der „Au" an der Donau, also hinter dem Gasthaus Zur Au, außerhalb der Stadt. 1582 wird der Bader Galle Klauflügel erwähnt. 1624 verkaufte Truchseß Wilhelm Heinrich die Badstube an den Bürger und Bader Jacob Frick. Die Stadt gab ihm zwar keine Holzgerechtigkeit, versprach aber, daß er auf gebührliches Anhalten Holz zugeteilt bekomme. 1625 ist der Chirurg Joanne Mayer erwähnt, der vermutlich von der Herrschaft angestellt war. Als Inhaber der Badstube folgte auf Jacob Frick, dessen Frau Maria Schreiberin 1637 Witwe war, der Sohn Michael Frick, 1650 der Bader Martin Ruhm. Der Stadtammann Lorenz Frick, der über ein Jahr die Badstube mit den dazugehörigen Gütern innegehabt, aber noch nie Bad gehalten hatte, wurde 1661 angehalten, die Badstube zu eröffnen. Bei der Erneuerung der Zunftordnung der Handwerker im Jahre 1667 sind die „Barbierer, Wundärzte und Bader" bei der Zunft „St. Willibald" aufgeführt. Ihre Handwerksordnung unterscheidet sich kaum von der anderer Berufe. Auch sie hielten Lehrjungen, die einen Geburtsbrief vorweisen und nach 14tägiger Probezeit im Beisein zweier Meister vor offener Lade aufgedingt und lediggesprochen werden mußten. Die Lehrzeit betrug 2 Jahre, 3 Jahre aber, wenn der Lehrling kein Lehrgeld bezahlte. Beim Aufdingen zahlte er in die Lade 2 Gulden Einschreibgeld, 4 Kreuzer dem Zunftknecht und den Verordneten des Handwerks, die zugezogen wurden, 6 Kreuzer. Wurde eines Meisters Sohn nach vollendeter Lehre bei der Lade vorgestellt, mußte er 30 Kreuzer in die Lade und 1 Gulden 30 Kreuzer dem Handwerk bezahlen. Als Wanderzeit waren 6 Jahre vorgeschrieben! Wer danach Meister werden wollte, mußte den Geburtsbrief und einen Lehrnachweis vorlegen und „das gewöhnliche Meisterstück verfertigen". Bei der Meisterprüfung gab ein Einheimischer 1 Pfund, ein Fremder 3 Pfund Wachs in die Lade, dem Handwerk zum Einstand 10 Kreuzer „wegen Genießung dessen Gerechtigkeit". 1673 sind ein Dr. Blank und der Barbier Jacob Mayer-Hermann erwähnt (gestorben 1675), 1674 Elisabeth Bamserin, die Witwe des Barbiers, 1687 der Barbier Johannes Frick, Sonnenwirt.

Dem Martin Ruhm wurde 1698 das Bierschenken in der Badstube verboten. Der im Jahre 1700 erwähnte Barbierer Matheus Schell war 1703 Inhaber der Badstube. 1705 erhielt er von der Stadt 7 Gulden „wegen Logierung der kranken Lüneburger in seiner Badstube". Letzter Badstubeninhaber war wohl der Auwirt Hans Caspar Schell, der ab 1705 auf der Wirtschaft, nach 1727 aber nur noch auf der Badstube saß. 1730 erhielt Matheis Schell die Erlaubnis, aus der Badstube eine Bräustatt zu machen.
Die Herrschaft stellte einen eigenen Chirurgen an, dem das „Doktorzimmer" im Schloß zur Verfügung stand, und sorgte dafür, daß dieser auch das Amt der Stadtammanns versah. So wird der 1698 eingesetzte Stadtammann Johannes Eißler 1707 „Chirurgus examinati" genannt. Neben ihm sind 1723 der Barbier Josef Keßler und 1724 der Barbier Wilhelm Kieferlin erwähnt. Der 1724 eingesetzte Stadtammann Michel Wüst war Barbier und Feldscher, sein Nachfolger Antoni Glaser „verpflichteter Chirurg am Hof", ebenso dessen Nachfolger Antoni Liebherr. Nach dessen Jahresabrechnung 1747/48 hatte er den Grafen und dessen ersten Beamten zu barbieren und den Hofstaat ärztlich zu versorgen. Neben ihm sind in der Stadt erwähnt die Chirurgen Franz Josef Schneider, Kronenwirt, und Willibald Küferle. 1759 wiegelte Franz Antoni Liebherr den Lehrjungen des Franz Josef Schneider gegen seinen Lehrmeister auf und versuchte ihn für sich zu gewinnen. 1761 wird neben dem Franz Antoni Liebherr ein Franz Liebherr als „gelernter experimentierter Accoucheur" erwähnt (er hatte also die Hebeammenkunst erlernt). 1764 wurde auf Anordnung der Herrschaft deren Hof- und Leibmedicus Dr. Rhein auch als Stadt- und Landschaftsmedicus angestellt. Im selben Jahr übernahm der Chirurg Willibald Küferle die „Krone". Als er und Franz Ant. Liebherr im Jahre 1768 der Anna Maria Braun aus Herbertingen ein Bein amputierten, haben sie „die Patientin auf alle Fürfäll vorher zu einem christ.-kath. Tod vorbereiten lassen". In diesem Jahr erhielt der „Operatori" Christian Wampacher aus Konstanz die Erlaubnis, in Scheer seine Arzneien feilzubieten und Patienten aufzunehmen. Nach 12 Tagen verließen er und „seine Leute" wieder die Stadt. 1791 versah der hochfürstliche Rat Kolros das Physikat. 1799 erließ die Herrschaft genaue Instruktionen für den Landschafts-Physikus (Amtsarzt), den Landschaftschirurgen und die Wundärzte. Sie enthalten detaillierte Vorschriften über ihr persönliches Verhalten und ihre Aufgaben.
Der **Landschaftsphysikus**, der gehörig examiniert und promoviert sein mußte, hatte die Kranken zu versorgen, Gerichtsgutachten zu erstellen, sowie die Bader, Apotheker, Wundärzte und Hebammen zu überwachen. Der **Landschafts-Chirurg** mußte auf einer hohen Schule die theoretischen Kenntnisse erworben und in Spitälern oder im Feld praktiziert haben. Er war dem Landschaftsphysikus untergeordnet, konnte aber mit oder ohne dessen Zuziehung operieren, mußte ihm jedoch wichtige Operationen und Amputationen vorher anzeigen, worauf dieser, wie auch die Wundärzte, unentgeltlich daran teilnehmen konnte. Die Wundärzte hatte er zu unterstützen und an deren Prüfung, die von der Oberamtskommission vorgenommen wurde, anwesend zu sein. Wenn er auch gelernter Geburtshelfer war, unterstanden ihm alle Heb-

ammen seines Sprengels. Er hatte ihnen theoretischen Unterricht zu erteilen und an ihrer Prüfung teilzunehmen. Ebenso war er erforderlichenfalls verpflichtet, ärztliche Geburtshilfe zu leisten. — Die **Wundärzte** auf dem Lande unterstanden dem Landschaftsphysikus. Jeder hatte vor seiner Niederlassung seine Lehr- und Gesellenjahre nachzuweisen und mußte vom Landschaftsphysikus und vom Landschaftschirurgen examiniert werden. Alle Landwundärzte mußten jährlich an 2 vom Landschaftsphysikus geleiteten Fortbildungstagungen teilnehmen. Innere Krankheiten durften von ihnen nicht behandelt werden. In Notfällen durften sie einfache Medikamente verordnen, mußten sie aber selbst sammeln oder in der Apotheke kaufen. Weiter ist das Verhalten den Mitmeistern, wie auch den Kurpfuschern gegenüber geregelt, ebenso die Ausbildung von Lehrjungen und Gesellen etc. — Allen drei Instruktionen ist der Eid beigefügt, den die Betreffenden zu leisten hatten. Dem 1822 genannten Chirurgen Liebherr und dem Lorenz Rhein (vmtl. Dr. Rhein) gehörte das um 1710 erbaute Haus „**Mengener Straße 3**", dessen Fachwerk im Zug der Stadtsanierung freigelegt wurde. Von ihnen ging es über Anton Sonntag und den Bauern Josef Sonntag zunächst an dessen Witwe Maria Haberbosch, die 1834 starb, danach an die Töchter Mathilde, Walburga und Theresia Sonntag, später an den Schuhmacher Josef Kieferle und dessen Bruder, den Schneider Hubert Kieferle. — Als der Chirurg Liebherr altershalber seine Funktion als Leichenschauer und Impfarzt nicht mehr ausüben konnte, wurden 1847 beide Ämter dem Dr. Rhein übertragen.
1848 ließ sich der Wund- und Hebarzt Karl Stohrer, der in Tübingen die Staatsprüfung abgelegt hatte und dort $3\frac{1}{2}$ Jahre Assistent am Klinikum war, in seiner Heimatstadt Scheer nieder. 1856 gehörte ihm das Haus **Donaustraße 15** (vgl. Buchbinder), 1862 heiratete er die Adeline Späth von hier, 1865 ist sein Assistent Rauch erwähnt. — 1867 (1872) ist der Arzt Dr. Zimmerer erwähnt. — 1869 kündigte der in Scheer seßhafte Wundarzt Franz Model als Spitalarzt und wurde auf 1. Juli entlassen. Die Stadt beschloß vorerst keinen Wundarzt mehr anzustellen. Den „armen Kranken" wurde durch die Spitalpflege eröffnet, daß sie künftig nur mit Genehmigung des Kirchenkonvents einen Arzt rufen dürfen. Im selben Jahr zog aber der Wundarzt und Geburtshelfer Michael Pfeiffer von Tannhausen O.-A. Ellwangen mit seiner Frau auf. Ihm wurde die Leichenschau übertragen. 1884 baute er an der Tuchbleiche Parzelle 1118. Als Stadtwund- und Armenarzt wurde 1886 sein Wartgeld von 350 auf 400 Mark erhöht. Sämtliche Armen, die der Ortsarmenverband Scheer zu unterstützen hatte, mußte er unentgeltlich behandeln. Da er 1888 den Gasthof „Zum Hirsch" übernahm, wurde ihm zum 1. 10. 1889 als Arzt gekündigt. Er blieb Leichenschauer und behandelte die Spitaliten, bis er am 10. Mai 1903 starb. — Während seiner Zeit ist von 1890–1899 der Tierarzt Willibald Pröbstle, 1896 der Apotheker Hermann genannt. Ihm gehörte das Haus **Hauptstraße 7** (vgl. Gerber). — Nach dem Tod des Wundarztes Pfeiffer übertrug die Stadt 1903 die Leichenschau an den Friseur Ferdinand Will. Weil Arzt und Apotheke fehlten, beschloß die Stadt 1912 von der Errichtung einer Filialapotheke zwar abzusehen, beantragte aber dem Drogisten zu erlauben, Arzneimittel zu verkaufen. — Von 1935–1940 hatte der Dentist Eugen Köberle seine Praxis im Haus **Donaustraße 23**. Erst 1949 beantragte wieder ein Arzt hier eine Praxis aufzumachen. 1950 ein zweiter und ein Drogist. Wegen Wohnungsmangels wurden sie abgewiesen. Nur die zahnärztliche Versorgung wurde für ein paar Jahre gesichert: auf den Zahnarzt Althaus folgte von 1962–1965 Peter Steimle aus Horb. Er verzog nach Lützenhardt Kr. Freudenstadt. Sein Nachfolger Dr. Curt Karl Biewald, der von 1967–1970 hier praktizierte, zog nach Villingendorf. Der prakt. Arzt Dr. med. Markus Fritzsch, der den Bartelstein erwarb, eröffnete dort am 1. 8. 1972 seine Praxis. Eine weitere Arztpraxis entstand im Hofgartencenter. Dort ließ sich 1988 der prakt. Arzt Ralph Widerspick nieder und im selben Jahr die Zahnärztin Dr. Ursula Engesser. Auch eine Apotheke soll dort in absehbarer Zeit eröffnet werden.
Im Zusammenhang mit den Ärzten seien auch

die Hebammen

erwähnt. Mit Christina Häring begegnet uns 1610 in Scheer erstmals eine namentlich genannte „Hebmutter". 1635 wurde die Johanna Schopperin als Hebamme angenommen. Diesen Beruf übte wohl auch die Krankenpflegerin Sibille Haberbosch aus (1676). Am 12. 4. 1733 ist „die alte Möglin mit Tod abgegangen". Da dem Volk an einer gelehrten Hebamme viel gelegen war, wurden Bürgermeister und Stadtschreiber beauftragt, unter den Bürgerinnen eine taugliche Person ausfindig zu machen und diese Profession lernen zu lassen. Dies war wohl die Hebamme Frick, die 1735 mit ihrem Sohn Eberhard erwähnt wird. 1759 visitierte die hiesige „Höbam" ob Schwangerschaft vorliegt. Auf die Hebamme Renigna Wetzlerin folgte 1761 Theresia Waldraff. 1766 verfügte die Herrschaft, daß die Hebammen zu ihrem Geschäft besonders unterrichtet werden. Vorläufig soll Franz Liebherr, gewester Feldscher und Chirurgus zu Scheer, samt seiner Ehewirtin Maria Walburga Liebherrin zur Erlernung der Accoucherie eigens nach Straßburg geschickt werden, welche den anderen Hebammen in Hohentengen, Bolstern, Herbertingen, Braunenweiler, Fulgenstadt und Dürmentingen „ihr Verhalten oder Funktionen der Höbammerei indessen sorgsamst beizubringen haben". Nach ihrer Rückkehr wurden am 4. Oktober 1766 die Hebammen der genannten Orte „in die wirkliche Pflicht und den abgelegten Höbammen-Eid dahingehend genommen, daß sie nach ihrem besten Wissen und Gewissen den gebärenden Frauen und auch anderen Weibsbildern beistehen, weder an denselben noch an der Leibsfrucht etwas verabsäumen und bei gefährlichen Umbständen mit Berufung eines Geistlichen, oder auch gäher Taufung des Kindes die gewöhnliche und bewußte Schuldigkeit innehmen und einer wirklich in Nöten seienden Frau bis zu ihrer Entbindung beistehen und nicht mehr abweichen sollen". — Laut Instruktion für den Landschaftschirurgen vom Jahr 1799 hatte dieser die Hebammen zu beaufsichtigen und fortzubilden.

1828 fertigte der Schreinermeister Feger von Saulgau für die Stadt einen neuen Gebärstuhl. Die Stiftungspflege mußte die Bezahlung übernehmen, da die Stadt bereits 2 solche für die beiden Hebammen hatte. Da die alte Hebamme gestorben war, erhielt im Jahr 1838 die Hebamme Vogel Gehaltsaufbesserung. 1844 wird Kreszens Linder als 2. Hebamme genannt. 1850 erfahren wir, daß die Hebammen ihre Tagbücher nach Beglaubigung durch die Pfarrämter ans kgl. Oberamt abzuliefern hatten. Neben der Hebamme Vogel wurde 1856 die Frau des Peter Stohr als 2. Hebamme angestellt. Nach dem Tod von Frau Vogel schickte die Stadt im Jahre 1880 Maria Biegger, die Frau des Kürschners Engelbert Biegger, zur Ausbildung auf die Hebammenschule nach Stuttgart, bezahlte die erforderlichen Instrumente und stellte sie 1881 an. 1896 starb die Hebamme Stohr. Nun kam die 1872 geborene Juliana Schmuker, die Tochter des Metzgers Wunibald Schmuker, 1897 auf den Hebammenkurs und trat noch im selben Jahr den Dienst in Scheer an. Das Wartgeld, das bislang für die ältere Hebamme jährlich 2 rm Brennholz und 36 Mark, für die jüngere 20 Mark betragen hatte, wurde auf 50 bzw. 30 Mark erhöht. Nach dem Tod von Frau Biegger (1925) konnte wegen zu geringer Geburtenzahlen keine 2. Hebamme mehr angestellt werden. Frau Schmuker trat 1936 von ihrem Amt zurück und starb im selben Jahr. Ihre Nachfolgerin Marie Baur, die Tochter des im Weltkrieg gefallenen Johann Baur, die schon seit Oktober 1935 die Hebammenschule besuchte, trat 25jährig im März 1937 die Stelle an. 1938 verheiratete sie sich mit dem Schmiedemeister Anton Nattenmüller und übte als letzte Hebamme von Scheer bis 1972 ihren Beruf aus.

Der freie Architekt

Norbert Herde, geb. 1936 in Bad Ziegelhals, war ab 1960 nebenberuflich in Scheer tätig und hat seit 1965 in der Oberen Sonnenbergstraße 15 ein eigenes Büro, in welchem er z. Zt. 7 Personen beschäftigt. Schwerpunkt der hauptberuflichen Tätigkeit: öffentliche und kommunale Bauvorhaben, Stadtplanung und Industriebauten.

Die Bäcker

Der este namentlich bekannte Bäcker ist Albrecht der Pfister (1348). Da dem im Jahre 1472 erbauten Rathaus (**Hauptstraße 5**) ein Beckenhaus angegliedert war, ist anzunehmen, daß der 1583 erwähnte Georg Huber dieses in Pacht hatte. Später besaß die Stadt das sog. Beckenhäusle am Sigmaringer Tor **Hauptstraße 4**, welches bis 1872 an einen Bäcker verpachtet war.

Die Bäckerordnung des Jahres 1667 schreibt vor, daß der Lehrling einen Geburtsbrief vorlegen und nach höchstens 14tägiger Probezeit im Beisein zweier Meister dieses Handwerks bei der Lade aufgedingt und lediggesprochen werden muß. Die Lehrzeit dauert 2 Jahre, zahlt er aber kein Lehrgeld 4 Jahre. In die Zunftlade sind von ihm 30 Kreuzer Einschreibgeld, dem Zunftknecht 4 Kreuzer zu bezahlen. Die zum Aufdingen und Ledigsprechen verordneten Meister erhalten für das Mahl 2 Gulden, wovon

Hirschstraße 7.

der Meister die Hälfte zahlt. Nach der Lehrzeit sind 2 Wanderjahre vorgeschrieben. Wer als Meister aufgenommen werden will, muß Geburtsbrief und Lehrnachweis vorweisen und ein Meisterstück machen. In die Zunftlade zahlte er als Einheimischer 1, als Fremder 3 Gulden, dem Handwerk zum Einstand 2 bzw. 4 Gulden. Kein Meister darf dem andern einen Kunden abspenstig machen bzw. annehmen, der bei diesem noch Schulden hat. Es darf auch keiner den Knecht eines anderen anstellen, der dort grundlos weglief. Außerdem ist für die Einstellung die Bewilligung des vorigen Meisters erforderlich. Jeder Meister ist verpflichtet, das Brot nach dem verordneten Gewicht zu backen, so daß es bei der Brotschau keinen Anstand gibt. (Strafe nach Erkenntnis des Handwerks.) Meister, die das Brot auswärts verkaufen wollen, dürfen dies nur mit einer „kalten Hefe" backen. 1705 ist der Bäcker Christian Kieferle genannt, ein Bruder des Biersieders Michel Kieferle, 1733 Hans Michel Ratzenhofer. Vom 5. Januar 1740 stammt eine Bäckerordnung der Stadt Scheer, die leider nicht auffindbar ist. 1746 wird Katharina Hallerin „die obere Beckin" genannt. 1759 hören wir von 3 Bäckern: Caspar Waldraff, Caspar Bohnenstengel und Hans Michel Nolle. Der im Jahre 1700 geborene Bäcker Johann Caspar Bohnenstengel, 1754 erstmals genannt, ist wohl der Erbauer des Hauses **Hirschstraße 1**. Er war von 1758–1760 Amtsbürgermeister. Das Haus ging von ihm an den Sohn Nikolaus Bohnenstengel (s. Metzger). — Das Haus **An der Stadtmauer 18** (Jahreszahl 1416 an der Mauer der Scheune) gehörte 1759 dem Bäckermeister Hans Michel Nolle, 1826 dem Bäcker Johann Georg Nolle und dem Martin

An der Stadtmauer 18.

(später Josef) Sticher je hälftig. Nolles Tochter Marie heiratete 1863 den Schmied Johann Blender aus Gutenstein, an den diese Haushälfte überging. Die Stichersche Haushälfte kam an den Küfer Josef Heim und von diesem über seinen Sohn, der hier noch eine kleine Landwirtschaft betrieb, an den Schmiedmeister Josef Blender, dessen Vater die Schmiede am Kirchberg 1 besaß (vgl. Schmiede). — Der Bäckermeisters Albert Nolle heiratete Barbara, die Tochter des Flaschners Friedrich Gutknecht, und zog in das Haus **Hirschstraße 7** (vgl. Schuster). — Das Haus **An der Stadtmauer 1**, das 1826 dem Zimmermann Willibald Stauß (später Josef Bertler alt) und dem Schuster Philipp Zimmerer (später Wunibald) je hälftig, dann dem Bäcker Paul Krugger gehörte, fiel dem Großbrand des Jahres 1901 zum Opfer. An seiner Stelle baute der Sohn August Krugger im Jahre 1902 das 2½stockige Wohnhaus mit Bäckerei, das über seine Tochter an den Bierbrauer Thomas Spieß überging. — Das Haus **Hirschstraße 8** besaßen 1826 der Küfer Ignaz Strobel (später Johann Vogels Witwe) und der Bäcker Josef Späh je hälftig. 1830 besaß der Beck und Branntweinbrenner Xaver Späh diese Haushälfte, in der er eine Wirtschaft aufmachen wollte, was ihm nicht erlaubt wurde. Die Hälfte seines Hausanteils ging an den Weber Wunibald Flaiz über (später Fidel Kieferle), sein eigenes Viertelshaus an seinen Sohn Karl Späh. Der Schuster Eduard Linder, der auch die Haushälfte der Witwe Vogel erwarb, vererbte das Haus an den Briefträger August Linder. 1901 fiel es dem Großbrand zum Opfer und wurde 1902 vom Schuhmacher Eduard Linder wieder aufgebaut. — Das Haus **Schloßsteige 9**, das 1615 erbaut wurde, wird 1679 als „Lehrerhaus an der Schloßsteige" bezeichnet, zu dem ein Kraut- und Obstgarten bei der alten

Schloßsteige 9.

Schule gehörte. Da der Mesner auch Lehrer war, nannte man es später „das alte Mesnerhaus", das die Stadt am 1. April 1819 um 475 Gulden kaufte und 1832 an den Bäcker Johann Michael Kieferle verkaufte. Dieser richtete hier eine Backstube ein und vererbte das Haus an seinen Sohn, den Bäcker Erhard Kieferle, von dem es an den Küfer Georg Kieferle, später an Ferdinand Krugger überging. — Den Bäcker Erhard Kieferle finden wir auch als Besitzer des Gebäudes **Hauptstraße 14,** das ca. 1740 von der Herrschaft als Oberamtshaus erstellt wurde. Ab 1823 war hier das vom Fürsten von Thurn und Taxis eingesetzte „Amt und Amtsgericht" untergebracht. Das Rentamt verkaufte am 28. Mai 1853 das Gebäude für 3000 Gulden an den Verwaltungsaktuar Gottfried Hanst, der 1838 bis 1841 Bürgermeister, danach nur noch Verwaltungsaktuar war. Er verkaufte es an den Bäcker Erhard Kieferle, der es über seine Tochter Rosa 1905 seinem Schwiegersohn, dem Bäcker Mathias Steinacher übertrug. Dieser betrieb eine kleine Landwirtschaft und richtete im Haus eine Bäckerei ein (die Schüler holten hier in der Pause immer „Apfelwecken"). Seine Tochter Paula vermählte sich mit Josef Ullrich. — Das frühere Haus **Hirschstraße 17** gehörte 1826 dem Wunibald Buck (¼),

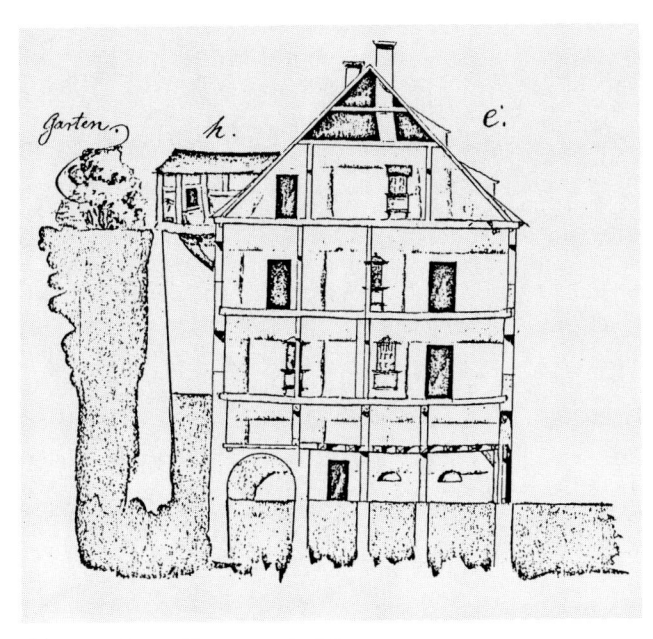

Oberamtshaus, Hauptstraße 14.

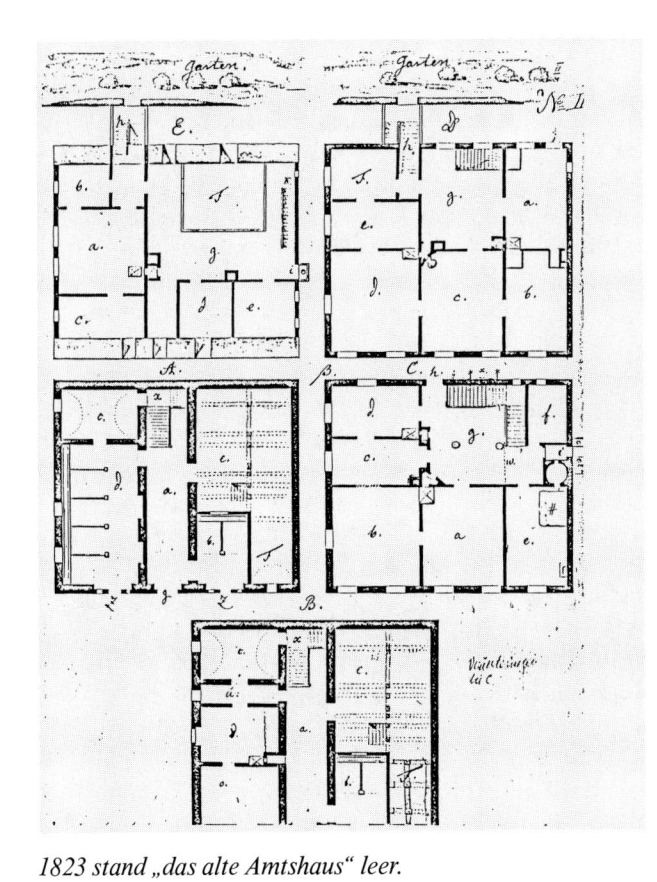

1823 stand „das alte Amtshaus" leer.
– Einteilung: Aa) Hausflur, b) Stall f. 2 Pferde,
c) Keller, d) Stall f. 5 Pferde, e) Holzkammer.
B: Parterre, a) Arreststube, b) Stall. C: 1. Stock,
a) Kanzlei,
b) Registratur, c + d) Aktuarzimmer, e) Küche,
f) Speisekammer, g) Gang, h) hinterer Ausgang.
D: 2. Stock: a–e) heizbare Zimmer, f) Kammer,
g) Gang, h) Küche, Speis. E: Boden: a) heizbare Stube,
b + c) Kammern, e + f) Kammern, h) Treppe in den
Garten, i) Abtritt, k) Treppe auf den oberen Boden.

Josef Anton Stohr, später Ignaz Kieferle (¼), dem Weber Tiberius Hering (¼) und dem Schuster Josef Kieferle (später Jakob Kieferle). 1856 ist Gustav Schmid als Besitzer genannt. 1857 brannte das Haus zusammen mit dem Gebäude Hirschstraße 15 ab, 1858 erfolgte der heutige Bau, in welchem der Bäcker Max Baur und seine Frau Friederike geb. Ils im Jahre 1867 eine Bäckerei gründeten. 1905 übernahmen der Sohn Anton Baur und dessen Frau Luise geb. Rothmund den Betrieb, den die Frau, nachdem ihr Mann im Ersten Weltkrieg am 12. August 1916 gefallen war, mit dem Sohn Anton bis 1938 weiterführte. Der Bäckermeister Anton Baur und dessen Frau Maria geb. Weber, die Tochter des Briefträgers, übernahmen nun das Geschäft, das von der Frau allein geführt werden mußte, als ihr Mann von 1940–1947 in Krieg und Gefangenschaft war. Als er 1957 im Alter von 52 Jahren starb, halfen ihr ihre Schwester und ihre Kinder Kurt und Helga, bis der Sohn Kurt Baur, Bäckermeister, und seine Frau Gisela im Jahre 1971 das Geschäft übernahmen. 1986 erwarben sie die Bäckerei Knor, **Hauptstraße 2.** Dieses ca. 1780 erbaute Haus vor dem Tor gehörte 1826 dem Willibald Schell, 1840 seiner Witwe und wurde im selben Jahr mit dem im Gemeindebackhaus errichteten Hafnerbrennofen vereinigt. 1870 war es im Besitz des Schusters Karl Zimmerer („'s Schuster-Karles Haus") und ging 1922 von Mathäus Jerger an den Bäckermeister Josef Knor über, der 1923 beim Umbau die untere Stockmauer um etwa 30 cm gegen die Straße rückte, so daß sie mit dem oberen Stockwerk eine senkrechte Flucht bildet. In seinem Laden hatte er ein kleines Kästchen mit Arzneimitteln und verkaufte auch Verbandsmaterial. 1960 übergab seine Witwe Mathilde das Geschäft an ihren Sohn, den Bäckermeister Ferdinand Knor, der es 1986 an den Bäckermeister Kurt Baur verkaufte. — Ausgangspunkt einer weiteren Bäckerei war das Haus **Mengener Straße 9,** das ca. 1740 erbaut wurde. 1826 gehörte die eine Hälfte der Witwe des Michael Schuler, später deren Kinder, die andere dem Nagelschmied Wunibald Gutknecht, dessen Sohn, der Nagler Ignaz Gutknecht, 1840 das ganze Haus besaß; 1873 der Schuster und Spitalpfleger Johann Zimmerer, der „Eckschuster", später er und Friedrich Heiß bzw. dessen Witwe, dann Josef Keller, von dem das Haus an den Schwiegersohn Sebastian Öhler überging. 1974 wurde es abgebrochen. — Johann Nepomuk Zimmerer („dr alt Feinbeck"), der Sohn des vorgenannten Spitalpflegers Johann Zimmerer, übernahm 1902 das von seinem Vater 1893/94 erstellte Haus **Mengener Straße 13.** Er, wie später auch sein Sohn, der Bäckermeister Josef Zimmerer, betrieben hier die Feinbäckerei (Conditorei). Letzterer erstellte 1932/33 einen Bäckereianbau und erhielt 1951 die Genehmigung, im Wohnhaus ein Café einzurichten (vgl. Café Ahlers). Die Bäckerei wurde 1956 aufgegeben (vgl. Handel). — Das 1901/02 umgebaute Haus **Hauptstraße 7** (vgl. Gerber) besaß der Conditor Max Birkenmaier. — Das ca. 1710 erbaute Haus **Hirschstraße 2** gehörte 1826 dem Kaufmann Josef Anton Löhner (Lehner), der 1840 das Gebäude Hauptstraße 5 erbaute und sein Haus in der Hirschstraße an Franz Josef Ramsperger verkaufte. Dessen Sohn Anton Ramsperger, der hier die Poststelle hatte, verkaufte es an den Kaufmann Wil-

Hauptstraße 14.

Hauptstraße 2.

Donaustraße.

Blick in die Hirschstraße.

helm von Steinberg aus Mengen, der es 1902 an den Conditor Anton Kerle veräußerte. Dieser betrieb hier bis 1948 eine Conditorei mit Café.

Die Bleicher

übten ihr Handwerk auf der Tuchbleiche aus, die sich neben der Donaubrücke zwischen dem linken Flußufer und der Gemminger Straße, und eine weitere im Vorhof des Schlosses befand. Namentlich sind genannt: Fürst (1744), Stumpp (1758). Später (1847) hatten die „Weißenauer Bleiche" und die „Blaubeurer Bleiche" Annahmestellen in Scheer, Mengen, Saulgau etc.

Die Brunnenmacher

gehörten keiner Zunft an und waren anfangs wohl mehr oder weniger Gelegenheitsarbeiter. In Scheer werden in diesem Beruf genannt der frühere Stadtbaumeister Weber (1843) und der Brunnenmacher Schmid.

Die Buchbinder

Das Haus **Donaustraße 15,** das ca. 1790 erbaut wurde, gehörte 1826 dem Buchbinder Benedikt Schmid. Es handelt sich wohl um die Seifensiederei, die 1839 umgebaut wurde. Auf einem 1862 gefundenen Balken steht: „1839 Josef Reuner". 1855 gehörte das Gebäude dem Hermann Schmid und der Witwe des Josef Will, später der ledigen Therese Will und dem Chirurgen Karl Storer, von denen es an August Hering überging, der hier eine Flaschenbierhandlung hatte. — Eine weitere Buchbinderei befand sich später in dem ca. 1710 erbauten Haus **Hirschstraße 10**. 1826 besaß es der Säckler Peter Gutknecht, 1867 Friedrich Gutknecht und Benedikt Weber, ca. 1870 der Schneider Andras Oßwald und der Käser Josef Widmann, 1888 die Witwe des Andras Oßwald und der Buchbinder Karl Mohn, dem 1902 das ganze Haus gehörte. Sein Sohn und Nachfolger Hermann Mohn führte hier auch einen kleinen Spezereiladen. Im Besitz des Hauses folgte seine Tochter. Sie heiratete den Otto Schmid, der früh starb, dann den Buchbinder Fridolin Brielmann aus Sigmaringendorf. 1950 erwarb der Posthalter Karl Gutknecht das Haus. — Der Buchbinder Benedikt Schmid besaß 1840 das Haus **Blochinger Straße 23** (vgl. Weber).

Die Drechsler

In der Drechslerordnung des Jahres 1667 wird zum Erlernen und Betreiben des Handwerks der Nachweis „ehrlicher Geburt" verlangt. Beim Aufdingen, das im Beisein der Verordneten vor der Lade zu erfolgen hatte, mußte der Lehrjunge bezahlen: 30 Kreuzer in die Lade, 6 Kreuzer Schreibgeld, 4 Kreuzer für den Zunftknecht und 2 Kreuzer zum Einstand, von denen aber der Meister die Hälfte leiden mußte. Auch bei der Ledigsprechung hatte der Junge für den Trunk zu bezahlen (2 Gulden). Zahlt er dem Meister Lehrgeld, dauert die Lehrzeit 2, andernfalls 3 Jahre. Um Meister zu werden, hatte er eine 3jährige Wanderzeit nachzuweisen, ein Meisterstück anzufertigen, als Einheimischer 1 Gulden, als Fremder 2 Gulden in die Zunftlade, dem Handwerk zum Einstandstrunk als Einheimischer 2, als Fremder 4 Gulden zu bezahlen. — An Drehern sind bekannt Jakob Flaiz, der 1826 das ca. 1770 erbaute Haus **Kirchberg 3** besaß, dessen Hälfte bald danach an die Witwe Heinzelmann überging. — Um 1870 besaßen es deren ledige Tochter Otilie und Josef Dettling. — Der Dreher Josef Kienle, der das Haus **Kirchberg 5** besaß, war der letzte Dreher in Scheer (vgl. Weber).

Die Elektriker

Der Elektromeister Kurt Volz führte bis zum Jahre 1956 im Haus **Mengener Straße 5** (vgl. Gasthof Zum Kreuz) ein Geschäft für Elektro-Installation und Handel mit Elektrogeräten, Haushalts-, Glas- und Eisenwaren. — Nach Aufgabe dieses Geschäfts eröffnete der Elektriker Adolf Geiselmann am 1. 7. 1956 in seinem Haus **Kirchberg 6** einen Verkauf elektrischer Geräte und Gegenstände und führte bis 30. 4. 1976 auch Installationsarbeiten durch (vgl. Hafner). — 1965 gründete der Elektromeister Günter Greising im Haus **Mengener Straße 5** einen Betrieb für Elektroinstallationen, in welchem er 4–5 Mitarbeiter beschäftigte. Heutiger Schwerpunkt ist die Wartung industrieller Anlagen, sowie elektrisch-elektronisch und numerisch gesteuerter Maschinen. — Der Elektromeister Helmut Rapp gründete 1974 in der **Gräfin-Monika-Straße 11** ein Elektrofachgeschäft (Handel und Montage von Elektroartikeln; Elektroinstallation).

Die Färber

Für sie war auf Grund der zu Meßkirch herausgegebenen „Nebenlaad" Bingen zunftmäßiger Ort. Matthäus Widmer, der Zunftmeister von Bingen, beklagte sich 1724 gegen den Scheerer Zunftmeister und die übrigen Meister des **Färberhandwerks**, den Färberzunftmeister Hans Michel Baur und die Färbermeister Josef Schell und Franz Ratzenhofer. Letztere hatten zwei Gesellen: Math. Fleisch und Hans Georg Ratzenhofer.

Die Flaschner

Der 26jährige Flaschner Friedrich Gutknecht, Sohn des Peter Gutknecht, vermählte sich 1861 in Scheer mit Theodosia Henninger aus Mühlheim bei Tuttlingen. 1865 meldete er seine Flaschnerei an und baute 1869 in der **Fabrikstraße 14** ein 1½stockiges Wohn- und Werkstattgebäude. Neben den Flaschnerarbeiten spezialisierte er sich auf Brauereikühlpfannen, die in das Gebiet vom

Fabrikstraße 14.

Von links, hintere Reihe: Maria, Vater Friedrich Gutknecht, Karl Anton, Fritz; vordere Reihe: Anna, Rosa, Mutter Theodosia Gutknecht, Barbara, Johanne.

Allgäu bis Ebingen geliefert wurden. Von 1889 bis zu seinem Tod im Jahre 1901 war er Stadtpfleger. 1897 entstand nachstehendes Familienbild.

Die Tochter Rosa vermählte sich im Jahre 1900 in Mühlheim mit dem Flaschnermeister Eduard Maier (geb. 1872), der nun das Geschäft übernahm und es durch die Sanitär-Installation erweiterte. Ein guter Start für den jungen Unternehmer war die seinerzeit gerade geplante städtische Wasserleitung, die er auch ganz ausführte. 1904 erstellte er in seinem Betrieb eine von ihm konstruierte Acethylenanlage, mit welcher er Gas zur Beleuchtung seiner Werkstatt und des Gasthofs „Zum Rosengarten" erzeugte. Nach kurzer Zeit verdrängte jedoch der elektrische Strom die Gasbeleuchtung. 1910 nahm er am Haus bauliche Veränderungen vor. 1932 trat der Sohn, Flaschner- und Installateurmeister Emil Maier, in den Betrieb ein, den er 1937 übernahm. Er begann mit der Herstellung von Metallbuchstaben und erweiterte das Angebot mit Transparenten und kompletten Neonanlagen. Er kaufte das 1858 erbaute Haus **Fabrikstraße 12** (Rebholz), das er zunächst vermietete (Volk) und 1967 im Zuge der Geschäftserweiterung umbauen ließ. In seinem Todesjahr, am 1. 1. 1984 übergab er den Betrieb an seinen Sohn, den Bürokaufmann und Gas-Wasser-Installateurmeister Rolf Ulrich Maier.

Der Feilenhauer

Anton Stumpp wird im Jahre 1838 als Besitzer des Hauses **Heudorfer Straße 6** genannt. Er begann in diesem Jahr mit einem Eisen- und Stahlhandel. Von ihm ging das Haus an Karl Bauer, dann an den Sohn Johann Bauer über und kam über dessen Witwe an den Landwirt Anton Eisele.

Der Friseur

Ferdinand Will war Besitzer des 1813 erbauten Hauses **Donaustraße 17,** das vom Nagelschmied Max Linder an seinen Vater, den Postboten Ferdinand Will übergegangen war. Den Friseur Will erwähnten wir bereits als Leichenschauer. Er betätigte sich auch als Bader und zog den Kindern Zähne und „Laiber" (Zecken). Er erwarb auch „'s Dreher Maries Häusle" (Tochter des Drehers Kienle) **Donaustraße 5,** ein sehr altes, einstöckiges Häusle, dessen Dach man erreichen konnte. Eine Treppe führte in die tiefer gelegene Küche. 1934 ließ er es umbauen. Hier wohnten zunächst seine Tochter, Frau Härtel, und der Architekt Dom.

Der im Jahre 1892 geborene Friseurmeister Karl Löffler übte in seinem Haus **Fabrikstraße 25** von 1919–1962 den Beruf aus. — Der Friseurmeister Josef Rauch eröffnete im Jahre 1944 im Haus **Hirschstraße 9** (frühere Werkstatt des Schneiders Will) ein Friseurgeschäft, das er 1950 ins stadteigene Gebäude **Fabrikstraße 6** verlegte. Auf ihn folgte 1978 die Friseurmeisterin Rosemarie Reck, die 1983 das Haus kaufte. Seit 1989 führt ihre Schwester Christine Lang den Friseursalon.

Der 1912 in Aulendorf geborene Friseurmeister Hans Zimmermann eröffnete 1946 im Haus **Donaustraße 17** ein Friseurgeschäft, das er ab 1959 bis 1969 im Haus **Schloßsteige 6** weiterführte. — Die Damen- und Herrenfriseurmeisterin Gerda Stebich eröffnete am 23. 6. 1987 im **Hofgartencenter** ihr Geschäft.

Die Gärtner

1830 ist der Gärtner Wunibald Nolle erwähnt, 1871 der Gärtner Josef Kieferle, der in den Augärten baute; im selben Jahr auch der Gärtner Leopold Kieferle. — Der Gärtner Johannes Schell baute 1906 das Haus **Fabrikstraße 21** und betrieb dort eine Gärtnerei. Das Anwesen ging später an Euchenhofer über. — Der aus Basel stammende Gärtner Robert Döbele baute 1928 das Haus **Rote Steige 29** (er war Bahnhofsgärtner.) — Brunhilde Dettling eröffnete mit ihrem Mann, dem Gärtner Willi Dettling, im Jahre 1957 eine Gärtnerei in der Au, dem in ihrem Wohnhaus **Donaustraße 23** ein Blumengeschäft angeschlossen war, und führte diesen letzten Gartenbaubetrieb Scheers bis zum 31. 12. 1987 (vgl. Gerber).

Die Gerber

Der Gerber Ferdinand Sonntag ist 1752 mit seinem Lehrbuben Antoni Birkhofer aus Ennetach erwähnt. 1826 besaß der Weißgerber Sebastian Sonntag das um 1790 erbaute Haus **Hauptstraße 7**, das über seinen Sohn Konrad an dessen Sohn, den Apotheker Hermann Sonntag, überging und in den Jahren 1900/02 vom Konditor Max Birkenmaier in der heutigen Form umgebaut wurde. Danach war es im Besitz des Adlerwirts Ludwig Zimmerer und kam dann an den Kaufmann Paul Birkenmaier, den Bruder des Adlerwirts Eugen Birkenmaier. — Der Rotgerber Kaspar Gutknecht besaß 1826 die Hälfte des Hauses **Hirschstraße 13**, dessen andere Hälfte Mathias Flaiz (später Josef Bertler) innehatte (s. Zimmerleute). — Im früheren Haus **Donaustraße 23** wurde ebenfalls eine Rotgerberei betrieben. Von Jakob Gutknecht (1826) ging es an den Rotgerber Wunibald Gutknecht (1853). Später war es im Besitz des Webers Johannes Hering. Dessen Tochter Maria vermietete es an den Maler Moser, der dann an der Roten Steige baute, dann an den Totengräber Anton Mattmann. Als das Haus im September 1926 abbrannte, befand sich dort die Werkstatt des Wagners Kuno Kieferle. Dessen Vater, der Amtsdiener Alois Kieferle, baute 1927/28 auf dem Platz das heutige Gebäude, in welchem der Sohn Kuno Kieferle und Hermann Maier unter der Bezeichnung KIMA eine Stuhlfabrikation betrieben. Das Gebäude kam später an Kuno Kieferles Tochter Brunhilde Dettling (vgl. Gärtner). — Die beiden letzten Gerber waren Wunibald Gutknecht, der sein Handwerk im Erdgeschoß des früheren Kaufmann Ramspergerschen Hauses (**Mengener Straße 5**) ausübte, und der Rotgerber Johann Haberbosch in der **Gemminger Straße 33a** (vgl. Ziegelei). Er zahlte 1913 für 1 rm Eichenrinde 11 Mark.

Der Geigenbauer

Mathäus Linder besaß das 1834 erbaute Haus **Donaustraße 19**. Er befaßte sich nicht nur mit dem Anfertigen von Violinen, Bratschen, Gitarren, Cellos und Contrabässen, sondern mehr noch mit Reparaturarbeiten an solchen Instrumenten. Auch alle Arten selbstgefertigter Saiten waren bei ihm zu haben. Bei den Lehrern und Geistlichen der Umgebung war er gut bekannt; auch Zigeuner stellten sich bei ihm ein. Violinen aus seiner Hand waren lange begehrte Instrumente. — Von ihm ging das Haus an Karl Gessler über.

Der Geometer

Alois Schlee, fürstlicher Geometer, ist in der Stadtgeschichte öfters erwähnt (s. d.). 1838 baute er das Haus **Donaustraße 8**, das 1864 an Mathias Kellermann, 1874 an Christian Schaal überging und zur Holzstoffabrik umgebaut wurde (s. d.). — 1848 empfahl der Geometer Anton Löffler seine Geschäfte dem Publikum.

Die Glaser

hatten mit den Malern und Bildschnitzern eine gemeinsame Ordnung (s. d.). — 1760 ist der Glaser Johannes Glaser erwähnt. Sein gleichnamiger Sohn, der den Beruf des Vaters erlernt hatte und schon 3 Jahre auf Wanderschaft war, erhielt im Jahre 1768 Wanderungsdispens. Das Haus **Hirschstraße 9** gehörte 1826 dem Glaser Karl Glaser und ging von dessen Sohn, dem Glaser Michael Glaser, an Oswald, 1930 an Luise Baur geb. Rothmund. — 1826 besaß der Glaser Josef Krugger (später Andreas Krugger, 1837 der Glaser Anton Krugger) $^1/_3$, Anton Sonntags Kinder (später Leopold Kieferle) $^2/_3$ des etwa 1710 erbauten Hauses **Hirschstraße 14,** das später in 4 Partien aufgeteilt war und 1961 abbrannte. Albert Buck erstellte das heutige Gebäude. — Der Glaser Andreas Krugger war ca. 1870 Mitbesitzer des Hauses „**An der Stadtmauer 1**". — Das ursprüngliche Haus **Kirchberg 4**, das 1826 dem Wunibald Rhein jg. gehörte, erwarben Willibald Glaser und Franz Josef Glasers Kinder. Willibald Glasers Söhne Mathias und Wunibald waren 1840 im Besitz dieser Haushälfte. 1847 empfahl sich Mathias Glaser als Glasermeister in Scheer. Von ihm ging dieser Teil an Willibald Glaser. Die andere Haushälfte hatte 1834 Johannes Will gekauft, 1864 besaß sie der Schuster Konrad Will. Er baute 1874 an dieser Stelle das heutige Wohnhaus mit Scheuer, das 1897 dem Bauern Johann Bertler gehörte und über dessen Tochter an Johann Zimmerer überging. — Der Glasermeister Karl Weckerle hatte auf der Bühne seines 1837 erbauten Hauses **Donaustraße 35** die Werkstatt eingerichtet. Vom Glaser Zimmerer ging das Gebäude 1912 an den Landwirt Karl Zimmerer über, der es baulich veränderte.

Die Hafner

1709 wird der Hafner Johann Mittelholzer, 1747 Jacob Ribula „äußerer Rat und Hafnermeister" genannt. 1757 erfahren wir vom Hafner Wunibald Stauß, daß er „Waar" herstellte, die ihm von den Händlern abgekauft wurde. 1760 erhielt der Hafner Fideli Nußbaum die Genehmigung, „beim Torhaus oder aber linkerhand im Graben bei der anderen Hafnerhütte ein Brennofengebäu mit 17 Schuh lang und 21 Schuh breit" zu errichten. 1840 wurde der Hafnerbrennofen am Tor mit dem Haus **Hauptstraße 2** vereinigt. — Ebenfalls vor einem Tor, dem sog. kleinen Törle beim Wachtturm (**Fabrikstraße 23**), stand das Haus des Hafners Weber (die Scheuer zwischen Rapp und Löffler war das Brennhaus). 1857 gehörte es der Witwe des Josef Weber, 1858 dem Alois und Andreas Weber, 1871 dem Hafner Andreas Weber. Von seinen 8 Kindern wanderten 3 Männer und 3 Frauen nach Amerika aus. Der Maurermeister Anton Rapp erstellte in den Jahren 1929/1932 das heutige Gebäude. — Das um 1640 erstellte Haus **An der Stadtmauer 4** gehörte 1760 dem Wunibald Stauß, 1826 dem Johann Heinzelmann und dem Kaspar Stauß je hälftig. Der Hafner Wunibald Stauß betrieb hier seine Hafnerei und Landwirtschaft, ebenso dessen Sohn Josef Stauß, der 1850 heiratete und 1889 von der Mutter das Geschäft übernahm. Von ihm ging das Haus und die 1902 erbaute 2stöckige Scheuer an den Sohn, den Zimmermann Xaver Stauß, über. — Im Haus **Fabrikstraße 15** befand sich 1858 die Hafnerwerkstatt des Wunibald Stauß. Josef Stauß verkaufte diese Werkstatt an Max Linder, der sie 1931 zu einem Wohnhäuschen umbaute. — Eine weitere Hafnerwerkstatt bestand im Haus **Kirchberg 6**, das 1826 dem Hafner Wunibald Kieferle gehörte. Es blieb im Besitz der Familie. Um 1840 erfolgte der Bau des heutigen Gebäudes (1929 Verandaanbau). Hier besaß der Auwirt einen Bierkeller. Von Karl Kieferle erwarb der Elektriker Adolf Geißelmann das Gebäude. — Der Hafner Max Stauß erwarb das Haus **Donaustraße 17** (vgl. Friseur Will) und betrieb dort das Geschäft bis 1969.

Die Hutmacher

1583 wird Hans Schultheiß, 1724 Bonaventura Scheck als Hutmacher in Scheer genannt. — Das um 1640 erbaute Haus **An der Stadtmauer 24** gehörte 1826 dem Huter Michael Rothmund (später Josef Hering) und dem Schneider Wunibald Kühnlen (später dem Schuster Josef Zimmerer) je hälftig. Den Teil des Schusters Zimmerer besaß 1839 der Seiler Wunibald Kienle, dann der Weber Wunibald Linder (später Fidel Eggert), den Teil des Josef Hering 1880 Fidel Eggert, 1888 der ledige Hutmacher Max Miller. Sein Sohn Max Miller betrieb hier eine Sattlerwerkstatt, bevor er in die Blochinger Straße 50 baute. — Das um 1790 erbaute Geschäftshaus **Hauptstraße 6** zeigt eine Sonnenuhr, die vom Menger Maler Volmar, der auch die Sonnenuhr an der Kirche fertigte, gemalt wurde. 1826 gehörte es dem Sattler und Stadtschultheiß Wunibald Knor und ging dann zur Hälfte an Josef Sonntag über. Wunibald Knor und Eduard Hering betrieben hier von ca. 1860–1910 ein Hutmachergeschäft („'s Huatles"). Nach dem Tod des Eduard Hering übernahm der Sohn Anton Hering den unteren Gebäudeteil. Seine Frau betrieb hier einen Gemüseladen und besorgte Botengänge nach Sigmaringen. Dieser Hausteil ging 1907 an Anton Schaidle jg. über (Mutter war eine geborene Hering), der andere an Ernst Gäckle, den Schwiegersohn des Wunibald Knor, der an Schaidle verkaufte (vgl. Handel). — Das ca. 1690 erbaute Haus „**Schloßsteige 15**" gehörte 1826 dem Maurer Anton Glaser, später dem Schuster Josef Kienle, dann dem Hutmacher Anton Hering und dem Arbeiter Johann Knor. Schokols und Hassmann erwarben das Haus und bauten es 1962 neu auf.

Die Keßler, Kupfer- und Wasserschmiede

stimmten in ihrer Ordnung von 1667 mit den Büchsenmachern, Schlossern und Uhrmachern überein. Die Kupferschmiede mußten ihre Lehrjungen jedoch 2 Jahre in der Lehre halten. — Ob diese Gewerbe in Scheer ausgeübt wurden, ist nicht bekannt.

Die Küfer

bestimmten 1667 in ihrer Ordnung, daß nur als Lehrling angenommen werden darf, wer seine ehrliche und redliche Geburt urkundlich nachweist. Nach einer höchstens 14tägigen Probezeit mußte ihn der Meister, im Beisein der hierzu Verordneten seines Handwerks, vor offener Lade aufdingen und ledigsprechen. Zahlt er Lehrgeld beträgt die Lehrzeit 2, sonst 4 Jahre. Beim Aufdingen zahlt der Lehrjunge 30 Kreuzer in die Lade, 6 Kreuzer Einschreibgeld und 4 Kreuzer dem Zunftknecht. Ein Meister, der einen Lehrjungen hält, darf nicht mehr als 1 Gesellen beschäftigen und darf, wenn dieser ausgelernt hat, erst nach 2 Jahren wieder einen einstellen. Eine Wanderzeit war nicht vorgeschrieben. Wer Meister werden wollte, mußte seine Lehrzeit schriftlich nachweisen, ein Meisterstück vorweisen und bezahlen: in die Zunftlade als Einheimischer 1, als Fremder 2 Gulden. Zum Einstand hatte er dem Handwerk als Einheimischer 2, als Fremder 4 Gulden für das gewöhnliche Mahl zu geben. Kein Meister durfte dem andern seine Knechte oder Gesellen abspenstig machen. Verließ einer grundlos seine Stelle, durfte er ohne Einwilligung des Meisters von keinem anderen Meister aufgenommen werden (Strafe 1 Gulden).

*Schloßsteige 3.
1926. Alois Heim, Hedwig Linder mit Kind Luise.*

1732 war Hans Georg Strobel herrschaftlicher Küfer in Scheer. Der Küfer Ignaz Strobel besaß 1826 die Hälfte des Hauses „**Hirschstraße 8**" (vgl. Bäcker). — Küfer im Bräuhaus war 1736 Antoni Kieferle. — Georg Kieferle, Küfer, besaß 1880 das Haus „**Schloßsteige 9**" (vgl. Bäcker). — 1758 wird der 58jährige Küfer Wunibald Weber erwähnt. — Das ca. 1690 erbaute Haus „**Schloßsteige 3**" gehörte 1826 den Kindern der Therese Vopper ($^1/_4$) und dem Schuster Wunibald Schuler ($^3/_4$). Dieser Teil ging an den Küfer Fidel Heim, der um 1870 mit der Theresia Schuler das Haus besaß, das später an die Familie Heim überging. — 1879 gehörte dem Küfer Josef Heim die Scheuer des Hauses „**An der Stadtmauer 18/20**". — Das Haus „**Hirschstraße 22**" gehörte dem Küfer Franz Josef Nolle, 1826 dessen Witwe, von der es an den Küfer Xaver Nolle und an Josef Heudorf je hälftig überging. 1853 besaßen es Adolf Schmied und Josef Späth (später Johannes Späth), ca. 1880 Franz Josef Kieferle und Robert Kieferle, 1886 Robert und Berta Antonia Kieferle, von denen es an den Fabrikarbeiter Albert Haga kam. Er war als Musiker bekannt und gab auch Geigenstunden. Das 1938 großteils erneuerte Haus ist heute im Besitz von Alfred Zimmerer. — Der Küfermeister Gustav Stärk, ab 1908 Mitbesitzer des Hauses **Hauptstraße 13**, betrieb dort eine Küferei (vgl. Gasthof Zur Sonne). — Der Küfer August Krugger, geb. 1910 in Scheer, begann 1928 im Schopf seines Elternhauses **Hin-**

denburgplatz 1 mit einer Küferei mit Getränkehandel. 1938 verlegte er den Betrieb in das von ihm erstellte Gebäude **Gemminger Straße 10**. Ab 1975 bis zu seinem Tod im Jahre 1987 betrieb er dort nur noch die Landwirtschaft, die auf den Sohn Walter Krugger überging. Dessen Mutter führt den Getränkehandel weiter.

Der Kürschner

Engelbert Bieger, Mitbesitzer des Hauses „**An der Stadtmauer 2**" (vgl. Schneider) betrieb dort im 2. Stock eine Kürschnerei.

Die Maler

hatten 1667 zusammen mit den Bildschnitzern und Glasern eine gemeinsame Ordnung. Darin heißt es, daß einer, der das Handwerk lernen und betreiben will, seine ehrliche Geburt nachweisen muß. Beim Aufdingen vor offener Lade zahlt der Lehrjunge 30 Kreuzer, 6 Kreuzer Einschreibgeld und 4 Kreuzer für den Zunftknecht. Ferner sind, wie beim Ledigsprechen, 2 weitere Gulden zu entrichten, von denen der Meister die Hälfte bezahlt. Wenn einer Meister werden will, muß er die Lehrzeit nachweisen und in die Zunftlade bezahlen: als Einheimischer 1, als Fremder 2 Gulden, dem Handwerk zum Einstandstrunk als Einheimischer 2, als Fremder 4 Gulden. 1699 ist der Maler Quirin Zinkh genannt. 1723 der Maler Antoni Zink, der in diesem Jahr die Maria Schütz von Wurzach heiratete. Der 1758 f. genannte Anton Härterich war „Faßmaler", d. h. er beschäftigte sich mit dem Fassen von Plastiken, Altären, Kanzeln, Leuchten etc. und war üblicherweise besser bezahlt als die Bildschnitzer selber. 1781 erhielt er den Auftrag, die neue Uhrtafel zu Ennetach mit Ölfarbe und guter Vergoldung der Zeiger und Zahlen zu fassen und darauf das herrschaftliche Wappen mit Jahreszahl zu malen. Er war der Schwiegersohn der Marianne Feinaigle geb. Jäckle, der Frau des verstorbenen Stadtschreibers. — 1790 ist der Faßmaler Bosch erwähnt. — Der 1840 gestorbene Maler Josef Sonntag war vermutlich ein Bruder des Konrad Sonntag, der die Hälfte des Hauses „**Hauptstraße 7**" besaß (vgl. Gerber). — Das 1896 erbaute Haus **Fabrikstraße 16**" gehörte dem Maler Anton Nolle, der nach Stuttgart zog und 1922 den Auftrag für das Kriegerdenkmal in Scheer erhielt. Seine Frau Luise Nolle verkaufte nach seinem Tod das Haus an Eisele. — Der Maler Johann Moser, der im Haus „**Donaustraße 23**" als Mieter ein Malergeschäft betrieb, baute 1922 das Haus „**Rote Steige 12**". — Der Malermeister Wilhelm Eisele hatte im unteren Stock des Stadthauses (**Mengener Straße 1**) seine Werkstatt. 1949 kaufte er das Haus „**Donaustraße 21**" (s. Schmide), das er 1956 umbaute. Bis 1972 bestand das Malergeschäft. Heute finden wir dort die Volksbank. — Der Malermeister Rudolf Kienle, geb. 1924 in Scheer, eröffnete 1949 im hinteren Teil des „Deutschen Hofs", in den Räumen der früheren Molkerei, ein Maler- und Tapeziergeschäft. 1965 zog er in das Haus **Mengener Straße 46** um.

Der Portrait- und Tiermaler Fred Arendt, geb. 5. 1. 1928 in Ulm, studierte an der Ulmer Schule unter Prof. Wilhelm Geyer, war von 1954–1963 Portraitmaler bei einer Reklamefabrik in Stuttgart und ist seitdem freiberuflich tätig. Hauptthemen: Portrait, Tiere, Szenengemälde, sowie der Mensch und seine Umwelt. 1973 bezog er mit seiner Frau Elli sein Eigenheim mit Atelier in Scheer, **Uhlandstraße 6**. Seit Jahren beteiligt er sich an internationalen Ausstellungen des europäischen Kulturkreises (Paris, Berlin, München, Wien, Bozen, Nürnberg, Augsburg, Innsbruck u. v. a.) und wurde 1982 mit der Ehrenkette Amide/Europe in Silber, 1985 mit dem 1. Preis beim Grand Prix d'Art in der Schweiz ausgezeichnet. Sein künstlerisches Schaffen wurde auch in der Literatur gebührend gewürdigt, so u. a. in „Who's Who in the Arts and Literature", „Meister bildender Künste", „Zeitkunst", „Allg. Lexikon der Kunstschaffenden" und nicht zuletzt in „Das Goldene Buch hervorragender Persönlichkeiten der Bundesrepublik Deutschland".

Die Maurer

hatten 1667 mit den Zimmerleuten eine gemeinsame Ordnung (s. d.). Weil das Handwerk anstrengend ist, zahlten die Lehrjungen kein Lehrgeld, sondern bekamen Lohn. Ende des 18. Jahrhunderts waren die Maurer in 3 Klassen eingeteilt, die erste durfte den Titel „Werkmeister" führen (vgl. Steinmetzen).

1699 sind die Maurermeister Schwighard Matt und Georg Nußbaumer genannt, letzterer noch 1733. Der Maurermeister Anton Nußbaumer war im Jahr 1766 63 Jahre alt. Das Haus „**Hauptstraße 16**" (vgl. Wagner) gehörte 1826 der Witwe seines Sohnes Georg und dann Xaver Nußbaumer. — Das Haus „**Schloßsteige 15**" (vgl. Huter) besaß 1826 der Maurer Anton Glaser. — Der Maurer Fidel Keller wird 1826, später mit Anton Keller, Maurer, als Besitzer des Hauses „**Schloßsteige 1**" bezeichnet (vgl. Schuster). Ein Viertel des Hauses „**Schloßsteige 13**" (vgl. Weber) besaß 1826 der Maurer Josef Will. — 1847 wurde dem Maurer Josef Eisele das Meisterrecht der Maurerzunft erteilt. Ihn finden wir später als Mitbesitzer des Hauses „**Schloßsteige 4**" (vgl. Schneider). — Das Haus „**Hirschstraße 20**", das 1826 dem Mathäus Will, 1853 dem Konrad Will gehörte, ging von diesem an den Maurer Anton Keller und den Taglöhner Josef Keller über. 1886 besaßen es Josef und Anton Keller. 1901 erbaute Josef Keller auf dem Platz das heutige Gebäude. — Den Maurer Wunibald Keller finden wir um 1880 als Mitbesitzer des Hauses „**An der Stadtmauer 12**" (vgl. Sailer). — Die Maurer Wunibald und Mathäus Weckerle besaßen 1853 das Haus **Donaustraße 35** (vgl. Glaser), das 1895 dem Josef Weckerle gehörte. — Der Maurermeister Mathäus Weckerle erstellte 1864 das Haus **Donaustraße 6**, das 1877 dem Josef Weckerle, 1896 ihm und dem Xaver Weckerle gehörte und dann an die Witwe des Xaver Weckerle überging. — Der Maurermeister Max Weckerle war später Besitzer des Gebäudes **Gemminger Straße 33** (vgl. Ziegelei). — Das Haus **Blochinger Straße 5** gehörte 1826 dem Maurer Franz Heilig und dem Uhrmacher Theodor König, ging 1863 an Jakob Kieferle, später an den Taglöhner Eduard Kieferle und den Schäfer Wunibald Heudorf, danach an Josef Hering. — Der Maurer Wilhelm Schneider baute 1874 das Haus **Menger Straße 34**. Von ihm ging es 1898 an den Maurer Josef Weckerle, dann an den Landwirt Anton Weckerle — Der Maurermeister Josef Weber, Sohn des Stadtbaumeisters, baute 1921 das Haus **Gemminger Straße 51**, der Maurer Karl Gutknecht im selben Jahr das Haus **Rübhalde 60**, der Maurer Wunibald Knor 1927 das Haus **Rote Steige 35**. — Der Maurermeister Anton Rapp, geb. 1867 in Ennetach, verheiratete sich 1895 mit Franziska Weber und baute auf dem Platz seines beim Großbrand des Jahres 1901 abgebrannten Hauses **Hirschstraße 18** das heutige Gebäude. Er führte u. a. die Maurerarbeiten an folgenden Gebäuden aus: Schulhaus, Bräuhaus, Villa Waldhof in Ennetach. 1927 übergab er das Geschäft seinem Sohn und übernahm den Posten des Stadt- und Fronmeisters, dem er bis zu seinem Tod im Jahr 1937 vorstand. — Sein Sohn, der Maurermeister Anton Rapp, geb. 1899, erwarb die frühere Hafnerei Weber, **Fabrikstraße 23** (vgl. Hafner), an deren Stelle er in den Jahren 1929—1932 das heutige Gebäude erstellte. Nach seinem Tod im Jahre 1980 ging das Baugeschäft an seinen Sohn, den Maurermeister Anton Rapp, über.

Die Mechaniker

Die fortschreitende Mechanisierung bedingte eine neue Berufssparte: die des Mechanikers. Adolf Gutknecht war wohl der erste, der in Scheer diesen Beruf ausübte. 1867 zog er nach Ravensburg.

Der Mechanikermeister Ernst Müller, ein gebürtiger Konstanzer, der zunächst in Sigmaringen ein Geschäft hatte, zog mit seiner Familie im Jahre 1921 nach Scheer und hatte seine Werkstatt im Haus **Schloßsteige 2**. Nachdem im Jahre 1923 das Haus Hirschstraße 21, in welchem er in Miete wohnte, abgebrannt war, baute er 1923/24 an der **Roten Steige 10** ein 1–2stockiges Wohnhaus mit Werkstattanbau, den er 1926 bezog.

Auf dem Bild sehen wir seine Tochter Josefine. Sein Sohn, der Mechanikermeister Ernst Müller, der sich mit Irma geb. Knecht verheiratete, baute im Jahre 1951 das Gebäude **Mengener Straße 39** mit Kfz.-Werkstatt und Tankstelle. 1957 übernahm er die VW-Vertretung und baute 1971 in Mengen, Meßkircher Straße, einen neuen Betrieb mit Wohnung, dessen Leitung er 1978 seinem

Sohn übertrug, dem Kfz.-Mechanikermeister Dieter Müller, der heute Besitzer ist. Die Werkstätte in Scheer wurde aufgegeben.

Der Mechaniker Willi Krugger, geb. 1909 in Scheer, ging bei Ernst Müller in die Lehre und eröffnete 1930 in seinem Elternhaus, **Schloßsteige 6** (vgl. Schuster), eine Fahrrad- und Kfz.-Reparaturwerkstatt. 1949 baute er das Haus „**Am Grabenweg 8**" und kaufte 1955 das Haus **Donaustraße 15** (vgl. Buchbinder), in welches er nach dem Ausbau einer Werkstatt (1956) sein Geschäft verlegte. 1974 verpachtete er es an Eberhard Thomas, der hier bis 1980 die Kfz.-Werkstatt weiterbetrieb.

Die Metzger

Der Metzger Christoph Ratzenhofer wird 1688, der Metzger Josef Küfferle 1698, und dessen Sohn Erat Küferle 1723 genannt. In diesem Jahr erfahren wir, daß der Metzger Hans Michel Schmidt Zunftmeister ist. Neben seinem Haus stand die „Stadtmetz", die er schon 1712 von der Stadt verliehen bekommen hatte. Der 1733 erwähnte Metzger Josef Schwarz war von 1746–1752 Amtsbürgermeister. 1759 ist erwähnt, daß durch verschiedene Schätzer wöchentlich am Samstag und unter der Zeit, wenn einiges Vieh geschlachtet wurde, die Fleischbeschau erfolgte. Auf einer in der Metzgerei aufzuhängenden Tafel war der geschätzte Preis zu notieren. Die Schätzer (Martin Schuler, Johann Michael Nolle und Egidi Busch) erhielten miteinander von jedem Rind und Schwein 1 Pfund Fleisch, von Kälbern, Schafen und Ziegen 2 Kreuzer. — Neben dem Metzger Josef Schwarz wird 1761 der Metzger Johann Georg Riester erwähnt. Diese Namen tauchen nach 1800 in dieser Branche nicht mehr auf.

Der Bauer Josef Will, der 1853 die Agnes Löw aus Ennetach geheiratet hatte, kaufte im Jahr 1873 um 2555 Gulden das Haus **Hauptstraße 3** (vgl. Spital) und betrieb hier die Landwirtschaft. Sein jüngster Sohn, der 1873 geborene Metzgermeister Emil Will eröffnete hier im Jahre 1900, dem Jahr seiner Verheiratung mit Anna Schrök aus Bingen, eine Metzgerei, erstellte 1914 einen Remisen-, 1936 einen Waschküchenanbau. 1937 übergab er den Betrieb seinem Sohn, dem Metzgermeister Hans Will, der sich in diesem Jahr mit Karoline Lattner aus Frickingen vermählte. 1951 baute er Kühlräume und eine Wurstküche. 1958 erfolgte der Ladenumbau. 1975 übernahm sein Sohn, der Metzgermeister Werner Will das Geschäft, dessen Laden er 1978 in der heutigen Form umgestaltete. Das Gebäude **Hauptstraße 10** (vgl. Wagner) gehörte 1826 dem Metzger Anton Schaub. — Im selben Jahr hatte der Metzger Nikolaus Zimmerer ein Viertel des Hauses

Metzgerei Will 1911. Hauptstraße 3.

Metzgerei Schmuker, Hindenburgplatz 2.

Hauptstraße 13 inne (vgl. Gasthof Zur Sonne). Im Haus **Hauptstraße 17** (vgl. Wagner) betrieb Wunibald Sonntag nach 1850 eine Metzgerei. An Stelle des Hauses **Hindenburgplatz 2** stand das herrschaftliche Reiterhaus (1804 „herrschaftlicher Reitstall"). Der Metzgermeister Romuald Schmuker, Sohn des Hirschwirts, dessen Haus an Stelle des heutigen Gebäudes Kirchberg 2 stand, baute hier im Jahre 1858 das heutige Gebäude, das er 1864 mit seinem Sohn Wunibald Schmuker gemeinsam besaß. Dieser führte die Metzgerei, die mit einer kleinen Landwirtschaft verbunden war, weiter bis zur Übergabe an seinen Sohn, den Metzgermeister Johann Schmuker, im Jahre 1906. Dieser war in den Jahren 1894 bis 1904 in der Schweiz tätig und führte 1911 am Haus bauliche Veränderungen durch. Nachfolger war sein Sohn Ernst Schmuker, der 1948 den Betrieb übernahm und modernisierte. Er starb 1986. Seither führt sein Sohn, der Metzgermeister Hubert Schmuker, den Betrieb, in welchem er einen neuen Zerlegeraum schuf und den Laden neu gestaltete.

Der Metzger Xaver Widmann war 1835 im Besitz des um 1740 erbauten Hauses **Hirschstraße 1**, das 1826 den Kindern des Bäckers Nikolaus Bohnenstengel gehört hatte und nun im Besitz der Familie Widmann blieb, die hier eine Landwirtschaft betrieb. (In diesem Haus unterhielt die Fau des Metzgers Widmann ein Internat für auswärtige Schüler, welche die hiesige Lateinschule besuchten und hier Unterkunft und Verpflegung bekamen.) — Der „Frühmeßhof" („Praesenzbauernhaus") **Hirschstraße 26**, wurde um 1540 erbaut. Den größeren Teil dieses Hofes kaufte im Jahre 1856 um 655 Gulden Josef Will. Von ihm scheint er vorübergehend an den Arzt Willibald Pfeiffer und dann an Wunibald Will gekommen zu sein. Dessen Tochter Kreszentia heiratete den Josef Schell, der hier eine Landwirtschaft betrieb. Sein Sohn Josef Schell richtete eine Wurstküche ein und erstellte 1912 in der **Hirschstraße 28** ein Eishaus. Von ihm übernahm sein Sohn, der Metzger Ernst Schell, diesen Hausanteil. Der andere Teil dieses Hofes gehörte ca. 1860 dem Paul Kienle, der ihn an Johann Gutknecht übergab. Dieser zog auf den Hipfelsberg und verkaufte seinen Teil an die Stadt, von der ihn Wolfgang Eisele erwarb. — Ein weiterer Metzger ist im Haus **Donaustraße 13** nachzuweisen. Das etwa im Jahr 1800 erstellte Gebäude gehörte dem Nagelschmied Lorenz Linder, von dem es über den Wagner Josef Baur an Josef Kieferle und von diesem um 1890 an den Metzger Philipp Stumpp überging. Er betrieb auch den Viehhandel und trug Ohrringe. Über seine Tochter kam es an den Landwirt und Fabrikarbeiter Konrad Maier. Die Familie, die im Besitz des 1928 baulich verbesserten Hauses blieb, hat den Hausnamen „'s Philippa-Maiers".

Raumausstatter

Hubert Schmid gründete nach Ablegung der Meisterprüfung als Polsterer und Tapezierer, am 1. 1. 1957 im elterlichen Haus an der Hipfelsberger Straße einen selbständigen Handwerksbetrieb, den er 1963 in das von ihm an der **Mengener Straße 27** erbaute Wohn- und Geschäftshaus verlegte. Inzwischen hatte der Fachverband die Berufsbezeichnung in „Raumausstatter" geändert. Seine Tätigkeitsbereich erstreckt sich auf das Verlegen von Bodenbelägen, das Anbringen von Dekorationen und Sonnenschutz, sowie die Durchführung von Tapezier- und Polsterarbeiten.

Säckler

Der Säcklermeister Peter Gutknecht besaß im Jahre 1820 das ca. 1710 erbaute Haus **Hirschstraße 10** (s. Buchbinder). 1836 ist ein Säcklermeister Kieferle erwähnt.

Die Seiler

bestimmten in ihrer Ordnung von 1667, daß jeder, der den Beruf erlernen und ausüben will, den schriftlichen Nachweise „ehrlicher, redlicher Geburt und Herkommens" erbringen muß. Die Probezeit für einen Lehrjungen beträgt höchstens 14 Tage, danach wird er vor offener Lade in der üblichen Form aufgedingt. Die Lehrzeit beträgt mit Lehrgeld 2, ohne Lehrgeld 3 Jahre. Beim Aufdingen zahlt der Junge 30 Kreuzer in die Lade, 6 Kreuzer Schreibgeld und gibt dem Zunftknecht 4 Kreuzer. Beim Aufdingen, wie auch beim Ledigsprechen erhalten die hierzu Verordneten dieses Handwerks 2 Gulden, wovon beim Aufdingen der Meister die Hälfe zahlt. Ein Meister, der einen Lehrjungen hält, darf nur 1, sonst 2 Knechte haben. Zur Meisterprüfung müssen der Geburtsbrief und der Nachweis der Lehrzeit und der 2jährigen Wanderschaft vorgelegt und die „gewöhnlichen Meisterstücke" gefertigt werden. In die Zunftlade zahlte ein Einheimischer 1, ein Fremder 2 Gulden, dem Handwerk zum Einstand für das gewöhnliche Mahl der Einheimische 2, der Fremde 4 Gulden. Jeder Meister ist verpflichtet, das „Sailwerkh" wie von Alters her gebräuchig, in seiner rechten Länge zu haben.

Die Seiler übten ihren Beruf im sog. „Sailergraben" aus, also dem Gewann des heutigen Altersheims (von der Mengener Straße bis zum Schloß), das vor der Stadtmauer lag. Die ersten namentlich genannten Seiler sind Bartle Kieferle (1583) und Johann Kneusle (1709). Der Seiler Wunibald Kühnlen besaß 1826 die Hälfte des Hauses „**An der Stadtmauer 16**", die je hälftig an Josef und Martin Kühnle überging. Die andere Hälfte gehörte dem Michael Knor, später dem Bauern Wunibald Knor, 1837 dem Weber Josef Baur. Um 1880 besaßen das Haus der Weber Bernhard Baur, Wunibald Knor und der Taglöhner Bernhard Sautter. Am 15. August 1935 brannte das 3stockige Wohnhaus der Familien Josef und Karl Knor, Engelbert Baur und K. Heinzelmann total nieder. 1936/37 erstellten Heinzelmann und Josef Knor das heutige Gebäude. — Das Haus „**An der Stadtmauer 12**", das um 1540 gebaut wurde, gehörte 1826 2 Partien. Die des Johannes Späht ging über den Seiler Wunibald Kühnle an Konrad Sonntag und von diesem über den Maurer Wunibald Keller an dessen Sohn Josef Keller, Arbeiter im Lauchertal (oberer Hausanteil). Den anderen Hausanteil, der 1826 dem Wunibald Baur und danach dem Bernhard und Wilhelm Schlegel gehörte, besaß um 1880 der ledige Wilhelm Schlegel, danach der Landwirt und Stadtpfleger Karl Knor, der auch Kellers Anteil erwarb. Seine Kinder verkauften das Haus an Wolfgang Hassa.

Das Haus „**Hauptstraße 9**" besaßen 1826 der Bott Fidel Kieferle und der Wagner Wunibald Müller, 1880 der Seiler Willibald Kienle und der Schuster Wunibald Hering, dessen Teil an Roman Enderle überging, der auch den Anteil des Seilers erwarb. Am 16. März 1906 brannte das Gebäude ab. Enderle erstellte an derselben Stelle 1906/07 das heutige Haus. — Der Seiler Willibald Kienle erwarb im Jahr 1900 das Haus „**Fabrikstraße 17**". Es wurde 1836 erbaut und gehörte 1858 dem Georg Selg, um 1880 der ledigen Anna Selg. Vom Seiler Kienle ging es an den Fabrikarbeiter Johann Emele über.

Die Sattler

In ihrer Handwerksordnung des Jahres 1667 wird vom Lehrjungen ein Geburtsbrief verlangt. Nach längstens 14tägiger Probezeit erfolgte in Anwesenheit der hierzu verordneten Meister die Aufdingung vor offener Lade, wobei der Junge 1 Gulden 30 Kreuzer in die Lade, 6 Kreuzer dem Einschreiber und 4 Kreuzer dem Zunftknecht zu bezahlen hatte. Die verordneten Meister erhalten, wie auch beim Ledigsprechen, für das Mahl 4 Gulden, wovon der Meister die Hälfte bezahlte. Für die dreijährige Lehrzeit zahlt der Lehrjunge Lehrgeld, und zwar die eine Hälfte bei der Aufdingung, die andere beim Ledigsprechen. Nach dreijähriger Wanderzeit kann der Geselle Meister werden. Bei der Meisterprüfung muß er in Anwesenheit von hierzu verordneten Meistern „die gebräuchigen Meisterstuckh machen, nämlich „einen Reith- und Frauwensattel, ein Comet mit einer Naht und ein paar Fulsterer (Pistolenhalfter) zu beeden Seiten zu gebrauchen". Während er diese herstellt, hat er „den verordneten Meistern, welche unter solcher Zeit solche zu besichtigen kommen, mit gebührendem Trunk zu begegnen". Bei der Abnahme des Meisterstücks hat er den Meistern das gewöhnliche Mahl zu erstatten und in die Lade 3 Gulden zu bezahlen. — Anton Nußbaumer wird 1758 als Zunftmeister erwähnt.

Etwa an Stelle des heutigen Schulhauses standen, von der Stadt her gesehen rechts die im Primärkataster unter den Nummern 50 und 51 bezeichneten Gebäude, die beide 1840 abgebrochen wurden. 1826 gehörte Nr. 50 dem Franz Türk (später Josef Haga, Sattler) ¹/₄, Martin Linder, Nagelschmied (später Baltes Kienle) ¹/₄ und Mathias Kieferle, Schneider ¹/₂. Das Gebäude Nr. 51, das sog. Türmle, gehörte 1826 der Stadt, später dem Alois Pfister.

Kirchberg 7.

— Das um 1640 erbaute Haus „**Kirchberg 7**" besaßen 1826 der Schneider Josef Schuler (später Xaver Gutknecht) ¹/₂, der Weber Wunibald Linder ¹/₄ und der Weber Josef Bertler, dessen Nachfolger, der Sattler Josef Kieferle auch den Anteil des Linder dazu erwarb, während die Haushälfte des Schuler an Konrad Sigg überging. 1897 besaß Josef Kieferle, Sattlers Sohn, das ganze Haus, das von ihm an seinen Sohn, den Landwirt und Fabrikarbeiter Anton Kieferle, und über dessen Tochter Walburga an Paul Löw überging.

An Stelle des Hauses **Kirchberg 2** standen an der Stadtmauer 2 Häuser: das linke (heute Scheuerteil) gehörte 1826 dem Johannes Schmuker und der Walburga Schwarz, die 1832 ihre Haushälfte an Romuald, den Sohn des Johannes Schmuker, verkaufte. 1864 besaßen er und sein Sohn Wunibald das Haus, das 1873 abbrannte. Rechts davon (heutiger Wohnteil) stand das Haus der Witwe des Josef Baur (1826), das an den Sohn Anton Baur überging. Dessen gleichnamiger Sohn war Sattlermeister und heiratete 1858 die Mathilde Sonntag. 1859 baute er das Haus neu. Als das Nachbarhaus 1873 abbrannte, erwarb er den Platz und erstellte den heutigen Scheuerteil. Besitzer waren der Bauer Karl Baur und der Sattler Anton Baur, später der Sattler Karl Baur (bis 1956). — Das Haus **Hirschstraße 15** gehörte 1760 dem Sattlermeister Anton Schell, 1826 dem Sattlermeister Anton Schell (später dem Schneider Willibald Will) ¹/₂, dem Strumpfstricker Josef Weber ¹/₄ und dem Schuster Leopold Schwarz (später Rebholz) ¹/₄. An Maria Empfängnis des Jahres 1857, abends 7 Uhr, brannte dieses Gebäude mit dem Haus Hirschstraße 17 ab. Das von Willibald Will erbaute neue Gebäude ging an Willibald Pröbstle, von ihm an Josef Pröbstle, der 1911 den Scheueranbau erstellte, und blieb bei der Familie. — Im Haus „**An der Stadtmauer 24**" hatte Max Miller eine Sattlerwerkstatt (vgl. Huter). — Das Haus **Hauptstraße 6** besaß 1826 der Sattler Wunibald Knor (vgl. Huter).

Der Seifensieder

Benedikt Schmid baute im Jahre 1810 in der Au eine Seifensiederei. — Der ledige Seifensieder Engelbert Schlee von Scheer erhielt 1867 in Sindelfingen das Gemeindebürgerrecht.

Die Schlosser

erhielten 1667 zusammen mit den „Bichsenmachern" und den „Urnmachern" eine eigene Ordnung. Nach Vorlage des Geburtsbriefs durfte der Meister einen Lehrjungen höchstens 14 Tage zur Probe halten. Das Aufdingen hatte vor offener Lade zu geschehen, ebenso das Ledigsprechen, das erst nach 3jähriger Lehrzeit erfolgen darf. Beim Aufdingen zahlte der Junge 30 Kreuzer in die Lade, 6 Kreuzer Einschreibgebühr und 4 Kreuzer dem Zunftknecht; außerdem, wie auch beim Ledigsprechen, zu einem Einstandstrunk dem Handwerk jeweils 2 Gulden, von denen beim Aufdingen der Meister die Hälfte leidet. Wollte einer zum Meister angenommen werden, hatte er wieder den Geburtsbrief und den Nachweis seiner 3jährigen Wanderschaft vorzulegen und mußte dem Handwerk zum Einstandstrunk bezahlen: als Einheimischer 2, als Fremder 4 Gulden. Bei Strafe des Verlusts der Handwerksgerechtigkeit war es verboten, Schlüssel oder Schlüsselabdrücke zu machen und Dietriche auszuleihen. Das gegenseitige Abspenstigmachen des Gesindes war bei Strafe verboten. Nur mit Einwilligung des Meisters darf ein Geselle oder Lehrjunge von einem anderen Meister aufgenommen werden. (Strafe 1 Gulden.) — 1703 entstanden Differenzen zwischen den Schlossern und den Hufschmieden, weil letztere sich zum Nachteil der Schlosser unterstanden, nicht nur Schlösser und Schlüssel, sondern auch Wagenwinden zu fertigen. In Scheer sind genannt: ab 1709 Mathäus Sonntag, ab 1724 Martin Sonntag, Michel Sonntag und ab 1740 Thadäus Stumpp, dessen Geselle Anton Hößler im Jahre 1757 in Enzkofen eine Werkstatt baute und die Erlaubnis erhielt, das Schlosserhandwerk auszuüben. 1765 erhielten die Schlosser, Schmiede und Nagler in der Bauzenreute Kohlholz zugeteilt. Dort war ein Köhler aufgestellt, für den 1845 eine neue Kohlhütte erbaut wurde. 1871 ist der Schlosser Josef Stumpp, 1895 der Schlosser Karl Stumpp erwähnt. Danach traten die Mechaniker auf (s. d.).

Die Schmiede

In ihrer Handwerksordnung vom Jahre 1667 ist festgelegt, daß der Lehrjunge nach Vorlage seines Geburtsbriefes im Beisein zweier Meister bei der Lade aufgedingt und später auch ledigsprochen werden muß. Zahlt er Lehr-

Donaustraße 21.

geld, dauert die Lehrzeit 2, sonst 3 Jahre. Nach 14 Tagen muß ihn der Meister dem Handwerk vorstellen, wobei in die Lade 30 Kreuzer und als Einschreibgeld 6 Kreuzer zu bezahlen sind. Die Hälfte des beim Aufdingen und Ledigsprechen zu zahlenden Verzehrgeldes (2 Gulden) zahlte der Meister. Die vorgeschriebene Wanderschaft von 2 Jahren kann mit 4 Gulden für das Handwerk und 2 Gulden in die Lade abgelöst werden. Will er Meister werden, muß er ein Meisterstück fertigen und den Geburtsbrief, wie auch den Nachweis der Lehrzeit vorlegen. In die Lade hat ein Untertan einen Gulden, ein Fremder 3 Gulden und den Vorgesetzten des Handwerks zum Einstand als Untertan 2, als Fremder 4 Gulden zu bezahlen. Kein Meister darf dem andern einen Knecht abtrünnig machen. Ein Knecht, der seinem Meister wegläuft, darf ohne Vorwissen dieses Meisters von keinem anderen aufgenommen werden (Strafe 1 Gulden). Ein Meister darf nur einen Kunden annehmen, der bei einem andern keine Schulden hat. (Strafe 1 Gulden.)

Als Fahnenschmiede waren in Scheer tätig: ab 1711 Martin Meister, 1745 Franz Fideli Meister, 1764 Wunibald Meister. Später ist diese Familie nicht mehr genannt.

Die Hofschmiede an der **Mengener Straße 2** war 1608 an den erbtruchsessischen Hofschmied Hans Paur, 1661 an Christian Arxt, 1699 an den Hofschmied Simon Krether verpachtet. Das Haus „Zum Einhorn", wie sie früher genannt wurde, kaufte die Stadt im Jahre 1704. Bald danach kam es aber wieder zur Herrschaft. Auf Simon Krether, der noch 1713 genannt ist, folgten 1724 Michael Gröther, 1733 Wunibald Gröther, 1763 Karl Gröther, 1800 Anton Pröbstle. 1813 wurde das heutige Gebäude erstellt, das 1826 Willibald Pröbstle innehatte und 1834 von der Herrschaft an Willibald Pröbstle (wohl der Sohn) verpachtet wurde. 1865 besaß es der Schmied Franz Pröbstle, 1867 Karl Pröbstle. Im Oktober 1889 ließ sich der ledige Hufschmied Anton Nattenmüller, geb. 20. 11. 1864 in Baiersried B.-A. Krumbach in Scheer selbständig nieder. Seither ist das Anwesen, das 1907 vergrößert und 1937 baulich verbessert wurde, im Besitz der Familie. — Die 1582 erwähnte „**Stadtschmitte**" stand in der Donauvorstadt, etwa an der Stelle des heutigen Schulhauses beim kleinen Tor und gehörte dem Schmied Lorenz Hagmann, 1635 dem Bläse Kieferle. Auf dieser Schmitte saßen vermutlich die Nagelschmiede Michael Häring (1699), Josef Häring (1722), Maria Anna Häring die Naglerin (1746), Josef Zimmerer (1758), Johann Linder (1765) 1826 gehörte das Haus dem Franz Türk (spä-

Der alte Schmied Nattenmüller, der das Haus kaufte, mit Sohn und Nachfolger, Senze, Schwester Euphrosine.

ter Josef Haga, Sattler) zu ¼, Martin Linder, Nagelschmied (später Baltes Kienle) ¼, Math. Kieferle, Schneider (später Christine Kieferle, led.) ½. Im Jahre 1840 wurde es mit dem danebenstehenden Gebäude (Prim.-Kat. Nr. 51), das der Stadt gehört hatte und an Alois Pfister übergegangen war, abgebrochen und auf städtischer Almand 1 Wohnhaus mit Scheuer und Schmitte erstellt (**Donaustraße 7**). Sie gehörte dem Schmied Josef Will, 1864 dem Nagelschmied Wunibald Gutknecht. Das Haus blieb im Besitz der Familie. — Der genannte Wunibald Gutknecht stammt aus dem Haus **Mengener Straße 9**, wo sich ebenfalls eine „Nagelschmitte" befand (vgl. Bäcker). Eine weitere, die dem Nagelschmied Lorenz Linder gehörte, bestand im Haus **Donaustraße 13** (vgl. Metzger) und in der **Donaustraße 17** (vgl. Friseur). Auf ihr finden wir ebenfalls die Linder. — In dem um 1790 erbauten Haus **Donaustraße 21** hatte 1826 der Hufschmied Josef Will seine Schmiede. Sein gleichnamiger Sohn, der den Beruf des Huf- und Nagelschmieds ausübte, starb 1897. Ab 6. 6. 1898 hatte der Hufschmiedmeister Hermann Killenberger, geb. 1870 in Schindelbach bei Waldsee, die Schmiede inne, die er 1910 käuflich erwarb. 1947 erwarb sie der Malermeister Wilhelm Eisele, der nun seine Werkstatt im Stadthaus aufgab und 1956 einen gründlichen Neubau vornahm. Heute ist die Werkstatt an die Volksbank verpachtet. — Eine weitere Schmiede befand sich im Haus **Schloßsteige 6** (vgl. Schuster), das 1826 hälftig dem Schmied Wunibald Will gehörte. Aus diesem Haus stammt vermutlich der am 20. 11. 1797 geborene Hufschmied und Tierarzt Konrad Will, der 1829 nach Bingen zog. — Am **Kirchberg 1** stand die 1790 erbaute Schmiede, die von Jakob Blender (1826) im Jahre 1855 an den Sohn Johann Blender überging. Er betrieb, wie sein Vater, auch die Landwirtschaft und baute das 1866 durch einen Brand vollständig zerstörte Gebäude in der heutigen Form wieder auf. 1908 übergab er das Anwesen an den Sohn Johann Blender, von dem es 1933 an den Sohn Josef Blender überging. 1950 verlegte dieser die Schmiede in das von ihm im Jahre 1935 an der **Stadtmauer 18** erstellte Wohn- und Werkstattgebäude. Der Sohn, Schmiedmeister Josef Blender, der hier 1946 einzog, meldete 1963 sein Gewerbe ab und arbeitete in der Brauerei.

Die Schneider

waren in Scheer sehr zahlreich vertreten, 1826 waren es 9. Genannt sind 1590 Bartlin Will, Hofschneider, 1631 Hans Huober, 1699 Wilhelm Kieferle, 1722 Peter Sonntag, 1723 Josef Häring, 1733 Hans Michel Krugger, der seine 2½jährige Lehrzeit in Herbertingen absolvierte. 1757 waren 4 Schneidermeister in Scheer: Ägidi Busch, Wunibald Wetzel, Franz Josef Rhein und Johannes Gutknecht. Ägidi Busch, der seine Werkstatt im Gasthaus Zur Au hatte, war 1758 Zunftmeister, 1762 zweiter Zunftmeister (neben Johann Gutknecht). Die Schneiderfamilie Rhein besaß das ca. 1660 erbaute und 1788 erneuerte Haus „Hirschstraße 19". Das Schneiderhandwerk übten hier aus: 1673 Wilhelm Rhein, 1710 Johannes Rhein, 1716 Augustin Rhein, 1724 Hans Michel Rhein, 1733 dessen Sohn Johann Rhein, 1734 Christian Rhein, 1739 Hans Michel Rhein, 1757 Franz Josef Rhein. Er war

Schloßsteige 4.

1758 Beisitzer und starb 1761. Sein 1736 geborener Sohn Franz Josef Rhein war 1766 Hofmeister in Livree beim Grafen Leopold August. Sein Bruder Caspar Rhein erhielt in diesem Jahr Wanderungsdispens. Dem Schneider Wunibald Rhein, alt, gehörte 1826 das Haus, das von ihm an seinen gleichnamigen Sohn überging, der auch noch das Schneiderhandwerk betrieb. Dessen Witwe Franziska, geb. Kieferle, heiratete den Emil Spindler, von dem der Name „Spindlerhaus" herrührt. — Von den Schneidern Gutknecht, welche das ca. 1690 erbaute Haus „**Schloßsteige 4**" besaßen, sind bekannt: 1744 Georg Gutknecht, 1745 Bernhard Gutknecht, Johannes Gutknecht, der von 1749 an als Zunftmeister der Schneiderzunft erwähnt ist, und Xaver Gutknecht. Er besaß 1826 ¼ des Hauses, Wunibald Schulers Witwe ¼ und Remigius Haga ½. Die beiden Viertel gingen an Josef Schuler. Josef Eisele, der 1847 das Meisterrecht der Maurerzunft erhielt, war 1868 Besitzer, danach er und der Zimmermann Jordan Erath, dem auch das Haus Hirschstraße 3 gehörte. Von ihnen ging das Haus an den Mesner Dom und Georg Maier. Der Schloßaufseher Dom, der vom Schloß hierher zog, verkaufte an Norbert Rumpel. — Eine weitere Schneidersfamilie Gutknecht finden wir im Haus „**Graben 10**". 1826 gehörte es Wunibald Gutknechts Witwe, später dem Schneider Willibald Gutknecht und dem Schuster Wunibald Gutknecht. 1873 dem Robert Gutknecht und dem Bauern Anton Kieferle. Gutknechts Teil erwarb Ferdinand Bregenzer, der Mitbesitzer des Hauses Gemminger Straße 22. Dem Großbrand des Jahres 1910 fiel das Haus zum Opfer und wurde im

An der Stadtmauer 14.

selben Jahr vom Maurer Andreas Stumpp in der heutigen Form aufgebaut. Seine Tochter Julie heiratete den Xaver Will, in dessen Familie das Haus verblieb. — Vom Haus, das etwa an Stelle des heutigen Schulhauses stand (50), gehörte 1826 die Hälfte dem Schneider Mathias Kieferle (vgl. Sattler). — Dem Schneider Josef Strebele gehörte 1826 $^1/_4$ des Hauses **Schloßsteige 13** (vgl. Weber), dem Schneider Willibald Will nach 1826 die Hälfte des Hauses **Hirschstraße 15** (vgl. Sattler), dem Schneider Josef Schuler 1826 die Hälfte des Hauses **Kirchberg 7** (vgl. Sattler), dem Schneider Wunibald Kühnlen die Hälfte des Hauses „**An der Stadtmauer 24**" (vgl. Huter), dem Schneider Willibald Will $^1/_4$ des Hauses „**An der Stadtmauer 8**" (später Josef Jenser), Fidel Sonntags Witwe (später Xaver Kienle) $^1/_4$, Alois Feinäugle $^1/_4$ und dem Weber Wunibald Will $^1/_4$. Spätere Besitzer waren Karl Kienle, Johann Gutknecht, Xaver und Wunibald Krugger. Das Haus fiel dem Brand von 1902 zum Opfer und wurde von Max Krugger wieder aufgebaut (später Anton Rauser). — Das ca. 1640 erbaute Haus „**An der Stadtmauer 14**" besaßen 1826 der Weber Willi Will und Xaver Ott (später Josef Reck) je hälftig, 1880 der Schneider Ägidius Will („'s Gides Haus"), der Vater des Friseurs Ferdinand Will, und der Taglöhner Wunibald Heudorf. Der Anteil des Reck kam an den Taglöhner Wunibald Heudorf (später Theresia Gerstler). Will verkaufte seine Hälfte an Karl Krugger, über dessen Tochter Rese sie an Eduard Gutknecht kam. — Vom Haus „**Hirschstraße 14**" (vgl. Glaser) gehörte ein Anteil dem Schneidermeister Andreas Oßwald, der 1838 einen Kramhandel mit Kra-

watten und Hosenträgern begann und 1847 in Gant kam. Später besaß der Schneider Otto Oßwald $^1/_4$ des Hauses. — Der Schneider Andreas Oßwald besaß 1870 die Hälfte des Hauses **Hirschstraße 10** (vgl. Buchbinder). — Das ca. 1790 erbaute Haus „**An der Stadtmauer 2**" gehörte 1826 dem Schuster Ignatius Zimmerer und ging über Josef Haberboschs Witwe 1864 an Robert Gutknecht. Um 1870 werden Willibald Gutknecht und die Witwe des Schreiners Peter Stohr als Besitzer genannt, 1902 der mit Katharina Schell verheiratete Schneider Otto Gutknecht und der Kürschner Engelbert Bieger, dessen Tochter Josefine den Georg Vogel aus Andelfingen heiratete. Er kaufte 1936 auch den oberen Stock und richtete im Erdgeschoß eine Mehlhandlung ein. Walburga, die Tochter des Schneiders Gutknecht, die sich mit Benedikt Fischer verheiratete, betrieb im oberen Stock eine Schneiderei. — Der Schneider Wunibald Kienle baute im Jahre 1837 das Haus **Blochinger Straße 21**, das über Xaver Kienle an den Maurer Benedikt Weber, dann an Johann Heim überging. — Das Haus **Gemminger Straße 30** wurde 1904 vom Schneider Josef Reck erbaut (Hochzeitslader und Leichensager) und kam an den mit Mathilde Sonntag verheirateten Sohn Josef Reck, Walzer. — Der Schneider Paul Kienle baute 1904 das Haus **Gemminger Straße 55**.

An der Stadtmauer 2.
Oben am Fenster: Frau Walburga Fischer geb. Gutknecht (an ihrem Nähplatz).
Unten links: Die Hebamme Rieger, rechts: Frau Schleicher mit Maria, der Tochter von Frau Fischer.

An der Stadtmauer 2.

Im Jahr 1919 kaufte es der Wagner Johann Georg Schleicher, der es 1926 vergrößerte. — Das 1902 vom Fabrikarbeiter Wilhelm Heudorf erbaute Haus **Fabrikstraße 2** ging über Karl Kieferle an dessen Schwager, den 1883 in Hüttenreute geborenen Schneidermeister Wilhelm Halder, der von 1910–1912 im Gebäude **Hirschstraße 9** seine Schneiderwerkstatt hatte und nun hier bis 27. 12. 1963 eine Herrenschneiderei betrieb. — Sophie Hermann, geborene Walk, die Frau des Platzmeisters der Papierfabrik, betrieb ab 1914 im Haus **Fabrikstraße 18** eine Schneiderei, ab 1916–1954 im „Grünen Haus" **Donaustraße 8**. Ihre Tochter Maria Bertler, die bei ihr den Beruf erlernte, hatte ihre Schneiderei nach ihrer Heirat im Jahre 1939 im Haus Mengener Straße 32, von 1945–1948 Hauptstraße 13 und danach bis zur Geschäftsaufgabe am 7. 2. 1968 im Haus Donaustraße 8. Hier eröffnete die Damenschneidermeisterin Frieda Bühler im Jahr 1946 eine Damenschneiderei, die sie 1952 in den Neubau **Mengener Straße 43** verlegte und dort bis 1958 führte. — Der Schneidermeister Wunibald Will, der aus dem Haus Schloßsteige 2 stammt, hatte im Haus **Hirschstraße 9** seine Werkstatt, bis er 1939 nach Sigmaringen zog. — Der Schneidermeister Hubert Kieferle betrieb von 1949–1974 im Haus „Rote Steige 12" eine Damen- und Herrenschneiderei (vgl. Maler).

Die Schreiner

Wilhelm Kieferlin (1609) ist der erste namentlich bekannte Schreiner in Scheer. Die Handwerksordnung der Schreiner vom Jahre 1667 verlangt vom Lehrjungen die Vorlage des Geburtsbriefs. Nach 14tägiger Probezeit muß ihn der Meister den Verordneten des Handwerks vorstellen und vor offener Lade aufdingen, wobei der Junge in die Lade 30 Kreuzer, als Einschreibgeld 6 und dem Zunftknecht 4 Kreuzer geben muß. Die Lehrzeit dauert 3, ohne Lehrgeld 5 Jahre. Wer Meister werden will, muß seinen Geburtsbrief und den Nachweis einer 5jährigen Wanderschaft vorweisen und ein Meisterstück anfertigen. In die Lade zahlt er als Einheimischer 1, als Fremder 2 Gulden, den Verordneten zum Einstand 2 bzw. 4 Gulden als Fremder. Neben einem Lehrbuben darf ein Meister nur einen Gesellen beschäftigen. Den Meistern ist verboten, anderen einen Knecht abspenstig zu machen. Nur mit Vorwissen seines Meisters darf ein Geselle bei einem anderen Meister beschäftigt werden (Strafe 1 Gulden). Erst ein Jahr nach Beendigung der Lehrzeit darf der Meister wieder einen Jungen annehmen. Wenn der Meister mit seinem Gesellen und Lehrjungen in anderen Häusern arbeitet, sollen sie morgens um 4 Uhr zur und abends 8 Uhr von der Arbeit gehen.

1699 ist der Schreiner Mathäus Sonntag erwähnt, im 18. Jahrhundert die Schreiner Georg Mösmer (1723 herrschaftlicher Schreiner), Qualbert Stütz (1726), Johann Fux (1727), Antoni Glaser (1735, 1758), Johann Schell (1748, 1764), Thadäus Glaser, der Sohn des Bürgermeisters (1767), Johann Rheindl (1768). — Das ca. 1750 erbaute Haus **Hindenburgplatz 1** gehörte 1826 dem Schreiner Anton Burger ($^1/_4$), der später auch den halben Hausanteil der Marianne Nußbaumer erwarb, und dem Math. Schell (später Willibald Jung) $^1/_4$. Der Stadtpfleger Burger (1833–1835) ist vermutlich mit dem Schreiner identisch. Später sind als Hausbesitzer genannt: Michael Burger und der Bäcker Wunibald Nolle, 1902 Karl Burger (unten) und der Waldschütz Johann Hering, 1906 er und Karl Späh. Die Töchter des Waldschützen verkauften das Haus an den Metzgermeister Johann Schmuker. — Das Haus **Schloßsteige 6** besaß 1826 zur Hälfte der Schreiner Wunibald Linder (vgl. Schuster). — Im Haus **An der Stadtmauer 2** (vgl. Schneider) ist 1865 der Schreiner Johann Stohr, ca. 1870 die Witwe des Schreiners Peter Stohr genannt. — Das ca. 1740 erstellte Haus **Mengener Straße 1** gehörte dem Nepomuk Hummler, der von 1824–1827 Stadtschultheiß war. Circa 1880 wird der Schreiner Wendelin Baur als Besitzer genannt. Sein Sohn Eduard Baur, der ledig blieb, betrieb hier mit seiner Schwester eine kleine Landwirtschaft, war Altertumssammler und Fischer. Er starb 1926. Laut Testament fiel das Haus an die Kirche, von der es 1927 die Stadt kaufte. — Josef Baur, Schreiner in der Papierfabrik, kaufte 1902 das Haus **Hirschstraße 3** (vgl. Zimmerleute). — Das Haus **Hauptstraße 13** („Sonne") ist Ausgangspunkt der Schreinersfamilie Zimmerer. Konrad Zimmerer, der 1848 in der Metzgerei seines Vaters eine Modellschreinerei eingerichtet hatte, baute 1876 das Haus **Fabrikstraße 19**. Aus seiner Ehe mit Eva Maria Stauß stammen die Söhne Hermann, Kaspar und Ludwig, von denen Hermann die „Sonne" erhielt. Von Konrads Sohn, dem Schreinermeister Kaspar Zimmerer (geb. 1850, –1934), kam 1911 das Geschäft an dessen Sohn, den Schreinermeister Ludwig Zimmerer. Er begann 1928 mit dem Wohn- und

Werkstättenanbau. Sein Sohn, der Schreinermeister Ludwig Zimmerer, übernahm 1945 das Geschäft und stellte es vorrangig auf Glaserei um. 1960 errichtete er in der Au den Werkstattbau **Fabrikstraße 14** und übergab 1979 seinem Sohn, dem Dipl.-Ing. (FH) Dieter Zimmerer. — Der Schreiner Karl Zimmerer, Sohn des o.g. Kaspar Zimmerer, baute im Jahre 1909 das Haus **Gemminger Straße 18**, zu dem er 1928 einen Werkstattanbau erstellte (1937 vergrößert). Sein Sohn, der Schreinermeister Sales Zimmerer, übernahm 1952 das Geschäft. — Der Schreinermeister Hermann Zimmerer, der von seinem Vater einen Hausanteil der „Sonne" übernommen und wieder verkauft hatte, baute 1907/08 das Haus **Gemminger Straße 24,** das ab 1933–1966 sein Sohn, der Schreinermeister Xaver Zimmerer besaß. Er betrieb hier als letzter dieses Familienzweigs die Schreinerei. Sein Sohn Hermann Zimmerer wurde Werkführer in der Papierfabrik. — Der Schreinermeister Fritz Eisele, der 1961 als 23jähriger die Meisterprüfung ablegte, baute im Scheuerteil des Hauses **Gemminger Straße 36** eine Werkstatt ein und gründete am 14. 8. 1961 die heutige Schreinerei und Fensterbau.

Die Schuhmacher

waren das in der Stadt am stärksten vertretene Handwerk. 1583 ist der Schuhmacher Martin Brendle, 1665 Dietrich Böhler genannt. Der Sonnenwirt Johann Frick war 1709 Zunftmeister des ehrsamen Schusterhandwerks. Der Schuhmacher Hans Michel Kieferle wohnte 1760 im Spital, Michel Rothmund richtete 1809 in seinem Haus eine Schuhmacherwerkstatt ein. 1826 waren in der Stadt 14 Schuhmacher tätig: im Haus **Schloßsteige 2** Josef Ils, 1877 Willibald Gutknecht (vgl. Wagner), — **Schloßsteige 3** Wunibald Schuler (vgl. Küfer), — **Graben 6** Matheus Buck (vgl. Weber), — **Graben 10** Wunibald Gutknecht (vgl. Schneider). — Das Haus **Graben 12** gehörte 1826 dem Schuster Christoph Gutknecht, Willibald Häring, Josef Kühnler (später Johannes Vogel) und Karl Zimmerer zu je $1/4$, 1873 dem Eduard Häring, Bernhard Kieferle, Nikolaus Zimmerers Witwe und Xaver Heinzlers Frau. Danach dem Bernhard Kieferle, August Kieferle, Johannes Pfister und dem Schuster Xaver Kienle. Beim Großbrand des Jahres 1910 wurde es zerstört und im selben Jahr vom Spitalpfleger Johann Zimmerer aufgebaut. Von ihm ging es an den Sohn, den Schlosser Gebhard Zimmerer. — **An der Stadtmauer 1** Philipp Zimmerer (vgl. Bäcker), — **An der Stadtmauer 2** Ignatius Zimmerer (vgl. Schneider), — **Hirschstraße 17** Josef Kieferle (vgl. Bäcker), — **Hirschstraße 15** Leopold Schwarz (vgl. Sattler), — **Kirchberg 4** Mathias Pröbstle (vgl. Uhrmacher), — **Donaustraße 9** (ca. 1800 erbaut) Josef Gutknecht. Die andere Haushälfte gehörte 1826 dem Mathias Gutknecht, 1860 besaß es der Bauer Willibald Gutknecht, 1887 der Zimmermann Josef Gutknecht, 1902 der Bauer Willibald Gutknecht jr., danach seine Witwe, bis es an den Sohn Anton Gutknecht überging. — Das Haus **Hirschstraße 12,** das ca. 1740 erbaut wurde, gehörte 1826 dem Schuster Josef Zimmerer und dem Anton Zimmerer. Letzterer verkaufte 1837 seinen Hausanteil an Josef Schuler led. (später dessen Witwe). 1867 waren es 3 Besitzer: Josef Zimmerers Witwe, Karoline Schuler led. und Anton Schmuker, um 1880 Josef Zimmerers Witwe, Anton Kienle und Josef Krugger, 1888 Karl Krugger, Johann Haga und Johann Sorg, 1902 Johann Haga und Josef Sorg. 1928 wurde das Haus von Erhard Haga großteils umgebaut und fiel später an seine Tochter Resl verh. Kolouch. Das Haus **Schloßsteige 11**, das im Jahr 1583 als „der Stadt Scheer Wachthaus, oben in der Stadt auf der Mauer, zwischen zwei Pfründnerhäusern" erwähnt wird, besaßen 1826 der Schuster Johannes Gutknecht (später Georg Neßler) und der Schuster Josef Miller je hälftig. Um 1870 gehörte es dem Schuster Hermann Eisele, später dem Karl Knupfer, Adlerwirt in Mengen, von dem es Karl Knupfer kaufte. Dessen Witwe Magdalena geb. Schaidle vermählte sich in 2. Ehe mit Anton Reiner. Das Haus, das die Kinder Lina und Karl Krugger, Mesmer, übernahmen, fiel nach deren Tod an die Erbengemeinschaft Krugger-Reiner, von der es Guido Schwarz kaufte, dessen Mutter Anna geb. Reiner zu dieser Gemeinschaft zählte. 1979 brannte das Gebäude ab und wurde vom Besitzer in der heutigen Form neu erstellt. Das ca. 1790 erbaute Haus **Hirschstraße 7** besaß 1826 der Weber Willibald Will, 1834 der Schuster Johann Gutknecht, um 1880 Anna Kienle geb. Schäfer, dann der Bäcker Albert Nolle (vgl. Bäckerei An der Stadtmauer 16), der Barbara, die Tochter des Flaschners Friedrich Gutknecht heiratete. Er fiel im Ersten Weltkrieg im Jahre 1917. Sein Sohn Eduard Nolle zog nach Hamburg. — Sein Schwager Eduard Maier, Flaschner, der die Rosa Gutknecht geheiratet hatte, übernahm das Geschäft, das er seinem Sohn, dem Bäckermeister Eugen Maier übertrug, der mit seiner Frau Ida geb. Schwarz hier ein Ladengeschäft betrieb. — Der Schuster Josef Herre besaß um 1880 $1/4$ des Hauses **Hirschstraße 14** (vgl. Glaser). — Der Schuster Eduard Linder zur selben Zeit $1/3$ des Hauses **Hirschstraße 8** (vgl. Bäcker). — Das Haus **Graben 4** wurde im Jahre 1871 vom Schuster Ignaz Weber erbaut, 1894 von seinem Sohn, dem Bauern Weber, vergrößert und kam von diesem an dessen Sohn, den Briefträger Ferdinand Weber. — Das 1845 vom Schuster Josef Ils erbaute Haus **Graben 2** erbte sein Sohn Ferdinand Ils. 1868 war es im Besitz des Schusters Willibald Gutknecht, von dem es an Karl Gutknecht kam, dessen Tochter Rosa den Landwirt und Fabrikarbeiter Jakob Gulde heiratete. — Der Schuster Josef Zimmerer besaß um 1830 die Hälfte des Hauses **An der Stadtmauer 24** (vgl. Huter). — Der Schuster Konrad Will baute 1874 das Haus **Kirchberg 4,** an dessen Stelle vorher 2 Häuser standen, die 1873 abbrannten: links das Haus des Wunibald Rhein (1826), das später dem Willibald und dem Josef Glaser je hälftig gehörte. Von Franz Josef Glasers Kindern kaufte Johannes Will im Jahre 1834 das halbe Haus, das 1864 Konrad Will besaß. Rechts davon stand das Häuschen des Uhrmachers Birkler (s. d.). 1874 baute der Schuster Konrad Will an Stelle dieser beiden Häuser das heutige Haus **Kirchberg 4**, das 1897 an Johann Bertler und über dessen Tochter an den Landwirt Johann Zimmerer überging. — Der Schuster Josef Krugger war 1875 Mitbesitzer des Hauses **Schloßsteige 13**. — Das Haus **Schloßsteige 6,** das ca. 1690 erbaut wurde, besaßen 1826 der Schreiner Wunibald Linder $1/2$

(später Johannes Linder $\frac{1}{4}$) und der Schmied Wunibald Will $\frac{1}{2}$ (später der Bauer Wunibald Will $\frac{3}{4}$). 1840 erfolgte ein 1stockiger Wohnungsanbau. 1871 ist Nikolaus Henninger als Besitzer genannt, dann der Schuhmacher Josef Krugger, der hier seine Werkstatt hatte. Nachdem im Zweiten Weltkrieg sein gleichnamiger Sohn gefallen war, schulte dessen Schwager Karl Euchenhofer auf das Schuhmacherhandwerk um und führte mit seiner Frau Pia, geb. Krugger das Geschäft bis zum 29. 7. 1955. — Das ca.

1690 erbaute Haus **Schloßsteige 7** („s' alte Polizeia") besaßen 1826 Xaver Herre und Johann Kühnlen je hälftig, um 1880 der Schuster Leopold Kienle und der Taglöhner Engelbert Kienle. — Dem Schuster Josef Kienle gehörte 1877 das Haus **Schloßsteige 15** (vgl. Huter). — Das um 1740 erbaute Haus **Schloßsteige 1,** das 1826 dem Maurer Fidel Keller, später ihm und dem Maurer Anton Keller gehörte, besaß um 1870 der Metzger Xaver Widmann, später der Schuhmacher Johann Kieferle. — Das Haus

Schloß Steige 6.

Scheer a. D.

Hauptstraße 2 erwarb um 1870 der Schuster Karl Zimmerer („'s Schuster-Karles Haus"; vgl. Bäcker). — Vom Kaufmann Senn kam das Haus **Hauptstraße 11** an den Schuhmacher Kieferle (vgl. Handel), vom Nagelschmied Gutknecht das Haus **Mengener Straße 9** an den Schuster und Spitalpfleger Johann Zimmerer, den „Eckschuster" (vgl. Bäcker). Sein Sohn, der Schuhmacher Pius Zimmerer baute 1915/16 die Scheuer **Graben 20** zu einem Wohn- und Ökonomiegebäude aus und betrieb neben dem Handwerk eine kleine Landwirtschaft. Weil er seinen Sohn Karl „Jesus" taufen wollte, nannte man ihn den „Apostelschuster". Der Sohn Hugo übernahm das Anwesen. — Das ca. 1840 erbaute Haus **Donaustraße 31** besaßen 1853 der Schuster Jakob Linder (südlicher Teil) und Blasius Haller, ca. 1870 Jakob Linder und Cölestin Linder, der auch Musikunterricht erteilte. — 1830 baute der Schuster Anton Zimmerer das Haus **Fabrikstraße 1**, das 1853 dem Werkmeister Ignaz Angele gehörte und von diesem an den Schuster und Waldmeister Ferdinand Ils (geb. 19. 10. 1820) überging. Er gründete hier eine Essigfabrik (vgl. Handel). — Das 1815 erbaute Haus **Blochinger Straße 3** gehörte 1853 dem Friedrich Pröbstle, bald danach ihm und dem Anton Fehl, 1863 dem Wunibald Kienle und dem Schuster Josef Haga, ca. 1880 letzterem und dem Taglöhner Math. Sträßle, 1898 Sträßles Witwe und Karl Gulde, dann Anton Sträßle und Emil Linder.

Die Steinhauer

Der erste namentlich bekannte Steinmetz ist der „Werkmeister" Ignaz Angele, der 1848 sein Haus **Fabrikstraße 1** mit sämtlichen Steinhauerwerkzeugen zum Verkauf anbot, diesen aber wieder zurück nahm (vgl. Schuster). — 1922 gründete der aus Freudenstein bei Maulbronn stammende, 26jährige August Kifferle in Scheer ein Steinmetzgeschäft und baute 1931 in der **Gemminger Straße 87** ein 1stockiges Wohnhaus, dem er 1932 einen Stallanbau, 1941 einen Remisenanbau angliederte. Sein Sohn, der im Gründungsjahr geborene Steinmetzmeister Alfred Kieferle, übernahm 1954 das Geschäft und stellte nun nicht mehr nur Grabsteine her, sondern führte sämtliche Arbeiten dieses Handwerks aus. Nach seinem Tod führte seine Frau den Betrieb bis 1. 7. 1977 weiter und übergab dann an den Schwiegersohn, den Steinmetzmeister Wilhelm Gekeler, der ihn 1987 aus gesundheitlichen Gründen einstellen mußte.

Die Strumpfweber (Strumpfwirker)

waren der „Zunft der Strumpfstricker zu Mengen" angeschlossen. Deren Handwerksordnung aus dem Jahr 1703 besagt in § 9, daß es niemanden außer den Meistern des ehrsamen Handwerks erlaubt sei, „Strümpf oder Ware" (= Unterkittel) zu verkaufen. 1766 wurde fremden Handelsleuten und auch „innsäßigen Kramersleut" erneut das Handeln mit Strümpfen verboten, besonders das mit „Hosenstrickerstrümpfen". — In Scheer soll es sehr viele Strumpfstricker gegeben haben, die mit ihren Kindern für den Verkauf bestimmte Wollstrümpfe fertigten. Meister dieses Berufs sind im Jahre 1826 nur 2 nachgewiesen: im Haus **Hauptstraße 8** der Strumpfweber Johannes Haberbosch (vgl. Gasthof Zum Adler) und im Haus **Hirschstraße 15** der Strumpfwirker Josef Weber (vgl. Sattler).

Die Uhrmacher

Die Handwerksordnung nennt sie 1667 zusammen mit den Büchsenmachern und Schlossern (s. Schlosser). Die Herrschaft sagte im Jahre 1742 dem Klein-Uhrmacher Johann Zeller von Ulm zu, daß er am Hof zu Scheer den Offizierstisch unentgeltlich genießen dürfe und auch Zimmer, Holz und Bett frei habe, wenn er von Martini 1742 bis Martini 1743 den Ignazi Rothmund von Enzkofen in der Klein-Uhrmacherkunst instruiere. Rothmund ließ sich nach dieser Ausbildung in Scheer nieder. 1747 erschien er mit Mathias Rothmund von Altensweiler vor dem Amt und brachte vor, daß des Mathias Rothmunds Sohn, Wunibald Rothmund, das Uhrmachen innerhalb von 4 Jahren gratis lernen wolle, jedoch dergestalt daß, wenn der Lehrjunge während dieser Zeit sterbe, der Vater verpflichtet sein solle, dem Uhrmachermeister wegen der Kost einen Abtrag zu tun. Sollte der Meister vorher sterben, soll der Lehrbub vom Werkzeug des Meisters soviel erhalten, als ihm hierdurch Schaden erwachsen wäre. 1750 stellte er bereits wieder einen Lehrbuben ein: den Bernhard Bachmann, dessen Vater die sog. Faulbronner Ziegelhütte in der Herrschaft Hohenzollern-Sigmaringen innehatte. Die Lehrzeit wurde auf 3 Jahre vereinbart. 1761 fertigte Ignaz Rothmund für die Ennetacher Kirche eine neue Kirchenuhr. In dem mit ihm geschlossenen, diesbezüglichen Vertrag versprach er: 1. die neue Uhr innerhalb von 5 Monaten herzustellen. 2. Die Uhr läuft 28 Stunden lang und schlägt viertel- und halbe Stunden. 3. Die Boden- und Mittelräder, sowie das Gestell werden aus gehärtetem Eisen, die Getriebe und Wellbäume aber aus gutem Stahl gearbeitet und auf Tragscheiben gestellt. 4. Obwohl es auf das Gewicht der Uhr selbst nicht ankommt, soll diese doch groß genug sein, um hinlänglich das Schlagwerk nach Größe der Glocken treiben zu können. 5. Sie soll mit einem englischen „Perpendicul" und Hakenrädern, das Zeigwerk aber mit 3 Zeigern und 2 Wechselrädern versehen sein. 6. Die Uhr soll 1 Monat zur Probe auf dem Kirchturm stehen und von Kunstverständigen begutachtet werden; danach erhält der Uhrmacher 220 Gulden bar, samt dem alten Uhrwerk, das er aber sogleich zerschlagen und keine Räder für ein neues Werk benützen dürfe. 7. Bei Aufstellung der Uhr erhält er statt freier Kost 4 Gulden. 8. Die Kirchenfabrik sorgt selbst für die Beischaffung der Gewichte und der nötigen Seiler, auch für die „Machung der Uhrtafel und Vergoldung der Zeiger" sorgt sie selbst. — 1762 verheiratete sich sein Geselle Wunibald Rothmund von Altensweiler nach Turin.

Etwa dort, wo heute der Wohnteil des Hauses **Kirchberg 4** steht, befand sich an der Stadtmauer ein Häuschen, das 1826 dem Uhrmacher Birkler ($^1/_4$), dem Schuster Mathias Pröbstle ($^1/_2$) und dem Wunibald Will ($^1/_4$) gehörte. 1853 besaß Anna Maria Birkler led. das halbe Haus, der Schuster Pröbstle nur noch $^1/_4$. Später gehörte es dem Anton Pröbstle und dem Wunibald Will je hälftig und brannte 1873 ab. — Das Gebäude **Hirschstraße 18,** das 1826 zu $^5/_8$ der Prokuratie, zu $^1/_8$ dem Lorenz Baur (später dem Wagner Wunibald Buck), ca. 1870 dem Valentin Schneider, 1886 dem Wunibald Kienle, 1895 dem Maurermeister Anton Rapp gehört hatte, fiel dem Großbrand des Jahres 1901 zum Opfer. Anton Rapp erstellte das heutige Gebäude, das über seine Tochter Sophie durch Heirat an den Uhrmacher Oswald Rieger überging. Er betrieb neben seiner Werkstatt auch einen Laden mit Elektrogeräten. Bei seinem Wegzug nach Friedrichshafen verkaufte er an Gerda Spiegelsberger geb. Lehmann. — Das Haus **Blochinger Straße 5** besaß 1826 der Uhrmacher Theodor König zur Hälfte (vgl. Maurer). — Der aus Schwenningen stammende Uhrmachermeister Matthauer eröffnete 1950 im Haus **Gemminger Straße 47** ein Uhren- und Juwelierfachgeschäft, das er 1955 ins Gebäude **Mengener Straße 5** verlegte, bis er 1965 nach Aichach, Oberbayern, verzog.

Wachszieher

Josef Neuner, der zuerst das Lebzelter-, dann das Wachszieherhandwerk erlernt hate, heiratete die Tochter des Buchbinders Benedikt Schmid und ließ sich 1839 in Scheer nieder.

Die Wagner,

zu denen auch die „Krummholzer", d. h. die Gabel- und Rechenmacher zählten, erhielten 1667 dieselbe Handwerksordnung wie die Schmiede. In Scheer wird 1583 der Wagner Michael Will erwähnt, 1724 der 37jährige Wagner Hans Wetzel (bis 1760) und der Wagner Antonie Riester. Dem Wagner Wunibald Müller gehörte 1826 die Hälfte des Hauses **Hauptstraße 9** (vgl. Sailer), dem Wagner Willibald Baur das um 1740 erbaute Haus **Hauptstraße 18**. Von seinem Sohn Mathäus Baur kam es zunächst an den Metzger Wunibald Sonntag und den Taglöhner Thomas Eisele (je hälftig), später an Robert Kieferle aus Wurzach, der als Invalide die Botendienste der Papierfabrik versah und das mit einer kleinen Landwirtschaft versehene Anwesen dem Sohn Richard Kieferle übergab. Der andere Sohn ist der Polizeidiener Alois Kieferle. — Das Haus **Hauptstraße 10,** erbaut ca 1760, wird 1804 als „Martin Meiers, jetzt Xaver Schaubben eigen Haus" bezeichnet. 1826 gehörte es dem Anton Schaub, Metzger beim Röhrenbrunnen. Von ihm scheint es an den Kaufmann Fridolin Weckerle übergegangen zu sein, der 1872 die Anna Edele vom Lauchertal heiratete und (für seine Frau) das Haus Hauptstraße 5 erwarb. 1873 kaufte der Wagner Wunibald Knor das Kaufmann Weckerle'sche Haus und baute es um. Er hatte 1856 Maria, die Tochter des Hirschwirts Rothmund, geheiratet und wude 1884 Stadtbaumeister. Von ihm ging das Anwesen an seinen 1858 geborenen Sohn, den Wagnermeister Karl Knor über, der 1901 die Stelle des Stadtpflegers übernahm. 1924 bis 1948 war hier die Postagentur. Vom Wagner Karl Knor ging das Haus an den Wagner Franz Knor, der es verkaufte. — Das ca. 1690 erbaute Haus **Schloßsteige 2** trug den Hausnamen „'s Steig Wagners". 1826 gehörte es dem Schuster Josef Ils, der seine Hälfte 1837 an Josef Stumpp verkaufte, und dem Weber Dominikus Gutknecht, der 1850 in Gant geriet. 1877 sind der Schuster Willibald Gutknecht und der Wagner Wunibald

Will als Besitzer genannt, 1910 die Fabrikarbeiter Karl Will und Franz Brandl. — Der Wagner Josef Baur (1855, 1884) besaß das Haus **Donaustraße 13** (vgl. Metzger). — 1857 ist der Wagner Wunibald Buck als Besitzer des Hauses **Hirschstraße 18** genannt, der Wagnermeister Kuno Kieferle 1926 als Besitzer des Hauses **Donaustraße 23** (vgl. Gerber).

Die Weber

Dieses Handwerk wurde 1738 von dem der Schneider separiert, jedem eine besondere Zunft gestattet und gleichzeitig alle Weber und Schneider auf dem Land in die Hauptzunft nach Scheer gezogen, wobei die Weber auf dem Land eine Nebenlade zu Herbertingen, die Schneider auf dem Land eine solche zu Hohentengen erhielten. —Nachdem den Scheerer Zunftmeistern der Weberzunft schon öfters befohlen worden war ihre Herberg im Bräuhaus zu beziehen und dort ihr Zunftzeichen aufzustecken, diese aber der Aufforderung nicht nur nicht nachkamen, sondern der Herrschaft durch eine Abordnung zu wissen gaben, daß „die Herberg als ein Recht der Stadt anzusehen sei", wurde im Jahr 1738 der Zunftmeister Josef Schell vor die Kanzlei zitiert, seines Amtes entsetzt, von ihm die Schlüssel zur Lade abgefordert und von Oberamts wegen angeordnet, daß das Zunftschild beim Adlerwirtshaus abzunehmen ist und am Bräuhaus aufgesteckt werden muß. Der Webermeister Konrad Würtwein wurde von der Obrigkeit zum neuen Zunftmeister ernannt und Andreas Rothmund vor offener Lade zu einem Meister aufgenommen. — Schon früher sind erwähnt: der Wullenweber Johannes Frick (1699, 1705), die Weber Josef Schell (schon 1733 Zunftmeister), Franz Ratzenhofer (1735, geb. 1697), Konrad Kieferle (1735, geb. 1696); nach 1738: Johann Michel Kieferle (1756 Zunftmeister bis 1768), Wunibald Schell (1758), Johannes Schell und Josef Feinaigle (1760), Josef Schell (1763), Josef Häring, der 1764 bei den Webern als Meister eingeschrieben wurde, Eugen Buck (1767 Mitzunftmeister), Willibald Will (erhielt, nachdem er 1 Jahr fort war, 1768 Wanderungsdispens), Franz Ratzenhofer (1768 Zunftmeister). — Ab 1847 gehörten die Baumwollweber nicht mehr zu den zünftigen Gewerben.

In folgenden Häusern sind Weber nachgewiesen: **Hauptstraße 13** Jakob Bertler (1826), Johann Bertler (1885, 1898 vgl. Gasthof Zur Sonne). — **Hirschstraße 7** Willibald Will (1826 vgl. Schuster). — **Schloßsteige 5**, erbaut 1782, Wunibald Sterkle (1826), Anton Sterkle (1870), die Krautschneiderin Sterkle („'s Krautschneiders Haus") verkaufte an Alfred Kraemers Erben, die umbauten und das Haus an Helene Schwarz veräußerten. — **Schloßsteige 13**, ca. 1740 erbaut, gehörte 1788 den Familien Kieferle, Strobel und Häring. In sog. „Hausbriefen" waren Besitz und Rechte genau festgelegt. Als Beispiel sei von diesem Haus angefügt der „Hausbrief für Mathes Höring Burger und Meister des Weberhandwerks". Demselben gehört $^1/_4$tel Haus in nachbeschriebenen Stücken, worauf $^1/_4$tel Holzgerechtigkeit:

1. Die Stube oberhalb der Scheuer,
2. die Kammer an der Stuben,
3. die Kuchel an der Stuben,
4. die Kamer auf der Stuben,
5. die Lauben unterm Tachgibel, auf Wunibald Kieferles und Strobels Kinder Kamern.

Donaustraße 23.

6. Der Blatz bei der Laubenstiege ist gemeinsam,
7. den ganzen hintern Stall, worin vorderhalb ein Weberwerkstatt, und hinden die Tür durch die Scheuer,
8. der vordere Heustall bis ahn die Scheüerlaiter zurück,
9. die ganze Legung auf diesem Heustall, hinder der Kamer und der Laiter nach hinauf bis ans Gerech.
10. Das Gerech von der Laiter vorwerts an die Lauben
11. $^1/_4$tel an der Scheuer
12. die Thunglege von der hindern Stallthür bis ann das Lädele hervor
13. das S.v. Privet (Abort) ist gemeinam,
14. soll einer dem andern bey dem Gerech zum Einhängen Blaz lassen, so wie
15. alle Hausinwohner einer dem andern zu dem Seinigen erforderlichen Weg und Blaz zu lassen verbundene ist, so sollen sie auch das, was gemeinsam gebrauchet wird, als Tach und Fach, Geschwöll-Scheuertennen und dergleichen miteinander, jeder seinem innhabend- und besizenden Antheil nach, in baulichen Ehren unterhalten, und bezahlen, und sich gegeneinander so betragen, daß der Gott und der Welt gefällige liebe Hausfried erhalten werde.

Urkundlich dessen, zur Verhietung aller künftigen Streitigkeiten, ist dieser Hausantheil in Beisein aller Inwohner beschrieben, und den von Obrigkeitswegen mit Vortruckung gemeiner Stadt Insigel bekräftigt worden.
Scheer den 22ten Weinmonath 1788
(Siegel: Der Stadtmagistrat Scheers,
        mit Wappen: Schere, Fisch, 1 Stern)

Die späteren Besitzer des Hauses waren: 1826 Josef Pfister $^1/_2$, der Maurer Josef Will (später Wunibald Hering) $^1/_4$, der Schneider Josef Strebele $^1/_4$; ca. 1875 der Schuster Josef Krugger, Josef Reck led., Anton Keller, dann Karl Knupfer und Engelbert Baur alt, die 1907 umbauten, dann der Bäcker Mathias Steinacher, Engelbert Baur und Karl Fischer, danach Johanna Christ geb. Baur (vorderer Teil, Karl Fischer und Emma Kienle (hinterer Teil). — **Schloßsteige 2:** der Weber Dominikus Gutknecht (1826 vgl. Wagner). — **Hirschstraße 11:** 1826 die Weber Jakob und Alois Will je $^1/_4$ (später Jakob Will) und Andreas Fürst (später Mathias Fürst) $^1/_2$; um 1870 ist Anton Hering als Besitzer genannt, danach Kieferle und Lander. Josef Rauser (v. d. Brechgrube) kaufte das Anwesen, vor dem früher ein Brunnen stand. — **Fabrikstraße 2:** 1847 der Baumwollweber Anton Gutknecht (vgl. Zimmerleute). — **Hirschstraße 17:** der Weber Tiberius Hering 1826 (vgl. Bäcker). — **Kirchberg 5,** erbaut ca. 1690 gehörte 1724 dem Leineweber Matheiß Flaiz, 1826 dem Weber Aloisius Flaiz, von dem es je hälftig an Georg Lutz und Blasius Kniesel überging. 1870 besaßen es Karoline Rothmund, Konrad Dieringer und der Weber Josef Will, später Fritz Förderer und der Dreher Josef Kienle. — **Kirchberg 7:** der Weber Josef Bertler (vgl. Sattler). — **Hirschstraße 24,** erbaut ca. 1640 gehörte 1826 dem Weber Heinrich Hering (später Josef Hering) und der Witwe des Michael Schelling, 1870 dem Stadtboten Josef Oßwald und Karl Zimmerer, später dem 1851 geborenen Stadtbaumeister und Maurermeister Josef Weber, der 1941

Schloßsteige 13.

Kirchberg 5.

starb. Sein Sohn, der Maurermeister Josef Weber, verkaufte, als er in der Gemminger Straße gebaut hatte, einen Hausanteil an Emil Heudorf (später Anna Heudorf). Den anderen Teil besaß der Fabrikarbeiter Josef Volk

Hirschstraße 24.

(später Maria Nußbaum, geb. Volk). — **An der Stadtmauer 24:** der Weber Wunibald Linder (1826 vgl. Huter). — **An der Stadtmauer 22,** erbaut ca. 1640, war vermutlich im Besitz des Josef Häring, der 1764 bei den Webern als Meister eingeschrieben wurde. 1826 gehörte es dem Weber Xaver Häring (später dem Weber Willibald Häring) und dem Michael Bertler, dessen Hälfte an Josef Vogel und Michael Schlegel überging. 1870 sind die Bauern Josef Müller und Josef Hering als Besitzer genannt, dann Alois Gutknecht und Karl Vogel. — **An der Stadtmauer 16:** Bernhard Baur (ca. 1880 vgl. Seiler). — **An der Stadtmauer 14:** Philipp Will (–1826 vgl. Schneider). — **An der Stadtmauer 8:** Wunibald Will (1826 vgl. Schneider). — **Hirschstraße 8:** Wunibald Flaiz (vgl. Bäcker). — **Graben 6** gehörte 1826 dem Schuster Mathäus Buck und dem Weber Lorenz Kieferle je hälftig, 1856 Bucks Witwe und dem Weber Anton Kieferle, 1873 dem Bauern Karl Kieferle und Schells Kindern Josefa, Eva und Maria, 1895 dem Bauern Karl Kieferle. 1910 fiel auch dieses Haus dem damaligen Großbrand zum Opfer. Auf der einen Hälfte des Platzes wurde 1910/11 das heutige Gebäude aufgebaut und gehörte dem Fabrikarbeiter Anton Späh („'s Beckakarles"). Auf der andern Hälfte des Platzes baute der Maurermeister Anton Rapp zur selben Zeit das Haus **Graben 8,** das von ihm an den Briefträger Ferdinand Weber überging. — Das Haus **Donaustraße 23** besaß 1852 der Weber Johannes Hering (vgl. Gerber). — Das 1833 erbaute Haus **Blochinger Straße 23** gehörte 1840 dem Buchbinder Benedikt Schmid, 1864 dem Weber Josef Weber und kam später an Karl Zimmerer. —

An der Stadtmauer 22.

Die Übersicht zeigt, daß im Jahre 1826 in der Stadt 15 Weber tätig waren, die damit das am stärksten vertretene Handwerk darstellten.

Die Ziegelhütte

stand hinter dem Hofgarten (heute: Gebäude **Gemminger Straße 33**). 1467 ist vom Bau eines neuen Ziegelhauses die Rede. Graf Eberhard verlieh es am 4. April dieses Jahres an Konrad Ziegler dem Jungen von Sigmaringen, dem das Ziegelhaus in Scheer mit allem Zugehör als Erblehen übertragen wurde. Er erhielt das Recht, in der Steingrube zu Scheer Steine zu brechen soviel er benötigt, um das Ziegelhaus zu mauern und Kalk zu brennen, gegen einen jährlichen Zins von 7 Pfd. Heller „wie allhie zu Schär geng und gäbe sind", zu zahlen auf Martinstag. Der Herrschaft und der Stadt Scheer hatte er die Ziegelware zu folgenden Preisen zu liefern:

1000 Ziegelsteine um   3 Pfd. Heller
1000 Unterziegel um   2 Pfd. Heller
1000 Oberziegel um 30 Schl. Heller
   3 Scheffel Steine um 12 Pfennig
   1 Scheffel Kalk um 8 Pfennig

Der herrschaftliche Ziegler wurde von der Stadt besteuert, hatte sonst aber keine weiteren Dienste zu leisten außer im Brandfall. Es heißt hier: „Es wäre denn, daß er die Sturmglocken oder ain Geschrei oder ain Gelöff würde, so soll er zueloffen, ylen und Rettung thun als andere Bürger." — In den Urbaren der Jahre 1541 und 1582 wird das Zieglerhaus beschrieben, das 1618 Baschi Krugger innehatte. 1655 stellte die Stadt Bauholz zu der im 30jährigen Krieg zerstörten Ziegelhütte. 1681 ist der Ziegler Johannes, 1682 der Ziegler Hans Jakob Will erwähnt. 1684 kaufte die Stadt die Ziegelhütte, welche Jakob Staub innehatte. 1692 ging der Ziegler Bürgler (Birkler) an die Deutschordenskommende Altshausen, worauf sein Sohn Johannes Georgius Birkler die Ziegelei übernahm. Auf Befehl der Herrschaft wurden ihm 1701 die Dienste und die Ziegelhütte aufgekündigt und Bartle Kieferlin, nach ihm der aus Schussenried gebürtige Hans Georg Claus auf 1 Jahr als Ziegler angenommen. Dieser mußte die Hütte an seinen Vorgänger wierder abgeben, den wir 1723 als Beständer finden. 1724 ist es ein Sebastian Krugger. Nach einer Bestimmung aus dem Jahr 1738 waren zur Beförderung der Ziegelhüttenmaterialien, wie Letten und Steine, 4 Ochsen und ein Bub zu unterhalten und, je nachdem, an 2 oder 3 Tagen die Kutschenpferde zu verwenden und mit den Ochsen andere Arbeit zu verrichten. Noch vor Georgi mußte für die beiden bereits vorhandenen Brände das erforderliche Holz beigeschafft werden (80 Klafter von der Stadt). Da die Ziegelhüttenrechnung der Kastenvogt führte, mußte die Hütte inzwischen wieder an die Herrschaft zurückgefallen sein. 1756 ist der Ziegler Krugger, 1757 die Zieglerin Franziska Haberboschin und ihre Tochter Waldburga Kruggerin erwähnt, 1760 der herrschaftliche Ziegler Sebastian Krugger, der am 3. 2. 1767 starb. 1775 ist der Ziegler Mathäus Engler, 1784 der Ziegler Juz (?), 1802 der Ziegler Xaveri Schlee genannt (–1835), dessen Sohn Josef Schlee, verheiratet mit Walburga Stoß von Haid, im Jahre 1835 auf 12 Jahre das Brennhaus, das Trockenhaus, den Krautgarten, die Lehmgrube und den Steinbruch übertragen bekam. 1845 erstellte er bei der Ziegelhütte eine neue Scheuer. Sein Sohn und Nachfolger, der Ziegler Anton Schlee, verkaufte, als der Lehm ausging, im Jahre 1870 das Haus an Johann Haberbosch, der die Hütte 1872 abbrechen ließ, daneben im Jahr 1891 eine Rotgerberei baute. Das ganze Anwesen trug nach ihm die Bezeichnung „'s Gerbers Haus". Haberbosch starb 1915. Seine Tochter Anna heiratete den Oberlehrer Lehr, sein Sohn Oskar, verheiratet mit Amalie Zirn, starb bereits 1920. Über Oskars Tochter Frieda ging das Anwesen an deren Mann, den Maurermeister Max Weckerle über. Er betrieb ein Baugeschäft und baute die Gerberei zur Mosterei um. 1963 ging das Anwesen an den Sohn, den Maurermeister Josef Weckerle, der das Baugeschäft bis 1987 führte.

Die Zimmerleute

hatten 1667 mit den Maurern eine gemeinsame Handwerksordnung. Auch hier wird vom Lehrjungen der Geburtsschein verlangt. Der Meister muß ihn nach höchstens 14tägiger Probezeit im Beisein zweier Meister und eines Gesellen bei der Lade aufdingen und annehmen. Nach 2jähriger Lehrzeit war er im Beisein zweier Meister und eines Gesellen ledigzusprechen. Erst wenn der Junge 1 Jahr Lehrzeit hinter sich hat, darf der Meister einen zweiten annehmen. Bei der Aufnahme hatte der Lehrjunge zu bezahlen: 30 Kreuzer in die Lade, 6 Kreuzer für den Schreiber. Beim Aufdingen und beim Ledigsprechen waren für einen Trunk 2 Gulden zu entrichten, wovon der Meister die Hälfte bezahlte. (Da das Handwerk anstrengend ist, bezahlten die Lehrlinge kein Lehrgeld, sondern erhielten Lohn). Ein Lehrjunge durfte nur eingestellt werden, wenn er ein ganzes Jahr beschäftigt werden konnte. Auch an Sonn- und Feiertagen mußte er vom Meister verköstigt werden. Nach einem Jahr durfte er vom Meister, der ihm ein Lehrzeugnis auszustelen hatte, einem anderen Meister zugeteilt werden. Jeder Meister hatte alle, die bei ihm arbeiten, anzuhalten, daß keine Hinlänglichkeit gespürt und andere Arbeit versäumt werde. Bei Strafe 1 Gulden (halb in die Lad, halb dem Handwerk) darf kein Meister ohne Genehmigung dem anderen „seine Gesellen ab der Arbeit bitten oder nehmen". Wer Meister werden will, muß Geburtsbrief und Lehrzeugnis vorlegen, ein Meisterstück machen und in die Lade bezahlen: als Untertan 1, als Fremder 4 Gulden, ferner für das Einkaufen beim Handerk als Untertan 1 Gulden 30 Kreuzer, als Fremder 3 Gulden. Wenn ein Meister bereits einen Bau angenommen hat, darf er keinen zweiten übernehmen. Die Maurer unterstehen derselben Ordnung, mit dem Unterschied, daß ihre Lehrlinge eine 3jährige Lehrzeit zu absolvieren haben. An Zimmerleuten sind in Scheer erwähnt: Mathäus Fopper (1699), Conrad Kieferle (gest. 1724), Christian Pröbstle (1725, geb. 1698), Martin Bärtler (1763, 1766). Im 19. Jahrhundert finden wir hier folgende Zimmerleute: Im „Hohbühl" **Graben 18** Michael Schanz. — Das um 1800 erbaute Haus **Hirschstraße 3**, das 1826 dem Wunibald Stohr gehörte und dann bis 1860 von zwei ledigen Frauen bewohnt wurde, kaufte im Jahre 1875 der ledige Bauarbeiter und Taglöhner Jordan Wendele. Von diesem ging es an den Zimmermeister Jordan Erath über, der auch einen Anteil am Haus Schloßsteige 4 hatte. 1902 kaufte Josef Bauer, Schreiner in der PS, das Anwesen. Über seine Witwe Theresia geb. Haberbosch kam es 1937 an seinen Sohn Friedrich Baur. — 1849 baute der Zimmermeister Blasius Haller das Haus **Sigmaringer Straße 10**, das er an seinen Sohn, den Zimmermeister Anton Haller, vererbte. Dessen Witwe verkaufte im Jahr 1890 das Haus an den Zimmermann Josef Schmied, über dessen Tochter es an die Familie Will überging. — Der Zimmermann Josef Gutknecht besaß nach 1880 das Haus **Donaustraße 9** (vgl. Schuster). — Der Zimmermann Willibald Stauß besaß 1826 die Hälfte des Hauses **An der Stadtmauer 1** (vgl. Bäcker), die er an Josef Bertler alt veräußerte. Daraufhin erwarb er das Haus **Hirschstraße 21,** das 1826 dem Stiftungspfleger Wunibald Kieferle gehörte und später an Pröbstle überging. Willibald Stauß oder sein gleichnamiger Sohn baute 1853 das Haus **Hirschstraße 13.** Hier stand vorher ein altes Haus, das 1826 dem Gerber Kaspar Gutknecht ¹/₂ und dem Mathias Flaiz (später Josef Bertler jg.), dann dem Baumwollweber Anton Gutknecht gehört hatte und 1853 abgebrochen worden war. Sein Sohn, der 1843 geborene Zimmermeister Alfred Stauß, übernahm 1870 den Betrieb, den er 1898 seinem Sohn, dem Zimmermeister Josef Stauß, geb. 1875, übergab. Dieser hatte seinen Zimmerplatz in der Gemminger Straße 49. Bereits 1899 brannte das Haus ab (1936 baute der Bäcker Anton Baur hier eine Scheuer). Josef Stauß erwarb im selben Jahr in der **Gemminger Straße 14** einen Bauplatz und erstellte dort das heutige, 1903 fertiggestellte Gebäude, zu dem er 1926 ein Werkstattgebäude und 1941 einen Holzlagerschuppen baute. Nach seinem Tod im Jahre 1943 ruhte der Betrieb, bis ihn sein 1910 geborener Sohn, Zimmermeister Josef Stauß jr. 1948 nach Rückkehr aus der Gefangenschaft weiterführte. Er übergab die Firma Holz- und Treppenbau Stauß am 1. 1. 1982 seinem Neffen, dem 1950 geborenen Zimmermeister Siegfried Stauß.

Die Industrialisierung

Von einem ersten Ansatz in Scheer ein Industrieunternehmen anzusiedeln, hören wir im Jahre 1764, in welchem sich die Unternehmer Johann Schweitzer & Co. aus Wattwil/Thurgau entschlossen, von der Einrichtung einer **Baumwollspinnerei** in Scheer wieder abzulassen. Ihr gewester Factor, der Rentamtsschreiber Paul Schmid, führte die Abrechnung. — Um einigen der vielen sog. „Hausarmen" die Möglichkeit zu geben, sich ein Zubrot zu verdienen, wurden sie in der **Spitzenklöppelei** ausgebildet. Dadurch waren sie in der Lage, Spitzen und Einsätze zu Vorhängen, Aussteuern, Kirchen-, Bett- und Leibwäsche herzustellen, die ihnen von Händlern abgenommen wurde. Initiator dieser Berufsausbildung war der Wohltätigkeitsverein, der von der fürstlichen Verwaltung unterstützt wurde. Lehr berichtet von einem Schreiben des Amtmanns Karl Mörike vom 13. August 1828, das im Gebiet der Grafschaft veröffentlicht wurde: „Es wurde in hiesiger Amtsstadt mit hochgeneigtester Begünstigung der Zentralleitung des Wohltätigkeitsvereins eine Unterrichtsanstalt im Spitzenklöppeln errichtet, in der auch auswärtige Schülerinnen teilnehmen können. Man macht daher die Amtsbezirke besonders Oberschwabens, welche den Wunsch haben, diesen neuen Erwerbszweig auch in ihrer Gegend einheimisch zu machen, hierauf aufmerksam und bietet den Unterricht unentgeltlich an. Für Wohnung und angemessene Kost wird gesorgt werden. Wenn die Schwierigkeiten des ersten Anfangs überwunden sind, wird der Tagesverdienst auf 8–10 Kreuzer kommen und kann bei größerer Fertigkeit und anhaltendem Fleiß noch höher gebracht werden. Diejenigen nun, die von diesem Anerbieten Gebrauch machen wollen, haben sich an das Königlich-Fürstliche Amt Scheer schriftlich zu wenden." — Auch der damalige Pfarrer Heim bemühte sich, den armen Leuten von Scheer die Möglichkeit zu verschaffen, einem Verdienst nachzugehen. Um das Jahr 1839 ließ er auf seine Kosten einen Wagen bauen, der dazu bestimmt war, sie täglich in die **Wollspinnerei** nach Sigmaringendorf und abends wieder heim zu bringen. Das Unternehmen hatte jedoch keine lange Dauer, denn die Hausarmen zogen es vor, sich zu Hause mit **Weißstickerei** zu beschäftigen. Agenten von Schweizer Firmen, sog. Stickherren, lieferten ihnen das Material ins Haus und holten dort die Arbeiten gegen Bezahlung der Löhne wieder ab. Über diesen Erwerbszweig, der sich bis in die 80er Jahre hielt, berichtet Lehr: „Aus meiner Jugendzeit ist mir noch gut in Erinnerung, wie die Frauen mit dem Stickstock des Mittags zur ‚Hohstube' gingen und dort die nicht leichte, die Augen anstrengende Stickereiarbeit verrichteten. Letztere bestand im Sticken von Vorhangstoffen und Bettdecken, wobei die Muster schon vorgedruckt waren. Die Stickerinnen hatten dazu eine längere, mit einem Widerhaken versehene Nadel, welche das unter dem Stickstock angebrachte Garn auffing und so das vorgezeichnete Muster stickte, das man über den Rahmen des Stickstocks mit einem Riemen spannte. Der Verdienst war aber auch recht gering; um zu einem ordentlichen Taglohn zu kommen, gehörte schon eine große Gewandtheit dazu."

Eine Nebenerwerbsmöglichkeit für einige Personen bot auch die im Jahre 1881/82 erbaute „**Senf- und Dampfspulenfabrik**" von Josef Haberbosch. Das Wohnhaus an der **Bahnhofstraße 2** ging später in den Besitz der Firma Kraemer, Papierfabrik, über und wurde 1925 baulich völlig verändert.

Dahinter stand das Fabrikgebäude, dessen eine Hälfte zur Bereitung von Senf, die andere zur Herstellung von Spulen diente. Lehr erzählt: „Den Senf bereitete er aus deutschem und französischem Ölsamen. Durch Mühlsteine wurden auf vier verschiedenen ineinandergreifenden Gängen die Samenkörner zerquetscht und zerrieben. Unter Beimischung von Essig, den ihm der Essigfabrikant Ils (Fabrikstraße) lieferte, entstand Senf. In kleinen Holzfäßchen verpackt fand dieser guten Absatz. — Im oberen Teil des heutigen Garten lagerte auf dem Holzplatz Birken- und Erlenholz, das auf einer Rollbahn in die Fabrik geschafft wurde, um dort zu Fadenspulen verarbeitet zu werden. Zunächst wurden die Stämme in kleine Scheiben zersägt, aus welchen dann auf einer Fräsmaschine Rollen herausgefräst wurden. Diese erhielten auf einer Drehbank die fertige Spulenform. Das Abfallholz diente zur Feuerung der Dampfmaschine, deren Betrieb sich, im Vergleich zur billigen Wasserkraft, bald als unrentabel erwies." Haberbosch erwarb daher 1888 bei Mengen die Sailesche Säge- und Ölmühle Meßkircher Straße 58 (vgl. „Das alte Mengen"), wo er seinen Fabrikationszweig weiter betrieb. Als im Jahre 1892 sein Fabrikationsgebäude in Scheer abbrannte, wurde der Betrieb ganz aufgegeben.

Das Vorhandensein eines großen Potentials billiger Arbeitskräfte genügte zum Aufbau einer entwicklungsfähigen Industrieanlage nicht. Ausschlaggebend hierfür waren die Wasserkraft der Donau, der Holzreichtum und die Anbindung der Stadt an die Eisenbahnlinie. Sie bildeten die Grundlage zur Ansiedlung der **Papierindustrie**, die über ein Jahrhundert beinahe ausschließlich das Gesicht der Stadt prägte.

Dieser Industriezweig, d. h. die Herstellung von Papier aus Holzmasse und Lumpen, steckte noch in den Kinderschuhen. Erst 1844 war Gottlieb Keller dieses Verfahren aus 100 kg Holzmasse gelungen und von ihm an den Direktor der Fischerschen Holzfabriken in Bautzen, Heinrich Völker, dem Gründer der deutschen Holzpapierindustrie, verkauft worden. Die Initiatoren in Scheer waren der Bahnbauingenieur W. Bürgler und die Bahnbauunternehmer Cornelius und Jakob Krämer. Standbeine, auf denen sie ihre Unternehmen aufbauten, waren die bereits bestehende Seidenzwirnerei und die Schloßmühle.

Von der Seidenzwirnerei zur Holzstoffabrik

Der aus Würzburg stammende Apotheker Matthias Kellermann erwarb im Jahre 1864 das Wohnhaus des früheren fürstlichen Geometers Alois Schlee (**Donaustraße 8**, das „grüne Haus") und gründete dort mit seinem Kompagnon die Firma **„Kellermann und Völker, Seidenspinnerei — Scheer"**.

In jedem der beiden Stockwerke waren in einem Saal je 4 zunächst handbetriebene Zwirnstühle aufgestellt. Die auf großen Spulen bezogenen Roh-Seidenfäden wurden dort abgehaspelt, gedämpft, gefärbt und zuletzt gezwirnt. Um die Wasserkraft zu nutzen, ließen sie ein sehr primitives Stauwehr erstellen. Es bestand aus Dielen, die an bis zur Flußmitte eingerammte Pfähle genagelt waren und das Wasser über einen kurzen Einlaufkanal zu einer Turbine leiteten. 1866 stellte Kellermann den Betrieb auf das Zwirnen von Strickwolle um. Das Glück scheint ihm wenig hold gewesen zu sein. 1867 brach in seiner Wohnung im Rentamtsgebäude Feuer aus. 1888 stellte er seinen Betrieb ein und gründete mit den Herren W. Bürgler und Cornelius Kraemer, als Teilhabern, die Wasserwerksgesellschaft.

Am 3. Januar 1869 beantragte der Eisenbahnbauinspektor W. Bürgler „namens der anonymen Wasserwerksgesellschaft in Scheer" zum Zweck einer Holzstoffabrikation in Scheer um käufliche Überlassung des jährlich in den hiesigen Waldungen zum Schlagen kommenden Aspenholzes. — Auf die Dauer von 10 Jahren wurden jährlich bis zu 50 Klafter genehmigt. — Nachdem nun also die Rohstoffrage gelöst war, konnte mit dem Umbau der Zwirnerei zur Holzstoffabrik begonnen werden. Hierzu war zunächst der Bau eines ordentlichen Stauwehrs erforderlich: ein unterhalb der Brücke schräg durch die Donau verlaufendes steinernes Wehr mit breiterem Einlauf, Fallenstock und einer 80 PS starken Turbine, von Escher und Wyss in Ravensburg, im angebauten Turbinenhaus. Im Fabrikgebäude standen, von der Firma Herbst in Goslar bezogen, 2 Schleifapparate, 1 Raffinier- und Deckelpresse mit Wasserdruck. Der Arbeitsvorgang war verhältnismäßig einfach: das auf etwa 0,50 m abgesägte, geschälte Holz wurde, unter Beimischung von Wasser als Kühlmittel, auf den Schleifsteinen geschliffen, die Fasern im sog. „Sandfang" gereinigt, sortiert, entwässert, hydraulisch gepreßt und dann gelagert. Im Dezember 1869 nahm die **„Holzstoffabrik Kellermann & Co."** die Fabrikation auf. Aus einem Klafter Holz, das durchschnittlich in 2 Tagen verarbeitet werden konnte, wurden ca. 20 Ztr. „trockenes Zeug" gewonnen, das zunächst in die Papierfabrik Mochenwangen geliefert wurde (1 Meß oder Klafter Scheiterholz war 4 Fuß tief, 6 Fuß breit, 6 fuß hoch = 144 Kubikfuß = 3,38604 Ster. — 1 Ster entsprach 1 m³).

Die Nr. 18 der illustrierten Zeitschrift „Über Land und Meer", die im Verlag Hallberger in Stuttgart erschien, soll nach einer im Januar 1870 erfolgten Zeitungsmeldung bereits aus Scheerer Holzstoff gefertigt worden sein. — Die Gesellschafter hatten weitere hochtrabende Pläne: Anfangs Mai 1870 bat Bauinspektor Bürgler im Namen der Wasserwerksgesellschaft Scheer um die Genehmigung, diejenige Wassermasse der Donau bei Scheer, welche bislang vom Mühlenbesitzer Jakob Schäfer und seinen Rechtsvorgängern, sowie vom Eigentümer des zunächst unterhalb gelegenen Wasserwerks nicht benutzt wurde, zum Betrieb einer Holzzeugfabrik, einer Gipsmühle und für die Bewässerung der Wiesen nutzbar zu machen. Zu diesem Zweck sollte oberhalb der in das Eigentum des Jakob Kraemer übergegangenen Mühle ein Kanal angelegt werden, welcher rechts abzweigen, unter der sog. Roten Steige in einem gewölbten Tunnel hindurchführen und das Wasser der Donau den in der Nähe des Bahnhofs geplanten Fabrikgebäuden zuführen sollte. — Der Plan scheiterte wohl am Geld, denn bereits nach wenigen Jahren kam es zur Geschäftsauflösung. Der als Liquidator aufgestellte Stadtschultheiß Deschler verkaufte den inzwischen stillgelegten Betrieb am 26. 2. 1874 an den **Kaufmann Christian Schaal,** der in Leutkirch ein Gemischtwarengeschäft und die Ölfabrikation betrieb. Bereits im Juni 1874 übertrug er die Fabrik seinem Sohn Carl Schaal. Dieser vergrößerte durch einen Anbau die Schleiferei, setzte eine neue Turbine ein, die tiefer gelegt wurde, verlängerte und vertiefte den Auslaufkanal. Um mehr Gefälle zu erhalten, ließ er das weit unterhalb in Höhe des Bahnhofs noch bestehende aus Holz und Steinen errichtete Wehr entfernen, das früher zur Eisenerzwäsche gedient hatte. Nun konnten 3 Schleifapparate mit 2 Raffiniergängen und eine neue Stoffpresse betrieben werden. Dieser 1875 erfolgte Umbau war erforderlich, da wegen der bislang mangelhaften

Mengener Straße 17.

Einrichtung der Verkauf des produzierten Holzstoffes schwierig geworden war. Nun fanden die Produkte, die ausschließlich aus Aspenholz hergestellt und wegen ihrer Feinheit und Weiße beliebt waren, auch im Ausland guten Absatz. Der erste „Aufseher" war Mathias Thurner, den er von der Wasserwerksgesellschaft übernommen hatte (ab 1892 Werkführer im Werk Scheer).

1879 baute Carl Schaal sein Wohnhaus, **Mengener Straße 17.**

1881 verheiratete er sich mit Elise Frenchel aus Heilbronn und erhielt 1882 mit seiner Frau und dem ersten Kind Gertrud Frieda das Bürgerrecht. Am 6. 2. 1883 kam der Sohn und spätere Nachfolger Siegfried Schaal zur Welt. 1884 erwarb Carl Schaal in Lauchertal die 1876 abgebrannte ehemals Gmürsche Spinnerei und Weberei, die er 1885 zu einer zweiten Holzstoffabrik umbaute. Von nun an wurden auch Fichtenstoffe gearbeitet. In Scheer baute er 1892 die Wasserkraft völlig um und verlegte die Schleiferei in einen Neubau (**Schaalstraße 35**). In Sigmaringendorf erwarb er in der Nähe seines Lauchertaler Werkes die Kaisersche Mahl- und Sägmühle, die er zur Kunstmühle umbaute, zunächst verpachtete und 1897/98 zu einer dritten Holzstoffabrik erweiterte. Vom Werk Scheer wurde Strom an die Lohndrescherei und an die Brauerei Götz abgegeben.

Für seinen Sohn Siegfried, der 1902 im Realgymnasium Stuttgart die Reifeprüfung abgelegt, danach bei der Maschinenfabrik Voith in Heidenheim und in der Papierfabrik Lutz & Fenchel in Eislingen praktiziert, bis 1907 an der papiertechnischen Abteilung der technischen Hochschule in Darmstadt studiert hatte, erwarb Carl Schaal im Jahre 1906 den Bartelstein, den er 1908 nach den Plänen der Stuttgarter Architekten Eisenlohr und Faigle zu einem herrlichen Wohnsitz umbaute. 1909 verheiratete sich Siegfried Schaal mit Maria Maus aus Kehl und zog hier ein.

Siegfried Schaal arbeitete nach Abschluß seines Studiums des Papieringenieurwesens zunächst in Paris in einer Papiergroßhandlung, war kurz in England und kehrte von dort nach Scheer zurück, wo ihm 1911 die Prokura erteilt wurde. Aus dem Ersten Weltkrieg, an welchem er als Leutnant der Reserve teilnahm, kehrte er im Herbst 1918 zurück und übernahm die Firma.

Holzstoff-Fabrik Scheer. Neue Fabrik. 1892.
Donau, 12 cbm Wasser, 2 m Gefälle, 2 Francis-Turbinen-Voith.

311

Holzstoff-Fabrik und Kunstmühle Sigmaringendorf. 1898.
Lauchert, 5 cbm Wasser, 5,5 m Gefälle, 2 Francis-Zwillingsturbinen-Voith.

Im Werk Scheer wurden 1921 an Stelle der beiden schadhaften Franzisturbinen zwei neue eingebaut mit je 1,76 m Laufraddurchmesser und 0,70 m Schaufelhöhe. In der Inflationszeit gelang es die Betriebe zu halten und danach weiter auszubauen. Im Zweiten Weltkrieg starb nach den Kämpfen in Stalingrad in einem Gefangenenlager sein zweiter Sohn, der Papieringenieur Gerhard Schaal als Oberleutnant. Beim Einmarsch besetzten die Franzosen 1945 den Bartelstein und verhafteten auf Grund einer Denunziation den Besitzer, der im Februar 1946 wieder aus der Gefangenschaft zurückkehrte. Das gesamte Vermögen, das beschlagnahmt worden war, wurde 1947

Holzstoff-Fabrik Lauchertthal. 1885.
Laucher, 4,5 cbm Wasser, 6,5 m Gefälle, 2 Girard-Turbinen-Voith.

wieder freigegeben, so daß er nun wieder die Leitung der Betriebe übernehmen konnte.

Sein ältester Sohn, Dr. Dietrich Schaal, der 1939 in den Betrieb eingetreten war und 1948 als Teilhaber eingesetzt wurde, übernahm nach dem Tod des Vaters im Jahr 1956 die Gesamtleitung. — Während in diesem Jahr noch durchschnittlich 12 000 rm Fichtenfaserholz zu Holzschliff als Halbfabrikat zur Papiererzeugung verarbeitet wurde, fand sich bald kein Absatz mehr, so daß sich die Firma im Jahre 1962 gezwungen sah, in Sigmaringendorf, neben ihrer Holzstoffabrik eine Anlage für galvanische Metallveredelung zu betreiben. Zusammen mit einem Schweizer Unternehmen wurde 1972 mit der Produktion von Siebzylindern für Stoffdruck begonnen, im selben Jahr der Betrieb in Scheer eingestellt und später an die Kleinwasser-Kraftwerke Tannheim verkauft. 1981 starb Dr. Dietrich Schaal, dessen Betrieb in Sigmaringendorf an seinen Sohn überging.

Von der Schloßmühle zur Papierfabrik

Die herrschaftliche Mühle, im Habsburger Einkünfterodel des Jahres 1300 erstmals erwähnt, stand auf dem Areal der heutigen Papierfabrik. Sie war dem jeweiligen Hofmüller meist auf Lebenszeit verliehen. 1524 scheint ein Neubau errichtet worden zu sein, an welchem der

Siegfried Schaal.

Karl Rebholz und Anton Rauser vor „Schaals Ameise".

Erbauer eine Sandsteinplatte mit folgender Inschrift anbringen ließ:

W. T. FRIHER. ZV
WALTPVRG
ANNO DNI 1524

(Wilhelm Truchseß Freiherr zu Waldburg im Jahre des Herrn 1524). Beim späteren Umbau des Wohnhauses wurde diese Platte rechts neben der Eingangstür eingelassen. 1686 erfolgt der Bau einer neuen Sägmühle, zwischen der und der Mahlmühle im Jahre 1704 eine Walk- und Lohmühle erstellt wurde. Der erste namentlich bekannte herrschaftliche Hofmüller, seit etwa 1672 Pfandinhaber, 1699 und 1701 erwähnt, war Hyronimus Wetzel. Da er sich an der Empörung der Bevölkerung im Jahre 1705 rebellisch zeigte, wurde ihm gekündigt und die Mühle dem Hans Georg Eisenhardt verliehen. Dieser wird 1722 als „gewesener herrschaftlicher Müller" bezeichnet. Die Mühle war dem Stefan Wetzel verliehen worden, dem sie in diesem Jahr unter folgenden Bedingungen weiter anvertraut wurde: Er hat ⅔ aller Mahlfrüchte der Herrschaft zu entrichten und erhält, statt einer Besoldung, das restliche Drittel und den anfallenden Mahllon. 1731 wurde er vorübergehend abgesetzt, weil er zum Schaden der Herrschaft arbeitete und ein loses Maul führte, war aber noch Pfandinhaber, als im Jahre 1734 der Riedlinger Müller feststellen mußte, ob es am Müller oder an der Mühle liege, daß diese so wenig einträgt. Es lag wohl am Müller, denn 1735 wurde der Zimmermann Christian Pröbstle als Müller angenommen. Bereits 1737 übernahm Abel Schwander von Göggingen die Mühle, und zwar auf die Art und Weis', wie sie der Pröbstle sel. innehatte, nämlich daß er den 3. Teil vom Ertrag der Mühle, außerdem was für die Herrschaft, auch den herrschaftlichen Bauhof und die ersten Beamten gemahlen wird, genießen kann. Dagegen hatte er aber auch den 3. Teil der entstehenden Kosten an Mühlsteinen, Rädern und Eisen, wie auch am Lohn des Müllerknechts zu tragen, diesen zu verköstigen und die Siebe, Wannen, Kehrwische und Beutel selbst zu beschaffen und alles in gutem Zustand zu halten. 1739 erhielt Johann Stark die Mühle, in welcher 1745 ein Brand ausbrach. 1751 war Johann Baptist Gintert, 1756 Ignati Furterer herrschaftlicher Müller. Letzterer erhielt jährlich 6 Klafter Holz und einen Wagen mit Heu. Ab 1760 saß Martin Grimm auf der Mühle, 1766 Anton Grimm, der bis 1796 erwähnt wird. In dieser Zeit scheint die Mühle neu erbaut worden zu sein. Eine am heutigen Wohnhaus angebrachte Sandsteintafel besagt:

SVB
VNITO REGIMINE
ERNESTI
GEBHARDI ALOISII
HAEC TECTA
NOVITER
SVNT POSITA

(Unter der gemeinamen Regierung von Ernst, Gebhard, Alois ist dieses Haus neu hergerichtet worden). Die erhöht geschriebenen Buchstaben ergeben die Jahreszahl

MDCCLVVVVIIIIIIIII = 1780. — Auf Grimm, von dessen Witwe im Jahre 1801 noch die Rede ist, folgte der Hofmüller Böhmer (1798), im Jahre 1800 Nepomuk Hummler. Dieser erklärte sich im November 1806 bereit, die Mühle auf eigene Kosten wieder herzustellen. 1823 ist der Müller Allgaier genannt, 1826 Lorenz Stumpp. Joh. Nep. Hummler, der von 1824–1827 Stadtschultheiß war und das Haus Mengener Straße 1 besaß, pachtete im Jahre 1829 wieder die herrschaftliche Mühle. Obwohl die Stadt im Jahre 1832 die Notwendigkeit einer Mühle in Scheer bestätigte, lehnte sie 1833 das Angebot der Herrschaft ab, die ihr die Mühle schenken wollte, unter der Bedingung, daß diese repariert und in Betrieb genommen wird. Die Ablehnung erfolgte, „weil eine beliebige Verwendung nicht statthaft war". Da aber die Bürger eine Mühle im Stadtbereich verlangten, wurde das Mühlgebäude und das sog. Sägehäusle im Jahre 1834 um 519 Gulden 36 Kreuzer an den Geometer und Stadtpfleger Johann Alois Schlee verkauft, der den seitherigen Pächter Hummler weiterbeschäftigte. Zunächst erstellte er ein neues Wehr, das ihn — ohne das aus dem Stadtwald zur Verfügung gestellte Eichenholz — 10 500 Gulden kostete. Die kombinierte Stiftung trug 2500 Gulden bei. Im selben Jahr verkaufte er sein Viertel am Haus „Graben 4", die dazugehörige Viertels-Holzgerechtigkeit und $1/_8$ an der Scheuer, die zum Haus Hauptstraße 3 gehörte. 1835 ließ er das Sägewerk abbrechen und dafür eine Gips- und Ölmühle mit Hanfreiberei erstellen. Flußaufwärts entstand eine Erzwäscherei. Zur Renovation der Mühle erhielt er von der Stadt zu einem angemessenen Preis das erforderliche Eichenholz. Ende des Jahres waren auch Scheuer und Stallung neu erbaut. 1836 baute er eine Schleuse und verkaufte sein Haus „Hirschstraße 6" an seinen Vater, den seitherigen Ziegelhüttenpächter Xaver Schlee. 1837 war der Mühlebau vollendet, zu dem der Besitzer nachstehenden Riß fertigte.

Die Mühle bestand aus einer Frucht-Mahlmühle mit 3 starken Wasserrädern, von denen jedes einzeln in Betrieb genommen werden konnte, und einer ihr gegenüberliegenden Ölmühle mit Hanfreibe und Gipsstampfe, die von einem eigenen großen Wasserrad mit geschlossenen Schaufeln getrieben wurde. Das oberhalb der Mühle schräg durch die Donau gebaute Stauwehr bestand aus eingerammten Pfählen und mit Steinen ausgefüllten Holzrahmen, die bei größeren Hochwassern immer wieder weggerissen wurden.

1838 verkaufte Schlee seine Mühle um 14 500 Gulden an Anton Rauch, Müller von Krenried Gde. Eichstegen, der mit Frau und 8 Kindern aufzog. Schlee baute noch im selben Jahr auf seiner Wiese „am Weidlen" das Haus „Donaustraße 8". — Rauch konnte sich auf der Mühle nicht halten. 1841 verkaufte er das Anwesen zum selben Preis, zu dem er es erworben hatte, an Josef Bausinger, Maurer in Hechingen, der hier den Jakob Klaiber als Geschäftsführer einsetzte. Schon 1842 verkaufte dieser das Mühlwesen an Lorenz Stumpp von Trochtelfingen. Dieser baute 1844 hinter der Ölmühle an der Donau, ca. 60 m unterhalb der Mühle, eine weitere Erzwäsche. 1851 heiratete sein Sohn, der Müller Josef Stumpp, der die Mühle an den Müller Georg Schäfer veräußerte. Dieser verpachtete den Betrieb an Lorenz Reck, Landwirt aus Hundersingen, der 1862 im Gewerbekataster verzeichnet ist. Da letzterer aber mit der Pacht im Rückstand blieb, übernahm Schäfer 1864 die Mühle wieder selbst. 1896 stürzte er in der Wirtschaft „Zum Ochsen", die damals im 1. Stock eingerichtet war, auf der Treppe zu Tode. Seine Witwe verkaufte das Anwesen an Jakob Kraemer und dessen Genossenschafter Rudolf Walter.

Jakob Kraemer.

Jakob Kraemer war am 11. August 1838 in Seebach, kgl. bayr. Bezirksamt Dürkheim/Pfalz geboren. Nach der Schulentlassung kam er zu seinem Bruder, dem Wasserbautechniker Philipp Kraemer in die Lehre. Dieser baute damals in Lindau die Hafenmole und ging danach mit Jakob und dem dritten Bruder, dem Bauunternehmer Cornelius Kraemer, in die Schweiz, wo sie als Bauführer bei Eisenbahnbrücken und Kirchenbauten tätig waren. Mit seiner aus Solothurn stammenden Frau Marianne geb. Stämpfli siedelte Jakob Kraemer als „Bahnbauunternehmner" zunächst nach Singen, 1867 nach Saulgau über. Dort hatten er und sein Bruder Cornelius mehrere Bahnbauabschnitte. 1869 kamen beide nach Scheer in der Absicht, an der damals zu vergebenden Bahnlinie Scheer–Sigmaringen ein Los zu bekommen.— In der zum Kauf angebotenen Mühle hatten beide die Möglichkeit einer Existenzgründung gesehen. Jakob kam jedoch seinem Bruder, der Mitglied der Wasserwerksgesellschaft war, beim Kauf zuvor, so daß dieser nicht mehr gut auf ihn zu sprechen war. Cornelius starb bald darauf. Bereits im März 1870 erfolgte der Umbau des Wohnhauses. Am 14. Mai baten Jakob Kraemer und sein Genossenschafter um die Erlaubnis, die Wasserkraft dieser Mühle zum Betrieb einer Holzstoffabrik und einer Mahlmühle mit mehreren Gängen nutzbar machen zu dürfen. Die vorhandenen 4 Wasserräder sollen herausgenommen und durch 2 Jeonvalsche Turbinen mit 10' Weite ersetzt und auf der linken Seite des Wehrs 2 Lehrlauffallen mit je 9' lichter Weite angebracht werden. An Stelle des Ölmühle- und Hanfreibereigebäudes wurde auf dem linken Kanalufer eine **Holzschleiferei** erstellt. Die Bauleitung hatte der Menger Zimmermeister Menigild Knaus und dessen Sohn Friedrich. Der Maurermeister Josef Weber aus Scheer, der bis 1902 bei Jakob Kraemer angestellt war, erstellte im ersten Baujahr das Wehr und die beiden Fallenstöcke mit beiderseitigen Stützmauern. Die Arbeiten an der Schleiferei, die während des 70er Krieges unterbrochen wurden, konnten gleich danach wieder aufgenommen werden. Das hierzu erforderliche Werkzeug, wie auch einige hundert Meter Rollbahngeleise mit Weichen, Lokomotive, Rollwagen aller Art, Karren, Flaschenzüge, Wellenböcke mit Winden, Ketten, Taue, Hebeisen etc., die er nach dem Bau der Bahnstrecke Saulgau–Herbertingen mit den Bauhütten und Schnittholz im Webergärtle gelagert hatte, wurde nun für den Fabrikbau verwendet. Die Steine hierzu, wie auch für die beidseitigen Ufermauern, stammten aus dem zum Gelände gehörigen, im Sigmaringendorfer Ösch gelegenen Steinbruch. Von dort ließ er über den eigenen Zufahrtsweg und über die Wehrkrone, über welche er ein Gerüst von Böcken und Baumstämmen erstellen ließ, unter welchen das Wasser durchfließen konnte, ein Rollbahngeleise legen. Dieses wurde jedoch gleich zu Beginn der 2jährigen Bauzeit vom Hochwasser weggerissen, das auch aus der Mitte des Wehrs ein großes Loch herausriß. Unter der Aufsicht seines früheren Lokomotivführers, Bauschlossers und Schmids Walter, entstand in der Folgezeit zwischen der alten Mühle und der neu erstellten Holzschleiferei das Turbinenhaus, das so angelegt wurde, daß später eine 2. große Turbine eingebaut werden konnte. Von oben und unten war das Wasser mit Spuntdielen und Lehmstampf abgesperrt worden. Eingedrungenes Wasser konnte mittels eines Lokomobils herausgepumpt werden. An Stelle des Mühlbachs wurde ein langer Unterwasserkanal ausgebaggert. Von einer Holzstoffabrik bei Augsburg konnte Kraemer die ganze für die Schleiferei erforderliche Maschinerie samt 2 Turbinen „billig aber in sehr gutem Zustand" erwerben. Am 4. November 1871 war der Schleifereianbau mit 3 Horizontalschleifern, 2 Rafenier und 2 Stoffpressen samt Spanfangzylinder und Schüttelsieb betriebsbereit. Neben den beiden Fuhrknechten, dem „Kramer Karle" (Karl Kieferle) und dem „Bottmüller Toni" (Sohn des Postboten Müller), die schon während der Bauzeit die beiden betriebseigenen Fuhrwerke betreuten, waren etwa 10–12 Arbeiter beschäftigt, bald waren es 24.

Als Wohnung für den Bauaufseher Walter wurde auf das früher 1stockige Waschhäuschen oberhalb des Rechen am Wassereinlauf hart am Berg, ein Stock, ca. 15 Jahre später ein weiteres Stockwerk aufgebaut. Im Scheuerle mit Stall und Wagenschuppen, das unterhalb der Mühle stand, wurde das Chaisenfuhrwerk untergebracht. An Stelle der früheren Schweineställe des Müllers, die oben am Weg dem Wohnhaus gegenüber in der Nische in den Schloßberg hineinstanden, ließ Kraemer einen Ziergarten anlegen. Später kamen eine Uferpromenade und ein Gewächshaus hinzu. Da sich das Schleifereigeschäft gut entwickelte, war Kraemer im Jahre 1875 bereits wieder alleiniger Betriebsinhaber. In diesem Jahr, in welchem er mit seiner Frau und den Kindern Ida, Mathilde, Berta und Edwin das Bürgerrecht erhielt, begann er mit weiteren umfangreichen Baumaßnahmen: 2 weitere Turbinen wurden eingesetzt, ein Holländerbau und ein Papiermaschinenanbau neu erstellt, dazu ein Kesselhaus mit 2 Dampfkesseln von je 45 m² Heizfläche, samt Kamin, ein „Lumpenkesselhaus" zum Lumpenkochen, und ein „Lumpensortierhaus", ferner eine weitere Turbine mit 20 PS zum Treiben der Papiermaschine, die sich aber wegen ihres unregelmäßigen Ganges nicht bewährte und später durch eine Dampfmaschine ersetzt werden mußte. Im 2. Stock des Holländerbaues befand sich der Holländersaal samt Leim- und Farbküche. Dazu gehörten Fahrstuhl und Kollergang. Im Papiermaschinenbau, in dem auch eine Rollmaschine und ein Kalander installiert waren, führte ein Aufzug in den 2. Stock, wo sich der Papiersaal mit Querschneidemaschine und Presse befand.

Der Betrieb war nun hauptsächlich auf **Papierherstellung** umgestellt. Hierzu mußten zunächst gelernte, fremde Papierfachleute und ein Direktor als Betriebsleiter angestellt werden. Da in den Gründungsjahren alles leicht gebaut und ein sehr primitiver Maschinenpark angeschafft worden war, mußten Jahr für Jahr Gebäude und Maschinen erneuert und vergrößert werden. Dies erforderte eine ständige Anstellung mehrerer Handwerker: je 1 Maurer, Zimmermann, Schreiner, Schmied, Dreher, Schlosser und ein Reparateur als Werkführer.

Bis 1885 war das Papier aus Lumpen und reichlich vorhandenem Aspenholz hergestellt worden, das schönen, weißen, wolligen Schleifstoff ergab. In den letzten Jahren sah man sich allerdings gezwungen, Tannenholz zu verwenden, durch welches das Papier sehr spröde wurde. Nun kam das Zelluloseverfahren auf. Erst 1874 war Carl

Daniel Ehmann die Gewinnung von Holz-Zellulose gelungen, die ein besseres Papier ergab. Jakob Kraemer griff das Verfahren auf und ließ den Lumpensaalbau zur **Zellulosefabrik** umbauen und erweitern. Es entstand die Säuremacherei zur Gasgewinnung aus schwefelhaltigem Gestein mit einem 13 m langen rotierenden Kocherkessel. Im ursprünglichen Mühlebau wurde eine Holzhack- und Sortiermaschine eingebaut. Das zerhackte Holz wurde in Säcke gefaßt und auf Wagen in den Kocherbau transportiert, wo es im gut verschlossenen Kocherkessel mit starker, schwefeliger Säure zersetzt und danach mit 12 atü Druck unter Dampf gesetzt wurde. Die Einrichtung der Zellulosefabrikation besorgte ein Ingenieur namens Winter, der allerdings nicht mehr erschien, als mit dem Säuremachen und Kochen begonnen wurde. Der damalige Direktor Schindler, der aus der Schweiz stammte, lernte einheimische Kräfte an. In der Säuremacherei arbeiteten am Schwefelkiesofen als Heizer und Säuremacher der Maurer Paul Weber und der Zimmermann Anton Haller. Erster Kochermeister wurde I. Weber, der als Betriebsmaurer schon beim Bau der Anlage tätig war. Die ersten Versuche schlugen allerdings fehl, da die Säure immer zu schwach war und durch die direkte Dampfzufuhr in den Kocher noch mehr verdünnt wurde, so daß das zerhackte Holz nicht weich werden konnte. Der Versuch mit gelöschtem Kalk und starker Säure schlug ebenfalls fehl. Das Holz, das sich kohlschwarz färbte, war unbrauchbar geworden. Die ganze Masse wurde durchs Fenster in die Donau geschaufelt. Nach mehrmonatigen Versuchen, bei denen der Kalk nun nicht mehr zum Kochen, sondern zum Säuremachen Verwendung fand, unter Dampf durch mehrere Windungen in starken Kupferröhren durch den Kocher geleitet wurde, gelang es die Kochzeit von 48 auf 12 Stunden zu reduzieren. Der Schlosser Stark aus Sigmaringendorf, der wie Weber bei der Erstellung der Anlage dabei war, wurde als neuer Kochermeister angestellt. Auf ihn folgten Franz Brandl und Anton Arnegger. Da das ganze Verfahren höchst ungesund und gefährlich war, mußten die Arbeiter öfters ausgewechselt werden. Fabrikdirektor war ab 1889 Louis Theodor Kienzle (geb. 28. 1. 1844).
1891 kaufte Jakob Kraemer die Holzstoffabrik **Hausen a. A.**, die mit einem Kostenaufwand von beinahe 200 000 Mark zur Cellulosefabrik mit 2 stehenden Kochern für je 45 rm Holz umgebaut wurde. Hierzu brauchte er wieder einen finanzstarken Teilhaber, den er in Herrn Kleinlogel fand, der mit 70 000 Mark in das Geschäft einstieg.
Am 8. November 1892 wird in Scheer vom ersten schweren Unfall berichtet: Der Holzhacker Max Stauß wurde beim Riemenauflegen von der Hackmaschine erfaßt und so lange um die Welle herumgeschlagen, bis das Werk abgestellt war. Er starb 8 Tage später. Ein Tag nach diesem Unfall, brach morgens nach 8 Uhr ein Brand aus, dem bis mittags 12 Uhr die ganze Zellulose- und Säuremacherei und auch der Säureturm, die in Holzbauweise errichtet worden waren, zum Opfer fielen. Nur der Kocherkessel stand noch. An ihrer Stelle wurde nun umgehend ein stattlicher Backsteinbau erstellt, in welchem ein zweiter liegender Kocher, die verbesserte und größere Säuremacherei und die Hackmaschine installiert wurden.

Da während der Bauzeit mehrere Abänderungen vorgenommen wurden, konnte der Betrieb erst nach 2 Jahren wieder voll aufgenommen werden. Als alles wieder gut lief, bezahlte I. Kraemer seinem Compagnon Kleinlogel eine Abfindungssumme von 50 000 Mark und übernahm wieder als alleiniger Inhaber den Betrieb.

Da die Kapazität der vorhandenen Wasserkraft voll ausgeschöpft und daher an eine Vergrößerung der Fabrikanlage nicht zu denken war, faßten die Gemeindekollegien bereits im Jahre 1892 den Beschluß, um die Konzession zum Bau einer Wasserwerksanlage am Unterlauf der Donau, bei der Grenze nach Blochingen einzugeben. Nach Erhalt derselben wurde sie im Zuge einer Versteigerung dem Fabrikanten Kraemer zugeschlagen, der nun zum Erwerb des erforderlichen Geländes mit 33 Güterbesitzern zum Teil zähe Verhandlungen zu führen hatte. 1897 erhielt er die Genehmigung zum Bau dieses E-Werks und ging 1898 zunächst daran, in der Papierfabrik wesentliche verbessernde und vergrößernde Veränderungen vorzunehmen.

1899 begannen die Arbeiten zum Bau des **E-Werkes Jakobstal** mit der Aushebung des 1673 m langen Kanals. Es folgte der Bau der ausgedehnten Stauanlage und des Turbinen- und Dynamogebäudes mit Wohnung für den Werkmeister.

1901 konnte dieses Werk, das eine Leistung von 378 PS aufwies, in Betrieb genommen werden. Schon im folgenden Jahr zeigte sich, daß dieser Bau auch für die Stadt lohnend war: die Gewerbesteuer der Papierfabrik konnte von 37 475 Mark auf 64 875 Mark erhöht werden. (Mit Genehmigung des Innenministeriums vom 30. 2. 1906 wurde dem Werk die Bezeichnung „Jakobstal" zugelegt.) In Anerkennung seiner unternehmerischen Leistung wurde Jakob Kraemer am 25. 2. 1902 zum kgl. Kommerzienrat ernannt. Dies war Anlaß zu einem Arbeiterfest, das am 16. März im Hirschsaal durchgeführt wurde. Die Zahl der Arbeiter war inzwischen von 24 auf 180 angestiegen.

Eine weitere Expansion erfolgte durch den Kauf der Mühle in **Rechtenstein**, die 1902 zu einer von 3 Turbinen betriebenen Holzschleiferei umgebaut wurde. In Scheer wurde die Cellulosefabrik im Jahre 1908 durch einen weiteren stehenden Kocher vergrößert.

Die Gesamtwerke beschäftigten 1910 über 300 Arbeiter. Der Firmengründer Kommerzienrat Jakob Kraemer starb am 15. 7. 1910 im Alter von 72 Jahren. Die Stadt verlor mit ihm einen Mann, der sich auch im öffentlichen Leben als Gemeinderat, Feuerwehrkommandant und Gründer der Stadtmusik verdient gemacht hatte. Seine beiden Söhne Edwin und Alfred Kraemer übernahmen den Betrieb.

1912 wurden die beiden Schwefelöfen erneuert und ein dritter aufgestellt. Neben den bisher vorhandenen Absorptions-(Laugen-)Türmen mußte ein weiterer von 10 m Höhe errichtet werden, ebenso Sammelbehälter für Säure: 2 Stück mit ca. 4000 l im Erdgeschoß, 3 Stück von je ca. 30 000 l im ersten Stock des Cellulosefabrikanbaues; ferner eine Zelluloseentwässerungsmaschine zur Trocknung des dünnflüssigen Zellulosebreis im 1. Stock.

Belegschaft und Familie Kraemer (um 1900).

E-Werk Jakobstal.

Von den 9 Laugentürmen wurden 1914 vier beseitigt und dafür 3 um je 5 m erhöht. Für Säure und Ablauge war die Aufstellung je eines Sammelbottichs erforderlich.

Der Betrieb, der den Ersten Weltkrieg einigermaßen überstand, erlitt in den Jahren 1923/24 durch die Inflation starke Einbußen. 1924 starben innerhalb von 4 Wochen beide Firmeninhaber. Frau Lene Kraemer, Alfreds Witwe, war mit ihren 4 Kindern auf sich allein gestellt.

1927 erwarb die Firma um 8000 Mark ein 2,68 ha großes Gelände. 1928 setzte eine neue Wirtschaftskrise ein, die in den Jahren 1929–1932 von einer Deflation begleitet war, durch welche die Wirtschaft wieder in Unordnung gebracht wurde und viele leistungsfähige Fabriken ins Wanken und zu Fall gerieten. Um in diesen Notzeiten durch Kostensenkungen konkurrenzfähig zu sein, willigte die Arbeiterschaft in Lohnabstriche ein. Direktor

Von links oben:
Anton Pröbstle,
Paul Löw,
Josef Heim, (—),
unten: Hugo Schmied,
Xaver Will, Franz Saile,
Karl Gutknecht,
Karl Graf, Karl Miller,
(—), (—),
Löw aus Bremen, (—).

Moritz übernahm 1930 im Alter von 34 Jahren die alleinige technische und kaufmännische Direktion. 1933 gelang es ihm, namentlich in Zellstoff, günstige Verkaufsabschlüsse zu tätigen. 1935/36 wurde eine neue Dampfkraftanlage erstellt. 1937/38 in Ratsdamnitz eine neue Papiermaschine gekauft und nach Scheer gebracht. Mit der „Zemo-Faser"-Herstellung konnte ein Ausgleich für die fehlenden Textilrohstoffe geschaffen werden.

Am 29. Dezember 1938 brach gegen 21.45 Uhr ein Brand aus, durch den ein 50 m langer Schuppen mit dem darin untergebrachten Schwefellager und 3 Lastkraftwagen zerstört wurden. Die Feuerwehren aus Scheer, Mengen, Sigmaringen und Lauchertal konnten ein Übergreifen der Flammen auf die Hauptgebäude, besonders auf die Hackerei mit den großen, dort gestapelten Holzvorräten verhindern.

Im Zweiten Weltkrieg war die Fabrik als „kriegswichtiger Betrieb" eingestuft, da hier neben der Papierproduktion ein für militärische Zwecke bestimmter Sonderzellstoff hergestellt wurde. Da die Leistung trotz Arbeitermangel so hoch wie möglich gehalten werden sollte, war für die Arbeiter der 12-Stunden-Tag die Regel. Erschwerende Bedingungen brachte die erforderliche Verdunkelung und die damit verbundene fehlende Belüftung. Im technischen Labor arbeiteten im Auftrag der „Reichspapierforschung" 2 Angehörige der TH Darmstadt. — Hubert Kraemer, der zur Wehrmacht eingezogen war und die Firma übernehmen sollte, fiel im Dezember 1944. Nach vorübergehender Belegung durch die Besatzungsmacht im Jahre 1945 konnte der Betrieb langsam wieder anlaufen, mußte aber bald durchgreifend modernisiert werden. — Schon 1935 war von der Papierfabrik Rathsdamnitz/Pommern eine Papiermaschine gekauft worden, die dort seit 1905 in Betrieb war und nun in Kisten verpackt in Scheer lagerte. 1952 wurde der zur Aufstellung erforderliche Bau erstellt und die Maschine, die eine Arbeitsbreite von 2,60 m, eine Siebpartie mit 23,5 m Länge und eine Gautsche hatte, in Betrieb genommen. Die Pressenpartie bestand aus 2 Lege- und einer Wendepresse, nach welcher eine Offsetpresse installiert war. In der Trockenpartie folgten den 14 ersten Zylindern 6 weitere, von denen 3 oben und 3 unten angeordnet waren. Danach lief die Papierbahn über einen Feuchter und 2 kleine Kühlzylinder, ein Sieb-Walzen-Glättwerk, einen Bürstenfeuchter und wurde auf einem Friktionsrollapparat aufgerollt. Die Bedienung dieser Anlage forderte großes Geschick der Arbeiter und führte wegen ihrer Reparaturanfälligkeit zu öfterem Stillstand. — 1963 schied Direktor Moritz aus. Die Nachfolge trat Direktor Otto Gantzkow an. Der Personalstand betrug am 14. 10. 1964: a) Arbeiter 149 (138 deutsche, davon 13 Frauen; 2 italienische und 2 griechische, davon 1 Frau); b) Angestellte 24, davon 2 Frauen. 20 Arbeiter und 7 Angestellte wohnten auswärts. Zur Papierfabrik wurde kein Holz mehr angeliefert, nur noch zur Holzstoffabrik Rechtenstein.

Nach Jahren schwierigster Betriebverhältnisse erwarb die **Firma Steinbeis und Consorten** im Jahre 1965 die Papierfabrik Scheer. Die 1863 in Brannenburg/Bayern gegründete Firma Steinbeis verdankt ihre Entstehung ebenfalls dem Eisenbahnbau. Der damalige Bedarf an Gleisschwellen, Telefonmasten und Bauholz führte zum Zusammenschluß von einigen Holzfachleuten und Bankiers, die den 24jährigen Otto Steinbeis zum Gründungsgeschäftsführer wählten. Sein Vater, der schwäbische Industriepionier Ferdinand Steinbeis, war damals als königlichwürttembergischer Regierungsrat Leiter der von König Wilhelm I. neu eingerichteten „Zentralstelle für Handel und Gewerbe". Der Sohn, der 1890 Alleinbesitzer der Firma war, sorgte für eine steile Aufwärtsentwicklung des Unternehmens, zu welchem nach dem Ersten Welt-

*Jubiläum 1957.
Von vorne links:
H. Heitele, H. Müller,
Fr. Krämer, H. Moritz,
H. Eberle. Mitte:
H. Schinkel.
Von vorne rechts:
A. Heim, Fr. T.
Nattenmüller, H. K.
Gutknecht, H. W.
Knor, H. Schönung,
H. Knöfel.*

krieg zählten: Sägewerke in Rosenheim und Bruckmühl, die Schreinerei in Brannenburg, die Papierfabrik in Bruckmühl, die von ihm erbaute Wendelsteinbahn mit Elektrizitätswerk und mehrere Beteiligungen an einer Reihe anderer Firmen. Sein Sohn Ferdinand, ab 1932 dessen Witwe und danach die Söhne Otto und Hermann Steinbeis sorgten für die Überbrückung wirtschaftlicher Krisen. Nach dem Zweiten Weltkrieg wurde der Bereich der Papiererzeugung auf die Weiterverarbeitung ausgedehnt und 1946 die Firma Zweckform gegründet (Formulare, Durchschreibebücher), die sich bis heute immer mehr ausweitete. Nach 1950 kam zur Steinbeisgruppe auch die Fertigung und Verarbeitung technischer Spezialpapiere in den beiden Gessner-Werken Bruckmühl und Feldkirchen-Westerham (Filterpapiere, imprägnierte Trägerpapiere für Klebebänder etc.). Nach wie vor wurde der Papierfabrikation der größte Stellenwert eingeräumt, die Papierfabrik Bruckmühl modernisiert und erweitert und 1965 das Werk Scheer gekauft, in welchem in diesem Jahr insgesamt 175 Mitarbeiter beschäftigt wurden.

Die Werksleitung in Scheer übernahm Herr Engelhard. Bis 1967 gelang es in 2 Ausbaustufen die Papierfabrik Scheer zu modernisieren und die Zylinderproduktion von 7806 auf 11569 t pro Jahr zu steigern. Nach einer weiteren 1968 durchgeführten Ausbaustufe waren es 1969 bereits 14505 t. Da der Schwerpunkt endgültig auf dem Papiersektor lag, wurde 1968 die Wendelsteinbahn-Gesellschaft verkauft, 1970 die Papierfabrik Gemmrigheim zunächst gepachtet und später (1974) komplett übernommen, wodurch die Stellung im Markt für farbige grafische Papiere deutlich gestärkt werden konnte. — Am 1. 6. 1971 ging die Werksleitung in Scheer an Herrn Heins über. Im selben Jahr wurde eine Lagerhalle mit 1200 qm Stellfläche erbaut, 1972 die Sozialräume erweitert, 1976 eine biologische Kläranlage erstellt, 1977 das Labor erweitert. Durch mehrere technische Änderungen, die ab 1971 erfolgten (elektrische Abrißmeldung, Automatisierung der Entrindung und deren Umbau von „naß" auf „trocken", Bau eines Stahlkamins, Einbau von Kegelschleudern an Papiermaschine, Einbau stehender Elemente an Stelle der Registerwalzen), konnte bis 1978 die Zylinderleistung auf 15835 t gesteigert werden. Am 1. 9. 1978 übernahm Herr B. Steinbeis die Werksleitung, am 1. 9. 1980 Herr Schauder. Weitere technische Änderungen, vor allem die 1986 erfolgte Ausbaustufe, brachten das Werk auf den neuesten Stand der Technik: Verlängerung des Papiermaschinengebäudes und der Ausrüstungshalle um ca. 15 m, Umbau der Langsiebmaschine zur Doppelsiebmaschine, Installation einer Leimpresse, Umbau der Trocknung, Einbau von 2 zonengesteuerten Zwei-Walzglättwerken, neues Dampf- und Kondensationssystem, neue Verpackungsmaschine, neuer Dampfkessel, Umstellung von Heizöl auf umweltfreundliches Gas etc.

Herr Kiolbassa übernahm am 1. 9. 1986 die Leitung des Werkes Scheer, dessen Jahreskapazität 1986 18075 t, 1987 bereits 28009 t betrug, so daß in diesem Jahr der Bau einer weiteren Lagerhalle mit 1600 qm Lagerfläche erforderlich wurde. 1988 betrug die Produktion des 174 Mitarbeiter zählenden Werkes 31 483 t. — Die gesamte Steinbeisgruppe beschäftigte im Jahr 1988 2200 Mitarbeiter und erzielte einen Umsatz von rd. 700 Millionen Mark.

Wilhelm F. Bünten — Briefumschlagfabrik

Wilhelm F. Bünten, geboren 1920 in Ratingen/Rheinland, war nach seiner Ausbildung Soldat im Zweiten Weltkrieg und ließ sich nach der Gefangenschaft im Jahre 1950 in Sigmaringen nieder, wo er bis 1957 wohnte. 1952 gründete er in Scheer in der von ihm gemieteten früheren Weckerleschen Mosterei, Gemminger Straße 33, eine Firma zur Herstellung von Lohnbeuteln und Flachbeuteln aller Art, in welcher er 7 Mitarbeiter beschäftigte. 1957 baute er in der Industriestraße 4 das heutige Werk mit Wohnung. Durch die Erweiterung des Produktionsprogrammes war 1961 der Bau einer massiven Lagerhalle für das Rohmaterial erforderlich. Die Anschaffung modernster Maschinen für die Fertigung von Versandtaschen, Musterbeuteln, Papprückwandtaschen und Briefhüllen rundete das Produktionsprogramm der Briefumschlagfabrik ab. Seit 1963 sind die Produkte unter der Bezeichnung „SCERRA" im Bundesgebiet und Teilen des europäischen Auslandes ein Begriff. 1964 verheiratete sich Wilhelm F. Bünten mit Frau Anneliese Kraemer.

Um mehr Kundennähe zu erreichen, wurden 1967 in Nürnberg und in Offenbach Verkaufsbüros mit Auslieferunggslagern eingerichtet. 1969/70 erstellte er einen großen Fabrikanbau, in welchem nun rationeller gearbeitet und 90 Personen beschäftigt werden konnten. Der beliebte Firmenchef verstand es, seinen rheinischen Humor ins Schwäbische zu übertragen, weshalb sein plötzlicher Tod im Jahre 1972 nicht nur bei seinen Mitarbeitern große Bestürzung hervorrief. Mit viel Mut und der Mithilfe der ganzen Belegschaft führt seither seine Frau den Betrieb weiter. Um wettbewerbsfähig zu bleiben, mußten weitere moderne Rotationsmaschinen angeschafft werden. 1975 wurde die erste „Rollen-Briefumschlagmaschine" in Betrieb genommen. Die Ausweitung der Maschinenkapazität erforderte eine größere Lagerhaltung, weshalb 1977 eine weitere Lagerhalle erstellt werden mußte. Der 1978 durch den Ankauf einer zweiten „Rollen-Briefumschlagmaschine" erfolgte größere Maschinenausstoß bedingte die Erweiterung des Fertiglagers und des Versands, wozu 1979 ein Grundstück mit 1400 m² erworben wurde. Weitere Investitionen folgten: moderne Versandtaschenmaschinen, Druckmaschinen und eine vollautomatische Stanzmaschinenanlage. 1987 wurde die bisher größte und der neuesten Technologie entsprechende Briefumschlagmaschine installiert, die eine Leistung von bis zu 1000 bedruckten Briefhüllen (mit und ohne Fenster) pro Minute aufweist. Als weiteres Rohmaterial- und Fertiglager konnte 1988 eine auf betriebseigenem Gelände erbaute, 450 m² große neue Lagerhalle bezogen werden.

Heute finden hier rund 50 Mitarbeiter und einige Außendienstarbeiter Beschäftigung. Die Stärke des Betriebs, den ein umfangreiches Produktionsprogramm auszeichnet, liegt in der schnellen Herstellung von Sonderanfertigungen.

Späh — Dichtungen, Stanz- und Formteile

Karl Späh, geboren 1922 in Scheer, begann am 1. Mai 1964 im Keller seines Wohnhauses in Mengen, Zeppelinstraße 23, mit der Produktion von Stanzteilen. Kurze Zeit mietete er in Mengen die Räume einer ehemaligen Schreinerei (Wilhelmstraße 21) und baute 1966 in Scheer (Industriestraße 8–12) eine Fabrikationshalle mit Bürotrakt. Zu diesem 200 qm großen Hauptbau kam 1970 der erste Erweiterungsbau mit 1000 qm. 1971 trat der Sohn Alfred Späh in die Geschäftsleitung ein. 1972 wurde eine 1500 qm große Lagerhalle hinzugebaut. Die Belegschaft umfaßte nun bereits 150 Mitarbeiter. Im selben Jahr erwarb Karl Späh die Firma Popp in Bevensen, die weiter ausgebaut wurde, 1975 die Firma Quadriga in Hamburg-Norderstett, deren Maschinen und Lagerbestände in die Betriebe Bad Bevensen und Scheer übernommen wurden. Mit der Übernahme dieser beiden Firmen der Dichtungsbranche war es möglich, die Kunden des norddeutschen Raumes und der angrenzenden nordeuropäischen Staaten schneller zu beliefern. Seit der Übernahme der Produktionsbereiche PTFE-Halbzeuge und Fertigteile der Firma Huth-Industrietechnik im Jahre 1986, werden neben der Herstellung von Dichtungen und Stanzteilen auch Drehteile aus PTFE und anderen Kunststoffen gefertigt.

Inzwischen verfügen die Unternehmen zusammen über 10 000 m^2 Produktionsfläche und beschäftigen über 300 Mitarbeiter.

Brendle*Frost*, Johann Brendle, Fertiggerichte

Johann Brendle, geb. 1940, war nach 3jähriger Berufsausbildung als Koch in den Jahren 1958—1963 in Gasthäusern des In- und Auslandes tätig und gründete 1963 in einer Pachtgaststätte in Mengen eine eigene Existenz. Nachdem er 1969 als Pächter des Bräuhauses Scheer, von der dortigen Gaststättenküche als Fernküche, mit der Warmverpflegung außer Haus (Mittagstisch für Kantinen) begonnen hatte, erstellte er im Jahre 1970 im Olber eine Großküche für täglich ca. 1800 Essensauslieferungen. Neben der 1973 erfolgten Erweiterung des Programms auf Erbsengerichte, führte die parallel dazu verlaufene Versuchsreihe, Tiefkühlkost herzustellen, 1976 zur Aufgabe der Betriebsverpflegung und Herstellung von Konserven. Das Produktionsprogramm umfaßt seither ausschließlich die Herstellung von über 100 verschiedenen Sorten von Tiefkühlferngerichten in Kochbeuteln, zu deren Auslieferung ein eigener Werksverkehr bis München und Frankfurt besteht. Der norddeutsche Raum wird über die Spedition beliefert. Abnehmer sind ausnahmslos Tiefkühlgroßhändler.
Die Produktion des 1978 auf „BRENDLE*FROST*" umfirmierten Betriebs, der 1980 durch den Bau einer 800 m² großen Tiefkühlhalle erweitert wurde und 21 Personen beschäftigt, beläuft sich auf täglich 10 000–12 000 Essensportionen, meist verschiedener Artikel.

Werkzeugschleiferei und Feilenherstellung Huber

Hermann Huber, geboren 1930 in Mengen, gründete am 1. 1. 1971 „Im Olber 17" den Betrieb.

Gießerei Speh

Siegfried Speh, geb. 1935 in Friedrichshafen, übernahm am 1. 3. 1974 Räume der ehemaligen Schaalschen Holzstoffabrik und betreibt dort eine Gießerei für Zinnartikel und Aluminium-Maschinenteile.

Bauelemente Schütz und Musch GmbH & Co.

Erwin Besendorfer, geb. 1942, eröffnete am 15. 8. 1975 „Im Olber 20" ein Betonstudio (Herstellung und Vertrieb von Struktur- und Betonkeramik), das nach seinem Tod am 24. 9. 1985 abgemeldet wurde.
Otto Schütz, geb. 1958, und Reinhold Musch, geb. 1950, erwarben am 1. 1. 1987 den Betrieb und stellten ihn um auf die Herstellung und den Vertrieb von Bauelementen aus Faserzement.

OKA Kunststoffverarbeitung GmbH

Der Mechanikermeister und erfahrene Kunststoffverarbeiter Martin Kuchelmeister gründete 1983 in Scheer das Unternehmen, für das im Gewerbegebiet Olber von der Stadt 5500 m² Grundfläche zum Bau einer Fabrikationshalle erworben wurde.
Die Firma OKA („oberschwäbische Kunststofftechnik-Anwendung"), in welche 1985 der Industriekaufmann Philipp Schafheitle als geschäftsführender Hauptgesellschafter eintrat, produziert aus thermoplastischen Kunststoffen Spritzgieß- und Tiefziehteile bis zu einem Stückgewicht von 3 kg, für alle Bereiche der Industrie, des Handels und der Werbung.
1985 und 1987 wurde der Betrieb, in welchem 40 Personen beschäftigt sind, auf die heutige Größe von 1500 m² bebauter Fläche vergrößert.

Fotosatzstudo Hain

Im Gebäude Hauptstraße 7 gründete Helga Hain am 1. 10. 1988 den Betrieb zur Herstellung von Druckvorlagen.

Lohnnäherei Geiger

1972 baute Günther Geiger, geb. 1940 in Blochingen, als Anbau an das 1964 erstellte Wohnhaus, Gemminger Straße 56, ein Nähereigebäude.
Die Firma beschäftigt derzeit 20 Personen.

Händler – Kaufleute

Schon sehr früh versuchten einzelne Handwerker, neben ihren eigenen Erzeugnissen auch eingekaufte Fertigwaren zu verkaufen, was als unlauterer Wettbewerb seitens der Zünfte bzw. der Stadt verboten wurde. Ebenso streng achtete man darauf, daß ein bestehender Handel in seiner Existenz nicht durch ein Konkurrenzunternehmen gefährdet wird. 1709 verbot die Stadt dem Sonnenwirt Johann Frick, der Zunftmeister des Schusterhandwerks war, Schuhe zu kaufen und zu verkaufen. — Der Kaufmann Anton Löhner (Lehner), der 1826 als Besitzer des Hauses **Hirschstraße 2** genannt ist und dieses an den Kaufmann Franz Josef Ramsperger verkaufte (vgl. Bäcker), erwarb den Platz **Hauptstraße 5**, auf welchem das 1838 abgebrochene alte Rathaus stand, und baute dort im Jahre 1840 ein 3stockiges Wohn- und Geschäftshaus, das er 1872 an die Frau des Kaufmanns Fridolin Weckerle (vgl. Wagner, Hauptstraße 10) verkaufte. Weckerle wanderte 1882 nach Amerika aus, worauf das Geschäft an den Kaufmann Johann Baptist Hering überging, dessen Sohn Josef Hering 1902 als Besitzer genannt wird. Von diesem ging das Gemischtwarengeschäft an den Kaufmann Karl Herkommer und von dessen Witwe an den Kaufmann Wilhelm Hering (geb. 1908). Nach seinem Tod wurde 1980 das Lebensmittelgeschäft aufgegeben, dann das Haus verkauft. Zunächst begann Christine Weißensel hier einen Handel mit Süßwaren, Zeitschriften, Handarbeiten, ab 1985 Sonja Maria Klett-Pechstein einen solchen mit Zeitschriften, Tabak und Handarbeitsartikeln (bis 1. 9. 1986). Am 17. 2. 1989 wurde hier das Café-Bistro „Happy Day" eröffnet.

Der Kaufmann Franz Josef Ramsperger, der sein Haus Hirschstraße 2 an den Kaufmann Wilhelm von Steinberg veräußerte, kaufte den früheren Gasthof „Zum Kreuz", **Mengener Straße 5,** und richtete dort einen Kolonialwarenladen ein. 1882 empfahl er auch Kleineisenwaren. — 1840 gab Ignaz Sonntags Witwe ihren Kramhandel auf. Als daraufhin der Schuster Anton Haberbosch die Errichtung eines solchen beantragte, wurde dies mit dem Hinweis auf das bestehende Geschäft des Ramsperger abgelehnt. 1842 wird jedoch Lorenz Linder als Kramhändler erwähnt, der 1843 die Konzession für den Essigverkauf erhielt, den vorher Ignaz Sonntags Witwe betrieben hatte. — Da dem Josef Ils im Jahre 1842 sein Antrag um die Erlaubnis, Handel mit Branntwein, Essig und Salz zu betreiben und ersteren auszuschenken, abgelehnt worden war, begann er 1844 einen Handel mit Seife, Lichtern, Wagenschmiere und anderen brennbaren Stoffen und „Schmozwaren". — Der Schuster und Waldmeister Ferdinand Ils gründete in seinem Haus **Fabrikstraße 1** (vgl. Schuster) eine Essigfabrik, die 1890 sein Sohn Eduard Ils übernahm. Zur Essigherstellung setzte er sog. „Essigmutter", eine weiße, gallertartige Masse, in Fässern mit Wasser an und ließ sie längere Zeit stehen. Etwa ab 1937 wurde Essigessenz mit Wasser verdünnt und zu Weinessig und leichterem Haushaltsessig verarbeitet, den er mit einem von einem Pferd gezogenen Bernerwagen an Großverbraucher ausführte. Später trieb er nur noch den

Hauptstraße 5.

Essighandel, den sein Sohn Ferdinand Ils mit der Zeit aufgab und an dessen Stelle den Viehhandel betrieb, den 1966 der Sohn Albert Ils übernahm. — Andreas Krucker erhielt im Jahre 1842 die Erlaubnis, mit Obstbranntwein und Kirschengeist zu handeln, nicht aber über die Gasse, sondern nur mit Wirten. Im selben Jahr wurde dem Glaser Andreas Krucker, **An der Stadtmauer 1**, erlaubt, mit Glas und Porzellangeschirr sowie Heiligenbildern Handel zu treiben und zu hausieren. — Ein weiteres Kaufhaus war das ehemalige Amtshaus **Hauptstraße 11**. Dieses vermutlich aus dem 15. Jahrhundert stammende Gebäude mit seinen breiten Treppen und starken eichenen Säulen soll das erste Pfarrhaus gewesen sein. 1804 wird es als „Hofrat Baurs Haus" bezeichnet, 1826 als Amtshaus und am 8. 8. 1941, als es nach der Versteigerung von der Herrschaft um 1000 Gulden an den Oberzoller Casimir Widmann aus Biberach verkauft wurde, als Bezirksamtsgericht. Von ihm erwarb Wunibald Rothmund das Anwesen, der es an seinen Sohn, den Hirschwirt Josef Rothmund weitergab. Dieser verkaufte 1874 die Hälfte des 3stockigen Wohnhauses samt der linken Scheuerhälfte um 4950 Gulden an seinen Sohn Paul Rothmund, der sich mit Henriette Stumpp verheiratete. Sie trieben hier eine kleine Landwirtschaft um (der heutige Schuhladen war Scheuer, die Werkstatt Stall). Der Sohn Eugen Rothmund, der den „Deutschen Hof" („Brunnenstube") übernahm, verkaufte das Anwesen an Georg Wolber. Von ihm erwarb 1927 der Kaufmann Seraphin Senn das Haus und baute einen Kaufladen ein.

*Eduard Als, * 17. Februar 1852, † 28. Februar 1937.*

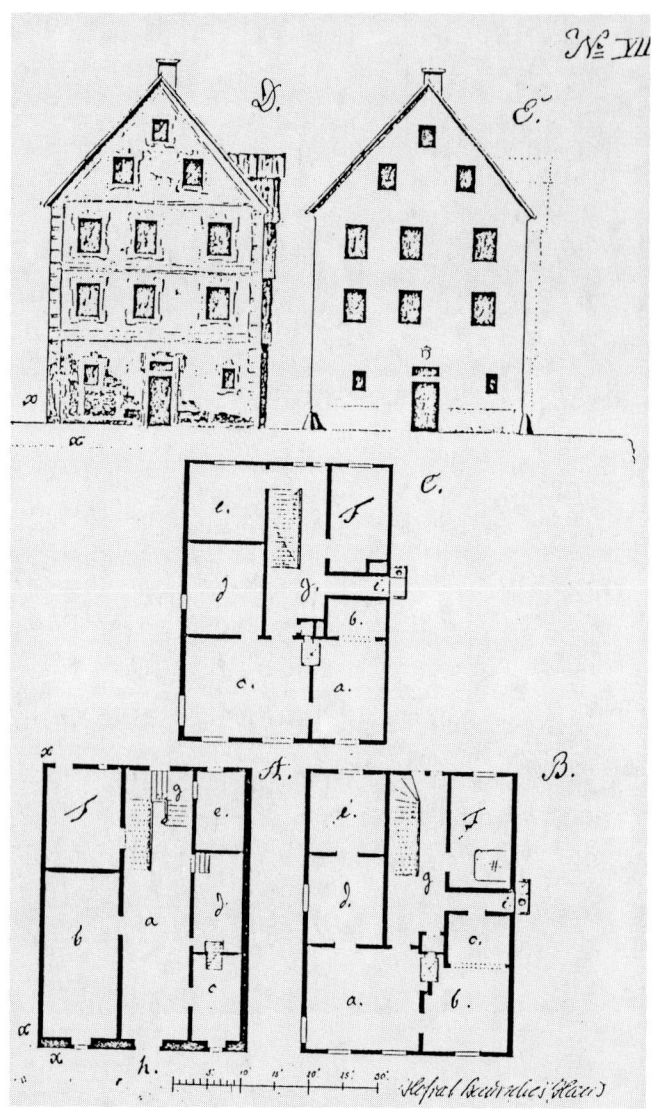

Hauptstraße 11.
1823 stand das „Hofrat Baursche Haus" leer.
A = Parterre: a) Flur, b) Holzlege, c) Keller, d) Kammer,
e) Speisekammer, f) Holzlege, g) Treppe, h) Haustür.
B = 1. Stock: a) Stube, b) heizb. Stube, c) Alcoven,
d) Kammer, e) Speisekammer, f) Küche, g) Gang i. Abtritt.

Als er 1933 nach Rottweil zog, veräußerte er es an den Schuhmacher Josef Kieferle und dessen Bruder, den Schneidemeister Hubert Kieferle, dessen Anteil später der Bruder Josef Kieferle erwarb. — Anton Schaidle erweiterte in seinem Haus **Hauptstraße 6** (vgl. Hutmacher) im Jahre 1938 den seit 1929 bestehenden Gemüseladen zum Kolonialwarenladen. 1954 erfolgte eine weitere Ladenvergrößerung und gründliche Renovation des Hauses. Dabei wurden leider Stukkaturen, Ornamentierungen und Bilder an der Wand zerstört. 1967 verpachtete Schaidle das Geschäft an Frau Christa Bürk (später Rothmund) bis zum 16. 2. 1982, dann an Frau Christa Ströbele bis 30. 6. 1986. Danach erfolgte der Umbau zum „Schloßgrill". — Im Gebäude **Hauptstraße 7** befand sich das Lebensmittel- und Gemischtwarengeschäft des Kaufmann Paul Birkenmaier (Bruder des Adlerwirts), das nach seinem Tod bis zum Jahre 1958 von seiner Frau Luise, dann von Rosina Birkenmaier, geb. Schmid, bis zum Jahre 1968 weitergeführt wurde. — In seinem landwirtschaftlichen Anwesen an der **Mengener Straße 48** gründete Friedrich Zirn, geboren 1894, einen Kohlenhandel, dem bis 1945 ein Rollfuhrunternehmen angegliedert war. Den Anforderungen des Energiemarktes entsprechend wurde der Betrieb im Jahre 1960 auf den Handel mit Heizöl erweitert. Nach der Betriebsübernahme durch den Sohn Friedrich Zirn im Jahre 1967, wandelte sich die Brennstoffhandlung vom Neben- zum Vollerwerbsbetrieb. — Der Fuhrunternehmer Josef Pfister gründete 1948 den Betrieb, den er 1954 in das von ihm erbaute Haus **Mengener Straße 16** verlegte und 1968 an seinen Sohn Ottmar Pfister übertrug. Die beim Haus im Jahre 1959 errichtete Tankstelle wurde 1984 wieder geschlossen. — Die Brüder Anton Weckerle (geb. 1926) und Alfred Weckerle (geb. 1929) gründeten im Jahre 1951 ein Transportunternehmen mit Sitz in der **Gemminger Straße 43**. Der wachsende Bedarf an Kraft- und Schmierstoffen bewog sie, sich in der Folge insbesondere als Verkaufsspedition der Deutschen Shell AG zu betätigen und 1959 an der **Mengener Straße 63** ein Tanklager einzurichten. Ausschlaggebend für den Standort waren die verkehrsgünstige Lage, eigenes Gelände und der Gleisanschluß. 1962 wurde ein Garagen- und Bürogebäude erstellt, so daß der komplette Betrieb hierher verlegt werden konnte. 1964 wurde die „Anton Weckerle GmbH" gegründet, die nun als Agentur tätig war. Die

Hauptstraße 7.

voranschreitende Verwendung von Heizöl begünstigte die Firmenentwicklung und führte 1970 zur Erweiterung des Tanklagers auf seine heutige Größe.

1982 wurde auf dem Firmengelände eine öffentlich zugängliche Tankstelle errichtet, die später automatisiert wurde und heute als einzige Tankstelle die Bevölkerung durch Kreditkarten- und Geldscheinbetankung versorgt. 1985 schied Anton Weckerle altershalber aus. Ihm folgte Dieter Weckerle (geb. 1958, Sohn des Alfred Weckerle) in der Firma nach, die 1988 die Bezeichnung „Öl-Weckerle GmbH" erhielt und derzeit 9 Mitarbeiter beschäftigt.

Wilhelmine Zimmerer, die Frau des Bäckermeisters Josef Zimmerer, führte von 1956–1976 in ihrem Haus **Mengener Straße 11** ein Lebensmittel- und Colonialwarengeschäft.

Der Metzgermeister Eugen Hund, geb. 1920, zog mit seiner Familie 1964 von Tailfingen nach Scheer und eröffnete im Gebäude **Hirschstraße 12** ein Lebensmittelgeschäft. 1969 baute er das Wohn- und Geschäftshaus **Gräfin-Monika-Straße 13**, in welchem er 1970 ein Lebensmittelgeschäft mit Gaststätte eröffnete, das nach seinem Tod im Jahre 1979 aufgegeben, 1981 durch seine Tochter Christa verheiratete Ströbele wieder eröffnet wurde und bis 1983 bestand. — 1966 gründete Frau Ute Kremers einen Handel mit Textilwaren auf Wochenmärkten und verlegte 1988 ihren Sitz vom Bahnhofsgebäude in ihr Haus **Montfortstraße 26.** — Karl Kössler, geb. 1935, der seit 1965 in seinem Geburtsort Bechthal einen Handel und Montage von Maschinen und Betriebseinrichtungen für Mühlen, Getreidesilos und Kraftfuhrwerke betrieb, verlegte diesen ab 19. 6. 1974 nach Scheer „**Am Vogelherd 14**". — Im **Olber 2** baute Max Lander aus Mengen im Jahre 1976 eine 300 m² große Lagerhalle, die als Auslieferungslager für Gewürze der Firma Hermann Laue — Hamburg dient. Mit 6 Angestellten wird von hier aus ein Teil des süddeutschen Raumes bedient. — Frau Edeltraud Seimetz eröffnete am 14. 11. 1986 im Gebäude **Hirschstraße 12** einen Agentur-Handel mit Waren des Quelle-Versandhauses und sonstiger Waren, sowie eine Toto-Lotto-Annahmestelle. — Frau Ingrid Nassal gründete am 1. 9. 1987 im Hofgartencenter, **Gemminger Straße 3** ein Einzelhandelsgeschäft mit Lebensmitteln.

Der Italmarket: Der Kaufmann R. Di Lucia aus Salerno/Sizilien gründete 1975 in Mengen die Firma mit dem Ziel, seinen Landsleuten im süddeutschen Raum Gelegenheit zu bieten, direkt aus ihrer Heimat importierte Lebensmittel zu kaufen. Mit seinem Fuhrpark belieferte er hauptsächlich die Gastronomie. Eine gesteigerte Nachfrage nach italienischen Produkten, auch bei der deutschen Kundschaft, machte den Bau großer Lager- und Verkaufsräume erforderlich, die im Mai 1980 im Scheerer Industriegebiet „**Olber 4**" bezogen wurden. Damit bestand nun auch die Möglichkeit, das Einzelhandelsgeschäft, das bislang Stiefkind des Betriebs war, professioneller zu führen. 1988 wurde weiterer Lagerraum geschaffen, der zu Beginn des Jahres 1989 bezogen werden konnte.

Fliesen-Nonnenmacher: Der 1951 in Frankenhardt Kreis Schwäbisch Hall geborene Kaufmann Roland Nonnenmacher, der 1976 in Ravensburg den Betrieb gründete, fusionierte mit dem Fliesenverlegebetrieb Schuster zur „Flima, Fliesen-Marmor GmbH", die im Jahr 1980 in Scheer, **Mengener Straße 35**, einen Filialbetrieb eröffnete. 1981 wurde die „Flima" wieder in zwei Betriebe getrennt, wobei Roland Nonnenmacher den Betrieb Scheer übernahm, der nun die Bezeichnung „Fliesen-Nonnenmacher" erhielt. Er umfaßt Import, Groß- und Einzelhandel mit Fliesen, Natursteinen, Ofenkacheln und Baustoffen. 1983 erfolgte die Eröffnung einer Zweigniederlassung in Westhausen (Ostalbkreis), 1985 die Erweiterung der Produktpalette mit Sonnenschutzanlagen, 1989 die Eröffnung der erweiterten Fliesenausstellung im 1. Stock des Betriebsgebäudes. — Mit dem 1946 in Fulgenstadt geborenen Fliesenlegermeister Anton Neuburger gründete Roland Nonnenmacher 1987 in Scheer, Mengener Straße 35 die Firma Nonnenmacher und Neuburger, die sich mit der Verlegung von Fliesen und Natursteinen befaßt.

In seinem Haus **Schloßsteige 11** eröffnete Guido Schwarz am 1. 9. 1983 einen Einzel- und Großhandel mit Wein, Spirituosen, Glas, Porzellan und Kunstgewerbeartikeln. Heinz Hock, geb. 1940 in Bessarabien, eröffnete am 1. 10. 1988 „**Im Olber 15**" eine Niederlassung des „KFU-Knochen- und Fettverwertungsunternehmens, Handel mit tierischen Rohstoffen" (Hauptniederlassung in Appenweier-Urloffen). — Hans Patrick Lange, geb. 1946 in Würzburg, gründete am 1. 12. 1988 im Haus **Schillerstraße 10** ein Konstruktionsbüro und Computervertrieb mit Komplettlösungen.

Banken

Die Kreissparkasse Scheer

Zweigstelle der Hohenzollerischen Landesbank, wurde 1908 als nebenamtliche Zweigstelle der 1854 gegründeten Oberamtssparkasse (später Kreissparkasse Saulgau) eröffnet. Dem ersten Zweigstellenverwalter Stadtpfleger Knor folgten 1937 der Stadtpfleger Konstantin Bregenzer, 1948 der Kanzleiassistent Alois Laudascher, 1958 der Bundesbahninspektor Anton Schmucker, welche die Zweigstelle in ihren Privatwohnungen eingerichtet hatten. 1968 wurde die Zweigstelle in Räume des Gebäudes Hauptstraße 7 verlegt und der heutige Zweigstellenleiter Hubert Heim hauptamtlich angestellt. Aufgrund des Kreisreformgesetzes wurde am 1. Januar 1974 die Kreissparkasse Saulgau mit der Zweiganstalt Mengen und ihren Zweigstellen, zu denen auch Scheer zählte, mit der Hohenzollerischen Landesbank, Kreissparkasse Sigmaringen vereinigt. Im Hofgarten wurde 1985 ein neues Zweigstellengebäude gebaut, das am 17. 12. 1986 offiziell seiner Bestimmung übergeben werden konnte.

Von der durch die gute Entwicklung zu einer Stützpunktzweigstelle ausgebauten Zweigstelle Scheer aus werden der Stadtteil Heudorf und die Gemeinde Blochingen betreut.

Die Raiffeisenbank Scheer

1908 gründeten 90 Bürger den „Darlehenskassenverein Scheer GmuH" mit 7 Vorstands-, 7 Aufsichtsratsmitgliedern und dem Rechner Kaufmann Josef Hering, der noch im selben Jahr vom Kaufmann Paul Birkenmaier abgelöst wurde. Neben einem Geschäftsanteil von 100 Mark zahlte jedes Mitglied 2 Mark Eintrittsgeld und haftete mit seinem Gesamtvermögen für die Verbindlichkeiten des Vereins.

1925 wurde an der Mengener Straße ein Lagerschuppen gebaut, die Rechnerstelle dem Landwirt Karl Moll übertragen (–1954). Nach der Fusion mit dem Darlehenskassenverein Heudorf im Jahre 1928 erfolgte 1935 eine Firmierungsänderung unter der Bezeichnung „Spar- und Darlehenskasse Scheer-Heudorf eGmuH". 1954 übernahm der Landwirt Johann Baur die Rechnerstelle (–1977). 1957 wurde in Heudorf ein Lagerschuppen gebaut, 1958 die bisher unbeschränkte in eine beschränkte Haftung umgewandelt und ab 1959 die Bezeichnung „Genossenschaftsbank Scheer-Heudorf eGmbH" geführt. 1959 kaufte die Bank das Grundstück Donaustraße 27, ließ das Gebäude abreißen und an dessen Stelle ein neues Bankgebäude erstellen, das 1964 in Betrieb genommen wurde. Erstmals konnten nun die Geschäfte, statt in der Stube des Rechners, in geeigneten Räumen abgewickelt werden.

1967 erfolgte die Umfirmierung in „Raiffeisenbank Scheer-Heudorf", 1977 die Fusion mit Rulfingen und Blochingen. Da dies Stadtteile von Mengen sind, lautet die neue Firmenbezeichnung seither „Raiffeisenbank Mengen-Scheer eG". Die Bankkaufleute Herbert Ludy und Reinhard Müller übernahmen die Geschäftsführung. 1977 wurde mit dem Um- bzw. Neubau des Bankgebäudes begonnen, das 1978 im Rahmen eines Tags der offenen Tür vorgestellt wurde.

1982 traten auch die Mitglieder der Raiffeisenbank Ennetach bei. Seit 1986 versieht der Bankkaufmann Karl Mahlenbrey die Stelle des 2. Geschäftsführers.

Die Post

Die Übermittlung schriftlicher und mündlicher Nachrichten war ursprünglich Sache der Bürger, die sich darin abwechselten. Um hierbei einen reibungslosen Ablauf zu gewährleisten, bediente man sich des sog. „Botenbengels". Dies war ein hölzerner Botenstab (Wanderstab), den der jeweilige Inhaber nach unentgeltlicher Verrichtung des Botenganges mit der Botenverpflichtung an seinen Nachbarn weitergab. Da es sich beinahe ausschließlich um amtliche Nachrichten handelte, übertrugen Rat und Bürgerschaft der Stadt schon sehr früh solche Botengänge oder Botenritte den Ratsmitgliedern oder dem Stadtpfleger. Daneben bestanden die sog. „Metzgerposten", denen weniger wichtiges, besonders privates Schriftgut anvertraut wurde. Erst 1811 hören wir von einem regelmäßigen Eilwagenkurs Mengen — Scheer — Sigmaringen. 1819 wurde in der benachbarten Residenzstadt Sigmaringen ein königliches Postamt errichtet. Das ganze Postwesen unserer Gegend ging am 1. April 1829 an die Thurn- und Taxissche Post über. Nun hören wir erstmals auch von einem von der Stadt angestellten „Bott" (Boten). 1832 war es Fidel Kieferle. 1845 erhielt der Bott Franz Josef Kieferle von der Stadt eine Aufbesserung seiner Bezüge. Da er keine Kaution stellen konnte, gab ihm das Postamt Mengen im Jahr 1850 keine Zeitungen und Briefe mehr mit, so daß die Postzustellung für einige Zeit unterbrochen war, bis Josef Oswald als Postbote angestellt wurde. 1851 übernahm das Königreich Württemberg das gesamte Postwesen und zahlte dem Fürsten von Thurn und Taxis 1,3 Millionen Gulden Ablösung. In der Folgezeit wurde die Organisation des Postwesens gestrafft und auch die Landorte in die Postzustellung einbezogen. Scheer erhielt am 11. November 1862 ein Postboteninstitut. Da an Sonn- und Feiertagen keine Zustellung erfolgte, traf der Stadtschultheiß mit dem Postboten eine diesbezügliche Privatübereinkunft, nach welcher dieser hierfür jährlich 20 Gulden erhielt, von denen die Präsenzpflege 12 Gulden bezahlte. 1865 erfolgte eine Neuordnung der Marschrouten der Landpostboten. Danach marschierte der Landpostbote Müller, der Vater des Landwirts Karl Müller, täglich von Scheer aus über Heudorf, Blochingen, Mengen nach Ennetach und auf demselben Weg wieder zurück. Dreimal wöchentlich, dienstags, donnerstags und samstags, hatte er auch Hipfelsberg in seine Route einzubeziehen.

Mit Beginn des Bahnbaues mußte 1866 den postalischen Bedürfnissen des in Scheer einquartierten Eisenbahnbauamtes Rechnung getragen werden. Scheer erhielt eine Telegraphenstation und eine Poststelle. Im „Amts- und Intelligenzblatt für den Oberamtsbezirk Saulgau und die Umgegend" lesen wir unter "Bekanntmachung in Postsachen": „Am 1. Juni des Jahres 1866 tritt in der an der Aulendorf-Balinger-Postroute gelegenen Stadt Scheer, Oberamts Saulgau, eine Postexpedition in Wirksamkeit. Der Bestellbezirk der neuen Postexpedition besteht aus der Stadtgemeinde Scheer und den dazugehörigen Parzellen Ziegelhütte, St. Oswald und St. Loretto. Die Postentfernungen betragen zwischen Scheer und Mengen $\frac{1}{2}$, zwischen Scheer und Sigmaringen $1\frac{1}{4}$ geographische Meilen. Stuttgart, 3. Mai 1866 K. Postdirektion Schwarz. Seine Königliche Majestät haben vermöge höchster Entschließung vom 27. v. M. in Scheer, Oberamts Saulgau, neuerrichtete Postexpedition dem Kaufmann Ferdinand Lehner daselbst, mit dem Titel ‚Postexpeditor' gnädigst übertragen."

Ferdinand Lehner, der die Poststelle in seinem an Stelle des alten Rathauses erstellten Kaufhaus (Hauptstraße 5) unterbrachte, war bis 1867 Postexpeditor. Der Kaufmann Anton **Ramsperger**, der im Februar 1868 die Nachfolge antrat, verlegte die Poststelle in sein Haus Hirschstraße 2 (später „Café-Kerle"). Die Führung des Beiwagens hatte damals Josef Stumpp, der Besitzer des Gasthofs „zum Deutschen Hof". Anläßlich der Eröffnung der Bahnlinie Mengen - Scheer übernahm der Bauer Jo-

Briefträger Weber.

sef Will im Jahr 1870 die Führung der etwaigen Postwagen-Beichaisen. Die Poststelle wurde in diesem Jahr in das Nebenzimmer des Gasthofs „zum Adler" verlegt und dem Besitzer Josef **Haberbosch** übertragen. —
Mit der Eröffnung der Bahnlinie Scheer — Sigmaringen (1873) wurde der Postwagendienst eingestellt. Haberbosch, der am 1. Mai 1874 zum Postexpeditor ernannt wurde, baute an der Bahnhofstraße eine Senf- und Spulenfabrik und trat von seinem Amt zurück. Sein Nachfolger, Kaufmann Franz Josef **Ramsperger** (Mengener Straße 5), bekam am 18. Februar 1881 die Stelle übertragen. 1888 kam der Briefträger Ferdinand Will beim Abholen von Postsachen auf dem Bahnhof ums Leben. August Linder, Kriegsteilnehmer 1866, 1870/71, versah von 1889—1911 die Briefträgerstelle (er starb 1931 im Alter von 91 Jahren). Auf ihn folgte Ferdinand Weber (1911—1945). In der Poststelle wurde 1913 ein Unfallmeldedienst eingerichtet.
Die Frau des Briefträgers Weber wurde im Ersten Weltkrieg als 2. Briefträgerin angestellt und versah diesen Dienst bis 1938. 1915 trat der Postamtsvorstand Ramsperger in den Ruhestand. Nun betreute Frl. **Vopper** aus Ravensburg mit Postanwärtern die Stelle, die am 1. Oktober 1919 „Postagentur" und dem Postagenten Paul **Knor** übertragen wurde, der als Kriegsbeschädigter aus dem Ersten Weltkrieg heimgekehrt war. Nachdem der Kaufmann Ramsperger am 21. 2. 1923 gestorben war, blieb in seinem Haus der Sprechapparat und der Unfalldienst wurde von seinem Geschäftsnachfolger, dem Schlosser K. Herberger, übernommen, die Postagentur aber in das Haus des Wagnermeisters und Altstadtpflegers Karl Knor neben dem Adler (Hauptstraße 10) verlegt.
Am 1. März 1929 wurde der Postagent Knor nach Spaichingen versetzt, die Agentur, welche nun wieder im Haus Ramsperger (Mengener Straße 5) untergebracht wurde, an Frl. Rosa **Sigg** übertragen. Scheer, das bislang dem Postamt Mengen unterstand, zählte ab 1938 zum Postamt Sigmaringen. 1939 heiratete die Postagentin den Elektromeister Kurt Volz aus Krauchenwies. Dem Briefträger Weber waren im Zweiten Weltkrieg Mathilde Knor und Frau Stauß als Hilfskräfte beigegeben. 1946 übernahm August Kieferle die Briefträgerstelle. Am 1. April 1947 wurde an **Karl Gutknecht** die Posthalterstelle übertragen. Seine Frau, die Tochter des früheren Postboten Ferdinand Weber, war schon bei Frau Volz auf der Poststelle beschäftigt. 1950 kauften sie von Hermann Mohn, Vergolder in Freiburg, das ihm von seinem Vater, dem Buchbinder Mohn, vererbte Haus **Hirschstraße 10**. Das ca. 1710 erbaute 3stockige Wohngebäude, das ziemlich baufällig war, wurde umgebaut und die Poststelle in 2 Räumen des Untergeschosses eingerichtet. Ab 1959 war

Frau Weber während des Ersten Weltkriegs.

Hauptstraße 10 (1924–1948 Postagentur).

die Frau des Posthalters wieder im Innendienst eingesetzt. Die 2. Briefträgerstelle versah von 1959—1964 Frau Stützle, danach Frau Antoinette Voggel. Nachdem der Postbote bislang zweimal am Tag die Post mit einem Handwagen von vier sich hier kreuzenden Zügen abgeholt hatte, wurde die Poststelle ab Juni 1965 von Sigmaringen aus per Postauto bedient.

Aus Anlaß des 100jährigen Bestehens der Poststelle entstand 1966 nachstehendes Foto:

Von links: Briefträger Kieferle, Posthalter Gutknecht und Frau, Frau Voggel.

Seit 1967 ist die Postzustellung motorisiert. 1971 schied Frau Elisabeth Gutknecht wegen Erwerbsunfähigkeit aus dem Dienst, am 31. 12. 1977 ihr Mann, der Posthalter Karl Gutknecht. Seine Stelle übernahm am 1. 5. 1978 der Sohn **Walter Gutknecht**. Der Zusteller August Kieferle trat 1979 in den Ruhestand. — Nachdem am 31. 8. 1982 der Posthalter Gutknecht verabschiedet worden war, leiteten verschiedene Vertreter die Poststelle bis zur Anstellung von **Siegfried Goth** am 1. 11. 1986. 1988 erfolgte der Umzug der Poststelle in die neuen Räume im „Hofgarten-Center", der am 5. 11. 1988 mit einem "Tag der offenen Tür" gefeiert wurde. — Seit 1. 3. 1989 erfolgt die Zustellung für Heudorf von Scheer aus.

Die Eisenbahn

„Im Winter waren vom Bläsehof zwei Wagen unterwegs nach den Kornmärkten von Konstanz und Zürich, und der Bauer fuhr hinterher zur Kontrolle und auf die Börsen. Das bedingte einen ansehnlichen Pferdebestand; Rindvieh wurde dagegen wenig gehalten." Dieser Bericht entstammt der Zeit, als der Frachtwagen noch auf dem Schotter der oberschwäbischen Landstraßen rollte und die „Königlich Württembergische Post" mit Gäulen die spärlichen Reisenden beförderte. Oberschwaben galt damals als Kornkammer Zürichs und der Ostschweiz und blieb es auch, bis die Eisenbahn die Zufuhr aus entlegeneren Ländern ermöglichte. Daß die Nachbarländer nach Aufkommen der ersten Eisenbahnen krampfhaft bemüht waren, den Frachtverkehr an sich zu ziehen und die Schweiz als Absatzgebiet zu gewinnen, wundert uns nicht. So bemühte sich Bayern, von Augsburg aus einen Schienenstrang zum Bodensee voranzutreiben. Baden hatte seine Rheintalbahn im Bau und schuf damit eine westliche Konkurrenz. Um nicht ins Hintertreffen zu kommen, mußte Württemberg zugreifen. Durch großzügige Planung der Strecken Ulm—Friedrichshafen, Aulendorf—Kißlegg, Aulendorf—Sigmaringen und Ulm—Sigmaringen, bei der man auf den einzelnen Strecken einander entgegenarbeitete, gelang es, so etwas wie ein Frachtmonopol zu erringen, da es den kürzesten Bahnweg besaß. Im Jahre 1847 ertönte der erste Lokomotivpfiff zwischen Bodensee und Ravensburg. Württemberg hatte seine Hauptbahn Stuttgart—Ulm fast vollendet. Ein besonderes Zeichen für die damalige Kleinstaaterei sind die zur Verwirklichung der Pläne erforderlichen Staatsverträge, so z. B. seitens des Königreichs Württemberg am 18. 2. 1865 mit Baden bezüglich des Streckenbaus Mengen—Meßkirch, am 3. 3. 1865 mit Preußen (Hohenzollern), bzgl. des Ausbaues der Strecke Mengen—Scheer—Sigmaringen. Durch Gesetz vom 13. 8. 1865 wurde bestimmt, daß in der Finanzperiode 1864/67 eine Eisenbahn von Ulm nach Sigmaringen in Angriff zu nehmen sei. Oberbaurat Schlierholz, dem der Bau der Allgäu- und der Donautalbahn oblag, richtete bereits im Herbst 1866 im Scheerer Rathaus ein mit einer Telegraphenstation ausgerüstetes Eisenbahnbauamt ein, das dem Bauinspektor Bürgler unterstand und bis 1873 hier verblieb. Im Baugesetz vom 16. 3. 1868 wurde für die Finanzperiode 1867/70 der weitere Ausbau der 1865 genehmigten Strecke angeordnet und Herbertingen statt Mengen als Endpunkt der Strecke aus dem Allgäu bestimmt.

Die Donautalbahn war am 2. August 1868 von Ulm bis Blaubeuren, am 13. Juli 1869 bis Ehingen fertiggestellt. Um nach Scheer eine Eisenbahnstation zu bekommen, wurden der Stadtschultheiß Deschler, der Braumeister und Gemeinderat Götz und der Gemeinderat Glaser zu entsprechenden Verhandlungen am 7. Juni 1869 nach Stuttgart abgeordnet. Sie durften dort das Angebot machen, daß das erforderliche Areal, soweit es im Besitz der Stadt ist, unentgeltlich abgetreten wird und die Kiesgrube kostenlos benützt werden könne. Nachdem die Strecke Waldsee-Saulgau am 25. Juli 1869 feierlich in Betrieb genommen worden war und Saulgau am 10. August die auf dem Schienenweg angereisten kgl. Majestäten, den König Karl und die Königin Olga, empfangen konnte, wurde am 10. Oktober 1869 das Anschlußstück Saulgau—Herbertingen—Mengen dem Verkehr übergeben, für das Teilstück Mengen—Scheer im „Oberländer" die Bauarbeiten ausgeschrieben:

> Stuttgart.
>
> **Veraccordirung von Eisenbahn-Bau-Arbeiten.**
>
> Zu Ausführung der Donau-Bahn (Strecke von Mengen bis Scheer) werden mit höherer Ermächtigung die Arbeiten vom II. Arbeitsloos der Bausection Scheer zur Submission ausgeboten.
>
> Dieses Arbeitsloos beginnt bei Nro. 21 der XXIII Stunde auf der Markung Mengen und endigt bei Nro. 10 der XXIV. Stunde auf der Markung Scheer.
>
> Dasselbe ist 12.500 Fuß lang.
>
> Die Arbeiten sind nach dem Voranschlag folgendermaßen berechnet:
>
> | | | fl. | kr. |
> |---|---|---|---|
> | 1) | Erd-Arbeiten, inclus. allgemeine Zubereitung der Baustelle | 58.595 | 40. |
> | 2) | Tunnel | 10.810 | —. |
> | 3) | Brücken und Durchlässe | 27.486 | 58. |
> | 4) | Straßenbauten | 13.976 | 10. |
> | 5) | Fluß- und Uferbauten | 4.367 | 14. |
> | 6) | Bettung | 13.649 | 26. |
> | | zusammen | 128.885 | 28. |
>
> Die Pläne, Voranschläge und Bedingniß-Hefte können bei dem Eisenbahn-Bauamt Scheer eingesehen werden.
>
> Liebhaber zu Uebernahme dieser Arbeiten haben ihre Angebote, welche den Abstrich an den Voranschlagspreisen in Procenten ausgedrückt enthalten müssen, unter Anschluß von Vermögens- und Fähigkeitszeugnissen, (erstere aus neuester Zeit) schriftlich, versiegelt und mit der Aufschrift: Angebot zu den Bauarbeiten im II. Arbeitsloos der Bausection Scheer versehen, spätestens bis
>
> **Donnerstag den 10. Februar 1870**
> Mittags 12 Uhr
>
> bei der unterzeichneten Stelle einzureichen.
>
> An demselben Tage, Nachmittags 4 Uhr, findet die urkundliche Eröffnung der eingelaufenen Offerte statt, welcher die Submittenten anwohnen können.
>
> Den 22. Januar 1870.
>
> K. Württ. Eisenbahn-Baucommission.
> Klein.

Anfangs März begannen die Arbeiten, bei denen sehr viele Italiener eingesetzt wurden. Gleichzeitig erfolgte die Ausschreibung der Hochbauten der Station Scheer.

> **Fahrtenplan vom 17. Oct. 1870.**
>
> Mit Vergnügen theilen wir unsern Lesern mit, daß mehrere theils ganz eingestellte, theils durch Güterzüge nur höchst mangelhaft ersetzte Fahrten von heute an wieder in regelmäßiger Weise eröffnet sind und fügen wir heute die betreffenden Züge der Süd-, Donauthal- u. Allgäu-Bahn einstweilen mit:
>
> **Süd-Bahn:**
> Abgang Ulm Mrg. 4.40. Ankunft Aulendorf Mrg 6.7. Friedrichshafen M. 8.40.
> Abg. Friedrichshafen Mitt. 1.45. Ank. Aulendorf Mitt. 3.30. Ulm Mitt. 5.55.
>
> **Donauthal-Bahn:**
> Abg. Rieblingen Morg. 5 Uhr. Herbertingen Morg. 5.20. Anschluß an Frühzug Mengen-Kißlegg.
> Abg. Ulm Morg. 9.30. Herbertingen Nachm. 1.13. Scheer Ankunft Mitt. 1.35.
> Abg. Scheer Mrg. 9.50. Herbertingen Morg. 10.20. Ulm Ankunft Mitt. 1.10.
>
> **Allgäu-Bahn:**
> Abg. Herbertingen Mrg. 10.23. Saulgau Mrg. 10.45. Aulendorf M. 11.48. Kißlegg Ank. Nachm. 12.56.
> Abg. Kißlegg Morg. 10.25. Aulendorf Mrg. 11.51. Saulgau Nachm. 12.48. Herbertingen Ank. Nachm. 1 Uhr 3.
>
> Betriebs-Eröffnung von Mengen nach Scheer wird nächstens bekannt gemacht werden.

Am 15. Juni 1870 war das Anschlußstück Riedlingen—Herbertingen fertig und wurde am 1. Juli vom König, verbunden mit einem Besuch der Stadt Riedlingen, besichtigt. — Durch den Ausbruch des Deutsch-Französischen Krieges wurde der Streckenbau Mengen—Scheer vorläufig eingestellt, bereits im August aber beschleunigt wieder aufgenommen und in den Fahrtenplan mit einbezogen.

Am 13. November konnte die erste Probefahrt auf dieser Strecke durchgeführt werden, zu deren Eröffnung die Stadt einlud:

> **Scheer**
> **Eisenbahn=Eröffnung.**
> Am Sonntag den 13. November findet die feierliche
> **Eröffnung der Eisenbahn nach Scheer**
> statt. Als Eisenbahnfestzug wird der Zug, der Nachmittags 1 Uhr 35 Min. hier ankommt, betrachtet. Die Aufstellung des von der Einwohnerschaft Scheer's veranstalteten Willkommenszuges beginnt um 12 Uhr 30 M.
> Zu dieser Festfeier laden wir freundlichst ein.
> Das Fest-Comite:
> Stadtschultheiß Deichler
> Lehr
> Schweizer.

> **Neueste Nachrichten.**
> **Bekanntmachung, betr. die Eröffnung des Betriebs auf der Bahnstrecke Mengen=Scheer.**
> Am Sonntag den 13. November wird die zur Donaubahn gehörige Bahnstrecke Mengen=Scheer mit der Station Scheer für den Personen-, Gepäck-, Equipagen- und Viehverkehr eröffnet und kommen demgemäß von dem genannten Tage incl. an die in dem Fahrtenplan vom 17. Oktober d. J. für diese Strecke bereits vorgesehenen Züge Nr. 153, 157, 158, 159, 160 und 164 zur Ausführung.
> Die Entfernung zwischen Mengen und Scheer beträgt ½ Meile.
> Im Uebrigen finden die für den internen Verkehr allgemein giltigen Tarife auch auf den Verkehr nach und von der neu zu eröffnenden Station Scheer Anwendung.
> Stuttgart, den 3. November 1870.
> K. Eisenbahndirektion. Dillenius.

Über die großartige Eröffnungsfeier, welche sich die Stadt den ansehlichen Betrag von 485 Gulden kosten ließ, berichtete der „Oberländer":

> **Neueste Nachrichten.**
> **Scheer**, 14. Nov. Nachdem am 10. d. M. die technischen und am darauf folgenden Tage einige Vergnügungsfahrten auf der neuen Bahnstrecke Mengen=Scheer stattgefunden, wurde am gestrigen Tage die Eröffnung dieser Strecke festlich begangen. Um ½1 Uhr begann sich der Festzug unter starker Betheiligung der Einwohner und auch vieler fremder Gäste vom Rathhause aus durch die festlich beflaggten und verzierten Straßen der Stadt zum Bahnhof zu bewegen, um die Festgäste abzuholen. An den prächtig erbauten Triumphbögen wurden besonders auch die sehr guten auf die Eisenbahn bezüglichen Inschriften bewundert. Nachher war Festmahl im Bräuhaus. Daß es bei dieser Gelegenheit an Toasten nicht fehlte ist selbstverständlich. Besonders wurde in denselben auch der zahlreich anwesenden preußischen Nachbarn und eines einigen Deutschlands gedacht. Die Herren Baurath Schlierholz, Finanzrath Rank und der den Bau leitende Inspektor, die sich durch den Bau der Bahn um Scheer besonders verdient gemacht, wurden von der Stadt dadurch geehrt, daß jedem derselben auf feierliche Weise ein silberner Pokal überreicht wurde. — Nachdem am Abende die mit der Bahn abfahrenden fremden Gäste unter Fackel-Begleitung und mit Musik wieder auf dem Bahnhof geleitet waren, schloß sich allmälig das für Scheer so freudige Fest. Allgemein konnte man hören: Scheer hat an diesem Tage geleistet, was einer so kleinen Stadt nur zu leisten möglich war. D.B."

(Anmerkung: DB sind die Initialen des den Bau leitenden Bauinspektors Bürgler).

Da sich der Krieg nun doch bemerkbar machte, wurde der Weiterbau verzögert und Scheer blieb vorläufig Endstation, so daß sich der erste Bahnhofsvorstand **Gustav Kutter** (1870—1900), der wie seine beiden Nachfolger den Titel „Stationsmeister" führte, geruhsam einarbeiten konnte.

Er stammte aus Balzheim OA Laupheim (geb. 15. 7. 1839). An seiner Haltung kann man seinen seitherigen Beruf erkennen: er war Schiffsmatrose in Friedrichshafen. — Ihm wie seinen Nachfolgern waren stets 2 Unterbeamte beigegeben, ein Stationswärter, der ebenfalls im Stationsgebäude wohnte, und ein Stationstaglöhner. Die beiden ersten, Josef Keller und Karl Krugger, waren aus Scheer gebürtig und versahen hier beinahe 30 Jahre ihren Dienst.

Fahrplanmäßig fuhr zunächst ein Zug von Ulm nach Scheer und zurück, zwei weitere Zugpaare Mengen—Scheer und zurück. Personen- und Güterverkehr wurden erst später getrennt. Der Schwerpunkt des Güterverkehrs verlagerte sich beinahe über Nacht vom Pferdefuhrwerk auf die Bahn, so daß ersteres bald nur noch Zubringerdienste zur Bahn leistete.

1871 wurden die Eisenbahnbrücke über die Donau und die Strecke nach Sigmaringendorf dem Bauunternehmer Rüttimann in Auftrag gegeben, der im August mit den Arbeiten begann. Auch die Arbeiten am 135 m langen Tunnel, die von beiden Seiten in Angriff genommen worden waren, wurden ohne Schwierigkeiten fortgesetzt, da man durchweg auf festen tertiären Letten stieß. Das Aushubmaterial gegen den Bahnhof wurde hauptsächlich zum Bau der Staatsstraße verwendet, die bislang durch das Terrain der Bahnhofsanlage geführt hatte und nun verlegt werden mußte. Weiteres Material wurde über dem sog. „Russenhäusle" (Bahnhofstraße 10) abgelagert, wodurch der dortige steile Hang entstand. Der Aushub, der auf der Sigmaringendorfer Seite anfiel, wurde zum Auffüllen einer ziemlich sumpfigen Stelle entlang der Donau verwendet. Dadurch entstand der sog. „Rote Haufen", auf dem heute ein Obstgarten angelegt ist.

Die Fertigstellung des Tunnels war wieder Anlaß zum Feiern. Im Schein der bengalischen Beleuchtung hing über dem Stolleneingang ein Transparent mit folgendem Wortlaut:

„O Eisenbahn, Eisenbahn, Lokomotiv,
gepriesen sei dein Erfinder!
Jetzt weiß man doch auch wohin mit dem Geld,
per Dampf geht jetzt alles geschwinder!"

Am 26. Juli 1873 war auch die Strecke Scheer-Sigmaringen fertiggestellt, das nun 20 Jahre lang Kopfstation blieb. Der 92,670 km lange Schienenweg Ulm—Sigmaringen kostete insgesamt 23,5 Millionen Mark.

Die Lokomotiven, die auf dieser Strecke eingesetzt wurden, waren die ersten württembergischen Dreikuppler. Sie trugen alle Städtenamen, unter denen auch Scheer, Mengen und Riedlingen nicht fehlten. Die gute Konstruktion der Loks führte dazu, daß sie trotz oft 50jähriger Lebensdauer erst um 1920 ausgemustert wurden.

In Scheer löste sich im Jahr 1874 vom Hang gegenüber den Güterabfertigungsanlagen ein Teil des Geländes und fiel auf die Geleise. Bei den Aufräumungsarbeiten, namentlich bei den 1877/78 stattgefundenen Ausbesserungen auf dem sog. „Rutsch", fanden viele Bürger lohnende Beschäftigung. Der Winter 1877/78 soll so gelinde gewesen sein, daß dauernd gearbeitet werden konnte, zum Teil hemdärmelig.

Das 1871 erbaute Bahnhofgebäude.

Von 1900—1906 stand der aus Saulgau gebürtige Stationsmeister **Rieger** dem Bahnhof vor, von 1906—1912 der Stationsmeister **Traub**, der von Saulgau hierher versetzt wurde, von 1912—1931 der „Oberbahnhofsvorsteher" Adolf **Spiegel**.

1931 wurde der Bahnhofsvorsteher Spiegel in den Ruhestand versetzt. Sein Nachfolger, der Eisenbahnsekretär **Karl Schleicher**, erhielt im April 1936 seine Versetzung nach Sigmaringen, worauf am 1. Mai 1936 der Eisenbahnassistent **Anton Schmucker** aus Stuttgart-Untertürkheim die Stelle antrat.

Zugunfall am 22. Juli 1930.

Am 22. Juli 1930 ereignete sich auf dem hiesigen Bahnhof ein Zugunfall. Der Eilzug Nr. 387 der Linie München—Freiburg, der mittags kurz nach 12 Uhr hier durchfuhr, kam infolge Versagens der Einfahrtsweiche (nach anderer Lesart infolge falscher Weichenstellung) auf das nebenliegende und von hier auf das Ausladegeleis. Obwohl der Lokomotivführer sofort Gegendampf gab und die Bremsen in Tätigkeit setzte, gelang es ihm bei der kurzen Entfernung von ca. 50 Metern nicht, den Zug zum Halten zu bringen. Mit einer Geschwindigkeit von ca. 50 km/h fuhr er auf die dort stehenden 8 beladenen Güterwagen auf. Die ersten drei wurden vollständig zertrümmert und ineinandergeschoben, der 4. aus dem Geleis geworfen; die übrigen 4 Wagen schob es etwa 50 m vorwärts. Sie entgingen nur dadurch der Zerstörung, daß der hintere Wagen mit der Hinterachse entgleiste und die anderen dadurch abbremste. Das Zugpersonal und sämtliche Reisenden kamen mit dem Schrecken davon. 15 Leichtverletzte wurden vom Bahnarzt Dr. Beck — Mengen im Wartesaal behandelt. Eine Verkehrsstörung trat nicht ein. Der Unfallplatz bildete zwei Tage lang das Ziel einer großen Menschenmenge.

Die Sprengung der Eisenbahnbrücke am 24. April 1945 bedeutete eine vierjährige völlige Unterbrechung des Bahnverkehrs, der von Mengen über Krauchenwies nach Sigmaringen umgeleitet werden mußte. Scheer wurde nur noch mit Übergabezügen bedient. Im Sommer 1948 waren von der Eisenbahndirektion Karlsruhe die Planungsarbeiten für die neue Brücke abgeschlossen und die erforderlichen Geldmittel genehmigt. Schon am 7. Juli begann ein Bautrupp mit dem Aufräumen der Trümmer. Zum Bau der neuen, bogenfreien Brücke mußte in der Mitte des Flußbettes ein neuer Pfeiler erstellt und auch die beschädigten Uferpfeiler neu aufgeführt werden. Nachdem den kalten Winter über durchgearbeitet worden war, konnte am 30. März 1949 im „Hirschsaal" eine schlichte Richtfeier abgehalten werden. Mitte April wurde die Brücke nach mehreren Versuchsfahrten offiziell dem Verkehr übergeben. — Am Brückenbau beteiligte Firmen waren Steidle—Sigmaringen und Eisenbau—Wyhlen A. G.

Am Sonntag, den 5. August 1949, kollidierte auf dem Bahnhof ein in Richtung Ulm abfahrender Sonderzug mit einem von dort angekommenen Personenzug, wobei

1945.

dessen letzter Wagen umgerissen wurde. Die dort befindlichen 10 Reisenden kamen mit dem Schrecken davon. Die Strecke war 5 Stunden blockiert.

Die Bahn, die bis dahin wichtigster Verkehrsträger war, geriet bald infolge der sich rasch entwickelnden Motorisierung des Straßenverkehrs in Schwierigkeiten und sah sich gezwungen, dieser Tatsache Rechnung zu tragen. So wurden ab Juli 1951 Straßenroller eingesetzt, auf welchen die Güterwagen vom Bahnhof in die Papierfabrik, ab 1956 auch in die Holzstoffabrik Schaal transportiert wurden.

Zum 31. 10. 1952 trat der Bahnhofsvorstand Schmucker in den Ruhestand und nahm seinen Wohnsitz in Scheer. Sein Nachfolger, der aus Scheer gebürtige **Heinrich Zimmerer**, der bislang Vorsteher des Bahnhofs Hoßkirch—Königsegg war, wurde zum 1. November 1952 nach Scheer versetzt. Er berichtet aus seiner Amtszeit: „Nachdem über 4 Jahrzehnte keinerlei Erneuerungsarbeiten mehr vorgenommen worden waren, wurde 1956 zunächst das Dach des Bahnhofsgebäudes erneuert. — Bei der „neuen" Eisenbahnbrücke stellte man fest, daß die verwendeten alten Brückenteile derart verrostet waren, daß sie durch einen Neubau ersetzt werden mußten. Da die Neukonstruktion dem schon vorhandenen neuen Teil angepaßt werden mußte, war im Flutkanal ein neuer Pfeiler erforderlich. In der Nacht vom 26./27. August 1957 wurde der erste Teil als Zwischenstück zwischen Fluß und Flutkanal eingehoben, in der Nacht vom 1./2. Oktober der zweite Teil über dem Flutkanal gebaut.

Diese Brücke wies nun, wie der Schienenstrang, einen gleichmäßig durchlaufenden Bogen auf, wogegen der erste Abschnitt über den Fluß zwei Teile mit einem Knie hat. — Die alte Brückenkonstruktion wurde als Schrott verkauft. Im Winter 1958 beschloß die BD-Stuttgart, die Stellwerksanlage zu erneuern und ein neues mechanisches Einheitsstellwerk einzubauen. Ebenso wurde der Plan gemacht, die Diensträume umzugestalten, einen Vorbau anzusetzen, das Bahnsteigdach durch ein Betondach zu ersetzen und das Gebäude selbst zu renovieren. In der Zeit vom 5. bis 7. April 1960 wurde das neue Stellwerk und die Streckenblockeinrichtung nach Mengen in Betrieb genommen. Gleichzeitig konnten auch die neuen Diensträume bezogen werden.

Das Empfangsgebäude wurde im gleichen Zeitraum renoviert, eine Uhrenanlage mit einer Bahnsteig- und einer Vorplatzuhr eingerichtet.

Im Zuge der ab 1953 entwickelten neuen Organisationsform der Deutschen Bundesbahn wurde durch eine Aufgabenteilung zwischen Haupt- und Nebenstellen der Verwaltungsapparat vereinfacht, ab 1. 7. 1960 der Bahnhof Scheer Nebendienststelle des Bahnhofs Mengen. Ihr Aufgabengebiet beschränkte sich auf den Betriebs- und Verkehrsdienst (Verkaufs- und Zufahrtsdienst). — Der starke Zugverkehr auf der Strecke Sigmaringen—Herbertingen veranlaßte die Direktion, zur Erhöhung der allgemeinen Sicherheit auch für den Streckenabschnitt Scheer—Sigmaringendorf, die elektrische Streckenblockung einzurichten. Die Arbeiten wurden im November und Dezember 1963 ausgeführt und der Streckenblock am 8. 1. 1964 in Betrieb genommen.

Im Zuge der Rationalisierungs- und Sicherungsmaßnahmen an schienengleichen Wegübergängen wurde im Einvernehmen mit der Stadtgemeinde Scheer beschlossen, den Wegübergang am Ende der Ladestraße Richtung Mengen zu schließen und einen neuen Weg in Fortsetzung des Feldweges am unteren Teil des „Rutsch" bis zum Wegübergang beim Tunnel zu bauen. Wenige Tage nach dessen Fertigstellung am 10. 8. 1964 wurde der Bahnübergang geschlossen und der Weg offiziell dem Verkehr übergeben. Er ging 1969 in das Eigentum der Stadt über.

Nachdem ab Mai 1968 der Güterverkehr zum Bahnhof Mengen verlegt worden war, erfolgte am 1. 7. 1970 die volle Angliederung des Bahnhofs Scheer an die Hauptdienststelle Mengen. Der Dienststellenvorsteher Zimmerer blieb noch bis zum 31. 12. 1972 als Fahrdienstleiter in Scheer und wurde zum 1. 1. 1973 dem Bahnhof Mengen zugeteilt.

Mit dem Fahrplanwechsel am 30. 5. 1976 wurde auf der Strecke Ulm—Tübingen mit der eilzugsmäßigen Bedienung der Bahnhöfe begonnen und zwischen den Eilzughaltebahnhöfen Buslinien mit zum Teil zusätzlichen Haltestellen eingerichtet. Am 28. 5. 1983 hielt in Scheer um 13.33 Uhr der letzte planmäßige Zug, am 29. Mai nahm die neue „Allgäu-Zollern-Bahn" mit regelmäßigem Eilzugverkehr den Betrieb auf. Der Bahnhof Scheer blieb zunächst noch mit Fahrdienstleitern besetzt, die im Schichtdienst arbeiteten, bis das Überholungsgleis ausgebaut und die technischen Bahnübergangssicherungseinrichtungen erstellt und abgenommen waren (März 1986). Am 25. März 1986 wurden die letzten Mitarbeiter in Scheer nach Mengen abgezogen. Das Bahnhofsgebäude Scheer, von dem bis Ende 1987 nur noch die Wohnungen genutzt wurden, erwarb nach dem Auszug der letzten Mieter am 18. 8. 1988 Frl. Manuela Will (vgl.Gaststätten).

Wirtschaften und Brauereien

Brauerei und Gastwirtschaft „Zum Adler"

Es handelt sich hier um das frühere „Lettenwirtshaus". 1673 ist des Lettenwirts Bub Michael Kieferle erwähnt, im selben Jahr der Bierwirt **Christian Stumpp**, 1681 der Lettenwirt Christian Stumpp, 1706 der Adlerwirt Hans **Michel Baur**, dem in diesem Jahr erlaubt wurde, in seinem Haus eine Bräustatt und in der Spitalscheuer einen Malzboden aufzurichten und ab Georgi diese Scheuer zu nutzen. 1736 verhandelte er mit der Stadt wegen des Kaufs der „Sonne". Der Adler ging an seinen Sohn **Antoni Baur** über, dessen Bruder Philipp Baur 1740 als Wirt in Blochingen erwähnt wird. Bereits im Jahr 1745 wird Antoni Baur als „alter Adlerwirt zu Scheer" bezeichnet. In diesem Jahr scheint der Gasthof an seinen gleichnamigen Sohn **Antoni Baur** übergeben zu haben, der sich mit Maria Agathe Illin verheiratete. Ein Balken an der Außenfassade zeigt ein Brauereiwappen mit der Jahreszahl 1745. Danach scheint in diesem Jahr das 3stockige Wohn-, Wirtschafts- und Scheuergebäude erstellt worden zu sein. Im Erdgeschoß des vorderen Teils war die Brauerei, im 1. Stock die Gastwirtschaft untergebracht, in der Verlängerung zur Hirschstraße Stallung und Scheuer. 1750 wurde das dahinter gelegene Gebäude **Hirschstraße 5** erbaut. 1757 wollte sich die Witwe des Antoni Baur nach Meßkirch verheiraten. Ihre Schwester erhielt das Recht, die Taferne weiterzuführen. Schon im folgenden Jahr ist aber die Witwe wieder als Adlerwirtin in Scheer erwähnt. 1766 ist von der „Adlerwirtin Agathe Illin vormals genanntem Lettenwirtshaus" die Rede, von welchem der Kreuzwirt die Zunft wegzubringen versuchte. 1775 saß Johannes Schell als Pächter auf dem Adler. Am 25. Mai 1777 erklärte sich die Adlerwirtin Agathe Illin bereit, durch Eintrag einer Hypothek dem Josef Schell eine Schuld in Höhe von 49 Gulden an die Oberamtskanzlei zu begleichen. 1784 bot sie das Anwesen der Stadt zum Kauf an, verkaufte es aber 1785 mit sämtlichen Gütern um 62 000 Gulden an **Wilhelm Weiß** von Blochingen, der es im selben Jahr an seinen Sohn **Mathias Weiß** übertrug. — Sie selbst zog in das Haus Hirschstraße 5. — Ein Wirtsschild mit der Jahreszahl 1797 trägt die Inschrift: „Wer will trinken gut Bier und Wein, der kehre bei dem Adlerwirt ein!" 1827 hatte er bereits an seinen Sohn **Lorenz Weiß** übergeben. Dieser verkaufte in diesem Jahr die Hälfte des Hauses Hirschstraße 5 an Simon Merk, der dem alten Wirt ein Stüble einzurichten hatte. Dort wohnte nun sein Vater, der in 2. Ehe die Theresia Schönweiler geheiratet hatte, bis zu dessen Tod im Jahre 1832. Der Brauereibetrieb war zu dieser Zeit bereits eingestellt. — Als Adlerwirt ist im Jahre 1821 ein **Josef Steibel** (Reibel?) erwähnt), 1826 der Strumpfweber **Johannes Haberbosch**. Von ihm ging das Anwesen an den Sohn **Xaver Haberbosch** über. Er richtete eine weitere Wohnung ein, so daß nun 4 Familien hier wohnen und die Strumpfstrickerei betreiben konnten. Sein Sohn, der Buchhalter **Josef Haberbosch**, richtete im Jahr 1875 im Erdgeschoß wieder eine Wirtschaft mit Nebenzimmer ein, in welchem von 1870—1874 die Post untergebracht war. 1881 baute er in

340

Hintere Reihe: Hering, Zimmerer Ludwig, Schaal Siegfried, –, –, –, Betz, Krämer Edwin, –;
vordere Reihe: Josef Zimmerer, Maria Theresia Zimmerer (Stauß), Maria Zimmerer, – (Nur Erwachsene).

der Bahnhofstraße 2 eine Spulen- und Senffabrik und verkaufte den „Adler" im Jahre 1883 an den am 25. 12. 1835 in Ebenweiler geborenen **Paul Birkenmaier**, der von Blönried kam und 1886 in Scheer das Bürgerrecht erhielt. Bei der Übernahme nahm er umfangreiche Umbauarbeiten vor. Nach seinem frühen Tod heiratete seine Witwe den **Ludwig Zimmerer**, der 1944 starb. **Eugen Birkenmaier**, der 1876 geborene Sohn aus 1. Ehe, übernahm die Wirtschaft, die er modernisierte und mit seiner Frau bis zu seinem Tod im Jahre 1963 innehatte. Das Anwesen fiel nun an seine Schwester, Frau Stauß geb. Zimmerer. Der Wirtschaftsbetrieb wurde eingestellt.

Gasthaus und Brauerei „Zur Au"

Dieses Steinhaus steht außerhalb der Stadtmauer an der Fabrikstraße 4. Über dem Eingang sehen wir in Stein gehauen die Jahreszahl 1532, darüber auf einer Steinplatte die Inschrift:

W.E.T.F.H.Z.	Wilhelm Erbtruchseß Freiherr zu
WALTPURG zc	Waldburg
ANNO MDXXXII	im Jahre 1532
ERNEWERT	Erneuert
ANNO 1565	im Jahre 1565

Der ursprüngliche Verwendungszweck des Gebäudes, das an Stelle der Fenster Schießscharten aufwies, ist nicht bekannt. (An den Wandsäulen im Flur wurden farbige Bilder entdeckt.) — Des „Lemmingers Gut", das 1576 als Badstube genannt ist, stand hinter der Au. Wirt auf der „Au" war 1705 **Hans Caspar Schell**, der Schwiegersohn des Sonnenwirts und Amtsbürgermeisters Johannes Frick, 1727 **Mathäus Schell**. Am 12. Mai 1730 erlaubte der Rat die Einrichtung einer Bräustatt; im Hinterhaus war eine Hopfendarre eingerichtet. Der zum Brauereibetrieb erforderliche Keller befand sich „Am Kirchberg 6" (Geiselmann). Schells 17jährige Tochter Maria Anna war 1735 in einen Skandal verwickelt, mit dem sich auch das bischöfliche Gericht in Konstanz beschäftigte. 1734 ging die Braugerechtigkeit und das Recht zum Ausschenken an **Josef Schwarz** über. Besitzer blieb die Familie Schell. Den Beweis dafür, daß in der Nähe schon einmal eine Brauhütte stand, bringt ein Protokoll aus dem Jahr 1747. In diesem Jahr tauschte Sebastian Kieferle mit Martin Bertler u. a. seinen Garten in der Au, um dort zu bauen. Da dieser Garten vor Zeiten eine Hofstatt gewesen und eine „Preyhütten" darauf gestanden habe, deren Grundmauern noch zu erkennen waren, wurde ihm das Bauen erlaubt, „da dort ja schon einmal eine Hofstatt war". — 1751 war **Johannes Schell** Wirt in der Au. Auch 1766 ist er noch als solcher erwähnt. Im selben Jahr heißt es jedoch: „Der letzte Besitzer ist in die Stadt gezogen und hat im Lettenwirtshaus gesotten", also im „Adler", den damals die Witwe Agatha Illin besaß.

öfteren Pächterwechsel. — Abschließend sei ein Spruch erwähnt, der in der Wirtschaft zu lesen war:

„Als Moses an den Felsen klopfte,
da sah man, daß das Wasser tropfte.
Ein größer Wunder siehst du hier:
wenn du hier klopfst, erhältst du Bier!"

Der Gasthof „Zum schwarzen Bären"

ist im Jahre 1704 erstmals erwähnt und wird 1804 als „herrschaftliches Haus" bezeichnet. Es handelt sich um die spätere Amtskanzlei, die 1826 als das „alte Renthaus" bezeichnet wird (Hauptstraße 12).

Wie das „Rote Buch" berichtet, wurde 1778 die Wohnstube vom Hochwasser weggerissen und der Hausrat weggeschwemmt. 1785 kaufte **Mathes Speth** das Haus, „das mit einer Bräustatt versehen ist". Er war aber lediglich Zapfwirt ohne Gastung und Übernachtung. Nach seinem Tod (1810) übernahm seine Witwe das Anwesen, von der es an den Sohn **Xaver Späht**, dann an **Friedrich Späht** überging (— 1765). Seine Witwe Maria geb. Rothmund hatte ein Kind. 1765 erwarb der Braumeister **Franz Ruß** das Anwesen. (Seine Frau war die Großmutter des Brauereibesitzers Ernst Götz.) 1873 gingen die Brauerei und die Branntweinbrennerei ein. Die Räumlichkeiten der Brauerei wurden später zur Wohnung des Pächters ausgebaut. 1882 ist die Witwe Ruß genannt, 1884 die Pächterin Scholastika Schmid, 1886 die Witwe Bregenzer, 1889 nochmals die Witwe Ruß, von der das Anwesen an die **Brauerei Götz** überging. Als Pächter führten die Wirtschaft: der Briefträger Ferdinand Weber (1900—1921), Thomas Spieß (1921—1941), Willibald und Elisabeth Gutknecht (1941—1973); danach gab es

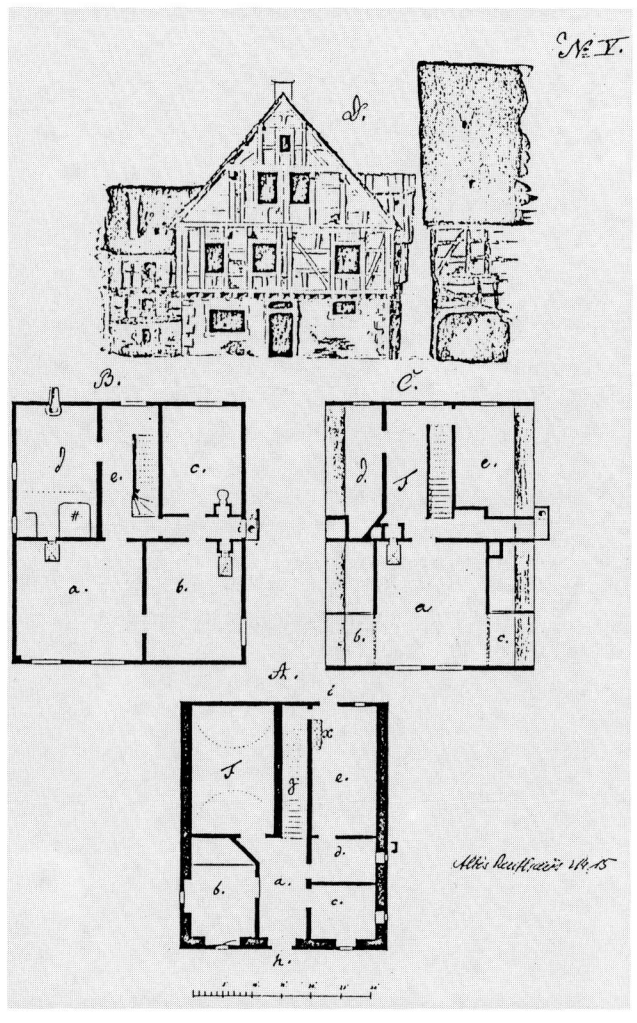

Die herrschaftliche Brauerei und Gaststätte „Zum Bräuhaus"

Im Anschluß an die von den Truchsessen Otto und Christoph Carl im Jahre 1659 erbaute neue Residenz (Sigmaringer Straße 13, heute Brauerei) entstand neben dem Forsthaus (Sigmaringer Straße 11) und der Schießhütte eine Wirtschaft mit Brauerei, Sud- und Kühlhaus, Scheuer und Marstall, Schweinestall und Remise, sowie ein Backhaus mit Metzig. Die standesherrschaftliche Brauerei war „Bannbrauerei", d. h. die Wirte sämtlicher Herrschaftsgemeinden mußten von hier ihren Bierbedarf decken. Wie lange das „neue Haus" als Residenz diente, ist bislang nicht bekannt. Neben dem alten herrschaftlichen Fruchtkasten (Gasthof zur Brunnenstube) wurde es wohl bald nach Beginn des 18. Jhdts. als 2. Fruchtkasten benützt. 1724 wird der „Kegelplatz in dem Bräuhaus" erwähnt, 1737 der 6 Morgen große „Lustgarten" (Hofgarten) mit seinem Theaterhaus, in welchem sich der Adel traf und später auch Eduard Mörike Theater spielte.

Wirtschaft und Bräuhaus, die vom Burgvogt verwaltet worden waren, wurden 1735 voneinander getrennt. Dabei wurde dem Wirt das Wein- und Bierschenken, Metzgen und Backen erlaubt. Den „Branntwein" und das „Krisenwasser" hatte er neben dem Bier von der Herrschaft zu beziehen. Der neu angestellte Braumeister **Schüz**, dem jährlich 100 Sud zu 42 Eimern angerechnet wurden, durfte von der Hefe eines jeden Biersuds 5 Maß und von den vom Rentamt jährlich gereichten Früchten 1040 Maß Branntwein herstellen. 1737 sollte die Wirtschaft vom Burgvogt an Hans Jerg Fischer aus Sigmaringendorf übergehen. Bei Antritt der Wirtschaft hätte er 500 fl. Kaution zu stellen, die ihm mit jährlich 5 % verzinst und bei Rückgabe der Wirtschaft zurückbezahlt werden sollten. Da er nicht aufzog, wurde die Wirtschaft 1739 zu denselben Bedingungen dem bisherigen Hausmeister **Johann Miller** übergeben. Schon im folgenden Jahr wurde das „herrschaftliche Wirtshaus" dem **Johann Settele** aus Bierstetten verliehen, die Weber gezwungen, „das Zunftschild bey dem Adlerwirtshaus" abzunehmen und es umgehend am „Bräuhaus" aufzustecken. Im selben Jahr (1739) ging das Bräuwesen, das inzwischen der Kastenvogt **Christoph Baitz** übernommen hatte, an Johannes Miller über, der jedoch im gleichen Jahr als „gewester Bräuhausverwalter, jetzt Wirt in Weiterdingen" bezeichnet wird und das Bräuhaus an den Bräumeister **Hans Paul Fritschner** abtreten mußte. Dieser geriet schon 1740 mit dem herrschaftlichen Ober- und Bierbräu **Marx Reitzler** in Streit. 1743 ist von der „herrschaftlichen Braumeisterin" **Franziska Brändlin Zuccano** (?) die Rede. **Josef Bogenschütz**, „gewester herrschaftlicher Koch", übernahm 1744 die Wirtschaft. 1746 wird **Moritz Fisel** als herrschaftlicher Bräumeister genannt. Als herrschaftlichen Wirt finden wir im Jahre 1753 erstmals den **Johannes Reijser**, der auch 1756 erwähnt wird, als das Wirtshaus „Läden mit grauem Ölfarbanstrich" erhielt. Die Brauerei, die inzwischen von Fisel auf **Johann Adam Ilß** übergegangen war, wurde 1756 dem Bräumeister **Franz Josef Ehrenspiel** von Waldsee übertragen. Ilß zog nach Hettingen, kam aber später (1766) wieder nach Scheer zurück und versuchte, hier eine eigene Brauerei einzurichten, was ihm aber auf Einspruch der anderen Wirte mit Brauerlaubnis (Kreuz, Adler, Hirsch und Au) verboten wurde. 1759 wird **Simeon Fuchsloch** als Bräuhauswirt genannt. Da er sich auf der Wirtschaft nicht halten konnte, zog er im August 1760 wieder ab, worauf der Kastenknecht **Nicolaus Daikler** als Wirt eingesetzt wurde; 1762 war jedoch schon **Leopold Jäger** Bräuhauswirt, von dem vmtl. 1787 sein Sohn **Hans-Jerg Jäger** die Wirtschaft übernahm. Daß sich längere Zeit ein Pächter auf der Wirtschaft und auch ein solcher auf der Brauerei halten konnte, liegt wohl an einem herrschaftlichen Erlaß vom Jahre 1762, nach welchem die Einfuhr von Branntwein verboten und der Bezug aus dem herrschaftlichen Bräuhaus angeordnet wurde. Die Wirte erhielten die Erlaubnis, ihre bisherigen Branntweinbrennhäfen noch ein Jahr weiter zu betreiben, mußten aber trotzdem ein vorgeschriebenes Quantum vom Bräuhaus beziehen. Den fremden Branntweinträgern wurde der Handel in der Grafschaft verboten.

In den folgenden Jahrzehnten waren die Brauereibetriebe in der Stadt, 1829 waren es neben dem Bräuhaus immer noch der Adler, der Hirsch und die Au, immer starke Konkurrenz, so daß die Pächter des Bräuhauses und der Wirtschaft keinen leichten Stand hatten. Bis 1839 hatte **Alois Allgaier** das Bräuhaus inne. Danach war die herrschaftliche Brauerei an **Anton Stützle** verpachtet, der zugleich herrschaftlicher Braumeister war. Daneben besaß er auf der gegenüberliegenden Straßenseite (Sigmaringer Straße 8) die Wirtschaft „Zum Kreuz" (s. d.). Weil Stützle „überschuldet" war, ließ der Fürst im Jahr 1852 den Pachtvertrag lösen und die als wenig gewinnbringend angesehene herrschaftliche Brauerei mehrmals zur Verpachtung im Amts- und Intelligenzblatt für den Oberamtsbezirk Saulgau und Umgebung ausschreiben.

Der 1823 in Ehingen geborene **Josef Anton Götz**, Sproß einer seit 1686 nachgewiesenen Braumeistersfamilie, der in jungen Jahren auf Wanderschaft gegangen war, in München beim Wagner-Bräu praktiziert und bei Dreher in Wien die Bierkühlung mit Natureis kennengelernt hatte, pachtete am 1. Januar 1854 das Brauereianwesen auf 9 Jahre. Er hatte jährlich 1800 Gulden Pacht zu bezahlen, mußte sämtliche Steuern übernehmen und für tadellose Instandhaltung des reichlichen Inventars garantieren. Am 21. März 1854 heiratete er die Mathilde Sonntag aus Scheer, die Tochter des Weißgerbers und Stiftungspflegers Sonntag und der Theresia geb. Welte, die aus dem Gasthof „Zum Engel" in Mengen stammte. Durch Bierlieferungen bis Konstanz, Freudenstadt und Nürtingen gelang es, den Absatz zu steigern, so daß es ihm möglich war, am 20. Oktober 1860 vom Stadtpfarramt dessen Zehntscheuer an der Einmündung der Heudorfer Straße

5. Vormalige Kastendienerwohnung
6. Kühlhaus
7. Vormaliges Försterhaus
8. Stallung zu demselben
9. Kellereingang
10. Herrschaftlicher Fruchtkasten
11. Gärkeller
12. Schweine- und Geflügelställe
13. Remisen
14. Wasch- und Backhaus mit Metzig
15. Schießstätte
16. Scheuer und Marstall
17. Gemüsegärtchen beim Bräuhaus (dazu ein weiteres hinter dem Försterhaus)
18. Schupfe und Gaststall
19. Lagerbierkeller
20. Hofgarten mit Mauer und Glashaus

Ferner in der Karte nicht eingezeichnet:
der Herrengarten (Parzelle Nr. 1138)
der Weidengarten (Parzelle Nr. 299)
die Schloßstadtwiese (Parzelle Nr. 793/1 und 1012/1)
und
die Eispenwiese (Parzelle Nr. 793/2 und 1012/2).
Der Gesamtflächengehalt sämtlicher gekaufter Realitäten betrug einschließlich der Gebäude und Hofräume 31 $^6/_8$ Morgen 1,2 Ruten. Das lebende Inventar, das übernommen wurde, bestand aus 2 Pferden, 15 Kühen und 11 Schweinen. Ein kurzer Blick in die Brauerei gibt Aufschluß über die damaligen Betriebsverhältnisse:
1 kupferne Bierpfanne, 3800 Maß haltend;
1 Maischebottich aus Holz, der Grund aus Sandstein;
4 Bierkühlen aus Drahtgeflecht;
134 Lagerfässer und
17 Bottiche.

Die Geschäftstüchtigkeit des nunmehrigen „Besitzers" erlaubte es ihm, den Betrieb weiter auszubauen und an Stelle der einstigen herrschaftlichen Schießstätte einen neuen, für damalige Verhältnisse ganz modernen Stall mit dem heutigen geräumigen Ökonomiegebäude zu erstellen. Am 5. April 1873 starb der Bräumeister Josef Anton Götz im Alter von 50 Jahren. Er hinterließ ein für die damalige Zeit respektables Vermögen von 165 543 Gulden. Von seinen 7 Kindern war noch keines in der Lage, den Betrieb zu übernehmen. Am 20. 11. 1873 heiratete seine Witwe den Baumeister Mathäus Rieder aus Langenau, der durch den Bahnbau in die Gegend gekommen war. Nach ihrem Tod im Jahre 1878 führte der zweitälteste, inzwischen 21jährige Sohn **Anton Götz** die Brauerei weiter. 1882 heiratete er die 18jährige Maria Späth aus Scheer, die ihm 2 Kinder gebar und 1888 starb. In diesem Jahr erhielt der bei ihm eingetretene Oberbrauer Eduard Zirn das Bürgerrecht. — 1889 heiratete der Bräumeister die 21jährige Josefine, die Tochter des Saulgauer Malzfabrikanten Claudius Drescher. 1896 setzte er den Josef Gluck als Wirtschaftsführer ein, 1897 kaufte er das Gasthaus zum Hecht in Mengen, das bis 1984 im Besitz der Familie blieb. Von 1888 bis 1914 war Bräumeister Anton Götz Kommandant der Scheerer Feuerwehr, für deren Einsatz beim Sigmaringer Schloßbrand im Jahre 1893 er vom Fürsten Leopold mit der

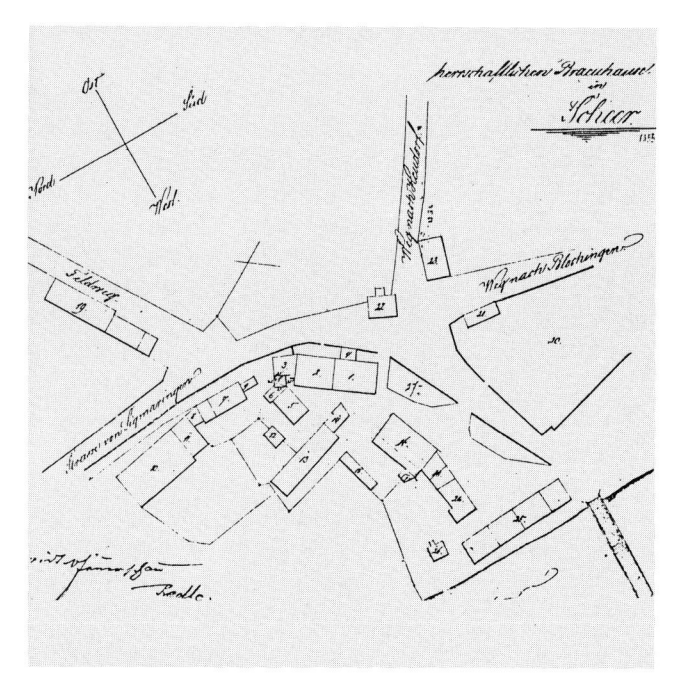

in die Sigmaringer Straße zu erwerben. Am 2. Juni 1862 kaufte er von der Herrschaft Thurn und Taxis um die Summe von 63 000 Gulden das bisher gepachtete Anwesen mit sämtlichem Inventar, das er beim Pachtantritt übernommen hatte, und zwar:
1. Wohn- und Wirtschaftsgebäude
2. Brauereigebäude
3. Sud- und Kühlhaus
4. Speisekammer

goldenen Ehrennadel ausgezeichnet wurde. Am 12. 6. 1913 leitete er auch den Einsatz der Feuerwehr, als ein gewaltiges Schadenfeuer seine eigene Brauerei und das Wirtschaftsgebäude zerstörte.

Beim Wiederaufbau, welchen er den Architekten Eicheler—Ravensburg und Hägele—Ulm übertrug, wurden Wirtschaftsgebäude und Brauerei getrennt, letztere in Fortsetzung des Fruchtkastens angebaut. Wo bislang die

Brauerei stand, wurde dem Wirtschaftsgebäude ein geräumiger Saal angegliedert. Am Erker des Wirtschaftsgebäudes ließ er das Wappen des Fürsten von Thurn und Taxis anbringen, weshalb es einige Jahre die Bezeichnung „zum fürstlichen Wappen" führte. Im Zuge der Einführung des elektrischen Lichts in der Stadt Scheer wurde das Anwesen erstmals an den Strom angeschlossen.

Nach dem Wiederaufbau hatte das Anwesen einen Wert von 336 500 Mark. Es bestand aus:
1. einem 2stockigen Mälzereigebäude (der frühere Fruchtkasten) mit pneumatisch betriebener, moderner Mälzereieinrichtung und 3 gewölbten Kellern;
2. einem daran angebauten 1stockigen Eingangsüberbau;
3. einem an die Brauerei angebauten 3stockigen Malzdarrgebäude;
4. einem 2—3stockigen, an die Mälzerei angebauten Brauerei- und Gärkellergebäude, unterkellert;
5. einem an das Kühlhaus angebauten Kompressorenbau;
6. einem 2stockigen Wohn- und Faßwichsgebäude;
7. einem 1—2stockigen Wohnhaus;
8. einem 1—2stockigen Wohnungsanbau;
9. einem 1—3stockigen Wohn- und Wirtschaftsgebäude;
10. einem 3stockigen Abortanbau;
11. einem 2stockigen Ökonomiegebäude mit Obereinfahrt;
12. einem 2stockigen Nebengebäude;
13. einem 1stockigen Schweinestall;
14. einem 1stockigen Waschhaus;
15. einer daran anstoßenden 1 ½stockigen Remise;
16. einem 1stockigen Anbau;
17. einem 1stockigen Torfschuppen;
18. einem 1stockigen Gewächshaus im Hopfengarten;
19. einem 2stockigen Ökonomiegebäude;
20. einem 2stockigen Wohnhaus;
21. einem 3stockigen Wohnhausanbau;
22. einer 1stockigen Veranda;
23. einer 1stockigen Wirtschaftshütte auf der Maxhöhe mit angebauter Kegelbahn;
24. einer an das Wohnhaus angebauten, 1 ½stockigen Faßremise;
25. einem 1stockigen Holzstallanbau an dieser Remise;
26. einem freistehenden 1stockigen Kellereingangüberbau;
27. zwei freistehenden 1stockigen Eiskellerüberbauten aus Fachwerk.

In der Brauerei waren 1 Oberbräu, 6 Bierbrauer und 1 Fuhrknecht beschäftigt. Obwohl im Jahre 1916 alle 6 Bierbrauer und 5 von den 6 landwirtschaftlichen Knechten eingezogen waren, betrug in diesem Jahr bei einem Malzverbrauch von 4000 Zentnern der Bierausschuß 11 000 hl. In Eisenbahnwagen wurde das Bier auch an das königliche Proviantamt nach Stuttgart geliefert.—

Auch seine 6 Söhne waren in diesem Jahr alle beim Militär: Josef als Rechnungsführer im Lazarett Isny, Ernst als Landwehrmann in Schwäbisch Gmünd, Dr. Otto Götz als Assistenzarzt im Reserve Lazarett III in Tübingen, Stud. med. Willi Götz als Sanitäts-Vizefeldwebel der 26. Infanteriedivision im Feldlazarett IV, Claudius als Leutnant d. R. beim Feldartillerieregiment 13 und Karl ebenfalls beim Artillerieregiment 13.

Wohl um den beim Wiederaufbau entstandenen hohen Kostenaufwand decken zu können, beabsichtigte er im Jahre 1916, gegen 10jährigen Bierzwang und eine Anzahlung der Hälfte des Kaufpreises, einige seiner privateigenen Wirtschaften zu verkaufen. Verkauft wurden aber lediglich: die „Ablach" in Mengen, die „Linde" in Ölkofen und der „Engel" in Erisdorf. Angeboten aber nicht verkauft wurden: „Krone" samt Bräuhaus in Bingen, das „Neue Haus" in Ennetach, der „Hecht" in Mengen und der „Schwanen" in Einhart.

Nachdem der Brauereibesitzer Anton Götz auf dem Missionsberg in Mengen im Vorjahr noch ein Wirtschaftsgebäude, den Hechtkeller, gebaut hatte, starb er im Jahre 1918 im Alter von 62 Jahren. Die Brauerei wurde zunächst von seiner Witwe weitergeführt, bis die Brüder Ernst und Claudius Götz im Jahre 1923 das Anwesen gemeinsam übernahmen.

Die Gaststätte war von 1923—1962 an Gregor Löffler verpachtet. Außer der „Au" in Scheer und den 1916 nicht verkauften Wirtschaften befanden sich 1929 im Besitz

Bräuhauspächter Löffler mit Frau und Tochter Hilde.

der Brauerei Götz: die „Bierhalle" in Herbertingen, die „Krone" in Blochingen, der „Pfauen" in Riedlingen, die „Sonne" in Langenenslingen, der „Adler" in Sigmaringendorf, der „Ochsen" in Rulfingen, der „Bären" in Hohentengen, der „Schlüssel" in Völlkofen und der „Adler" in Binzwangen.

1931 starb die Mutter Josefine Drescher im Alter von 64 Jahren. 1937 erstellte die Firma im Anschluß an den Lagerbierkeller beim Treppenaufgang auf den Schachen einen neuen Eiskeller sowie einen Raum zum Reinigen der Bierfässer; ferner hinter dem Viehstall zwei Silos zur Aufbewahrung von Grünfutter und Kartoffeln. Die Ehe des Ernst Götz blieb kinderlos. Seinem Bruder Claudius wurde im Jahre 1926 der Sohn **Heinz Götz** geboren, der die Scheerer Linie weiterführen sollte. Der Vater Claudius starb 1941 an den Folgen eines Unfalls. Heinz, der als Abiturient eingerückt war, fiel am 16. März 1945 in Schlesien. Mit ihm erlosch die Scheerer Linie.

Viel und gerne erzählen die alten Leute noch von den beiden Bräumeistern Ernst und Claudius Götz, denn in Scheer wußte man genau, an welchem Wochentag sie sich in welchem Wirtshaus aufhielten. Dort hieß es nämlich immer „3 um 18", d. h. jeder, der ein Glas Bier kaufte, das einmal 18 Pfennige kostete, bekam zwei Glas vom Bräumeister spendiert. — Die Knechte, die täglich drei Biermarken à 1 l erhielten, saßen immer zwischen 11 und 12 Uhr beim Frühschoppen im Bräuhaus, wonach der Bräumeister die Marken beim Wirt wieder abholte, um sie am nächsten Tag wieder auszuteilen. — Eine besondere Attraktion in Scheer war die Gartenwirtschaft „Zur Maxhöhe" gegenüber der Brauerei mit ihrer großen, betonierten Tanzfläche, die bis tief in die Nacht beleuchtet war, dem kleinen Musikpavillon, der Kegelbahn und dem anschließenden Schießstand; sie diente auch öffentlichen Veranstaltungen, wie z. B. dem Schauturnen.

Das gesellige Treiben erlosch während des Zweiten Weltkrieges. Wenige Tage nach dem Einmarsch der Franzosen mußte ihnen der Bräuhauswirt die Wirtschaft samt Wohnung überlassen. Er selbst kam für ein halbes Jahr in französische Gefangenschaft. Seine Familie wurde aus dem Haus gejagt, ohne das geringste mitnehmen zu dürfen. Als sie das „Bräuhaus" wieder übernehmen durften, waren Wirtschaft und besonders auch die Wohnung vollkommen ausgeraubt, so daß sie nicht einmal mehr ein Bett vorfanden, dafür aber jede Menge Unrat. Ein weiterer Schlag war die etliche Jahre später ausgebrochene Maul- und Klauenseuche: die Gäste blieben aus, und der gesamte Nahrungsmittelvorrat verdarb.

Auch das Brauwesen war während des Krieges zurückgegangen, da Bier kontingentiert wurde und die Lokale daher erst um 17 Uhr geöffnet wurden. Pferde waren beschlagnahmt wie auch der LKW, so daß sich der Bräuhauswirt nach dem Krieg als Bierführer mit einem alten auf Holzgas umgerüsteten Pkw begnügen mußte. Mit dem wirtschaftlichen Aufschwung ging es aber auch hier aufwärts. 1959 starb der Bräumeister Ernst Götz im Alter von 75 Jahren. Sein ledig gebliebener Bruder Dr. med. Wilhelm Götz, der Augenarzt in Augsburg war, kehrte nach Scheer zurück. Die fachmännische Beratung übernahm der jüngste Bruder, Braumeister Karl Götz. Da er in erster Linie seine Brauerei in Altenstadt leiten mußte und in Scheer eine dauernde Präsenz von Fachleuten erforderlich war, wurde die Geschäftsführung Herrn Kossmann und danach Herrn Seimetz übertragen. Als Braumeister wurde Herr Frick, danach Herr Grotz angestellt. In diese Zeit fällt die Modernisierung der Brauerei. Die Mälzerei, bisher handbetrieben, wurde automatisiert, eine moderne Abfüllanlage installiert und die Lagerkeller auf elektrische Kühlung umgestellt. 1971 starb Dr. med. Wilhelm Götz, das Jahr darauf sein Bruder, Prof. Dr. med. Otto Götz, so daß nun auch die ganze Verwaltung auf ihren Bruder Karl Götz überging. Nach seinem Tod im Jahre 1976 übernahm sein Sohn, der Dipl. Ingenieur **Karl Götz**, die beiden Brauereien in Altenstadt und Scheer. Letztere führt seit 1986 dessen Sohn, der Dipl. Braumeister **Konrad Götz**.

Die Wirtschaft „Zum Deutschen Hof"
(heute: Speiserestaurant „Brunnenstube")

Das an der Mengener Straße 4 gelegene Gebäude war herrschaftliche Zehntscheuer, zu der auch das Haus Mengener Straße 6 gehörte, in welchem sich die Hauptscheuer mit Durchgang zum Hinterhof befand, wo der 1804 abgebrochene herrschaftliche Fruchtkasten stand. Der vordere Teil der heutigen Wirtschaft war Schafstall. Der frühere Mühlenbesitzer Josef Stumpp, Vater des Metzgers Philipp Stumpp, richtete hier zur Zeit des Eisenbahnbaues (1870) die Wirtschaft „Zum Deutschen

Hof" ein. Ihm folgte 1877 der Zimmermann Josef Schmid aus Iggingen O. A. Gmünd, der 1890 das Haus Sigmaringer Straße 10 kaufte. Von 1891—1897 war der Wagnermeister Karl Knor „Wirtschaftsführer" im Deutschen Hof, der 1892 dem Gemeinderat Eduard Zirn gehörte. Dieser besaß auch den dahinter liegenden großen Garten (Parzelle 187). Ab 1897 war Edmund Zirn Deutschhofwirt. Von ihm erwarb der Saulgauer Sonnenwirt das Anwesen und veräußerte es wieder an die Brauerei Götz. Diese setzte 1902 ihren Bierführer Josef Diesch aus Ertingen, der sich in diesem Jahr verheiratete, als Pächter ein. Dessen Nachfolger als Pächter waren: der Waldmeister Eugen Rothmund (1911—1922, vorher „Kantine"), Josef Maurer, Frau Pfarr geb. Kieferle, dann Frau Häfele, die Witwe des Josef Maurer, die nach Ebingen zog, nachdem ihr Mann gestorben und ihr Sohn 1941 gefallen war. Ihr folgten Josef und Kreszentia Heim bis 1958, dann Josef und Paula Ulrich und ab 25. 11. 1959 — 1. 4. 1972 Albertine Nell. Nun stand das Gebäude leer, bis der Koch Fabrice Coquelin aus Mantes la Jolie/Frankreich und seine Frau Rita geb. Schorpp, Restaurantfachfrau, am 20. Juni 1982 die Gaststätte pachteten, die sie 1983 von der Brauerei Götz käuflich erwarben und zum „Speiserestaurant Brunnenstube" umbenannten, nachdem sie 1983/84 die Stallungen zu einer Küche und den Scheunenbereich zur Erweiterung des Nebenzimmers umgebaut hatten. Bereits 1985 erfolgte der Eintrag des Betriebs in einen führenden Restaurantführer für gehobene Gaststätten. Im Rahmen der Altstadtsanierung erfolgte 1989 die Renovation des Dachstuhls, der Außenfassade und des privaten Bereichs im 1. Stock.

Wirtschaft „Zur Fabrik" (später „Kantine")

Der Müller Stumpp, der den „Deutschen Hof" eingerichtet hatte, übernahm das im Jahre 1875 vom Fabrikanten Kraemer an der Fabrikstraße 32 mit dem Abbruchmaterial des alten Bahnhofes Sigmaringendorf erstellte Wirtschaftsgebäude. Als Pächter folgten 1910 Eugen Rothmund, der sich in diesem Jahr mit Anna Eberhard aus Bremen verheiratete und 1911 den „Deutschen Hof" übernahm, Erhard Haga (1911—1935), dann Richard Stöhr, der im Zweiten Weltkrieg fiel. Seine Frau betrieb danach die Wirtschaft weiter, bis sie nach ihrer Verheiratung mit Josef Kieferle 1947 in die Gemminger Straße zog. Nachfolger wurden Johanna und Karl Gutknecht (1947—1966). Neben der Wirtschaft, wo sich bislang ein Garten mit einem laufenden Brunnen befand, wurde 1951 die Terrasse gebaut. Nach mehrmaligem Pächterwechsel erfolgte 1973 die Einstellung des Wirtschaftsbetriebs.

Der Gasthof „Zum Hirsch"

wurde um das Jahr 1700 erbaut. Der erste namentlich bekannte Hirschwirt ist Josef Schwarz (1755). Sein Sohn Wunibald Schwarz, der über 100 Schafe hielt, übernahm im Jahre 1765. „In seiner Behausung zum Hürschen genannt" brach 1767 Feuer aus, das wieder gelöscht werden konnte. Da hierbei die „Bierpfanne" erwähnt ist, war wohl im Erdgeschoß eine Brauerei eingerichtet. 1781 wird der Hirschwirt Antoni Will erwähnt. 1791 erhielten Leopold Liebherr und Bernhard Schwarz das Tafernrecht im Hirsch. Die Witwe des Bernhard Schwarz heiratete 1798 den Bernhard Ott, ihre im Jahr 1775 geborene Tochter Franziska Schwarz vermählte sich 1800 mit dem aus Friedberg bei Augsburg stammenden Johann Schmuker, der damals in Dürmentingen war und nun den Hirsch übernahm. (Sein Sohn Romuald gründete die Metzgerei Schmuker, Hindenburgplatz 2.) 1826 war der Hirsch bereits an Johann Rothmund übergegangen, der später eine Haushälfte an Josef Späth abtrat. 1831 „haben sich 2 junge Leute auf den Hirsch verheiratet". Es handelt sich wohl um den in diesem Jahr erwähnten Hirschwirt Keßler. 1840 gehörte das Anwesen dem Josef Rothmund, 1854 dem Ferdinand Rothmund, dessen Witwe Theresia Rothmund 1883 mit dem Sohn Ferdinand genannt wird. Letzterer verpachtete den Hirsch 1887 an Karl Knor, 1888 zunächst an Michael Steinhart, ab 1. 10. 1888 an den Stadtwundarzt und Geburtshelfer Michael Pfeiffer, der am 11. 4. 1903 starb. Nun übernahm der im Jahre 1885 geborene August Rothmund die Wirtschaft, die er an die Brauerei Götz verkaufte. Sein Sohn und Nachfolger Ferdinand Rothmund vermählte sich mit Klara, der Schwester des Bräuhauswirts Gregor Löffler. Er pachtete die Wirtschaft, die nach seinem Tod (1955) die Witwe bis zum 25. 5. 1962 weiterführte. Sie heiratete den Mathias Jerger und kaufte das Haus Mengener Straße 5.

In der Folgezeit saßen mehrere Pächter auf der Wirtschaft: Gustav Kienle, Lydia Laudascher (bis 1965), Helga Nußbaum (bis 1970), Christa Stelzl (bis 1971). Danach fand sich kein Pächter mehr, bis Johann Braitsch am 1. 6. 1983 das Anwesen übernahm. Die Wirtschaft trug nun die Bezeichnung „Holzwurm". Vom 1. 2. — 23. 7. 1984 hatte sie Mathias Braitsch inne, danach Thomas Klaus Wagner, der sie in „Point" umbenannte, ab 8. 11. 1985 — 31. 8. 1987 Andreas Besch, der ihr den Namen „Schloßstuben" zulegte. Auf ihn folgte Zec Hyseyin, dann Sadik Ajdarpasic.

Gasthof und Brauerei „Zum Kreuz"

Mengener Straße 7.

Die erste Nachricht über das um 1710 an der Mengener Straße 5 erbaute Anwesen stammt aus dem Jahr 1760: Antoni Stumpp, gewester Bräumeister zu Rimpach, bat um die Konzession für die Taferne, wie sie vorher sein Vater innehatte. 1763 wird er als „Kreuzwirt und herrschaftlicher Braumeister" bezeichnet. Am Neujahrstag 1765 wurde am Rathaus ein gegen ihn gerichtetes „anzügliches Blatt" angeschlagen. Mit Erlaubnis des Dekans Reichle begann er in diesem Jahr im Garten der Hofkaplanei, der hinter dem Hofkaplaneihaus liegt, einen Bierkeller zu graben. Die Herrschaft verbot die Fortführung der Arbeit (Keller gegenüber der „Kantine"). Das Wasser zum Betrieb seiner Brauerei bezog er von der Hinterwiesle-Quelle. Beim Bau der städtischen Wasserleitung im Jahr 1903 wurde diese alte Leitung angeschnitten. Der Überlieferung nach stand die zur Wirtschaft gehörige Brauerei an Stelle des um 1790 erbauten Hauses Mengener Straße 7. Die zur Brauerei führende Quellwasserleitung bestand aus gebrannten Muffen-Tonröhren mit einer lichten Weite von 2". Sie führte von der genannten Quelle aus am linken Donauufer entlang und von dort durch die Donau herüber mitten durch die Auteilwiesen und Augärten dem ehemaligen „Städtle Tor" zu (kleines Tor), von dort zur Hirschstraße und weiter zwischen den Gebäuden Hauptstraße 5 und 3 zur Brauerei. 1773 wurde diese Leitung vom Hochwasser zerstört. Der 1790 erwähnte Kreuzwirt Xaver Ramsperger baute 1803 einen Tanzsaal im 1. Stock des Gasthofs und übertrug dorthin auch das Bräuhaus. Die 1. Stockwerke beider Gebäude verband er mit einer Stegbrücke. 1826 gehörte das „Kreuz" (Haus, Scheuer und Bräuhaus) dem Josef Anton Lehner, der hier ein „Weinwirtshaus" betrieb und 1832 starb, danach dem Kreuzwirt Paul Kadel. Im Erdgeschoß hatte in den Jahren 1834—1864 der Gerber Willibald Gutknecht eine Werkstatt. Weil der Sohn des Paul Kadel als königlicher Hofdiener nach Stuttgart zog, wurde die Wirtschaft zum Kreuz samt Nebengebäuden auf dem Exekutionswege verkauft. Käufer war der Bräuhauspächter Stützle, der nun die Taferngerechtigkeit auf das 1838 erbaute Haus Sigmaringer Straße 8 übertrug, das nun bis zum Kauf durch A. Götz im Jahre 1859 Gasthof zum Kreuz war. Unser Gebäude Mengener Straße 5 war später im Besitz des Kaufmanns Franz Josef Ramsperger (Vater von Frau Bürgermeister Rist), der 1882 Kleineisenwaren zum Kauf anbot. Nach seinem Tod im Jahre 1923 führte die Frau des Schlossers Karl Herberger hier einen Colonialwarenhandel. Die Erbengemeinschaft verkaufte das Haus, in welchem einige Zeit die Post untergebracht war, an Frau Klara Jerger.

Der Gasthof „Zur Krone"

Bislang gelang es nicht, den Standort dieses Wirtshauses zu bestimmen. 1751 ist der Kronenwirt, Barbier und Chirurg Franz Josef Schneider genannt. Zum Jahr 1752 berichtet die Sigmaringendorfer Chronik, daß er häufig zu ärztlichen Hilfeleistungen nach dort gerufen wurde, bei seinen „Kuren" anscheinend aber immer sehr teuer gewesen sei. 1759 unterstützte ihn der Reichsprälat von Schussenried beim Nachlaß einer Schuld in Höhe von 50 Gulden. Seine Wahl zum Stadtschreiber wurde in diesem

Jahr von der Herrschaft abgelehnt. 1760 kaufte er vom Zimmermann Jakob Bertler um 86 Gulden 2 ½ Jauchert Acker „in Langenführen". Im selben Jahr ist seine Frau Franziska Schneiderin, Kronenwirtin, erwähnt, und auch die Kronenwirtin Franziska Pfandlerin, die Schwägerin des Johann Schell und Andreas Beron, 1764 der Kronenwirt und Chirurg Willibald Kieferle, 1775 der Kronenwirt Wunibald Kieferle, den die Gräfin Monika in ihrem Testament bedachte. Später ist keine Wirtschaft zur Krone mehr erwähnt (vgl. Ochsen).

Der Gasthof „Zum Mohrenkopf"

konnte bislang ebenfalls nicht lokalisiert werden. 1689 war Hieronimus Wezel Inhaber „der Behausung zum Mohrenkopf genannt", die auch 1707 nochmals erwähnt wird.

Der Gasthof und Brauerei „Zum Ochsen"

Das an der Hirschstraße 4 gelegene Gebäude war vormals herrschaftliche Küferei, 1709 aber bereits Gasthaus zum Ochsen, das dem Metzger Josef Küferlin, 1726 der Metzgerin und Ochsenwirtin Agathe Kieferle, 1733 dem Ochsenwirt Wunibald Kieferle gehörte. Das heutige Gebäude wurde vmtl. ca. 1740 erstellt und erhielt die Bezeichnung „Zur Traube". 1743 verkaufte Bernhard Rohm die Traube an den Amtsbürgermeister Antoni Riester. Dieser übergab sie seinem Schwiegersohn, dem Metzger und Bierbräu Antoni Müller von Braunenweiler, der seine Tochter Franziska geheiratet hatte. Müller scheint früh gestorben zu ein, so daß das Tafernrecht 1753 dem Hans Georg Riester übertragen wurde, der in der Folgezeit Traubenwirt war. Das Bierbrauen wurde diesem 1766 nicht erlaubt, obwohl er das Handwerk gelernt hatte. 1767 erwähnen die Akten den „alten Traubenwirt Riester", 1768 den Herrn Anton Miller „Minoritha et S. Theologio Candidatus", Sohn des Anton und der Franziska Miller. Als ihr anderer Sohn Leopold Miller im Jahre 1773 aus der Fremde heimkehrte, übernahm er die „Traube" und erhielt das Recht, eine Bräustatt zu bauen. Dessen Witwe heiratete im Jahre 1780 den Johann Kieferle aus Mengen, der nun das Tafernrecht erhielt. (Er war der Vater des Bäckers Erhard Kieferle.) In 3. Ehe heiratete die Witwe den Friedrich Lämmle, der 1799 als Traubenwirt bezeichnet wird und 1806 starb, worauf sein Stiefsohn Johann Michael Kieferle das Anwesen übernahm. 1808 errichtete er einen Scheuerbau und pachtete 1815 von der Stadt den Keller des an der Schloßsteige gelegenen Benefiziatenhauses, das von der Herrschaft gekauft worden war. 1832 verkaufte er seinen Besitz an Josef Ruppaner von Mengen, der in diesem Jahr mit seiner Frau ins Bürgerrecht aufgenommen wurde und nun der Wirtschaft wieder die Bezeichnung „zum Ochsen" gab, nicht zuletzt wohl deshalb, weil er aus der Familie des Menger Ochsenwirts stammte. 1837 verkaufte er den Ochsen an Christian Ampfer, der 1842 starb. Dessen Witwe heiratete nun den Mathias Rothmund, Sohn des Josef Rothmund, der sich nach ihrem Tod im Jahre 1846 mit Maria Burger von Hohentengen vermählte, der Tochter des letzten fürstlichen Kastendieners Wendelin Burger. 1851 ist der Pächter Josef Riedinger genannt, der am 11. 11. 1851 die Wirtschaft an C. Kumenhofer über-

Wendelin Burger.

Restaurant Donaublick.

gab. 1852 war Gabriel Rebholz Ochsenwirt, 1867 einer namens Bart. Nun wurde die Wirtschaft von der Familie Rothmund wieder in eigener Regie betrieben. Über Franz Xaver Rothmund ging das Anwesen an dessen Sohn August Rothmund, der die Tochter des Farrenwärters und der Hebamme Schlee heiratete. Der im Jahre 1931 geborene Sohn Anton übernahm nach dem Tod des Vaters am 23. Mai 1962 mit seiner Frau Rosa geb. Dreßler das Anwesen.

Der Gasthof „Zur Restauration"
(heute: Hotel-Restaurant „Donaublick")

Der Baumeister Rieder erstellte im Verlaufe des Bahnbaues an der Bahnhofstraße 21 ein 2stockiges Wohn- und Wirtschaftsgebäude, die Bahnhofsrestauration, die 1871 eröffnet wurde. Sein Nachfolger Josef Barth übergab 1874 das Anwesen an den Sohn, den Güterbeförderer und Landwirt Johann Barth. Nach dessen Tod führten die Töchter Hulda und Oliva den Betrieb bis zum Jahre 1917 weiter, danach war die Wirtschaft geschlossen. Der Metzgermeister Emil Will (Hauptstraße 3) erwarb 1931 das Anwesen und übergab es seinem Sohn, dem Metzgermeister Josef Will. Dieser vermählte sich 1933 mit Kreszentia Deschler aus Scheer, eröffnete die Wirtschaft wieder und betrieb sie, mit der Landwirtschaft als Nebenerwerb, bis zu seinem Tod im Jahre 1972. Die Witwe übergab am 1. 11. 1973 an ihren Sohn, den Metzgermeister Hans Will, der sich 1958 mit Margarethe Kniesel aus Mengen verheiratet hatte. Sie bauten die Bahnhofsrestauration grundlegend um. Da der Bahnverkehr zum Erliegen kam, änderten sie die Bezeichnung in „Restaurant-Donaublick". 1983/84 bauten sie eine Gartenterrasse und einen Wintergarten an. — Ihre älteste Tochter, die Hotelfachfrau Manuela Will, kaufte 1988 das von der Bundesbahn zur Versteigerung ausgeschriebene Bahnhofsgebäude, das zum modernen „Gästehaus-Donaublick" umgestaltet und 1989 in Betrieb genommen wurde.

Der Gasthof „Zum Rosengarten"

wurde 1836 als 2stockiges Wohn- und Wirtschaftsgebäude an der Fabrikstraße 13 erbaut. Der erste namentlich

Rosengarten.

bekannte Besitzer war Leopold Haberbosch (1858), danach (ca. 1870) der Rosenwirt Josef Sorg, der den Rosengarten an den Wirt, Viehhändler und Schuhmacher Cölestin Linder verkaufte. Dessen Sohn, der Wagnermeister und Viehhändler Anton Linder, übernahm 1898 das Anwesen. 1909 ließ er eine Kegelbahn erstellen und baute 1911/12 das 1½stockige Wohnhaus Fabrikstraße 11. Hier wohnte er, nachdem er die Wirtschaft 1928 an Anton Linder verpachtet hatte. Nach seinem Tod fiel das Anwesen an Kreszentia Baur, die 1952 Wirtschaft und Kegelbahn an den seitherigen Pächter verkaufte. Er führte die Wirtschaft mit seiner Frau Maria Linder, welche nach seinem Tod am 21. 12. 1979 den Wirtschaftsbetrieb einstellte.

Der Gasthof „Zum weißen Rößle"

Der Standort konnte noch nicht ermittelt werden. Johann Speh, der 1684 das Tafernrecht erhielt, wird bis zum Jahr 1707 Rößlewirt genannt. 1707 erfahren wir, daß er mit Ursula Köhlin verheiratet war und mit ihr 10 Kinder hatte. 1722 erhielt Beat Kieferle das Recht, in dem von ihm gekauften Haus eine Taferne „zum Weißen Rößle" aufzumachen. Er war mit Euphrosine Kieferle verheiratet. Der Amtsbürgermeister und Sonnenwirt Hans Michel Paur wird als sein Schwager bezeichnet.

Der Gasthof „Zur Sonne"

Das erste Wirtschaftsgebäude, das hier an der Hauptstraße 13 stand, war wohl die vom Grafen Eberhard von Sonnenberg im Jahre 1472 bei der Verleihung des Umgelds geforderte Wirtschaft, welche die Stadt „mit Wirten, Ställen, Legen und Anderem" zu versehen hatte. Der in den Jahren 1534—1541 genannte Wirt Rüd (Rude), wie auch der Wirt Hans Walter (1582) dürften auf dieser Wirtschaft gesessen sein. 1583 wird Jakob Feinaigle als Wirt im „Stadtwirtshaus beim Schloß" erwähnt. 1610 wurde dieses Gebäude abgebrochen und die neue Stadtwirtschaft „Zur Sonne" erstellt (Jahreszahl in einem Balken des Treppenhauses eingemeißelt). Das „Rote Buch" berichtet darüber: „Im Jahre 1610 ist die neue, gemeiner Stadt Scheer gehörige Wirtsbehausung zu bauen angefangen, und Meister Diepolt, Bürger und Zimmermeister zu Mengen, zu zimmern und zu machen verdingt worden, laut nachfolgenden Verdingszettels: „Auf Mittwoch den vierundzwanzigsten Monatstag des Februar anno 1610 haben Schultheiß, Bürgermeister, im Namen und anstatt eines ehrsamen Rates allhie zur Scheer Meister Hans Diepold, Bürger und Zimmermeister zu Mengen, in Beisein nachgemelter Personen die neue Wirtsbehausung allda, gemeiner Stadt gehörig, zu zimmern und aufzurichten verdingt, wie folgt: als nämlich obgedachte Behausung dem Abriß gemäß, welchen Christoph Weinschenk, auch Bürger zu Mengen, geordnet und gerissen, allerdings gleichförmig zimmern und aufrichten.

Erstlich in den verordneten Pferde- und Roßställen die Baren, Raufen, Läden und in die zwei Mittelsäulen durchgehende Riegel, damit man Sättel und Kommlet daran hängen könne, machen und ordnen.

Mehr im Rinderstall die Krippen, Läden und alle Türen im Unterstock, außerhalb die drei welche vorne gegen die Kanzlei zu gerichtet werden.

Er soll auch das Scheuertor zu machen verbunden sein, desgleichen im andern Stock die „Schlaifbenenen" oben und unten in allen Stuben, Kammern und Küchen, also ganz durchaus machen und schlaiffen, nichts daran ausgenommen.

Item alle Gesims in den Stuben und auf den Lauben, zu den Kreuzfenstern, alle Stiegen und die „Lienen" (Handläufe) daran, auch zwei Kreuzfenster auf jeder Laube, sodann im dritten Stock: die Stuben oben und unten, aber die Einheizküche allein unten geschlaift machen.

Er soll auch den ganzen Dachstuhl latten, und einen Aufzug zur Frucht oder was dergleichen; auch zwei Türen auf der andern und dritten Lauben zum Einhängen richten und machen.

Zu merken ist, daß zum Unterstock ein „Zarch" durchaus wird gemauert werden. Zum Abbrechen der alten Behausung soll er zwei Zimmerleute zu ordnen und zu geben schuldig sein, jedoch soll die Stadt solche verlöhnen und besolden. Von solchem ist ihm zu geben versprochen worden an Geld 235 Gulden, für den Anschlag; Schwell- und Aufrichtwein zehn Gulden, Kernen ein Malter, Mühlkorn acht Malter, Haber ein Malter vier Viertel, Brennholz einen Wagen voll, Späne nach Notdurft, Behausung und Herberge, und seinen Gesellen „geliger". Dies alles im Beisein Herrn Untervogts Johann Jakob Frey, des Schultheißen Nicolaus Stilpp, des Schreibers Matthes und des neuen und alten Bürgermeisters Bartle Will, des Stadtschreibers Georg Strauß, alle zu Scheer; sodann Christoph Weinschenk, obgemelter Meister Hans Diepolt, Conrad Müller Maurermeister, Stoffel Ziegler und Jacob Beller, alle Bürger zu Mengen. Beschehen zu Scheer auf Zeit, Tag, Monat und Jahr als obsteht.

Nota: Nach vollendeter seiner Arbeit ist ihm, Zimmermeister, von einem ehrsamen Rat, doch mit Vorwissen der Herrschaft, zehn Gulden, und seinen Gesellen auch jedem ein Trinkgeld verehrt worden, und sonst was er außer dem Verding gemacht hat, darum befriedigt und bezahlt worden."

Der Bauherr war also die Stadt Scheer selbst, die nun an Stelle der seitherigen städtischen Herberge einen Neubau erstellte und am 29. Dezember 1610 Pachtvorschriften erließ, die im Roten Buch aufgezeichnet sind:

Den Wirt betreffend:
Erstlich soll er stettigs und ohne Underlaß mit einer guetten Köchin und Kellermädlin oder Buben zum Wein und Brott und anders Auftrag versehen und daran sein, daß es sauber und wol gekocht werde.

Fürs ander, daß Er alzeit mit zum wenigsten zwayerlay guetten Weinen versehen sey, und sovil müglich, sich deßen befleißen, damit nit Klag fürkhomme.

Zum Dritten soll Er das Dach, Fenster, Kachelöfen, Läden die Rauffen und Krippen in Ställen, Thüren, alles anders, in bäuwlich Ehren auf seinen Kosten erhalten, ohne der Stadt Schaden.

Viertens soll (Er) das Hauß /: da Er über kurtz oder lang widerumb ab- oder aufziehen möcht oder würd: und dergestalt recht und päwlich hinderlassen, wie sichs gebürtt, und Ihme ungefahr eingeantwortt worden ist.
Zum Fünften, soll Er sich dahin befleißen, daß jedem, so im Hauß zehrt, geschehe und willfahrt werde, was jeder begert, und solcher oder solche nit aufgehalten, sonder befürdert werden.
Für das Sechst, soll Er daran sein, und darob halten, daß jeder, so Wein zue Hauß holdt, bald befürdert wird, und solchen nit lang aufhalten oder stehen lassen.
(Zum) Siebenten soll Er auch das Hauß mit sauberem Bettgewandt und anderm guetten Haußrath versehen, damit khein Mangel hieran erscheine.
Zum achten, soll Er das Hauß, Gemach, Kammern, Ställ, und alles anders darin sauber halten, damit die Gäst khein Verlust darob haben oder bekhommen, und sollen alle fiertel Jahr zum wenigsten, oder so offt von nötten ist oder sein möcht, Herrn vom Rath verordnet werden, die das gantz Hauß besichtigen sollen, wie es gehalten werde, damit so Mangel ahn dem einen oder andern were oder befunden würde, man solches abstellen khönde.
Zum Nüendten, soll Er auch schuldig sein, eben so wol die wenig als die vil verthon, zu beherbergen und zu legen, und inen nach ihrem Vermögen, was Sy begern, gantz willig und unverdroßen raichen.
Item was Adelige oder sonsten fürnehme Personen sind, soll Er auf Ihr Begern aigne Gemach eingeben, und darin nottürfflich tractieren.
Item er soll sich befleißen, das Er mit Visch und Flaisch jederzeit, und was Er anders guetts bekhommen khan, gefasst seye, damit Er einen jeden Gast seinem Begern nach halten und tractieren khönde.
Item was von fürnehmen Leüth bey Ime einziehen, soll Er strackhs zum Hof berichten, wafehr aber Ihre Gnaden nit anheimbsch, alßdann in der Canzlei anzeigen, und was Übernacht allhie verbleibt, es sei gleich wer es woll, soll er schrifftlich und nicht nur mündlich gehn Hof khundbar thun.
Item, da etwar verdächtlich zue Ime khöm, soll Er alsbalden gehn Hof oder Cantzley berichten und anzeigen.
Letslich soll Er järlich auß dem Hauß einem Ehrsamen Rath neben dem järlich und gebürlichen Umbgelt richten, bezahlen gegen Siben und zwainzig Gulden. Actum: 29. December anno 1610."
Der erste namentlich erwähnte Pachtwirt war Rudolf Heberlin, der 1629 die Maria Millerin aus Riedlingen heiratete. Ihm folgte der Bürgermeister Feinäugle (1672), dann der Barbier Johannes Frick, dem die Stadt am 1. Juli 1687 die Wirtschaft zu folgenden Bedingungen verkaufte:
„Um 1000 Gulden guter Reichsmünze, den Gulden zu 16 Kreuzern oder 15 Batzen. Davon zahlt er 500 Gulden sofort, das andere hat er jährlichs verzinst zu zahlen je an St. Georgi; jährlich zahlt er 100 Gulden, erstmals 1688. Das Tabernenrecht (d. i. die Befugnis, eine Wirtschaft zu führen und an den Rechten und Pflichten eines Wirts teilzuhaben) hat er auf dem Haus als Erblehen, das ihm und seinen Nachkommen jährlich am 1. Ratstag nach St. Georgi erteilt wird. Auch hat er und seine Nachkommen an Georgi immer 1 Pfund Heller zu erlegen. Stirbt der Wirt, so erhält der jüngste Sohn die Wirtschaft und muß den andern Geschwistern dafür herauszahlen. Wird aber das Wirtshaus wieder verkauft, so soll der Stadt das Zugrecht vorbehalten sein; nicht weniger, wenn sie das Tabernenrecht nicht mehr ausüben, soll der Rat befugt sein, nicht allein das Tabernenrecht, sondern das Wirtshaus selbst gegen Hinauszahlung der Gebühr wieder an sich zu ziehen. Solange er und seine Nachkommen die Wirtschaft führen, sollen sie die Nutznießung haben, aber auch an Gülten und Zins zu zahlen haben von einem Jauchert über die Steig jährlich 7 Viertel Vesen, wenn Haber 6 Viertel; von 1 1/2 Jauchert im dürren Lau 10 Viertel Vesen, wenn Haber 8 Viertel; von 2 Jauchert am Stauden 4 Viertel Vesen, wenn Haber 6 Viertel; ferner von 6 1/2 Mannsmahd auf der Hau, die Wirtswiese genannt, jährlich dem Hl. Nikolaus (Kirchenpflege) 5 Gulden und 56 Kreuzer". 1696 wurde dem Inhaber des Sonnenwirtshauses befohlen, die Schweinesteig am Haus zu entfernen. Dieser Aufforderung scheint er aber nicht nachgekommen zu sein, denn 1726 stand sie immer noch. Auch in den Jahren 1707, 1710 und 1713 ist Johann Frick als Sonnenwirt erwähnt. 1710 erfahren wir von seinem Sohn Bernhard Frick und seinem Schwager Ferdinand Störer aus Hildesheim. 1718 verkaufte Frick die Sonne an den Kanzleiverwalter Breinlin, von dem sie an die Stadt überging. Diese erlaubte 1720 dem Franz Josef Stumpp, im Sonnenwirtshaus zu wirten. Am 21. April 1721 kaufte der Metzger Beat Kieferle um 640 fl. das Sonnenwirtshaus, hielt aber den Kauf nicht, weil es diesen Betrag nicht wert sei. Daraufhin trugen ihm die Räte auf, daß er entweder den Kauf halte oder der Stadt „des nit Beihaltens wegen 50 fl. Reykauf, wie auch den bei solchem Kauf gemessenen Trunk Wein, desgleichen auch die heutige Ratssession bezahlen solle". — Am 2. Juli wurde dem Franz Josef Stumpp, auf sein Anhalten, das Sonnenwirtshaus wieder verpachtet. Bereits am 14. Juli verkaufte die Stadt jedoch dieses Wirtshaus an den Adlerwirt und Unterbürgermeister Hans Michel Paur. Am 11. Oktober wurde der Kauf vom Rat unter folgenden Bedingungen ratifiziert:
1. Der Käufer hat den Zins für 1800 Gulden zu übernehmen.
2. Er darf später die Wirtschaft nur an einen Bürger verkaufen.
3. Er darf die Wirtschaft an keinen Auswärtigen verpachten.
4. Die Holzgerechtigkeit bleibt bei der Wirtschaft, ebenso
5. die ihm von der Nicolai-Pflegschaft verliehenen Güter (4 Jauchert Acker, ca. 6 Mannsmahd Wiesen).
6. Aus diesen Heiligengütern muß er der Pflegschaft aus den Äckern die gewöhnliche Gült, aus den Wiesen jährlich 4 fl. Gulden reichen.
7. Diese Abgaben dürfen nicht erhöht werden.
8. Der Käufer hat zu diesem Haus zwei Gärtlein, eines in der Au, das andere am Siechensteigle.
9. Im Kauf sind inbegriffen (versprochen): 4 Sägklötze und soviel Holz gratis, als man derzeit für das Gebäude benötigt.

Der nunmehrige Besitzer Hans Michel Paur, der schon einige Zeit verwitwet war, heiratete 1722 die Christina Wehin, Tochter des Dürmentinger Kastenvogts Antoni Weh. Er hatte einen Brauknecht (Jerg Paur von Ölkofen) und eine Magd (Cäcilia Denglerin von Sigmaringen). Im selben Jahr wurde er Amtsbürgermeister. 1736 beschwerte er sich darüber, daß die Stadt den Kauf mit der Sonnenwirtschaft nicht eingehalten habe und ihm auch sonst von 2 Häusern die Holzgerechtigkeit entziehe.

Auf Antrag des 1749 erstmals erwähnten Sonnenwirts Andreas Zimmerer wurde 1756 sämtlichen Scheerer Wirten der Eimer Wein um 50 Kreuzer abgegeben — damit sie die Kundschaft nicht verlieren. 1765 wurde ihm das Brauen nicht erlaubt. Seine Tochter heiratete den Anton Feinaigle, sein Sohn Mathias Zimmerer war 1804 im Besitz des Hauses. Ob oder wie lange er die Wirtschaft betrieb, ist nicht bekannt. Sein Nachfolger, der um 1790 geborene Sohn Nikolaus Zimmerer, war 1812/13 Teilnehmer am Rußlandfeldzug Napoleons. Er richtete im Haus eine kleine Metzgerei ein und betrieb daneben Landwirtschaft. Um 1820 heiratete er eine Walburga Eisele. 1826 gehörte ihm $1/4$ des Hauses, $1/4$ den Kindern des Josef Zimmerer, $1/2$ dem Weber Jakob Bärtler. Um 1870 waren es bereits 4 Hausanteile:

1. Konrad Zimmerer, der Sohn des o. g. Nikolaus Zimmerer. Er heiratete 1849 die Maria Eva Stauß. Aus der Metzgerei machte er eine Modellschreinerei. 1876, dem Todesjahr seines Vaters, baute er das Haus Fabrikstraße 19, in das er im selben Jahr einzog. Hier starb er am 4. September 1904. Aus der Ehe stammen die Söhne Hermann, Kaspar und Ludwig. Schon 1881 hatte er seinen Hausanteil an der früheren „Sonne" dem Sohn Hermann Zimmerer übergeben. Dieser baute 1907/1908 das Haus Gemminger Straße 24. Seinen Hausanteil besaß ab 1908 der Küfer Gustav Stärk, der mit Maria geb. Heinzelmann verheiratet war. Nach dem Tod des Küfers stand der Hausanteil einige Jahre leer und wurde dann von seiner Enkelin an Johann Heim verkauft, von dem er 1951 an den früheren Deutschhofwirt Josef Heim überging.

2. Der Schneider Johann Georg Zimmerer und dessen Frau Magdalene geb. Füßler; ab 1919 gehörte dieser Hausanteil 7 Personen der Familie Steurer, ab November 1919 dem Heizer Johann Heim, ab 1960 dessen Söhnen Maximilian und Günter.

3. Der Taglöhner Johann Zimmerer und dessen Frau Maria Anna Rothmund, ab 1909 sein Schwiegersohn Anton Bregenzer Schlosser und dessen Frau Emme, ab 1923 der Schlosser Anton Bregenzer, ab 1968 dessen Erben: die Witwe Franziska Bregenzer geb. Werz und die Kinder Maria, verheiratete Kurz, und Anton Bregenzer, Kraftfahrer, ab 1981 Jakob Kurz, Rentner und seine Frau Maria geborene Bregenzer, ab 1982 Margot Schwarz geb. Bosch aus Sauldorf-Boll.

4. Der Weber Johann Bertler, ab 1902 der Fabrikarbeiter Josef Bertler und seine Frau Walburga geb. Will, ab 1939 der Vorarbeiter Josef Bertler und seine Frau Theresia Stöckler, ab 1980 der Rentner Josef Alfons Bertler.

Wegen des desolaten Zustandes des Gebäudes zogen die Besitzer aus, vermieteten an Fremdarbeiter und erklärten schließlich 1982 den Verzicht auf jegliche Eigentumsansprüche. Eine Bauherrengesellschaft aus Esslingen ließ die zum Abbruch freigegebene „Alte Sonne" 1984 neu erstellen und teilte das Gebäude auf 20 Eigentümer auf.

Café Kerle

Hirschstraße 2 (vgl. Bäcker).

Café Ahlers

Der Schuster und Spitalpfleger Johann Zimmerer, Besitzer des Hauses Mengener Straße 9 (vgl. Bäcker) und der 1868 erbauten Scheuer Graben 20, baute 1893/94 auf dem bislang unbebauten Gelände vor der Stadtmauer das Gebäude Mengener Straße 13 als 2stockiges Wohnhaus mit 1stockigem Bäckereianbau.

Bereits im Jahre 1902 ist sein Sohn, der Feinbäcker Johann Nepomuk Zimmerer, als Mitbesitzer genannt. Nach dem Brand des Hohbühl baute der Vater 1910 das Haus Graben 12, 1911 die 2stockige Scheuer Graben 14 und an Stelle des 1840 abgebrochenen Torhauses die 2stockige Scheuer mit $1 1/2$stockigem Stallanbau Mengener Straße 11. Sein Haus Mengener Straße 9 ging an Josef Keller über (s. o.), das Haus Graben 20 an den Sohn Pius Zimmerer (vgl. Schuster), der übrige Besitz an den Sohn Johann Nepomuk Zimmerer, der im Haus Mengener Straße 13 seine Bäckerei mit Lebensmittelgeschäft betrieb. Nach seinem Tod übernahm 1926 der Sohn Gebhard die Häuser Graben 12 und 14, der Sohn Josef Zimmerer, Bäckermeister, Mengener Straße 13 und 11. An Nr. 13 nahm er 1930 eine bauliche Veränderung vor und richtete das Café Zimmerer ein, 1932 erstellte er einen Bäckereianbau und baute 1950 im Haus Mengener Straße 11 einen Lebensmittel- und Colonialwarenladen ein, den ab 10. 9. 1956 bis 31. 10. 1979 seine Frau Wilhelmine Zimmerer führte. Am 31. 12. 1956 erwarb der Bäckermeister Anton Baur (vgl. Bäckerei Hirschstraße 17) das Haus Mengener Straße 13, das zunächst vermietet wurde, bis es im Jahr 1958 der Sohn Kurt Baur, Bäckermeister, übernahm. Mit seiner Frau Gisela geb. Maier betrieb er hier das „Café-Baur" mit Ladengeschäft, das 1971 an seine Schwester Helga Ahlers überging und nach dem am 12. 11. 1973 abgeschlossenen Umbau in „Café-Ahlers" umbenannt wurde. Ihr Mann Ralf Ahlers erwarb 1980 den früheren Laden des Feinbeck Zimmerer (Mengener Straße 11).

Die Tanzbar „Feuerstein"

1981 von Alex Maas und Apolonia Götz im Olber eröffnet, übernahmen am 2. 11. 1989 Reiner und Dorothea Hufsky.

Das „Casino Montecarlo"

im Oktober 1985 von Ulrike Mayer als „Cabarett Oriental" gegründet, wird seit 1986 unter der heutigen Bezeichnung von Karl-Heinz Fischer betrieben.

Der „Schloßgrill"

Nach Umbau des Erdgeschosses des Gebäudes Hauptstraße 6 (vgl. Handel) wurde dieses Lokal im April 1987 eröffnet und nach Wegzug des ersten Pächters im Jahre 1988 von der Klosterbrauerei Zwiefalten übernommen.

Das Gasthaus „Harlekin"

wurde von Alfons Nassal in seinem Hofgartencenter eingerichtet und über die Zollerbrauerei am 1. 7. 1988 an Hubert Dusel verpachtet.

Die Gaststätte/Bistro „Happy Day"

wurde am 9. 2. 1989 im Gebäude Hauptstraße 5 von Roland Roith eröffnet.

Vereine

Die Freiwillige Feuerwehr Scheer

Brandschutz und Brandbekämpfung waren immer wichtiges Anliegen, nicht nur der Bürger und der Verwaltung der Stadt, sondern auch der Herrschaft. Allabendlich mahnte der Nachtwächter, das Feuer gut zu verwahren. Fahrlässiger Umgang mit dem Feuer wurde geahndet und entsprechend bestraft. Die Bestimmung, daß nur derjenige als Bürger aufgenommen wird, der neben Harnisch und Waffen auch einen Feuerkübel hatte, zeigt, daß ursprünglich Bürger- und Feuerwehr identisch waren. Diese Wehr war in einzelne Rotten gegliedert, wobei jede Gasse eine Rotte bildete, die einem Rottmeister unterstand. Sobald die Sturmglocke geläutet wurde, hatten sich die Rotten zu sammeln und zum Schloß zu eilen. Aus den schon im Jahr 1418 zusammengestellten und 1518 erneuerten „alten Bräuche und Herkommen derer von Scheer" (s. d.) ist das damals bei Feuersgefahr angeordnete Verhalten der Bürger ersichtlich. Die für den ganzen Grafschaftsbereich gültigen Statuten des Jahres 1512 machen deutlich, daß die Wehr sowohl bei Brandfällen als in kriegerischen Notzeiten eingesetzt wurde: „Wann man an die Sturm schlecht oder sunst ain loff und geschray würdet, so soll ain jeder in der herrschaft gesessen oder wonend, der zuo der wer gutt ist, so bald er das hört, bei seinem ayd dem amptmann darunter er sizt, oder derselben verweser zuloffen unnd demselben nach seinem bescheid gehorsam sein, doch in zimblichen sachen." — Über die „Verwarung des feürs" lesen wir hier: „Ain jeder soll sein fürstatt, kachelofen, bachofen, nach notturft versorgen nach deren, so darüber geordnet sind, rath und bevelch bei poen (Strafe) ains pfund pfening. Er soll niemand on latternen mit plossen (offenen) liechtern oder fuirern in schuiren (Scheuern), ställen noch andern sorglichenn ennden zinden bei poen ains pfund pfening." — Auch in den Statuten des Jahres 1560 (s. d.) ist das Verhalten der Bürger „bei Aufruhr und Brand" genau vorgeschrieben. In den Statuten des Jahres 1696 (s. d.) wird das regelmäßige Reinigen der Kamine gefordert.

1725 ist erstmals eine Feuerspritze erwähnt. Sie wurde am 8. Juni dem Martin Sonntag, dem Schlosser Michel Sonntag und dem Ferdinand Speh anvertraut, die sie vierteljährlich auszuprobieren hatten. Jedem Bürger, der beim Ausbruch eines Brandes zuerst mit einem Pferd zur Spritze kam, wurde ein Gulden versprochen. Die „zur Feuersnot verordnete Mannschaft" wurde nach dem Ratsprotokoll von 1736 jährlich durch Neubürger aufgefrischt. Die entsprechende Anzahl der älteren schied aus. Im Brandfall erhielt jeder 15 Kreuzer ausbezahlt. Stephan Arzt war als Kommandant gleichzeitig Feuerreiter. 10 Mann hatten einen Feuerhaken, den sie zu Hause aufbewahrten, 4 Mann waren zur Feuerspritze eingeteilt. Letztere erhielten jährlich je 40 Kreuzer Wartgeld.

1738 zählte die Wehr 10 Mann „mit Feuerhäckle". Die Feuerordnung des Jahres 1744 nennt 2 Feuerreiter, 1 Offizier und 9 Mann. 1759 kam 1 Mann „mit der Feueraxt" hinzu. Mehrere Bürger wurden aufgefordert, bis St. Georgi Tag ihre schuldigen Feuerkübel „unter das Rathaus beizuschaffen". 1765 erfahren wir, daß die 4, welche jüngst heirateten, zur Spritze eingeteilt wurden. 1784 wurden die Spritzenmeister „scharf geahndet", weil wegen ihrer Fahrlässigkeit die Spritze eingefroren war. Der Bürgermeister Sonntag übernahm das Amt des Spritzenmeisters und wies darauf hin, daß künftig nicht mehr soviel, sondern nur die hierzu verordneten Leute auf der Spritze sitzen dürfen.

1812 bestand die Feuerwehr aus 2 Rotten zu je 30 Mann, als deren Rottenmeister der Bürgermeister Will und der Schneider Gutknecht genannt sind. Näheres über die Einteilung erfahren wir zum Jahr 1816:

1. Rotte unter dem Bürgermeister Will: 2 Mann an der Feuerspritze, 3 Feuerreiter, 10 Mann mit Feuerhaken, 8 Mann zum Ziehen der Feuerspritze. — Sie mußten bei Alarm bei der Spritze eintreffen und mit dieser an den Brandherd eilen. — 10 Mann, die mit Feuerkübeln ausgerüstet waren, mußten sofort zum Brandherd eilen.

2. Rotte unter dem Nagler Gutknecht (später Traubenwirt Kieferle): 30 Mann. Sie hatten sich beim Läuten der Feuerglocke beim Rathaus zu versammeln und von dort mit ihrem Rottmeister zum Brandherd zu gehen.

1823 wurde die Feuerordnung reguliert und dabei die Wehr wieder in 2 Rotten eingeteilt.

1825 kam die unbrauchbar gewordene Feuerspritze nach Biberach zum Spritzenmeister Georg Christian Schmelz in Reparatur.

1833 bestimmte der Rat, daß „bei einem Brand außer der Stadt" neben dem gewöhnlichen Sturmzeichen mit der Torglocke geläutet und durch ein Mitglied der 1. Rotte durch alle Gassen die Trommel geschlagen wird. Die Stärke der 1. Rotte wird mit 25 Mann angegeben.

1853 wurden 25 hölzerne Feuerkübel angeschafft, die Handfeuerspritze dem Mechanikus Graf nach Mengen zur Reparatur gegeben und die Spritzenremise mit Kieselsteinen gepflastert. Graf gab die Spritze zurück, weil sie einer Reparatur nicht wert sei und bot der Gemeinde eine neue, von ihm verfertigte Spritze zum Preis von 25 Gulden an, worauf diese bestellt wurde.

1877 erfolgte eine genaue Festlegung der Belohnung bei Brandfällen. Jeder Rotten- und Spritzenmeister erhielt pro Einsatz 1 Mark, jeder Rottenmann 50 Pfennig. Rottenmannschaften von auswärts, wie auch die übrigen zur Hilfeleistung bei Brandfällen verpflichteten Personen bekamen nichts (weitere Bestimmungen s. RP 112). Im selben Jahr schloß Scheer mit Ennetach, Mengen, Blochingen, Heudorf und Sigmaringendorf einen Brandhilfsverband. In Anwesenheit des Landesfeuerwehrinspektors Großmann aus Stuttgart beschloß der Rat am 17. Juli 1878 die Errichtung und Organisation einer Feuerwehr

357

und beauftragte den **Kommerzienrat Jakob Krämer** (1879—1886) mit deren Gründung. In der von ihm auf 9. Januar 1879 anberaumten Gründungsversammlung wurde er zum ersten Kommandanten der hiesigen Wehr gewählt, die Wehrpflicht auf 5 Jahre festgesetzt. Nach der Meldeliste vom 22. Dezember 1878 bestand die Wehr aus 39 Mann. Am 1. Februar 1879 genehmigte der Rat 916 Mark zur Anschaffung der erforderlichen Ausrüstungsgegenstände (vgl. RP 159). Schon im ersten Jahr des Bestehens entstanden Unstimmigkeiten, die dazu führten, daß an Stelle des Stadtbaumeisters Wunibald Knor der seitherige Führer des ersten Zuges, Josef Haberbosch, zum stellvertretenden Kommandanten gewählt wurde. Die Führung des ersten Zuges übernahm sein seitheriger Stellvertreter Anton Götz. Knor wurde wegen Ungehorsams aus der Wehr ausgeschlossen, ein Weiterer mußte seine „bösartigen Worte" schriftlich zurücknehmen, ein Dritter, der sich beim Ausflug des „freiwilligen Corps" nach Bingen total betrunken hatte, erhielt vor der angetretenen Front der Feuerwehr vom Kommandanten eine strenge Rüge. Außerdem wurde festgelegt, daß künftig nur mit Zustimmung des Kommandanten die vom Stadtrat genehmigten Gelder zur Anschaffung von Gerätschaften verwendet werden dürfen. Einstimmig beschlossen die Mitglieder die Gründung einer Kasse, aus welcher sie „bei kostenbringenden Vergnügungsanlässen" unterstützt werden sollen (Monatsbeitrag 10 Pfennig). Aus Mitteln dieser Privatkasse und der obligatorischen Feuerwehrkasse, deren Betreuung dem Verwaltungsrat unterstand, zeichnete die Wehr am 7. Februar 1880 zur Gründung der Stadtmusik eine halbe Aktie.

1882 wurden für die Wehr 2 Trommeln zum Preis von je 27 Mark angeschafft, 1883: Laternen und eine zweite Wasserstande. Die vom Kommandanten angeregte Anschaffung eines Sprungtuches fand keine Zustimmung. Um die Anschaffung einer Fahne zu ermöglichen, bildete sich ein Frauencomitè, das hierzu 126,44 Mark sammelte. Die Fahne incl. „Chärpe und Bändlin" wurde von Carl Neff zum Preis von 140 Mark gefertigt. Am 10. Oktober 1884 fand die Fahnenweihe statt: morgens im Festzug zur Kirche, mittags erschienen als Gäste die Feuerwehren von Mengen, Obermarchtal, Saulgau, Herbertingen, Heudorf, Sigmaringen, Bingen und Laiz. Um 12 Uhr 30 erfolgte vor dem Rathaus die Übergabe der Fahne, um 15 Uhr die Hauptprobe am Haus des Kaufmanns Ramsperger. — Nach Ablauf der 5jährigen Wehrpflicht verpflichteten sich 1884 28 Mann auf weitere 5 Jahre, 5 Mann schieden aus. Die Mitglieder beschlossen, jedem Kameraden bei seiner Verheiratung 10 Mark aus der freiwilligen Kasse zu schenken und diesen dadurch zu keinerlei Gegenleistung anzuhalten. 1885 stiftete der Kommandant Kraemer 25 Feuerwehrliederbücher. Der Verwaltungsrat beantragte beim Gemeinderat die Ausrüstung der Spritzenmannschaft mit Helmen, die Anschaffung der 66 erforderlichen Armbänder, von 2 Dutzend Schlauchbinden und 6 weiterer Feuereimer. Im März 1886 bestellte die Wehr neue „Juppen", die nach dem vorgelegten „Nagoldschen Musterwerk" gefertigt werden mußten. Da der Kommandant Kraemer seinen Austritt erklärte, beantragten die Mitglieder beim Verwaltungsrat und beim Gemeinderat, Herrn Kraemer, unter Belassung seiner vollständigen Autorität als Kommandant, 1 Jahr vom Dienst zu dispensieren. Am 16. Mai erfolgten Neuwahlen.

Josef Haberbosch übernahm das Kommando (1886—1888), der Braumeister Anton Götz die Stellvertretung. — Der Kürschner Biegger lieferte neue Feuerwehrmützen aus dunklem Tuch zum Preis von je 2 Mark (mit Feuerwehremblemen, Sturmband mit 2 Schnallen und 2 hellgelblichen Stoffschnüren). Der Kommandant und der Adjutant trugen an der Mütze zwei Goldbörtchen, die Zugführer und deren Stellvertreter eines. Am 20. September 1886 wurde die Hauptprobe an Wohnhaus und Scheuer des Schneiders Röck, Schuhmacher Krugger und Willibald Keller durchgeführt, am 22. November die freiwillige Feuerwehr in eine **Pflichtfeuerwehr** umgewandelt. Sie bestand aus 8 Zügen mit 199 Mannschaften, von welchen der 1. und 2. Zug freiwillige Mannschaften waren. Nachstehend ihre damalige Gliederung:

Stab: Kommandant, Adjutant, Arzt (Michael Pfeifer), Hornist und dessen Stellvertreter.

I. Zug:	17 freiwillige Steiger und Schlauchleger, dabei der (uniformierte) Spritzenmeister.
II. Zug:	16 freiwillige Retter, dabei der Hydrophorführer (beide Züge: Armband gelb, oben und unten mit schwarzen Streifen).
III. Zug:	31 Mann Spritzmannschaft (d. h. Pumper). (Armband rot, oben und unten mit schwarzem Streifen).
IV. Zug:	29 Mann (Ablösungsmannschaft für die Spritze. Armband grün, oben und unten mit je einem roten Streifen).
V. Zug:	28 Mann der Hydrophormannschaft (Armband rot mit 3 schwarzen Streifen).
VI. Zug:	10 Mann Schlauchmannschaft und Brückenträger (Armband rot mit weißen Streifen).
VII. Zug:	42 Mann Wassermannschaft und Feuerreiter (Armband blau, oben und unten mit je einem gelben Streifen).
VIII. Zug:	21 Mann Flüchtungs- und Wachmannschaft (Armband weiß, oben und unten mit je einem roten Streifen).

Am 24. Oktober besuchte die Wehr die Hauptprobe der Freiwilligen Feuerwehr Saulgau zu deren 25jährigen Jubi-

läum. — Am 1. Januar 1887 trat die von der kgl. wttbg. Regierung im Jahre 1855 erlassene neue Landesfeuerwehrverordnung in Kraft. Bereits am 13. März wurden die Mannschaften der Pflichtfeuerwehr Scheer neu eingeteilt. An zwei Abenden gab der Kommandant praktische Erläuterungen über das neue Feuerlöschwesen. Am 12. Februar 1888 veranstaltete die Wehr im Gasthof zum Hirsch, mit musikalischer Umrahmung durch die hiesige Musikgesellschaft, einen Fastnachtsunterhaltungsabend. Nachdem der Kommandant Haberbosch, der im Gebäude Bahnhofstraße 2 eine Spulen- und Senffabrik betrieben hatte, nach Mengen weggezogen war, wählten die Mitglieder den **Bräumeister Anton Götz** (1888—1914) zum Nachfolger, den Bräumeister A. Rieder zum Adjutanten. Von Carl Zimmerer übernahm Eduard Bauer die Stelle des Fähnrichs. Die Wehr trat dem am 1. 7. 1888 gegründeten Bezirksfeuerwehrverband Saulgau bei. Den jährlichen Beitrag von 1 Mark übernahm die Stadt. Bei der am 15. Oktober 1888 abgehaltenen Hauptproben kamen die an der neu angelegten Wasserleitung angebrachten Hydranten erstmals zur Anwendung. Der nun als Wasserzubringer entbehrlich gewordene Hydrophor kam als 2. Spritze zum Einsatz. Am 29. September 1889 nahm die von der Musik begleitete Wehr an der Feier des 25jährigen Bestehens der freiwilligen Feuerwehr Mengen teil.

1890 erhielten Zug II und III der Spritzenmannschaft 54 neue Helme. „Die Wahl fiel auf den Lederhelm Nr. 342, jedoch mit Weglassung des Schildes aus Messing und der beiderseitigen Knöpfe am Sturmband", das innen am Helm befestigt werden mußte. 2 Helme wurden „mit schwarzem Busch" bestellt. 1890 und 1891 veranstaltete die Wehr zusammen mit dem Militärverein einen Fastnachtsball. Am 9. November 1892 war sie bei einem Brand in der Papierfabrik „Kraemer und Kleinlogel" im Einsatz, 1893 beim Schloßbrand in Sigmaringen. Bei der 1894 im Bräuhaus durchgeführten Fastnachtsveranstaltung, zu der sämtliche Bürgerfamilien eingeladen wurden, hatten „ledige Männliche" keinen Zutritt. 1895 stiftete der Fürst von Thurn und Taxis eine fahrbare Magirusleiter.

Anläßlich des Geburtsfestes des Königs, das am 25. Februar 1904 im Bräuhaus gefeiert wurde, erhielten 42 Feuerwehrleute für 25jährige Zugehörigkeit das Dienstehrenzeichen. Am 12. Juni feierte die Wehr im Schloßpark ihr 25jähriges Jubiläum, an welchem viele auswärtige Wehren und mehrere Musikkapellen teilnahmen. 1909 war die Wehr beim Brand des Hohbühl im Einsatz. 1913 beim Brand des Wohnhauses I. Knor, hinter dem Stadthaus und beim Bräuhausbrand. Die Mannschaftsstärke betrug 204 Mann. Z. Zt. des Brandes des Hauses von Felix Schlegel am 24. April 1914 war die Wehr 218 Mann stark.

Werkführer Josef Gutknecht (1914—1922), bislang Stellvertreter, übernahm im Dezember 1914 das Kommando.

Konditormeister Anton Kerle (1922—1935) wurde am 16. Juli 1922 Kommandant. Beim Brand des Hauses Pröbstle in der Hirschgasse 21 (1923) zählte die Wehr 238, im Jahr 1925 sogar 242 Mann, 1926 beim Brand des Hauses Hering (Donaustraße 23) 226 Mann. Die viel zu starke Wehr wurde 1927 in eine **freiwillige Feuerwehr** umgewandelt und wie folgt eingeteilt:

Stab: 1 Kommandant, 1 Stellvertreter, 1 Geräteverwalter und 2 Hornisten 5 Mann.
1. Zug: Steiger und Retter 34 Mann
2. Zug: Hydrantenmannschaft 20 Mann
3. Zug: Spritzenmannschaft 45 Mann
4. Zug: Hydrophormannschaft 45 Mann
5. Zug: Schloß- und Handspritzenmannschaft 14 Mann
6. Zug: Wachmannschaft 14 Mann

Diese Stärke von 177 Mann erhöhte sich bis zum Jahr 1931 wieder auf 184.

An ihrem 50jährigen Jubiläum zeigte sich die Wehr im Jahr 1929 in folgender Aufstellung:

Freiwillige Feuerwehr Scheer am 50jährigen Jubiläum im Jahre 1929. Von links:
1. Reihe: Weber Ferd., Arnegger Anton, Hammer Anton, Schell Anton, Kieferle Alois, Haga Erh., Kerle Anton,
Bgm. Rist, Gutknecht Alois, Rapp Anton, Späth Josef, Knor Franz, Gutknecht Karl, Geiselmann Adolf, Hämmerle Gotth.
2. Reihe: Schell Ernst, Nattenm. Hugo, Schaidle Anton, Rauser Josef, Baur Anton, Stauß Menr., Kieferle Kuno,
Haidorf Emil, Maier Emil, Rebholz Karl, Kieferle Josef, Will Xaver, Pfister Josef, Förderer Gustav, Baur Anton.
3. Reihe: Krugger Paul, Kienle Josef, Heim Joh. Eisele Wolfg., Löffler Gregor, Eisele Karl, Rothmund August.
4. Reihe: Linder Max, Lang Karl, Saile Franz, Stauß Xaver, Bauer Johann, Will Ferd., Linder Emil, Rothmund Ferd.,
Christ Karl, Herberger Karl, Dettling Max, Weckerle Max.
5. Reihe: Stauß Max, Zimmerer Max, Knor Wunibald, Kienle Bonifaz, Will Xaver.

1932 waren sie am 5. November bei einem Brand in der Papierfabrik im Einsatz. Am 8. November beim Brand des Wohn- und Ökonomiegebäudes des Anton Weckerle in der Bahnhofstraße. 1934 wurde eine „Feuerschutzwoche" veranstaltet, deren Abschluß am Samstag, den 22. September eine Schauübung auf dem Turnplatz und am Sonntag ein besonderer Festakt bildete: Tagwacht durch die hiesige SA-Sturmkapelle, Kirchgang mit Gefallenenehrung; nachmittags: Werbeumzug mit sämtlichen Gerätschaften und Schauübung.
Am 1. Mai 1935 schieden der Kommandant Kerle und dessen Stellvertreter Alois Gutknecht altershalber aus der Wehr aus.
Maurermeister Anton Rapp (1935—1939) übernahm das Kommando, Anton Hanner wurde Stellvertreter.
Am 15. August 1935 brannte das 2stöckige Wohnhaus der Familien Josef und Karl Knor, Engelbert Bauer und K. Heinzelmann bis auf die Grundmauern nieder. — Nach der neuen Feuerlöschordnung wurde die alte Wehr aufgelöst und am 23. April 1936 die freiwillige Feuerwehr, die nunmehr 62 Mann umfaßte, in 7 Züge neu gegliedert. 1938 waren 3 Brandfälle zu verzeichnen: am 28. November bei Albert Haga (2stockiges Wohngebäude, großteils gerettet), am 24. Dezember bei Paul Kieferle, Bauer.

Das 1910 erstellte Ökonomiegebäude brannte ab, das Wohngebäude wurde gerettet.
Am 30. Dezember Großbrand in der Papierfabrik:

360

Schell E., Christ K., Mattmann A., Kieferle K., Saile F., Rotmund F., Eisele K., Eisele W., Hämmerle G., Stauß J., Rapp A., Späth J.

Brand in der Papierfabrik, 30. Dezember 1938.

Das Schwefellager und eine große Halle wurden eingeäschert. 1939 wurde der Kommandant Rapp zum Wehrdienst einberufen. Das Kommando übernahm der
Zimmermann Xaver Stauß (1939—1943).

1943 wurde auch er zum Wehrdienst einberufen und ist seit 1945 vermißt. Vorübergehend nahm der
Mechaniker Gotthard Hämmerle (1943) die Wehr, Ende des Jahres der
Schuhmachermeister Josef Kieferle (1943—1968).

Ab April 1944 wurden neben der männlichen Jugend auch die Mädchen zum Feuerwehrdienst herangezogen. Nach dem Umsturz des Jahres 1945 war auch die Feuerwehr als Organisation ein verbotener Verein, dessen Einrichtung erst 1946 mit einer Mannschaftsstärke von 14 Mann und 5 Mann Reserve wieder gestattet wurde. Am 1. April 1947 mußte jeder Feuerwehrmann einen Dienstausweis besitzen, der von der Besatzungsmacht kontrolliert wurde. Bald konnte die Sollstärke auf 32 Mann angehoben werden.

Ein besonderes Ereignis stellte die am 4. August 1957 in Zusammenarbeit mit der Feuerwehr durchgeführte Schauübung des Roten Kreuzes dar, zu welcher die Ausrüstung der Wehr stark verbessert wurde (neue Magirusleiter mit einer Steighöhe von 12,8 m, Rettungsboot, mehrere 100 m B- und C-Schläuche). 1958 erforderte das Hochwasser vom 8./9. Februar einen Katastropheneinsatz. 1959 stand die Wehr am 9. April beim Großbrand der Ziegelei Scheerle Mengen, am 30. August beim Brand des Gebäudes Albert Buck, August Kieferle und Ferdinand Haga, 1960 am 25./26. Januar beim Brand des Hauses Anton Eisele im Einsatz. 1961 wurde sie zur Beteiligung an der 100-Jahr-Feier der Freiwilligen Feuerwehr Ostrach mit neuen Uniformen ausgestattet. 1962 waren beim Brand des Anwesens Josef Merk auch die Werksfeuerwehr der Papierfabrik, das Rote Kreuz und die Wehr aus Mengen im Einsatz. — An Stelle der Motorspritze vom Typ TS 8 wurde 1964 das neue Motorspritzenfahrzeug LF 8 angeschafft, das am 5. Januar 1965 beim Brand im Neubau des Adalbert Saile erstmals zum Einsatz kam. 1967 und 1968 barg die Wehr je einen in der Donau ertrunkenen Bürger (Herbert Fischer und Anton Gutknecht) und war am 29. August 1968 mit der Wehr aus Mengen beim Brand des landwirtschaftlichen Anwesens Friedrich Zirn im Einsatz.

Der **Malermeister Rudi Kienle** (1968—1988) wurde bei der Jahreshauptversammlung am 20. November 1968 zum neuen Kommandanten, sein Vorgänger zum Ehrenkommandanten ernannt, der Stellvertreter und Schriftführer Gotthard Hämmerle und der Kassier Gustav Kienle in ihren Ämtern bestätigt. Während der Wintermonate absolvierten die Feuerwehrmänner bei der DRK-Bereitschaft Scheer einen Kurs in Erster Hilfe.

Verbunden mit dem Kreisfeuerwehrtag des Kreises Saulgau, der unter der Schirmherrschaft des Landrats Dr. Steuer stand, beging die Wehr vom 12.—15. Juni 1970 ihr 90jähriges Jubiläum.

An dieser Veranstaltung nahmen 36 Wehren teil, deren Festzug vom Fanfarenzug Scheer, der Hüttenwerkskapelle Lauchertal und den Musikkapellen Ennetach, Herbertingen und Scheer begleitet wurde.

1973 absolvierten 21 Wehrmänner einen Kurs in Erster Hilfe. 1974 erfolgte der offizielle Zusammenschluß der Wehren Scheer und Heudorf. Einsätze bei Bränden waren erforderlich am 11. 8. 1979 (Schloßsteige 11), 10. 12. 1979 (Sigmaringer Straße 19) und am 26. 4. 1984 (Hindenburgplatz 1).

Der Freiwilligen Feuerwehr Scheer gehören an ihrem Jubiläum im Jahre 1970 folgende Mitglieder an:
Kienle Rudolf (Kommandant), Hämmerle Gotthard (Stellvertreter und Schriftf), Zimmerer Franz (Brandmeister), Müller Ernst (Oberlöschmeister und Gruppenführer), Kienle Gustav (Löschmeister und Maschinist), Gulde Karl (Löschmeister) und die Feuerwehrmänner Kieferle Hubert, Wegner Rudi, Schwarz Willi, Bednarek Kurt, Schmid Wilhelm, Eisele Fritz, Kieferle Josef, Kienle Josef, Eisele Hans, Dettling Eugen, Keller Hermann, Scheuermann Franz, Zimmerer Karl-Heinz, Laudascher Josef, Füchle Josef, Wegner Gerd.

Karl-Heinz Zimmerer übernahm 1988 als Kommandant die Leitung der Wehr. Josef Mahlenbrey löste den Kassier Gustav Kienle ab, der seit 1966 dieses Amt versehen hatte.

DRK-Bereitschaft Scheer

Auf Initiative des Fuhrunternehmers Josef Pfister, welcher Mitglied der DRK-Bereitschaft Mengen war, setzten sich 1947 der Kreisbereitschaftsführer Binder und der Bereitschaftsarzt Dr. Stigele mit dem Bürgermeister Rist zwecks Gründung einer Bereitschaft des Deutschen Roten Kreuzes in Scheer in Verbindung. Bei der auf Anregung des Bürgermeisters im Jahr 1948 erfolgten Gründungsversammlung wurde Josef Pfister Bereitschaftsführer (— 1976), der Friseurmeister Johann Zimmermann Stellvertreter (— 1956). Mit Unterstützung der Bereitschaften Mengen, Sigmaringen und Riedlingen, wie auch der Paten-Bereitschaft Stuttgart-Bad Cannstatt, gelang es, Ausbildungsmaterial zu beschaffen und unter Anleitung des Bereitschaftsarztes Dr. med. Arthur Mai, Mengen (— 1975), bald einen guten Ausbildungsstand zu erreichen. 1951 wählten die Helferinnen Frau Dr. Bernhard zur Bereitschaftsführerin. Ihr folgte 1956 Frau Mathilde Pfister (— 1966). Ihre Stellvertreterin, Frau Brunhilde Dettling, und Willi Dettling, der die Vertretung des Bereitschaftsführers übernahm (— 1962), standen als Ausbilder zur Verfügung, als 1958 auf Anregung des Bereitschaftsarztes unter Mithilfe des Schulleiters Bleicher, der den theor. Teil in den Unterricht einbaute, eine Jugendrotkreuzgruppe gebildet wurde. Sie war die erste dieser Art in den Kreisen Saulgau, Ravensburg, Sigmaringen und Hechingen. Bald war sie in der Lage, erfolgreich an Landeswettbewerben teilzunehmen.

Übungslokal der Bereitschaft war zunächst ein Klassenzimmer in der Schule, dann das Amtsbotenhaus, das auch als Depot diente, ab 1980 das Gebäude Fabrikstraße 40 (früheres Wohnhaus Kraemer). 1975 übernahm Frau Dr. Fritzsch die Stelle des Bereitschaftsarztes, 1976 Kurt Voggel die des Bereitschaftsführers, Lydia Krist die der Bereitschaftsführerin. 1977 trat Siegfried Bednarek die Führung der Bereitschaft an, die 1986 ihre neue Unterkunft im Feuerwehrzeughaus bezog. Seit 1988 wird die Bereitschaftsärztin von Herrn Dr. R. Widerspick bei der Aus- und Weiterbildung der Helferinnen und Helfer unterstützt. Diese nehmen, neben den Einsätzen bei Unfällen, vielfältige Aufgaben wahr: Durchführung von Erste-Hilfe-Kursen, Blutspendetermine, Altkleidersammlungen, Ausgabe von Nahrungsmitteln an Bedürftige, Mitwirkung an Seniorennachmittagen, Sanitätsdienst bei verschiedenen Veranstaltungen, Zusammenarbeit mit der Feuerwehr. 1989 zählt die Bereitschaft 17 männliche und 17 weibliche Helfer, die Jugendrotkreuzgruppe 33 Mitglieder.

Die Stadtkapelle

Schon sehr früh wird uns von Musikern aus bzw. in Scheer berichtet: Nach der Chronik derer von Zimmern musizierte Graf Gottfried Werner von Zimmern im Jahre 1538 „mit dem ritterlichen Gespan Georg Wil von Scheer" in seinem Haus zu Rottweil. In Scheer bestand am Hof eine Kapelle mit Sängern und Instrumentalisten, die unter der Leitung eines Kapellmeisters für die Unterhaltung wie auch für die musikalische Umrahmung des Gottesdienstes zu sorgen hatten. Wohl einen der glänzendsten Höhepunkte erlebte das Musikleben am Hof zu Scheer durch den aus Cremona (Italien) gebürtigen Cesare de Zacharia. Er war vorher im Dienst des Kurfürsten von Bayern und kam vmtl. durch Vermittlung des Grafen Heinrich IV. von Fürstenberg, des Schwiegervaters des Truchsessen Christoph, an dessen Hof, wo er als Hofmeister, Kapelldirektor, Altist und Lautenist angestellt war. Der Kaplan und Organist des Truchsessen, Magister Balthasar Schaup, der in ihm einen Rivalen sah, beschwerte sich am 25. Januar 1583 über Zacharia, weil dieser ihn zu verdrängen suchte. Zacharia, der in den Jahren 1585—1594 in den Taufbüchern häufig als Pate genannt wird, heiratete am 11. Januar 1588 die Anna Maria Thumb aus Augsburg, wobei der Truchseß und seine Gemahlin Taufpaten waren. Im Jahre 1590, dem Geburtsjahr seiner 1. Tochter, wurden seine 21 Canzonetten gedruckt, die er dem Truchsessen widmete. 1594 erschien von ihm, gedruckt bei Adam Berg zu München, ein geistliches Werk, das er „zu Scherae ad Danubium" dem Vater seiner Herrin, dem Grafen von Fürstenberg widmete.

In den Jahren 1596/97 stand er als Kapellmeister im Dienst des Grafen Eitelfriedrich IV. am Hohenzollernhof in Hechingen und kehrte von dort wieder nach Scheer zurück, wo er vom 19. Januar 1598—1600 als Hofmeister im Taufbuch erwähnt ist. Außer einem 5stimmigen Marienlied sind von ihm in dieser Zeit keine Kompositionen mehr erhalten.

Die (Hof-)Musikanten von Scheer spielten am 2. Januar 1602 „zum Gutjahr" im Stift Buchauf auf. — 1679 ist von einer „Mohrenkapelle" die Rede.

Wohl schon gegen Ende des 18. Jh. bildete sich in der Stadt eine Musikgesellschaft. Als am 10. Juli 1808 die Gemeinde Sigmaringendorf 26 Mann Husaren und 28 Infanteriejäger zum Empfang des neuvermählten Prinzenpaares ins Schloß Krauchenwies abordnete, wurden diese von einer 12 Mann starken Musik aus Scheer angeführt, die auch im Jahre 1818 den Weihbischof von Scheer nach Sigmaringendorf begleiteten. Es waren „die Linder", welche der Lehrer Klingler im Jahre 1821 „schlechte Musikanten" schimpfte. 1824 nahm die Musik am Maifest und am Corpori-Christi-Fest teil, wofür die Stadt 8 Kreuzer pro Mann bezahlte. Zur Nachbildung von Musikanten, namentlich für den Kirchenchor, wurde am 6. Februar 1833 ein Instumentalunterricht ins Leben gerufen. 1838 traten die Musikanten bei der Amtseinsetzung des Bürgermeisters auf, 1839 erhielten sie für die Teilnahme an der Investitur des Pfarrers Heim von der Stadt 20 Kreuzer pro Mann. Ebenso ist ihre Teilnahme bei der Investitur des Pfarrers Niedermüller im Jahre 1851 bezeugt. 1855 hören wir von einer musikalischen Unterhaltung im Bräuhaus. Im Namen des Bräumeisters suchte der Fabrikant Carl Schaal am 30. Oktober 1875 für die Tanzmusik um Sperrstundenverlängerung nach. Am 28. November bat der Wagner Knor im Namen des Liederkranzes, im Bräuhaus Tanzmusik abhalten zu dürfen. 1876 beteiligte sich „die hiesige Musik" am 25jährigen Priesterjubiläum des Stadtpfarrers, wofür jedem diensttuenden Musiker 3 Mark aus der Stadtkasse bezahlt wurden. 1877 veranstaltete der Lehrer Lehr im Bräuhaus eine musikalische Unterhaltung. Die Tanzmusik spielte immer an der Fastnacht auf, so auch 1878 und 1880.

Auf Initiative der Fabrikanten Jakob Kraemer und Carl Schaal wurde im Jahr 1880 die „Musikgesellschaft Scheer" neu gegründet. Den Dirigentenstab führte der Kaufmann Josef Ramsperger. Aktive Mitglieder waren:

> F. J. Ramsperger (hoch F-Piccolo),
> Xaver Linder (hoch S-Trompete),
> Hermann Zimmerer (sp. Hafner Stauß: dto.),
> Engelbert Linder (S-Trompete),
> Carl Gutknecht (dto.),
> August Linder (Baß-Trompete in C),
> Lehrer Schweizer
> (sp. Hermann Zimmerer: C-Flügelhorn),
> Max Linder (sp. F. Haga: Althorn),
> Cölestin Linder (B-Euphonium),
> Engelbert Oswald (sp. Carl Späh: Alt Posaune in Es),
> Caspar Zimmerer (Tenor-Posaune),
> Carl Späh (Tenor-Baß in C),
> Mathias Linder (C-Baß),
> Eduard Linder (Es-Baß).

Nach den Vereinsstatuten haftete jeder persönlich für das ihm überlassene Instrument. Neben der Bezuschussung durch die Stadt war es hauptsächlich den kaufmännischen Fähigkeiten der beiden Fabrikanten zu verdanken, daß die Gesellschaft schon bald eine solide Finanzgrundlage hatte. Um die erforderlichen neuen Instrumente usw. anschaffen zu können, hatte Carl Schaal einen Aktienverein gegründet, der bis zum Jahr 1887 bestand. 1880 wurden 20 Aktien im Gesamtwert von 500 Mark verkauft, davon 13 ganze à 25 Mark und 14 halbe à 12,50 DM, die später großteils von den Inhabern dem Verein geschenkt wurden. Jakob Kraemer, der die Kassenführung übernommen hatte, wies bei der am 1. Au-

Die Stadtkapelle Scheer um 1900.
Gutknecht Alois, Linder Xaver jun., Linder Anton, Haga Johannes, Spandauer, Haga Albert, Ramsperger Josef, Linder Xaver sen., Linder Engelbert, Linder Karl, Linder Cöllestin, Linder Eduard, Späh Karl, Oswald Engelbert, Gutknecht Fritz.

gust 1880 durchgeführten Generalversammlung folgende Bilanz aus: Einnahmen 776,20 Mark (davon 500 Mark Aktien, 199,80 DM freiwillige Beiträge, 11,40 Mark aus einem Konzert auf der Maxhöhe, 6 Mark fürs Spielen an Fronleichnam und 29 Mark für die Teilnahme am Kriegerfest (dabei 1 Aktie);
Ausgaben: 675 Mark (davon 630 Mark an die Firma Reiser für Instrumente, 43,62 Mark für Mützen und 1,83 Mark an den Buchbinder). Der Rest wurde zur Anschaffung von Notenpulten verwendet. Versammlungslokale waren abwechselnd das „Bräuhaus" und der „Hirsch".
Am 1. Januar 1881 gab die Musikgesellschaft im Bräuhaus ein Konzert, ebenso am 6. Januar 1882. Dort fand am 28. April 1883 wieder eine Aktienverlosung statt, und am 2. und 9. Juli wurden auf der neu errichteten Max-Höhe Konzerte gegeben. Am 18. April 1886 war im Bräuhaus wieder Aktienverlosung.
Die 16 Mann starke Musikgesellschaft beging am 30. Juli 1905 ihr 25jähriges Bestehen.
1907 honorierte die Stadt die Musiker für ihre Teilnahme am Geburtsfest des Königs (mit Kirchgang und Unterhaltungsmusik), am Maifest (mit Tagwacht, Kirchgang und Prozession) und am Silvesterabend. Die Honorierung für das Fronleichnamsfest erfolgte durch die Kir-

chenpflege. — Beim Musikfest in Ertingen errangen sie in diesem Jahr in der Mittelstufe einen 2 a-Preis. 1910 trat der Dirigent Ramsperger in den Ruhestand. Nachfolger wurde Johannes Haga. Da einige Musiker altershalber ausschieden, hatte er zunächst geeigneten Nachwuchs auszubilden. Am 9. Februar 1913 teilte die Musikgesellschaft der Stadt mit, daß sie sich auflöse und der Stadt sämtliche Instrumente, Noten und Geräte zum Verkauf anbiete. Da Johann Haga im Begriff war, eine neue Musikkapelle zu organisieren, beschloß der Rat, die veralteten Instrumente nicht zu kaufen, sondern dem Musikdirektor Haga 300 Mark zur Anschaffung neuer Instrumente zur Verfügung zu stellen. Diese müssen aber, bei einer evtl. Auflösung des Vereins, der Stadt zur Verfügung gestellt werden. Haga schaffte daraufhin 15 Instrumente an und ließ eine Sammlung „zur Anschaffung von Schlaggeschirr" durchführen. — Der Musiker Albert Haga erhielt in diesem Jahr für das Ausbilden von Musikern von der Stadt eine jährliche Belohnung von 40 Mark. Noch im gleichen Jahr wurde er zum Heer eingezogen und nahm am 1. Februar 1919 den Unterricht gegen jährlich 100 Mark wieder auf. 1923 erzielte die Kapelle beim 5. Musikfest des oberschwäbischen Musikerverbandes in Mengen in der Mittelstufe einen 1. Preis und aus der Stadtkasse 100 000 Mark, 1925 in Ober-

Haga Albert, Gutknecht Alois, Linder Karl, Weber Ferdinand, Kieferle August, Heim Josef, Sauter Xaver, Linder Josef, Hämmerle Gotthard, Haga Johannes, Saile Adalbert, Stauß Xaver, Saile Wilhelm, Saile Bernhard, Will Xaver, Stöckler Wilhelm.

marchtal in der Oberstufe einen 2 a-Preis. In diesem Jahr wurden neue Instrumente angeschafft, die alten öffentlich versteigert.

1926 gab es in Geislingen bei Balingen wieder einen 1. Preis.

Am 20. Juli 1930 feierte die Stadtmusik ihr 50jähriges Bestehen, gleichzeitig die ebensolange Mitgliedschaft des Dirigenten Johann Haga, der auf 1. Oktober altershalber zurücktrat. Nachfolger wurde der aus Scheer gebürtige Steuersekretär Karl Linder, der in Sigmaringen wohnte und früher Militärmusiker und langjähriger Chorleiter war. 1935 erreichte die Kapelle beim Musikfest in Hohentengen in der Mittelstufe einen 1. Preis.

Während des Zweiten Weltkrieges 1939—1945 waren die meisten Musiker zur Wehrmacht eingezogen. Der Rest der Stadtkapelle wurde zeitweilig von Xaver Stauß geleitet. Nach dem Umsturz 1945 legte Karl Linder die Leitung der Kapelle altershalber nieder. Die Nachfolge trat Adalbert Saile an.

Seitens der Besatzungsmacht war damals jede Vereinstätigkeit verboten. Von den Musikern waren 3 gefallen, 2 vermißt und mehrere in Gefangenschaft, als sich Saile trotz Verbots erlaubte, mit dem Rest insgeheim Proben abzuhalten. Schon nach wenigen Zusammenkünften stand ein französischer LKW vor dem Probelokal. Die kleine Musikerschar, die am Maifest 1947 spielen wollte, wurde verhaftet, im Bartelstein bzw. Saulgau eingesperrt und nach 2 Tagen wieder auf freien Fuß gesetzt. Nachdem die Besatzungsmacht die Wiederaufnahme der Vereinstätigkeit gestattet hatte, fand am 10. Juni 1947 im Gasthof zum „Deutschen Hof" die Neugründung statt, die am 21. November 1947 von der französischen Militärbehörde genehmigt wurde. Es waren damals 14 aktive Musiker, die Wunibald Knor sen. zum Vorstand wählten. Schon nach kurzer Zeit trat die 16 Mann starke Kapelle wieder vor die Öffentlichkeit. Durch Konzerte, Tanzspiel und Spenden war es im Jahre 1950 möglich, mit 1000 Mark alle 19 Musiker neu einzukleiden. Im selben Jahr erhielt die Stdtkapelle bei einem Wertungsspiel in Ostrach in der Unterstufe die Wertungsstufe „gut", 1951 beim Musikfest in Andelfingen in der Mittelstufe „gut" und 1952 beim Kreismusikfest in Herbertingen in der Mittelstufe „sehr gut bis vorzüglich".

Mit 2jähriger Verspätung wurde vom 19. — 20. Juli 1952 in Form eines Musikertreffens das 70jährige Jubiläum der Stadtkapelle gefeiert. 17 Kapellen beteiligten sich am Festzug und am Nachmittagskonzert im Schloßpark.

Als Ergänzung zur Blasmusikkapelle wurde 1956 ein „Salonorchester" (mit Klavier, Akkordeon, Saxophon und Violine) gegründet. Zum Preis von 6000 Mark, die angespart bzw. durch eine Sammlung bei der Bevölkerung und einen Zuschuß der Stadtverwaltung aufgebracht

Saile Bernhard, Rieger Adolf, Haga Adolf, Kienle Josef, Saile Siegfried, Gutknecht Erich, Weber Ferdinand, Hering Eugen, Haga Ferdinand, Lehr Reinhold, Rieger Hans, Saile Adalbert, Nußbaum Josef, Saile Heinz, Heim Gerhard, Heudorf Emil, Will Xaver, Will Rudolf, Nußbaum Anton, Vogler Kurt, Heim Eugen, Knor Wunibald sen., Rauch Karl, Baur Kurt, Stöckler Arthur, Ils Albert, Heinzelmann Hermann.

Pröbstle H., Rapp H., Will R., Lehr F., Blaha H., Franke A., Knor W., Fischer S., Christ M., Stauß X., Heim G., Ströbele B., Saile B., Knor A., Gutknecht F., Haga F., Lehr R., Heim E., Hering E., Haga Ch., Stöckler A., Saile S., Gutknecht E., Weckerle X., Lang E., Ils A., Hüglin A., Ehm H. J.

1961.
Blaha H., Rieger H., Vogler K., Lehr R., Rapp H., Schmid K., Will R., Knor F., Stöckler A., Baur K., Heim E., Stauß X., Hering H., Blaha E., Heudorf E., Haga F., Heim G., Fischer S., Nußbaum J., Rauch K., Weber F., Roth P., Ils A., Will X., Saile B., Gutknecht E., Saile A., Saile S.

367

Schluchter, Christ D., Christ M., Renz, Franke, Ströbele B., Heim G., Fischer S., Gutknecht Fr., Kühbauch L., Weckerle X., Stekle, Saile S., Weißhaupt W., Stehle B., Lehr E., Ruprecht M., Haga Chr., Lehr R., Knor W., Griener, Stauß H., Dreher E., Lehr Fr., Düll A., Breimeier H., Blaha H., Rapp H., Pröbstle H., Kraft B., Ehm H. J., Ils A., Hüglin A., Heim E., Rapp T., Christ M., Haga M., Hering H., Stöckler A., Lang E., Haga F.

1982.

worden waren, konnten 1961 für die 30 Mann starke Kapelle wieder neue Uniformen angeschafft werden. 1967 löste Wunibald Knor jun. seinen Vater als Vorstand ab. 1969 folgte auch ein Dirigentenwechsel. Adalbert Saile, der zum Ehrenkapellmeister ernannt wurde, trat in den Ruhestand. Unter seinem Nachfolger Reinhold Lehr bekam die Kapelle erneuten Aufschwung, nicht zuletzt durch ihre Egerländerabteilung. 1974 mußten für die auf 35 Mann angewachsene Kapelle neue Uniformen angeschafft werden. Der Kostenaufwand belief sich auf 14 000 Mark.

In den folgenden 2 Jahren wurden 12 Jungmusiker, Mädchen und Buben, in der Musikschule Erwin Lehr, Sigmaringen, ausgebildet und danach in die Kapelle übernommen. 1978 erzielten diese Jungmusiker unter dem Dirigenten Reinhold Lehr beim Kritikspiel ein „Sehr gut". — Unter der Schirmherrschaft von Dietmar Schlee, damals Minister für Arbeit, Gesundheit und Sozialordnung, feierte die 45 Musiker zählende Stadtkapelle vom 4. — 7. Juli 1980 ihr 100jähriges Bestehen, bei dem ihr die „Pro-Musica-Plakette" verliehen wurde. Am Festzug nahmen 11 auswärtige Kapellen teil, die auch beim Nachmittagskonzert im Festzelt spielten.

Ehrenmitglieder: Adalbert Saile, Erhard Haga, Ferdinand Weber und Ferdinand Knor.

In diesem Jahr wurde Eugen Hering zum Ehrenmitglied ernannt, 1981 das 95jährige Ehrenmitglied Erhard Haga mit einem Ständchen geehrt, und bei Herrn Sozialminister Dietmar Schlee beim Landesfamilientag in Stuttgart gespielt. Vom 24. 6. — 9. 7. 1982 befand sich die Kapelle auf Konzertreise in den USA (New York, Niagara-Fälle, Utica, Washington D. C. usw.).

Auf den Dirigenten Reinhold Lehr, der seit 1. 1. 1969 die Kapelle leitete, folgte am 8. 4. 1983 die Dirigentin Christina Haga. Nach dem Beschluß, auch Passivmitglieder aufzunehmen, waren es Ende des Jahres 35 Aktive, 27 Passive und 6 Ehrenmitglieder (der Ehrendirigent Adalbert Saile, Erhard Haga, Ferdinand Weber, Bernhard Saile, Ferdinand Knor und Eugen Hering). — Am 26. 5. 1984 nahm die Kapelle am Kritikspiel in Ennetach teil, wobei sie mit dem Musikstück „Cäsar und Cleopatra" die Note „sehr gut mit Belobigung" erzielte. Ende des Jahres starben die Ehrenmitglieder Ferdinand Weber (80 Jahre) und Erhard Haga (90 Jahre). — Die Bläserjugend des Landkreises Sigmaringen veranstaltete vom 27. — 28. 4. 1985 in Scheer ein Jugendkritikspiel. Am 11. 1. 1986 wählte die Generalversammlung den seitherigen 2. Vorstand und Schriftführer Eugen Heim zum Vorstand. Sein Vorgänger Wunibald Knor wurde anläßlich eines am 26. 4. 1986 durchgeführten Konzerts zum Ehrenvorstand und für seine 19jährige Tätigkeit mit der Bundesfördermedaille in Gold ausgezeichnet. — 1987 starb der Ehrendirigent Adalbert Saile. — 1988 setzt sich die Kapelle aus 39 Aktiven, 19 Zöglingen und 64 fördernden Mitgliedern zusammen.

Der Fanfarenzug 1969 e. V.

Mit 21 Mann im August 1969 gegründet, konnte nach Anschaffung der Instrumente durch die Stadt unter Adalbert Saile im September mit den Proben begonnen werden, so daß die Bläser bereits im Oktober in der Lage waren, an der Veranstaltung „Jugend musiziert" teilzunehmen. Nachdem die Stadt 21 Landsknechtsuniformen beschafft hatte, wirkte der Zug 1970 erstmals beim Ringtreffen der OHA-Narrenzunft in Scheer mit, weckte am Maifest erstmals die Bevölkerung mit Fanfarenklängen und spielte beim Feuerwehrfest. Ab 1971 stand er unter der Leitung von Arthur Stöckler, ab 1972 wieder unter Adalbert Saile. **Georg Schleicher** übernahm das Amt des Vorsitzenden. 1974 wurde Bernhard Ströbele Ausbilder, 1975 Hans Peter Hinderer. 1976 stiftete die Familie Kieferle für den Fanfarenzug eine Standarte.

Fanfarenzug von links oben: Silvia Dankowski, Josef Linder, Günter Reck, Walter Linder, Sabine Reck, Edeltraud Irmler, Heinz Laudascher, Iris Ahlers, Erika Luib, Ralf Rapp. – Mitte: Armin Schokols, Peter Jasper, Hans-Günter Irmler, Roswitha Zimmermann, Hans-Dieter Freiberg, Konrad Linder. – Vorne: Karin Irmler und Sabrina Lindner.

Zum Auftakt der Menger Heimattage 1976 blies der Zug in Ennetach die Tagwache und nahm nachmittags in Mengen am Festzug teil.

Nachdem 1976 **Rolf Zimmermann** die Leitung als 1. Vorsitzender und Dirigent übernommen hatte, trat der Zug bei Fanfarenzugtreffen in Meßkirch, Einhart, Sigmaringen, Mengen und beim Blumenkorso in Landau/Pfalz auf und veranstaltete im selben Jahr in eigener Regie ein Parkfest. Ab 1977 standen Anton Gredler und Walter Heinemann als Ausbilder zur Verfügung. Es erfolgten Auftritte in Einhart, Nesselwang, Ostrach, Markelfingen, Trochtelfingen, Dauchingen und Saulgau, 1978 in Engen, Gammertingen und Burkheim/Kaiserstuhl, 1979 bei Fanfarenzugtreffen in Meßkirch, Zwiefalten, Enzkofen, Ulm und Gammertingen.

Zum 10jährigen Jubiläum, das am Maifest vom 5. — 7. Mai 1979 abgehalten wurde, stellte der Zug im Hofgarten ein Festzelt auf und veranstaltete ein Fanfaren- und Spielmannszugtreffen, an welchem 25 Züge teilnahmen. 1980 wurden 30 neue Uniformhosen beschafft. Teilnahme an F. Z.-Treffen in Schramberg, Ostrach, Großstadelhofen und Obermarchtal, an der Badesaisoneröffnung am Hoßkircher See und am Fußballturnier der Fanfarenzüge in Hohentengen. **Fritz Sieber** übernahm die Vorstandschaft. — 1981: FZ-Treffen in Sigmaringen, Neustadt/Titisee, Bad Waldsee, Kluftern, Spaichingen und Salem. Mitwirkung beim Reitturnier in Braunenweiler, an der 750-Jahr-Feier in Heudorf, am Cityfest in Gammertingen, am Bächtlefest in Saulgau und am Weinfest in Ostrach. Anschaffung von neuen Wimpeln für 30 Fanfaren. — 1982: FZ-Treffen in Löffingen, Einhart, Dauchingen und Bremen. Auftritt bei der 1100-Jahr-Feier der Stadt Tettnang und an der Feier des 10jährigen Bestehens des RRT-Scheer. Die Vorstandschaft übernahm wieder **Rolf Zimmermann**. — 1983: FZ-Treffen in Krauchenwies, Aach/Hegau, Vogt, Ravensburg und Salem. Auftritte bei der Fahnenweihe der Feuerwehr Scheer, im Berghaus Alber in Tiergarten, bei der 75-Jahrfeier der Raiffeisenbank Scheer, beim City-Fest in Gammertingen, OWB-Fest in Scheer und bei der 60-Jahrfeier des TV Scheer. — 1984: FZ-Treffen in Gammertingen, Münchhöf, Bremen, Aitrach, Aichelberg und Ulm. Auftritte bei Frühschoppen des FZ-Enzkofen und beim Stadtfest in Tettnang. — Am Fanfarenzugtreffen in Scheer (Zelt im Hofgarten) beteiligten sich im Jahr 1985 23 Züge. Der Zug Scheer nahm in diesem Jahr an folgenden FZ-Treffen teil: Bad Waldsee, Schwenningen, Brochenzell, Ostrach und Hirrlingen, 1986 in VS/Pfaffenweiler und an der 125-Jahr-

Feier des Musikvereins Heudorf. — 1987 übernahm **Dieter Freiberg** als Krankheitsvertreter für Rolf Zimmermann den Vorsitz, der 1988 an **Konrad Lindner** überging. In diesem Jahr beteiligte sich der Zug am FZ-Treffen in Möhringen bei Tuttlingen.

Der Fanfarenzug, dessen Vorstandschaft aus einem 1. und 2. Vorstand, Kassier, Schriftführer und 4 Beisitzern besteht, zeigte neben den gen. auswärtigen Auftritten, die immer auch eine gute Werbung für für Stadt sind, auch rege Aktivität in der Stadt selbst. Neben der Unterstützung der Stadt und der einzelnen Vereine bei deren Veranstaltungen (die Tagwache am Maifest erfolgt im 2jährigen Turnus mit dem Musikverein) pflegen die Mitglieder ihre Kameradschaft bei geselligen Zusammentreffen in ihrem Vereinslokal, dem Gasthaus „Zur Au", bei Grillfesten, Wanderungen, Fahrradtouren und Ausflügen.

Die „Bräutelzunft Scheer"

zur Pflege und Förderung alten Brauchtums am 18. Januar 1959 neu gegründet, bewahrt den alten Handwerkerbrauch der gegenseitigen Unterstützung und des gemeinsamen Feierns. Das „Bräuteln am Fastnachtsmontag" erinnert an heidnisches Brauchtum und an die Notzeit des Dreißigjährigen Krieges, als die Handwerksgesellen es durch ihre Unterstützung mittellosen Gesellen ermöglichten, zu heiraten und das Brautpaar aus Freude daran in feierlichem Zug auf einer Trage durch die Stadt, um den Brunnen zur Hochzeitsschenke ins Gasthaus begleiteten. Einzelheiten darüber in dem 1958 herausgegebenen Band: W. Bleicher „Das Fastnachtsbrauchtum in der Stadt Scheer/Donau".

Das an die Stadtmauer beim Donautor angebaute frühere städt. „Beckenhäusle" (Backstube) Hauptstraße 4, das später als „Polizeihäusle" mit Wachstube für den Nachtwächter diente, ist nach gründlicher Renovation seit 1981 „Zunftstube" der Bräutelzunft.

Bürgermilitär, Militär- und Kriegerverein

Wie in allen ummauerten Städten, bestand auch in Scheer eine Bürgerwehr mit der Aufgabe, die Bürger im Kriegs-, aber auch im Brandfall zu schützen (vgl. Feuerwehr). Von militärischen Einsätzen der sicher sehr kleinen Wehr ist nichts überliefert, dagegen von Militär- und Bürgerschaftsparaden, die ab 1782 am Maifest nicht mehr abgehalten werden durften. 1783 legten sich die bürgerlichen Kontingentsoldaten mit der Stadtverwaltung an, weil diese ihnen gewisse Vorrechte verweigerte. Im Zusammenhang mit den Vorbereitungen zur Übernahme der Herrschaft durch den Fürsten von Thurn und Taxis erfahren wir in der Stadtchronik 1785 erstmals Näheres über Stärke und Uniformierung der Bürgerwehr, 1793 über die Wiederzulassung zur Teilnahme am Maifest (s. d.). —

In seiner Schrift „Die Veteranen der Napoleonischen Zeit" nennt Josef Laub folgende Bürger aus Scheer:

Bertler, Jakob, Weber, in Frankreich 1814/15.
Burger, Anton, Stadtrat, in Frankreich 1814/15, dessen Sohn langjähriger Schloßverwalter war.
Flaitz, Matthäus, langjähriger Polizeidiener, in Sachsen 1813 und Frankreich 1814/15, trug noch den Schiffhut.
Gutknecht, Joseph, Schuster, in Sachsen 1813 und Frankreich 1914/15; später auch Fronmeister (wohnte hinterm Rathaus).
Gutknecht, Peter, Seckler, in Frankreich 1814/15, Bruder des Vorigen.
Glaser, Anton, Maurer, in Schlesien 1806 und am Inn 1809.
Glaser, Remigius, Maurer, in Frankreich 1814/15.
Häring, Michael, Stadtpfleger, betrieb zugleich ein Bauerngütle, in Sachsen 1813 und Frankreich 1814/15.
Heim, Franz, Regimentsarzt, Professor, in Sachsen 1813.
Heinzelmann, Johann, Taglöhner, in Sachsen 1813 und Frankreich 1815.
Ils, Joseph, Söldner und Schuhmacher, von 's Ilsen Haus, Großvater des † Pfarrers Ils von Herbertingen.
Miller, Joseph, Stadtacciser, in Sachsen 1813 und Frankreich 1814.

Von links: Ferdinand Weber (Briefträger), Karl Rebholz, Franz Wüst, Friedrich Zirn, Konrad Rauch, Markus Christ, Eduard Pröbstle, Karl Graf, Max Schlee. – Kind: Ferdinand Knor.

Möstle, Johann Martin, fürstlich Taxisscher Steuerkommissär, in Frankreich 1814.

Neßler, Georg, Bauer, in Frankreich 1814/15, dessen Tochter die „Kutscherlisl" war.

Rhein, Johann Baptist, Arzt, Dr. med., in Sachsen 1813 und Frankreich 1814, Vater des Stadtschultheißen Rhein in Mengen (1875—82). Der alte hagere „Feldscherer" wohnte im alten Spital neben dem Rathaus (Metzger Will).

Rettenmaier, Johann Max, Schloßkaplan, in Frankreich 1814/15; im unteren Kaplaneihaus, kam später fort.

Schuler, Joseph, Ratsdiener, in Sachsen 1813 und Frankreich 1814; gelernter Schuster, trug an Festtagen den Schiffhut.

Selg, Georg, Stadtrat und Bürgergardehauptmann, in Sachsen 1813 und Frankreich 1814/15; trug die goldene Militärverdienstmedaille, da er angeblich den Kronprinzen Wilhelm, der einen Schimmel ritt, heraushieb; schon war der Rücken des Pferdes von Säbelhieben zerhauen.

Späth, Johann, Bierbrauer, in Sachsen 1813 und Frankreich 1814/15; ging später nach Amerika.

Stauß, Wilibald, Zimmermann, in Frankreich 1814.

Weber, Joseph, Strumpfweber, in Frankreich 1814; der „Felsenweber" hatte ein Bauerngut in einer felsigen Schlucht hinter der Loretto.

Will, Matthias, Schuster und Hefenhändler, in Rußland 1812 und Frankreich 1815.

Zimmerer, Joseph, Schuhmacher, in Frankreich 1814/15.

Zimmerer, Nikolaus, Metzger, in Sachsen 1813 und Frankreich 1814. Der „Metzger-Niklos", eine kräftige Soldatengestalt, wohnsam auf dem „Hohbühl", war auch eine Zeitlang Hauptmann der Bürgergarde.

In der Folgezeit werden in den Ratsprotokollen immer wieder die Offiziere und Gemeinen des Bürgermilitärs erwähnt, die für ihre Teilnahme an Festen (Maifest und Fronleichnam) bezuschußt wurden. — Am 3. Januar 1828 wurden gemäß amtlichen Auftrags für das hiesige Bürgermilitär Statuten entworfen, die am 29. Dezember vor dem versammelten Stadtrat und dem Offizierskorps verlesen und einstimmig anerkannt wurden. 1836 wurden dem Bürgermilitär zum Geburtsfest des Königs 10 Pfd. Pulver bewilligt. Die Offiziere baten in diesem Jahr um die königliche Genehmigung, daß der 1. Mai wieder als Festtag gehalten werden darf. Namentlich ist 1836 der Feldwebel Josef Miller erwähnt, der nächtliche Patrouillen durchführte, 1837 der Hauptmann Zimmerer. Ihm wurden von der Stadt 66 Gulden für die Anschaffung der „Schabor" bewilligt. 1841 ist der Leutnant Burger genannt. Aufgrund des Gesetzes zur Volksbewaffnung des Jahres 1848, erfolgte nicht nur eine Neuausrüstung, sondern auch eine wesentliche Verstärkung der Bürgerwehr (vgl. Stadtgeschichte). Die Begeisterung hierfür scheint allerdings nicht überall besonders groß gewesen zu sein. In der Presse heißt es: „Nach der Zehntablösung (10. 4. 1848) hat man mit beiden Händen gegriffen, nach der Muskete nicht!" Die Scheerer Akten schweigen sich in den folgenden Jahrzehnten über die Bürgerwehr aus.

Nach dem Deutsch-Französischen Krieg wurde 1872 hier ein **Militärverein** gegründet, der 1880 als „Militär- und Kriegerverein" dem württembergischen Kriegerbund beitrat. Er veranstaltete nicht nur Gedenkfeiern an verschiedene Schlachten in Frankreich, sondern trat auch bei öffentlichen Anlässen auf und führte eigene Fastnachtsbälle durch. Besonders feierlich wurde im Jahre 1895 die 25. Wiederkehr der Tage von 1870/71 begangen. Von den Veteranen dieses Krieges lebten noch der Bahnwärter Betz, August Bohm, Carl Anton Gutknecht, Wilhelm Heudorf, Josef Keller, August und Eduard Linder, Franz Pröbstle, Paul Rothmund, der Stadtaccisor Mangold, Johann Schell und Ferdinand Will. Zu dem am 12. 7. 1909 in Scheer durchgeführten 12. Bezirkskriegertag wurde ein mit Fahnen und Girlanden geschmückter Sonderzug eingesetzt. In der mit Triumphbogen geschmückten Stadt trafen sich 46 Vereine (ca. 600 ehemalige Soldaten) und 8 Musikkapellen, deren Fest im Schloßpark es allerdings verregnete. Als Vorstand des Militärvereins ist im Jahr 1916 Josef Haberbosch erwähnt.

Nach dem Ersten Weltkrieg übernahm Josef Knor die Vorstandschaft des Vereins, der am 29. Mai 1922 sein 50jähriges Jubiläum feierte, an welchem sich 31 Vereine beteiligten. Nach dem Festgottesdienst und einem Frühschoppen auf der Maxhöhe bewegte sich nachmittags der Festzug, begleitet von 12 Musikkapellen, durch die Stadt zum Schloßpark, wo die weltliche Feier stattfand. Die letzte große Veranstaltung war der 20. Bezirkskriegertag, der am 9. Juni (Pfingstmontag) 1930 wieder in Scheer feierlich begangen wurde.

Wohl letztmals versammelten sich die Mitglieder, als im Jahre 1934 der 90jährige Landwirt Johann Schell (geb. 28. 10. 1844) und seine Frau Rosalia geb. Frick aus Rosna ihre diamantene Hochzeit feierten. Er war der letzte Veteran der Kriege 1866 und 1870/71.

Der Schützenverein

Das Schießen, ursprünglich mit Pfeil und Bogen, ab Ende des 13. Jahrhunderts mit der Armbrust und ab dem 15. Jahrhundert mit Büchsen, diente wohl schon sehr früh nicht nur dem Nahrungsmittelerwerb oder zu kriegerischen Zwecken, sondern auch dem sportlichen Wettkampf. Aus freiwilligen Vereinigungen von Bürgern gingen die Schützengilden oder Schützengesellschaften hervor, die vom Mittelalter bis ins 19. Jahrhundert durch die Obrigkeit gefördert wurden. So stiftete z. B. Graf Rudolf v. Montford-Feldkirch im Jahr 1380 in Feldkirch einen Schützen-Jahrtag. Das herrschaftliche Interesse an solchen Vereinigungen, die anfangs wie die Handwerkerzünfte unter geistlichem Einfluß standen und daher auch „Bruderschaften" genannt wurden, war ein sehr eigennütziges, da sich durch die ständigen Schießübungen wehrtüchtige Mannschaften bildeten, die bei Gefahren aufgeboten werden konnten. In Scheer ist erstmals 1538, dann wieder 1541 das **Schießhaus in der Au** erwähnt; ebenso 1582. In der Renlinschen Karte des Jahres 1589 sind die Schießscheiben eingezeichnet. Bei dem am Bruderschaftsjahrtag (20. Februar) 1681 abgehaltenen St.-Sebastians-Trunk zehrten die Schützen beim Wirt Johann Martherer. Das Ratsprotokoll vom 17. August 1700 erwähnt erstmals die „Schützengesellschaft". 1704 erfahren wir, daß das Schießhaus und das Armbrusthaus, beide außerhalb der Stadt „auf der Au" gelegen, Eigentum der Stadt und aller Beschwerde frei sind. Am 13. Januar 1723 klagten 3 Männer, die als „Weyhnachtsschützen" bezeichnet werden, daß der Weber Josef Schell vom Schützengeld, das der Graf den Schützen gab, $\frac{1}{2}$ Gulden unterschlagen habe. Am 24. Mai wurde gegen Matheiß Schell geklagt, daß er, als man die Schießhütte aufgeschlagen, mit seinem Zaun in der Augartenwies „nachgerückt" sei. — Am 31. Dezember 1731 wurde den ledigen Gesellen das Schießen verboten, der Männer- oder Schützengesellschaft jedoch erlaubt. Um diese Zeit bestand bereits eine 2., herrschaftliche Schießanlage auf der linken Donauseite mit einem Schießhaus, an dessen Stelle der Braumeister Josef Götz später das Stall- und Ökonomiegebäude Sigmaringer Straße 5 erstellen ließ. Dahinter sehen wir auf der um 1820 entstandenen Stadtansicht die Schießscheiben eingetragen. 1737 ist die „Wirtschaft zum Schützenhaus" erwähnt. 1760 nochmals der „St.-Sebastiani-Schießgraben auf der Au nächst dem Tor" (dem „Törle" in Verlängerung der Hirschstraße), der nun der örtlichen Schützengesellschaft zur Verfügung stand. 1768 hören wir von einem hochzeitlichen Freischießen, zu welchem die forstherrliche Erlaubnis erforderlich war. Hierbei verlangte der herrschaftliche Jäger den Freischuß für die gnädige Herrschaft, das Auf- und Abheben der Scheiben und „das Aufzirklen". — Im Verordnungs- und Anzeigeblatt für das Fürstentum Hohenzollern—Sigmaringen wurde 1845 ein Stutzenschießen ausgeschrieben: Auch im September 1849 und 1850 wurden Stutzen- und Freihandschießen durchgeführt, bald danach der Besitz von Gewehren verboten. Aufgrund der infolge der Februarrevolution 1848 in Frankreich ausgebrochenen Unruhen und der dadurch ausgelösten Bedrohung des Landes erlaubte das „Gesetz über die Volksbewaffnung" vom 25. März 1848 jederman wieder ein Gewehr anzuschaffen und überhaupt Schießwaffen, aber keine Kanonen (vgl. Bürgermilitär). In Württemberg entstand ein „Wttbg. Schützenverein", dessen Statuten 1850 von der Regierung genehmigt wurden. 1861 schlossen sich die Schützen zum „Deutschen Schützenbund" zusammen. Auf dem wttbg. Schützentag in Plochingen/Neckar besprachen die Delegierten 2 Statutenentwürfe, von denen einer vorsah, daß als Bestimmung der Schützengesellschaften auch die Landesverteidigung aufgenommen wird. Hauptsächlich auf Ansinnen der zahlreichen oberschwäbischen Schützen ging dieser Antrag nicht durch, wogegen der von Angele aus Biberach vorgelegte Entwurf angenommen und der Verfasser zum (Landes-)Schützenmeister gewählt wurde. —

Scheer. Mit obrigkeitlicher Bewilligung wird den 2., 3. und 4. Juni d. J. die Schützen-Gesellschaft dahier ein aufgelegtes

Stutzenschießen

geben.

I. Hauptscheibe.
Das erste Beste ist 44 fl. sammt Fahne.
„ zweite „ ist 33 fl.
„ dritte „ ist 27 fl.
Die übrigen Gewinnste werden zu ⅗ Theil der zahlbaren Doppel verhältnißmäßig eingetheilt.
Der Doppel für 2 Stechschüsse ist 7 fl.

II. Glücksscheibe.
Hergabe zum ersten Preis 16 fl. 12 kr. nebst Fahne.
Einlage mit den ersten Kaufschüssen zu zahlen 2 fl.
Jeder Schuß kostet 24 kr., es können aber nicht weniger als 10 Schüsse genommen werden.

III. Auf beide Scheiben
muß gedoppelt werden; die Einlage auf nur eine der beiden Scheiben findet nicht statt.

1845
Verordnungs- und Anzeigeblatt
für das Fürstentum Hohenzollern-Sigmaringen 1845.

[1] Scheer. Einladung zu einem aufgelegten

Stutzenschießen,

welches die hiesige Schützengesellschaft am 29., 30. und 31. August d. J. unter folgenden Bestimmungen geben wird.

Hauptscheibe.
Das erste Beste 70 fl sammt Fahne.
Das zweite Beste 50 fl.
Die übrigen Gewinnste werden zu ⅗ Theil der zahlbaren Doppel verhältnißmäßig eingetheilt.
Der Doppel für 2 Stechschüsse ist 9 fl.
Es ist nur 4mal zu Doppeln erlaubt.

Glücksscheibe
Hergabe zum ersten Preis 25 fl. und Fahne.
Einlage — mit den ersten Kaufschüssen zu zahlen 4 fl.
Jeder Schuß kostet 30 kr., können aber nicht weniger als 10 und nicht mehr als 60 Schüsse genommen werden.
Auf der Nebenscheibe besteht eine Hergabe von 20 fl., gegen Einlage von 6 kr. per Schuß.
Alles Uebrige enthalten die Ausschreiben.
Es ladet hiezu die Herren Schützen höflichst ein
Im Namen der Direktion:
Braumeister Stützle.

1847
Verordnungs- und Anzeigeblatt
für das Fürstentum Hohenzollern-Sigmaringen 1847.

In Scheer hatten die Schützen ihren Schießstand nun oberhalb der Eiskeller in Richtung Vogelherd. (Beim Bau des Hauses Josty wurden die Fundamente ausgegraben.) Im Ersten Weltkrieg geriet das Vereinswesen in Abgang. 1926 wurde wieder ein Schützenverein gegründet und entlang des Schachenwegs eine Schießstätte errichtet (im Steinbruch im Vogelherd hinter dem heutigen Haus Hüglin sind noch die Reste der Anzeigerdeckung vorhanden). Von der Stadt erhielt der Verein die schwarz-weiß-rote Flagge, die durch die Einführung der schwarz-rot-goldenen entbehrlich geworden war. 1934 baute der Kleinkaliberschützenverein seine Schießanlage um und erstellte im verlassenen Steinbruch der Götzschen Brauerei ein Blockhaus, das auch von der HJ und der SA benutzt wurde. Der Schützenverein löste sich wieder auf, die Reste des Schützenhauses erhielt 1947 der Sportverein. Als in den 50er und 60er Jahren im Altkreis Saulgau wieder Schützenvereine gegründet wurden, bestand in Scheer noch kein Interesse. Erst 1970 bemühten sich 25 Männer und Frauen, um innerhalb des Sportvereins eine Abteilung Schützen zu gründen und richteten in der Schaalschen Fabrik einen Schießraum für das Luftgewehrschießen ein. Die eigentliche Gründung als selbständiger Verein, also nicht im Rahmen des Sportvereins, erfolgte am 29. April 1971 im Gasthof zum Hirsch. Die 13 Gründungsmitglieder wählten **Manfred Christ** zum Oberschützenmeister (— 1974). Der Verein trat dem „Württ. Schützenverband 1850 e. V." und dem „Württ. Landessportbund" bei. In der Fabrikhalle wurde der Schießbetrieb für das Schießen mit Luftgewehren auf 3 Schießbahnen auf eine Entfernung von 10 m aufgenommen. Erfolgreiche Teilnahme an Wettkämpfen des Schützenkreises förderte das Interesse der Öffentlichkeit, so daß bereits 1972 ein mit den Vereinsmeisterschaften verbundenes Volkspreisschießen veranstaltet werden konnte, das durch das „Vereinspokalschießen" der anderen Vereine aus Scheer und Heudorf erweitert und zur Tradition wurde. 1973 erfolgte die Gründung einer Pistolen- und Jugendmannschaft. 1974 wählten die Mitglieder eine neue Vereinsleitung, von welcher der Oberschützenmeister **Ewald Braig**, der 2. Vorsitzende Walter Schleicher und der Schriftführer Jakob Seimetz noch heute im Amt sind. Jugendleiter wurde Heinz Grill, Schießleiter Fritz Brändle, Siegfried Uhl und Lutz Döring. 1976 konnte die Schießanlage von 3 auf 6 Bahnen erweitert und der Aufenthaltsraum neu gestaltet werden. Der ersten Mannschaft gelang der Aufstieg in die Gruppe 3. In der Turnhalle richtete der Verein im Jahre 1977 den Kreisschützentag aus und feierte 1981 sein 10jähriges Bestehen mit einem Schießen für jedermann, das sich über 3 Tage erstreckte.

Nun ging es zielstrebig an die Erstellung eines vereinseigenen Schützenhauses. Noch im selben Jahr stellte die Stadt die frühere Kies- und Sandgrube an der Binger Straße zur Verfügung. 1983 kaufte der Verein für 9000 DM in Leibertingen einen Schulpavillon (2 Klassenräume mit Nebenräumen), der zerlegt hierher transportiert wurde. Unter der Planung des Architekten Norbert Herde errichteten die Schützen mit einer Eigenleistung von über 5000 Arbeitsstunden in den Jahren 1984—1986 das neue Schützenhaus Binger Straße 36:

Schützenhaus.

Neben der Eigenleistung, einem finanziellen Grundstock des Vereins von 30 000,— DM und Spenden von Freunden und Gönnern beteiligten sich die Stadt mit insgesamt 26 000,— DM und der Württembergische Landessportbund über die staatl. Sportstättenförderung in Höhe von 27 500,— DM an der Finanzierung dieses Projekts, das am 21. 4. 1986 eingeweiht wurde. 1987 begann der Verein mit dem Bau eines 25-m-Pistolenstandes, dessen Kosten sich auf rd. 110 000,— DM beliefen.

Die bei den seit Bestehen des Vereins im Rahmen der Vereinsmeisterschaften ermittelten Schützenkönige sind: 1972 Adolf Jasper, 1973 Johann Brendle, 1974 Kuno Dettling, 1975 Franz Zimmerer, 1976 Armin Franke, 1977 Lothar Saiger, 1978 Siegfried Uhl, 1979 Siegfried Uhl, 1980 Ewald Braig, 1981 Michaela Stauß, 1982 Peter Seimetz, 1983 Klemens Kniesel, 1984 Ewald Braig, 1985 Siegfried Uhl, 1986 Manfred Christ, 1987 Walter Lindner, 1988 Manfred Christ, 1989 Manfred Christ.

Gesangverein Liederkranz

Das Ratsprotokoll vom 28. 12. 1840 vermerkt: „Der Gesangverein, welcher sich hier konstituiert hat, bittet, daß man ihm zu seinen wöchentlichen Versammlungen die Partienstube (im Rathaus) einräumen und 1 Stunde lang einheizen möchte, gegen billige Entschädigung. — Beschluß: Es soll dieses Gesuch bewilligt sein und für jede Heizung 6 Kreuzer erhoben werden zur Stadtpflege." Johann Nepomuk Mayer aus Riedlingen, der damals auf dem Rathaus angestellt war, berichtet, daß das gesellige Städtchen „viel von verschiedenen Kreisen aus der Umgebung besucht wurde und die herrschaftlichen Beamten und die Herren von Scheer wöchentlich mehrmals mit den Beamten der Sigmaringendorfer Wollspinnerei und des Lauchertaler Hüttenwerks „eine Gesellschaft bildeten". Da im Städtchen ungewöhnlich viele musikliebende Einzelkräfte waren, habe er, Mayer, diese „durch Gründung eines Liederkranzes zusammengefaßt. Dessen aktive Mitglieder, auch meine Prinzipale und verschiedene städtische Beamte, Stiftungspfleger, früherer Schultheiß, der spätere Schultheiß, Rentamtsassistent, Kaufleute, Waldmeister etc. waren lauter sehr eifrige, aber freilich nur teilweise abgefeilte Sänger". — Mit diesen Angaben ist das Jahr 1840 als Gründungsjahr eindeutig belegt.

Aus den Aufzeichnungen in Mayers Familienchronik geht hervor, daß er den Chor leitete und bei diesem hohen Ansehen genoß. Er berichtete, daß seine Sänger sich stets bei Liederfesten (Ravensburg etc.), Ausflügen und Zusammenkünften mehrerer Vereine beteiligten. Bei kirchenmusikalischen Aufführungen habe ihm der alte Lehrer und Organist Klingler gerne den Orgelsitz überlassen, wogegen sich durch die Aufführung von Haydns „Alleluja" an Ostern 1841 der Praeceptoratskaplan Vogt in seinem musikalischen Gefühl beleidigt fühlte. „Das griff den tapferen Musikern gewaltig ans Herz, so daß ich die Mühe hatte, sie von ungewöhnlichen Demonstrationen abzuhalten."

Der Verein zeigte also von der Gründung ab sehr rege Aktivität. 1858 weihte Pfarrer Niedermüller die erste Vereinsfahne, 1872—1883 stand Josef Kieferle dem Verein vor, den der Lehrer Kilian Lehr dirigierte.

1875 erfolgte die Neufassung der Satzung, die 1899 revidiert wurde. Im November 1876 und im Januar 1877 veranstaltete der Liederkranz im Bräuhaus ein Konzert, in letzterem Jahr ebendort einen Fastnachtsball. Unter dem Vorstand Knor wurden auch im Jahre 1879 und am 11. April 1880 im Bräuhaus Konzerte aufgeführt, im November 1880 ein solches zu Ehren des Komponisten Conradin Kreuzer. Maskenbälle und Konzerte wechselten sich in den folgenden Jahren ab. — Am 2. Juli 1893 weihte Pfarrer Locher eine neue Vereinsfahne, die bis 1965 bei feierlichen Anlässen getragen wurde:

Im Park herrschte bei dieser Fahnenweihe reger Wirtschaftsbetrieb. Vorstände: 1884—1886 Wunibald Knor, 1887—1899 Erhard Kieferle, 1899—1908 Josef Haberbosch. Dirigent: 1903—1904 Lehrer Waizenegger.

Nach eifriger Vereinstätigkeit, die sich besonders auch im Besuch der Nachbarorte, in dem sich um die Jahrhundertwende gebildeten gemischten Chor und 1901 im Kauf einer Theaterbühne vom Maler Lutz in Krauchenwies ausdrückte, geriet der Verein um 1903 in eine Krise. Im Februar 1907 folgten unter dem Dirigenten Lehrer Raisch mehrere Ausschlüsse und Austritte, die zur Gründung eines 2. Vereins führten, des Gesangvereins „Harmonie". Der „Liederkranz" festigte sich wieder, nachdem am 3. November 1907 der Lehrer Zeller die Chorleitung übernommen hatte. Am 8. August 1909 übernahm der Lehrer Biedermann die Chorleiterstelle und führte den Verein, dem vmtl. 1908—1921 Karl Knor vorstand, zu einer neuen Blüte, die sich hauptsächlich in mehreren Konzerten ausdrückte (jährlich 1—2). 1911—1919 hatte Oberlehrer Waizenegger die Dirigentenstelle inne, danach bis 1924 Karl Linder. Durch den Bräuhausbrand im Jahre 1913 ging die Theaterbühne verloren, und während des Ersten Weltkriegs ruhte die Vereinstätigkeit, bis am 15. 2. 1919 der Vorstand Karl Knor bei der Generalversammlung im „Deutschen Hof" zum Neubeginn aufrief. Die „Harmonie" lehnte einen Zusammenschluß ab.

375

Liederkranzfest 1925.

1920 trat der „Liederkranz" dem Schwäbischen Sängerbund bei, gründete eine Orchesterabteilung und führte an Ostern auf der im Vorjahr in Ennetach erworbenen Bühne erstmals wieder Theaterstücke auf. Unter der Vorstandschaft von Eduard Maier (— 1929) und der Stabführung des Lehrers Kolb (1924—27) feierte der Verein am 19. Juli 1925 (irrtümlich) sein 75jähriges Bestehen, an welchem 33 Vereine und 4 Musikkapellen teilnahmen.
1927 übernahm der Oberlehrer a. D. Lehr den Dirigentenstab, den er am 21. 9. 1928 dem Oberlehrer Berhalter übergab. Die Vorstandschaft ging am 6. 1. 1929 an Anton Hanner, am 20. 1. 1932 an dessen seitherigen Stellvertreter Franz Knor über. Seit der Hochzeit des Sangesbruders Hans Will am 1. 2. 1937 gestaltet der Verein die Hochzeitsmessen seiner aktiven Mitglieder. Nachdem am 29. 1. 1939 Anton Deschler die Vorstandschaft übernommen und am 1. 6. 1939 der Dirigent seinen Rücktritt erklärt hatte, ruhte die Vereinstätigkeit.
Die Anordnung der Militärregierung vom 30. Mai 1945 verbot jegliches weitere Vereinsleben. Nachdem das Militärgouvernement Saulgau den Neugründungsantrag genehmigt hatte, konnte am 15. Mai 1947 (Fest Christi Himmelfahrt) im „Restaurant" die vom seitherigen Vorstand Anton Deschler vorbereitete Neugründung vorgenommen werden. Die Vorstandschaft des 14 Mitglieder starken Vereins, dem wieder eine Orchesterabteilung angegliedert wurde, übernahm Eugen Maier, die Stelle des Chorleiters Oberlehrer Berhalter, nach dessen Tod noch im selben Jahr Adalbert Saile. Als am 17. September die Proben wieder aufgenommen wurden, war der Verein bereits auf 34 Mitglieder angewachsen. Schon an Weihnachten traten die Sänger mit ihrer Theatergruppe und der Orchesterabteilung im Bräuhaussaal vor die Öffentlichkeit. Das Theaterspielen wurde wieder zum festen Bestandteil des Jahresprogramms. 1948 starb Ehrenvorstand Karl Knor. Ab 6. 1. 1949 wurde Anton Deschler, der sich bislang als Organisator des Vereinslebens verdient gemacht hatte, wieder zum Vorstand gewählt. Das in diesem Jahr durchgeführte Herbstkonzert warf die Dirigentenfrage auf. Am 1. April 1950 übernahm der Lehrer Heinz Gentner den Dirigentenstab. Im selben Jahr trat der Verein anläßlich der Fahnenweihe des Liederkranzes Dürmentingen erstmals wieder bei einem Gausängertreffen auf. Der Erwerb eines Harmoniums und die Anschaffung einer Baukastentheaterbühne trugen zur weiteren Belebung der Vereinstätigkeit bei. Anläßlich der Generalversammlung des Jahres 1952 wurden Eduard Gutknecht und Franz Knor zu Ehrenmitgliedern ernannt, an seinem 80. Geburtstag am 15. Februar 1952 Eduard Maier zum Ehrenvorstand. Im Juli beteiligte sich der Verein am 50jährigen Jubiläum der „Liederlust Ennetach", an der 70-Jahr-Feier der hiesigen Stadtkapelle im Schloßpark und veranstaltete im Dezember im Bräuhaussaal ein Konzert. Von reger Vereinstätigkeit berichtet die Chronik im Jahr 1953: im Februar ein mit der freiwilligen Feuerwehr im Hirsch veranstalteter Fast-

Obere Reihe, von links: Hetzel, Will, Kieferle, Späth, Eisele, Pröbstle, Kieferle, Zimmerer, Knor, Baur, Will, Baur, Pröbstle, Linder.
Mittlere Reihe: Heim, Heim, (—), Saile, Gentner, Stöckler, (—), Hug, Gutknecht, Heim.
Untere Reihe: Deschler, Jerger, Schmuker, Linder, Deschler, Knor, Gutknecht, Kieferle, Laudascher, Keller.

nachtsunterhaltungsabend, im Juni Beteiligung an der Fahnenweihe des Liederkranzes Lauterbach. Den Höhepunkt bildete das am 25./26. Juli in Scheer durchgeführte 1. Gausängerfest des Donau-Bussengaues, mit welchem (irrtümlich) das 100jährige Bestehen des Liederkranzes gefeiert wurde. 43 Gesangvereine mit mehr als 1200 Sängern und 4 Musikkapellen hatten sich in der festlich geschmückten Stadt eingefunden, um bei herrlichem Wetter im Park den Sängerwettstreit zu veranstalten. Den Abschluß der erfolgreichen Jahresarbeit bildete eine Weihnachtsfeier im Bräuhaus, wo im Frühjahr 1954 wieder Theater gespielt wurde. An Pfingsten wurde der traditionelle Jahresausflug an den Lüner-See begangen, im Juli beteiligten sich die Sänger am Gauliederfest in Munderkingen, im August am 75jährigen Jubiläum des Liederkranzes Bingen. Im November verließ der seitherige Chorleiter aus beruflichen Gründen die Stadt. Den Dirigentenstab übernahm am 1. März 1955 der Lehrer Günter Bartnik. Vorstand Deschler dankte ab, worauf sein seitheriger Stellvertreter Eugen Maier die Vereinsleitung übernahm. Nach dessen Tod am 25. 10. 1955 wurde in der Generalversammlung vom 15. 1. 1956 Johann Heim zum 1. Vorstand gewählt. Im August beteiligte sich der Verein in Stuttgart am 14. Deutschen Sängerbundfest, im Dezember war im Bräuhaus mit der Weihnachtsfeier eine Theateraufführung verbunden. Bei den Neuwahlen am 6. Januar 1957 ging die Vereinsführung an Josef Späht über. Im April gestaltete der Liederkranz im Bräuhaussaal ein Chorkonzert, im Mai beteiligte er sich am Festbankett des Sportvereins, im Juli an der 100-Jahr-Feier des Liederkranzes Rottenacker und am 10. Gauliederfest in Riedlingen.

Unstimmigkeiten innerhalb des Vereins führten zur Abdankung des Vorstandes, dessen Amt am 5. 1. 1958 Michael Hetzel übernahm. Der Fastnachtsunterhaltungsabend im Hirschsaal, das Chorkonzert im April, bei welchem der Kirchenchor mitwirkte, die Teilnahme an der 100-Jahrfeier des Gesangvereins „Eintracht" in Rulfingen am Pfingstmontag und am 50jährigen Jubiläum des Gesangvereins Laiz, zeugen von reger Tätigkeit. Danach legte der Vorstand Hetzel sein Amt nieder. In der vorgezogenen Generalversammlung wurde am 9. November 1958 im Rosengarten Hubert Heim zum Vorstand gewählt. Eine gesellige Fahrt nach Pfronstetten, wohin der dortige Theaterverein eingeladen hatte, und die Verleihung der Zelterplakette konnten nicht darüber hinwegtäuschen, daß sich der Verein in einer ernsthaften Krisensituation befand. Schlechter Probenbesuch veranlaßte den Dirigenten, vorübergehend sein Amt niederzulegen. Nachdem am 18. 11. 1959 Hans Eisele zum Vorstand gewählt worden war und der Chorleiter sich bereit erklärt hatte, den Chor weiterzuleiten, gings wieder auf-

Obere Reihe, von links: Gertrud Koch geb. Weber, Heitele (aus Bolstern), Antoinette Voggel geb. Baur, Luise Kuchelmeister geb. Sauter, Karola Ullrich, Rosa Rasch geb. Miller.
Mittl. Reihe: Agathe Knor, Olga Eisele, (?), Rosa Eisele geb. Gutknecht, Helene Voggel geb. Graf, Antoinette Feldmann geb. Mattmann, Thea Pöschl, Gertrud Eisele.
Untere Reihe: Siglinde Hochleitner, Hannelore Stauß, Gertrud Heinzelmann geb. Eisele, Anna Dreyer geb. Knor, Irmgard Roth, (?), Liselotte Koch geb. Rapp, Hildegard Knor, Ida Sauter geb. Eisele.

wärts. Dem Weihnachtssingen folgte im Jahre 1960 ein Fastnachtsball im Hirsch, im Mai ein Silcherkonzert und Sängertreffen mit dem Doppelquartett „Edelweiß" aus Tann-Rüti/Schweiz im Bräuhaussaal, im Juli die Beteiligung am 100jährigen Bestehen des Männerchors Göggingen und am Gausängertreffen in Untermarchtal. Obwohl der Chorleiter Bartnik bereits auf 1. 4. 1960 nach Ennetach versetzt worden war, erklärte er sich bereit, im Bedarfsfall auszuhelfen. Die Proben ruhten allerdings, bis sich der an seine Stelle versetzte Hauptlehrer Lothar Stumpp am 22. Oktober 1961 bereit erklärte, die Dirigentenstelle zu übernehmen, die er auch heute noch innehat.
An größeren Veranstaltungen sind unter seiner Stabführung zu nennen: 1962 Chorkonzert mit Kirchenchor und Schülerchor im „Hirsch"; Beteiligung am Gausängertreffen in Hohentengen, am Gausängertreffen in Daugendorf und am Sängertreffen in Tann-Rüti; 1963 am Sängerfest in Hundersingen, am 100jährigen Jubiläum des Gesangvereins Bingen.
1964 Chorkonzert im Bräuhaussaal mit ca. 70 Sängerinnen und Sängern, Sängertreffen mit dem Gesangverein „Harmonie" in Konstanz.

1965 Weihe der neuen Vereinsfahne, verbunden mit dem vermeintlichen 120jährigen Vereinsjubiläum. In Hohen-

tengen Gemeinschaftskonzert mit dem dortigen Liederkranz, dem 1966 in Scheer ein gemeinsames Frühjahrskonzert und die Teilnahme an den Sängerfesten in Burladingen und Offingen folgten.
1968 Frühjahrskonzert, Bundessängerfest in Stuttgart, Freundschaftstreffen in Zwiefaltendorf;
1969 Gauliederfest des Donau-Bussengaues in Hohentengen,
1970 Sängerfest in Berg, Herbstkonzert beim Liederkranz Hohentengen.
1972 bestand der gemischte Chor aus 21 Aktiven. Beschluß: Bildung eines Männerchors, der 1973 30 Personen umfaßte, wonach das Ruhen (nicht Auflösung) des gemischten Chores beschlossen wurde. In den folgenden Jahren sank die Mitgliederschaft, so daß 1979 nach dem Besuch des Liederfestes in Untermarchtal die Wiederbelebung des gemischten Chores beschlossen wurde.
1980 Teilnahme am Liederfest in Dürmentingen,
1981 in Hayingen.
1982 wurde der Verein ins Vereinsregister des AG Saulgau eingetragen.
1983 Sängertreffen in Sigmaringen,
1984 in Ertingen.
Am 12. 1. 1985 übernahm Maximilian Heim den Vorsitz. Von nun an besteht nur noch der gemischte Chor, der 1985 bei den Sängertreffen in Herbertingen und Königseggwald,
1986 in Riedlingen und Eichelau auftrat. Am 1. 6. 1986 Gründung eines Kinderchores mit 27 Kindern im Alter von 6 — 12 Jahren (Chorleiter Roland Gruler), der sich im Januar 1988 wieder auflöste. Erstmals wurde am 8. 11. 1987 die Gauversammlung des Donau-Bussen-Sängergaues in Scheer abgehalten. — Jährlich wiederkehrende Veranstaltungen des derzeit 42 Sänger und Sängerinnen umfassenden Vereins sind: Konzert am Vorabend des Maifestes, Tag der Musik, Altennachmittag, Weihnachtsständchen im Altersheim (bis 1987), Winterwanderung, Fahrradtour am 1. Mai und der jährliche Vereinsausflug.

Der Turn- und Sportverein

Wann sich erstmals Bürger der Stadt zu einem Turnverein zusammenschlossen, ist bislang nicht bekannt. 1899 hören wir von der Anlage eines neuen Turnplatzes auf der Stadtwiese Parzelle 123.
Nach dem Ersten Weltkrieg regten die Lehrer Brühl und der Rathausschreiber Mogg die Gründung eines Fußballvereins an, wozu sie die volle Unterstützung der Brüder Karl, Willi und Claudius Götz bekamen. Ersterer lud auf den 18. Oktober 1919 die interessierten jungen Männer ins Gasthaus „Zur Au" ein, um ihnen dort auf einer Schultafel in groben Zügen das Spiel zu erklären. Der Fabrikant Alfred Kraemer stiftete den ersten Fußball für den neugegründeten FC Scheer, dessen Spieler sich daheim Trikothemden abschneiden und blau einfärben ließen. Auf einem hinter der „Kaserne" von A. Kraemer zur Verfügung gestellten Platz wurde unter Leitung des Lehrers Brühl und der Gebrüder Götz ein eifriges Training aufgenommen. Schon im Frühjahr 1920 wurde in Scheer vor 15—20 Zuschauern gegen Mühlheim/Donau 1:1 gespielt, das Rückspiel mit 11:0 verloren. Das nachstehende Bild zeigt die damalige Mannschaft nach dem Spiel gegen Sigmaringen, das mit 6:2 Toren verloren ging:

Scheer im hellen Hemd. — Hintere Reihe: Dr. Willi Götz, Gebhard Zimmerer, Anton Linder, Lehrer Brühl, Karl Götz. — Mittlere Reihe: Gutknecht Karl, Emil Will, Gotthard Hämmerle. — Vordere Reihe: Mogg †, Karl Rebholz †, Paul Dettling †.

1920.

1920 zählte der SV Scheer 48 Mitglieder, denen die Witwe Götz auf Parzelle 330—332 (an der Straße nach Mengen) einen Spielplatz zur Verfügung stellte. Als im Jahre 1921 die Herren Brühl und Mogg versetzt wurden, löste sich die Mannschaft wieder auf. Man hatte zwar für das bislang fast unbekannte Spiel Freunde gewonnen, gleichzeitig aber auch eine Anzahl von Feinden. Das Ratsprotokoll berichtet: „Der Sportverein Scheer, der als Sport- und Fußballverein keine große Sympathien genoß, löste sich auf. An seiner Stelle wurde vom Fabrikarbeiter Wunibald Knor ein **Turnverein** gegründet" (September 1921). Auf Antrag des Vereins ließ die Stadt auf dem städtischen Turnplatz durch den Zimmermeister Stauß ein feststehendes Reck, einen feststehenden Barren (Holmen- und Reckstangen aus Eicheholz) und 2 Lichtmasten erstellen. Ferner standen dem Verein die Turngerätschaften der Schule zur Verfügung. Die eigentliche Neugründung des TV Scheer erfolgte jedoch erst am 6. August 1923 auf Betreiben Willibald Pfeiffers, der zum Turnwart gewählt wurde. **Otto Braun** übernahm den Vorsitz. Bereits am 6. 7. 1924 konnten auf dem Gauturnfest in Harthausen/Scheer erste Preise erzielt werden. Die Sieger Emil Maier, Willibald Pfeiffer, Eduard Schaidle und Paul Dettling wurden vom Bürgermeister, den Einwohnern und der Musikkapelle am Bahnhof empfangen. Im selben Jahr nahm der TV am 30jährigen Stiftungsfest des TV Burladingen teil, 1925 am Gauturnfest in Kaiseringen und an der Fahnenweihe in Bingen. — Unter reger Teilnahme der Nachbarvereine fand am 20. Juni 1926 die Fahnenweihe statt. Festplatz war die Maxhöhe.

Der TV zählte damals 42 Aktive, 43 Zöglinge und 73 Passivmitglieder. Unter dem Vorstand **Eduard Maier**, Flaschnermeister, nahm der Verein 1927 an der Fahnenweihe und Turnfest im Laucherthal, am Gauturnfest in Trochtelfingen und 1928 in Burladingen teil, unter dem Vorstand **Ludwig Groß** 1929 am Gauturnfest in Benzingen. Von 1929—1930 führte **Wilhelm Saile**, von 1930—1935 **Ferdinand Weber** sen. den Vorsitz. In diesen Jahren verzeichnet die Vereinschronik weitere erfolgreiche Aktivitäten: 1930 Gauturnfest in Bingen und Schau- und Werbeturnen im Bräuhaussaal, 1931 Gauturnfest in Neufra, Gründung einer **Handballabteilung** und Abturnen auf den Au-Wiesen, 1932 Gauturnfest in Steinhilben, 1933 Teilnahme am 25jährigen Stiftungsfest des Patenvereins Sigmaringendorf. In diesem Jahr wurde der TV dem Oberschwabengau zugeteilt.

1926, dem Jahr der Fahnenweihe des TV, war auch wieder ein **Fußballverein** ins Leben gerufen worden. An der auf Initiative des Kaufmanns Fritz Pröbstle im „Hirsch" erfolgten Neugründung waren folgende Aktiv- und Passivmitglieder beteiligt:

Karl Rebholz wurde Vorstand, Gotthard Hämmerle Schriftführer und Xaver Stauß Kassier. Der Verein trat dem Süddeutschen Fußballverband bei und absolvierte bereits im September in Scheer das erste Verbandsrundenspiel der B-Klasse Oberschwaben gegen Aulendorf. Scheer verlor 0:10, bekam aber trotzdem die Punkte angerechnet, da Aulendorf mit einer nicht spielberechtigten Mannschaft angetreten war. Es folgten Spiele gegen den

380

Fahnenweihe TV Scheer 1926.

Aktiv- und Passiv-Mitglieder des neugegründeten Fußballvereins:

Fritz Pröbstle †, Karl Rebholz †, Emil Heudorf †, Ludwig Bengel, Josef Krugger †, Ernst Schell, Engelbert Bauer, Emil Linder, Max Stauss, Karl Pröbstle, Karl Bauer, Erwin Schiller.

TSG Ehingen, SV Schelklingen, Konradihaus Schelklingen, FC Langenargen, SV Mochenwangen, SV Bergatreute, SV Baienfurt, TSV Leutkirch, SV Herbertingen, Wacker Biberach, SV Aulendorf. Die ersten Schiedsrichter des Vereins, Gotthard Hämmerle und Johann Baur, legten 1927 ihre Prüfung ab. Als nächster folgte Willibald Gutknecht. — Als Sportplatz diente eine Wiese im „Olber", die von der Brauerei Götz zur Verfügung gestellt wurde. Sie war zu weit entfernt und für den Spielbetrieb kaum geeignet, so daß der Fabrikant Schaal für einige Spiele sein Fabrikgelände zur Verfügung stellte. — 1928 übernahm Karl Schleicher die Leitung des Vereins. Ihm gelang es im selben Jahr, die B-Mannschaft des VFB Stuttgart nach Scheer zu bringen. Das hinter der Schaalschen Fabrik ausgetragene Spiel wurde 2:8 verloren, zog aber eine Menge Zuschauer an und brachte für die damalige Zeit der Arbeitslosigkeit die hohe Einnahme von 69 RM.

Damalige Fußballmannschaft nach der Neugründung.

Der Verein benutzte Ende der 20er Jahre als Platz ein Privatgrundstück im „Olber", welches sich als denkbar schlecht erwies, sodaß man verschiedentlich auf das Fabrikgelände der Firma Schaal ausweichen mußte.

TV 1927.

TV Scheer.
Obere Reihe, von links: Eduard Schaidle, (–), Wilhelm Schaidle;
darunter: Albert Buck, Wilhelm Saile sen., Willibald Pfeiffer, Hermann Pröbstle, Otto Zimmerer, Anton Narr,
Wilhelm Stöckler, Franz Saile, Adalbert Saile, (–), Ferdinand Weber, (–), Wilhelm Saile jr., (–), Erwin Schiller, (–), (–),
Lehrer Nickel, Anton Hanner, Killenberger, Groß;
knieend: Bernhard Saile, Franz Eisele, (–), Mathias Kern, Hermann Kern, (–);
sitzend: Hans Hering, evtl. Groß jr., evtl. Karl Burgmaier, Wilhelm Schwarz, Hugo Maurer, (–).

Oben, von links: Max Stauß, Karl Will, Max Zimmerer, Josef Kieferle 1, Karl Eisele, Johann Baur, Reinhold Birkenmaier, Ernst Schell. Unten: Engelbert Baur, Emil Heudorf, Josef Kieferle.

II. Mannschaft 1927.
Oben, von links: Knor, A. Nattenmüller, W. Gutknecht, J. Kieferle, m. Zimmerer, R. Birkenmaier, E. Schiller, E. Heudorf. Knieend: E. Baur, K. Pröbstle, Herm. Pröbstle.

AH Scheer 1931.
Von links: F. Weber, W. Stöckler, Joh. Baur, Jos. Kieferle (Schuhmacher), K. Rebholz, J. Späh, X. Stauß, Max Schlee, W. Gutknecht, K. Eisele, A. Ruf.

Weitere Höhepunkte bildeten 1929 das erste Spiel gegen den FC Hard-Vorarlberg, durch das bis in die heutige Zeit reichende gute Beziehungen mit österreichischen Mannschaften begründet wurden, und die Pfingstspiele in Hohenems/Vorarlberg im Jahr 1930, die mit einer Besichtigung des dortigen Schlosses und der Rappenlochschlucht verbunden waren.

1933 nahm der Turnverein am Deutschen Turnfest in Stuttgart teil und errang einen 1. Preis.
Die zahlreichen Veranstaltungen der politischen Verbände, besonders der SA und der HJ, wirkten sich ungünstig auf das Vereinsleben aus, weshalb sich am 11. 11. 1934 Turn- und Sportverein zusammenschlossen. Auf Initiative Anton Schaidles, der den Vorsitz übernahm (bis

1933. Deutsches Turnfest in Stuttgart.

Die Turnriege des TV-Scheer im Jahre 1936: Adalbert Saile, Hermann Kern, Mathias Kern, Erwin Schiller, Nikolaus Stauss, Anton Rumpel, Ernst Gäckle, Alfred Enderle, Heinz Rist, Anton Schaidle, Karl Keller, Willi Schwarz, Fritz Graf, Wilhelm Stöckler, Karl Keller, Bernhard Saile, Hugo Maurer, Wunibald Keller, Wilhelm Schaidle.

1953), wurde 1935 auf einer in den „Rosengarten" einberufenen Versammlung die zum Erliegen gekommene Abteilung Fußball neu belebt und dem Sportwart Willibald Gutknecht unterstellt. Die Spielführung übernahm Ernst Müller. 1936 wurden 16, 1937 21 Spiele (davon 10 Verbandsspiele) ausgetragen. — Die **Abteilung Turnen** nahm am 18. Juli 1937 mit 17 Turnern am Kreisturnfest in Ravensburg teil, führte am 1. August auf der Maxhöhe ein Schauturnen durch, bei welchem von der in diesem Jahr gegründeten Boxabteilung erstmals Boxkämpfe ausgetragen wurden, und veranstaltete am 26. September auf den Schaalschen Wiesen ein Abturnen. In dessen Verlauf wurde erstmals ein Stadtlauf ausgetragen. Bei dem am 25. 9. 1938 durchgeführten Schauturnen, zu dem der Spielmannszug der HJ die Turner zum Turnplatz geleitete, kamen die 1. Stadtmeisterschaften zur Austragung. — Die **Abteilung Fußball**, die sich wieder von den Turnern trennte, trug 1938 (bis zum 12. 2. 1939) 40 Spiele aus, darunter 13 Verbandsspiele. Herausragend war das Spiel gegen den TB Gaisburg-Stuttgart (2:2) und die Jugendverbandsspiele um die Bannmeisterschaft. Manchem ist auch noch das Spiel gegen eine „Neger-Elf" in Erinnerung, das am Fastnachtssonntag 2:3 verloren ging. Letztmals berichtete der Schriftführer Wilhelm Schaidle am 26. Mai 1939 von den Bannmeisterschaften der Jugend. Danach wurde er zur Wehrmacht eingezogen. Der Au-Wirt Willibald Gutknecht berichtete nun von weiteren 6 Spielen dieses Jahres. Mit dem Spiel gegen Meßkirch am 23. 4. 1939 endet auch seine Berichterstattung. Da die jungen Männer zum Reichsarbeitsdienst und zur Wehrmacht verpflichtet waren, fehlten geeignete Spieler, so daß keine 1. Mannschaft mehr aufgestellt werden konnte. Die Jugend spielte auch noch in den ersten Kriegsjahren.

Nach dem Umsturz des Jahres 1945 wurden lt. Gesetz Nr. 52 auch alle Turn- und Sportvereine aufgelöst. Bereits am 29. Januar 1946 wandte sich Wilhelm Schaidle an den „Landesbeauftragten für Sport und Körperkultur" in Tübingen, der ihm seine Unterstützung bei der Neugründung zusicherte, dabei aber darauf hinwies, daß in allen Gemeinden und Städten nur ein Sportverein gegründet werden dürfe, der dann sämtliche Sportarten betreiben kann. Hingewiesen wurde dabei auch darauf, daß der alte Name des Vereins (TV) nicht mehr zulässig sei und abgeändert werden müsse. — Die ersten Zusammenkünfte fanden in diesem Jahr, in welchem immer noch das Zusammenrotten von mehr als 3 Personen verboten war, in aller Heimlichkeit im „Grünen Haus" statt. Fußballverein und Turnverein schlossen sich zusammen und wurden unter dem Namen
„SV Blau-Weiß Scheer"
von der Besatzungsmacht als Verein genehmigt. Die Mitglieder vereinbarten, ihren 1. Vorsitzenden (**Josef Kienle**) aus den Reihen der Fußballer, den 2. Vorsitzenden (**Anton Schaidle**) aus den Reihen der Turner zu wählen. Aktivitäten zeigten anfangs nur die **Fußballer**. Nachdem anfangs noch im „Olber" gespielt wurde, gelang es mit Unterstützung des französischen Sportoffiziers, daß die Stadt das Gelände hinter der „Au" als Sportplatz zur Verfügung stellte. Der Spielbetrieb, der erst nach größeren Planierungsarbeiten aufgenommen werden konnte, mußte jeweils von der Besatzungsmacht genehmigt werden. So genehmigte am 10. September 1948 das „Gouvernement Militaire, Section Jeunesse et Sports" ein Spiel der Abteilung **Feldhandball** gegen die Handballer von Sigmaringendorf, das am 12. September in Scheer ausgetragen wurde. Zu dieser von Wilhelm Schaidle gegründeten Abteilung kam ein **Boxring**, der die Kreismeister im Schwer- und im Bantamgewicht stellte.

Die Leitung der **Sparte Fußball** übernahm im Jahr 1948 **Peter Müller**. Ihm folgten in kurzen Abständen **Josef Pröbstle, Karl Schleicher, Erwin Jerger, Peter Müller, Karl Schleicher, Hans Jerger, Karl Schleicher, Emil Linder** und wieder **Karl Schleicher** (bis 1964).

Das Jahr 1949 brachte auch für die **Turner** einen Neubeginn. Der 1. Vorsitzende **Anton Schaidle** berief eine Mitgliederversammlung in den Deutschen Hof. Auf dieser wurden in die Vereinsleitung gewählt: Josef Pfister (2. Vorsitzender), Wunibald Knor jun. (Schriftführer und Pressewart), Franz Saile (Kassier) und die Oberturnwarte Wunibald Knor jun., Bernhard Saile und Hans Pfeiffer. Am 24. Juni 1950 beteiligte sich der Verein am Gauturnfest in Weingarten, am 2. Juli am Gauturnfest in Gauselfingen und war am 26. austragender Verein des Kreisturnfestes, an welchem ca. 2000 Besucher den großartigen Festzug und das Können der 348 teilnehmenden Turner verfolgten.

Am 17. September nahm der TV Scheer mit 23 Turnern am 80jährigen Vereinsjubiläum des TV Veringenstadt teil.

Für die Wintermonate stellte der Fabrikant Schaal seinen Schuppen für turnerische Zwecke zur Verfügung. 1951 pachtete der TV den Platz um den Schuppen und zäunte ihn ein. Die monatliche Miete von 10 DM zahlte die Stadt. Im Jahr 1951 war der Verein am 14. Januar beim Bundesturntag in Biberach vertreten. Am 14. Juli traten 30 Turner beim Gauturnfest in Riedlingen an und am 2. September beteiligte sich der Verein an der Feier des 100jährigen Bestehens des TV Bingen-Hitzkofen. Am 16. März 1952 wurden im fürstlichen Park in Scheer die Kreiswaldlaufmeisterschaften ausgetragen.

```
GOUVERNEMENT MILITAIRE
Sect:Jeunesse & Sports                          Sauljau, le 10. 9. 1948


                    A U T O R I S A T I O N .
                    ================================

            J'autorise la section Handballl de l'Association Sportive
            de SCHEER à disputer un match contre la section handball
            de SIGMARINGENDORF

                  le 12 - 9 - 1948 à S C H E E R
            =================================================
```

Umzug beim Kreisturnfest 1950.

Am 16. Mai 1953 trat der 1. Vorsitzende zurück, weil der TV beim Maifest keine Fahnenrotte gestellt hatte. Unter seinem Nachfolger **Josef Pfister** nahm der Verein am 7. Juni 1953 an der 90-Jahr-Feier des TV-Mengen, und am 21. Juni am Bezirksturnfest in Schussenried teil. Am 24. Januar 1954 übernahm **Wunibald Knor** den Vorsitz, Josef Pfister wurde Stellvertreter.

Die Fußballer, die in den Nachkriegsjahren mit wechselndem Erfolg in der Bezirksklasse, von 1952—1954 in der B-Klasse, gespielt und 1954 die Bezirkspokalmeister-

Beim Turnfest in Veringenstadt 1950.

schaften gewonnen hatten und dadurch in die A-Klasse aufgestiegen waren, hatten sich seit einiger Zeit von den Turnern getrennt. 1955 gaben sie sich als eigenständiger Verein eine neue Satzung und wurden unter der Bezeichnung „**SV-Blau-Weiß-Scheer 1919 e. V.**" ins Vereinsregister eingetragen. Zur Weihe der neuen Vereinsfahne, bei welcher der Turnverein die Patenschaft übernahm, wurde vom 25./26. Mai 1957 ein Pokalturnier durchgeführt.

Das Jahr 1961 brachte den Abstieg in die B-Klasse, 1962 den Aufstieg in die A-Klasse, 1963 wieder den Abstieg in die B-Klasse. Der Vorstand Karl Schleicher gab 1964 das Amt endgültig ab und wurde zum Ehrenvorstand ernannt. Unter seinem Nachfolger **Manfred Kossmann** feierte der Verein im selben Jahr das 45jährige Jubiläum. Noch zur Zeit des Bürgermeisters Eberle wurde 1965 mit der Anlage des neuen Sportplatzes auf der linken Donauseite begonnen. Sein Nachfolger Keller sorgte für den weiteren Ausbau, so daß im Juli 1967 die Anlage ihrer Bestimmung übergeben werden konnte.

Nach dem Wegzug des Vorstands Kossmann wurde **Ernst Müller** zum Nachfolger gewählt. Die Mannschaft, die in diesem Jahr beim Pokalturnier des SV Ennetach der 2. Platz errang, stellte sich dem Fotografen (s. S. 389). In dreijähriger Folge erzielte bei diesem Turnier die Reservemannschaft die Meisterschaft der Reservemannschaften:

Am 14./15. Juni 1969 feierte der Verein sein 50jähriges Jubiläum mit Pokal- und Werbespielen. In der zu diesem Anlaß mit dem damaligen Schriftführer Peter Illing ver-

Hintere Reihe v.l.n.r: Lang E., Kieferle H., Kaupp G., Wegner G., Stauß S., Stemmer M., Füchsle J., Rumpel N., Heim H. (Trainer).
Vordere Reihe: Bednarek S., Keller H., Will G., Schiller H., Bednarek G.

Das Bild zeigt die Mannschaft nach Erringung der Meisterschaft auf dem Fußballplatz in Ennetach. Hintere Reihe: Lang E., Stauss X., Nattenmüller H., Dengler H., Stauß A., Sautter A., Herde N., Vorstand Müller. Vordere Reihe: Baur J., Müller D., Enderle K. H., Birkenmaier N.

faßten Festschrift sind u. a. auch die wichtigsten Spiele seit Kriegsende angeführt. Am 16. August übernahm Bürgermeister **Keller** die Vorstandschaft, Josef Baur als 2. Vorsitzender die Geschäftsführung.

Beim **Turnverein** ruhte 1955/56 wegen fehlender Ausbilder der Turnbetrieb. 1957 konnten Arthur Rehwagen und Rudi Kienle als Oberturnwarte gewonnen werden. Den Vorsitz übernahm wieder **Josef Pfister**. Wenn es auch wegen des Fehlens eines geeigneten Turnraumes nicht gelang, im erforderlichen Maße Breitensport zu betreiben, konnten doch bei der Teilnahme an verschiedenen Wettkämpfen von einigen Turnern beachtliche Plazierungen erreicht werden. Kurt Kugler gründete 1966 eine **Tischtennisabteilung**. Durch die Erweiterung des Turnbetriebs auf das **Kinder- und Frauenturnen**, das Hubert und Ruth Heim ab 1967 gestalteten, konnte die Mitgliederzahl innerhalb eines Jahres verdoppelt werden. In diesem Jahr wurden bei den Turnfesten des Hohenzollerngaues 1968 beim Landesturnfest in Ebingen von einzelnen Turnern gute Plazierungen erreicht. 1969 nahmen 32 Kinder des TV am Gaukindertreffen in Veringenstadt teil. Ruth Heim gründete die **Gymnastikgruppe**, die rasch auf 26 aktive Mitglieder anwuchs, so daß der Turnverein im Jahre 1970 265 Mitglieder umfaßte. Auf den am 20. 9. 1970 mit großem Erfolg in Scheer durchgeführten kleinen Sporttag folgten 1971 die Schülermannschaftsmeisterschaften in Gammertingen, das Kindergauturnen in Stetten a. k. M., das Gauturnfest in Veringenstadt und die Gründung einer **Leichtathletik-Abteilung** durch Hans Grotz.

Nach jahrzehntelangem Neben- und teilweise Gegeneinander gelang 1971 die Fusion des TV und des SV zum Gesamtverein „TSV-Scheer e. V. 1971", dessen Initiator **Wunibald Knor** jr. zum 1. Vorstand gewählt wurde. Vorsitzender der Abteilung Turnen: **Josef Pfister**, der Abteilung Fußball: **Bürgermeister Keller**.

Der Mitgliederstand, der 1970 beim SV 175, beim TV 225 (darunter 150 Kinder unter 14 Jahren) betrug, stieg auf 457. Diese Entwicklung ist dem Bau der Stadthalle zu verdanken, die 1972 eingeweiht wurde.

Erstmals hatte nun der Verein, wie auch die Schule, ideale Bedingungen, die durch Ausbildung von Übungsleitern ergänzt wurden. Die einzelnen Sparten des TSV erhielten dadurch neuen Aufschwung.

Die **Abteilung Turnen** beteiligte sich 1972 an den Jugendbestenwettkämpfen in Ostrach, am Gauturnfest in Trochtelfingen, 1973 am Deutschen Turnfest in Stuttgart. Im selben Jahr wurde, verbunden mit dem 50jährigen Jubiläum in Scheer, das Kindergauturnfest durchgeführt, an welchem 900 Kinder teilnahmen. Die Abteilung **Tischtennis** veranstaltete, wie alljährlich, die Stadtmeisterschaft und nahm erstmals eine Jugendmannschaft in den Spielbetrieb auf. 1974 gewann die Abteilung die Bezirksmeisterschaft im Doppel und trug in Scheer ein Bezirksranglistenturnier mit 169 Teilnehmern aus. — Die Abteilung **Turnen** beteiligte sich 1974 an 21 Veranstaltungen außerhalb der Stadt, darunter an den Jugendbestkämpfen in Gammertingen und am Landesturnfest in Biberach. In Scheer erfolgte die Ausrichtung der Kreismeisterschaft im Geräteturnen; außerdem wurden das „Mutter-und-Kind-Turnen" und das „Jedermannsturnen" eingeführt, 1975 das Gaualterstreffen und der Gauwandertag des Turngaues Hohenzollern ausgerichtet. — Von Josef Pfister übernahm **Franz Seeger** den Vorsitz dieser Abteilung, der 1979 an **Hubert Heim** überging. — Die **Abteilung Fußball** errang 1973 in der D-Jugend die Kreismeisterschaft. 1976 stieg die 1. Mannschaft in die C-Klasse ab und 1977 wieder auf. Mit Unterstützung der Stadt erstellte die Abteilung eine beachtliche Flutlichtanlage. 1978 übernahm der 2. Vorsitzende **Josef Baur** kommissarisch den Vorsitz über die Abteilung, die 1979 ihr 60jähriges Jubiläum feierte und nach 1977 zum 2. Mal, 1980 zum 3. Mal den Willi-Grupp-Wanderpokal errang. 1981 wurde **Fritz Sieber** Leiter dieser Abteilung, die in diesem Jahr in der Kreisklasse Meister wurde und in die Bezirksliga aufstieg. 1983 erfolgte der Abstieg in die Kreisliga A. 1984/85 Bau eines weiteren Spielfeldes als Ausweichplatz; 1986/87 Sportheimumbau. 1988 wurden beide Mannschaften Meister und stiegen damit in die Bezirksliga auf.

Von links oben: 2. Vors. H. Mayer, Bgmstr. Keller, K. H. Blaha, G. Wegner, W. Eisele, W. Wenger, N. Birkenmaier, H. Pröbstle, G. Knor, 1. Vors. J. Baur.
Unten: H. J. Ehm, S. Stauß, R. Pawlinka, G. Bednarek, G. Doser, H. Laudascher.

Von links oben: Trainer Heim, Betreuer P. Eisele, M. Pfeiffer, W. Heim, D. Wobbe, G. Wegner, Cl. Schummer, H. Pröbstle, G. Knor, G. Doser.
Unten: H. Laudascher, U. Lang, R. Pawlinka, W. Wenger, F. Zimmerer.

Den Gesamtvorsitz des TSV Scheer führt seit 1985 **Bernd Düll** als 1. Vorstand. Der TSV, in welchem derzeit folgende Sportarten ausgeübt werden: Fußball, Turnen, Tischtennis, Leichtathletik und Volleyball, zählte am 1. 1. 1989 527 Mitglieder.

Der Angelsportverein

Das Fischen in der Donau bot für jung und alt von jeher einen besonderen Reiz, war aber immer starken Einschränkungen unterworfen, wenn nicht gar ganz verboten. Zunächst hatte der herrschaftliche Hoffischer das Sagen, dann die Stadtverwaltung, nachdem sie 1904 das Fischereirecht erworben hatte. Weil sie dieses an Privatpersonen verpachtete, hatten nur wenige Bürger, auch aus finanziellen Gründen, die Möglichkeit zum Fischen. Da man in der Gründung eines Vereins die Möglichkeit sah, diesen Zustand zu ändern, berief der hiermit beauftragte Rechtsanwalt Alfred Enderle auf 21. 7. 1962 in den „Rosengarten" eine Gründungsversammlung ein. Als Gründungsmitglieder waren anwesend: Max Weckerle, Wilhelm Weckerle, Alfred Enderle, Johann Blender, Lothar Volk, Albrecht Kienle, Karl Graf sen., Sigmund Fischer, Josef Maier, Karl Graf, Sales Zimmerer, Anton Linder und Anton Rapp. Die Reihe hat sich inzwischen stark gelichtet:

Die Vorstandschaft setzte sich zusammen aus einem ersten und einem zweiten Vorsitzenden, einem Schriftführer, einem ersten und zweiten Beirat und einem Kassier. Erster Vorsitzender wurde **Albrecht Kienle** (1962—1978). Schon im ersten Jahr zeigte der Verein eine rege Aktivität: Mit dem Einsetzen von 2 Zentnern 2sommerigen Regenbogenforellen und 1 Zentner Schleien wurde im Juli der erste Fischbesatz vorgenommen. Von den Regenbogenforellen kam man jedoch bald ab und setzte fast ausschließlich Bachforellen ein. Dem 1962 erfolgten Beitritt zum Landesfischereiverband Südwürttemberg-Hohenzollern folgte am 18. März 1963 der Eintrag ins Vereinsregister des Amtsgerichts Saulgau unter der Bezeichnung „Angelsportverein e. V. Scheer".
Im August 1964 konnte das erste Preisfischen, 1965 die erste Sportfischerprüfung mit 59 Teilnehmern durchgeführt werden. Die 1966 angeregte Anlage eines Fischteichs in der „Menger Au" scheiterte an der Kostenfrage. 1967 besuchten 2 Mitglieder einen Gewässerwartkurs. Mit Rücksicht auf die Laichzeit wurde 1968 vom 1. Januar — 31. März eine absolute Fischereiruhe eingeführt und hinsichtlich des Hammenfischens bestimmt, daß der Wasserstand am Pegel 2,50 m betragen muß. Das Mindestalter, das zum Fischen in der Donau berechtigt, wurde von 21 Jahren auf 18 Jahre herabgesetzt und erlaubt, daß 16jährige mit Fischerprüfung im Bürgerwasser fischen dürften.

Nachdem der seit dem Gründungsjahr öfter wiederholte Antrag auf pachtweise Überlassung des Fischwassers immer abgelehnt worden war, genehmigte die Stadt im Jahr 1971 die Verwendung der Kiesgrube im Olber zum Fischeinsatz und zur Befischung (ein diesbezüglicher Pachtvertrag konnte erst 1984 auf 12 Jahre abgeschlossen werden). Die Übernahme dieser völlig unbepflanzten Grube erforderte eine grundlegende Rekultivierung. In unzähligen Arbeitsstunden wurden die Steilwände abgeschrägt und mit Maschendraht befestigt, kleine Wege gebaut und ca. 250 Bäume und Sträucher gepflanzt. Angeln durfte man anfangs nur alle 14 Tage am Sonntagmorgen. Heute kann jedes Mitglied wöchentlich 4 Edelfische entnehmen.

Nach 10jährigem Bestehen wies der Verein im Jahre 1972 45 Mitglieder auf. Die Vorstandschaft wurde insofern geändert, als an Stelle der beiden Beiräte 5 Ausschußmitglieder traten.

Da 1973 der Landesfischereiverband seine Beiträge auf 8 DM erhöhte, mußte der Verein den Mitgliedsbeitrag, der bei der Gründung 10 DM, ab 1971 12 DM betrug, auf den heutigen Stand von 17 DM heraufsetzen. Mit dem Gemeindezusammenschluß Scheer/Heudorf im Jahre 1974 traten auch Fischerfreunde aus Heudorf dem Verein bei.

Herbert Hüglin übernahm 1978 die Vorstandschaft (—1984). Schon 1976 war in der Kiesgrube mit dem Bau einer Schutzhütte begonnen worden. Hierzu wurden die Kiesgrubenfischer zu 6, 1978 zu 8 Pflichtarbeitsstunden verpflichtet. 1982 gründete der Verein eine Jugendgruppe, die von einem Jugendleiter betreut wird. Da die Schutzhütte beinahe jährlich bis zum Dach im Hochwasser stand, wurde sie 1982 abgebrochen und an derselben Stelle, die stark mit Kies aufgefüllt werden mußte, die heutige Hütte erstellt:

Mit der neuen Hütte, die am 28. Mai 1983 eingeweiht werden konnte, wie auch mit der sie umgebenden Anlage, hatte der Verein nicht nur sehr gute Angelsportmöglichkeiten, sondern auch ein ideales Freizeitzentrum geschaffen. 1984 erfolgte eine Neuwahl der gesamten Vorstandschaft.

Hans Kurschus ist seitdem erster Vorstand. Unter seiner Leitung erstellten die Mitglieder zunächst eine Toilettenanlage, statteten 1985 die Hütte mit einer batteriebetriebenen Beleuchtung aus, bauten einen Geräteraum an und erweiterten die Terrasse. 1986 fertigten sie die Eckbänke und den großen Tisch und legten einen Bierkeller an. 1987, dem Jahr des 25jährigen Vereinsbestehens, führte der Landesfischereiverband seine Jahreshauptversammlung in der Stadthalle durch. Die Mitgliederzahl war inzwischen auf 78 angestiegen.

Neben dem kameradschaftlichen Vereinsleben ist nicht zuletzt auch die Öffentlichkeitsarbeit des Vereins zu erwähnen. Die Fischerbälle gerieten zwar in Abgang. Großen Anklang finden die jährlichen Fischerfeste.

Mit großem Interesse werden auch das An- und das Abfischen verfolgt, die mit einem Preisfischen verbunden sind.

Beim Ziegenhüten in der Menger Au. Von links: Marianne Enderle, Anna Halder, Bruno Halder, Alfred Enderle, Franziska Halder.

Der Ziegenzuchtverein

Am 17. September 1916 schlossen sich 28 Ziegenbesitzer zu einem Ziegenzuchtverein zusammen. 1937 erfolgte unter dem Vorstand Wunibald Knor eine Neugründung, die bis Ende des Krieges bestand.

Der Kleintierzuchtverein

9 Personen, darunter auch der Stadtpfarrer und der Bürgermeister, gründeten 1967 den Verein, dessen 1. Vorstandschaft **Rudi Franke** übernahm. Gezüchtet wurden verschiedene Tauben- und Hühnerrassen sowie Wassergeflügel. 1970 schlossen sich auch die Kaninchenzüchter dem Verein an, der als Mitglied des Kreisverbandes Oberschwaben und des Kreisverbandes Saulgau die Bezeichnung „Kleintierzuchtverein Scheer Z 519" erhielt. Im selben Jahr wurde eine von Obmann Hans Olynuk betreute Jugendgruppe gebildet. Seit 1972 leitet **Manfred Stauß** den Verein. Schwierigkeiten, die wegen eines geeigneten Ausstellungslokals bestanden, konnten durch langfristige Anmietung der ehemaligen Trocknungsanlage der Holzstoffabrik Schaal behoben werden. Die Mitglieder, zu denen sich neben Kleintierzüchtern aus der näheren Umgebung auch solche aus Kißlegg gesellten, gestalteten diese um, so daß bei den jährlichen Kleintierschauen bis zu 300 Tiere ausgestellt werden können. Der heute 45 Mitglieder und 13 Jugendliche zählende Verein führt alle 2 Jahre im Vereinslokal, dem Gasthaus „Zur Au", Neuwahlen durch.

Kleintierzuchtverein. Vereinsausschuß im Jahre 1979.
Von links: K. Samtner, M. Stauß, E. Vogel, H. Gutknecht, J. Kieferle, Kl. Badonin, E. Krist, H. Olynuk, A. Stebich (Vereinswirt) und sitzend das Ehrenmitglied Emilie Linder.

Der Viehversicherungsverein Scheer

wurde am 25. 2. 1934 durch den Ortsbauernführer Lehr gegründet. Bei der Gründungsversammlung im Ochsen waren 43 Landwirte anwesend, die Ferdinand Merk zum Vorstand und 7 Ausschußmitglieder wählten. Die Anwesenden bestimmten, daß jedes ab 1 Jahr alte Stück Vieh versichert werden muß, wofür eine Umlage von 1 RM pro Stück erhoben wurde. Bei der Verteilung des Fleisches eines anfallenden notgeschlachteten Stücks Vieh hatte jeder, der 1—3 Stück besaß, 3 Pfund Fleisch abzunehmen, wer mehr besaß, ein entsprechend größeres Quantum.

Zu Beginn des 1. Vereinsjahres wurden 84 Mitglieder aufgenommen, die 398 Stück Vieh besaßen. Der Verein übernahm die Mustersatzung der württembergischen Zentralstelle für Landwirtschaft und bestimmte, daß 10 % der Beiträge als Rücklage angelegt werden, um geschädigte Tierbesitzer unterstützen zu können, deren Tiere an die Tiermehlfabrik abgeliefert werden mußten. — Die jährliche Generalversammlung fand immer im Anschluß an die Generalversammlung der Molkereigenossenschaft statt. Die hierbei vom Rechner vorgelegten Jahresabrechnungen zeigen, daß der Mitgliederstand bis Kriegsausbruch 84 bzw. 83, nach Kriegsende bis 1951 konstant 80, 1952 noch 74 betrug. Großteils wegen Aufgabe der Viehhaltung sank die Mitgliederzahl zunächst langsam, dann aber immer rapider ab, betrug 1976 noch 31, 1982 noch 22. — Auf den verstorbenen Vorstand Merk folgte 1952 Wunibald Blender, 1956 der bisherige Rechner Georg Eisele, 1976 der bisherige Kassier Franz Zimmerer.

Der Zigarrenspitzenverein

war ein Wohltätigkeitsverein, der in den Wirtschaften Sammelbüchsen für Zigarrenspitzen aufstellte. Mit dem Erlös aus diesen Abfällen und den eingegangenen Beiträgen wurden jährlich an Ostern für arme Kinder aller Konfessionen Kleidungsstücke angeschafft. 1898 zählte der Verein 151 Mitglieder. Über ihre Versammlung am 15. März wird im „Oberländer" berichtet, daß sich 13 Schulkinder um Gaben beworben haben und von dem in diesem Jahr erzielten Erlös in Höhe von 98,07 Mark jedes Kind eine Gabe im Wert von etwa 7,50 Mark erhalten wird. 1924 wurde der Verein ein Opfer der Inflation. Die Fürsorge für die Erstkommunikanten übernahm der Frauenverein.

Der „Rauchclub Gemütlichkeit" Scheer e.V.

wurde im Jahre 1905 von Wilhelm Saile (erster Vorstand bis 1931), Josef Reck, Xaver Will und Josef Keller gegründet. In den 1906 aufgestellten Statuten wurde das

393

Eintrittsalter auf das vollendete 17. Lebensjahr (ab 1967 auf das 18. Lebensjahr) festgelegt. Zweck des Vereins (Wahlspruch „Gut Rauch") ist die Pflege des gemütlichen Zigarrenrauchens und unterhaltsamer Gesellschaftsspiele. Monatlich erfolgt ein Trainingsrauchen. Beim sog. „Scharfrauchen" darf nur ohne Hilfsmittel wie Streichholz, Nadel etc. geraucht werden. Die zum Wettkampf benötigten Zigarren werden vom Club erworben und zu Beginn an die Teilnehmer ausgeteilt. Auf das Kommando des Vorstandes „Gebt Feuer" dürfen zum Anzünden höchstens 2 Zündhölzer verwendet werden. Die Erzeugung des Rauches erfolgt „von der Hand zum Mund", wobei die Zigarre nur beim Verlassen des Raumes abgelegt werden darf. — Aus der Vereinsgeschichte: 1908 öffentliche Veranstaltung in Form eines Waldfestes „im Kohler". Rasches Anwachsen der Mitgliederzahl. 1914—1918 kam das Vereinsleben zum Erliegen. 1919 Neubeginn: aus Mangel an Geld und Rauchwaren als Wanderverein, in welchem sich eine Instrumentalgruppe mit Mandolinen und Gitarren bildete. 1926 Anschluß an den Gau oberschwäbischer Rauchervereine Ulm. 1928 Waldfest in der „Menger Au"; 1930 Jubiläum des 25jährigen Bestehen, verbunden mit einem Preisrauchen, an dem sich viele Bruderschaftsvereine Oberschwabens beteiligten. 1933 Übernahme des Vorsitzes durch den Konditormeister Anton Kerle (bis 1948). 1939—1947 ruhte das Vereinsleben. — Vorstand Willibald Gutknecht, Au-Wirt (1948—1955): 50. Stiftungsfest im fürstlichen Park (1955). — Vorstand Wunibald Knor sen. (1955—1966): Feier des 60jährigen Bestehens mit Kirchgang und Weihe der neuen Vereinsfahne und der des Rauchclubs „Rauhe Alb Ehingen". Anschließend Preisrauchen im Bräuhaus mit 181 Teilnehmern und nachmittags Parkfest (1965). — Vorstand Josef Kaufmann (1966—1972): Verbindung mit dem Rauchclub „Grüne Eiche — Berlin" (1966). Josef Nußbaum erzielt beim Preisrauchen mit 268 Minuten absoluten Weltrekord (1967). Volkspreisrauchen (1968, 1969), Herbstpreisrauchen im Ochsen, Freundschaftsrauchen in Burgau bei Günzburg, Teilnahme an den Bundesmeisterschaften in Frankfurt a. Main, Freunschaftsbesuch in Berlin; 50 Mitglieder (1970). — Frühjahrspreisrauchen in Tafertsweiler, Besuch des Rauchclubs „Grüne Eiche — Berlin" (1972), Frühjahrs- und Herbstpreisrauchen sowie Volkspreisrauchen mit Stadtmeisterschaft. Parkfeste, Ausflüge und Wanderungen. — Vorstand Karl Kieferle (1972—1975), Werner Vogler (1975—1985): 70jähriges Jubiläum mit Preisrauchen in der Stadthalle; erstmals werden Frauen als Mitglieder aufgenommen (1975); Volkspreisrauchen in der Stadthalle; Besuch in Burgau, Pfingsttreffen Scheer mit dem Club Berghausen in der Stadthalle (1976); Gegenbesuch beim Club „Grüne Eiche" in Berlin (1977); 75jähriges Jubiläum mit Weihe der Vereinsfahne des Clubs „Grüne Eiche" in der Krottenbachhütte durch Pfarrer Kürner. Die Berliner pflanzen beim alten Sportplatz eine Gedächtniseiche (1980); Anschaffung einer einheitlichen Vereinskleidung (1981); Theateraufführung der Kolpingfamilie Bad Waldsee in Scheer (1983); Festigung der Verbindung mit den Rauchvereinen Berlin, Berghausen/Pfalz, Burgau, Augsburg und Tafertsweiler. Ausflüge und Wanderungen. — Vorstand Josef Füchsle (seit 1985): Feier des 80jährigen Jubiläums mit Gästen von der rauhen Alb, von der Spree, vom Rhein, von der Göge und der Donau (1985).

Die Theatergesellschaft

entstand in den 70er Jahren des vorigen Jahrhunderts. 1880 hören wir von einer Theateraufführung im Hirsch. Von da an wurden immer um die Jahreswende Theaterstücke aufgeführt. Verschiedentlich stellten sich die Mitglieder dem Fotografen.
Die Tradition dieser Gesellschaft wurde später vom Gesangverein weitergepflegt.

Der Verschönerungsverein

wurde in den 80er Jahren des vorigen Jahrhunderts gegründet und befaßte sich seinem Namen entsprechend mit der Verschönerung des Stadtbildes. Hierzu wurden nicht nur der Stadtverwaltung entsprechende Vorschläge unterbreitet, sondern auch selbst realisiert. So richteten z. B. die Mitglieder unter dem Vorsitz des Fabrikanten Schaal im Jahre 1905 den 1,20 m breiten Fußweg über den Stauden ins Lauchertal. 1910 wurde zwischen den Gebäuden Nr. 182 (Café Ahlers) und 95 (Stadthaus) ein 70 cm breites Trottoir angelegt. 1919 heißt es: „Da im letzten Winter sämtliche Verschönerungsbänke zerstört worden waren, wurden diese wieder hergerichtet; ebenso die Wege im Stadtwald Krottenbach." 1927 legte der Verein vom Rübhaldenweg 7 bis zum Feldweg Nr. 358 einen Fußweg an.

Der Schwäbische Albverein

Mitglieder des Verschönerungsvereines gründeten im Jahre 1892 die Schwäbische Albvereins-Ortsgruppe Scheer. Es waren dies die Fabrikanten Schaal und Kraemer, der Stadtschultheiß Deschler, Bräumeister Götz, Privatier Rieder und der Buchhalter Richard Kölle, der nun bis 1896 Vertrauensmann war. Ihm folgten der Lehrer Schweizer (1896—1911), der Fabrikant Siegfried Schaal (1911—1948). 1946 wurden die Ortsgruppen Scheer, Heudorf, Blochingen und Ennetach mit der Ortsgruppe Mengen vereinigt. Vertrauensmann Max Römer, der einen Verbindungsmann aus den Reihen der Mitglieder der angeschlossenen Orte bestellte. Für Scheer war dies der Fabrikant Schaal, ab 1949 Anton Deschler, der das Amt des Vertrauensmannes übernahm, als sich 1949 der Zweigverein wieder selbständig machte. Seit 21. 1. 1984 amtiert Georg Schleicher als Vertrauensmann der Ortsgruppe, die nach dem Zweiten Weltkrieg erst im Jahre 1960 wieder an die Öffentlichkeit trat. 1970 beteiligten sich 31 Mitglieder an 9 Wanderungen. Bis 1973 wuchs der Mitgliederstand auf 44 an. Neben Wanderungen in die nähere Umgebung erfolgten nun auch solche in die Schweizer und die Allgäuer Alpen. Die Ortsgruppe, deren Mitgliederstand seit 1973 unverändert blieb, unterhält ca. 19 km Wanderwege, den städt. Waldlehrpfad und erstellt einen jährlichen Wanderplan, der an alle Bürger verteilt wird mit der Bitte an Wanderfreunde und Erholungssuchende, sich an den Wanderungen zu beteiligen.

1932 Theaterstück „Fabiola".
Hinten von links: Maria (arb. im Altersheim), Luise Baur, Theresia Saile verh. Schairer, Maria Gutknecht verh. Knor, Anna Will und Anna Halder.
Mittlere Reihe: Magdalena Widmann, Franziska Halder, Irma Baur verh. Saile, Maria Moser verh. Kieferle, Antoinette Fischer verh. Schuster.
Vorne: Anna Schaidle verh. Heuwinkel, Magdalena Rauser verh. Dengler, Johanna Pröbstle, Klara Kratt.

Im Jahre 1960. Von links: Frau Kieferle, August Kieferle, Frau Strickrodt mit Tochter Ursula, Ludwig Zimmerer, Herr Strickrodt, August Stöckler, Annamarie Deschler (kniend), Frau und Herr Metschan mit Tochter Ursula, Frau Schönung, Frau Zimmerer, Kurt Schönung (verdeckt), Herr Schönung, Margret Deschler, Herr Zimmerer mit Tochter, Camilla Schönung, Frau und Herr Bleicher, Frl. Zita Stauß, Frau Zimmerer, Edwin Bleicher, Dieter Zimmerer mit Schwester Erna.

Der Motorsport

war in seinen Anfängen das Privileg junger Männer, die sich, wie hier in den 20er Jahren der Mechaniker Willi Krugger, stolz mit ihrem Motorrad bzw. Auto fotografieren ließen:

Ca. 1928. Willi Krugger am Steuer seines Grade-Wagen, daneben Karl Herberger, a. d. Kühler Helmut Krugger.

Es folgten die Rennen auf dem Nürburgring, in Hockenheim usw. Seine umfangreiche Pokalsammlung zeugt von den beachtlichen Erfolgen des Rennfahrers.

In den 30er Jahren schlossen sich etliche dem NSKK an, um an motorsportlichen Veranstaltungen teilzunehmen. Nach dem Zweiten Weltkrieg war es der Mechanikermeister Ernst Müller, der durch seine Teilnahme an den nationalen Motorradrennen den Namen der Stadt weithin bekannt machte. Schon bei seinem ersten Start „Um den großen Preis von Darmstadt" belegte er auf seiner 250 ccm DKW-Maschine im Jahr 1948 den 1. Platz und erhielt für seine hervorragende motorsportliche Leistung einen Sonderpreis. Als Veranstaltung des Sportvereins wurde unter seiner Leitung am Ostermontag 1950 in Scheer ein Geschicklichkeitsrennen durchgeführt, bei dem wir ihn hier (links im Bild) am Start sehen.

Edwin Stelzl und Wunibald Blender riefen 1971 Motorsportfahrer und -interessenten auf, sich zu einem Verein zusammenzuschließen. Dieser erhielt bei der am 28. 2. 1972 in der Gaststätte „Zur Fabrik" erfolgten Gründungsversammlung die Bezeichnung „**Rallye Racing Team Scheer e. V. im ADAC**", kurz „**RRT**". Erster Vorstand des Vereins wurde Edwin Stelzl, seine Nachfolger: Ernst Müller, Scheer (1975—1976), Bernhard Fuchs, Ablach (1977—1979), Wunibald Blender, Scheer (seit 1980).
Die Mitgliederzahl stieg rasch an: noch im Gründungsjahr von 20 auf 48, 1973 waren es bereits 100, heute 175, die aus dem süddeutschen Raum und aus der Schweiz kommen. Die Tätigkeit des Vereins, die mit der Organisation von Autoslaloms, Rennen auf dem Flugplatz, Sternfahrten nach Meran und Altenausfahrten begann,

1981.

erstreckt sich auf die Förderung des Motorsports und die Durchführung von Motorsportveranstaltungen. Hierzu werden Maßnahmen durchgeführt, die zur Hebung der allgemeinen Verkehrssicherheit beitragen: Verkehrserziehung, Fahrertraining, Moto Cross, Slalom, Go Kart, Kett car sowie Veteranenrallyes und auch Fahrradturniere. — Schon 1973 errangen Dieter Müller und Wido Gessler die Württembergische Meisterschaft. Zu den größten Veranstaltungen zählt das seit 1974 auf dem vom RRT Scheer Moto-Cross-Gelände in Göggingen jährlich durchgeführte Moto-Cross-Rennen.

Fahrer aus dem gesamten Bundesgebiet und dem nahen Ausland nehmen an diesen Rennen teil.

„heitere Spießbürgergeschichtlein aus Scheer"

...te uns Oberlehrer F. J. Lehr:

Der „Muß-Brand" von Scheer

(abgedr. in W. Bleicher „Das Fastnachtsbrauchtum in der Stadt Scheer/Donau"; S. 80—88 mit dem vollständigen Gedicht von Karl Weizmann, das Herrn Lehr nur teilweise bekannt war).

Das „vermaledeite" Geldkistchen

Es war um die Zeit der letzten Jahrhundertwende (1895). Da passierte einem Postunterbeamten in Sigmaringen ein recht bedauerliches Mißgeschick, indem er bei Abnahme der Eisenbahnpost an einem trüben, nebligen Herbstabend ein Geldkistchen mit 40 000 Mark Inhalt auf dem Trittbrett des Eisenbahnpostwagens stehenließ. Das Kistchen kam abhanden, und niemand wußte wohin. Am schlimmsten erging es dem Postbeamten, da ihm neben Ersatz des Geldes auch Verlust des Dienstes drohte. Alle Zeitungen berichteten von dem vermeintlichen Diebstahl. Es war ein Rätselraten hin und her, wohin das Kistchen gekommen sein könnte. Wohl wurde der Postwagen wie alltäglich in ein anderes Geleise rangiert und kam dabei zur nahen Donaubrücke. Sollte das Kistchen dabei in die Donau und von dem damaligen, wenn auch unbedeutenden Hochwasser fortgeschwemmt worden sein? Nach allen Seiten wurden Erhebungen angestellt; das Donaubett von Polizei und Privatpersonen stromabwärts gründlich untersucht, das Kistchen mit Inhalt war verschwunden. Tausend Mark Finderlohn waren zugesagt.

Dieser hohe Lohn lockte zu eifrigem Suchen und Fahnden; auch zwei Scheerer Bürger, der schon genannte Bäckermeister und der Sohn eines anderen Bäckers, beide trinkfeste, redegewandte, mit viel Mutterwitz ausgestattete Bürger, beteiligten sich ebenfalls emsig dabei. Mißmutig über den negativen Erfolg, wollten sie sich aus dieser Angelegenheit einen wohldurchdachten und verabredeten Spaß machen, der ihnen aber zum Verhängnis werden sollte. Also das ging folgendermaßen zu: Unsere beiden Feuchtfröhlichen kamen eines Abends in angeheiterter, rosigster Stimmung in eine hiesige Wirtschaft. Unser Bäckermeisterlein, der einige Tage zuvor von einer größeren Reise aus Anlaß des Besuches seiner Tochter aus Frankfurt zurückgekehrt war, zeigte während der Unterhaltung einen nagelneuen Hundertmarkschein, gab ihn aber wohlweislich nicht aus der Hand. Sein Begleiter versicherte, so haben wir noch mehr. Unser Meister aber ruft: „Ha, ihr Einfältige, dös ist einer aus dem Kistle!" Darüber herrschte ein allgemeines Erstaunen, ein Murmeln und Fragen, ein Raunen und Raten. Aber schon andern Tags sollte das Auge des Gesetzes, die löbliche Polizei, darüber unterrichtet sein. Gendarmerie, preußische und württembergische, rückte heran. Die beiden Ulkmacher wurden gründlich ins Gebet genommen.

Trotz ihrer Erklärung und Beteuerung, sie haben nur einen Spaß gemacht, und trotz Vorzeigen des Hundertmarkscheins, der in Wirklichkeit nur ein Bexierschein und Reklameschein einer Frankfurter Firma war, wurde der Verdacht beibehalten. Beide wurden hinter Schloß und Riegel gebracht und ihre Wohnungen einer gründlichen Untersuchung, sogar mit Aufheben des Zimmerbodens, unterworfen.

Bei der ganzen Untersuchung kam natürlich nichts heraus, denn die beiden Spaßmacher hatten von dem Geldkistchen so wenig eine Ahnung wie jeder andere Bürger. Aber den Humor und den Durst ließen sie sich dadurch nicht nehmen, obwohl sie überall ausgelacht wurden.

Die Geschichte mit dem Geldkistchen müssen wir aber doch noch zum Abschluß bringen. Beinahe ein Jahr war seit dem geheimnisvollen Verschwinden desselben vergangen, da wurde das Kistchen in Scheer gefunden. Arbeiter der Schaalschen Fabrik waren im Hochsommer mit Ausbaggerungsarbeiten im Kanal der Fabrik beschäftigt. Nach der Mittagspause stieß ein Arbeiter bei einer angeschwemmten Kiesbank auf einen Gegenstand, der sich als das längst gesuchte Geldkistchen entpuppte. Es wurde auf das Rathaus gebracht, geöffnet und die 400 Papierscheine zu je 100 Mark unversehrt, nur völlig durchnäßt, ans Tageslicht befördert, getrocknet und nach Sigmaringen abgeliefert zur großen Freude des schwer gemaßregelten Postunterbeamten und des Finders (Wendelin Knittel, im Volksmund Bläsis Wendel genannt), dem alsbald der Finderlohn ausbezahlt wurde. Er war mit 700 Mark zufrieden, die übrigen 300 bekamen seine Mitarbeiter. Aber auch die Ehre unserer Ulkmacher war voll und ganz gerettet.

Der Kunstschütze auf der Maxhöhe

Wieder war's um die Zeit der letzten Jahrhundertwende, nur einige Jahre später. Da saß unser ehrsamer Bäckermeister mit noch anderen trinkfesten Bürgern an einem heißen Sommernachmittag gemütlich im kühlen Schatten auf der Maxhöhe beim labenden Trunke. Nach ausgedehnter Sitzung und regem Wortwechsel kam man auf das „Spatzenschießen" zu sprechen. Diesmal war's ein anderer Schildbürger, der seine Schießkunst als einstiger gedienter Soldat in hohen Tönen pries.

Unser Bäckermeister konnte und wollte diesen Aufschnidereien nicht recht glauben. Es kam zu einer Wette. Ein Zimmerstutzen war bald herbeigeschafft. Der Meisterschütze wollte ein in 50 Meter Entfernung angebrachtes Brettchen totsicher in der Mitte durchbohren. „I mach dir da Has', du triffst jo doch nix!" rief unser Bäckermeister, und schon stiegen beide, begleitet von den übrigen Gästen, die Anhöhe hinter der Maxhöhe hinauf. In gebückter Stellung, das Brettchen auf dem Rücken haltend, etwa 50 Schrittlängen vom Schützen entfernt, nimmt der Vertreter der Bäckerzunft Aufstellung, in gespannter Erwartung und klopfenden Herzens der Dinge, die da kommen werden. Meister Tell, der Kunstschütze mit hochgeschwellter Brust, tritt auf und stellt sich in Anschlag. Puff! Der erste Schuß fällt! Pah! Daneben! „G'lumpeter S..ch! I hau's jo ällaweil gsait, du kascht nix!" ruft unser Bäckermeister verächtlich seinem Partner zu. Puff! Ein zweiter Schuß, aber nicht im Brettlein, sondern im Hinterkopf unseres Zunftmeisters. Zum guten Glück war's aber nur ein Streifschuß, der außer einer Blutung keine weiteren Folgen hatte.

Aber auch diesmal roch's die hohe Polizei, und wieder gab's eine Untersuchung, ja sogar eine Gerichtsverhandlung, die aber ziemlich harmlos und recht animiert verlaufen sein soll. Der Gerichtsherr habe dabei gemeint, warum der Schütze nicht einen anderen Teil des Körpers, der bei der gebückten Haltung doch besser zu treffen gewesen wäre, zur Zielscheibe genommen habe. Beide sollen recht glimpflich davongekommen sein. Sie mußten aber längere Zeit die Wahrheit des Sprichworts erfahren: „Wer den Schaden hat, muß für den Spott nicht sorgen!"

Eduard Mörike in Scheer

Geboren 1804 als Sohn des Ludwigsburger Arztes Karl Friedrich Mörike, studierte Eduard Mörike von 1822 bis 1926 im Stift Tübingen evangelische Theologie, trat 1826 als Vikar in den praktischen Kirchendienst ein und bekam 1834 die Pfarrstelle Cleversulzbach übertragen. —In die Vikarszeit fällt sein mehrmaliger Aufenthalt in Scheer. Einzelheiten darüber finden wir u. a. in der Arbeit von Dr. Ewald Gruber mit dem Titel: Ein halbes Jahr in Oberschwaben „herumgetrieben". Darin heißt es, daß Mörike wahrscheinlich schon im Jahr 1824 als Stiftler einen Besuch in Scheer machte, wo sein Bruder Karl fürstlich Thurn und Taxisscher Amtmann war. Seine Vikarszeit war geprägt vom Zweifel an der Richtigkeit seiner Berufswahl. In dieser seiner Sturm- und Drangperiode schrieb er einmal: „Alles, nur kein Geistlicher!" und nahm seiner Gesundheit wegen einen längeren Urlaub, der wiederholt verlängert wurde. So war es ihm möglich, von Ende Februar 1828 an mehrere Monate bei seinem Bruder in Scheer zu verbringen. Die enge Verbundenheit der beiden geht aus einem Brief vom 4. Mai 1828 hervor: „Wir sind füreinander gegossen und gemünzt... Dieser Th. u. T. Amtmann in Scheer hat, wenn er will, etwas Unbeschreibliches an sich, das man lieben muß, unwiderstehlich."

Während seines Urlaubs fühlte sich Mörike „offensichtlich so frei, daß er vergaß, rechtzeitig Verlängerung zu beantragen; am 6. April 1828 reichte er ein verspätetes Gesuch mit der lahmen Entschuldigung ein, der Arzt sei zufällig entfernt gewesen und habe das Attest nicht ausgeschrieben". Die Gründe lagen tiefer. Einmal war es das Bestreben beim Cotta-Verlag einzutreten, der ihn aber nicht annahm. In seinem Brief vom 30. April an den Freund Mährlein, den er mit der diesbezüglichen Vermittlung beauftragt hatte, teilte er die Absage mit und fügte hinzu: „Ich bin auf dem Äußersten und habe fast Lust, im Meer das Schwimmen zu probieren, und allen Häfen den Hintern zu bieten... Aber einige Melodien muß ich doch noch auf dem festen Land machen — und wär's auch nur in Scheer." — Mit diesen „Melodien" ist wohl ein weiterer Grund genannt, der ihn veranlaßte zu versuchen, seinen Aufenthalt in Scheer zu verlängern. Er hatte sich rote Pluderhosen machen lassen, wohl nicht allein, „um gegen das geistliche Schwarz zu protestieren", sondern auch, um einem Mädchen zu imponieren, das er während des Hochamts in der Kirche kennengelernt hatte: „Josefine", wie er sie in seinem Gedicht nennt, die Tochter des Lehrers Klingler:

Das Hochamt war. Der Morgensonne Blick
glomm wunderbar im süßen Weihrauchscheine;
der Priester schwieg; nun brauste die Musik
vom Chor herab zur Tiefe der Gemeine.
So stürzt ein sonnetrunkner Aar
vom Himmel sich mit herrlichem Gefieder,
so läßt Johovens Mantel unsichtbar
sich stürmend aus den Wolken nieder.

Dazwischen hört ich eine Stimme wehen,
die sanft den Sturm der Chöre unterbrach;
sie schmiegte sich mit schwesterlichem Flehen
dem süß verwandten Ton der Flöte nach.
Wer ist, der diese Himmelsklänge schickt?
Das Mädchen dort, das so bescheiden blickt.
Ich eile sachte auf die Galerie;
zwar klopft mein Herz, doch tret ich hinter sie.

Hier konnt ich denn in unschuldsvoller Lust
mit leiser Hand ihr festlich Kleid berühren,
ich konnte still, ihr selber unbewußt,
die nahe Regung ihres Wesens spüren.

Doch, welch ein Blick und welche Miene,
als ich das Wort nun endlich nahm,
und nun der Name Josefine
mir herzlich auf die Lippen kam!
Welch zages Spiel die braunen Augen hatten!
Wie barg sich unterm tiefgesenkten Schatten
der Wimper gern die ros'ge Scham!

Und wie der Mund, der eben im Gesang
die Gottheit noch auf seiner Schwelle hegte,
sich von der Töne heilgem Überschwang
zu mir mit schlichter Rede herbewegte!

O dieser Ton — ich fühlt es nur zu bald,
schlich sich ins Herz und macht es tief erkranken;
ich stehe wie ein Träumer in Gedanken,
indes die Orgel nun verhallt,
die Sängerin vorüberwallt,
die Kirche aufbricht und die Kerzen wanken.

Hier in Scheer entstanden auch die Gedichte „Im Frühling", „Elfenlied", „Mein Fluß", „Zwei Liebchen" („Ein Schifflein auf der Donau schwamm...") und der Zyklus

„Schiffer- und Nixenmärchen", in welchem die Donau als „Frau Done" personifiziert wird. — Dem Stadtpfarrer Wagner, mit dem er auf sehr freundschaftlichem Fuß stand, setzte Mörike in seiner humoristischen Elegie „Besuch in der Kartause" in der Person des Priors mit seiner Stutzuhr ein bleibendes Denkmal.

Seinem Freund Mährlein schrieb er am 13. Mai 1828 von Scheer aus: „... Hier sitz ich und schreib ich in dem besonnten Garten des hiesigen (kath.) Pfarrers (eines lebhaften 70jährigen reinlichen Männchens). Die Laube, wo mein Tisch und Schreibzeug steht, läßt durchs junge Geißblatt die Sonne auf mein Papier spielen. Der Garten liegt etwas erhöht, über die niedrige Mauer weg, auf der man sich wie auf einem Gesimse setzen kann, sieht man unmittelbar auf den Wiesenplan, auf welchem die Donau ihre Scheere bildet. Links, mild aufsteigende Hügel, rechts, ein weiter Bogen von Bergwald. Eine Wachtel schlägt in der jungen Saat. Hier hast du einen Vers, der erst diesen Morgen ausgeschlüpft ist:

Da lieg ich auf dem Frühlingshügel:
Die Wolke wird mein Flügel,
Ein Vogel fliegt mir voraus.
Ach, sag mir, all-einzige Liebe,
Wo du bleibst, daß ich bei dir bliebe!
Doch du und die Lüfte, ihr habt kein Haus.

In diesem Gedicht spüren wir etwas von den Gedanken, die er sich um seine Zukunft machte. Er schließt mit dem Vers:

Ich denke dies und denke das,
ich sehne mich, und weiß nicht recht nach was:
Halb ist es Lust, halb ist es Klage;
Mein Herz, so sage,
Was webst du für Erinnerung
in golden grüner Zweige Dämmerung?
— Alte unnennbare Tage!

Anfangs Juni 1828 übersiedelte der 25jährige Dichter zu seinem Vetter Heinrich Mörike, Fürstl. Amtmann in Buchau. Im Juli finden wir ihn mit einem Onkel in München, im Oktober als Redakteur einer Dramenzeitschrift, eine Tätigkeit, die er bereits im Dezember wieder aufgab. Im Januar 1829 war er wieder bei seinem Bruder in Scheer und trat am 4. Februar 1829 als Komödiant in Mengen auf. Günthert berichtet darüber im Alem. Bd. 2, 1875: „Dort gastierte damals eine kleine Gesellschaft reisender „Historionen" (Schauspielern). Es sollte „Kabale und Liebe", eines der zugkräftigsten Bühnenwerke der damaligen Zeit, gegeben werden. Das Personal der Spielgruppe reichte jedoch für das Stück nicht aus. Um die fehlenden Rollen besetzen zu können, mußten Liebhaber gewonnen werden, und es mag nicht auffallen, daß vornehmlich die Direktion hiebei den jungen Herrn in's Auge fasste, der stets ein ebenso scharfes als eingehendes Urteil ihren Leistungen gegenüber gezeigt hatte. So wurde Mörike die Rolle des Hofmarschalls Kalb angeboten und der Antrag durch die flehendsten Bitten unterstützt. Die Aufführung des Trauerspiels war nämlich eine Existenzfrage für die Gesellschaft. Mörike willigte nach einigem Zaudern ein; nicht ohne geheime Herzensfreude bereitete er sich vor, die Zusage nach Kräften — und er war ein Meister in der Mimik — zu erfüllen. Die schwere Erkrankung eines Kindes des Direktors verhinderte zwar die augenblickliche Aufführung; diese fand übrigens sofort statt, nachdem das Hemmnis beseitigt war. Der Abend dunkelte heran; auf der Bühne wurden die Lichter angezündet, die Garderoben zurecht gerichtet. Der Dichter saß auf einem wackeligen Stuhl und ließ sich von der gewandten Hand der Frau Direktor frisieren. Mörike fragte: „Was macht Ihr Kleines?" „Ach, der Engel ist hinüber!" rief die Dame höchst pathetisch aus, fügte jedoch gleich im eiligsten Geschäftston hinzu: „Befehlen Sie noch ein Schwarz — oder Rot? — Wie?" Der Preis des Abends fiel auch wirklich, trotz des gelungenen Wütens der Andern, besonders Ferdinand's — dem maßvoll aber durchaus komisch gehaltenen Hofmarschall zu". Noch im selben Monat trat Mörike die Pfarrvikarstelle in Pflummern an, zu der auch die Filiale Zwiefalten gehörte. Bereits im Mai wurde er nach Plattenhardt versetzt, wo er bis zur Übernahme der Pfarrstelle in Cleversulzbach blieb. Zur Wiederaufnahme des Dienstes hatte er sich, wie aus einem Brief vom 7. Mai 1829 hervorgeht, wohl nur wegen seiner finanziellen Notlage bewegen lassen. Im März klagte er: „Du hast keinen Begriff von meinem Zustand. Mit Knirschen und Weinen kau ich an der alten Speise, die mich aufreiben muß. Ich sage Dir, der allein begeht die Sünde wider den hl. Geist, der mit einem Herzen wie ich der Kirche dient." In Erinnerung an seine Liebe zu Josefine schrieb er das Gedicht „Das verlassene Mägdelein", mit dem wir die „Chronik der alten Residenzstadt Scheer" abschließen:

Früh, wann die Hähne krähn,
eh' die Sternlein verschwinden,
muß ich am Herde stehn,
muß Feuer zünden.

Schön ist der Flammen Schein,
es springen die Funken;
ich schaue so drein,
in Leid versunken.

Plötzlich, da kommt es mir,
treuloser Knabe,
daß ich die Nacht von dir
geträumet habe.

Träne auf Träne dann
stürzet hernieder;
so kommt der Tag heran —
o ging er wieder!